U0830273

国家自然科学基金面上项目“城镇空间用途管制从‘用地分类’向‘用途分组’的规范工具转型研究”(51978273)、国家自然科学基金面上项目“实施国土空间分区管制的区划分类框架构建与管制规则的结构研究”(52378055)资助

城乡规划法律及准则编译丛书 / 周剑云主编

粤港澳三地城市规划法律法规文件选编

龚蔚霞　周剑云　戚冬瑾　编

华南理工大学出版社
SOUTH CHINA UNIVERSITY OF TECHNOLOGY PRESS
·广州·

图书在版编目（CIP）数据

粤港澳三地城市规划法律法规文件选编 / 龚蔚霞，周剑云，戚冬瑾编. —
广州：华南理工大学出版社，2023.12
（城乡规划法律及准则编译丛书 / 周剑云主编）
ISBN 978-7-5623-7160-1

Ⅰ.①粤…　Ⅱ.①龚…　②周…　③戚…　Ⅲ.①城市规划法-汇编-中国
Ⅳ.①D922.297.4

中国版本图书馆CIP数据核字（2022）第179405号

粤港澳三地城市规划法律法规文件选编
龚蔚霞　周剑云　戚冬瑾　编

出 版 人：柯　宁
出版发行：华南理工大学出版社
（广州五山华南理工大学17号楼，邮编510640）
http://hg.cb.scut.edu.cn　E-mail：scutc13@scut.edu.cn
营销部电话：020-87113487　87111048（传真）
责任编辑：骆　婷
责任校对：王洪霞　洪　静
印 刷 者：广州一龙印刷有限公司
开　　本：787mm×1092mm　1/16　印张：55　字数：1404千
版　　次：2023年12月第1版　印次：2023年12月第1次印刷
定　　价：188.00元

版权所有　盗版必究　　印装差错　负责调换

城乡规划法律及准则编译丛书

编辑委员会

主　编：周剑云

副主编：吕传廷　戚冬瑾

编　委：蔡　瀛　邱衍庆　张洪林

何明俊　张春阳　李立勋

黎淑翎　鲍梓婷　曾天然

贺璟寰　庞晓媚　龚蔚霞

■ 总　序

城乡规划是解决城市现实问题与实现城市发展目标的理性综合工具，其基本表现形态为制度。规划制度是城市地区的历史与文化、社会与政治、城乡发展问题及规划知识等要素综合演进的产物，而规划法是一个国家、地区或城市正式规划制度的集中体现。规划法通过管理开发来协调三重关系：第一是协调人与环境的关系，目的是促进可持续发展；第二是协调政府与社会的关系，目的是通过规定政府的权力与义务来保障私人权利和维护公共利益；第三是协调邻里关系，目的是克服城市土地使用竞争性冲突，维护社会公平。规划法建立在特定的政治、社会及历史文化环境基础上，以该地区特定历史阶段的城乡发展核心问题为目标，运用科学的规划理论和规划知识来组织与规范规划、开发行为等社会性活动，试图减少或缓解城乡发展的基本矛盾。城乡发展的不充分预见性特征及其问题的复杂性，以及对理想人居环境目标的永恒性追求，使得规划法具有历史动态性与稳定性的对立统一特征。

城乡规划与城乡规划法就其功能而言都是管治城市发展的工具，然而两者的规范对象不同，城乡规划的管治对象是城市土地或城市空间，城乡规划法的规范对象是人的行为，主要包括：规划制定的行为、开发行为与开发控制行为，以及与此相关的公共参与、公示与公告要求、开发申请、违章处罚、强制执行、规划上诉等行为准则。城市土地开发与使用的管治存在多种方式，包括规划、政策和法律，法定规划是城乡规划的一种基本类型；针对城市土地和空间形态管治还有一种更直接的法律工具，这就是区划法。所谓区划就是对城市土地进行划分，并针对每类分区制定用途规则与开发准则。有些国家和地区的法律既规范规划与开发行为，又明确土地开发及空间使用准则，呈现规划法与区划法混合的特征。一般而言，规划法呈现三种基本类型：界定规划行为类型并制定规划行为规则，划分城市土地并提出分区开发准则，行为规则与空间准则混合的综合立法。

尽管每个城市所处的历史阶段不同，城乡发展所面临的问题不同，每个城市的政治制度与社会环境、政府规划管治的权力也不一样，但由于规划法的目的一致，法律作为管治工具的实质没有变，法律形式自身具有稳定性，不同国家和地区的城市规划法呈现相似的结构特征。就针对规划行为的立法而言，大体遵守“规划、实施、监测、救济”四种行为类型；而区划法的内容大体就是“用途管理、开发强度及建筑形态管控”等内容，比如我国的城乡规划法与澳大利亚昆士兰州的整合规划法的框架结构相似，我国控制性详细规划与纽约区划法内容接近等；规划法律的内容与框架的相似性为不同国家制定规划法律提供了参考借鉴和比较研究的基础。

为借鉴发达国家和地区城乡规划的立法经验，参考真实的法律文本以提高我国城乡规划立法水平，本丛书选择一些有代表性的国家和地区的规划法律及规定系统性地进行翻译。第一是《1947英国城乡规划法》，这是英国规划体系的基石，是在私有土地的政治制度基础上，通过细分土地权利，以规划法的方式确立土地开发权国有化并确立规划权力的基础。比较而言，为促进城市土地开发，我国自20世纪90年代起采取土地所有权与使用权分离制度，以市场化的方式转让土地使用权，在激发市场活力的同时，又能保留规划的权力来维护城市公共利益和促进城市健康有序的发展。尽管英国是私有土地的开发权国有化，我国是公有土地转让使用权但国家仍保留开发权，两者的过程不同，然而实质都是通过开发权来协调国家与私人的权益，是以开发权为核心的规划制度。第二是《1961纽约区划决议案》，这是一部最具代表性的区划法。我国的控制性详细规划的起源与区划有关，控制性规划的内容以及法定化形式与区划类似，但是控制性规划的适用性与稳定性远远不及纽约区划。频繁的、普遍的控规修改和调整成为我国规划体系的主要问题之一，严重影响控制性规划作为法定文件的严肃性。纽约区划的管理指标体系为世界许多城市的规划管理提供了有效的参考样板并且卓有成效，而我国控规指标体系中相似的借鉴却没有达到预期的效果，这是由于对指标含义的曲解和误读造成的。第三是澳大利亚昆士兰州的系列规划法律，包括1997整合规划法、2009可持续规划法和2016规划法。我国城市规划制度与澳大利亚昆士兰州的规划制度比较类似，在规划制定方面采用城市总体规划和地段详细规划两层次规划体系，在规划管理方面都采用开发项目的规划许可制度。两个规划制度的差异主要是：(1) 规划编制方面，昆士兰州的两层次规划是一体化编制，而我国是分阶段编制；(2) 规划管理方面，昆士兰州采用多部门、多主体参与的整合开发评估系统，我国依然是传统的规划行政体系；(3) 规划救济制度方面，昆士兰州建立完善的规划上诉、赔偿、违法处罚和强制执行制度，建立专门的规划与环境法院、建筑与开发仲裁庭，在制度和机构方面充分保护私人权利和维护公共利益；（4）昆士兰州采用的是整合的规划法律，将涉及规划与开发规则的庞杂法律规范文件系统性地整合为一部法律，既方便公众使用，又提高行政效率。第四是日本和新加坡的规划法律。这两个国家在历史文化方面与我国比较接近，也都是在学习和借鉴欧美规划法律的基础上建立符合本国要求与适合自身特点的规划法律体系，并在城市管理实践中取得显著成效，尤其是新加坡已成为我国城市规划管理的范例。第五是我国香港与澳门的城乡规划法律汇编。香港和澳门是近代中国联系世界的门户与窗口，在曾经100多年的受殖民统治时期分别引入了英、葡两国的规划制度，建立了地方性的城市规划法律体系，其中香港的规划管理方法，如法定图则也深深影响了内地的控制性规划；回归之后，香港和澳门成为“一国两制”的实践地区，与内地在经济、社会、文化方面有深度交流，在粤港澳区域合作日益扩大的同时，深层次的法律和制度差异也反映出来，因此在区域合作中需要在法律制度层面进行协调与沟通。第六是城市设计指南汇编。在高速城镇化和城市大规模外延扩张之后，城市空间的品质提升成为现实的要求和规划管理面临的挑战，城市设计成为主要的管理工具与手段。与城市规划的土地用途与建筑形态管理不同的是，城市设计管理的内容深入城市空间的形态及其美学艺术范畴，公共与私人的权利关系更加复杂，公众的美学诉求更难统一，如何在制度层面建立城市公共空间的艺术准则就成为城市设计管理的核心问题。此处初选了美国旧金山、圣迭戈、西雅图、纽约等城市设计指南文本进行编译，展示城市空间形态控制的内容、准则及要求。

立法是国家治理的根本性工作与城市管理的基本依据，我国城乡发展中产生诸多问题的原因之一，就是立法不足或立法不够科学。目前规划的立法问题是多层面的，既有对城市发展规划认识不足，比如1990年城市规划法要求严格限制大城市发展，而其后发展最快的就是大城市；也有对规划管理实践自身的反思不够，比如总体规划的有效性问题、控制性规划的稳定性问题等；再者就是立法经验不足，包括规划法律的基本格式与结构编排，甚至法律语言的文字表述等。因此，需要优秀的法律范本来比较和参考，这就是翻译本丛书的原因和目的。

目前我国对翻译工作的学术评价较低，对国外规划法律文本的翻译几乎是一个空白，但是这又是一件不得不为的工作。法律文本的翻译是一件极其困难的工作，既因为存在法律语言、术语的中文词语不足的问题，也因为在语言背后的政治、历史与文化内涵上有较大差异。外国的法律并不适用于中国，法律翻译的目的也不是在中国使用外国法律，而是学习借鉴他国的法律经验，这些经验包括立法的过程、法律内容和文字格式及版式。本套丛书采取整本全文编译的方式，包括法律附带的修正案、废除条款，以及注释、解释、术语、附录等，并且在格式和版式方面都与原版保持高度的一致，其目的就是展示法律文件的规范性与严肃性，体现规划知识的法律形态特征，为我国规划立法提供基础资料与基本线索。

周剑云

2018年9月于广州

■ 前　言

规划法规建立在特定的政治、社会及历史文化环境基础上，粤港澳三地规划法规体系具有“一国两制三法系”的制度背景。在粤港澳区域合作日益扩大的同时，广东、香港和澳门三地法律法规的差异也逐渐浮现出来，合作发展中产生诸多问题的原因之一，就是区域间规划法律法规的不够协调或不够完善，各项区域合作的开展亟待在法律制度层面进行深层次的协调与沟通；与此同时，广东、香港和澳门三地规划法规体系亦展示了各自的特点和优长之处。为更好地理解并化解因三地差异带来的政策、法规、技术标准、开发建设、运营管理等具体风险，进一步探索粤港澳大湾区未来在规划法规制度上的矛盾协调、借鉴交流与创新，渐进式地形成既适应本土情况又符合国际惯例的规划法规制度，进一步推动粤港澳大湾区的合作发展，特汇编本书。

本书选择截至2022年7月广东、香港和澳门三地一些有代表性的规划法律法规进行梳理和编排，采取原文摘录的方式，包括法律法规附带的修正案、废除条款，以及注释、解释、术语、附录等，并且在序号层级等行文形式方面均与原版保持高度的一致，以展示法律法规文件的规范性与严肃性，体现规划知识的法律法规形态特征，为粤港澳大湾区规划法规体系协调提供基础资料与基本线索。

第一部分是“广东篇”。广东省高速的经济增长与快速城镇化的历程加速了其对规划规范化和法制化的需求，随着国家层面城乡规划法、相关法规及部门规章等的陆续出台，自2000年以来，广东省逐渐形成“一法多条例”的规划立法格局，即以《广东省城乡规划条例》(2013)为地方规划主干法，与《广东省控制性详细规划管理条例》(2005)、《广东省珠三角城镇群协调发展规划实施条例》(2006)、《广东省城市绿化条例》等专项法，以及村庄规划编制指引、低碳生态城市规划建设、社区体育公园规划建设等系列规划指引共同组成完善的省级层面城乡规划法规体系，并在部分法规编制中大量借鉴美国、德国等欧美国家的规划理论与实践经验，表现出较强的技术“移植”特征，与现行的规划建设管理政策相衔接，弥补了国家规范对地方规划指导性不足的短板。

第二部分是“香港篇”。香港的法律制度发达且深受英国普通法系的影响，根据香港电子法例（HKeL）显示，自1843年香港设置司法局以来，制定通过的成文法《条例》及其附属法规达1182章，城市规划法制网络覆盖面较广。作为香港规划法规体系核心的《城市规划条例》于1939年由港英当局首次颁布，并形成1974年、1988年、1991年、1996年、1998年、2000年、2014年等多个修订版本。各版本条例保持原条例结构上的完整性和独立性，经过多年深层次的规划法规传统继受、修订及完善，香港逐步构建起一个效率高、相互制衡、有效约束和监督的规划制度框架。

第三部分是“澳门篇”。澳门历经长达4个世纪的葡人殖民管治，使其城市规划制度长期保持着以建筑管制为主、文化多元和稳定延续的特征。作为全球人口密度最大的城市之一，澳门经济社会快速发展与空间资源有限的矛盾使其面临着建设可持续发展的现代化都市的挑战，即如何在狭小的空间范围内保障整体利益的同时，协调好社会各阶层、各利益主体的多元利益。2013年8月，澳门《城市规划法》获立法会通过，成为其城市规划制度变迁的“关键节点”，也首次明确了城市规划的法律地位。尽管澳门城市规划立法工作的起步及进展不如香港与广东，但仍富有特色和先进之处，表现为能把强调社会正义、协调多元利益、谋求公共利益，同时保障私人权利等先进的法制思想和现实的本土制度环境有机结合起来。

围绕着推进国家治理体系和治理能力现代化，我国空间规划领域正开展着具有广泛和深远意义的改革，亟待地方开展丰富的研究及实践，支撑法规体系及制度的设计和完善。建设粤港澳大湾区是贯彻我国“一国两制”基本国策的重大安排，也是国家对外开放和区域协同发展的重要举措，法律制度的协调和融合所创造的良好法治环境是实现大湾区合作发展的重要保障之一。鉴于此，大湾区如何立足各自制度环境，渐进式地建立既适应本土情况又符合国际惯例的规划法规制度，促进形成开放性、交互性的合作发展环境是时代发展的需求。本书选编粤港澳三地规划法律法规，希望能引起各界学者对三地规划法规体系建设方面更为广泛的关注和讨论，共同推进三地制度层面更为深入的合作发展。

编　者

2022年12月

目　录

第一部分　广东篇

第二部分 香港篇

第三部分　澳门篇

第一部分

广东篇

广东省城乡规划条例

（2012年11月29日广东省第十一届人民代表大会常务委员会第三十八次会议通过
2012年11月29日公布　自2013年5月1日起施行）

第一章　总　则

第一条　为了加强城乡规划管理，协调城乡空间布局，改善人居环境，促进城乡经济社会全面协调可持续发展，根据《中华人民共和国城乡规划法》（以下简称城乡规划法）和有关法律、行政法规，结合本省实际，制定本条例。

第二条　本条例适用于本省行政区域内城乡规划的制定、修改、实施，在规划区内的建设，以及对历史文化和自然风貌的保护等活动。

本条例所称城乡规划，是指对一定时期内城乡土地利用和空间布局以及各项建设的综合部署。城乡规划包括城镇体系规划、城市规划、镇规划、乡规划、村庄规划和特定地区规划。城镇体系规划分为省域城镇体系规划和城镇群协调发展规划。城市规划、镇规划、特定地区规划分为总体规划和详细规划。详细规划分为控制性详细规划和修建性详细规划。

本条例所称特定地区，是指经国家或者省人民政府批准设置的开发区、产业园区以及其他成片开发地区。

第三条　城乡规划的编制，应当依据国民经济和社会发展规划，与土地利用总体规划相衔接，并体现主体功能区规划的要求。

各类专项规划，涉及土地利用和空间布局的，应当符合城乡规划。

第四条　鼓励开展城市设计工作。城市设计应当注重历史文化和自然风貌的保护，体现岭南文化和地方特色。

第五条　省、市、县人民政府城乡规划主管部门负责本行政区域内城乡规划管理工作，其他有关部门应当按照各自职责，做好城乡规划管理的相关工作。

市辖区、特定地区设立的城乡规划管理机构，应当服从城市人民政府城乡规划主管部门的统一管理。

县级人民政府应当明确镇人民政府办事机构承担村镇规划建设管理职责。

第六条　城镇体系规划，城市、镇、特定地区总体规划和控制性详细规划，重要地段的修建性详细规划应当经城乡规划委员会审议。

省城乡规划委员会的产生、任期、议事规则等有关事项由省人民政府规定。城市、县城乡规划委员会的产生、任期、议事规则等有关事项由本级人民政府规定，并报上一级人民政府备案。

第七条 各级人民政府应当将城乡规划的编制和管理经费纳入本级财政预算。

村庄规划编制和管理经费应当在县级以上人民政府预算中安排。

第八条 省人民政府城乡规划主管部门应当按照国家规定，制定城乡规划编制和实施的技术规范，向社会公布后实施。

地级以上市人民政府可以根据国家和省的规定制定适用于本行政区域的实施性技术规定，向社会公布后实施。

第九条 城乡规划的编制和实施，应当遵循公开、公平和公正原则，保障公民、法人和其他组织对城乡规划的知情权、参与权和监督权。

第十条 省、城市和有条件的县人民政府城乡规划主管部门应当建立城乡规划管理信息系统，推进城乡规划管理信息共享。

城市、县和有条件的镇人民政府应当加强城乡规划建设档案馆的建设和管理，为公民、法人和其他组织查阅城乡规划建设档案提供便利。

第二章 城乡规划的制定和修改

第十一条 省人民政府根据全国城镇体系规划组织编制省域城镇体系规划，报国务院审批。

省人民政府城乡规划主管部门会同省人民政府有关部门、地级以上市人民政府，根据省域城镇体系规划组织编制城镇群协调发展规划，报省人民政府审批。

省域城镇体系规划和城镇群协调发展规划用于指导划定区域内城市、镇的开发边界和编制城市总体规划、镇总体规划，并确定由省实施规划监控的区域。

第十二条 城市人民政府负责组织编制城市总体规划，并依照法定程序报送审批。

城市总体规划应当包含市域城镇体系规划的内容。

大、中城市可以在总体规划的基础上编制分区规划，对城市土地利用、人口分布以及公共设施、城市基础设施的配置作出进一步安排，对控制性详细规划的编制提出指导性要求，其规划期限应当与总体规划相一致。

分区规划由城市人民政府城乡规划主管部门组织编制，报本级人民政府审批。

第十三条 县人民政府组织编制县人民政府所在地镇的总体规划，同时对县域城镇、村庄的发展布局、资源保护和利用，重大设施布局等作出统筹安排。县人民政府组织编制的总体规划报送审批前，应当先经本级人民代表大会常务委员会审议，常务委员会组成人员的审议意见交由本级人民政府研究处理。

第十四条 县人民政府所在地以外镇的总体规划，由镇人民政府组织编制，报城市、县人民政府审批。其中，省人民政府指定的镇，其总体规划由地级以上市人民政府审批。镇人民政府组织编制的总体规划报送审批前，应当先经镇人民代表大会审议，代表的审议意见交由本级人民政府研究处理。

第十五条 城市、县人民政府应当在城市、镇总体规划中确定编制村庄规划的区域。不在确定区域内的村庄，纳入城市或者镇的规划管理区域。

第十六条 村庄规划由镇人民政府组织编制，经村民会议或者村民代表会议讨论同意后，报上一级人民政府审批。

村庄规划的编制应当符合农村实际情况，满足村民生产生活需求，通俗易懂，明确村庄建设范围、住宅建设布局、公共服务设施和基础设施配置、历史文化和自然风貌保护等内容。

第十七条　城市、县人民政府城乡规划主管部门和镇人民政府应当组织编制控制性详细规划，依法报请批准和备案。

省域城镇体系规划或者城镇群协调发展规划确定的由省实施规划监控的区域，其控制性详细规划草案的编制，应当征求省人民政府城乡规划主管部门意见；规划批准后应当报省人民政府备案。

控制性详细规划的备案办法由省人民政府另行制定。

控制性详细规划的编制，应当符合国家和省的相关技术标准和规范，综合考虑节约和综合利用资源和能源、减少废弃物和有害物排放、保护生态环境、保障公共安全、防灾减灾等要求。

第十八条　特定地区总体规划由所在地城市人民政府组织编制，报省人民政府审批或者经省人民政府审查同意后上报。

特定地区控制性详细规划的编制和审批，参照城市控制性详细规划的有关规定执行。

第十九条　城市、县人民政府城乡规划主管部门和镇人民政府应当组织编制重要地块的修建性详细规划，也可以根据规划管理的需要要求建设单位依据控制性详细规划或者规划条件编制修建性详细规划。

第二十条　城市、县人民政府城乡规划主管部门和镇人民政府组织开展城市设计，应当对一定地域范围内的空间形态、交通系统及建筑物的造型、高度、色彩等内容提出规划管理要求，并纳入相应城乡规划。

城市设计的技术规范，由省人民政府城乡规划主管部门制定。

第二十一条　城市、镇规划区范围单独编制的交通运输、水利、电力、燃气、通信、给排水、环境卫生、绿化、消防、人民防空、住房保障、医疗、教育、文化、体育等各类专项规划，涉及土地利用和空间布局的，由相关主管部门会同城乡规划主管部门共同组织编制，报城市、县人民政府审批。

各类专项规划的内容应当相互衔接、符合总体规划，并纳入控制性详细规划。

第二十二条　城市、县人民政府城乡规划主管部门应当会同有关部门，依据总体规划组织编制城市、镇地下空间开发利用规划，报本级人民政府审批。

地下空间开发利用规划应当包括：

（一）地下空间综合开发利用的目标、功能分区、开发规模、布局和实施时序；

（二）禁止、限制和适宜建设地下空间的范围；

（三）各类交通设施、人防设施、公共服务设施以及给排水、电力、通讯等市政设施的布局安排；

（四）环境保护要求和安全保障措施。

控制性详细规划应当落实地下空间开发利用规划的有关内容。

第二十三条　城市、县、镇人民政府应当依据总体规划编制近期建设规划。近期建设规划与国民经济和社会发展规划同步编制，经本级人民代表大会常务委员会或者镇人民代表大会审议同意后，报总体规划审批机关备案。

城市、县、镇人民政府依据近期建设规划组织编制年度实施计划，经本级人民代表大会常务委员会或者镇人民代表大会审议同意后实施。

编制近期建设规划和年度实施计划，应当依据总体规划的要求，提出规划年限内的建设用地安排，确定近期和年度的重点建设项目，明确其空间分布和建设时序。年度实施计划应当与土地供应年度计划相衔接。

第二十四条 城乡规划报送审批前，组织编制机关应当依法将城乡规划草案予以公告，并采取论证会、听证会或者其他方式征求专家和公众的意见。公告的时间不得少于三十日。

城乡规划批准前，审批机关可以委托承担规划编制任务以外的具有城乡规划编制资质的机构，对规划草案进行技术审查。

经批准的城乡规划，应当在政府网站、新闻媒体或者专门场所公告，并在政府网站长期公布。村庄规划的主要内容应当由村民委员会保存并在村庄公共场所公布，以供村民查阅咨询。

未经公布的城乡规划，不作为规划管理和城乡建设的依据。

第二十五条 经批准的城乡规划不得随意修改。依法需要修改城乡规划的，组织编制机关应当向原审批机关提出申请，获得批准后，依照规划编制和审批的程序执行。

仅涉及单条支路走向、宽度或者单个地块建筑高度、建筑密度等内容的控制性详细规划修改，由组织编制机关提出调整方案，采取论证会、听证会或者其他方式征求专家、利害关系人的意见，经原审批机关同意后公布实施。

第三章 城乡规划的实施

第一节 一般规定

第二十六条 各级人民政府应当根据当地社会经济发展需要，作出城乡建设和发展的综合部署，将其纳入城乡规划统筹实施。

实施省域城镇体系规划和城镇群协调发展规划，相关人民政府应当就区域基础设施和公共服务设施共建共享、环境保护和生态建设、相邻地区重点项目衔接等问题进行协商，协商不成的，由共同的上一级人民政府城乡规划主管部门会同项目主管部门组织协调。

有关部门编制区域性交通、生态环境保护、能源、通信、防灾减灾等专项规划，应当落实省域城镇体系规划的要求，并与城镇群协调发展规划相衔接，相关建设项目的规划选址应当符合省域城镇体系规划和城镇群协调发展规划的要求。

第二十七条 建设用地和建设工程应当符合城乡规划，依法取得规划许可。在城市、镇规划区范围内核发建设用地规划许可证和建设工程规划许可证。在村庄规划区范围内核发乡村建设规划许可证。按照国家规定需要进行规划选址审批的建设工程，还应当申请核发建设项目选址意见书。

第二十八条 开发利用城市、镇地下空间，应当考虑人民防空的需要，依法办理规划许可。

与地面建设工程一并开发利用地下空间的，应当与地面建设工程一并办理规划许可；

独立开发利用地下空间的，单独办理规划许可。

任何单位和个人未经批准，不得擅自开挖建筑底层地面，不得擅自改变经许可确定的地下空间的使用功能、高度、层数和面积。

第二十九条　规划许可或者审批机关作出许可或者审批决定前，应当将许可或者审批内容、申请人和利害关系人享有的权利等事项在政府网站、建设项目现场进行公示，公示时间不得少于十日。

申请人、利害关系人对许可或者审批事项提出异议的，许可或者审批机关应当及时处理，并回复处理结果。必要时可以采取听证会或者论证会等方式听取各方意见。

第三十条　建设项目规划选址审批或者规划许可机关对重大项目作出审批或者许可决定前，可以以政府购买服务的方式委托具有相应资质的单位对建设单位或者个人提交的材料进行技术审查。

第三十一条　规划许可或者审批事项批准后十五日内，许可或者审批机关应当在政府网站进行公告，可供查询。

第二节　建设项目规划选址审批

第三十二条　需核发选址意见书的建设项目，属于国家和省批准、核准项目投资的，由省人民政府城乡规划主管部门核发选址意见书；属于城市和县批准、核准项目投资的，由建设项目所在地的城市、县人民政府城乡规划主管部门核发选址意见书。跨行政区域的建设项目，由项目所在地的共同上一级人民政府城乡规划主管部门核发选址意见书。

第三十三条　建设单位申请核发选址意见书，应当提交选址申请书、标明拟选址位置的地形图和建设项目选址评估报告等材料。

建设项目选址评估报告应当对建设项目选址方案的科学性、合法性、与城乡规划的协调性作出分析论证结论。

由省人民政府城乡规划主管部门核发选址意见书的建设项目，建设单位应当先将上述材料提交建设项目选址所在地地级以上市人民政府城乡规划主管部门进行初步审查。

第三十四条　取得建设项目选址意见书二年内尚未获得建设项目批准或者核准的，应当在有效期届满三十日前向原核发机关申请办理延期手续，延长期限不得超过一年。未办理延期手续或者延长期逾期仍未获得建设项目批准、核准，选址意见书自行失效。

建设项目所依据的批准、核准文件被依法撤销、撤回、吊销，或者土地使用权被依法收回的，相应的项目选址意见书失效。

第三节　建设用地规划管理

第三十五条　城市、县土地储备年度计划和土地供应年度计划应当与城乡规划相衔接。

第三十六条　国有土地使用权出让前，城市、县人民政府城乡规划主管部门应当依据控制性详细规划提出拟出让地块的规划条件。规划条件应当明确出让地块的位置、面积、使用性质、允许建设的范围、容积率、绿地率、建筑高度、建筑密度、基础设施和公共服务设施配套、地下空间开发利用要求等内容。需要编制修建性详细规划的，应当在规划条件中予以明确。

规划条件及附图应当作为国有土地使用权出让合同的组成部分。国有土地使用权出让合同不得改变规划条件。

第三十七条 在城市、镇规划区范围内，建设单位或者个人向城市、县人民政府土地主管部门申请划拨用地的，应当向城市、县人民政府城乡规划主管部门申请取得建设用地规划许可证。

建设单位或者个人申请核发建设用地规划许可证，应当提交有关部门的批准、核准、备案文件。使用集体土地的，还应当提交村民委员会出具的书面意见。

建设单位或者个人取得建设用地规划许可证后，应当在一年内向县级以上地方人民政府土地管理部门申请用地，需要延期的，应当在建设用地规划许可证有效期届满三十日前向原核发机关申请办理延期手续。一年内未申请用地的或者经申请未获得用地的或者申请延期未批准的，建设用地规划许可证自行失效。

第三十八条 以出让方式提供国有土地使用权的住宅、商业、办公类建设项目，应当严格执行规划条件，不得改变用地性质，不得提高容积率，不得降低绿地率，不得减少基础设施和公共服务配套。

具有下列情形之一的，不受前款规定限制，建设单位或者个人可以依法申请调整规划条件：

（一）因城乡规划修改导致地块开发条件变化的；

（二）因国家和省重大项目建设需要的；

（三）因城乡基础设施、公共服务设施和公共安全设施建设需要的；

（四）法律、法规规定的其他情形。

调整出让用地的规划条件，应当先行按照规划编制和审批的程序修改其依据的控制性详细规划。

第三十九条 国有土地使用权需要分割转让的，原规划条件或者经批准的修建性详细规划、建设工程设计方案总平面图确定的道路、广场、公共绿地、市政公用设施、公共服务设施等建设项目，应当在分割转让合同中明确各受让方的实施责任。

国有土地使用权分割转让后，各受让方应当持分割转让合同等材料向城市、县人民政府城乡规划主管部门申请核发建设用地规划许可证。

第四节　建设工程规划管理

第四十条 在城市、镇规划区范围内进行建筑物、构筑物、道路、桥梁和管线等工程建设的，建设单位或者个人应当向城市、县人民政府城乡规划主管部门或者省人民政府指定的镇人民政府申请办理建设工程规划许可证。

前款规定的镇人民政府应当在核发建设工程规划许可证后向所在地城市、县人民政府城乡规划主管部门备案。

第四十一条 建设单位或者个人申领建设工程规划许可证，应当持使用土地的证明文件、建设工程设计方案和法律、法规规定的其他材料，向城市、县人民政府城乡规划主管部门或者省人民政府指定的镇人民政府提出申请。规划条件要求编制修建性详细规划的，应当同时提交经审定的修建性详细规划。属于原有建筑物改建、扩建的，应当同时提供房屋产权证明。

城市、县人民政府城乡规划主管部门或者省人民政府指定的镇人民政府依据经批准的城乡规划、规划条件、相关技术标准和规范对建设工程设计方案进行审查，提出审查意见。符合条件的，核发建设工程规划许可证。

建设工程规划许可证应当载明建设项目位置、建设规模和使用功能等内容，附经审定的建设工程设计方案总平面图。

建设单位或者个人应当在建设项目施工现场或者其他显著地点设置建设工程规划许可公告牌，载明建设工程规划许可的主要内容和图件。公告内容应当真实、有效，不得隐瞒、虚构。

取得建设工程规划许可证一年后尚未开工的，应当向原许可机关办理延期手续，延长期限不得超过六个月。未办理延期手续或者办理延期手续逾期仍未开工的，建设工程规划许可证自行失效。

第四十二条　建设工程设计方案应当符合规划条件、相关技术标准和规范，文字标明的技术经济指标应当与图纸所示相一致。住宅、商业、办公类建设项目的建设工程设计方案，应当分类载明建筑用途，明确公共场所、公用设施和物业管理用房的位置、面积。

第四十三条　建设单位或者个人应当按照建设工程规划许可的内容进行建设，不得擅自变更；需要变更的，应当经原许可机关批准。

涉及需变更建设用地规划许可的，应当先申请变更建设用地规划许可。

因变更建设工程规划许可给利害关系人合法权益造成损失的，建设单位或者个人应当依法予以补偿。

第四十四条　分期建设的建设工程，城市、县人民政府城乡规划主管部门或者省人民政府指定的镇人民政府可以根据建设单位或者个人的申请，审查分期建设的内容、范围，分期核发建设工程规划许可证。

分期建设的建设工程，应当符合经审定的修建性详细规划、建设工程设计方案总平面图。同一建设期的建设内容应当包括相应的配套设施和绿地。

第四十五条　建设工程开工前，建设单位或者个人应当委托具有相应测绘资质的单位放线，并向城市、县人民政府城乡规划主管部门或者省人民政府指定的镇人民政府申请验线。

城乡规划主管部门或者省人民政府指定的镇人民政府应当自受理申请之日起七个工作日内进行验线。

未经验线，建设工程不得开工。

第四十六条　建设工程竣工后，建设单位或者个人应当持建设工程规划许可证、建设工程验线证明文件以及具有相应测绘资质的单位出具的测绘报告等材料，向城市、县人民政府城乡规划主管部门或者省人民政府指定的镇人民政府申请规划条件核实。

城市、县人民政府城乡规划主管部门或者省人民政府指定的镇人民政府应当自受理申请之日起二十个工作日内办理核实手续；不予办理核实手续的，应当书面告知理由。

建设工程未办理规划条件核实的，建设单位或者个人不得组织竣工验收，产权登记机关不予办理产权登记手续。

建设单位或者个人应当在竣工验收后六个月内向城市、县人民政府城乡规划主管部门或者省人民政府指定的镇人民政府报送有关竣工验收资料。城市、县人民政府城乡规划主管部门或者省人民政府指定的镇人民政府应当将竣工验收资料交由城乡规划建设档案馆归档。

第四十七条 房屋使用人应当按照建设工程规划许可证或者房地产权证书载明的用途使用房屋。确需变更房屋用途的，应当向城市、县人民政府城乡规划主管部门申请办理变更手续。

第四十八条 在城市、镇规划区范围内进行临时建设的，应当向城市、县人民政府城乡规划主管部门或者省人民政府指定的镇人民政府申请核发临时建设工程规划许可证。

临时建设工程规划许可证有效期不超过二年。使用期限届满确需延期的，应当在有效期届满三十日前向原核发机关申请办理延期手续，延续期限不超过一年。

临时建设必须按照批准的用途使用，不得改变用途或者转让。

临时建设应当在批准的使用期限届满前自行拆除，恢复土地原状。

第五节 村庄建设规划管理

第四十九条 各级人民政府应当加强对村庄规划建设的指导，村庄建设应当遵循先规划后建设的原则，鼓励适度集中建设村民住宅。城乡规划主管部门应当免费向村民提供具有地方特点和乡村特色的住宅设计图件。

第五十条 在村庄规划确定的建设用地范围内使用集体所有土地进行乡镇企业、公共设施、公益事业和其他工程建设的，建设单位或者个人应当向镇人民政府提交如下材料：

（一）建设项目批准、核准文件；

（二）由村民委员会出具的书面意见；

（三）建设工程设计方案；

（四）法律、法规规定的其他材料。

建设项目需要占用农用地的，申请办理乡村建设规划许可证应当提供农用地转用证明。

省人民政府指定的镇人民政府应当自收到申请材料之日起二十个工作日内作出是否许可的决定；不予许可的，应当书面告知理由。

其他镇人民政府应当自受理申请材料之日起十个工作日内提出审查意见，报城市、县人民政府城乡规划主管部门。城市、县人民政府城乡规划主管部门应当自收到申请材料和镇人民政府的审查意见之日起二十个工作日内作出是否许可的决定。

乡村建设规划许可证应当载明建设项目位置、建设范围、建设规模和主要功能等内容。建设单位或者个人在取得乡村建设规划许可证后，应当在一年内办理用地审批手续和施工许可手续。

第五十一条 在村庄规划确定的宅基地范围内建设农村村民住宅的，应当持村民委员会签署的书面同意意见、土地使用证明、住宅设计图件等材料，向镇人民政府提出申请，由镇人民政府报城市、县人民政府城乡规划主管部门核发乡村建设规划许可证。

镇人民政府应当自受理申请材料之日起五个工作日内将申请材料报送城市、县人民政府城乡规划主管部门。城市、县人民政府城乡规划主管部门应当自收到申请材料之日起二十个工作日内作出是否许可的决定，并告知镇人民政府。

城市、县人民政府城乡规划主管部门可以委托镇人民政府核发本条规定的乡村建设规划许可证。

第五十二条　建设单位或者个人应当按照乡村建设规划许可的内容进行建设，不得擅自变更；需要变更的，应当经原许可机关批准。

取得乡村建设规划许可证的建设工程开工前，建设单位或者个人应当向城市、县人民政府城乡规划主管部门申请验线。城乡规划主管部门应当自受理申请之日起十个工作日内进行验线。未经验线，建设工程不得开工。

乡村建设项目竣工后，建设单位或者个人应当就建设工程是否符合乡村建设规划许可的内容，向城市、县人民政府城乡规划主管部门申请核实。

城市、县人民政府城乡规划主管部门可以委托镇人民政府对农村村民自建住宅进行规划验线和核实。

第五十三条　在村庄规划确定的建设用地范围内使用国有土地进行工程建设，或者在城市、镇总体规划确定的建设用地范围内利用农村集体所有土地进行农村村民住宅建设的，按照本章第四节建设工程规划管理的有关规定执行。

第四章　历史文化和自然风貌保护

第一节　历史文化保护区和历史建筑

第五十四条　城市、县人民政府应当建立历史文化保护区和历史建筑的保护名录，报省人民政府核定后公布。经批准公布的历史文化名镇、名村、街区，保存比较完整、内涵较为丰富、特色明显的传统镇街、村落和场所，以及反映历史风貌和地方特色的历史建筑应当纳入保护名录。

保护名录应当明确各类保护对象的主体和保护范围界线，并附有明确的地理坐标及相应的界址地形图。

保护名录报送核定前，城市、县人民政府城乡规划主管部门应当会同同级文物主管部门征求有关部门、公众、建筑物所有人和其他利害关系人的意见，并进行专家论证。公民、法人和其他组织可以提出建议。对符合本条例规定而没有纳入保护名录的保护对象，省人民政府可以直接将其纳入保护名录。

第五十五条　省域城镇体系规划和城镇群协调发展规划应当明确区域历史风貌保护的主要原则、策略和要求；城市、镇总体规划应当确定城市或者镇历史风貌的总体格局，划定历史文化保护区的范围，制定规划管制措施；控制性详细规划应当明确历史文化保护区和历史建筑保护的具体要求，并落实到规划控制指标。

村庄规划应当对保存具有风貌价值的建筑物、构筑物，保护具有乡土特色的传统格局，以及与乡村风俗、节庆、纪念等活动密切关联的特定建筑和场所等作出规定。

第五十六条　对纳入保护名录的历史文化保护区，城市、县人民政府应当组织编制专项保护规划，并参照历史文化名镇、名村、街区的有关规定报送审批。专项保护规划经批准后，报上一级人民政府和本级人民代表大会常务委员会备案。

历史文化保护区的专项保护规划应当包括下列内容：

（一）历史风貌保护的原则和总体要求；

（二）核心保护范围和建设控制地带；

（三）土地使用的规划控制和调整，建筑空间环境和景观的保护要求；
（四）与历史风貌保护要求不协调建筑的整改要求；
（五）规划管理的其他要求和措施。

第五十七条 对纳入保护名录的历史建筑，城市、县人民政府城乡规划主管部门应当划定核心保护范围，制定保护措施，明确使用功能，并可根据保护需要划定建设控制地带或者编制保护规划，经征求专家和公众意见后，报本级人民政府审批。

第五十八条 城市、县人民政府应当在历史文化名镇、名村、街区的核心保护范围设立保护标志。

城市、县人民政府城乡规划主管部门应当在传统镇街、村落和场所的核心保护范围设立保护标志。

城市、县人民政府房产管理部门应当在历史建筑的核心保护范围设立保护标志。

第五十九条 各级人民政府应当对历史文化保护予以必要的资金支持。

基层群众性自治组织应当配合政府对保护对象做好保护工作。

鼓励企事业单位、社会组织和个人以捐赠等形式资助历史文化保护。

第六十条 对纳入保护名录的保护对象，在其核心保护范围内，不得进行与保护无关的建设活动。但新建、扩建必要的基础设施和公益性公共服务设施除外。

在保护对象建设控制地带进行新建、扩建、改建活动，应当符合保护规划或者保护措施的要求，不得破坏传统格局和历史风貌。

在保护对象核心保护范围和建设控制地带内进行新建、扩建、改建活动，建设单位或者个人在申请办理规划许可时，应当同时提交历史文化保护的具体方案。城乡规划主管部门在作出规划许可前，应当征求文物主管部门的书面意见，必要时应组织专家论证和征求公众意见。

第六十一条 在保护对象核心保护范围和建设控制地带内禁止进行下列活动：
（一）开山、采石、开矿等破坏传统格局和历史风貌的活动；
（二）占用保护规划确定保留的园林绿地、河湖水系、道路等；
（三）修建生产和储存爆炸性、易燃性、放射性、毒害性、腐蚀性物品的工厂、仓库等；
（四）在历史建筑上刻划、涂污；
（五）对保护对象可能造成破坏性影响的其他活动。

第六十二条 城乡规划主管部门应当根据保护名录将保护对象资料纳入规划管理信息系统。房产管理部门应当在房屋权属档案库中对纳入保护名录的历史建筑予以标明。

历史建筑原有测绘资料不全或者缺失的，房产管理部门应当委托具有资质的测绘单位对历史建筑进行测绘，测绘资料纳入档案库统一管理。

第六十三条 纳入保护名录的历史建筑，由所有权人负责维护、修缮。所有权人、使用权人、管理人另有约定的，从其约定。所有权不明或者由政府代管的，由城市、县人民政府负责维护、修缮。

纳入保护名录的历史建筑的所有权人、使用权人和管理人不具备维护、修缮能力的，城市、县人民政府应当给予资助。

第六十四条 不得擅自拆除纳入保护名录的历史建筑。因严重损坏难以修复或者因公共利益需要确需拆除的，应当经城市、县人民政府城乡规划主管部门会同文物主管部门组织专家论证、制定补救措施后，报省人民政府城乡规划主管部门会同同级文物主管部门批准。

第六十五条　对纳入保护名录的历史建筑，经有相应资质的鉴定单位鉴定为危房确需翻建的，应当按照原地、原高度、原外观的要求编制建设工程设计方案，由所有权人向城市、县人民政府城乡规划主管部门提出书面申请。

城市、县人民政府城乡规划主管部门接到申请后，应当组织专家论证，并征求同级文物、房产管理部门意见后，作出是否批准的决定。

对纳入保护名录的历史建筑进行修缮装饰、添加设施的，所有权人应当将方案报城市、县人民政府城乡规划主管部门会同同级文物、房产管理部门审批后，依法办理相关手续。

第二节　自然风貌区

第六十六条　各级人民政府编制城乡规划，应当确定自然风貌区，实施控制和保护。

自然风貌区应当包括自然保护区、水源保护区、生态公益林、森林公园、基本农田保护区、风景名胜区、地质地貌风景区和重要江河湖泊、水库、海岸、湿地以及大型城市绿地等。

城乡规划、建设、国土资源、环境保护、林业、农业、海洋渔业、交通运输、水利、旅游、城市管理等部门应当在各自职责范围内，负责自然风貌区的保护工作。

第六十七条　省域城镇体系规划和城镇群协调发展规划应当根据自然风貌资源的分布，确定区域自然风貌保护的总体格局和管制原则、要求；城市、镇总体规划应当按照区域自然风貌保护的总体格局，明确各类自然风貌区的分布、范围和管制措施；控制性详细规划应当将自然风貌的保护要求落实到规划控制指标，并提出保护和恢复自然风貌的措施；村庄规划应当注重与山水田园、植被等自然景观的协调与融合。

第六十八条　城市、县人民政府城乡规划主管部门应当根据城乡规划，划定各类自然风貌区的边界控制线并制定保护措施，经征询有关部门和公众意见后，报本级人民政府批准并公布实施。

公布自然风貌区边界控制线，应当附有明确的地理坐标及相应的界址地形图。

第六十九条　县级以上人民政府应当组织规划建设绿道网，绿道规划建设管理的具体办法，由省人民政府在本条例实施之日起一年内制定。

第五章　监督检查

第七十条　各级人民政府及其城乡规划主管部门应当加强对城乡规划编制、审批、实施、修改的监督检查。

城市、县、镇人民政府应当每年向上一级人民政府报告年度实施计划的落实情况，以及城乡规划的编制、审批、实施和修改情况。城市、县人民政府城乡规划主管部门应当每年向上一级人民政府城乡规划主管部门报告城乡规划行政许可和变更情况。

第七十一条　县级以上人民政府应当每年向本级人民代表大会常务委员会报告城乡规划的实施情况，并接受本级人民代表大会常务委员会的监督。

镇人民政府应当定期向镇人民代表大会报告城乡规划的实施情况，并接受镇人民代表大会监督。

第七十二条 省人民政府、地级以上市人民政府应当建立城乡规划督察员制度，对城乡规划的编制、审批、实施和修改情况进行督察。

省人民政府城乡规划主管部门应当利用城乡规划管理信息系统，对全省城乡规划的实施进行动态监督。

第七十三条 县级以上人民政府城乡规划主管部门应当在办事窗口、政府网站公布办理规划许可和审批的条件、程序以及期限等有关内容，为公民、法人和其他组织提供便利，并接受社会监督。

第七十四条 依法应当准予行政许可或者批准，有关城乡规划主管部门不予行政许可或者批准的，上级城乡规划主管部门有权责令其作出准予行政许可决定或者批准决定，也可以建议有关人民政府责令其作出准予行政许可决定或者批准决定。

城乡规划主管部门违法作出行政许可或者审批的，上级人民政府城乡规划主管部门有权责令其撤销或者直接撤销该行政许可或者批准决定。因撤销行政许可或者批准决定给当事人合法权益造成损失的，违法作出行政许可或者批准决定的机关应当依法给予赔偿。

第七十五条 城乡规划主管部门及其他有关部门应当公布举报方式，接受公民、法人和其他组织对违反城乡规划法律法规行为的举报。属于本部门职责范围的，应当及时进行核实、处理，并答复已知举报人；不属于本部门职责范围的，应当及时告知举报人。

第六章 法律责任

第七十六条 有下列行为之一的，责令改正，通报批评；对直接负责的主管人员和其他直接责任人员依法给予处分：

（一）违反城市、镇或者特定地区规划确定的规划建设用地范围和布局进行开发区、产业园区以及其他成片开发地区建设的；

（二）未按照规定编制和实施近期建设规划、年度实施计划的；

（三）未建立历史文化保护区和历史建筑保护名录以及未组织编制历史文化保护区和历史建筑专项保护规划的；

（四）未按照规定向上一级人民政府报告年度实施计划落实情况以及城乡规划的编制、审批、实施和修改情况的。

第七十七条 县级以上人民政府城乡规划主管部门、省人民政府指定的镇人民政府有下列行为之一的，由本级人民政府、上级人民政府城乡规划主管部门或者监察机关依据职权责令改正，通报批评；对直接负责的主管人员和其他直接责任人员依法给予处分：

（一）违反规定批准、改变规划条件或者规划许可内容的；

（二）未按照规定进行验线和规划条件核实的；

（三）未在历史文化保护区核心保护范围设立保护标志，或者未将保护名录中保护对象资料纳入规划管理信息系统的；

（四）未划定自然风貌区的边界控制线并制定保护措施的。

第七十八条 县级以上人民政府有关部门有下列行为之一的，由本级人民政府、上级人民政府有关部门或者监察机关依据职权责令改正，通报批评；对直接负责的主管人员和其他直接责任人员依法给予处分：

（一）对未依法取得建设工程规划许可证的建设单位或者个人作出建设工程施工许可，或者违反建设工程规划许可证的要求作出建设工程施工许可的；

（二）对未办理规划条件核实的建设工程办理房屋产权登记，或者擅自改变建设工程规划许可证、乡村建设规划许可证的内容进行房屋产权登记的；

（三）未在历史建筑的核心保护范围设立保护标志，或者未在房屋权属档案库中对纳入保护名录的历史建筑予以标明的。

第七十九条　建设单位或者个人违反本条例第二十八条规定，未依法办理规划许可审批手续建设地下建筑物、构筑物的，或者擅自改变经许可审批确定的地下空间的使用功能、高度、层数和面积的，由当地城市、县人民政府城乡规划主管部门责令停止建设，限期改正，处以建设工程造价百分之五以上百分之十以下的罚款。

第八十条　建设单位或者个人违反本条例第四十条规定，未依法取得建设工程规划许可证或者未按照建设工程规划许可证的规定进行建设的，由当地城市、县人民政府城乡规划主管部门责令停止建设。尚可采取改正措施消除对规划实施的影响的，责令限期改正，并处建设工程造价百分之五以上百分之十以下的罚款。无法采取改正措施消除影响的，责令限期拆除；不能拆除的，没收实物或者违法收入，可以并处建设工程造价百分之十以下的罚款。

有下列行为之一的，应当认定为前款规定的无法采取改正措施消除影响的情形：

（一）超过建设工程规划许可证确定的建筑面积（计算容积率部分）或者建筑高度且超出合理误差范围的；

（二）违反建筑间距、建筑退让道路红线、建筑退让用地边界等城乡规划管理技术规定或者控制性详细规划确定的强制性内容的；

（三）侵占现状及规划确定的道路、消防通道、广场、公共绿地、河湖水面、地下工程、轨道交通设施、通信设施或者压占城市管线、永久性测量标志等公共设施、公共场所用地的；

（四）占用各级文物保护单位、历史建筑保护范围用地进行建设的；

（五）擅自在建筑物楼顶、退层平台、住宅底层院内以及配建的停车场地进行建设的；

（六）在已完成规划条件核实的建设工程用地范围内擅自新建、搭建建筑物、构筑物的；

（七）其他无法采取改正措施消除影响的情形。

前款第（一）项规定的合理误差范围的标准，由省人民政府城乡规划主管部门制定。

本条第一款规定的违法收入，按照该建设工程的销售平均单价或者市场评估单价与违法建设面积的乘积确定；建设工程造价按照有违法建设情形的单项工程造价确定，其中房屋建筑工程按照单体建筑物工程造价确定。

第八十一条　建设单位或者个人违反本条例第四十一条第四款规定，未按照规定设置建设工程规划许可公告牌的，由当地城市、县人民政府城乡规划主管部门责令限期改正；逾期不改正的，处五千元罚款。

第八十二条　设计单位违反本条例第四十二条规定，有下列行为之一的，由当地城市、县人民政府城乡规划主管部门责令限期改正；情节严重的，由原发证机关依法降低资质等级或者吊销资质证书：

（一）违反规划许可内容编制建设工程设计方案的；

（二）违反相关技术标准和规范编制建设工程设计方案的；

（三）建设工程设计方案文字标明的技术经济指标与图纸所示不相一致的。

第八十三条 违反本条例第四十五条和第五十二条规定，建设工程未经验线，或者验线不合格擅自开工的，由城市、县人民政府城乡规划主管部门或者省人民政府指定的镇人民政府责令停止建设，限期改正。逾期不改正的，由城市、县人民政府城乡规划主管部门或者省人民政府指定的镇人民政府对建设单位处一万元罚款，对个人处二千元罚款。

第八十四条 城市、县人民政府城乡规划主管部门根据本条例第四十六条规定，在规划条件核实过程中，发现未按照建设工程规划许可证的内容进行建设的，依照本条例第八十条的规定处理后可以依法组织竣工验收、办理产权登记手续。

第八十五条 违反本条例第六十四条规定，擅自拆除纳入保护名录的历史建筑，由城市、县人民政府城乡规划主管部门责令停止违法行为、限期恢复原状或者采取其他补救措施；逾期不恢复原状或者不采取其他补救措施的，城乡规划主管部门可以指定有能力的单位代为恢复原状或者采取其他补救措施，所需费用由违法者承担；造成严重后果的，对单位并处二十万元以上五十万元以下的罚款，对个人并处十万元以上二十万元以下的罚款；造成损失的，依法承担赔偿责任。

第八十六条 违反本条例规定，未依法取得有关规划许可证的在建或者建成项目，对无法确定建设单位或者个人的，城市、县人民政府城乡规划主管部门应当在报纸等公共媒体和违法建设项目现场予以公告，告知建设单位或者个人依法接受处理，公告期限不少于三十日。

无法确定建设单位或者个人的违法建设项目不及时拆除可能影响安全、交通等的，可以在向公证机关办理证据保全手续后予以强制拆除。

第八十七条 城乡规划主管部门作出责令停止建设的决定后，建设单位或者个人不停止建设的，城乡规划主管部门应当立即向本级人民政府报告。城市、县人民政府应当自收到报告之日起五个工作日内书面责成有关部门采取查封施工现场等措施。

城乡规划主管部门作出责令限期拆除的决定后，建设单位或者个人逾期不拆除且未申请行政复议、提起行政诉讼的，城乡规划主管部门应当立即向本级人民政府报告。城市、县人民政府应当自收到报告之日起十五个工作日内书面责成有关部门依法强制拆除，强制拆除的费用由违法行为人承担。

第七章　附　则

第八十八条 本条例自2013年5月1日起施行。《广东省实施〈中华人民共和国城市规划法〉办法》同时废止。

本省行政区域内乡规划的制定、修改、实施工作，参照本条例关于镇规划的规定执行。

广东省城市控制性详细规划管理条例

（2004年9月24日广东省第十届人民代表大会常务委员会第十三次会议通过 根据2014年9月25日广东省第十二届人民代表大会常务委员会第十一次会议《关于修改〈广东省商品房预售管理条例〉等二十七项地方性法规的决定》修正）

第一章　总　则

第一条　为了规范城市控制性详细规划的编制和审批程序，保障城市规划的有效实施，根据《中华人民共和国城市规划法》等法律、法规，结合我省实际，制定本条例。

第二条　本省行政区域内设市城市和省人民政府指定编制城市控制性详细规划的镇，其城市控制性详细规划的编制、审批和实施，适用本条例。

本条例所称城市控制性详细规划（以下简称控制性详细规划），是指以经批准的城市总体规划或者分区规划为依据，对建设地区的土地使用性质、使用强度、道路、工程管线和配套设施以及空间环境等控制要求作出的规划。

第三条　控制性详细规划实行城市规划委员会审议制度。

城市规划委员会是人民政府进行城市规划决策的议事机构。城市规划委员会委员由人民政府及其相关职能部门代表、专家和公众代表组成。其中专家和公众代表人数应当超过全体成员的半数以上。主任委员和副主任委员由人民政府从委员中指定。

城市规划委员会的产生、任期、议事规则等有关事项由地级以上市人民政府作出规定，并报省人民政府备案。

第四条　设市城市的控制性详细规划由市人民政府城市规划行政主管部门（以下简称城市规划行政主管部门）组织编制，经城市规划委员会审议通过，报市人民政府批准后公布实施。

省人民政府指定的镇为县城镇的，其控制性详细规划由县人民政府城市规划行政主管部门组织编制，经城市规划委员会审议通过，报县人民政府批准后公布实施。省人民政府指定的镇为其他建制镇的，其控制性详细规划由镇人民政府组织编制，经县（市）城市规划行政主管部门审查和城市规划委员会审议通过，报县（市）人民政府批准后公布实施。

第五条　控制性详细规划经批准后非经法定程序不得变更。

各级人民政府及其城市规划行政主管部门应当加强对本条例执行情况和控制性详细规划实施情况的监督检查。

第六条　各级人民政府应当将城市规划工作经费纳入政府公共财政预算，保障控制性详细规划的编制和城市规划管理工作的正常开展。

第七条　公民、法人和其他组织应当支持控制性详细规划的依法实施，对违反控制性详细规划的行为有权检举和控告。

第二章　控制性详细规划的编制

第八条　省人民政府城市规划行政主管部门应当根据国家有关技术规范，制定控制性详细规划的技术规范和指导意见，指导和规范全省控制性详细规划的编制工作。

第九条　城市规划行政主管部门应当根据城市总体规划或者分区规划、国民经济和社会发展计划以及城市建设发展的需要，制订控制性详细规划的编制计划，报同级人民政府审定。

城市中心区、旧城改造区、近期建设区以及储备土地、拟出让的土地等城市建设重要控制区域，应当优先编制控制性详细规划。

第十条　城市规划行政主管部门应当根据控制性详细规划的编制计划，通过公开征集或者邀请征集规划方案等方式，择优选定具备相应资质的城市规划编制单位承担编制工作。

第十一条　控制性详细规划的编制，应当根据城市总体规划或者分区规划要求，综合考虑自然环境、人文因素、公众意愿和经济社会发展需要，体现提高城市环境质量、生活质量和景观艺术水平的总体要求，符合国家和省的有关标准和规范。其主要内容：

（一）规划依据和规划范围；

（二）建设用地性质，包括不同地块土地使用性质的具体控制要求，土地使用性质的兼容性；

（三）建设用地使用强度，包括不同地块的开发建设密度、容积率、绿地率等具体控制要求；

（四）道路交通，包括道路系统的功能分级和交叉口形式，以及公共停车场、公交站场等的规划要求；

（五）工程管线，包括各类工程管线的走向、位置等控制要求；

（六）特定地区地段和其他公共配套设施的规划要求。

第三章　控制性详细规划的审批

第十二条　城市规划编制单位完成控制性详细规划草案后，应当报城市规划行政主管部门审查。

第十三条　城市规划行政主管部门应当将审查后的控制性详细规划草案公开展示，征询公众意见。

控制性详细规划草案公开展示的时间不少于二十日。展示的时间、地点及公众提交意见的期限、方式应当在当地主要新闻媒体或者政府信息网站上公布，同时在规划地块的主要街道或者其他公共场所设置公示栏公示。

第十四条　城市规划行政主管部门应当收集、整理和研究公众的意见。公众对控制性详细规划草案提出重大异议的，城市规划行政主管部门应当通过召开座谈会、论证会、听证会等方式进行充分论证。城市规划行政主管部门应当根据公众的意见对控制性详细规划草案进行修改和完善。

第十五条　城市规划行政主管部门应当将控制性详细规划草案及审查意见提交城市规

划委员会审议，并附公众意见及采纳情况。

城镇体系规划中确定由上一级城市规划行政主管部门实施规划监控的区域，其控制性详细规划草案在提交城市规划委员会审议前，应当先征得上一级城市规划行政主管部门书面同意。

第十六条　控制性详细规划草案经城市规划委员会审议通过后，由城市规划行政主管部门根据审议意见修改完善并报同级人民政府批准。未经城市规划委员会审议通过的，同级人民政府不予批准。

第十七条　控制性详细规划经人民政府批准后，城市规划行政主管部门应当自批准之日起三十日内在当地主要新闻媒体和政府信息网站上公告。公告的内容应当包括该控制性详细规划的具体范围、实施时间和查询方式等。

第十八条　城市规划行政主管部门应当建立控制性详细规划档案。城市现状调研资料、有关部门意见、历次审查会议纪要、公众意见及论证意见、城市规划委员会审议意见和城市人民政府的批准文件、规划成果等，必须存档。

公民、法人和其他组织可以查阅前款档案，但法律、法规规定需要保密的除外。

第四章　控制性详细规划的实施和修改

第十九条　在城市规划区范围内尚未编制控制性详细规划的地块，因国家、省或者地级以上市重点建设需要使用土地的，土地使用权出让、划拨以及建设用地的规划许可必须以经批准的规划设计条件为依据。

批准规划设计条件应当按照下列程序进行：

（一）建设单位应当持经批准的项目建议书和项目可行性研究报告等相关材料，向城市规划行政主管部门提出规划申请；

（二）城市规划行政主管部门根据城市总体规划或者分区规划提出规划设计条件，报城市规划委员会审议；

（三）城市规划委员会审议通过；

（四）同级人民政府批准。

第二十条　城市规划区范围内的土地使用权出让、划拨以及建设用地的规划许可应当以控制性详细规划为依据。没有编制控制性详细规划的地块，除本条例第十九条规定的情形外，城市规划行政主管部门不得办理建设用地的规划许可手续，土地行政主管部门不得办理土地使用权出让、划拨手续。

土地使用性质、使用强度以及其他规划条件，应当以控制性详细规划为依据，并作为土地使用权出让合同的组成部分。

任何单位和个人不得擅自改变土地使用权出让合同中的规划设计条件。

第二十一条　有下列情形之一，需要对控制性详细规划作出调整的，由原组织编制控制性详细规划的城市规划行政主管部门或镇人民政府提出建议，并经县（市）城市规划委员会审议通过报原批准的人民政府同意后，按照本条例第二章、第三章规定的编制、审批程序进行：

（一）城市总体规划或者分区规划发生重大变更，对控制性详细规划控制区域的功能与布局产生重大影响的；

（二）设立重大建设项目，对控制性详细规划控制地块的功能与布局产生重大影响的；

（三）在实施城市建设中发现控制性详细规划有明显缺陷的；

（四）对控制性详细规划确定的建设用地性质、建设用地使用强度和公共配套设施的规划要求进行调整的。

第二十二条 城市规划行政主管部门受理建设用地规划许可申请和建设工程规划许可申请后，应当将有关申请事项予以公示。

城市规划行政主管部门审查建设用地规划许可申请和建设工程规划许可申请，公示发现许可事项直接关系他人重大利益的，应当告知该利害关系人。申请人、利害关系人有权进行陈述和申辩。城市规划行政主管部门应当听取申请人、利害关系人的意见。

城市规划行政主管部门在依法核发建设用地规划许可证或者建设工程规划许可证后，应当自核发之日起十五日内通过信息网络、设置公示栏公示等方式向社会公布核发结果。

公民、法人和其他组织可以向城市规划行政主管部门查询许可证及其依据的控制性详细规划的具体内容。

第二十三条 城市规划行政主管部门受理公民、法人和其他组织对违反控制性详细规划行为的举报后，应当及时处理，并自接到举报材料之日起十五日内将处理情况以书面、信息网络等形式回复举报人。

公民、法人和其他组织认为城市规划行政主管部门违反控制性详细规划，核发建设用地规划许可证或者建设工程规划许可证的，可以向同级人民政府或者上级城市规划行政主管部门举报，同级人民政府或者上级城市规划行政主管部门应当及时处理，并在接到举报材料之日起三十日内将处理情况以书面、信息网络等形式回复举报人。

第二十四条 城市规划行政主管部门应当每年向同级人民政府和上级城市规划行政主管部门报告控制性详细规划的编制和实施情况。

县级以上人民政府应当每年向同级人民代表大会或者其常务委员会报告控制性详细规划的编制和实施情况。

第五章　法律责任

第二十五条 市、县人民政府违反本条例规定批准、调整的控制性详细规划无效，由其上一级人民政府责令纠正，并依法追究主管领导和直接责任人的责任。

第二十六条 城市规划行政主管部门有下列情形之一的，由同级人民政府或者上一级城市规划行政主管部门责令改正，并依法追究主管领导和直接责任人的责任：

（一）违反本条例第十条规定，将控制性详细规划编制工作交由不具备相应资质的编制单位承担的；

（二）未按照本条例第十三条、第十四条规定听取公众意见的；

（三）违反本条例第十五条规定，未将控制性详细规划草案及审查意见提交城市规划委员会审议，或者未征求上一级城市规划行政主管部门意见的；

（四）违反本条例第十八条第二款规定拒绝公民、法人和其他组织查阅控制性详细规划档案的；

（五）违反本条例第二十一条规定，擅自调整控制性详细规划的；

（六）违反本条例第二十三条规定，受理举报后不处理，或者不及时处理的。

第二十七条　土地、城市规划等行政主管部门违反本条例第十九条和第二十条的规定出让、划拨土地使用权或者核发建设用地规划许可证的，其批准文件无效。由其同级人民政府或者上一级行政主管部门责令纠正，并依法追究该部门的主管领导和直接责任人的责任；构成犯罪的，依法追究刑事责任。造成建设单位或者相关单位、个人损失的，应当依法予以赔偿。

第二十八条　严重违反控制性详细规划的建筑物、构筑物，由城市规划行政主管部门责令拆除，对违法建设单位或者个人依法予以处罚。

第二十九条　国家工作人员玩忽职守、滥用职权、徇私舞弊，构成犯罪的，依法追究刑事责任；不构成犯罪的，由其所在单位给予处分。

第六章　附　则

第三十条　本条例第二条规定的省人民政府指定编制控制性详细规划的镇，由省人民政府城市规划行政主管部门根据经济社会发展和推进城镇化的需要，分期提出控制性详细规划的编制、审批和实施适用本条例的城镇名单，报省人民政府同意后予以公布。

前款规定以外的镇，其控制性详细规划的编制、审批和实施，可以参照本条例执行。

第三十一条　本条例自2005年3月1日起施行。

广州市城乡规划条例

（2014年8月27日广州市第十四届人民代表大会常务委员会第三十一次会议通过
2014年11月26日广东省第十二届人民代表大会常务委员会第十二次会议批准
根据2019年11月20日广州市第十五届人民代表大会常务委员会第二十九次会议通过并经2020年7月29日广东省第十三届人民代表大会常务委员会第二十二次会议批准的《关于修改〈广州经济技术开发区条例〉第三十二件地方性法规的决定》修正

第一章　总　则

第一条　为了加强城乡规划管理，优化城乡空间布局，改善人居环境，促进城乡经济、社会、环境全面协调可持续发展，根据《中华人民共和国城乡规划法》、《广东省城乡规划条例》和有关法律、法规，结合本市实际，制定本条例。

第二条　本条例适用于本市行政区域内城乡规划的制定、修改、实施、监督检查以及相关城乡建设活动。

第三条　市城乡规划主管部门负责本市行政区域内的城乡规划管理工作，组织实施本条例。

市城乡规划主管部门在区、特定地区设立的派出机构和在镇设立的工作机构，按照规定职责承担有关城乡规划管理工作。

区人民政府依照法定权限负责辖区内的村庄规划审批和其他规划管理工作。

镇人民政府依照法定权限负责辖区内的村庄规划编制和其他规划管理工作。街道办事处依照本条例规定的职责负责辖区内的城乡规划管理工作。

城市管理综合执法机关行使城乡规划管理方面的行政处罚权。

第四条　规划委员会是市人民政府进行城乡规划决策的议事机构。市人民政府进行城乡规划决策时，应当将规划委员会的审议意见作为重要依据。未经规划委员会审议或者审议未通过的，市人民政府不予批准。城市总体规划、区域性控制性详细规划的制定和修改以及重大建设项目的设立和调整涉及控制性详细规划修改的，应当经市人民政府常务会议审议。

规划委员会下设办公室和若干专业委员会。办公室设在市城乡规划主管部门，负责规划委员会的日常事务。专业委员会负责其职责范围内事项的审议。

规划委员会委员由市人民政府及其职能部门代表、专家、人大代表、政协委员和公众代表组成。其中，专家、人大代表、政协委员和公众代表委员人数应当超过委员总数的二分之一。

规划委员会对审议的表决事项实行票决制。每次参加会议人数应当不少于各委员会委员总数的三分之二。参加会议的委员均享有表决权，表决议题采取无记名的方式进行，须有三分之二以上参加会议的委员赞成方可通过。

规划委员会的产生、任期和议事规则由市人民政府另行规定，并报省人民政府备案。

第五条　本市城乡规划和建设应当遵循以人为本、城乡一体、优化布局、生态文明、节约资源、集约发展和传承岭南特色的原则。

第六条　各级人民政府和相关行政管理部门应当按照下列要求制定、实施本市城乡规划：

（一）坚持多中心、组团式、网络型的城市空间结构，引导城市各功能区合理分工、协调发展，构建城乡一体发展的市域城镇体系；

（二）科学控制人口和用地规模，加强城乡空间管制，划定城市开发边界、生态控制线，加强生态隔离，推进绿色建筑和建筑节能；

（三）城市新区的规划建设应当科学确定城市功能，紧凑布局，集聚发展，同步配套建设公共服务设施和基础设施；

（四）旧城区的规划建设应当注重优化城市功能和改善人居环境，增加基础设施和公共空间，严格控制居住人口和建设总量；

（五）保护历史文化名城，加强历史城区、历史文化街区、历史风貌区、名镇名村、不可移动文物、历史建筑、传统风貌建筑和自然遗产等的保护；

（六）加强国家中心城市的辐射带动功能，推进广州与珠江三角洲城镇群的区域协调发展。

第七条　本市城市总体规划、国民经济和社会发展规划、土地利用总体规划应当相互衔接，协调一致。

第八条　各级人民政府应当将城乡规划编制和管理经费、因规划变更导致的政府补偿支出纳入本级财政预算。

第九条　依法批准的城市总体规划、详细规划以及其他城乡规划应当通过政府网站、新闻媒体或者在专门场所及时公布，并作为政府网站或者常设的专门场所长期公布的内容，未经公布的城乡规划，不作为规划管理和城乡建设的依据，但法律、法规另有规定的除外。

第十条　城乡规划制定、修改、实施和监督检查应当建立健全公众参与制度，听取公众意见，但法律、法规另有规定的除外。

任何单位和个人有权就涉及其利害关系的建设活动是否符合城乡规划向城乡规划主管部门进行查询。城乡规划主管部门应当为公众查询提供便利条件。

第十一条　本市应当加强城乡规划信息化应用，强化规划成果电子数据的质量控制，建立城乡规划信息资源库，提升城乡规划的科学水平，实现各行政管理部门之间规划管理信息的共享。

第十二条　规划、国土房管、建设、文化广电新闻出版、教育、科技信息化等有关行政管理部门、城市管理综合执法机关以及政府网站、报刊、广播、电视等媒体，应当加强对城乡规划法律、法规和相关知识的宣传、教育工作，增强全社会遵守城乡规划的意识。

第二章 城乡规划的制定和修改

第十三条 市人民政府应当按照下列要求，组织构建本市的城乡规划体系：

（一）根据城市发展需要，编制城市发展战略规划；

（二）在城市发展战略规划的基础上，编制城市总体规划，为分阶段实施城市总体规划，每五年制定近期建设规划；

（三）在城市总体规划的基础上，根据需要，特定地区编制特定地区总体规划，其余地区按照功能分区和组团编制分区规划，镇总体规划纳入分区规划统筹编制；

（四）在城市总体规划、特定地区总体规划、分区规划的基础上，编制控制性详细规划、村庄规划，根据需要可以编制修建性详细规划。

城乡规划主管部门根据需要组织编制城市总体规划、分区规划、详细规划三个层次的城市设计和专项规划。

第十四条 市人民政府组织编制城市发展战略规划，用以指导国民经济和社会发展规划、城市总体规划、土地利用总体规划、各类专业规划的编制。城市发展战略规划应当提请市人民代表大会常务委员会审议批准。

第十五条 城市总体规划、特定地区总体规划、分区规划按照有关法律、法规的规定编制和报送审批。

第十六条 市城乡规划主管部门组织编制城市控制性详细规划，经市人民政府批准后，报市人民代表大会常务委员会和省人民政府备案。

市城乡规划主管部门依据规划布局确定规划管理单元，按照规划管理单元编制控制性详细规划。

控制性详细规划应当落实城市总体规划、专项规划的要求，明确管理单元的主导属性、用地功能、建筑总量、公共服务设施和基础设施用地配套规定等强制性内容以及明确规划地块的用地性质、容积率、绿地率、公共服务设施和基础设施配套规定等强制性内容。

第十七条 市人民政府按照本市村庄发展阶段差异性和发展模式差异化的原则确定编制村庄规划的范围。镇人民政府和区人民政府指定的街道办事处组织编制村庄规划，经村民会议或者村民代表会议讨论同意，并经市城乡规划主管部门审查后，报区人民政府批准。

村庄规划编制应当充分听取村民意见和建议，优先保障村民合理需求，科学划定功能分区。

第十八条 在制定或者修改城市总体规划时，城乡规划主管部门可以围绕整体城市形态和特色、自然和历史文化保护、新区开发、社区环境、交通等内容组织编制城市设计。

对一定地域范围内的建筑、公共空间的形态、布局和景观控制等需要作出特别规定的，在制定或者修改分区规划、详细规划时，城乡规划主管部门可以组织编制城市设计。

城市设计对建筑、公共空间的形态、布局和景观控制提出的规划管理要求，应当纳入分区规划、详细规划。

城市总体规划层次的城市设计，应当按照城市总体规划的专项规划的审批程序执行。分区规划、详细规划层次的城市设计，可以按照分区规划、详细规划的审批程序执行，或者纳入分区规划、详细规划一并审批。

第十九条　市人民政府应当依据城市总体规划、土地利用总体规划、国民经济和社会发展规划编制近期建设规划，经市人民代表大会常务委员会审议同意后，报城市总体规划审批机关备案。

市人民政府依据近期建设规划组织编制年度实施计划，经市人民代表大会常务委员会审议同意后实施。

各有关部门和区人民政府应当依据近期建设规划编制重大产业项目建设、基础设施建设、公共服务设施建设、土地开发利用和储备供应等方面的年度计划。

第二十条　市城乡规划主管部门应当会同人民防空等有关部门，依据城市总体规划和人民防空规划组织编制城市地下空间开发利用规划，报市人民政府审批。控制性详细规划应当落实地下空间开发利用规划的有关内容。

第二十一条　历史文化名城保护规划按照国家、省、市有关历史文化名城保护规划编制和审批的规定执行。

第二十二条　市人民政府应当组织编制全市生态控制线划定方案并制定保护措施，报市人民政府批准并公布实施。市人民政府在批准前，应当向市人民代表大会常务委员会报告。编制生态控制线划定方案和制定保护措施应当征询公众意见。

生态控制线划定应当遵循生态优先、系统完整、因地制宜、永续发展的原则，保障城乡生态安全和生态系统的完整性，统筹兼顾经济、社会发展、建设管理现状，与生态保护红线相衔接，实现生态、生产、生活并重和可持续发展。

划定生态控制线，应当附有明确的地理坐标及相应的界址地形图。

生态控制线的管理规定由市人民政府另行制定。

第二十三条　编制城乡规划应当以上层次城乡规划为依据，并且符合法律、法规、规章和技术标准的规定，坚持政府组织、专家论证、部门合作、公众参与、科学决策的原则。

编制城乡规划应当具备勘察、测绘、气象、地震、水文、环境、交通、文化遗产、安全等基础资料，应当进行环境影响评价和地质灾害危险性评估的，按照有关法律、法规的规定执行。

各有关部门应当根据城乡规划组织编制的需要提供相关基础资料。

城乡规划审批前，审批机关可以委托承担规划编制任务以外的具有城乡规划编制资质的机构对规划草案进行技术审查。

第二十四条　城乡规划组织编制机关应当委托具有相应资质等级的单位承担城乡规划的具体编制工作。

规划编制单位应当在资质等级许可的范围内从事城乡规划编制工作，遵守国家、省、市有关标准、规范和其他规定，不得隐瞒真实情况、采取修改地形图和标注虚假尺寸等手段编制城乡规划，不得提供虚假的规划编制成果。

第二十五条　各行政管理部门应当依据国民经济和社会发展规划、城市总体规划以及土地利用总体规划编制专业规划。其中涉及空间布局和用地需求的，应当经城乡规划主管部门审查后，由各行政管理部门报市人民政府审批，并由城乡规划主管部门纳入城乡规划。城乡规划主管部门在审查时，应当征求市发展改革、土地行政管理部门的意见。

第二十六条 经依法批准的城乡规划不得擅自修改。有下列情形之一，确需修改的，应当采取座谈会、论证会、听证会或者其他方式征求公众意见，并依照法律、法规和本条例规定的权限和程序报送审批：

（一）上层次的城乡规划修改对下层次城乡规划的功能与布局产生重大影响的；

（二）因国家、省、市重大工程建设确需修改规划的；

（三）在实施城市建设中发现有明显缺陷的；

（四）法律、法规规定的其他情形。

第二十七条 市人民政府应当定期组织有关部门和专家对城市发展战略规划实施情况进行评估，并根据评估情况对城市发展战略规划进行修改。

修改城市发展战略规划，应当依照本条例第十四条的规定执行。

第二十八条 修改城市总体规划确定的城市性质、职能、目标、空间布局、空间开发管制、区域协调、规划区范围、规划期限的，组织编制机关应当向原审批机关提出专题报告，经同意后，编制修编纲要、修编方案，并按照城市总体规划的编制、审批程序执行。

对城市总体规划进行细化、完善，不涉及前款规定内容的，市人民政府应当组织有关部门和专家对规划实施情况进行评估，并采取论证会、听证会或者其他方式征求公众意见后，制定细化、完善的方案报市人民代表大会常务委员会批准后公布实施。

第二十九条 修改控制性详细规划的，组织编制机关应当向原审批机关提出申请，获得批准后，依照控制性详细规划的编制和审批程序执行。修改控制性详细规划应当以不小于一个规划管理单元为最小范围进行方案论证。

第三章 城乡规划的实施

第三十条 建设项目的规划管理实行建设项目规划选址、建设用地规划许可、建设工程规划许可、乡村建设规划许可、建设工程规划核实等制度。

建设项目应当按照规划许可证的许可内容进行建设。

城乡规划主管部门可以根据实际需要，委托规划编制单位或者设计单位以外的具有相应资质的单位，对建设工程设计方案进行技术审查。

第三十一条 建设单位或者个人应当根据城乡规划主管部门公布的行政许可申请条件和要求，提交相关材料，并保证材料的真实性，不得以欺骗、贿赂等不正当手段骗取行政许可。

第三十二条 在规划区内进行新建、扩建、加建、改建、危房原址重建各类建设工程的，建设单位或者个人应当向城乡规划主管部门申请建设工程规划许可证或者乡村建设规划许可证，但无需申请的除外。

市城乡规划主管部门应当根据建设工程自身建设特点、性质、规模等，明确无需申领建设工程规划许可证或者乡村建设规划许可证的范围，报市人民政府批准后向社会公布。

第三十三条 建设工程开工前，建设单位或者个人应当委托具有相应测绘资质的单位放线，但外立面整饬、危房原址重建、既有住宅增设电梯等不发生四至关系改变的建设工程除外。城乡规划主管部门或者镇人民政府应当在放线后组织验线。

第三十四条 按照国家规定需要有关部门批准或者核准的建设项目，以划拨方式提供国有土地使用权的，建设单位或者个人应当在取得建设项目选址意见书之日起两年内向城乡规划主管部门申请建设用地规划许可证。逾期未申请建设用地规划许可证且未办理延期手续的，建设项目选址意见书及其附图、附件自行失效。

建设单位或者个人应当自取得建设用地规划许可证之日起一年内向土地行政管理部门申请用地。逾期未申请用地且未办理延期手续的，建设用地规划许可证及其附图、附件自行失效。

第三十五条　建设单位或者个人应当自取得建设工程规划许可证之日起一年内取得施工许可。依法无需取得施工许可的，应当在一年内开工。逾期未取得施工许可或者逾期未开工、未办理延期手续的，建设工程规划许可证及其附图、附件自行失效。

划拨决定书或者出让合同应当约定竣工期限、延期条件和建设单位或者个人逾期未竣工的违约责任。建设单位或者个人取得建设工程规划许可证后，应当按照划拨决定书或者出让合同约定的期限竣工。未能在上述期限内竣工的，应当在期限届满前十五日内向土地行政管理部门申请办理建设用地延期手续。

建设单位或者个人超过出让合同约定竣工期限未竣工且未申请延期，或者申请延期因不符合条件未获批准的，应当按照出让合同的约定承担违约责任。

第三十六条　因建设基础设施、公共服务设施、公共安全设施或者防灾减灾应急需要搭建的辅助性建筑物、构筑物及依据政府有关规定允许建设临时建设工程的，建设单位应当向城乡规划主管部门申领临时建设工程规划许可证或者临时乡村建设规划许可证。建设单位申请临时建设不符合上述规定的，城乡规划主管部门不得批准。

城乡规划主管部门在批准临时建设工程时应当明确使用期限，但本条例实施前批准的不属于本条第一款规定范围的临时建设工程，使用期限届满后一律不得延期。临时建设应当在使用期限届满前自行拆除，恢复土地原状。

临时建设必须按照批准的用途使用，不得改变用途或者转让。

第三十七条　在村庄规划确定的建设用地范围内使用集体所有土地兴办企业，进行乡村公共设施、公益事业和村民住宅建设的，建设单位或者个人应当取得乡村建设规划许可证。涉及历史文化名村的乡村建设还应当遵守《历史文化名城名镇名村保护条例》的有关规定。

申请办理乡村建设规划许可证，应当向镇人民政府、街道办事处提交建设工程设计方案、土地行政管理部门意见、村民委员会或者集体经济组织意见等材料，并由镇人民政府、街道办事处报城乡规划主管部门核发乡村建设规划许可证。城乡规划主管部门可以委托镇人民政府、街道办事处依据经批准的村庄规划核发乡村建设规划许可证。

建设单位或者个人应当自取得乡村建设规划许可证之日起一年内取得施工许可；依法无需取得施工许可的，应当在一年内开工。逾期未取得施工许可或者逾期未开工、未办理延期手续的，乡村建设规划许可证及其附图、附件自行失效。

乡村建设规划许可的实施办法由市人民政府根据本市实际情况另行制定。

第三十八条　建设单位或者个人应当在建设工程竣工后向原规划许可机关申请办理规划核实手续，原规划许可机关应当对建设工程是否符合规划条件和建设工程规划许可证的内容进行核实，并查验其建设工程档案认可文件和测绘单位的测量报告。符合的，应当予以核发建设工程规划验收合格证。未经规划核实或者经核实不符合的，建设单位不得组织竣工验收，产权登记机关不得办理产权登记手续。

未取得规划验收合格证的房屋不得交付使用。

第三十九条 建设单位在编制建设项目修建性详细规划、建设工程设计方案总平面图或者建设工程设计方案时，涉及确定市政基础设施的规模和位置的，应当征求供水排水、电力、燃气等生产经营企业的意见，相关生产经营企业应当配合。市政基础设施、公共服务设施的规模和位置经城乡规划主管部门批准后不得擅自改变。

第四十条 建筑物的使用应当符合建设工程规划许可证、乡村建设规划许可证或者房地产权证书载明的使用性质、用途，不得擅自改变。确因社会经济发展、产业布局调整、城市区域功能调整而需要改变一定区域内建筑物使用性质的，应当符合控制性详细规划和现行土地政策规定，同时不得影响建筑物安全使用，不得侵害他人合法权益。

竣工并经各项验收合格投入使用的建筑物，变更房屋权属登记中房屋用途或者开展经营活动，涉及规划管理许可事项的，应当报经城乡规划主管部门批准。

第四十一条 以拍卖、招标等方式依法处置未经规划核实的建设工程和土地权益的，负责处置的机构应当在处置前向城乡规划主管部门了解有关规划情况，城乡规划主管部门应当予以配合。

第四十二条 以出让方式提供国有土地使用权的住宅、商业、办公类建设项目，应当严格执行规划条件，除法律、法规规定可以依法申请调整规划条件的情形外，不得改变用地性质，不得改变容积率，不得降低绿地率，不得改变基础设施和公共服务设施的类别和减少其规模。

符合产业政策和规划导向的工业类建设项目，建设单位或者个人可以依法申请调整规划条件。

取得规划条件后，以出让方式提供土地使用权的，两年内未出让土地的，该规划条件自行失效；以划拨方式取得土地使用权的，两年内未取得规划审批手续的，该规划条件自行失效。

第四十三条 建设单位或者个人应当按照建设工程规划许可的内容进行建设，不得擅自变更；确需变更的，应当经原许可机关批准。原许可机关批准前应当征求利害关系人意见。

变更内容依法应当先经其他有关主管部门同意的，应当提供相关证明文件。

第四十四条 建设单位组织编制的修建性详细规划、建设工程设计方案总平面图经审定后应当公示，不得擅自修改。确需修改的，建设单位应当按照规划技术规范的要求拟定修改方案并向城乡规划主管部门提出申请，城乡规划主管部门受理后应当采取批前公示、座谈会或者听证会等形式征求利害关系人的意见，并按照下列规定办理：

（一）涉及控制性详细规划修改的，应当先行修改控制性详细规划；

（二）涉及基础设施、公共服务设施和公共安全设施修改的，在批准前，城乡规划主管部门应当征求相关行政管理部门的意见；

（三）经审定的商品房项目修建性详细规划、建设工程设计方案总平面图修改涉及产权人的专有部分或者产权人所在建筑物的共有部分的，应当依照相关法律、法规的规定取得相关产权人的同意。

第四十五条 作出准予行政许可决定或者批准决定后，在许可决定的有效期内，因依法修改城乡规划给被许可人合法权益造成损失的，应当依法予以补偿。

依法修改经审定的修建性详细规划、建设工程设计方案的总平面图给利害关系人合法权益造成损失的，应当依法予以补偿。

因公共利益修改规划许可的，由政府予以补偿；因建设单位或者个人申请修改规划许可的，由规划修改的申请人予以补偿。

政府实行补偿的方式包括货币补偿和开发权益置换。货币补偿的，按减少部分建筑面积的前期投入予以补偿；开发权益置换的，由用地单位申请将减少的建筑面积等价值置换至用地单位自有产权、规划用途类似的其他地块。前期投入、开发权益等价值置换应当由财政、土地行政管理部门分别委托第三方评估核定。

第四十六条　城乡规划主管部门在实施行政许可和审批时，应当提高审批效率和服务水平，实行统一受理、限时办结、跟踪服务等制度。

第四十七条　任何单位和个人发现有保护价值的建筑，可以向市城乡规划主管部门或者市文物行政管理部门报告，市城乡规划主管部门或者市文物行政管理部门接到报告后，应当立即通知建筑所在地的区人民政府进行核实，区人民政府应当按照市人民政府的规定进行核实，对经专家评审应当予以保护的建筑进行预先保护，并要求街道办事处、镇人民政府派员到现场开展日常巡查和保护。

单位和个人向其他部门和单位报告的，接到报告的部门和单位应当及时将有关情况告知市城乡规划主管部门或者市文物行政管理部门。

市城乡规划主管部门和市文物行政管理部门应当向社会公布全市统一的受理报告的电话和电子邮箱。

任何单位和个人不得损坏、拆除预先保护的建筑。

第四十八条　城市、镇旧城区房屋整体或者主体结构安全、能够基本满足正常使用要求的房屋，应当结合旧城更新规划逐步统筹更新，在旧城更新规划实施前可以进行原状维修。

经鉴定为局部或者整幢危房的房屋，可以凭房地产权属证明、房地产现状图、建设工程规划设计方案等材料向城乡规划主管部门申请原址重建或者改建，但不得增加具有合法产权的原有房屋的建筑面积和建筑高度、扩大基底面积、改变四至关系和使用性质，且应当符合历史文化保护要求，与周边环境相协调。涉及他人利益的，城乡规划主管部门批准前应当征求其意见。

第四十九条　本市鼓励并规范建筑公共开放空间的规划建设，增加城市公共空间，提高可达性和舒适性，改善人居环境和微气候。

建筑公共开放空间规划建设的管理办法由市人民政府另行制定。

第五十条　开发利用地下空间应当符合国家、省、市工程建设管理方面的规定、标准和规范，符合地下空间规划，依法办理用地、规划等相关审批手续。

规划要求新建地下工程与相邻在建或者已建地下工程相连通的，建设单位应当按照规划要求连通，相邻地下工程所有权人和其他相关权利人应当提供必要的便利。

任何单位和个人未经批准，不得擅自新建地下空间，不得擅自改变地下空间建设工程规划许可确定的使用功能、范围、高度、层数和面积等内容。

第五十一条　各级人民政府应当积极推广城市雕塑、城市色彩等城市公共艺术。

城市雕塑等城市公共艺术建设的设计、规划、建设和管理的具体办法，由市城乡规划主管部门另行制定，报市人民政府批准后公布实施。

第四章　城乡规划的公众参与

第五十二条　城乡规划的公众参与包括公众对城乡规划制定、修改、实施和监督检查的参与。

第五十三条　任何单位和个人有权按照法律、法规的规定参与城乡规划编制和实施，提出意见和建议。城乡规划主管部门应当为公众参与创造便利条件。

城乡规划的公众参与应当遵循信息公开、互动包容的原则，采取公示、展览、问卷调查、座谈会、听证会等方式促进城乡规划的科学性和民主性，但法律、法规另有规定的除外。

第五十四条　市人民政府应当设立规划展示固定场所，免费向公众开放，并配备方便查询的设施、设备，为公众查询和了解规划信息，参与和监督城乡规划的制定、修改和实施提供便利。

第五十五条　市城乡规划主管部门应当建立城乡规划义务监督员制度，从公众中选聘义务监督员。

义务监督员开展下列监督工作：

（一）进行调查研究，了解城乡规划制定、修改、实施方面存在的问题，收集公众对城乡规划工作的意见和建议；

（二）向城乡规划主管部门和其他有关行政管理部门反映存在的问题并协助有关部门调查、核实所反映的问题；

（三）向城乡规划主管部门和其他有关行政管理部门提出改进工作、解决问题的意见和建议；

（四）其他相关工作。

第五十六条　规划编制单位编制城乡规划应当采取公示、座谈会、论证会、听证会或者其他方式充分征求公众意见，对公众意见进行收集、整理和反馈，并在报送组织编制机关的材料中附具意见采纳情况的说明和理由。

城乡规划在报送审批前，组织编制机关应当依法在当地主要报刊、本部门网站、相关居民委员会、村民委员会公示栏上发布城乡规划草案征求意见公告，征求意见的时间不得少于三十日。城乡规划草案可以采取座谈会、论证会、听证会或者其他方式征求意见，其中涉及资源与环境保护、区域统筹与城乡统筹、城市发展目标与空间布局、历史文化遗产保护、交通规划和工程地质环境影响等重大专题的，还应当组织相关领域的专家进行研究论证。组织编制机关应当充分考虑专家和公众的意见，并在报送审批的材料中附具意见采纳情况及理由。

第五十七条　城乡规划主管部门在受理建设用地规划许可、建设工程规划许可、乡村建设规划许可申请后，应当将有关申请在政府信息网站上予以公示。

城乡规划主管部门受理行政许可申请后，认为该行政许可事项直接关系他人重大利益的，应当在作出决定前在当地主要报刊或者本部门网站上进行批前公示，并明确告知申请人和利害关系人享有要求听证的权利，但法律、法规另有规定的除外。

城乡规划主管部门应当自行政许可决定送达之日起十五日内在政府信息网站上公布，但法律、法规另有规定的除外。

建设单位应当在施工现场对外公布经城乡规划主管部门监制的建设工程规划公示牌，方便公众查阅、接受社会监督，但法律、法规规定不得公开的除外。街道办事处、居民委员会、村民委员会、物业服务企业应当协助有关部门开展建设工程规划公示公布工作。

第五十八条　任何单位和个人都有权向城乡规划主管部门、城市管理综合执法机关或者其他有关部门举报违反城乡规划的行为。

城乡规划主管部门、城市管理综合执法机关或者其他有关部门对属于本部门职责范围的举报事项，应当及时受理，并依法进行核实、处理，并在受理举报后三十日内将处理情况书面告知举报人、处理结束后七日内将处理结果书面告知举报人；对不属于本部门职责范围的，应当转交有权处理的部门，并告知举报人。

第五十九条　城乡规划主管部门应当按照以下规定对公众意见予以处理，并在处理结束后七日内将处理情况向提出意见的单位或者个人反馈：

（一）在规定期限内提出的意见，有法律、法规和技术规范依据并与征求公众意见的规划事项直接相关的，应当予以研究处理；

（二）在规定期限内提出的意见，有法律、法规和技术规范依据，但与征求公众意见的规划事项无直接关系的，可以在其他规划管理工作予以借鉴；

（三）在规定期限内提出的意见，但缺乏法律和事实依据的，不予采纳；

（四）超出规定期限提出的意见，不予采纳。

第五章　监督检查

第六十条　各级人民政府应当主动接受本级人民代表大会常务委员会、公众和舆论对城乡规划工作的监督。

市人民政府应当于每年第一季度向市人民代表大会常务委员会报告上一年度城乡规划的实施情况，其中应当包括上一年度规划委员会运行以及控制性详细规划修改情况，并接受监督。

第六十一条　本市建立规划监督、城市管理综合执法的联动机制和信息共享机制，加强对城乡规划工作的监督检查和对违法建设的查处。

市人民政府应当明确各区人民政府和市人民政府相关部门在规划监督检查中的具体任务和目标，加强对城乡规划监督检查工作的统筹协调。

城市管理综合执法机关在巡查中发现商品房建设项目存在违法建设行为的，应当告知房屋行政管理部门。房屋行政管理部门应当依法进行处理。

建设单位或者个人有以下情形之一的，城乡规划主管部门暂停办理其规划许可业务：

（一）对已作出的违法建设处罚决定未执行完毕的；

（二）已由城市管理综合执法机关立案但未作出违法建设处罚决定的违法建设行为的。

第六十二条　本市建立以区人民政府为属地责任主体，街道办事处、镇人民政府为日常巡查、专项检查工作主体的历史文化名城保护联动制度。城乡规划、文化广电新闻出版、建设、国土房管等行政管理部门和城市管理综合执法机关应当按照历史文化名城保护联动制度的要求落实历史文化名城的日常监管和保护工作。

各级人民政府应当建立健全历史文化名城保护工作责任制，将历史文化名城保护工作作为本级人民政府及其相关行政管理部门目标考核的重要内容。

第六十三条 市城乡规划主管部门及其派出机构、工作机构应当建立和完善监督检查制度，对本辖区城乡规划的实施情况进行监督检查，并在政府网站上向公众公布检查情况：

（一）规划许可、审批情况；

（二）建设工程规划核实情况；

（三）监督检查的其他情况。

市城乡规划主管部门及其派出机构、工作机构在监督检查过程中发现违法建设行为的，应当及时告知城市管理综合执法机关。

城市管理综合执法机关应当建立和完善日常巡查制度，依照法律、法规的规定对本辖区城乡规划的实施情况进行监督检查，发现违法建设行为的，应当及时依法处理。

第六十四条 镇人民政府负责对本行政区域内的建设活动是否符合城乡规划进行监督检查。

街道办事处发现辖区内的建设活动违反城乡规划的，应当及时劝阻，并向城市管理综合执法机关或者区人民政府报告。

居民委员会、村民委员会、物业服务企业发现辖区内的建设活动违反城乡规划的，应当及时劝阻，并向城市管理综合执法机关报告。

第六十五条 市城乡规划主管部门应当会同相关行政管理部门建立城乡规划制定和实施诚信档案制度，对相关单位和个人进行监督管理。

第六十六条 城乡规划主管部门应当加强对城乡规划编制、城建档案管理等相关活动的监督检查，对建设单位、城乡规划编制单位等应当建立企业诚信档案，进行信用评价和监管。

被监督检查单位和人员应当积极配合，如实报告相关情况，提供必要资料，不得妨碍和阻挠依法进行的监督检查活动。

第六十七条 城乡规划主管部门和城市管理综合执法机关依照本条例规定应当给予行政处罚，而不给予行政处罚的，同级人民政府或者上级人民政府行政管理部门有权责令其作出行政处罚决定或者建议有关人民政府责令其给予行政处罚。

第六十八条 城乡规划主管部门违反本条例规定作出行政许可的，同级人民政府或者上级人民政府城乡规划主管部门有权责令其撤销或者直接撤销该行政许可。因撤销行政许可给当事人合法权益造成损失的，违法作出行政许可的机关应当依法对当事人的直接损失给予赔偿。

第六章　法律责任

第六十九条 各级人民政府或者规划等行政管理部门未依法编制、审批、实施、修改城乡规划或者未依法履行监督管理职责的，由上级行政机关或者监察机关依法责令改正、通报批评，对负有直接责任的主管人员和其他直接责任人员依法给予处分；构成犯罪的，依法追究刑事责任。

第七十条 城乡规划主管部门和有关行政管理部门有下列行为之一的，由本级人民政府或者上级人民政府有关主管部门责令改正，通报批评；情节严重的，对负有直接责任的主管人员和其他直接责任人员，依法给予处分：

（一）对符合法定条件的申请人未在法定期限内核发选址意见书、建设用地规划许可证、建设工程规划许可证、乡村建设规划许可证、临时建设工程规划许可证、临时乡村建设规划许可证和建设工程规划验收合格证的；

（二）对未取得建设工程规划许可证或者未按照建设工程规划许可证的规定核发施工许可证的；

（三）对未取得建设工程规划验收合格证或者未按照建设工程规划验收合格证的规定办理权属登记和有关营业证照的；

（四）违反本条例第五十八条第二款的规定，接到举报后不受理、核实、处理，或者不在规定的期限内将处理情况和处理结果书面告知举报人的；

（五）违反本条例第五十九条规定，对公众提出的意见不处理，或者不在规定的期限内反馈处理情况的；

（六）其他玩忽职守、滥用职权、徇私舞弊等尚不构成犯罪的行为。

第七十一条 违反本条例的规定，构成违法建设行为的，依照《广州市违法建设查处条例》的规定予以处罚。

第七十二条 城乡规划编制单位违反本条例第二十四条规定，有下列行为之一的，城乡规划主管部门责令限期改正，并处以合同约定的规划编制费一倍以上二倍以下的罚款；情节严重的，责令停业整顿，由原发证机关降低资质等级或者吊销资质证书：

（一）违反国家、省、市有关标准、规范和其他规定编制城乡规划的；

（二）隐瞒真实情况，采取修改地形图和标注虚假尺寸等手段编制城乡规划的；

（三）提供虚假城乡规划编制成果的。

第七十三条 建设单位或者个人违反本条例第三十一条规定，以欺骗、贿赂等手段取得规划许可的，除可能对公共利益造成重大损害而无法撤销的外，城乡规划主管部门应当撤销该项行政许可，并依法处以五万元以上十万元以下的罚款；取得的行政许可属于直接关系公共安全、人身健康、生命财产安全事项的，申请人三年内不得再次申请该建设项目的规划许可；构成犯罪的，依法追究刑事责任。

第七十四条 单位或者个人违反本条例第四十条第二款的规定，未经批准改变竣工并经各项验收合格投入使用的建筑物的用途的，由城市管理综合执法机关责令限期改正，恢复原用途；逾期不改正的，可处以每日每平方米五十元以上一百元以下的罚款，直至改正为止。

第七十五条 违反本条例第四十七条第四款的规定，擅自损坏、拆除预先保护的建筑的，由城市管理综合执法机关责令限期改正，并可处以已经损坏或者拆除房屋在查处时当地相当等级房屋市场价格三倍至五倍的罚款。

第七十六条 建设单位违反本条例第五十七条第四款的规定，未在施工现场对外公布建设工程规划公示牌的，由城市管理综合执法机关责令限期改正；逾期不改正的，处五千元罚款。

第七章　附　则

第七十七条　本条例自2015年3月1日起施行。1997年4月1日施行的《广州市城市规划条例》同时废止。

广州市城乡规划程序规定

（2011年10月21日广州市人民政府令第59号公布　根据2015年9月30日广州市人民政府令第132号第一次修订　根据2019年11月14日广州市人民政府令第168号第二次修订）

第一章　总　则

第一条　为加强城乡规划管理，规范城乡规划管理程序，保障城乡规划的实施，根据《中华人民共和国城乡规划法》《广东省城市控制性详细规划管理条例》等法律、法规，结合本市实际，制定本规定。

第二条　本市行政区域内城乡规划的制定、修改、实施和监督检查程序适用本规定。

第三条　市规划和自然资源主管部门负责组织实施本规定。

第二章　城乡规划的制定

第四条　本市城市总体规划的制定、修改程序按照《中华人民共和国城乡规划法》以及相关的法律、法规和规定执行。

第五条　各专业主管部门应当依据国民经济和社会发展规划、城市总体规划以及土地利用总体规划编制专业（专项）发展规划。其中，有关工业、农业、畜牧业、林业、能源、水利、交通、城市建设、旅游、自然资源开发的专业（专项）发展规划，应当依法进行环境影响评价。

编制或者修改专业（专项）发展规划涉及空间布局和用地需求的，应公开展示规划草案，征询公众意见。经市发展改革、规划和自然资源主管部门审查后，由各专业主管部门报市人民政府审批，并由规划和自然资源主管部门相应纳入城乡规划。

第六条　制定控制性详细规划应当遵循下列程序：

（一）编制计划。

市规划和自然资源主管部门根据城市总体规划和城市建设发展的需要，制定控制性详细规划的编制计划，报同级人民政府审定。

（二）组织编制。

市辖各区的控制性详细规划由市规划和自然资源主管部门根据总体规划组织编制。

（三）公示。

控制性详细规划报送审查、审批前，组织编制机关应当按照本规定第十一条的规定将规划草案予以公示，采取论证会、听证会或者其他方式，征求专业单位、专家和公众意见，并根据意见对控制性详细规划草案予以修改完善。

（四）审查。

市辖各区的控制性详细规划由市规划和自然资源主管部门审查。

控制性详细规划中的市政工程规划内容，应当由具有市政工程规划设计和管理经验的专家委员会与相关专业主管部门进行联合审查。

（五）审议。

组织编制机关应当将通过审查的控制性详细规划草案、审查意见及公众参与报告提交市城市规划委员会审议。

城市规划委员会对控制性详细规划草案有重大异议，审议未通过的，由组织编制机关组织规划草案的修改和重新审查，再次进行公示后，提交相应的城市规划委员会审议。

（六）批准。

市辖各区的控制性详细规划经市城市规划委员会审议通过后，报市人民政府批准。

（七）备案。

控制性详细规划经批准后，报本级人民代表大会常务委员会和上一级人民政府备案。

第七条 涉及对控制性详细规划管理单元的总体指标、要求作出修改的，组织编制机关应当对修改的必要性进行论证，征求规划管理单元内利害关系人的意见，并向原审批机关提出专题报告，经原审批机关同意后，方可编制修改方案。控制性详细规划及其管理单元修改方案报经城市规划委员会审议通过后，报城市人民政府批准。

控制性详细规划修改涉及城市总体规划、镇总体规划的强制性内容的，应当先修改总体规划。

涉及对控制性详细规划管理单元内部的控制指标、要求作出调整的，除第八条规定的情形外，可以由相关政府部门或者土地使用权人向组织编制机关提出书面申请，同时附送规划修改论证报告和草案。由规划和自然资源主管部门结合书面申请要求和周边规划情况，组织编制规划调整方案。规划修改论证报告和草案及调整方案经城市规划委员会审议通过后，报原审批机关批准。规划和自然资源主管部门应当依据独立地块指标调整情况做好控制性详细规划管理单元的总体指标平衡。对控制性详细规划管理单元内部的控制指标、要求的调整，不适用于以公开出让方式提供国有土地使用权的建设项目。

本条所称“控制性详细规划的规划管理单元”是指结合行政街道界线、天然地理界限等因素划定的、由多个规划地块组成的规划管理范围。

第八条 有下列情形之一的，控制性详细规划的原审批机关可以委托规划和自然资源主管部门对控制性详细规划进行局部修正：

（一）因工程实施需要，在不增加原规划确定的总建筑面积的前提下，修正道路及市政设施的线位、部分技术参数及沿线用地规划控制指标的。

（二）非重要地区用地调整建筑密度、绿地率，且与周边景观协调但不增加原规划确定的总建筑面积的。

（三）因控制性详细规划的信息错漏需要更正控制性详细规划相关信息的。

第九条 控制性详细规划的局部修正应当遵循下列程序：

（一）建设单位（政府部门）、土地使用权人向规划和自然资源主管部门提出书面申请。

（二）规划和自然资源主管部门对申请事由进行审核，对符合第八条规定的，可以根据原审批机关的委托，同意组织编制控制性详细规划局部修正方案。

（三）规划和自然资源主管部门对控制性详细规划局部修正方案进行审查，对涉及相关利害关系人利益的修正方案，应当予以公示，并在审查过程中充分考虑公示反馈意见。

（四）规划和自然资源主管部门根据原审批机关的委托，以原审批机关的名义作出是否予以批准的决定。

第十条　区人民政府组织编制所在区的村庄布点规划，经区人民政府审查通过后，报市规划和自然资源主管部门审批。

镇人民政府根据总体规划、村庄布点规划组织编制村庄规划，报区人民政府审批。村庄规划在报送审批前，应当经村民会议或者村民代表会议讨论同意，并按照本规定第十一条的规定公开征询公众意见。

修改村庄规划，按照本条前款规定的审批程序报批。

第十一条　城市总体规划、镇总体规划、控制性详细规划、村庄规划在报送审批前，除国家规定需要保密的情形外，组织编制机关应当公开展示城乡规划草案，征询公众意见。

规划草案的公开展示时间不少于30日，在展示期间，任何单位或者个人都可以向组织编制机关提出意见和建议。组织编制机关应当将采纳情况向审议机构或者审批机关作出说明，对不予采纳的意见和建议应当说明理由。

第十二条　城乡规划组织编制机关应当自城乡规划批准之日起30日内在政报、政府信息网站或者当地主要新闻媒体公布经批准的城乡规划，并以方便公众查阅的形式长期公开，但是法律、法规规定不得公开的除外。

第三章　城乡规划的实施

第一节　城乡规划实施的一般规定

第十三条　规划和自然资源主管部门及其派出机构应当在办公场所公布城乡规划管理业务的依据、期限和受理标准。

申请人申请办理城乡规划管理业务，应当按照受理标准备齐相关材料。申请人可以亲自办理，也可以委托一至两名代理人代为办理。申请人为两个以上的自然人、法人或者其他组织的，可以亲自办理，也可以分别委托代理人代为办理或者委托共同的代理人代为办理。

第十四条　申请人提供的建设工程规划管理各类图纸资料的电子文件及用于城乡规划编制的电子文件，应当符合规划和自然资源主管部门公布的标准。

第十五条　规划和自然资源主管部门对业务申请，应当按照下列情况分别作出处理：

（一）申请事项依法不需要经过行政审批或者行政许可的，应当即时告知申请人。

（二）申请事项不属于规划和自然资源主管部门职权范围的，应当即时作出不予受理的决定，并告知申请人向有关行政机关申请。

（三）申请材料存在当场可以更正的错误的，应当允许申请人当场更正。

（四）申请人隐瞒有关情况或者提供虚假材料的，可以作出不予受理的决定。

（五）规划和自然资源主管部门基于法定事由决定暂停受理某类业务申请或者暂停受理特定申请人业务申请的，可以作出暂不予受理的决定。

（六）申请行政许可延期的，申请人应当在该行政许可有效期届满30日前提出申请。逾期申请的，规划和自然资源主管部门可以作出不予受理的决定，并告知申请人重新提出行政许可申请。

（七）申请行政审批或者行政许可的材料不齐全或者不符合法定形式的，应当当场或者在5个工作日内一次告知申请人需要补正的全部内容，逾期不告知的，自收到申请材料之日起即为受理。

（八）申请事项属于规划和自然资源主管部门职权范围，申请材料齐全、符合法定形式，或者申请人按照规划和自然资源主管部门的要求提交全部补正申请材料，并且也不存在第（四）、（五）、（六）项规定的情形，规划和自然资源主管部门应当作出受理决定。

规划和自然资源主管部门作出受理或者不予受理决定的，应当出具加盖本部门专用印章和注明日期的书面凭证。

第十六条 申请人填写受理申请表时，应当选择批复文件、行政处罚文书的送达方式：

（一）直接领取方式，即申请人或者其代理人凭身份证明文件、委托书直接到规划和自然资源主管部门领取的方式。

（二）邮政快递方式，即申请人委托规划和自然资源主管部门通过邮政快递交付的方式。

申请人主动申报违法建设处理时选择直接领取方式送达行政处罚文件，但在规定领取期限内未领取的，规划和自然资源主管部门可以通过邮政快递、留置或者公告等方式送达。

第十七条 规划和自然资源主管部门在受理建设用地规划许可、建设工程规划许可、乡村建设规划许可申请后，应当将有关申请事项在政府信息网站上予以公示。

第十八条 除涉及国家秘密、商业秘密或者个人隐私以外的下列直接关系他人重大利益的行政许可、行政审批事项，规划和自然资源主管部门应当在作出决定前在当地主要报刊或者本部门网站上进行批前公示：

（一）审定涉及城市旧城改造的建设项目的建设工程设计方案总平面图的。

（二）修改已预售或者销售的房地产开发项目的建设工程设计方案总平面图的。

（三）已预售或者销售的房地产开发项目的改建、扩建工程的建设工程规划许可的。

（四）具有城市标志性意义的重大建筑工程的建设工程规划许可的。

（五）规划和自然资源主管部门认为直接关系他人重大利益或者公共利益的其他行政许可、行政审批事项的。

已预售或者销售的房地产开发项目按照前款第（二）项的规定，在建设工程设计方案总平面图修改前已经公示的，不需要按照前款第（三）项的规定进行建设工程规划许可前的公示。

批前公示可以通过在政府信息网站发布、在建设用地规划红线范围内显眼位置设立公示牌或者在当地主要报刊上刊登、展览等方式公示。规划和自然资源主管部门可以根据公示内容、目的的不同，选择一种或者几种便于公众查阅的方式进行公示，公示期不少于10日。

第十九条　法律、法规、规章规定实施行政许可应当听证的事项，或者规划和自然资源主管部门认为需要听证的其他涉及公共利益的重大行政许可事项，规划和自然资源主管部门应当向社会公告，并举行听证。涉及国家秘密、商业秘密或者个人隐私的除外。

规划和自然资源主管部门对第十八条规定的行政许可申请进行审查时，发现行政许可事项直接关系他人重大利益的，应当告知申请人和利害关系人享有要求听证的权利；申请人、利害关系人在被告知听证权利之日起5日内提出听证申请的，规划和自然资源主管部门应当自收到申请之日起在15个工作日内组织听证。

听证的程序按照《中华人民共和国行政许可法》《建设行政许可听证工作规定》的相关规定执行。

第二十条　除涉及国家秘密、商业秘密或者个人隐私以外的行政审批、行政许可决定，应当自送达之日起15个工作日内在政府信息网站上公布，并以方便公众查阅的方式长期公开。

第二十一条　规划和自然资源主管部门受理业务申请后，应当按照下列办理期限作出决定：

（一）建设用地规划许可类业务，办理期限为30个工作日。

（二）建设工程规划许可类业务，办理期限为30个工作日。

（三）市政工程的规划条件申请业务，办理期限为20个工作日。

（四）市政工程的设计方案审查申请业务，办理期限为30个工作日。

（五）乡村建设规划许可类业务，办理期限为20个工作日。

（六）建设工程规划条件核实类业务，办理期限为20个工作日。

前款规定的办理期限内不能作出决定的，经规划和自然资源主管部门负责人批准，可以延长10个工作日，并应当将延长期限的理由告知申请人。

行政机关在受理申请后作出决定前，依法需要经过公示、听证、鉴定、专家评审等直接影响决定内容的必经程序的，所需时间不计算在办理期限内，但行政机关应当将所需时间书面告知申请人。

第二十二条　按照国家规定需要有关部门批准或者核准的建设项目，以划拨方式提供国有土地使用权的，建设单位或者个人应当在取得建设项目选址意见书之日起2年内向规划和自然资源主管部门申请建设用地规划许可证。逾期未申请建设用地规划许可证且未办理延期手续的，建设项目选址意见书自行失效。

建设单位或者个人应当自取得建设用地规划许可证之日起1年内申请用地。逾期未申请用地且未办理延期手续的，建设用地规划许可证自行失效。

建设单位或者个人应当自取得建设工程规划许可证之日起1年内取得施工（挖掘）许可证；依法无需取得施工（挖掘）许可证的，应当在1年内开工。逾期未取得施工（挖掘）许可证或者开工，且未办理延期手续的，建设工程规划许可证自行失效。

建设单位或者个人应当自取得乡村建设规划许可证之日起1年内开工，逾期未开工且未办理延期手续的，乡村建设规划许可证自行失效。

第二十三条　建设单位或者个人依法取得建设工程规划批准文件后，未能在规定的期限内动工开发建设，其建设用地经认定为闲置土地后，以收回或者注销建设用地批准文件方式处置的，该建设工程规划批准文件自行失效。

第二十四条 建设单位或者个人需要延长行政审批、行政许可的有效期的，应当在有效期届满30日前向原审批机关提出申请办理延期手续，经批准延期的，延长期不得超过6个月。

原审批机关应当在该行政审批、行政许可有效期届满前作出是否准予延期的决定；逾期未作出决定的，视为准予延期。

建设单位或者个人未在有效期届满30日前向原审批机关提出申请办理延期手续的，应当依法重新申请行政许可。

第二十五条 因下列原因之一，申请人可以申请变更规划许可文件所载用地单位或者建设单位名称：

（一）单位改制、变更注册登记名称、行政区划调整等；

（二）通过法院生效法律文书、仲裁机构生效仲裁裁决获得国有土地使用权，且具备协助执行文书的；

（三）通过转让获得国有土地使用权，且已完成不动产转移登记的。

第二节 建设用地规划管理

第二十六条 按照国家规定需要批准或者核准立项的建设项目，以划拨方式提供国有土地使用权的,建设单位在报送有关部门批准或者核准前，应当向规划和自然资源主管部门申请核发选址意见书。以划拨方式提供国有土地使用权的建设项目，应当以国家现行有效的划拨用地目录为准。

市辖各区内建设项目的选址意见书，由市规划和自然资源主管部门核发。

第二十七条 实行审批制的项目，建设单位向发展改革行政主管部门申请办理项目建议书批复文件时，可以同时向规划和自然资源主管部门申请规划选址意见。

实行核准制的项目，建设单位应当先取得规划选址意见、用地预审和环境影响评价审批文件，再向发展改革行政主管部门申请办理项目申请报告核准手续。

建设项目选址意见书的内容包括建设单位、建设项目、建设用地使用性质、规划用地范围、规划用地面积、附图及附加说明；根据规划管理需要，可以载明项目用地规划条件。

第二十八条 市辖各区的建设用地规划许可证，由市规划和自然资源主管部门核发。

建设用地规划许可证的内容包括建设单位、建设项目、建设用地使用性质、规划用地界限、规划用地面积、建设用地规划红线图等，其中建设用地红线图中用地界址坐标应当采用国家坐标和广州坐标标注，无现状地形图或者现状地形图未更新的，应当经现场放线核实确认。根据规划管理需要，规划和自然资源主管部门可以同时提供规划条件。

第二十九条 以划拨方式提供国有土地使用权的建设项目，建设单位取得选址意见书、用地预审、项目批准、核准或者备案等有关文件后向规划和自然资源主管部门提出建设用地规划许可申请，规划和自然资源主管部门经审定后核发建设用地规划许可证、附图和规划条件。但按照本市相关规定实施联审的除外。

建设单位取得建设用地规划许可证后，方可申请用地。

第三十条 以出让方式提供国有土地使用权的建设项目，规划和自然资源主管部门应当根据土地储备部门的要求提供规划条件。

以出让方式取得土地使用权的建设单位，在签订国有土地使用权出让合同后，向规划和自然资源主管部门领取建设用地规划许可证。

第三十一条　已取得国有土地使用权证或者已办理房地产权属登记的国有建设用地，需要在其用地上建设新的建（构）筑物或者对原有建（构）筑物进行扩建、改建的，国有土地使用权人或者房地产产权人应当凭有关权属证明文证编号向规划和自然资源主管部门申请规划条件。

第三十二条　同一建设用地规划许可证不得进行用地分割。因历史上已办理建设用地规划许可证的工业区用地、政府储备用地、“三旧”改造用地或者因法院生效法律文书、仲裁机构生效仲裁裁决分割的用地，应当符合城乡规划管理要求，并按照原经审定的修建性详细规划、建设工程设计方案或者建设工程规划许可的有关要求实施建设。

第三十三条　城乡规划依法调整后，规划和自然资源主管部门可以相应变更建设用地规划许可证附件中的规划条件，同时公示依法变更后的规划条件。

除前款规定以外的情形，建设单位或者个人申请变更规划条件的，应当向原审批机关提出。申请变更规划条件，应当符合城乡规划和土地管理相关要求。

通过公开出让方式取得国有土地使用权的建设单位申请变更规划条件强制性指标的，规划和自然资源主管部门不予批准。

第三节　建设工程规划管理

第三十四条　具有城市标志性意义的重大建设工程、位于城市重要地区并有可能影响城市生态景观的建设工程的规划许可，以及重点建设项目的建设工程设计方案，规划和自然资源主管部门在审定前可以组织城市设计研究或者专家评审并应当征求公众意见。

第三十五条　在城市、镇规划区内进行建筑工程建设的，建设单位或者个人应当取得规划和自然资源主管部门核发的建设工程规划许可证。

属于下列范围的建（构）筑物，建设单位或者个人可以免于申领建设工程规划许可证，但是应当根据市容环卫标准和相关主管部门的要求进行建设：

（一）不增加建筑面积、建筑总高度、建筑层数，不涉及修改外立面、建筑结构和变更使用性质的建筑工程，但拆除重建的除外。

（二）农用棚架、施工工棚、施工围墙、挡土墙。

（三）在已经规划和自然资源主管部门审定建设工程设计方案的公园里，建设非经营性、用于休憩的亭、台、廊、榭、厕所、景观水池、无上盖游泳池、雕塑和园林小品、大门、门卫房等建（构）筑物。

（四）在已经规划和自然资源主管部门审定建设工程设计方案的住宅小区内，不临规划路的景观水池、无上盖的游泳池、雕塑和园林小品、大门、门卫房等建（构）筑物。

（五）施工用房及其他不涉及土建施工的临时性用房。

（六）下列建筑物外部附属构筑物、构件：

1. 为安装安全防护设施、竖向管道、幕墙清洁吊塔、空调等而建造的构筑物、支架。

2. 用于安装、衔接市政管网设施的地下构筑物以及化粪池、污水处理池、雨水调蓄设施、排水净化设施等附属设施。

3. 用于安装灯光、旗杆、音像等设施的基座、建筑构件等。

4. 用于安装无线电发射设施（塔、铁架、斜拉杆等）而建造的构筑物。

5. 不增加建筑面积、不影响城市景观和他人物权的用于绿化种植、生长需要的构筑物。

6. 体育跑道、无基础看台。

规划和自然资源主管部门应定期根据建设领域的发展，对第二款规定的免予申领建设工程规划许可证的范围进行调整，报市城市规划委员会审定后向社会公布。

第三十六条 办理建筑工程的建设工程规划许可应当遵循下列程序：

（一）审定建设工程设计方案和公布其总平面图。

除可建设用地面积小于1万平方米（含1万平方米）且单幢的中小型建设项目、带方案出让的产业区块范围内的工业项目及其他规定情形外，建设单位应当委托具有相应资质的规划编制单位编制建设工程设计方案。建设工程设计方案应当由规划和自然资源主管部门或者省人民政府确定的镇人民政府在核发建设工程规划许可证时一并审定。

规划和自然资源主管部门或者省人民政府确定的镇人民政府应当依法将经审定的建设工程设计方案的总平面图予以公布。

（二）申领建设工程规划许可证。

1. 建设单位或者个人应当进行工程地质勘察，将工程地质勘察资料报规划和自然资源主管部门备案。

2. 建设单位或者个人委托具有相应资质和资格的城市测量单位，按规划和自然资源主管部门制定的技术标准及相关技术规范到施工现场放线；规划和自然资源主管部门或者规划和自然资源主管部门委托的城市测量单位接到建设单位或者个人申请之日起7个工作日内完成验线。在确认建筑间距和技术指标符合规划要求后，建设单位或者个人凭使用土地有效证明文件、建设工程设计方案（含总平面图、建筑工程规划技术审查报告、设计图纸电子文件）、放线册等材料向规划和自然资源主管部门申领建设工程规划许可证。不涉及原有建筑工程外轮廓改变的加建或者改建工程，不需要申请现场放线和验线。

3. 同一建设用地规划许可证批准的建设用地或者联合编制建设工程设计方案的多个建设用地，建设单位未取得全部建设用地批准文件的，规划和自然资源主管部门不予核发建设工程规划许可证（含续建工程）。

4. 单幢、多幢连体或以裙楼相连的多幢塔楼建筑工程不得分别申领建设工程规划许可证。

5. 规划和自然资源主管部门应当进行现场踏勘，并依法作出核发建设工程规划许可证的决定。

第三十七条 下列市政工程免于单独申领建设工程规划许可证，但是应当按照相关专业主管部门的要求进行建设：

（一）已经规划和自然资源主管部门批准建设工程设计方案的公园内部道路、规划红线宽度不大于4米的园林小道、小桥（涵）等。

（二）道路和桥梁的整饰工程或者小区内非城镇公共道路。

（三）城市交通管理设备：交通信号控制设备、交通监控设备、交通违法拍摄设备、交通流量监测设备、道路交通信息采集和发布设备、交通护栏等道路交通设施安装、维修、加固以及交通标志标线设置、翻新更换等不涉及道路规划红线修改变更的市政工程。

（四）路灯、路标、路牌、路树、公交车站（亭）、自助式公用电话亭、垃圾回收箱、路边小品等道路元素。

（五）在厂（矿）区内属生产流程且不涉及市政道路、公路的管线工程。

（六）管径小于100毫米的给水管道、10千伏变电房以下的低压配电线路、雨水接户井和化粪池以前的排水管道、电信、有线电视接线间以后的线路及低压燃气立管、充电桩。

规划和自然资源主管部门可以根据建设领域的发展，对前款规定的免于单独申领建设工程规划许可证的范围进行调整后向社会公布。

第三十八条　市政工程建筑部分的建设工程规划许可按照本规定第三十六条的规定办理，其余的建设工程规划许可应当遵循下列程序：

（一）道路交通工程、轨道交通工程、城市长输管线工程、110千伏及以上电压等级的高压线路工程以及河涌水系工程的建设单位应当委托具有相应资质的规划设计单位编制建设工程设计方案。建设单位在组织编制建设工程设计方案前，可以先行向规划和自然资源主管部门申领规划条件；组织编制建设工程设计方案后，可以申请规划审查。规划和自然资源主管部门应当依申请提供规划技术审查意见以及规划信息咨询等技术服务。

（二）建设单位申领道路交通工程、轨道交通工程、河涌水系工程的建设工程规划许可证，应当委托具有相应资质和资格的城市测量单位，按规划和自然资源主管部门制定的技术标准及相关技术规范到施工现场放线；规划和自然资源主管部门或者规划和自然资源主管部门委托的城市测量单位接到建设单位申请之日起7个工作日内应当完成验线。在确认符合规划要求后，建设单位凭使用土地有效证明文件、建设工程设计方案、放线册等材料向规划和自然资源主管部门申请。

城市长输管线工程、110千伏及以上电压等级的高压线路工程的设计方案经审定后，建设单位可以凭使用土地有效证明文件、建设工程设计方案等材料向规划和自然资源主管部门申领建设工程规划许可证。其他管线工程，建设单位可以直接凭建设工程设计方案等材料向规划和自然资源主管部门申领建设工程规划许可证。

现有道路交通工程在原有红线范围内进行改建、扩建，不涉及新增用地的，建设单位可以直接凭建设工程设计方案等材料向规划和自然资源主管部门申领建设工程规划许可证。

第三十九条　市辖各区的建设工程，由市规划和自然资源主管部门核发建设工程规划许可证。

第四十条　在村庄规划区内进行乡镇企业、乡村公共设施和公益事业、农村村民住宅建设，建设单位或者个人应当取得规划和自然资源主管部门核发的乡村建设规划许可证。

第四十一条　村民向村民委员会（村集体经济组织）申请使用新增建设用地建设村民住宅的，应当在新增建设用地批复的用地范围内申请，并经村民会议或者农村集体经济组织全体成员会议讨论同意，遵循下列程序：

（一）由村民委员会（村集体经济组织）向所在镇人民政府（街道办事处）提出申请。

（二）镇人民政府（街道办事处）根据经批准的村民住宅布点规划、村庄规划进行审核。

（三）经镇人民政府（街道办事处）审核同意后，村民委员会（村集体经济组织）应当将申请和审核情况在村民委员会（村集体经济组织）办公场所的显眼位置以及建房用地现场进行公示。

（四）镇人民政府（街道办事处）报规划和自然资源主管部门核发乡村建设规划许

可证。规划和自然资源主管部门可以委托镇人民政府（街道办事处）核发乡村建设规划许可证。

第四十二条　村民在已取得合法权属的原有宅基地范围内申请新建、改建、拆建村民住宅的，应当按照村庄建设标准进行建设，并遵循下列程序：

（一）村民持农村房地产权证或者村民住宅其他合法权属证明等材料，向所属村民委员会（村集体经济组织）提出申请。

（二）村民委员会（村集体经济组织）初步审核后向镇人民政府（街道办事处）提出申请。

（三）镇人民政府（街道办事处）根据经批准的村民住宅布点规划、村庄规划进行复核，报规划和自然资源主管部门核发乡村建设规划许可证。规划和自然资源主管部门可以委托镇人民政府（街道办事处）核发乡村建设规划许可证。

第四十三条　在村庄规划区内进行乡镇企业、乡村公共设施和公益事业建设的，建设单位或者个人应当向镇人民政府（街道办事处）提出申请，由镇人民政府（街道办事处）报规划和自然资源主管部门核发乡村建设规划许可证。

第四十四条　建设单位组织编制的建设工程设计方案的总平面图经审定后应当公示，不得随意修改。有下列情形之一的，应当报经原审批的规划和自然资源主管部门批准，规划和自然资源主管部门批准前应当采取批前公示、座谈会或者听证等形式，听取利害关系人的意见：

（一）修改强制性指标的。

（二）修改道路系统、建筑和绿地布局、竖向设计、建筑物的使用功能、层数、高度、退让距离和建筑间距的。

（三）修改其他直接涉及利害关系人重大利益关系的内容的。

房地产项目预（销）售时，应当将经审定的建设工程设计方案总平面图之公示图作为商品房预（销）售合同的附件；申请修改建设工程设计方案总平面图，涉及产权人的专有部分或者产权人所在建筑物的共有部分的，应当依照相关法律、法规的规定取得相关产权人的同意。建设单位已办理房地产项目抵押的，还应当取得抵押权人的书面同意。

第四十五条　建设单位在领取建设工程规划许可证后、开工前申请修改建设工程设计方案的，应当按照第三十五条规定的程序重新申领建设工程规划许可证，经批准后原建设工程规划许可证注销。

建设单位在领取建设工程规划许可证后、建设过程中申请符合下列情形的局部建筑设计修改的，不需要申请修改建设工程规划许可，可以在工程完工后直接申请规划条件核实：

（一）不改变建筑工程使用性质、建筑外立面风格、建筑物出入口，不增加建筑面积、建筑总高度。

（二）调整配套公建项目设置位置，但不减少配套公建项目面积，且符合规划要求并取得相应配套公建主管部门或者接收单位同意调整位置的意见。

除上述第一、二款情形，建设单位申请建设工程设计方案修改的，应当经原审批的规划和自然资源主管部门批准。

建设单位申请修改房地产项目建设工程规划许可证附图，涉及产权人的专有部分或者产权人所在建筑物的共有部分的，应当依照相关法律、法规的规定取得相关产权人的同意。建设单位已办理房地产项目抵押的，还应当取得抵押权人的书面同意。

第四十六条 建筑工程通过规划条件核实投入使用后，如需加建、改建、扩建的，应当申领加建、改建、扩建部分的建筑工程的建设工程规划许可证，但属于第三十五条规定的情形除外。将住宅改为经营性用房的，除遵守法律、法规以及管理规约外，应当经有利害关系的业主同意。

第四十七条 因建设市政基础设施工程及其建设期间必须搭建、配置的辅助性、临时性设施需要，城乡防灾减灾应急需要，或者政府有其他规定允许建设临时建设工程的，建设单位应当向规划和自然资源主管部门申领临时建设工程规划许可证；建设单位非因上述理由申请临时建设工程规划许可的，规划和自然资源主管部门不予批准。

建设单位申领临时建设工程规划许可证应当向规划和自然资源主管部门提交建设用地批准书、土地使用证、房地产权证、土地使用权人同意使用土地的证明文件或者其他使用土地的证明文件、建筑设计方案等材料。

临时建设工程的使用期限不得超过两年，自临时建设工程规划许可证核发之日起计算。需要延长使用期限的，应当在使用期限届满30日前，向原审批的规划和自然资源主管部门提出延期申请。申请延期的次数不得超过两次，每次延期不得超过两年。但历史上原经批准的不属于本条第一款规定范围的临时建设工程，使用期限届满后一律不予延期。

第四十八条 城市管理综合执法机关和规划和自然资源主管部门应当建立临时建设工程管理档案，对临时建设工程实施动态跟踪管理。

有下列情形之一的，规划和自然资源主管部门应当向建设单位发出限期拆除的通知，同时抄送城市管理综合执法机关。建设单位应当无条件自行拆除临时建设工程并清理现场；逾期不拆除的，由城市管理综合执法机关依法处理：

（一）临时建设工程使用期限届满。

（二）建设临时工程的事由消失。

（三）主体建设项目申请规划条件核实。

（四）因城乡规划管理、建设或者公共利益需要，规划和自然资源主管部门作出提前拆除的决定。

第四十九条 建设工程竣工后，应当报原审批的规划和自然资源主管部门进行规划条件核实。规划和自然资源主管部门应当对建设工程是否符合规划条件和建设工程规划许可证的内容进行核实，查验规划条件核实测量记录册，并出具规划条件核实意见。

第五十条 办理建设工程规划条件核实应当遵循下列程序：

（一）建设工程竣工后、申请建设工程规划条件核实前，建设单位或者个人应当持建设工程规划许可证及其附件、竣工图和建设工程放线测量记录册等材料，委托具有相应资质和资格的城市测量单位，按规划和自然资源主管部门制定的技术标准及相关技术规范对建设工程进行规划条件核实测量，出具规划条件核实测量记录册。地下管线工程应当在敷线后、覆土前申请规划条件核实测量。规划条件核实测量记录册主要包括以下内容：

1. 现状地形图；

2. 平面位置关系图，包括相邻建筑的建筑间距和临用地红线的建筑退让道路、河涌、绿线、铁路、架空电力线和用地红线的距离；

3. 用地范围内的总建设规模；

4. 每幢建筑物的总建筑面积、基底面积、每层建筑面积、每层不同使用功能部分的建筑面积，每幢建筑物总高度和每层高度；

5. 独立用地的公共服务设施的用地面积；

6. 道路宽度；

7. 绿地面积；

8. 停车位个数；

9. 竣工图现场核对情况；

10. 规划和自然资源主管部门要求的其他内容。

（二）建设单位、设计单位、施工单位、城市勘察测量单位应在建设工程规划条件核实测量记录册上签名盖章，确认测量成果。

（三）建设单位或者个人凭规划条件核实测量记录册等材料向原核发建设工程规划许可证的规划和自然资源主管部门申请建设工程规划条件核实。不符合建设工程规划许可要求的，规划和自然资源主管部门应当作出不予通过规划条件核实的决定，并责令建设单位或者个人限期改正，或者申报违法建设处理。经改正后符合建设工程规划许可要求的，建设单位或者个人可以重新申请规划条件核实。

规划和自然资源主管部门可以定期根据建设领域的发展，对本条第一款规定的内容进行调整后向社会公布。

第五十一条 建筑工程符合以下条件的，规划和自然资源主管部门应当予以通过建设工程规划条件核实：

（一）建筑工程已经完成土建工程和外墙装修，并且符合建设工程规划许可要求；如果存在违法建设的，违法建设已经过处理并按处理决定执行完毕。

（二）建设单位已经按照建设时序要求实施了相应的配套公共服务设施（包括附属用房）的建设。

（三）建筑工程周边环境（包括道路、绿化、室外地坪标高、夜间景观照明、无障碍设施等）已经按规划要求实施建设。

（四）施工场地已清理完毕，施工用房、施工排栅已拆除，按规划许可要求需拆除的围墙、旧建筑等已经拆除，损坏的市政公用设施已修复完毕。

（五）室外抽风机、空调设备、户外防护设施等均按照规范设置。

（六）规划和自然资源主管部门公布的其他条件。

市政工程的核实条件参照上述规定执行。

规划和自然资源主管部门可以根据建设领域的发展，对本条第一款规定的条件进行调整后向社会公布。

第五十二条 建设工程属于以下情形的，规划和自然资源主管部门应当予以通过建设工程规划条件核实：

（一）建设工程本身符合规划许可要求，但是建筑区划内新增了依法免于申领建设工程规划许可证的园林小品等建设工程，且与经审定的修建性详细规划或者建设工程设计方案总平面图没有矛盾的。

（二）建设工程本身不完全符合规划许可要求，但是不符之处属于依法无需经过规划和自然资源主管部门同意、建设单位可以自行进行的调整，或者属于合理的施工、测量误差范围的。

规划和自然资源主管部门可以根据建设领域的发展，对本条第一款规定的情形进行调整后向社会公布。

第五十三条　本规定实施前，同一幢建筑物由两个或者两个以上建设工程规划许可证许可建设的，建设单位应当在该幢建筑物全部竣工后再申请规划条件核实。

同一建设工程规划许可证许可的建设工程，建设单位应当同时申请规划条件核实；涉及公众或者社会重大利益需分期申请规划条件核实的，申请先行核实部分必须符合投入使用的要求，核实条件参照第五十一条的规定执行。

第四章　城乡规划的监督检查

第五十四条　规划和自然资源主管部门应当按照《中华人民共和国城乡规划法》的规定，加强对城乡规划编制、审批、实施、修改的监督检查。

第五十五条　规划和自然资源主管部门对在城乡规划管理过程中发现的违法建设，应当及时移交城市管理综合执法机关处理；对于事实清楚的违法建设应当同时提出规划处理意见。

第五十六条　城市管理综合执法机关对违法建设进行立案调查后，认为属于“尚可采取改正措施消除对规划实施的影响”或者重大、复杂、难以处理的，应当征求规划和自然资源主管部门的意见。规划和自然资源主管部门应当在20个工作日内提出规划处理意见，城市管理综合执法机关应当依据规划和自然资源主管部门的意见作出处理。

第五十七条　对符合下列情形的建设单位或者个人，规划和自然资源主管部门不得办理该建设单位或者个人其他的规划报批业务：

（一）建设单位或者个人对已作出的违法建设处罚决定未执行完毕的。

（二）建设单位或者个人的违法建设行为已由规划和自然资源主管部门规划定性或者城市管理综合执法机关立案查处，但未作出违法建设处罚决定的。

第五十八条　未取得建设工程规划许可证或者违反建设工程规划许可证进行建设，属于“尚可采取改正措施消除对规划实施的影响”的违法建设，经城市管理综合执法机关作出处罚决定并执行完毕后，建设单位或者个人应当按照有关规定向规划和自然资源主管部门申请补办相关规划手续。

第五十九条　建设单位有下列情形之一，情节严重的，规划和自然资源主管部门应当将有关事实通过政务公开网站等向社会公布：

（一）未按规划要求实施公建配套项目建设的。

（二）未按要求报送建设工程竣工验收资料的。

建设单位有下列情形之一，情节严重的，城市管理综合执法机关应当将有关事实通过政务公开网站等向社会公布：

（一）拒不配合违法建设调查取证，导致无法作出处理决定的。

（二）拒不执行责令限期改正决定的。

第六十条　规划编制单位、建筑设计单位有下列情形之一的，规划和自然资源主管部门应当将有关事实通过政务公开网站等向社会公布：

（一）不按规划要求编制规划方案或者建筑设计方案，情节严重的。

（二）配合建设单位以欺骗手段骗取规划审批、许可的。

（三）配合建设单位实施违法建设行为，情节严重的。

第六十一条 建设单位以欺骗等不正当手段取得规划许可、审批的，由规划和自然资源主管部门按照《中华人民共和国行政许可法》第六十九条的规定处理，并可以暂停受理该建设单位的规划报批业务，暂停期不超过一年。

第五章 附 则

第六十二条 本规定所指的建设工程，包括市政工程及其他建筑工程。

建筑工程包括新建、扩建、加建和改建各类永久性或者临时性建（构）筑物。

构筑物包括下列工程：

（一）围墙、无障碍设施、外挑构件（雨篷、遮阳板、飘板）、烟囱、建筑天面水池、台阶及构架等。

（二）为安装安全防护设施、竖向管道、幕墙清洁吊塔等而建造的构筑物，用于安装、衔接市政管网设施的地下构筑物。

（三）为遮饰室外空调器、冷却塔、通风口（井）等而建造的构筑物。

（四）用于安装灯光、旗杆、音像、广告、招牌等设施的基座、建筑构件等构筑物。

（五）用于安装无线电发射设施的发射塔、铁架、斜拉杆、天线等构筑物。

（六）用于绿化种植、生长需要的构筑物。

（七）用于安装、遮饰太阳能热水器等绿色能源设施的构筑物。

（八）机械停车架。

（九）其他构筑物。

市政工程，包括新建、扩建、加建和改建下列工程：

（一）道路交通工程，包括：

1. 道路工程：城市道路（指城市快速路、主干道、次干道、支路）、公路（指高速公路、一级公路、二级公路、三级公路、四级公路）以及桥梁、隧道、立交、高架路等工程。

2. 站场工程：社会公共停车场（库）、公交站场、汽车客运站场、汽车货运站场以及综合上述各类型的枢纽站场等工程。

3. 轨道交通工程：地铁、轻轨、有轨电车、城际铁路等工程。

4. 对外交通工程：机场、铁路、港口（码头）等工程。

5. 其他道路交通工程：公共交通停靠站、道路绿化、人行系统、加油（气）站、道路元素等工程。

6. 上述工程的附属设施、建（构）筑物等工程。

（二）市政管线工程，包括：

1. 给水工程：城市取水、生活给水、消防给水、工业给水等管线系统及水厂、供水泵站等设施。

2. 排水工程：城市生活污水、雨水、河涌、工业废水等管渠系统及污水处理厂、污水泵站、排涝泵站等设施。

3. 电力工程：城市高压输电、配电、电车用电、路灯用电、生产用电等线路系统及电厂、热电厂、变电站等设施。

4. 通信工程：城市通信光缆、通信电缆等线网系统及电信汇接局、电信端局、微波站、移动通信基站等设施。

5. 燃气工程：高压输气、城镇燃气、工业企业燃气等管线系统及煤气厂、天然气分输站、门站、调压站、液化石油气气化站、储存站、供应站等设施。

6. 热力工程：城市蒸汽、热水等管线系统及热电厂（站）、区域锅炉房、热力泵站、热力调压站等设施。

7. 环境卫生工程：城市垃圾输送管道系统及城市垃圾处理厂（场）等设施。

8. 其他管线工程：城市输油、工业、化工物料、公共安全视频、有线电视等专用管线工程及其附属设施。

第六十三条　法律、法规、规章对特定区域的城乡规划管理有特殊规定的，依照其规定。

第六十四条　本规定自2011年12月1日起施行。

广州市城乡规划技术规定

（2012年5月17日广州市人民政府令第71号公布　根据2015年11月4日广州市人民政府令第133号第一次修订　根据2018年2月13日广州市人民政府令第158号第二次修订　根据2019年11月14日广州市人民政府令第168号第三次修订）

第一章　总　则

第一条　为加强城乡规划管理，实现城乡规划编制和规划管理的标准化、规范化和法制化，保障城乡规划实施，根据《中华人民共和国城乡规划法》、《广东省城市控制性详细规划管理条例》等法律、法规，结合本市实际，制定本规定。

第二条　本市行政区域内城乡规划的制定、修改和实施，应当遵守本规定。

本市的规划区可以划分为城市规划区、镇规划区和村庄规划区。

第三条　各项建设工程的规划管理和建设，应当按照经批准的详细规划、村庄规划和历史文化名城保护的相关规划执行；尚未编制上述规划的，应当按照上层次城乡规划和本规定执行。

第四条　本市按照规划的城市区位和功能定位要求，对各项建设实施规划密度分区管制。规划密度分区在城市总体规划中划定，具体控制指标和要求在控制性详细规划和村庄规划中规定。

第五条　城乡规划的制定和实施，应当发挥城乡规划引领城乡建设、改善生态环境、维护社会公平、保障公共安全和公众利益的公共政策作用，坚持以人为本，实现经济社会全面、协调、可持续发展。

制定和修改城乡规划应当注重和加强对土地使用现状及已经作出的规划审批和许可行为的调查，遵循前瞻性、科学性、可实施性、节约集约用地、提高城市综合承载力以及有利于发挥规划的引导、统筹、调控等公共政策作用的规划编制原则。其中，有关工业、农业、畜牧业、林业、能源、水利、交通、城市建设、旅游、自然资源开发等的专业规划，应当在该专业规划草案上报审批前，组织开展环境影响评价。

第六条　本市编制城乡规划和实施规划管理采用的广州市平面坐标系统和高程系统应当与国家坐标系统和高程系统相联系，两套坐标系统应当逐步实现统一。

第七条　编制城乡规划应当划定紫线、红线、绿线、蓝线、黄线、黑线等“六线”，并提出相关规划控制要求。规划区内的土地利用和各项建设应当遵守“六线”规划控制要求。

（一）紫线：指城乡规划中用于界定历史文化街区（或者历史文化保护区）和历史建筑的保护范围界线。

（二）红线：指城乡规划中用于界定道路、广场用地和对外交通用地（管道运输用地除外）、交通设施用地范围的控制线。

（三）绿线：指城乡规划中用于界定公共绿地、防护绿地、生产绿地、居住区绿地、单位附属绿地、道路绿地、生态风景林地等城市各类绿地范围的控制线。

（四）蓝线：指城乡规划中用于界定江、河、湖、库、渠和湿地等城市地表水体保护范围的控制线。

（五）黄线：指城乡规划中用于界定市政公用设施用地范围的控制线。

（六）黑线：指城乡规划中用于界定建设用地范围的控制线。

第八条 城市设计贯穿城乡规划各阶段。重要地块宜遵循自然环境与人工景观、历史文化与现代文明、地方特色与时代特点相和谐的原则开展城市设计。经审定的城市设计应当纳入城乡规划。

第九条 地下空间规划是城市规划的重要组成部分。编制城市总体规划时，应当同步编制城市地下空间开发利用规划。编制城市详细规划时，应当依据城市地下空间开发利用规划编制城市地下空间建设规划。城市地下空间的开发和利用，应当与经济和技术发展水平相适应，遵循统筹安排、综合开发、合理利用的原则，充分考虑防灾减灾、人民防空和通信等需要。

第十条 城乡规划编制和管理应当贯彻严格保护和科学利用历史文化资源的基本原则，应当以建设世界文化名城为目标，以历史文化名城保护规划为依据，保护历史城区、历史文化名镇名村、历史文化街区和历史风貌区、文物建筑和历史建筑、非物质文化遗产等各类历史文化资源。

加强文物保护，按照相关法律、法规将各级文物保护单位、登记文物保护单位、尚未核定公布为文物保护单位的不可移动文物、文物线索、古树名木和地下文物埋藏区的保护控制要求依法纳入城乡规划进行保护和管理。

第十一条 为促进绿色建筑发展，节约能源，保护和改善环境，建设低碳型经济社会，城乡规划编制和管理中贯彻执行修建绿色建筑的政策法规。对因实施绿色建筑技术而必须增加的建筑面积，符合现行政策法规的规定并经城乡建设主管部门认定后，可不纳入计算容积率。具体认定办法由城乡建设主管部门会同城乡规划主管部门另行制订，报市政府批准后执行。

第十二条 城乡规划主管部门应当根据本规定制订具体的城乡规划技术标准与准则，经市政府批准后向社会公布。

第二章 城乡规划勘察与测绘

第十三条 编制城乡规划应当具备土地利用规划、土地利用现状、生态环境现状、城乡规划工程地质勘察和城乡规划测绘等必要的基础资料。城乡规划勘察和测绘应当满足城乡规划编制和实施规划管理的需要。

第十四条 城乡规划工程地质勘察阶段与城乡规划编制阶段相适应，分为总体规划勘察阶段和详细规划勘察阶段。城乡规划工程地质与岩土工程勘察资料应当符合国家有关规范的规定和广州市勘测信息系统的要求，并纳入广州市地下空间信息系统的统一管理。

第十五条 本市城乡规划测绘应当符合下列规定：

（一）平面坐标系统应当采用高斯正形投影3度带的平面直角坐标系统，投影面采用本市平均高程面，投影长度变形值应当小于2.5厘米/千米。首级平面控制网的等级应当为二等，其主要技术要求应当符合国家有关测量规范及相关技术规定。

（二）采用独立的高程系统。首级高程控制网的等级为二等，其主要技术要求应当符合国家有关城市测量规范及相关技术规定。

（三）根据城乡规划的需要测量规划区的基本地形图，并进行定期更新、汇交。基本地形图系列的比例尺为1∶500、1∶2000、1∶5000，并且应当采用本市地形图图式及图幅分幅编号和数字测量方法，建立数字地形图库。数字地形图应当包括数字线划图（DLG）、数字高程模型（DEM）、数字正射影像图（DOM）及数字栅格图（DRG）。

（四）规划区范围应当测绘1∶5000地形图，并且每5年更新一次；市辖区范围内还应当测绘1∶2000地形图，并且每3年更新一次；市辖区范围内城市和镇总体规划确定的集中成片的城镇建设用地区域还应当测绘1∶500地形图，并且每年更新一次；市辖区范围内建设活动较为集中的其余建设区域还应当测绘1∶500地形图，并且每2年更新一次。对于经济建设、社会发展和城乡规划建设及重大工程急需的基础测绘成果应当及时更新。

第十六条 城乡规划的实施应当以城乡规划工程测量为基础。城乡规划工程测量主要包括以下内容：

（一）规划建设用地地形及界址点测量。

（二）建设工程的放线、验线及规划验收测量。

城乡规划工程测量应当符合国家有关测量规范和建筑设计规范的要求。建筑工程的规划验收测量应当与房产测量相衔接。

第三章 城市规划区和镇规划区技术规定

第一节 建设用地

第十七条 建设项目选址意见书一般包括建设单位、建设项目、建设用地使用性质、规划用地界限、规划用地红线面积和有效期限等内容。

建设用地规划许可证一般包括建设单位、建设项目、建设用地使用性质、规划用地界限、规划用地红线面积和有效期限等内容，尚未提供规划条件的还应当同时提供规划条件。

第十八条 建设用地规划许可应当以控制性详细规划为依据，紫线范围内的用地规划许可应当符合紫线管理要求和保护规划。尚无控制性详细规划或者控制性详细规划正在修改的地块，因国家、省或者市重点建设需要使用土地的，建设用地规划许可应当以经法定程序批准的规划条件或者建设工程设计方案为依据。

第十九条 本市用地分类应当符合《城市用地分类与规划建设用地标准》的规定。

建设用地规划许可应当按照经批准的控制性详细规划和建设用地兼容性确定建设用地使用性质。控制性详细规划已经对建设用地兼容性作出规定的，应当按照控制性详细规划执行；控制性详细规划未对其作出规定的，可以按照经批准公布的建设用地兼容性规定执行。确需改变建设用地使用性质，且超出控制性详细规划和建设用地兼容性范围的，应当先行依法修改控制性详细规划。

第二十条　建设项目规划用地界限的划定应当符合城乡规划要求、建设项目批准文件、有关技术标准与准则，以按照规划要求确定的建设用地范围成果资料和依成果绘制的规定比例尺地形图为依据，结合建筑区划和征收范围综合确定。

第二十一条　规划用地红线面积包括建设项目可建设用地面积、道路面积、绿地面积、河涌水系面积、市政公用设施用地面积、公共服务设施用地面积以及除上述用地面积以外必须实施整体征收或者补偿的用地面积。各部分用地面积应当在建设用地规划许可证中明确。

建设用地使用权面积应当依据规划用地红线面积中的建设项目可建设用地面积依法确定。

建设项目可建设用地面积应当满足各类建设项目独立建设的最小用地规模的要求。各类建设项目独立建设的最小用地规模由城乡规划主管部门综合考虑建设项目的性质、特点、有利于城乡规划统一实施和集约、节约使用土地等因素确定。

第二十二条　建设用地规划条件一般应当明确用地性质、用地面积、建筑密度、容积率、计算容积率建筑面积、绿地率、建筑间距、建筑退让、停车配建、公共服务设施、新能源汽车充电设施以及控制性详细规划确定的其他要求等内容。出让地块如涉及地下空间开发利用，应明确地下空间使用性质、水平投影范围、垂直空间范围、建设规模、公建配套要求、出入口、通风口和排水口的设置要求等内容。

建筑公共开放空间是附属于建筑物，面向小区不特定业主或者公众、全天候免费开放的公共空间，包括架空层、屋顶花园、骑楼、建筑物内城市公共通道等。符合技术要求的建筑公共开放空间，其中，住宅、办公、商业类建筑位于建筑物首层的建筑公共开放空间不计入容积率；位于首层以外的建筑公共开放空间不计入容积率的建筑面积累计不得大于规划条件核定的计算容积率总建筑面积的3%。

地下公共通道、地下公交站场、地铁站台层、地铁站厅层（除商业设施外）、地下停车库、地下非机动车库、非平战结合的人防工程和地下市政公用设施及地下设备用房等地下空间的建筑面积不计算容积率。

本市建设工程容积率具体计算办法由城乡规划主管部门另行制定。

第二十三条　结建地下空间项目地下部分水平用地范围不得超出地表用地界线，且地下室边线与用地界线和规划控制线等的退让距离应当符合法律、法规、规章和技术标准的要求，但是属于建设工程设计方案总平面图中明确的出入口、通风口、排水口、通道等除外。

城市规划对地下空间有统建要求的，地下空间规划建设用地范围可以单独划定。地下空间分层开发利用的，应当共用出入口、通风口和排水口等设施。

第二十四条　居住用地的容积率、建筑密度和绿地率应当符合附表一的规定。历史文化名城保护相关规划以及规定另有规定的除外。

居住用地应当配套建设与街区管理、居住人口规模及住宅建筑面积相适应的市政公用设施和公共服务设施。具体配建指标应当符合附表二的规定。

居住用地内公共服务设施宜独立设置。其中肉菜市场、生鲜超市以及开展加工、制造、机电维修或者机动车维修、餐饮、茶艺、酒吧、娱乐、网吧、电子游戏、放映场、桑拿、沐足、废品收购等影响环境和居民生活的经营活动的商业用房应当独立设置，不得设于住宅楼内。

经规划确定在住宅楼内设置商业用房的，应当符合下列规定：

（一）商业用房应当设置独立出入口及疏散楼梯，且出入口不得朝向居住小区内部；

（二）临40米及以上道路设置的，除一般建筑临道路退让要求外，还应当预留用于人流疏散、货物装卸的专用通道。

居住用地内独立设置的市政公用设施和公共服务设施必须在规划地块建设总量（不含上述市政公用设施和公共服务设施）完成50%前建设完毕，并通过规划条件核实。其中，垃圾压缩站、变电站、公共厕所、综合医院、社区卫生服务中心、社区卫生服务站、消防站、派出所、燃气设施和燃气抢险点、公交首末站、老年人福利设施、幼儿园、小学等设施应当先于住宅首期工程或者与其同时申请建设工程规划许可证，并在住宅首期工程预售前先行申请并通过规划条件核实，城市更新改造的安置房项目经市政府批准的除外。建设单位在编制建设工程设计方案报批时，应根据上述规定，并结合具体公建配套项目的服务人群、服务功能、经济规模和建筑区划等因素，合理确定市政公用设施和公共服务设施建设时序，经城乡规划主管部门审查确认后实施。

第二十五条 商业商务用地建筑密度和绿地率应当符合附表三的规定。历史文化名城保护相关规划以及规定另有规定的除外。

第二十六条 工业用地的容积率、建筑密度和绿地率应当符合附表四的规定。

第二十七条 旧城更新和城中村改造应当以《广州市历史文化名城保护规划》、相关层次专项规划和控制性详细规划为依据，并且符合下列规定：

（一）依法严格落实对历史城区、历史文化名镇名村、历史文化街区和历史风貌区、文物建筑和历史建筑、非物质文化遗产等各类历史文化遗存的保护。

（二）对危破房相对集中、土地功能布局明显不合理或公共服务配套设施不完善的旧城区和城中村，应当重点完善绿地和公共空间、公共服务设施和市政基础设施配套，改善人居环境。

（三）对危破房分布较零散、环境设施标准较低的旧城区和城中村，在不改变原有街区与建筑历史风貌和空间肌理的基础上，可实施零散改造，重点采取修缮排危、完善支路网系统、完善公建配套、立面整饰等方式，提升地区活力，改善居住生活条件。

第二十八条 建设用地竖向标高应当符合城乡规划确定的控制标高，满足防洪（潮）、排涝要求，与相邻地块及城市道路、广场、绿地相协调，并且应当有利于建筑布局及空间环境的规划设计。

第二十九条 建筑区划内的道路划分为城镇公共道路和业主共有道路。任何单位和个人不得擅自封闭使用城镇公共道路。城镇公共道路包括：

（一）新建建筑区划内，控制性详细规划、建设用地规划条件中确定的道路以及建设工程设计方案总平面图中确定的城镇公共道路。

（二）已建成或者已经部分实施建设的建筑区划内，除本款第（一）项规定外，历史上或者现状作为城镇公共道路使用的道路。

第三十条 建筑区划内的绿地划分为城镇公共绿地、业主共有绿地和个人专有绿地。

城镇公共绿地包括：

（一）新建建筑区划内，依据控制性详细规划在建设用地规划条件中确定的公共绿地。

（二）已建成或者已经部分实施建设的建筑区划内，除本款第（一）项规定外，历史上或者现状作为城镇公共绿地使用的绿地。

第二节 建筑工程

第三十一条 建设工程规划许可审查一般包括建设单位、建设项目名称、建设位置、建设规模、使用性质、建筑高度、建筑间距、临路退让、建筑布局、建筑平立剖面设计、公共服务设施、停车配建、建筑景观、周边环境要求和有效期限等内容。

第三十二条 建筑工程使用性质应当符合建设用地使用性质、规划条件和建筑设计规范。对使用性质的表述应当准确、规范、含义明确。

第三十三条 非住宅类项目的建筑平、立面应当符合公共建筑的设计规范和城市设计要求。除酒店用房外，建筑平面不得采用单元式或者住宅套型式设计，不得设置厨房等居住空间；卫生间宜集中设置，带独立卫生间的单间商业用房、办公用房不得超过本层建筑面积的1/3；开水间或者饮用水供应点应当集中设置。

第三十四条 建筑工程的高度应当结合建筑间距、建设用地容积率、建筑密度和经批准的城市设计要求综合确定，并应当符合各相关专业管理要求。

在编制城市总体规划、城市设计及控制性详细规划时，机场周边、白云山周边、珠江两岸一线、历史城区、历史文化名镇名村、历史文化街区、历史风貌区、文物建筑和历史建筑的保护范围和建设控制地带、重要国家机关、涉密机关、军事禁区和军事管理区周边等法律、法规、规章或者城乡规划对建筑高度有特殊规定的地区，应当根据该特殊规定综合确定建筑工程高度。

第三十五条 建筑工程之间的间距应当根据广州地区日照、采光、通风特点及消防、防灾、管线埋设和视觉等要求，并结合建筑物的使用性质和布局朝向、建设用地的实际情况、毗邻建筑属性等因素综合确定。历史文化名城保护相关规划以及规定另有规定的除外。

同一建设用地红线范围内各类建筑工程之间的间距应当符合下列规定：

（一）民用建筑相邻布置时，被遮挡一侧为居住建筑的，建筑间距应当符合附表五的规定；被遮挡一侧为民用非居住建筑的，建筑间距应当符合附表六的规定。医院病房楼、休（疗）养院住宿楼、幼儿园、托儿所生活用房和学校教学楼等民用建筑位于被遮挡一侧的，建筑间距应当按照居住建筑间距标准的1.2倍控制，且应当符合附表七的规定。

（二）民用建筑与非民用建筑相邻布置时，被遮挡一侧为民用建筑的，其建筑间距按照本款第（一）项的规定执行；被遮挡一侧为非民用建筑的，建筑间距应当符合附表六的规定。

（三）非民用建筑及其他有特殊要求的民用非居住建筑之间的建筑间距应当符合消防、环保和工艺要求，并执行国家相关规范。

城市、镇旧城区房屋整体或者主体结构安全、能够基本满足正常使用要求的房屋，应当结合旧城更新规划逐步统筹更新，在旧城更新规划实施前可以进行原状维修。经鉴定为局部或者整幢危房的房屋，可以在不增加原有合法产权建筑面积和建筑高度、不扩大基底面积、不改变四至关系和不改变使用性质的前提下进行原址重建或者改建，并且不适用前款间距规定。历史文化名城保护相关规划以及规定另有规定的除外。

第三十六条 建筑工程与规划用地界线之间的退界距离不得小于按照本规定第三十五条计算的建筑间距值的50%，且应当符合附表八有关建筑工程最小退界距离的规定。历史文化名城保护相关规划以及规定另有规定的除外。

规划用地界线进入相邻的城镇公共道路、河涌的规划用地范围，或者与其规划用地边线重合的，临规划用地界线的建筑工程的退界距离可自城镇公共道路或者河涌的规划中线起计算。

第三十七条 建筑工程临规划道路、蓝线、绿线以及铁路和架空电力线的建筑退让应当符合附表九、附表十和附表十一的规定。同时还应当符合道路、消防、环保、卫生、通讯、文物保护、风景名胜区保护和水源保护区保护、防汛（潮）、交通安全、安全生产和城市景观等方面的要求。如果按照上述规定计算的建筑退让距离小于根据本规定第二十六条计算的建筑间距的，应当按照建筑间距数值确定建筑退让距离。

建筑工程退让范围应当作为绿化、人流集散及市政管线埋设用地。绿化建设应当符合城市绿化管理的有关规定。

建筑工程退让道路范围内一般不得新建、改建、扩建建（构）筑物，但确需建设道路附属设施、市政公用设施和经市人民政府批准的除外。退让范围内的建设项目应当符合下列规定：

（一）高度不大于24米；

（二）满足公路安全保护的相关规定，其中处于高速公路退让范围内的，其建筑退让距离不少于50米。

本条规定适用于新建、改建、扩建的建筑工程退让道路、城市高架路、立交、高架路匝道、蓝线、绿线时的退让要求。

第三十八条 一般建筑物的面宽，应当符合下列规定：

（一）低、多层建筑的最大连续面宽不得大于100米。

（二）高层建筑塔楼单体面宽不得大于80米，且各单体累加面宽不得大于对应用地红线面宽的2/3。

位于珠江两岸一线等城市重要景观控制地区或者具有城市标志性意义、影响城市生态景观的建筑物面宽，城乡规划主管部门应当组织进行城市设计研究，经公示并报规划委员会审议后，根据审议结果确定；除文化、体育等城市级大型公共服务设施外，低、多层建筑或者高层建筑裙楼最大连续面宽不得大于80米，高层建筑塔楼最大连续面宽不大于60米。

对建筑面宽有特殊要求的其他建设工程，城乡规划主管部门可以组织进行城市设计研究或者专家评审，其建筑面宽根据研究或者评审结果确定。

第三十九条 新建、改建、扩建建筑物，应当按照有关技术标准配建或者增建一定规模的停车场。商业设施、文娱场所、医院、中小学校、幼儿园、交通枢纽等建设项目，应当在用地范围内根据建设项目的具体情况增配符合城乡规划、道路交通管理要求的装卸货泊位、出租车和小汽车上下客泊位、旅游巴士或者救护车停车位。建筑物机动车出入口距离城市道路应当预留充足的缓冲空间。

建筑工程停车配建标准按国家、省和市的有关规定执行，其中住宅建筑工程的停车配建标准根据住宅类型、所处区位、交通条件等因素综合确定，每100平方米的住宅建筑面积应当配建1.2～1.8个停车位；属于城市更新改造项目的，每100平方米的住宅建筑面积应当配建1.0～1.8个停车位；建筑工程停车配建标准应当由城乡规划主管部门会同交通管理部门和公安机关交通管理部门每3年评估一次，并根据实际需要调整。新出让用地应当按照停车位的一定比例预留新能源汽车充电设施接口。

第四十条 建筑工程建设应当符合下列城市景观和环境建设规定：

（一）城乡规划主管部门组织编制城市重要地区的控制性详细规划，可以要求编制景观专项规划或者城市设计，纳入控制性详细规划。

（二）建筑工程的设计方案总平面图应当包括建设场地环境设计的内容。建设场地环境设计应当充分考虑地形特点，合理规划设置绿地、水体、铺地和景观小品等景观元素，创造适宜的人居环境。

（三）建筑工程的立面、体量、风格、色彩等应当与周边建筑、生态、人文等环境相协调，鼓励传承和弘扬岭南建筑文化，使用永久性建筑材料，并符合城乡规划的要求。对于城市标志性建筑工程、位于城市重要地区的建筑工程，城乡规划主管部门可以组织城市设计研究或者专家论证。

（四）新建、改建、扩建建筑工程时，其周边环境和立体绿化应当与主体建筑工程同步设计、同步建设、同步验收和投入使用。

（五）新建影剧院、游乐场、体育馆、展览馆、大型商场等较大规模的公共建筑，应当在主入口设置绿化休闲广场，广场应当设置绿化、建筑小品、休息座椅、广场灯及夜景照明系统等配套设施。

（六）沿城市道路、广场设置的建筑物前广场、人行道及商场入口的铺设材质及形式应当协调，并应当与绿化、建筑小品等同时设计、同时建设、同时验收和投入使用。

（七）位于城市重要地区的建设项目，应当进行建筑夜景灯饰照明设计和建设，与主体工程同时设计、同步建设、同步验收和投入使用。建筑夜景灯饰照明设计应当遵照科学设置、和谐美观、节能环保的原则。文物建筑的夜景灯饰照明设计，应当遵循确保文物建筑安全、不改变文物原状和外观历史风貌的原则。

第四十一条 商业、办公用途的大开间形式的建筑内部空间，建设单位应当在建筑设计方案中明确通道、楼梯、大堂等公共空间的位置和尺寸。

第四十二条 值班室（岗、亭）、实体围墙和大门（门楼）等辅助性建（构）筑物应当符合城市景观、建筑退让、市政管线、道路交通、消防安全及其他有关规范的规定。

建筑物的外部附属构筑物应当与主体建筑相协调，与主体建筑同步设计、设置，并符合城市景观、高度控制、环境保护及其他有关规范的规定。

第四十三条 紫线范围内的各项建设应当符合国务院《历史文化名城名镇名村保护条例》、建设部《城市紫线管理办法》和保护规划等的相关规定，遵循维护历史遗存、改善基础设施、提高环境质量的原则。

第四十四条 传统骑楼街的保护、更新和改造应当保持原有历史风貌，同时保证各骑楼单体建筑之间的统一和协调，突出骑楼连续的城市景观。

第四十五条 严格控制临时建设工程。审批临时建设工程应当符合下列规定：

（一）属于依法可以建设临时建设工程的情形。

（二）临时建设工程不得影响近期建设规划或者控制性详细规划的实施以及交通、环境、市容和安全。

第三节　市政工程

第四十六条　规划建设道路交通工程应当符合下列规定：

（一）主干路及以上级或者通行电车的城市道路，其机动车道通行净高原则上不小于5米；其他城市道路的机动车道通行净高有条件的应当按不小于4.5米设计，条件困难的，如在到达所需区域有不少于1条道路达到4.5米以上净高标准，可根据实际情况相应放宽；人行道通行净高不小于2.5米。

（二）支路应当与支路、次干路相接，确需与主干路相接的，应当组织右进右出交通。

（三）道路立交控制用地范围内不得建设除城市基础设施外的建（构）筑物。

（四）严格控制在主干路上开设车辆出入口。

（五）大型公共建筑物或者对城市交通产生较大影响的建设项目应当进行交通影响评估，并根据建设项目交通影响评估意见完善交通设施。

（六）停车场（库）出入口应当设置缓冲区间，缓冲区间和起坡道不得占用规划道路，闸机不得占用规划道路和建筑退让范围。严格控制直接正对主干路设置停车场（库）出入口。

（七）城市道路应当按照《无障碍设计规范》的规定设置无障碍设施。

（八）新建、改建主、次干路原则上应当同步设置公共交通港湾式停靠站。

（九）公交网络规划中规划有快速公交（BRT）线路的路段，应当按照规划要求预留控制快速公交廊道、车站以及附属设施用地。

（十）沿人行道种植行道树、设置公共交通停靠站（亭）、垃圾回收箱和自助式公用电话亭等设施时，不得遮挡路灯、交通信号灯、交通标志等交通设施，不得妨碍交通视线及行人的正常通行。

（十一）新建、改建、扩建道路，应当同步建设道路交通安全设施；道路交通信号灯、交通标志、交通标线、道路监控设施的设置，应当符合道路交通安全、畅通的要求和国家标准；交通信号灯、交通标志牌、路灯等设施在符合国家标准的前提下，应当采用共杆的方式设置。

（十二）新建人行天桥或者隧道的步梯出入口应当结合步行交通系统合理设置，其中与新建道路同步建设的人行天桥或者隧道的步梯出入口一般不得占用市政人行道。

第四十七条　规划建设城市轨道交通应当符合下列规定：

（一）划定城市轨道交通工程控制保护区，并纳入城乡规划。

（二）城市轨道交通车站应当兼顾行人过街的功能，并且设置无障碍设施；兼顾行人过街功能的通道不得封闭。

（三）城市轨道交通的风亭不得占用市政人行道，应当结合相邻拟建建筑物设计和建设。

（四）控制与城市轨道交通车站衔接的公共汽车电车首末站、中途站、枢纽站用地。

第四十八条　规划建设其他交通设施应当符合下列规定：

（一）城市客（货）运站场、公交首末站、枢纽站场应当进行交通影响评估，并根据建设项目交通影响评估意见完善交通设施。

（二）公交首末站原则上应当设置在城市道路以外的独立用地上。公交港湾式停靠站有条件的，应当设置在行人过街设施附近。

（三）在商业区、交通枢纽区、大型公建区等设置的行人过街天桥或者隧道，应当设置自动扶梯或者预留设置自动扶梯的条件。

（四）建设高速公路、城市快速路应当将配套设施纳入路位选线方案一并编制建设工程设计方案。

第四十九条 规划建设管线工程应当符合下列规定：

（一）管线沿道路边线向道路中线方向平行布置的次序，一般东、南侧为配气管、配水管、电力管道、污水管、雨水管；西、北侧为配气管、配水管、通信管道、燃气管、热力管、供水干管。

（二）各管线工程应当遵循统一规划的原则，在城乡规划划定的范围内，应当采用共同管沟或者同沟同井的方式进行建设。

（三）管线应当优先布置在人行道下，原则上不得在行道树下敷设。

（四）各类管井顶面标高应当与道路设计标高一致，在人行道下设置的管线，其顶板装饰应当与人行道面砖铺砌统一，并且与道路景观相协调。

（五）新建、改建、扩建道路、桥梁和隧道应当考虑管线的敷设，并且同步设计、同步建设；不能同步建设的，应当预留管线通过的位置。

（六）除110千伏和220千伏的电力管线外，规划区建设用地范围内新建的各类管线应当在地下埋设，现有架空管线应当逐步改造为地下埋设。110千伏和220千伏的电力管线要求在地下埋设的范围，按照广州市供电用电管理的相关规定执行。具体如下：

1. 西二环、北二环高速公路以南，东二环高速公路以西，佛山水道、珠江后航道、黄埔航道以北范围以及番禺区市桥街、沙头街、东环街、桥南街和花都区新华街、白云区建制镇、南沙新区明珠湾区以及上述范围以外的中心镇的中心区范围内新建的110千伏的电力线路；

2. 华南北路、广汕公路以南，东二环高速公路以西，佛山水道、珠江后航道、黄埔航道以北范围以及番禺区市桥街、沙头街、东环街、桥南街和花都区新华街、白云区建制镇的中心区范围、南沙新区蕉门河中心区和明珠湾区内新建的220千伏的电力线路；

3. 上述范围内现有的110千伏和220千伏电力架空线应当逐步改造为地下埋设。

（七）新建、改建、扩建的项目配套建设的排水设施，应当实行雨污分流，已建成的雨污合流区域应当逐步进行雨污分流改造。上述排水设施应当采取雨水径流控制措施，使建设后的雨水径流量不超过建设前的雨水径流量。新建建设工程硬化面积达1万平方米以上的项目，除城镇公共道路外，每万平方米硬化面积应当配建不小于500立方米的雨水调蓄设施。新建项目硬化地面中，除城镇公共道路外，建筑物的室外可渗透地面率应当符合广州市建设项目雨水径流控制的相关规定。

（八）在已建成的污水处理厂的收集范围内，有完善雨污分流管网的地区，新建、改建、扩建的项目不得设化粪池，现有化粪池应当逐步取消。

（九）油气管道的规划建设应当符合《中华人民共和国石油天然气管道保护法》等法

律法规关于管道安全保护的要求，石油管道、次高压及以上压力等级燃气管道两侧5米范围内禁止修建建（构）筑物，油气管道与建（构）筑物、排水管渠及其他管线的安全距离还应当符合国家规范等有关强制性条文的要求。

第五十条 固体废物收运处理站（场）、污水处理厂和污水泵站、供水设施、雨水设施及防洪排涝设施、变电站、发电厂、消防站、加油（气）站、燃气站（场）等市政公用设施的用地和规划控制指标，应当根据上层次城乡规划、市政专项规划和有关技术规范的要求，在控制性详细规划中予以明确。因城市建设发展需要增设上述市政公用设施时，应当按照法定程序修改控制性详细规划。

第五十一条 规划建设水利及排水工程应当符合下列规定：

（一）河道堤防布局应当满足城市防洪排涝、供水、生态环境、景观娱乐、航运等不同功能要求，遵循人水和谐、自然生态的原则，并结合水系现状分布特征，按城乡规划要求进行合理布局，形成水网连通、功能完善、水质持续改善的水网系统。

（二）珠江广州河段（前、后、西航道等）的防洪标准为200年一遇；流溪河干流太平场以下防洪标准为100年一遇，以上为50年一遇；白坭河防洪标准为20～50年一遇。

（三）城市规划区排涝标准为20年一遇24小时暴雨不成灾，村庄规划区排涝标准为10年一遇24小时暴雨不成灾。

（四）新建项目，新建、扩建和成片改造的区域设计重现期不低于5年，重要地区（含立交、下沉隧道）设计重现期不低于10年。在已建城区中，特别困难区域经论证后可按2～3年重现期标准改造。

（五）水利工程应当纳入蓝线规划管理，划定保护控制范围并确定保护要求。

（六）在公共污水管网覆盖的地区，不得设置入河污水排放口。

第四章 村庄规划区技术规定

第五十二条 乡村建设规划许可证应当明确建设单位或者个人、建设项目名称、建设位置、建设规模、规划用地界线及面积、使用性质、建筑高度、建筑间距、临路退让、周边环境要求和有效期限等内容。

乡村建设规划许可应当以经批准的村庄规划为依据，并考虑文化遗产现状，遵循文化遗产保护的相关规定。

第五十三条 农村村民住宅用地应当统筹考虑、合理安排，鼓励集中布局，优先保证村庄公共服务设施和市政基础设施用地。

农村村民1户只能拥有1处宅基地。新批准每户住宅建筑基底面积控制在80平方米以内，增城、从化区范围内可按照国家、省的相关规定确定；建筑面积控制在280平方米以内。户均总用地按照非公寓式住宅及公寓式住宅的具体要求确定。宅前绿地、户间退让用地均包含在户均总用地内。

在允许建设非公寓式住宅的区域鼓励建设公寓式住宅。在每户总建筑面积控制在280平方米以内的前提下，每户村民可以选择1套或者多套公寓式住宅。节余用地优先安排村公共服务设施后，可以作为村集体经济发展用地。

第五十四条　乡镇企业、乡村公共设施及公益事业建设的技术标准参照第三章的规定执行。农村村民住宅建设应当符合城乡规划的要求，合理控制土地开发强度和建筑密度。其中，公寓式住宅的技术标准参照第三章的规定执行，建筑间距按照附表六执行，非公寓式住宅的技术标准应当符合下列规定：

（一）建筑层数应当不超过3层，根据功能需要可以增设梯间和功能用房，3层部分建筑高度应当不大于11米，设梯间和功能用房的建筑高度应当不大于14米。鼓励采用坡屋顶。

（二）新规划村民住宅，主要朝向的建筑间距应不小于6米，次要朝向的建筑间距应不小于2米（建设联排式住宅的除外）。建筑成组布置总长超过45米或者因交通、防火需要的，应当预留不小于6米的公共通道。

（三）现状村民住宅改建、扩建，不得影响邻屋安全，临路方向退缩建筑间距不少于2米（以道路中心线为基准），其他方向退缩建筑间距不少于0.6米（以用地边界为基准，建设联排式住宅的除外）。

（四）最小间距范围内，不得设置阳台、飘窗、雨蓬、花槽、台阶等。住宅次要朝向外墙应当为防火墙。

（五）新规划村民住宅区应规划设置组团道路，临城市道路的住宅退让道路边线应当符合本规定第三十七条的要求。

第五章　附　则

第五十五条　本规定中部分术语解释如下：

（一）“旧城区”是指建成时间超过30年的历史城区，其中中心城区旧城区范围包括环市路—恒福路—永福路—越秀区与天河区区界以南—广州大道以西、昌岗路—新港路以北、白鹅潭珠江水道（鹤洞大桥）—同德涌以东的地区，面积约54平方公里。市桥、新华、荔城、街口的旧城区范围由市人民政府另行划定。

（二）“都会区”是指越秀区、荔湾区、海珠区、天河区、番禺区、白云区北二环高速公路以南地区、黄埔区除知识城和九龙镇区以外的地区。

（三）“容积率”是指建设用地内计算容积率的建筑面积与可建设用地面积的比值。

（四）“建筑密度”是指建设用地内建筑物的基底面积总和占用地面积的比例。

（五）“建筑面积”是指建（构）筑物外墙（柱）勒脚以上各层外围结构面水平投影面积，包括主要功能空间、附属功能空间和墙体结构的面积，不包括外墙结构面以外装饰面层部分面积。

（六）“建筑间距”是指两幢建（构）筑物外墙勒脚以上外墙表面之间的水平距离。

（七）“高层居住建筑”是指10层及10层以上的居住建筑。“高层民用非居住建筑”是指建筑高度大于24米的非居住建筑。

（八）“塔式建筑”是指各立面高宽比均大于3∶2的建筑；“板式建筑”是指非塔式建筑的其他建筑。两幢塔式建筑连体布置的，按照板式建筑有关规定执行。

（九）“南北向”建筑是指建筑正南北向布置或者南偏东（西）45度以内（含45度）布

置；“东西向”建筑是指建筑正东西向布置或者东（西）偏南45度以内（不含45度）布置。建筑开窗面积较多的朝向为主朝向。

（十）“遮挡”是指相邻建筑的阳光遮挡关系，位于南面或者东面的建筑称作遮挡建筑，位于北面或者西面的建筑称作被遮挡建筑。

（十一）“建筑高度”一般指室外自然地坪计算至建筑女儿墙顶或者檐口的高度。因机场、气象、通信、军事设施等保护有净空高度限制时，建筑高度应计至天面附属构筑物顶点。

（十二）“绿地率”是指城市一定地区内各类绿化用地总面积占该地区总面积的比值。

（十三）“非公寓式住宅”是指有独立用地，垂直交通一家独用，独立或联排布置的低层住宅。

（十四）“居住用地内”是指城乡规划主管部门核发的建设用地规划许可证或者规划条件确定的范围。

（十五）“完成”是指建设工程按《广州市城乡规划程序规定》第五十一条的规定通过建设工程规划条件核实。

第五十六条 本规定自2016年1月1日起施行。本规定实施前已取得规划批准文件且仍然有效的，有关技术标准按照相关批准文件执行。

附表一 居住用地容积率、建筑密度和绿地率控制指标表

适用范围	住宅平均层数	容积率			建筑密度（%）			绿地率
		用地≥15公顷	用地≥5公顷且<15公顷	用地<5公顷	用地≥15公顷	用地≥5公顷且<15公顷	用地<5公顷	
旧城区	1～3层	—	≤1.6	≤1.8	—	≤45	≤50	≥25%
	4～6层	≤2.2	≤2.3	≤2.4	≤32	≤35	≤40	
	7～9层	≤2.4	≤2.5	≤2.6	≤28	≤30	≤32	
	10～18层	≤2.5	≤2.6	≤2.8	≤25	≤28	≤30	
	19层以上	≤2.8	≤2.9	≤3.0	≤22	≤25	≤28	
旧城外地区	1～3层	—	≤1.0	≤1.2	—	≤32	≤40	≥35%
	4～6层	≤1.3	≤1.4	≤1.6	≤28	≤30	≤32	
	7～9层	≤1.6	≤1.7	≤2.0	≤25	≤28	≤30	
	10层以上	≤2.8	≤2.9	≤3.0	≤22	≤25	≤28	

注：

1.所有指标的用地面积应以净用地（即建设项目可建设用地面积）计算。

2.表中的住宅平均层数并非控制指标，只是给出各级强度居住区的平均住宅层数参考值。

3.涉及历史文化名城保护的，应当按照历史文化名城保护规划以及相关规定执行。

4.人均公共绿地面积要求：用地≥15公顷的居住用地，人均公共绿地面积≥1.5平方米；用地≥5公顷且<15公顷的居住用地，人均公共绿地面积≥1.0平方米；用地<5公顷的居住用地，人均公共绿地面积≥0.5平方米。

5.各项建设工程的规划管理和建设，应当按照经批准的详细规划、村庄规划和历史文化名城保护的相关规划执行；上述规划未作出规定或者尚未编制规划的，应当按照上层次城乡规划和本规定执行。

附表二　广州市社区公共服务设施设置标准

（一）街道级公共服务设施规划设置标准

<table>
<tr><th rowspan="2">类别</th><th rowspan="2" colspan="2">项目名称</th><th colspan="2">一般规模（平方米/处）</th><th rowspan="2">服务规模（万人）</th><th rowspan="2">设置规定</th><th rowspan="2">规划设置要求</th></tr>
<tr><th>建筑面积</th><th>用地面积</th></tr>
<tr><td rowspan="11">教育设施</td><td rowspan="7">高中</td><td>24班</td><td>16 800</td><td>21 600
26 400</td><td>3～4</td><td rowspan="7">每班50生。
生均用地面积：中心城区≥18平方米/生，中心城区以外地区≥22平方米/生。生均建筑面积（不含学生宿舍）≥14平方米/生</td><td rowspan="11">独立高中应为36班以上规模，居住人口不足时允许设30班或24班高中。
初级中学应为24班以上规模，旧城区改造项目用地紧张时允许设18班初中作为下限。
完全中学应达36班以上规模，旧城区改造项目用地紧张时允许设30班完全中学作为下限。
若需设置学生宿舍，高中（包括完全中学）学生宿舍生均建筑面积宜4～6平方米/生；初中学生宿舍生均建筑面积宜≥5.5平方米/生。
初中服务半径不宜大于1000米。
教育设施不得与殡仪馆、医院的太平间、传染病院等建筑毗邻，且不宜与市场、公共娱乐场所、公安看守所、加油站、变电站、垃圾压缩站、公交首末站等毗邻，与易燃易爆场所间的距离应符合现行国家标准《建筑设计防火规范》（GB 50116）的有关规定。高压电线、长输天然气管道、输油管道严禁穿越或跨越学校校园，当在学校周边敷设时，安全防护距离应符合本规定及其他相关要求。
运动场地不宜少于10平方米/生（中心城区高中不宜少于6平方米/生，初中不宜少于4.3平方米/生）。中学教学楼不应超过五层。
两排教室的长边相对时，其间距不应小于25米，教室的长边与运动场地的间距不应小于25米</td></tr>
<tr><td>30班</td><td>21 000</td><td>27 000
33 000</td><td>4～5</td></tr>
<tr><td>36班</td><td>25 200</td><td>32 400
39 600</td><td>5～6</td></tr>
<tr><td>42班</td><td>29 400</td><td>37 800
46 200</td><td>6～7</td></tr>
<tr><td>48班</td><td>33 600</td><td>43 200
52 800</td><td>7～8</td></tr>
<tr><td>54班</td><td>37 800</td><td>48 600
59 400</td><td>8～9</td></tr>
<tr><td>60班</td><td>42 000</td><td>54 000
66 000</td><td>9～10</td></tr>
<tr><td rowspan="4">初中</td><td>18班</td><td>8100</td><td>9090
20 700</td><td>1.9～2.6</td><td rowspan="4">每班50生。
生均用地面积：中心城区≥10.1平方米/生，中心城区以外地区≥23平方米/生。生均建筑面积（不含学生宿舍）≥9平方米/生</td></tr>
<tr><td>24班</td><td>10 800</td><td>12 120
27 600</td><td>2.6～3.4</td></tr>
<tr><td>30班</td><td>13 500</td><td>15 150
34 500</td><td>3.4～4.1</td></tr>
<tr><td>36班</td><td>16 200</td><td>18 180
41 400</td><td>4.1～4.9</td></tr>
</table>

（续上表）

类别	项目名称		一般规模（平方米/处）建筑面积	一般规模（平方米/处）用地面积	服务规模（万人）	设置规定	规划设置要求
教育设施	完全中学	30班	17 250	21 075 33 750	1.5～1.9	每班50生。 生均用地面积和生均建筑面积：高中阶段参照高中标准，初中阶段参照初中标准	
		36班	20 700	25 290 40 500	1.9～2.6		
		48班	27 600	33 720 54 000	2.6～3.4		
	儿年一贯制学校	36班	12 960	16 212 33 240	1.2～1.5	小学每班45生，初中每班50生。生均用地面积和生均建筑面积：小学阶段参照小学标准，初中阶段参照初中标准	宜设置项目。新建地区可考虑小学、初中合并，设九年一贯制学校，规模应为36班以上。 若需设置学生宿舍，初中学生宿舍生均建筑面积宜≥5.5平方米/生；小学学生宿舍生均建筑面积宜≥5平方米/生。服务半径不宜大于1000米。 教育设施不得与殡仪馆、医院的太平间、传染病院等建筑毗邻，且不宜与市场、公共娱乐场所、公安看守所、加油站、变电站、垃圾压缩站、公交首末站等毗邻，与易燃易爆场所间的距离应符合现行国家标准《建筑设计防火规范》（GB 50116）的有关规定。高压电线、长输天然气管道、输油管道严禁穿越或跨越学校校园，当在学校周边敷设时，安全防护距离应符合本规定及其他相关要求。 运动场地小学部分不宜少于11.6平方米/生（中心城区不宜少于5平方米/生），中学部分不宜少于10 平方米/生（中心城区不宜小于4.3 平方米/生）。 两排教室的长边相对时，其间距不应小于25米，教室的长边与运动场地的间距不应小于25米
		45班	16 200	20 265 41 550	1.5～1.9		
		54班	19 440	24 318 49 860	1.9～2.2		

（续上表）

类别	项目名称	一般规模（平方米/处）		服务规模（万人）	设置规定	规划设置要求
		建筑面积	用地面积			
文化、体育、公园	群众性体育运动场地	1500～2000	10 500～40 000	3.5～10	按千人用地面积300～400平方米控制。保障房住区按上限取值	宜与文化站集中设置。 宜面临城市道路，以保证疏散与交通。鼓励城市建成区社区体育公园设置在现有生活区的边角地、建成区闲置地等未利用地、各类公园的空地
	社区公园		10 000		按千人用地面积1500平方米控制	应满足居民休憩、散步、交往之用，组织好人行与机动车交通。 管理建筑及游览、休憩、服务、公用建筑用地不宜大于总用地3%
福利设施	老年人福利院（养老院）	2700～4400	1900～4000	3～5	按千人2.5床位控制规模。建筑面积不少于35平方米/床，用地面积25～30平方米/床	选址应公共交通便利、环境较好、日照充足、通风良好，临近医疗卫生等公共服务设施，远离污染源、噪声源、危险品生产储运、垃圾站、殡仪馆、太平间等邻避设施。规模较大的居住社区可以几处合并集中设置。 宜独立用地，无法提供独立用地的，宜与社区卫生服务中心等服务设施集中设置，但应当独立楼层，功能上既要资源共享又要相对独立。 二层及以上楼层设有老年人的生活用房、医疗保健用房、公共活动用房的养老设施应设无障碍电梯，且至少1台为医用电梯。 老年人使用的步行道路应做成无障碍通道系统
市政公用设施	邮政所	300～500		1.5～3		宜设于临街建筑首层。首层安排确有困难时，可在二层配置不超过120～140平方米的建筑面积。宜临宽度大于15米的道路设置

（续上表）

类别	项目名称		一般规模（平方米/处）建筑面积	一般规模（平方米/处）用地面积	服务规模（万人）	设置规定	规划设置要求
市政公用设施	垃圾压缩站	2厢	420～460	1200	3～7		应独立用地。 用地尽量紧靠主、次干路，方便运输，减少扰民。其用地内宜设置绿化隔离带，宽度不小于5米，距离其他建筑距离不宜小于10米
		3厢	600～640	1600	7～10		
		4厢	880～1000	4000	10～13		应独立用地。压缩车间与绿化隔离带之间宜设置宽度≥7米的环形道路。 用地尽量紧靠主、次干道，方便运输，减少扰民。其用地内宜设置绿化隔离带，宽度不宜小于5米，距离其他建筑距离不宜小于10米
	公交首末站	半径500米范围内无轨道交通站点	120 150	1200 1500	0.7～1.0		宜设置在靠近人流集散点且周边较为开阔的地方。中心城区内公交首末站宜设置在城市道路以外的独立用地上，用地紧张时可结合商业、娱乐设施集中设置，宜设于建筑首层。根据用地情况，可设置2处或以上的居委级公交首末站，或采取独立用地方式建设公交枢纽。 公交首末站出入口宜设置在次干路或支路上，出入口应分隔开，出入口宽度应为7.5～10米
			240 300	2400 3000	1.0～2.0		
			450 550	4500 5500	2.0～3.0		
			500 650	5000 6500	3.0以上		
		半径500米范围内有轨道交通站点	120 150	1200 1500	1.0～2.0		
			350 450	3500 4500	2.0～3.0		
			400 550	4000 5500	3.0以上		
	再生资源回收站		50		3.5～10		宜设置项目。宜与垃圾收集站合设，但应相对独立，不影响垃圾收集站作业。应设于建筑首层，以便民、不扰民为原则。建筑层高不宜超过2层
商业服务设施	农贸（肉菜）市场		2000～2500		3～5		市场应独立用地或结合非居住建筑设置。 市场宜设在运输车辆易于进出的相对独立地段。应保证不少于1/2面积设在首层，有方便的对外出入口，且出入口设置应适应市场人流和货流进出需求，禁止露天设置

（二）居委级公共服务设施规划设置标准

<table>
<tr><th rowspan="2">类别</th><th rowspan="2" colspan="2">项目名称</th><th colspan="2">一般规模
（平方米/处）</th><th rowspan="2">服务规模
（万人）</th><th rowspan="2">设置规定</th><th rowspan="2">规划设置要求</th></tr>
<tr><th>建筑面积</th><th>用地面积</th></tr>
<tr><td rowspan="5">教育设施</td><td rowspan="5">幼儿园</td><td>6班</td><td>1440</td><td>1800
2340</td><td>0.3～0.6</td><td rowspan="5">平均30生。
生均用地面积：中心城区≥10平方米/生，中心城区以外地区≥13平方米/生。
生均建筑面积8平方米/生</td><td rowspan="5">原则上应设9班以上幼儿园，居住人口不足时允许设6班幼儿园。
幼儿园应有独立用地。户外活动场地生均使用面积宜≥4平方米/生。幼儿园生活用房及教学用房不应设在四层及四层以上。
教育设施不得与殡仪馆、医院的太平间、传染病院等建筑毗邻，且不宜与市场、公共娱乐场所、公安看守所、加油站、变电站、垃圾压缩站、公交首末站等毗邻，与易燃易爆场所间的距离应符合现行国家标准《建筑设计防火规范》（GB 50116）的有关规定。高压电线、长输天然气管道、输油管道严禁穿越或跨越学校校园，当在学校周边敷设时，安全防护距离应符合本规定及其他相关要求。
宜与托儿所合设。其中6、9班幼儿园中宜加设1个托儿班；12、15、18班幼儿园中宜加设2个托儿班，设置规模可参照托儿所相关规范适当增加用地和建筑面积</td></tr>
<tr><td>9班</td><td>2160</td><td>2700
3510</td><td>0.6～0.8</td></tr>
<tr><td>12班</td><td>2880</td><td>3600
4680</td><td>0.8～1.0</td></tr>
<tr><td>15班</td><td>3600</td><td>4500
5850</td><td>1.0～1.2</td></tr>
<tr><td>18班</td><td>4320</td><td>5400
7020</td><td>1.2～1.5</td></tr>
<tr><td rowspan="2">行政管理设施</td><td rowspan="2">居委管理中心</td><td>社区居委会</td><td>200</td><td></td><td></td><td>每居委设一处</td><td>宜与其他居委级行政管理、服务和文化、体育、公园设施集中设置。
应设于建筑首层。含15平方米社区警务室，对于规模较大、治安复杂的警务区，社区警务室的配置不少于30平方米</td></tr>
<tr><td>社区议事厅</td><td>100</td><td></td><td></td><td>每居委设一处</td><td>宜与社区居委会等集中设置</td></tr>
</table>

（续上表）

类别	项目名称	一般规模（平方米/处）		服务规模（万人）	设置规定	规划设置要求
		建筑面积	用地面积			
服务设施	社区服务站	100		0.6～0.75		宜与社区居委会等集中设置
	星光老年之家	100		0.6～0.75		选址应公共交通便利、环境较好、日照充足、通风良好，临近医疗卫生等公共服务设施，远离污染源、噪声源、危险品生产储运、垃圾站、殡仪馆、太平间等邻避设施。 应进行无障碍设计，符合《无障碍设计规范》（GB 50763）的规定。 应设于建筑首层且有对外方便的出入口。 允许2～3个星光老年之家合设
	物业管理（含业主委员会）	50			按照物业总建筑面积的0.2%配置。每个单独开发项目均须配置	可结合其他建筑设置
医疗卫生设施	社区卫生服务站	300				宜设置项目。 对社区卫生服务中心难以覆盖的区域，设置社区卫生服务站作为补充，可结合社区居委会、文化室、老年人服务站点等集中设置。 全部或1/2以上的面积应设在首层，并有方便的对外出入口，另宜设置垂直电梯

（续上表）

类别	项目名称	一般规模（平方米/处）		服务规模（万人）	设置规定	规划设置要求
		建筑面积	用地面积			
文化、体育公园	文化室	200		0.6～0.75		宜与社区居委会等集中设置
	居民健身场所	200	1200～1875	0.6～0.75	按千人用地面积200～250平方米控制。保障房居住区按用地面积的上限控制	宜与文化室等集中设置。可设于建筑首层架空层
	小区游园				用地≥15公顷的居住用地，人均公共绿地面积≥1.5平方米；用地≥5公顷且<15公顷的居住用地，人均公共绿地面积≥1.0平方米；用地<5公顷的居住用地，人均公共绿地面积≥0.5平方米	宜与社区居委会等集中设置；应满足居民休憩、散步、交往之用，组织好人行与机动车交通。 管理建筑及游览、休憩、服务、公用建筑用地不大于总用地3%
福利设施	社区日间照料中心	300～800		0.75～2	按每千人2床位控制，建筑面积不少于20平方米/床	选址应公共交通便利、环境较好、日照充足、通风良好，临近医疗卫生等公共服务设施，远离污染源、噪声源、危险品生产储运、垃圾站、殡仪馆、太平间等邻避设施。 应进行无障碍设计，符合《无障碍设计规范》（GB 50763）的规定。 可结合老年人服务中心设置，应符合《社区老年人日间照料中心建设标准》（建标【2010】193号）

（续上表）

类别	项目名称	一般规模（平方米/处）		服务规模（万人）	设置规定	规划设置要求
		建筑面积	用地面积			
福利设施	托儿所	600～800	1200	1～1.5		宜与幼儿园合设或附设，一般不独立用地；独立设置时应保证室外场地。 托儿所生活用房及教学用房不应设在四层及四层以上
市政公用设施	垃圾收集站	150～200	250～300	0.5以下		新建、扩建或旧城改造的居住社区每个居委应设置1座或以上数量的垃圾收集站。应独立用地。 收集站服务半径不宜超过400米，宜控制在300米左右，应选择在对周围环境影响较小、交通便利的区域。 收集站用地内宜设置宽度不小于2m的绿化隔离带，距离其他建筑不宜小于8米。 垃圾收集站必须满足垃圾收集小车、垃圾运输车通行、方便和安全作业要求
		250～300	350～400	0.5～0.75		
	再生资源回收点	10		0.48～0.64		宜与垃圾收集站合设，但应相对独立，不影响垃圾收集站作业。 应设于建筑首层，以便民、不扰民为原则
	公共厕所	100		0.25～0.5		公共厕所宜临宽度大于15米的道路，宜设于公共建筑首层。应易于识别，至少应设一个残疾人专用厕位、配置残疾人通道。男女厕位比例宜按1∶1.5设置。 鼓励居住社区内设置为区内居民服务的公厕，并设置在公共空间及容易到达的区域
商业服务设施	农贸（肉菜）市场	1000～1500		1～1.5		宜设置项目。 城市边远地段的新区居住人口不足时允许设置居委级农贸（肉菜）市场。 市场应独立用地或结合非居住建筑设置。 市场宜设在运输车辆易于进出的相对独立地段。应保证不少于1/2面积设在首层，有方便的对外出入口，且出入口设置应适应市场人流和货流进出需求，禁止露天设置

（三）区域统筹级公共服务设施规划设置标准

类别	项目名称		一般规模（平方米/处）		服务规模（万人）	设置规定	规划设置要求
			建筑面积	用地面积			
医疗卫生设施	综合医院	200床	22 000	26 000	5～10	建筑面积不少于110平方米/床，用地面积不少于130平方米/床	应独立用地，设置于交通方便地段，宜面临两条城市道路，并应避开污染源和易燃易爆生产、储存场所，远离高压线路及其设施、少年儿童活动密集场所
		300～600床	33 000～66 000	39 000～78 000	10～20		
福利设施	老年人福利院		7000	9000		按每千人1.9床位控制。 市级老年人福利院不少于300床/处，按建筑面积不少于40平方米/床，用地面积50平方米/床设置； 区级老年人福利院不少于200床/处，按建筑面积不少于35平方米/床，用地面积45平方米/床设置	应独立用地。 选址应公共交通便利、环境较好、日照充足、通风良好，临近医疗卫生等公共服务设施，远离污染源、噪声源、危险品生产储运、垃圾站、殡仪馆、太平间等邻避设施。规模较大的居住社区可以几处合并集中设置。 二层及以上楼层设有老年人的生活用房、医疗保健用房、公共活动用房等养老设施应设无障碍电梯，且至少1台为医用电梯。 老年人使用的步行道路应做成无障碍通道系统
市政公用设施	燃气供应站		200～300	400～500	5		宜设置项目。 宜选择在居民区年主导风向的下风侧；应避开地基沉陷、雷区等不利地形，站址不受洪水、山洪的威胁。应独立用地。服务半径为1～3千米。 瓶装供应站的瓶库与住宅间距不应小于15米，与重要公共建筑间距不小于25米

（续上表）

类别	项目名称			一般规模（平方米/处）		服务规模（万人）	设置规定	规划设置要求
				建筑面积	用地面积			
市政公用设施	变电站	标准变电站	220千伏变电站（80.64米×42.2米）	10 944	8184（7662）			应考虑对周边环境影响，合理布局。 无并联电抗器室的变电站： 征地尺寸（长×宽）宜为116米×70.55米（旧城区宜为116米×66.05米）； 建筑尺寸（长×宽×高）宜为80.64米×42.2米×30米
				11 153	7995			应考虑对周边环境影响，合理布局。 有并联电抗器室的变电站： 征地尺寸（长×宽）宜为109.14米×73.25米； 建筑尺寸（长×宽×高）宜为80.64米×42.2米×30米
			220千伏变电站（80.64米×45.5米）	11 025	8184（8120）			应考虑对周边环境影响，合理布局。 无并联电抗器室的变电站： 征地尺寸（长×宽）宜为116米×74.5米（旧城区宜为116米×70米）； 建筑尺寸（长×宽×高）宜为80.64米×45.5米×30米
				11 234	8431			应考虑对周边环境影响，合理布局。 有并联电抗器室的变电站： 征地尺寸（长×宽）宜为109.14米×77.25米； 建筑尺寸（长×宽×高）宜为80.64米×45.5米×30米
			110千伏变电站（54米×23米）	2917	3237			应考虑对周边环境影响，合理布局。 征地尺寸（长×宽）宜为78米×41.5米； 建筑尺寸（长×宽×高）宜为54.45米×23.3米×17.5米
			110千伏变电站（48米×20米）	2729	2921（2851）			应考虑对周边环境影响，合理布局。 征地尺寸（长×宽）宜为73米×40米（旧城区宜为73米×39米）； 建筑尺寸（长×宽×高）宜为48.4米×20.6米×18米

（续上表）

<table>
<tr><th rowspan="2">类别</th><th colspan="3" rowspan="2">项目名称</th><th colspan="2">一般规模
（平方米/处）</th><th rowspan="2">服务规模（万人）</th><th rowspan="2">设置规定</th><th rowspan="2">规划设置要求</th></tr>
<tr><th>建筑面积</th><th>用地面积</th></tr>
<tr><td rowspan="7">市政公用设施</td><td rowspan="3">变电站</td><td rowspan="2">限高变电站</td><td>220千伏变电站</td><td>10 049</td><td>7504</td><td></td><td></td><td>应考虑对周边环境影响，合理布局。
征地尺寸（长×宽）宜为112米×67米；
建筑尺寸（长×宽×高）宜为81.24米×49米×17.4米</td></tr>
<tr><td>110千伏变电站</td><td>3118</td><td>3285</td><td></td><td></td><td>应考虑对周边环境影响，合理布局。
征地尺寸（长×宽）宜为73米×45米；
建筑尺寸（长×宽×高）宜为53米×23.4米×11.2米</td></tr>
<tr><td>合建变电站</td><td>110千伏变电站</td><td>3709</td><td>2176</td><td></td><td></td><td>应考虑对周边环境影响，合理布局。
征地尺寸（长×宽）宜为62.9米×34.6米；
建筑尺寸（长×宽×高）宜为51.4米×23.6米×18.3米</td></tr>
<tr><td colspan="3">社会停车场/库</td><td></td><td>3500</td><td>5～10</td><td></td><td>可独立用地，也可设于大型建筑地下并应集中设置。
出入口应设于城市次干路、支路上，不应直接与主干路连接。
100～500泊位的停车场（库）车辆出入口不应少于2个；大于500泊位的停车场（库）车辆出入口不应少于3个，并应设置人流专用出入口。各出入口之间净距应大于15米。出入口的宽度，单向行驶时不应小于5米，双向行驶时不应小于7米</td></tr>
<tr><td colspan="2" rowspan="3">消防站</td><td>普通消防站</td><td>2700～4000</td><td>4500～6700</td><td></td><td></td><td rowspan="3">应设在辖区内适中位置和便于车辆迅速出动的临街地段，其用地应满足业务训练的需要。
距医院、学校、幼儿园、托儿所、影剧院、商场、体育场馆、展览馆等公共建筑的主要疏散出口不应小于50米。
辖区内有生产、贮存危险化学品单位的，消防站应设置在常年主导风向的上风或侧风处，其边界距上述危险部位一般不宜小于200米。
消防站车库门应朝向城市道路，后退红线不宜小于15米。
消防站不宜设在综合性建筑物中。特殊情况下，设在综合性建筑物中的消防站应自成一区，并有专用出入口</td></tr>
<tr><td>特勤消防站</td><td>4000～5600</td><td>6700～9350</td><td></td><td></td></tr>
<tr><td>战勤保障消防站</td><td>4600～6800</td><td>7700～11350</td><td></td><td></td></tr>
</table>

注：

1. 本标准适用于广州市行政区域内居住社区（街道级和居委级）公共服务设施的规划和管理。除“宜设置项目”外，其他设施为社区公共服务设施必须配置的项目。本标准提供了部分区域统筹级公共服务设施的参考标准，具体设施设置应充分考虑地区实际情况，按照相关技术规定和主管行业部门标准，以编制专业规划的形式予以统筹安排。

2. 本标准人口规模采用“标准户”的概念，建立公共服务设施与居住开发总量的对应关系。普通住宅取户均3. 2人，人均住宅建筑面积31平方米，每户100平方米的住宅建筑面积作为1个标准户；保障性住宅取户均2. 5人，人均住宅建筑面积20平方米，每户50平方米的住宅建筑面积作为1个标准户。

3. 表中带方框线的数值为中心城区以外地区采用的指标。中心城区界定为：越秀区、荔湾区、海珠区、天河区、白云区北二环以南、黄埔区（除知识城和九龙镇区）。其他地区界定为中心城区以外地区。表中括号内数值为旧城区用地不足时允许采用的指标，中心城区旧城区范围包括环市路—恒福路—永福路—越秀区与天河区区界以南—广州大道以西、昌岗路—新港路以北、白鹅潭珠江水道（鹤洞大桥）—同德涌以东的地区，总面积约54平方公里。

4. 在编制城市控制性详细规划时，应按照每100平方米住宅建筑面积不少于11 平方米的标准配置公共服务设施，包括区域统筹级、街道级和居委级3级，分为教育设施、行政管理设施、服务设施、医疗卫生设施、文化体育公园、福利设施、市政公用设施和商业服务设施8大类。其中，商业服务设施包括农贸（肉菜）市场及其他商业服务设施；其他商业服务设施可根据市场需求进行设置，可包括综合百货、超市、餐饮、中西药店、书报、银行、储蓄所、小型影视厅、电信营业所、美容、综合修理、智慧家居、快递服务等，普通社区按不大于住宅建筑面积的3. 3%进行设置，保障房居住区按不大于住宅建筑面积的5%进行设置。

5. 人口规模介于街道级与居委级之间的居住地块，除需配置居委级公共服务设施外，还应根据周边现有配套情况和本地块开发的实际需求，配置部分街道级公共服务设施；人口规模小于居委级的居住地块，应根据周边现有配套情况和本地块开发的实际需求，配置部分居委级公共服务设施。

6. 街道级公共服务设施宜集中设置，形成街道级公共服务中心，其中，街道办事处、综治信访维稳中心、综合管理用房、户籍派出所、政务服务中心、家庭综合服务中心共同构成街道行政管理服务中心；社区卫生服务中心与残疾人康复服务中心共同构成社区医疗卫生服务中心；文化站、公共图书馆、群众性体育运动场地、社区公园等共同构成社区公共活动中心。

居委级公共服务设施宜集中设置，形成居委级公共服务中心，包括社区居委会、社区议事厅、社区服务站、星光老年之家、社区卫生服务站、文化室、阅览室、居民健身场所、小区游园等。

7. 凡属于对外服务功能用房，应设置与封闭小区住户分离的对外进出通道。

8. 居住社区公共服务设施配置除应符合本标准外，还应符合国家和本市现行有关法律、法规和强制性标准的规定。

9. 居住社区停车（含机动车与非机动车）配套应按相关建筑物停车配建标准设置。

10. 本标准中，“集中设置”是指设施集中布局，便于服务群众，但设施相互独立，规模按本标准要求进行配置；“合设”是指设施合并设置，但规模应满足本标准中各原设施的设置要求。

附表三　商业商务用地建筑密度、绿地率控制指标表

适用类型	适用范围		地块建筑密度	地块绿地率	控制要求
零售商业用地 餐饮业用地 金融保险业用地 艺术传媒产业用地 其他商务设施用地	历史文化保护区		—	—	按《广州市历史文化名城保护规划》及各历史文化保护区保护规划进行控制
	旧城区	市级商业中心	≤60%	≥10%	成片拆除重建地块，按城市更新规划进行控制
			≤现状建筑密度，且≤50%	≥原绿地率，且≥15%	零散拆建地块，按城市更新规划进行控制
		区级商业中心	≤45%	≥15%	成片拆除重建地块，按城市更新规划进行控制
			≤现状建筑密度，且≤50%	≥原绿地率，且≥15%	零散拆建地块，按城市更新规划进行控制
		其他地区	≤现状建筑密度，且≤40%	≥原绿地率，且≥20%	零散拆建地块，按城市更新规划进行控制
	旧城区外地区	市级商业中心	≤55%	≥20%	商业中心若能够满足总体绿地率不小于30%，且最少应布局1处面积不小于2公顷的集中绿地；若不能满足条件，仍按“技术标准与准则”控制
		区级商业中心	≤50%	≥25%	
		其他地区	≤40%	≥35%	建筑面积≥20 000平方米
			≤40%	≥30%	建筑面积<20 000平方米
旅馆用地	——		≤40%	≥35%	按照“技术标准与准则”控制
市场用地	农贸市场	—	≤45%	≥25%	集中大规模的市场用地，应布局1处面积不小于1公顷的开敞空间；市场用地地块内部必须预留足够的道路、广场用地，必须预留足够规模的地下停车场（库），且不会对周边城市交通造成太大影响
	大型批发市场	—	≤60%	≥20%	

注：

1. 市、区级商业中心的具体范围应在城市总体规划中予以明确划定。

2. 农贸市场是指以农产品批发、零售为主的市场用地，绿地率较高；大型批发市场是专门经营某个行业产品、带有展销性质的专业性市场，此类市场要求预留大车的交通流线、人流集散、货物装卸等，建筑密度要求比较大，绿地率不可能太高。新国标中已将大型批发市场纳入物流仓储用地范围内。

3. 表中“地块绿地率”是指单个项目用地的绿地率。商业区域的整体绿地率，建筑面积在20 000平方米以上（含20 000平方米）的，不低于35%；建筑面积不足20 000平方米的，不低于30%。《广州市产业用地指南》对绿地率上限有规定的，遵照执行。

4. 涉及历史文化名城保护的，应当按照历史文化名城保护规划以及相关规定执行。

附表四　工业用地容积率、建筑密度、绿地率控制指标表

类型		容积率上限	容积率下限	建筑密度上限	建筑密度下限	绿地率
工业园区	位于都会区的都市工业园区、高新技术产业区	4.0	按照《广州市产业用地指南》，按产业门类分别控制	50%	30%	工业地块不高于20%，工业地块以外需设集中绿地或防护绿地，全区整体绿地率不低于30%
	其他工业园区	3.0		45%	35%	工业地块不高于20%，如生产工艺有特殊要求，绿地率上限可适当上浮，全区整体绿地率不低于30%
工业园区外独立工业用地		4.0	按照《广州市产业用地指南》相应指标的120%控制	45%	35%	不高于20%

注：

1.本表适用于地块面积不大于5公顷的地块，如果地块面积大于5公顷，或一边长度大于400米，应增加道路用地的比例，同时减少建筑密度上限值。

2.部分行业对建筑密度有特殊要求，确需超出表中上限值的，宜单独论证，并按照法律、法规和规章有关控制性详细规划修改的规定相应修改规划。

3.工业园区的范围宜在城市规划中划定。

4.工业建设项目所需行政办公及生活服务设施用地面积不大于项目总用地面积的7%，严禁在工业建设项目用地范围内建造成套住宅、专家楼、宾馆、招待所和培训中心。

附表五（一）　旧城区居住建筑间距（*L*）表

被遮挡＼遮挡		多、低层（H1）　图例：□				高层板式（H1）　图例：▩				高层塔式（H1）　图例：▩	
		南北向		东西向		南北向		东西向			
		位于南侧	位于东侧	位于南侧	位于东侧	位于南侧	位于东侧	位于南侧	位于东侧	位于南侧	位于东侧
多、低层（H2）图例 □	南北向	≥0.8H1 且≥8 米	≥6 米	≥0.5H1 且≥6 米	≥0.3H1 且≥6 米	≥0.8×30+(H1-30)×0.5	≥9 米	≥0.5×30+(H1-30)×0.3	≥0.3×30+(H1-30)×0.1	≥0.5×30+(H1-30)×0.3 且≥18 米、≤50 米	≥9 米
	示意图	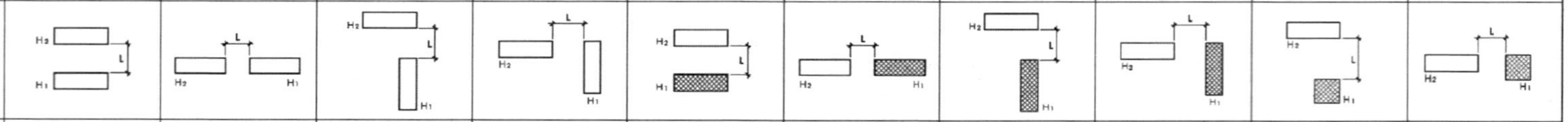									
	东西向	≥0.5H1 且≥6 米	≥0.3H1 且≥6 米	≥6 米	≥0.5H1 且≥8 米	≥0.5×30+(H1-30)×0.3	≥0.3×30+(H1-30)×0.1	≥9 米	≥0.5×30+(H1-30)×0.3 且≥18 米	≥15 米	≥0.3×30+(H1-30)×0.1 且≥15 米、≤50 米
	示意图	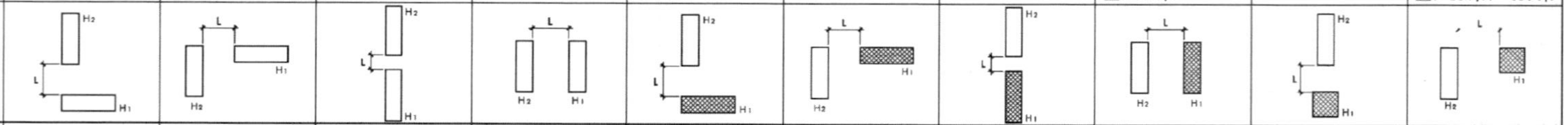									
高层板式（H2）图例 ▩	南北向	≥0.8H1 且≥12 米	≥9 米	≥0.5H1 且≥9 米	≥0.3H1 且≥9 米	≥0.8×30+(H1-30)×0.5	≥13 米	≥0.5×30+(H1-30)×0.3	≥0.3×30+(H1-30)×0.1 且≥13 米	≥0.5×30+(H1-30)×0.3 且≥18 米、≤50 米	≥13 米
	示意图	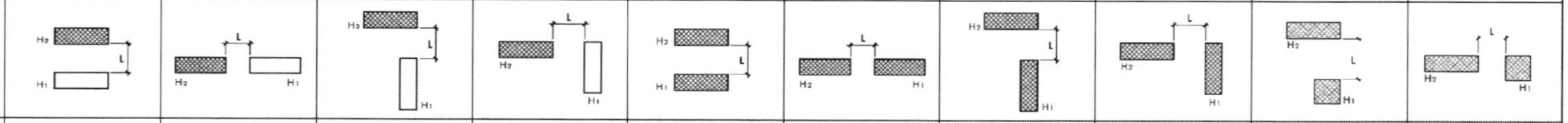									
	东西向	≥0.5H1 且≥9 米	≥0.3H1 且≥9 米	≥9 米	≥0.5H1 且≥12 米	≥0.5×30+(H1-30)×0.3	≥0.3×30+(H1-30)×0.1 且≥13 米	≥13 米	≥0.5×30+(H1-30)×0.3 且≥18 米	≥15 米	≥0.3×30+(H1-30)×0.1 且≥15 米、≤50 米
	示意图	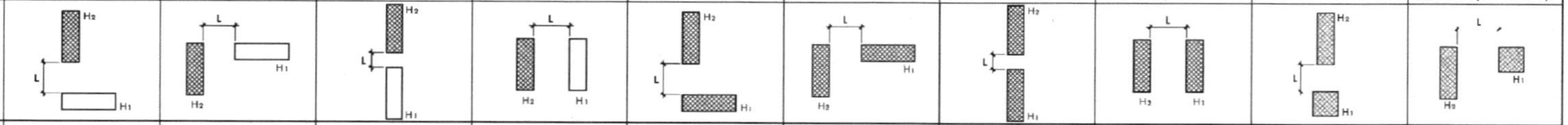									
高层塔式（H2）图例 ▩		≥0.5H1 且≥9 米	≥9 米	≥0.3H1 且≥9 米	≥0.5H1 且≥9 米	≥0.5×30+(H1-30)×0.3	≥15 米	≥0.3×30+(H1-30)×0.1 且≥13 米	≥0.5×30+(H1-30)×0.3 且≥18 米	≥0.5×30+(H1-30)×0.3 且≥18 米、≤50 米	≥0.3×30+(H1-30)×0.1 且≥18 米、≤50 米
	示意图	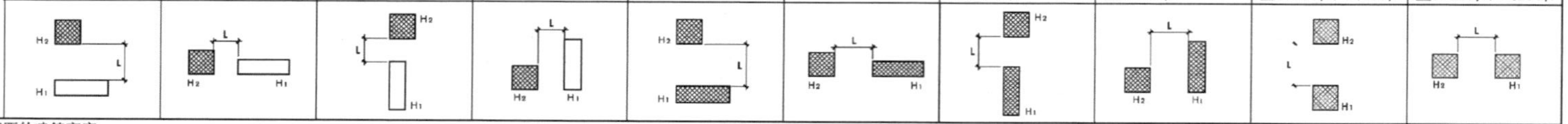									

注：1.H 为计算建筑间距的建筑高度。
2.当板式多、低层建筑短边超过 14 米、板式高层建筑短边超过 20 米以及塔式高层建筑边长超过 40 米时，应当按照板式建筑长边计算建筑间距。

17

附表五（二） 旧城区居住建筑间距（*L*）表

被遮挡 \ 遮挡		多、低层（H1） 图例：白框				高层板式（H1） 图例：网格长框				高层塔式（H1） 图例：网格方块	
		南北向		东西向		南北向		东西向			
		位于南侧	位于东侧	位于南侧	位于东侧	位于南侧	位于东侧	位于南侧	位于东侧	位于南侧	位于东侧
多、低层（H₂）图例	南北向	≥1.1H1 且≥8 米	≥6 米	≥0.8H1 且≥6 米	≥0.5H1 且≥6 米	≥1.1×30+(H1-30)×0.8	≥9 米	≥0.8×30+(H1-30)×0.5	≥0.5×30+(H1-30)×0.3	≥0.8×30+(H-30)×0.5 且≤50 米、	≥15 米
	示意图										
	东西向	≥0.8H1 且≥6 米	≥0.5H1 且≥6 米	≥6 米	≥0.8H1 且≥8 米	≥0.8×30+(H1-30)×0.5	≥0.5×30+(H1-30)×0.3	≥9 米	≥0.8×30+(H1-30)×0.5 且≥26 米	≥18 米	≥0.5×30+(H1-30)×0.3 且≥18 米、≤50 米
	示意图										
高层板式（H2）图例	南北向	≥1.1H1 且≥15 米	≥9 米	≥0.8H1 且≥9 米	≥0.5H1 且≥9 米	≥1.1×30+(H1-30)×0.8	≥13 米	≥0.8×30+(H1-30)×0.5	≥0.5×30+(H1-30)×0.3 且≥18 米	≥0.8×30+(H1-30)×0.5 且≥26 米、≤50 米	≥18 米
	示意图										
	东西向	≥0.8H1 且≥9 米	≥0.5H1 且≥9 米	≥9 米	≥0.8H1 且≥15 米	≥0.8×30+(H1-30)×0.5	≥0.5×30+(H1-30)×0.3 且≥18 米	≥13 米	≥0.8×30+(H1-30)×0.5 且≥26 米	≥18 米	≥0.5×30+(H1-30)×0.3 且≥18 米、≤50 米
	示意图										
高层塔式（H₂）图例		≥0.8H1 且≥9 米	≥9 米	≥0.5H1 且≥9 米	≥0.8H1 且≥9 米	≥0.8×30+(H1-30)×0.5	≥18 米	≥0.5×30+(H1-30)×0.3	≥0.8×30+(H1-30)×0.5 且≥26 米	≥0.8×30+(H1-30)×0.5 且≥26 米、≤50 米	≥0.5×30+(H1-30)×0.3 且≥26 米、≤50 米
	示意图										

注：1.H 为计算建筑间距的建筑高度。

2.当板式多、低层建筑短边超过 14 米、板式高层建筑短边超过 20 米以及塔式高层建筑边长超过 40 米时，应当按照板式建筑长边计算建筑间距。

附表六　民用非居住建筑间距（*L*）表

被遮挡 \ 遮挡		多、低层（H₁） 图例：□				高层板式（H₁） 图例：▩				高层塔式（H₁） 图例：▩	
		南北向		东西向		南北向		东西向			
		位于南侧	位于东侧	位于南侧	位于东侧	位于南侧	位于东侧	位于南侧	位于东侧	位于南侧	位于东侧
多、低层（H_2）图例 □	南北向	≥0.5H1 且≥8 米	≥6 米	≥0.4H1 且≥6 米	≥0.3H1 且≥6 米	≥0.5H1 且≥12 米	≥9 米	≥0.4H1 且≥9 米	≥0.3H1 且≥9 米	≥0.4H1 且≥9 米	≥9 米
	示意图	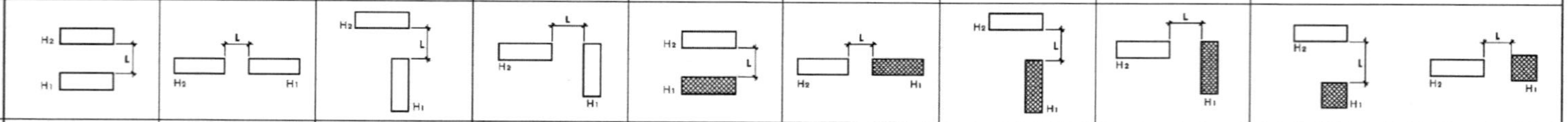									
	东西向	≥0.4H1 且≥6 米	≥0.3H1 且≥6 米	≥6 米	≥0.4H1 且≥8 米	≥0.4H1 且≥9 米	≥0.3H1 且≥9 米	≥9 米	≥0.4H1 且≥12 米	≥15 米	≥0.3H1 且≥15 米
	示意图	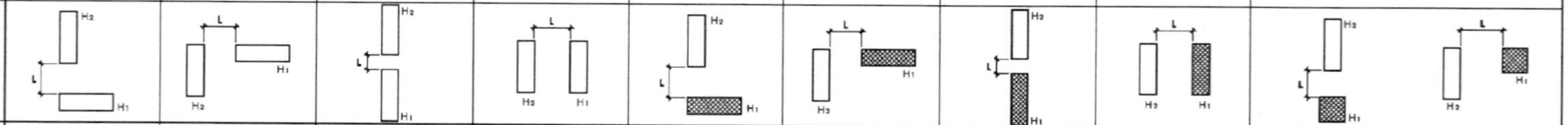									
高层板式（H_2）图例 ▩	南北向	≥12 米	≥9 米	≥9 米	≥9 米	≥0.5H1 且≥15 米	≥13 米	≥0.4H1 且≥15 米	≥0.3H1 且≥13 米	≥0.4H1 且≥15 米	≥13 米
	示意图	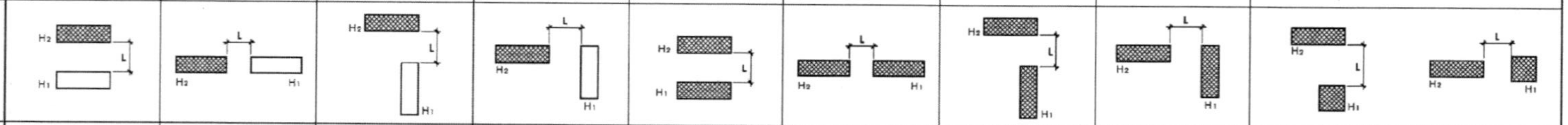									
	东西向	≥9 米	≥9 米	≥9 米	≥12 米	≥0.4H1 且≥15 米	≥0.3H1 且≥13 米	≥13 米	≥0.4H1 且≥15 米	≥15 米	≥0.3H1 且≥15 米
	示意图	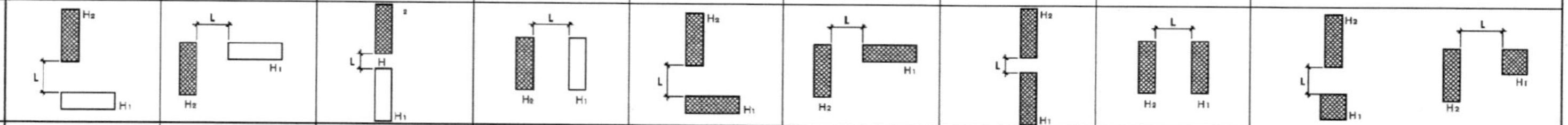									
高层塔式（H_2）图例 ▩		≥9 米	≥9 米	≥9 米	≥9 米	≥0.4H1 且≥15 米	≥15 米	≥0.3H1 且≥13 米	≥0.4H1 且≥15 米	≥0.4H1 且≥15 米	≥0.3H1 且≥15 米
	示意图	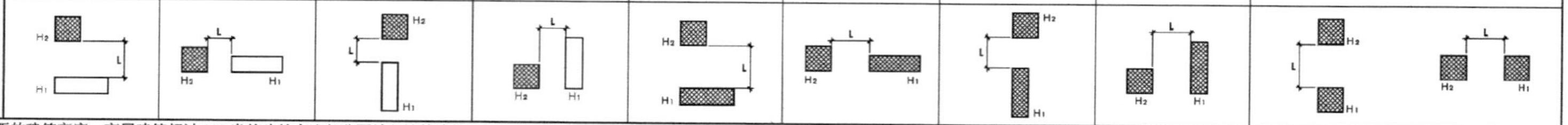									

注：1. H 为计算建筑间距的建筑高度。高层建筑超过 100 米的建筑高度部分不纳入计算建筑间距的建筑高度。

2. 当板式多、低层建筑短边超过 14 米、板式高层建筑短边超过 20 米以及塔式高层建筑边长超过 40 米时，应当按照板式建筑长边计算建筑间距。

附表七　医院等特殊民用非居住建筑主朝向与相邻建筑的最小间距表

建筑性质	主朝向最小间距
医院病房楼、休（疗）养院住宿楼	与周边相邻建筑间距不得小于24米
托儿所、幼儿园生活用房	与其他建筑之间的间距不得小于18米
学校教学楼	长边与周边相邻建筑间距不得少于25米

注：本表中“医院病房楼、休（疗）养院住宿楼”适用于新建综合医院，不适用于卫生服务中心等居住区公建配套项目以及旧城区内已建成的医院改造项目。

附表八　建筑工程最小退界距离规定

	建筑层数	居住建筑（米）	非居住建筑（米）
主要朝向	高层	12	12
	低、多层	≥0.3H且≥6	≥0.3H且≥6
次要朝向	高层	10	12
	低、多层	≥0.25H且≥4	≥0.25H且≥4

注：表中H为计算建筑间距的建筑高度。

附表九　建筑工程临道路、蓝线、绿线退让（*D*）规定

类别		退让距离D（米）						
		旧城区			其他地区			
					民用建筑			工业建筑
		H≤24米	60米>H>24米	H≥60米	H≤24米	60米>H>24米	H≥60米	
一般城市道路退让标准	道路红线宽≥40米	D≥8	D≥10	D≥15	D≥10	D≥15	D≥20	D≥10
	15米<道路红线宽<40米	D≥5	D≥8	D≥13	D≥8	D≥10	D≥15	D≥8
	道路红线宽≤15米	D≥3	D≥5	D≥10	D≥5	D≥8	D≥13	D≥5

（续上表）

<table>
<tr><td colspan="2" rowspan="4">类别</td><td colspan="7">退让距离D（米）</td></tr>
<tr><td colspan="3" rowspan="2">旧城区</td><td colspan="4">其他地区</td></tr>
<tr><td colspan="3">民用建筑</td><td rowspan="2">工业建筑</td></tr>
<tr><td>H≤24米</td><td>60米>H>24米</td><td>H≥60米</td><td>H≤24米</td><td>60米>H>24米</td><td>H≥60米</td></tr>
<tr><td rowspan="6">特殊道路退让标准</td><td>城市高架路主线边缘线</td><td colspan="7">D≥20</td></tr>
<tr><td>城市高架路匝道边缘线</td><td colspan="7">D≥15</td></tr>
<tr><td>立交规划红线、边缘线</td><td colspan="3">D≥20</td><td colspan="4">D≥30</td></tr>
<tr><td>城市快速路及对外出口公路</td><td colspan="3">D≥20</td><td colspan="4">D≥30</td></tr>
<tr><td>环城高速公路</td><td colspan="3">D≥50</td><td colspan="4">D≥50</td></tr>
<tr><td>对外出口高速公路</td><td colspan="3">D≥100</td><td colspan="4">D≥100</td></tr>
<tr><td colspan="2">蓝线</td><td colspan="3">D≥6</td><td colspan="4">D≥10</td></tr>
<tr><td colspan="2">绿线</td><td colspan="3">D≥6</td><td colspan="4">D≥10</td></tr>
</table>

注：

1.表中H为计算建筑间距的建筑高度。

2.建筑退让距离是指建（构）筑物外墙勒角以上外墙表面至道路规划红线、边缘线、蓝线、绿线之间的距离。当绿线进入城市道路、河涌、铁路、高压走廊退让范围时，可不再按绿线退让标准退让。

3.建筑退让距离应同时满足道路及高架路、立交的退让标准。

4.历史文化名城保护相关规划以及规定另有规定的除外。

附表十　建筑工程临铁路边轨中线退让（*D*）规定

建筑物性质		油库、加油站、煤气站等（米）	其他建筑（米）
铁路等级	主干线	$D \geqslant 50$	$D \geqslant 25$
	支线、专用线	$D \geqslant 50$	$D \geqslant 15$
	高速铁路	$D \geqslant 50$	$D \geqslant 50$

附表十一　建筑工程临架空电力线导线边线退让（*D*）规定

电压等级	水平退让（米）
0.1～1万伏	$D \geqslant 5$
3.5～11万伏	$D \geqslant 10$
15.4～33万伏	$D \geqslant 15$
50万伏	$D \geqslant 20$

注：在厂矿、城镇等人口密集地区，建筑工程临架空电力线导线边线的退让距离可以略小于上述规定，但最小不得小于导线边线在最大计算弧垂及最大计算风偏后的水平距离和风偏后距离建筑工程的安全距离之和。

广州市历史文化名城保护条例

（2015年10月27日广州市第十四届人民代表大会常务委员会第四十四次会议通过 2015年12月30日广东省第十二届人民代表大会常务委员会第二十二次会议批准 根据2019年11月20日广州市第十五届人民代表大会常务委员会第二十九次会议通过并经2020年7月29日广东省第十三届人民代表大会常务委员会第二十二次会议批准的《关于修改〈广州经济技术开发区条例〉第三十二件地方性法规的决定》修正

第一章 总 则

第一条 为加强本市历史文化名城的保护与管理，传承优秀历史文化遗产，促进城乡建设与社会文化协调发展，根据《中华人民共和国城乡规划法》《历史文化名城名镇名村保护条例》和《广东省城乡规划条例》等法律、法规，结合本市实际，制定本条例。

第二条 本条例适用于本市历史文化名城的规划、保护、利用和管理等活动。

历史文化名城的保护对象包括历史城区的自然格局和传统风貌、历史文化街区、历史文化名镇、历史文化名村，历史建筑、历史风貌区、传统村落，古树名木、传统地名、文物和非物质文化遗产等。

在历史文化名城保护范围内涉及文物、古树名木、传统地名、非物质文化遗产等保护的，执行有关法律、法规的规定。

第三条 历史文化名城的保护应当遵循科学规划、分类管理、严格保护、合理利用的原则，维护历史文化遗产的真实性和完整性，保护与其相互依存的自然和人文景观，保持、延续历史文化名城的传统格局和风貌。

第四条 市人民政府负责本市历史文化名城的保护和监督管理工作。

区、镇人民政府负责本辖区内历史文化名城的保护和监督管理工作。

街道办事处按照本条例的规定履行历史文化名城保护的相关职责。

第五条 城乡规划行政主管部门负责组织编制全市历史文化名城、历史文化街区、历史文化名镇、历史文化名村、历史建筑和历史风貌区的保护规划等工作，并组织实施本条例。

文物行政管理部门负责法律、法规和本条例规定的有关历史文化名城保护和监督管理的工作。

房屋行政管理部门负责历史文化街区、历史文化名镇、历史文化名村、历史风貌区和传统村落核心保护范围内的建筑物、构筑物和历史建筑的结构安全、使用和修缮的监督管理工作。

城市管理综合执法机关依照本条例的规定行使行政处罚权。

财政、土地、建设、城市管理、公安、消防、生态环境、水务、交通、林业园林、旅游、市场监督管理、民政、农业、宗教、港务、民防、地震等有关行政管理部门依据各自职责，共同做好历史文化名城保护的相关工作。

第六条 市、区人民政府可以通过购买服务、设立片区保护管理组织等方式，对历史文化街区、历史文化名镇、历史文化名村、历史建筑、历史风貌区和传统村落等实施日常保护和管理。

第七条 市、区人民政府设立的历史文化名城保护委员会履行以下职责：

（一）审议历史文化名城的保护规划和历史文化名城的重大政策措施，并督促落实；

（二）审议历史文化名城保护名录的内容和调整方案；

（三）指导、协调、监督历史文化名城保护的有关工作；

（四）指导、协调历史文化名城保护方面重大突发事件的处理，审议历史文化名城保护工作中重大问题的解决方案；

（五）本级人民政府认为与历史文化名城保护有关的其他重大事项。

历史文化名城保护委员会由同级人民政府及其相关职能部门负责人组成，其产生、任期和议事规则由同级人民政府制定。历史文化名城保护委员会召开会议，可以邀请有关专家、人大代表、政协委员和公众代表参加，充分听取各方面的意见。

第八条 市、区人民政府应当将历史文化名城保护工作纳入本级国民经济和社会发展规划、年度计划，历史文化名城保护所需经费列入本级财政预算，保障经费投入。

市人民政府应当根据各区历史文化名城保护工作实际需要，突出重点、统筹安排市本级财政对区级财政的转移支付资金。

历史文化名城保护经费用于普查、测量、认定、抢险、学术研究、规划编制、修缮补助、资助、奖励等方面。

第九条 市、区人民政府应当加强历史文化名城保护的宣传教育，增强公民的保护意识，可以通过授权或者委托符合条件的企事业单位、研究机构、行业协会和其他社会组织开展与历史文化名城保护相关的基础研究、专业培训等工作。

第十条 鼓励单位和个人通过捐赠、资助、投资、成立公益性组织、提供技术或者志愿服务等多种方式，依法参与历史文化名城保护工作。

第二章　保护名录

第十一条 市人民政府应当建立历史文化名城保护名录制度，将下列保护对象纳入保护名录：

（一）历史文化街区、历史文化名镇、历史文化名村和历史建筑；

（二）历史风貌区；

（三）传统村落；

（四）法律、法规规定的其他保护对象。

保护名录应当载明保护对象的名称、区位、建成时间和历史价值等内容。

第十二条 历史文化街区、历史文化名镇和历史文化名村的认定标准按照国家和省的有关规定执行。

第十三条　建成三十年以上且未被确定为不可移动文物，符合下列条件之一的建筑物、构筑物，可以确定为历史建筑：

（一）反映广州历史文化和民俗传统，具有特定时代特征和地域特色；

（二）建筑样式、结构、材料、施工工艺或者工程技术反映地域建筑、历史文化、艺术特色或者具有科学研究价值；

（三）与重要政治、经济、文化、军事等历史事件或者著名历史人物相关的建筑物、构筑物；

（四）代表性、标志性建筑物或者著名建筑师的代表作品；

（五）其他具有历史文化意义的建筑物、构筑物。

建成不满三十年，但符合前款规定之一，突出反映历史风貌和地方特色的建筑物、构筑物，也可以确定为历史建筑。

第十四条　未被确定为历史文化街区，符合下列条件的区域，可以确定为历史风貌区：

（一）历史建筑集中连片分布，并具有一定规模；

（二）空间格局、景观形态、建筑样式等较完整地体现地方某一历史时期地域文化特点。

第十五条　符合下列条件之一的村落，可以确定为传统村落：

（一）历史建筑、乡土建筑、文物古迹等集中连片分布或者总量超过村庄建筑总量的三分之一，较完整体现一定历史时期的传统风貌；

（二）选址和整体格局鲜明体现有代表性的传统文化、传统生产和生活方式；

（三）拥有较丰富的非物质文化遗产资源，传承形式较好，民族或者地域特色鲜明，且拥有省级以上非物质文化遗产代表性项目。

第十六条　市人民政府应当组织各区人民政府开展历史文化遗产的普查工作。区人民政府应当将在普查中发现并经专家论证认为具有保护价值的建筑物、构筑物、建筑群、村、镇确定为预先保护对象。

任何单位和个人发现有保护价值的建筑物、构筑物、建筑群、村、镇，可以向城乡规划行政主管部门或者文物行政管理部门报告。城乡规划行政主管部门或者文物行政管理部门接到报告后，应当立即通知建筑物、构筑物、建筑群、村、镇所在地的区人民政府。区人民政府应当在接到通知后的七日内组织专家进行论证，经核实具有保护价值的，应当确定为预先保护对象，并立即采取相应的保护措施。

第十七条　区人民政府应当对辖区内的预先保护对象实施预先保护，在确定为预先保护对象之日起两日内向其所有权人、使用权人或者代管人发出预先保护通知，并在当地居民委员会、村民委员会的公示栏上公告，当地镇人民政府或者街道办事处应当派员到现场开展日常巡查和保护。任何单位和个人不得损坏、拆除预先保护对象。

建筑物、构筑物、建筑群、村、镇被确定为预先保护对象的，由城乡规划行政主管部门或者文物行政管理部门在预先保护通知发出之日起十二个月内按照有关法律、法规的规定处理。预先保护对象超过十二个月未被纳入保护名录的，预先保护决定自行失效。因预先保护对有关单位或者个人的合法权益造成损失的，区人民政府应当给予补偿。

第十八条 历史建筑、历史风貌区和传统村落保护名录的制定和调整，由市城乡规划行政主管部门会同市文物行政管理部门组织专家论证后提出方案，通过政府网站和主要新闻媒体向社会公示，征求公众意见，公示时间不得少于三十日，并通过召开座谈会、论证会等方式征求有关部门、建筑物所有权人和其他利害关系人的意见，经市历史文化名城保护委员会审议后，报市人民政府批准。

城乡规划行政主管部门应当充分考虑专家、建筑物利害关系人和公众的意见，并在报送审批的材料中附具相关意见及其采纳情况和理由。

第十九条 市城乡规划行政主管部门应当建立列入保护名录的保护对象档案。保护档案应当包括下列资料：

（一）普查获取的资料；

（二）有关保护对象的文化艺术特征、历史特征、历史沿革、历史事件、名人轶事和技术资料等；

（三）使用现状和权属变化情况；

（四）保护规划；

（五）设计、测绘信息资料；

（六）修缮、维修、迁移、拆除过程中形成的文字、图纸、图片和影像等资料；

（七）其他需要保存的资料。

任何单位和个人都有权依法查询保护档案所记载的相关信息。

第三章　保护规划

第二十条 城乡规划的编制应当符合本条例有关历史文化名城保护的要求，延续城市文化传承，保存城市文化记忆；城市更新规划应当包括历史文化遗产、民俗文化风格和传统风貌保护的内容，促进功能提升与文化文物保护相结合；新城新区建设规划应当注重融入传统文化元素，与原有城市自然人文特征相协调；乡村规划应当注重保护历史风貌、自然环境与乡土人文资源，在保持地区活力、延续传统文化的同时，推动乡村人居环境的改善。

第二十一条 市人民政府组织编制历史文化名城保护规划，经市人民代表大会常务委员会审议后，报省人民政府批准。

市人民政府组织编制历史文化街区保护规划，并按照规定报批。

区人民政府组织编制辖区内的历史文化名镇保护规划、历史文化名村保护规划，经市人民政府审查同意后，报省人民政府批准。

市城乡规划行政主管部门组织编制历史建筑保护规划和历史风貌区保护规划，报市人民政府批准。

保护规划在报人民政府批准前，应当经历史文化名城保护委员会审议。

第二十二条 保护规划组织编制机关应当按照国家和本条例的要求编制历史文化名城、历史文化街区、历史文化名镇、历史文化名村、历史建筑和历史风貌区的保护规划。保护规划的编制应当在历史文化名城、历史文化街区、历史文化名镇、历史文化名村、历史建筑和历史风貌区批准之日起一年内完成。

编制保护规划应当保持和延续历史文化名城、历史文化街区、历史文化名镇、历史文化名村、历史建筑和历史风貌区的自然格局、传统格局和历史风貌，维护历史文化遗产的真实性和完整性，继承和弘扬优秀传统文化，正确处理经济社会发展和历史文化遗产保护的关系。

历史文化名镇、历史文化名村和传统村落核心保护范围内以居住功能为主的，编制保护规划应当延续其居住功能，控制人口密度，完善公共服务设施和市政基础设施配套，改善人居环境，传承传统文化，核心保护范围内的土地使用权不得实施整体转让用于商业地产开发。

第二十三条 历史文化名城保护规划应当单独编制，其规划深度应当达到国家有关规划编制的要求。

历史文化街区保护规划应当依据历史文化名城保护规划单独编制，其规划深度应当达到国家有关规划编制的要求，并可以作为该街区的控制性详细规划。

历史文化名镇保护规划应当依据历史文化名城保护规划单独编制，其规划深度应当达到国家有关规划编制的要求，并可以作为该镇的控制性详细规划。

历史文化名村保护规划应当依据历史文化名城保护规划、历史文化名镇保护规划单独编制，其规划深度应当达到村庄规划深度，并可以作为该村的村庄规划。

历史建筑保护规划和历史风貌区保护规划应当根据国家、省、市有关规划编制的要求进行编制，并可以作为该地块的控制性详细规划。

第二十四条 在本市历史文化名城保护规划中应当明确下列重点保护内容：

（一）历史城区的传统格局和历史风貌；

（二）越秀山城墙遗址和中山七路交叉口附近的西门瓮城遗址等广州古城城廓遗存、遗址和民国时期树立的广州市界碑；

（三）从北京路至天字码头的古代城市传统中轴线和从越秀山镇海楼经中山纪念碑、中山纪念堂、人民公园、起义路、海珠广场至海珠桥的近代城市传统中轴线；

（四）黄埔军校旧址、广州农民运动讲习所旧址等近现代革命史迹；

（五）沙面、沙湾镇等反映本市历史文化风貌的历史文化街区、历史文化名镇、历史文化名村、历史风貌区、传统街巷、骑楼街、不可移动文物和历史建筑；

（六）小洲村、陈家祠等具有岭南文化特色的传统村落及民居、祠堂；

（七）光孝寺、圣心大教堂等具有历史价值的宗教文化场所；

（八）南海神庙、黄埔古港遗址等体现海上丝绸之路历史的文物古迹、港口码头；

（九）白云山、帽峰山、九连山等山体山脉以及以珠江为主体的河流、河涌水系和以护城河、西关涌为代表的历史水系；

（十）白云山至中山大学北门广场和白云山至越秀山至珠江的山江视廊；

（十一）珠江两岸景观带；

（十二）传统文化艺术、民俗风情、民间工艺等突出反映岭南文化的非物质文化遗产；

（十三）市人民政府确定的其他保护重点。

第二十五条 历史文化街区、历史文化名镇、历史文化名村、历史建筑和历史风貌区的核心保护范围和建设控制地带按照下列规定划定：

（一）历史文化街区、历史文化名镇、历史文化名村和历史风貌区的核心保护范围应当包括该区域内传统格局、历史风貌较为完整和历史建筑集中成片的地区，在核心保护范围之外划定建设控制地带；

（二）历史建筑的保护范围包括历史建筑本身和必要的建设控制地带；

（三）核心保护范围和建设控制地带应当边界清楚，四至范围明确，便于保护和管理。

第二十六条 村庄规划或者控制性详细规划应当明确下列保护传统村落的内容：

（一）评估历史文化价值、特色和存在问题；

（二）划定核心保护范围；

（三）提出整体格局和历史环境要素的保护措施；

（四）提出核心保护范围内建筑物、构筑物和历史环境要素的分类保护措施和要求；

（五）提出延续传统文化、保护非物质文化遗产的规划措施；

（六）提出科学利用传统村落历史资源的措施，保持地区活力、延续传统文化。

除前款规定外，国家、省对传统村落规划编制另有规定的，从其规定。

第二十七条 历史文化名城、历史文化名镇保护规划的核心内容应当分别纳入城市总体规划、镇总体规划，历史文化名村保护规划应当与村庄规划的范围一致。

历史文化街区、历史文化名镇、历史文化名村、历史建筑和历史风貌区的核心保护范围和建设控制地带的控制性详细规划和村庄规划应当符合经批准的保护规划。

本市城市交通、市政、绿化、消防、人防等其他专业规划应当与保护规划相协调。

第二十八条 保护规划报送批准前，组织编制机关应当依法公示保护规划草案，并采取论证会、听证会等方式征求有关行政管理部门、专家和公众的意见，公示时间不得少于三十日。

保护规划应当自批准之日起三十日内，在政府网站和主要新闻媒体上公布。

第二十九条 区人民政府应当根据经批准的保护规划，制定保护与利用保护对象的具体实施方案，明确工作任务，落实实施主体和具体措施，推动保护规划实施。

第三十条 市城乡规划行政主管部门应当根据国家、省有关规定和本市实际情况，制定和完善保护规划的编制技术指引，按照有关规定报批后公布实施。

第三十一条 保护规划经依法批准后不得擅自修改。确需修改的，由原组织编制机关提出修改论证报告，经原审批机关批准后按照原编制、审批程序修改、报批，并依照有关规定向国务院城乡规划行政主管部门报告。

保护对象从保护名录中撤销的，保护规划中相应的内容自行失效，撤销程序按照本条例第十八条的规定执行。

第四章　保护措施

第三十二条 市、区人民政府应当按照下列规定确定历史文化街区、历史文化名镇、历史文化名村、历史风貌区、传统村落的保护责任人，并向社会公布：

（一）历史文化街区、历史风貌区所在地的街道办事处为保护责任人；

（二）历史文化名镇所在地的镇人民政府为保护责任人；

（三）历史文化名村、传统村落所在地的村民委员会为保护责任人；

（四）市、区人民政府设立保护对象的保护管理组织的，该组织为保护责任人。

跨村的保护对象的保护责任人由所在地的街道办事处或者镇人民政府指定，跨街道、镇的保护对象的保护责任人由所在地的区人民政府指定，跨区的保护对象的保护责任人由市人民政府指定。

第三十三条 历史建筑的保护责任人按照下列规定确定：

(一) 国有历史建筑，其代管人为保护责任人；没有代管人的，其使用权人为保护责任人；代管人、使用权人均不明确的，房屋行政管理部门为保护责任人；

（二）非国有历史建筑，其所有权人为保护责任人；所有权人下落不明、无法与所有权人取得联系或者房屋权属不清晰的，代管人为保护责任人；所有权人下落不明、无法与所有权人取得联系或者房屋权属不清晰，且没有代管人的，房屋使用权人为保护责任人。

所有权人、使用权人或者代管人均不明确的，房屋行政管理部门为保护责任人。

历史建筑纳入保护名录后，区人民政府应当根据本条第一款、第二款规定明确历史建筑的保护责任人，并予以书面告知。书面告知无法送达的，公告送达，自发出公告之日起六十日后，视为送达。在送达后，单位或者个人对保护责任人的确定提出异议的，区人民政府应当根据举证情况决定是否予以调整。

第三十四条 历史文化街区、历史文化名镇、历史文化名村、历史风貌区、传统村落的保护责任人应当按照保护规划和下列要求履行保护责任：

（一）保持保护范围内建筑物、构筑物的传统格局、历史风貌、特色装饰、空间尺度和历史环境要素的完整性；

（二）开展日常巡查，发现危害历史文化遗产行为的及时制止，并告知相关行政管理部门；

（三）保持保护范围内整洁美观；

（四）协助有关部门确保消防、防灾等公共设施、设备的正常使用；

（五）本条例规定和市、区人民政府确定的其他要求。

第三十五条 历史建筑保护责任人对历史建筑履行下列保护责任：

（一）保持原有的高度、体量、外观形象和色彩；

（二）保护传统格局、历史风貌、特色装饰和历史环境要素的完整性；

（三）保障结构安全，发现险情时及时采取排险措施，并向有关行政管理部门报告；

（四）按照本条例的规定进行修缮；

（五）防渗防潮防蛀；

（六）确保消防、防灾等设施、设备的正常使用；

（七）保持整洁美观；

（八）按照保护规划的要求合法合理地使用、利用；

（九）法律、法规规定的其他要求。

转让、出租历史建筑的，双方当事人应当在合同中约定保护及修缮义务，出让人、出租人应当将保护修缮要求告知受让人、承租人。

第三十六条 在历史文化街区、历史文化名镇、历史文化名村、历史建筑、历史风貌区和传统村落的核心保护范围以及建设控制地带内进行建设活动，应当符合保护规划，并遵守下列要求：

（一）在历史文化街区、历史文化名镇和历史文化名村的核心保护范围内，除建设必要基础设施和公益性公共服务设施外，不得进行新建、扩建活动；

（二）在历史建筑核心保护范围内，除因保护需要建设附属设施外，不得新建建筑物、构筑物；建设附属设施的，应当报城乡规划行政主管部门批准，城乡规划行政主管部门应当征求文物行政管理部门的意见；

（三）在历史风貌区、传统村落的核心保护范围内进行新建、改建、扩建等建设活动，不得改变传统格局和历史风貌；

（四）不得新建污染环境的设施，本条例实施前已经存在的污染环境的设施和企业等应当限期搬迁或者治理；

（五）修建道路、地下工程以及其他市政公用设施的，应当采取有效的保护措施，不得损害保护对象；

（六）设置户外广告、招牌等外部设施的，应当符合保护规划。

在历史文化街区、历史文化名镇、历史文化名村、历史建筑、历史风貌区和传统村落的建设控制地带内进行新建、扩建、改建活动的，应当符合保护规划或者保护措施确定的建设控制要求，在高度、体量、色彩等方面与历史风貌相协调，不得破坏传统格局和历史风貌。

第三十七条 历史文化名镇、历史文化名村、历史风貌区和传统村落所在地的区人民政府应当按照集约用地原则，统筹安排建设用地指标，优先保障因保护规划实施所需的农村住宅建设。

历史文化名镇、历史文化名村、历史风貌区和传统村落因保护需要在保护范围内另行择地新建村民居住区的，其新村建设规划及建设方案应当符合保护规划的要求，确保新村建设风貌、产业安排与保护规划相协调。

第三十八条 在历史城区内以及历史文化街区、历史文化名镇、历史文化名村、历史建筑、历史风貌区和传统村落的核心保护范围和建设控制地带内，禁止进行下列活动：

（一）开山、采石、开矿等破坏传统格局和历史风貌的活动；

（二）占用园林绿地、河湖水系、传统街巷、道路等；

（三）修建生产和储存易爆易燃、放射性、毒害性、腐蚀性物品的工厂、仓库等；

（四）对保护对象可能造成破坏性影响的其他活动。

第三十九条 在历史文化街区、历史文化名镇、历史文化名村、历史建筑、历史风貌区和传统村落的核心保护范围和建设控制地带内依法进行新建、扩建以及改变外立面或者结构的活动，建设单位或者个人在申请办理规划许可时，应当同时提交历史文化保护的具体方案。

市城乡规划行政主管部门在作出规划许可前，根据工程具体情况征求文物、房屋行政管理部门的书面意见，必要时应当组织专家论证和征求公众意见。其中，涉及在历史文化街区、历史文化名镇和历史文化名村核心保护范围内新建、扩建本条例第三十六条第一款第一项规定的基础设施和公共服务设施的，城乡规划行政主管部门在作出规划许可前应当会同文物行政管理部门组织专家论证和征求公众意见。

第四十条 房屋行政管理部门应当会同城乡规划行政主管部门对历史文化街区、历史文化名镇、历史文化名村、历史建筑、历史风貌区和传统村落核心保护范围内的建筑物、构筑物编制修缮图则，明确其修缮的具体要求。

房屋行政管理部门应当对历史文化街区、历史文化名镇、历史文化名村、历史建筑、历史风貌区和传统村落的核心保护范围内建筑物、构筑物的修缮进行监督管理。具体管理办法由市人民政府制定，并向社会公布。

第四十一条　房屋行政管理部门应当对历史文化街区、历史文化名镇、历史文化名村、历史建筑、历史风貌区和传统村落核心保护范围内的建筑物、构筑物安全进行监管。

房屋行政管理部门发现前款规定的建筑物、构筑物有损毁危险的，应当及时通知其所有权人、使用权人或者代管人按照相关规定履行修缮义务；建筑物、构筑物经鉴定为危房的，所在地房屋行政管理部门应当督促所有权人、使用权人或者代管人进行危房治理，所有权人、使用权人或者代管人应当立即实施治理；情况危急或者所有权人、使用权人或者代管人未在限期内实施治理的，由所在地房屋行政管理部门进行紧急排险，房屋所有权人、使用权人或者代管人应当配合，不得阻挠。

第四十二条　在历史文化街区、历史文化名镇、历史文化名村、历史建筑、历史风貌区和传统村落的核心保护范围内，拆除历史建筑以外的建筑物、构筑物或者其他设施的，申请人应当向城乡规划行政主管部门提出申请，城乡规划行政主管部门应当在收到申请之日起二十日内会同文物行政管理部门作出决定，涉及新建、扩建项目的，可以与新建、扩建建设工程规划许可一并作出审查决定。

申请人在拆除建筑物、构筑物时，应当符合建设工程管理的有关规定。

第四十三条　因建设施工导致历史文化街区、历史文化名镇、历史文化名村、历史建筑、历史风貌区和传统村落的核心保护范围内的建筑物、构筑物有损毁危险的，建设等行政管理部门应当责令施工单位立即停止施工。

因施工造成损害的，施工单位或者建设单位应当承担修复、赔偿责任，其修复方案应当征求城乡规划行政主管部门和房屋行政管理部门的意见。

第四十四条　在历史建筑核心保护范围内禁止下列活动：

（一）在建筑物上刻划、涂污；

（二）在建筑物内堆放易燃、易爆和腐蚀性的物品；

（三）在屋顶、露台或者利用房屋外墙搭建建筑物、构筑物；

（四）占地违章搭建建筑物、构筑物；

（五）擅自拆改院墙、改变建筑内部或者外部的结构、造型和风格；

（六）实施损坏建筑主体承重结构或者其他危害建筑物安全的行为；

（七）其他影响历史建筑保护的行为。

第四十五条　市、区房屋行政管理部门应当建立历史建筑结构安全年度核查制度，并在听取历史建筑保护责任人意见后制定历史建筑的年度修缮计划。

区房屋行政管理部门应当根据年度修缮计划通知历史建筑保护责任人对历史建筑进行修缮，保护责任人应当按照规定进行修缮。保护责任人不按照规定进行修缮的，历史建筑所在地的区房屋行政管理部门可以对其进行修缮，费用由保护责任人承担。

第四十六条　修缮历史建筑应当符合有关技术规范、质量标准和修缮图则的要求。历史建筑修缮前，保护责任人可以向所在地的区房屋行政管理部门提出修缮技术咨询，区房屋行政管理部门应当免费为保护责任人提供咨询服务，并根据修缮的具体情况指导保护责任人执行本条第二款的规定。

除对历史建筑进行日常保养或者进行不涉及体现历史风貌特色的部位、材料、构造、装饰等轻微修缮外，保护责任人应当在修缮前按照区房屋行政管理部门的技术指导意见制定修缮设计、施工方案，报区房屋行政管理部门审核。设计、施工方案经审核通过后，保护责任人应当委托具有相应资质的施工单位实施修缮。其中，修缮涉及改变外立面或者改变房屋结构的，保护责任人还应当依法申请办理建设工程规划许可证或者乡村建设规划许可证，许可实施机关在作出许可前根据工程情况征求文物行政管理部门的意见。

历史建筑修缮期间，施工单位应当在现场展示历史建筑的保护价值、修缮效果图等资料。

区房屋行政管理部门可以根据实际需要，通过购买服务的方式委托具有相应资质的单位，对历史建筑修缮提供技术服务。区房屋行政管理部门应当对历史建筑进行巡查，发现修缮历史建筑的行为不符合有关技术规范、质量标准或者修缮图则要求的，应当指导其改正。

对历史建筑进行日常维护、修缮的，与历史建筑毗邻的建筑物、构筑物的所有权人、使用权人应当予以配合，并提供必要的便利。

第四十七条 非国有历史建筑保护责任人按照技术规范、质量标准、修缮图则和修缮设计、施工方案等要求进行修缮的，保护责任人可以向市或者区人民政府申请补助，政府补助的费用不低于修缮费用的百分之二十。

非国有历史建筑保护责任人获得前款规定的修缮补助后，承担修缮费用仍有困难的，可以向市或者区人民政府申请困难补助。

修缮补助的具体办法由市人民政府制定，并向社会公布。

第四十八条 历史建筑应当实施原址保护，任何单位或者个人不得损坏或者擅自迁移、拆除历史建筑。

因建设国防设施等重大公共利益需要，必须迁移或者拆除历史建筑的，由城乡规划行政主管部门会同文物行政管理部门对迁移方案、补救措施等进行论证、公示和听证，市人民政府应当根据论证和听证意见作出是否迁移或者拆除的决定，并按照规定报批。迁移或者拆除非国有历史建筑的，应当听取非国有历史建筑所有权人的意见。

经批准迁移或者拆除历史建筑的，由建设单位按照建设工程管理的有关规定组织迁移、拆除，建设行政管理部门应当进行监督管理。

第四十九条 城市更新和新区建设过程中，非国有历史建筑所有权人同意该历史建筑被征收或者改造的，房屋征收部门或者改造主体应当按照保护要求将非国有历史建筑纳入征收补偿方案或者改造方案，并依据房屋征收评估办法评估房屋价值，给予该历史建筑所有权人不低于房屋征收决定公告之日征收地块内类似房屋市场价格的百分之一百二十的补偿。

非国有历史建筑所有权人不同意被征收或者改造的，所有权人应当按照保护要求对其进行保护、利用。

根据本条例第四十八条第二款的规定拆除非国有历史建筑的，相关部门或者单位应当按照本条第一款的规定给予非国有历史建筑所有权人补偿。

第五十条 房屋征收部门在征收房屋前，应当核实征收地块内历史文化遗产的普查情况，作出普查结论的时间超过五年或者尚未完成普查的，区人民政府应当在房屋征收前完成普查或者对该征收地块进行历史文化遗产调查。未完成普查或者调查的，不得开展征收工作。

第五十一条　历史建筑的利用应当与其历史价值、内部布局结构相适应，在对其进行有效保护的前提下，注重历史建筑的科学研究、审美、教育等社会效益，发挥历史建筑的经济效益，实现保护与利用的协调发展。

第五十二条　市人民政府应当制定促进历史建筑合理利用的具体办法，通过政策引导、资金资助、简化手续、减免国有历史建筑租金、放宽国有历史建筑承租年限、减免历史建筑土地使用权续期费用等方式，促进对历史建筑的合理利用。

市、区人民政府通过以下措施支持和鼓励历史建筑的合理利用：

（一）鼓励根据历史建筑的特点开展多种形式的利用，可以用作纪念场馆、展览馆、博物馆、旅游观光、休闲场所、发展文化创意、地方文化研究等；

（二）鼓励社会资本和个人参与历史建筑的保护和利用；

（三）市、区人民政府可以采取收购、产权置换等方式对非国有历史建筑进行保护利用。历史建筑所有权人出售政府给予修缮补助的非国有历史建筑的，市、区人民政府可以在同等条件下优先收购；

（四）市、区人民政府可以通过出让、出租等方式对国有历史建筑进行合理利用。

在符合结构、消防等专业管理要求和历史建筑保护规划要求的前提下，历史建筑保护责任人可以按照本条第二款第一项的规定对历史建筑进行多种功能使用，历史建筑实际使用用途与权属登记中房屋用途不一致的，无需经城乡规划行政主管部门和房屋行政管理部门批准；不增加历史建筑建筑面积、建筑高度、不扩大其基底面积、不改变其四至关系、不改变外立面或者结构的，无需经城乡规划行政主管部门批准。

第五十三条　纳入保护名录的保护对象应当设置保护标志。保护标志应当在纳入保护名录后六个月内设置完毕。保护标志应当载明保护对象的名称、编号、区位、建成时间、文化信息等内容，并根据实际需要翻译成相应的外文。

保护标志由市人民政府统一样式，区人民政府组织设置。

任何单位和个人不得擅自设置、移动、遮挡、涂改或者损毁保护标志。

第五十四条　市人民政府应当建立包含地理信息、地名信息、历史信息等历史文化名城保护信息系统，提高历史文化名城保护的信息化水平。

城乡规划、文物、房屋、城市管理、建设、民政、农业、林业园林、旅游、工商等行政管理部门应当根据各自职责采集、录入、管理和维护历史文化名城保护的相关信息，并实现信息共享。

第五十五条　市、区人民政府应当依据保护规划优先安排并组织有关部门建设和完善历史文化街区、历史文化名镇、历史文化名村、历史建筑、历史风貌区和传统村落周边的道路、供水、排水、供电、环卫、消防等基础设施。

因保护需要无法按照现行技术标准和规范进行建设和管理前款规定的基础设施的，城乡规划、文物、房屋、城市管理、建设、生态环境、水务、交通、消防、民防、地震等相关行政管理部门，应当制定适应保护需要的建设、管理要求和保障方案。

第五十六条　有下列情形之一的，房屋行政管理部门应当在房屋登记簿中予以注明，城乡规划行政主管部门应当在建设用地规划许可证或者规划条件的附图、附件中载明保护要求：

（一）建筑物、构筑物在历史文化街区、历史文化名镇、历史文化名村、历史风貌区、传统村落的核心保护范围或者建设控制地带内；

（二）建筑物、构筑物是历史建筑。

第五十七条 因保护历史文化名城的需要，行政机关可以依法变更或者撤销已生效的行政许可，造成被许可人合法权益损失的，行政机关应当依法补偿。补偿形式包括货币补偿和开发权益置换等。

具体补偿方案由市城乡规划行政主管部门会同财政、房屋、建设等行政管理部门制定，报市人民政府批准后执行。

第五章 监督检查

第五十八条 市、区人民政府应当严格执行保护规划，加强对有关行政管理部门落实保护规划情况的监督检查，对保护状况进行评估，并定期向本级人民代表大会常务委员会报告历史文化名城保护工作情况，接受本级人民代表大会常务委员会的监督。

市、区人民代表大会常务委员会应当有计划地通过组织执法检查、听取和审议专项工作报告等方式，加强对同级人民政府关于历史文化名城保护工作的监督检查。

第五十九条 市人民政府应当加强对区人民政府的历史文化名城保护具体工作的监督检查，对工作中存在的问题及时进行处理。

区人民政府应当每年向市人民政府报告本行政区域内历史文化名城保护工作的落实情况和面临问题。

区人民政府应当加强对作为保护责任人的镇人民政府、街道办事处、村民委员会和保护管理组织履行保护责任的监督检查，对其工作中存在的问题及时进行纠正、处理。

第六十条 市人民政府应当建立健全历史文化名城保护联动制度工作责任制。

市、区人民政府及其城乡规划、文物、建设、土地、房屋、城市管理综合执法机关等行政管理部门应当按照联动制度的要求，加强普查、日常巡查、预先保护、应急处理和许可审批等方面的工作协同。

市人民政府应当定期对历史文化名城保护工作进行评估，将保护工作成效作为市、区人民政府及其联动部门考核的重要内容。

第六十一条 城乡规划行政主管部门、文物行政管理部门、房屋行政管理部门、城市管理综合执法机关应当利用视频监控、遥感监测等手段加强对历史文化街区、历史文化名镇、历史文化名村、历史建筑、历史风貌区和传统村落的核心保护范围和建设控制地带内建筑物、构筑物的监测，及时发现、制止和处理破坏历史建筑或者擅自设置、移动、涂改、损毁保护标志等违法行为。

第六十二条 市城乡规划、文物、房屋行政管理部门应当在办事窗口和政府网站上公布预先保护对象、经批准的历史文化名城保护的普查结果、保护名录、保护规划和保护方案等信息。

第六十三条 任何单位和个人有权对损坏历史文化街区、历史文化名镇、历史文化名村、历史建筑、历史风貌区和传统村落的核心保护范围和建设控制地带内的建筑物、构筑物的行为进行举报和投诉。

城乡规划、文物、房屋行政管理部门应当公布举报、投诉的方式，接受单位或者个人对违反历史文化名城保护法律、法规规定的行为的举报和投诉，接到举报或者投诉后应当及时进行核实、处理、答复。

第六章　法律责任

第六十四条　区人民政府及其有关工作人员有下列行为之一的，由市人民政府责令改正、予以通报批评；情节严重的，由任免机关或者监察机关对负有直接责任的主管人员和其他直接责任人员，依法追究行政责任：

（一）未按照法定程序、期限或者编制要求组织编制、修改历史文化名镇保护规划、历史文化名村保护规划的；

（二）未按照本条例第十六条、第十七条规定采取保护措施的；

（三）未按照本条例第二十九条规定制定保护与利用的具体实施方案的；

（四）未按照本条例第三十二条规定指定跨街道、镇的保护对象的保护责任人的；

（五）未按照本条例第五十条规定在房屋征收前完成调查或者普查工作的；

（六）未按照本条例第五十八条规定向人民代表大会常务委员会报告历史文化名城保护工作情况的；

（七）未按照本条例第五十九条规定向市人民政府报告本行政区域内历史文化名城保护工作的落实情况和面临问题的；

（八）其他玩忽职守、滥用职权、徇私舞弊的行为。

第六十五条　城乡规划、文物、房屋、城市管理等有关行政管理部门及其有关工作人员有下列行为之一的，由本级人民政府或者上级人民政府有关行政管理部门依据管理权限责令改正、予以通报批评；情节严重的，由任免机关或者监察机关对负有直接责任的主管人员和其他直接责任人员，依法追究行政责任：

（一）未按照法定程序或者认定标准提出历史建筑、历史风貌区或者传统村落保护名录制定方案或者调整方案的；

（二）未按照法定程序组织编制或者未在规定的期限内编制完成历史建筑或者历史风貌区保护规划的；

（三）未按照本条例第三十五条、第四十五条规定履行历史建筑保护责任人的保护责任的；

（四）未按照本条例第四十条规定编制历史文化街区、历史文化名镇、历史文化名村、历史建筑、历史风貌区和传统村落的核心保护范围内的建筑物、构筑物修缮图则或者未按照规定对该核心保护范围内建筑物、构筑物的修缮进行监督管理的；

（五）未按照本条例第四十一条规定对历史文化街区、历史文化名镇、历史文化名村、历史建筑、历史风貌区或者传统村落的核心保护范围内建筑物、构筑物的安全进行监管的；

（六）批准拆除建筑物、构筑物或者其他设施违反本条例第四十二条规定的；

（七）未按照本条例第四十五条规定制定历史建筑的年度修缮计划或者未根据该计划通知保护责任人对历史建筑进行修缮的；

（八）实施建设项目规划许可违反本条例第三十九条、第四十六条规定的；

（九）迁移或者拆除历史建筑违反本条例第四十八条规定的；

（十）开展房屋征收违反本条例第五十条规定的；

（十一）未按照本条例第五十五条规定制定适应保护需要的建设、管理要求或者保障方案的；

（十二）未按照本条例第五十六条规定载明相关信息的；

（十三）未按照本条例第六十二条规定公布信息的；

（十四）未按照本条例第六十三条规定接受举报或者投诉的；

（十五）其他玩忽职守、滥用职权、徇私舞弊的行为。

第六十六条　街道办事处、镇人民政府及其有关工作人员未按照本条例第十七条规定开展日常巡查或者保护的，由区人民政府责令改正；情节严重的，由任免机关或者监察机关对负有直接责任的主管人员和其他直接责任人员，依法追究行政责任。

第六十七条　区人民政府、街道办事处、镇人民政府、村民委员会或者保护管理组织及其有关工作人员未按照本条例第三十四条规定履行保护责任的，由上级行政机关或者监察机关责令改正、予以通报批评；情节严重的，由任免机关或者监察机关对负有直接责任的主管人员和其他直接责任人员，依法追究行政责任。

第六十八条　历史建筑保护责任人未按照本条例第三十五条第一项、第二项或者第五项规定履行保护责任，对历史建筑构成破坏性影响的，城市管理综合执法机关应当责令其限期履行保护责任；逾期不履行的，城市管理综合执法机关可以委托他人代为履行，费用由保护责任人承担；造成严重后果的，对单位并处五万元以上十万元以下的罚款，对个人并处一万元以上五万元以下的罚款。

历史建筑保护责任人未按照本条例第三十五条第三项规定保障历史建筑结构安全，发现险情时未及时采取排险措施，对历史建筑构成破坏性影响的，由房屋行政管理部门按照本条第一款的规定进行处罚。

第六十九条　违反本条例第三十六条第一款第一项、第二项、第三项或者第五项规定进行建设活动的，由城市管理综合执法机关、镇人民政府责令停止建设，限期拆除，并处建设工程造价百分之十以下罚款。

第七十条　违反本条例第四十六条第二款规定，未办理建设工程规划许可证或者乡村建设规划许可证改变历史建筑外立面或者房屋结构的，由城市管理综合执法机关、镇人民政府按照违法建设查处的相关规定予以处理。

第七十一条　违反本条例第三十六条第一款第四项规定，在历史文化街区、历史文化名镇、历史文化名村、历史建筑、历史风貌区和传统村落的核心保护范围和建设控制地带内新建污染环境的设施，或者现有污染环境的设施或者企业未按规定限期搬迁或者治理的，由生态环境行政管理部门按照环境保护有关法律、法规的规定予以处罚。

第七十二条　违反本条例第三十六条第一款第六项规定，设置户外广告、招牌等外部设施不符合保护规划规定的，由城市管理综合执法机关责令限期改正或者恢复原状，造成严重后果的，对单位并处五万元以上十万元以下罚款，对个人并处一万元以上五万元以下罚款。

第七十三条　违反本条例第三十八条、第四十四条规定有下列行为之一的，按下列规定处理：

（一）进行开山、采石、开矿等破坏传统格局和历史风貌活动的，由城市管理综合执法机关、镇人民政府按照有关法律、法规予以处罚；

（二）占用园林绿地的，由绿化行政管理部门按照有关法律、法规的规定予以处罚；

（三）占用河湖水系的，由水务行政管理部门按照有关法律、法规的规定予以处罚；

（四）占用道路的，由交通行政管理部门或者城市管理综合执法机关按照有关法律、法规的规定予以处罚；

（五）在历史建筑上刻划、涂污的，由城市管理综合执法机关按照有关法律、法规的规定予以处罚；

（六）在历史建筑内堆放易燃、易爆和腐蚀性的物品的，由消防机构按照有关法律、法规的规定予以处罚；

（七）搭建或者占地违章搭建建筑物、构筑物的，由城市管理综合执法机关、镇人民政府按照有关法律、法规的规定予以处罚；

（八）擅自拆改院墙、改变建筑内部或者外部结构、造型或者风格的，由城市管理综合执法机关、镇人民政府按照有关法律、法规的规定予以处罚；

（九）实施损坏建筑主体承重结构或者其他危害建筑安全的行为，由建设行政管理部门或者房屋行政管理部门按照有关法律、法规的规定予以处罚；

（十）对保护对象造成破坏性影响的其他活动的，由城市管理综合执法机关、镇人民政府按照有关法律、法规的规定予以处罚。

第七十四条　违反本条例第三十五条第一款第四项、第四十五条第二款、第四十六条规定，未按照规定履行修缮义务，对历史建筑构成破坏性影响的，由城市管理综合执法机关责令改正，限期恢复原状或者采取其他补救措施；逾期不恢复原状或者不采取其他补救措施的，城市管理综合执法机关可以指定有能力的单位代为恢复原状或者采取其他补救措施，所需费用由违法者承担；造成严重后果的，对单位并处五万元以上十万元以下罚款，对个人并处一万元以上五万元以下罚款。

第七十五条　违反本条例第四十二条规定，未经批准，擅自拆除核心保护范围内历史建筑以外的建筑物、构筑物或者其他设施的，由城市管理综合执法机关按照《历史文化名城名镇名村保护条例》的有关规定进行处罚。

第七十六条　违反本条例第四十八条规定，损坏或者擅自迁移、拆除历史建筑的，由城市管理综合执法机关责令停止违法行为，限期恢复原状或者采取其他补救措施；逾期不恢复原状或者不采取其他补救措施的，城市管理综合执法机关可以指定有能力的单位代为恢复原状或者采取其他补救措施，所需费用由违法者承担；造成严重后果的，对单位并处二十万元以上五十万元以下罚款，对个人并处十万元以上二十万元以下罚款。

城市管理综合执法机关对前款规定的违法行为是否应当责令限期恢复原状，可以书面征求城乡规划行政主管部门的意见，城乡规划行政主管部门应当自收到征求意见之日起三十日内书面回复意见。

限期恢复原状的，当事人应当按照处理决定和经审定的复建方案规定的时限内完成，并经城市管理综合执法机关会同城乡规划、文物、房屋等部门予以核实。

第七十七条　违反本条例第五十三条规定，擅自设置、移动、涂改或者损毁保护标志的，由城市管理综合执法机关责令限期改正，逾期不改正的，对单位处以一万元以上五万元以下的罚款，对个人处以一千元以上一万元以下的罚款。

第七章 附 则

第七十八条 本条例自2016年5月1日起施行。1999年3月1日起施行的《广州历史文化名城保护条例》同时废止。

广州市绿化条例

（2011年12月14日广州市第十三届人民代表大会常务委员会第四十六次会议通过 2012年3月30日广东省第十一届人民代表大会常务委员会第三十三次会议批准

根据2015年5月20日广州市第十四届人民代表大会常务委员会第三十九次会议通过并经2015年12月3日广东省第十二届人民代表大会常务委员会第二十一次会议批准的《广州市人民代表大会常务委员会关于因行政区划调整修改〈广州市建筑条例〉等六十六件地方性法规的决定》第一次修正

根据2018年9月29日广州市第十五届人民代表大会常务委员会第十七次会议通过并经2018年11月29日广东省第十三届人民代表大会常务委员会第七次会议批准的《广州市人民代表大会常务委员会关于修改〈广州市水务管理条例〉等六项地方性法规的决定》第二次修正

根据2019年11月20日广州市第十五届人民代表大会常务委员会第二十九次会议通过并经2020年7月29日广东省第十三届人民代表大会常务委员会第二十二次会议批准的《广州市人民代表大会常务委员会关于修改〈广州经济技术开发区条例〉等三十二件地方性法规的决定》第三次修正

2022年5月26日广州市第十六届人民代表大会常务委员会第三次会议修订 2022年7月28日广东省第十三届人民代表大会常务委员会第四十五次会议批准）

第一章　总　则

第一条　为了贯彻习近平生态文明思想，践行绿水青山就是金山银山理念，促进人与自然和谐共生，走科学、生态、节俭的绿化发展之路，坚持以人民为中心，推动本市绿化事业高质量发展，根据《中华人民共和国森林法》《城市绿化条例》等有关法律、法规，结合本市实际，制定本条例。

第二条　本条例适用于本市行政区域内绿化的规划、建设、保护和管理活动。

第三条　本市绿化工作应当依托广州山水林田湖草海自然禀赋，秉承传统山水城市格局，赓续城市历史文脉，塑造依山、沿江、滨海的风貌特色，实现老城市新活力。

第四条　市、区人民政府应当统筹做好本行政区域内的绿化工作，将其纳入国民经济和社会发展规划，保障公共绿化所需经费。

镇人民政府、街道办事处应当按照职责做好本辖区内的绿化工作。

各级绿化委员会应当充分发挥组织领导、宣传发动、协调指导等作用，指导监督全民义务植树活动，推动绿化宣传教育，提高公众绿化意识。

本市绿化工作应当纳入林长制体系。各级林长应当按照有关规定，认真履行绿化工作相关职责。

第五条 市绿化行政主管部门负责本市行政区域内的绿化工作，组织实施本条例。

区绿化行政主管部门负责本行政区域内的绿化工作。

发展改革、财政、规划和自然资源、生态环境、住房城乡建设、交通运输、水务、农业农村、文化广电旅游、城市管理综合执法等部门和电力、通信等单位应当依照有关法律、法规的规定，在各自的职责范围内协同实施本条例。

第六条 各级人民政府应当鼓励村民委员会、村集体经济组织进行绿化建设和养护，并根据实际情况给予资金、技术等方面的支持。

支持绿化相关行业协会组织开展行业培训，建立健全行业自律制度，引导成员依法诚信经营，承担社会责任。

鼓励单位和个人以投资、捐赠、认种认养、植树纪念、科普宣传等方式，参与绿化工作。

第七条 绿化行政主管部门应当加强数字平台建设，完善绿化资源数字档案，定期开展绿化资源监测和绿化生态效益评估，及时更新、维护和公开数据信息，实行市、区联动和数据共享，实现绿化规划、建设、保护和管理等工作智慧化。

第八条 本市推进绿地生态系统碳汇工作，普及碳排放知识，倡导低碳生产生活方式和实现碳中和的绿色环保理念。

市、区人民政府应当加强绿化专业人才培养，推动绿化科学技术研究，推广应用绿化先进技术，保护生物多样性，发展特色乡土植物。

鼓励和支持在绿化中使用符合标准的再生水、雨水，以及餐厨垃圾和污泥处理处置后的产品。引导和支持绿化废弃物资源化利用。

第九条 绿化行政主管部门应当将绿化规划、建设、保护和管理等相关信息主动向社会公开，接受社会监督。

任何单位和个人都有权对破坏绿化的行为进行劝阻、投诉和举报。绿化行政主管部门应当向社会公布统一受理投诉、举报的方式和途径。

绿化行政主管部门接到投诉、举报后应当调查处理，并在受理之日起十五日内将处理情况书面答复投诉人、举报人；市政务服务便民热线接到绿化方面投诉、举报的，按照市政务服务便民热线管理相关规定办理。

第二章　规划和建设

第十条 市人民政府应当根据本市经济社会发展状况和绿化发展需要组织编制和实施绿化规划，建立绿化规划实施情况评估机制，定期对绿化规划实施成效进行全面评估。

绿化规划应当适应健康、安全、宜居、防灾避险需要，保护和利用原有的地形、地貌、水体、植被和历史文化遗址等自然、人文资源，符合环境保护功能，北部凸显山体森林生态风貌，中部凸显传统与现代交融岭南园林风貌，南部凸显滨海风貌。

市绿化行政主管部门应当参与国土空间总体规划编制工作，根据绿化规划提出绿化工作总体要求，与国土空间总体规划相衔接。

第十一条 市绿化行政主管部门应当根据国土空间总体规划，编制市绿地系统规划，报市人民政府批准后纳入国土空间详细规划，并报上一级人民政府绿化行政主管部门备案；区绿化行政主管部门应当根据市绿地系统规划，结合本区实际，编制区绿地系统规划，报区人民政府批准并报市绿化行政主管部门备案。

市绿地系统规划应当明确本市绿地发展目标和指标、空间格局、各类绿地规模、控制和保护原则；区绿地系统规划应当明确各区绿地发展目标和指标、镇绿地发展要求、各类绿地的规划布局和分期建设计划。

市绿地系统规划和区绿地系统规划报批前，组织编制规划的部门应当将规划草案予以公示，并采取论证会、听证会或者其他形式征求有关部门、公众和专家的意见。

规划和自然资源行政管理部门组织编制的国土空间详细规划应当包含绿地系统规划中涉及国土空间管控的内容，保障绿地系统规划的落实。

绿地系统规划确定的各类绿化用地按照国家有关规定划定绿线，并实行绿线管理。

第十二条 编制市绿地系统规划应当确定本市适宜种植的绿化树种名录，因地制宜，节俭务实，优先使用乡土植物，推广抗逆性强、养护成本低、生态效应高的植物品种，保持植物群落的多样性和合理性；选用外来植物种类的，应当对其适应性、安全性等进行专项论证并明确相应的技术措施。

第十三条 编制市绿地系统规划应当将本市生态功能突出且具有长期保护价值的已建成绿地确定为永久保护绿地。永久保护绿地实行名录管理。市绿化行政主管部门应当经专家论证、听取公众意见后，编制永久保护绿地名录，报市人民政府批准后向社会公布，并在永久保护绿地的显著位置设置告示牌。

第十四条 任何单位和个人不得随意变更绿化相关规划，不得擅自改变绿化用地面积、性质和用途或者破坏其地形、地貌、水体和植被。

有下列情形之一的，方可改变绿化用地性质：

（一）因国家重大建设工程、行政区划调整、省级以上人民政府制定的国土空间规划发生变更的；

（二）因本市公益性基础设施建设需要变更永久保护绿地之外的其他绿化用地性质的。

第十五条 因本条例第十四条规定的原因确需修改规划绿地性质的，规划和自然资源行政管理部门应当在征求绿化行政主管部门的意见后，按照法定的条件和程序调整国土空间详细规划。

因上述原因减少规划绿地的，规划和自然资源行政管理部门应当在调整规划的同时在该详细规划单元内增补落实同等面积、同等质量的绿地。确实无法增补的，在该绿地周边地区增补落实。

规划和自然资源行政管理部门应当在调整规划后十日内将改变结果告知绿化行政主管部门。

第十六条 城乡建设工程应当在国土空间详细规划调整方案、立项文件、设计方案、初步设计中编制树木保护专章，城市更新项目制定片区策划和设计方案的，还应当在相关文件中编制树木保护专章，最大限度避免占用绿地、迁移和砍伐树木。无法避免的，应当在树木保护专章中提出保护利用方案。

城乡建设工程涉及国土空间详细规划调整的，规划和自然资源行政管理部门对于数量较多且集中连片分布古树名木、古树后续资源、大树的区域，应当优先将其规划为公园绿地或者防护绿地。

建设单位应当在项目设计、实施、验收全过程中落实树木保护专章的要求，绿化行政主管部门应当加强监督和指导。树木保护专章的编制技术指引由市绿化行政主管部门另行制定。

第十七条　政府投资建设的公园、珠江两岸等公共绿地，由绿化行政主管部门依照法定程序确定的建设单位负责建设；道路附属绿地和河涌附属绿地，由交通运输、水务等相关行政管理部门依照法定程序确定的建设单位负责建设，绿化行政主管部门实施监督管理。

公路、铁路、高压输电线走廊、江河等两侧防护绿地以及有毒有害的重污染单位和危险品仓库周边防护林带，由相关部门或者单位按照有关标准负责建设。宜林海岸线应当建设防护林带。

绿化行政主管部门应当加强公园建设。

第十八条　建设工程项目的绿地率应当符合《广东省城市绿化条例》等规定的标准。规划和自然资源行政管理部门办理建设用地和建设工程规划许可时，对建设工程配套绿化用地的要求不得低于相关规定标准。

在历史文化名镇、历史文化名村、历史文化街区、历史风貌区、传统村落、历史建筑、文物保护单位保护范围内进行建设活动，应当保护其自然景观和历史环境要素，不得减少保护规划确定的绿地面积。

第十九条　公共建筑、市政公用设施、办公楼、居民住宅楼等建（构）筑物适宜立体绿化的，各级人民政府应当采取措施鼓励进行立体绿化。

第二十条　建设工程配套绿化工程应当与主体工程同时建设，同时交付使用。绿化工程建设费用应当纳入建设工程总投资。

居住区建设工程绿化用地的面积和位置应当在房屋买卖合同所附的小区建设工程设计方案总平面图中予以明示。

第二十一条　绿地建设应当注重生态效应，增强绿地的保水、渗水功能，绿化种植区域不得硬底化，土方回填后的土壤质量、地形坡度、标高和密实度等应当符合设计规范要求。在地下建（构）筑物的地面上绿化或者在建（构）筑物上进行立体绿化的，绿地有效覆土层和土壤质量必须符合绿化工程规范。

公共绿地乔木树冠绿化覆盖面积应当不低于绿地总面积的百分之六十。

第二十二条　新建、扩建道路应当种植行道树，因地制宜选用遮荫效果良好的树种，并优先选用乡土树种。同一道路的行道树应当有统一的景观风格。行道树应当按照有关技术规范种植，符合行车视线、行车净空、道路照明和行人通行的要求。

城市主干道的行道树应当选择适度规格的苗木，且胸径不得小于十厘米。除必须截干栽植的树种外，应当使用全冠苗。

市人民政府应当将冠大荫浓的行道树形成的且具有自身特色的林荫路确定为特色风貌

林荫路。特色风貌林荫路的认定和管理办法由市绿化行政主管部门另行制定，报市人民政府批准后公布施行。

第二十三条　公共绿地绿化工程施工前，建设单位应当将绿化工程初步设计报送绿化行政主管部门审批。申请绿化工程初步设计审批，应当提交符合初步设计深度要求的图纸、包含工程投资概算和资金来源等内容的绿化工程设计文件。

绿化行政主管部门应当组织专家对初步设计进行评审，并将初步设计和专家评审意见向社会公示，听取公众的意见，公示时间不得少于十五日。

绿化行政主管部门应当在受理申请之日起二十日内作出是否许可的决定；不予许可的，应当书面说明理由。

第二十四条　绿化工程建设应当符合国家、省和本市有关标准和规范。

绿化工程开工前，建设单位应当按照国家、省和本市有关规定向审批该工程初步设计的绿化行政主管部门办理工程质量安全监督和开工报告备案手续。

绿化行政主管部门应当加强绿化工程质量安全监督管理，可以委托绿化工程质量安全监督机构具体实施。

第二十五条　公共绿地绿化工程竣工后，建设单位应当组织竣工验收，验收合格后方可交付使用。公共绿地绿化工程竣工验收合格之日起十五日内，建设单位应当向审批该工程初步设计的绿化行政主管部门办理竣工验收备案手续。绿化行政主管部门发现建设单位在竣工验收过程中违反国家、省和本市有关规定的，责令停止使用，重新组织竣工验收。

建设工程配套绿化工程应当纳入建设工程竣工验收范围，建设单位应当将验收结果载于建设工程竣工验收报告，并按照有关规定报住房城乡建设等行政管理部门备案。规划和自然资源行政管理部门应当对配套绿化用地的面积和位置是否符合规划许可的内容予以核实。住房城乡建设等行政管理部门应当将相关竣工验收资料与绿化行政主管部门实现信息资源共享。

绿化工程竣工验收后，绿化行政主管部门应当加强对其使用和维护的监督管理。

第二十六条　已建成的公共绿地的主要树种和绿化景观不得随意变更。因特殊原因确需变更的，绿化行政主管部门应当组织专家对变更的必要性和合理性进行论证，并将变更方案和专家论证意见向社会公示，听取公众的意见，公示时间不得少于十五日。

第二十七条　市绿化行政主管部门应当建立绿化工程市场信用体系，主动公布市场主体信用记录，并将市场主体信用记录作为投标人资格审查和评标的重要参考。

第二十八条　绿道建设应当依托自然资源和人文特色，坚持生态化、本土化、多样化、人性化的原则，利用沿途植被、湿地、河涌、公园、人文景观等资源，形成覆盖全域、城乡贯通的绿道网络，为公众提供便捷、舒适的休闲空间。绿道建设应当包括绿廊、慢行道、驿站和指示标牌等设施，并符合有关标准和规范。

碧道建设应当利用河道沿线现有绿道、古驿道、健身步道、历史文化游径等线性空间，提升其生态、文化和公共服务功能。

第二十九条　编制村庄规划应当因地制宜科学布局农村绿化用地，安排农村公园或者游园的用地。村庄居住区绿地率应当符合国土空间规划的要求。

村民委员会、村集体经济组织应当组织村民参加农村绿化建设，对村旁、宅旁、路旁、水旁和住宅庭院进行绿化。

第三章 保护和管理

第三十条 绿地保护和管理责任按照下列规定确定：

（一）政府投资建设的公共绿地，由绿化行政主管部门依照法定程序确定的单位负责；

（二）本款第一项规定以外的其他公共绿地，由建设单位负责；

（三）单位附属绿地，由该单位负责；

（四）居住区绿地由提供管理服务的物业服务人按照物业服务合同约定负责，没有物业服务人的，由业主或者业主委员会负责；

（五）生产绿地，由经营单位负责；

（六）建设工程范围内保留的绿地，在建设期间由建设单位负责；

（七）农村公园和游园等农村绿化，由村民委员会或者村集体经济组织负责。

其他绿地，依照相关法律、法规确定保护和管理责任人。法律、法规没有规定的，由所在区绿化行政主管部门或者由其依照法定程序确定的单位负责。

对本条第一款第一项和第二款规定的绿地，绿化行政主管部门应当将绿地保护和管理责任人向社会公布，并在相应绿地的显著位置设置告示牌。

第三十一条 绿地保护和管理责任人应当按照国家、省和本市绿化保护和管理技术标准，以及与绿化相关的交通安全、通讯、无障碍等技术标准对绿地进行保护和管理。

绿化行政主管部门应当对绿地保护和管理责任人的保护和管理工作进行监督、检查和指导。

第三十二条 市人民政府应当将具有突出历史文化价值、体现一定历史时期代表性造园艺术的园林确定为历史名园，并建立历史名园档案。历史名园的评定和保护管理办法由市绿化行政主管部门会同相关部门另行制定，报市人民政府批准后公布施行。

历史名园保护应当以保护原有风貌和格局为原则，保护历史名园建筑格局风貌、植物景观风貌和山形水系原有格局。禁止损毁、非法拆改具有历史文化价值的建筑及其附属物。

绿化行政主管部门应当加强岭南园林营造技艺的保护和传承工作，鼓励创新和发展岭南传统园林技艺。

第三十三条 任何单位和个人不得擅自占用绿地，已占用的必须限期归还，并恢复绿地的使用功能。

因城乡建设或者城乡基础设施维护需要临时占用已建成绿地的，建设单位应当征求所有权人意见，经绿化行政主管部门批准并按照有关规定办理临时用地手续。批准的内容包括临时占用绿地的位置、面积、期限、相关责任人、使用权限和要求等。临时占用绿地期限不得超过一年。因特殊原因需要延期的，应当在临时占用绿地许可期限届满三十日前申请，申请延期不超过两次，每次不超过六个月。

第三十四条 申请临时占用绿地，应当提交绿地情况、占用和恢复方案、所有权人意见，建设项目还应当提供立项、工程建设许可文件等资料。

因同一工程项目临时占用绿地的，按照下列权限审批：

（一）临时占用历史名园，以及面积在七千平方米以上的其他绿地的，由市绿化行政主管部门审核后，报市人民政府审批；

（二）临时占用市管绿地、特色风貌林荫路，以及面积在一千五百平方米以上不足七千平方米的其他绿地的，报市绿化行政主管部门审批；

（三）临时占用本款第一项和第二项规定以外其他绿地的，报区绿化行政主管部门审批。

申请临时占用绿地，需报绿化行政主管部门审批的，应当自受理申请之日起十日内作出是否许可的决定；需报市人民政府审批的，应当自受理申请之日起二十日内作出是否许可的决定。不予许可的，应当书面说明理由。

因紧急抢险救灾确需临时占用绿地的，可以先行占用，但应当在险情排除后五日内补办审批手续。

第三十五条　经批准临时占用绿地的，建设单位应当对绿地所有权人进行补偿。

绿化行政主管部门应当定期检查临时占用绿地情况，及时纠正超期占用、挪作他用等情形，并向社会公布。

建设单位应当在临时占用绿地期满之日起十日内开展绿地恢复工作。绿化行政主管部门应当对临时占用绿地的恢复工作进行监督和指导。

第三十六条　任何单位和个人不得擅自迁移、砍伐树木，但生产绿地、个人自有房屋庭院内的零星树木和法律、法规另有规定的除外。古树名木和古树后续资源的迁移、砍伐适用本条例第五十一条、第五十二条的规定。

因下列原因确需迁移或者砍伐树木的，应当向绿化行政主管部门提出申请：

（一）城乡建设或者城乡基础设施维护需要；

（二）严重影响居住采光、通风和安全，或者对人身安全、交通安全、其他设施构成威胁；

（三）发现检疫性病虫害或者新传入的危险性有害生物，采取防治措施未能有效治理的；

（四）树木已经死亡的；

（五）法律、法规规定的其他情形。

绿化行政主管部门在审查迁移、砍伐树木申请时，应当进行现场查勘，能够迁移且有迁移价值的，不得批准砍伐。

因紧急抢险救灾确需迁移、砍伐树木的，可以先行迁移、砍伐，但应当在险情排除后五日内补办审批手续。

经批准迁移、砍伐树木的，应当对树木所有权人进行补偿；树木迁移后一年内未成活或者经批准砍伐树木的，应当按照国家、省和本市有关规定补植相应的树木或者采取其他补救措施。

第三十七条　申请迁移、砍伐树木，应当提交树木情况、实施方案、所有权人意见和当地居民意见，建设项目还应当提供立项、工程建设许可文件等资料。

因同一工程项目或者同一事由迁移、砍伐树木的，按照下列权限审批：

（一）迁移、砍伐历史名园的树木，以及二百株以上其他树木的，由市绿化行政主管部门审核后，报市人民政府审批；

（二）迁移、砍伐市管绿地、特色风貌林荫路的树木，以及二十株以上不足二百株或者胸径四十厘米以上其他树木的，报市绿化行政主管部门审批；

（三）迁移、砍伐本款第一项和第二项规定以外其他树木的，报区绿化行政主管部门审批。

申请迁移、砍伐树木，需报绿化行政主管部门审批的，应当自受理申请之日起十五日内作出是否许可的决定；需报市人民政府审批的，应当自受理申请之日起二十日内作出是否许可的决定。不予许可的，应当书面说明理由。

第三十八条 申请迁移树木，属于下列情形的，绿化行政主管部门应当组织专家论证，并向社会公示，听取公众的意见，公示时间不得少于十五日：

（一）涉及大树十株以上的；

（二）涉及城市道路、公园绿地以及其他绿地树木五十株以上的；

（三）涉及历史名园、特色风貌林荫路、历史文化名镇、历史文化名村、历史文化街区、历史风貌区、传统村落、重要滨水景观风貌区树木的。

申请砍伐树木的，绿化行政主管部门应当组织专业机构鉴定、组织专家论证，并向社会公示，听取公众的意见，公示时间不得少于十五日。

第三十九条 修剪树木的，应当由绿地保护和管理责任人按照兼顾公共安全和树木正常生长原则制定修剪方案，并按照有关树木修剪技术规范进行修剪。绿化行政主管部门应当加强监督和指导。

修剪公共绿地的树木，应当由专业养护单位进行。修剪单位附属绿地和居住区绿地的树木，应当将修剪方案提前十日在现场显著位置公示，并告知区绿化行政主管部门。区绿化行政主管部门应当派专业技术人员进行监督，确保修剪符合规范要求。

古树名木和古树后续资源的修剪适用本条例第五十一条、第五十二条的规定。

第四十条 修剪历史名园、特色风貌林荫路的树木，应当经市绿化行政主管部门审批。因紧急抢险救灾确需修剪历史名园、特色风貌林荫路树木的，可以先行修剪，但应当在险情排除后五日内补办审批手续。

申请修剪历史名园、特色风貌林荫路的树木，应当提交树木情况、实施方案、修剪原因等资料。

市绿化行政主管部门应当自受理申请之日起十日内作出是否许可的决定；不予许可的，应当书面说明理由。

第四十一条 经批准迁移行道树或者其他公共绿地的树木，应当将树木移植于附近的公共绿地或者生产绿地。申请人应当落实迁移地点，承担迁移和养护费用，采取保护措施，并于迁移完成后十五日内将迁移数量、树种、胸径、移植地点和养护管理等信息资料报送绿化行政主管部门。绿化行政主管部门应当就迁移数量、树种等情况制作树木迁移档案。

市、区人民政府应当加强用于假植的生产绿地建设。绿化行政主管部门应当监督和指导迁移树木的养护和管理，对假植于生产绿地的公共绿地树木统筹用于绿地恢复或者城乡绿化建设。

第四十二条 建设工程施工可能影响绿地使用功能和树木正常生长的，在设计和施工时，建设单位、施工单位应当采取避让和保护措施。

经批准临时占用绿地或者迁移、砍伐、修剪树木的，施工单位应当在现场显著位置设置告示牌进行公示。公示期从施工开工前三日起至完工之日止。

第四十三条 在绿地内，禁止下列损害绿化及其设施的行为：

（一）丢弃废弃物，倾倒、排放有毒有害物质，堆放、焚烧物料；

（二）在树木和公共设施上涂、写、刻、画或者悬挂重物；

（三）攀、折、钉、栓树木；

（四）损害树根、树干、树皮，树穴表面硬底化；

（五）擅自采摘花果枝叶，践踏绿地；

（六）损坏绿化的娱乐活动；

（七）以树承重，就树搭建；

（八）损坏树木支架、栏杆、花基、绿地供排水等绿化设施；

（九）建坟、采石取土；

（十）违反有关规定截除树木主干、去除树冠；

（十一）其他损害绿化及其设施的行为。

第四十四条 绿化行政主管部门应当建立绿化区域有害生物疫情监测预报系统，编制灾害事件应急预案，健全有害生物预警预防控制体系，防止外来有害物种入侵。

建设单位在进行绿化时不得采用带有检疫性有害生物或者危险性有害生物的植物。对绿化植物进行有害生物防治，应当遵守国家有关法律、法规的规定，推广无公害防治措施，防止环境污染，保证生态安全。

第四章 古树名木保护

第四十五条 本市古树实行分级管理。古树分为一级和二级。树龄在三百年以上的古树为一级古树，树龄在一百年以上不足三百年的古树为二级古树。

珍贵稀有的，或者具有重要历史、文化、景观和科学价值的，或者具有重要纪念意义的树木为名木。名木按照一级古树保护。

树龄在八十年以上不足一百年的树木或者胸径八十厘米以上的树木为古树后续资源。

第四十六条 市绿化行政主管部门应当组织对古树名木进行普查、鉴定、定级、登记、编号，建立档案并定期更新，统一设置标志。

古树名木应当按照国家有关规定予以确认并向社会公布。

区绿化行政主管部门应当组织对辖区内的古树后续资源进行调查登记，建立档案和设置标志，向社会公布，并报市绿化行政主管部门备案。

市、区绿化行政主管部门应当建立古树名木、古树后续资源检查制度，利用信息化、数字化技术手段进行动态监测，开展定期巡查，对一级古树和名木至少每三个月巡查一次，对二级古树至少每六个月巡查一次，对古树后续资源至少每年巡查一次，并采取宣传、培训、技术支持等各种措施开展保护工作。

第四十七条 鼓励志愿者在古树名木、古树后续资源普查、巡查、养护、科普宣传等环节发挥积极作用，参与古树名木、古树后续资源的保护和管理。绿化行政主管部门应当给予支持和指导。

第四十八条 古树名木、古树后续资源的保护和管理责任按照下列规定确定：

（一）公共绿地内的古树名木、古树后续资源，由绿化行政主管部门依法确定的保护和管理责任人负责；

（二）铁路、公路、河道用地范围内的古树名木、古树后续资源，分别由铁路、公路、河道管理部门负责；

（三）风景名胜区内的古树名木、古树后续资源，由风景名胜区管理机构负责；

（四）散生在各单位管界内以及个人自有房屋庭院内的古树名木、古树后续资源，由所在单位或者个人负责；

（五）散生在居住区绿地内的古树名木、古树后续资源，由绿地保护和管理责任人负责；

（六）散生在林地、房前屋后的古树名木、古树后续资源，由林地使用权人、宅基地使用权人负责。

第四十九条　区绿化行政主管部门应当对古树名木、古树后续资源的保护和管理责任人进行登记，并经常性对保护和管理责任人的保护和管理工作进行检查、指导和监督。保护和管理责任人发生变更的，应当及时告知区绿化行政主管部门。

绿化行政主管部门应当按照保护和管理技术规范，根据级别制定分株保护方案或者指引，古树名木、古树后续资源保护和管理责任人应当按照方案或者指引开展保护和管理工作。发现树木病虫害或者生长异常等情况，保护和管理责任人应当立即向区绿化行政主管部门报告，由市、区绿化行政主管部门组织专业养护单位进行抢救和复壮。

第五十条　在古树名木树干边缘外五米范围，古树名木的保护和管理责任人应当设置保护标志，必要时设置护栏等保护设施。

古树名木树冠边缘外五米范围内、古树后续资源树冠边缘外二米范围内，为控制保护范围。

在古树名木、古树后续资源控制保护范围内进行建设工程施工的，在设计和施工前，建设单位、施工单位应当与保护和管理责任人共同制定避让和保护措施。行政管理部门在办理相关行政许可手续时，应当在征求绿化行政主管部门的意见后，报市人民政府审批。

第五十一条　严禁砍伐、擅自迁移古树名木。严禁砍伐古树后续资源。城乡建设应当采取措施避让古树名木、古树后续资源。

因重大公益性市政建设确需迁移古树名木的，应当经市绿化行政主管部门审核同意，并报市人民政府审批。古树名木迁移和管理的具体办法由市人民政府另行制定。

因公益性基础设施建设确需迁移古树后续资源的，或者确需修剪古树名木、古树后续资源的，应当经市绿化行政主管部门审批。属于古树名木、古树后续资源的果树，其所有权人或者使用权人因生产经营需要，在确保树体健康的前提下进行的修枝、采果等生产经营行为除外，但应当按照相关技术规范进行。

古树名木、古树后续资源移植和移植后五年内的养护，应当由专业的绿化养护单位进行；移植费用和移植后五年内的养护费用，由建设单位承担。

第五十二条　申请迁移古树后续资源或者修剪古树名木、古树后续资源，应当提交树木健康调查情况、实施方案、所有权人意见，以及建设项目立项、工程建设许可文件等资料。

迁移古树名木、古树后续资源的，市绿化行政主管部门应当组织专家对其必要性和合理性进行论证，并将专家论证意见向社会公示，听取公众的意见，公示时间不得少于十五日。

市绿化行政主管部门应当自受理申请之日起十五日内作出是否许可的决定；不予许可

的，应当书面说明理由。

第五十三条　古树名木、古树后续资源死亡的，保护和管理责任人应当及时向区绿化行政主管部门报告。区绿化行政主管部门应当查明原因、明确责任，经市绿化行政主管部门组织鉴定、核实后办理注销。

第五十四条　禁止下列损害古树名木、古树后续资源及其保护设施的行为：

（一）本条例第四十三条规定的行为；

（二）在古树名木或者古树后续资源控制保护范围内堆放物料，挖坑取土，倾倒垃圾、有毒有害物质，动用明火或者排放烟气；

（三）损坏古树名木、古树后续资源的保护标志、标牌等设施；

（四）在古树名木或者古树后续资源树干上捆绑电缆、电灯等影响树木正常生长的物件；

（五）其他损害古树名木、古树后续资源或者影响古树名木、古树后续资源正常生长的行为。

第五章　法律责任

第五十五条　本条例规定的行政处罚，由绿化行政主管部门负责实施，法律、法规明确规定由其他单位实施的除外。

绿化行政主管部门可以委托符合《中华人民共和国行政处罚法》规定条件的组织实施本条例规定的行政处罚。

符合《中华人民共和国行政强制法》规定的代履行情形的，绿化行政主管部门可以依法实施代履行，或者委托没有利害关系的第三人代履行，相关费用由当事人承担。

第五十六条　违反本条例第十四条第一款规定，擅自改变绿化用地面积、性质和用途或者破坏其地形、地貌、水体和植被的，责令限期改正，恢复原状，并按照改变的绿地面积处以该土地使用权基准地价三倍以上五倍以下的罚款；属划拨土地的，参考同类土地使用权基准地价处以三倍以上五倍以下的罚款。

第五十七条　违反本条例第二十三条第一款规定，绿化工程初步设计未经绿化行政主管部门审批的，或者未按照批准的绿化工程初步设计进行施工的，责令停止违法行为、限期改正或者采取其他补救措施。

第五十八条　违反本条例第二十四条第一款规定，绿化工程建设未按照有关标准和规范进行的，责令限期改正。

第五十九条　违反本条例第二十五条规定，建设单位有下列行为之一的，按照《建设工程质量管理条例》的规定进行处理：

（一）未组织竣工验收，擅自交付使用的；

（二）验收不合格，擅自交付使用的；

（三）对不合格的建设工程按照合格工程验收的。

第六十条　违反本条例第三十一条第一款规定，绿地保护和管理责任人未按照有关标准对绿地进行保护和管理的，责令限期改正；逾期不改正的，处以五千元以上二万元以下罚款。

第六十一条 违反本条例第三十三条规定，未经批准临时占用绿地的或者经批准临时占用但期满后未申请延期的，责令限期改正，恢复原状，并按照临时占用的绿地面积处以每平方米三百元以上六百元以下罚款；临时占用绿地期满后擅自改变绿地性质的，按照本条例第五十六条规定予以处罚。

违反本条例第三十五条第三款规定，建设单位未在临时占用绿地期满之日起十日内开展绿地恢复工作的，责令限期改正；逾期不改正的，按照临时占用的绿地面积处以每平方米三百元以上六百元以下罚款。

第六十二条 违反本条例第三十六条、第三十九条、第四十条、第五十一条规定的，责令停止违法行为，并按照下列规定进行处罚：

（一）擅自砍伐或者迁移树木的，处以每株二千元以上二万元以下罚款。

（二）砍伐一级古树或者名木的，处以每株一百万元以上二百万元以下罚款；砍伐二级古树的，处以每株五十万元以上一百万元以下罚款；砍伐古树后续资源的，处以每株十万元以上五十万元以下罚款。

（三）擅自迁移一级古树或者名木的，处以每株三十万元以上五十万元以下罚款；擅自迁移二级古树的，处以每株二十万元以上三十万元以下罚款；擅自迁移古树后续资源的，处以每株五万元以上二十万元以下罚款。擅自迁移古树名木、古树后续资源造成死亡的，按照砍伐古树名木、古树后续资源的规定予以处罚。

（四）擅自修剪历史名园、特色风貌林荫路的树木，或者未按照有关树木修剪技术规范修剪的，处以每株五百元以上五千元以下罚款。

（五）擅自修剪一级古树或者名木的，处以每株一万元以上二万元以下罚款；擅自修剪二级古树的，处以每株五千元以上一万五千元以下罚款；擅自修剪古树后续资源的，处以每株二千元以上一万元以下罚款。

违反本条例第三十六条第五款规定，未按照规定补植树木或者采取其他补救措施的，责令限期改正；逾期不改正的，分别按照擅自迁移、擅自砍伐树木的规定予以处罚。

第六十三条 违反本条例第四十二条第二款规定，施工单位未按照规定进行公示的，责令限期改正；逾期不改正的，处以二千元以上二万元以下罚款。

第六十四条 违反本条例第四十二条第一款、第五十条第三款规定，建设单位、施工单位未采取避让和保护措施造成绿化损害或者树木死亡的，责令限期补植或者采取其他补救措施，并处以每株二千元以上二万元以下罚款。造成古树名木、古树后续资源损害或者死亡的，按照本条例第六十八条的规定予以处罚。

第六十五条 违反本条例第四十三条规定的，责令停止侵害、恢复原状，并按照下列规定予以处罚：

（一）违反第一、二、三、五、六、七、八、九、十一项规定的，依照《广东省城市绿化条例》有关规定处罚；

（二）违反第四项规定的，处以一百元以上五百元以下罚款；造成树木死亡，按照擅自砍伐树木的规定予以处罚；

（三）违反第十项规定的，按照擅自砍伐树木的规定予以处罚。

第六十六条 违反本条例第四十四条第二款规定，采用带有检疫性有害生物或者危险性有害生物的植物进行绿化，责令停止违法行为，限期改正，并处以一万元以上五万元以下罚款。

第六十七条 违反本条例第四十九条第二款规定，古树名木、古树后续资源保护和管理责任人未按照保护方案或者指引开展保护和管理工作的，责令限期改正。造成一级古树或者名木损害的，处以每株二万元以上四万元以下罚款；造成二级古树损害的，处以每株一万元以上三万元以下罚款；造成古树后续资源损害的，处以每株五千元以上二万元以下罚款。造成一级古树或者名木死亡的，处以每株六万元以上八万元以下罚款；造成二级古树死亡的，处以每株五万元以上七万元以下罚款；造成古树后续资源死亡的，处以每株三万元以上五万元以下罚款。

第六十八条 违反本条例第五十四条规定，损害古树名木、古树后续资源的，责令停止侵害，恢复原状，并处以罚款。损害一级古树或者名木的，处以每株三万元以上五万元以下罚款；损害二级古树的，处以每株二万元以上四万元以下罚款；损害古树后续资源的，处以每株一万元以上三万元以下罚款，并依法承担赔偿责任。损害古树名木或者古树后续资源保护设施的，责令停止侵害，恢复原状，并处以一千元以上五千元以下罚款。损害古树名木、古树后续资源造成死亡的，按照砍伐古树名木、古树后续资源的规定予以处罚。

第六十九条 违反本条例第三十六条、第四十三条、第五十一条、第五十四条规定，擅自迁移或者砍伐树木、古树名木或者古树后续资源，损害绿化及其设施，损害古树名木、古树后续资源及其保护设施，造成损失的，由责任单位和责任人依法承担赔偿责任；应当给予治安管理处罚的，由公安机关根据有关法律、法规给予处罚；构成犯罪的，依法追究刑事责任。

第七十条 绿化行政主管部门和其他行政管理部门及其工作人员违反本条例，有下列行为之一的，由有权机关责令改正，对直接负责的主管人员和其他直接责任人员依法给予处分；构成犯罪的，依法追究刑事责任：

（一）违反本条例第十五条第一款、第二款规定，未按照规定改变规划绿地性质的，或者未按照规定增补落实规划绿地的；

（二）违反本条例第十八条第一款规定办理建设用地和建设工程规划许可的；

（三）违反本条例第二十三条第三款、第三十四条第三款、第三十七条第三款、第四十条第三款、第五十二条第三款规定，未在规定期限内作出是否许可决定的；

（四）违反本条例第二十六条规定，未按照规定的程序变更已建成的公共绿地的主要树种和绿化景观的；

（五）违反本条例第三十三条、第三十四条规定，未按照法定条件、程序批准临时占用绿地的；

（六）违反本条例第三十五条第三款规定，未对临时占用绿地的恢复工作进行监督和指导的；

（七）违反本条例第三十六条、第三十七条、第四十条规定，未按照法定条件、程序批准迁移、砍伐、修剪树木的；

（八）违反本条例第四十一条规定，未制作树木迁移档案，未监督和指导迁移树木的养护和管理的；

（九）违反本条例第四十六条规定，未对古树名木、古树后续资源进行普查、鉴定、定级、登记、编号，或者未建立档案，或者未设置标志并向社会公布的，或者未进行定期巡查的；

（十）违反本条例第四十九条的规定，未对古树名木、古树后续资源的保护和管理责任人进行登记，或者未对古树名木、古树后续资源制定分株保护方案或者指引的，或者未对古树名木、古树后续资源组织抢救和复壮的；

（十一）违反本条例第五十一条、第五十二条规定，未按照法定条件、程序批准迁移古树名木、古树后续资源，或者未按照法定程序批准修剪古树名木、古树后续资源的；

（十二）未按照规定向社会征求意见、组织专家论证、向社会公示的；

（十三）徇私舞弊，滥用职权，玩忽职守，不依法履行法定职责，损害公民、法人或者其他组织合法权益的其他行为。

第六章　附　则

第七十一条　本条例所称绿地是指已建成的、在建的和绿化规划确定的绿地，包括：

（一）公共绿地，是指向公众开放的各级综合性公园和专类公园、社区公园、带状公园、农村公园、游园、防护绿地、街旁绿地、道路和广场绿地、河涌附属绿地等；

（二）单位附属绿地，是指机关、团体、部队、学校、企事业单位用地范围内的绿地；

（三）居住区绿地，是指居住区、居住小区、住宅组团、房前屋后等居住用地范围内的绿地；

（四）生产绿地，是指为园林绿化提供苗木、花草、种子的圃地。

本条例所称规划绿地，是指国土空间详细规划确定的绿地。

本条例所称绿地率，是指绿化用地占建设工程项目可建设用地面积的比例。

本条例所称大树，其具体标准由市绿化行政主管部门依法另行确定。

第七十二条　军事禁区和军事管理区的绿化建设与管理，依照《中国人民解放军绿化条例》和国家有关规定执行。

第七十三条　本条例自2022年10月1日起施行。

广州市公园条例

（2014年12月31日广州市第十四届人民代表大会常务委员会第三十六次会议通过 2015年3月26日广东省第十二届人民代表大会常务委员会第十六次会议批准 根据2019年11月20日广州市第十五届人民代表大会常务委员会第二十九次会议通过并经2020年7月29日广东省第十三届人民代表大会常务委员会第二十二次会议批准的《关于修改〈广州经济技术开发区条例〉第三十二件地方性法规的决定》修正）

第一章　总　则

第一条　为了加强公园的规划、建设、管理和服务，促进公园事业健康发展，改善城市生态和人居环境，根据有关法律法规规定，结合本市实际，制定本条例。

第二条　本条例所称公园，是指向公众开放，具有良好的绿化环境和相应的配套设施，具备改善生态、美化环境、游览休憩等功能的公共场所，包括：综合公园、社区公园、专类公园等。

公园实行名录和分类、分级管理。公园的名录、类别和等级的确定和调整由市园林行政主管部门根据相关规范和标准拟定，经市人民政府批准后向社会公布。

第三条　本条例适用于本市行政区域内公园的规划、建设、管理和服务。

第四条　本市公园事业的发展坚持政府主导、统一规划、规范服务、公众参与、社会监督的原则。

第五条　市园林行政主管部门负责本市行政区域内公园的管理工作，并负责组织实施本条例。

区园林行政主管部门负责本行政区域内公园的管理工作。

规划、国土、公安、生态环境、水务、文物、价格、市场监督管理、城市管理综合执法等部门应当依照有关法律法规的规定，在各自职责范围内协同实施本条例。

第六条　公园管理机构负责公园的日常管理和服务工作。政府管理的公园由园林行政主管部门依法确定公园管理机构；非政府管理的公园由建设单位确定公园管理机构，并报园林行政主管部门备案。

市园林行政主管部门应当向社会公布公园的管理机构及其地址、联系电话等相关信息。

第七条　本市各级人民政府应当将公园的规划、建设和管理纳入国民经济和社会发展规划、年度计划，保证政府管理的公园所必需的经费，保障公园事业的发展。

鼓励自然人、法人和其他组织通过投资、捐赠、参加志愿服务活动等方式依法参与公园的建设、管理和服务。

第八条 公园相关行业协会应当建立健全行业自律制度，加强行业培训和交流，协助园林行政主管部门开展行业监督管理，促进公园事业健康发展。

第二章　规划与建设

第九条 市园林行政主管部门应当依据国民经济和社会发展规划、城市总体规划、土地利用总体规划和绿地系统规划组织编制公园建设与保护专项规划，经市发展改革、规划、国土等行政管理部门审查并报市人民政府批准后，由城乡规划行政管理部门纳入城乡规划。

公园建设与保护专项规划经批准后，不得随意变更；确需变更的，应当按原审批程序报批。

第十条 编制广州市公园建设与保护专项规划，应当遵循分布均衡、功能完备的原则，并符合以下要求：

（一）各区至少建设一个综合公园和一个儿童公园；

（二）新建综合公园应当选址在城市人文、自然景观聚集地附近，方便市民游憩；

（三）社区公园应当选址在交通方便、公共服务设施集中的地方以及大型居住区附近，提供一定规模的儿童、老人户外活动场所和休憩区、健身区；

（四）结合本市自然和历史人文景观资源，建设满足多样化需求的专类公园；有条件的区应当利用生态岸线、滩涂资源建设湿地公园。

鼓励将规模大于二十五公顷、平均宽度大于五十米的公园绿地建设成为综合公园。

第十一条 市园林行政主管部门组织制定公园建设与保护专项规划时，应当通过座谈会、论证会、听证会等方式征求专家和公众的意见，专项规划草案公示的时间不得少于三十日。市园林行政主管部门应当充分考虑专家和公众的意见，并在报送审批的材料中附具意见采纳情况及理由。

第十二条 新建、改建、扩建公园的，建设单位应当根据公园建设与保护专项规划和《公园设计规范》等相关技术规范的要求，按照拟建公园的功能、特性、规模和发展方向，综合考虑防灾避险、人民防空、地下空间开发利用、传统文化特色、生态环境、文物保护等多种功能的需要组织编制公园建设工程设计方案总平面图。

公园建设工程设计方案总平面图由城乡规划行政管理部门或者省人民政府确定的镇人民政府在核发建设工程规划许可证或者乡村建设规划许可证时一并审定。经依法审定的公园建设工程设计方案总平面图不得随意修改；确需修改的，应当报原审批部门批准。

第十三条 在已经审定建设工程设计方案总平面图的公园内，建设用于休憩的亭、台、廊、榭、景观水池、无上盖游泳池、雕塑和园林小品、大门、门卫房、厕所等非经营性的建（构）筑物，可以免于申领建设工程规划许可证，但是应当根据市容环境卫生标准和相关主管部门的要求进行建设。

第十四条 新建、改建、扩建公园的，建设单位在施工前应当将建设工程初步设计按照《广州市绿化条例》有关绿化工程初步设计的规定办理审批手续。

第十五条 公园建设应当利用原有地形、地貌、水体、植被和历史文化遗址等自然、人文条件，突出文化艺术内涵和地域特色，以植物造景为主，发展特色乡土植物，推广应用绿色照明、清洁能源、雨水收集、中水利用、园林垃圾资源化利用等环保新技术和产品。

公园内新建、扩建、改建各类建（构）筑物的体量、外形、高度、色彩应当与周围景观、环境相协调，不得损害自然景观和人文景观，不得建设与公园功能无关的建（构）筑物和其他设施。除有安全防护或者需要营造宁静游览氛围等特殊需要外，公园的边界应当采用通透式围栏（墙）或者绿化植物隔离。

公园的绿地面积应当不少于公园陆地总面积的百分之六十五。本条例实施前已建成公园的绿地面积比例未达到规定标准的，不得新建、扩建各类建（构）筑物。

第十六条　公园内的各类设施应当按照《公园设计规范》等技术规范设置，并与公园功能相适应，与公园景观相协调。

亭、台、楼、阁、回廊、假山、雕塑、喷水池等游憩设施，应当突出文化内涵，注重艺术效果，配合环境增进景色。

公共厕所、停车场、果皮箱、园灯、路标、导游牌、公用电话等公用设施应当按照规定设置。在公园出入口、主要园路、建筑物出入口以及公共厕所等场所应当设置无障碍设施。

鼓励公园配套建设健步道、绿道以及老人、儿童活动场地等设施。

第十七条　公园内小卖部、餐厅、茶座、咖啡厅等配套商业设施的建设应当符合经审定的建设工程设计方案总平面图，其规模应当与游人容量相适应，对环境有影响的项目应当按照环保要求配套建设污染防治设施。公园周边商业设施较为完善的，应当严格限制公园内餐厅、茶座、咖啡厅等设施的数量和规模。

政府管理的公园，禁止建设、经营会所、酒吧、夜总会、酒店、宾馆等与公园功能无关的商业设施；禁止将亭、台、楼、阁等园林建筑改建为商业设施；禁止将公园管理用房改建为商业设施，或者出租、出借给他人使用。

本条例实施前已建成的不符合前款规定要求的设施，属于会所、酒吧、夜总会、酒店、宾馆等与公园功能无关的高档商业设施的，公园管理机构应当立即整改或者拆除；其他设施，应当在本条例实施之日起五年内予以拆除或者整改。已经将公园管理用房出租、出借用作会所、酒吧、夜总会、酒店、宾馆等与公园功能无关的高档商业设施的，公园管理机构应当立即收回；用于其他用途的，应当在本条例实施之日起五年内收回。

第十八条　承担防灾避险功能的公园，应当根据适用的灾害类型、承担的主要功能以及相应的规划建设要求，建设应急避护场所和设施，并设置明显的指示标志。

第十九条　公园内设置水、电、燃气、通信等管线和其他市政设施，应当符合公园景观和相关安全规范要求，避开主要景点和游人活动密集区域，不得影响树木的生长，不得危及游人安全。

已建成的公园水、电、燃气、通信等管线不符合前款要求存在安全隐患的，建设单位应当限期整改。

在公园内进行工程施工，应当遵守文明施工管理规定，保护公园景观及各类设施。可能影响游人游览安全的，应当设置安全标志，并采取有效的安全保障措施。施工结束后，应当及时恢复原貌。

第二十条　儿童公园和游乐公园新建、改建大型游乐设施的，公园管理机构应当听取公众意见，并通过座谈会、论证会等方式组织专家对公园景观、环境的影响进行分析预测，对安全风险进行评估，使新建、改建的大型游乐设施符合国家、省和本市有关技术、安全标准和规定。其他公园禁止新建、改建大型游乐设施。

历史名园、纪念性公园禁止设置游乐设施；本条例实施前已设置的，公园管理机构应当要求其立即停止使用并限期拆除。

第二十一条 任何单位和个人不得擅自改变公园用地的使用性质。

因城市重大基础设施建设、国家重点工程建设、城市重大防灾救灾项目确需改变公园用地使用性质的，建设单位应当向市城乡规划行政管理部门提出调整规划的申请。市城乡规划行政管理部门应当采取座谈会、论证会、听证会或者其他方式征求公众意见，经市园林行政主管部门同意后，按照法定的条件和程序调整城市总体规划或者控制性详细规划。

根据前款规定改变公园用地使用性质的，建设单位应当在调整规划的同时按照同类、就近补足面积的原则制定调整方案报送市城乡规划行政管理部门。市城乡规划行政管理部门应当会同市园林行政主管部门组织有关部门和专家对调整方案进行评估并公开向社会征求意见，修改完善后，报市人民政府批准。

第二十二条 确需临时占用公园用地或者砍伐、迁移、修剪公园树木的，应当按照《广州市绿化条例》有关规定办理审批手续。

临时占用公园用地或者砍伐、迁移、修剪公园树木的，施工单位应当提前三日在施工现场的显著位置设立告示牌，施工结束后应当及时取消告示牌。

第二十三条 园林行政主管部门应当对本条例生效前公园内已建成的建（构）筑物的建设审批情况进行核查。

已建成的建（构）筑物建设审批手续不齐全的，由市园林行政主管部门会同规划、国土、建设等行政管理部门依法认定。符合规划要求的，公园管理机构应当申请补办建设审批手续，规划、国土、建设等行政管理部门依法予以补办；不符合规划要求、经认定为违法建设的，依照有关法律法规的规定予以处理。

园林行政主管部门应当将核查、认定情况向社会公布。

第二十四条 风景名胜公园、历史名园、纪念性公园以及对景观有较高要求的公园，周边建（构）筑物的高度、色彩以及建筑风格等应当与公园景观相协调。具体控制范围和要求，由市园林行政主管部门会同城乡规划行政管理部门、文物行政管理部门等制定，并纳入公园建设与保护专项规划。

属于文物保护单位的公园和有不可移动文物的公园，其周边及内部建设应当符合文物保护的规定。

第三章　管理与服务

第二十五条 园林行政主管部门负责制定公园管理规范，指导、监督公园管理机构的日常管理和服务工作。

第二十六条 公园管理机构应当履行下列职责：

（一）依据规划和有关规范进行建设和管理，配备相应的管理、技术、保洁、养护和安保人员；

（二）建立健全公园管理制度，根据需要制定公园管理细则和游园须知，并报园林行政主管部门备案；

（三）保持公园设施和绿化景观良好，做好安全管理、卫生保洁，维护正常游览秩序；

（四）管理公园内文娱健身、配套商业服务等活动；

（五）负责动植物保护；

（六）制止破坏公园财物和景观的行为，依法要求责任人赔偿；

（七）鼓励、支持并引导公众、志愿者参与公园管理服务志愿活动；

（八）园林行政主管部门规定的其他职责。

第二十七条　公园管理机构应当按照下列要求养护公园绿化，维护各类设施，做好环卫保洁工作：

（一）植物栽培符合园林栽培技术规程，植被长势良好，植物造型美观；

（二）建（构）筑物以及园内各类设施、标牌外观完好，符合规范，及时更换或者补设损毁、缺失的设施；

（三）古树名木、文物古迹和历史建筑保护符合有关法律法规规定；

（四）公园内的蚊、蝇、鼠、蟑螂、白蚁等有害生物防治工作符合相关规定；

（五）清扫保洁作业符合环境卫生质量标准和城市容貌标准，保持园内环境干净整洁。

第二十八条　公园管理机构应当保持公园内湖泊、水池等水体清洁，配合水务行政管理部门对具有防洪排涝功能的公园湖泊进行防汛调度和污水处理。

任何单位和个人不得在公园内焚烧树枝树叶、垃圾或者其他杂物，不得向公园排放烟尘或者有毒有害气体，不得向公园内湖泊、水池等水体倾倒、抛洒废弃物或者排放污水、废水。公园内各类设施产生的污水、废水应当按照有关规定排入公共污水管网。

第二十九条　公园管理机构应当建立健全安全管理制度，制定突发事件应急预案，做好防风、防雷、防火、防涝等工作，并符合下列要求：

（一）各类设施、设备应当采用合格产品，安全提示标志明显清晰，根据国家有关规定进行质量和安全检验，定期检查维护，保持完好、安全、有效，操作人员按照要求持证上岗。大型游乐设施的使用、管理应当符合国家特种设备的相关规定和技术标准；

（二）危险地带应当设置警示标牌、救生设施，非游泳区、防火区、禁烟区应当设置明显的禁止标志；

（三）定期组织突发事件应急演练。在节假日或者大型活动期间，游人数量超过公园容量设计规定或者发生突发事件时，应当启动应急预案，采取应急措施，并及时向应急管理部门报告；

（四）公园建筑物、大型游乐设施、公园制高点等应当依法安装防雷装置；根据气象部门发布的雷雨或者暴风天气预警信号，停止开放游乐等设施，并督促游人尽快撤离到安全地段；

（五）按规定设置消防水源和消防设施，保证消防通道畅通；

（六）科学合理设置照明设施，保证集散广场、赏景、休憩、活动场地内及主要园路、出入口照明充足、设施完好；

（七）在主要园路、活动广场、出入口等安全敏感区域设立视频监控设备。

园林行政主管部门应当定期检查、监督公园管理机构的日常安全管理工作。

第三十条 公园内进行喷药、高空绿化修剪等养护作业时应当避开游人集中的时间和区域，公园管理机构应当提前一天在作业场所设置告示牌，并采取设置围栏、警示标志等有效的安全防范措施。

第三十一条 发生地震等重大灾害或者其他突发事件需要进入公园避险的，公园管理机构应当及时、有序地引导避险人员到指定的应急避护场所，避险人员应当服从公园管理机构的指挥。

事件消除后，避险人员应当及时撤出，公园管理机构应当恢复公园原貌。

第三十二条 政府管理公园内的商业服务经营项目实行承包、租赁、合作经营等经营方式的，应当符合本市国有资产管理的有关规定，按照公开、公平、公正原则，通过招标投标等方式确定经营者。

经营者应当证照齐全、符合规定，并遵守公园管理制度，接受公园管理机构和相关行政管理部门的监督管理。

第三十三条 利用公园场地或者设施临时举办展览、宣传、演出、影视剧拍摄、商业摄影等活动的，应当符合安全管理许可等有关规定，并与公园管理机构签订协议，在指定范围和时间内进行，不得破坏公园设施和景观，不得影响正常游园秩序。举办活动的时间一般不得超过三十日。公园管理机构应当在公园内显著位置公告举办活动的性质、时间和范围。

禁止租用政府管理的公园场地或者设施开展营利性活动。

第三十四条 市园林行政主管部门应当会同生态环境部门按照国家声环境功能区分类的规定，划定各公园所属的声环境功能区，报市人民政府批准。各公园按照其所属的声环境功能区执行国家规定的环境噪声限值。

公园管理机构应当根据公园规划和声环境功能区的环境噪声限值，结合公园主要功能和游人需求，在公园内划定安静休憩、健身、娱乐等区域，并报园林行政主管部门备案。禁止在非健身、娱乐活动区域和距离医院、学校、机关、科研单位、住宅等噪声敏感建筑物五十米以内的区域开展使用乐器、音响器材的活动和歌唱等产生较大音量的活动。禁止在纪念性公园的主要纪念区域开展健身、娱乐活动。

每日十三时至十五时和二十二时至次日八时，禁止在公园开展使用乐器、音响器材的活动和歌唱等产生较大音量的活动。

公园内禁止使用高音广播喇叭和广播宣传车。

市生态环境行政管理部门应当将公园所属声环境功能区的划定情况和环境噪声限值向社会公布。公园管理机构应当在公园内的显著位置和健身、娱乐活动区域设置告示牌，告知该公园所属声环境功能区、公园内功能分区情况、环境噪声限值和禁止开展相关活动的时间。

第三十五条 公园管理机构应当引导游人在公园内相应的区域开展活动，并配置经法定计量检定机构检定合格的便携式噪声监测设备，对公园内的健身、娱乐等活动产生的噪声值进行经常性监测。有条件的公园应当在健身、娱乐活动区域设置声屏障，并设置经法定计量检定机构检定合格的噪声监测设备和公共电子显示屏，实时监测并显示噪声值。

在公园开展健身、娱乐等活动的组织者和参与者应当服从公园管理机构的管理，按照规定的区域、时间和音量限值开展活动。经监测噪声值超过规定音量限值时，应当立即减小音量或者停止使用乐器、音响器材。

公园管理机构发现游人有违反公园内功能分区和环境噪声限值规定行为的，应当及时劝阻，劝阻无效的，可以采取暂时关闭公园相关区域等方式予以制止，并向园林行政主管部门或者公安机关报告。

第三十六条　公园内禁止车辆进入停车场以外的区域，但下列车辆除外：

（一）老、幼、病、残者专用的非机动车；

（二）公园内专用蓄电池观光车辆；

（三）公园内施工、养护等作业车辆；

（四）执行公务的公安、消防、救护、抢险等车辆。

设有自行车道的公园，应当允许未安装动力装置的自行车进入。

准许进入公园的车辆，应当按照公园管理机构规定的速度和路线行驶，在指定的地点停放，停放时必须熄火，但执行紧急任务的公务车辆除外。

第三十七条　风景名胜公园、历史名园、纪念性公园、儿童公园和动物园禁止携带犬只或者其他宠物进入，但盲人、肢体重残人士携带导盲犬、扶助犬除外。

除前款规定外，公园管理机构可以决定禁止携带犬只或者其他宠物进入公园。禁止携带犬只或者其他宠物进入的公园，应当在公园入口的显著位置设置禁止标志。有条件的公园，可以划定宠物活动区域。

第三十八条　实行封闭管理的公园应当每日定时开放，每日开放时间一般不得少于十小时，具体开放时间由公园管理机构按季节确定，报园林行政主管部门备案，并在公园入口的显著位置设置告示牌。

因施工作业等特殊情况需要闭园超过二十四小时的，公园管理机构应当在闭园前三日报告园林行政主管部门并通过新闻媒体向社会公告、在公园入口的显著位置设置告示牌；因抢险救灾等紧急情况闭园的，应当在闭园后两小时内报告园林行政主管部门，并在公园入口的显著位置设置告示牌。

第三十九条　政府管理的综合公园和有条件的社区公园、专类公园应当实行门票免费。鼓励其他公园免费向社会开放。

实行门票收费的公园，应当按照有关规定对儿童、老年人、学生、残疾人和现役军人等特定群体实行免费或者其他优惠，并在售票处显著位置标明游园内容、票价种类、优惠对象、优惠幅度，以及行业主管部门监督电话和价格举报电话等。

公园举办临时展览等活动需要收取门票或者调整门票价格的，按照本市价格管理有关规定执行。

第四十条　公园管理机构应当规范服务行为，为游人提供方便、舒适的游园服务：

（一）在公园主要出入口的显著位置设置公园简介、游园示意图、游园须知、公园管理机构名称和投诉、举报电话，在主要路口设置指示标牌；

（二）各类标志标牌设置应当符合公共信息标志标准化的要求，文字和图形符合标准，内容明确清晰，采用中英文或者其他外文对照标识，对有历史意义和文化内涵的建（构）筑物和园林景观设置景物介绍牌；

（三）工作人员经培训上岗，着装整齐，佩戴服务标志，言行举止文明规范，鼓励有条件的公园为游客提供导游讲解服务；

（四）设置橱窗、展牌、标牌等科普设施，宣传普及科学知识；
（五）为残疾人、老年人、儿童提供方便服务，保持无障碍设施完好；
（六）保持公共厕所正常使用和清洁卫生；
（七）为公益性宣传活动提供宣传栏以及宣传单发放点。

第四十一条 游人依法享有以下权利：
（一）进行游览、休闲、健身、娱乐活动；
（二）劝阻违反规定的游园行为；
（三）举报、投诉违法行为；
（四）对公园规划、建设、管理、服务提出意见、建议；
（五）对公园管理机构工作进行监督；
（六）参加志愿服务活动。

第四十二条 游人应当履行以下义务：
（一）文明游园，遵守公园管理规定，不得妨碍公园管理活动；
（二）维护公园环境卫生，不得随地吐痰、便溺，不得乱扔果皮、纸屑、烟蒂、口香糖及其他物品；
（三）维护公园休憩环境，不得大声喧哗妨碍他人游憩；
（四）注意公园安全提示，不得在非开放时间进园或者露宿，不得在非指定区域游泳、垂钓、营火、烧烤、投喂动物等；
（五）未经公园管理机构允许，不得放生动物或者种植园外植物；
（六）维护公园游览秩序，不得携带危险品入园，不得在禁烟区或者禁火区吸烟、使用明火，不得擅自散发宣传品、贩卖物品，不得圈占场地；
（七）爱护公园财物，不得损毁花草树木，不得捕捉或者伤害动物，不得损坏各类设施、设备或者乱涂写、乱刻画；
（八）不得从事其他违反法律法规和社会公序良俗的活动。

第四十三条 园林行政主管部门以及公园管理机构应当建立监督机制，向社会公布受理投诉、举报的电话，接受社会公众和新闻媒体的监督。园林行政主管部门接到投诉、举报后应当及时调查处理，并在受理之日起十五日内将处理情况书面答复投诉、举报人。公园管理机构接到投诉、举报后应当及时调查，对属于公园管理机构职权范围的，依法进行处理；对不属于公园管理机构职权范围的，及时移交相关行政管理部门处理，并配合做好处理工作。

第四十四条 公园管理机构可以根据实际情况投保公众责任险。

第四十五条 除公园管理机构外，公园内不得增加新的驻园单位。

现有的驻园单位应当遵守公园管理制度，不得损毁公园景观和设施，不得影响游人游览安全，不得在公园内进行新建、改建、扩建工程。驻园单位不符合公园规划要求的，市、区人民政府应当安排其迁出。

第四章 法律责任

第四十六条 违反本条例第十四条规定，公园建设工程初步设计未按照规定办理审批手续，或者未按照批准的公园建设工程初步设计进行施工的，由园林行政主管部门按照《广州市绿化条例》第五十九条的规定予以处罚。

第四十七条　违反本条例第十六条第一款规定，公园设施未按照有关技术规范设置的，由园林行政主管部门责令限期改正；逾期不改正的，处以三万元以上十万元以下罚款。

第四十八条　政府管理的公园违反本条例第十五条和第十七条规定，已建成公园的绿地面积比例未达到规定标准仍新建、扩建各类建（构）筑物，或者建设与公园功能无关的建（构）筑物、商业设施和其他设施的，由园林行政主管部门责令改正，没收违法所得，并对建设单位处以十万元以上三十万元以下罚款；构成违法建设的，由城市管理综合执法机关按照《广州市违法建设查处条例》的规定予以处理。

第四十九条　违反本条例第十九条规定，公园内设置水、电、燃气、通信等管线和其他市政设施，不符合公园景观和相关安全规范要求的，由园林行政主管部门责令限期改正；逾期不改正的，处以三万元以上十万元以下罚款。

第五十条　违反本条例第二十条规定，儿童公园和游乐公园内新建、改建大型游乐设施不符合有关技术、安全标准和规定的，由市场监督管理部门按照《中华人民共和国特种设备安全法》等相关规定予以处罚；在其他公园新建、改建大型游乐设施，或者在历史名园和纪念性公园设置游乐设施的，由园林行政主管部门责令限期拆除，没收违法所得，并处以三万元以上十万元以下罚款。

第五十一条　违反本条例第二十一条规定，擅自改变公园用地使用性质的，由园林行政主管部门责令限期改正，恢复原状，并按照改变的用地面积处以该土地使用权基准地价三倍以上五倍以下的罚款；属划拨土地的，参考同类土地使用权基准地价处以三倍以上五倍以下的罚款。

第五十二条　违反本条例第二十二条规定，未经批准临时占用公园用地，临时占用公园用地期满后不退出，或者擅自砍伐、迁移、修剪公园树木的，由园林行政主管部门按照《广州市绿化条例》第六十四条和第六十五条的规定予以处罚。

第五十三条　违反本条例第二十八条规定，在公园内焚烧树枝树叶、垃圾或者其他杂物，向公园排放烟尘或者有毒有害气体，向公园内湖泊、水池等水体倾倒、抛洒废弃物或者排放污水、废水的，按照《中华人民共和国大气污染防治法》《中华人民共和国水污染防治法》《广州市大气污染防治规定》《广州市水务管理条例》《广州市水域市容环境卫生管理条例》等有关法律法规的规定处理。

第五十四条　违反本条例第三十三条规定，利用公园场地或者设施临时举办展览、宣传、演出、影视剧拍摄、商业摄影等活动，有下列情形之一的，按照以下规定处理：

（一）破坏公园设施或者景观的，由园林行政主管部门责令停止违法行为，限期恢复原状或者采取其他补救措施；逾期不恢复原状或者不采取其他补救措施的，处以一千元以上五千元以下罚款；造成损失的，依法予以赔偿；

（二）违反安全管理许可等有关规定的，由公安机关按照《大型群众性活动安全管理条例》的有关规定予以处罚。

租用政府管理的公园场地或者设施开展营利性活动的，由园林行政主管部门责令停止违法行为，没收违法所得，对承租人处以三万元以上十万元以下罚款。

第五十五条 违反本条例第三十四条和第三十五条规定，有下列情形之一的，按照以下规定处理：

（一）在非健身、娱乐活动区域和距离噪声敏感建筑物五十米以内的区域开展使用乐器、音响器材的活动和歌唱等产生较大音量的活动，或者在纪念性公园的主要纪念区域开展健身、娱乐活动的，由园林行政主管部门给予警告；属于集体活动的，对活动的组织者或者乐器、音响器材的携带者可以并处二百元以上一千元以下罚款；属于个人活动的，对个人可以并处五十元以上二百元以下罚款；

（二）每日十三时至十五时和二十二时至次日八时，在公园内开展使用乐器、音响器材的活动和歌唱等产生较大音量的活动的，由园林行政主管部门给予警告；属于集体活动的，对活动的组织者或者乐器、音响器材的携带者，可以并处二百元以上一千元以下罚款；属于个人活动的，对个人可以并处五十元以上二百元以下罚款；

（三）在公园内使用高音广播喇叭和广播宣传车的，由公安机关给予警告；可以并处二百元以上一千元以下罚款；

（四）违反规定的音量限值开展健身、娱乐等活动的，由公安机关给予警告；属于集体活动的，对活动的组织者或者乐器、音响器材的携带者，可以并处二百元以上一千元以下罚款；属于个人活动的，对个人可以并处二百元以上一千元以下罚款。

第五十六条 违反本条例第三十六条规定，不符合规定的车辆进入公园，或者进入公园的车辆不按规定行驶和停放的，由园林行政主管部门对车辆驾驶人给予警告，责令改正；拒不改正的，处以二百元以上一千元以下罚款。

第五十七条 违反本条例第三十七条规定，携带犬只进入犬只禁入的公园的，由公安机关责令改正，可以并处五十元以上二百元以下罚款；携带其他宠物进入宠物禁入的公园的，由园林行政主管部门给予警告，责令改正，可以并处五十元以上二百元以下罚款。

第五十八条 违反本条例第四十二条规定，游人有下列行为之一的，由园林行政主管部门给予警告，责令改正；拒不改正的，按照以下规定予以处罚；构成违反治安管理行为的，由公安机关按照《中华人民共和国治安管理处罚法》的有关规定予以处罚：

（一）不遵守公园管理规定，妨碍公园管理活动；破坏公园环境卫生，随地吐痰、便溺，乱扔果皮、纸屑、烟蒂、口香糖及其他物品；破坏公园休憩环境，大声喧哗妨碍他人游憩；露宿或者在非开放时间进园，在非指定区域游泳、垂钓、营火、烧烤、投喂动物等以及乱涂写、乱刻画；未经公园管理机构允许，放生动物或者种植园外植物的，处以十元以上五十元以下罚款；

（二）破坏公园游览秩序，携带危险品入园，在禁烟区或者禁火区吸烟、使用明火，擅自散发宣传品、贩卖物品、圈占场地；损坏公园设施设备，损毁花草树木，捕捉或者伤害动物的，处以五十元以上二百元以下罚款。

第五十九条 园林行政主管部门可以委托符合《中华人民共和国行政处罚法》规定条件的公园管理机构，实施本条例第五十五条、第五十六条、第五十七条和第五十八条规定应当由园林行政主管部门实施的行政处罚。

第六十条 园林行政主管部门在查处违反本条例规定行为时，可以暂时扣留涉嫌违反本条例规定行为所使用的物品和工具，在行为人接受处理后归还。

第六十一条 园林行政主管部门等有关行政管理部门、政府管理的公园管理机构及其工作人员违反本条例，有下列行为之一的，由其所在单位上级主管机关或者监察机关对直接负责的主管人员和其他直接责任人员依法给予责令改正、通报批评的处理或者处分；构成犯罪的，依法追究刑事责任：

（一）违反本条例第一条规定，未按规定公布公园名录、类别和等级的；

（二）违反本条例第九条、第十条、第十一条和第二十四条规定，未按规定编制公园建设与保护专项规划、制定公园周边具体控制范围和要求的；

（三）违反本条例第二十一条规定，擅自批准改变公园用地使用性质的；

（四）违反本条例第十七条、第二十六条至第四十条规定，公园管理机构未按规定履行职责的；

（五）违反本条例第四十三条规定，未按规定建立监督机制或者受理投诉、举报的；

（六）其他徇私舞弊，滥用职权，玩忽职守，不依法履行法定职责的行为。

第五章　附　则

第六十二条　本条例中下列用语的含义是：

（一）“综合公园”是指为市或者区的居民服务，有相应设施，适合于公众开展各类户外活动的规模较大的公园，包括全市性公园和区域性公园；

（二）“社区公园”是指为一定居住用地范围内的居民服务，具有一定活动内容和设施的公园，包括居住区公园和小区游园；

（三）“专类公园”是指具有特定内容或者形式，有一定游憩设施的公园，包括儿童公园、动物园、植物园、历史名园、风景名胜公园、游乐公园、雕塑园、盆景园、体育公园、纪念性公园等；

（四）“噪声敏感建筑物”是指医院、学校、机关、科研单位、住宅等需要保持安静的建筑物。

第六十三条　本条例自2015年10月1日起施行，《广州市公园管理条例》同时废止。

广州市市政设施管理条例

（1996年10月25日广东省广州市第十届人民代表大会常务委员会第二十八次会议通过　根据2015年5月20日广州市第十四届人民代表大会常务委员会第三十九次会议通过的《广州市人民代表大会常务委员会关于因行政区划调整修改<广州市建筑条例>等六十六件地方性法规的决定》修正）

第一章　总　则

第一条　为加强市政设施的管理，保障市政设施完好，促进城市经济和社会发展，根据有关法律、法规，结合本市实际，制定本条例。

第二条　本条例所称的市政设施，是指城市道路（含桥梁、隧道）和排水设施（含城市防洪、污水处理）及其附属设施。

第三条　在本市市区范围内，市政设施的规划、建设、养护维修、使用和保护的管理，适用本条例。

第四条　市市政管理部门是本市市政设施的行政主管部门，负责全市市政设施的统一管理和组织实施本条例。

各区市政管理部门负责管理本区域内经市人民政府确定由其管理的市政设施。

公安、规划、环保、环卫等管理部门，依照各自职能协同市政管理部门实施本条例。

第五条　国内外企业和其他组织以及个人可依照国家有关规定参与市政设施的建设、养护维修。

第六条　市政设施可以实行有偿使用。有偿使用的项目、标准和期限，依照国家规定的管理权限和审批程序报经批准后执行。

有偿使用的收入，应当用于市政设施的建设、运行、养护维修或偿还贷款、集资款。

第二章　规划与建设

第七条　市人民政府应当根据本市社会经济发展状况和城市总体规划，组织编制市政设施发展规划。

市市政管理部门根据市政设施发展规划，制定市政设施年度建设计划，报市人民政府批准后实施。

第八条　市政设施建设应当纳入城市旧城区改建、新区建设和住宅小区的综合开发建设计划，配套进行。

第九条　城市其他建设工程施工，需要移动、改建市政设施的，必须经市政管理部门批准，并由建设单位承担所需的费用。

城市其他建设工程毗连市政设施的，应当按规定留出安全间距。施工时，必须采取防护措施。

第十条 新建、扩建、改建市政设施征用土地和拆迁房屋的补偿安置，按法律法规有关规定执行。

新建、扩建、改建城市道路的，建设单位应当对原有的管线采取技术保护措施；确需迁移管线的，按管线原规模、原标准的重置价，结合成新，给予补偿；因迁移导致增加管线长度的，由建设单位给予补助；权属单位自行扩大或者提高所迁移管线的规模或标准的，由其承担增加的费用。

第十一条 市政设施的勘察、设计、施工，应当符合国家有关技术规范和标准，其中，大型市政设施的建设应进行环境影响评价。

城市道路的设计，应当按有关规定安排绿化用地，设置残疾人通行的无障碍通道。

城市道路、排水防洪管渠、污水管道等市政设施的设计，应当委托具有相应资质等级的设计单位承担，经城市规划部门同意后，报市政管理部门批准。经批准的设计图纸不得擅自更改。确需变更的，应当经市政管理部门批准。

第十二条 单位专用的道路、铁路、桥梁、隧道、排水管渠等设施，需要与城市道路平（立）交或将下水道接入城市排水设施的，应当与市政管理部门签订有关设计和施工协议。

第十三条 城市道路及所依附的管（杆）线的建设，应当坚持先地下、后地上的施工原则。

市政管理部门制定新建、改建、扩建城市道路的计划，应当自市人民政府批准之日起15日内通知有关管线单位。管线单位应当在接到通知之日起60日内，将敷设有关管线的计划报送市政管理部门，并在市政管理部门的统筹安排下实施。

地下管线的敷设，有压力管道应避让自流管道、可弯管道应避让不可弯管道。

第十四条 市政设施竣工后，经城市规划、市政等有关管理部门验收合格，方可交付使用。

市政设施实行工程质量保修制度，保修期为1年。

第三章 养护与维修

第十五条 市政管理部门应当建立市政设施的巡视检查制度，督促养护维修单位履行职责，保障市政设施的完好。

养护维修单位应当按市政管理部门的要求，编制养护、维修计划，并依据国家有关技术规范和标准进行养护维修作业。对市政设施定期进行检测、普查，发现城市道路损坏和排水设施堵塞、渗漏的，应当立即组织排除险情，予以修复。

设在城市道路上的各类管线、交通护栏、检查井盖和渠箱盖板丢失、损坏，影响车辆通行和行人安全的，产权或养护维修单位应当立即采取安全防护措施，并在接报后36小时内，予以补缺或修复。

第十六条 国内外企业或其他组织以及个人投资建设的市政设施，由投资建设单位负责养护维修；投资建设单位无偿移交市政设施又符合移交条件的，由市市政管理部门接管。

第十七条 承担市政设施养护维修的单位，需要对市政设施进行养护维修作业的，应当提前7日通知有关单位或个人。紧急抢修的，可以边抢修边知会，有关单位或个人应当予以支持和配合。

城市道路养护维修作业，应设置安全警示标志，并尽量避开交通高峰期。在主干道上养护维修作业，一般应在夜间进行，并遵守《广州市环境噪声污染防治规定》。

施工作业影响交通的，应提前知会公安交通管理部门，采取措施，疏导交通，保障行人和车辆的安全。临时不能通行的，公安交通管理部门应事先发布通告。

第十八条 城市道路养护维修的专用车辆应当使用统一标志；执行任务时，在保证交通安全畅通的情况下，不受行驶路线和行驶方向的限制。

第四章 城市道路使用与保护

第十九条 需要临时占用、挖掘城市道路的，须持市规划管理部门批准的文件到市市政管理部门和公安交通管理部门办理审批手续，由市政管理部门发给临时占用、挖掘城市道路许可证，并收取城市道路占用费、挖掘修复费。

城市道路占用费、挖掘修复费，专项用于城市道路的养护维修和建设。

紧急抢修各类管（杆）线和危房等设施，需要临时占用、挖掘城市道路，不能事先办理审批手续的，可先行占道或破路抢修，同时通知市市政管理部门和公安交通管理部门，并在24小时内补办批准手续。

第二十条 新建、改建、扩建的城市道路交付使用后5年内、大修的城市道路竣工后3年内不得挖掘。因特殊情况确需开挖的，必须经市人民政府批准，并交纳3倍的城市道路挖掘修复费。

第二十一条 经批准临时占用、挖掘城市道路的，应按照批准的位置、面积、用途、期限占用或挖掘。确需变更占用或挖掘位置、面积、用途或延长期限的，应当提前15日按原审批程序办理手续。工程竣工后，应当在规定期限内清理场地，并报请市政管理部门验收，由市政设施养护维修单位修复路面，恢复道路功能。

施工现场应悬挂占用、挖掘城市道路许可证，设置安全护栏、交通导向标志。

第二十二条 任何单位和个人不得占用道路作为集贸市场。

本条例实施前占用城市道路作为集贸市场的，应当在市人民政府规定的期限内退出，在退出前应按规定交纳城市道路占用费。

第二十三条 单位和个人占用市政设施设置牌、杆、亭、站的，应当向市政管理部门报送具体设置方案，经批准后，方可设置。

属于交通安全标志和宣传社会公益、社会公德事业的标牌，以及电杆、公共汽（电）车站、牌等，可免交城市道路占用费。经广告管理部门批准在标志（牌）上附设商业性广告的，应当交纳城市道路占用费。

第二十四条 市政管理部门可以根据城市建设或其他特殊需要，作出变更或取消临时占用、挖掘城市道路许可证的决定，并按规定退还已经收取的费用。有关单位和个人应当按时退场。

第二十五条　严格限制在城市道路规划红线范围内设置门前台阶、坡道。需要在人行道设置汽车出入口坡道的，经城市规划管理部门批准后，向市政管理部门、公安交通管理部门办理有关手续。

第二十六条　在城市桥梁、隧道安全保护区域内，从事疏浚、挖掘、打桩等作业，以及利用城市桥梁、隧道敷设管线等设施的，应当报经市政管理部门批准后，方可作业。跨越或穿过城市桥梁、隧道的工程，应当报经市政管理部门同意并派员现场监督，方可施工。

第二十七条　机动车辆通过收费桥梁、隧道的，应当按规定交纳通行费，并服从管理人员的指挥。

第二十八条　城市道路范围内，禁止下列行为：

（一）排放污水、倾倒垃圾（渣土）和撒漏损害路面的其他液（固）体物质；

（二）在路肩或在桥梁、隧道安全保护区域内挖沙取土，种植农作物、经济作物；

（三）行人、非机动车及危害隧道安全的机动车辆通过机动车专用隧道；

（四）在人行道上停放、行驶各种机动车辆；

（五）在桥梁引桥下堆放易燃易爆物品以及在桥下停泊船只；

（六）其他损害、侵占、破坏城市道路及其附属设施的行为。

第二十九条　在城市道路范围内，未经市政管理部门或会同有关部门批准，不得有下列行为：

（一）摆摊设点、设置停车场、堆放杂物；

（二）移动城市道路的附属设施；

（三）在桥梁、隧道及其安全保护区域内修筑建（构）筑物；

（四）试刹车、洗车；

（五）与养护维修无关的施工作业；

（六）在市政设施上张贴标语、悬挂物品；

（七）其他占用道路的行为。

第三十条　铁轮车、履带车和超高、超重、超长等特种车辆需要通过城市道路，载有易燃易爆物品的车辆需要通过城市桥梁的，应当事先征得市政管理部门同意，并按照公安交通管理部门指定的路线和时间通过，超高车辆还应征得供电等部门的同意。上述车辆获准通过城市道路时，应当采取必要的安全保护措施，所需的费用，由车辆所属的单位或个人承担。

第五章　城市排水设施使用与保护

第三十一条　需要临时占用河涌、渠箱等城市排水设施及其附属设施的，应当报经市政管理部门批准，并由市政管理部门发证、收费和管理。

第三十二条　需要移动城市排水设施的附属设施或者在河涌设置码头、停泊船只、装卸货物、堆放竹木排等物的，应当经市政管理部门批准。

第三十三条　利用城市排水设施排放污、废水的，由排放污、废水的单位、个体工商户向市政管理部门如实提供有关排放情况和资料，经批准后方可排放，并按规定交纳城市排水设施有偿使用费。

在市政污水处理设施规划范围内，向城市排水系统排放污、废水的，应当将污、废水纳入城市污水处理系统集中处理。

第三十四条 流花湖、东山湖、荔湾湖、北秀湖、麓湖的水位，由市市政管理部门控制。禁止以任何方式损害上述湖泊防潮蓄洪的调节功能。

第三十五条 在城市排水设施及其维护地带内，禁止下列行为：

（一）排放腐蚀性、放射性、易燃易爆等有毒有害物品和超标污水，倾倒垃圾、废渣、粪便以及其他废弃物；

（二）修筑有碍排水设施正常使用的建（构）筑物；

（三）种植农作物、挖坑取土及施工作业；

（四）盗窃城市排水设施的附属设施；

（五）其他损害、侵占城市排水设施及其附属设施的行为。

第六章　法律责任

第三十六条 违反本条例规定，有下列行为之一的，由市政管理部门责令停止设计、施工，限期改正，可处30000元以下的罚款；情节严重的，并提请发证机关吊销其设计、施工资质证书：

（一）未按照国家有关技术规范标准进行市政设施设计、施工的；

（二）不具备相应资质等级而承担设计、施工的；

（三）不按照设计图纸施工或者擅自修改设计图纸的。

第三十七条 违反本条例规定，擅自使用未经验收或验收不合格的市政设施的，由市政管理部门责令限期改正，给予警告，并视情节轻重，可以并处工程造价2%以下罚款。

第三十八条 养护、维修单位违反本条例规定，有下列行为之一的，由市政管理部门责令限期改正，给予警告；对负有直接责任的主管人员和其他直接责任人员，由其所在单位或上级主管单位给予行政处分：

（一）不按规定期限进行养护维修的；

（二）养护维修作业不符合国家有关技术规范和标准的；

（三）对损坏的市政设施及其附属设施不按时采取安全防护措施的。

第三十九条 违反本条例规定，有下列行为之一的，由市政管理部门责令限期改正，可以处以20000元以下的罚款，造成损失的，应当依法承担赔偿责任：

（一）擅自挖掘城市道路的；

（二）擅自占用或移动、改建市政设施及其附属设施的；

（三）擅自在城市道路上行驶铁轮车、履带车和超高、超重、超长等特种车辆的；

（四）城市其他建设工程毗连市政设施不按规定留出安全间距的；

（五）施工现场不设置明显标志和安全防护设施的；

（六）敷设各类管线不按规定办理申报手续或者紧急抢修管线不按规定补办审批手续的；

（七）单位专用道路等设施，与城市道路平（立）交，不办理申报手续或者不按协议规定设置的；

（八）单位专用排水管道，接驳城市排水设施，不办理申报手续或不按批准的位置设置的；

（九）在桥梁引桥下堆放易燃易爆物品的；

（十）使用城市排水设施，瞒报排水量和污水水质情况的。

违反第二十条规定，未到规定期限又未经批准挖掘城市道路的，处以城市道路挖掘修复费4倍至5倍的罚款。

第四十条　超面积、超期限占用市政设施或者超面积、超期限挖掘城市道路，不按规定提前办理变更手续的，由市政管理部门给予警告，责令限期改正、恢复原状。其中，超面积、超期限占用市政设施的，可以对超出部分并处每平方米每日40元的罚款，但最高不得超过20000元；超面积、超期限挖掘城市道路的，可以对超出部分并处修复费1至3倍的罚款，但最高不得超过20000元。

第四十一条　违反本条例规定，有下列行为之一的，由市政管理部门责令限期改正、恢复原状，未造成市政设施损坏的，可以并处50元以上200元以下的罚款；造成市政设施损坏的，应当依法承担赔偿责任，可以并处20000元以下的罚款：

（一）擅自在市政设施及其附属设施上摆摊设点、堆放杂物的；

（二）向排水设施倾倒垃圾、渣土等废弃物的；

（三）撒漏液（固）体物质损害路面的。

第四十二条　城市其他建设工程毗连市政设施，在施工时未采取安全防范措施，损坏市政设施的，施工单位应当承担赔偿责任。

第四十三条　盗窃或故意损坏市政设施，违反《中华人民共和国治安管理处罚条例》的，由公安机关依法处罚；构成犯罪的，依法追究刑事责任。

第四十四条　违反本条例有关规定，造成交通事故、人员伤亡或市政设施损坏的，应当承担民事责任；构成犯罪的，依法追究刑事责任。

第四十五条　市政管理部门管理人员或执法人员执行公务时，玩忽职守、滥用职权、徇私舞弊，尚不构成犯罪的，由其所在单位或上级主管部门给予行政处分；构成犯罪的，依法追究刑事责任。

阻碍市政部门管理人员或执法人员执行公务，违反《中华人民共和国治安管理处罚条例》的，由公安机关依法处罚；构成犯罪的，依法追究刑事责任。

第七章　附　则

第四十六条　本条例下述用语的含义：

（一）城市道路，是指城市供车辆、行人通行、具备一定技术条件的道路、桥梁、隧道及其附属设施。

道路，包括机动车道、非机动车道、人行道、过街地下通道、内街、路肩、边坡、边沟、侧石、平石等。

道路附属设施，包括路名牌、车行隔离栏、人行护栏等。

城市桥梁，包括跨江河桥梁、车行立体交叉桥、人行天桥、高架路以及桥梁安全保护区域内设施等。

桥梁、隧道安全保护区域，是指桥梁、隧道上下游或周围各50米范围水域和规划红线内的陆域。

桥梁、隧道附属设施，包括桥孔、挡土墙、桥栏杆、人行扶梯、限高限长限载等标志牌、桥梁和隧道名牌及测量标志、收费广场（亭），以及按照城市桥梁、隧道规划红线退缩的用地等。

（二）城市排水设施及其附属设施，包括公用的排水（防洪）管道、渠箱、明沟、暗渠、天沟、雨水管道、污水管道、市区范围内用于排水、排污、防洪的河涌及其维护地带、具有防潮蓄洪功能的湖泊（含人工湖）、泵站、闸门、检查井、雨水井、污水处理设施及其附属建（构）筑物等。

第四十七条 本条例自1997年7月1日起施行。1982年3月25日广州市人民政府颁布的《广州市市政工程设施管理办法》同时废止。

广州市停车场条例

（2017年12月27日广州市第十五届人民代表大会常务委员会第十一次会议通过
2018年3月30日广东省第十三届人民代表大会常务委员会第二次会议批准）

第一章　总　则

第一条　为了加强停车场的规划和建设，规范停车场的使用和管理，引导公众绿色出行，促进城市交通协调发展，根据《中华人民共和国道路交通安全法》《中华人民共和国道路交通安全法实施条例》等有关法律、法规的规定，结合本市实际，制定本条例。

第二条　本条例适用于本市行政区域内停车场的规划、建设、使用和管理等活动。

本条例所称停车场，是指供机动车停放的场所，包括公共停车场、专用停车场、临时停车场和城市道路临时泊位。

公共汽车和电车、道路旅客运输车辆、道路货物运输车辆等专用的停车场的规划、建设、使用和管理等活动不适用本条例的规定。

第三条　市交通行政主管部门负责本市行政区域内的停车场管理工作并组织实施本条例，具体履行下列职责：

（一）组织编制、调整、公布、实施停车场专项规划和城市道路临时泊位设置规划；

（二）组织相关单位建设城市交通枢纽配建的公共停车场；

（三）负责市人民政府全额投资的独立建设的公共停车场、临时停车场和城市道路临时泊位的日常管理工作；

（四）建立健全停车场的基础数据库；

（五）建立全市统一的停车信息管理系统；

（六）建立停车场经营者、机动车停放者的信用记录；

（七）指导和监督区交通行政主管部门、受委托的负责城市道路临时泊位日常管理的单位开展停车场管理工作；

（八）指导停车场行业协会开展行业自律和服务工作；

（九）依法实施有关的行政处罚；

（十）法律、法规规定的其他职责。

第四条　区交通行政主管部门负责本行政区域内停车场的管理工作，具体履行下列职责：

（一）配合编制、调整、实施停车场专项规划；

（二）负责区人民政府全额投资的独立建设的公共停车场、临时停车场的日常管理工作；

（三）负责经营性停车场的备案工作；

（四）依法做好本行政区域内城市道路临时泊位管理的相关工作；

（五）依法实施有关的行政处罚；

（六）法律、法规规定的其他职责。

第五条 公安机关负责道路交通安全管理、停车场的消防监督和安全技术防范监督等工作，协助交通行政主管部门编制城市道路临时泊位设置规划，依法查处城市道路交通、停车场消防和安全技术防范等违法行为。

价格行政管理部门负责机动车停放服务收费管理，依法查处停车场违法收费行为。

国土、规划、房屋、建设、工业和信息化、财政、工商、税务、质量技术监督、环境保护、水务、园林、城市管理和人民防空等有关行政管理部门按照各自职责，做好停车场管理相关工作。

第六条 街道办事处、镇人民政府应当协助区人民政府及其有关行政管理部门做好本辖区内机动车停放的管理、停车资源调查和宣传教育等工作，指导居民委员会、村民委员会、业主委员会等开展停车场的管理和服务工作。

第七条 市、区人民政府应当将政府建设和管理停车场、扶持社会力量建设公共停车场等所需的经费列入本级财政预算。

第八条 机动车停放服务收费，分别实行市场调节价、政府指导价或者政府定价管理。

市价格行政管理部门应当按照城市中心区域高于外围区域、重点区域高于非重点区域、拥堵时段高于空闲时段的原则，对实行政府指导价、政府定价管理的停车场制定差别化的收费标准，对城市道路临时泊位制定累进式加价的阶梯式收费标准，经法定程序征求意见，报市人民政府批准后，向社会公布。市价格行政管理部门应当至少每五年对实行政府指导价、政府定价管理的停车场收费标准进行评估，评估结果作为调整收费标准的依据。

市价格行政管理部门应当会同有关部门制定住宅停车场议价规则，经市人民政府批准后公布。住宅停车场的机动车停放服务收费纳入《广东省定价目录》时，实行政府指导价管理。

第九条 市交通行政主管部门应当会同市规划、建设等行政管理部门和各区人民政府，定期组织开展全市各类停车场的资源普查，建立停车场基础数据库，并实时更新数据，相关单位和个人应当予以配合。

第十条 市交通行政主管部门应当建立全市统一的停车信息管理系统，对收集到的停车场信息实行动态管理，实时公布经营性停车场和城市道路临时泊位的分布位置、泊位数量、使用状况和收费标准等信息。

区人民政府应当在本行政区域内设置智能停车引导系统，发布停车引导信息，并负责停车引导系统的运行、维护和管理。

区交通行政主管部门应当组织、督促辖区内的停车场经营者按照技术规范向停车信息管理系统实时、直接上传相关停车数据。

第十一条 市交通行政主管部门应当建立停车场经营者、机动车停放者的信用记录，并将信用记录纳入公共信用信息管理系统。

公安机关应当与交通行政主管部门共享违法车辆有关信息。

交通、公安、价格、国土、规划、房屋、建设、工业和信息化、财政、工商、税务等行政管理部门应当根据各自职责，通过本部门业务信息系统，采集、录入、更新停车场规划、建设、使用、管理和处罚等方面的信息，并与停车信息管理系统实现信息共享。

第十二条　停车场行业协会应当制定行业自律规范，建立行业服务质量信誉评价机制，协助做好停车场的相关管理工作，接受交通行政主管部门的指导。

第二章　停车场的规划和建设

第十三条　市交通行政主管部门应当依据国民经济和社会发展规划、城市总体规划以及土地利用总体规划，组织编制停车场专项规划。停车场专项规划涉及空间布局和用地需求的，应当经市规划行政管理部门审查，报市人民政府批准后，纳入城乡规划。

市交通行政主管部门应当在本条例实施之日起两年内向社会公布首次编制的停车场专项规划。

第十四条　编制停车场专项规划应当遵循以建设工程配建停车场为主，独立建设停车场为辅，临时停车场和城市道路临时泊位为补充的原则，综合考虑城市功能分区的区位特征、用地属性和公共交通发展等状况，合理测算停车需求，采用差别化的停车供给方式，使停车场建设和公共交通设置形成有效衔接。

停车场专项规划应当包括城市停车总体发展策略、停车场供给体系和引导政策，以及公共停车场的布局、规模和建设时序等内容。

第十五条　市建设行政管理部门应当会同市交通行政主管部门、区人民政府等根据停车场专项规划，组织编制政府投资的停车场的年度建设计划，报市人民政府批准后实施。城市交通枢纽配建的公共停车场由市交通行政主管部门负责组织相关单位建设，其他政府投资的独立建设的公共停车场和临时停车场由市建设行政管理部门负责组织相关单位建设。

年度建设计划应当包括停车场类型、责任单位、建设主体、建设时序、投资规模、资金来源和停车泊位数量等内容。

市、区人民政府应当在储备土地中确定一定数量的用地用于公共停车场建设。区人民政府应当根据年度建设计划及时制定和组织实施本行政区域的具体实施方案。

第十六条　公共停车场的建设用地使用权按照下列规定的方式供应：

（一）政府全额投资的公共停车场，是城市市政公用基础设施，建设用地使用权可以通过划拨方式供应；

（二）在工业、商业、旅游、娱乐等经营性用地内建设公共停车场的，建设用地使用权应当通过招标、拍卖或者挂牌方式供应；

（三）对新建独立占地、经营性的公共停车场用地，同一宗用地公告后只有一个意向用地者的，建设用地使用权可以通过协议方式供应；

（四）法律、法规规定的其他供应方式。

第十七条　鼓励单位或者个人利用道路、广场、绿地、人防工程等资源的地下空间开发建设公共停车场。利用地下空间资源建设公共停车场的，建设单位应当进行安全论证，征得地面设施所有权人的同意，提出建设方案，并依法办理规划、土地、消防等手续。规划、建设等有关行政管理部门应当按照鼓励建设的原则，简化审批程序，提高审批效率。

依照前款规定建设公共停车场的，应当符合国家、省、市有关建设标准和规范，不得影响道路、广场、绿地、人防工程等原有设施的使用功能和安全。

第十八条 市、区人民政府采用下列方式支持和鼓励社会力量投资建设公共停车场：

（一）对社会力量投资建设公共停车场的，可以给予适当的资金支持；

（二）社会力量投资建设公共停车场的，在不改变用地性质、不减少停车泊位的前提下，可以配建一定比例的附属商业设施；

（三）新建项目同步建设地下公共停车场和已建项目需要扩建地下公共停车场的，地下停车库的面积不计入容积率。

第十九条 市规划行政管理部门应当综合考虑人口规模和密度、土地开发强度、机动车保有量、道路交通承载能力和公共交通服务水平等因素，制定建设项目停车位配建指标，并向社会公布。

市规划行政管理部门应当至少每五年组织对建设项目停车位配建指标进行评估，根据评估结果及时进行调整，并将调整后的建设项目停车位配建指标向社会公布。市规划行政管理部门进行评估时应当征求市交通行政主管部门、市公安机关交通管理部门、市建设行政管理部门、区人民政府和社会公众的意见，征求社会公众意见的时间不得少于十五个工作日。

第二十条 建设单位应当按照建设项目停车位配建指标的要求，配建停车场。建设工程配建的停车场应当与主体工程同步设计、同步规划报建、同步规划验收、同步交付使用，并符合本市城乡规划技术规定以及有关技术标准。

规划行政管理部门在核发建设工程规划许可证和办理规划核实时，应当同步审核配建的停车场是否符合建设项目停车位配建指标的要求；不符合建设项目停车位配建指标要求的，不予核发建设工程规划许可证或者建设工程规划验收合格证。

规划行政管理部门在办理规划核实时，应当审核商住一体建设项目配建的住宅停车位的具体位置。

建设单位租售商住一体建设项目配建停车位的，应当在租售方案中明确标示配建住宅停车位的数量和具体位置。

第二十一条 公共停车场、专用停车场应当符合以下规定的条件：

（一）按照规范设置停车场标志牌；

（二）使用混凝土、沥青或者砂石等进行地面硬底化处理，并保持坚实、平整；

（三）按照国家标准设置交通标志，划定交通标线和泊位标线，对停车泊位实施编号管理；

（四）安装车轮定位器；

（五）按照有关标准和规范配备通风、照明、排水等设施设备，并保障其正常使用；

（六）按照有关标准和规范设置停车场的出入口；

（七）按照安全技术防范标准设置视频监控、出入口控制、车牌识别等安全技术防范系统，并保障其安全运行；

（八）按照国家、省、市的有关规定，配建、加装电动汽车充电基础设施，配套用电设备、线路应当符合相关技术规范，保证用电安全；

（九）按照国家、省的有关规定，设置并标明肢体残疾人专用的无障碍停车位；

（十）符合建设工程消防技术标准要求，按照规定配置消防设备、设施，并保持消防通道畅通、保证消防车登高操作场地的正常使用；

（十一）法律、法规规定的其他条件。

第二十二条　鼓励单位或者个人利用待建土地、存量建设用地等场所设置临时停车场。

住宅区配建的停车场不能满足业主停车需求的，经专有部分占建筑物总面积过半数的业主且占总人数过半数的业主同意，可以利用建筑区划内业主共有部分设置临时停车场。任何单位或者个人不得擅自利用物业管理区域内的道路、场地等设置临时停车场。

临时停车场应当符合本条例第二十一条第一项、第二项、第五项、第六项、第十项、第十一项规定的条件，且不得占用地下管线和检查井等市政基础设施，不得妨碍市政基础设施的正常使用。

第二十三条　本市采取以下措施，鼓励安装机械式立体停车设备：

（一）申请安装机械式立体停车设备的，国土、规划等行政管理部门应当简化审批程序，提高审批效率；

（二）机械式立体停车设备符合不动产登记要求的，可以按照其实际用地范围和不动产登记的有关规定办理确权登记手续；

（三）实行政府定价或者政府指导价管理的机械式立体停车设备的机动车停放服务收费标准可以适当上浮。

第二十四条　在现有停车库内部安装机械式立体停车设备的，建设单位无需申领建设工程规划许可证。

在室外安装机械式立体停车设备的，建设单位应当申领建设工程规划许可证。但符合下列全部条件的，建设单位无需申领建设工程规划许可证：

（一）利用自有用地安装，并且停车规模在五十个车位以下的；

（二）与周边现有住宅距离大于十米，临住宅一侧设置必要的构造隔离设施，并且与其他现有建筑的距离符合消防安全要求的；

（三）在不临市政道路一侧设置出入口，停车设备距离市政道路红线不小于三米；在临市政道路一侧设置出入口，停车设备距离市政道路红线不小于六米，并且设置回转车道时不小于七米的；

（四）高度（自室外自然地坪计算至停车设备最高点）不得超过六米，并且采用通透式的机械框架以及垂直绿化进行遮饰的。

第二十五条　安装机械式立体停车设备，应当符合用地、建筑等相关要求和技术标准，不得占用市政道路、消防通道，不得影响结构安全、消防安全和通行安全，不得损害他人合法权益，并应当遵守《中华人民共和国特种设备安全法》《中华人民共和国物权法》等有关法律、法规的规定。

交通、规划、质量技术监督等行政管理部门和街道办事处、镇人民政府应当加强辖区内在住宅区安装机械式立体停车设备工作的指导和协调。

第二十六条　市人民政府应当根据本条例第十七条、第十八条和第二十三条的规定，在条例实施之日起一年内制定鼓励社会力量投资建设公共停车场、安装机械式立体停车设备的具体办法，并向社会公布。

第三章　公共、专用和临时停车场的使用和管理

第二十七条 交通行政主管部门负责管理政府全额投资的独立建设的公共停车场和临时停车场，并应当提供电子收费方式。

交通行政主管部门应当将前款规定停车场的所得收入扣除相关税费后全额上缴财政，实行收支两条线管理。

第二十八条 公共停车场、专用停车场和临时停车场经营者应当依法办理工商、税务、价格等手续。

第二十九条 公共停车场、专用停车场和临时停车场经营者应当在工商登记后二十个工作日内向停车场所在地的区交通行政主管部门提交下列资料，办理备案手续：

（一）营业执照、经营地址；

（二）停车位类型、数量、停车场的平面示意图和方位图。

报送资料规范、齐全的，区交通行政主管部门应当向停车场经营者出具备案证明；报送资料不规范、不齐全的，区交通行政主管部门应当一次性告知停车场经营者需要补正的材料。

第三十条 公共停车场、专用停车场和临时停车场经营者变更备案事项或者停业、歇业的，应当自变更或者自停业、歇业之日起二十个工作日内向原备案机关备案，同时相应调整或者拆除停车场标志牌。

停车场停止使用的，停车场经营者应当在停止使用的一个月前向社会公告。

第三十一条 公共停车场、专用停车场和临时停车场经营者应当遵守下列规定：

（一）在停车场入口显著位置设置公告牌，公告停车场名称、营业执照、收费标准、车位数量和监督电话等信息；

（二）商住一体建设项目的停车场，经营者应当公布商业、住宅停车位的配建标准，并在配建停车位的显著位置标明属于商业或者住宅停车位的明显标识；

（三）实行政府定价、政府指导价管理的停车场，经营者应当按照规定的收费标准收费；实行市场调节价管理的停车场，经营者应当按照公布的收费标准收费；

（四）电子计时计费装置依法经检定合格；

（五）向机动车停放者出具收费专用发票；

（六）对进出车辆进行登记，保持停车场内通道畅通，维护停车秩序，并按照规定妥善保管车辆出入、视频监控等记录；

（七）采取有效措施控制机动车停放过程中扬尘、噪声对附近居民的影响；

（八）制定经营服务、车辆停放、安全保卫、消防、防汛、安全技术防范等管理制度和突发事件应急预案；

（九）在按照标准设置的车位数量范围内接受车辆停放，无正当理由不得拒绝提供车辆停放服务；

（十）采用计算机计费管理的停车场，经营者应当向停车信息管理系统实时上传泊位信息、车牌识别信息、车辆进出时间和收费标准；

（十一）法律、法规规定的其他事项。

第三十二条　公共停车场、专用停车场和临时停车场的机动车停放者应当遵守下列规定：

（一）接受停车场工作人员的指挥调度，按照场内交通标志、标线有序停放车辆；

（二）正确使用场内设备，不得损坏停车场相关设施、设备；

（三）按照标准支付机动车停放服务费；

（四）不得驾驶装有易燃、易爆、毒害、腐蚀、放射性等危险物品或者其他违禁物品的车辆进入停车场；

（五）不得以私设地桩地锁等形式违规占用人行道、消防通道、无障碍设施通道等设施；

（六）肢体残疾人驾驶或者乘坐的机动车以外的机动车不得占用无障碍停车位，影响肢体残疾人使用；

（七）法律、法规规定的其他事项。

机动车停放者不遵守前款规定的，停车场经营者应当予以劝阻；对不听劝阻的，可以要求立即驶离停车场或者拒绝提供停车服务，并依法报告相关行政管理部门；影响治安管理秩序或者涉嫌消防违法的，应当及时报告公安机关依法处理。

第三十三条　任何单位和个人不得擅自改变公共停车场和专用停车场的使用性质，缩小使用范围。确需改变的，应当报原审批机关批准。

第三十四条　住宅建筑区划内，规划用于机动车停放的车位、车库尚未出售的，建设单位应当予以出租；车位、车库出售或者出租的，应当首先满足业主的需要。

未按照住宅停车场议价规则的规定进行协商议价的，建设单位、停车场经营者不得制定、提高机动车停放服务收费标准。所在地的街道办事处、镇人民政府应当对协商过程进行指导和协调。价格行政管理部门应当对未依法协商议价，擅自制定、提高机动车停放服务收费标准的行为进行查处。

利用住宅建筑区划内业主共有部分设置临时停车场的，机动车停放服务收费标准应当经专有部分占建筑物总面积过半数的业主且占总人数过半数的业主同意。临时停车场所得收益应当主要用于补充专项维修资金，或者按照业主大会的决定使用。

第三十五条　已经投入使用的停车场的出入口设置不符合有关标准或者规范，严重影响交通秩序或者存在严重的交通安全隐患的，公安机关交通管理部门应当及时向区人民政府提出防范交通事故、消除隐患的建议，区人民政府应当及时作出处理决定，消除隐患。

第三十六条　举办大型群众性活动，承办者应当协调活动周边的停车场提供停车服务，公告或者在票证上标明活动周边的公共交通线路、行车路线和停车场的位置，并提示活动参加者选择公共交通前往活动地点。

活动期间，公安机关交通管理部门可以根据实际情况，在活动场地周边道路设置临时停车区域。

第三十七条　鼓励有条件的机关、企业、事业单位将自用停车场向社会开放，实行错时共享停车。

个人可以将有权使用的停车位委托给停车场管理者或者预约停车服务企业实行错时共享停车。

预约停车服务企业应当实时向停车信息管理系统上传泊位信息、收费标准。

第四章　城市道路临时泊位的使用和管理

第三十八条　市交通行政主管部门应当会同市公安机关交通管理部门、市城市道路路政管理部门和所在地的区人民政府，根据停车场专项规划、城市道路交通状况和停车需求等情况，编制越秀区、荔湾区、天河区、白云区、海珠区、黄埔区城市道路临时泊位设置规划，向社会公布后实施。城市道路临时泊位设置规划应当包括拟设置泊位的路段、范围、时段、泊位数量和停放车辆类型等内容。

市交通行政主管部门应当至少每两年会同市公安机关交通管理部门、市城市道路路政管理部门和相关区人民政府，根据城市道路交通运行情况和停车需求变化，对城市道路临时泊位设置规划进行评估，并根据评估结果进行优化调整。

第三十九条　市交通行政主管部门在编制和调整城市道路临时泊位设置规划过程中，应当将规划草案、调整方案草案通过报纸、本部门网站等方式向社会公开征集意见，并会同市公安机关交通管理部门、市城市道路路政管理部门、区人民政府听取设置泊位周边公共停车场经营者和其他企业、事业单位、居民的意见，公开征集意见的时间不得少于二十个工作日。

任何单位和个人可以通过书面材料、电话、电子邮件等方式提出意见和建议。市交通行政主管部门应当在征集意见结束后二十个工作日内，将征集意见情况、意见采纳情况在本部门门户网站上向社会公布。

因道路施工、市政建设、交通管制等需要临时调整城市道路临时泊位的，不适用本条第一款和第二款的规定。

第四十条　花都区、番禺区、南沙区、从化区、增城区交通行政主管部门应当根据本条例第三十八条和第三十九条规定的要求和程序，组织编制、调整本行政区域内的城市道路临时泊位设置规划，向社会公布后实施。

第四十一条　编制城市道路临时泊位设置规划时，下列路段、区域不得设置泊位：

（一）人行道、城市道路绿化带；

（二）双向通行宽度不足八米或者单向通行宽度不足六米的路段；

（三）消防通道、无障碍设施通道、医疗救护通道；

（四）医院、学校、幼儿园、托儿所出入口两侧机动车道各五十米范围内，其他机关、团体、企业、事业单位和居民住宅区出入口两侧五米范围内；

（五）城市快速路、市区主干路以及其他交通流量大的市区城市道路；

（六）法律、法规规定的其他禁止设置泊位的路段。

不得在双向通行宽度不足十二米或者单向通行宽度不足九米的城市道路双侧施划城市道路临时泊位。

第四十二条　有下列情形之一的，交通行政主管部门应当会同公安机关交通管理部门和城市道路路政管理部门，对城市道路临时泊位设置规划进行调整，撤销相应的城市道路临时泊位：

（一）城市道路交通状况发生变化，停车已影响车辆正常通行的；

（二）周边其他停车场已能满足停车需求的；

（三）城市道路临时泊位使用率过低的；

（四）设置城市道路临时泊位的路段情况发生变化，法律、法规禁止机动车临时停放的。

第四十三条　城市道路路政管理部门应当会同交通行政主管部门、公安机关交通管理部门，按照城市道路临时泊位设置规划，划设、铲除或者修复城市道路临时泊位标线，依照规范实施编号，及时调整相应交通标志、标线。交通行政主管部门应当将城市道路临时泊位标线信息在本部门门户网站、停车信息管理系统上向社会公布。

任何单位和个人不得擅自划设或者铲除城市道路临时泊位标线。

第四十四条　市交通行政主管部门负责管理越秀区、荔湾区、天河区、白云区、海珠区、黄埔区内的城市道路临时泊位。

花都区、番禺区、南沙区、从化区、增城区交通行政主管部门负责管理本行政区域内的城市道路临时泊位。

第四十五条　市交通行政主管部门和花都区、番禺区、南沙区、从化区、增城区交通行政主管部门应当履行下列职责：

（一）设置城市道路临时泊位标志牌，公布管理单位信息、收费标准、泊位数量、停放时段、停放方向、停放车辆类型和监督投诉电话；

（二）制定城市道路临时泊位停车秩序巡查和监管制度；

（三）通过技术手段实现城市道路临时泊位的智能化管理；

（四）向停车信息管理系统实时上传泊位信息和收费标准；

（五）提供电子收费方式，按照规定标准向机动车停放者收取城市道路临时泊位使用费，并出具收费专用票据；

（六）保持城市道路临时泊位设施正常运行；

（七）接受上级交通行政主管部门的监督管理；

（八）依法对城市道路临时泊位停车违法行为实施有关的行政处罚。

交通行政主管部门可以依法委托具备法定条件的组织负责城市道路临时泊位的日常管理工作。

第四十六条　城市道路临时泊位使用费属于行政事业性收费，应当全额上缴财政，实行收支两条线管理。

交通行政主管部门应当每年将城市道路临时泊位使用费收取情况向社会公开。

第四十七条　消防车、救护车、应急抢险车、军警车辆以及法律、法规规定应当免收机动车停放服务费的车辆使用城市道路临时泊位的，免于支付城市道路临时泊位使用费。

交通客运换乘场站、医院、学校和其他客流集中的公共场所周边道路有条件的，交通行政主管部门应当会同公安机关交通管理部门、城市道路路政管理部门设置合理数量、短时免费的临停快走区域，标明临时停放时间，供市民临时停车。禁止机动车在临停快走区域超时停放。

第四十八条　城市道路临时泊位使用人应当遵守下列规定：

（一）在允许停放的时段停放车辆；

（二）按照规定缴纳城市道路临时泊位使用费；

（三）在泊位标线内按照标示方向停放车辆；

（四）按照允许的车辆类型停放车辆；

（五）按照规定使用城市道路临时泊位设施；

（六）因交通管制、突发事件处置、应急抢险等需要车辆立即驶离的，应当服从处置要求；

（七）法律、法规规定的其他事项。

第四十九条 城市道路临时泊位设施属于道路交通公共设施。任何单位或者个人不得损坏城市道路临时泊位设施，不得占用城市道路临时泊位，不得在城市道路临时泊位内设置障碍妨碍他人停车。

禁止为任何单位或者个人设立城市道路临时泊位月保车位，或者将城市道路临时泊位向固定对象出租。

第五十条 城市道路临时泊位内的机动车受损或者车内财物丢失的，机动车所有人可以向机动车投保的保险公司要求赔偿或者报警处理，负责城市道路临时泊位日常管理的单位应当提供必要的协助。

第五章 法律责任

第五十一条 交通行政主管部门及其工作人员有下列行为之一的，由上级主管机关或者监察机关责令改正，对部门给予通报批评，对直接负责的主管人员和其他直接责任人员依法给予处分：

（一）未按照本条例第九条规定组织开展全市停车场资源普查，或者未建立、更新停车场基础数据库的；

（二）未按照本条例第十条规定建立停车信息管理系统，或者未按照规定公布相关信息的；

（三）未按照本条例第十一条规定建立停车场经营者、机动车停放者信用记录，未将信用记录纳入公共信用信息管理系统，未按照规定采集、录入、更新停车场规划、建设、使用、管理和处罚等方面的信息，或者未实现信息共享的；

（四）未按照本条例第十三条、第十四条规定组织编制或者公布停车场专项规划的；

（五）未按照本条例第三十八条、第三十九条、第四十条、第四十一条、第四十二条规定编制、调整、公布、实施城市道路临时泊位设置规划的；

（六）未按照本条例第四十三条规定将城市道路临时泊位标线信息向社会公布的；

（七）未按照本条例第四十五条规定履行城市道路临时泊位管理职责的；

（八）其他玩忽职守、滥用职权、徇私舞弊的行为。

第五十二条 公安、价格、国土、规划、房屋、建设、工业和信息化、财政、工商、税务等有关行政管理部门及其工作人员有下列行为之一的，由上级主管机关或者监察机关责令改正，对部门给予通报批评，对直接负责的主管人员和其他直接责任人员依法给予处分：

（一）未按照本条例第八条规定制定、评估、调整或者公布实行政府指导价、政府定价管理的停车场收费标准的；

（二）未按照本条例第十一条第三款规定采集、录入、更新停车场规划、建设、使用、管理和处罚等方面的信息，或者未实现信息共享的；

（三）未按照本条例第十五条规定组织编制、实施年度建设计划的；

（四）未按照本条例第十九条规定制定、评估、调整或者公布建设项目停车位配建指标的；

（五）未按照本条例第三十四条第二款规定查处擅自提高机动车停放服务收费标准行为的；

（六）未按照本条例第四十三条规定划设、铲除或者修复城市道路临时泊位标线，未按照规范实施编号，未调整相应交通标志、标线的；

（七）其他玩忽职守、滥用职权、徇私舞弊的行为。

第五十三条 区人民政府及其有关工作人员有下列行为之一的，由上级主管机关或者监察机关责令改正，对部门给予通报批评，对直接负责的主管人员和其他直接责任人员依法给予处分：

（一）未按照本条例第十条第二款规定建设、维护或者管理本行政区域智能停车引导系统的；

（二）未按照本条例第十五条第三款规定制定或者组织实施本行政区域具体实施方案的；

（三）未按照本条例第三十五条规定及时作出处理决定、消除隐患的；

（四）其他玩忽职守、滥用职权、徇私舞弊的行为。

第五十四条 交通行政主管部门委托的负责城市道路临时泊位日常管理的单位及其工作人员不履行或者不按照规定履行受委托职责的，由其主管机关或者监察机关责令改正，对单位给予通报批评，对直接负责的主管人员和其他直接责任人员依法给予处分。

第五十五条 违反本条例第二十一条第一项至第六项或者第二十二条第三款规定，不符合停车场设计规范要求的，由区交通行政主管部门责令限期改正；逾期不改正的，处以五千元以上三万元以下罚款。

违反本条例第二十一条第七项规定，未按照规定设置安全技术防范系统的，由公安机关依照《广东省安全技术防范管理条例》的有关规定予以处罚。

违反本条例第二十一条第八项规定，未按照规定配建、加装电动汽车充电基础设施的，由工业和信息化行政管理部门责令限期改正；逾期不改正的，处以五千元以上三万元以下罚款。

违反本条例第二十一条第九项规定，未按照规定设置、标明无障碍停车位的，由城市管理综合执法机关责令限期改正；逾期不改正的，处以五千元以上三万元以下罚款。

违反本条例第二十一条第十项规定，不符合建设工程消防技术标准要求，不按照规定配置消防设备、设施或者妨碍消防车通行、消防车登高操作场地正常使用的，由公安机关消防机构依照《中华人民共和国消防法》的有关规定予以处罚。

违反本条例第二十二条第二款规定，擅自利用建筑区划内业主共有部分设置临时停车场的，由房屋行政管理部门依照《物业管理条例》的有关规定予以处罚。

第五十六条 违反本条例第二十八条规定，未按照规定办理工商登记的，由工商行政管理部门依照《无证无照经营查处办法》的有关规定予以处罚；未按照规定办理税务登记的，由税务部门依照《中华人民共和国税收征收管理法》的有关规定予以处罚；未按照规定办理价格手续的，由价格行政管理部门依照《价格违法行为行政处罚规定》的有关规定予以处罚。

第五十七条 违反本条例第二十九条、第三十条规定，不办理备案手续、未相应调整或者拆除停车场标志牌、停车场停止使用未向社会公告的，由区交通行政主管部门责令限期改正；逾期不改正的，处以二千元以上五千元以下罚款。

第五十八条 违反本条例第三十一条第一项、第二项、第六项、第七项、第八项、第九项规定的，由区交通行政主管部门责令限期改正；逾期不改正的，处以二千元以上五千元以下罚款。

违反本条例第三十一条第三项规定，未按照规定收费的，由价格行政管理部门依照《价格违法行为行政处罚规定》的有关规定予以处罚。

违反本条例第三十一条第四项规定，电子计时计费装置未经检定合格的，由质量技术监督行政管理部门依照《中华人民共和国计量法》等有关规定予以处罚。

违反本条例第三十一条第五项规定，未按照规定出具发票的，由税务部门依照《中华人民共和国发票管理办法》的有关规定予以处罚。

违反本条例第三十一条第十项、第三十七条第三款规定，未按照规定上传停车信息数据的，由区交通行政主管部门责令限期改正；逾期不改正的，处以五千元以上一万元以下罚款。

第五十九条 违反本条例第三十二条第一款第六项规定，占用无障碍停车位，经劝阻拒不改正，影响肢体残疾人使用的，由公安机关交通管理部门处以二百元罚款；停车场经营者对占用无障碍停车位的行为未加劝阻的，由公安机关交通管理部门处以五百元罚款。

第六十条 违反本条例第三十三条规定，擅自改变公共停车场和专用停车场的使用性质或者缩小使用范围的，由城市管理综合执法机关责令限期改正，恢复原用途；逾期不改正的，处以每日每平方米五十元以上一百元以下罚款，直至改正为止。

第六十一条 违反本条例第三十四条第一款规定，未按照规定将规划用于机动车停放的尚未出售的车位、车库出租，或者车位、车库出售、出租未首先满足业主需要的，由房屋行政管理部门责令限期改正；逾期不改正的，处以十万元以上五十万元以下罚款，并纳入本市公共信用信息管理系统。

违反本条例第三十四条第二款、第三款规定，未按照规定制定、提高机动车停放服务收费标准的，由价格行政管理部门责令限期改正；逾期不改正的，处以十万元以上五十万元以下罚款，并纳入本市公共信用信息管理系统。

第六十二条 违反本条例第四十三条第二款、第四十七条第二款规定，擅自铲除、划设城市道路临时泊位标线，或者在临停快走区域超时停放的，由公安机关交通管理部门依照《中华人民共和国道路交通安全法》《广东省道路交通安全条例》的有关规定予以处罚。

第六十三条 违反本条例第四十八条第一项、第三项、第四项规定的，由公安机关交通管理部门处以二百元罚款。

违反本条例第四十八条第二项规定，不按照规定缴纳城市道路临时泊位使用费的，由交通行政主管部门责令限期缴纳；逾期不缴纳的，处以二百元罚款。

违反本条例第四十八条第五项、第六项规定，构成违反治安管理行为的，由公安机关依法给予治安管理处罚。

第六十四条　违反本条例第四十九条规定，损坏城市道路临时泊位设施，占用城市道路临时泊位或者在城市道路临时泊位内设置障碍妨碍他人停车的，由交通行政主管部门责令限期改正；逾期不改正的，处以五千元罚款。

第六十五条　公安机关交通管理部门可以依照《中华人民共和国行政处罚法》的规定，委托具备法定条件的组织，实施本条例第六十三条第一款规定的行政处罚。

交通行政主管部门可以依照《中华人民共和国行政处罚法》的规定，委托具备法定条件的组织，实施本条例第六十三条第二款、第六十四条规定的行政处罚。

第六章　附　则

第六十六条　本条例实施前，市、区人民政府已将城市道路临时泊位经营权转让，在本条例实施后转让合同期限未届满的，合同双方应当依法协商解决。由城市道路临时泊位经营企业继续经营的，城市道路临时泊位经营企业应当遵守本条例第四十五条第一项至第七项、第四十七条、第四十九条、第五十条的规定。

转让合同期限届满后，市、区人民政府应当收回城市道路临时泊位经营权，按照本条例第四章的规定实施管理。

第六十七条　本条例中下列用语的含义：

（一）公共停车场，是指在城市道路外，为社会公众提供停车服务的场所，包括独立建设的公共停车场和建设工程配建的作为公共服务设施的公共停车场；

（二）专用停车场，是指在城市道路外，为特定对象提供停车服务的场所，包括住宅、机关、企业和事业单位停车场等；

（三）临时停车场，是指在城市道路外，利用待建土地、存量建设用地、建筑区划内业主共有部分等设置的短期内供机动车停放的场所；

（四）城市道路临时泊位，是指利用政府管理的城市道路设置的供机动车临时停放的场所；

（五）经营性停车场，是指实行机动车停放服务收费管理的停车场；

（六）住宅停车场，是指住宅建筑区划内的所有机动车停车位；

（七）城市交通枢纽，是指两种以上运输方式或者两条以上运输干线交会，能办理旅客运输的公共服务设施，包括汽车站、港口、机场、轨道交通换乘站和枢纽站等。

第六十八条　本条例自2018年10月1日起施行。

广州市乡村建设规划许可证实施办法

穗府办规〔2020〕17号

各区人民政府，市政府各部门、各直属机构：

《广州市乡村建设规划许可证实施办法》已经市人民政府同意，现印发给你们，请认真贯彻执行。执行中遇到的问题，请径向市规划和自然资源局反映。

广州市人民政府办公厅

2020年7月26日

第一章 总 则

第一条 为加强我市乡村建设规划许可管理，引导乡村建设合法有序开展，改善乡村人居环境，根据《中华人民共和国城乡规划法》《广东省城乡规划条例》《广州市城乡规划条例》等法律、法规规定，结合本市实际，制定本办法。

第二条 本办法适用于本市白云、黄埔、花都、番禺、南沙、从化、增城区村庄规划确定的集体建设用地范围内村民个人建设非公寓式住宅的规划许可及监管。

公寓式村民住宅、乡镇企业、村留用地、公共服务设施和公益事业用房建设的许可按《广州市城乡规划技术规定》（市政府令第168号）等有关规定执行。

村庄集体建设用地包括存量建设用地和新增建设用地。其中存量建设用地是指已办理土地使用权登记或依法取得建设用地批准文件（包括建设用地批准书、村镇建房许可证、宅基地证等）的土地；新增建设用地是指除上述土地使用权证和用地批准文件用地范围外，需依法办理新增建设用地审批手续的土地。

第三条 市规划和自然资源部门负责本办法的组织实施。区规划和自然资源部门负责加强对镇人民政府、街道办事处（以下简称镇、街）核发《乡村建设规划许可证》业务的指导、监督检查，提供技术、政策等方面的支持，组织测绘机构提供放线、验线、规划核实测量等方面的服务。

区人民政府负责统筹协调辖区内《乡村建设规划许可证》的核发工作，保障《乡村建设规划许可证》实施。

镇、街受市规划和自然资源部门委托，负责辖区内村民个人非公寓式住宅建设的规划许可审批、批后监管、规划核实等工作。镇、街应当确定一个工作部门为具体经办部门（以下简称镇、街经办部门），具体负责办理辖区内村民个人非公寓式住宅建设的规划许可审批、批后监管、规划核实等工作，为村民提供地形图等相关资料以及咨询服务。

市发展改革、公安、生态环境、住房城乡建设、水务、农业农村、城市管理综合执法、林业园林等相关部门按照各自职责，协同实施本办法。

第四条　本市实施乡村建设规划许可应当遵循先规划、后许可、再建设，充分利用存量建设用地、不占或少占耕地，以及简化审批流程、高效便民、公开公正的原则。

第五条　村民个人申请建设非公寓式住宅涉及的现状地形图规划核查、规划放线、规划核实测量等费用，区人民政府可以根据本区的实际情况纳入本级财政预算。

鼓励村民个人建房设计方案选用市住房城乡建设部门制定的《美丽乡村民居设计图集》。相关区人民政府、镇、街可以市住房城乡建设部门颁布的《美丽乡村民居设计图集》为基础，结合本地实际情况另行编制图集。编制图集应当突出岭南乡村建筑风格和当地文化传统特色，尽量做到外立面、色彩等一致。村民个人建房未选用《美丽乡村民居设计图集》中的设计方案，自行设计方案发生的费用，由村民个人承担。

第二章　新增建设用地审批

第六条　使用存量建设用地的，不需办理新增建设用地审批手续。

使用新增建设用地的，新增建设用地审批所需计划指标由市规划和自然资源部门在年度土地利用计划中统筹安排，不需各区单独申报。

第七条　办理新增建设用地审批以成片为原则，依据城市总体规划、村庄规划和土地利用总体规划，结合每个村或经济联社村民建房需求合理确定用地红线，也可以是该村或经济联社村庄规划和土地利用总体规划确定的全部建设用地范围。

建设用地红线范围由村委会（村集体经济组织）向区规划和自然资源部门申请划定，区规划和自然资源部门核查该村（社）村庄规划和土地利用总体规划确定的建设用地范围及范围内存量和新增建设用地情况，并出具后续规划用地指引意见，其中需使用新增建设用地的，指引其委托测绘机构出具新增建设用地的勘测定界技术报告书。

鼓励村委会（村集体经济组织）将整村（社）在村庄规划和土地利用总体规划确定的建设用地，一次性办理新增建设用地审批手续。

第八条　涉及新增建设用地的，以村委会（村集体经济组织）为主体持勘测定界技术报告书向区规划和自然资源部门申请办理，区规划和自然资源部门拟订农用地转用方案、补充耕地方案等报批材料，并按现行规定逐级上报有审批权的人民政府审批。

新增建设用地经批准后，村民个人建房在批复用地范围内申请办理乡村建设规划许可。

第九条　新增建设用地涉及占用耕地，耕地占补平衡指标由市统筹落实的，由使用新增建设用地单位缴交耕地开垦费。补充耕地未达到质量平衡的，由区人民政府组织村（社）承担落实占优补优、占水田补水田的改造责任，涉及改造资金由市、区人民政府统筹安排。

第三章　规划许可

第十条　符合“一户一宅”政策的本村村民，具备本村农村集体经济组织成员资格的，可以户为单位提出住宅建设申请。

申请建设住宅的村民符合下列情形之一的，应当认定为“一户”：

（一）夫妻与未达到法定婚龄子女同住的为一户；

（二）有兄弟姐妹的，其中一人应与其父母为一户，其余兄弟姐妹达到法定婚龄或结婚后可申请分户；

（三）是独生子女的，结婚后可以继续与父母为一户，也可单独立户；

（四）离异后无房一方再婚且配偶无房的可为一户。

申请建设住宅的村民是否符合“一宅”的认定标准和程序，由各区根据有关规定制定。

第十一条 申请人应当持下列材料向村委会（村集体经济组织）提出建房申请：

（一）户口簿、家庭成员身份证；

（二）《农村村民住宅建设申请表》；

（三）“一户一宅”承诺书；

（四）能够反映拟用地位置、面积与四至间距的地形图；

（五）使用存量建设用地建房的，还应提供权属证明材料（包括建设用地批准书或村镇建房许可证、宅基地证、房屋产权证等）。

第十二条 村委会（村集体经济组织）收到申请材料后，组织人员审核，审核内容主要有：

（一）申请材料是否属实；

（二）申请人是否符合“一户一宅”规定；

（三）拟建房屋选址是否符合村庄规划；

（四）是否符合已通过的本村宅基地使用方案。

使用新增建设用地建房的，还应经村民会议或者农村集体经济组织成员大会讨论同意。

第十三条 审核通过后，村委会（村集体经济组织）应当将申请和审核情况在村、社显要位置及建房用地现场进行公示，公示期不少于7个工作日。公示内容包括：

（一）申请人基本情况，包括户主姓名、出生年月，家庭成员姓名、出生年月等；

（二）申请人家庭成员现居住情况；

（三）申请人符合“一户一宅”的承诺书；

（四）能够反映拟用地位置、面积与四至间距的地形图。

使用存量建设用地建房的，还应当公示权属证明材料。

公示期满且村民无异议或异议不成立的，村委会（村集体经济组织）出具公示情况报告，并在《农村村民住宅建设申请表》上加具意见，申请人在3个月内报送所在地的镇、街。

第十四条 镇、街受理窗口现场审核申请材料，进行纸质媒介和电子系统登记。立案申请资料包括：

（一）村委会（村集体经济组织）加具意见的《农村村民住宅建设申请表》；

（二）申请人的户口簿、各位家庭成员身份证复印件；

（三）申请人出具的且经村委会（村集体经济组织）核实的“一户一宅”承诺书；

（四）能够反映拟用地位置、面积与四至间距的地形图；

（五）村委会（村集体经济组织）盖章及负责人签名的公示情况报告；

（六）设计方案，应当标明是否选用《美丽乡村民居设计图集》中的设计方案；

（七）使用存量建设用地建房的，还应提供权属证明材料；

（八）使用新增建设用地建房的，还应提供用地批复意见。

经审核，申请资料存在错误但可当场更正的，镇、街受理窗口或经办部门应指导申请人当场更正；资料不齐或不符合规定要求的，应当场或5个工作日内一次性书面告知申请人需要补正的内容，逾期不告知的，自收到材料之日起即为受理。

镇、街在受理乡村建设规划许可申请后，应当将有关申请事项在镇、街门户网站上予以公示，涉及国家秘密、商业秘密或个人隐私的除外。

第十五条 镇、街经办部门在办理过程中，应会同村委会（村集体经济组织）代表实地核查，内容包括公示情况、选址用地面积、地类、四至情况，以及是否符合经批准的村庄规划等。

经现场实勘，资料齐备、真实的，镇、街经办部门委托测量单位现场放线、验线。

第十六条 镇、街经办部门根据资料审核与现场实勘情况，可征求相关部门意见后，提出是否批准的建议，报镇、街作出是否核发《乡村建设规划许可证》的决定。

核发《乡村建设规划许可证》应当符合以下条件：

（一）符合“一户一宅”的规定；

（二）符合土地利用总体规划；

（三）符合城市、镇总体规划；

（四）符合村庄规划；

（五）建筑基底面积、建筑面积、建筑间距、建筑外立面、建筑高度以及房屋使用功能等应符合国家、省、市等有关法律、法规及规章的规定。

自许可决定送达申请人之日起15个工作日内，镇、街经办部门应当在镇、街或区规划和自然资源部门门户网站上公布许可内容，并以方便公众查阅的方式长期公开，涉及国家秘密、商业秘密或个人隐私的除外。

第十七条 申请不符合规定条件的，镇、街应当作出不予许可决定书，说明理由，并告知申请人享有依法申请行政复议或者提起行政诉讼的权利。

第十八条 镇、街应当自受理申请之日起20个工作日内作出是否许可决定，并在作出决定后10个工作日内送达申请人。

在前款规定的办理期限内不能作出决定的，经许可机关负责人批准，可以延长10个工作日，并应当将延长期限的理由告知申请人。

第十九条 《乡村建设规划许可证》应当载明建设项目位置、建设范围、建设规模和主要功能等内容。

《乡村建设规划许可证》的空白证件由市规划和自然资源部门统一向上级部门领取，再分发给各区规划和自然资源部门统筹使用。

《乡村建设规划许可证》的发文字号，各区规划和自然资源部门按照“穗规划资源村建证+〔年份〕+序号”格式编制。

第四章　许可的变更、延期与撤回

第二十条　被许可人应当按照《乡村建设规划许可证》许可的内容进行建设。面积、高度、间距等确需变更的，被许可人应当按照第三章规定程序申请，办理变更手续。

涉及《乡村建设规划许可证》中姓名、地名等的变更，被许可人凭有关部门的证明文件直接向作出乡村建设规划许可决定的机关申请变更。

第二十一条　被许可人需要延长《乡村建设规划许可证》期限的，应当在期限届满30日前向原许可机关提出申请办理延期手续，经批准延期的，延期不得超过6个月。

申请延期的，申请人应当提供《乡村建设规划许可证》文证编号，并说明申请延期的事由。

第二十二条　由于乡村建设规划许可所依据的法律、法规、规章修改或者废止，或者准予乡村建设规划许可所依据的客观情况发生重大变化的，为了公共利益的需要，可依法变更或者撤回已经生效的《乡村建设规划许可证》。由此给被许可人造成财产损失的，应依法给予补偿。

第五章　批后管理

第二十三条　被许可人应当自取得《乡村建设规划许可证》之日起1年内开工。逾期未开工且未办理延期手续或者申请延期未获批准的，《乡村建设规划许可证》及其附图、附件自行失效。

《乡村建设规划许可证》失效后可以重新申请。

第二十四条　工程开工前，被许可人应当在工程现场显要位置张贴公示《乡村建设规划许可证》及其所有附图、附件复印件，接受社会监督。

第二十五条　镇、街应组织人员定期或不定期实施巡查，督促指导被许可人按照《乡村建设规划许可证》批准的内容和要求进行建设。巡查应当2人或2人以上共同实施。

巡查人员应当做好巡查记录，将监督检查情况和处理结果予以记录，由巡查人员签字后归档备查。

在巡查过程中发现被许可人未按照《乡村建设规划许可证》许可内容建设的，巡查人员应当及时制止，并向城市管理综合执法部门或镇、街报告。

第二十六条　村民个人非公寓式住宅建设完工后，村民应当持以下资料向属地镇、街申请规划核实：

（一）规划核实申报表；

（二）《乡村建设规划许可证》；

（三）具有丁级及以上测绘资质的测绘机构出具的验收测量记录册，验收测量记录册应符合房地产测绘相关标准。

镇、街自受理之日起15个工作日内完成审核，出具是否符合乡村建设规划许可的规划核实意见。

村民个人非公寓式住宅建设符合《乡村建设规划许可证》及其附件各项要求，或虽存在违法建设但已经过依法处理并按处理决定执行完毕的，应当出具符合乡村建设规划许可的规划核实意见。

第二十七条　涉及违法建设的认定与查处，按照《广州市违法建设查处条例》的有关规定执行。不符合城乡规划要求、未依法取得《乡村建设规划许可证》的，不得办理房屋产权证。

第六章　监督管理

第二十八条　市、区规划和自然资源部门应当加强对受委托镇、街办理村民非公寓式住宅建设审批业务的指导和监督，提供技术、政策、信息化建设等方面的支撑和保障，确保乡村建设规划委托审批顺利实施。

第二十九条　市、区规划和自然资源部门应当将受委托办理村民个人建房许可管理的镇、街的名单和委托实施行政许可的内容在门户网站予以公示。委托内容的设定、增加、变更、转移、取消等必须依法确定并向社会公布，不得擅自增加、扩大、转移。

受委托的镇、街要制定并公布委托下放事权运行流程图，流程图应当明确承办岗位、申请条件、办理流程、办理时限、申请人权利和投诉举报途径等，受委托的镇、街应将流程图和委托书在单位办公场所的显要位置予以公示。

第三十条　镇、街应当畅通渠道，积极受理相关投诉、建议或举报，并在受理后5个工作日内进行核实，作出处理意见，并答复投诉人。

根据投诉发现被许可人未按照《乡村建设规划许可证》建设的，按照本办法第二十五条第三款和第二十七条处理。

第三十一条　申请人提交虚假材料骗取《乡村建设规划许可证》的，按照《中华人民共和国行政许可法》第六十九条、第七十八条、第七十九条、第八十条规定处理。

第三十二条　市、区规划和自然资源部门及受委托的镇、街应当加强制度建设，完善衔接流程，规范行政管理行为，防止交叉重复许可、推诿扯皮、逾期办理等现象发生。明确协调配合工作机制，落实首问责任制、限时办结制、服务承诺制、一次性告知制等制度，提高工作效率和服务水平。

第三十三条　市规划和自然资源部门应完善市、区和镇、街三级村庄规划管理信息平台，加强信息平台的廉政防控功能。受委托的镇、街应当通过信息平台办理《乡村建设规划许可证》及其他村民建房审批核发业务，将收件资料、现场实勘、审批过程、审批结果、批后监管、规划核实等信息及时录入系统，实施规范管理，加强行政审批权的监督。

第三十四条　各单位应认真落实案卷归档制度，按照《中华人民共和国档案法》以及城建档案管理的有关规定，严格案卷管理。受委托的镇、街应当如实记载业务审批过程中的各环节情况，形成格式统一、规范、内容完整的业务档案资料，每个月报送给区规划和自然资源部门。区规划和自然资源部门按照城建档案管理的有关要求负责统筹业务档案资料的收集、整理、移交工作。

第三十五条　市、区规划和自然资源部门应当通过档案抽查、现场调查等方式加强对镇、街乡村建设规划许可工作的监管。抽查每年不少于1次，抽查比例不低于1/10，抽查的个案应当以随机方式产生。检查的内容主要包括：

（一）镇、街的规划许可是否超越委托的范围和权限；

（二）镇、街实施规划许可是否在法定条件之外增加或减少条件；
（三）镇、街是否存在将规划许可权转委托的行为；
（四）是否按照要求公示、公开；
（五）程序是否合法；
（六）是否存在擅自收费或者不按照法定标准收费的情况；
（七）工作人员是否存在谋取不正当利益情况；
（八）档案保管情况是否符合法律、法规要求；
（九）批后监管是否到位；
（十）依法应当监督的其他内容。

市、区规划和自然资源部门在日常监管及抽查监管过程中发现问题的，应及时提出整改意见。对执行情况较差的镇、街，市规划和自然资源部门可依法取消相应的办理村民个人建房许可管理和实施行政许可的委托。

第三十六条　镇、街工作人员存在违法或者其他不当情形的，由有权机关责令改正，对负有责任的领导人员和直接责任人员依法给予处分；构成犯罪的，依法追究刑事责任。

因镇、街工作人员的责任产生国家赔偿的，市规划和自然资源部门履行赔偿责任后，可向镇、街及相关责任人追偿。

第七章　附　则

第三十七条　白云、黄埔、花都、番禺、南沙、从化、增城区人民政府可根据本办法，结合辖区实际情况制定实施细则。

国有农场、林场范围内经村庄规划确定的符合相关条件的原居民建设个人非公寓式住宅的规划许可及监管，可以参照本办法执行。

第三十八条　本办法自印发之日起施行，有效期5年。《广州市人民政府办公厅关于印发广州市乡村建设规划许可证实施办法的通知》（穗府办规〔2017〕11号）同时废止。

附件：1. 农村村民住宅建设申请表（范例）
2. “一户一宅”承诺书（范例）
3. 村民个人建房规划报建公示（范例）
4. 关于村民申请建房进行公示的报告（范例）
5. 现场勘察记录表（范例）

附件1

农村村民住宅建设申请表

（范例）

编号：

<table>
<tr><td>申请人姓名</td><td colspan="2"></td><td>性别</td><td></td><td>所属村社</td><td></td></tr>
<tr><td>身份证号码</td><td colspan="4"></td><td>联系电话</td><td></td></tr>
<tr><td>用地类别</td><td colspan="6">□原址拆建 □使用存量土地 □使用新增建设用地 □加建</td></tr>
<tr><td>户籍所在地</td><td colspan="6"></td></tr>
<tr><td rowspan="5">家庭人口情况</td><td colspan="2">姓名</td><td colspan="2">出生年月</td><td>性别</td><td>与申请人关系</td></tr>
<tr><td colspan="2"></td><td colspan="2"></td><td></td><td></td></tr>
<tr><td colspan="2"></td><td colspan="2"></td><td></td><td></td></tr>
<tr><td colspan="2"></td><td colspan="2"></td><td></td><td></td></tr>
<tr><td colspan="2"></td><td colspan="2"></td><td></td><td></td></tr>
<tr><td rowspan="2">申请人与家庭成员现居住情况</td><td colspan="2">现住房地址</td><td colspan="2">现住房数量</td><td>现住房面积</td><td>现住房产权人</td></tr>
<tr><td colspan="2"></td><td colspan="2"></td><td></td><td></td></tr>
<tr><td rowspan="2">原屋建筑情况（原址拆建需填写）</td><td colspan="2">结构</td><td colspan="2">层数</td><td>基底面积（平方米）</td><td>建筑面积（平方米）</td></tr>
<tr><td colspan="2"></td><td colspan="2"></td><td></td><td></td></tr>
<tr><td>拟选址用地位置</td><td colspan="4"></td><td>四至地形图编号</td><td></td></tr>
<tr><td rowspan="4">申请新建房屋情况（加建的填写加建后房屋情况）</td><td colspan="2">东至西（米）</td><td colspan="3">南至北（米）</td><td>占地面积（平方米）</td></tr>
<tr><td colspan="2"></td><td colspan="3"></td><td></td></tr>
<tr><td>用途</td><td>层数</td><td colspan="3">建筑面积（平方米）</td><td>结构</td></tr>
<tr><td></td><td></td><td colspan="3"></td><td></td></tr>
</table>

（续上表）

申请人承诺	1.按照新建住宅申请核定的建房标准和设计图施工。若违反规定将自行按照要求拆除或自愿接受综合执法部门的强制拆除，因拆除或整改所产生的经费和造成的一切后果由本人承担。 2.按照有关法律、法规的要求使用预拌混凝土或散装水泥及新型墙体材料等合格、合法建筑材料进行施工。若违反规定，自觉接受综合执法部门等相关部门依法作出的处罚决定。 3.聘请有资质的施工单位进行施工，严格按照安全施工的有关规定进行施工并做好安全防护措施，对在施工过程中发生的一切安全事故，由本人负责。 4.服从村委会等有关部门对建筑材料堆放、建筑余泥排放的管理，并按照要求妥善处理。 5.若有违反规定发生邻里纠纷，保证先停工并主动协调解决纠纷。否则，造成的一切后果由本人负责。 6.本人对申请材料实质内容的真实性负责并承担一切法律后果。 承诺人（签名）： 日期：　年　月　日
合作社、村委会审核意见	单位盖章 年　月　日
镇街经办部门审查意见	单位盖章 年　月　日
镇街审批意见	单位盖章 年　月　日

附件2

“一户一宅”承诺书
（范例）

本申请人×××，身份证号码：×××，系×××村（经济联合社）×××村民小组（合作杜）村民，申请农村建房报建手续，现自愿作出如下申明及保证：

1. 本申请人申请建房属于□原址拆建／□使用存量建设用地／□使用新增建设用地／□加建，原宅基地□有／□无权属证书，其证号为×××，占地面积×××（平方米）。

2. 本申请人户籍所在为×××（以户口本为准），符合“一户一宅”建房申请条件。

3. 本申请人填报的内容和提交的证件、文件是真实、合法、有效的，如有欺诈等虚假行为，本人愿承担由此产生的一切法律责任。

附：□有／□无旧房照片、权属证书复印件

申请人（签名）：
申请人（按指印）：
日期：

合作社（盖章）：　　村委会（盖章）：
日期：　　日期：

附件3

村民个人建房规划报建公示
（范例）

<table>
<tr><th>申请人基本情况</th><th>“一户一宅”
保证书</th><th>用地位置图</th><th>其他公示事项</th></tr>
<tr><td>申请人姓名：
家庭成员和房屋情况表
<table>
<tr><th></th><th>户主</th><th>配偶</th><th>子</th><th>女</th></tr>
<tr><td>姓名</td><td></td><td></td><td></td><td></td></tr>
<tr><td>出生年月</td><td></td><td></td><td></td><td></td></tr>
<tr><td>户口所在地</td><td></td><td></td><td></td><td></td></tr>
<tr><td>住宅处数</td><td></td><td></td><td></td><td></td></tr>
<tr><td>住宅地址</td><td></td><td></td><td></td><td></td></tr>
<tr><td>产权证号</td><td></td><td></td><td></td><td></td></tr>
</table></td><td></td><td></td><td>原住宅情况
建成年代：________；
结构：________；
层数：________；
面积：________；
用地证（宅基地证或集体土地使用证）：________；
建设地址：________；
建设规模：______层______平方米。</td></tr>
<tr><td colspan="4">公示期限：___年___月___日——___年___月___日；
意见反馈方式：①投诉电话：__________；②邮寄地址：__________；③电子邮件：__________。</td></tr>
</table>

备注：1. 其他公示事项主要包括原址拆建时宅基地的权属证明、现住宅各立面照片等及其他需要公示的事项。

2.“一户一宅”保证书、用地位置图直接复印张贴。

附件4

关于村民申请建房进行公示的报告

（范例）

×××镇人民政府(或街道办事处)：

我村村民×××为解决住房困难，申请在拆除旧房重建（新建、加建）1栋____层____平方米的住宅。村委会（经济联社）已对其及其户籍内家庭成员居住情况及申请建房情况审核并进行公示，公示时间________年____月____日——________年____月____日。公示期间没有收到异议。

专此报告。

附件：公示现场照片

村委会（经济联社）(盖章)

年　月　日

附件5

现场勘察记录表

（范例）

建设人：

建设位置：

一、位置及示意图（单位：米）

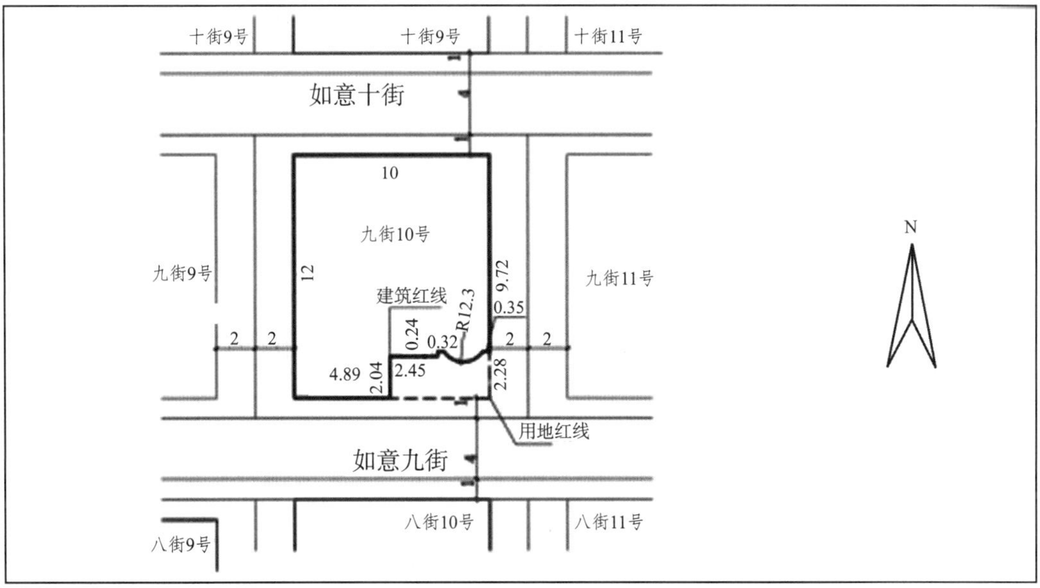

二、四至具体情况

1. 项目（工程）□已建 □部分已建 □未建 □旧房改造

2. 四周道路情况

	方位	道路名称	道路现宽	道路控宽	项目边界到路边距离	备注
四周道路情况	东					
	南					
	西					
	北					

3. □该项目（工程）临面的河（涌），离河（涌）边___米，河（涌）宽___米，防洪堤不准建筑控制区米，水利部门□同意 □不同意；

4. □该项目（工程）临面的高压线___伏，距离高压边线___米，供电部门□同意 □不同意；

5. □该项目（工程）临面的古树古木木冠边缘___米；

6. □该项目（工程）临面的文物或历史建筑___米；

7. □四至与土地证不符；□用地类型不符；□土地证登记时错漏；

8. 四至建筑物情况

	东	南	西	北
层　数				
间　距				
自用地界线退缩				
用　途				

现场勘察人：

日期：　年　月　日

公开方式：主动公开

广州市人民政府办公厅秘书处2020年8月3日印发

广州市违法建设查处条例

（2001年8月2日广州市第十一届人民代表大会常务委员会第二十七次会议通过　2001年9月28日广东省第九届人民代表大会常务委员会第二十八次会议批准　2012年8月29日广州市第十四届人民代表大会常务委员会第六次会议修订　2012年11月29日广东省第十一届人民代表大会常务委员会第三十八次会议批准　根据2015年5月20日广州市第十四届人民代表大会常务委员会第三十九次会议通过并经2015年12月3日广东省第十二届人民代表大会常务委员会第二十一次会议批准的《关于因行政区划调整修改〈广州市建筑条例〉等六十六件地方性法规的决定》第一次修正　根据2019年11月20日广州市第十五届人民代表大会常务委员会第二十九次会议通过并经2020年7月29日广东省第十三届人民代表大会常务委员会第二十二次会议批准的《关于修改〈广州经济技术开发区条例〉第三十二件地方性法规的决定》第二次修正）

第一条　为加强城乡规划管理，制止和查处违法建设，提高城乡环境质量，根据《中华人民共和国城乡规划法》和有关法律、法规，结合本市实际，制定本条例。

第二条　本条例所称违法建设，是指违反城乡规划管理有关法律、法规规定的下列情形：

（一）未取得建设工程规划许可证或者未按照建设工程规划许可证的规定进行建设的；

（二）未取得乡村建设规划许可证或者未按照乡村建设规划许可证的规定进行建设的；

（三）未经批准进行临时建设或者未按照批准内容进行临时建设的；

（四）临时建筑物、构筑物超过批准期限不拆除的。

违法建筑物、构筑物违反城乡规划的事实持续存在的，属于违法建设的继续状态。

本条例施行前已建成的建筑物、构筑物，是否属于违法建设，依照建设当时施行的法律、法规的规定予以认定。

第三条　本条例适用于本市行政区域范围内对违法建设的查处。

第四条　市城市管理综合执法机关负责组织实施本条例，市、区、县级市城市管理综合执法机关按照职责分工查处违法建设。

城市管理综合执法机关和镇人民政府分别负责查处街道、镇辖区范围内违反乡村建设规划管理的违法建设。

城乡规划、国土、房屋建设、市场监督管理、卫生、生态环境、城市管理、文化广电、公安、水务、监察等管理部门在各自职责范围内协助实施本条例。

第五条　各级人民政府应当保障违法建设查处工作经费，并将其纳入本级财政预算。

第六条　市、区人民政府应当设立由城市管理综合执法机关和城乡规划、国土、房屋建设、市场监督管理、公安、水务等行政管理部门参加的查处违法建设指导协调机构。

查处违法建设指导协调机构履行下列职责：

（一）定期听取城市管理综合执法机关等行政管理部门关于违法建设及其查处情况的汇报，及时掌握查处违法建设的实际情况；

（二）针对实际情况及时提出查处违法建设的意见和要求；

（三）指导、协调解决违法建设查处过程中的主要困难和突出问题，督促下级人民政府和相关行政管理部门依法履行职责；

（四）指导、协调对违法建设的集中清拆行动和对存在较大执法困难的违法建设的强制拆除行动；

（五）督促、协调各相关行政管理部门与城市管理综合执法机关之间的信息联网、共享；

（六）指导和协调其他有关重要事项。

各级人民政府应当建立健全违法建设查处工作责任制、行政问责制和年度考核制，将违法建设查处工作作为各级人民政府目标考核和领导干部政绩考核的重要内容。

第七条　各级人民政府应当统筹城乡规划、国土、房屋建设等部门，建立健全乡村建设行政许可的实施机制，根据村民居住和农村集体经济发展的需求，对符合法定条件的应当予以许可。

第八条　各级人民政府和城乡规划行政管理部门、城市管理综合执法机关应当组织开展城乡规划和查处违法建设法律、法规的宣传、教育工作，增强全社会遵守城乡规划的意识。

第九条　任何单位和个人都应当遵守经依法批准并公布的城乡规划，不得进行违法建设。

第十条　城乡规划、国土、房屋建设、市场监督管理、卫生、文化广电、公安等行政管理部门应当与城市管理综合执法机关实现信息互通共享，及时通过基础信息资源共享交换平台提供城乡规划、用地、施工、卫生、文化经营、消防许可和商事登记、房屋租赁备案等信息。有城市管理视频监控、卫星遥感监测、城市基础地理等信息的，应当一并提供。

城市管理综合执法机关需要利用与违法建设查处工作有关的规划、土地、房屋等纸质档案的，相关档案机构应当提供。

相关行政管理部门依照本条第一款规定提供信息的，应当免费；档案机构依照本条第二款规定提供纸质档案的，除复制工本费外，不得收取其他费用。

第十一条　城市管理综合执法机关应当将已立案的违法建设及处理情况在本单位网站上公布。

城乡规划、国土、房屋建设、市场监督管理、卫生、文化广电、公安等行政管理部门作出的行政许可决定的有关情况，应当依照政府信息公开的规定在本单位网站上公布。

建设单位和个人应当在施工现场设置符合城乡规划行政管理部门要求的建设工程规划公示牌，公示牌应当载明该建设工程的许可证编号、建设项目名称、建设单位名称、建设位置、建设规模、规划强制性指标、主要图纸或者模型等内容。

第十二条　城市管理综合执法机关应当建立违法建设投诉、举报制度，向社会公布信箱、电子邮箱和全市统一的投诉、举报电话，受理投诉、举报。城市管理综合执法机关接到投诉举报后，应当受理、做好登记，并及时进行调查处理，有明确投诉、举报人的，在受理投诉、举报后三十日内将处理情况书面告知投诉、举报人，处理结束后在七日内将处理结果书面告知投诉、举报人。

第十三条 本市新闻媒体应当加强对违法建设及其查处情况的舆论监督。

第十四条 下列部门和单位，应当依法履行下列制止或者查处违法建设的职责：

（一）建设行政管理部门对未领取建设工程规划许可证的建设工程，不得核发施工许可证，依照规定无需领取建设工程规划许可证的建设工程除外；对被认定为违法建设的建筑物、构筑物不得进行建设工程竣工验收备案；

（二）产权登记机关对未经规划条件核实或者经核实不通过的建设工程，不得办理产权登记手续；

（三）卫生、文化广电、公安等行政管理部门核发有关执照、许可证时，应当对注册的住所和经营场所的合法性进行审核把关，查验建设工程规划条件核实意见或者房地产权证件，未经规划条件核实、经规划条件核实不通过或者没有房地产权证件的，不得核发有关证照；

（四）出租屋租赁备案管理机构在对房屋出租进行登记备案时，应当查验建设工程规划验收合格证或者房地产权证；

（五）公安机关依照法定职责协助查处违法建设，及时制止以暴力、威胁或者其他方法阻碍执行公务的违法行为，必要时依法实行交通管制、现场管制，对严重破坏治安秩序的违法行为人依法予以带离现场，依照《中华人民共和国治安管理处罚法》的规定实施处罚。

前款规定的相关行政管理部门和管理机构在办理行政许可、验收、备案和监督检查的过程中发现违法建设的，应当及时书面告知城市管理综合执法机关或者镇人民政府，城市管理综合执法机关、镇人民政府应当及时依法处理，并在作出处理决定后三个工作日内将处理情况书面向提供违法建设信息的相关行政管理部门或者管理机构反馈。

第十五条 相关单位和个人应当遵守下列规定：

（一）自来水、电力、燃气、电信、有线电视、电梯等生产经营企业不得为没有建设工程规划许可证、乡村建设规划许可证或者建设工程规划验收合格证的建设工程项目提供临时性或者永久性服务；

（二）建设工程设计单位不得为没有建设工程规划许可证的建设项目出具正式的设计施工图纸；

（三）建筑施工单位和个人、工程监理单位不得承建或者监理没有建设工程规划许可证或者乡村建设规划许可证的建设项目；

（四）出售预拌混凝土的单位或者个人不得向没有建设工程规划许可证或者乡村建设规划许可证的建设项目出售预拌混凝土。

依照建设规划管理规定无需领取相关许可证的，不适用前款规定。

第十六条 城市管理综合执法机关和区、镇人民政府以及街道办事处应当建立查处违法建设地段责任制和日常巡查制度，实行网格化监控管理，及时发现和制止违法建设。

街、镇城市管理综合执法机构发现违法建设后应当在二十四小时内向街道办事处、镇人民政府和区城市管理综合执法机关报告，对在建的违法建设应当及时制止。

居民委员会、村民委员会在其辖区范围内发现违法建设的，应当立即向街道办事处或者镇人民政府报告，对在建的违法建设应当予以劝阻。

物业服务企业在其管理范围内发现违法建设的，应当立即予以劝阻，并向城市管理综合执法机关或者街道办事处、镇人民政府报告。

第十七条　城市管理综合执法机关、镇人民政府发现在建违法建设的，应当采取责令立即停止违法建设、查封施工现场、扣押施工工具、依法拆除等合法有效措施予以制止。

第十八条　有下列情形之一的，应当认定为无法采取改正措施消除对规划实施影响的违法建设：

（一）未取得建设工程规划许可证，且违反控制性详细规划的强制内容、规划条件或者城乡规划技术标准建设的建筑物、构筑物或者超过合理误差的建筑部分；

（二）已取得建设工程规划许可证，但不按照建设工程规划许可证许可的内容进行建设，超过合理误差的建筑部分；

（三）未经批准进行临时建设；

（四）已批准进行临时建设，但不按照经审定的建设工程设计方案施工，违反规划条件或者城乡规划技术标准，超过合理误差的建筑部分；

（五）未取得乡村建设规划许可证或者未按照乡村建设规划许可证进行建设，违反村庄规划强制性内容、城乡规划技术标准；

（六）其他依照国家有关规定应当认定为无法采取改正措施消除对规划实施影响的情形。

第十九条　城市管理综合执法机关对违法建设进行立案调查后，认为属于城乡规划法规定的尚可采取改正措施消除对规划实施影响或者重大、复杂、难以定性情形的，应当书面征询城乡规划行政管理部门的意见，其中认为属于城乡规划法规定的尚可采取改正措施消除对规划实施影响的，应当与城乡规划行政管理部门取得一致意见。

城乡规划行政管理部门认为城市管理综合执法机关提供的材料不足、难以提出规划定性意见，需要补充资料的，应当自收到材料之日起五个工作日内一次性书面告知城市管理综合执法机关。

城乡规划行政管理部门认为城市管理综合执法机关提供的勘验和测量数据不准确、难以进行定性的，应当协助城市管理综合执法机关进行现场勘验和测量。

城乡规划行政管理部门应当自收到征询意见文件后二十个工作日内书面提出包括具体理由和法律依据的规划定性意见，补充资料所用时间不计入答复期限。

第二十条　违法建设属于本条例第十八条规定的无法采取改正措施消除对规划实施影响的情形，除本条例第二十四条规定的无法实施拆除的情形外，城市管理综合执法机关或者镇人民政府应当责令当事人限期拆除，逾期不拆除的，应当依法强制拆除。

城市、镇规划区内的违法建设需要依法强制拆除的，城市管理综合执法机关应当报区以上人民政府批准。市人民政府批准强制拆除的，由市城市管理综合执法机关具体组织实施，违法建设所在地的区、镇人民政府和街道办事处应当予以配合；区人民政府批准强制拆除的，由区城市管理综合执法机关具体组织实施，违法建设所在地的街道办事处、镇人民政府应当予以配合。

未取得乡村建设规划许可证或者未按照乡村建设规划许可证的规定进行建设的违法建

设，在镇辖区范围内的，由镇人民政府责令停止建设、限期改正，逾期不改正的，依法强制拆除，城市管理综合执法机关应当予以配合；违法建设在街道辖区范围内的，由区城市管理综合执法机关责令停止建设、限期改正，逾期不改正的，依法强制拆除，街道办事处应当予以配合。

依照本条规定实施强制拆除时，违法建设所在地的居民委员会、村民委员会和物业服务企业应当给予协助。

第二十一条 市、区城市管理综合执法机关和镇人民政府可以组织开展对违法建设的集中清拆行动。

城市管理综合执法机关、镇人民政府在组织集中清拆行动和对存在较大执法困难的违法建设组织强制拆除前，可以向公安、城乡规划、建设、国土、房屋等行政管理部门发出协助执法函，各相关行政管理部门应当按照协助执法函的要求派执法人员到现场协助执法。

市、区人民政府应当加强对集中清拆和存在较大执法困难的违法建设强制拆除行动的领导、统筹和协调，根据实际需要责成公安、城乡规划、建设、国土、房屋等行政管理部门配合城市管理综合执法机关的执法行动。

第二十二条 城市管理综合执法机关、镇人民政府在组织实施强制拆除前，应当依照《中华人民共和国行政强制法》的规定进行公告和催告，严格遵守送达和期限等相关要求。

对违法建设实施强制拆除时，应当制作执法笔录、现场拍照、录音录像。

第二十三条 城市管理综合执法机关或者镇人民政府应当书面通知当事人在强制拆除违法建筑物、构筑物前自行搬出财物。当事人拒不搬出财物的，应当对其财物进行登记、制作物品清单。物品清单应当加盖行政机关印章，并载明下列事项：

（一）当事人姓名或者名称、地址；

（二）财物的名称、种类、规格、数量和完好程度；

（三）当事人取回财物的途径和时间；

（四）行政机关的名称、日期。

物品清单应当经当事人签名或者盖章，当场交付当事人。当事人不到场或者拒绝签名的，可以由无利害关系的见证人签名或者盖章见证或者由公证机构现场公证后，由执法机关代为临时保管。当事人应当在强制拆除之日起三十日内到指定的地点领取，逾期不领取的，执法机关应当发布招领公告，当事人应当在发布招领公告之日起六十日内领取，临时保管费用和因逾期不领取造成的损失，由当事人承担，但是因执法机关的过错造成损失的，执法机关应当依法赔偿。

第二十四条 城市和镇规划区内的违法建设属于本条例第十八条规定的情形，且有下列情形之一的，可以认定为不能拆除的违法建设，由城市管理综合执法机关依法没收实物或者违法收入：

（一）部分拆除影响建筑物、构筑物主体结构安全或者整体拆除影响相邻建筑物、构筑物主体结构安全的；

（二）现有拆除技术条件和地理环境无法实施拆除的；

（三）拆除将对公共利益造成重大损害或者其他严重后果的。

城市管理综合执法机关在认定不能拆除的违法建设时，应当会同城乡规划、国土、房屋、建设等行政管理部门组织专家进行论证；案情重大、复杂的，还应当征求该违法建设所在地人民政府的意见。违法建设被认定不能拆除的，应当书面告知参与论证的行政管理部门和专家。

第二十五条　违法收入按照违法建筑物、构筑物查处时当地相当等级房屋价格确定，房屋价格由城市管理综合执法机关委托有资质的评估机构进行市场价格评估；不能以房屋价格计算的，按照违法建设工程总造价确定。

第二十六条　城市管理综合执法机关根据《中华人民共和国城乡规划法》第六十四条规定对违法建设作出罚款行政处罚的，建设工程造价按照违法建设查处时建设行政管理部门公布的建设工程参考造价计算。建设工程参考造价标准应当定期调整并予以公布。市政工程造价按照施工合同或者施工结算书的工程造价计算。

前款所称建设工程造价是指有违法建设情形的建筑物、构筑物工程总造价，包括房屋装修工程造价。

第二十七条　违法建设法律责任由违法建设的建设单位或者个人承担。

违法建设受让人、承租人或者实际使用人应当配合城市管理综合执法机关或者镇人民政府处理违法建设。

第二十八条　城市管理综合执法机关、镇人民政府无法确定违法建设责任人的，应当通过在该建设工程显著位置张贴公告并且在本地主要报刊、本部门网站发布公告等形式督促责任人依法接受处理，公告期不得少于三十日。公告期届满，仍无法确定责任人或者责任人拒不接受处理的，由城市管理综合执法机关或者镇人民政府依法将违法建设强制拆除或者没收。

无法确定建设单位或者个人的违法建设，可以向公证机关办理证据保全手续后依法予以拆除。

第二十九条　城市管理综合执法机关、镇人民政府处理在建的违法建设，应当自发现违法建设之日起三十个工作日内作出处理决定；案情特别重大或者复杂的，经市城市管理综合执法机关或者镇人民政府主要负责人批准后，可以适当延期，但最长不得超过六十个工作日。

城市管理综合执法机关、镇人民政府处理已经建成的违法建设，应当自发现违法建设之日起四十五个工作日内作出处理决定；案情特别重大或者复杂的，经市城市管理综合执法机关或者镇人民政府主要负责人批准后，可以适当延期，但最长不得超过九十个工作日。

第三十条　各级人民政府应当加强查控违法建设工作的绩效考评，对下级人民政府不履行查控违法建设属地管理职责或者组织查控违法建设不力的进行督办督察。

对经督办督察后未能及时组织整改，情节严重的，由上级人民政府或者行政监察机关对其主管人员或者直接责任人员给予处分。

第三十一条　未取得建设工程规划许可证或者未按照建设工程规划许可证的规定进行建设的，由城市管理综合执法机关按照下列规定予以处罚：

（一）尚可采取改正措施消除对规划实施的影响的，限期改正，处以建设工程造价百分之五以上百分之十以下的罚款；

（二）无法采取改正措施消除对规划实施的影响的，除按照本条例第二十条、第二十四条的规定进行处理外，可以并处建设工程造价百分之十以下的罚款。

第三十二条 相关单位和个人违反本条例第十五条规定的，由城市管理综合执法机关按照下列规定予以处罚：

（一）供水、供电、供气、电信、有线电视、电梯等生产经营企业违反本条例第十五条第一款第（一）项规定提供相关服务的，责令改正，没收违法所得，处以一万元以上五万元以下罚款；

（二）建设工程设计单位违反本条例第十五条第一款第（二）项规定出具正式的设计施工图纸的，没收违法所得，处以一万元以上五万元以下罚款；

（三）建筑施工单位或者个人违反本条例第十五条第一款第（三）项规定从事建筑施工活动的，责令改正，没收违法所得，处以五万元以上十万元以下罚款；

（四）工程监理单位违反本条例第十五条第一款第（三）项规定从事监理活动的，责令改正，没收违法所得，处以一万元以上五万元以下罚款；

（五）出售预拌混凝土的单位或者个人违反本条例第十五条第一款第（四）项规定出售预拌混凝土的，责令改正，没收违法所得，处以五万元以上十万元以下罚款。

第三十三条 城市管理综合执法机关、街道办事处、镇人民政府查处违法建设的直接负责的主管人员和其他直接责任人员有下列情形之一的，由其所在单位、上级行政机关或者行政监察机关责令改正或者处分：

（一）违反本条例第十二条规定，接到投诉、举报后不受理、登记、处理，或者不在规定的期限内将处理情况和处理结果书面告知投诉、举报人的；

（二）违反本条例第十四条第二款规定，接到相关行政管理部门、管理机构告知的违法建设信息后，不依法进行处理，或者不将处理情况书面向相关行政管理部门、管理机构反馈的；

（三）违反本条例第十六条第一款规定，在责任地段内，不履行日常巡查职责，未能及时发现违法建设，情节严重，或者发现后不报告、不制止，情节严重的；

（四）违反本条例第十七条规定，对在建违法建设应当依法处理而不处理，情节严重的；

（五）违反本条例第二十条、第二十四条规定，对应当依法拆除、没收实物或者违法收入的违法建筑物、构筑物不予没收，或者以罚款代替拆除或者没收的；

（六）违反本条例第二十条规定，在强制拆除违法建设的过程中不履行配合义务，情节严重或者造成严重后果的；

（七）违反本条例第二十九条规定，未按规定的办案时限处理违法建设，情节严重的。

依照本条例负有协助查处职责的部门和单位不支持、不配合，导致城市管理综合执法机关无法或者难以查处违法建设的，城市管理综合执法机关负责查处违法建设的主管人员或者直接责任人员可以减轻或者免于处分。

第三十四条 城乡规划、国土、房屋建设、市场监督管理、卫生、文化广电、公安、水务等行政管理部门和出租屋租赁备案管理机构不履行或者不认真履行查处违法建设职责的，由其所在单位、上级行政机关或者行政监察机关责令其直接负责的主管人员和其他直接责任人员改正，情节严重的给予处分。

第三十五条 相关行政管理部门和档案机构未按照本条例第十条规定向城市管理综合执法机关提供相关信息或者档案资料的，由其所在单位、上级行政机关或者行政监察机关责令限期改正，造成严重后果的，给予处分。

第三十六条　相关行政管理部门越权审批建设工程项目或者有其他违法审批情形的，由其所在单位、上级行政机关或者行政监察机关对其直接负责的主管人员和其他责任人员给予处分；给当事人造成损失的，应当依法予以赔偿。

第三十七条　城市管理综合执法机关、镇人民政府在查处违法建设过程中，侵犯当事人合法权益，造成损害的，应当依法予以赔偿。

第三十八条　居民委员会、村民委员会违反本条例规定，不履行报告、劝阻和协助职责的，由街道办事处、镇人民政府予以通报批评，责令限期改正；逾期不改正的，街道办事处或者镇人民政府可以建议依法罢免居民委员会、村民委员会负有责任的相关管理人员的职务。

第三十九条　违法建设的建设单位、施工单位和监理单位的直接责任人和主管人员，属于行政监察对象的，城乡规划行政管理部门、城市管理综合执法机关、镇人民政府可以向有管辖权的行政监察机关或者其上级主管部门提出处分建议。行政监察机关或者相关上级主管部门查证属实后，应当责令改正，情节严重的给予处分。

第四十条　违反本条例规定，构成犯罪的，依法追究刑事责任。

第四十一条　市人民政府可以根据实际情况制定本条例的实施细则。

第四十二条　本条例自2013年3月1日起施行。

第二部分 香港篇

城市规划条例

本条例旨在为有系统地拟备和核准香港各地区的布局设计及适宜在该等地区内建立的建筑物类型的图则，以及为拟备和核准某些在内发展须有许可的地区的图则而订定条文，以促进社区的卫生、安全、便利及一般福利。

（由1991年第4号第2条修订）

［1939年6月23日］

（格式变更——2021年第1号编辑修订记录）

1. 简称

本条例可引称为《城市规划条例》。

1A. 释义

在本条例中，除文意另有所指外——

上诉委员会（Appeal Board）指根据第17A条组成的上诉委员会；

（由1991年第101号第2条增补）

土地或建筑物用途的实质改变（material change in the use of land or buildings）包括在任何土地上放置物料，而不论该土地的全部或部分是否已经用作放置物料，只要放置物在面积、高度或数量上有所增加；

土地拥有人（land owner）的涵义与《建筑物条例》（第123章）第2（1）条中***拥有人***的涵义相同；

中期发展审批地区（interim development permission area）指在根据第26条拟备的图则中指定为中期发展审批地区的地区；

占用人（occupier）包括任何土地拥有人的租客（不论该租客有否缴付租金）、居于任何建筑物内的人，以及于任何建筑物内作持续全时间占用的人；

建筑物（building）包括任何构筑物或构筑物的部分；

订明费用（prescribed fee）就任何事宜而言，指根据第14（2）条订立的规例就该事宜而订明的费用；

（由2004年第25号第2条增补）

财产（property）包括载于任何车辆或货柜内的任何东西，但不包括不动产；

（由1994年第22号第2条增补）

现有用途（existing use）就某发展审批地区而言，指紧接该发展审批地区的草图的公告在宪报刊登前已存在的建筑物用途或土地用途；

货柜（container）包括改作居停地方或贮物之用或改作任何其他用途的货柜；

（由1994年第22号第2条增补）

发展（development）指在任何土地之内、其上、其上空或其下进行建筑、工程、采矿或其他作业，或作出土地或建筑物用途的实质改变；

发展审批地区（development permission area）指在根据第3（1）（b）及20条拟备的图则中指定为发展审批地区的地区，但不包括中期发展审批地区的图则中所包括的土地；

违例发展（unauthorized development）——

（a）就发展审批地区的图则中所包括的土地或第20（7）条所描述的土地而言，指违反本条例的发展；及

（b）在第22及23条中，就第23（4）条所提述的土地而言，指根据中期发展审批地区的图则所许可的发展以外的发展，而该等发展于有关图则的公告刊于宪报当日或之后进行；

监督（Authority）指规划署署长。

（由1991年第4号第3条增补。编辑修订——2021年第1号编辑修订记录）

2. 城市规划委员会的委出

（1）行政长官可委出一个城市规划委员会，成员包括由行政长官提名的官方及非官方成员，行政长官并可委任规划委员会的任何成员（当然成员身份或个人身份）为规划委员会的主席或副主席，以及委任任何公职人员为规划委员会的秘书。

（由2000年第62号第3条修订）

（2）在规划委员会的任何会议上，5名规划委员会成员（其中一名须为主席或副主席）即构成法定人数。

（3）为更佳地执行规划委员会在本条例下的职能，行政长官可藉宪报公告，从规划委员会的成员当中，委出规划委员会的各个委员会与每个委员会的主席及副主席各一名。

（由1991年第4号第4条增补。由2000年第62号第3条修订）

（4）在根据第（3）款委出的委员会的任何会议上，5名该委员会成员（其中一名须为主席或副主席，而其中3名须不是官方成员）即构成法定人数。

（由1991年第4号第4条增补）

（5）规划委员会可——

（a）将其在第3、4（1）、4A、5、7（1）至（3）、8、12A、16、16A及20（1）条所指的任何权力及职能转授予根据第（3）款委出的委员会；

（b）就下述申请，将其任何权力及职能转授予某公职人员或某类公职人员——

（i）根据第16A（2）条提出的申请；及

（由2004年第25号第3条代替）

（ii）对在发展审批地区内进行发展的许可的申请，条件是在许可批给后6个月内，该项发展须按该公职人员的指示中止，土地亦须按该公职人员的指示恢复原状；及

（c）将它在第12A（13）及（15）、16（2J）及（2L）及17（2H）及（2J）条下的任何权力及职能，转授予规划委员会的秘书，

（由2004年第25号第3条增补）

而为免生疑问，本条例的条文经必要的变通后，须据此解释及适用。

（由1991年第4号第4条增补。由2004年第25号第3条修订）

2A. 由规划委员会委出委员会

（1）尽管有第2(3)条的规定，规划委员会可委出由其成员组成的委员会，以行使规划委员会在第6B、6C、6D、6E、6F、6G及6H条下的任何权力及职能，而为免生疑问，本条例的条文经必要的变通后，须据此解释及适用。

（由2004年第25号第4条修订）

（2）根据本条委出的任何委员会须由不少于5名成员组成，而其中最少3名成员不属公职人员。

（3）规划委员会须从根据本条委出的任何委员会的成员中，委任一名成员为该委员会的主席，并须委任一名成员为该委员会的副主席。

（4）委员会的会议法定人数为主席或副主席及2名成员。

（5）即使已符合第（4）款的规定，除非出席会议的过半数成员不属公职人员，否则委员会会议不得举行或继续举行。

（由1998年第16号第2条增补）

2B. 以传阅文件的方式处理会务

（1）规划委员会或任何根据第2(3)或2A条委出的委员会可藉在成员当中传阅文件的方式处理其任何会务，而不论任何该等成员是否在香港，但如本条例有明文规定或本条例任何条文的必然含义是须为有关目的举行会议，则属例外。

（2）在第（3）及（4）款的规限下，在根据第（1）款传阅文件后，由规划委员会或任何根据第2(3)或2A条委出的委员会过半数成员以书面通过的书面决议，其效力及作用犹如该决议是在规划委员会或有关委员会（视属何情况而定）会议席上由赞同该决议的成员表决通过一样。

（3）规划委员会或任何根据第2(3)或2A条委出的委员会的任何成员可要求将当其时正根据第（1）款藉传阅文件的方式处理的任何会务，在规划委员会或该委员会（视属何情况而定）的会议上处理，该要求须藉在该等文件所指明的期间内向规划委员会或该委员会（视属何情况而定）的主席发出书面通知的方式提出。

（4）如已就当其时藉传阅文件的方式处理的任何会务根据第（3）款向规划委员会或任何根据第2(3)或2A条委出的委员会的主席发出通知，则根据第（2）款就该项会务以书面通过的决议即属无效。

（5）为免生疑问，本条中对传阅文件的提述包括以电子方式传阅资料，而本条中对文件的提述须据此解释。

（由2004年第25号第5条增补）

2C. 规划委员会及委员会的会议

（1）在符合第（2）款的规定下，规划委员会或任何根据第2(3)或2A条委出的委员会的所有会议须向公众人士开放。

（2）就——

（a）任何根据第6B、6F、12A、16、16A或17条举行的会议或施行第6B、6F、12A、16、16A或17条而举行的会议而言，如规划委员会或有关委员会（视属何情况而定）在听取任何并非规划委员会或该委员会（视属何情况而定）的成员但有权或获准在该会议上陈词或在其他情况下有机会在该会议上作出申述或提供资料的人的陈词后，为根据6B

(8)、6F(8)(不论是否有应用第6F(9)条)、12A(23)、16(3)、16A(5)或17(6)条作出任何决定而在该会议的某部分或某些部分进行商议，则第(1)款不适用于该会议的该部分或该等部分；及

(编辑修订——2021年第1号编辑修订记录)

(b)任何其他会议而言，如规划委员会或有关委员会(视属何情况而定)认为——

(i)将第(1)款应用于该会议或该会议的某部分或某些部分，相当可能不符合公众利益；

(ii)将第(1)款应用于该会议或该会议的某部分或某些部分，相当可能会导致某资料过早发放(而该发放会损害规划委员会、政府、行政长官或行政长官会同行政会议或(如该会议属该委员会的会议)该委员会在执行它或他在本条例下的职能方面的地位)；

(iii)将第(1)款应用于该会议或该会议的某部分或某些部分，相当可能会导致资料在违反规划委员会或政府或(如该会议属该委员会的会议)该委员会凭借任何法律或任何法律下的规定而对任何人负有的保密责任的情况下被披露，或在违反规划委员会或(如该会议属该委员会的会议)该委员会凭借任何法律或任何法律下的规定而对政府负有的保密责任的情况下被披露，或在违反裁判官或法庭作出的任何命令或任何法律或任何法律下的规定所施加的任何禁止的情况下被披露；

(iv)将第(1)款应用于该会议或该会议的某部分或某些部分，相当可能会导致某资料(而享有法律专业保密权的声称在法律上是能够就该资料而成立的)被披露；或

(v)在该会议或该会议的某部分或某些部分处理的某项事宜，相当可能关乎任何法律程序的提起或进行，

则第(1)款不适用于该会议或该会议的该部分或该等部分(视属何情况而定)。

(3)在符合本条例的规定下，规划委员会或任何根据第2(3)或2A条委出的委员会可决定其会议的实务及程序。

(由2004年第25号第5条增补)

3. 规划委员会的职能

(1)为促进社区的卫生、安全、便利及一般福利，规划委员会须承担有系统地拟备——

(a)行政长官所指示的香港某些地区的布局设计及适宜在该等地区内建立的建筑物类型的草图；及

(b)行政长官所指示的香港某些地区的发展审批地区图的草图。

(由2000年第62号第3条修订)

(2)在拟备第(1)款所提述的图则的过程中，规划委员会须作出其认为为拟备该等草图所需的查究及安排，包括(如规划委员会认为适合)对任何建筑物的占用者或任何大道或场地的使用者进行普查。

(由1991年第4号第5条代替)

4. 发展蓝图的内容及规划委员会的权力

(1)根据第3(1)(a)条为任何该等地区的布局设计而拟备的规划委员会的草图，可显示或预定——

(由1991年第4号第6条修订)

(a)街道、铁路及其他主要交通设施；

(b) 划出作住宅、商业、工业或其他指定用途的地带或区域；

(c) 供政府、机构或社区使用的保留地；

(d) 公园、康乐场地及相类休憩用地；

(e) 划出作未决定用途的地带或区域；

(f) 综合发展区；

(由1988年第2号第2条增补)

*(g) 郊野公园、海岸保护区、具特殊科学价值地点、绿化地带或其他促进环境自然保育或保护的指定用途；

(由1991年第4号第6条增补)

*(h) 划出作乡村式发展用途、农业或其他指定乡郊用途的地带或区域；

(由1991年第4号第6条增补)

*(i) 划出作露天贮物用途的地带或区域，

(由1991年第4号第6条增补)

而任何事项可透过规划委员会认为适当的图解、说明、注释或描述性质的事项，在该等图则内或就该等图则而显示或预定或指明；且该等图解、说明、注释或描述性质的事项须为该等图则的一部分。

(由1974年第59号第2条代替)

(2) 规划委员会可向行政长官会同行政会议建议收回对在草图或核准图或根据第4A条核准的总纲发展蓝图上所示地区的布局设计造成干扰的土地；而为避免该等妨碍而作出的土地收回，须当作为《收回土地条例》(第124章) 所指的为公共用途而作出的收回。

(由1988年第2号第2条修订；由1998年第29号第44条修订；由2000年第62号第3条修订)

(3) 除根据上述条例收回土地的情况外，任何土地的所有人或具有任何土地权益的任何人，不得因为其土地位于根据第 (1)(b) 款所划出的任何地带或区域内或受该等所划出的地带或区域影响而获支付任何赔偿。

编辑附注：

* 当作自1990年7月27日起实施——见1991年第4号第1(2) 条。

4A.综合发展区

(1) 在不限制规划委员会根据第3及4条可在图则上显示或预定的事物的原则下，规划委员会可藉图则上的注释，就某综合发展区禁止进行《建筑物条例》(第123章) 所界定的任何建筑工程，但——

(a) 注释中所指明者除外；或

(b) 如获得规划委员会许可，而该许可是可参照规划委员会根据第 (2) 款核准的图则而批给的，则属例外。

(2) 规划委员会可规定申请第 (1)(b) 款所指的规划委员会许可的人——

(a) 拟备一份总纲发展蓝图，并将之呈交规划委员会核准；及

(b) 将关于建筑物尺寸、每项用途的楼面面积、建筑发展进度表及规划委员会认为适当的其他事项的资料，包括在总纲发展蓝图内。

(3) 经规划委员会主席核证的核准总纲发展蓝图的复本，须存放于土地注册处，供免

费查阅。

（由1993年第8号第2条修订）
（由1988年第2号第3条增补）

5. 草图的展示

任何根据第3及4条在规划委员会指示下拟备的草图，而属规划委员会认为适宜公布者，须由规划委员会展示以供公众于合理时间查阅，为期2个月。在该段期间内，规划委员会须将图则可供查阅的地点及时间，每星期一次在2份每日出版的本地中文报章及1份每日出版的本地英文报章刊登，和在每期宪报公布。规划委员会须向任何缴付规划委员会所厘定费用的人提供上述图则的复本。

（由1956年第26号第2条修订；由1969年第59号第3条修订；由1988年第2号第4条修订；由2004年第25号第6条修订）

6. 就草图作出申述

（1）在根据第5条展示任何草图的2个月期间内，任何人可就有关草图向规划委员会作出申述。

（2）第（1）款所提述的申述须——

（a）示明——

（ⅰ）该申述所关乎的在有关草图内的特定事项；

（ⅱ）该申述的性质及理由；及

（ⅲ）有关的人建议对有关草图作出的修订（如有的话）；及

（b）按规划委员会所规定的方式作出。

（3）如第（1）款所提述的申述——

（a）是在第（1）款所提述的2个月期间届满后向规划委员会作出的，则该申述须视为不曾作出；或

（b）并不符合第（2）款所指明或根据该款作出的任何规定，则该申述可视为不曾作出。

（4）规划委员会须于第（1）款所提述的2个月期间届满后，在合理的切实可行的范围内尽快将根据该款向它作出的所有申述供公众于合理时间查阅，并须持续如此行事，直至行政长官会同行政会议根据第9条就有关的草图作出决定为止。

（5）就根据第（4）款供公众查阅的任何申述而言，规划委员会须安排将符合第（6）款的通知在该等申述如此供公众查阅的期间的首3个星期内，每星期一次在2份每日出版的本地中文报章及1份每日出版的本地英文报章刊登。

（6）第（5）款所提述的通知须——

（a）指明该通知所关乎的申述根据第（4）款供公众查阅的地点及时间；及

（b）示明可根据第6A（1）条就该申述向规划委员会提出意见，并须指明如此提出的意见会根据第6A（4）条供公众查阅的地点及时间。

（由2004年第25号第7条代替）

6A. 对申述的意见

（1）在任何申述根据第6（4）条供公众查阅的期间的首3个星期内，任何人可就该申述向规划委员会提出意见。

（2）第（1）款所提述的意见须按规划委员会所规定的方式提出。

（3）如第（1）款所提述的意见 ——

（a）是在第（1）款所提述的3星期期间届满后向规划委员会提出的，则该意见须视为不曾作出；或

（b）并不符合根据第（2）款作出的任何规定，则该意见可视为不曾作出。

（4）规划委员会须于第（1）款所提述的3星期期间届满后，在合理的切实可行的范围内尽快将根据该款向它提出的所有意见供公众于合理时间查阅，并须持续如此行事，直至行政长官会同行政会议根据第9条就有关的草图作出决定为止。

（由2004年第25号第8条增补）

6B.对申述的考虑等

（1）如有任何申述根据第6（1）条作出，规划委员会须在第6A（1）条所提述的3星期期间届满后，在合理地切实可行的范围内尽快举行会议，以考虑该申述以及根据第6A（1）条就该申述提出的任何意见。

（2）规划委员会须就任何行将根据第（1）款举行的会议，向以下的人发出关于该会议的详情（包括会议的日期、时间及地点）的合理通知 ——

（a）根据第6（1）条作出该会议所关乎的申述的人；及

（b）根据第6A（1）条就该申述提出任何意见的人（如有的话）。

（3）在根据第（1）款举行的会议上 ——

（a）根据第6（1）条作出该会议所关乎的申述的人；及

（b）根据第6A（1）条就该申述提出任何意见的人（如有的话），

均有权亲自或由授权代表代为出席会议和在会议上陈词。

（4）如在根据第（1）款举行的会议上，任何根据第（3）款有权出席会议和在会议上陈词的人既没有亲自出席亦没有由授权代表代为出席会议，规划委员会可 ——

（a）在该人及其代表缺席的情况下继续进行会议；或

（b）将会议押后至它认为适当的日期。

（5）在不影响第（4）款的原则下，如规划委员会信纳有合理理由将任何根据第（1）款举行或行将根据该款举行的会议押后，它可将该会议押后至它认为适当的日期。

（6）规划委员会可指示就有关的草图而根据第6（1）条作出的所有申述或其中部分申述须于同一会议上考虑，而在此情况下，该等申述以及就任何该等申述而提出的任何意见 ——

（a）须于同一会议上考虑；及

（b）可由规划委员会按其决定而个别或集体考虑。

（7）如 ——

（a）任何会议根据第（4）或（5）款押后；或

（b）规划委员会根据第（6）款作出指示，

则除在规划委员会另有指示的范围内，本条条文经必要的变通后，亦适用于如此押后的该会议或按照该指示而举行的会议（视属何情况而定）。

（8）在根据第（1）款在会议上考虑任何申述及意见后，规划委员会须决定是否建议按该申述所建议的方式修订有关的草图，或建议按规划委员会认为会顺应该申述的其他方式

修订该草图。

(由2004年第25号第8条增补)

6C.根据第6B(8)条作出的建议修订须供公众查阅

(1) 如规划委员会根据第6B(8)条建议任何修订，它须在建议该等修订后，在合理的切实可行的范围内尽快将该等建议修订供公众于合理时间查阅，并须持续如此行事，直至行政长官会同行政会议根据第9条就有关的草图作出决定为止。

(2) 就根据第(1)款供公众查阅的任何建议修订而言，规划委员会须安排将符合第(3)款的通知在该等建议修订如此供公众查阅的期间的首3个星期内，每星期一次在2份每日出版的本地中文报章及1份每日出版的本地英文报章刊登。

(3) 第(2)款所提述的通知须——

(a) 指明该通知所关乎的建议修订根据第(1)款供公众查阅的地点及时间；及

(b) 示明可根据第6D(1)条就该等建议修订向规划委员会作出进一步申述，并指明如此作出的任何进一步申述将会根据第6D(4)条供公众查阅的地点及时间。

(由2004年第25号第8条增补)

6D.就建议修订作出进一步申述

(1) 如规划委员会根据第6B(8)条建议任何修订，在该等建议修订根据第6C(1)条供公众查阅的期间的首3个星期内，任何人(但如该等建议修订是在考虑该人作出的任何申述或提出的任何意见后根据第6B(8)条建议的，则该人除外)可就该等建议修订向规划委员会作出进一步申述。

(2) 第(1)款所提述的进一步申述须——

(a) 示明——

(i) 该进一步申述所关乎的建议修订；

(ii) 该进一步申述是为支持还是反对该等建议修订而作出的；及

(iii) 该进一步申述的理由；及

(b) 按规划委员会所规定的方式作出。

(3) 如第(1)款所提述的进一步申述——

(a) 是在第(1)款所提述的3星期期间届满后向规划委员会作出的，则该进一步申述须视为不曾作出；或

(b) 并不符合第(2)款所指明或根据该款作出的任何规定，则该进一步申述可视为不曾作出。

(4) 规划委员会须于第(1)款所提述的3星期期间届满后，在合理的切实可行的范围内尽快将根据该款向它作出的所有进一步申述供公众于合理时间查阅，并须持续如此行事，直至行政长官会同行政会议根据第9条就有关的草图作出决定为止。

(由2004年第25号第8条增补)

6E.撤回申述等

(1) 如任何人根据第6(1)条作出任何申述，或根据第6A(1)条就任何该等申述提出任何意见，该人可在该申述或意见(视属何情况而定)根据第6B(1)条在会议上被考虑之前的任何时间，藉给予规划委员会的书面通知撤回该申述或意见(视属何情况而定)。

(2) 如任何人根据第6D(1)条作出任何进一步申述，该人可在该进一步申述根据第

6F（1）条在会议上被考虑之前的任何时间，藉给予规划委员会的书面通知撤回该进一步申述。

（3）如任何申述、意见或进一步申述根据第（1）或（2）款被撤回，则——

（a）该申述、意见或进一步申述（视属何情况而定）须在该撤回之后视为不曾作出或提出；及

（b）在任何申述被撤回的情况下，根据第6A（1）条就该申述提出的任何意见须在该撤回之后视为不曾提出。

（由2004年第25号第8条增补）

6F. 考虑就建议修订而作出的进一步申述

（1）如有任何进一步申述根据第6D（1）条作出，规划委员会须在该条所提述的3星期期间届满后，在合理地切实可行的范围内尽快举行会议，以考虑该进一步申述。

（2）规划委员会须就任何行将根据第（1）款举行的会议，向以下的人发出关于该会议的详情（包括会议的日期、时间及地点）的合理通知——

（a）根据第6D（1）条作出该会议所关乎的进一步申述的人；及

（b）（如有关的建议修订是在考虑某申述或意见后根据第6B（8）条建议的）作出有关的申述或提出有关的意见的人。

（3）在根据第（1）款举行的会议上——

（a）根据第6D（1）条作出该会议所关乎的进一步申述的人；及

（b）（如有关的建议修订是在考虑某申述或意见后根据第6B（8）条建议的）作出有关的申述或提出有关的意见的人，

均有权亲自或由授权代表代为出席会议和在会议上陈词。

（4）如在根据第（1）款举行的会议上，任何根据第（3）款有权出席会议和在会议上陈词的人既没有亲自出席亦没有由授权代表代为出席会议，规划委员会可——

（a）在该人及其代表缺席的情况下继续进行会议；或

（b）将会议押后至它认为适当的日期。

（5）在不影响第（4）款的原则下，如规划委员会信纳有合理理由将任何根据第（1）款举行或行将根据该款举行的会议押后，它可将该会议押后至它认为适当的日期。

（6）规划委员会可指示就有关的建议修订而根据第6D（1）条作出的所有进一步申述须于同一会议上考虑，而在此情形下，该等进一步申述——

（a）须于同一会议上考虑；及

（b）可由规划委员会按其决定而个别或集体考虑。

（7）如——

（a）任何会议根据第（4）或（5）款押后；或

（b）规划委员会根据第（6）款作出指示，

则除在规划委员会另有指示的范围内，本条条文经必要的变通后，亦适用于如此押后的该会议或按照该指示而举行的会议（视属何情况而定）。

（8）在根据第（1）款在会议上考虑任何进一步申述后，规划委员会须决定是否修订有关的草图，及如决定修订该草图，须按有关建议修订而修订该草图，或按以规划委员会认为适当的方式再作更改后的有关建议修订而修订该草图。

（9）如有任何进一步申述根据第6D（1）条就根据第6B（8）条建议的任何建议修订作出，但该等进一步申述没有根据第6D（2）（a）（ⅱ）条示明是为反对该等建议修订而作出的，则——

（a）第（3）及（4）款不适用于行将根据第（1）款就任何该等进一步申述举行的会议，而本条的其他条文经必要的变通后，须据此解释及适用；及

（b）第（8）款须解释为规定规划委员会在考虑任何该等进一步申述后，按该等建议修订而修订有关的草图。

（由2004年第25号第8条增补）

6G.没有人就建议修订作出进一步申述的情况

如在第6D（1）条提述的3星期期间内，没有人根据该条就根据第6B（8）条建议的任何建议修订作出进一步申述，则规划委员会须在该期间届满后，在合理的切实可行的范围内尽快按该等建议修订而修订有关的草图。

（由2004年第25号第8条增补）

6H.根据第6F或6G条作出的修订的效力

（1）凡规划委员会根据第6F（8）（不论是否有应用第6F（9）条）或6G条修订任何草图，该草图须于其后作为包括该等修订的草图而理解，而为免生疑问，除文意另有所指外，本条例或任何其他条例中对草图（不论如何描述）的提述，须据此解释。

（2）凡任何草图根据第（1）款作为包括任何修订的草图而理解，规划委员会须于其后在合理的切实可行的范围内尽快将该等修订供公众于合理时间查阅，并须持续如此行事，直至行政长官会同行政会议根据第9条就该草图作出决定为止。

（由2004年第25号第8条增补）

7. 规划委员会对草图作出修订

（1）在不影响第6、6A、6B、6C、6D、6E、6F、6G及6H条的原则下，规划委员会可在草图根据第5条展示后及行政长官会同行政会议根据第9条作出核准前的任何时间，对草图作出修订。

（由2000年第62号第3条修订；由2004年第25号第9条修订）

（2）每项根据本条所作出对草图的修订，须由规划委员会展示以供公众于合理时间查阅，为期2个月，而在该段期间内，规划委员会须将对该草图的修订及该项修订可供查阅的地点及时间，每星期一次在2份每日出版的本地中文报章及1份每日出版的本地英文报章刊登，和在每期宪报公布。

（由2004年第25号第9条修订）

（3）规划委员会须向任何缴付规划委员会所厘定费用的人提供根据本条所作出对草图的修订的复本。

（4）凡规划委员会根据第（1）款对草图作出任何修订——

（a）在（b）段的规限下，第6、6A、6B、6C、6D、6E、6F、6G及6H条经必要的变通后，适用于该等修订并就该等修订而适用，犹如该等条文适用于根据第5条展示的草图并就该草图而适用一样；及

（b）第6、6A、6B、6C、6D、6E、6F、6G及6H条须如上述般适用，犹如——

（ⅰ）第6（1）条中对“根据第5条展示任何草图的2个月期间”的提述，是对根

据第（2）款展示该等修订的2个月期间的提述一样；

（ⅱ）第6(1)及(2)(a)条中每一对“有关草图”的提述，是对任何该等修订的提述一样；

（ⅲ）第6B(6)条中对“就有关的草图而根据第6(1)条作出的所有申述或其中部分申述”的提述，是对就任何该等修订而根据第6(1)条（指按本款所描述的方式而适用的该条）作出的所有申述或其中部分申述的提述一样；

（ⅳ）第6B(8)条中对“有关的草图”的提述，是对该草图涉及有关的申述或有关的意见（如有的话）所关乎的该等修订所涵盖范围的该部分或该等部分的提述一样；

（ⅴ）第6F(8)及(9)(b)及6G条中每一对“有关的草图”的提述、第6H(1)条中首3次对“草图”的提述以及第6H(2)条中首2次对“草图”的提述，是对第6B(8)条（指按本款所描述的方式而适用的该条）适用的该草图的该部分或该等部分的提述一样；及

（ⅵ）第6(4)、6A(4)、6C(1)及6D(4)条中每一对“有关的草图”的提述、第6H(1)条中第4次对“草图”的提述以及第6H(2)条中第3次对“草图”的提述，是对该草图的提述一样。

（由2004年第25号第9条代替）

（5）为免生疑问，凡第6、6A、6B、6C、6D、6E、6F、6G及6H条按第（4）款描述的方式适用，则本条例或任何其他条例中对任何该等条文的提述经必要的变通后，须据此解释。

（由2004年第25号第9条增补）

（6）除本条例另有规定外，凡规划委员会根据本条对草图作出任何修订，该草图须于其后作为包括该等修订的草图而理解，而为免生疑问，除文意另有所指外，本条例或任何其他条例中对草图（不论如何描述）的提述，须据此解释。

（由2004年第25号第9条增补）
（由1969年第59号第5条增补）

8. 向行政长官会同行政会议呈交经考虑的草图

（1）在第（2）款就草图而指明的期间届满前，规划委员会须将草图呈交行政长官会同行政会议核准。

（由2004年第25号第10条代替）

（1A）规划委员会须在根据第（1）款将草图呈交行政长官会同行政会议时，连同——

（a）列出就该草图（不论有否根据本条例作出任何修订）或根据第7条对该草图（不论有否根据本条例作出任何修订）作出的任何修订而根据第6(1)条作出的任何申述（如有的话），以及根据第6A(1)条就任何该等申述而提出的任何意见（如有的话）的附表；

（b）列出根据第6D(1)条就对该草图（不论有否根据本条例作出任何修订）作出的任何建议修订作出的进一步申述（如有的话）的附表；及

（c）列出规划委员会根据本条例对该草图（不论有否根据本条例作出任何修订）作出的修订（如有的话）的附表。

（由2004年第25号第10条增补）

（2）根据第（1）款向行政长官会同行政会议所作的草图呈交——

（由2004年第25号第10条修订）

(a)（如不曾根据第7条作出修订）须在第5条所述的2个月期间届满后的9个月期间内作出；及

(b)（如曾根据第7条作出修订）须在第5条所述的2个月期间及第7条所述的2个月期间均告届满后的9个月期间内作出；

或（在上述任何一种情况下）在上述任何一段9个月期间届满后的一段获行政长官在任何个别个案中应规划委员会的申请而容许的不多于6个月的较后限期内作出。

（由1998年第16号第4条增补。由2004年第25号第10条修订）

9. 行政长官会同行政会议于呈交后的权力

（具追溯力的适应化修订——见2000年第62号第3条）

(1) 于任何草图呈交后，行政长官会同行政会议可 ——

（由2000年第62号第3条修订）

(a) 核准该草图；

(b) 拒绝核准该草图；

(c) 将该草图发还规划委员会再作考虑和修订。

(2) 即使本条例适用于某草图的任何规定未予符合，行政长官会同行政会议仍可核准该草图。

（由2000年第62号第3条修订）

(3) 一如上文而获核准的草图在下文提述为***核准图***。

(4) 行政长官会同行政会议可藉宪报公告，更正核准图内任何遗漏或错误之处。

（由2000年第62号第3条修订）

(5) 于上述核准发给后，核准图须予以付印，并须在规划委员会认为适宜的地点展示，供公众查阅，而上述核准和展示的事实，须在宪报公布。

(6) 规划委员会须向任何缴付规划委员会所厘定费用的人提供核准图的复本。

10. 拒绝核准图则

如行政长官会同行政会议拒绝核准某草图，则该项拒绝须在宪报公布；但任何上述拒绝不得影响新草图的拟备和呈交。

（由2000年第62号第3条修订）

11. 核准图复本的存放

经规划委员会主席核证的核准图复本，须存放于土地注册处，供免费查阅。土地注册处处长须安排在土地注册处贴出和显明地张贴中文及英文告示，以促使对上述事项的注意。

（由1956年第26号第3条修订；由1993年第8号第2及3条修订）

12. 核准图的撤销、取代与修订

(1) 行政长官会同行政会议可 ——

（由2000年第62号第3条修订）

(a) 撤销任何核准图的全部或部分；或

(b) 将任何核准图发还规划委员会以 ——

(i) 由新的图则取代；或

(ii) 作出修订。

（2）任何第（1）款所指的撤销或发还的公告，须在宪报刊登，并须由土地注册处处长在根据第11条存放的核准图复本上注录。

（3）根据第（1）(b）款发还后，取代被发还图则的新图则或显示对被发还图则所作出的任何修订的图则（视属何情况而定），均须一如该新图则所取代或该等修订所修订（视属何情况而定）的图则，以同样方式按照本条例上述条文予以拟备、展示、考虑、呈交、核准和存放，而为此，凡根据第（1）(b）(ⅱ）款发还——

（由2004年第25号第11条修订）

(a）在（b）段的规限下，第3、4、4A、5、6、6A、6B、6C、6D、6E、6F、6G、6H、7、8、9、10及11条经必要的变通后，适用于显示有关修订的图则并就该图则而适用，犹如该等条文适用于在其他情况下按第3(1）条规定拟备的图则并就在其他情况下按第3(1）条规定拟备的图则而适用一样；及

(b）第3、4、4A、5、6、6A、6B、6C、6D、6E、6F、6G、6H、7、8、9、10及11条须如上述般适用，犹如——

(ⅰ）第6(1）及（2)(a）条中每一对“有关草图”的提述，是对任何有关修订的提述一样；

(ⅱ）第6B(6）条中对“就有关的草图而根据第6(1）条作出的所有申述或其中部分申述”的提述，是对就任何有关修订而根据第6(1）条（指按本款所描述的方式而适用的该条）作出的所有申述或其中部分申述的提述一样；

(ⅲ）第6B(8）条中对“有关的草图”的提述，是对显示有关修订的图则涉及有关的申述及有关的意见（如有的话）所关乎的修订所涵盖范围的该部分或该等部分的提述一样；及

(ⅳ）第6F(8）及（9)(b）及6G条中每一对“有关的草图”的提述、第6H(1）条中首3次对“草图”的提述以及第6H(2）条中首2次对“草图”的提述，是对第6B(8）条（指按本款所描述的方式而适用的该条）适用的有关图则的该部分或该等部分的提述一样。

（由1988年第2号第5条修订）

（3A）为免生疑问，凡第3、4、4A、5、6、6A、6B、6C、6D、6E、6F、6G、6H、7、8、9、10及11条按第（3）款描述的方式适用，则本条例或任何其他条例中对任何该等条文的提述经必要的变通后，须据此解释。

（由2004年第25号第11条增补）

（4）发还规划委员会的图则，须由根据第9条核准的新图则或根据第9条核准的显示有关修订的图则取代（视属何情况而定）。土地注册处处长须据此在根据第11条存放并已被取代或修订的图则复本上批注。

（5）就《建筑物条例》（第123章）第16(1）(d）条而言，根据第3及4条拟备的显示有关修订的任何草图，须当作为草图。

（由1958年第3号第2条代替。由1993年第8号第3条修订；由2004年第25号第11条修订）

12A. 向规划委员会申请而修订图则

（1）在符合第（2）款的规定下，任何人可向规划委员会提出申请，要求规划委员会为本条的目的而考虑就原核准图而提出的任何建议。

（2）如根据第（1）款提出申请时——

(a) 该申请所关乎的原核准图属被发还核准图；及

(b) 有一份关于该原核准图的有关草图，

则在该项申请下的建议，不得涉及与有关草图对原核准图提出的任何修订所涵盖的范围有关的任何事项。

(3)(a) 根据第 (1) 款提出的申请须列明——

(i) 申请人是否认为他已在提出该申请前的一段合理时间内——

(A) 就该申请取得每名属现行土地拥有人的人（申请人本人除外）的书面同意或以书面将该申请通知该人；或

(B) 为就该申请取得该人的同意或就该申请向该人发给通知而采取规划委员会所规定的合理步骤；及

(ii) 该同意或通知或该等步骤（视属何情况而定）的详情；

(b) 在不抵触 (a) 段的条文下，根据第 (1) 款提出的申请须采用规划委员会所规定的格式作出和包括规划委员会所规定的详情；及

(c) 根据第 (1) 款提出的申请须附同订明费用（如有的话）。

(4) 如有申请根据第 (1) 款提出，规划委员会可规定申请人以法定声明或是其他方式核证申请所列明或包括的任何事项或详情。

(5) 尽管有第 (16) 款的规定，在以下情况下规划委员会可拒绝考虑根据第 (1) 款提出的申请——

(a) 该申请并不符合第 (3) 款所指明或根据该款作出的任何规定；或

(b) 规划委员会并不信纳申请人已在提出该申请前的一段合理时间内——

(i) 就该申请取得每名属现行土地拥有人的人（申请人本人除外）的书面同意或以书面将该申请通知该人；或

(ii) 为就该申请取得该人的同意或就该申请向该人发给通知而采取规划委员会所规定的合理步骤。

(6) 规划委员会须于任何申请根据第 (1) 款向它提出后，在合理的切实可行的范围内尽快将该申请供公众于合理时间查阅，并须持续如此行事，直至该申请经已根据第 (16) 款在会议上被考虑为止。

(7) 就第 (6) 款所提述的任何申请而言，规划委员会——

(a) 须安排将符合第 (8) 款的通知在该申请根据第 (6) 款供公众查阅的期间开始时，在该申请所关乎的土地上或附近的显明位置或在该土地上任何处所或构筑物上的显明位置贴出；或

(b) 须安排将符合第 (8) 款的通知在 (a) 段所提述的期间的首3个星期内，每星期一次在2份每日出版的本地中文报章及1份每日出版的本地英文报章刊登。

(8) 第 (7)(a) 或 (b) 款所提述的通知须——

(a) 指明该通知所关乎的申请根据第 (6) 款供公众查阅的地点及时间；及

(b) 示明可根据第 (9) 款就该申请向规划委员会提出意见，并指明如此提出的意见将会根据第 (12) 款供公众查阅的地点及时间。

(9) 在任何申请根据第 (6) 款供公众查阅的期间的首3个星期内，任何人可就该申请向规划委员会提出意见。

（10）第（9）款所提述的意见须按规划委员会所规定的方式提出。

（11）如第（9）款所提述的意见——

（a）是在第（9）款所提述的3星期期间届满后向规划委员会提出的，则该意见须视为不曾作出；或

（b）并不符合根据第（10）款作出的任何规定，则该意见可视为不曾作出。

（12）规划委员会须于第（9）款所提述的3星期期间届满后，在合理的切实可行的范围内尽快将根据该款向它提出的所有意见供公众于合理时间查阅，并须持续如此行事，直至有关的申请经已根据第（16）款在会议上被考虑为止。

（13）如——

（a）在有申请根据第（1）款提出后但在该申请根据第（16）款在会议上被规划委员会考虑前的任何时间，申请人向规划委员会提供进一步资料以补充已包括在该申请内的资料；及

（b）规划委员会认为将该等进一步资料包括在该申请内，不会令该申请的性质有重大改变，

则规划委员会可就该申请而接受该等进一步资料。

（14）如规划委员会根据第（13）款就申请而接受任何进一步资料，则——

（a）在符合（b）及（c）段的规定下，该等进一步资料须视为已包括在该申请内；

（b）第（6）款经必要的变通后，亦适用于该等进一步资料并就该等资料而适用，犹如该款适用于该申请并就该申请而适用一样；及

（c）在不抵触第（15）款所指的豁免的情况下——

（ⅰ）第（7）、（8）、（9）、（10）、（11）及（12）款经必要的变通后，亦适用于该等进一步资料并就该等资料而适用，犹如该等条文适用于该申请并就该申请而适用一样；及

（ⅱ）为施行第（16）款，该申请须视为是在收到该等进一步资料时收到的。

（15）如规划委员会信纳有合理理由豁免它根据第（13）款就申请而接受的任何进一步资料，使该等资料不受第（14）（c）款所规限，则它可如此豁免该等资料。

（16）规划委员会须在收到根据第（1）款提出的申请后的3个月内举行会议以考虑该申请。

（17）规划委员会须就为考虑任何申请而行将根据第（16）款举行的会议，向申请人发出关于该会议的详情（包括会议的日期、时间及地点）的合理通知。

（18）在为考虑任何申请而根据第（16）款举行的会议上，申请人有权亲自或由授权代表代为出席会议和在会议上陈词。

（19）如在为考虑任何申请而根据第（16）款举行的会议上，申请人既没有亲自出席亦没有由授权代表代为出席会议，规划委员会可——

（a）在该人及其代表缺席的情况下继续进行会议；或

（b）将会议押后至它认为适当的日期。

（20）在不影响第（19）款的原则下，如规划委员会信纳有合理理由将任何根据第（16）款举行或行将根据该款举行的会议押后，它可将该会议押后至它认为适当的日期。

（21）如任何会议根据第（19）或（20）款押后，则除在规划委员会另有指示的范围内，本条条文经必要的变通后，亦适用于如此押后的会议。

（22）于根据第（16）款举行的会议上考虑任何申请时，规划委员会亦须考虑根据第（9）款就该申请提出的任何意见。

（23）于根据第（16）款举行的会议上考虑任何申请后，规划委员会可——

（a）完全或局部接纳该申请；或

（b）拒绝该申请。

（24）如规划委员会根据第（23）（a）款完全或局部接纳任何申请——

（a）规划委员会须在符合（b）及（c）段的规定下，请求行政长官会同行政会议根据第12（1）（b）（ⅱ）条将原核准图发还规划委员会以作出修订；

（b）如在规划委员会如此接纳该申请时，原核准图已根据第12（1）（b）（ⅱ）条发还规划委员会以作出修订但仍未有关于原核准图的有关草图，规划委员会须——

（ⅰ）根据第3及4条并参照被如此接纳的该申请，拟备一份显示对原核准图的修订的草图；

（ⅱ）在有关草图可予提供时，根据第7条并参照被如此接纳的该申请对草图作出修订；或

（ⅲ）在有关核准图可予提供时，请求行政长官会同行政会议根据第12（1）（b）（ⅱ）条将有关核准图发还规划委员会以作出修订；或

（c）如在规划委员会如此接纳该申请时，原核准图已根据第12（1）（b）（ⅱ）条发还规划委员会以作出修订及已有关于原核准图的有关草图，规划委员会须——

（ⅰ）根据第7条并参照被如此接纳的该申请对有关草图作出修订；或

（ⅱ）在有关核准图可予提供时，请求行政长官会同行政会议根据第12（1）（b）（ⅱ）条将有关核准图发还规划委员会以作出修订。

（25）在本条中——

有关核准图（relevant approved plan）就符合第（24）（b）或（c）款的描述的原核准图而言，指在根据第12（1）（b）（ⅱ）条发还规划委员会以作出修订后已根据第9条获行政长官会同行政会议核准为核准图的核准图；

有关草图（relevant draft plan）就符合第（2）（a）或（24）（b）或（c）款的描述的原核准图而言，指在根据第12（1）（b）（ⅱ）条发还规划委员会以作出修订后已根据第5条展示的草图；

原核准图（original approved plan）指在提出有关申请时符合以下描述的图则——

（a）属核准图；或

（b）属被发还核准图；

被发还核准图（referred approved plan）指根据第12（1）（b）（ⅱ）条发还规划委员会以作出修订的任何图则，但在发还后已根据第9条被核准的草图除外；

现行土地拥有人（current land owner）就根据第（1）款提出的申请而言，指在规划委员会于宪报刊登的公告所指明的在提出该申请前的某段期间开始时，其姓名或名称已在土地注册处注册为该申请所关乎的土地的拥有人的人。

（由2004年第25号第12条增补）

13. 核准图作为标准

核准图须由所有公职人员及公共机构在行使其所获赋予的权力时使用作为指引的

标准。

（由1958年第3号第3条修订）

13A.根据《道路（工程、使用及补偿）条例》授权进行的工程等及根据《铁路条例》批准的方案

根据《道路（工程、使用及补偿）条例》（第370章）授权进行的任何工程或使用或根据《铁路条例》（第519章）批准的任何方案，不论该等工程或使用或方案是否构成行政长官会同行政会议根据第9条所核准的图则的一部分，须当作为根据本条例获得核准。

（由1982年第37号第39条增补。由1997年第59号第47条修订；由2000年第62号第3条修订）

14. 订立规例的权力

（1）行政长官会同行政会议可订立规例——

（由2000年第62号第3条修订；由2004年第25号第13条修订）

（a）就与监督根据第23（7A）条接管、移走、扣留和处置财产有关的程序及事宜，以及就关乎与接管、移走、扣留和处置该等财产相关连的通知书的发给和注册的事宜，作出规定；

（由2004年第25号第13条修订）

（b）以利便规划委员会的工作；及

（c）以更有效地施行本条例的条文及目的。

（2）发展局局长可为施行第12A（3）（c）、16（2）（c）及16A（3）（b）条而藉规例订明费用。

（由2004年第25号第13条增补。由2007年第130号法律公告修订）

（3）为施行第12A（3）（c）、16（2）（c）或16A（3）（b）条而根据第（2）款订明的费用——

（a）可厘定于足以收回规划委员会或政府概括而言就处理根据第12A（1）、16（1）或16A（2）条（视属何情况而定）提出的申请而招致或相当可能就处理该等申请而招致的开支的水平；及

（b）无须参照就处理该等费用所关乎的某个别申请而招致或相当可能就处理该申请而招致的行政费用或其他费用的款额，而予以限制。

（由2004年第25号第13条增补）

（4）根据第（2）款订立的规例，可规定——

（a）任何费用的款额可参照规例内订明的收费表而厘定；及

（b）不同类别或种类的人缴付不同的费用，或就不同类别或种类的人或个案而缴付不同的费用。

（由2004年第25号第13条增补）

（5）财经事务及库务局局长以及他就此而授权的任何公职人员可在任何个别个案中，视局长或该公职人员（视属何情况而定）认为适合而免收或减收根据第（2）款订明的任何费用。

（由2004年第25号第13条增补）

（6）任何政府部门如非根据《营运基金条例》（第430章）所指的营运基金运作，则无须缴付根据第（2）款订明的费用；而就第（3）（a）款的施行而言，规划委员会或政府就处

理任何该等政府部门根据第12A(1)、16(1)或16A(2)条(视属何情况而定)提出的申请而招致或相当可能就处理该等申请而招致的任何开支,不得计算在内。

(由2004年第25号第13条增补)

(由1994年第22号第3条代替)

15. 规划委员会的开支

规划委员会所招致与根据本条例行使其权力或履行其职责相关并获行政长官认许的任何开支,须从立法会的拨款支付。

(由2000年第62号第3条修订;由2004年第25号第14条修订)

16. 就图则而申请许可

(1) 凡草图或核准图(不论是在《1974年城市规划(修订及追认效力)条例》*(1974年第59号)生效日期之前**或之后拟备或核准)规定就任何目的批给许可,对批给该等许可的申请须向规划委员会提出。

(2) 任何该等申请须以书面致予规划委员会秘书,该申请须——

(由2004年第25号第15条修订)

(a) 列明——

(i) 申请人是否认为他已在提出该申请前的一段合理时间内——

(A) 就该申请取得每名属现行土地拥有人的人(申请人本人除外)的书面同意或以书面将该申请通知该人;或

(B) 为就该申请取得该人的同意或就该申请向该人发给通知而采取规划委员会所规定的合理步骤;及

(ii) 该同意或通知或该等步骤(视属何情况而定)的详情;

(b) 在不抵触(a)段的条文下,该申请亦须采用规划委员会所规定的格式作出和包括规划委员会所规定的详情;及

(c) 该申请亦须附同订明费用(如有的话)。

(由2004年第25号第15条修订)

(2A) 如有申请根据第(1)款提出,规划委员会可规定申请人以法定声明或是其他方式核证申请所列明或包括的任何事项或详情。

(由2004年第25号第15条增补)

(2B) 尽管有第(3)款的规定,在以下情况下规划委员会可拒绝考虑根据第(1)款提出的申请——

(a) 该申请并不符合第(2)款所指明或根据该款作出的任何规定;或

(b) 规划委员会并不信纳申请人已在提出该申请前的一段合理时间内——

(i) 就该申请取得每名属现行土地拥有人的人(申请人本人除外)的书面同意或以书面将该申请通知该人;或

(ii) 为就该申请取得该人的同意或就该申请向该人发给通知而采取规划委员会所规定的合理步骤。

(由2004年第25号第15条增补)

(2C) 规划委员会须于任何申请根据第(1)款向它提出后,在合理地切实可行的范围内尽快将该申请供公众于合理时间查阅,并须持续如此行事,直至该申请经已根据第(3)

款在会议上被考虑为止。

（由2004年第25号第15条增补）

（2D）就第（2C）款所提述的任何申请而言，规划委员会——

（a）须安排将符合第（2E）款的通知在该申请根据第（2C）款供公众查阅的期间开始时，在该申请所关乎的土地上或附近的显明位置或在该土地上任何处所或构筑物上的显明位置贴出；或

（b）须安排将符合第（2E）款的通知在（a）段所提述的期间的首3个星期内，每星期一次在2份每日出版的本地中文报章及1份每日出版的本地英文报章刊登。

（由2004年第25号第15条增补）

（2E）第（2D）(a）或（b）款所提述的通知须——

（a）指明该通知所关乎的申请根据第（2C）款供公众查阅的地点及时间；及

（b）示明可根据第（2F）款就该申请向规划委员会提出意见，并指明如此提出的意见将会根据第（2I）款供公众查阅的地点及时间。

（由2004年第25号第15条增补）

（2F）在任何申请根据第（2C）款供公众查阅的期间的首3个星期内，任何人可就该申请向规划委员会提出意见。

（由2004年第25号第15条增补）

（2G）第（2F）款所提述的意见须按规划委员会所规定的方式提出。

（由2004年第25号第15条增补）

（2H）如第（2F）款所提述的意见——

（a）是在第（2F）款所提述的3星期期间届满后向规划委员会提出的，则该意见须视为不曾提出；或

（b）并不符合根据第（2G）款作出的任何规定，则该意见可视为不曾提出。

（由2004年第25号第15条增补）

（2I）规划委员会须于第（2F）款所提述的3星期期间届满后，在合理的切实可行的范围内尽快将根据该款向它提出的所有意见供公众于合理时间查阅，并须持续如此行事，直至有关的申请经已根据第（3）款在会议上被考虑为止。

（由2004年第25号第15条增补）

（2J）如——

（a）在有申请根据第（1）款提出后但在该申请根据第（3）款在会议上被规划委员会考虑前的任何时间，申请人向规划委员会提供进一步资料以补充已包括在该申请内的资料；及

（b）规划委员会认为将该等进一步资料包括在该申请内，不会令该申请的性质有重大改变，则规划委员会可就该申请而接受该等进一步资料。

（由2004年第25号第15条增补）

（2K）如规划委员会根据第（2J）款就申请而接受任何进一步资料，则——

（a）在符合（b）及（c）段的规定下，该等进一步资料须视为已包括在该申请内；

（b）第（2C）款经必要的变通后，亦适用于该等进一步资料并就该等资料而适用，犹如该款适用于该申请并就该申请而适用一样；及

（c）在不抵触第（2L）款所指的豁免的情况下——

（ⅰ）第（2D）、（2E）、（2F）、（2G）、（2H）及（2I）款经必要的变通后，亦适用于该等进一步资料并就该等资料而适用，犹如该等条文适用于该申请并就该申请而适用一样；及

（ⅱ）为施行第（3）款，该申请须视为是在收到该等进一步资料时收到的。

（由2004年第25号第15条增补）

（2L）如规划委员会信纳有合理理由豁免它根据第（2J）款就申请而接受的任何进一步资料，使该等资料不受第（2K）（c）款所规限，则它可如此豁免该等资料。

（由2004年第25号第15条增补）

（3）规划委员会须于收到申请的2个月内在会议上考虑该申请，并可在第（4）款的规限下，批给或拒绝批给所申请的许可。

（由2004年第25号第15条修订）

（3A）于根据第（3）款举行的会议上考虑任何申请时，规划委员会亦须考虑根据第（2F）款就该申请提出的任何意见。

（由2004年第25号第15条增补）

（4）规划委员会可根据第（3）款批给的许可，范围以图则所显示或预定或指明者为限。

（5）任何根据第（3）款批给的许可，可受规划委员会认为适合的条件规限。

（6）规划委员会秘书须将规划委员会对根据本条提出的申请所作的决定以书面通知申请人，而如规划委员会拒绝批给许可，则规划委员会秘书亦须将申请人根据第17条申请复核的权利通知申请人。

（7）就《建筑物条例》（第123章）第16（1）（d）及（da）条而言，任何在规划委员会根据本条批给的许可下获许可的事物，并不违反根据本条例拟备的任何核准图或草图。

（由1988年第2号第6条修订；由2004年第25号第15条修订）

（8）在本条中，***现行土地拥有人***（current land owner）就根据第（1）款提出的申请而言，指在规划委员会于宪报刊登的公告所指明的在提出该申请前的某段期间开始时，其姓名或名称已在土地注册处注册为该申请所关乎的土地的拥有人的人。

（由2004年第25号第15条增补）

（由1974年第59号第3条增补）

编辑附注：

*“《1974年城市规划（修订及追认效力）条例》”乃“Town Planning（Amendment and Validation）Ordinance 1974”之译名。

**生效日期：1974年8月15日。

16A.修订就图则而批给的许可

（1）凡根据第16条批给任何许可，该许可除可理解为具有它本身所具有的效力之外，亦可理解为在属A类修订的任何修订规限下具有效力。

（2）凡根据第16条批给任何许可，获批给该许可的人可向规划委员会申请，要求规划委员会为本条的目的而就该许可接受属B类修订的任何修订。

（3）根据第（2）款提出的申请须——

（a）采用规划委员会所规定的格式作出和包括规划委员会所规定的详情；及

（b）附同订明费用（如有的话）。

（4）尽管有第（5）款的规定，如根据第（2）款提出的申请并不符合第（3）款所指明或根据该款作出的任何规定，则规划委员会可拒绝考虑该申请。

（5）规划委员会须在收到根据第（2）款提出的申请后的2个月内考虑该申请，并可接纳或拒绝该申请。

（6）任何申请可在规划委员会所规定的条件的规限下根据第（5）款被接纳。

（7）凡规划委员会根据第（5）款就根据第16条批给的许可而接纳任何一项或多于一项的申请，该许可除可理解为具有它本身所具有的效力之外，亦可——

（a）在只有其中一项申请被接纳的情况下，理解为在属该申请的标的的修订规限下具有效力；或

（b）在有两项或多于两项的申请被接纳的情况下，理解为在属任何一项该等申请的标的的修订规限下具有效力。

（8）规划委员会须将它根据第（5）款所作的决定以书面通知申请人，而它如拒绝申请，则亦须将申请人根据第17条申请复核的权利通知申请人。

（9）尽管本条有任何规定，在解释本条中对根据第16条批给的许可（不论如何描述）的任何提述时，无须理会根据本条而就该许可具有效力的任何修订。

（10）规划委员会可藉宪报刊登公告——

（a）为第（12）款中***A类修订***的定义的目的而指明任何类别或种类的有关修订；及

（b）为第（12）款中***B类修订***的定义的目的而指明任何类别或种类的有关修订。

（11）根据第（10）款刊登的公告不是附属法例。

（12）在本条中——

有关修订（relevant amendments）指对根据第16条批给的任何许可的修订；

（编辑修订——2021年第1号编辑修订记录）

A类修订（Class A amendments）指属规划委员会根据第（10）（a）款指明的类别或种类的有关修订；

B类修订（Class B amendments）指属规划委员会根据第（10）（b）款指明的类别或种类的有关修订。

（编辑修订——2021年第1号编辑修订记录）

（由2004年第25号第16条增补）

17. 复核的权利

（1）凡任何申请人因规划委员会根据第16或16A条所作出的决定而感到受屈，该申请人可于获通知规划委员会的决定的21天内，以书面向规划委员会秘书申请对规划委员会的决定进行复核。

（由1991年第101号第3条修订；由2004年第25号第17条修订）

（2）规划委员会秘书在收到任何根据第（1）款提出的申请后，须为复核编定时间及地点，而复核的日期须不超过收到该申请的3个月，而规划委员会秘书亦须就复核的时间及地点向申请人发给14天通知。

（2A）规划委员会须于要求对它根据第16条所作出的决定进行复核的任何申请根据第（1）款向它作出后，在合理的切实可行的范围内尽快将该申请供公众于合理时间查阅，并

须持续如此行事，直至有关决定已根据本条被复核为止。

（由2004年第25号第17条增补）

（2B）就第（2A）款所提述的任何申请而言，规划委员会——

（a）须安排将符合第（2C）款的通知在该申请根据第（2A）款供公众查阅的期间开始时，在该申请所关乎的土地上或附近的显明位置或在该土地上任何处所或构筑物上的显明位置贴出；或

（b）须安排将符合第（2C）款的通知在（a）段所提述的期间的首3个星期内，每星期一次在2份每日出版的本地中文报章及1份每日出版的本地英文报章刊登。

（由2004年第25号第17条增补）

（2C）第（2B）（a）或（b）款所提述的通知须——

（a）指明该通知所关乎的申请根据第（2A）款供公众查阅的地点及时间；及

（b）示明可根据第（2D）款就该申请向规划委员会提出意见，并指明如此提出的意见将会根据第（2G）款供公众查阅的地点及时间。

（由2004年第25号第17条增补）

（2D）在任何申请根据第（2A）款供公众查阅的期间的首3个星期内，任何人可就该申请向规划委员会提出意见。

（由2004年第25号第17条增补）

（2E）第（2D）款所提述的意见须按规划委员会所规定的方式提出。

（由2004年第25号第17条增补）

（2F）如第（2D）款所提述的意见——

（a）是在第（2D）款所提述的3星期期间届满后向规划委员会提出的，则该意见须视为不曾提出；或

（b）并不符合根据第（2E）款作出的任何规定，则该意见可视为不曾提出。

（由2004年第25号第17条增补）

（2G）规划委员会须于第（2D）款所提述的3星期期间届满后，在合理的切实可行的范围内尽快将根据该款向它提出的所有意见供公众于合理时间查阅，并须持续如此行事，直至有关的决定经已根据本条被复核为止。

（由2004年第25号第17条增补）

（2H）如——

（a）在有申请根据第（1）款提出后但在有关决定根据本条中被复核前的任何时间，申请人向规划委员会提供进一步资料以补充已包括在该申请内的资料；及

（b）规划委员会认为将该等进一步资料包括在该申请内，不会令该申请的性质有重大改变，

则规划委员会可就该申请而接受该等进一步资料。

（由2004年第25号第17条增补）

（2I）如规划委员会根据第（2H）款就申请而接受任何进一步资料，则——

（a）在符合（b）及（c）段的规定下，该等进一步资料须视为已包括在该申请内；

（b）凡申请属对规划委员会根据第16条所作出的决定进行复核的申请，第（2A）款经必要的变通后，亦适用于该等进一步资料并就该等资料而适用，犹如该款适用于该申请

并就该申请而适用一样；及

(c) 在不抵触第 (2J) 款所指的豁免的情况下 ——

(ⅰ) 凡申请属对规划委员会根据第16条所作出的决定进行复核的申请，第(2B)、(2C)、(2D)、(2E)、(2F) 及 (2G) 款经必要的变通后，亦适用于该等进一步资料并就该等资料而适用，犹如该等条文适用于该申请并就该申请而适用一样；及

(ⅱ) 为施行第 (2) 款 ——

(A) 该申请须视为是在收到该等进一步资料时收到的；及

(B) 在收到该等进一步资料前根据第 (2) 款作出的任何事情，须在应用本款后根据该款作出的任何事情的规限下具有效力。

(由2004年第25号第17条增补)

(2J) 如规划委员会信纳有合理理由豁免它根据第 (2H) 款就申请而接受的任何进一步资料，使该等资料不受第 (2I)(c) 款所规限，则它可如此豁免该等资料。

(由2004年第25号第17条增补)

(3) 在本条所指的复核上，申请人或其授权代表可到规划委员会席前，并须获给予机会作出申述。

(4) 如申请人或授权代表并没有在为复核所编定的时间及地点出席，规划委员会可进行复核或押后复核。

(4A) 在不影响第 (4) 款的原则下，如规划委员会信纳有合理理由将复核押后，它可将复核押后至它认为适当的日期。

(由2004年第25号第17条增补)

(4B) 凡任何复核根据第 (4) 或 (4A) 款押后，则除在规划委员会另有指示的范围内，本条条文经必要的变通后，亦适用于如此押后的复核。

(由2004年第25号第17条增补)

(5) 在本条所指的复核中，规划委员会须顾及申请人所呈交的任何书面申述，如申请属要求对它根据第16条作出的决定进行复核的申请，则它亦须顾及根据第 (2D) 款就该申请提出的任何意见。

(由2004年第25号第17条修订)

(6) 在本条所指的复核中，规划委员会可确认或推翻有关决定或作出它本来能够根据第16或16A条 (视属何情况而定) 作出的任何决定。

(由2004年第25号第17条修订)

(7) *(由1991年第101号第3条废除)*

(由1974年第59号第3条增补)

17A. 上诉委员会的组成

(1) 行政长官可委出一个委员团 (***上诉委员团***)，由他认为适宜担任上诉委员会成员的人组成，以聆讯根据第17B条提出的上诉。

(由2000年第62号第3条修订)

(2) 行政长官不得委任 ——

(由2000年第62号第3条修订)

(a) 规划委员会成员，

(b) 公职人员，

(c) 上诉法庭法官，

(由1998年第25号第2条修订)

为上诉委员团成员。

(由1996年第14号第2条代替)

(2A) 为免生疑问，在第 (2) 款中，***公职人员*** (public officer) 不包括原讼法庭法官、原讼法庭特委法官、原讼法庭暂委法官或区域法院法官。

(由1996年第14号第2条增补。由1998年第25号第2条修订)

(3) 行政长官可委任一名上诉委员团成员为委员团主席，并可委任一名或多于一名成员为委员团副主席，以行政长官认为适合为准。

(由1996年第14号第2条修订；由2000年第62号第3条修订)

(4) 行政长官可委任一名公职人员为上诉委员团秘书。

(由2000年第62号第3条修订)

(5) 在收到上诉通知书后，上诉委员团秘书须通知委员团的主席，而除第 (6)、(7)、(11) 及 (16) 款另有规定外，主席须提名一个上诉委员会。

(6) 上诉委员团主席如在某宗上诉中有直接或间接的利害关系，则不得提名一个上诉委员会以聆讯该宗上诉或出任该上诉委员会的主席。

(7) 在上诉委员团主席不在时，或如上诉委员团主席在某宗上诉中有直接或间接的利害关系，则一名由上诉委员团主席为此目的而指定的上诉委员团副主席须提名一个上诉委员会以聆讯该宗上诉。

(由1996年第14号第2条修订)

(8) 第 (6) 款适用于上诉委员团副主席，一如其适用于委员团主席。

(由1996年第14号第2条修订)

(9) 除第 (6)、(8)、(11) 及 (16) 款另有规定外，上诉委员团主席或一名副主席及4名其他成员即组成一个上诉委员会以聆讯上诉。

(由1996年第14号第2条修订)

(10) 除第 (6)、(8)、(11) 及 (16) 款另有规定外，上诉委员团主席或副主席须出任上诉委员会主席。

(由1996年第14号第2条修订)

(11) 如上诉委员团主席及根据第 (7) 款获指定的副主席在某宗上诉中有直接或间接的利害关系，行政长官可委任在该宗上诉中没有直接或间接利害关系的另一名委员团副主席或另一名委员团成员提名一个上诉委员会以聆讯该宗上诉和出任该上诉委员会主席。

(由1996年第14号第2条修订；由2000年第62号第3条修订)

(12) 须有至少3名成员（其中一名须为上诉委员会主席）出席聆讯上诉和对上诉作出裁定。

(13) 上诉委员会须聆讯上诉，而上诉委员会所面对的问题须由聆讯上诉的成员的过半数票裁定。

(14) 如就任何待上诉裁定的问题的票数均等，则上诉委员会主席除原有的一票外，还可投决定票。

（15）任何成员不得参与裁定上诉委员会所面对的问题，除非他曾出席就有关上诉所举行的所有上诉委员会会议。

（16）如上诉委员团主席因病或不在香港而不能行使其职能 ——

（a）则根据第（7）款获指定的副主席须署理主席一职；或

（b）如根据第（7）款获指定的副主席不能署理主席一职，则行政长官可委任另一名副主席或另一名成员署理主席一职。

（由1996年第14号第2条代替。由2000年第62号第3条修订）

（由1991年第101号第4条增补）

17B. 上诉

（1）申请人如因规划委员会在根据第17条所进行复核的决定而感到受屈，可在获通知规划委员会根据第17（6）条所作的决定后60天内，藉提交上诉通知书而提出上诉，而上诉通知书内须列出上诉理由及其他订明的详情。

（2）上诉人及规划委员会可亲自出席（如适用的话）或由授权代表代为出席于上诉委员会席前。

（3）上诉委员会的决定不得因其任何成员在上诉聆讯时缺席而受质疑，但该成员须不参与上诉委员会的最终决定。

（由2003年第14号第24条修订）

（4）行政长官会同行政会议可订立规例，订明提出上诉须依循的程序（包括上诉通知书须列出或附有的事项）、上诉的聆讯及上诉的裁定。

（由2000年第62号第3条修订）

（5）如第（2）款所述的人没有在定作聆讯上诉的日期出席，上诉委员会可进行聆听其他有权出席的各方的陈词，并可在没有聆听缺席的一方的陈词的情况下作出决定。

（6）在上诉聆讯前或上诉聆讯时，上诉委员会可 ——

（a）考虑和裁定某方应否取用该方声称与上诉有关联而由另一人管有或控制的文件，并且下令该另一人让该方取用上述文件；

（b）听取经宣誓作出的证供，并可为宣誓为证人所需作出的宣誓进行监誓；

（c）接纳或考虑任何陈述、文件、资料或事项，不论其会否在法庭可接纳为证据；

（d）藉书面通知传召任何人出席于其席前，以提供证据和交出通知书指明的任何文件或其他东西。

（7）上诉委员会的任何通知或命令，须由主席或一名副主席签署发出。

（由1996年第14号第3条修订）

（8）在完成聆听出席上诉或出席押后聆讯的各方的陈词后，上诉委员会可 ——

（a）休会一段其认为为作出决定所需的期间；

（b）确认、推翻或更改上诉所针对的决定；

（c）将上诉委员会认为是在准备和提出上诉中所合理地附带引起的讼费或其他费用判给某一方。

（9）上诉委员会就任何上诉所作的决定是最终决定。

（由1991年第101号第4条增补）

17C. 罪行

任何人——

(a) 根据17B(6)(d) 条获送达传票，而他——

(编辑修订——2021年第1号编辑修订记录)

(i) 没有充分因由而拒绝出席或忽略出席或拒绝交出或忽略交出任何规定交出的文件、纪录或其他东西；或

(ii) 拒绝宣誓或提供证据；或

(b) 拒绝遵守上诉委员会根据第17B(6) 条作出的命令，

即属犯罪，可处第5级罚款。

(由1991年第101号第4条增补。编辑修订——2021年第1号编辑修订记录)

18. 修订图解等

(1) 凡在《1974年城市规划(修订及追认效力) 条例》*(1974年第59号) 的生效日期前**拟备的草图，不论其是否已根据第9条获得核准，如载有或附有图解、说明、注释或描述性质的事项，规划委员会可为消除任何不确定之处——

(a) 修订该等图解、说明、注释或描述性质的事项；或

(b) 以规划委员会认为适合的其他图解、说明、注释或描述性质的事项，取代该等图解、说明、注释或描述性质的事项，

而经修订或新的图解、说明、注释或描述性质的事项须为及须有效地当作一直为该草图的一部分。

(2) 凡规划委员会依据第(1) 款修订或取代载于或附于已根据第9条获核准的草图内的任何图解、说明、注释或描述性质的事项，规划委员会须将该项修订或取代通知土地注册处处长，而土地注册处处长须在根据第11条存放于土地注册处的图则复本作出所需的修订。

(由1993年第8号第3条修订)

(3) 凡规划委员会已根据第(1) 款修订或取代任何图解、说明、注释或描述性质的事项，规划委员会须将上述经修订或新的图解、说明、注释或描述性质的事项供公众查阅，并须就该等图解、说明、注释或描述性质的事项可供查阅的地点及时间，在宪报刊登公告。

(4) 即使本条例的条文另有规定，任何人不得就规划委员会根据第(1) 款所作出的任何修订或取代提出反对。

(由1974年第59号第3条增补)

编辑附注：

* “《1974年城市规划(修订及追认效力) 条例》”乃“Town Planning (Amendment and Validation) Ordinance 1974”之译名。

** 生效日期：1974年8月15日。

19. 对综合发展区的追认效力

描述为“(其他指定用途) 综合发展区”或“(其他指定用途) 综合重建区”的地区被包括在图则中，以及规划委员会及《建筑物条例》(第123章) 所指的建筑事务监督就该地区所作出的一切决定，而属在假如《1988年城市规划(修订) 条例》*(1988年第2号) 所

作出的修订于作出上述包括或决定时已生效的情况下本可有效地根据本条例或《建筑物条例》(第123章) 被包括或作出者，不得仅以该等修订当时并未生效为理由，而视作无效。

(由1988年第2号第7条增补)

编辑附注：

* "《1988年城市规划 (修订) 条例》" 乃 "Town Planning (Amendment) Ordinance 1988" 之译名。

20. 发展审批地区图

(1) 在根据第3(1)(b) 条拟备的任何草图中，规划委员会须按行政长官指示，指定香港任何地区为发展审批地区。

(由2000年第62号第3条修订)

(2) 规划委员会不得将根据本条例包括在或先前已根据本条例包括在图则中的任何地区指定为发展审批地区，但包括在根据第26条拟备的图则中的地区除外。

(3) 第 (1) 款所提述的草图，可一如在第4(1) 条中，在发展审批地区内显示或预定第4(1) 条就根据第3(1)(a) 条拟备的草图所指明的任何事项。

(4) 第4(3)、4A至13A、16及17条适用于第 (1) 款所提述的草图，一如其适用于根据第3(1)(a) 条拟备的图则。

(5) 第 (1) 款所提述的图则，不论其是否成为核准图，在草图的公告依据第5条首次在宪报刊登后，有效为期3年，但行政长官会同行政会议可应规划委员会的申请，藉在该3年期间结束前刊登于宪报的公告，将该期间延长，以增加1年为限。

(由2000年第62号第3条修订)

(6) 除第 (7)(a) 款及第1A条***违例发展***的定义中另有规定外，凡第 (1) 款所提述图则内的土地被包括在根据第3(1)(a) 条拟备的图则内，第 (1) 款所提述的图则就该土地而言停止有效。

(6A) 即使第 (1) 款提述的图则根据第 (6) 款停止有效，第16、17及17B条须继续适用于在第 (5) 款提述的3年有效期间或行政长官会同行政会议所延长以增加一年为限的期间内，根据第16条呈交的许可申请，直至根据第16条获考虑的权利、根据第17条申请复核的权利及根据第17B条提出上诉的权利已用尽、放弃或期满为止；而规划委员会或上诉委员会 (视属何情况而定) 须就该申请根据第16条考虑、根据第17条复核或根据第17B条聆讯上诉，范围以第 (1) 款提述的图则所显示或预定或指明者为限。

(由1994年第22号第4条增补。由2000年第62号第3条修订)

(7) 凡第 (1) 款所提述的图则内的土地被包括在根据第3(1)(a) 条拟备的图则内，任何人不得在该土地上进行发展或继续发展，除非——

(a) 就根据本条拟备的图则而言，该发展属现有用途；

(b) 该发展基于根据第3(1)(a) 条拟备的图则获许可；或

(c) 在该土地被包括在根据第3(1)(a) 条拟备的图则之前或之后，进行发展或继续发展的许可已根据第16条批给。

(8) 任何人违反第 (7) 款，即属犯罪；如属第一次定罪，可处罚款$500,000，如属第二次定罪或其后每次定罪，可处罚款$1,000,000。

(由1995年第300号法律公告代替)

(9) 第 (8) 款的效力，受《私营骨灰安置所条例》(第630章) 第111条所规限。

(由2017年第8号第120条及2017年第4号编辑修订纪录增补)

(由1991年第4号第8条增补)

21. 违例发展的罪行

(1) 当某发展审批地区的图则有效时，任何人不得在该发展审批地区进行或继续发展，除非 ——

(a) 该发展属现有用途；

(b) 该发展根据该发展审批地区的图则获许可；或

(c) 进行发展或继续发展的许可已根据第16条批给。

(2) 任何人违反第 (1) 款，即属犯罪；如属第一次定罪，可处罚款$500,000，如属第二次定罪或其后每次定罪，可处罚款$1,000,000。

(由1995年第300号法律公告代替)

(3) 第 (2) 款的效力，受《私营骨灰安置所条例》(第630章) 第111条所规限。

(由2017年第8号第121条及2017年第4号编辑修订记录增补)

(由1991年第4号第8条增补)

22. 视察及规定提供资料的权力

(1) 监督可没有手令或通知但在合理时间为进行下述事宜而进入土地和其上的任何处所，或进入为进行该等事宜而有需要取道的土地和其上的任何处所 ——

(由2004年第25号第18条修订)

(aa) 确定是否有或曾有违例发展或监督认为构成或曾构成违例发展的任何事项；

(由2004年第25号第18条增补)

(a) 贴上第23条所指的通知书；

(由2004年第25号第18条代替)

(b) 核证某违例发展或监督认为构成或曾构成违例发展的任何事项已按第23条的规定中止，或任何步骤已按第23条的规定采取，或土地已按第23条的规定恢复原状。

(由2004年第25号第18条修订)

(2) 尽管有第 (1) 款的规定 ——

(由2004年第25号第18条修订)

(a) 除非监督有合理理由怀疑有或曾有违例发展，以及有需要进入有关土地或处所或取道有关土地或处所 (视属何情况而定) 以使监督能确定第 (1) (aa) 款所指的事宜，否则监督不得为确定该事宜而行使在第 (1) 款下的任何权力；及

(b) 监督除非是在处所占用人或掌管处所的人同意下，否则不得没有裁判官根据第 (3) 款发出的手令而进入住用处所。

(由2004年第25号第18条修订)

(3) 如裁判官从经宣誓而作的告发，信纳有合理理由相信有或曾有违例发展，以及有需要进入任何土地或处所或取道任何土地或处所以使监督能确定是否有或曾有违例发展或监督认为构成或曾构成违例发展的任何事项，则裁判官可发出手令，授权监督或任何获监督以书面授权的人，进入该土地或处所。

(由2004年第25号第18条修订)

（4）凡监督或任何获监督授权的人根据任何根据第（3）款发出的手令进入任何地方，须出示其手令。

（5）凡监督或任何获监督授权的人根据本条进入任何地方，可规定——

（a）任何身在该地方的人就该人的身份、姓名及地址提供细节，和出示该人的根据《人事登记条例》（第177章）所发出的身份证供他查阅；或

（b）任何身在该地方的人而属在当时看似是合理地负责或掌管该地方者，提供为使他能根据本条执行其职能所需的资料或协助。

（6）根据第（3）款发出的手令须持续有效，直至有需要进入土地或处所以达致的目的已得以达致为止。

（7）为根据第20、21或23条行使任何权力或履行任何职责，为施行第20、21或23条，或为决定是否有或曾有违反第20、21或23条的任何条文，凡监督有合理理由相信某人拥有任何有关资料，监督可藉向该人送达书面通知而规定该人在该通知指明的期间内向监督提供该有关资料。

（由2004年第25号第18条增补）

（8）任何人——

（a）无合理辩解而没有遵从根据第（7）款向他送达的通知的规定；或

（b）在遵从或看来是遵从该通知时——

（i）向监督提供他明知在要项上属虚假的任何资料；

（ii）罔顾实情地向监督提供在要项上属虚假的任何资料；或

（iii）明知而遗漏任何要项，

即属犯罪，可处第6级罚款。

（由2004年第25号第18条增补）

（9）在第（7）款中，***有关资料***（relevant information）指监督为以下目的而合理地要求的资料——

（a）确定是否有或曾有违例发展或监督认为构成或曾构成违例发展的任何事项；

（b）识别以下人士——

（i）进行或继续或曾进行或曾继续任何发展的人；或

（ii）可根据第23（1）条向之送达通知书的人。

（由2004年第25号第18条增补）

（由1991年第4号第8条增补）

23. 在发展审批地区内的土地上的强制执行

（1）凡监督认为有或曾有违例发展，监督可在向一名或多于一名的土地拥有人、占用人或负责有关事项的人所送达的通知书内——

（由1991年第101号第5条修订；由2004年第25号第19条修订）

（a）指明该等有关事项；及

（由2004年第25号第19条代替）

（b）指明某日期，而监督规定该等有关事项如在该日期或之前仍未中止，则在该日期或之前必须中止。

（由2004年第25号第19条代替）

（2）凡监督除了认为有或曾有违例发展之外，亦认为有关事项的持续可以——

（由2004年第25号第19条修订）

（a）构成健康上或安全上的危险；

（b）对环境有不利影响；或

（c）令在合理期间内将土地恢复原状不切实可行或不符合经济原则，

则——

（由2004年第25号第19条修订）

（d）如没有根据第（1）款就该等有关事项送达通知书，监督可在根据该款送达的通知书内——

（ⅰ）在考虑（a）、（b）或（c）段所提述的影响后，根据第（1）（b）款就该等有关事项的中止指明日期；及

（ⅱ）进一步指明须在为此而指明的日期或之前采取的任何步骤，以防止该等有关事项所关乎的任何事物导致上述影响；或

（e）如已根据第（1）款就该等有关事项送达通知书，监督可在向已获送达该通知书的同一人送达的另一通知书内——

（ⅰ）在考虑上述影响后，以一个较早的日期，取代先前已送达的通知书内根据第（1）（b）款就有关事项的中止指明的日期；及

（ⅱ）进一步指明须在为此而指明的日期或之前采取的任何步骤，以防止该等有关事项所关乎的任何事物导致上述影响。

（2A）根据第（1）款就该等有关事项向任何人送达的通知书，须被理解为在根据第（2）（e）款就该等有关事项向同一人送达的任何另一通知书的规限下具有效力。

（由2004年第25号第19条增补）

（3）凡第（1）款所指的通知书已就任何有关事项而送达，则除第（4）款另有规定外，监督可在向任何根据第（1）款可获送达通知书的人所送达的通知书内，规定该人须在不早于该通知书送达后的30天期间的某日期前，将该土地恢复至紧接该发展审批地区生效前的状况，或就获送达该通知书的人而言属较为有利而监督认为满意的其他状况。

（4）凡第（3）款所提述的有关事项曾在符合以下描述的土地之上——

（由2004年第25号第19条修订）

（a）包括在中期发展审批地区的图则内；及

（b）在《1991年城市规划（修订）条例》*（1991年第4号）生效日期**的6个月内，包括在发展审批地区的图则内，

则监督可在第（3）款所指的通知书内，规定获送达通知书的人，将该土地恢复至紧接该中期发展审批地区的图则的公告在宪报刊登前的状况，或就获送达该通知书的人而言属较为有利而监督认为满意的其他状况。

（4A）凡——

（a）通知书（被理解为在第（2A）款下的任何另一通知书的规限下具有效力者）已根据第（1）款送达，而监督信纳——

（ⅰ）该通知书规定须中止的有关事项已按规定中止；及

（ⅱ）该通知书规定须采取的步骤（如有的话）已按规定采取；或

（b）通知书已根据第（3）款送达，而监督信纳该通知书规定须恢复原状的土地已按规定恢复原状，

则监督须向获送达通知书的人送达另一通知书，指明监督所信纳的事项。

（由2004年第25号第19条代替）

（4B）监督须于根据第（1）、（2）、（3）或（4A）款送达通知书后，在合理的切实可行的范围内尽快将该通知书在土地注册处注册。

（由2004年第25号第19条代替）

（5）凡在第（4）（a）款所提述的土地上进行发展或继续发展的许可，已于该土地被包括在发展审批地区的图则内前，根据第26条批给，该许可就第20（7）（c）及21（1）（c）条而言，须当作为规划委员会根据第16条批给的许可。

（6）凡在本条所指的通知书中为有关事宜所指明的日期或之前——

（a）有关事项没有按通知书的规定中止；

（由2004年第25号第19条代替）

（b）没有按该通知书的规定采取步骤；或

（c）土地没有按该通知书的规定恢复原状，

则获送达通知书的人即属犯罪——

（ⅰ）如属第一次定罪，可处罚款\$500,000；此外，可就该通知书中的日期后该人继续没有如此遵从的期间的每一天，另处罚款\$50,000；及

（由1996年第14号第2条修订）

（ⅱ）如属第二次或其后每次定罪，可处罚款\$1,000,000；此外，可就该通知书中的日期后该人继续没有如此遵从的期间的每一天，另处罚款\$100,000。

（由1995年第300号法律公告修订；由1996年第14号第2条修订）

（7）凡在本条所指的通知书中为有关事宜所指明的日期或之前——

（a）有关事项没有按通知书的规定中止；

（由2004年第25号第19条代替）

（b）没有按该通知书的规定采取步骤；或

（c）土地没有按该通知书的规定恢复原状，

则监督可进入该土地和采取他认为为确保该有关事项得以中止，为防止第（2）（a）、（b）或（c）款所提述的影响产生或为将土地恢复原状所需的任何步骤。

（7A）监督可根据第（7）款将根据本条送达的通知书所关乎的土地上的任何财产接管、移走、扣留和处置。

（由1994年第22号第5条增补）

（7B）除根据第14（1）条订立的任何规例另有规定外，政府无须对在监督根据第（7A）款接管、移走、扣留或处置财产的过程中的任何财产损失或损毁负上法律责任，而获监督如此授权根据第（7A）款接管、移走、扣留或处置财产的公职人员或任何人，亦无须对上述损失或损毁负上法律责任，但如他故意或以欺诈手段引致上述损失或损毁，或如上述损失或损毁是由于他的严重疏忽而引致，则属例外。

（由1994年第22号第5条增补）

（8）监督根据第（7）款招致的开支，可作为民事债项向根据本条获送达通知书的任何

人追讨。

（8A）凡监督——

（a）信纳——

（i）有关事项没有在本条所指的通知书为此而指明的日期或之前中止，但已在该日期后的任何时间中止；

（ii）步骤没有在根据本条所指的通知书为此而指明的日期或之前采取，但已在该日期后的任何时间采取；或

（iii）土地没有在根据本条所指的通知书为此而指明的日期或之前恢复原状，但已在该日期后的任何时间恢复原状；及

（b）如监督为此而根据第（7）款招致任何开支，信纳该等开支已支付予监督或已由监督追讨回，

则监督须向获送达该通知书的人送达另一通知书，指明监督所信纳的事项，并须在送达该另一通知书后，在合理地切实可行的范围内尽快将该另一通知书在土地注册处注册。

（由2004年第25号第19条增补）

（8B）根据本条送达的通知书，须当作影响土地或处所的文书，并可在土地注册处注册，但即使有关通知书没有在土地注册处注册，亦不影响它就获送达该通知书的人而言的有效性。

（由2004年第25号第19条增补）

（9）对根据第（6）款所进行的检控，以及在根据第（8）款追讨开支的法律程序中，如被告人证明以下事项，则可以此为免责辩护——

（a）他已在当时的情况下采取一切合理步骤，以遵从有关的通知书；

（aa）监督认为曾存在的违例发展事实上并非一项发展；

（由2004年第25号第19条增补）

（b）监督认为曾存在的违例发展事实上曾属现有用途，或就在任何中期发展审批地区内的土地而言，紧接该中期发展审批地区的有关图则的公告在宪报刊登前，某建筑物或土地的用途已存在；

（c）监督认为曾存在的违例发展事实上根据发展审批地区的图则或根据中期发展审批地区的有关图则获许可；或

（d）监督认为曾存在的违例发展事实上属一项已根据第16条批给许可的发展。

（由2004年第25号第19条代替）

（9A）在就指称已犯的第（6）款所订罪行进行检控时，控方无须证明——

（a）监督认为曾存在的违例发展事实上曾属一项发展或一项违例发展；或

（b）监督认为曾构成该违例发展的有关事项事实上曾构成该违例发展。

（由2004年第25号第19条增补）

（10）本条所指的通知书，可面交送达某人，或以邮递方式送交某人的地址送达，或藉放置在某人的邮箱内送达，或藉在以下位置贴出而送达——

（a）受通知书影响的土地上或附近的显明位置；或

（b）受通知书影响的土地上任何处所或构筑物上的显明位置。

（由1991年第101号第5条修订）

（11）监督在为根据本条行使任何权力或执行任何职责而就是否有或曾有任何违例发展或任何事项是否构成或曾构成违例发展得出意见时，可考虑——

（a）第24A条适用的文件或文件复本；

（b）根据本条例展示的任何草图或核准图；及

（c）监督觉得对该等权力的行使或该等职责的执行（视属何情况而定）是相干的任何其他资料或东西。

（由2004年第25号第19条增补）

（12）在本条中，***有关事项***（relevant matters）就监督认为存在或曾存在的任何违例发展而言，指监督认为构成或曾构成该违例发展的事项。

（由2004年第25号第19条增补）

（13）第（1）及（2）款的效力，受《私营骨灰安置所条例》（第630章）第111条所规限。

（由2017年第8号第122条及2017年第4号编辑修订记录增补）

（由1991年第4号第8条增补。由2004年第25号第19条修订）

编辑附注：

*"《1991年城市规划（修订）条例》"乃"Town Planning (Amendment) Ordinance 1991"之译名。

**生效日期：1991年1月25日。

24. 复核监督的决定

（1）任何人如因监督根据第23（3）或（4）条所作出的决定而感到受屈，可在获送达第23（3）条所指的通知书后的30天内，以书面向发展局局长申请复核监督的决定。

（2）监督及申请人无权出席复核，但申请人须获给予任何由监督向发展局局长提供的资料的副本，并须获给予合理时间，以提供进一步详情回应所获提供的资料。

（3）发展局局长在对申请及所有提交的资料进行考虑后，可确认或推翻监督的决定或作出监督根据第23（3）或（4）条本可以作出的任何决定。

（4）凡依据本条收到复核申请，则根据第23（3）或（4）条所作出的决定而属被复核者暂缓生效，直至完成处理该复核为止。

（由1991年第4号第8条增补。由1997年第362号法律公告修订；由1999年第330号法律公告修订；由2002年第106号法律公告修订；由2007年第130号法律公告修订）

24A. 证据

任何包括土地的航摄照片的影像的文件或该文件的任何复本如看来是由地政总署发出的，并看来是由地政总署署长就此而授权的任何公职人员签署或简签的，则一经在本条例下的任何法律程序中交出，即可获接纳为其中所显示的事项的表面证据而无需再作证明。

（由2004年第25号第20条增补）

25. 监督所作的转授

监督可藉书面授权任何公职人员行使由本条例赋予监督的任何权力，和履行由本条例委予监督的任何职责。

（由1991年第4号第8条增补）

26. 中期发展审批地区#

（1）即使本条例任何其他条文另有规定，规划署署长——

(a) 可拟备图则，而该等图则按行政长官所指示而指定香港某些地区为中期发展审批地区以及规定除非是依循该等图则或有规划署署长的许可，否则不得在上述地区进行发展或继续发展；

(由2000年第62号第3条修订)

(b) 为施行 (a) 段，可应任何许可申请，附加条件或不附加条件以书面批给许可，或拒绝批给许可；及

(c) 须安排任何上述图则的公告在宪报刊登。

(2) 第4(1) 和4A条须适用于根据第 (1) 款拟备的图则，犹如该等条文中对规划委员会的草图的提述，是对根据第 (1) 款拟备的图则的提述一样，以及犹如对规划委员会及规划委员会主席的提述，是对规划署署长的提述一样。

(3) 凡根据第 (1) 款拟备的图则所关乎的土地后来被包括在根据第3条拟备的图则内，则第 (1) 款中须依循上述图则或须取得规划署署长的许可的规定，就该土地并不适用。

(4) 在《1991年城市规划 (修订) 条例》*(1991年第4号) 的生效日期**后，规划署署长不得根据第 (1)(a) 款拟备图则或根据第 (1)(c) 款安排刊登公告。

(由1991年第4号第8条增补)

编辑附注：

#当作自1990年7月27日起实施——见1991年第4号第1(2) 条。

*“《1991年城市规划 (修订) 条例》”乃“Town Planning (Amendment) Ordinance 1991”之译名。

**生效日期：1991年1月25日。

27. 规划委员会须提供文件或资料复本

凡有任何文件或资料根据第6(4)、6A(4)、6C(1)、6D(4)、6H(2)、12A(6) 或 (12)、16(2C) 或 (2I) 或17(2A) 或 (2G) 条供公众查阅，规划委员会须在规划委员会所厘定的费用获缴付后，向任何人提供该文件或资料的复本。

(由2004年第25号第21条增补)

28. 关乎《2004年城市规划 (修订) 条例》的过渡性及保留条文

(1) 凡在任何个案中，有关的草图已根据未修订条例第5条或已根据在修订条例生效*前该条的相应条文而展示 (不论该草图曾否根据未修订条例第7条或根据在修订条例生效前该条的相应条文被修订)，则修订条例第6、7、8、9(a)、(b) 及 (c) 及10条所作的修订并不就该个案而适用，而为免生疑问，本条例的条文经必要的变通后，须据此解释及适用。

(2) 凡在任何个案中，行政长官会同行政会议已根据未修订条例第12(1)(b) 条或已根据在修订条例生效前该条的相应条文将有关的核准图发还规划委员会，则修订条例第11(a)、(b)、(c) 及 (d) 条所作的修订并不就该个案而适用，而为免生疑问，本条例的条文经必要的变通后，须据此解释及适用。

(3) 凡在任何个案中，已根据未修订条例第16(1) 条或已根据在修订条例生效前该条的相应条文向规划委员会提出要求批给许可的申请，则修订条例第15条所作的修订并不就该个案而适用，而为免生疑问，本条例的条文经必要的变通后，须据此解释及适用。

(4) 凡在任何个案中，已根据未修订条例第16(1) 条或已根据在修订条例生效前该条

的相应条文向规划委员会提出要求批给许可的申请，则修订条例第17条就根据第16条作出的决定所作的修订并不就该个案而适用，而为免生疑问，本条例的条文经必要的变通后，须据此解释及适用。

(5) 凡在任何个案中，已就该个案根据未修订条例第23(1)条或已根据修订条例生效前该条的相应条文送达通知书，则修订条例第19条所作的修订并不就该个案而适用，而为免生疑问，本条例的条文经必要的变通后，须据此解释及适用。

(6) 尽管修订条例另有规定，在不抵触第(1)、(2)、(3)、(4)及(5)款的规定下——

(a) 已根据未修订条例第5条或其相应条文公布的任何图则，须视为已根据第5条公布的图则；

(b) 根据未修订条例第7条或其相应条文作出对草图的任何修订，须视为根据第7条对草图作出的修订；及

(c) 根据未修订条例第16条或其相应条文批给的任何许可，须视为根据第16条批给的，

而为免生疑问，本条例的条文经必要的变通后，须据此解释及适用。

(7) 本条是增补而非减损《释义及通则条例》(第1章)第23条的规定。

(8) 在本条中——

未修订条例(pre-amended Ordinance) 指在紧接修订条例生效前有效的本条例；

相应条文(corresponding provision) 就未修订条例的任何条文而言，指在修订条例生效前的任何时间有效的，并与未修订条例的该条文实质上相应的本条例的任何条文(未修订条例除外)；

修订条例(amending Ordinance) 指《2004年城市规划(修订)条例》(2004年第25号)。

(由2004年第25号第21条增补)

编辑附注：

* 生效日期：2005年6月10日。

城市规划规例（第131章第14条）

［1954年3月26日］

（格式变更——2018年第2号编辑修订记录）

1. 引称

本规例可引称为《城市规划规例》。

2. 为规划委员会拟备图则

（1）规划委员会主席可规定规划署署长根据规划委员会的指示拟备任何图则或简图，而该等图则或简图为主席认为为执行规划委员会就受第3条所指的行政长官指示所规限的地区而言的职责所需者。

（2000年第62号第3条）

（2）规划署署长须安排拟备规划委员会主席根据第（1）款规定的图则及简图。

（1982年第76号法律公告；1986年第94号法律公告；1989年第392号法律公告）

城市规划上诉规例(第131章第17B条)

(略去制定语式条文——2021年第5号编辑修订记录)

[1991年11月18日]

(格式变更——2021年第5号编辑修订记录)

1. 引称

本规例可引称为《城市规划(上诉)规例》。

2. 释义

在本规例中,除文意另有所指外——

"上诉人"(appellant)指根据本条例第17B(1)条提出上诉的人;

"上诉委员会"(Appeal Board)指根据本条例第17A条组成的上诉委员会;

"规划委员会"(Board)指根据本条例第2条委出的城市规划委员会。

3. 上诉通知书

(1)上诉人须向上诉委员会秘书发给上诉通知书,该通知书须包括——

(a)上诉人的姓名或名称、地址及电话号码;

(b)上诉人授权代表的姓名或名称、地址及电话号码;

(c)上诉所针对的决定的细节;

(d)上诉理由;

(e)所有拟传召的证人的姓名、地址及电话号码;及

(f)证人将提供的证据的详情及将由上诉人或代表上诉人交出的文件及任何其他东西的详情,该等详情须足以确保上诉委员会及规划委员会获全面地及公正地告知上诉理由。

(2)上诉人须向规划委员会秘书送达第(1)款所提述通知书的副本。

(3)规划委员会须在收到第(2)款所指的通知书的60天内,就以下事项向上诉委员会秘书及上诉人送达通知书——

(a)规划委员会授权代表的姓名或名称、地址及电话号码;

(b)所有拟传召的证人的姓名、地址及电话号码;及

(c)证人将提供的证据的详情及将由规划委员会或代表规划委员会交出的文件及任何其他东西的详情,该等详情须足以确保上诉人及上诉委员会获全面地及公正地告知反对上诉的理由。

4. 证人

被传召在上诉中提供证据的证人具有原讼法庭民事诉讼中的证人的所有权利及特权。

(1998年第25号第2条)

5. 聆讯通知

（1）在收到根据第3（3）条所指的通知书后，上诉委员会秘书须编定上诉聆讯的日期、时间及地点。

（2）上诉委员会秘书须在为聆讯所定出的日期前不少于28天将上诉的日期、时间及地点通知规划委员会秘书、上诉人及证人。

6. 聆讯前须送交存档的详情

在为上诉聆讯所定出的日期前不少于7天，上诉人及规划委员会须——

（a）向上诉委员会秘书交存将在上诉聆讯中提供或交出作为证据的证人陈述书、文件及任何其他东西的副本；

（b）互相向对方送达证人陈述书及文件的副本，并须就已交存上诉委员会秘书的任何其他东西提供细节，而该陈述书、文件或东西是将在上诉聆讯中提供或交出作为证据的。

7. 放弃及缺席

（1）上诉人可藉向上诉委员会秘书及另一方就上诉人拟放弃其上诉的全部或任何部分所发给不少于7天的书面通知，在为聆讯而定出的日期或任何押后聆讯的日期前，放弃其上诉的全部或部分。

（2）如某方或其授权代表没有在所编定的日期及时间出席聆讯，或没有在任何押后聆讯出席，上诉委员会——

（a）如信纳缺席是出于合理因由，可将聆讯押后至其认为适合的日期及时间；

（b）可进行聆讯上诉；或

（c）可驳回上诉。

（3）如上诉委员会根据第（2）（c）款驳回上诉，上诉人可在驳回上诉的命令作出的14天内，以书面向上诉委员会秘书申请由上诉委员会覆核其决定。

（4）在第（3）款所指的覆核上，上诉委员会如信纳缺席是出于合理因由，可撤销命令和为聆讯编定其认为适合的日期及时间，而除非各方同意，否则该日期须为覆核日期起计不少于14天。

（5）除非证人同意接纳较短时期的通知，否则上诉委员会秘书须就根据第（4）款为聆讯而定出的日期向证人发给至少7天通知。

8. 上诉的纪录

上诉委员会秘书须为每宗上诉就以下事项备存书面纪录——

（a）上诉人的姓名或名称；

（b）上诉理由；

（c）上诉人授权代表的姓名或名称；

（d）规划委员会授权代表的姓名或名称；

（e）上诉任何一方所传召的任何证人的姓名；

（f）每名证人所提供证据的概要；

（g）上诉委员会的决定及作出该决定的理由；及

（h）上诉委员会所作出的任何命令。

香港规划标准与准则

第一章　绪　论

1. 引言

1.1 《香港规划标准与准则》这本手册，列明政府厘定各类土地用途和设施规模、位置及地盘规定的准则。手册适用于规划研究、拟备／修订规划图则和发展管制规定。

1.2 本章阐释《香港规划标准与准则》的背景、目的、涵盖范围、制定和检讨程序及适用范围等主要方面，随后章节则列明各项规划标准与准则。

2. 背景

2.1 香港自二十世纪六十年代开始经济不断发展，城市发展的压力也不断增加，因此确有需要对香港日后的土地用途和人口分布模式进行全面检讨。有见及此，政府在一九六五年开始编制《土地利用计划书》，计划书于一九七一年完成，并获当时的土地发展规划委员会采纳，后于一九七二年获当时的行政局通过。

2.2 一九七四年，政府对《土地利用计划书》作出大幅修订，配合社会经济情况的改变，以及政府所订的发展优先次序。经修订的计划书重新命名为《香港发展纲略》，整份文件分为两部分：甲部载列规划标准，乙部述明发展策略。一九七九年，《香港发展纲略》获得当时的土地发展政策委员会核准。

2.3 一九八一年，当时的土地发展政策委员会辖下成立了规划标准小组委员会，专责检讨《香港发展纲略》所订的规划标准与准则。一九八二年，规划标准小组委员会建议为《香港发展纲略》乙部关于发展策略另拟一份专题文件（其后称为“全港发展策略”）；《香港发展纲略》的内容则限为规划标准与准则，并易名为《香港规划标准与准则》。这项建议获当时的土地发展政策委员会同意。

3. 目的

3.1 拟备《香港规划标准与准则》的目的，是提供一些基本指引，确保在规划过程中，政府可保留足够土地进行社会和经济发展，以及提供合适的公众设施配合市民需要。

3.2 《香港规划标准与准则》是规划未来的一项工具，为分配匮乏的土地资源提供一个公平的基础。当局根据社会经济需要的各项标准和预测，便可为各个地区制订土地用途预算。《香港规划标准与准则》亦是厘定各类土地用途和设施选址的准则，有助为发展区进行规划。

3.3 《香港规划标准与准则》也是规管发展的一项工具，为厘定各类发展的规模、密度、地盘规定和所需的配套设施提供指引。

3.4 按规划图则落实发展方面，《香港规划标准与准则》提供准则来衡量规划区各种用途的土地是否足够，所提供的设施又是否充足。这些准则有助制订社区设施的设置计划，以及厘定各区发展的缓急次序。

3.5 《香港规划标准与准则》除了订明发展目的之外，也就环境规划、保育自然景观和生境、保存文化遗产和市景提供指引，从而提高香港居民的生活质素。

4. 内容

4.1 规划标准指按照人口所提供的各类土地用途、社区设施和基础设施，而所订标准也不过是最基本的要求。规划标准通常为各项设施订定最低标准，但也会为一些设施订明上下限的要求。

4.2 各项发展的规划准则包括位置准则、不同用途之间的协调性、发展密度、设计准则等。这些准则假设发展限制为最低限度，旨在用作一般参考。

4.3 《香港规划标准与准则》每章都针对指定类别或范畴的土地用途或设施。课题包括：居住密度、社区设施、“康乐、休憩用地及绿化”、工业用地、零售设施、公用设施、内部运输设施、环境规划、自然保育与文物保护、城市设计指引，以及就地下岩洞发展、加油站、具有潜在危险的装置、汽车修理工场、港口后勤及露天贮物用途和天桥及行人天桥的桥底土地用途等特别用途所订的其他规划标准与准则。因此，《香港规划标准与准则》的章节已经全面涵盖对市民福祉至为重要的各种邻舍、地区及全港设施。

4.4 不过，一些全港或独特的用途和设施，例如机场、博物馆和大学等，则无须订定标准或准则，因为这些设施的提供和选址要求，必须个别进行研究，或参考其他国际认可准则。

5. 适用范围

5.1 规划标准与准则适用于香港不同层面的土地用途规划。在策略性规划层面，这些标准与准则可用作厘定各类用途所需土地的总面积及全港的分布情况；在地区规划层面，则主要为个别的土地用途和设施物色特定的地区和地点，使安排井然有序。在为特别地区拟备发展纲领及为大型发展计划拟备规划大纲时，均须应用规划标准与准则。

5.2 应用规划标准与准则时，必须灵活变通，顾及土地用途需求、当地的情况、发展限制及可运用的资源等因素。每项标准与准则均不应独立考虑，在有需要时更应参考其他标准与准则。

5.3 各类用途的规划标准与准则虽然并非互不相容，但确会导致争相竞逐有限的土地资源及拨款的情况。在拟订发展建议时，可能须在不同的标准之间权衡取舍，务使社会大众从发展计划获益最多。在发展过程中，规划师或须为各方权衡发展的目的和需要，谋求取得圆满的解决办法。

5.4 在制定图则或发展过程当中，拟议发展计划如偏离规划标准与准则，有关方面则须在提交给核准当局的规划图则或发展计划内，解释有关的理据。倘若核准当局不接受解释，规划图则或发展建议便须重新研究。由此可见，《香港规划标准与准则》既可作为衡量标准，应用时又具有相当灵活性。

5.5　按照规划标准在规划图则上预留用地，并不表示有关的设施理应自动纳入发展进度计划内。工程项目是否纳入发展进度计划，或者发展的优先次序是否获得提升，必须因应个别项目提出的理据和按照政府资源分配制度所作决定而定。

6. 制定及检讨工作

6.1　规划标准小组委员会

规划标准小组委员会隶属于规划及土地发展委员会（取代前土地发展政策委员会），负责制定及检讨《香港规划标准与准则》。规划标准小组委员会因应需要召开会议，由规划署专业事务组提供支援服务。规划标准小组委员会的职权范围及成员名单载于附录1。

6.2　程序

6.2.1　当局会因应政府政策及发展需要，制定及检讨规划标准与准则，这个程序可说是持续进行的。倘决策当局及有关委员会（如行政会议、规划及土地发展委员会）着手制定或修订政府政策，而有关政策会对土地用途造成影响，制定及检讨规划标准与准则的程序便会随即展开。为使政策得以落实，规划标准小组委员会或主动展开工作，或应决策局/部门的要求，着手制定或检讨有关标准与准则。如所制定或修订的规划标准与准则会对政策、公众利益或发展程序构成重大影响，当局亦会按需要进行公众咨询。

6.2.2　规划标准小组委员会如须制定或修订规划标准与准则，便会视乎需要而决定是否成立跨部门工作小组。该小组委员会的秘书在征询有关决策局／部门的意见后，会拟出每个工作小组的职权范围，然后把拟稿传阅给有关人员。工作小组的主席人选则视乎个别决策局或部门的参与程度而定。

6.2.3　工作小组会进行研究，并在有需要时制备讨论文件供委员考虑。在可行及适当情况下，工作小组亦会拟备政策情况报告拟稿，说明各项建议造成的财政影响。这些报告应交由有关的部门、决策局或专业委员会审阅。讨论文件及报告拟稿连同拟议的规划标准与准则，会一并呈交规划标准小组委员会考虑。

6.2.4　如规划标准小组委员会认为无须为拟议的修订成立工作小组，负责部门会把拟议的标准与准则传阅给政府有关各局／部门审阅。收纳部门意见的拟议修订，会提交给规划标准小组委员会考虑。

6.2.5　规划标准小组委员会将考虑有关修订对政策构成的影响和尚待解决的问题。倘获规划标准小组委员会采纳，新拟订或经修订的规划标准与准则便会以传阅方式提交规划及土地发展委员会审批；如个案涉及重大影响或尚待解决的问题，规划及土地发展委员会则须在正式会议上考虑有关规划标准与准则。

6.2.6　新拟订或经修订的标准与准则获核准后，规划标准小组委员会秘书便会公布新拟订或经修订的标准与准则，并把有关标准与准则纳入《香港规划标准与准则》。

6.2.7　规划标准小组委员会亦会透过各团体和政府有关各局／部门所作的回应，监察《香港规划标准与准则》的落实情况。《香港规划标准与准则》的制定和检讨程序概要载于附录2。

6.2.8《香港规划标准与准则》各章只辑纳必需的资料，力求内容简洁，然而，若把各章结集成书，篇幅难免浩繁。因此，每章均独立编制，而每页、各部分及各个段落均冠以编号，以方便处理、查阅及修订。

7.分发

7.1 《香港规划标准与准则》原本限于供政府内部或委聘的顾问使用。自一九九一年起，《香港规划标准与准则》便已公开给公众查阅，成为发放规划资料的途径。《香港规划标准与准则》全文和摘要的中英文本，亦已上载到规划署网站（http：//www.pland.gov.hk/），方便公众浏览查阅。此外，公众亦可向规划署的规划资料查询处（设于北角政府合署和沙田政府合署），查阅《香港规划标准与准则》或查询有关事宜。

8.总结

8.1　本章旨在为《香港规划标准与准则》的使用者提供所需的背景资料，以便使用者在应用标准与准则时了解其目的和背景。《香港规划标准与准则》的编订，实为政府各局／部门共同努力的成果。

8.2　这本手册所载的标准与准则不具备法定效力，也不具约束力。能否发挥成效，则因应政府内部对各项标准与准则是否确切了解、灵活应用，以及各部门是否通力合作；发展商在政府适当指引下能否将之引用得宜，亦同样重要。在适当情况下，这些规划标准与准则会在土地契约条款中订明，或在城市规划委员会批给规划许可时以附带条件方式订明。因此，制定《香港规划标准与准则》的原意虽然是作为规划师的辅助工具，但现已成为香港规划机制中不可或缺的实用部分。

8.3 《香港规划标准与准则》是一本技术手册，如须就此进行公众咨询，对象通常以有关的团体为主，例如专业学会和政府咨询委员会。不过，在咨询过程中，当局亦欢迎公众向规划署提出意见，所有意见均会获仔细考虑。

附录1　规划标准小组委员会的职权范围和成员名单

1.职权范围

（a）因应政策所需，透过与政府部门、决策局及其他有关团体密切联络，协调规划标准与准则的制定工作，务使所制定的标准与准则能提供所需资料，以供政府部门及其他机构拟订及修订发展计划时参照及作为指引。

（b）监察、分析及检讨这些标准与准则的成效，并进行调查及研究，以确定须作修订的地方，特别须考虑可运用的资源、预测的发展趋势、已核准的常规和政策，以及其他适当的策略性规划研究；

（c）按需要委任专责工作小组进行上文（a）段及（b）段的工作；以及

（d）向规划及土地发展委员会建议新的标准与准则，并对已核准的标准与准则作出修订。

2.成员

规划署副署长／全港（主席）

下列人员的代表：

发展局局长

财经事务及库务局局长

民政事务局局长

运输署署长

地政总署署长
房屋署署长
土木工程拓展署署长
环境保护署署长
政府产业署署长
政府经济顾问
建筑署署长
按需要委任的其他决策局局长及部门首长

规划署高级城市规划师 / 规划标准与准则（秘书）

附录2 规划标准与准则制定和检讨程序

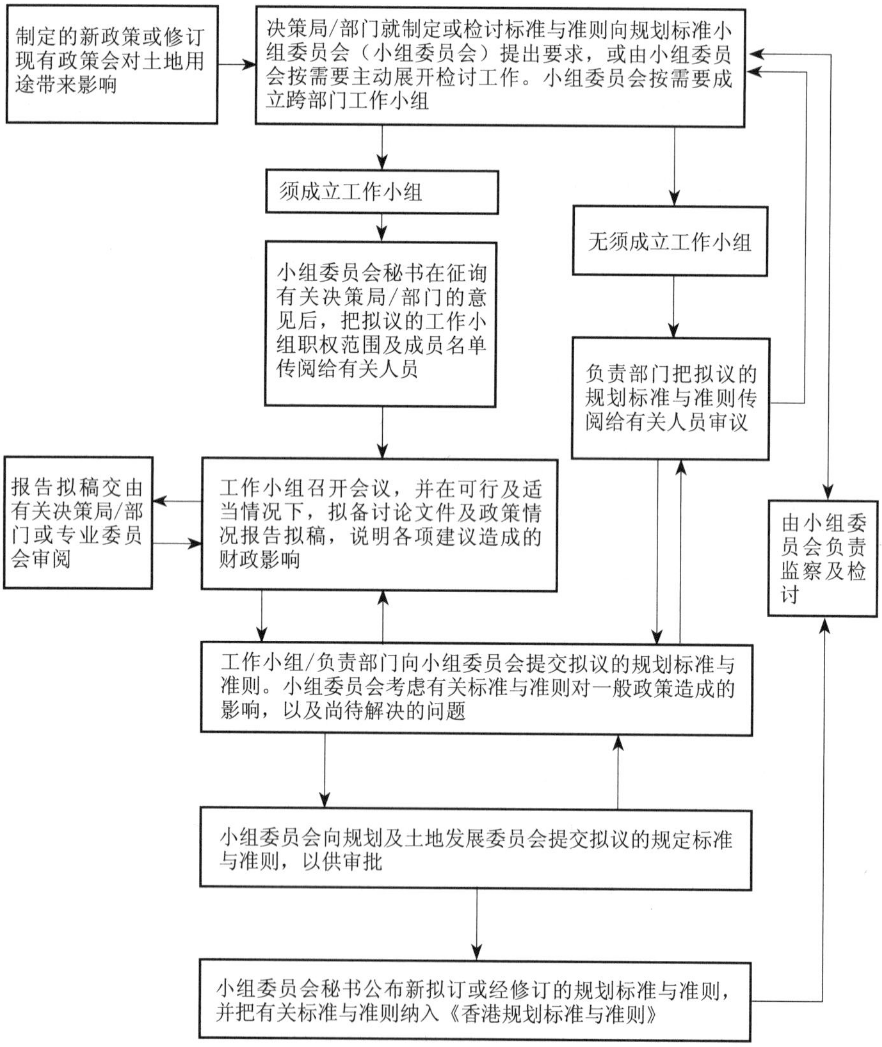

第二章　住宅发展密度

1. 引言

1.1　制定住宅发展密度指引的目的和作用

1.1.1　住宅发展密度是把可供使用的土地的发展或人口密度，以量化的形式表示出来。由于人口的分布情况对提供公共设施（例如运输设施、公用设施及社区基础设施）有重大的影响，所以管制住宅发展密度是有效规划土地用途的基本工作。

1.1.2　为增加短、中期土地供应以作房屋用途，需要善用稀有的土地资源，尤其是在较短时期内即可使用的土地，方法是提高住宅发展密度，达至从规划角度而言所准许的上限，以增加香港土地的供应量，以及香港人的居住空间。

1.1.3　在《二零一四年施政报告》中，政府公布，除了人口比较稠密的港岛北部及九龙半岛外，位于主要市区和新市镇的其他发展密度分区的房屋用地，其最高住用地积比率可整体地适度提高约两成。根据既定做法，政府在考虑提高密度时，会顾及交通和基础设施容量、地区特色和现有发展密度等因素，以及拟议发展对有关地区可能造成的各项影响。《二零一五年施政报告》也提及，政府会地尽其用，适度增加发展密度。

1.1.4　不应把相关发展密度分区的最高地积比率视为自动和划一的标准规格，而是应作为一般指引，以供在规划过程中考虑或测试个别住宅发展用地的最高地积比率，基于相关基础设施容量及规划考虑因素，从规划角度而言，应否容许增加地积比率至其上限。

1.1.5　制定住宅发展密度政策的主要目的如下：

（a）为住宅区的居民推广一个在环境及市容方面均可接受的标准；

（b）就一个地区的居住人口与应付该区所需的现有或已规划的设施及基础设施来说，确保两者之间的供求情况能维持均衡；

（c）在可供发展的土地供应有限而需求殷切的情况下，维持有效的土地使用密度，以及善用土地资源；

（d）在地质情况恶劣或邻近地区设有危害性设施而有潜在危险的地区，把有关发展及人口维持在一个安全的水平；

（e）基于城市设计的理由提供不同的城市设计形式，和满足市场不同界别的需求；以及

（f）确保有关地区的发展规模适当地配合该区的环境，尤以乡郊地区及／或文物和自然保育区为然。

1.1.6　住宅发展密度指引藉着制定一套条理分明而适用于不同类别地区的密度标准，以达致上述各项目的。这些标准就不同层面的规划事宜作出指引，由策略性规划以至发展管制，并适用于公营和私营房屋，但在引用时应具灵活性，以顾及不同地区的情况。

1.1.7　制定指引的主要目的，是使规划师可以对划作住宅发展的地区可容纳的人口作出可靠的估计，或就容纳已知数目人口所需的土地面积作出估计。为了确保能够规划足够的基础设施及服务以满足日后人口的需要，以及指示在达到这个目的方面某一地盘或地区所须施加的发展密度限制，进行这些估计是必需的。

1.2　一般住宅发展密度原则

1.2.1　在厘订住宅发展密度方面，订定了一些一般原则，规划时应周详考虑这些原则，以期在土地用途、运输、环境及基础设施规划方面互相配合。透过这种综合规划方法规划不同密度的住宅发展，既可达致最具效益和发挥最大功能的分布情况，又可在社会、运输及基础设施方面发挥规模经济的作用，同时又能符合环境目标。

1.2.2　上述有关住宅密度的综合原则包括：

（a）必须设立一个住宅发展密度的分级架构，以满足市场对各种房屋类别的需要；

（b）住宅发展密度应配合现有及已规划基础设施的容量和环境吸纳量所能负荷的水平；

（c）发展项目所在的位置，应可鼓励居民使用公共交通工具，以减低交通需求。基于这个原则，较高密度的住宅发展应尽可能建于铁路车站及主要公共运输交汇处附近，以期善用发展机会，并减低对路面车辆交通的依赖程度；

（d）住宅发展密度应随着与铁路车站及公共运输交汇处的距离增加而渐次下降；

（e）在主要交通走廊或铁路车站服务范围以外的地方，倘设有足够的接驳交通工具以连接铁路车站及公共运输交汇处，也可考虑进行较高密度的住宅发展；

（f）在高容量交通枢纽附近进行较高密度的住宅发展，意味受影响用途或会受到环境问题所滋扰。因此，进行规划时，必须周详考虑环境事宜，以确保符合环境目标，在适当时候更须纳入环境纾缓措施；

（g）为避免城市形式单调乏味，并缔造更有趣的城市面貌，应考虑规划不同密度的住宅发展；以及

（h）位于环境易受破坏地区（例如湿地、自然保育区、郊野公园和具特殊科学价值地点等）附近的地点，则以低密度住宅发展较为协调，这样可确保这些环境易受破坏地区受到保育，并可尽量避免受人类滋扰。

1.3　行政管理工作

1.3.1　本港采用混合式的管理方法管制住宅发展密度，部分方法以法定权力为依据，而部分则以行政措施为基础。《建筑物条例》，包括有关的《建筑物（规划）规例》，是明确订明发展密度限制及执行条文的唯一法规。《建筑物（规划）规例》附表1就建筑物高度，订明住用建筑物及非住用建筑物的准许最高地积比率和最大上盖面积。

1.3.2　此外，《城市规划条例》规定，当局可藉着法定图则的注标及注释，施行可强制执行的地积比率管制。

1.3.3　至于把发展密度规限于《建筑物（规划）规例》的法定最高住宅发展密度以下的其他措施，均属行政性质，可在有需要时藉着把它们纳入批地契约或列入法定图则内，予以执行。这些措施包括《香港规划标准与准则》所制定的住宅发展密度指引及特别发展管制区条文。指定某些地区为特别发展管制区的目的，是为了保留一些有特色或具美化市容作用的地区，又或这些地区的发展因运输量受到局限之故。

2. 住宅发展密度指引的作用

2.1　香港公营及私营住宅区的发展密度，是透过限制地积比率加以管制。地积比率的定义，是指建筑物的总楼面面积（如《建筑物（规划）规例》所界定）与建筑物所在地

盘的面积（地盘净面积）构成的比率。地盘面积的定义载于图1。地积比率虽然规限了建筑物的总楼面面积，但只会间接影响人口的密度，原因是人口密度还会受其他因素影响，如单位大小和每单位人口比率等的相互作用。

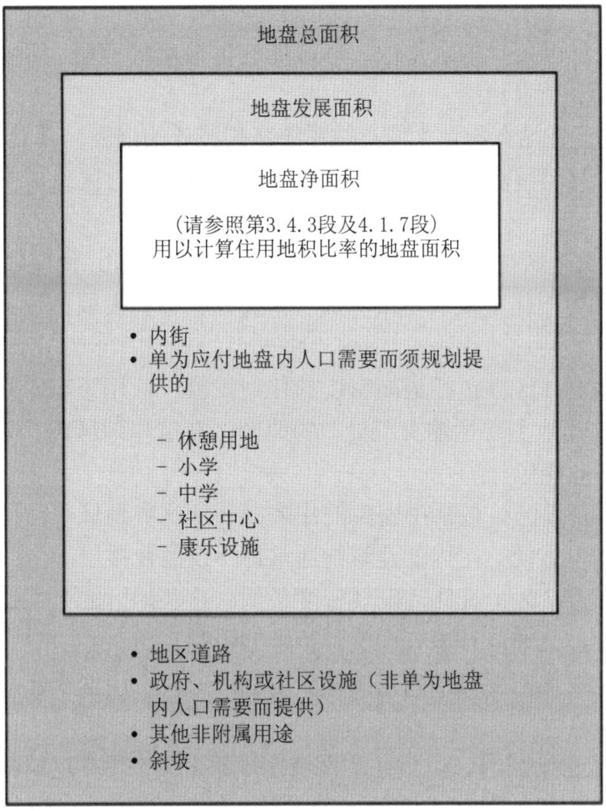

图1　地盘面积的定义

2.2　因此，住宅发展密度指引具有下列两个主要作用：

(a) 订定管制不同类别发展的地积比率规限；以及

(b) 列明可以如何藉这些地积比率换算为大概可容纳的人口数目。

3. 建筑物密度指引

3.1　建筑物发展密度的实施

3.1.1　有关香港建筑物住用部分获准许的基本最高地积比率，载列于《建筑物（规划）规例》附表1。如要把最高地积比率限制于所列水平之下，只可通过以下方法实施：

(a) 在法定图则内加入法定的管制；

(b) 机场障碍物高度限制（间接管制）；

(c) 在新批地契约或经修订的批地契约内加入限制发展的条件；或

(d) 根据《城市规划条例》第16条批出的规划许可。

3.1.2　根据《香港规划标准与准则》或特别发展管制区条文，如要对不同类别的地区订下建筑物密度指引，只能在上述其中一个或多个情况适用时才可实施。因此，现建议在有必要和可能的情况下，把指引所列的准许最高地积比率纳入法定图则内。

3.2 主要市区

3.2.1 主要市区包括香港岛、九龙、新九龙、荃湾和葵青区。都会计划为这些地区确立以下发展密度准则：

（a）在环境处于可接受的水平内，尽可能在运输系统容量大（特别是铁路）的地区附近增加其人口密度和就业机会；

（b）反过来说，在没有容量大的运输系统直接服务的地区，其发展密度则予以限制；

（c）对于那些人烟稠密而普遍存在环境和实际问题的地区，应尽可能减低其发展密度；以及

（d）如发展有关地区对景观所构成的影响会引起重大关注，便应限制该区的发展密度。

3.2.2 主要市区可按住宅发展密度分成三个分区：住宅发展密度第1区、第2区及第3区（见图2）。

- 住宅发展密度第1区，包括最高密度的住宅发展，适用于有容量大的公共运输系统服务（例如火车站或其他主要运输交汇处）的地区。在这些地区内，建筑物的低层（一至三楼）通常都属于商业楼层。
- 住宅发展密度第2区，包括中密度的住宅发展，这些地区虽然有容量大的公共运输系统服务，但却算不上方便；区内的建筑物通常都不设商业楼层。
- 住宅发展密度第3区，其住宅发展密度最低，这些地区的公共运输系统容量极为有限；又或在城市设计、交通或环境方面受到特别的限制。

3.2.3 上述各个发展密度分区内住用部分的准许最高住用地积比率见表1。

住宅发展密度第1区

3.2.4 在现有已建设区内，位于住宅发展密度第1区的现有建筑物进行重建时，不同的主要区域所准许的地积比率并不相同。《建筑物（规划）规例》附表1的规定现时适用于香港岛。九龙区的最高住用地积比率则根据“九龙建筑物密度研究检讨”的建议而进一步规限为7.5倍。这个住用地积比率的上限会透过有关的法定图则实施。荃湾及葵青区则受第一代新市镇的地积比率规限所管制。根据《建筑物（规划）规例》附表1来厘定准许地积比率时，地盘类别是一个有关因素。如住宅楼宇包括非住用部分，则可根据《建筑物（规划）规例》有关综合用途建筑物计算程式的条文，进一步限制最高的准许住用地积比率。

3.2.5 在未受法定图则所涵盖的新发展地区，包括新填海区及其他新平整的地区，住用部分的最高地积比率为6.5倍。这个地积比率低于《建筑物（规划）规例》所订的法定限制，藉此达到都会计划其中一项主要目标，就是透过减低发展密度，以改善市区生活环境。有关地盘除可设下住用部分的地积比率规限为6.5倍外，还可订定非住用部分的地积比率，其倍数可达至《建筑物（规划）规例》综合用途建筑物计算程式或法定图则所准许的最高比率。

3.2.6 在“综合发展区”内，住用部分的最高地积比率通常为6.5倍，但如基础设施容量许可，亦可视乎地区情况提高地积比率的规限。

住宅发展密度第2及第3区

3.2.7 在现有的已建设区内，表1所列的住宅发展密度第2及第3区的地积比率限制，

除非已纳入法定图则内，否则只能藉契约条件及规划许可附带条件施行。

3.2.8 在新发展区，第2及第3区的住用部分的最高地积比率分别为6倍及3.6倍。

3.3 新市镇

3.3.1 新市镇也是根据和主要市区相同的原则，分为三个住宅发展密度分区：住宅发展密度第1区、第2区及第3区。此外，如果在土力状况或基础设施方面受到严重限制，或须与毗邻乡郊地区的低密度发展配合，有关地区也可以划为发展密度极低的住宅发展密度第4区。以上各个分区内住用部分的准许最高住用地积比率现载于表2。

3.3.2 新市镇计划的目的，是藉着提供大为改善的生活环境，来鼓励有意迁居的人们迁出人烟稠密的主要市区。我们在主要市区的新发展地区实施较低的发展密度之后，可能也会有人要求同样降低新市镇的发展密度。只有在基础设施不受限制的情况下，例如有关地区附近设有容量大的运输系统时，才会准许该地区的住用地积比率订为8倍。另一方面，倘基础设施容量和规划考虑因素许可，在大多数现有的新市镇，应善用住宅发展密度第1区的准许最高住用地积比率，并一般由5倍增加至6倍。

3.3.3 在新市镇住宅发展密度第2、第3及第4区的准许最高住用地积比率，分别为5倍、3.6倍及0.8倍。

3.4 乡郊地区

3.4.1 乡郊地区的发展密度应远低于市区，部分原因是运输、公用设施及社区基础设施的容量有限，而在很多情况下，亦由于有需要保护优美的自然景观，以免乡郊受到市区发展所侵占。

3.4.2 乡郊地区可分为六个乡郊住宅发展密度分区，涵盖了可获指定为适合发展的地方：乡郊住宅发展密度第1区至第5区及乡村。每个分区大体上都会采用某类建筑形式，但不一定只限于采用该类的建筑形式。有关的地积比率及住用楼层层数的指引载于表3。

- 乡郊住宅发展密度第1区涉及层数最多为12层的中层住宅大厦，并且最多只可以有两层低层的商用楼层。这是适宜在非市区地方采用的最高发展密度，适用于乡郊市镇（例如西贡、梅窝及大澳）范围内的商业中心。(最高地积比率为3.6倍)

- 乡郊住宅发展密度第2区涉及层数最多为6层，并且没有商用部分的低层住宅大厦。这个密度适用于在乡郊市镇内位于商业中心外围的地方，以及其他设有中等容量的公共运输系统（例如轻便铁路系统）服务的重要乡郊发展区。(最高地积比率为2.1倍)

- 乡郊住宅发展密度第3区涉及层数最多为3层（开敞式停车间之上）住用的排列连接式房屋或分层楼宇。这些房屋或分层楼宇可位于乡郊市镇边缘的地方，或在其他乡郊发展区，又或在离开现有民居但设有足够基础设施，并且在景观或环境方面没有受到很大限制的地点。(地盘发展面积的最高地积比率为0.75倍)

- 乡郊住宅发展密度第4区涉及层数最多为3层（包括开敞式停车间）住用的独立式或半独立式房屋。这些房屋可位于与乡郊住宅发展密度第3区相若的地点，但其发展密度则受基础设施或景观因素所规限。(地盘发展面积的最高地积比率为0.4倍)

- 乡郊住宅发展密度第5区涉及层数最多为2层（开敞式停车间之上）住用的独立小型房屋，而这些房屋只可用以取代须予改善的地区内的临时构筑物。(地盘发展面积的最高地积比率为0.2倍)

- 乡村发展密度分区涉及获准建于认可乡村划定范围内的新界豁免管制屋宇。(最高地

积比率为3倍，即在一个面积为65.03平方米的地盘上可建造上盖面积比率为100%的3层建筑物）

3.4.3　应该注意的是，乡郊住宅发展密度第3、第4及第5区的地积比率，是以可供使用的地盘总面积来计算，道路及休憩用地亦包括在内，以顾及乡郊地盘及地形的不同情况。乡郊住宅发展密度第1及第2区的地积比率与地盘净面积有关，请参阅图1。

3.5　地积比率幅度

3.5.1　表1、表2和表3所列的最高地积比率，是我们希望达到的目标。如发展容量受到很大限制（例如运输或基础设施方面的局限；环境、地形或土力的状况；或文物及自然保育因素），其他规划原则及城市设计考虑因素（包括当区特色和环境、建筑物的高度轮廓和附近一带稠密程度、通风和对四周的视觉影响、保护山脊线等重要的地理特征），又或基于设计上的特别考虑，所采用的最高地积比率可能会低于上述的地积比率目标。不过，可接受的地积比率幅度，不应低于下一个较低的发展密度区的最高地积比率。倘发展密度受到严重限制，便应为有关地盘选取一个订有较适合地积比率幅度的发展密度分区。

3.6　地积比率、建筑物高度及上盖面积

3.6.1　住宅发展密度第1区内，不同高度住用建筑物的准许最大上盖面积百分率和所得的最高地积比率，已在《建筑物（规划）规例》附表1内列明，并载于表4。在主要市区内受旧土地契约约束的现有发展区，有关地盘的准许最大上盖面积百分率和最高地积比率，随地盘类别的不同（即地盘前临街道的数目）而改变。至于受新批地契约约束的新发展区，则未必可经常达到《建筑物（规划）规例》附表1所列的最高地积比率，这是由于基础设施受到限制、与毗邻发展不协调，以及须顾及有关地盘的环境和地理特征所致。在这情况下，则可透过法定图则或批地契约的规定，按照表1至表3所列，订定较低的地积比率规限。

3.6.2　表5显示在住宅发展密度第2区及第3区内，住用部分的最高地积比率如何随住用楼层数目的不同而改变。在这两个住宅发展密度分区内，地盘类别并非相关的考虑因素。倘若要在住宅发展密度第2区及第3区内以住用部分的最高地积比率进行发展，则须把建筑物建为17层或以上。

4. 人口密度指引

4.1　人口密度的作用和估计

4.1.1　住宅区人口密度指引的作用，是透过地积比率，把建筑物密度转化成地盘的可容人口数目。这项准则在以下三方面均可应用：

（a）根据已知的地积比率，估计一个地盘面积的可容人口；

（b）根据已知的地积比率，估计须用以容纳已知人口数目的地盘面积；以及

（c）根据已知的地盘面积，估计须用以容纳已知人口数目的地积比率。

4.1.2　这类估计工作主要须在规划过程中两个不同阶段进行：

（a）策略性及地区规划

4.1.3　在这阶段，所知与地盘有关或明确的资料不多，故须就人口或土地面积进行概括评估。主要的工作是：

- 初步预测可能进行发展的地区或地盘（例如全港发展策略研究所提出的地区或地

盘）的可容人口、拟备发展概要、评估基础设施需求量等；以及

• 估计须批出土地的面积，以容纳将来的预测人口数目。

（b）地盘规划

4.1.4　在这阶段，已得知与地盘有关的较详细资料。估计工作旨在选取适当的地积比率，以及估计地盘的可容人口，作为拟备发展概要或审核私营发展计划的依据。

4.1.5　须采用不同形式的人口密度指引，以配合规划过程中两个阶段的不同需要。

4.1.6　就实际情况而言，住宅区人口密度指引只适用于附有面积可能相对较大的地盘的地区，或正按照一个特定建筑物密度进行发展（即新的发展区或“综合发展区”）的地区。但这些指引不可用以有效评估现有已建设区内以零碎方式重建后的可容人口。

影响一个地盘可容人口的因素

4.1.7　一个供住宅发展用途的地盘的可容人口取决于以下因素：

（a）该地盘的可发展面积或地盘发展面积（即不包括斜坡、基础设施预留地等的地盘总面积）；

（b）该地盘须拨作建造供该地盘人口使用的附属设施，例如道路、休憩用地及政府、机构或社区设施等的土地面积；

（c）适用于余下的地盘净面积的准许地积比率；以及

（d）按每人每平方米计算住用部分总楼面面积的入住率，计算方法是把每个单位的预计平均总楼面面积（单位面积）除以每单位的预计人数（每单位人口）。

4.1.8　这些指引所采用关于各地盘的不同定义载示于图1。

4.2　休憩用地的处理

4.2.1　休憩用地通常是指在规划图则上划为“休憩用地”地带的地区。由于休憩用地的形式不一，而且在设计上可以较政府、机构或社区的其他支援设施更富弹性，因此，在决定一个地盘的发展容量时，需要进一步说明如何处理拨作休憩用地的部分。

4.2.2　在新发展区，有关方面通常应根据推算的人口，按照《香港规划标准与准则》的标准，在规划图则上预留足够的休憩用地。因此，就这些地区来说，应根据《建筑物（规划）规例》的条文，并在依照土地契约或法定图则可能订定的管制下，采用地盘净面积来计算一个地盘的总楼面面积。

4.2.3　在那些没有预留足够休憩用地的已建设区，应尽量在实际可行的范围内，避免因住宅发展而令情况恶化，并应考虑划定更多休憩用地，特别是地区休憩用地。不过，如果具有充分的理由进行拟议的房屋发展，又或这项发展在规划上会带来重大的利益，有关的工程项目或会获得批准，但仍应考虑到下列各点：

（a）如果有关的规划设计能够显示该项设计可以恰当地应付设定计划人口数目所需的邻舍休憩用地需求，便可以在计算地积比率时，采用地盘净面积的整个数值；以及

（b）假如该地区通常适用的地积比率，很可能会带来过多的人口，引致该地区在邻舍休憩设施方面不能自给自足，便应该考虑把该地盘的准许总楼面面积减少，减幅达至一个邻舍休憩设施可自给自足的水平。

5. 为策略性及地区规划制定的住宅发展密度指引

5.1　表6的图表，把建筑物密度或地积比率换算为不同面积地盘的可容人口，并把不

同入住率（单位面积和每单位人口）对所需设施以至对地盘净面积的影响纳入考虑。如果关于地盘的资料所知有限，便可利用该图表，初步估计该地盘的可容人口和土地需求，以便进行策略性及地区规划。该图表包括有关提供邻舍休憩用地和学校设施以及路面用地的既定假设标准（如表7所订定）。至于须输入假设值的项目则包括：

（a）地盘发展面积（估计地盘总面积的可发展部分）；

（b）地积比率（以拟议的发展密度分区为依据）；

（c）平均每单位住用部分的总楼面面积；以及

（d）平均每单位人口。

5.2　倘若上文（c）及（d）项均无特定数值，便应采用最近期所得有关该地区的假设值，以及可能的住用日期。除此之外，亦可采用表8及表9所载的初步假设，作为粗略指引。然而，在进行规划时如要应用平均单位面积估计，则应作出适当判断，因为这些数字变化不定，会因价格、位置及负担能力等因素而转变。

5.3　表6的图表，以人均地盘净面积（NSApp）为主要变数。这个数值是按照上文（b）、（c）及（d）项的输入数值计算出来的，计算方法是用平均单位面积除以平均每单位人口，然后把所得的数值除以地积比率。该图表显示按照不同的人均地盘净面积数值，计算出不同地盘发展面积的可容人口。如果无须把地盘的任何部分拨作邻舍休憩用地，即无须从地盘净面积中扣除邻舍休憩用地的部分（见第4.2.1段），便应从人均地盘净面积数值减去1.0。

5.4　该图表可作第4.1.1段所列三方面的用途，详情如下：

（a）按已知地积比率估计一个地盘面积的可容人口，方法是利用适当的输入数值计算出人均地盘净面积，以及在图表上选取最接近人均地盘净面积数值的曲线。在该人均地盘净面积曲线与水平轴上已知地盘发展面积的相交点，读取在垂直轴上相应的人口数值。人均地盘净面积水平之间的数值，可利用内推法取得；

（b）按已知地积比率估计须用以容纳一个已知人口数目的地盘面积，方法一如（a）项所述，选取适当的人均地盘净面积数值曲线。在该曲线与垂直轴上已知人口数目的相交点，读取在水平轴上相应的地盘发展面积（如有需要，可采用内推法取得）；以及

（c）按已知地盘面积估计须用以容纳一个已知人口数目的地积比率，方法是找出与水平轴上地盘发展面积数值和垂直轴上人口数值相交点最接近的人均地盘净面积曲线（如有需要，可采用内推法取得）。用适当的每单位人口假设值除适当的单位面积假设值，便计算出人均总楼面面积（GFApp）数值。然后用图表上的人均地盘净面积除人均总楼面面积，便可得出所需的地积比率。附录1载示实例，说明图表的运用情况；附录3则就图表的形式作出阐释。

5.5　按照上述方法运用图表得出的结果，会显示达致综合发展的所需人口、地盘面积和地积比率组合，而这个综合发展在休憩用地及政府、机构或社区设施的提供方面，按主要住宅变数的平均值计算，均会符合《香港规划标准与准则》的要求。表10显示住宅发展密度第1区、第2区、第3区，以及乡郊住宅发展密度第1区和第2区不同面积地盘的典型总人口密度。这些人口密度只供解说，并非代表须达致的目标。

地盘净面积与地盘总面积的比率

5.6　在考虑一个面积庞大的地盘的发展容量时，有用的做法，是概括评估地盘可供

进行住宅发展的面积比例（地盘净面积），以及须拨作容纳道路、休憩用地和政府、机构或社区设施的面积比例。地盘净面积和地盘发展面积的比率，随不同的人均地盘净面积和地盘总面积而改变。就住宅发展密度第1区、第2区、第3区、第4区，以及乡郊住宅发展密度第1区和第2区而言，有关比率可从表11的图表中读取。至于估计所需提供的特定政府、机构或社区设施，则可从表7所列各个人口界限水平中读取。

6. 为地盘规划制定的住宅发展密度指引

6.1 在地盘规划阶段，可能会知道较多关于地盘的资料，这些资料包括：

（a）受斜坡、主要或次要道路，以及并非附属拟议发展的其他用途所影响而未能供发展的地盘总面积部分；

（b）须用以容纳内部道路的可发展面积部分；以及

（c）为配合发展而须提供的休憩用地和政府、机构或社区设施（因应现有或拟议为区内提供的设施作出整体考虑）。

6.2 倘若这些资料与表7所示这些资料项目的平均值出现重大差异，则后者将不足以作为地盘规划的指引。为此，有关当局已发展一套电脑程式，可利用主要变数的任何数值（包括图表内定为常数的数值），把建筑物密度换算为人口数目。这套电脑程式名为“地盘使用模式（2）”，在附录2中加以说明，只作参考之用。

6.3 “地盘使用模式（2）”亦可用以初步评估可供住宅发展的地盘总面积部分（即地盘净面积）。地盘净面积的最终数值，是透过拟订及改进规划设计的迭代过程得出的，而这个数值也是计算准许住用总楼面面积的依据。

表1　最高住用地积比率—主要市区

<table>
<tr><th>发展密度区</th><th>地区类别</th><th>地点</th><th>最高住用地积比率</th><th>注释</th></tr>
<tr><td rowspan="4">住宅发展密度第1区</td><td rowspan="3">现有发展区</td><td>香港岛</td><td>8 / 9 / 10倍</td><td>（i）（ii）</td></tr>
<tr><td>九龙及新九龙</td><td>7.5倍</td><td>（iii）（iv）</td></tr>
<tr><td>荃湾新市镇
（涵盖荃湾、葵涌及青衣岛）</td><td>8倍</td><td>（ii）（v）</td></tr>
<tr><td colspan="2">新发展区及综合发展区</td><td>6.5倍</td><td>（vi）（vii）</td></tr>
<tr><td colspan="3">住宅发展密度第2区</td><td>6倍</td><td>（viii）（ix）</td></tr>
<tr><td colspan="3">住宅发展密度第3区</td><td>3.6倍</td><td>（viii）（ix）</td></tr>
</table>

注释：

一般：

——表内只显示出某个地区可能获准许的最高地积比率。不过，如发展容量受到很大限制（例如运输或基础设施方面的局限；环境、地形或土力的状况；或文物及自然保育因素），其他规划原则及城市设计考虑因素（包括当区特色和环境、建筑物的高度轮廓及附近一带稠密程度、通风及对四周的视觉影响、保护山脊线等重要的地理特征），又或基于设计上的特别考虑，则在适当及可行的情况下，或会订定较低的地积比率。

——在某些地区，由于须受机场障碍物高度管制，因此所获许可的地积比率，或许未必能够达致最高的水平。

（ⅰ）住用地比积率最高为8倍、9倍及10倍，视乎地盘属甲类、乙类，或丙类而定。

（ⅱ）如部分楼面面积属非住用用途，最高住用地积比率会按《建筑物（规划）规例》有关综合用途建筑物计算程式的规定减少。

（ⅲ）最高住用地积比率是根据法定图则上所指定的比率订定的，与地盘类别无关。

（ⅳ）如非住用用途的楼面面积的地积比率超过1.5倍，最高住用地积比率会是把超出的倍数减去后得出的比率。

（ⅴ）对于第一代新市镇（即屯门、沙田、粉岭／上水、大埔、元朗及荃湾），只有在拟议的发展属规划事务监督所制订或核准的综合重建计划的整个部分或主要部分时，才会获准修订契约，把在一九八一年九月之前所订定的地积比率予以提高。

（ⅵ）在考虑区内的情况，例如基础设施的容量后，综合发展区内最高住用地积比率可能会获准提高。不过，在荃湾、葵涌及青衣岛的新发展区和综合发展区，最高地积比率通常是5倍。

（ⅶ）任何非住用部分的地积比率与住用部分的地积比率的总和，可达致《建筑物（规划）规例》综合用途建筑物计算程式或法定图则所准许的最高水平。

（ⅷ）在现有发展区，除非法定图则内已包括有关的地积比率，否则只有在修订契约时或对根据《城市规划条例》第16条提出申请时，才可订定这个最高住用地积比率。

（ⅸ）在特别发展管制区内，最高住用地积比率可能会受到进一步的限制。

表2　最高住用地积比率—新市镇（不包括荃湾）

住宅发展密度区	最高住用地积比率
住宅发展密度第1区	8倍（ⅰ）（ⅱ）（ⅲ）
住宅发展密度第2区	5倍
住宅发展密度第3区	3.6倍
住宅发展密度第4区（ⅳ）	0.8倍

注释：

一般：表内只显示出某个地区可能获准许的最高地积比率。不过，如发展容量受到很大限制（例如运输或基础设施方面的局限；环境、地形或土力的状况；或文物及自然保育因素），其他规划原则及城市设计考虑因素（包括当区特色和环境、建筑物的高度轮廓及附近一带稠密程度、通风及对四周的视觉影响、保护山脊线等重要的地理特征），又或基于设计上的特别考虑，则在适当及可行的情况下，或会订定较低的地积比率。

（ⅰ）只有在基础设施不受限制的情况下，例如有关地区附近设有容量大的运输系统时，才会准许该地区的住用地积比率订为8倍；而其他地区的地积比率，则应根据当区的情况决定。倘基础设施容量和规划考虑因素许可，在大多数的新市镇，住宅发展密度第1区的准许最高地积比率为6倍。

（ⅱ）对于第一代新市镇（即屯门、沙田、粉岭／上水、大埔、元朗及荃湾），只有在拟议的发展属规划事务监督所制订或核准的综合重建计划的整个部分或主要部分时，才会获批准修订契约，把在一九八一年九月之前所订定的地积比率予以提高。

（ⅲ）如部分楼面面积属非住用用途，最高住用地积比率会按《建筑物（规划）规例》有关综合用途建筑物计算程式的规定减少。

（ⅳ）只有在具有特别理由的情况下，例如在土力状况或基础设施方面受到严重限制，新市镇的用地才应划为住宅发展密度第4区。

表3　最高住用地积比率—乡郊地区

发展密度分区	最高住用地积比率（ⅰ）	最高地盘发展比率（ⅱ）	一般层数	地点方面的准则
乡郊住宅发展密度第1区	3.6倍	—	12层	乡郊市镇的商业中心
乡郊住宅发展密度第2区	2.1倍	—	6层	在乡郊市镇范围内商业中心以外的地方，以及其他有中等容量的运输系统（例如轻便铁路系统）提供服务的重要乡郊发展区
乡郊住宅发展密度第3区	—	0.75倍	开敞式停车间上加3层	乡郊市镇外围的地方或其他乡郊发展区、或在远离现有民居但设有足够基础设施，以及在景观或环境方面并无受到很大限制的地点
乡郊住宅发展密度第4区	—	0.4倍	3层，包括开敞式停车间在内	地点与乡郊住宅发展密展第3区相同，但发展密度受基础设施或景观方面的限制所规限
乡郊住宅发展密度第5区	—	0.2倍	开敞式停车间上加两层	取代地区内的临时构筑物，以便改善地区内的环境
乡村	3.0倍（ⅲ）	—	3层	在认可乡村的划定范围界线内

注释：

一般：表内只显示出某个地区可能获准许的最高地积比率。不过，如发展容量受到很大限制（例如运输或基础设施方面的局限；环境、地形或土力的状况；或文物及自然保育因素），其他规划原则及城市设计考虑因素（包括当区特色和环境、建筑物高度轮廓及附近一带稠密程度、通风及对四周的视觉影响、保护山脊线等重要的地理特征），又或基于设计上的特别考虑，则在适当及可行的情况下，或会订定较低的地积比率。

（ⅰ）住用地积比率适用于地盘净面积（即不包括道路及已划为休憩用地的地方）。

（ⅱ）发展用地比率适用于整个地盘，包括会用作兴建道路及辟设休憩用地的地方，但不包括斜坡（参看图1地盘发展面积的定义）。

（ⅲ）兴建新界豁免管制屋宇的地盘面积为65.03平方米。

表4　载于《建筑物（规划）规例》附表1的不同高度住用建筑物的准许最大上盖面积百分率及最高地积比率

建筑物高度（如《建筑物（规划）规例》所界定）（米）	最大住用上盖面积百分率			最高住用地积比率		
	甲类地盘	乙类地盘	丙类地盘	甲类地盘	乙类地盘	丙类地盘
不超逾15米	66.6	75	80	3.3	3.75	4.0
不超逾18米	60	67	72	3.6	4.0	4.3
不超逾21米	56	62	67	3.9	4.3	4.7
不超途24米	52	58	63	4.2	4.6	5.0
不超逾27米	49	55	59	4.4	4.9	5.3
不超逾30米	46	52	55	4.6	5.2	5.5
不超逾36米	42	47.5	50	5.0	5.7	6.0
不超途43米	39	44	47	5.4	6.1	6.5
不超逾49米	37	41	44	5.9	6.5	7.0
不超逾55米	35	39	42	6.3	7.0	7.5
不超逾61米	34	38	41	6.8	7.6	8.0
61米以上	33.33	37.5	40	8.0	9.0	10.0

注释：

一般：上表载列不同高度建筑物的法定最大上盖面积百分率及法定最高住用地积比率。最高地积比率可能会因表1至表3载列的其他管制而受进一步限制。

（ⅰ）“甲类地盘”指既非乙类地盘，亦非丙类地盘，而是毗连一条宽度不少于4.5米的指明街道（如《建筑物（规划）规例》所界定）的地盘；

（ⅱ）“乙类地盘”指毗连两条宽度不少于4.5米的指明街道（如《建筑物（规划）规例》所界定）的街角地盘；

（ⅲ）“丙类地盘”指毗连三条宽度不少于4.5米的指明街道（如《建筑物（规划）规例》所界定）的街角地盘；

（ⅳ）如部分楼面面积属非住用用途，最高住用地积比率会按照《建筑物（规划）规例》有关综合用途建筑物计算程式的规定减少。

表5　主要市区及新市镇住宅发展密度第2区及第3区住用建筑物的最高地积比率及最大上盖面积百分率

住用楼层数目	住宅发展密度第2区		住宅发展密度第3区	
	地积比率	最大上盖面积百分率	地积比率	最大上盖面积百分率
1	0.67	66.6	0.5	50
2	1.2	60	0.6	30
3	1.65	55	0.75	25
4	1.8	45	0.9	22.5
5	2.0	40	1.0	20

（续上表）

住用楼层数目	住宅发展密度第2区		住宅发展密度第3区	
	地积比率	最大上盖面积百分率	地积比率	最大上盖面积百分率
6	2.1	35	1.2	20
7	2.1	30	1.4	20
8	2.4	30	1.6	20
9	2.7	30	1.8	20
10	3.0	30	2.0	20
11	3.3	30	2.2	20
12	3.6	30	2.4	20
13	3.9	30	2.6	20
14	4.2	30	2.8	20
15	4.5	30	3.0	20
16	4.8	30	3.0	20
17及以上	5.0（新市镇）及6.0（主要市区）	30	3.0至3.6	20

表6　以地盘发展面积及人均地盘净面积计算的总人口

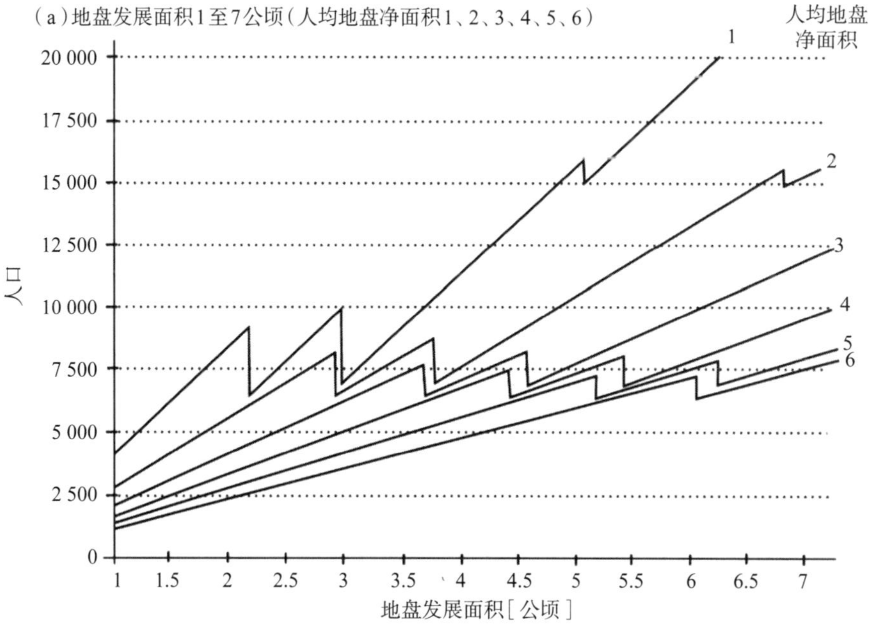

（b）地盘发展面积6至20公顷（人均地盘净面积1、2、3、4、5、6）

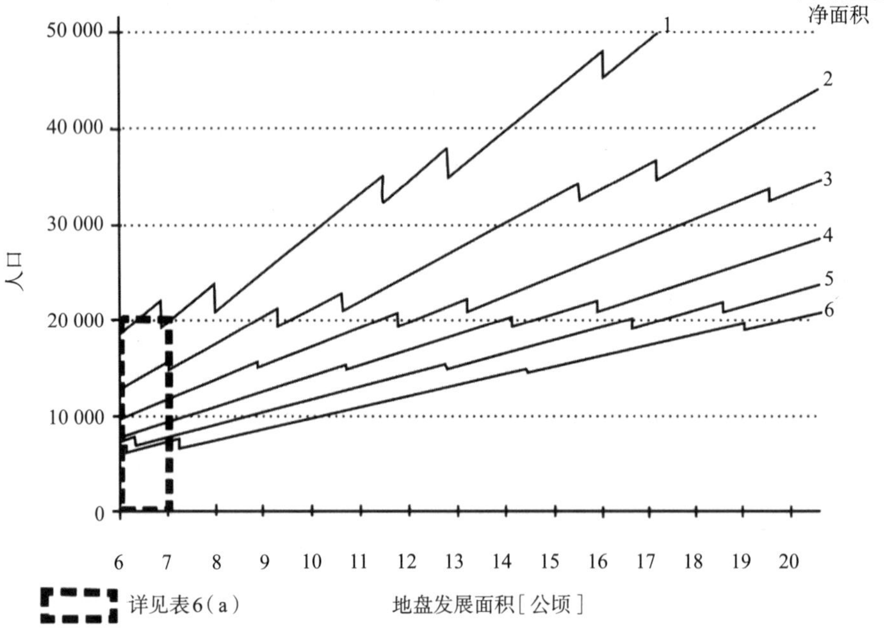

（c）地盘发展面积1至20公顷（人均地盘净面积5、6、7、8、10、12）

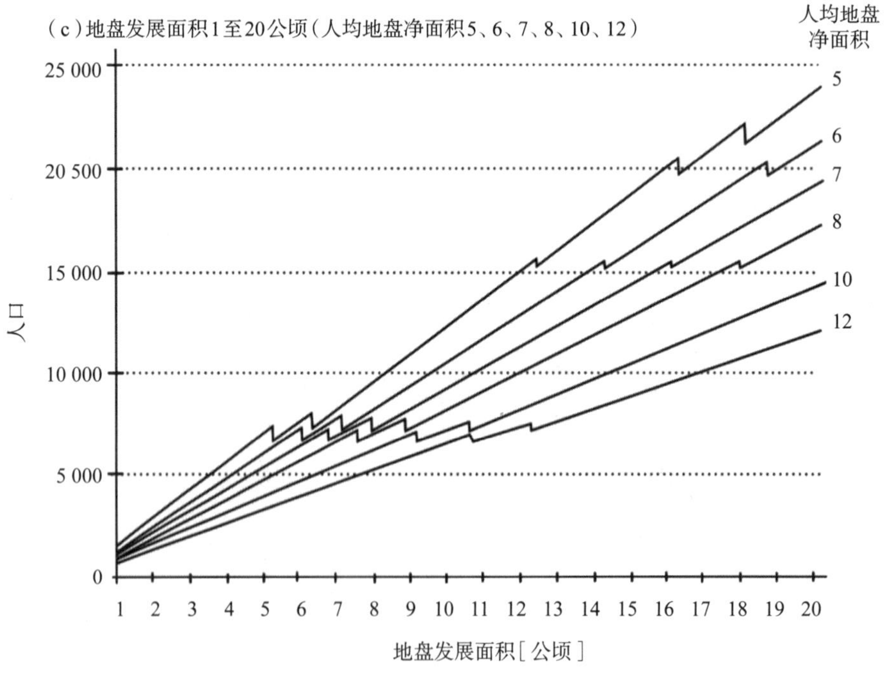

(d)地盘发展面积1至20公顷(人均地盘净面积10、12、15、20、30、40)

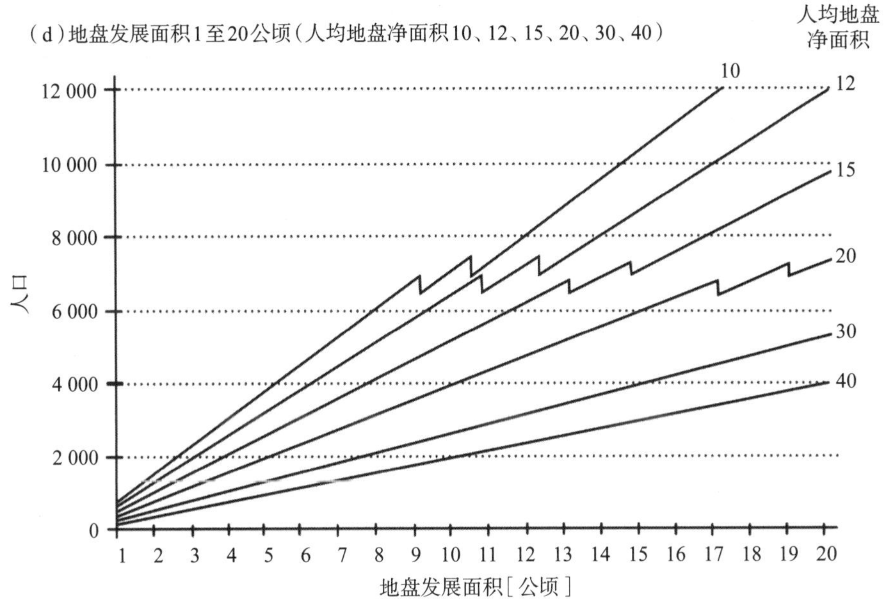

表7　提供路面用地、休憩用地及学校设施的假设事项

(a)路面用地：路面用地假设为地盘发展面积的六分之一(16.7%)，由于平台发展无须兴建内部道路，因此属例外情况。

(b)休憩用地：人口超过500人时，每人须有1平方米邻舍休憩用地。

(c)学校设施

有关提供设施的假设事项：

设施	地盘面积	提供设施人口界限
第一所小学(30班房)	6200平方米	6700人
第二所小学(30班房)	6200平方米	20 100人
第三所小学(30班房)	6200平方米	33 500人
第一所中学	6950平方米	7500人
第二所中学	6950平方米	22 500人
第三所中学	6950平方米	37 500人

注释：

(ⅰ)人口界限总数：小学(30班房计)为13 400人，中学为15 000人；按6岁至11岁及12岁至18岁的人口分别占人口总数的7.3%及9.0%计算所得。学生年龄组别百分比是由统计处的一九九九年中人口的人口年龄结构及旅客推算年龄结构而推算出来的。

(ⅱ)当某区人口学生人数，足以占用一所学校过半数的学额时，便会在这项发展计划的地盘发展面积内容许兴建一所学校。因此，第一所小学(30班房计)及中学的人口界限分别为6700人及7500人，而第二所小学及中学则分别为20 100人及22 500人，余此类推。

按人口界限递增的学校地盘面积：

人口界限	学校设施总数	学校设施的地盘总面积（平方米）
6 700	1PS	6 200
7 500	1PS+1SS	13 150
20 100	1PS+1SS	19 350
22 500	2PS+2SS	26 300
33 500	3PS+2SS	32 500

注释：SS——中学　PS——小学

表8　最初单位面积的假设

	香港岛及九龙每单位总楼面面积（平方米）	荃湾、葵涌及青衣每单位总楼面面积（平方米）	其他新市镇每单位总楼面面积（平方米）
住宅发展密度第1区	50	45	45
住宅发展密度第2区	110	60	60
住宅发展密度第3区	210	130	130

表9　有关单位入住人数的初步假设

年份	房屋类别	香港岛及九龙	荃湾、葵涌及青衣	其他新市镇
1999	租住公屋	3.3	3.4	3.6
	资助出售楼宇	3.5	3.9	3.5
	私营房屋	3.1	3.2	2.7
2000	租住公屋	3.1	3.5	3.4
	资助出售楼宇	3.5	3.8	3.5
	私营房屋	3.0	3.2	2.5
2001	租住公屋	3.1	3.5	3.3
	资助出售楼宇	3.4	3.7	3.5
	私营房屋	2.8	3.0	2.4
2002	租住公屋	3.2	3.4	3.4
	资助出售楼宇	3.4	3.8	3.6
	私营房屋	2.6	2.9	2.2
2003	租住公屋	3.2	3.4	3.3
	资助出售楼宇	3.4	3.5	3.4
	私营房屋	2.5	2.7	2.1

（续上表）

年份	房屋类别	香港岛及九龙	荃湾、葵涌及青衣	其他新市镇
2004	租住公屋	3.1	3.3	3.4
	资助出售楼宇	3.3	3.4	3.5
	私营房屋	2.3	2.5	2.0
2005	租住公屋	3.0	3.3	3.3
	资助出售楼宇	3.1	3.6	3.5
	私营房屋	2.3	2.5	1.9
2006	租住公屋	3.0	3.2	3.2
	资助出售楼宇	3.1	3.5	3.4
	私营房屋	2.2	2.4	1.9
2007	租住公屋	3.0	3.2	3.2
	资助出售楼宇	3.3	3.5	3.5
	私营房屋	2.2	2.4	1.8
2008	租住公屋	2.9	3.1	3.1
	资助出售楼宇	3.2	3.5	3.4
	私营房屋	2.2	2.5	1.9

来源：一九九九年十月人口分布推算小组以一九九八年为依据所推算的人口分布数字。

表10　住宅用途分区的新发展地区的人口总数及单位密度释例

地盘发展面积每公顷可容人数：

地点	用途分区	住宅发展密度第1区			住宅发展密度第2区			住宅发展密度第3区
	地盘发展面积	3公顷	5公顷	15公顷	3公顷	5公顷	15公顷	任何面积
主要市区								
港岛		1950	1450	1600	900	900	800	300
九龙		2450	1800	2000	900	900	800	300
荃湾／葵青		2200	1650	1800	1450	1450	1300	450
新市镇								
住宅发展密度第1区（地积比率为8倍）		2550	1900	2050	1450	1450	1300	450
住宅发展密度第1区（地积比率为6.5倍）（举例）		2300	1700	1850				

其他地区	乡郊住宅发展密度第1区	乡郊住宅发展密度第2区	乡郊住宅发展密度第3区	乡郊住宅发展密度第4区	乡郊住宅发展密度第5区	乡村
	1200	500	200	100	50	400

地盘发展面积每公顷可建单位数目：

地点	用途分区	住宅发展密度第1区			住宅发展密度第2区			住宅发展密度第3区
	地盘发展面积	3公顷	5公顷	15公顷	3公	5公顷	15公顷	任何面积
主要市区								
港岛		750	560	610	340	340	310	120
九龙		950	700	770	340	340	310	120
荃湾／葵青		880	650	620	580	580	520	180
新市镇 住宅发展密度第1区（地积比率为8倍）		1030	760	830	580	580	520	180
住宅发展密度第1区（地积比率为6.5倍）（举例）		880	650	710				

其他地区	乡郊住宅发展密度第1区	乡郊住宅发展密度第2区	乡郊住宅发展密度第3区	乡郊住宅发展密度第4区	乡郊住宅发展密度第5区	乡村
	500	200	60	30	20	130

注释：这些密度只供参考，并不代表所订目标。计算方法是以假设的典型单位面积、每单位人口的数值及表1、2和3的建议地积比率为依据。

表11　以地盘发展面积及人均地盘面积计算，地盘净面积占地盘发展面积的百分比率

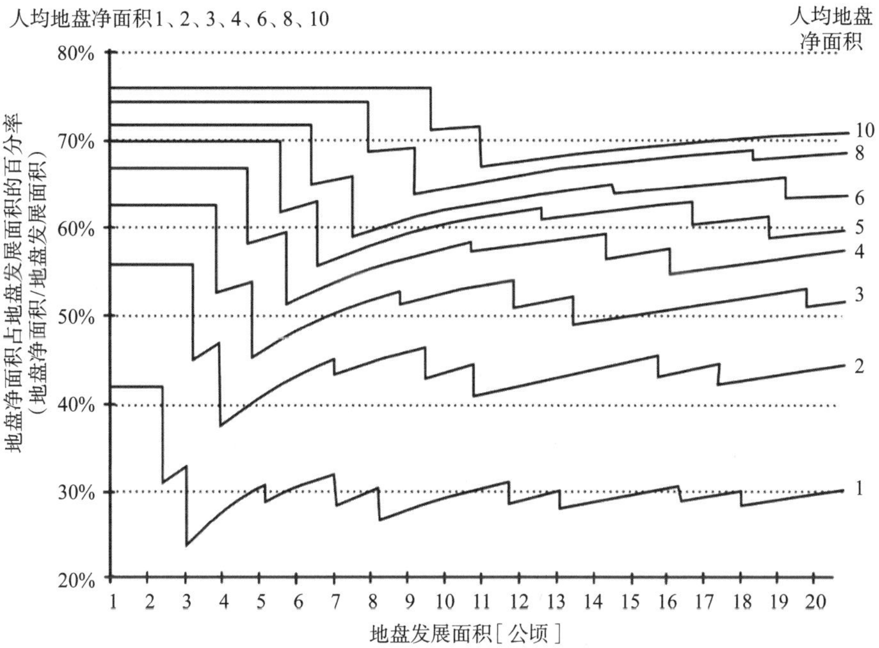

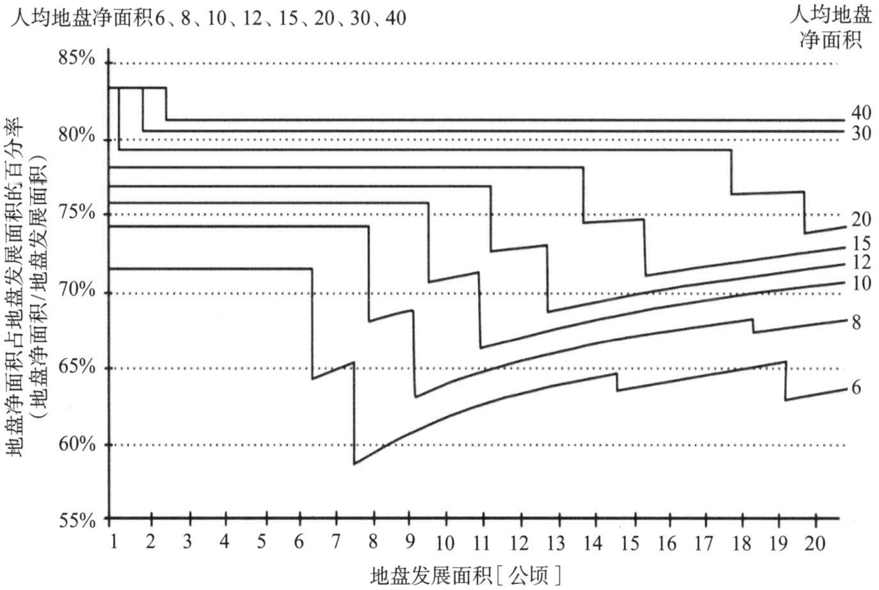

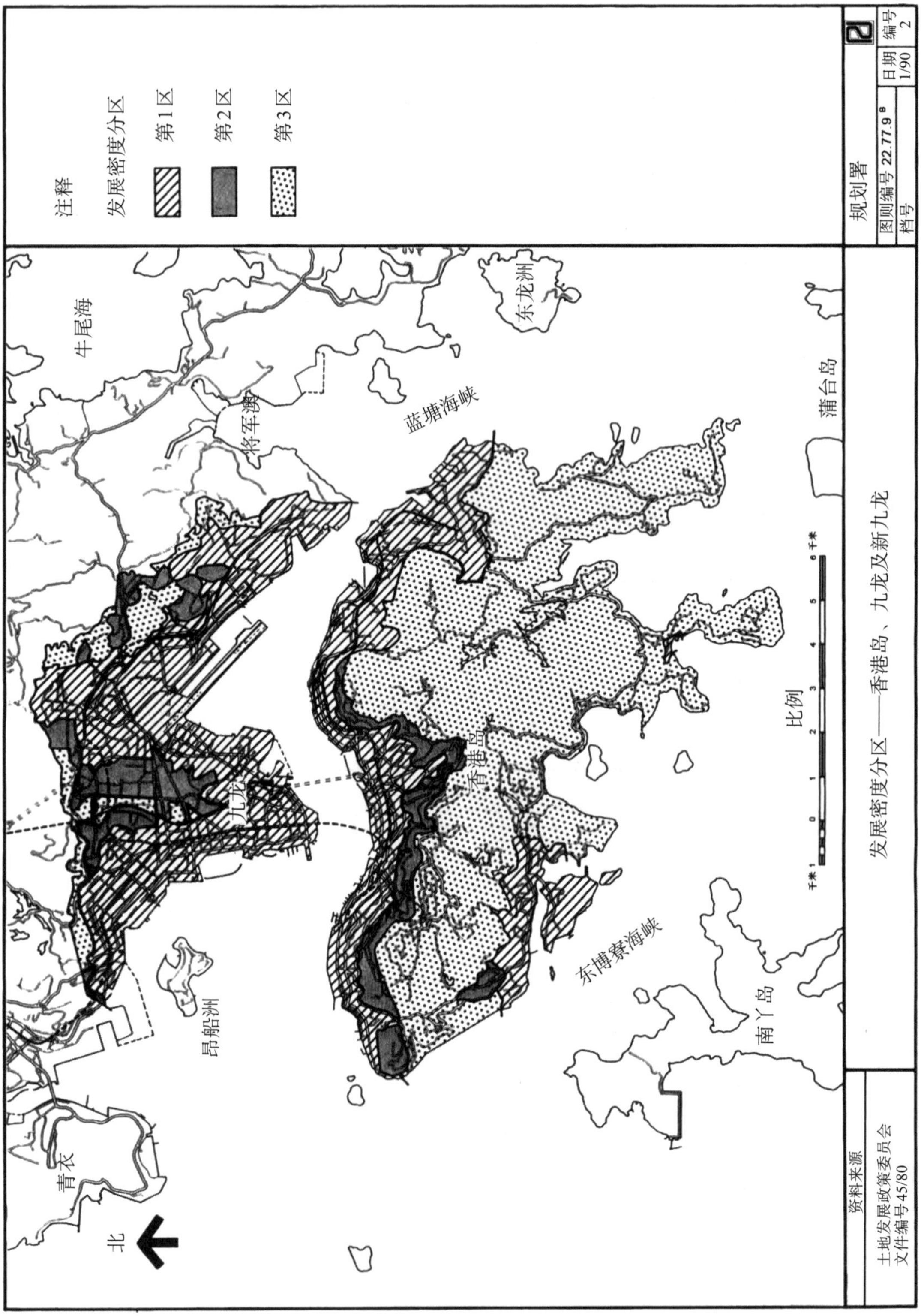

图2　按住宅发展密度分区

附录1 表6说明使用地积比率与可容人口互相关联的例子

可使用表6解决以下三类问题

项目	问题类别		
	1	2	3
每单位总楼面面积	假设	假设	假设
每单位人口	假设	假设	假设
地积比率	已知《香港规划标准与准则》	已知《香港规划标准与准则》	?
地盘总面积	已知	?	已知
人口	?	已知	已知

以下例子说明如何使用表6的图表解决这三类问题（见图A–1)。在这些例子中，我们假设将需要在地盘发展面积内（但在地盘净面积以外）预留土地，作邻舍休憩用地用途(见第6.5节)。

第1类问题：在地积比率已知的情况下，已知的地盘面积能容纳多少人口？

例：已知：地盘面积 =14公顷
每单位人口 =3.5人
每单位总楼面面积 =50平方米
地积比率 =6.5倍
因此，人均总楼面面积 =50÷3.5=14.3平方米
以及，人均地盘净面积 =14.3÷6.5=2.2平方米

由图表上X轴的14公顷处画一条垂直线，这条线会与2平方米人均地盘净面积曲线相交在32 000人口数目这点上；而与3平方米人均地盘净面积曲线则相交在25 000人口数目的另一点上。因此，所需的人口数目大约是30 600人。

第2类问题：在地积比率已知的情况下，一个既定人口数目所需的地盘面积为何？

例：已知：人口 = 20 000人
每单位人口 = 2.8人
每单位总楼面面积 = 60平方米
地积比率 = 5倍
因此，人均总楼面面积 = 60÷2 .8= 21.4平方米
以及，人均地盘净面积 = 4.3平方米

由图表Y轴的20 000人口数目处画一条水平线，这条线会与4平方米人均地盘净面积曲线相交在13.4公顷这点上，而与5.0平方米人均地盘净面积曲线则相交在15.7公顷的另一点上。因此，所需的面积大约是14.1公顷。

第3类问题：以既定的地盘面积容纳既定的人口，所需的地积比率为何？

例：已知：人口 =10 000人
地盘面积 =7公顷
每单位人口 =3.0人

每单位总楼面面积 =60平方米

因此，人均总楼面面积 =20平方米

由图表上Y轴的10 000人口数目处画一条水平线，直至与从X轴7公顷处所画的垂直线相交，这个相交点会在4平方米与5平方米这两条人均地盘净面积曲线之间，因此人均地盘净面积大概为4.3平方米。

人均地盘净面积 = 人均总楼面面积÷地积比率

即， 4.3 = 20÷地积比率

因此，地积比率 = 4.65倍

应该注意的是，由于曲线之间的距离不一致，因此，在人均地盘净面积曲线之间插线推算时，或须考虑到这种情况，否则可能会与正确的数值略有偏差。

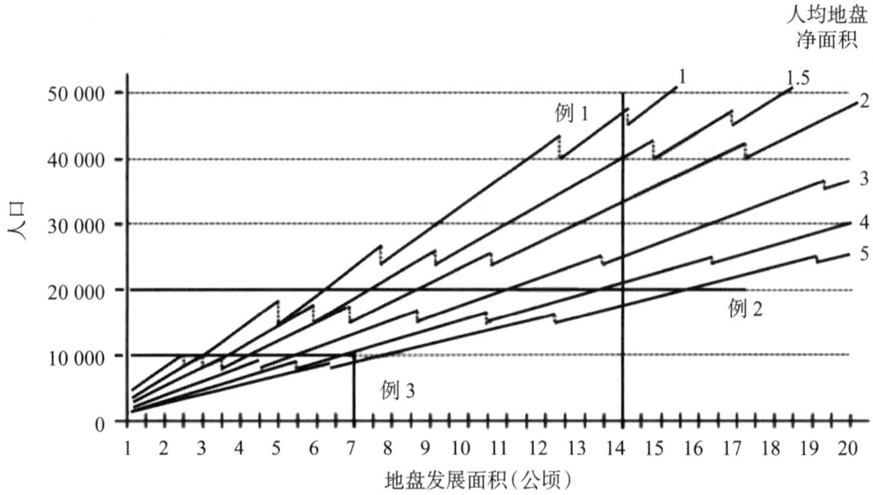

图A–1 按照地盘发展面积图表使用人口总数的例子

附录2 以“地盘使用模式2”把地积比率换算为人口密度（只供参考）

“地盘使用模式2”是一套电脑程式，采用有关地盘或面积的特定数值作为主要变数，把建筑物密度和人口数字互为换算。图A–2所示为输入数据电脑屏幕的情况，屏幕上的标示方格是为各项变数所设，供输入已知或假设数值的。大部分主要指标均订有预设值，倘若单位面积、每单位人口，以及政府、机构或社区设施达致界限水平，电脑程式会显示其他可行的数值以供选择。

须输入的数值包括：

a）单位面积（平均每单位的总楼面面积）

有两种输入方法可供选择：以手动输入具体的数值，或输入按照拟议面积划分的单位数目百分率。

b）社区中心

社区中心的需求量，可能受附近地盘已建有或计划兴建的同类设施数目所影响，电脑程式于是提供了下列三个选择：

○不论人口多寡均纳入考虑

○不论人口多寡均不纳入考虑

○容许模式采用界限数值

c）学校

有两种输入方法可供选择：以手动输入具体的界限数值，或输入主要市区或新市镇适用的界限数值。

d）地盘总面积（平方米）

e）不计算在内的面积（平方米）

属地盘总面积涵盖范围内，但并非在地盘发展面积内界定的任何用途或地方（例如斜坡、非附属政府、机构或社区设施）的地盘面积。

f）路面用地

须作区内道路用途而不属于道路部分的地盘发展面积百分率。

g）人口目标

h）休憩用地

在地盘内每100 000人须提供以公顷计的休憩用地面积。

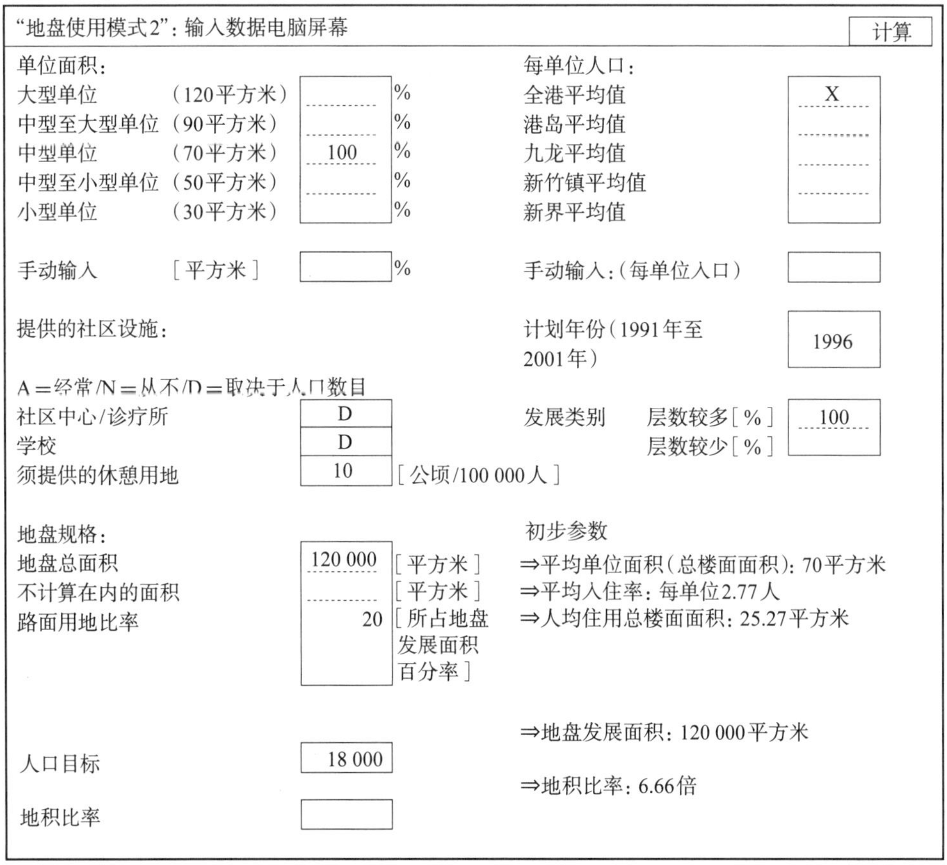

图A–2　输入数据电脑屏幕

i）每单位人口

有两种输入方法可供选择：以手动输入具体数值，或选取全港、港岛、九龙、新市镇或新界的平均值。

j）计划年份

输入预期首次入住单位的年份（至二零零一年）。倘若选取的是面积平均值，这个年份数字将决定所选取的每单位人口的下降率。

k）发展类别

输入层数较多和层数较少的楼宇内住宅单位所占比率，倘若选取的是面积平均值，这个比率数字将对所选取的每单位人口有所影响。

l）地积比率

输入电脑屏幕的数据会在适当情况下，显示“地盘使用模式”按照输入数据计算所得的主要参数：

○单位面积（平均每单位总楼面面积）

○每单位人口

○住用楼面面积入住率

○地盘发展面积

○地盘净面积

图A–3所示为输出数据电脑屏幕的情况，显示应用于个别地盘的“地盘使用模式2”所输出的数值。

“地盘使用模式2”：输出数据电脑屏幕　　计算

地积比率（计算所得）：6.66倍

按所输入人口数据计算的结果：

人口		18 000人
地积比率（输入）		6.66倍
住用总楼面面积		454 874平方米
住宅单位数目		6498
休憩用地		18 000平方米
社区设施	数目	面积［平方米］
小学	1	5500平方米
中学	1	5850平方米
诊疗所	1	0平方米
区域社区中心	0	0平方米
分区社区邻里中心	0	0平方米
邻里社区中心	1	2350平方米
总计		13 700平方米
整体面积［包括休憩用地］		31 700平方米
地盘净面积		68 300平方米
地盘发展面积		120 000平方米
总人口密度		每公顷1500人
［按地般发展面积计算］		
净人口密度		每公顷2635人
［按地盘净面积计算］		

按所输入地盘数据计算的结果：

地盘发展面积		120 000平方米
地积比率（输入）		6.66倍
住用总楼面面积		454 874平方米
住宅单位数目		6498
休憩用地		18 000平方米
社区设施	数目	面积［平方米］
小学	1	5500平方米
中学	1	5850平方米
诊疗所	1	0平方米
区域社区中心	0	0平方米
分区社区邻里中心	0	0平方米
邻里社区中心	1	2350平方米
总计		13 700平方米
整体面积［包括休憩用地］		31 700平方米
地盘净面积		68 300平方米
人口		18 000人
总人口密度		每公顷1500人
［按地般发展面积计算］		
净人口密度		每公顷2635人
［按地盘净面积计算］		

图A–3　数据输出电脑屏幕

附录3 表6图形的解释

表6的人均地盘净面积每一条曲线，均是由固定上升的斜线与垂直线的间距交替而组成，这种图形已于图A-4有所解释。当人口增加时，人均地盘净面积的曲线便会经过政府、机构或社区设施数值为“X”的人口界限，直至地盘发展面积足以容纳有关的人口数目及完全符合“X”数值设施的地盘面积需求。在这点上，当局将可提供设施，而余下的地盘发展面积可容纳的人口亦会减少。

除非图表出现垂直梯点，否则每一个地盘发展面积的数值，只会有一个人口数值。这种情况实际上并不常出现，但一旦出现的话，可容纳的人口数量则视乎当局预计会否提供政府、机构或社区设施而定。如出现这种情况时，我们应选取较低的人口数字，理由是按照香港规划标准与准则的标准，这个人口数字可以反映当局提供足够的设施，而较高的人口数字在提供设施方面来说，不会符合香港规划标准与准则的标准。

如部分人口数值（如图A-4 P的数值）显示两个相关的地盘发展面积时，较小的数值（A1）会出现政府、机构或社区设施供应不足的情况，而较大数值（A2）则会获提供充足的设施。要容纳一个固定人口数目，第二个数值会是最适合的选择。

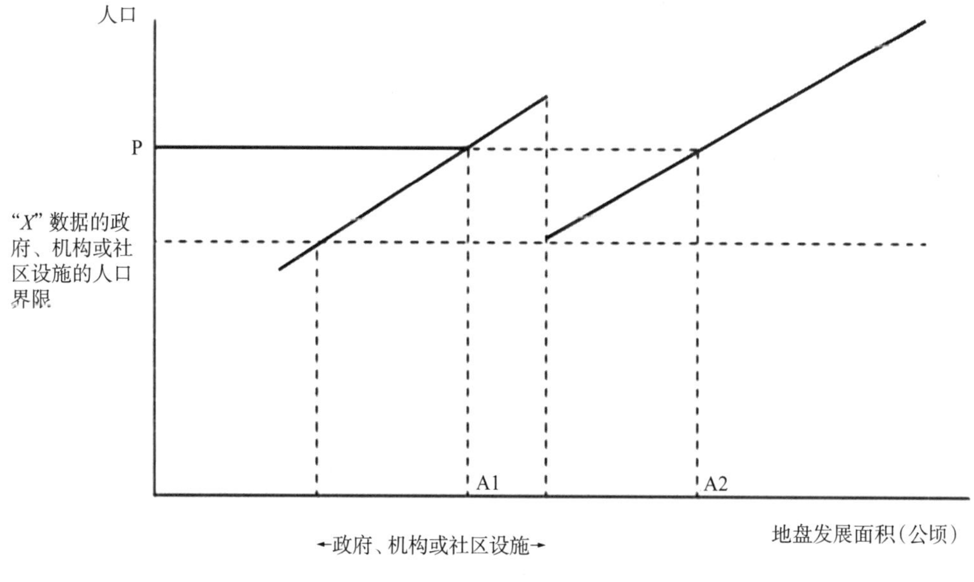

A1　P人口数据在不获提供“X”数值政府、机构或社区设施的地盘发展面积

A2　P人口数据在提供“X”数值政府、机构或社区设施的地盘发展面积

图A-4

第三章　社区设施

1. 引言

1.1　要使市民的生活维持在适当的水平，妥善的住屋及充足的就业机会是关键的因素。此外，多元化的社区设施亦不可或缺。《香港规划标准与准则》的其中一个作用，就是评估社区用途方面的土地需求。由于市区人口与日俱增，而平地面积匮乏，因此必须接受较高的居住密度。在这种情况下，实有需要相应加强提供社区设施。本章涵盖下列由政府或私人机构提供的设施：

（a）教育设施

（b）医疗及保健设施

（c）警署

（d）裁判法院

（e）惩教设施

（f）消防及救护车服务设施

（g）艺术场地

（h）社区会堂及社会福利设施

（i）邮政局

（j）公众殓房

（k）灵柩停放所及殡仪馆

至于其他服务及设施，会在第4至12章论及。

1.2　在订定所提供社区设施的规模时，已有顾及公众日益期望更为宽裕的面积标准，以及长远来说期望有更多元化的社区活动场所等趋势。事实上，由于社会普遍日趋富裕、闲暇日增、教育水平日高、改善都市生活质素的意识日益高涨等，都是令致社会有这样期望的原因。然而，在订定新标准时，亦须同时考虑到财政及其他实际情况等限制。

1.3　本文件所建议的社区设施供应的标准，大多建基于特定地区的人口增长或聚集情况。经衡量现有市区地点的情况或预期新市镇将会出现的情况，计及有大量人口居住或将有大量人口迁入的因素后，才订定这些标准。至于新界人口密度较低的地区，有关的社区设施供应亦须特别考虑。这些地方的人口大多不会达到按建议的标准提供设施所需的人口水平。以往这些地点所提供的某些设施如诊疗所等，会比市区地点的规模为少。现建议这个政策应维持不变。

1.4　提供敏感社区设施的准则

1.4.1　所谓敏感社区设施，是指那些因提供某类可能会引起当地居民不安和关注的服务之设施。

1.4.2　这些设施大致上可分为两类：

（a）甲类

满足全港需求的设施——这些设施旨在为广大市民而非某一类别的使用者提供服务，而有关人士亦不会经常使用这些设施。这些设施包括：惩教设施、公众殓房、灵柩停放所及殡仪馆。

（b）乙类

满足当地社区或较大地区需求的设施——这些设施旨在为某些特定类别的使用者提供服务，而有关人士会经常使用这些设施。这些设施包括特殊医疗诊所、教育设施及社会福利设施。

选址因素

1.4.3　虽然本章稍后段落会详述各类社区设施的选址要求，但为敏感社区设施选址时，应考虑下列一般规划原则：

（a）确保相邻土地用途的协调是规划所有设施的基本原则，这项原则亦应成为敏感社区设施选址的首要考虑因素。

（b）除相邻土地用途的协调外，所提供服务的性质、使用者及访客的类别、使用者使用社区设施服务的次数，以及公众对这些设施可能作出的反应等，亦是重要的选址考虑因素。

（c）甲类设施通常需要独立的地盘，最好并非紧贴或靠近住宅楼宇和非敏感社区设施。如果某些甲类设施无可避免地须靠近这些楼宇，则应划定缓冲区，并设实体屏障，以便把敏感社区设施与现有及规划中的楼宇发展分隔开来。

（d）为乙类设施选址时，应尽量鼓励把这些设施融入当地的社区内，而非把这些设施隔离。虽然有些公众人士可能会反对在其社区内设置敏感社区设施，但他们大多是出于毫无根据的恐惧；而为了达到社会融合的目标和落实复康政策，实应鼓励把这些设施融入社区内。当局应善用社区内的设施，以达到社会融合的目标。此外，亦应考虑把乙类设施设于联用楼宇内（即多种设施共用同一楼宇／共同发展），以善用土地资源。

（e）如果有十分充分的理由不把某些乙类设施建于住宅或其他发展区附近，相关的决策局／部门应提供清晰的地盘选址要求，以便规划署为这些乙类设施预留合适的地盘。在这种情况下，亦应尽量把这些设施设于联用楼宇内，以善用土地资源。

（f）虽然甲类设施或可设于远离人口聚集的地区，但无论在为甲类或乙类设施选址时，都应考虑职员、使用者和访客往返该设施的方便程度和交通需求。

（g）须在适当的地方提供清晰的标志，以便职员、使用者和访客能畅顺地往返某些乙类设施。

1.4.4　就敏感社区设施进行公众咨询

（a）在为敏感社区设施预留用地的规划过程中，项目倡议人应在初期阶段咨询民政事务总署以及有关地区的民政事务处，以订定一套公众咨询策略，争取公众的支持。当局应视乎拟议设施的性质，在初期阶段即决定咨询对象及适当的咨询渠道。在进行咨询期间，应清楚解释辟设这些设施的背景以及选取有关地点的理据等。咨询的范围应尽量扩阔，力求所有有关人士，包括区议会、有关的地区团体、反映公众意见的社团等都能够得悉有关事宜，并有机会表达意见。

（b）为使公众了解及接纳敏感社区设施，当局可能须作出更大的努力，尤其是乙类设施。在进行咨询时，应适当地强调社区融合的观念，以争取地区人士的支援。曾被咨询的人士应获告知咨询的结果，当局亦应对咨询期间接获的意见作出适当的回应。此外，在公众咨询期间所搜集到的意见，应妥为记录，以作存档之用，并方便日后作出跟进。

2. 教育设施

2.1 背景

2.1.1 教育统筹委员会在二零零零年九月完成了一项有关教育制度的全面检讨，并向政府提交了一份“香港教育制度改革方案”的报告书。二零零零年十月，当时的行政长官在其施政报告中宣布教育统筹委员会所提出的建议已获接纳。

2.1.2 免费幼儿园教育委员会对香港的幼儿园教育进行了研究，并在二零一五年五月向政府提交报告。教育局经考虑免费幼儿园教育委员会所提出的建议和公众咨询收集的意见后，制订了免费优质幼儿园教育政策。当时的行政长官在其二零一六年和二零一七年的施政报告中宣布，由2017/18学年起实施免费优质幼儿园教育政策。

2.1.3 下文载述的规划标准与准则主要包含教育统筹委员会的建议，以及免费优质幼儿园教育政策在校舍和设施方面的要素。

2.2 标准

幼儿园

2.2.1 虽然通常无须特别为幼儿园（即提供幼儿与幼儿园教育的学校）预留土地，但在发展屋邨和私人大型屋苑时，会考虑提供这些设施的需要，因此会拨出用地供作这些用途。幼儿园设施的标准为：每1000名3至6岁以下幼童应设500个半日制学额和500个全日制学额。上述订立的标准，旨在达到由2017/18学年起落实的免费优质幼儿园教育政策所定的长远半日制和全日制幼儿园学额的供应目标。按照现行做法，在规划及发展过程中应按情况所需，就应提供幼儿园的事宜咨询教育局。建议的幼儿园校舍，应设有最少6个课室，容纳总共180名半日制班级的学童或120名全日制班级的学童[①]。如有需要，可按地区特点和选址环境的情况，考虑多于6个课室的幼儿园校舍设计。

小学

小学设计

2.2.2 建筑署拟定了三款不同的指示性小学设计，供规划并在选定及预留小学用地时作一般性的参考。这些设计分别适用于有30个课室、24个课室及18个课室的小学。图1、图2及图3分别显示各款学校设计的平面布局图。这些平面布局图所显示的参考地盘面积详列如下：

（a）有30个课室的小学：6200平方米，阔度最少为65米（95米 × 65米）；

（b）有24个课室的小学：4700平方米，阔度最少为55米（85米 × 55米）；以及

（c）有18个课室的小学：3950平方米，阔度最少为55米（72米 × 55米）。

2.2.3 虽然有三款不同的设计，但在一般原则下，应考虑尽量预留面积足以兴建有30个课室的小学的用地，以提高土地的使用效益。不过，如果某个地区内适合兴建有30个课室的小学的用地不足，以致未能满足区内的学额需求，则应预留适合兴建有24个或18个课室的小学用地（两者中应优先考虑前者）。

2.2.4 预留的土地除了应达到上述的参考面积外，还应尽可能具备合适形状，以容纳校舍及必要的辅助设施，例如球场、巴士停车处和汽车停泊位。如果碍于情况所限，未能在校园内提供汽车停泊位，便应在接近校舍的便利地点提供有关设施。

---

① 这并不妨碍学校基于运作需要，根据课室与学生的比例，灵活地合并半日制和全日制班级。

2.2.5　然而，如某些土地适合作兴建小学之用，但未能达到上文第2.2.2段所指定的参考地盘面积要求，或者达到参考地盘面积要求但形状不合适，则教育局局长可予弹性考虑。遇有这类用地，应征询教育局局长及建筑署署长的意见。

2.2.6　学校的设计应灵活地配合个别地盘及学校的特点，以期把各学校的不同教育主题以有形的方式显示出来，从而反映出学校的独特性。

2.2.7　为了善用土地资源和迁就不同的地盘限制，教育局局长可按个别情况考虑接受较为创新的校舍设计，例如高建校舍，混合发展的校舍等，但须按照政府内部就采纳灵活的校舍设计而议定的安排来办理，而拟议混合发展的用途则应与学校的功能协调。

设置小学的标准

2.2.8　设置小学的标准为：每25.5名6至11岁儿童设一个全日制课室。据此，每765名6至11岁儿童应设一间有30个课室并开办30班全日班的小学；每612名应设一间有24个课室的小学；及每459名应设一间有18个课室的小学。此标准容许政府由2009/10学年起，于合适的公营小学的小一班级实施小班教学，并在2014/15学年或之前，分阶段推展至小一至小六所有班级。

预留土地

2.2.9　预留小学用地应以地区为基础。就小学规划而言，全港分为18区，与18个区议会的行政区相同。

2.2.10　规划师应与教育局局长紧密联系，以确保提供足够数目的用地，应付每一区的需求。为新发展区预留用地时，除按上述标准预留小学用地外，还应多预留相等于该用地数目10%的额外用地，以便规划工作能灵活变通。如果这些地区已备有详细的人口预测数字，则可弹性施行10%额外预留用地的准则。

2.2.11　在规划每一地区的小学用地时，亦应同时考虑其他因素，例如人口特征、地盘范围及环境和交通需求。举例来说，为尽量减少离岛区的学童跨岛上学的情况，应因应教育局局长的要求，预留额外学校用地。

综合房屋计划

2.2.12　原则上，综合规划及设计的公共或私人房屋计划的小学学额应自给自足。在综合房屋计划内提供充裕的小学学额，可以减少屋邨内学童往返学校所需的交通时间。

2.2.13　由房屋委员会发展或重建的屋邨，应提供足够的小学用地（一幅或多幅），以应付该项发展计划的预定人口的需求，除非该区其他地方有剩余的学额或已预留建校用地。举例来说，如果某屋邨的预定人口需要一间有18个课室的小学，则应在屋邨范围内拨出一幅恰当面积的土地，以容纳所需小学。不过，如果该区有剩余学额，而且已预留足够小学用地，则或许无须在发展计划内进一步预留小学用地。

2.2.14　至于私人综合住宅发展计划（包括房屋协会屋邨）方面，应在审批发展／重建计划的过程中，设法要求提供足够的小学，以应付发展计划本身预计人口的需求。如果已预留一幅或多幅土地以供兴建小学，则应征询教育局局长的意见，以确定是否亦应委托私人发展商兴建符合教育局局长要求的校舍。至于建校计划的费用，则应咨询有关部门及决策局，并根据现行的政策，以确定应由私人发展商负责抑或由政府事后发还。

中学

中学设计

2.2.15　建筑署就有30个课室的中学制定了一款指示性的设计，供规划以及在鉴定及预留中学用地时作一般性的参考。显示该款中学设计的平面布局图。该平面布局图显示，可容纳一间中学的参考地盘面积为6950平方米，而其阔度至少须达65米才可接受。

2.2.16　预留的土地应尽可能有足够的面积及合适的形状，以容纳校舍及必要的辅助设施。

2.2.17　然而，遇有面积及／或形状未达到上文第2.2.15段所要求的中学用地参考标准，则应征询教育局局长的意见，教育局局长可按个别情况予以考虑。富创意及有较大灵活性的学校设计亦可按个别情况予以考虑，但须依照政府内部就采纳灵活的校舍设计而议定的安排来办理。

设置中学的标准

2.2.18　设置中学的标准为：每40名12至17岁青少年设一个全日制课室。按一间中学有30个课室及开办30班全日班来说，每1200名12至17岁青少年便应设一间中学。订定上述中学供应时，已把高中学位的需求计算在内。

预留土地

2.2.19　预留中学用地亦应以地区为基础，力求提供足够数目的用地来应付地区的需求。然而，整体的中学供应，则应按全港需求作出评估，以确保学额总数不会超出全港需求，不过当中亦须顾及下文第2.2.20段的考虑因素。

2.2.20　预留新学校用地时，包括供重置学校的用地，应考虑区域层面的需求，力求纾缓市区与新界地区中学分布不平均的情况。

评估学校用地需求的方法

2.2.21　每一地区内有关学龄组别（包括3至5岁的幼儿园组别、6至11岁的小学组别及12至17岁的中学组别）的预测人口数目，成为评估区内课室和学校需求的基础。第2.2.1段、2.2.8段及2.2.18段述及的不同学龄组别所需达到的人口数目，可用以厘定课室及学校数目的需求。

2.2.22　规划师在评估学校需求时，应参考由人口分布推算小组所编制的较为详细的分区年龄分布预测。

2.2.23　就某些地区例如新发展区而言，如只能提供总人口的预测数字，则可以利用下文表1所载学龄组别的全港平均年龄分布百分率来计算出该区学龄人口的数字。政府统计处会不时更新人口预测。规划师在进行规划时，应参考在当时有效的最新特定年龄组别人口预测。

表1　特定学龄组别的年龄分布百分率预测

学龄组别			
	3～5	6～11	12～17
年份	（%）	（%）	（%）
2017	2.35	4.68	4.43
2018	2.30	4.99	4.36

（续上表）

学龄组别			
2019	2.30	5.09	4.27
2020	2.31	5.07	4.42
2021	2.29	5.07	4.58
2022	2.27	5.00	4.81
2023	2.25	4.84	5.11
2024	2.20	4.67	5.34
2025	2.17	4.65	5.40
2026	2.13	4.63	5.34
2027	2.10	4.57	5.30

来源：政府统计处的2017—2066年香港人口预测。

2.2.24　在评估学校用地需求时，规划师应就最新的学校需求预测，征询教育局局长的意见，并就最新的人口预测，征询政府统计处处长的意见。

共用学校及社区设施

学校群

2.2.25　为顺利推行“一条龙”办学模式及更有效地运用土地和其他资源，进行规划时，应在可行范围内把小学和中学配对或群集，以便共用学校设施，或是把土地联合发展为学校村。至于在什么情况下应把学校群集，以及哪些设施应该共用，则视乎个别情况而定。

与社区共用设施

2.2.26　本港学校用地短缺，而市区的情况尤甚。有鉴于此，学校使用毗邻社区及康乐设施的做法可予考虑。在适当情况下，学校亦应提供其设施给社区使用。学校与社区共用设施的安排应按个别情况来考虑和规划，并须咨询有关的决策局及部门。拟议共用者的用途应与学校的功能协调。

工业教育及职业训练设施

2.2.27　在提供工业教育及职业训练设施方面，并无既定标准，因为随着工业活动及经济发展的需要不断转变，会衍生对这类教育及训练的不同需求。所需学额的数目及类型，会由政府联同职业训练局评估。

2.2.28　有关这些设施的需求，应以全港整体为基础来确定，最好能够确保预留足够的用地以提供这些设施。在拟备规划图则时，规划师应就预留作这些设施的用地方面，征询教育局局长的意见。

2.2.29　这些设施的地盘面积要求及布局设计，应按个别情况来决定。

2.2.30　工业中学及职业先修学校属于工业教育的范畴。然而，它们的设置标准已归入中学类别，包括在上文第2.2.18段及第2.2.21段至2.2.24段所涵盖范围内。

特殊学校

2.2.31　特殊学校的设置是以全港整体而非某一地区的需求为基础。新学校的位置，应尽量照顾最大地区范围内不同类别的弱能学童。至于各类特殊学校的需要及预留用地事宜，应征询教育局局长的意见。

专上学院

2.2.32 专上学院的需求，须以全港整体为基础来确定，当中须考虑长远教育政策、人口变动及人力需求等因素。规划师最好能够确保预留足够的用地以提供这些设施，并应就预留用地的事宜征询教育局局长的意见。

2.2.33 这些设施的地盘面积要求及布局设计，应按个别情况来决定，并应征询教育局局长的意见。作为一般性指引，建议预留用地的面积应介乎2000平方米至7000平方米之间，并具备合适形状以容纳校舍及必要的辅助设施，例如球场及停车场。整体总楼面面积应介乎约6500平方米至22 000平方米之间。

2.2.34 视乎其运作规模，专上学院的校舍可独立设于地面之上或占用一座综合用途构筑物的一部分。专上学院应设于公共交通工具易于到达的地点。

大学

2.2.35 这一类别包括由大学教育资助委员会拨给经费的教育机构。有关对这些教育设施的需求，须以全港整体为基础来确定，当中须考虑长远教育政策、人口变动及人力需求等因素。

2.3 选址指引

2.3.1 在为校舍选址时，应采用“香港规划标准与准则”第9章“环境”一章中的环境指引。根据一般原则，学校的位置不应接近空气污染的源头或潜在危险装置，或在堆填区的咨询范围内。

2.3.2 学校应远离受严重噪声影响的地方。如果无法这样做，便应征询环境保护署署长及教育局局长的意见，研究应采取何种纾缓噪声的措施。

2.3.3 所有学校都应设有符合消防处处长要求的紧急车辆通道。

2.3.4 根据一般规则，校舍应独立设于地面之上。不过，教育局局长会按个别情况，审批设于平台上的校舍，但这些校舍必须为独立校舍，并且符合其他选址要求。

2.3.5 如情况许可，学校的选址应靠近公众休憩用地及互相配合的机构/社区设施，例如公共图书馆、社区中心及室内康乐中心，但不包括露天运动场地或体育馆。

2.3.6 在决定学校的位置及分布情况时，须确保出入口的人流/车流及上落客货活动只会在区内造成最低程度的交通挤塞。

2.3.7 幼儿园宜设于住宅区方圆0.4公里以内，而幼儿园学童在上学时所须横过的主要道路，应当设有分层行人过路处或交通灯操控的行人过路处。

2.3.8 工业学院及工业训练中心宜设于工业区附近。

2.3.9 在可能情况下，校舍的选址应让课室大楼能以最长轴线计建成东西走向，以尽量减轻阳光照射的影响。学校的露天游戏用地及球场最好能贴近校舍本部。

3. 医疗及保健设施

3.1 以区域为本的方法

3.1.1 1974年的白皮书建议以区域为本规划及管理医疗及保健服务。根据这套制度，同一地理区域的医院及诊所设施会组成一个综合的服务网。此举的目的在于确保政府医院病床或政府资助医院病床可以更平均地使用，并且能够因应病人的临床状况而提供最适当水平的治疗人手与设施。

3.1.2　自医院管理局于1990年12月1日成立后，所有政府医院及政府资助医院均改称为公立医院，由医院管理局统一管辖，并划分为8个专责全科医院联网，透过各类急症及延续护理机构，为病人提供优质医护服务。成立医院联网的目的，在于确保病人在整个患病历程中可获连贯的医疗服务。精神健康服务亦已按相同的概念进行重组。

3.1.3　在提供医疗服务的制度方面，医院管理局把公立医院划分为8个全科医院联网，分别为香港西区、香港东区、九龙中区、九龙西区、九龙东区、新界南区、新界东区及新界北区。每个联网会为其所涵盖的整个区域范围提供适当的急症及延续护理服务，以确保病人在整个患病历程中可获连贯的护理，即从急症阶段至疗养及康复阶段，以至出院后的社康护理阶段。这些医院联网形成基本架构，可与其他健康护理机构及福利与社区组织携手组成网络，提供互相配合的服务。

3.2　医院

3.2.1　作为长远的规划目标，每1000人会设5.5张病床（包括公立及私立医院的各类型病床）。这个比率是按照一条“病床公式”计算出来的，并获当时的医务发展咨询委员会同意采纳。医院的规划及发展必须以区域为基础，其中须考虑未来人口汇集趋势及对不同种类病床的需求（即急症全科病床、延续护理病床或精神科病床）。

3.2.2　在预留土地作医院用途时，应以每张病床预留80平方米为标准。这项标准已计及支援服务及相关的附属设施如停车场及上落客货区等所需的地方，同时亦容许日后有扩展的余地。如属延续护理医院，则应以每张病床预留60平方米为标准。

3.2.3　各个区域应获提供的医院服务，由医院管理局联同规划署负责研究。

3.3　专科诊疗所／分科诊疗所

3.3.1　每兴建一所医院，便应同时设置一所专科诊疗所／分科诊疗所，以提供必要的支援。

3.3.2　专科诊疗所／分科诊疗所的其中一个重要功用，是补充医院的专科服务，以及作为其他专科医疗中心，提供如化验所、放射科及进一步康复照顾等服务。如果须预留土地，应提供大约4712平方米（62米 × 76米）的地方。预留土地时应顾及当地发展限制，而规划时应容许医疗护理及门诊服务日后有扩展的余地。

3.3.3　各个区域应获提供的专科门诊／分科门诊服务，由医院管理局联同规划署负责研究。

3.4　普通科诊疗所／健康中心

3.4.1　作为日后规划目标，每100 000人将设置一间诊疗所／健康中心。这个比率可弹性地应用，以迎合区域内不同地区的需要。

3.4.2　在提供普通科门诊／健康中心服务方面，应以地区为基础作出考虑，规划所需的基层健康护理服务，包括普通科门诊服务及家庭健康服务。如果须预留土地，应提供大约2220平方米（37米 × 60米）的地方。

3.4.3　就设置乡郊诊疗所方面，每项计划均应按其个别情况加以考虑。

3.4.4　各个地区应获提供的普通科门诊／健康中心服务，由医院管理局联同规划署负责研究。

3.5　选址因素

3.5.1　在预留土地作公立及延续护理医院及诊疗所用途时，主要考虑有关地点是否交通便利及是否位于所服务地区的适中位置。

3.5.2　医院宜设于地势较高的位置，藉以享有优美景观及宁静环境。此外，亦应远离主要道路及工业用途发出的噪声及烟雾。专科诊疗所应邻近公立医院，以便互相支援。

3.5.3　普通科诊疗所应设于所服务地区的适中位置，有公共交通工具直达，而且尽可能与居民经常使用的社区设施为邻。

4. 警署

4.1　标准

4.1.1　应以下列标准作为一般指引：

表2　设置警署的标准

设施	标准	地盘规定
警区警署	每200 000至500 000人设一间	约4650平方米（61米×76米），临向最少两条主要道路，另加面积相若的员佐级已婚警察宿舍
分区警署	每100 000至200 000人设一间	约3000平方米（50米×60米），并临向最少两条主要道路
警署／警岗	无既定标准，设于乡郊地区，低密度住宅区及边界地区	因应建筑物的设计拨地
水警警署	无既定标准	因应建筑物的设计拨地

4.1.2　对于一旦达到上述标准则应于何时设置警区警署或分区警署，并无硬性规定，须视乎多项地区因素而定，例如：

（a）该区功能类别，如商业、工业、高密度住宅、农业、海事活动等；

（b）该区人口特征，例如寮屋人口、徙置家庭、白领人士、中等收入人士等；

（c）罪案率及其他需要警方派遣人员监控的问题；以及

（d）主要保安点及可能受威胁的建筑物。

4.1.3　水警警署是否有需要设立，取决于下列可变的因素：

（a）港口的航运量及船舶分布；

（b）货物装卸设施的位置及性质；

（c）全港捕鱼船队的大小及分布；

（d）海港新设施的位置及发展；以及

（e）非法进入本港水域的频率。

4.2　选址因素

4.2.1　一般而言，警署应设于既方便公众前往又不会影响保安的位置。

5. 裁判法院

5.1　标准

5.1.1　设置裁判法院的标准为：每660 000人或以下设一座有8个法庭的裁判法院。然而，这个标准应弹性地应用，以求配合司法机构的最新政策目标及不同区域的需要。

5.1.2　裁判法院是否有需要设于单一用户楼宇内，应与司法机构政务长及政府产业署署长商定。就一座设有8个法庭的标准裁判法院而言，通常应预留一幅面积约为4200平方米（61米 × 69米）的土地。然而，为善用土地起见，在可行情况下，应灵活厘定单一用户楼宇的地盘尺寸。

5.2　选址因素

5.2.1　由于裁判法院日常使用率很高，因此应设于交通便利的适中位置，有主要公共交通路线直达，或邻近主要公共交通路线。可能的话，应靠近其他主要政府办公室。此外，应征询运输署的意见，以便在地盘范围内提供充裕的上落客货设施和泊车设施。

6. 惩教设施

6.1　标准

6.1.1　惩教设施包括低度、中度及高度设防的惩教机构、戒毒所、精神病治疗中心、更生中心、教导所及中途宿舍。各种设施的规模须按长远需要规划，当中须仔细研究历史趋势、社会变化、更生需要，以及根据各项可能影响罪案性质及定罪率和再犯案率的元素（例如人口年龄结构的变动、经济状况、新订法律、判刑概况及警方破案率等）而作出的推算。

6.1.2　现代监狱的设计务求限制及控制犯人在设施内的活动，同时亦让惩教人员作出最大程度的直接监察。

6.1.3　在实体保安设计方面，当局应在达至所需保安水平的最佳方法与顾及个人尊严的需要之间取得平衡。举例说，当局可利用建筑设计加固囚室及囚仓，而同时亦达至有关拥有天然光线及新鲜空气的规定。

6.2　选址因素

6.2.1　惩教设施应设于远离主要市区地点的位置，但同时需有良好的交通联系，令这些设施较易前往，以鼓励亲属探访犯人。

6.2.2　惩教设施的选址亦应考虑机构之间的交通便利程度，以达到互相加强保安的目的。

6.2.3　这些用地的布局设计应有足够的平台范围，以便设置户外康乐场地，并远离斜坡及台阶式地形。

6.2.4　由于惩教设施可能对毗邻地方的环境及发展有不良影响，因此其选址应能合理地顾及这方面的情况。

7. 消防设施

7.1　标准

7.1.1　根据行政局于一九七七年四月采纳的消防政策，当局建议市区及乡郊地区的消防局数量及位置，应按火警危险等级制下的规定召达时间来订定。“召达时间”是指由消防通讯中心接到火警报告至消防队伍抵达火警现场的时间。

7.1.2　火警发生时的初步动员规模，视乎火警所在地区的火警危险等级而定，但如有特别情况，需要派遣更大规模的消防救援，则作别论。

7.1.3　所有日后兴建的消防局应按以下类别划分并拨给土地：

（a）标准区消防局

每区需设置一间区消防局，用以容纳一级火警动员队伍，以及由总区及区编配的消防车辆及资源。为此应拨给不少于面积2960平方米的土地（临街面最少阔47米）。

（b）标准分区消防局

分区消防局容纳一级火警动员队伍，以及地区所需消防车辆及资源。为此应拨给不少于面积1800平方米的土地（临街面最少阔37米）。

（c）倘若通往操场的车辆出入口通道并非设于后门，则必须扩阔临街地界，不过地盘面积仍维持不变。

（d）如果标准区消防局连同救护站设于合并地盘上，则所拨土地面积应不少于3830平方米，而其临街面应最少阔80米，并在区消防局建筑物后面划定1635平方米作操场之用。

（e）如果标准分区消防局连同救护站设于合并地盘上，则所拨土地面积不少于2670平方米，而其临街面应最少阔70米，并在分区消防局建筑物后面划定1225平方米作操场之用。

（f）在某些地点可能须设置非标准消防局，以切合地区上的需要。

7.1.4　在可行的情况下，消防局可连同救护站设于合并地盘上。

7.1.5　消防局可设于楼宇的底层及较低楼层，之上供其他政府发展项目使用，不过这类消防局须完全与其他用途分隔。在底层应另设出入口，而其他发展项目应尽量减少设置朝向操场的窗户，以免造成保安问题及有碍私隐。此外，这些其他政府用途应与消防局的性质互相协调。至于拟议的政府用途是否与消防局互相协调，以及进行这类混合发展是否可行，应按每项计划的个别情况审议，并须取得消防处的同意。

7.2　选址因素

7.2.1　消防局所在位置，应既便于通往主要干路，又易于通往地区干路。此外，亦要考虑到交通流动模式及交汇处的情况。

8. 救护车服务设施

8.1　标准

8.1.1　根据救护车服务计划，所需救护车的数目会根据推算人口分布及推算意外发生率计算，据此厘定紧急服务召唤及载送召唤的数目。此外，亦须考虑政府所提供的进一步社会福利设施，特别是住院治疗及专科诊所的运作情况。

8.1.2　就日后设置的所有救护站而言，应采用一如标准分区消防局的设计，但不应包括操练塔在内。为此应拨给不少于面积1160平方米的土地（临街面阔36米）。

8.1.3　倘若通往操场的车辆出入口通道并非设于后门，则必须扩阔临街地界，不过地盘面积仍维持不变。

8.1.4　如果标准救护站连同区消防局设于合并地盘上，则所拨土地面积应不少于3830平方米，而其临街面应最少阔80米，并在区消防局建筑物后面划定1635平方米作操场之用。

8.1.5　如果标准救护站连同分区消防局设于合并地盘上，则所拨土地面积应不少于2670平方米，而其临街面应最少阔70米，并在分区消防局建筑物后面划定1225平方米作操场之用。

8.1.6 救护站并非标准设施，设置与否视乎地区上的需要而定。

8.1.7 在可行的情况下，救护站／救护局可连同消防局设于合并地盘上。

8.1.8 救护站／救护局可设于楼宇的底层及较低楼层，之上供其他政府发展项目使用，不过这类救护站／救护局须完全与其他用途分隔。在底层应另设出入口，而其他发展项目应尽量减少设置朝向救护站／救护局后院的窗户，以免造成保安问题及有碍私隐。此外，这些其他政府用途应与救护站／救护局的性质互相协调。至于拟议的政府用途是否与救护站／救护局互相协调，以及进行这类混合发展是否可行，应按每项计划的个别情况审议，并须取得消防处的同意。

8.2 选址因素

8.2.1 救护站及救护局的位置，须确保分驻市区／新市镇及乡郊的救护车可分别于10分钟及20分钟内到达紧急事故现场，而且邻近并便于前往下列地点：

(a) 主要的政府及私家医院，这些医院会产生大量非紧急载送召唤；

(b) 已知出现大量紧急召唤的地方；以及

(c) 政府及私人诊所包括物理治疗机构及类似设施。

8.2.2 救护站及救护局所在位置，应既便于通往主要干路，又易于通往地区干路。此外，亦要考虑到交通流动系统及交汇处的情况。

9. 艺术场地

9.1 定义

9.1.1 本节提及的艺术场地，是指进行不同类别、性质及形式的艺术活动的地方，包括举办舞蹈、戏剧、电影及媒体艺术、音乐、表演及视觉艺术节目的场地，但不包括商业性质及牟利的娱乐场所，例如戏院及“的士高”。有关的艺术设施形式多元化，可以包括下列各种：剧院、体育馆、工作室、展览厅、活动室和制作及推广艺术活动的办事处，还有其他未能尽录的。至于博物馆和图书馆，除非与艺术有关，否则不包括在内。

9.2 需求的评估

9.2.1 艺术场地的提供应按需求而定，而是否存在需求则应由民政事务局局长作出评估及提供意见。在衡量需求时，应考虑下列因素：

(a) 现有由公营和私人机构提供的同类及相关艺术场地，以及这类设施的使用率；有关方面应审慎评估拟提供的新艺术设施，以确保其与邻近地方的现有设施互相协调；

(b) 艺术政策和其他影响艺术场地需求的政策；

(c) 艺术组织及其他设施提供者所拟定的新艺术场地发展计划和进度；以及

(d) 社区团体、艺术界和设施提供者的意见。

9.3 提供艺术场地的架构

9.3.1 在规划艺术场地时，应顾及下列两个层次的需求：

(a) 全港需求：即指香港市民、访客、为全港服务的专业精英及其他艺术家和艺团的艺术需求。有关的艺术场地宜设在显眼位置，兼且交通便利，可乘搭公共交通工具前往，同时市区居民及访客往返这些场地的路程亦不会太长。一般而言，须提供高质素的场地以鼓励香港专业艺团的发展。这类为满足全港需求而提供的艺术设施，举例来说，有香港文化中心、大会堂及香港演艺学院。

(b) 社区需求：即指社区层面的居民、学校、社区团体、地区演艺团体、志愿组织及其他特别兴趣团体和社团的艺术需求。为满足这类需求而提供的文化设施，必须位于所服务的住宅地区的适中位置，便于前往。应付社区需求的艺术设施的例子为会堂、文娱中心等。

9.4　选址与地区规划指引

交通便利

9.4.1　交通便利与否，是艺术场地选址的一个关键因素，因为会影响艺术家与观众的参与程度。

9.4.2　全港层面的艺术场地，可以同时满足香港居民与访客的需求。这些场地应建于市中心的显眼位置，或由市区往返只需不太长的路程，而且所在位置应能方便居民及访客乘搭公共交通工具前往。如果场地的服务对象大多是海外人士，则应邻近主要酒店、旅游景点和主要购物区。

9.4.3　社区层面的艺术场地基本上可满足地区居民的需求。在为这些设施选址时，必须考虑是否靠近工作地点和住宅区，以便鼓励地区人士参与。特别要注意的是，艺术教育设施应建于由学校和社区设施徒步可达的地点。

环境因素

9.4.4　为艺术场地选址时，应遵从《香港规划标准与准则》第九章所列的环境指引。四周的环境质素、艺术场地与道路之间的缓冲是否充足、是否存在其他厌恶性及不相协调的用途如垃圾收集站和街市等，都应纳入考虑之列。为解决环境问题，可以把设施远离附近道路；另亦可考虑使用园景休憩用地作为缓冲。在为露天的场地选址时，亦应避免对附近易受滋扰的用途造成噪声影响。

设施聚集

9.4.5　为新的艺术场地选址时，应特别着重艺术设施聚集这个重要因素。设施聚集可分为两个形式：

(a) 横向聚集（“艺术区”概念）——即鼓励把角色相似的不同种类艺术设施，连同辅助设施如停车场、食肆和商店等，集中设在相邻的地点；以及

(b) 纵向聚集（“艺术中心”概念）——即鼓励在同一地点设置一种或数种相关的艺术界别的设施，例如在一幢建筑物内设立舞蹈中心，兼备表演、排练、训练和研究的地方。

艺术区

9.4.6　为了提供横向聚集的文化与辅助设施，在制订发展计划时，应鉴定及综合规划新的艺术区与艺术重建区。所选定的地区应具有下列功用：

(a) 聚集多种不同种类的正式或非正式艺术文化娱乐设施于一个步行范围内的地区；

(b) 鼓励利用非为艺术活动而设计的不同类型楼宇，以提供各式各样的艺术场地；以及

(c) 把这个地区发展为推广艺术文化娱乐场地的基础，令这些设施与相关商业设施能够增值。

9.4.7 就这些地区所采用的综合规划原则计有：

(a) 聚集艺术文化娱乐设施及辅助的商业、酒店与住宅混合用途，以便达到足够的规模；

(b) 把具地志功能的建筑物发展为重点设施，并以其周围的地方作为背景，让原来在户内及正规环境下进行的艺术活动可继续在户外及非正规环境下进行；

(c) 提供配套的公营和私人发展项目，包括主题食肆与零售商店、电影院、博物馆与美术馆、艺术村、艺术市场区、公园与休憩用地，并把展品融入这些发展项目内；

(d) 鼓励设立小型的新艺术文化娱乐设施，兼有辅助的商业与住宅混合用途；

(e) 整体上保存现有具备特殊文化 / 历史价值的地点的地方色彩，包括可反映当地艺术文化的细小景物 / 小型建筑物；

(f) 确定这些地区内可使用的公共建筑物和历史建筑物，并把这些建筑物改作艺术活动用途；

(g) 适当地设计行人道和公众地方，以倡建更多行人专区和街景，作为街头表演和公众地方露天表演的场地；

(h) 透过直达新艺术区的行人 / 运输系统，把现有的富有特色和艺术活动集中的地点与新艺术区连接起来，融为一体；

(i) 竖设标志牌，指示访客前往不同的艺术场地和设施；以及

(j) 辟设直达地下铁路和九广铁路车站、码头与运输交汇处的行人路系统。

9.5 交通运输准则

公共交通

9.5.1 在规划及发展艺术场地时，妥善的公共运输设施是主要的考虑因素。在可能的情况下，艺术场地应靠近公共交通路线与总站。此外，又应考虑两大类观众即本港居民与海外游客的不同交通需求：

(a) 本港居民——需要便于往返全港层面及社区层面艺术场地，因此须容易到达各种公共运输设施，包括铁路、巴士、小巴、的士；以及

(b) 访港旅客——旅客通常使用市中心的大型市区设施。与本港居民比较，访港旅客较多使用的公共运输设施为的士及铁路。

装卸设施

9.5.2 在规划艺术场地时，应考虑提供足够装卸设施以运送道具、布景及展品的需要。艺术场地需要充足及有效率的装卸设施，有关需求视乎每个场地所进行艺术活动的规模和性质而迥异。

9.5.3 为方便货车暂时停泊，应拨出充裕空间，包括充足的车辆回旋处。此外，又应提供充足的货柜升降机和处理设施，以便装卸大型物件。

泊车设施

9.5.4 应在非常靠近艺术场地的地点或者最好在艺术场地范围内，提供充足的货车与私家车车位。对泊车设施的需求视乎每个场地的表演规模或是否举行展览或其他艺术活动，观众、表演者与设施人员的数目，以及是否备有妥善的公共运输设施而定。

9.6 一般设计准则

全港层面的场地

9.6.1 主要的艺术场地，特别是全港层面的场地，应采用独特的外形设计，使足以成

为地志。

9.6.2　在设计主要的艺术场地时，应确保内外设计风格完全一致。应委聘专业设计师，设计高质素而美观的专门设施。此外，应就此等设施的规划、建筑及安全标准，征询有关政府部门的意见。

社区层面的场地

9.6.3　别具特色及高质素的设计固然可取，但同样甚或更重要的是宽敞的地方、容许灵活使用、收费低廉、有效及通情达理的管理模式等。

残疾人士及长者的特别需要

9.6.4　艺术场地应照顾伤残及年长参与者及使用者的特别需要，因此应提供通往舞台、座位及其他设施的斜面行人道连扶手、残疾人士洗手间、专供残疾人士使用的停车场及其他辅助设施。

9.7　服务／附属设施的提供准则

9.7.1　表演及展览场地的用途分配表，应包括制作及推广艺术活动的办事处、排练室、练习室和工作坊等辅助设施。倘若情况适合，应为社区及年轻一代提供培育艺术天才的训练场地。

9.7.2　同样，应视乎配合场地设计原意而进行的艺术活动的规模和性质，提供充足的设施，以便贮存甚或制作布景和道具。

9.7.3　应考虑提供食肆、零售和娱乐设施，方便使用者。

9.8　把非为艺术活动而设的设施供作艺术用途

9.8.1　把非为艺术活动而设的设施供作艺术用途，不论是临时或长期性质，均应多加鼓励，但要考虑建筑和安全标准及土地用途协调的问题。

住宅发展

9.8.2　在规划公共与私人屋邨时，应尽量考虑及提供艺术设施例如表演室、展览室、排练室、工作坊及训练班。

工业发展

9.8.3　关于利用现有工业楼宇的建议，如属某些艺术用途（例如陶瓷和雕塑工作坊），而且所在地区不会引起不同用途邻接的环境问题，则应获得从优考虑。

商业发展

9.8.4　在规划商业楼宇包括展览中心、零售中心、办公大楼和酒店时，应鼓励提供艺术用途设施如表演和展览场地等。

公共建筑物

9.8.5　政府部门或公营机构如地政总署、政府产业署，及市区重建局，都应考虑把其管理的可用单位，拨作临时或长期的艺术用途，例如艺术工作室、工作坊和排练室。这包括把使用率偏低的社区会堂改作艺术用途，以及把校舍暂时改作艺术用途。

历史建筑物

9.8.6　应鼓励把历史建筑物和其他别具特色的公共建筑物改为进行与有关建筑物特色吻合的艺术活动，例如在历史建筑物内举行民俗表演。

暂时使用建筑物内部或之间的公众地方

9.8.7　应鼓励灵活使用公共和私人建筑物内部或之间面积较大的公众流通地方，例如大堂、门廊等，以临时性质举办艺术活动。

公众户外空间

9.8.8 在规划公众户外空间例如大型休憩用地、体育场地、海滨长廊、行人街道和露天广场时，只要不会带来噪声和对交通造成不良影响，也应鼓励拨出地方进行附带的户外艺术活动，例如表演和展览。

10. 社区会堂及社会福利设施

10.1 社区会堂

背景

10.1.1 有关社区会堂方面，以往在规划社区中心时，总会包括一个社区会堂作举行社区活动之用。此外，该社区中心亦会包括一座独立的福利大楼，大楼内会拨出固定的楼面面积供福利服务之用。然而，当局经进行一项有关福利服务用地的检讨后，认为较宜按每项计划的情况，个别评估及厘定福利服务所需楼面面积。换言之，以往有关提供社区中心的规划标准与准则不再适用。有鉴于此，当局需就提供社区会堂方面公布一套新的规划标准与准则。

10.1.2 虽然日后未必把社区会堂与福利服务设施同设一址，但是在发展社区会堂时包括福利服务设施是有明显好处的，因为福利服务的当事人是社区会堂的主要使用者之一。因此，在筹建社区会堂的初期阶段，便应就福利服务设施是否与社区会堂共同发展，以及福利服务设施所占楼面多寡，征询社会福利署署长（负责福利设施的人员及小组工作部）的意见。

处理社区会堂事务的责任

10.1.3 民政事务总署署长负责设置及管理社区会堂，因此所有有关社区会堂的建议，均应征询其意见。政府产业署署长负责确保土地运用得宜，因此在筹划的初期阶段，便应征询其意见。然而，有时会安排由其他政府部门例如房屋署等，代替民政事务总署设置及／或管理社区会堂。在这个情况下，便应在筹划的初期阶段，征询当事部门的意见。

社区会堂的功能

10.1.4 社区会堂提供了举办地区社区活动的场地，供不同年龄组别的人士参与。这些活动包括地区社区组织的会议、联谊团体及公民教育活动、训练课程，以及庆祝、康乐及体育活动。此外，遇有天灾、紧急事故及恶劣天气，社区会堂亦可为有需要的人士提供临时栖身之所。

设置社区会堂

10.1.5 社区会堂乃视乎需要而设置，而这方面的需要是由民政事务总署署长作出评估及提供意见，当中会顾及当地社区人士的意见。因此，在拟备发展图则（包括分区计划大纲图、综合发展／重建计划的发展蓝图及规划大纲）时，应就设置社区会堂的需要，征询有关地区的民政事务专员的意见。此外，现有涉及社区中心／会堂的发展计划所预留的土地是否仍需继续保留，亦应征询有关地区的民政事务专员及政府产业署署长的意见。

10.1.6 在确定需要时，应考虑下列因素：

(a) 人口多寡；

(b) 地区特色及社区期望；

（c）有关地区的位置；

（d）附近是否已设有社区会堂或类似设施；

（e）附近社区会堂的使用率；

（f）由有关地区前往附近的社区会堂是否方便；以及

（g）是否有其他社区活动场地，而这些场地是否方便前往。

10.1.7　如果发觉有提供社区会堂的需要，但又未达致提供“标准大小设计”设施的程度，或是未能因应社区需要及时设置社区会堂，则可考虑征用其他场地举办社区活动，包括特别设计的多用途活动室及经拣选的学校礼堂。

楼面面积／地盘规定

10.1.8　社区会堂应尽可能纳入为综合政府、机构或社区发展规划的一部分，并设置于联用楼宇内；或如没有适当的政府、机构或社区用地，则纳入综合发展项目内。政府产业署署长负责统筹联用楼宇的用户部门的需求，并把综合发展项目列入基本工程计划内。如果由于个别政府、机构或社区设施的时间安排或资源分配优先次序出现问题，以致无法发展同时容纳政府、机构或社区设施及社区会堂的楼宇，则可在征得物业策略组的同意后兴建独立的社区会堂。

10.1.9　然而，需要注意的是，一如政府产业署署长所示，只有在例外的情况下才会批准兴建独立的社区会堂。因此，应设法鉴定联用楼宇的用户部门，以便进行综合发展，并致力解决有关实施的问题。

10.1.10　标准设计的社区会堂需要的总楼面面积约为1260平方米（32米×39.5米），并应包括可容纳450人的多用途礼堂、舞台、舞台储物室、男女化妆间及会客室。如果其他地方没有提供，则应提供附属管理处、储物室、会议室及洗手间。

10.1.11　如果并非需要标准设计大小的社区会堂，则应考虑提供特别设计的多用途活动室作举办社区活动之用。

10.1.12　鉴于社区会堂所需的楼面面积相对较大，如果有需要设立社区会堂，那么预留联用楼宇用地时，宜以社区会堂为基本组成部分，然后加入其他政府、机构或社区用途。有关的规划专员应在考虑各项因素，包括可用土地的大小、政府、机构或社区设施的类别、用地位置、方便服务对象的程度等，并经征询有关部门特别是政府产业署的意见后，定出联用楼宇内应容纳的设施，以及各项设施的楼面面积要求。

选址因素

10.1.13　为了确保物尽其用，社区会堂应设于适中位置，方便所服务的人口前往。拟与社区会堂同设一址的其他政府、机构或社区设施，最好是公众人士经常使用的设施，例如政府办事处、福利设施、诊疗所等。

10.2　社会福利设施

引言

10.2.1　社会福利署（社署）为社群内不同类别的人士包括儿童和青少年、长者和残疾人士等，提供各式各样的设施。有些设施设于社区中心的福利大楼内，另一些则设于公共屋邨、私人发展及联用楼宇内。下文所述设施是按人口数目、人口特征、地理状况和服务供求情况等多个因素规划，广泛分布于全港各区。

10.2.2　为方便评估社会福利设施的处所需求起见，本文采用了一些名词，包括“净作业楼面面积”及“净实用楼面面积”。这些名词的定义列于表3。

幼儿中心

背景

10.2.3　政府在二零一六年十二月委托顾问进行“幼儿照顾服务的长远发展研究”（下称“研究”）。该研究在二零一八年完成。政府参考该研究的总结报告后，提出一系列改善幼儿服务规划及长远发展的措施，并采纳了当中的一项建议，就幼儿中心资助名额制定以人口为基础的规划比率，并将之纳入《香港规划标准与准则》。

10.2.4　幼儿中心的规划标准及指引载述于下文。根据现行做法，设置幼儿中心须由社署经咨询相关的政府部门后决定，并在规划及发展过程中应按情况所需，就提供幼儿中心事宜咨询社署。

标准

10.2.5　幼儿中心旨在为未满三岁的儿童提供日间照顾服务，让儿童在安全及富启发性的环境中学习。幼儿中心为儿童安排均衡及灵活设计的活动，促进儿童在体能、智能、语言、社交及情绪方面的发展。

10.2.6　以人口为基础的资助幼儿中心规划标准，为每25 000人设100个资助服务名额。这项标准在应用时应灵活运用，并须顾及社署在个别情况下的考虑因素，包括幼儿中心的分布、不同地区的土地供应、地区特色，以及人口增长和人口结构变化所带来的服务需求。

10.2.7　资助幼儿中心所需的楼面面积视乎服务名额的多寡而有所不同。一般而言，一间设有100个名额的资助幼儿中心所需的净作业楼面面积为530平方米，但洗手间、间隔、育婴室及通道地方不包括在内。不同服务名额的资助幼儿中心的楼面面积要求撮述于表3。

选择因素

10.2.8　幼儿中心应方便所服务的人口前往，并须与周围用途相配合。此外，幼儿中心的选址应远离用作发出过量噪声、烟雾或臭味的地方，宜靠近休憩用地或游乐场。

10.2.9　按《幼儿服务条例》（第243章）、《幼儿服务规例》（第243A章），以及由社署和教育局共同编定的《学前机构办学手册》规定，幼儿中心的设计必须充分顾及儿童健康及处所安全，特别是发生火警时，占用人能安全离开。另须就邻近发展可能带来的火警危险，征询消防处处长的意见。

10.2.10　根据《幼儿服务规例》，除围绕天台游乐场的护墙外，在为未满两岁儿童而设的幼儿中心，其处所的任何其他部分所处的高度，离地面不得超过12米；或在任何其他中心，其处所的任何其他部分所处的高度，离地面不得超过24米。为方便发生火警时疏散幼童前往空地，幼儿中心处所一般应设在越低层越为理想。社署署长在取得消防处处长的意见后，可藉用书面通知，批准该等处所的任何部分可处于通知书内指明的较高高度。

10.2.11　所有幼儿中心的处所须有足够的通风和照明。此外，每间用作洗手间设施的房间须设有一个或超过一个对外通风口，通风口的总面积最少须为该房间楼面面积的十分之一，除非获社署豁免，则不属此限。

综合青少年服务中心

标准

10.2.12　综合青少年服务中心是政府福利计划的一环，目的在于鼓励青少年参与饶富意义的活动及发展兴趣。每个中心都会举办不同种类的户内及户外活动，藉以培养青少年的良好品格及社会责任感，使他们成为社会中成熟、负责任及有用的一分子。

10.2.13　提供这项设施的标准为每12 000名属于6至24岁年龄组别的儿童/青年设一间综合青少年服务中心。这个标准只是作为一般指引，而在应用时应灵活变通，以顾及区内的情况，例如人口特征、人口的集中程度和分布范围等。每间综合青少年服务中心需要净作业楼面面积631平方米。

选址因素

10.2.14　为尽量提高使用率，综合青少年服务中心应设于适中位置，方便所服务的人口前往。如情况许可，应与公众经常使用的公共康乐场地及其他社区设施为邻。

安老服务及设施

背景

10.2.15　鉴于人口急速老化，政府有迫切需要加强安老服务的中长期规划。基于这背景，政府于二零一四年委托安老事务委员会（下称“安委会”）筹划《安老服务计划方案》（下称《计划方案》）。安委会于二零一七年六月完成并向政府提交《计划方案》。政府原则上同意《计划方案》的建议。

10.2.16　《计划方案》提出多项建议，包括建议重新在《香港规划标准与准则》加入以人口为基础的安老服务规划标准。考虑到该建议，有关（ⅰ）长者社区照顾及支持设施；以及（ⅱ）长者院舍住宿照顾服务的规划标准和准则载述如下。根据现行做法，在规划及发展过程中应按情况所需，就提供安老服务及设施事宜咨询社署。

长者社区照顾及支持设施

10.2.17　长者社区照顾及支持设施的服务对象，是居于社区的长者。现时，有两种设施或服务属于这个类别，分别是长者中心及长者社区照顾服务。

10.2.18　社署于二零零三年重整长者社区支持服务。所有当时的长者综合服务中心已提升为长者地区中心；而大部分长者活动中心则已提升为长者邻舍中心。长者中心包括长者地区中心及长者邻舍中心，向60岁或以上、居于社区，以及需要支持服务的长者，提供社区支持服务。

10.2.19　长者社区照顾服务的对象，是经社署“安老服务统一评估机制”评定为有长期护理需要的65岁或以上长者，同时亦会弹性地服务年龄介乎60至64岁及证实有需要的长者。长者社区照顾服务包括以家居为本和以中心为本两种服务。

长者地区中心及长者邻舍中心

10.2.20　长者中心，不论是长者地区中心或长者邻舍中心，皆属以中心为本的社区支持设施，在地区/邻舍层面为长者提供多元化的服务，让他们留在社区，过着健康、受尊重及有尊严的生活。长者地区中心在地区层面提倡“积极乐颐年”，并提供辅导、外展和转介服务，与及举办社交和康乐活动，同时亦负责在有关分区内担当支持的角色，以协调长者邻舍中心及其他持份者，以综合模式为长者提供服务。长者邻舍中心则在邻舍层面提倡“积极乐颐年”，并提供外展和转介服务，与及举办社交和康乐活动。

10.2.21　长者地区中心所需的净作业楼面面积为424平方米，而长者邻舍中心所需的净作业楼面面积则为303平方米。这些楼面面积要求仅作为一般参考之用，而在应用时务须灵活变通。

10.2.22　在规划长者地区中心及长者邻舍中心的服务时，主要考虑因素是这些中心的使用者能否容易到达。现时大部分位于已建设地区的长者地区中心及长者邻舍中心网络已经甚为广泛，亦能够让居于社区的长者容易前往。为确保这些长者中心的服务范围覆盖居于新住宅区/社区范围的长者，当局在辟设新的长者地区中心及长者邻舍中心时，应考虑以下的一般原则：（ⅰ）每个人口约为170 000或以上的新发展区，应设立一间长者地区中心；以及（ⅱ）每个人口达15 000至20 000人的新建和重新发展的住宅区（包括公营及私营房屋），如情况合适，应设立一间长者邻舍中心。

长者社区照顾服务

10.2.23 长者社区照顾服务为经社署的“安老服务统一评估机制”评定为身体机能有中度或严重缺损的长者（包括认知障碍症患者）提供一系列的日间照顾及支持服务，协助他们保持最佳活动能力及改善生活质素，令他们尽可能居家安老。此外，社区照顾服务亦为护老者提供支持及协助。

10.2.24 社区照顾服务所涵盖的服务可进一步细分为中心为本服务及家居为本服务两种。中心为本服务以长者日间护理中心/单位的形式提供；家居为本服务则透过社署的各项计划提供。

10.2.25 一间设有40个名额的长者日间护理中心需要净作业楼面面积为267平方米，而一间设有20个名额并附设于安老院舍或长者地区中心的长者日间护理单位所需的净作业楼面面积分别为70平方米和80平方米。这些楼面面积要求仅作为一般参考之用，而在应用时务须灵活变通。一间长者日间护理单位应与一间安老院舍或一间长者地区中心同设一址。各类长者日间护理中心和长者日间护理单位的楼面面积要求撮述于表3。

10.2.26 家居为本社区照顾服务队的楼面面积要求，视乎相关服务队所提供的服务名额而定。一般而言，一个可提供70个服务名额的服务队需要的净作业楼面面积为90平方米，作为其营运空间，并附设厨房设备，以便为居家长者提供熟食。

10.2.27 以人口为基础的社区照顾服务规划标准，是每1000名65岁或以上的长者设有17.2个资助服务名额。有关的规划标准适用于地区层面，在应用时务须灵活变通，以顾及社署须考虑的多项因素，包括社区照顾服务的分布、土地供应、因人口增长和人口转变而产生的服务需求。在各地区提供的社区照顾服务应由社署决定。

选址因素

10.2.28 各类长者中心和长者日间护理中心/单位均应设于楼宇的地面或较低楼层。即使设于地面一层之上，亦不应距离地面超过24米，而且应有升降机直达。如能就近休憩用地或游乐场，则更为理想。长者日间护理中心/单位附近应设有停车处，供装有车尾升降台的私家小巴和救急车辆停泊，利便体弱年长的使用者。家居为本社区照顾服务最好与长者服务对象位处同一地区，或设于毗邻地区。

10.2.29 为社区照顾服务预留用地时，应考虑有关设施的地理分布，并应在技术和运作上可行的情况下，采用“屋苑为本”的模式。大型住宅发展项目一般应预留场所和处所予社区照顾服务用途，并能应付其年长住户的需要。

长者院舍住宿照顾服务

10.2.30 长者院舍住宿照顾服务的主要服务对象，是经社署的“安老服务统一评估机制”评定为有长期护理需要但未能在家中获得足够照顾的长者。为长者而设的院舍住宿照顾服务宿位主要包括护理安老院宿位和护养院宿位。按照现今的趋势，护理安老院宿位可提供达至护养/疗养程度的持续照顾。安老院舍可同时设有护理安老院宿位和护养院宿位。

10.2.31　各类院舍住宿照顾服务所需的楼面面积不尽相同。就一间提供100个宿位的安老院舍而言，所需的净作业楼面面积一般为1354平方米。这些楼面面积要求仅作为一般参考之用，而在应用时务须灵活变通。设有不同服务名额的安老院舍的楼面面积要求载于表3。

10.2.32　提供院舍住宿照顾服务的标准，为每1000名65岁或以上的长者设21.3个资助床位。社署按其五个区域（即香港岛、东九龙、西九龙、东新界及西新界）规划院舍住宿照顾服务。上述标准适用于区域层面，在应用时务须灵活变通，并须顾及社署须予考虑的多项因素，特别是院舍住宿照顾服务在区域内各个地区的分布。社署须考虑的其他因素包括区域内不同地区的土地供应、因人口增长和人口变化而产生的服务需求，以及各个区域的各类院舍住宿照顾服务的供应情况。

选址因素

10.2.33　安老院舍应设于楼宇的地面或较低楼层，最好有专用升降机直达。《安老院规例》第20条规定，除非获社署署长批准，否则安老院（包括安老院舍）的任何部分所处高度，离地面不得超过24米。

10.2.34　为安老院舍预留用地时，应考虑设施的地理分布，以顾及区域内不同地区的土地供应情况、因人口增长和人口变化而产生的服务需求，以及各个区域的院舍住宿照顾服务的供应情况等因素。

综合家庭服务中心

标准

10.2.35　为了以更加全面及协调的方式响应家庭所面对的问题，社署在二零零四至零五年重整现有的家庭服务资源，以成立综合家庭服务中心，为居于指定地区的个人及家庭提供一系列服务，全面地照顾他们不断转变的需要。

10.2.36　综合家庭服务中心采用更加开放、方便服务使用者、积极主动及灵活的方式，为公众提供方便和综合化的服务。中心会为有需要的人士及家庭提供一系列预防、支持及补救服务，包括家庭生活教育、亲子活动、咨询服务、义工培训及服务、外展服务、互助及支持小组、辅导及转介服务等，并会延长服务时间。

10.2.37　每一间综合家庭服务中心都有清晰的服务地域范围，为约100 000至150 000人口提供服务。服务地域范围除了以所服务人口厘定，还会根据社会问题的复杂性及地区需要等多种因素而订定。

10.2.38　每一间综合家庭服务中心除设有一名主管人员外，亦会最少有12名社工。视乎所服务人口的多寡及区内社会问题的复杂性，个别综合家庭服务中心的社工人数或会较多。按照核准用途分配表，有25至28名职员（当中包括最少13名社工）的综合家庭服务中心需要535平方米的净作业楼面面积。每间综合家庭服务中心的净作业楼面面积会按照个别情况（包括职员人数）而调整。

选址因素

10.2.39　综合家庭服务中心应设于人口集中、公共交通工具易于到达的地点。为方便服务用户起见，中心的位置宜就近其他社会福利设施。综合家庭服务中心最好设于楼宇地面一层，不过，有升降机直达的其他楼层亦适合。

残疾人士康复服务

背景

10.2.40　康复服务的目标是发展残疾人士的体能、智能及适应社群生活的能力，确保他们充分参与各类活动，并享有与其他人一样的平等权利，从而鼓励他们融入社会。当局为残疾人士提供一系列的康复服务，包括学前服务、日间康复服务、住宿照顾服务和社区支持服务，以应对他们的各项需要。

10.2.41　政府在2020年7月公布由康复咨询委员会制定的《残疾人及康复计划方案》(下称《方案》)。《方案》提出策略方向及建议以响应残疾人士的服务需要。政府已接纳《方案》的有关建议，将学前康复、日间康复、住宿照顾和社区支持服务以人口为基础的规划比率纳入《香港规划标准与准则》。

10.2.42　康复服务的规划标准及指引载述如下。根据现行做法，社署会在咨询相关的政府部门后决定所提供的康复服务。其他政府部门应在涉及提供康复服务的规划及发展过程中按情况征询社署意见。

学前康复服务

早期教育及训练中心和特殊幼儿中心

10.2.43　早期教育及训练中心为初生至6岁以下未开始接受小学教育的残疾儿童提供服务，目标是通过提供支持和协助，帮助家长接纳、了解、照顾和训练残疾儿童，从而尽量提升他们的发展功能。特殊幼儿中心为2岁至6岁以下未开始接受小学教育的中度和严重残疾儿童提供服务，服务旨在发展这些儿童的基本发展能力和智力、感官肌能、认知、沟通、社交和自我照顾的能力，以协助他们由学前教育顺利过渡至小学教育。部分特殊幼儿中心设有住宿设施，照顾那些无家可归、被遗弃、居住环境或家庭环境恶劣的残疾儿童的需要。

标准

10.2.44　以人口为基础的早期教育及训练中心/特殊幼儿中心的规划标准，为每1000名0至6岁儿童设有23个资助服务名额。这项标准在应用时，应按社署的考虑因素，包括早期教育及训练中心/特殊幼儿中心的位置分布、不同地区是否有合适的土地或处所供应、地区特色，以及人口增长和人口结构变化所带来的服务需求等，作出弹性处理。

10.2.45　早期教育及训练中心/特殊幼儿中心的楼面面积要求视乎服务名额而有所不同。一般而言，一间设有60个名额的早期教育及训练中心所需的净作业楼面面积为166平方米，而一间设有30个名额的特殊幼儿中心所需的净作业楼面面积为173平方米。这些楼面面积要求供一般参考，应用时应予以弹性处理。有关提供不同服务名额的早期教育及训练中心/特殊幼儿中心的楼面面积要求撮述于表3。

选址因素

10.2.46　早期教育及训练中心/特殊幼儿中心的位置应有公共运输服务及无障碍通道直达。特殊幼儿中心须提供有直接车辆通道连接的上落客货区，以支持日常运作。此外，早期教育及训练中心/特殊幼儿中心的选址应远离发出过量噪声、烟雾或臭味的地方。

10.2.47　受《幼儿服务规例》(第243A章)所规管，特殊幼儿中心处所的任何部分所处高度，离地面不得超过24米。为确保特殊幼儿中心方便残疾儿童前往，中心最好设于地面或有足够升降机服务的较低楼层。此外，特殊幼儿中心的设计须充分顾及儿童健康及处所安全，特别是于火警时让使用者可安全逃生。另须就邻近发展可能带来的火警危险，征询消防处的意见。

10.2.48 所有特殊幼儿中心的处所须有足够的通风和照明。此外，每间用作洗手间设施的房间须设有一个或超过一个对外通风口，而通风口的总面积最少须为该房间楼面面积的十分之一，除非获社署豁免，则不属此限。

日间康复服务

展能中心

10.2.49 展能中心为15岁或以上、未能参与职业训练或庇护工作的严重智障人士提供日间照顾和训练，使他们在日常生活上更加独立，并为他们作好准备，让他们更全面融入社会，或视乎需要转往其他形式的服务或照顾。

10.2.50 展能中心的楼面面积要求视乎服务名额而有所不同。一般而言，一间设有50个名额的展能中心所需的净作业楼面面积为319平方米。这些楼面面积要求供一般参考，应用时应予以弹性处理。有关提供不同服务名额的展能中心的楼面面积要求撮述于表3。

选址因素

10.2.51 这些中心的位置应有公共运输服务及无障碍通道直达，并应远离发出过量噪声、烟雾及臭味的地方。这些中心亦应设于地面或有足够升降机服务的较低楼层。此外，展能中心的设计须充分顾及处所安全，特别是于火警时让使用者可安全逃生。中心亦须提供有直接车辆通道连接的上落客货区，以支持日常运作。

职业康复服务

10.2.52 社署提供一系列的职业康复服务，以协助残疾人士就业，并确保他们有平等机会在公开就业市场担当具生产力和有酬劳的工作。这些服务包括庇护工场和综合职业康复服务中心。庇护工场通过特别设计的环境为残疾人士提供适当的职业训练，帮助他们提升社交及工作能力，让他们得以尽可能转往辅助就业或在公开市场就业。综合职业康复服务中心为残疾人士提供一站式综合连贯的职业训练，让他们接受进一步的职业康复服务，为日后公开就业作好准备。

标准

10.2.53 以人口为基础的庇护工场/综合职业康复服务中心的规划标准，为每10000名15岁或以上人士设有23个资助服务名额。这项标准在应用时，应按社署的考虑因素，包括庇护工场/综合职业康复服务中心的位置分布、不同地区是否有合适的土地或处所、地区特色，以及人口增长和人口结构变化所带来的服务需求等，作出弹性处理。

10.2.54 庇护工场/综合职业康复服务中心的楼面面积要求视乎服务名额而有所不同。一般而言，一间设有100个服务名额的庇护工场所需的净作业楼面面积为587平方米，而一间设有80个服务名额的综合职业康复服务中心所需的净作业楼面面积为447平方米。这些楼面面积要求供一般参考，应用时应予以弹性处理。有关提供不同服务名额的庇护工场/综合职业康复服务中心的楼面面积要求撮述于表3。

选址因素

10.2.55 这些中心的位置应有公共运输服务及无障碍通道直达，并应远离发出过量噪声、烟雾及臭味的地方。这些中心应设于地面或有足够升降机服务的较低楼层。此外，庇护工场/综合职业康复服务中心的设计须充分顾及处所安全，特别是于火警时让使用者可安全逃生。中心亦须提供有直接车辆通道连接的上落客货区，以支持日常运作。

住宿照顾服务

10.2.56 这些住宿照顾服务指为未能独立生活及无法由家人给予充分照顾的残疾人士提供的一系列住宿照顾服务，以提高他们的生活质素，并培养他们的独立生活技能。有关服务包括中度弱智人士宿舍、严重弱智人士宿舍、严重肢体伤残人士宿舍、弱智人士辅助宿舍、肢体伤残人士辅助宿舍、弱智/肢体伤残人士辅助宿舍、弱智及视障人士辅助宿舍、精神复元人士辅助宿舍、严重残疾人士护理院、盲人护理安老院及长期护理院。

标准

10.2.57 以人口为基础的住宿照顾服务规划标准，为每10000名15岁或以上人士设有36个资助服务名额。社署按五个区域（即香港岛、东九龙、西九龙、东新界及西新界）规划住宿照顾服务。这项标准应用于区域层面，并应按社署的考虑因素，包括住宿照顾服务的位置分布、区域内不同地区是否有合适的土地或处所、地区特色，以及人口增长和人口结构变化所带来的服务需求等，作出弹性处理。

10.2.58 不同类别的住宿照顾服务的楼面面积要求各有不同。这些楼面面积要求供一般参考，应用时应予以弹性处理。有关不同类别及提供不同服务名额的住宿照顾服务的楼面面积要求撮述于表3。

选址因素

10.2.59 残疾人士院舍应设于楼宇的地面或较低楼层，最好能让紧急服务直达，并设有专用升降机。《残疾人士院舍规例》(第613A章) 第21条订明，除非获社署署长批准，否则残疾人士院舍的任何部分所处高度均不得超过街道地面以上24米，而该高度是由建筑物所在街道的地面垂直量度至院舍所在的处所的楼面计算。

10.2.60 残疾人士院舍的位置应最好有公共运输服务及无障碍通道直达。部分类别的残疾人士院舍亦须提供有直接车辆通道连接的上落客货区，以支持日常运作。残疾人士院舍须有足够的暖气及照明，并须保持空气流通及远离发出过量噪声、烟雾和臭味的地方。

社区支持服务

残疾人士地区支持中心

10.2.61 残疾人士地区支持中心以地区为本方式，向残疾人士及其家人/照顾者提供一站式的社区支持服务，目的是通过提供一系列社区支持服务，加强残疾人士的家居生活及社区生活技能，从而协助他们融入社会。地区支持中心亦为残疾人士的家人/照顾者提供训练及支持服务，加强他们的照顾能力，减轻他们的压力。

标准

10.2.62 以人口为基础的残疾人士地区支持中心的规划标准，为每280 000人设有1间中心。这项标准在应用时，应按社署的考虑因素，包括残疾人士地区支持中心的位置分布、不同地区是否有合适的土地或处所、地区特色，以及人口增长和人口结构变化所带来的服务需求等，作出弹性处理。一般而言，每间标准的残疾人士地区支持中心所需的净作业楼面面积为约500平方米。这些楼面面积要求供一般参考，应用时应予以弹性处理。

选址因素

10.2.63 残疾人士地区支持中心的位置应有公共运输服务及无障碍通道直达。中心应设于地面或有足够升降机服务的较低楼层，方便使用者前往。中心亦须提供有直接车辆通道连接的上落客货区，以支持日常运作。

日间社区康复中心

10.2.64 日间社区康复中心为离院病患者提供康复训练及社会心理服务，目的是提高他们的活动机能及自我照顾能力，以协助他们融入社区生活。日间社区康复中心亦会为离院病患者提供日间暂顾服务，并为其家人/照顾者提供训练活动，加强他们的照顾能力，减轻他们的压力。

标准

10.2.65 以人口为基础的日间社区康复中心的规划标准，为每420 000人设有1间中心。这项标准在应用时，应按社署的考虑因素，包括日间社区康复中心的位置分布、不同地区是否有合适的土地或处所、地区特色，以及人口增长和人口结构变化所带来的服务需求等，作出弹性处理。一般而言，每间标准日间社区康复中心所需的净作业楼面面积为约300平方米。这些楼面面积要求供一般参考，应用时应予以弹性处理。

选址因素

10.2.66 日间社区康复中心的位置应有公共运输服务及无障碍通道直达。中心应设于地面或有足够升降机服务的较低楼层，方便使用者前往。中心亦须提供有直接车辆通道连接的上落客货区，以支持日常运作。

精神健康综合社区中心

10.2.67 精神健康综合社区中心通过及早预防以至危机管理等一系列服务，为有精神健康问题的人士、其家人/照顾者及区内居民提供以地区为本的一站式社区支持服务。这些服务包括社区教育、日间训练、职业治疗评估及训练、小组训练/计划、辅导、外展探访，以及在有需要时，直接联络医院管理局作紧急精神状况评估，藉以配合服务使用者的不同需要。精神健康综合社区中心旨在通过此项综合服务模式，改善服务用户的适应社会能力，为重新适应社区生活作好准备，并帮助他们发展社交技巧及职业技能，以及提高市民重视良好精神健康的意识。

标准

10.2.68 以人口为基础的精神健康综合社区中心的规划标准，为每310 000人设有1间标准规模中心。这项标准在应用时，应按社署的考虑因素，包括精神健康综合社区中心的位置分布、不同地区是否有合适的土地或处所、地区特色，以及人口增长和人口结构变化所带来的服务需求等，作出弹性处理。一般而言，每间标准的精神健康综合社区中心所需的净作业楼面面积为约500平方米。这些楼面面积要求供一般参考，应用时应予以弹性处理。

选址因素

10.2.69 精神健康综合社区中心应设于人口集中、公共交通工具易于到达的地点。为方便服务使用者，中心应设有无障碍通道，最好就近其他社会福利设施。精神健康综合社区中心宜设于地面，而设有升降机的其他楼层亦适合。

其他康复服务

10.2.70 关于其他康复服务，包括中途宿舍及轻度弱智儿童之家，其设置及选址须考虑不同地区是否有合适的土地或处所、地区特色，以及人口增长和人口结构变化所带来的服务需求等。在规划及发展过程中应按情况征询社署的意见。

其他社会福利设施

设施

10.2.71　除以上所述外，还可能有需要为其他社会福利设施作出规划，这些设施包括羁留所、住宿照顾中心及感化宿舍等。对这些设施的需求，应与社署共同研究。

选址因素

10.2.72　在为特殊的社会福利设施选址时，应特别考虑保安及与毗邻用途互相是否配合的问题。

环境因素

10.2.73　鉴于若干社会福利设施例如幼儿中心及安老院舍属易受影响的用途，因此在为这些设施作出规划、预留用地及处所时，应参考本指引第九章所载的环境指引及标准。

推行策略

10.2.74 《方案》建议的规划比率已考虑相关因素，包括残疾人士人口增长的趋势、不同年龄组别的残疾人士的服务需要，以及残疾人士社区支持服务与住宿照顾服务之间的平衡，旨在因应逐步调整的服务供求情况，长远促进康复服务的持续规划及供应。为康复服务物色足够土地/处所甚具挑战，特别是在部分旧区/已发展地区，社署会继续致力多管齐下以各种方式逐步达至规划标准。

10.3　自修室

10.3.1　一般而言，政府提供自修室的政策如下：

(a) 确保有足够的自修室设施，特别是在考试期间；以及

(b) 维持整年都有基本的自修室设施，并在通常为重要考试前夕的需求高峰期，额外提供这类设施。

10.3.2　目前自修室透过以下方式提供：

(a) 通常在各主要/分区公共图书馆内设一个约200平方米的自修室。

(b) 由非政府机构营办的社区中心，亦会附设自修室设施。视乎核准用途分配表所作规定，社区中心可设立面积约130平方米的自修室。

(c) 非政府机构可在公共屋邨内设立自修室，由教育局津贴租金及差饷的开支。

10.3.3　鉴于对自修室设施的需求及所应提供的基本设施，每个地区都不一样，而且学年内的使用率时有高低，因此不可能设定一个标准比率，列明按人口或学生人数计应提供的座位数目。

10.3.4　提供自修室设施一事，是由教育局负责统筹。该局每年都会检讨有关的需求。评估需求时，主要会以区议会的选区界线为依据，不过亦会因应当地社区的情况而调整服务范围。考试期间的高峰期需求，亦会特别顾及。除高小学生及中学生的需求外，亦应考虑大专学生及参加校外考试的兼读学生的需求。此外，自修室的设计，例如台椅的大小及高度，亦应适合服务对象例如小学生使用。

10.3.5　自修室应设于方便使用者前往的地点。如能靠近其他社区设施甚或同设一址，则最为理想。为学生设立的自修室，亦可设于校舍内。

11. 邮政局

11.1　标准

11.1.1　作为一般指引，在市区，邮政局应设于有大量人口密集工作或居住地区的1.2

公里范围内。在乡郊地区，该距离应设定为3.2公里。其他需要考虑的因素包括拟议服务范围的人口；使用邮政局人士所途经的地方的地形；周围环境例如繁忙的主要道路及铁路路线等；是否有特别的社会或邮务需要；及所在地点是否为区内居民日常所需大部分设施的汇聚点。就设置邮政局方面，应征询邮政署署长的意见。

11.2　选址因素

11.2.1　当局可能间中为应付邮务需要而预留个别地盘，不过，一般而言，邮政局可设于就所服务的地区而言位置适中的私人及／或政府楼宇内。

11.2.2　所有邮政局均须有车路直达，因此最好应设于街道一层。提供邮件派递服务的邮政局应邻近公共交通枢纽，并应设有供收发邮件的车辆停泊用的街道以外泊车位。

11.2.3　大型的市区邮政局需要另设场地供邮车稳妥地装卸邮件。

11.2.4　邮政局必须有完全独立的单位，不应有通道可由邮务范围的任何部分前往并非作邮务用途的地方。

12. 公众殓房

12.1　标准

12.1.1　公众殓房应有足够的贮存量以存放在约三个星期内收到的所有尸体（按每日每一百万人有五具尸体计算），并且设有额外地方，供一旦发生紧急事故或灾难时使用。食物及卫生局现行有长远政策，是倘若有合适地点，将会为五大区域各设置一间公众殓房。这五大区域为：

(a) 香港岛

(b) 九龙西

(c) 九龙东

(d) 新界西

(e) 新界东

12.1.2　公众殓房地盘方面没有标准规定，因用地面积须视乎拟设的公众殓房的规模而定。

12.1.3　殓房的布局（包括车辆和行人入口）将会视乎建筑设计而定。殓房应设有两个车辆出入口，一个供公众使用，一个供服务车辆使用，两者的距离愈远愈佳。车辆出入口须设有足够空间，供殓房的大型车辆停泊及进出。

12.2　选址因素

12.2.1　公众殓房应设于一般公众易于到达的地点，但应藉地形特征及／或公共设施、公用事业设施或休憩用地等土地用途，与住宅及商业发展分隔开来。此外，通常会与灵柩停放所及殡仪馆毗邻而建。

13. 灵柩停放所及殡仪馆

13.1　标准

13.1.1　作为粗略的指引，应为每350 000人设置一间面积约0.25公顷的灵柩停放所。灵柩停放所是一个操作站，包含坟场办事处、停柩处及其他收集及临时存放无人认领遗骸以待最后处置的设施。此外，应划定数幅面积约为50米 ×25米（0.125公顷）的土地，作兴建商业殡仪馆之用，以便增加这类设施的选择，避免出现垄断。商业殡仪馆设有尸体防腐室、停尸室及灵堂，以便进行各类殡仪活动包括尸体处理、守灵及入殓，以及出殡仪式。

13.2 选址因素

13.2.1 为方便一般市民起见，殡仪馆应靠近主要公共运输及交通路线。然而，鉴于市民大多不喜看到出殡行列，因此殡仪馆最好藉地形特征及／或公共设施、公用事业设施或休憩用地等土地用途，与住宅及商业发展分隔开来。

13.2.2 由于灵柩停放所及殡仪馆有些活动与公众殓房有关，因此如果把这些设施都集中设于殡仪服务中心内，会带来多项好处。此举亦有助把这些设施的敏感选址事宜，局限到较少数目的地点上去。

14. 摘要

14.1 表4载有扼要列明各项标准的一览表。

表3 社会福利设施楼面面积要求

设施	服务名额	净作业楼面面积（平方米）（见注a）	净实用楼面面积（平方米）
1. 幼儿中心	100	530（不包括洗手间、间隔、育婴室及通道地方）	689
	150	776（不包括洗手间、间隔、育婴室及通道地方）	1009
	200	1035（不包括洗手间、间隔、育婴室及通道地方）	1346
2. 综合青年服务中心	—	631	—
3. 长者地区中心	—	424	572
4. 长者邻居中心	—	303	394
5. 长者日间护理中心	40 60 80	267 358 506	401 537 759
6. 长者地区中心内的长者日间护理单位	20	80	120
7. 安老院舍内的长者日间护理单位	20 30	70 90	105 134
8. 安居为本社区照顾服务队（综合家具照顾服务（体弱个案）和改善家居及社区照顾服务）	70	90	120
9. 安老院舍	100 150 200 250	1354 1913 2475 3032	2166 3061 3960 4851

（续上表）

设施	服务名额	净作业楼面面积（平方米）(见注a)	净实用楼面面积（平方米）
10. 综合家庭服务中心	—	535	—
11. 早期教育及训练中心	60 90	166 212	216 276
12. 特殊幼儿中心	30	173	225
	60	409	532
13. 展能中心	50	319	415
14. 庇护工场	100 120 140 160	587 696 805 910	763 905 1047 1183
15. 综合职业康复服务中心	80	447	581
	120	653	849
	160	854	1110
16. 中度弱智人士	50	617	864
17. 严重弱智人士宿舍	50	691	967
18. 严重弱智人士宿舍(包括附设的展能中心)	50	1010	1382
19. 严重肢体伤残人士宿舍	50	695	1043
20. 弱智人士辅助宿舍	20	243	316
21. 肢体伤残人士辅助宿舍	20	265	345
22. 弱智/肢体伤残人士辅助宿舍	30	355	462
23. 弱智及视障人士辅助宿舍	40	443	576
24. 精神病复元者者辅助宿舍	20	243	316
25. 严重残疾人士护理院	50	780	1170
26. 盲人护理安老院	50	728	1092
27. 长期护理安老院	200	2866	4299
28. 中途宿舍	40	483	676
29. 轻度弱智儿童之家	8	134	174
30. 残疾人士地区支持中心	一间标准规模中心	447	626
31. 日间社区康复中心	一间标准规模中心	301	421
32. 精神健康综合社区中心	一间标准规模中心	510	663

定义：

1.除另有订明外，所指的“净作业楼面面积”包括核准用途分配表内载列的所有房间/空间的室内面积总和（化成整数），但所有构筑物及间隔、通道地方、楼梯、楼梯间、升降机大堂，以及洗手间和机电设施如升降机及空调系统等占用的面积，均不计算在内。

2.“净实用楼面面积”适用于私人及公营房屋发展。这是净作业楼面面积加附属地方面积的总和；凡属有关设施专用的通道地方、洗手间、内部间隔及构筑物等，均计算在内。但构成、服务或承托建筑物其他部分的公用地方、升降机及楼梯密围地方、结构部分和公用设施管道，则不计算在内。

备注：

(a)“净作业楼面面积”即核准用途分配表所列的各项面积，必须全数提供。在个别情况下，为照顾设计限制而令“净作业楼面面积”比原来核准的多或少5%，亦可予接受。在为每一项设施预留用地或处所时，上列“净实用楼面面积”可作为批准用地面积的指引。

表4　社区设施适用标准一览表

设施	标准	所需用地或楼面面积	服务范围
(1)幼儿园	每1000名3～6岁以下幼童应设500个半日制学额和500个全日制学额Ω	@	当地社区
(2)小学	每25.5名6～11岁儿意设一个全日制学校课室。 就有30个课室的学校而言，为每间学校预留的土地面积最少为6 200平方米，可接受的阔度最少为65米；就有24个课室的学校而言，为每间学校预留的土地面积最少为4700平方米，可接受的阔度最少为55米；而就有18个课室的学校而言，为每间学校预留的土地面积最少为3950平方米，可接受的阔度最少为55米。 在新发展区内，更需额外预留10%土地（同时参阅第2.2.10段）	一间有30个课室及共开办30班全日班的小学，可容纳765名6～11岁儿童，而需要的地盘面积为6 200平方米。Δ 一间有24个课室及共开办24班全日班的小学，可容纳612名6～11岁儿童，而需要的地盘面积为4 700平方米。Δ 一间有18个课室及共开办18班全日班的小学，可容纳459名6～11岁儿童，而需要的地盘面积为3950平方米Δ	当地社区
(3)中学	每40名12～17岁青少年设一个全日制学校课室，为每间学校预留的土地面积最少为6950平方米，可接受的阔度最少为65米	一间有30个课室共开办30班全日班的中学，可容纳1200名12～17岁青少年，而需要的地盘面积为6950平方米Δ	地区
(4)(a)工业学院	无既定标准*	—	全港
(b)工业训练中心	无既定标准*	—	全港

（续上表）

设施	标准	所需用地或楼面面积	服务范围
(5)特殊学校	无既定标准*	—	全港
(6)专上学院	无既定标准。由教育局局长按个别情况给予意见	预留用地面积介乎2000平方米至7000平方米之间，并应征询教育局局长的意见	全港
(7)大学	无既定标准*	—	全港
(8)医院	每1000人设5.5张病床，并按个别区域情况厘定各类医院的病床数目#	分区及地区医院——平均每张病床占地80平方米。 疗养院／护养院——平均每张病床占地60平方米	整个区域
(9)分科诊疗所／专科诊疗所	在兴建一间分区或地区医院时，设一间分科诊疗所／专科诊疗所	预留地盘面积：约4700平方米（62米×76米）	整个区域
(10)普通科诊疗所／健康中心	每100 000人设一间普通科诊疗所／健康中心#	预留地盘面积：约2200平方米（37米×60米）	地区
(11)乡郊诊疗所	无既定标准*，按个别地区情况厘定未来需求	—	地区
(12)警区警署	每200 000～500 000人设一间#	约4650平方米（61米×76米），临向最少两条主要道路，另加面积相若的已婚职员宿舍	整个区域
(13)分区警署	每100 000～200 000人设一间#	约3000平方米（50米×60米），并临向最少两条主要道路	地区
(14)警署／警岗	无既定标准*，视乎当地情况及其他因素而定	因应建筑物的设计而拨地	当地社区
(15)水警警署	无既定标准*，视乎当地情况及其他因素而定	因应建筑物的设计而拨地	整个区域
(16)裁判法院 8个法庭	每660 000人设一间	地盘面积约为4200平方米（61米×69米）	整个区域
(17)惩教设施	按个别区域情况厘定预留土地的面积	—	整个区域

（续上表）

设施	标准	所需用地或楼面面积	服务范围
(18)消防局	消防局设施应按火警危险等级制下的规定召达时间来订定。通常每个消防区内设一间标准区消防局。标准分区消防局及非标准消防局的设立，须视乎当地社区的需要而定	拨地规定如下： (a)标准区消防局——2960平方米，临街面最少阔47米； (b)标准分区消防局——1800平方米，临街面最少阔37米。 就上述(a)及(b)项而言，倘若通往操场的车辆出入口通道并非设于后门，则必须扩阔临街地界。 (c)非标准消防局所需用地没有既定标准。 (d)区消防局暨救护站——3830平方米，临街面最少阔80米，以及在区消防局建筑物后面设一个面积1635平方米的操场。 (e)分区消防局暨救护站——2670平方米，临街面最少阔70米，以及在分区消防局建筑物后面设一个面积1225平方米的操场	 地区 当地社区 当地社区 地区 地区
(19)救护站及救护局	救护站及救护局的地点须确保分驻市区／新市镇及乡郊的救护车可分别于10分钟及20分钟内到达紧急事故现场。所需救护车数目则视乎个别地区的人口分布及意外发生率的推算数字而定	拨地规定如下： (a)救护站——1160平方米，临街面最少阔36米。倘若通往操场的车辆出入口通道并非设于后门，则必须扩阔临街地界。 (b)救护局——所需用地无既定标准。 (c)区消防局暨救护站——参阅上文第(18)项消防局一栏。 (d)分区消防局暨救护站——参阅上文第(18)项消防局一栏	 地区 地区 地区 地区
(20)艺术场地	无既定标准。按需求而定，而是否存在需求则应由民政事务局局长作出评估及提供意见	—	全港及社区层面

（续上表）

设施	标准	所需用地或楼面面积	服务范围
（21）图书馆	在每个分区内各设一间分区图书馆。此外，每20万人应设一间分区图书馆#	@	地区
（22）社区会堂	在考虑到社区的期望和其他有关因素后，按需要决定	联用楼宇的楼面面积为1260平方米（32米×39.5米），同时最好有7.65米的最低净空高度；或在例外情况之下，独立地盘的地盘面积为2100平方米（60米×35米）	当地社区
（23）幼儿中心	每25 000人设100个资助服务名额～	参阅表3	当地社区
（24）综合青少年服务中心	每12 000名属于6至24岁年龄组别的儿童／青年设一间。提供这项设施的标准在应用时应灵活变通，以顺及当地社区的情况	参阅表3	当地社区
（25）长者地区中心	每个人口约为170 000人或以上的新发展区设一间	参阅表3	地区
（26）长者邻舍中心	每个人口为15 000人至20 000人的新建和重新发展的住宅区（包括公营及私营房屋）设一间	参阅表3	地区
（27）社区照顾服务设施包括—— （i）长者日间护理中心； （ii）安老院舍内的长者日间护理单位； （iii）长者地区中心内的长者日间护理单位；及 （iv）综合家居照顾服务（体弱个案）／改善家居及社区照顾服务	每1000名年满65岁或以上的长者设17.2个资助服务名额～	参阅表3	地区

（续上表）

设施	标准	所需用地或楼面面积	服务范围
(28)安老院舍	每1000名65岁或以上的长者设21.3个资助床位~	参阅表3	**以五个区域为基础
(29)综合家庭服务中心	每100 000至150 000人设一间	参阅表3	服务范围由社会福利署署长界定
(31)学前康复服务包括： (ⅰ)展能中心； (ⅱ)职业康复服务包括： (a)庇护工场；及 (b)综合职业康复服务中心	每1000名0~6岁儿童设有23个服务名额~	参阅表3	地区
(32)住宿照顾服务包括： (ⅰ)中度弱智人士宿舍； (ⅱ)严重弱智人士宿舍； (ⅲ)严重弱智人士宿舍（包括附设的展能中心）； (ⅳ)严重肢体伤残人士宿舍； (ⅴ)弱智人士辅助宿舍； (ⅵ)肢体伤残人士辅助宿舍； (ⅶ)弱智／肢体伤残人士辅助宿舍； (ⅷ)弱智及视障人士辅助宿舍严重残疾人士护埋院； (ⅸ)精神复元人士辅助宿舍； (ⅹ)严重残疾人士护理院； (ⅺ)盲人护理安老院；及 (ⅻ)长期护理院	每10 000名15岁或以上人士设有36个服务名额~	参阅表3	**以五个区域为基础
(33)残疾人士地区支持中心	每280 000人设有一间~	参阅表3	地区
(34)日间社区康复中心	每420 000人设有一间~	参阅表3	地区
(35)精神健康综合社区中心	每310 000人设有一间标准规模中心~	参阅表3	地区
(36)自修室	(a)通常在各主要／分区公共图书馆内设一个	约需200平方米楼面面积	当地社区

（续上表）

设施	标准	所需用地或楼面面积	服务范围
（36）自修室	（b）在社区中心内辟设的自修室须按核准用途分配表而定	约需130平方米楼面面积	当地社区
	（c）在公共屋邨内辟设的自修室须视乎需要而定（通常由非政府机构管理）	@	当地社区
（37）邮政局	（a）在市区，邮政局应设在有大量人口密集工作或居住地区的1.2公里范围内	@	当地社区
	（b）在乡郊地区，该距离应设定为3.2公里		
	（c）设置与否，由邮政署署长给予意见		
（38）公众殓房	在5个区域内各设一间	—	整个区域
（39）灵柩停放所	每350 000人设一间	预留地盘面积约为0.25公顷	整个区域
（40）其他社区设施	与有关的部门 / 机构协商议定	—	当地社区、地区、整个区域

备注：

Ω 此乃长远目标，在规划和发展过程中，教育局局长会就实际供应作出适当考虑。

假设每一半日制班级所容纳的学生为30人，每一全日制班级所容纳的学生为20人，每1000名3至6岁以下儿童所需的课室数目，可用下列方式计算：

（500个半日制学额 ÷ 每个课室可提供的60个半日制学额）+（500个全日制学额 ÷ 每个课室可提供的20个全日制学额）=34个课室

（参考数据：有关幼儿园的运作规定，请参阅由教育局和社会福利署编订的《学前机构办学手册》附录3。该手册已上载互联网，网址如下：https://www.edb.gov.hk/attachment/tc/edu-system/preprimary-kindergarten/about-preprimary-kindergarten/Operation_Manual_chi.pdf）

@ 由于这类设施通常设于综合用途楼宇内，而所需用地已纳入其他类别的发展内，因此无须特别拨地。

* 这类设施并无既定的人口/土地面积比例标准。然而，为了完整地估算某一研究区对社区设施的土地总需求，必须征询有关部门的意见。

** 这五个区域包括香港岛、东九龙、西九龙、东新界及西新界区域。

倘若个别研究区的人口与有关服务的范围所规定的人口出现差异，应制订合理的作业方案解决，并同时尽量维持人均标准不变。

△ 所订定的土地需求只属一般参考性质，须由教育局局长及建筑署署长按个别情况作出考虑。

~ 此乃长远目标，在规划和发展过程中，社署会就实际提供的服务作出适当考虑。

^ 社区照顾服务设施（包括中心为本及家居为本）的规划标准是以人口为基础。《安老服务计划方案》对中心为本及家居为本的社区照顾服务的分配没有硬性的规定。不过，一般来说，家居为本的服务及中心为本的服务分别满足六成和四成社区照顾服务方面的需求。

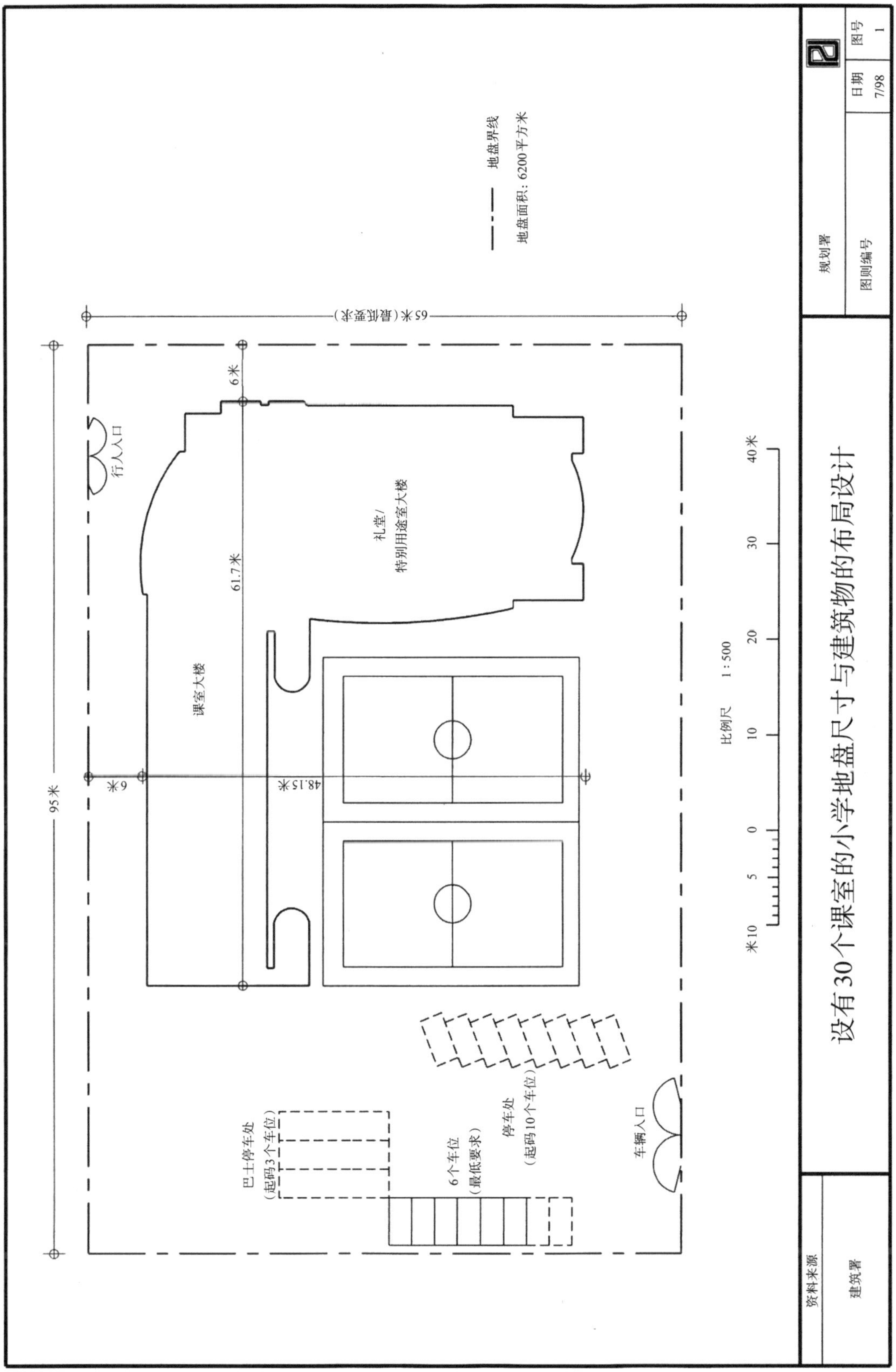
设有30个课室的小学地盘尺寸与建筑物的布局设计
规划署
图则编号
日期 7/98
图号 1
资料来源
建筑署
地盘界线
地盘面积：6200平方米
65米（最低要求）
95米
6米
61.7米
6米
48.15米
行人入口
礼堂/特别用途室大楼
课室大楼
巴士停车处（起码3个车位）
6个车位（最低要求）
停车处（起码10个车位）
车辆入口
比例尺 1：500
米10 5 0 10 20 30 40米

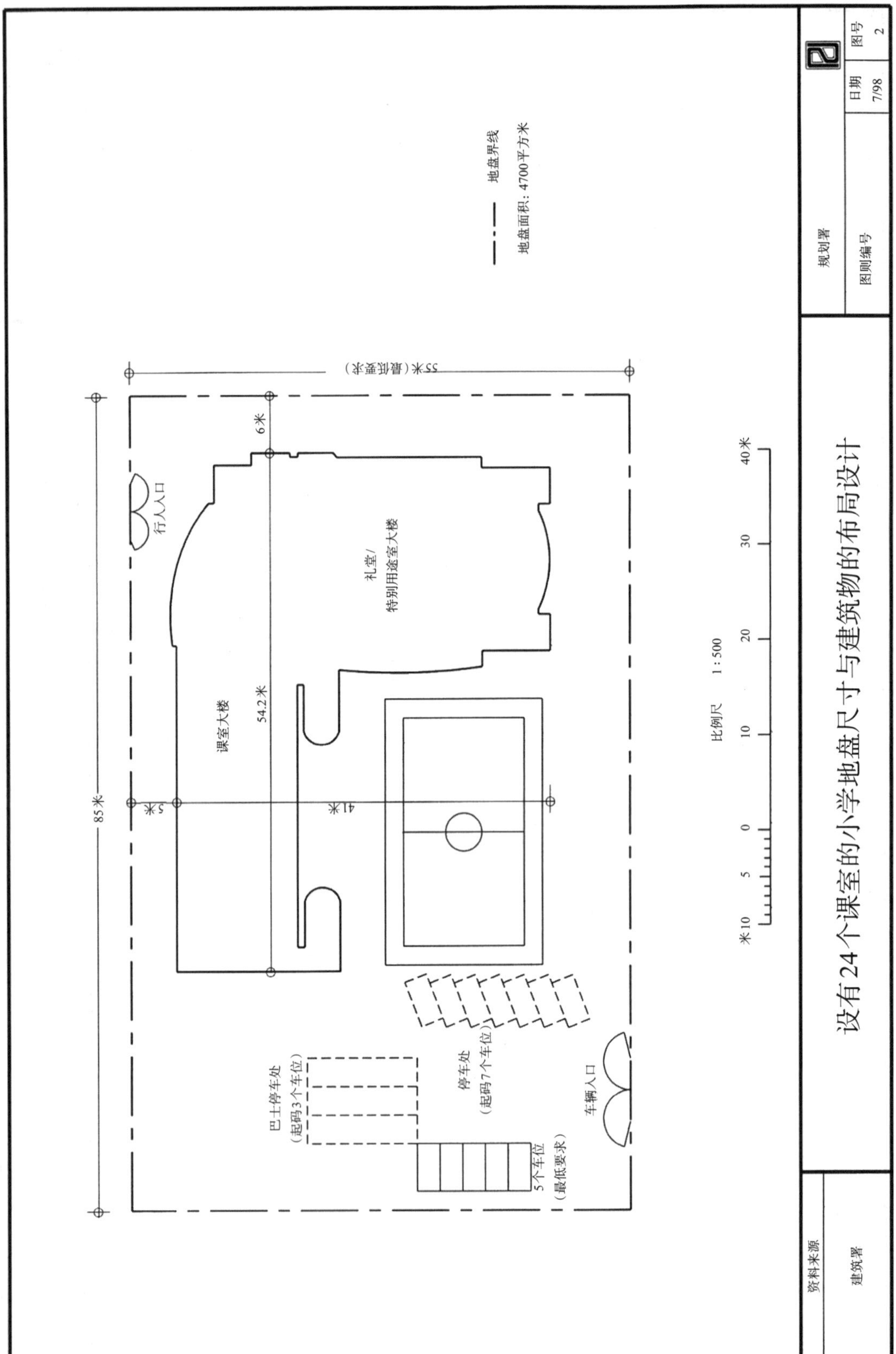

设有24个课室的小学地盘尺寸与建筑物的布局设计

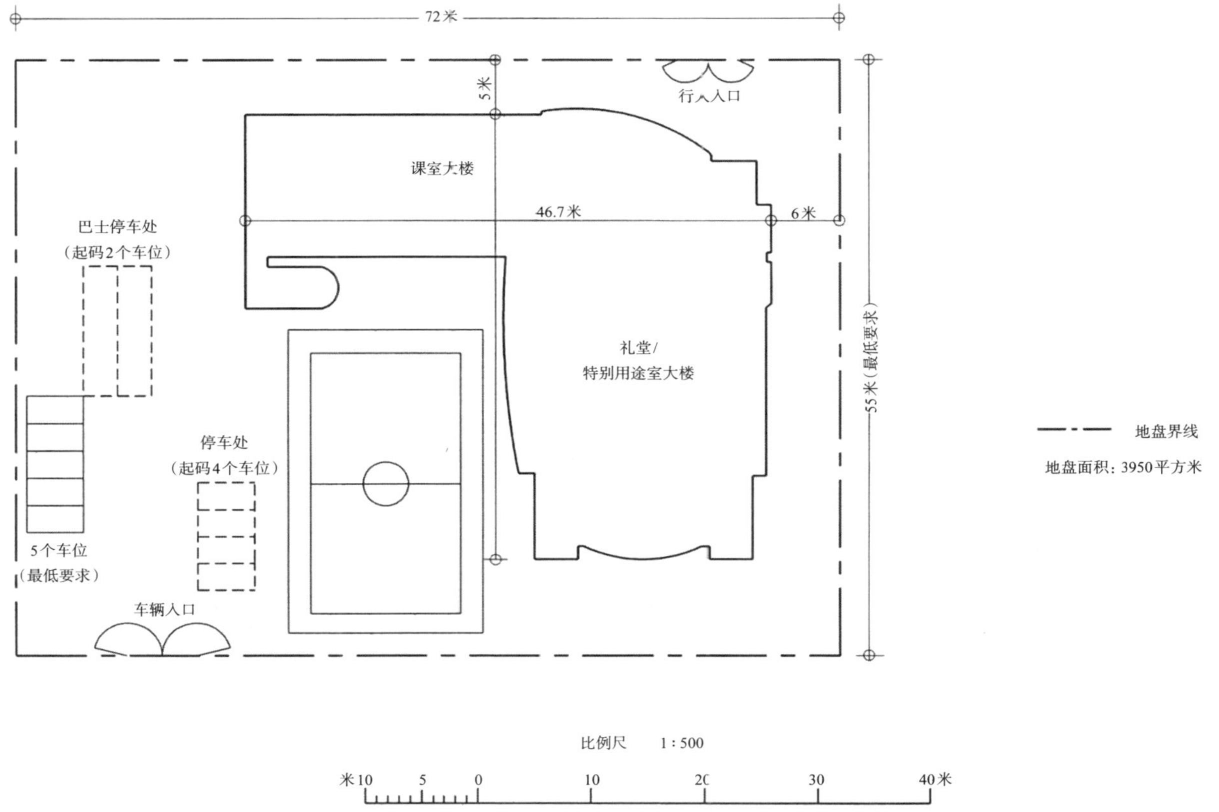

资料来源	设有18个课室的小学地盘尺寸与建筑物的布局设计	规划署		
建筑署		图则编号	日期 7/98	图号 3

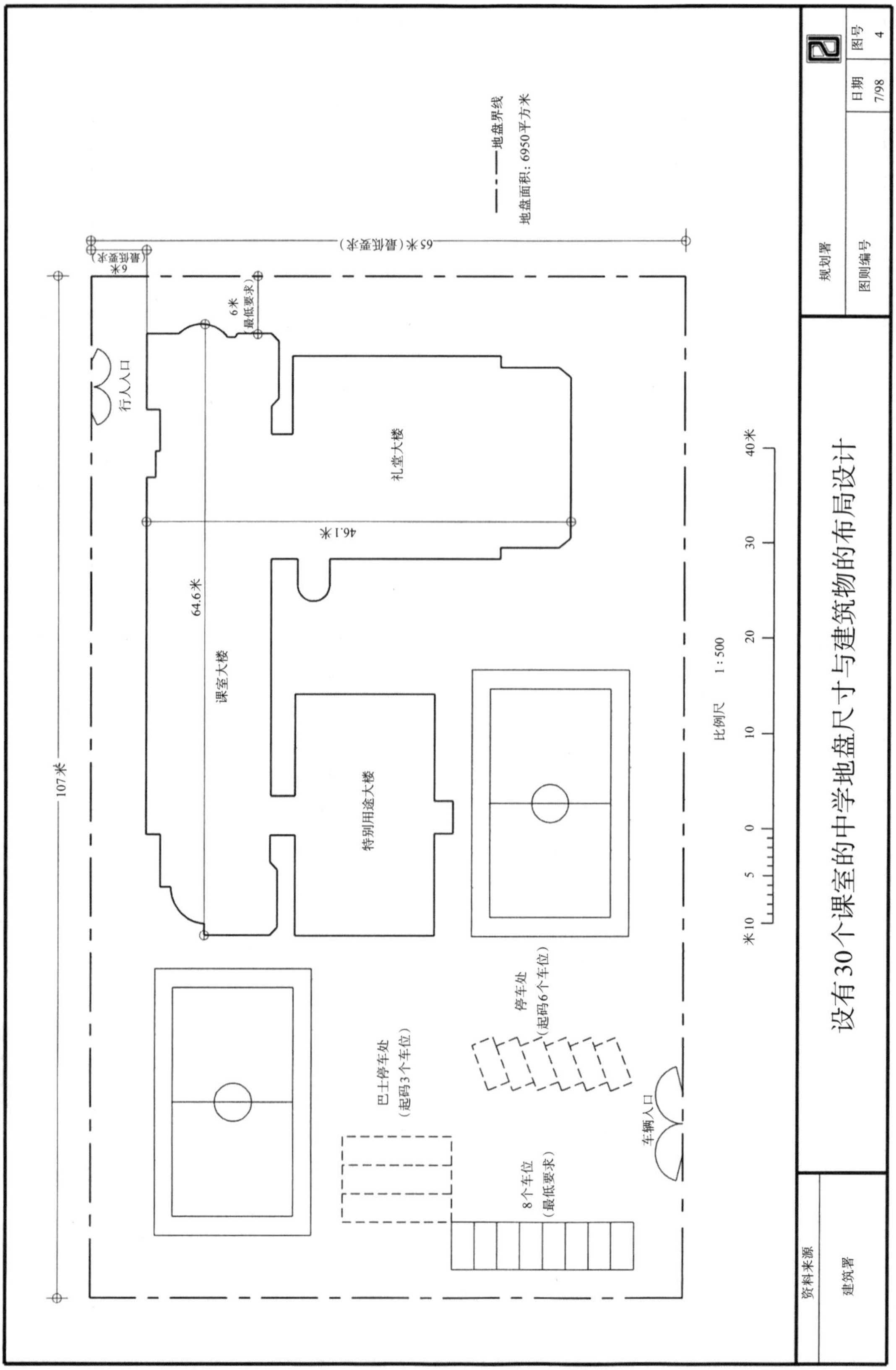

地盘界线
地盘面积：6950平方米
65米（最低要求）
6米（最低要求）
6米
最低要求
行人入口
礼堂大楼
46.1米
64.6米
课室大楼
特别用途大楼
107米
比例尺　1：500
米10　5　0　10　20　30　40米
停车处
（起码6个车位）
巴士停车处
（起码3个车位）
车辆入口
8个车位
（最低要求）
设有30个课室的中学地盘尺寸与建筑物的布局设计
规划署
图则编号
日期
7/98
图号
4
资料来源
建筑署

第四章　康乐、休憩用地及绿化

1. 康乐及休憩用地

1.1　康乐——不可或缺的土地用途

1.1.1　香港对土地的需求极为殷切，各类用途都竞求土地。不过，政府明白到，康乐活动是人类的基本需要，对个人的身心健康，以至整个社会的福祉都至为重要。因此，政府鼓励市民参与康乐活动，并致力确保提供合适的康乐设施，以满足市民的需要。尽管政府同意康乐活动是不可缺少的活动，必须获得拨地，但政府亦知道，不少动态康乐活动是无须特别拨地便可进行的。举例来说，当局已在多用途建筑物内辟设体育中心，亦已多利用沿岸地区作康乐用途。

1.1.2　除作康乐用途外，休憩用地亦有助改善区内阳光照射和空气流通的状况，更可以用来种植花木以调剂视觉。在城市设计中，休憩用地亦是必要的土地用途之一。香港高楼大厦林立，在这个高密度的环境中，上述功能更形重要。

1.2　范围及目的

1.2.1　康乐活动范围广泛，从打麻雀和看电视等家居娱乐、晨运和打太极等静态康乐活动，以至参与运动及体育比赛不等。本节涉及的康乐活动，主要是指：

(a) 需要提供特殊设施，以应广泛公众需求的康乐活动；以及

(b) 需要在规划图则上划出土地的康乐活动。

1.2.2　当局制订本节稍后各段列明的规划标准与准则，目的是为预留土地作康乐设施及休憩用地，提供一个公平的基础，并为康乐设施及休憩用地的规划、分布及设计（如果合适的话），提供指引。

1.2.3　本节稍后各段将会列明两套标准。休憩用地的一套标准，是根据为每名人口提供设施的水平而订定的，而康乐设施的标准，则是根据一系列人口限值订定的。这两套标准在规划工作中同时应用。

1.2.4　上述所订标准未必可以即时达到，亦未必可以一致地在全港各区达到。不过，当局在规划新发展区时必须符合这些标准，而在较旧的已发展区，当局必须通过市区重建等措施，逐步作出改善，以期达到这些标准。

1.3　休憩习惯与康乐喜爱研究

1.3.1　康乐设施及休憩用地的规划标准与准则于七十年代末期制定，并于一九八一年获批准采用。自此之后，香港的人口在结构和社会经济特性方面均出现重大变化，其中包括生育率下降、住户人数减少、平均教育水平提高、社会渐趋富裕，以及最重要的一点，人口逐渐老化。

1.3.2　当局根据行政局于一九九一年九月通过的“都会计划选定策略”，订出一个概括的康乐设施及休憩用地架构，用以改善都会区的居住及工作环境。一九九二年，当局委聘顾问进行“康乐土地用途策略基础研究”。这项研究是“全港发展策略检讨”的一个重要部分，目的在于制订一个大纲，作为日后供应康乐用地的指引。

1.3.3　鉴于社会环境不断转变，加上“都会计划”和“全港发展策略检讨”提出的建议，当局遂于一九九五年年底委聘顾问进行“休憩习惯与康乐喜爱研究”，以分析市民的

消闲习惯与康乐喜爱，并制订规划标准与准则，以满足他们的需要。

1.4 市民进行康乐活动的主要趋势

1.4.1 作为上述研究的一部分，顾问进行了一项调查，找出了市民进行康乐活动的主要趋势，详情如下：

(a) 最普及的康乐活动及消闲习惯包括家居活动（如看电视）、邻近居所的活动（如前往附近的公园散步和缓步跑），以及体育运动（如游泳和打羽毛球）；

(b) 人口老化导致市民对在居所附近增辟静态休憩用地的需求大增，同时，很多市民希望改善康乐设施的质素（例如种植花木、提供新的设备和照明系统）；

(c) 整体来说，康乐设施的数量基本上足够。不过，市民希望增设受大众欢迎的设施，例如游泳池和体育中心，亦要求提供较多元化的康乐活动；以及

(d) 水上活动亦越来越受欢迎。

1.4.2 上述调查结果为修订规划标准与准则提供了良好的基础。此外，当局在策略、地区和邻舍层面上规划和提供康乐设施及休憩用地时，亦应参考上述调查结果。

1.5 康乐及休憩用地的规划原则

1.5.1 上文第1.3.2段所述的研究，是根据下列四个原则，即数量、质素、典范和理想而进行的，而当局在策略、地区及邻舍层面上规划和提供康乐设施时，亦应考虑这些原则：

(a) 数量：每个规划区应设有足够数量的休憩用地及康乐设施，以应付市民对最受欢迎的康乐活动，即“主流康乐活动”的需求。如果可能的话，应增加设施的种类，以涵盖特殊的康乐活动。

(b) 质素：当局提供的康乐设施和休憩用地应具高质素，并在布局和设计方面达到高水平，以满足使用者的需要及期望。康乐设施和休憩用地亦应符合环境标准，并提高建筑群体设计的水平。

(c) 典范：为了提供便捷的通道、鼓励市民尽量使用有关设施，并进一步改善环境，休憩用地和康乐设施的提供，应纳入一个康乐及休憩用地综合架构之内。这个架构亦应包括绵长的行人径及／或单车径。为了达到这个目标，在某些情况下，当局提供的设施可能需要超出供应标准的下限。为了提供更多元化的设施，当局应在可能的情况下，在这个架构内提供机会，让私营机构进行发展。当局应定期检讨这个架构和个别组成部分，以顾及使用者在特性和需要上可能出现的转变。如果情况合适的话，当局应灵活地应用上述标准及提供康乐设施，以满足使用者的特别需要。

(d) 理想：规划工作需要有理想，康乐设施和休憩用地的规划工作亦一样。在为一个地区的规划工作定下理想之前，需要先考虑下列因素：地区的功能（例如主要是住宅区或旅游区）；位置和具体特色；人口结构和社会经济特性；康乐潜力和机会，尤其是是否有具吸引力的康乐地点；现有设施的数量和缺少的项目；设施的用途是否具弹性，包括双重用途或多用途；设施所在的位置交通是否方便；由私营机构进行发展的可能性；设置特殊设施的可能性；为特殊组别的人士，例如残疾人士提供设施，以及设施是否方便这些人士使用。

1.6 定义

1.6.1 本节部分专有名词的定义如下：

（a）休憩用地：这是一个法定土地用途地带，用以提供休憩用地及康乐设施，供公众享用。在本节内，这个词与康乐休憩用地交替使用。康乐休憩用地的定义见下文（b）项。

（b）康乐休憩用地：这类休憩用地为露天用地，由公营或私营机构发展，主要作动态及／或静态康乐活动用途，并计入休憩用地的供应标准内。在本节内，这类用地间中简称为“休憩用地”。这类用地包括设于地下及平台的休憩用地，但须符合若干规定。本节列出这类休憩用地的规划标准与准则。

（c）绿化用地：这类休憩用地的主要功能是保育自然环境、美化市容及改善景观。这类用地并未计入休憩用地的供应标准内。本节只列出提供美化市容地带的部分指引，至于其他类别绿化用地的规划标准与准则，则载列在《香港规划标准与准则》第十章“自然保育和文物保护”内。

（d）康乐用地：这类用地指由公营或私营机构特别建造，设有康乐设施的室内场地。在市区，这类用地的建筑物上盖面积可以高达100%，而在乡郊地区，指定作康乐用途的用地的建筑物上盖面积可能会稍低。

（e）动态休憩用地：这类康乐休憩用地设有户外康乐设施，主要供进行主流康乐活动，并会包括运动设施。

（f）静态休憩用地：这类康乐休憩用地经景观设计，成为公园、花园、休憩处、海滨长廊、休闲活动地点、儿童游乐场、缓跑径和健身径等，供市民可悠闲地欣赏四周的环境。这类用地通常不会提供运动设施。

（g）区域休憩用地：这类用地属康乐休憩用地的非法定土地用途地带。区域休憩用地为大型用地（面积最少达5公顷），位于市区的要冲、市区边缘地区或邻近主要运输交汇处的地点。这类用地提供的设施种类繁多，并不限于主流康乐活动设施，可以满足全港市民和游客对康乐活动的广泛需要。区域休憩用地包括都会计划提议辟设的市区边缘公园。

（h）地区休憩用地：这类用地属康乐休憩用地的非法定土地用途地带。地区休憩用地为中等规模的用地（如果可能的话，面积最少为1公顷），为主流和静态康乐活动提供设施，以满足一个地区内的人口需要。

（i）邻舍休憩用地：这类用地属康乐休憩用地的非法定土地用途地带。邻舍休憩用地为面积较小的用地（如果可能的话，市区内这类用地的面积最少为500平方米），以比较静态的康乐活动为主，设有休憩处和儿童游乐场，为毗邻人口服务。服务范围较大的邻舍休憩用地，可以提供一些动态康乐设施。

（j）美化市容地带：这类用地属次要绿化用地地区的非法定土地用途地带。这些地区经景观设计，以美化市容、改善景观或作缓冲用途。不过，这类用地并没有潜力作康乐用途。

（k）人口标准：为指定人口提供的设施的数量，通常以比率表示，例如每10 000人1个。

（l）空间标准：提供每项设施所需的面积，通常以平方米或公顷表示。

（m）地区层面的供应：这个词指根据区议会分区作出的供应。

（n）主流康乐活动：这类活动的设施为最受欢迎的康乐设施，可以满足各组别人口的需要。这类设施在本节称为主流康乐活动设施，应于休憩用地或室内的康乐场地提供。

（o）市区边缘公园：这个词指四周充满自然景色，具潜力发展多元化康乐设施的市区边缘地区用地。

1.7　康乐及休憩用地的等级制度

1.7.1　当局在考虑休憩用地及康乐设施的功能、性质、形式和发展密度，以及如何在分区计划大纲图、发展大纲图或发展蓝图上划定适当的用途地带时，参考图1所扼要载列，并在下文简述的康乐及休憩用地等级制度，应有所帮助：

（a）市区：包括都会区及较为密集发展的新市镇。休憩用地和康乐设施应邻近居所，方便市民前往。在合适的情况下，亦应邻近工作地点。

（b）乡郊地区：包括新界乡郊地区大片大片的平地和谷底，而这些平地和谷底上零散分布了一些集居地。休憩用地和康乐设施可能需要集中在发展得较好的地区。

（c）郊野及海岸区：包括山丘、郊野公园和海岸区这些独一无二的天然资源。康乐用途应属低使用度，与乡郊特色和自然环境配合，而且不应对邻舍用途造成不良影响。

1.7.2　在市区和乡郊地区，邻舍休憩用地应设于邻近住宅的地点，为居民提供以静态为主的康乐设施；地区休憩用地应为较广泛地区的人口提供动态及静态康乐设施；区域休憩用地则应设于策略性地点，为全港人口和旅客提供康乐设施。由于区域休憩用地具有双重功能，同时为本地及海外旅客服务，除主流康乐活动设施外，这类用地亦应提供更多元化的康乐设施。

1.7.3　在郊野及海岸区，郊野公园提供了一个大自然环境以进行康乐活动，而水上康乐活动区则划定了适合作水上活动的水域。

1.7.4　在全港各区，美化市容地带提供园林景色，以调剂视觉。这类地带并有助提高建筑群体设计的水平和改善环境。

1.8　休憩用地的供应标准

1.8.1　康乐休憩用地用以满足人口对动态和静态康乐活动的需要，可设于住宅区内，亦可设于适中的地点，为更广泛的地区服务。第1.8节所列出的标准，适用于这类康乐休憩用地，并已在表1扼要载述。至于美化市容地带、郊野公园、绿化地带和海岸保护区等绿化用地，并未包括在本节之内，因为这些用地尚未适合制订任何供应标准。

1.8.2　在市区，包括都会区和新市镇，休憩用地的供应标准是每100 000人最少20公顷，即每人2平方米，而其分配详情如下：

（a）地区休憩用地为每100 000人最少10公顷（即每人1平方米）；以及

（b）邻舍休憩用地为每100 000人最少10公顷（即每人1平方米）。

1.8.3　区域休憩用地是在最低标准之上“额外”提供的用地。不过，在都会区，50%的区域休憩用地可以计算为地区休憩用地，这是因为大量“区外”工人或访客使用这些地区的康乐休憩用地，以及市区边缘公园在都会边缘地区发挥作用，满足该地区人口的康乐需要。

1.8.4　在全港各公营房屋发展和综合住宅发展，邻舍休憩用地的供应标准是每人1平方米。

1.8.5　在工业、工业／办公室、商贸及商业区，休憩用地供应标准是每100 000名工

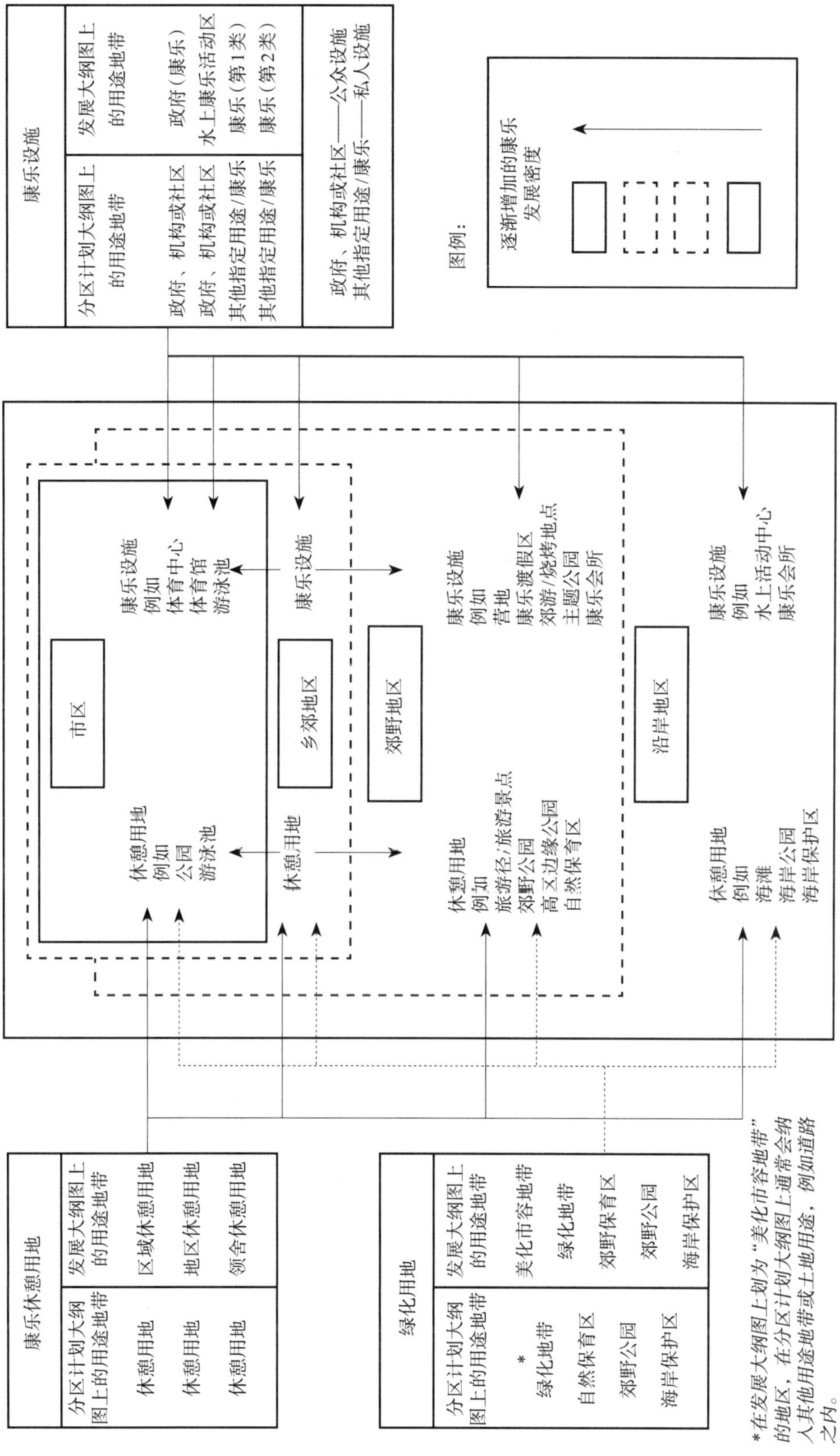

*在发展大纲图上划为“美化市容地带”的地区，在分区计划大纲图上通常会纳入其他用途地带或土地用途，例如道路之内。

图1　康乐休憩用地及康乐用地的等级制度和相关的用途地带

人最少5公顷，即每名工人0.5平方米，同时应主要用作邻舍休憩用地，供工人享用。

1.8.6　在梅窝和西贡等乡镇，休憩用地的供应标准与市区一样，即地区休憩用地及邻舍休憩用地均为每人最少1平方米，合共每人最少2平方米。这个供应标准亦适用于离岛。

1.8.7　在乡村和乡郊地区的小型住宅发展，邻舍休憩用地的供应标准是每人最少1平方米。由康乐及文化事务署（下称“康文署”）管理的邻舍休憩用地，其最小面积应为500平方米。由于上述集居地位于乡郊地区，居民前往郊野地区较为方便，加上人口亦较少，因此，并无需要提供地区休憩用地。

表1　休憩用地的供应标准

休用地类别	供应标准	备注
区域体用地	无既定标准	—在都会区内，50%的区域休憩用地可计算为地区休憩用地
地区休用地	每100 000人 10公顷 （即每人1平方米）	—须考虑斜坡修正系数 —须应用动态与静态休憩用地比率 —不适用于工业、工业／办公室、商贸和商业区、乡村，以及乡郊地区小型住宅发展
邻舍体憩用地	每100 000人 10公顷 （即每人1平方米）	—须考虑斜坡修正系数 —无动态与静态休憩用地比率 —主要供静态活动之用 —在工业、工业／办公室、商贸和商业区，供应标准为每100 000名工人5公顷（即每名工人0.5平方米）

1.9　动态与静态休憩用地的比率

1.9.1　在提供土地作公众休憩用地时，必须明确区分作动态及静态康乐用途的用地。一般来说，地区休憩用地的动态与静态用地比率应为3：2，以提供土地进行户外的主流康乐活动和静态康乐活动。

1.9.2　邻舍休憩用地主要作静态康乐用途，包括儿童游乐场，因此，动态与静态休憩用地的比率并不适用。不过，在某些情况下，例如公营房屋发展或综合住宅发展的人口水平，导致需要提供若干康乐设施，则邻舍休憩用地的部分范围需要拨作动态康乐用途，以容纳有关设施。

1.9.3　离岛方面，由于动态康乐活动的用地较少，3：2的动态与静态休憩用地比率，同样适用于邻舍及地区休憩用地。

1.10　休憩用地供应标准的计算方法

1.10.1　下列准则有助规划师及其他有关人士计算休憩用地的供应量，以及决定有关用地是否计算为符合供应标准：

（a）可计算的休憩用地必须包括规划图则内已认定或预留作休憩用地的土地；

（b）可计算的休憩用地必须供可明确区分的居住或工作人口作户外康乐之用。因此，按核准的规划大纲、批地条件及／或规划许可附带条件的规定，在综合住宅发展、公营房屋发展和部分私人住宅及商住发展中预留作休憩用地的土地，通常应视作可计算的休憩用地；

（c）可计算的休憩用地必须在功能上配合动态康乐用途（例如运动场及足球场）及／或静态康乐用途（例如休憩处、儿童游乐场及花木种植区）；

（d）可计算的休憩用地必须位于方便服务对象（居住或工作人口）前往的地点，包括设于地下或平台上的休憩用地；

（e）可计算的休憩用地的面积及性质，必须配合动态及／或静态康乐设施，包括种有树木及灌木的园景设施；

（f）可计算的休憩用地必须有负责机构管理和保养，这些机构包括政府部门或私营机构；以及

（g）根据斜坡修正系数，决定是否把斜坡纳入计算之内（见下文第1.10.2段和表2）。

1.10.2　斜坡修正系数可以确定用地的斜坡部分未必能作康乐用途。在计算空间标准时，将会使用下列修正数字：

表2　斜坡修正系数

斜坡坡度	计算在供应标准的土地面积百分比（%）	备注
无（即平地）	100%	无须使用斜坡修正系数
坡度低于1∶5	60%	如果已进行地盘平整工程，平坦的地台适宜作动态康乐用途
坡度介乎1∶5与1∶3之间	30%	用地适合作静态康乐用途，但不宜长者使用
坡度高于1∶3	无	不会划作公众休憩用地

1.10.3　不符合上述准则，但会用来种植花木，或者用作环境缓冲区的休憩用地应划为“美化市容地带”，并且不会计入供应标准内；如果地盘长有天然植物，则应划为“绿化地带”。

1.10.4　下文列出各种特殊情况的例子，以供规划师和其他有关人士在评估休憩用地是否可计入供应标准内时参考：

休憩用地内已铺设上盖的范围

（a）休憩用地内已铺设上盖的范围，例如凉亭、公厕、贮物区、泵房等，其基本作用是提供辅助设施，支援主要的康乐用途，因此应计算为所提供的休憩用地的一部分。

（b）住宅大厦、政府、机构或社区建筑物，或商业楼宇内的通道范围，其基本作用并非作动态或静态康乐用途，因此不应计入供应标准内。

（c）休憩用地内的大型维修站（仓库和泊车及维修用的硬地面范围）或维修大楼，由于并不提供康乐设施，因此划为“政府、机构或社区”地带会较为适合。

休憩用地内的通道

（d）休憩用地内的附属行人路，以及通往休憩用地的附属道路，应计算为休憩用地的一部分。

（e）穿越休憩用地的通道，例如公共道路，其基本作用是供车辆使用，并非附属于

休憩用地，不可计入供应标准内。

公用设施预留区和紧急车辆通道

(f) 休憩用地内的公用设施预留区和紧急车辆通道，其用途仅次于主要的休憩用地用途，应计算为休憩用地的一部分。这是由于在使用有关土地作这些次要功能时，通常属非经常和临时性质，同时，这些功能虽然可能对休憩用地的布局和设计，以及提供的设施种类构成若干限制，不过，这些用途不会妨碍休憩用地的发展。

(g) 特殊设备（例如泵房、通道内的沙井）或特殊设施（例如海堤、路障、特殊路面）的维修责任，应由各有关政府部门议定，与决定休憩用地是否可计入供应标准内无关。

不符标准的康乐设施

(h) 已鉴定或预留作休憩用地的地点倘有不符标准的康乐设施，这类用地应计入供应标准内。不过，这些设施，例如足球练习场或不符标准的篮球或排球场，通常不会计入康乐设施的供应标准内，并应视作“额外”供应的设施。

有盖配水库

(i) 如果配水库是位于服务对象容易前往的地点，而其上盖部分可供辟设休憩用地及康乐设施，则有关的休憩用地应计入供应标准内。

海滨长廊

(j) 如果海滨长廊设有静态及／或动态康乐设施，则应计入供应标准内。静态康乐设施可包括座椅、树木／灌木和园林景色。

私人发展项目内的公众休憩空间

(k) 私人发展项目内的公众休憩空间，应计算为所提供的休憩用地。规划这类休憩空间时，应参考由发展局拟备的《私人发展公众休憩空间设计及管理指引》，以处理可能与私人发展项目内的公众休憩空间相关的规划、设计及管理事宜（相关文件载于发展局网页：http：//www.devb.gov.hk/tc/issues_in_focus/provision_of_public_facilities/index.html)。此外，应充分考虑就私人发展项目内提供公众休憩空间而制定的优化行政安排，当中列明有关接纳或要求提供这类空间的事宜（撮述于附录1)。尤其是，倘有关事宜不能透过在土地契约中加入适当条件切实执行或予以落实，便不应考虑提供这类空间。

1.11　休憩用地用途地带的区划

1.11.1　一般而言，法定规划图则应采用下列的用途地带，区划康乐、休憩及绿化用地：

表3　康乐、休憩及绿化用地的法定用途地带

法定用途地带	规划意向
休憩用地	公众休憩用地
绿化地带	位于市区边缘地区和郊野地区的林地和植被土地，用以限制城区发展无计划地扩散
自然保育区	具有景观价值和生态特色的地区
郊野公园	指定的郊野公园
海岸保护区	具有特色，可吸引游客的海岸区

1.11.2　一般而言，行政规划图则应采用下列的用途地带，区划康乐、休憩及绿化用地：

表4　康乐、休憩及绿化用地的非法定用途地带

非法定用途地带	规划意向
区域休憩用地	位于市区或市区边缘的大型休憩用地，为全港市民和游客服务；其建筑上盖面积少于或相等于20%，以容纳特别建造的设施
地区休憩用地	公众休憩用地：其建筑上盖面积少于或相等于10%：混合了动态/静态康乐用途（包括宪报公布的泳滩）
邻舍休憩用地	公众休憩用地：其建筑上盖面积少于或相等于5%：基本作静态康乐用途
美化市容地带	零散的景观美化地方
绿化地带	位于市区边缘地区和郊野地区的林地及植被土地，用以规限城区发展
郊野保育区	乡郊地区内具有景观价值及生态特色的地区
郊野公园	指定的郊野公园
海岸保护区	具有特色、可吸引游客的海岸区

1.12　休憩用地的选址准则

1.12.1　在进行规划时，休憩用地必须视为独立的土地用途处理。休憩用地应设于适当的地点，同时应与其他土地用途一同规划。此外，休憩用地应设于交通方便的地点，切合需求，并且在功能上配合有关用途，而不是为了符合指定的标准才包括在内的。不过，我们必须接受一点，就是香港的条件并不理想，所以，即使是建议的最低标准，亦未必可以经常达到。在残旧的已建设区，这情况尤为明显。在规划休憩用地的选址时，应考虑可从公用道路看得见的位置，以及方便各类人士（包括残疾人士）前往的地点，尽量提高其使用率。

1.12.2　区域休憩用地可以作为已建设区的大型“市肺”，预期可以吸引全港各区市民，以至海外游客前往游玩。因此，这类休憩用地应接近主要公共交通路线，并利用自然景观、海滨、海港景色及／或观景点等优势。市区边缘的大片林地可提供机会，辟设特别的康乐设施，因此亦是设立区域休憩用地的理想地点。

1.12.3　地区休憩用地应设于有大幅平地的地点，以容纳主流康乐活动，更应交通方便，四通八达。辟设动态康乐设施的地点，应可尽量减少因噪声和泛光灯照明对四周居民造成的滋扰。在乡郊地区，地区休憩用地应设于乡镇内。

1.12.4　邻舍休憩用地应设于服务对象信步可达的地点，最好是在大约不超过0.4公里的范围内。在公营房屋发展和私人综合住宅发展内，邻舍休憩用地可设于平台。在工业区，邻舍休憩用地可作为工业区与毗邻用途之间的缓冲区。

1.13　休憩用地的设计指引

一般设计指引

1.13.1　在设计休憩用地时，不论是在选址、所提供的设施，还是游乐设备的详细设计方面，安全都是一个重要的考虑因素。为了提高使用率，休憩用地的入口应容易识别，并且交通方便。动态康乐设施可能需要集中辟设，以缩小受其噪声和使用者出入所影响的范围。儿童游乐区亦应分隔开，方便家长看顾子女。现有的天然景观特色应尽量予以保留，以协助营造地区特色。在设有荫棚的休憩处，应提供足够的照明和其他必需的街道装置。

1.13.2 应提供综合而非分隔开的休憩用地/游乐场地，让儿童、成人、长者及残疾人士共同享用，构建他们对社区的归属感。这会有助家长照顾子女，并促进不同年龄组别人士的互相关怀。这些综合游乐场地应采用无障碍设计，以配合残疾人士的需要。

环境

1.13.3 在设计休憩用地时，应使用《香港规划标准与准则》第九章“环境”所列明在环境方面的准则。动态康乐设施应避免设于接近主要道路的地方，同时，这类设施如果设于工业区50至100米的范围内，须在设计上作出特别考虑。如果有足够的空间，应种植花木和堆起土丘，作为休憩用地与污染来源之间的缓冲区。

残疾人士和长者的特殊需要

1.13.4 为了照顾残疾人士和长者的特殊需要，应考虑提供下列设施：公厕、设有荫棚并供散步及休憩之用的植物区、充足的照明、紧急求助电话、残疾人士专用设施、视野无阻的散步区、设有扶手的斜台（用以取代梯级），以及邻近有关用地的汽车或巴士上落客区。

1.13.5 休憩用地应设有供残疾人士使用的通道，并须符合屋宇署的《设计手册：畅通无阻的通道2008》及运输署的《运输策划及设计手册》的规定。

1.13.6 此外，应确保通往休憩用地和康乐设施的通道安全。如果通道横过繁忙的道路，应设置安全的过路处。

1.14 康乐设施的供应标准

1.14.1 康乐设施可设于户外的动态休憩用地，或设于室内，例如康乐用途建筑物或场馆之内，或设于综合用途大楼内的指定地点。第1.14节列明的标准，涵盖室内及户外康乐设施，并包括受欢迎的康乐活动，即称为“主流康乐活动”所需的设施。

1.14.2 康乐设施的供应标准，应与上文第1.8节所列出的休憩用地供应标准同时应用。

主流康乐活动

1.14.3 “主流康乐活动”是指政府根据已规定的人口标准，在每一地区提供有关设施的康乐活动。政府的目的，是要确保公众康乐设施供应均衡，以提供不同种类的康乐设施，供各个年龄组别的市民享用。这些设施既可供初学者和间中参与康乐活动的市民使用，亦可供体育团体举办体育活动，让市民可在一个较具竞赛气氛的环境下，改进其技术。“主流康乐活动”的项目见下文表5：

表5 主流康乐活动

1.	羽毛球	9.	排球
2.	壁球	10.	足球
3.	乒乓球	11.	小型足球

（续上表）

4.	健身／舞蹈	12.	榄球／棒球／木球
5.	体操	13.	田径
6.	游泳	14.	滚轴溜冰
7.	网球	15.	缓步跑
8.	篮球	16.	儿童游乐场

主流康乐活动设施的规划标准

1.14.4　提供主流康乐活动设施的规划标准分为三个元素，详情如下：

（a）人口标准：这个标准是用来计算需要供应的设施数量。个别主流康乐活动的人口标准载列于“表6　主流康乐活动设施的供应标准”；

（b）空间标准：这个标准是用来计算主流康乐活动设施所需的土地面积。个别设施的空间标准载列于“表7　主流康乐活动设施的标准尺寸”；以及

（c）特别设计的康乐设施供应标准：这个标准用以提供场馆，进行多种室内的主流康乐活动。特别设计的康乐设施供应标准载列于“表8　康乐用途建筑物的供应标准”。

1.14.5　为了协助规划师评估主流康乐活动在一个地区所需的总面积，当局建议采用下列计算方法：

（a）首先，确定基本人口数目；

（b）其次，计算特别设计的用途建筑物所需的面积；

（c）然后，计算户外的主流康乐活动所需的面积；以及

（d）最后，计算动态休憩用地的面积。

表6　主流康乐活动设施的供应标准

<table>
<tr><th colspan="2">主流康乐活动</th><th>人口标准</th><th>备注</th></tr>
<tr><td colspan="4"><u>室内场馆</u></td></tr>
<tr><td colspan="2">羽毛球场[2]</td><td>每8 000人一个</td><td rowspan="4">—设于体育中心、康乐中心或综合用途发展内特别设计的设施</td></tr>
<tr><td colspan="2">壁球场</td><td>按有关地区需要而设施</td></tr>
<tr><td colspan="2">乒乓球场[2]</td><td>每7 500人一个或
每15 000人两个</td></tr>
<tr><td colspan="2">健身／舞蹈场地</td><td>每间体育中心一个</td></tr>
<tr><td colspan="2">体操场地</td><td>每区一个</td><td rowspan="3">—设于体育中心内的多用途场馆</td></tr>
<tr><td rowspan="2">游泳馆</td><td>游泳池场馆</td><td>每287 000人一个或
每85人一平方米泳池面积</td></tr>
<tr><td>嬉水池</td><td>每区一个</td></tr>
</table>

（续上表）

主流康乐活动		人口标准	备注
户外场地			
网球场[1]		每30 000人两个	
篮球场[1及2]		每10 000人一个	
排球场[1]		每20 000人一个	
足球场		每100 000人一个	—运动场内的足球场，由于并非公开让公众使用，故不计入供应标准内
小型足球场	五人足球场[3]	每30 000人一个	—同时提供五人及七人场地
	七人足球场[3]	每30 000人一个	
榄球／棒球／木球场		每区一个	—设于多用途草地球场内
田径场地		每200 000至250 000人一个	—设于运动场／运动场馆内
滚轴溜冰场		每30 000人3000平方米	
缓跑径		每30 000人5000至1 000米	—可设于地区休憩用地内，或作为行人通道系统的一部分
儿童游乐场[2及4]		每5 000人400平方米	

注释：

1. 这些设施亦可设于室内。然而，如果这些设施是设于体育中心内的室内多用途场地，一般会被视作额外设施，不可计算为符合《香港规划标准与准则》的要求。不过，在没有户外空间的情况下，专门设计的专用场馆内的康乐设施，可考虑计入供应标准内。

2. 这些设施通常设于公营房屋发展的户外场地。如公营房屋发展的地盘有明显限制，非标准的设施（如足球练习场、篮球投掷场地及较标准为小的场地）或可被接纳及考虑计入康乐设施的供应标准之内。

3. 在地盘条件许可的情况下，设于公营房屋发展的额外设施。

4. 这些综合休憩用地／游乐场地的设施融合不同年龄组别及残疾人士的使用者，以促进公营房屋发展内的社区归属感。

表7　主流康乐活动设施的标准尺寸

主流康乐活动	球场尺寸（米）	边界				机构
		边线至墙壁（米）	底线至墙壁（米）	球场与球场之间（米）	净高度（米）	
羽毛球	13.4 × 6.1	2.0	2.0	2.0	9.0	国际羽毛球联合会
壁球	9.75 × 6.4	—	—	—	5.64	世界壁球协会

（续上表）

主流康乐活动	球场尺寸（米）	边界				机构
		边线至墙壁（米）	底线至墙壁（米）	球场与球场之间（米）	净高度（米）	
乒乓球						国际乒乓球联合会
（国际乒乓球联合会）*	14.0 × 7.0	—	—	—	4.05	
（国家级）	14.0 × 7.0	—	—	—	4.05	
（康乐）	7.0 × 4.6	—	—	—		
网球*						国际网球联合会
（比赛）	23.77 × 10.97	3.66	6.40	4.27	9.1	
（康乐）	23.77 × 10.97	3.66	6.40	3.66	9.1	
篮球*	28.0 × 15.0	2.0	2.0	2.0	7.0	国际业余篮球联合会
排球						国际排球联合会
（国际排球联合会）	18.0 × 9.0	5.0	8.0	5.0	12.0	
（国家级）	18.0 × 9.0	5.0	8.0	5.0	9.0	
（康乐）	18.0 × 9.0	5.0	3.0	3.0	9.0	
足球						国际足球协会
（最小）	100.0 × 64.0	6.0	9.0	—		
（最大）	110.0 × 75.0	6.0	9.0	—		
七人足球（小型足球）						
（最小）	61.26 × 36.57	5.0	5.0	—	—	
（最大）	76.80 × 56.69	5.0	5.0	—	—	
五人足球						
（最小）	28.0 × 18.0	—	—	—	6.7	
（最大）	36.0 × 30.0	—	—	—	6.7（1.22米高的回弹墙）	
多用途草地球场	120.0 × 100.0	—	—	—	—	
体操场地						国际健身联合会
（国际健身联合会）	73.0 × 33.5	—	—	—	7.6	
（国家级）	50.0 × 25.0	—	—	—	7.6	
田径场馆	2.0至3.0公顷	—	—	—	—	

（续上表）

主流康乐活动	球场尺寸（米）	边界				机构
		边线至墙壁（米）	底线至墙壁（米）	球场与球场之间（米）	净高度（米）	
健身室	80至210平方米	—	—	—	3.5～4.0	
舞蹈室	80至210平方米	—	—	—	3.5～4.0	

注释：

* 场地应尽可能完全达到比赛标准，如果场地有所限制，每项活动最少应有一个球场达到比赛标准，并应在发展蓝图上注明该标准球场的位置。

表8　康乐用途建筑物的供应标准

设施	供应标准	地盘面积#	备注
体育中心	每50 000至65 000人一个	0.6公顷 （即100米×60米）	设有*： 8个羽毛球场；或 2个篮球场；或 2个排球场 2个网球场 加 3个壁球场 1个活动室／舞蹈室 1个健身室
康乐中心	每50 000人一个	0.6公顷 （100米×60米）	可作为体育中心以外的选择*
运动场／运动场馆	每200 000至250 000人一个	3.0公顷	400米全天候径赛跑道、田径用草地内场（田赛用）、在标准设计的运动场内，设置约10 000个观众座位
游泳池场馆——标准池	每85人一平方米泳池面积或每287 000人一个标准场馆	每个标准场馆的面积为2.0公顷	一般设有50米及／或25米长泳池*
游泳池——嬉水池	每个池的面积最少为900平方米 每区一个	0.6至2.0公顷 根据康乐及文化事务署意见而定	游泳池场馆以外的设施*
室内体育馆——多用途	按需要而设的全港设施	在详细设计除段考虑康乐及文化事务署／建筑署的意见后决定	现时有2个，即香港体育馆和伊利沙伯体育馆

（续上表）

设施	供应标准	地盘面积#	备注
室内体育馆——运动	按需要而设的全港设施	在详细设计段考虑民政事务局／康乐及文化事务署的意见后决定，过程中并会咨询各体育总会的意见	本港可能需要一项这类设施，不过，须就计划的可行性及实施方面的问题作进一步的研究。
户外运动场	按需要而设的全港设施	4.5至6.0公顷	
水上活动中心	无既定标准	在详细设计阶段考虑康乐及文化事务署／建筑署的意见后决定	新设施：将设于合适的沿岸康乐地带，并须进行环境影响评估。

注释：*提供设施数目按个别地区情况而定。

#地盘面积标准仅供参考，应按地盘实际情况弹性地予以采用。

1.14.6　如有用地可供兴建特别设计的康乐用途建筑物，而可供动态休憩用地使用的面积，大致相等于或超逾户外的主流康乐活动所需的面积，有关规划便属可行。这个计算方法的范本载于“附录2：地区康乐设施需求的典型计算方法”。

1.14.7　在实际规划工作上面，一次过为整个地区进行规划的可能性不大，为较小数目的人口，即30 000至50 000人进行规划，则较为常见。休憩用地的标准（见第1.8节）是根据人口数目按比例作出规划的，康乐设施的标准有所不同。如果硬性把康乐设施的标准应用在人数较少的人口上面，可能引致设施供应不足。因此，在规划康乐设施时，必须：

(a) 在评估某一个分区的需要时，考虑更广泛地区的需要；以及

(b) 灵活处理，并确保已规划的设施亦可以照顾毗邻地区人口的需要。这可能导致提供的设施超出分区的最低标准。

主要设施

1.14.8　六项主流康乐活动的场地，包括羽毛球场、壁球场、乒乓球场、健身／舞蹈室、体操场地和游泳池，最适宜设于室内，而部分户外康乐活动设施，例如网球场、篮球场和排球场等，亦可设于室内。体育中心、康乐中心或综合用途发展内的特别设计的设施，均属于进行室内主流康乐活动的场地。康乐中心是拟议的新设施，旨在照顾以家庭为主的康乐需要。体育活动及田赛在运动场内进行。至于榄球／棒球／木球等活动，则建议在多用途草地球场进行。当局亦建议为体育馆及水上活动中心制订标准，以满足特殊运动项目和水上康乐活动的需要。

体育及康乐中心

1.14.9　体育中心为一系列主流康乐活动，包括羽毛球、壁球、篮球、乒乓球、健身、舞蹈和体操，提供设施。如体育中心提供的场地亦可进行若干户外康乐活动，则只属“额外”的供应。可供进行上述活动的中心分为两类，其供应标准和提供的设施简要载列于表8，并在下文扼要说明：

(a) 体育中心：供应标准为每50 000至65 000名居住人口设置一个。在中西区、湾仔区和油尖旺区等主要就业区，由于每天有大量工作人口从全港各区前往这些地区，除居住人口所需的供应外，每区应增设一个体育中心。

(b) 康乐中心：康乐中心预算用作家庭康乐活动场地。这类设施建议设在市区和新市镇，作为体育中心以外的选择。不过，这类设施不应取代须在就业区增设的体育中心。这类中心的供应标准是每50 000人设一个。除主流康乐活动外，康乐中心亦会提供种类较广泛的康乐活动，例如草地滚球、儿童游戏室、室内高尔夫球、攀石、嬉水池、咖啡座和餐厅。

多用途草地球场

1.14.10 多用途草地球场预算用作进行多种体育活动，特别是榄球、棒球和木球这三种主流康乐活动。由于草地球场的用途较硬地球场更具弹性，这类球场亦可用来进行其他体育活动，例如足球比赛和足球训练。多用途草地球场的供应标准是每区一个，而所需的地盘面积为1.2公顷。

运动场馆／运动场

1.14.11 运动场馆是一个与其他户外及／或室内体育设施，例如网球场、篮球场和壁球场一同发展的运动场。一个运动场设有一个草地内场，提供各类田径运动使用的设施，亦可用来举行高级的足球比赛。径赛跑道应为400米长和全天候设计。这类设施所提供的座位，最多可以容纳10 000名观众。

1.14.12 目前，运动场虽然间中亦用来举办专业及高级的足球比赛，不过，其主要功能仍是为教育机构，例如中学和小学提供场地，举行运动会。

1.14.13 在市区和新市镇，运动场馆／运动场的供应标准是每200 000至250 000人设一个，而所需土地面积最少为3公顷。有关的地盘应该平坦，一般为南北走向，交通方便，可使用公共交通工具前往。运动场内的足球场由于并非可供公众随时使用，因而并不计入主流康乐活动设施的供应标准内。

体育馆

1.14.14 体育馆共分三类，用途各异，现说明如下：

(a) 多用途室内体育馆：这是一个设有空调系统的多用途建筑物，有一个中央表演场，四周设有观众席。表演场应用来举行体育活动和文化及娱乐节目，亦可以举行其他类别的活动。多用途室内体育馆应按需要而提供，地盘面积并无标准。现时共有两个多用途室内体育馆，分别是香港体育馆及伊利沙伯体育馆，为全港提供服务。

(b) 室内体育馆：室内体育馆是专门进行体育训练，以及举行全港和国际体育赛事之用的室内康乐设施。这类设施亦是按需要提供的。香港可能需要一个新的室内体育馆，以满足各个体育总会的要求。新的室内体育馆是否最能满足各个体育总会的要求，以及与落实这个概念有关的其他因素，例如计划的可行性、设计、管理、场馆的容量、选址等，都须作进一步研究。地盘面积应由民政事务局／康文署经咨询各个体育总会后决定。

(c) 户外运动场：户外运动场应达国际水准，设施包括一个草地足球场、足球场外围有一条长400米的径赛跑道，以及设有10 000至50 000个座位的观众席。户外运动场预算用作举行高水平的足球比赛和国际水准的体育竞赛，亦可用以举办其他大型户外娱乐节目和活动。户外运动场亦是按需要提供的。

游泳池及嬉水池场馆

1.14.15 在市区、新市镇及乡镇，游泳池场馆的供应标准是每287 000人设一个，即每85人1平方米的水面面积，而所需土地面积为2公顷，视乎地盘的实际情况而定。

1.14.16　嬉水池的供应标准是每区一个，所需土地面积为0.6至2公顷，视乎地盘的实际情况而定。以每人3平方米水面面积的运作容量计算，水池面积最小应为900平方米。嬉水池可藉重修现有泳池场馆的部分地方，或在康乐中心（见上文第1.14.9(b)段）内辟设。

1.14.17　如果改建现有的游泳池场馆以辟设嬉水池，最少仍应为每区保留一个标准游泳池，以便继续举办游泳课程、训练班和学校比赛。在资源许可的情况下，新游泳池应为暖水游泳池，以鼓励市民保持全年游泳的习惯。

水上活动中心

1.14.18　政府现行的政策是鼓励发展各种水上活动设施。由于适宜发展各类水上活动设施的地点皆有其独特的条件，包括水域条件，因此，当局并没有为水上活动中心订定供应标准。当局应寻找合适的地点，供初学及热爱独木舟、风帆、划艇和滑浪风帆的人士，进行这些活动。为了发展安全的设施，当局必须对有关的陆上设施和沿岸水域进行环境影响评估。现时，康文署辖下的水上活动中心分别位于大尾笃、创兴、黄石、圣士提反湾和赤柱正滩。

1.14.19　多个体育总会和香港旅游发展局等其他团体，曾建议增设水上活动中心。当局应鼓励私营机构在安全和合适的水域发展水上活动中心。图2显示了可供发展有关设施和活动的沿岸水上康乐活动区。

非主流康乐活动

1.14.20　非主流康乐活动是指一些较特别和需求较小的康乐活动，其中包括高尔夫球、骑马、攀石和爬山单车等运动。非主流康乐活动设施的供应，应以人口趋势，以及是否有合适的用地可供使用作为指引，而目前并无有关的规划标准与准则。不过，除主流康乐活动之外，政府亦鼓励提供多元化的康乐设施。有关这类发展的建议，将会按个别情况进行评估。

1.15　康乐设施供应标准的计算方法

1.15.1　在决定所提供的康乐设施是否可计算为符合既定标准时，应参考下列准则：

(a) 土地必须已划作或预留作康乐用途；

(b) 设施的供应须符合空间标准，并且顾及地盘的实际情况；

(c) 设施须为可明确区分的居住或工作人口服务；

(d) 设施必须位于方便服务对象前往的地点；以及

(e) 设施必须有负责机构管理和保养，这些机构包括政府部门或私营机构。

1.15.2　现今私人住宅发展通常设有康乐设施（例如游泳池、网球场、乒乓球场等等），以照顾住客的需要。在评估区内需要时，私人康乐设施如果符合上文第1.15.1段所列计算准则的话（准则(a)除外），则应一并考虑，并应就此咨询康文署。

1.15.3　在下列情况下提供的康乐设施，一般不计入规划标准内：

(a) 设于体育中心内供户外主流康乐活动共用的场地。不过，在没有户外空间的情况下，专门设计的专用场馆内的康乐设施，可考虑计入供应标准内；

(b) 设于非作康乐用途发展的范围内，而市民不能随意享用的主流康乐活动设施，例如在校舍内提供的设施；以及

(c) 由私营机构提供，通常只限会员使用的康乐设施，例如康乐会所。

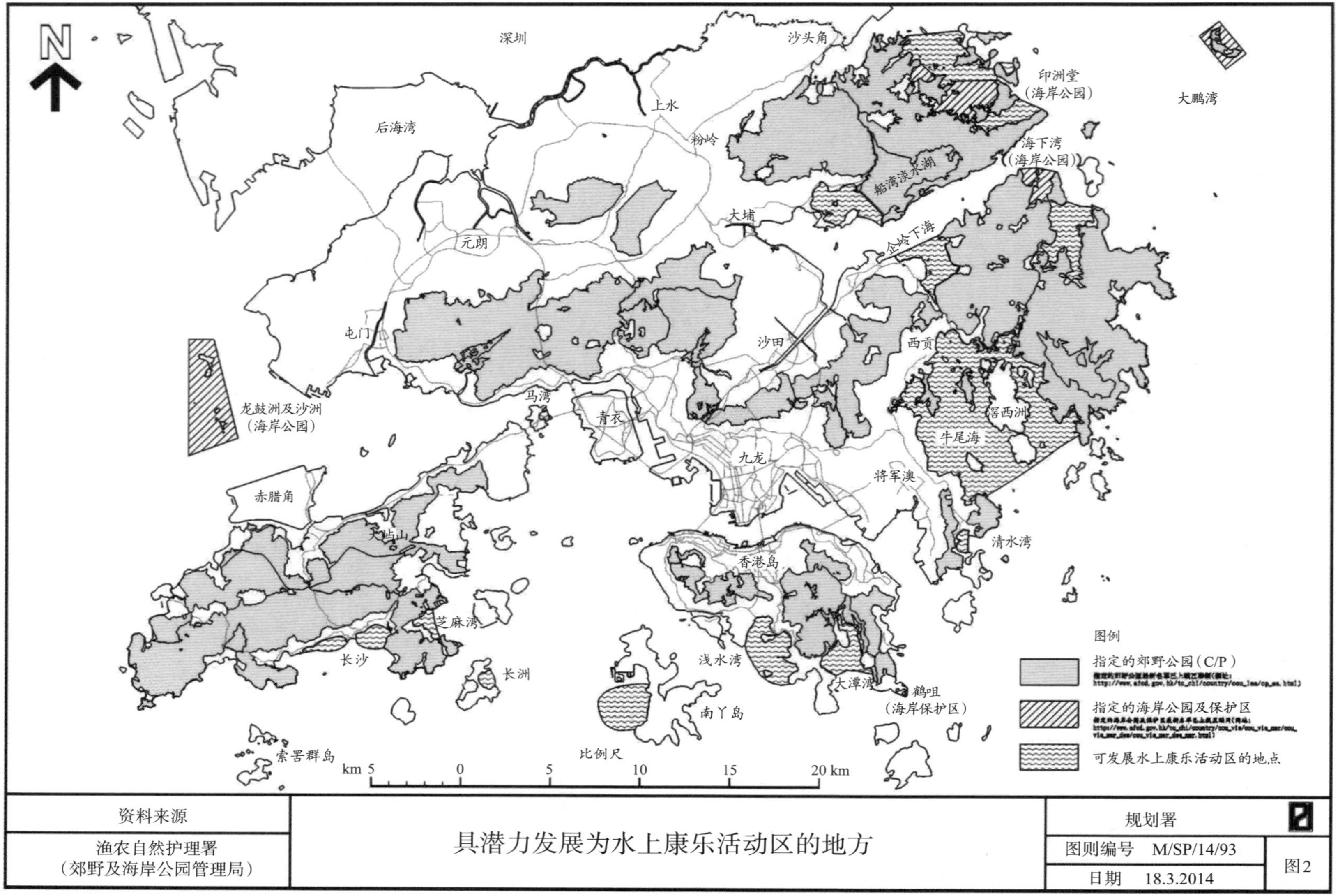

图2　具有潜力发展为水上康乐活动区的地方

1.16 康乐设施用途地带的区划

1.16.1 康乐设施的法定用途地带共有三个，即“政府、机构或社区”地带、“其他指定用途（体育及康乐会所）”地带和“康乐”地带（见表9）。划作“政府、机构或社区”地带的土地，通常用以容纳由政府提供的特别设计的康乐设施。划作“其他指定用途（体育及康乐会所）”地带的土地，通常用以容纳由私营机构提供，只供有关会所会员使用的特别设计康乐设施。至于划作“康乐”地带的土地，则位于乡郊地区，预算供私营机构发展康乐设施之用。康乐设施的发展形式，须按照有关分区计划大纲图的规定进行。

表9 康乐设施的法定用途地带

法定用途地带	注明	规划意向
政府、机构或社区		供公众使用的特别设计康乐用途建筑物，上盖面积最高可达100%，并可以用于与体育有关的混合用途
其他指定用途	其他指定用途（体育及康乐会所）	由私营机构发展的特别设计康乐用途建筑物，供会员使用
康乐		由私营机构发展的大型低密度康乐用途

1.16.2 在行政图则方面，当局在考虑到康乐设施的用途性质、建筑密度和设施的位置后，已就不同类型的康乐设施订立了更精细的用途地带区划制度。由政府提供的康乐用途建筑物或康乐设施应指定为“政府（康乐）”地带，而其他康乐设施可指定为“康乐（第1类）”地带或“康乐（第2类）”地带。“康乐（第1类）”地带的康乐设施需要最高达50%的建筑上盖面积，例如康乐会所或主题公园；而“康乐（第2类）”地带的康乐设施需要面积较大的用地，同时上盖面积低至10%以下，例如高尔夫球场、游艇停泊处或风帆会会所。表10载列了在行政图则上通常用于区划各类康乐设施的用途地带。

表10 康乐设施的非法定用途地带

非法定用途地带	规划意向
政府（康乐）	供公众使用的特别设计康乐用途建筑物，上盖面积最高可达 100%（例如游泳池、体育中心和体育馆）
康乐（第1类）	上盖面积为10%至50%的康乐用途（例如康乐会所和主题公园）
康乐（第2类）	在具有独特康乐潜力地区进行的发展，上盖面积最高为10%（例如高尔夫球场和游艇停泊处）
水上康乐活动区	沿岸发展的康乐区，供进行水上康乐活动之用

1.16.3 法定和行政规划图则采用的康乐用途地带，现扼要载列于下文表11：

表11 法定及非法定康乐用途地带对照表

设施	分区计划大纲图	发展大纲图
政府发展的设施		
运动场／运动场馆	政府、机构或社区	政府（康乐）
室内体育馆／户外运动场	政府、机构或社区	政府（康乐）
体育中心	政府、机构或社区	政府（康乐）
游泳池	政府、机构或社区	政府（康乐）
水上康乐中心	政府、机构或社区	水上康乐活动区
私营机构发展的设施		
体育及康乐会所	其他指定用途	康乐（第1类）
主题公园（例如海洋公园）	综合发展区、其他指定用途	康乐（第1类）
游艇停泊处	其他指定用途	康乐（第2类）
水上活动设施	其他指定用途	康乐（第2类）
高尔夫球场	其他指定用途	康乐（第2类）
乡郊康乐设施、度假中心及以陆上活动为主的会所等	康乐	康乐（第1类）／ 康乐（第2类）

1.16.4 请注意，表9及表11所载列的法定用途地带，只供一般参考之用。区划康乐发展最适当的用途地带时，应视乎具体规划情况而定。

1.16.5 当一个地区的规划意向是保育郊野和海岸区，这个地区便不适合划作康乐用途。以保育为目标的法定用途地带会对发展施加限制，同时，一般不会包括康乐设施。有关自然保育地带的进一步资料，请参阅《香港规划标准与准则》第十章“自然保育及文物保护”。

1.17 康乐设施的选址准则

1.17.1 一般来说，康乐设施需要优质用地。

1.17.2 康乐设施用地应尽可能邻近主要交通路线及交汇处，因为便捷的交通可以提高设施的使用率。在服务范围较大的地区，这一点尤其重要。为了确保特殊组别人士（如残疾人士）容易前往，当局可能需要作出特别安排。

1.17.3 在物色用地的最初阶段，当局应考虑环境问题，因为一个地盘的环境质素，例如空气质素和噪声水平，可以影响这个地盘是否适合作康乐用途。相反来说，拟议的康乐用途，例如邻近房屋的户外运动场和球场，可能对毗邻的发展造成环境问题。有关环境方面的详细规定，请参阅《香港规划标准与准则》第九章“环境”。

1.17.4 对于吸引大批观众的设施（如体育馆），当局应作特别考虑。当局在规划这类发展的阶段，可能需要进行交通影响评估。

1.17.5 至于在海岸区进行的康乐设施发展，可能需要在环境、交通，甚至生态方面进行个别的影响研究，以确定地盘是否适合作计划的用途。康乐设施倘需设有海滨通道，当局可能需要订明最低水深和提供特殊设施，例如码头、浮箱和海堤。这类康乐设施可能亦需要硬地面，供贮存船只、工场和船排使用，而这些用途亦需要良好的车辆通道及泊车位。

1.18　长者康乐设施

1.18.1　由于人口老龄化，以及有愈来愈多长者参与康乐活动，香港须为长者提供更多的运动设施。在设计室内设施如羽毛球场、乒乓球室、多用途活动室及健身室时，应顾及所有年龄的使用者（包括长者）的需要。在长者常去的花园及公园，应设置适当的户外设施，例如设有适合长者使用的器材的健身站，以及附有避雨亭及座椅的太极园等。

1.18.2　在为长者规划运动设施时，应考虑以下的综合设计原则：

（a）长者通常视觉、听觉及触觉较差，运动设施应在合适位置装设指示牌、长形把手、扶栏、球形把手及扶手等。一般而言，供练习太极的场地，其地面须予整平及排水良好，并铺设坚固防滑物料。

（b）在运动地方附近应提供足够的座位设施（设于树荫及／或上盖下），以供使用者休息和进行社交活动。

（c）进出运动设施的通道不应存有任何障碍，例如行人径不可过于狭窄和高低不平、通道不应迂回曲折、斜度过大或存有障碍物等。通道应采用以方便所有人士进出为旨的通用设计。建筑署所制备的《畅道通行：良好作业指引》及《畅道通行——户外环境建设》手册详载了一些有关无障碍通道的原则和建议，有兴趣者可透过以下连结进入网站浏览：

http：//www.archsd.gov.hk/archsd/html/ua-chinese/index.html及

http：//www.archsd.gov.hk/archsd/html/ua2-chinese/index.html

1.18.3　图3显示了一些设计优良的户外长者运动设施，以供参考。

设有充足附有上盖的座位设施

设有长者健身器材的健身站

供收腹用的健身器材

供转动手腕用的健身器材

设有避雨亭及座位的太极园

图3　长者康乐设施的图解例子

1.19　水塘的康乐用途

1.19.1　部分水塘具有潜力作康乐用途。不过，康乐活动不应与水塘贮存及供应食水这两个主要用途有抵触。此外，由于大部分水塘都是位于郊野公园范围内，任何拟议的康乐用途亦应与郊野公园的环境协调。当局应考虑把已废置的水塘作小型及有专人管理的水上活动用途，例如划艇、风帆和钓鱼。

1.19.2　任何使用水塘作康乐用途的建议，应附连评估建议的可行性和对环境影响的研究报告，以支持有关建议。

1.20　郊野地区的康乐设施

1.20.1　郊野地区包括指定的郊野公园内的地区、郊野公园以外，但并未纳入于乡郊分区计划大纲图涵盖范围的地区，以及乡郊与市区接壤的地区。在上述地区发展康乐设施与在市区发展康乐设施差别极大，因此，上文各节载列的休憩用地和康乐设施规划标准，并不适用于郊野地区。

1.20.2　郊野公园的主要功能，一方面是通过妥善的管理，提供场地供进行较为密集的康乐用途，例如烧烤和野餐，以及提供占地较广的设施，供远足漫步人士使用，另一方面，是保护郊野地区的植物和野生生物，并保存其观赏价值。郊野公园的康乐设施包括郊游地点、烧烤地点和游乐场地，均集中在同一地点辟设。郊野公园亦设有访客中心、厕所和车位。此外，郊野公园内的部分设施，例如营地、步行径和观景处，亦善用广阔的郊野地区范围。郊野公园为香港市民提供大量康乐用地，并在某程度上纾缓了有组织的体育活动和正式康乐活动对土地的需求。

1.20.3　乡郊与市区接壤的地区可以预留作特别用途的康乐设施，例如市区边缘公园和主题公园。这些地区内的任何拟议康乐发展，应与自然地形及天然草木融为一体。发展建议必须包括环境影响评估和景观设计图。

1.20.4　在郊野地区，当局应权衡发展与自然保育之间的优劣，并须小心保护郊野地区，免受会造成滋扰的发展影响。发展度假营、酒店和高尔夫球场等康乐设施的建议，所选择的用地通常都拥有罕有及具特色的天然景色，例如景色优美的小海湾和海滩。这些建议应附连视觉、生态及／或环境影响评估报告，以证明其可行性。康乐设施应与划为自然保育区的地区分隔，以减少康乐用途对自然环境可能引致的影响。

1.21　康乐设施及休憩用地供应标准的实施

1.21.1　筹划和提供各类休憩用地及康乐设施的工作，涉及多个不同团体。民政事务局之下的体育委员会负责向当局就香港体育发展的政策、策略及实施模式提供意见，并且会与各主要体育机构建立伙伴及合作关系，听取他们的意见，以便就提供拨款与资源以支持香港体育发展的事宜，向当局作出建议。康文署基本上负责发展和管理公众休憩用地及特别设计的康乐设施。渔农自然护理署（下称“渔护署”）负责管理郊野公园、特别地区、海岸公园和海岸保护区。社会福利署及教育局负责举办教育和训练营。私营界别方面，商业机构、住宅发展内的管理委员会、体育会和康乐会所，均有提供及／或管理相关的康乐设施和休憩用地。

1.21.2　除了政府外，其他专业体育团体和私营机构在提供康乐设施方面亦担当重要角色。专业体育团体通常是某一类运动或体育项目的代表，而商营企业则提供满足市场需要的康乐设施。这些组织取得资源的方式和营运设施的权力来源各异。资源可以来自公帑、会费或使用设施的收费。营运康乐设施的权力，可能受到特定的法例或合约管制。

1.21.3　在公营范围以外提供上文第1.21.2段所述的康乐空间，是本节规定的最低标准以外的“额外”设施。这些额外的康乐空间反映出香港对多元化康乐设施的需求。规划师在取得相关政策局的支持下，应尽力满足在康乐用地方面的所有可以预见的需求，以供公众使用和切合专业体育团体的需要。一般而言，公营机构和规模较大的专业体育团体会制定发展计划，以规划其需要。规划师应确保在规划这些设施时，与各有关组织保持协调。商营机构由于需要对不断转变的市场情况迅速作出反应，因而较难预测其需要；不过，主要的经营商或可在事先表明对土地的需求。

1.21.4　政府会继续担当公众康乐设施的主要供应者。不过，私营机构所扮演的角色预料会日益重要，而私营机构的参与，更会使提供创新康乐设施的机会大增。公众康乐用地的标准与准则，应根据其精神来诠释，同时，不应机械式地应用，并视之为绝对的标准。这样，公营及私营机构便可以就市民对创新和转变的需要，继续作出回应。

2. 绿化

2.1　绿化都市的规划

2.1.1　香港约有73 300公顷林地、灌木林和草地，占全港总面积约66%，但其中大部分位于新界区内地势较高的土地或山岳连绵的郊野地区。

2.1.2　虽然香港看来有大片草木茂生的土地，但在大厦林立的市区中，却只有少量绿化地带，从街道眺望，更像一个石屎森林。由于市区发展侧重人口和经济增长的需要，绿化市容的规划往往受土地发展空间不足所限。此外，房屋、就业、交通网络、基础建设和其他发展的需求亦日趋殷切，即使是郊野地区，也面临极大的发展压力，草木数量或会减少。为改善市民大众的生活质素，实有必要进行绿化都市的规划。

2.1.3　全港土地中只有约24%可界定为已建设区和具潜力发展区。由于土地资源有限，在进行发展时，难免形成密集的都市模式，只有极少空间可供种植或保育草木。基于上述缘故，在制定发展计划时，便需要反应得更灵敏，使以硬建设面为主的已建设区与绿化区得以平衡。

2.1.4　较诸市区面对种种现有规限和土地供应不足的问题，新发展区内自然有更大空间进行绿化。事实上，新市镇和新发展区通常在规划初期已拟备园景设计总图，其中已广泛辑纳有关绿化和园景美化的项目。至于市区，除非有机会进行综合重建计划，否则，由于不同土地用途需求殷切，加上地价高昂，限制了绿化的范围。

2.2　绿化政策

2.2.1　政长官在《二零零七至零八年施政报告》中承诺发展局会继续为港岛和九龙地区制订和落实《绿化总纲图》，并积极研究把制订《绿化总纲图》的工作扩展到新界。此外，政府在《二零零九至一零年施政报告》中承诺发展局会设立两个新办事处，即“绿化及园境办事处”和“树木管理办事处”（见下文第2.9.1段），负责统筹绿化和树木管理工作，而各相关部门亦会改善树木风险评估，加强人员培训，推动社区参与和推行公众教育。

2.2.2　政府的绿化政策，是透过广植草木、妥善护理和保存树木及植物，以改善市民的生活质素。绿化工作的目标，是显著增加市区的绿化地带、美化现有绿化区，以及在公共工程的规划和发展阶段，尽量争取推行绿化的机会。为进一步推广绿化，政府会鼓励私营机构和公众参与绿化工作。

2.2.3　为加强对绿化工作的承担，应采取一个全面而均衡的方式，把握每一个可行的机会，辟拓绿化地带，尤其是在拟议发展进行可行性研究、规划和设计阶段，预留土地植树。与工程计划中其他技术要求相比，绿化即使并非优先考虑的因素，至少也是同样重要的要求。工程倡议人应对绿化有所同感，在保存和种植花草树木方面，提供更大的弹性。

2.3　绿化规划指引的范围及应用

2.3.1　以下各段所列的概略规划指引和概念，可作为一份核对总表，以便在规划和评估发展建议时辑纳一些绿化指标。此外，使用者可在需要时参考“附录3：参考资料”中其他技术资料所载的详细指引或说明。

2.3.2　考虑到发展机会和限制及对资源的影响，应用绿化的标准和指引时应灵活变通。这对于已建设区尤其重要，因区内可能未能提供土地，以达至某一些严谨的标准和指引。有鉴于此，这些标准和指引应着重体现个中的精神，在实际应用时，须顾及其他相关考虑因素和特殊情况。

2.4　绿化的用词和定义

2.4.1　广义来说，“绿化”一词可诠释为园景的意思，而“园景”一词由“绘画”引伸出来，一般指土地的面貌，由形状、构造和颜色等元素结合而产生独特的模式和图像。

2.4.2　园景由两大元素组成，即园景建筑和种植花木。园景美化就是力求保存和美化天然景色、人造景物和园景资源的工作。园景建筑主要透过建筑工程，以人为方式塑造园林景色，其中包括天然岩石和巨砾等。至于种植花木，则包括天然草木，或栽种树木、灌木、花草和园艺花圃，以及其他绿化工作，间中也包括铺放土壤。

2.4.3　“绿化”一词字面上的意思，似乎只是栽种草木等绿色植物。为更灵活并广泛应用本节所载的指引，我们会从更广义的角度来诠释“绿化”一词，即包括在公众地方或公共／私人发展内，栽种树木、灌木、花草或其他植物品种。

2.4.4　一些与绿化相关的用词，例如绿化用地、动态和静态休憩用地、美化市容地带的定义，见本章第1.6.1段。

2.5　绿化的功能

2.5.1　青葱的园景，不论是天然或人造的，均可透过不同的方式改善环境和生活质素，其中包括：

（a）绿化的功能之一是作为“市肺”，提供视觉和心理方面的纾解和调剂。在高密度和挤迫的市区环境中，绿化对人们的健康和福祉尤其重要。

（b）绿化可提高都市设计的美感，营造一个更舒适的都市景致。

（c）在一个以高建发展为主的都市，绿化可令都市景致增添生气。

（d）绿化可加强都市景致的空间感，在虚实之间作出平衡，形成视觉对比。

（e）翠绿的植物在视觉上可把建筑物分隔，并可界定出连绵不断的景物，形成一条充满趣味的观景廊。

（f）绿化缓冲区可隔开难看的景物，缓和四周杂乱及受破坏的环境。

（g）花草树木可反映季节的转变，令都市景致更悦目宜人，都市生活更多姿多彩。

（h）草木可遮挡阳光和强风、吸收热力、降低硬建设面周围的温度、降低地面吸收的太阳辐射、增加湿度，促进空气流动，等等，从而改善都市的微气候。在地面植树，对改善行人水平的热舒适度，成效尤为显著。

(i) 草木可抑制空气中的飘尘和抵消环境污染物的影响。植物吸入二氧化碳，增加空气的含氧量，有助分解车辆和工业活动所排放的有毒气体。

(j) 园景土堤可作为一种交通噪声缓解措施。

(k) 植被可作为流量均衡水库，雨季期间留住雨水，旱季才释出水分，有助纾缓泥土冲蚀的情况，巩固斜坡。

(l) 栽种适当的本地树木和植物，可为野生生物（如昆虫和雀鸟）提供食物和栖息处，有助促进区内的生物多样化及保育野生生物。

(m) 沿主要公路建设不同的园景，可纾缓过于单调的沿途景色，亦可提升道路环境质素，以及促进交通安全。

2.6 绿化的基本原则

2.6.1 政府致力发展香港成为一个更绿化的都市。为达至这个长远目标，在规划过程中，应主动落实绿化原则，作为发展和环境管理的指标，而不应好像亡羊补牢，只为作出补救或粉饰而采取有关措施。

2.6.2 在规划新发展区 / 重建区和基建工程初期，各方应协力争取更多推行绿化的机会。在园景设计总图、规划大纲或批地条件中，应制定足够的绿化规定，并把有关规定纳为大型发展 / 重建程序的一部分。

2.6.3 倘有就策略、次区域及地区层面拟备的景观策略和图则，包括绿化总纲图，应参考作为指导大纲，就个别发展区和工程计划制订适用的绿化原则。

2.6.4 虽然土地供应有限和高地价的因素可能会对推行绿化造成限制，但也应争取机会，尽量辟拓新的土地，作绿化用途，确保绿化地带的选址和设计更富弹性，无须采用千篇一律的模式，而是因应个别情况进行设计，发挥不同的功能。

2.6.5 进行绿化工程时，不应罔顾市民和行车的安全，亦不应影响地下设施或建筑物结构的稳定性。另一方面，不应纯粹为方便管理和维修保养而轻率放弃进行绿化的机会，应视乎实际情况考虑每宗个案，并应采用一个能平衡所有因素的方案。

2.6.6 鉴于植物由生长至成熟需时甚久，故应在发展工程完成之前，及早安排实施绿化工程。

2.7 绿化的规划指引

2.7.1 地盘发展

(a) 规划地盘发展初期，应考虑进行绿化和植树，并因应地盘的位置和特色而栽种适当的植物。如果合适的话，应拟备一份园景设计总图，为有关发展制订植树和种植花木的工程框架提供指引。园景设计总图样本见图4。

(b) 现有草木应尽量保存并纳入于发展计划中。在建造工程展开前，应制定足够措施，用以在施工期间保护现有草木（特别是成长树木），其中包括设置围栏围绕树木、避免在树根生长范围内进行压实地面工程，以及保护树木免遭焚毁和远离有毒物料。详情可参考由发展局辖下绿化、园境及树木管理组拟备的文件《保护树木的措施》。（网址：http://www.greening.gov.hk/tc/management/tree_m_and_m.html）

(c) 如果适用并可行的话，应沿地盘边缘种植树木和灌木。就植树而言，应预留阔3米的种植地带，土层最少深1.2米（不包括渠管）。至于其他植物的种植地带，建议最少阔1米。

(d) 为分隔服务设施用地，如垃圾收集站、上落客货区，应辟设园景缓冲区，并在可行的情况下，在建筑物周围、平台、天台和外墙等当眼处，广植花木。

(e) 短期内无须急于发展的空置地盘，应考虑辟作临时绿化地带，或拨作苗圃，而日后发展有关地盘时，树苗亦可轻易移植到适当的位置。

2.7.2　住宅发展

(a) 香港的住宅发展以典型的高楼大厦为主，一幢幢笔直的大厦并排而立。为纾缓高密度发展所带来的负面影响，可透过绿化和园景美化工程，提供一个让人们可就地接触大自然的宁静舒适的环境。

(b) 在公营房屋发展和综合住宅发展内，邻舍休憩用地的最低供应标准为每人1平方米，主要作园景美化和静态康乐用途。装饰性植物应能表现花叶茂盛的一面。规划署联同房屋署就公营房屋发展项目绿化覆盖率所制订的指引，订明公营房屋发展项目的绿化覆盖率须达到30%的整体目标。视乎个别地盘的特色和限制，亦会按情况考虑调低绿化覆盖的比率；然而，除特殊情况外，绿化覆盖率必须至少达20%。

(c) 为推动绿化，在住宅建筑物内辟设植有草木的公用空中花园，或可获豁免计算入《建筑物条例》所订的总楼面面积及／或上盖面积内（详情载于屋宇署、地政总署及规划署的联合作业备考第一号《环保及创新的楼宇》(联合作业备考第一号)。

(d) 有关绿化覆盖率的规定，将会在私人发展项目的所有新土地契约中订明，并会在可行情况下纳入规划大纲内。

2.7.3　工业发展

(a) 特殊工业发展（如工业村和科学园）往往占地甚广，可提供相当大的范围作绿化用途，令其与四周环境更加协调，藉此改善其形象。

(b) 在规划新的工业、工业／办公室、商贸或特殊工业区时，邻舍休憩用地的最低供应标准为每名工人0.5平方米，以作园景美化和静态康乐用途。

(c) 在工业楼宇内辟设植有草木的公用平台花园和空中花园，或可获豁免计算入《建筑物条例》所订的总楼面面积及／或上盖面积内（详情载于联合作业备考第一号，以及联合作业备考第二号——推广环保及创新的楼宇第二批鼓励措施（下称“联合作业备考第二号”））。

(d) 有关在工业区、工业村和科学园内的休憩用地、园景区、通路、行人通道和个别地段种植花木的详细指引和良好作业方法，载于《香港规划标准与准则》第五章第17节和表7。

2.7.4　商业发展

(a) 商业区通常指经济活动高度集中的地区，亦指聚会的地方。为凸显一项主要商业发展的形象，特别是商业中心区，其中有不少悦目的建筑物和地标，属优质而高水平的建筑设计，因此在城市设计大纲中，必须加入绿化、园景美化和建筑设计的元素。

(b) 为提高商业发展邻近公众地方的吸引力，应在规划和设计阶段预留土地，以便把楼宇建筑位置移后，或辟设广场作绿化和静态康乐用途。为凸显建筑物的形象，亦可在建筑物入口栽种树木，加入富建筑特色的设计。

(c) 在规划新的商业区时，邻舍休憩用地的最低供应标准为每名工人0.5平方米，主要作园景美化和静态康乐用途。

(d) 与工业发展一样，在商业发展内辟设植有草木的公用平台花园和空中花园，或可获豁免计算入《建筑物条例》所订的总楼面面积及/或上盖面积内（详情载于联合作业备考第一号和第二号）。

2.7.5 私人发展

建筑事务监督在审批新发展项目是否可获授予总楼面面积宽免时，如情况适用，会以有否遵从"可持续建筑设计指引"，包括绿化覆盖率，作为审批的考虑条件。"可持续建筑设计指引"载于屋宇署的《认可人士、注册结构工程师及注册岩土工程师作业备考第APP-152号——可持续建筑设计指引》。有关批予总楼面面积宽免的先决条件的进一步详情，则载于《认可人士、注册结构工程师及注册岩土工程师作业备考第APP-151号——优化建筑设计缔造可持续建筑环境》。

2.7.6 政府建筑物

政府承诺缔造优质的生活环境，因此一直带头推动绿化社区的工作。发展局技术通告（工务）第3/2012号《Site Coverage of Greenery for Government Building Projects》已提供一套指引，列明政府新建筑工程内绿化上盖面积的标准和要求，以及有关的计算方法。当局会鼓励负责政府建筑工程的项目倡议人，尽量增加有关地盘的绿化空间。

2.7.7 对景观造成影响的用途

(a) 石矿场

(i) 石矿场完成开采后，长远用途会因地盘而异，但应进行全面的景观修复工作，包括重新勾划大型植树计划的主要轮廓和进行防治侵蚀工程，以恢复一个植物茂生斜坡的天然面貌。

(ii) 在采石过程中形成的现有采掘面，应重新调整坡度，以便再次栽种植物，恢复一个天然面貌。在可行和理想的情况下，斜坡的最高坡度应定为1:1.5，以便留住松软的土壤填料，作种植用途。

(iii) 在采石工作结束前，应妥善规划修复工程，以便实施适当的环境美化措施。有关斜坡环境美化工程（包括植树）的详细指引，载于下文第2.7.10段。

(b) 公用服务设施

(i) 若干公用服务设施如抽水站、污水处理厂和垃圾收集站，可能会造成景观影响。因此应争取机会，除了在其外围植树和辟设美化市容缓冲地带作为屏障外，亦须进行高空绿化，例如屋顶绿化及垂直绿化，使有关设施与周围环境融为一体，在视觉上更加协调。

(ii) 架空电缆通常横贯在天然山坡和山顶上，而建设电塔时会破坏现有植物，因此在选址时应小心谨慎，尽量避免破坏草木，并应进行景观修复工作。有关详情请参阅《香港规划标准与准则》第七章。

(c) 港口后勤及露天贮物用途

(i) 在露天贮物用地堆叠货柜、车辆零件或建筑材料，是乡郊地区景观遭受破坏的原因之一。为有效隔开会影响景观的堆叠物品，可在这些用地外围进行园景美化。

(ii) 在这类用地外围，应辟设一个最少阔1至2米的种植地带，而在面向主要道路方向，则建议预留一个较阔的种植地带。在有关的种植地带内，可同时种植树木（高3米）、竹和灌木，并可设置一些土丘，提供一条连绵不断的树篱带。在可行的情况下，每

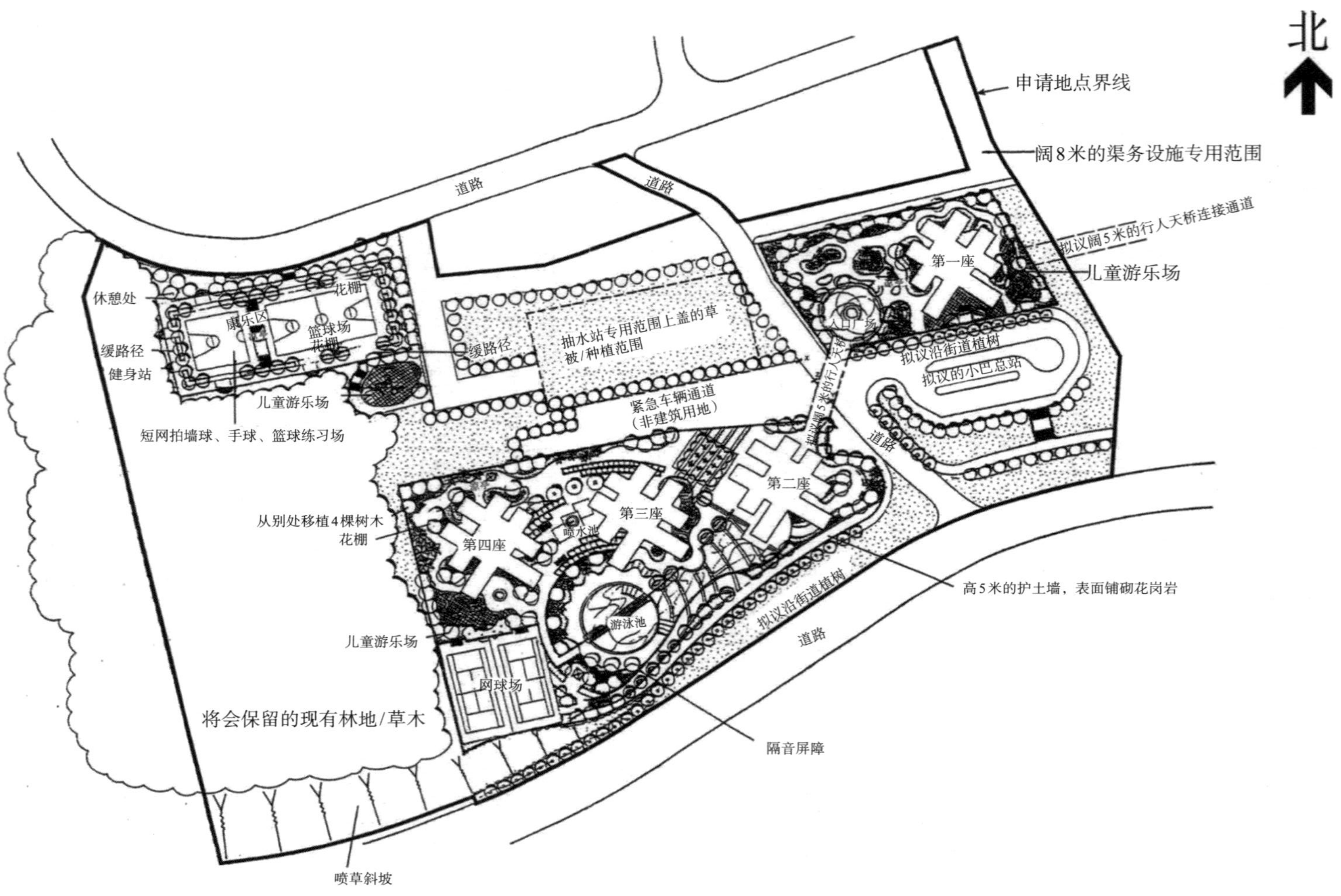

图4　园景设计总图的样本

（资料来源：城市规划委员会颁布的规划指引“根据《城市规划条例》第4A（2）条的规定呈交纲发展蓝图”（TPB PG-No. 18A））

个树槽应相距4至5米。

（iii）不过，拟议的树篱带不应阻碍有关用地出入口的视线。

（iv）园景屏障例子的说明图载于图15，而详细的植树要求则载于地政总署的《货柜存放场作业守则》及《现有用途场地原址环境改善工程的一般指引》。

2.7.8　地区及邻舍休憩用地

(a) 透过辟设公园、花园、海滨长廊和休憩处来提供休憩用地，不但可满足市民对康乐和消闲设施的需求，亦可提供进行绿化的良机，建造一个舒适的环境，以改善个别地区（特别是市区）的文娱用地网络。

(b) 现时，地区及邻舍休憩用地的最低供应标准为每名人1平方米。有关辟设地区和邻舍休憩用地，以及相关动态／静态休憩用地比率的详细标准，载于本章第1.8和1.9节。

(c) 为公园、花园、海滨长廊和休憩处拟备景观设计图，尽量争取进行绿化的机会。在这类用地内，尤其不适宜有大片硬地，反之，应广植树木，使区内环境更添生气。

(d) 作为设计休憩用地的一般指引，动态休憩用地应有最少20%的土地用来种植花木，其中一半范围应用来植树。至于静态休憩用地，则应有70%的土地用来种植花木，其中60%的土地用来植树。在某些情况下，上述百分比可能须因应实际环境、行人流量，以及休憩用地的设计而作出调整。此外，每个地区均须辟设一个占地约1.2公顷的多用途草地球场，作体育用途。

(e) 应栽种本地植物品种，尤其在市区边缘公园内，以便与附近的林地和自然景观融为一体。

2.7.9　道路及公路

(a) 为提供景观更优美、气候更宜人的行人环境，应争取机会辟设林荫大道，以及沿道路中央分隔栏和行人道／通风廊／气道及行人专用区辟设绿化走廊。

(b) 不过，栽种树木及／或灌木和其他不高于檐蓬底的植物后，应小心确保草木的生长不会遮盖交通标志、交通灯、闭路电视、冲红灯摄影机、巴士站及道路交汇处等，亦不会阻碍行人和驾车人士的视线。树木应种植于远离灯柱的位置，否则须经常修剪树枝，以免遮挡灯光。

(c) 在新建道路上，地下公用服务设施和沙井的位置应远离花圃和树槽，并应在规划初期，全面协调铺设地下公用设施和种植草木的工程，确保已预留足够的铺筑范围，以免动工时出现两者间隙距离不足的问题。

(d) 为方便进入美化市容和路旁的种植地带作草木护理，应考虑在地区干路和区内道路的适当位置辟设路旁停车处。一般来说，应每隔40米设置一个洒水器。不过，设于繁忙道路的种植地带，往往因交通频繁而无法在邻近行人径辟设安全的通道，前往进行植物护理，在这情况下，便应设置自动洒水系统。

(e) 有关道路和公路设计、竖设交通标志和交通灯，以及隔音屏障和相关园景美化工程的详情，载于工务局技术通告第7/2002号《Tree Planting in Public Works》；环境运输及工务局技术通告（工务）第11/2004号《Cyber Manual for Greening》；发展局的《Guide lines on Greening of Noise Barriers》；发展局技术通告（工务）第2/2012号《Allocation of Space for Quality Greening on Roads》；路政署科技通函第10/2001号《Visibility of Directional Signs》；运输署的《运输策划及设计手册》第二册"Highways Design

Characteristics”和第三册“Traffic Signs and Road Markings”。此外，发展局技术通告（工务）第2/2013号《Greening on Foot bridges and Flyovers》亦就行人天桥及行车天桥上设置固定花槽及灌溉系统的事宜提供指引。

2.7.10 斜坡

（a）不论是天然或人造斜坡，应尽量种植草被。应在适当情况下增加种植树木和灌木，以保护及加强现有的植被，从而优化斜坡的外观，并且促进斜坡植被在生态上可持续发展。就人造斜坡而言，应视乎斜坡的安全情况提供植被。

（b）所栽种的植物品种会视乎斜坡土壤深浅而定。在土浅的斜坡上，应考虑栽种草、地被和攀缘植物。在土深的斜坡上，则可栽种较大棵的灌木和树木。不过，在坡度不高于35度的路旁斜坡上，建议只种植本地品种的小树为佳，以减低树木被强风吹倒的风险，避免危及道路使用者。

（c）除非有证据证明确实有需要移走斜坡上原有的树木，否则应保留有关树木。在砍伐和移植树木时，应遵守上文第2.7.1段和下文第2.8节所载的规定。

（d）在设计斜坡工程时，应尽量在坡脚、坡顶、坡级和毗连已铺筑范围种植草木。在坡脚设置花槽，可有效纾缓陡峭斜坡和难看的斜坡工程对景观的影响。在较细小的坡脚花槽内种植灌木和攀藤类植物，也可使斜坡基底的园艺护理更协调一致。在坡脚植树，花槽的理想尺寸为最小阔1米、深1米。倘空间有限，可考虑设置较细小的坡脚花槽来栽种灌木。在斜坡顶部和中段位置，则可设置坡顶花槽和坡级花槽，以种植更多草木，遮挡斜坡较高位置。

（e）在已铺筑的斜坡表面，可挖掘一些孔状土穴，以栽种攀藤类植物及其他攀缘植物、青草和灌木，为斜坡平添点点翠绿。土穴尺寸并无最低要求，但较大的土穴内有多些土壤，可增加成功栽种植物的机会。

（f）有关斜坡园景美化工程的设计、建造和保养的指导政策，载于工务局技术通告第17/2000号《Improvement to the Appearance of Slopes》和工务科技术通告第25/93号《Control of Visual Impact of Slopes》。至于技术设计详情，则载于土力工程处报告第56号《Application of Prescriptive Measures to Slopes and RetainingWalls》(1999)、土力工程处刊物第1/2011号《Technical Guidelines on Landscape Treatment for Slopes》及《Highway Slope Manual》(2000)。至于私人工程计划，则应参考由屋宇署发出的认可人士、注册结构工程师及注册岩土工程师作业备考第ADV-23号《改善人造斜坡及挡土墙的视觉外貌及美化其景观》。有关绿化斜坡的事宜，亦可参考附录3所列的其他文件。

2.7.11 渠务和水务设施

（a）为免影响渠务和水务设施的运作和造成损毁，有关设施应采用综合设计模式，以容纳种植草木和进行公用设施维修，日后进行维修时，也不会破坏草木，以致需要重新栽种。

（b）应尽量沿排水道／系统辟设绿化地带及采用环保和可持续发展设计，并沿现有排水道／系统种植更多树木，藉此提高有关设施的美化市容价值。应在可行情况下，尽量保育现有天然河溪及活化排水道／系统。请参阅渠务署实务备考第1/2005号《Guidelines on Environmental and Ecological Considerations for River Channel Design》。应避免在排水道／系统加建上盖；倘在排水道／系统加建上盖属无可避免，则其规模应减至最小，并就每宗个案以详细的可行性资料作为支持理据，以便提供地方作上述的适当用途。在这情况下，有关发展应尽量进行绿化及预留适当范围作种植区，并征询渠务署的意见。

(c) 在水务和渠务设施专用范围拓展绿化空间时，如果合适的话，应遵守下列指引：

（ⅰ）在任何现有或拟议总水管中央线和排水管道边缘起计3米范围内，应避免栽种根部会伸入土层深处的树木或灌木。如果受影响的总水管尺寸小于600毫米，上述间隙距离可缩短为1.5米。

（ⅱ）如果拟议树木与管道之间相距少于3米，可能需要设置坚固的树根护栏，而护栏必须伸延至管道之下。

（ⅲ）在沙井盖、消防柱阀或水务署闸阀1.5米范围内，或消防龙头出口1米范围内，应避免种植。

（ⅳ）如果发现栽种树木可能会使附近现有水管和地下排水渠遭受破坏，该地点可禁止植树。

(d) 在配水库顶部或外墙旁边植树时，应小心规划，例如采取其他植树措施（如设置花槽和种植草皮）。

2.7.12　高空绿化

(a) 高空绿化包括建筑物或其他构筑物在地面以上的所有绿化工作，包括屋顶绿化、垂直绿化、空中花园、平台种植等。高空绿化能为环境带来各种好处，并能美化市区环境。

(b) 屋顶绿化的特点是在结构地台上种植植物，即非地面种植，而且着重横向栽种。典型例子包括屋顶花园、空中花园、平台花园、绿化的隔音盖罩和有盖行人路上盖等。

(c) 垂直绿化通常指在地面或升高的花槽种植植物，目的是在相关构筑物的垂直面种植植物。典型例子包括在建筑物或构筑物的边沿地方种植攀缘及／或下垂的植物；在合适的多层组件式花槽或组件板上种植植物；又或两者同时进行。

(d) 屋顶绿化系统有多种不同的类型，可参阅建筑署的《香港绿化屋顶应用研究》，以及登入“绿化”网站（网址：http：//www.greening.gov.hk/tc/new_trend/skyrise_intro.html），以作参考。

(e) 发展局技术通告（工务）第3/2012号《Site Coverage of Greenery for Government Building Projects》载有有关的标准和规定，以及工地绿化覆盖率（包括政府建筑物的高空绿化）的量度方法和计算方法。

2.7.13　就各类土地用途进行优质绿化计划的图例，载于图5至图16。

2.8　植物的保育

2.8.1　保育现有植物和自然景观亦是推行绿化的重要环节。发展项目选址时，应避免那些现已拥有具自然保育价值的植物和自然景观的地区。现时已有一些与保育花草树木有关的法例和行政措施，即《郊野公园条例》(第208章)、《水务设施条例》(第102章)、《林区及郊区条例》(第96章)、《城市规划条例》(第131章)、《环境影响评估条例》(第499章)、环境运输及工务局技术通告（工务）第29/2004号《Registration of Old and Valuable Trees and Guidelines for Their Preservation》，以及土地契约内的保留树木条款。有关自然保育的原则和保护措施，详情载于《香港规划标准与准则》第十章。

2.8.2　树木具备大部分上文第2.5节所述的植物功能，受社会大众珍视。因此，保育现有树木与推动辟设新的绿化地带，实在同样重要。任何发展工程在规划、设计和建造阶段，现有的树木，不论是单独一棵或群生的，都应竭力保存，特别是那些外形独特或优美的树木，以及具历史意义、具特殊生态价值和稀有的品种。

2.8.3　有时大型基建工程的规划范围可能覆盖郊区，或新发展项目坐落于树木丛生的地点。如属此情况，便须小心处理，尽量缩细施工范围，藉此保留最多树木，特别是可抵受工程所引致的环境变化的成长树木，以及可在新环境中茁壮成长的幼树。除非已别无保存树木 的方法，否则砍伐树木和修剪树枝应是最后的对策。

2.8.4　为确保不会轻率地砍伐树木，砍树前须向有关当局申领许可。倘无法在原来位置保存树木，应在可行的情况下把树木移植，或在有关土地内另植新树以作补偿。有关人士应参考发展局技术通告（工务）第10/2013号《Tree Preservation》。

2.9　达至绿化

2.9.1　统筹工作

为确保能有效统筹各政策局和部门不同的绿化工作，政府已成立绿化、园境及树木管理督导委员会。该会由发展局常任秘书长（工务）担任主席，成员来自相关政策局和部门，负责就大型绿化计划制订策略指引，以及督导有关计划的推行。为集中处理有关市区的绿化改善工作，在绿化、园境及树木管理督导委员会之下已成立绿化总纲委员会，由土木工程拓展署署长担任主席，专责为全港（按地区）拟定绿化总纲图。绿化总纲图旨在为个别地区订定整体的绿化大纲，找出适合栽种的地点，配合适切的主题和植物品种，为规划、设计和推行绿化工作，提供指引，以达致持续及统一的效果。二零一零年三月，政府在发展局工务科之下成立了绿化、园境及树木管理组，当中设有绿化及园境办事处和树木管理办事处，负责倡导新的策略性绿化、园境及树木管理政策，使香港持续发展更绿化的环境。

2.9.2　种植机关

政府部门包括路政署、土木工程拓展署、康文署、建筑署、渠务署、水务署和环境保护署，负责就辖下的基建、建筑及土木工程，进行园景美化和种植草木。渔护署负责在郊野公园、位于郊野公园范围外的郊区的特别地区和指定地区植林和植树。公营房屋发展的园景美化工作，则属于房屋署的职责。此外，民政事务总署会为区议会议决的“乡郊公共工程计划”和“地区小型工程计划”而安排种植草木的工作，并透过非经常性种植计划，推行绿化。

2.9.3　植物护理

树木和植物缺乏护理，便难以茁壮成长，甚至枯萎，以致浪费资源，影响绿化范围的外观。因此，负责护理草木的机关，应确保会提供妥善的设施和制定适当的计划，护理辖下的种植区。有关管理以及护理责任的分工，详情载于环境运输及工务局技术通告（工务）第2/2004号《Maintenance of Vegetation and Hard Landscape Features》。

2.9.4　公营和私营机构的合作

要成功把香港发展成为一个绿化都市，不但需要政府在公共工程中实施绿化措施，亦有赖社会人士和其他主要关注机构在发展过程中鼎力支持。为鼓励公众的参与，发展局、渔护署、康文署和民政事务总署会举办一些宣传计划和植树活动，以加强市民对绿化的关注。政府并发出作业备考作为指引（见上文第2.7.2至2.7.5段），以鼓励私营机构在发展项目中加入更多绿化措施。大厦业主、发展商、专业人士和隶属私营机构的非政府组织亦扮演重要的角色，同为创建一个更绿化的香港出一分力。政府会继续与私营机构携手合作，把握每一个机会，落实推行绿化指引。

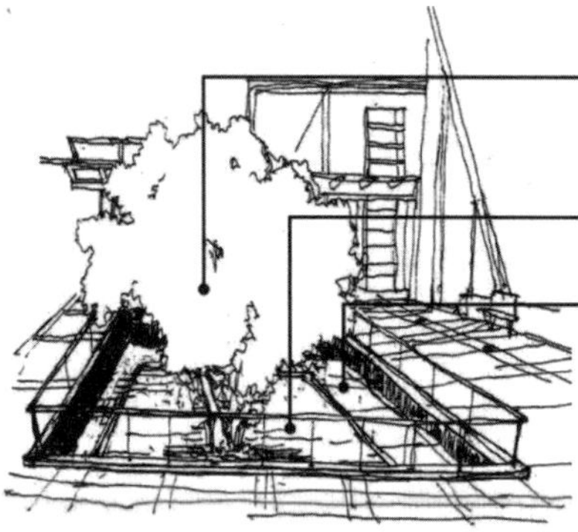

图5　发展地盘现有树木的保存

图6　发展项目外围的绿化设置

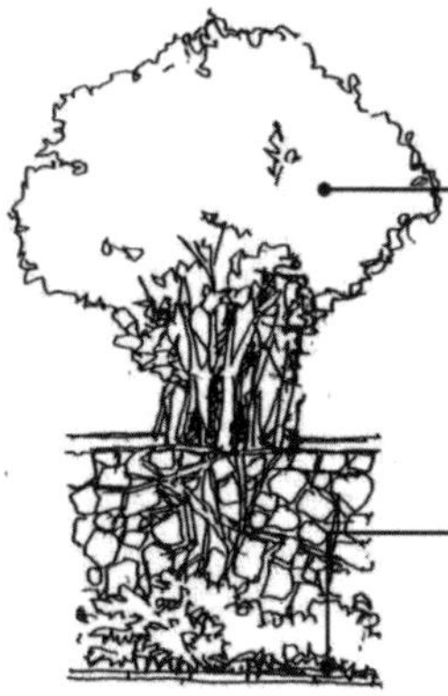

图7　护土墙的绿化空间

图8　平台花园的绿化空间

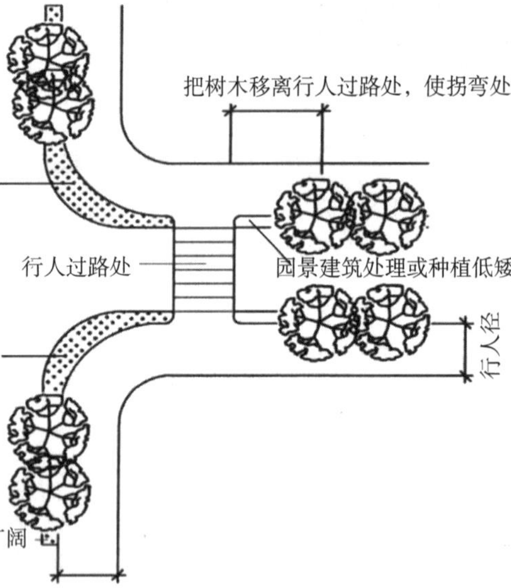

图9　在道路交界处种植草木

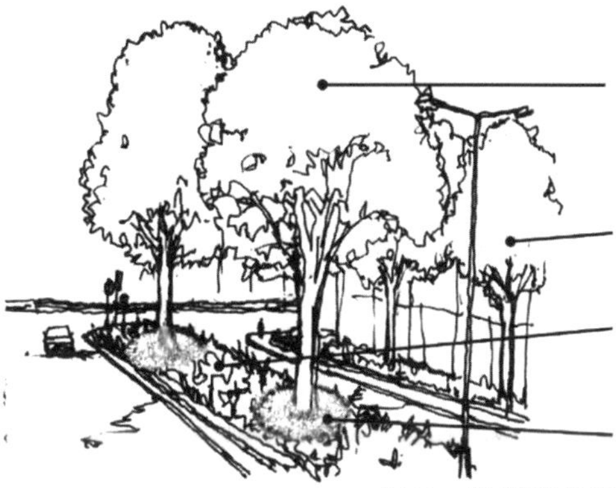

图10　沿道路走廊的绿化空间

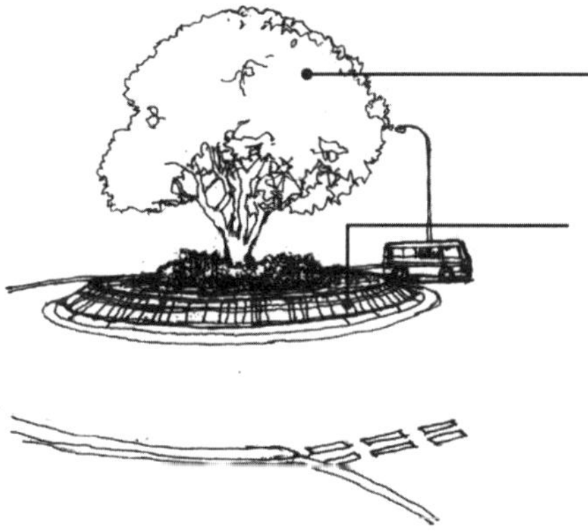

图11　回旋处的绿化空间

图12　行人街道的绿化空间

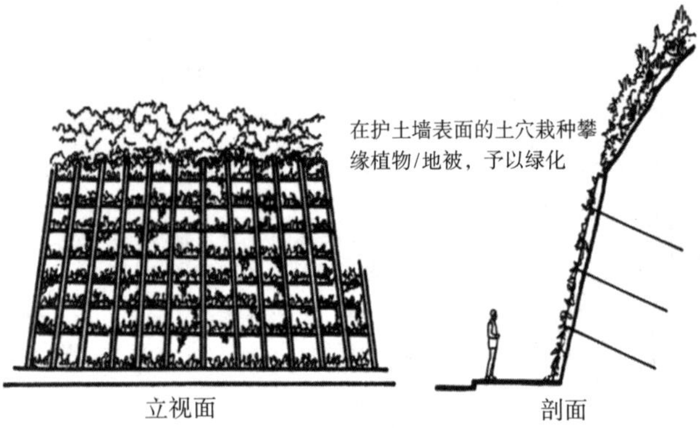

护土构建物

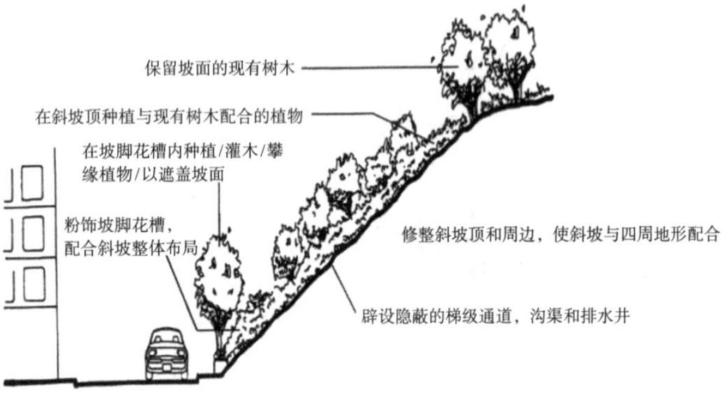

削土斜坡

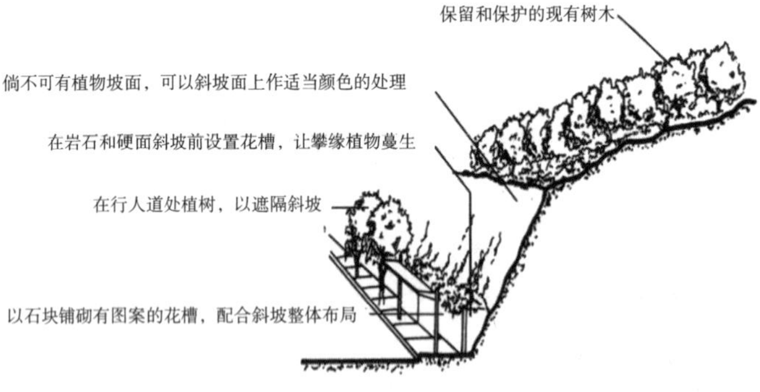

削石斜坡

图13　在斜坡上种植草木

（资料来源：土力工程处技术指引第1/2011号《Technical Guidelines on Landscape Treatment and Bio-Engineering for Man-made Slopes and Retaining Walls》）

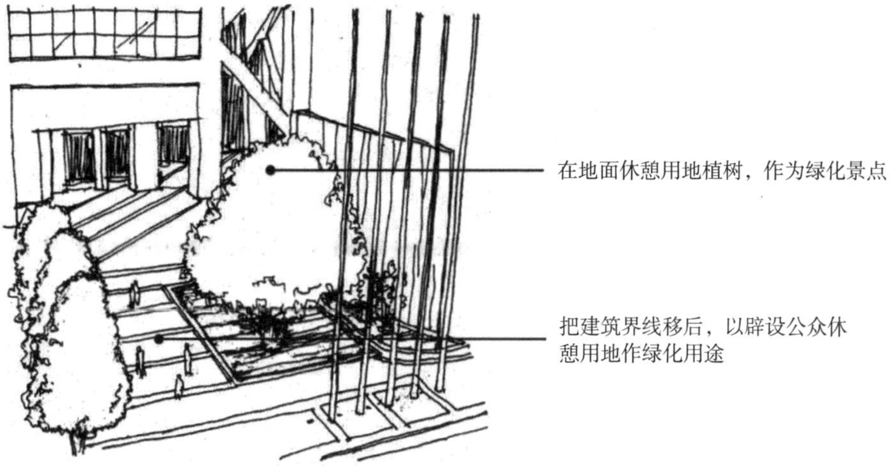

图14　发展项目的绿化空间

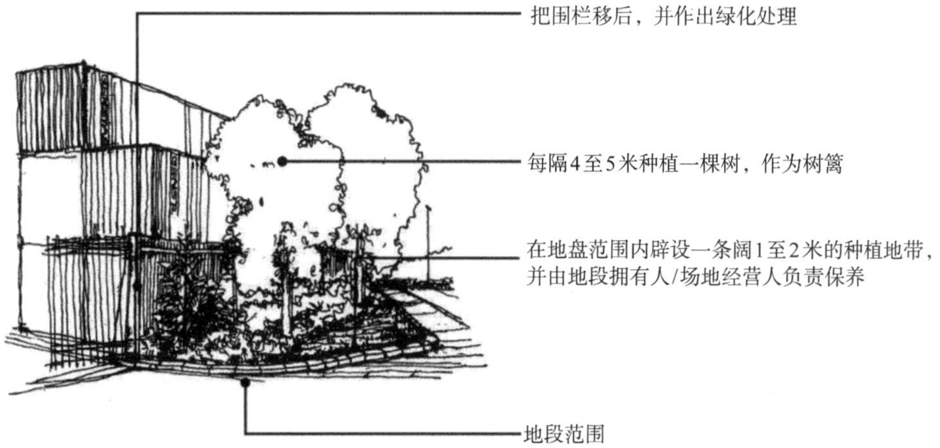

图15　港口后勤/露天贮物用地的绿化空间

沿中环填海区拟议海港内湾的海滨长廊植树
（资料来源：由规划署和拓展署出版的《美化维多利亚港：中环新海旁》）

商业园主要道路沿线可辟拓的绿化园景
（资料来源：由规划署出版的《为新工业区及商业园提供工业楼宇及制订的规划指引和设计规范的研究》）

在东南九龙海区拟议商业大道的建设设计加入园景设施
（资料来源：由拓展署出版的《东南九龙发展修订计划的整体可行性研究》）

图16　各类拟议发展的绿化概念

附录1 在未来的私人发展项目内提供公众休憩空间的接纳和要求事宜

（i）除非根据《香港规划标准与准则》，目前或预计日后区内的休憩空间不足，或在特殊情况下，从整体的规划或城市设计的角度进行严格评估后，有理据支持提供公众休憩空间，否则当局不会接纳或要求发展商在私人土地及/或毗邻的政府土地上，提供公众休憩空间，作为私人发展项目的一部分；

（ii）即使根据上文第（i）项的原则，可能有理据支持在私人土地及/或毗邻的政府土地上，提供公众休憩空间，作为私人发展项目的一部分，但如果该私人发展项目受"不限制土地用途"契约规管或实际上不可能在土地契约内规定须提供公众休憩空间，则当局不会接纳或要求发展商在私人发展项目内提供公众休憩空间，因为这些拟议的规划增益可能难以落实；以及

（iii）如私人住宅发展项目可能出现共有业权的情况，而令个别业主须承担管理和维修保养公众休憩空间的责任，则当局不会接纳或要求发展商在有关的私人住宅发展项目内，提供公众休憩空间。

注：上文撮述自有关在未来的私人发展项目内提供公众休憩空间的优化行政安排，详情请参阅当局于二零一零年一月向立法会发展事务委员会提交的相关文件第8至11段及附件B。

附录2 地区康乐设施需求的典型计算方法

1. 基本人口：30万人

休憩用地需求：30万平方米

2. 须兴建的设施所需面积（在计算休憩用地时，特别设计的室内康乐设施不包括在内）

需兴建的设施	人口标准	所需数量	空间标准（公顷）	康乐用地（公顷）
体育中心（或康乐中心）	1∶50 000–65 000	5	0.6	3.0
游泳池（标准）	1∶287 000	1	2.0	2.0
游泳池（嬉水）	1∶1个地区	1	0.6	0.6
运动场	1∶200 000–250 000	1	3.0	3.0
			总数（公顷）	8.6

3. 在拥有30万人口的中等密度地区辟设其余的户外主流康乐活动设施所需面积（最小面积）

主流康乐活动	人口标准	所需数量	每一个场地的空间标准（平方米）	康乐区[2]（公顷）
网球	2 : 30 000	20	260.76	0.78
篮球	1 : 10 000	30	420.00	1.89
排球	1 : 20 000	15	162.00	0.36
足球	1 : 100 000	3	8 250.00	3.09
五人小型足球	1 : 30 000	10	1 080.00	1.62
七人小型足球	1 : 30 000	10	4 353.79	6.53
榄球／棒球／木球[1]	每区	1	12 000.00	1.50
滚轴溜冰	每30 000人	10	300.00	0.45
缓步跑	每30 000人	10	500至1 000米	1.50
			总数	17.72

注释：

1 这些活动可于多用途草地球场内进行。球场的实际尺寸视乎地盘的限制而定（理想的尺寸为120米X100米），但阔度不应少于90米。

2 在为5000平方米以下或以上的球场计算康乐区的面积时，当局分别运用了1.5及1.25这两个倍数。运用倍数可令计算边界和行人空间时更具弹性。

4. 公众休憩用地面积（最小面积）

休憩用地	动态（公顷）	静态（公顷）	康乐用地（公顷）	动态与静态比率
区域休憩用地	无既定标准	无既定标准	按规定提供	—
地区休憩用地	18.0	12.0	30.0	3 : 2
邻舍休憩用地[3]	不适用	30.0	30.0	—
总数（公顷）	18.0	42.0	60.0	—

注释：

3 邻舍休憩用地基本供静态康乐用途，包括儿童游乐场。因此，动态与静态比率并不适用。不过，在综合住宅发展中，部分邻舍休憩用地的面积需要拨供动态康乐用途，以容纳必须提供的设施。

备注：上述数字仅供参考。在实际应用规划标准与准则时，应如第一章第5.4段所述，顾及土地用途需求、当地的情况、发展限制及可运用的资源等因素，灵活变通。

附录3　参考资料

（1）建筑署的《Study on Green Roof Application in Hong Kong Final Report》（2007）
（2）建筑署的《畅道通行：良好作业指引》（2004）
（3）建筑署的《畅道通行——户外环境建设》（2007）
（4）屋宇署的《设计手册：畅通无阻的通道2008》
（5）屋宇署、地政总署及规划署联合作业备考第一号《环保及创新的楼宇》（2011）

（6）屋宇署、地政总署及规划署联合作业备考第二号《推广环保及创新楼宇第二批鼓励措施》（2011）

（7）屋宇署、地政总署及规划署联合作业备考第三号《重组土地及建筑发展项目的批核程序》（2003）

（8）屋宇署发出的认可人士、注册结构工程师及注册岩土工程师作业备考第ADV-23号《改善人造斜坡及挡土墙的视觉外貌及美化其景观》（2004）

（9）屋宇署发出的认可人士、注册结构工程师及注册岩土工程师作业备考第APP-151号《优化建筑设计缔造可持续建筑环境》（2011）

（10）屋宇署发出的认可人士、注册结构工程师及注册岩土工程师作业备考第APP-152号《可持续建筑设计指引》（2011）

（11）发展局的《Guidelines on Greening of Noise Barriers》（2012）

（12）发展局的《私人发展公众休憩空间设计及管理指引》（2011）

（13）发展局技术通告（工务）第6/2011号《Maintenance of Man-made Slopes and ergency Works to Deal with Landslides》

（14）发展局技术通告（工务）第2/2012号《Allocation of Spaces for Quality Greening on Roads》

（15）发展局技术通告（工务）第3/2012号《Site Coverage of Greenery for Government Building Projects》

（16）发展局技术通告（工务）第2/2013号《Greening on Footbridges and Flyovers》

（17）发展局技术通告（工务）第10/2013号《Tree Preservation》

（18）环境运输及工务局技术通告（工务）第2/2004号《Maintenance of Vegetation and Hard Landscape Features》

（19）环境运输及工务局技术通告（工务）第11/2004号《Cyber Manual for Greening》

（20）环境运输及工务局技术通告（工务）第29/2004号《Registration of Old and Valuable Trees and Guidelines for Their Preservation》

（21）土木工程署辖下的土力工程处的《Geotechnical Manual for Slopes》（2nd Edition）（1984）

（22）土力工程处刊物第1/2011号《Technical Guidelines on Landscape Treatment for Slopes》

（23）土力工程处报告第56号《Application of Prescriptive Measures to Slopes and Retaining Walls》（1999）

（24）土力工程处报告第116号《Review of Effective Methods of Integrating Man-made Slopes and Retaining Walls（Particularly for Roadside Slopes）into Their Surroundings》（2001）

（25）土力工程处的Special Project Report No.SPR 6/2004《Performance Assessment of Greening Techniques on Slopes》

（26）土力工程处的Special Project Report No.SPR 7/2004《Identification of Suitable Vegetation Species for Use on Man-made Slopes》

（27）政府刊物《Tree Planting and Maintenance in HongKong》（1991）

（28）土木工程署土力工程处的《Highway Slope Manual》（2000）

（29）路政署科技通函第10/2001号《Visibility of Directional Signs》

（30）房屋署的《Technical Guide to Estate Facilities–External Works,Tree Planting Guidelines》

（31）规划署与房屋署的《Guiding Principles on Green Coverage for Public Housing Developments》（2010）

（32）《运输策划及设计手册》第二册《Highways Design Characteristics》

（33）《运输策划及设计手册》第三册《Traffic Signs and Road Markings》

（34）《运输策划及设计手册》第七册《Parking》

（35）地政处作业备考第6/2000号《Landscape Clause/Proposal》

（36）地政处作业备考第7/2007号《Tree Preservation and Tree Removal Application for Building Developments in Private Projects》

（37）地政总署清理环境专责组的《货柜存放场作业守则》

（38）地政总署清理环境专责组的《现有用途场地原址环境改善工程的一般指引》

（39）工务科技术通告第25/1993号《Control of Visual Impact of Slopes》

（40）工务局技术通告第17/2000号《Improvement to the Appearance of Slopes》

（41）工务局技术通告第7/2002号《Tree Planting in Public Works》

备注：使用者应参阅上述文件的最新版本

第五章　工　业

1. 引言

1.1　自中国推行开放改革政策以来，本港的工业开始转型。其后经济亦持续转型，趋向于以服务及知识为主导。这些转变对工业用地的需求，无论在质或量方面，均产生重大影响。

1.2　当局不断就工业用地的需求进行研究，并根据研究结果制订了一个策略大纲。本章所述的规划标准与准则便是根据该策略大纲所厘定。最近期的有关研究是在一九九六年年底完成的“为新工业区及商业园提供工业楼宇及制订规划指引和设计规范的研究”（下称“新工业区及商业园研究”），以及在一九九九年年底完成的“预留和提供工业用地的规划大纲的检讨研究”（下称“工业用地检讨研究”）。

2. 范围及应用

2.1　本章列出各类工业土地用途，政府会根据该等用途类别预留土地。本章同时列载有关工业发展项目在设施供应和地点方面的标准与准则，包括地段面积、地积比率、上盖面积、工人人口密度、交通工程要求和配套设施等发展规范及规划标准。至于环境方面的考虑因素，以及有关休憩用地、车位以及上落客货设施等配套设施的规划准则，则纳入其他有关章节内。

2.2　有关发展规范及规划标准的准则，主要在规划新工业区时应用；如情况许可，该准则亦应在现有工业区内逐步施行，尤其应在综合重建大型物业时施行。

3. 本港工业之主要特色

3.1 本港制造业经历了重大转变，不少公司已把生产线及劳工密集的工序迁往中国华南地区及东南亚其他国家。虽然面对这些转变，制造业仍然是本港经济重要的一环。

3.2 随着生产线的转移，许多原来从事生产活动的工场也改变角色，转而从事非生产性的工作，例如行政、设计、销售及市场推广、制板、研究发展、品质控制和包装等，并与金融、运输、贸易及广告等行业建立起密切的联系。

3.3 虽然有不少公司把生产线迁离本港，但仍有不少厂商从事低增值的轻工制造业务。另一方面，近年新兴的制造业趋向于高增值、高科技和以资讯为主的行业，例如印刷、生产多媒体电脑软件和硬件、食物加工、生产电子玩具及优质钟表等。此外，贸易公司的数目亦大幅增加，当中有不少更积极从事产品设计、制模和制板、订定生产计划和品质控制等与制造业相关的业务。

3.4 随着制造业更积极地从事高科技及以资讯为主的业务，以及制造与商务方面的运作出现了错综复杂的关连，传统工业与办公室用途的分野已日渐模糊。这情况在新工业区尤为显著。现时，很多工业机构从事非生产、出／入口及以办公室为本的活动。商业用途渗入工业区的现象日益普遍。

4. 提供和预留工业用地的规划策略

4.1 根据“新工业区及商业园研究”的结果而就提供和预留工业用地事宜所制订的规划策略大纲，是在一九九七年获政府采纳的。该项研究从策略层面就工业用地的大小、提供的时间及分布等方面提出建议，并为依据《规划标准与准则》来进行的地区层面详细规划工作提供指引。制订该策略大纲时，已充分考虑根据工业用地需求预测方法所计算出的土地需求量。

4.2 其后，政府根据“工业用地检讨研究”的结果对该策略大纲进行检讨，并于一九九九年年底采纳经检讨的策略大纲。有关策略指出，工业与办公室用途在空间需求上并非互不相关，而是有共通之处。为应付工业界与商界不断转变的需求，有关策略建议增加一个新的地带，名为“商贸”地带。

4.3 鉴于制造业将会愈来愈专注于生产高科技产品、研究发展以及提供服务，本港须按照这原则来规划及提供工业用地和楼宇。

5. 工业用途的定义

5.1 在一般情况下会采用以下由城市规划委员会所颁布的“工业用途”定义：

凡任何地方、处所或搭建物，若是用作货品或物料的制造、更改、清洗、修理、装饰、精加工、出售前改装、捣碎或拆除或变换，或用作贮存、装卸或处理货品及货物，或用作进行与上述程序有关的培训、研究、设计、发展、品质管制及包装者，均属工业用途。

6. 工业活动及相关活动的概括类别

6.1 为方便土地用途规划，我们根据工业活动及相关活动的一般经营特色及特殊要求把该等活动概括分类如下。

轻工制造活动

6.2　该类活动主要包括劳工密集的生产活动。虽然近年厂商纷纷迁往内地以及东南亚其他国家生产，但仍有不少厂商维持在港的生产活动。工业相关活动

6.3　从事这类活动的公司主要是那些已把生产线迁离本港，但仍在港从事辅助业务的制造业公司，这些公司继续在港从事行政、销售及市场推广、设计、制板、品质控制、包装、研究发展等工作，这些工作虽然不属生产性质，但却是工业活动中不可或缺的工序。

在经营方面有特殊要求的商业活动

6.4　从事这些活动的主要是贸易公司。由于在经营及联系方面有特殊要求，该类公司未必适宜开设于传统的分层工厂大厦或办公室楼宇内。该等公司会选择交通方便以及能照顾商务访客的地方，例如分别设有载货升降机和载客升降机的大厦。虽然这类活动不属工业性质，然而，许多从事这类活动的公司在经营上需要较多地方贮存货物，以及专用的上落客货设施，因此该类公司较适宜开设于工业／办公室楼宇内。

高科技制造活动

6.5　该类活动主要属资本密集、高增值以及高度自动化／机械化的活动。该类活动可能需要特别的楼宇设计及／或地点要求，这取决于有关公司所采用的生产程序。

科技服务活动

6.6　该类活动主要涉及研究、新科技以及产品开发，而不涉及生产，即把实验室以及纯学术研究工作的科技成果加以应用，然后推出市场。资讯科技与电讯业是这个类别下的重要项目。属于这行业的机构从事制造、设计、发展、生产、操作、加工、装配或研究电讯设施和服务、资讯科技产品和服务，以及电子和微型电子系统货品和零件等。

非正式工业活动

6.7　该类活动主要涉及新界乡郊地区工场的工业活动，一般规模较小，性质较为简单，例如初步原料加工、机器维修等业务。

特殊工业活动

6.8　有别于本港主流的轻工制造业，特殊工业活动主要属重工业和涉及处理体积庞大的商品、原料及／或危险品的活动。这类活动通常需要大量资金以及占地广阔，而且一般在基础设施及地点方面都有特殊要求。部分更可能有潜在危险，或会严重影响环境。

7. 各类土地用途

各类工业土地用途

7.1　工业活动以及工业相关活动种类繁多，需要在不同类型的楼宇内进行，土地用途规划制度也需要满足这方面的需求。本章节所列载的各项工业土地用途是因应已确定的需要而订定的，并且会在规划及预留土地时采用。图1列出了各类工业及工业相关活动和各类工业土地用途之间的关系。至于各类工业用地上适宜进行的工业及工业相关活动，则于附录1举例说明。

7.2　按照各种主要楼宇形式的差别，工业土地用途可分类为下述一般工业用途和特殊工业用途：

(a) 一般工业用途

一般工业用途属工业土地用途的主要类别，主要用作兴建多层工厂大厦、特别用途仓库及工业／办公室（工办）楼宇。属于这类别的土地用途为：

工业用途

7.2.1 预留作工业用途的土地，在法定及非法定的规划图则上通常划为或指定为“工业”区，旨在供发展多层工厂大厦之用。这类大厦内的工厂一般都是从事劳工密集和低增值的轻工制造活动。除制造工序外，这类大厦也适宜用作附属贮存处、附属办公室、附属陈列室、技术支援服务，以及资讯科技与电讯业等用途。

7.2.2 此外，预留作工业用途的土地也适宜发展一般贮物用途的多层货仓。一些需要经常装卸货物的贸易公司，若需要有大量贮物空间设于同一处所或楼宇内（至少占总实用楼面面积30%），通常无法设于一般的商业／办公室楼宇内。这类贸易公司亦享有当然权利设于工业楼宇内。

7.2.3 由于本地制造业已较少从事直接生产活动，转而从事更多管理工作，因此需要较大比例的空间作附属办公室用途。在工业用途地带，与工业用途相关的办公室是经常准许的用途。

工业／办公室用途

7.2.4 “工业”地带内的工业／办公室楼宇只准从事工业及工业相关活动。设在工办楼宇内的办公室，只要直接与工业经营有关，其面积便不受限制。

7.2.5 贸易公司在经营上需要大量贮物空间，并经常要装卸货物，故商业楼宇不能满足它们在这方面的需求，因此，这类公司适合设于工办楼宇内。有鉴于此，只要贸易公司有不少于30%的实用楼面面积用作贮物用途，便有当然权利设于“工业”地带的工办楼宇内。

7.2.6 为为使工业及工业／办公室楼宇在使用上更具弹性，在现有楼宇低层（不包括地库）的特别设计非工业部分内，很多商业用途是经常准许的，但这些商业用途与楼上的工业用途之间要以一层缓冲楼层分隔开，而且非工业部分内不可设有工业用途。至于哪些类别的商业用途有当然权利进行，或是可透过规划许可制度获得许可，则应按照区内情况而决定。

(b) 特殊工业用途

特殊工业用途属工业土地用途的主要类别，普遍用作兴建特别设计的楼宇，包括特别仓库楼宇。属于这类别的土地用途为：

工业邨

7.2.7 预留作发展工业邨之用的土地，在法定及非法定的规划图则上划为或指定作“其他指定用途”注明（只作工业邨用途）。这个土地用途类别主要照顾一些采用崭新或改良技术和工序，而且无法在多层工厂大厦或商业楼宇内营运的制造或服务业。对于高科技工业及工序独特或需要特殊设施的工业来说，这类土地在满足它们的需求方面发挥着重大作用。此外，一些面积细小的地段及小型出租楼宇尤其能照顾一些没有财政资源去自行建造专业楼宇的中小型公司的需求。

科学园

7.2.8 预留发展作科学园之用的土地，在法定及非法定的规划图则上应划为或指定作

“其他指定用途”注明（只作科学园用途）。这个土地用途类别的首要重点是科学研究、新科技及新产品的开发。科学园被视为发展本地高科技工业的其中一项技术支援基础设施。

7.2.9 “科学园研究”探讨在香港发展科学园的建议，以及在落实执行方面的各种问题。在该项研究中，科学园被视为以产业为本的发展计划，并会与各所大学、其他高等院校或主要研究中心保持正式的工作联系。科学园在设计上不但可鼓励开创和促进以知识为本的业务，而且有助设立其他管理机构，鼓励它们积极把科技及商业技术转移给园内其他机构。

7.2.10 其他活动包括生产过程中的其他元素，例如销售、市场推广、采购、财务管理及一般管理等，只要与核心研究及发展工作相关的活动，也可获准在科学园内进行。有限度的辅助生产活动也可获准在园内进行，这视乎个别情况而决定。

7.2.11 科学园将为以知识及科技为本的公司提供环境和建立形象，并应切合情况，配备完善的辅助及配套设施，包括商业及康乐设施。园内可为到访的学术及技术研究人员提供附服务设施的住宿地方。此外，园内应进行大规模的景观美化工程，以营造优美的环境。

乡郊工业用途

7.2.12 预留供乡郊工业活动之用的土地，在法定及非法定的规划图则上划为或指定作“工业（丁类）”用途。在这类土地上从事的活动，将仍以余下的间接成本较低的工业为主。基于经营上的要求，这些活动所采用的生产工序须在空地上而不能在分层工厂大厦内进行。区内的大多数非正式工业机构，都设于低层临时搭建物内，并附有空地供贮存货物、停泊车辆和起卸货物之用。这些工场通常设于乡郊地区个别面积较小的土地上。

7.2.13 乡郊工业活动也为环境及基建设施带来一些严重的负面影响。为求改善环境，我们有需要限制这类作业。有见及此，除已划为“工业（丁类）”用途的土地外，不应再把新的土地划为这个用途。至于现有的工业使用者，则应为他们提供机会，让他们能以更有效率的方式在现有土地上作业。

其他有特殊要求的工业用途

7.2.14 这个土地用途类别会划为“其他指定用途”并附加适当注明，其所容纳的一般为资本密集和占地广阔的特殊工业。这些工业不能设于分层工厂大厦内，而且在基础设施及／或地点方面可能有特殊要求，例如需邻近深水航道、贴近海旁、用地上需设有散装贮存空间或货仓设施等。这些工业可能需大量用水或会产生一定程度的环境滋扰。

各类商贸土地用途

7.3 “商贸”地带可理解为“商业”及“工业”地带两者的结合，但并非用来取代这两个地带。“商贸”地带可合法用作非污染工业用途①、商业用途及办公室用途，而“工业”地带则仍须保留以用作进行传统工业活动。至于“商业”地带，则可照顾较高级的零售、综合零售／办公室及酒店发展的需求。

7.4 “商贸”地带的规划意向，主要是进行一般就业用途。在这个地带内，新的“商贸”楼宇经常准许进行资讯科技与电讯业、非污染工业、办公室及商业的混合用途。“商

① 任何工业用途，若其所进行的活动不会因产生噪声、废水排放、振动、臭味、油烟、烟雾、煤屑、煤灰、尘埃或砂砾而对楼宇使用者及地区市容造成损害，即属非污染工业用途。《空气污染管制条例》《水污染管制条例》《废物处置条例》及《噪声管制条例》等有关条例，以及载于第九章有关“环境”的规划标准与准则，亦须予以参考。

贸”地带在用途方面所提供的弹性，有助物业市场更迅速地对工商界正在转变中的需要作出回应。然而，为确保这个新地带的环境不受污染，这个地带内不准进行污染工业用途，包括厌恶性行业。在这个地带内的现有工业楼宇及工办楼宇内，只有那些具有较低火警危险，而且不会直接向公众提供顾客服务或供应货品的办公室用途，才有当然权利进行，以确保消防安全。

7.5　虽然“商贸”地带会取代某些“工业”地带，但必须在适当地区保留“工业”地带，以维持足够的工业楼面空间供应来应付生产型工业的需求。基于规划制度应具弹性的原则，“工业”地带内经常准许进行资讯科技与电讯业及设置与工业用途相关的办公室。这类办公室用途须为相关的工业经营提供直接支援及辅助，而该等相关工业经营可以是位于或并非位于同一处所或建筑物，或是同一个一般工业区内。与工业用途不相关的办公室则必须向城规会申请许可。此外，在现有楼宇低层（不包括地库）的特别设计非工业部分内，有当然权利进行一般办公室用途，但这些办公室用途与楼上的工业用途之间要以一层缓冲楼层分隔开，而且非工业部分内不可设有工业用途。

7.6　下列各类楼宇，若为新发展或整幢楼宇的重建／改建部分，即有当然权利设于“其他指定用途”注明“商贸”地带内：

(a) 商贸楼宇，用作资讯科技与电讯业、非污染工业（不包括涉及使用／贮存危险品的工业经营）、办公室及商业的混合用途；

(b) 办公室楼宇，不论是否设有零售及其他商业用途；

(c) 工业楼宇，用作非污染工业用途（不包括涉及使用／贮存危险品的工业经营）及附属办公室用途；以及

(d) 工办楼宇，用作非污染工业用途（不包括涉及使用／贮存危险品的工业经营）及办公室用途（不包括直接向公众提供顾客服务或供应货品者）。楼宇低层的商业部分可以设有或不设商业用途。如果楼宇低层的商业部分设有商业用途，这些用途与楼上的工业用途之间要以一层缓冲楼层分隔开。

8. 地积比率及工人人口密度准则

8.1　各类工业用途的最高平均核准地积比率及地积比率核准幅度概列于下表1：

表1　有关地积比率的准则

土地用途		最高平均地积比率	地积比率核准幅度
一般工业用途／商贸用途	都会区内现有的工业区	9.5	5.0～12.0
	都会区内的新工业区	8.0	2.5～12.0
	新市镇及其他新发展区	5.0	3.5～9.5
特殊工业用途	工业邨	2.5	1.0～2.5
	科学园	2.5	1.0～3.5
	乡郊工业用途	1.6	1.0～2.0
	其他有特殊要求的工业用途	按经营要求而定	

8.2　上述地积比率核准幅度仅供参考之用。就个别规划而言，在决定个别用地在指定幅度之内的地积比率时，应根据当地的情况，例如高度和密度的限制、接驳道路的交通容量、基础设施等，而对上述标准作出所需的调整。

8.3　在拟定批地条件或契约修订条款时，应采用表1所载准则，这套准则亦适用于拟议的重新发展用地。至于拟重新发展而无须修订契约的已发展土地，则应视乎情况而采用《建筑物（规划）规例》或契约条款所订明的地积比率，惟仍须受其他相关法律条文所规限。

8.4　下表2概列有关工人人口密度的概括准则，以便在地区层面规划有关的基础建设，以及为工人提供设施：

表2　有关工人人口密度的准则

土地用途		工人人口密度
商贸用途		20～25平方米/工人
一般工业用途	工业用途	现有工业区：25平方米／工人 新工业区：35平方米／工人 货仓：700平方米／工人
	工业／办公室用途	20平方米／工人（所有区城）
特殊工业用途	工业邨	75平方米／工人
	科学园	15平方米／工人
	乡郊工业用途	300名工人／公顷
	其他有特殊要求的工业用途	按运作需要而定

注：由于不同地区和不同工业类别的工厂大厦，在楼面面积分配及地积比率方面差别很大，因此不适宜就工人人口密度订定硬性标准，较实际的做法是按各区本身的情况来计算。在没有详细资料的情况下，应使用以上数字来估计大概的工人人数。在规划工业辅助设施时，亦应采用以上数字。

9. 全港工业楼面面积及土地需求的评估

9.1　一九九一年的“工业用地发展策略”首次提出一套预测一般工业及仓库楼面面积需求的方法。稍后，鉴于本港经济转型，加上规划标准与准则又采纳了新的工业土地用途分类方法，当局遂检讨并修订了该套预测方法，把包括工业用地及工业／办公室用地的一般工业用地需求，以及仓库用地需求的预测分开进行。经修订的预测方法载于附录2。

9.2　进行预测时会采用楼面面积需求指标，即一般工业用途及仓库的需求作为因变数。因变数根据多个宏观及微观经济指标来进行回归分析，以得出建议的预测模式。有关的宏观及微观经济指标计有制造业就业水平、留用进口工业机器数量、转口货量、工业生产指数、仓库楼面面积生产量、一般工业用途及仓库总需求量的楼面面积滞后统计数字等。

9.3　循以上方法共得出五个预测模式，其中三个用以预测一般工业用地需求量，而另外两个则用作预测仓库用地需求量。根据这五个预测模式便可拟备为期15年期的室内楼面面积需求预测数字。为增加规划的灵活性，预测数字会分为不同的“级别”，以显示出最大和最小的潜在需求。

9.4　如有需要，楼面面积的需求预测可根据以下的数项假设数字转化为土地需求量：

（a）用以把室内楼面面积需求量转化为建筑楼面面积需求量的因数；

（b）地积比率的假设数字；以及

（c）净面积与总面积比率的假设数字。

9.5　转化过程中所采用的地积比率假设数字一如表1所载。净面积与总面积比率的假设数字则载于附件表3，这个比率是用以计算土地效益或发展容量，并概括评估发展区内可供作工业发展用途以及需拨供发展道路、休憩用地及其他设施的面积比例。净土地面积与总土地面积两者之间的关系于图2说明。

9.6　由于预测模式会定期作出调校，预测模式和得出的预测数字日后将会有所更改。因此，当现有的因变数和自变数出现新资料时，应马上列入考虑之列。另外，各项假设数字应定期检讨。日后倘经济结构有较重大的变化，则亦应考虑采用新的自变数。

9.7　经修订的预测方法结合了经济理论、统计技巧，以及质量判断和结果分析等专业范畴，从而得出合理可靠的预测数字。由于任何预测工作均不能单靠一个元素，故必须结合上述各个范畴来进行。

9.8　特殊工业用地的需求主要是政策主导的，因此，经修订的预测方法并无对这类需求进行预测。工业邨及科学园的用地需求预测会继续由香港科技园公司负责。预测具特殊要求工业用地的需求时，应参考有关界别的研究结果。至于乡郊工业用地，则假设供应量会大致维持在现有水平。

10. 对地点的要求

对地点的一般要求

10.1　各类工业及商贸土地用途对地点的一般要求如下：

（a）平地或大片平坦的阶地；

（b）须方便前往港口设施、内陆货柜存放场或机场；

（c）有便捷的通路接驳主要道路，在可能的情况下，最好能直通主要的干道，以避免对易受噪声影响的用途造成滋扰；

（d）须方便前往市区现有商业中心；

（e）有足够的自来水、排污以及存放／处理废物的设施、电力供应及电话服务；

（f）选址应避免对住宅及其他易受影响土地用途造成不良的环境影响（例如产生噪声、异味、尘埃等），又或需要特别设计，以便装置合适设施来纾减该等影响；以及

（g）选址应避免破坏乡郊景色、郊野公园、集水区及环境易受影响的地区，且应妥为设计以及美化环境，务求把影响减至最低。

对地点的特殊要求

10.2　我们曾检讨各类工业及商贸土地用途对地点的要求，检讨结果显示，一些特殊的地点因素可能只适用于特定的土地用途：

10.3　工业及工业／办公室用途

（a）具备方便的公共交通，但不应直接毗连住宅及其他易受影响用途，除非与这些用途之间有商业或工办楼宇作为缓冲区；

（b）最好位于住宅区西面，以便全年大部分时间都能在顺风的方向；以及

（c）最好是接近跨界公路或铁路，以方便与外发加工工序有关的运输。

10.4　工业邨

（a）位于面积广大且未经开垦的土地或填海区，以确保能分阶段发展以及容许日后继续扩展；

（b）地点上符合特殊要求，可供那些不能在多层大厦内经营的工业使用；

（c）距离住宅区不应太远，但也不能与住宅区毗连，且应特别考虑对环境的影响；

（d）与其他工业邨之间有良好的交通网络，以加强工业界之间的联系；

（e）有足够公共运输服务，虽然不一定需要有集体运输系统，但最好有通路或交通工具接驳至集体运输系统；

（f）最好位于住宅区西面，以便全年大部分时间都能在顺风的方向；

（g）最好位于空气流通，以及污染不算严重的地区；以及

（h）地盘面积最少应有约100公顷为佳。

10.5　科学园

（a）位于面积广大且未经开垦的土地或填海区，以确保能分阶段发展以及容许日后继续扩展；

（b）设有先进的电讯基础设施；

（c）连接主要道路及铁路；

（d）以就近高等教育院校及／或研究发展机构为宜，以增强与工业界之间的合作；

（e）坐落于独特的、舒适的及／或景色优美的环境之中，以创造高质素的环境；以及

（f）地盘面积最少应有约20公顷为佳。

10.6　乡郊工业用途

（a）符合一些特殊的地盘要求，可供一般多层工厂大厦或工业邨不能容纳的工业使用；

（b）地盘具有某些特点和足够地方以提供露天存货场、泊车处和园景缓冲区；

（c）区内基础设施齐备，包括有足以容许货车和紧急车辆通过的通道；

（d）须特别注意尽量减少对环境造成不良影响；以及

（e）地盘面积最少应有约5公顷为佳。

10.7　其他有特殊要求的工业用途

（a）一般有大量土地。符合一些特殊的地盘要求，可供一般多层工厂大厦不能容纳的工业使用；

（b）远离住宅区，特别是要尽量减少对环境造成不良影响及产生潜在危险；

（c）最好位于住宅区西面，以便全年大部分时间都能在顺风的方向；

（d）最好位于空气流通以及污染不算严重的地区；

（e）地盘位于深水海旁，以符合若干特殊工业的需要，例如那些使用危险品作为原料或需要起卸大量原料的工业；

（f）这些符合若干特殊工业所需的深水海旁地盘应与所属水域的现有及规划用途互相协调；

（g）对于某些需要海路运输的特殊工业，有关水域的进出口航道必须有安全的导航

路线供船只使用。船只发生意外的风险以及因船只发生意外而造成的危险，均不得超过可以接受的水平。有关方面须及早征询海事处处长对这些用地的意见；

（h）与某些特殊工业有关的其他具体要求；以及

（i）地盘面积应按运作要求而决定。

10.8　危险品贮存仓库

（a）多层工业大厦内的工厂可自设危险品贮存库，但这些贮存库的位置不得比周围的街道高出超过30米。贮存库的贮存量限制如下：

液体：第5类第3分类物质2500公升；或其他物质1350公升

固体：900千克

气体：按个别申请的实际情况予以考虑（石油气除外）

（b）如贮存超过豁免数量的危险品，必须获消防处处长发出有效牌照，并遵守有关的安全规定。如贮存超过豁免数量的石油气，则须经机电工程署署长批准。把危险品贮存库设在使用有关危险品的工厂内，可减少运送危险品的需要，从而减低运送过程中发生意外的可能性。

（c）为补充上述所需的措施，应于便利使用者或中心位置兴建公众危险品仓库，以供同一工业区内所有有关机构使用，这些仓库可由单一东主管理。

（d）位于工业中心内或其附近的海旁地盘，被认为是危险品仓库的理想选址，因为海路运输比陆路运输更便宜和安全。

（e）倘若贮存大量危险品仓库的预留土地并非真正的多面向街地盘，则须容许在地段界线范围内辟造"多面向街"地盘。为此，消防处处长已规定任何地段界线与建筑界线之间均须保持6米宽的安全区，以便进行救火工作及保护周围的财产。

10.9　商贸用途

（a）位于运输设施的枢纽或方便前往集体运输设施的地区；

（b）因土地用途不协调或不能克服的环境及交通问题而不大可能重建作工业或住宅用途的工业区；

（c）因与易受影响用途为邻而存在某程度的不协调问题的地区，例如现有的住宅发展与工业发展之间的地区，可划为"商贸"地带，以作为缓冲区；以及

（d）区内大部分现有工业楼宇为空置率高、残旧，而且需要一些诱因促使其改变用途的地区。

11. 设计概念

一般规划设计原则

11.1　拟备工业区设计图时，应尽量采用下列之一般设计原则。虽然每项设计都会受制于个别地盘的环境，例如地形和地盘结构，但仍应尽量采用有关原则。不过，这些并非硬性规定的规则，而只是一些设计指引。

11.2　运作方面的考虑因素

（a）采用《香港规划标准与准则》本章或其他章节所载的有关标准与准则，以符合地段面积、通道、消防车辆通道、停泊车辆和起卸货物、休憩用地及环境美化等运作要求；

（b）在道路设计内界定明确的道路等级，但无须包括辅助道路。而每个地段均需提

供两边临街面；

（c）须提供多个足以容纳停泊车辆和起卸货物设施，以及让有关车辆有足够转动范围的地段；

（d）在正常情况下可使用公用道路作为消防车辆通道，从而避免指定紧急车辆通道；

（e）在行人最易到达的地方提供公共运输设施；以及

（f）把社区、商业及康乐方面的支援设施集中在一起，而工业支援设施则聚集在其他地点。

11.3　城市设计、市容美化及环境等考虑因素

（a）提供路旁／街道园景设施，以划分行人和车辆通道，并确定入口的等级；

（b）把行人路与交通车辆分隔开；

（c）提供促进空气流通的通风廊；以及

（d）提供容易到达和易于管理的园景区及休憩用地。所辟设的休憩用地应主要用作静态康乐用途，例如休憩处和公园。

一般工业及商贸用途在设计上的具体考虑因素

11.4　工业及商贸用途

（a）如需划设紧急车辆通道，应依照消防处的规定进行；

（b）在用地的边缘及中央提供充足的园景美化地带，以改善一般市容；以及

（c）提供行人天桥，把支援设施的集中区与工业区其他地方连接起来。

特殊工业用地在设计上的具体考虑因素

11.5　工业邨和科学园

（a）如需划设紧急车辆通道，应依照消防处的规定进行；

（b）沿建筑物边缘提供退入范围以及在建筑物正面作适当设计及处理；

（c）为科学园提供临街面园景设施，以取代地段墙；

（d）建立卓越的形象，创造可吸引访客的内外环境；以及

（e）预留足够土地，以供日后延长道路、扩建休憩用地及商业、康乐等支援设施，并使分期发展和日后的扩建工程得以灵活进行。

11.6　乡郊工业用途

（a）如需划设紧急车辆通道，应依照消防处的规定进行；

（b）提供支路或避车处，以纾缓因货车轮候及在路旁起卸货物而造成的挤塞情况；

（c）在工场密集的用地提供访客及货车共用的泊车处；以及

（d）提供园景缓冲区，以改善工业建筑物的外观，并把凌乱的作业隔开。

11.7　其他有特殊要求的工业用地

（a）如需划设紧急车辆通道，应依照消防处的规定进行；

（b）提供实质设施，把这些工业用地与主要发展区充分分隔开来；

（c）提供受严格管制的界线，例如边界墙或铁丝围栏；以及

（d）顾及提供特殊基建辅助设施，例如码头和共用污水处理系统。

设计概念说明

11.8　根据已订明的设计考虑因素、活动性质、发展规模、业权安排和管理模式而为不同类别工业用地拟备的设计概念说明，分别载于图3.1至3.7。这些设计概念说明所提出

的道路设计、行人设施及园景／休憩用地的概括空间安排，应视乎地盘实际情况而灵活应用。这些说明只供参考之用，并不拟作为规范准则。

12. 建议地段面积

12.1 建议地段面积扼要载列于附件表4。

12.2 就地段面积提出建议的目的如下：

(a) 提供足以容纳停泊车辆、起卸货物设施及车辆转动范围的最小地段面积；

(b) 提供足以容许高效益建筑设计的地段面积；

(c) 提供足以达到发展指引各章节所建议的最高发展密度的地段面积；以及

(d) 在需要划设退入范围的情况下，提供足以沿前界线、后界线和侧边界线设退入范围的地段面积。

13. 建议的上盖面积和退入范围

13.1 建议的上盖面积和退入范围亦扼要载列于附件表4。

13.2 管制上盖面积和退入范围的目的如下：

(a) 减低可见的发展密度，以改善街道景观；

(b) 减轻工业区的挤迫感及提供通风廊，以促进空气流通；

(c) 在地段界线范围内提供车辆轮候／转动的地方，以纾缓路旁的挤塞情况；以及

(d) 辟设园景设施，使建筑物产生较柔和的视觉效果。

14. 消防车辆的通道要求

14.1 把消防车辆通道要求纳入新工业区布局设计的原则如下：

(a) 每个工业地段均应有两条车辆通道可供使用，以符合图4“新工业区工业通道最低标准”所规定的道路要求。以设有中央分隔带的双程车路来说，其单程行车路应最少有7.3米宽。若因限制而不能提供中央分隔带，则没有中央分隔栏的双线双程行车车路应最少有13.5米宽；

(b) 若以公用道路作为消防车辆通道，则应指定紧急车辆通道。受到地盘限制而提供的紧急车辆通道，须符合路政署订定的路面荷载量标准，并应视作《道路交通条例》下的公用道路来进行维修管理，以及可由警方强制执行。工业地段的标准紧急车辆通道应有9米宽。只有在不能开辟专用道路的情况下，才应考虑在有关地区设不足9米宽的紧急车辆通道，但此等紧急车辆通道的宽度亦不应少于6米。两面临街地段和紧急车辆通道的范例载于图5.1及图5.2，以供参考；

(c) 紧急车辆通道／路缘边线与建筑物正面相隔的平面距离不应超过10米，并应在紧接地段界线之处，以硬路面行人路形式提供能承受20吨荷载量的6米宽紧急车辆通道。为禁止车辆在紧急车辆通道／行人路停泊，应在与通道成直角的位置装设符合路政署标准的紧急防撞栏。防撞栏应距离出入口起码11米，以便消防车辆可以产生足够的冲力冲过防撞栏；以及

(d) 工业邨及科学园的土地批约条款应包括在地段的退入范围内预留不少于6米宽的指定紧急车辆通道专用区。

14.2 现有工业区的消防车辆通道要求，载于图6“现有工业区工业通道最低标准”。在现有工业区进行综合重建时，可采用新工业区的标准。在部门内传阅工业区设计图之前，应先及早征询消防处的意见。

15.交通运输的要求

一般设计原则

15.1 交通运输需求的一般规划指引，已在《香港规划标准与准则》第八章内订明。在规划和设计新工业区的道路和其他运输设施时，应参照第八章所载及下述的设计原则：

(a) 界定明确的道路等级；

(b) 区域干路的设计应达到合适的标准，以容纳预期在区内产生的交通量和途经该区的交通量；

(c) 为前往有关用地而提供的主要区内道路，应是设有园景中央分隔带的双程分隔车道；

(d) 提供次要通道但不能直达有关用地的区内道路，应采用不分隔车路的标准；

(e) 区内道路的设计不应吸引车辆途经该区；

(f) 应为所有工业地段提供两边临街面；

(g) 行人路线及通道应与车辆交通分隔；

(h) 应在行人最易到达的地方提供公共运输设施；以及

(i) 在可能的情况下，产生大量交通的工业或商贸应有直接通路接驳主要的干道，以避免对易受噪声影响的用途，例如通道沿路的住宅用途，造成滋扰。

道路等级

15.2 新工业区内的道路可概括划分为通往工业楼宇的主要通道或次要通道，并应界定明确的道路等级（见图4）。

15.3 连接工业区与主要干路网及其他住宅或就业区的区域干路，应按运输署规定的标准进行设计，以容纳预期在区内产生的交通量和途经该区的交通量。区域干路不会为有关用地提供通道，但会为个别自给自足的社区提供连接通道，至于区内的主要及次要通道则由区内道路提供。

15.4 区内道路应采用直通道路、新月形或环路的形式。如可能的话，应避免采用令大型车辆不易转弯或倒车的尽头路。

提供主要通道的道路

15.5 为工业地段提供主要通道，而又是地盘出口和入口位置所在的区内道路，应按双程分隔车道标准进行设计。通往工业地段的主要通道的道路总宽度扼要载列于附件表5。

15.6 在新工业区提供主要通道的道路，通常应按双线分隔标准设计，每条车路起码宽7.3米，半径不足150米的弯路则起码宽7.9米。车路之间应设无间断的中央园景分隔带，一般工业用地的车路分隔带起码宽5米；工业邨及科学园内的车路分隔带起码宽2米。地盘出入口对面的车路分隔带可略为断开，以便车辆右转进出地盘。

15.7 若因受到限制而不容许设有中央分隔带，提供主要通道的双线双程车路应最少宽13.5米。这项标准已在《运输规划及设计手册》第2册图3.4.12.8说明。

15.8 新工业区无须提供辅助道路，因为停泊车辆和起卸货物的设施应全部设于个别地盘内。

提供次要通道的道路

15.9 没有地盘入口或出口，但供车辆在工业区内行走的区内道路，可提供次要通道。

15.10 提供次要通道的双程不分隔车路应最少宽10.3米。发挥相若作用的单程路最少宽7.3米。这些标准已在《运输规划及设计手册》第2册之图3.4.12.8说明。

交界处

15.11 最适当的交界处设计取决于该交界处的交通特点。有关交界处种类的选择及选址的考虑因素，包括交界处相隔的距离，已在《运输规划及设计手册》第2册第4章概述。

行人路

15.12 一般工业用地行人路内的行人地带应最少宽4.5米，除乡郊工业区的行人地带应最少宽2.5米外，特殊工业用地的行人地带均最少应宽3.5米（有关行人路规划标准的详情及行人地带的定义，请看第八章第5.8段及表9）。行人路旁应提供种植及街道设施范围，一般工业用地行人路旁的种植及街道设施范围应最少宽4米，而特殊工业用地（乡郊工业区除外）为最少宽2米。视乎交通情况需要，行人过路处应设交通灯控制。要更有效地控制交通情况，可在路口的交通灯讯号中加入控制行人分段横过马路的讯号。主要道路交汇处、公用泊车处或公共运输设施等地点行人密集，是提供分层行人过路设施的充分理由。行人过路设施的设计指引载于《运输规划及设计手册》第2册第3.7节。

15.13 在设计行人路时，亦应考虑环境因素，例如空气质素。在可能的情况下，应把个别地盘内的行人路与车辆流通频繁的地方分隔。为减少冲突，应考虑提供独立的车辆及行人通道。如不能提供独立通道，可设置花槽或栏杆等实物作为分隔。

15.14 行人设施的设计应可供弱能人士使用。行人天桥应设有斜路及/或升降机。灯号控制的行人过路处应设低边行人路、有凹凸纹的警告条及提示横过马路的响号。

公共交通

15.15 公共运输设施应设于行人最易到达的地点，而且通常应设在地面和行人过路设施的附近。在评估公共运输交汇处设施的需要时，应从区内的需求角度考虑，并应参照第八章的规划指引所载。有关公共运输设施的位置及设计的指引，亦载于《运输规划及设计手册》第9册。

16.停泊车辆和起卸货物的需求

工业发展及商贸用途的泊车设施需求

16.1 有关评估工业及商贸楼宇/区的泊车及上落客货设施需求的一般指引，载于《香港规划标准与准则》第八章。关于提供泊车设施的标准，已于附件表6扼述。至于泊车和上落客货设施的进一步设计指引，则载于《运输规划及设计手册》第7册。

16.2 由于新的工业及商贸区的个别用地内应已提供泊车和上落客货设施，故可无须提供路旁泊车设施。此外，应提供分隔墙或花槽等设施，以作为防止在路旁泊车的措施。

一般泊车设施

16.3 有关巴士和的士停泊处，以及公共泊车设施的提供。应作为全区发展策略的一部分，并应与交通工具营办商及有关政府部门磋商。关于停车场和公共运输设施提供的指引，已分别载于《运输规划及设计手册》第7及第9册。

17. 关于休憩用地及景观区的指引

一般设计原则

17.1　下列一般设计原则旨在通过改善工业区个别用地的设计元素，以及全面协调区内的美化环境建议，以改善工业区总体的景观和视觉效果：

(a) 应在规划阶段的初期制订地盘总纲图，其中应包括休憩用地的规划和设计；

(b) 应考虑到经营要求及其与其他地方安排的关系；

(c) 动态及静态的康乐设施应设在容易到达的地点；

(d) 休憩用地应在易于看见的地点辟设，以防被人非法占据和破坏；

(e) 应设休憩用地系统，以在整个工业发展区形成有用而连贯的联系；

(f) 应提供路旁／街道园景设施，把行人和车辆分隔；

(g) 应在路旁设置花槽、矮柱及／或栏杆，防止有人在路旁停泊车辆和起卸货物；

(h) 应辟设园景缓冲区，把服务设施用地隔开；以及

(i) 应在有关用地的批约条款内订明，必需妥善管理和保养私人景观区。

指引和标准

17.2　关于辟设景观区和休憩用地的一般指引，已于附件表7扼述。图7.1至7.9是其中一些示例。这些例子只会用作指引，而不应对日后工作细则的制订造成局限。

景观总纲图

17.3　除乡郊工业区外，应在所有土地用途类别的初步规划阶段制订整体的景观设计总图。

路旁／街道园景设施

17.4　下列的设计元素适用于以下工业用地类别——工业、工业／办公室、工业邨及科学园。

(a) 应使用适当的铺筑物料（例如依据路政署规定的标准，铺砌互相紧扣的混凝土铺路砖），以划分道路交界处、行人专区和个别地段的入口（见图7.1）。至于工业区和工业／办公室区，则应依据路政署的设计标准设计防撞栏，这些防撞栏应设于离出入口两旁11米的地方；

(b) 应在街道种植树木、设置高花槽及／或符合路政署标准的分隔墙，以改善行人通道和界定个别地段的入口。工业区和工业／办公室区的花槽应最少宽4米（由花槽内侧起计）；设于工业邨和科学园的花槽则应最少宽2米。所有高花槽应采用底部开口的设计，底部的泥土要疏松，并应在适当的距离安装灌溉水掣（见图7.2至7.4）。此外，在工业邨和科学园出入口两旁均应设矮柱；

(c) 应在高花槽内种植各种合适的植物或设置分隔墙，以免行人未经许可，擅自内进；

(d) 地下公用设施和街道植树应限于行人道专用范围的不同部分，以防止日后的维修保养出现问题；

(e) 应在通往该区的各个主要入口提供园景设施；

(f) 在适当情况下，应在车路中央设置种植地带。以工业和工业／办公室用地来说，花槽最少应有5米宽（由花槽内侧起计）；设于工业邨和科学园的花槽则应最少宽2米。在

可能的情况下，应装设自动洒水系统。图7.5至7.7显示在车路、行人专区和个别地段之间设置花草类园景的一般安排；

（g）应在全区／全邨适当地栽种不同品种的植物；

（h）应充分协调每个区／每个邨的街道设施（即街灯、标志、座椅、荫棚、废纸箱等），使其在视觉上配合得调和一致；以及

（i）应研究桥梁（例如行人天桥）及有关建筑物的设计，以确保与周围的建筑设计融合和一致。

个别地段的园景设施

17.5 下列的设计元素适用于以下工业用地类别——工业邨和科学园。

（a）个别地段的布局设计应顾及建筑物的选址，以便创造更佳的环境；

（b）应以园景设施取代硬物设施（例如围栏和墙壁），作为科学园的地段界线。如无可避免地要利用墙壁作为界线，则应同时种植花木（见图7.8）；

（c）应在地段的退入范围内设置2米宽的种植地带；以及

（d）应在批约条款中就维修保养要求作出规定。

邨界线的园景设施

17.6 以下是适用于邨界线园景设施的指引：

（a）在可行的情况下，应在工业邨、科学园和乡郊工业区的界线提供全面美化环境设施，包括土丘及／或护土墙。这对于乡郊工业及那些须符合特殊要求，以减少对环境造成不利影响的工业尤其有用。植物的品种最好与邻近地区已种植的品种相若；以及

（b）界线的种植地带最少应有6至7米宽（见图7.9）。

辟设休憩用地

17.7 以下是适用于辟设休憩用地的指引：

（a）大型公众休憩用地应依据《香港规划标准与准则》第四章的指引来提供，并应为有关的休憩用地制订整体总纲图；

（b）应提供其他休憩用地，以便组成一个休憩用地的系统或网络，把不同的建筑区段与大型休憩用地连接起来；以及

（c）休憩用地应种植树木，并应与在街道种植的树木融合在一起。

18. 支援设施

18.1 整体上应提供一系列社区、商业、居住、饮食、康乐及其他支援设施，以支援工业区内的机构，并应仔细规划这些设施，以免用途之间有所冲突。附件表8的建议一览表列出不同类别工业用地可能需要的各种支援设施。该表节录了支援工业用地可能需要的种种设施，但并未尽录所有的设施，因此应因应毗邻地区所提供的设施，灵活地诠释建议的一览表。

18.2 部分支援设施可集中在交通极方便的地点，例如特别设计的购物中心，而基于运作理由，有些设施则只可以集中在一起，例如机械设备和厂房。表8展示了每种支援设施选址的概括因素。

18.3 支援设施的供应会按个别情况而有所不同，其中不少设施已在《香港规划标准与准则》其他章节阐述。为确定这些设施的种类和规模，或有需要进行调查。其中一部分

设施的供应，已在《城规会规划指引》阐述。

提供支援设施的考虑因素

18.4　提供支援设施时，应考虑以下因素：

（a）某个工业区的特色，包括位置、主要工业类别、工人人口、工作人口的组合、商务访客的性质和环境质素；

（b）位置偏远的工业区最好能够自行提供多样化的设施；

（c）在未开垦土地建设的新工业区应预留足够土地，用以提供支援设施；以及

（d）以现有工业区来说，新的支援设施可纳入工办、商业楼宇重建计划或综合重建计划内。

工厂大厦的食堂指引

18.5　为了在工业区提供足够方便的地点供工人用膳，工厂大厦内可设置食堂。以下是适用的指引：

（a）食堂不可设置在批约条款指定用作车辆通道、供车辆停泊或起卸货物的地方，但在地政监督予以批准后，则可在工厂楼宇的其他地方设置食堂，但须符合所有法例和部门规定；

（b）由于食堂是为在同一楼宇内工作的雇员而设，故不可设有直接通到街上的专用通道，但紧急通道则属例外；

（c）食堂的面积不应超逾该地段工厂大厦总建筑楼面面积的10%；以及

（d）符合特定要求的工厂食堂可在现有楼宇的使用期内一直设置。

熟食中心

18.6　熟食中心的标准载于《香港规划标准与准则》第六章。

酒店

18.7　为了提供更多地点给游客和商务旅客选择、提高营商和处理业务的效率，并把区内各种活动更妥善地融合在一起，可考虑在划为“工业”及“商贸”地带的地区或其毗邻的合适用地提供多样化的住宿设施，例如酒店等。以下的指引可有助于权衡是否在工业/办公室区和科学园提供酒店：

（a）邻近的设施或用地，可吸引很多商务旅客聚集，例如机场、跨境交通运输车站和会议/展览区（例如展销会）；

（b）邻近有互相协调的用地，例如工业/办公室和商业/办公室楼宇、休憩用地及政府/机构/社区设施；

（c）邻近集体运输系统的车站或运输交汇处；

（d）位于临街面较长的显眼位置，因为酒店可以大大改善整个地区的市容；

（e）缺乏会议/展览设施的地区；

（f）从酒店正前方看到的景观可以接受；

（g）需要改善交通情况的地区，因为预期酒店发展所产生的重型货车交通量较少，兼且繁忙时间也有不同，故或可改善附近一带的交通情况；以及

（h）这种用途可设于存在邻接问题的地区，作为住宅发展、学校和医院等环境易受影响地区的缓冲区。

表3　各类工业用地的净面积与总面积比率

土地用途		净面积对总面积比率（%）[1]
一般工业用地	工业用地	45−55
	工业／办公室用地	45−55
特殊工业用地	工业邨	60−65
	科学园	55−65
	乡郊工业区	65−70
	其他其特殊要求的工业区[2]	不适用

注：1.净面积对总面积比率只供参考之用，一是依据新标准定出多个布局设计后，便应予以修订。

2. 其他具特殊要求的工业区的布局设计会按运作需求而定，故没有列出净面积对总面积比率。

表4　建议的地盘面积、地段面积、上盖面积及退入范围

土地用途		最小地盘面积（公顷）	最大上盖面积（%）	建议地段面积	最小退入范围	一般建筑物高度
一般工业用途	工业用地	10	100[1]	2700平方米（45米临街面×60米深）	平台以上楼层面退入4.5米，前后退入7.5米	高层
	工业／办公室用地	5	100	2700平方米（45米临街面×60米深）	与工业用途相同	高层
特殊工业用途	工业邨	100	40[2]−60	5000平方米40 000平方米（62.5米临街面×80米深）[3]	与另一工业地段接壤的每边周界退入4.6米，所有其他周界入7.6米	低层
	科学园	20	65	5000平万米20 000平方米（62.5米临街面80米深）	与另一工业地段相接的每边周界退入5米，所有其他周界退入10米	低至中层
	乡郊工业区	5	80	1000平方米	按运作需要而定	低层（最高13米）
	其他具特殊要求的工业区	按经营要求而定				

注释：

1. 根据《建筑物（规划）规例》的规定，100%的上盖面积应只限于高度不逾地面水平以上15米的平台。至于平台之上的大厦，核准上盖面积百分率不应逾《建筑物（规划）规例》附表1订明的百分率。

2. 为工业邨订定最小上盖面积，是为免因地价低廉，不必要地多购土地.

3. 所建议的科学园的地段面积只是作为指引，地段面积较小亦可。

表5　通往工业地段的主要道路的总阔度最低标准

土地用途		行车道	中央分隔带	路旁种植地带[1]	行人路内的行人地带	总阔度之最低标准[2]
一般工业用途	工业用地	双线：每条7.3	5米	4米	4.5米	36.6米
	工业／办公室用地	双线：每条7.3米	5米	4米	4.5米	36.6米
特殊工业用途	工业邨	双线：每条7.3米	2米	2米	3.5米	27.6米
	科学园	双线：每条7.3米	2米	2米	3.5米	27.6米
	乡郊工业区	7.3米	不适用	1.5米	2.5米	15.3米
	其他具特殊要求的工业区	按运作需要而定	不适用	2米	不适用	不适用

注（1）：在路旁种植地带内提供街道设施

（2）行人路沿建筑物毗邻预留额外空间（详情请看第八章表9）

表6　各个工业及商贸土地用途类别的泊车设施需求

（a）一般工业用途及商贸用途

发展类别		泊车设施需求		上落客货设施需求	
		标准	备注	标准	备注
一般工业用途	工业用途	—私家车：每1000～1200平方米总楼面面积设一个	见注（1）～（3）	—每700～900平方米总楼面面积设一个货车车位，其中50%应供停泊货车之用 —面积不少于45米×40米的用地应设一个货柜车上落货车位，其回车处的外半径为11.6米	见注（1）～（5）
	工业／办公室用途	—私家车：每600～750平方米总楼面面积设一个	见注（1）～（3）	—就工业／办公室用途总楼面面积的50%，每1000～1200平方米设一个货车车位；就余下的50%，每2000～3000平方米设一个货车车位 —以上规定的货车车位总数中，50%须作停泊货车之用 —每800～1200平方米商业总楼面面积设一个只供上落货之用的货车车位 —面积不少于45米×40米的用地应设一个货柜车上落货车位，其回车处的外半径为11.6米	见注（1）～（5）

（续上表）

发展类别		泊车设施需求		上落客货设施需求	
		标准	备注	标准	备注
商贸用途	工业楼宇	—私家车： 每600～750平方米总楼面面积设一个	见注（1）～（3）	—就总楼面面积的50%，每1000～1200平方米设一个货车车位：就余下的50%，2000～3000平方米设一个货车车位 —以上规定的货车车位总数中，50%须作停泊货车之用 —面积不少于45米×40米的用地应设一个货柜车上落货车位，其回车处的外半径为11.6米	见注（1）～（5）
	工业／办公室楼宇	—私家车 600～750平方米总楼面面积设一个	见注（1）～（3）	—就工业／办公室用途总楼面面积的50%，每1000～1200平方米设一个货车车位：就余下的50%，每2000～3000平方米设一个货车车位 —以上规定的货车车位总数中，50%须作停泊货车之用 —每800～1200平方米商业总楼面面积设一个只供上 落货之用的货车车位 —面积不少于45米×40米的用地应设一个货柜车上落货车位，其回车处的外半径为11.6米	见注（1）～（5）
	办公室楼宇	-私家车： 就总楼面面积的头15 000平方米，每150～200平方米设一个；就余下的总楼面面积，每200～300米设一个	见注（1）～（3）	—每2000～3000平方米总楼面面积设一个货车车位 —就地盘静面积至少达5000平方米的用地，每20 000平方米或不足此数的总楼面面积设一个的士及私家车上落客停车处	见注（1）～（4）
	商贸楼宇	—私家车： 200～300平方米总楼面面积设一个	见注（1）～（3）	—每800～1200平方米总楼面面积设一个货车车位，其中50%应作停泊货车之用 —地盘静面积至少达5000平方米的用地，最低限制须设一个的士及私家车上落客停车处 —面积不少于45米×40米的用地应设一个货柜车上落货车位，其回车处的外半径为11.6米	见注（1）～（5）

*注：

1. 如设有其他配套设值，《香港规划标准与准则》第八章内部运输设值的有关标准将适用。

2. 按总楼面面积来提供设施的标准，同时适用于不足所指定的平方米数的总楼山面积。

3. 下列设计标准适用：

（i）私家车的回车处外半径为7.5米。

（ii）货车的回车处外半径为11.5米。

4. 为货车提供的设施中，65%为轻型货车设施：35%为重型货车设施。

5. 就面积少于45米×40米的用地，应按个别情况及咨询运输暑以决定所提供的货柜车上落货车位。

（b）特殊工业用途

发展类别	泊车设施需求（见注（1）～（4））		
	私家车	货车	货柜车
1.工业邨[5]	每900平方米总楼面面积设1个或每450平方米地盘面积设1个，两者中以数目较大者为准。所提供的车位中，50%须用作停泊私家车和轻型货车，另 50%须供货车停泊及上落货之用		面积不少于 45米×40米的用地应设个货柜车上落货车位，其回车处的外半径为11.6米
2.科学园[6]	每 75平方米总楼面面积设1个（75%供私家车使用；25%供轻型货车使用）	每 5000平方米总楼面面积设一个	没有
3.乡郊工业用途	每一机构设一个停车位，或每个机构每900平方米总楼面面积设一个停车位，两者中以数目较大者为准，以供货车／访客车辆停泊之用		
4.其他有特殊要求的工业用途	按运作需要而定		

注：

1. 如设有其他配套设施，《香港规划标准与准则》第八章内部运输设能的有关标准将适用。

2. 以上规定的货车车位总数中，50%须作停泊货车之用。

3. 为货车提供的设施中，65%为轻型货车设；35%为重型货车设施。

4. 按总楼面面积来提供设施的标准，同时适用于不足所指定的平方米数的总楼面面积。

5. 就工业邨来说，上述泊车设施属最低要求。香港科技园公司会根据个别用地的情况来评估泊车设施的实际需求。

6. 就科学园来说，重型货车的泊车设施规定并不适用。

表7 有关休憩用地及景观区的准则

土地用途	整体景观总纲图	路边／街道景观美化工程		辟设休憩用地	个别地段的工程	邨界限的工程
		种植地带中位数	架高花槽与路边的距离			
工业用地	有	5米	4米	有	不适用	不适用
工业／办公室用地	有	5米	4米	有	不适用	不适用
工业邨	有	2米	2米	有	2米种植地带	有
科学园	有	2米	2米	有	2米种植地带	有
乡郊工业区	不适用	不适用	不适用	不适用	不适用	有
其他具特殊要求的工业用地	有	不适用	2米	有	不适用	有

表8 各个工业土地用途类别的配套设施建议清单

配套设施种类		一般工业用途				特殊工业用途						
		工业用地		工业／办公室用地		工业邨		科学园		乡郊工业区		其他具特殊要求的工业用地
		（I）		（I/O）		（IE）		（SP）		（RI）		（SI）
		C	D	C	D	C	D	C	D	C	D	
A	社区设施											按运作需要而定
1	诊疗所	*		*		*		*				
2	邮政局	*		*		*		*				
3	日间托儿所	*		*		*		*				
B	膳食供应服务											
1	食堂		*		*				*		*	
2	熟食中心		*			*		*				
3	快餐店		*		*	*		*				

（续上表）

配套设施种类		一般工业用途				特殊工业用途							
		工业用地		工业／办公室用地		工业邨		科学园		乡郊工业区		其他具特殊要求的工业用地
		（I）		（I/O）		（IE）		（SP）		（RI）		（SI）
		C	D	C	D	C	D	C	D	C	D	
4	食肆	*		*		*		*				
C	商业服务											
1	超级市场	*		*	*			*				
2	便利店	*	*	*	*	*		*	*		*	
3	衣履及相关产品	*		*	*			*				
4	消费品	*		*	*			*				
5	耐用品	*		*	*			*				
6	银行	*		*	*	*		*				
7	自动柜员机设施	*	*	*	*	*		*	*			
D	商业配套服务											
1	中央电话系统			*				*				
2	中央接待员			*				*				
3	共用会客室			*				*				
4	设备（电脑、打字机）			*				*				
5	秘书服务			*				*				
6	簿记服务			*				*				
7	会计服务			*				*				
8	会议展览中心			*				*				
E	工业配套服务											
1	燃料	*		*		*		*				
2	机械设备及零件	*	*	*		*		*			*	

（续上表）

配套设施种类		一般工业用途				特殊工业用途						
		工业用地		工业／办公室用地		工业邨		科学园		乡郊工业区		其他具特殊要求的工业用地
		（I）		（I/O）		（IE）		（SP）		（RI）		（SI）
		C	D	C	D	C	D	C	D	C	D	
3	原料及半制成品	*	*	*		*		*				
4	汽车	*		*							*	
5	服务	*		*		*		*				
F	住宿设施											
1	员工宿舍			*			*	*				
2	附服务设施住宅			*				*				
3	酒店			*				*				
G	康乐设施											
1	室内体育设施	*		*				*				
2	室外体育设施	*		*				*				
3	会所		*		*			*				

注：

1.“C”指集中提供服务。

2.“D”指分散提供服务。

3. 至于其他具特殊要求的工业用地，配套设施会按运作需要而提供。

4. 本清单并非详尽无遗；配套设施可因应用地的实际环境而酌情增减。

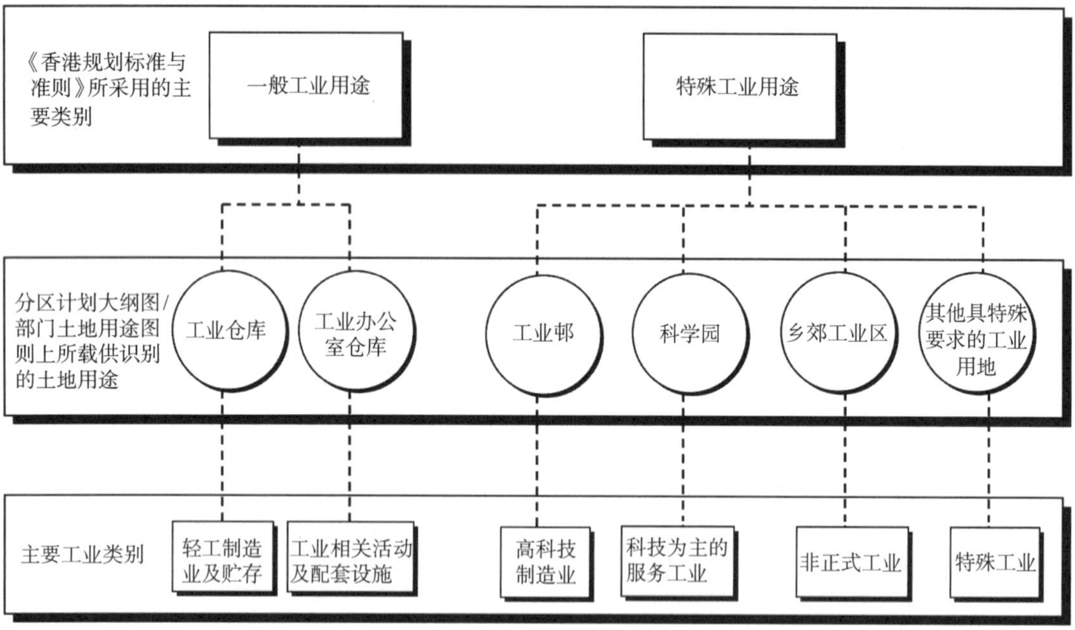

图1 工业土地用途类别

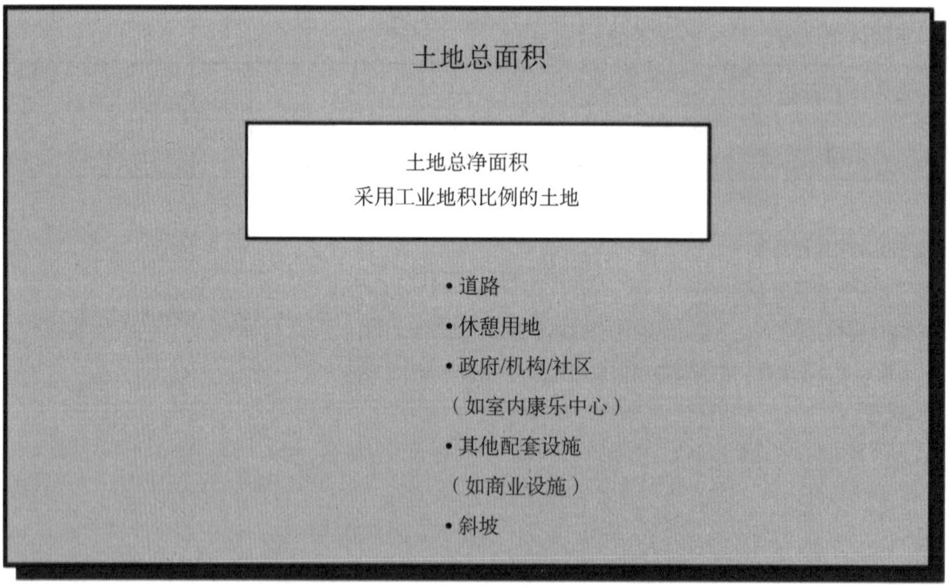

图2 工业区的土地面积定义

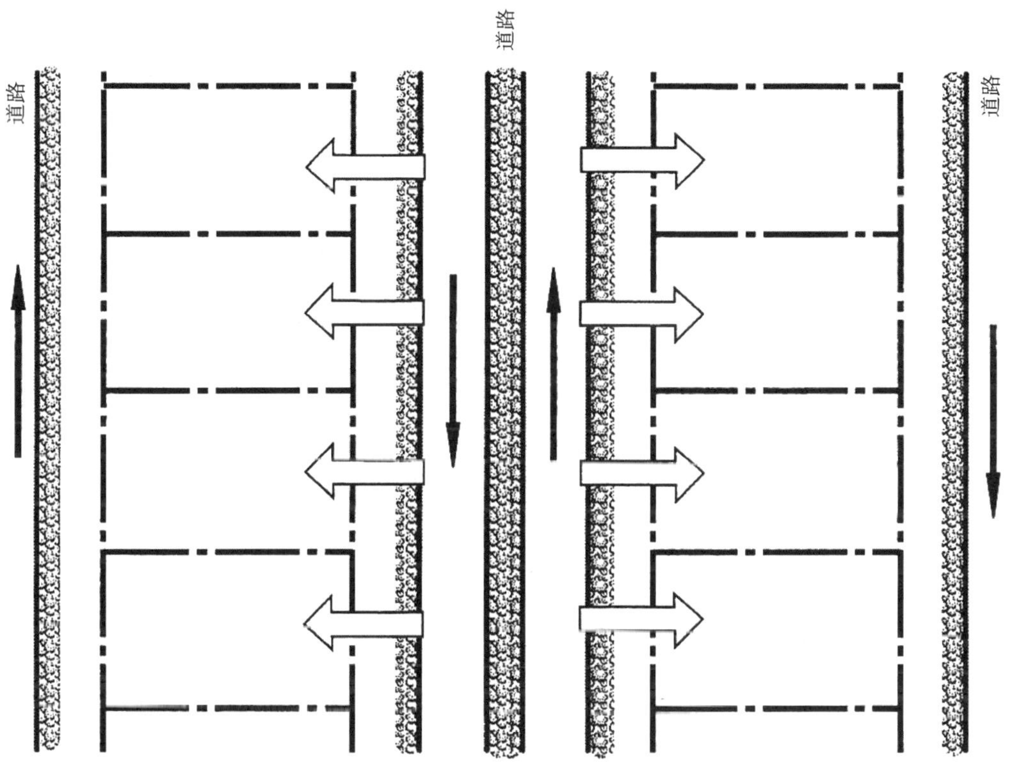

优点：
- 整个地区景观一致
- 行人路与行车道分隔，可减少车辆非法停泊以及上落客货

缺点：
- 车辆/行人流向受到限制
- 行人路经常跨越行车道(约40至50米)

设计概念1： 理想街道景观——适用于所有工业土地用途类别	规划署		
	图则编号 M/SS/07/33	日期	图号 3.1
	档案		

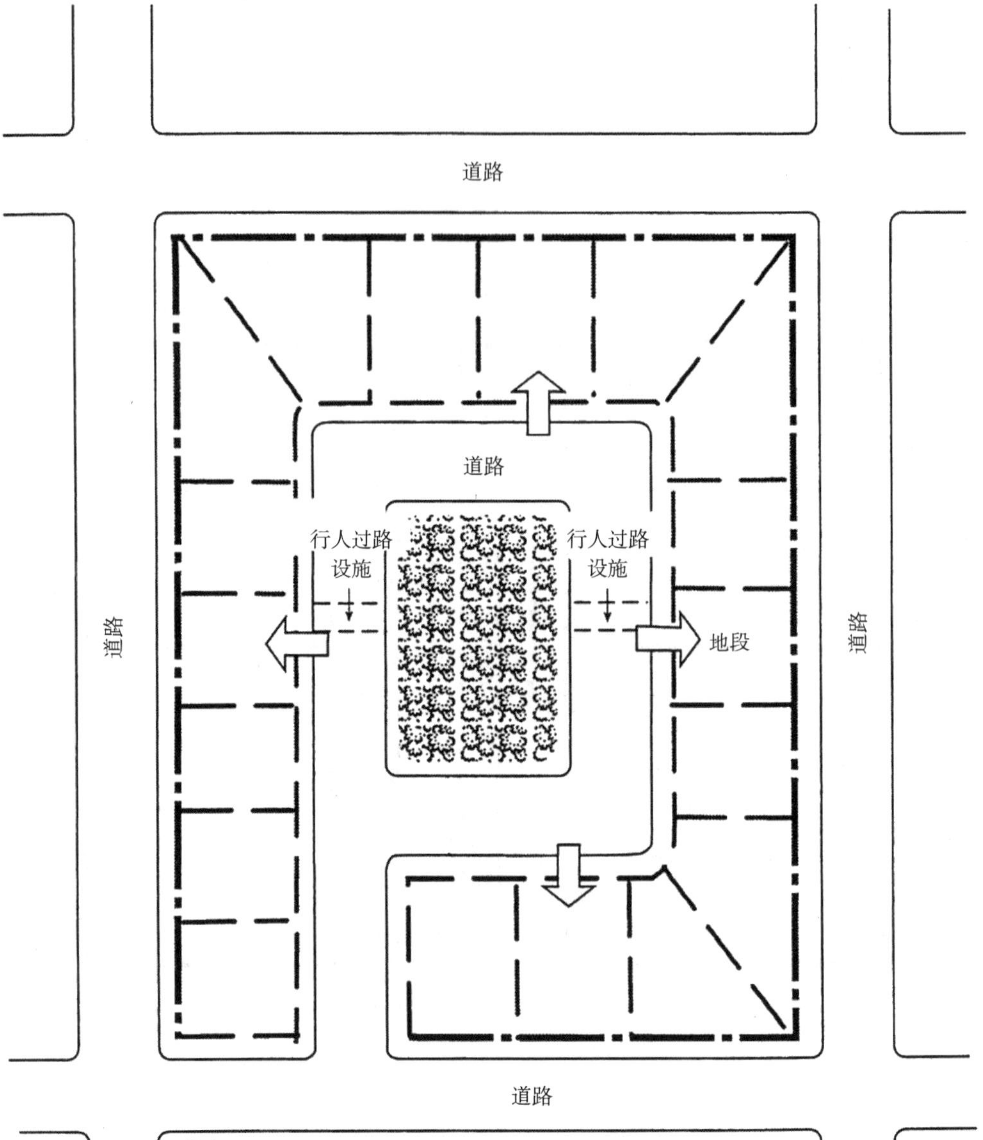

优点：

- 所有大厦均可通往休憩用地
- 休憩用地面积大，可集中兴建康乐设施
- 中央休憩用地管理较容易

缺点：

- 休憩用地与大厦之间有道路分隔
- 行人/车辆分隔不足
- 休憩用地未能连接起来
- 休憩用地由于四周均有工业大厦遮挡，加上环境嘈杂以及空气污浊，区内人士可能不太愿意前往
- 该等面积细小的地方四周均为工业大厦，可能会被毗邻的活动滥用

设计概念2：
单一大型休憩用地——适用于所有工业土地用途类别

规划署
图则编号 M/SS/07/34
档案
日期
图号 3.2

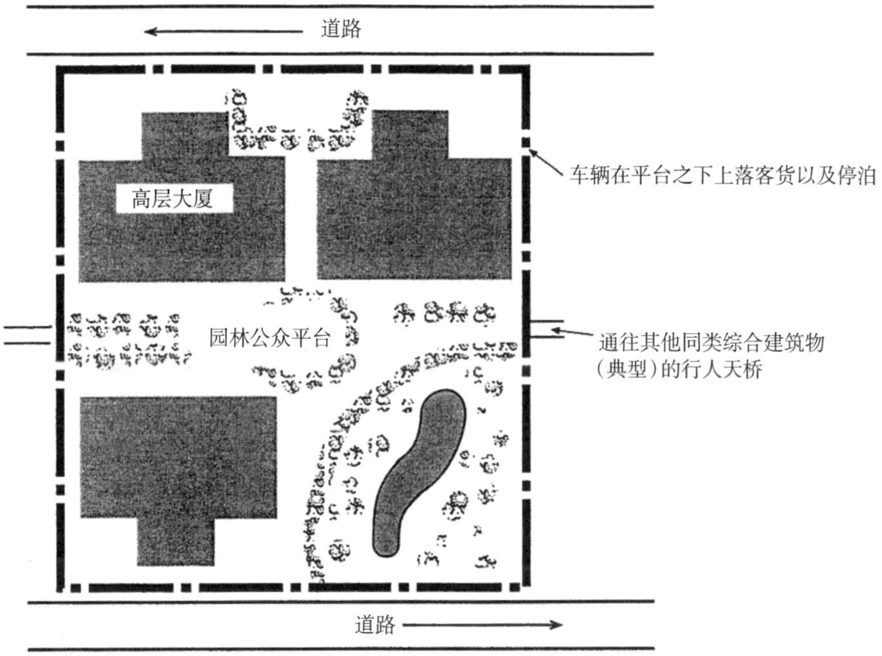

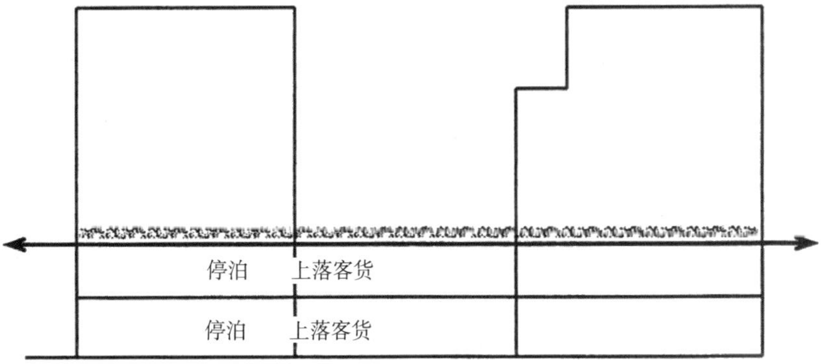

分段

优点：

- 有很多地方可辟作园景休憩用地
- 可轻易从其他大厦前往休憩用地
- 休憩用地与停泊及上落客货区分隔
- 可在平台兴建通道连接其他的休憩用地
- 平台下的覆盖率高

缺点：

- 兴建园景平台及高架行人通道会增加建筑成本
- 休憩用地可能过多，以致使用率不足
- 会吸引区外闲杂人等前来，大厦保安可能受到影响

设计概念3： 园景平台——适用于工业及工业/办公室用地	规划署		
	图则编号 M/SS/07/35	日期	图号 3.3
	档案		

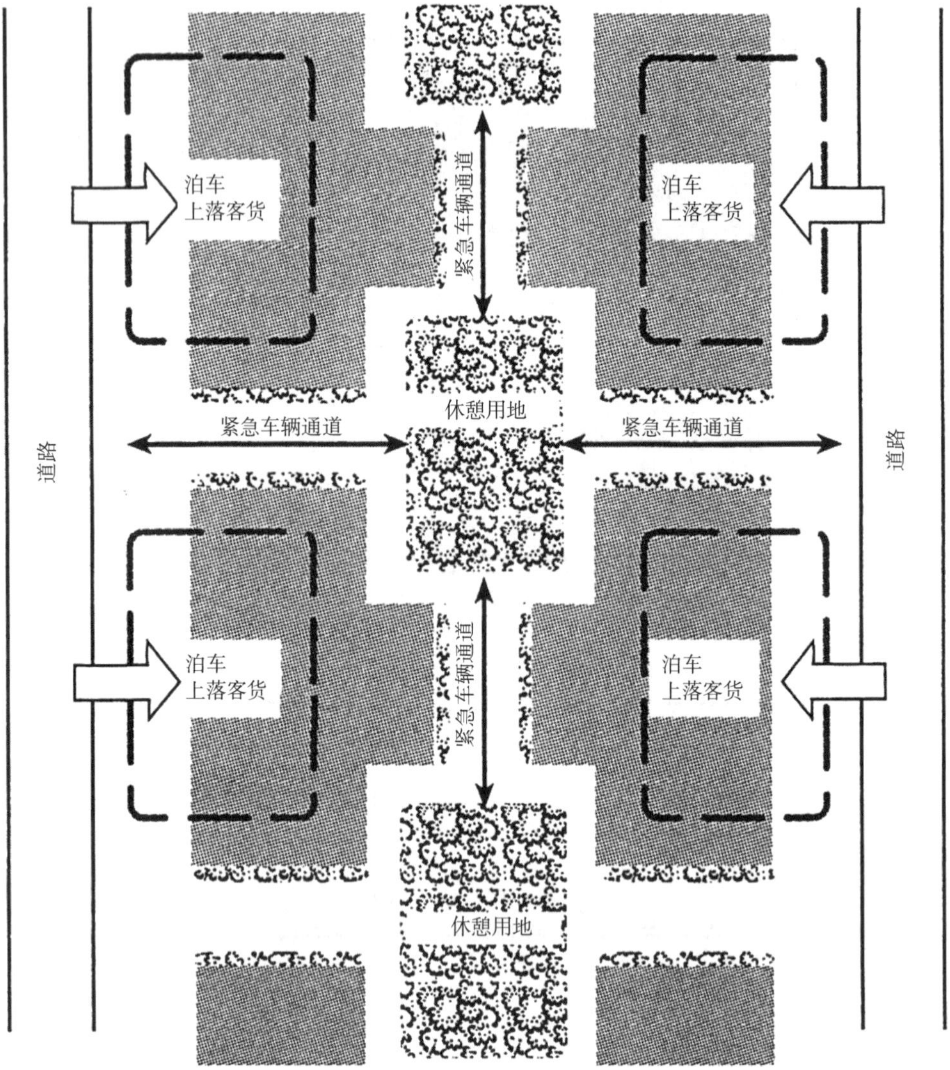

优点：
- 车辆通道与行人通道可以充分分隔
- 休憩用地的分布较平均，更容易到达和渗透范围更广
- 大厦之间的休憩用地相连
- 更多机会采用有趣的大厦设计

缺点：
- 休憩用地/紧急车辆通道可能被滥用为贮存地方
- 警方巡逻车未必可以驶到大厦之间的休憩用地/紧急车辆通道
- 休憩用地可能过剩和未能地尽其用
- 需清楚界定休憩用地/紧急车辆通道的维修责任谁属

设计概念4： 相连共用休憩用地——适用于工业邨、科学园及商业邨	规划署		
	图则编号 M/SS/07/36	日期	图号 3.4
	档案		

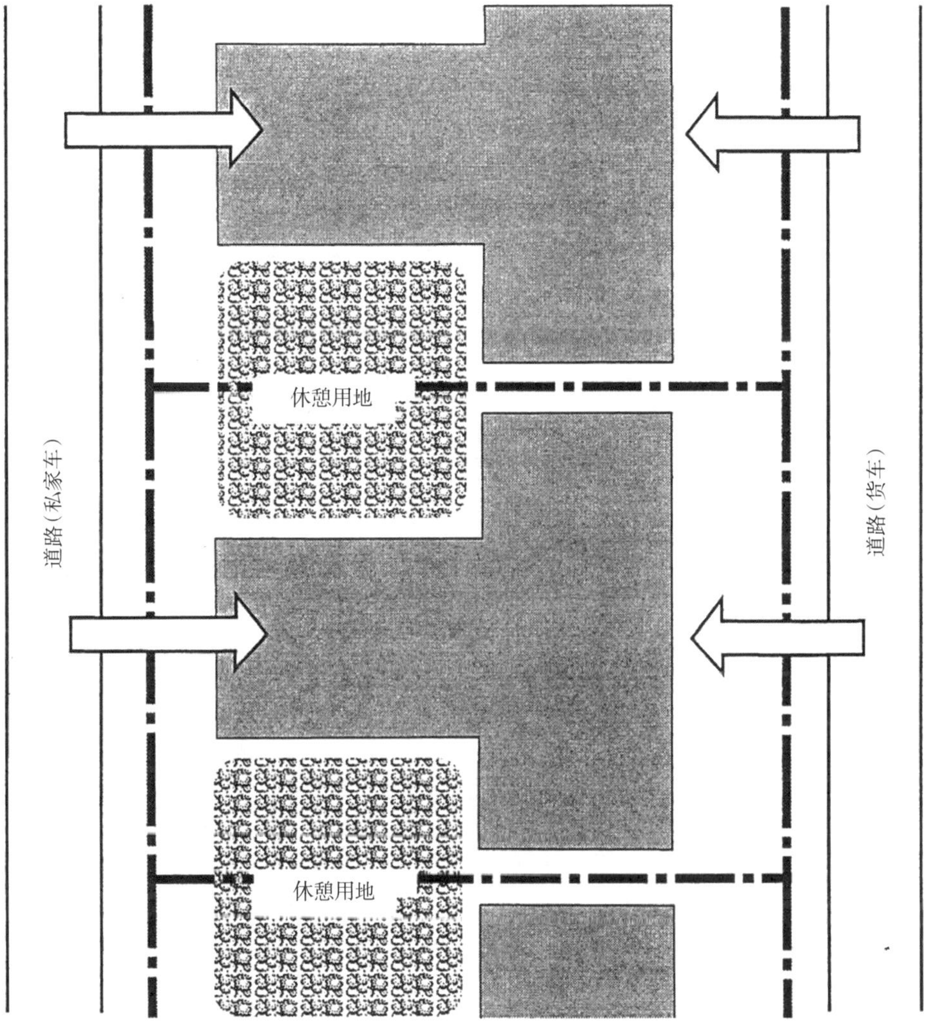

优点：
- 整个范围内的休憩用地分布平均
- 可轻易从大厦前往休憩用地
- 休憩用地与上落客货区分隔开
- 行人活动与上落客货活动分开进行

缺点：
- 休憩用地与大厦之间为通道所分隔
- 休憩用地范围并不相连
- 需清楚界定休憩用地的维修责任谁属

设计概念5： 庭院式共用休憩用地——适用于工业邨、科学园及商业邨	规划署		
	图则编号 M/SS/07/37	日期	图号 3.5
	档案		

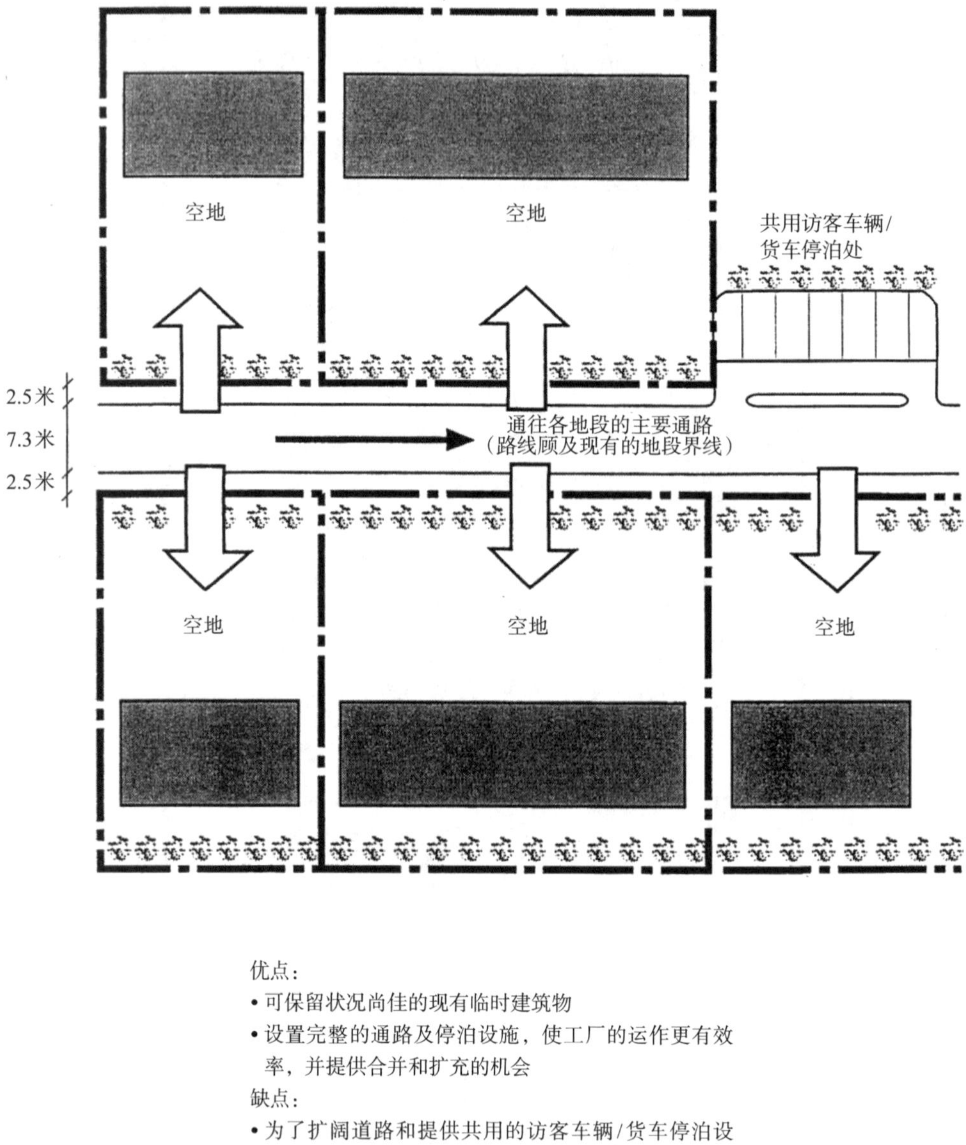

优点：

- 可保留状况尚佳的现有临时建筑物
- 设置完整的通路及停泊设施，使工厂的运作更有效率，并提供合并和扩充的机会

缺点：

- 为了扩阔道路和提供共用的访客车辆/货车停泊设施，可能需要收地

设计概念6： 设置阔度符合最低标准的通路——适用于乡郊工业用地	规划署		
	图则编号 M/SS/07/38	日期	图号 3.6
	档案		

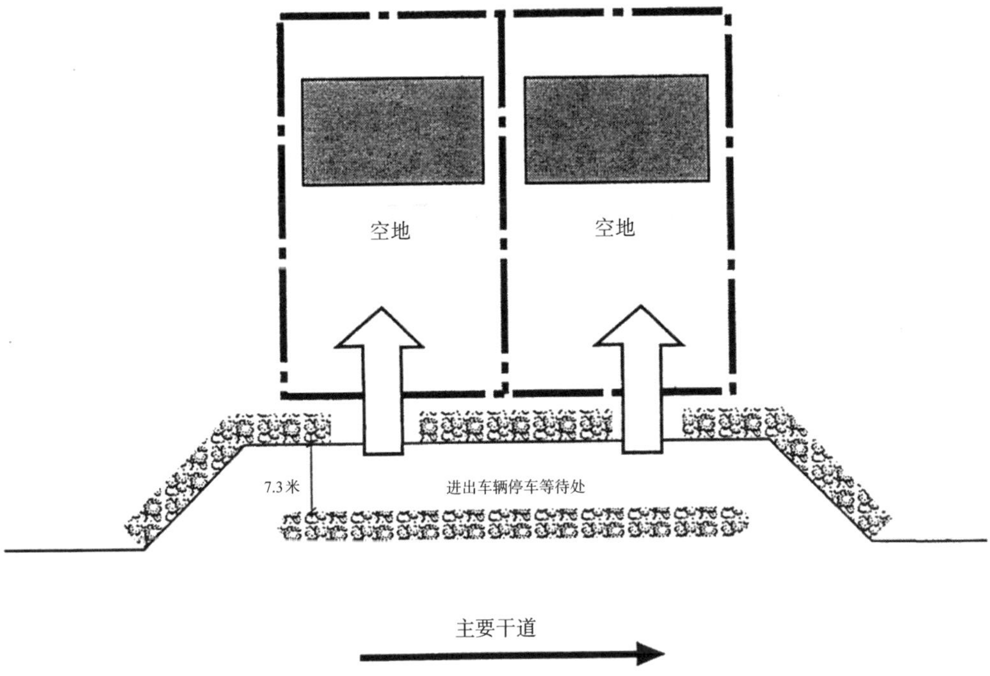

优点：
- 可借景观美化减低乡郊建筑物所带来的视觉影响
- 减少对主要干路沿线交通的阻塞

缺点：
- 只在乡郊干路沿线上间歇可行
- 为了开设路旁停车等候处，可能需要收地

设计概念7： 主要干路沿线的路旁停车等待处——适用于乡郊工业用地	规划署		
	图则编号 M/SS/07/39	日期	图号 3.7
	档案		

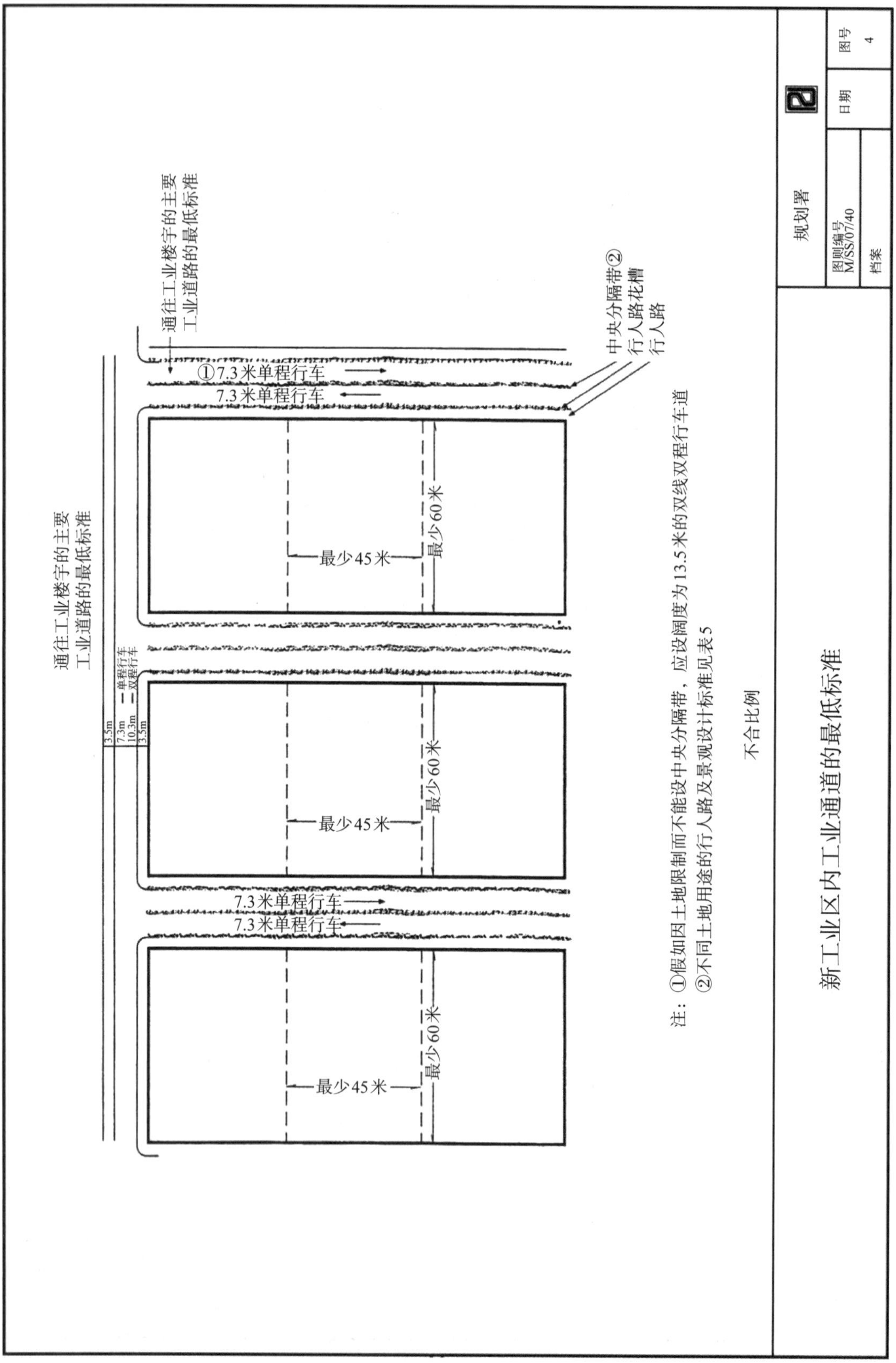

规划署
图则编号
M/SS/07/40
档案
日期
图号
4
通往工业楼宇的主要工业道路的最低标准
①7.3米单程行车
7.3米单程行车
中央分隔带②
行人路花槽
行人路
最少45米
最少60米
3.5m
7.3m
10.3m
3.5m
单程行车
双程行车
注：①假如因土地限制而不能设中央分隔带，应设阔度为13.5米的双线双程行车道
②不同土地用途的行人路及景观设计标准见表5
不合比例
新工业区内工业通道的最低标准

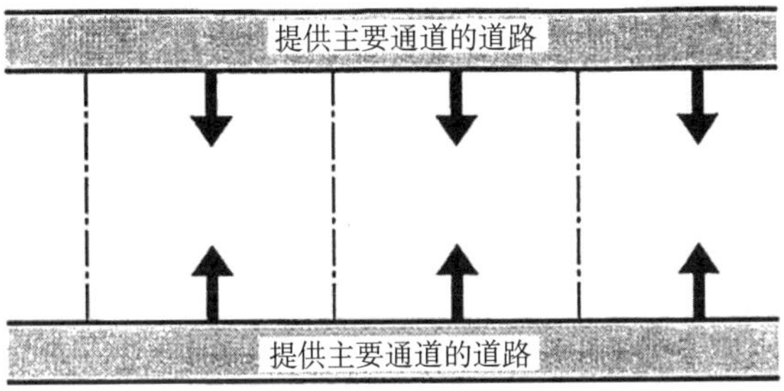

(1)更佳
- 两旁都设有紧急车辆通道
- 两旁都设有维修设施专用通道

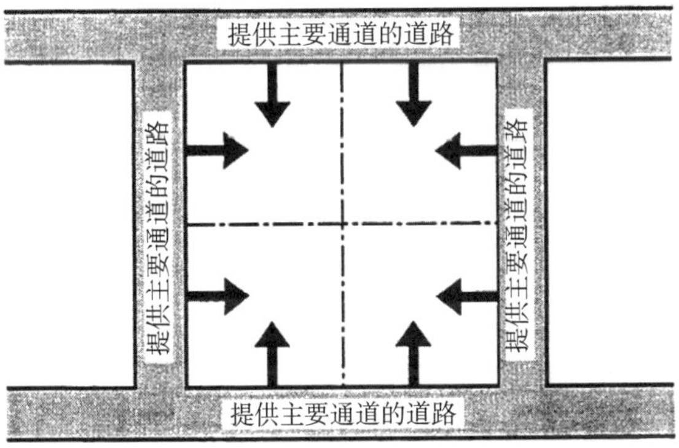

(2)更佳
- 两旁都设有紧急车辆通道
- 两旁都设有维修设施专用通道

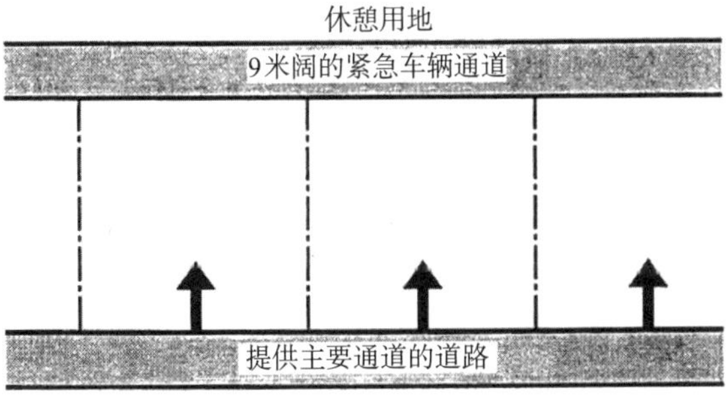

(3)可以接受
- 两旁都设有紧急车辆通道
- 其中一旁设有维修设施专用通道
- 可能以单车径或行人路的形式兴建紧急车辆通道，以配合毗邻的休憩用地

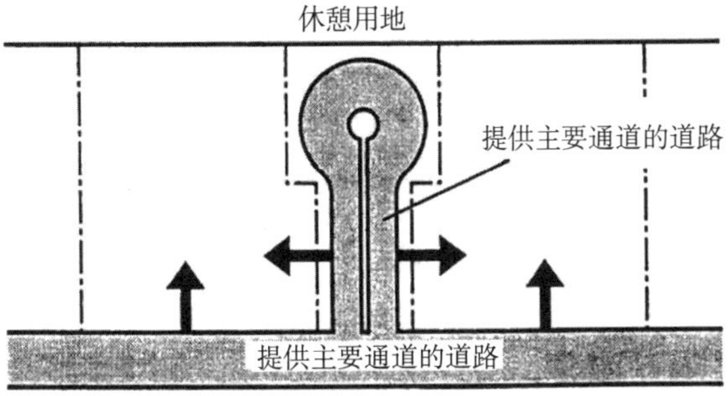

(4)可以接受
- 两旁都设有紧急车辆通道
- 两旁都设有维修设施专用通道

两面临街/紧急车辆通道图示(1)至(4)

规划署

图则编号 M/SS/07/41

日期

图号 5.1

档案

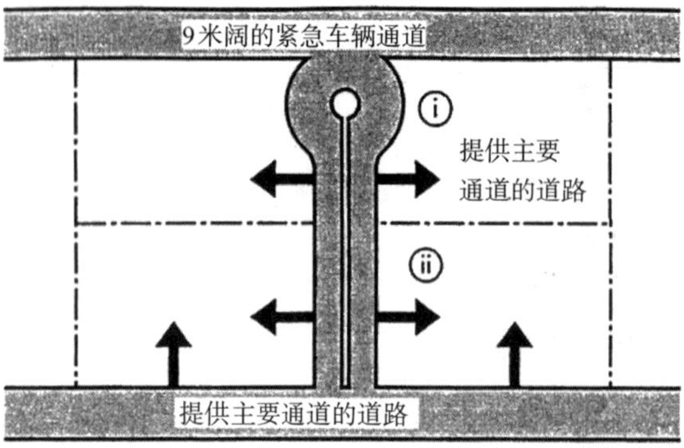

(5)可以接受
- 两旁都设有紧急车辆通道
- (ⅰ)其中一旁设有维修设施专用通道
- (ⅱ)两旁都设有维修设施专用通道

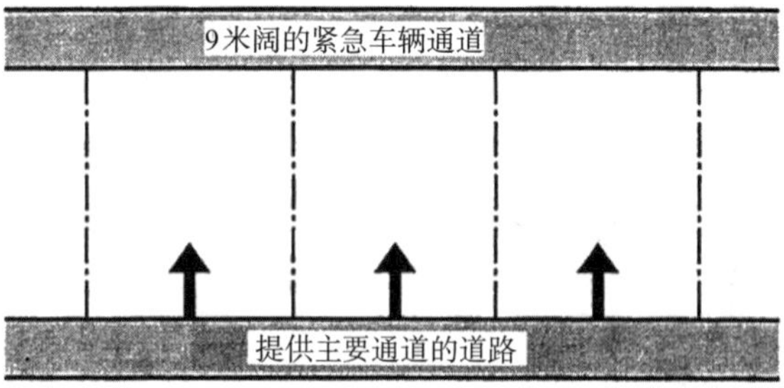

(6)仅可接受
- 两旁都设有紧急车辆通道
- 其中一旁设有维修设施专用通道

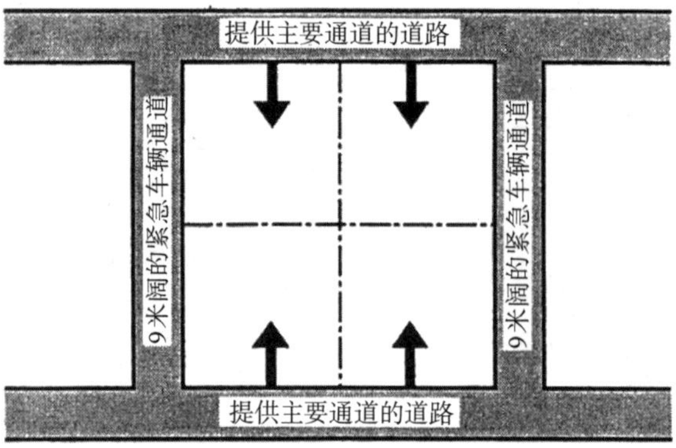

(7)仅可接受
- 两旁都设有紧急车辆通道
- 其中一旁设有维修设施专用通道

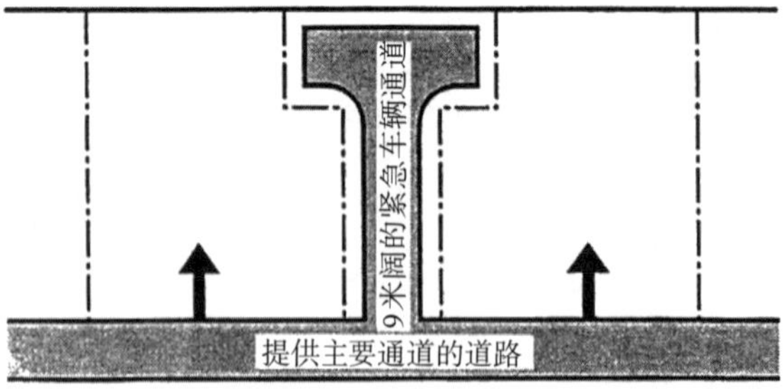

(8)仅可接受
- 两旁都设有紧急车辆通道
- 其中一旁设有维修设施专用通道

两面临街/紧急车辆通道图示(5)至(8)	规划署		
	图则编号 M/SS/07/42	日期	图号
	档案		5.2

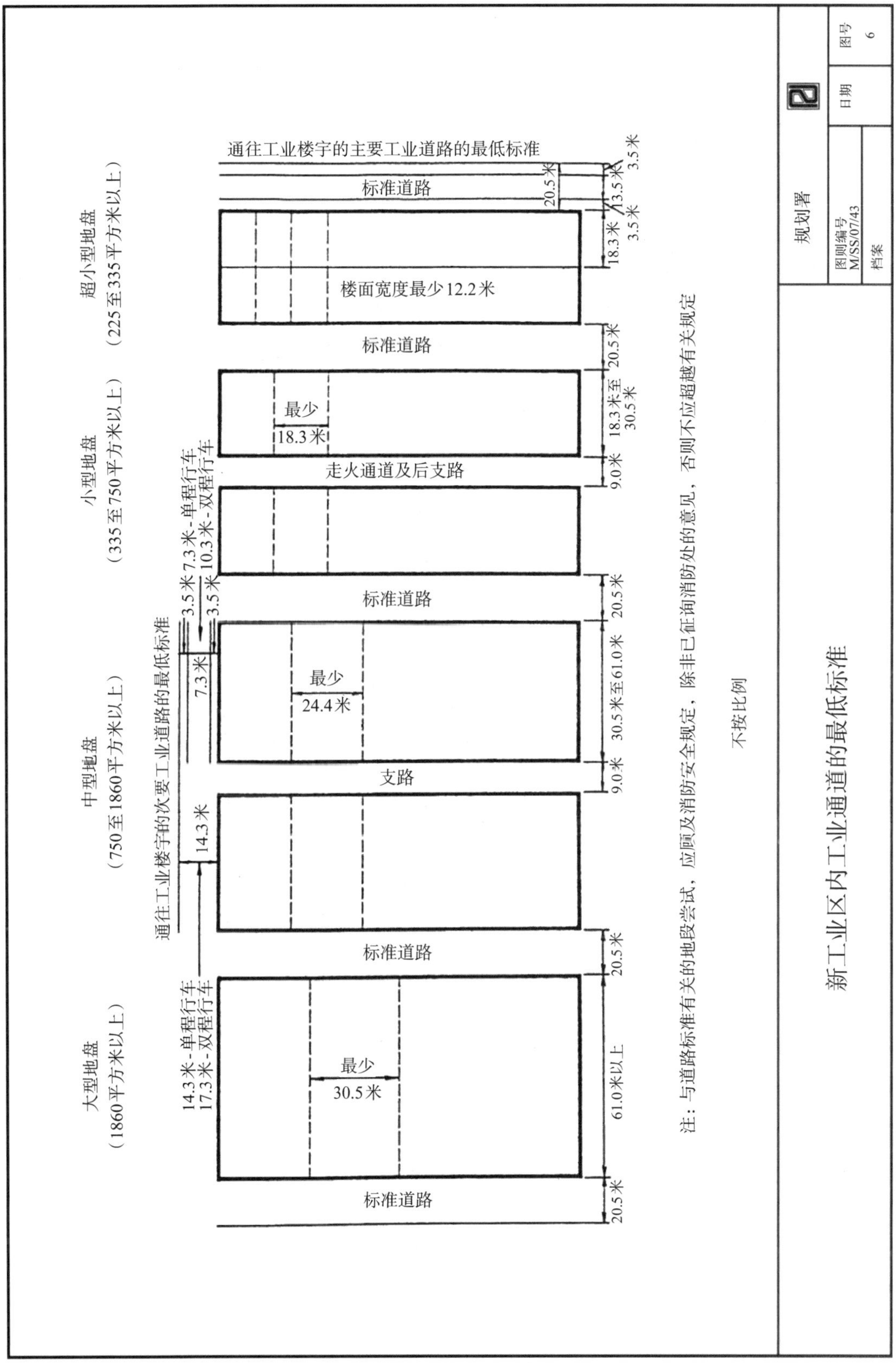
新工业区内工业通道的最低标准
规划署
图则编号 M/SS/07/43
档案
日期
图号 6
不按比例
注：与道路标准有关的地段尝试，应顾及消防安全规定，除非已征询消防处的意见，否则不应超越有关规定
通往工业楼宇的主要工业道路的最低标准
通往工业楼宇的次要工业道路的最低标准
超小型地盘
（225至335平方米以上）
小型地盘
（335至750平方米以上）
中型地盘
（750至1860平方米以上）
大型地盘
（1860平方米以上）
标准道路
走火通道及后支路
支路
楼面宽度最少12.2米
最少
18.3米
最少
24.4米
最少
30.5米
20.5米
3.5米
13.5米
3.5米
18.3米
18.3米至30.5米
9.0米
30.5米至61.0米
61.0米以上
7.3米-单程行车
10.3米-双程行车
14.3米-单程行车
17.3米-双程行车
7.3米
14.3米

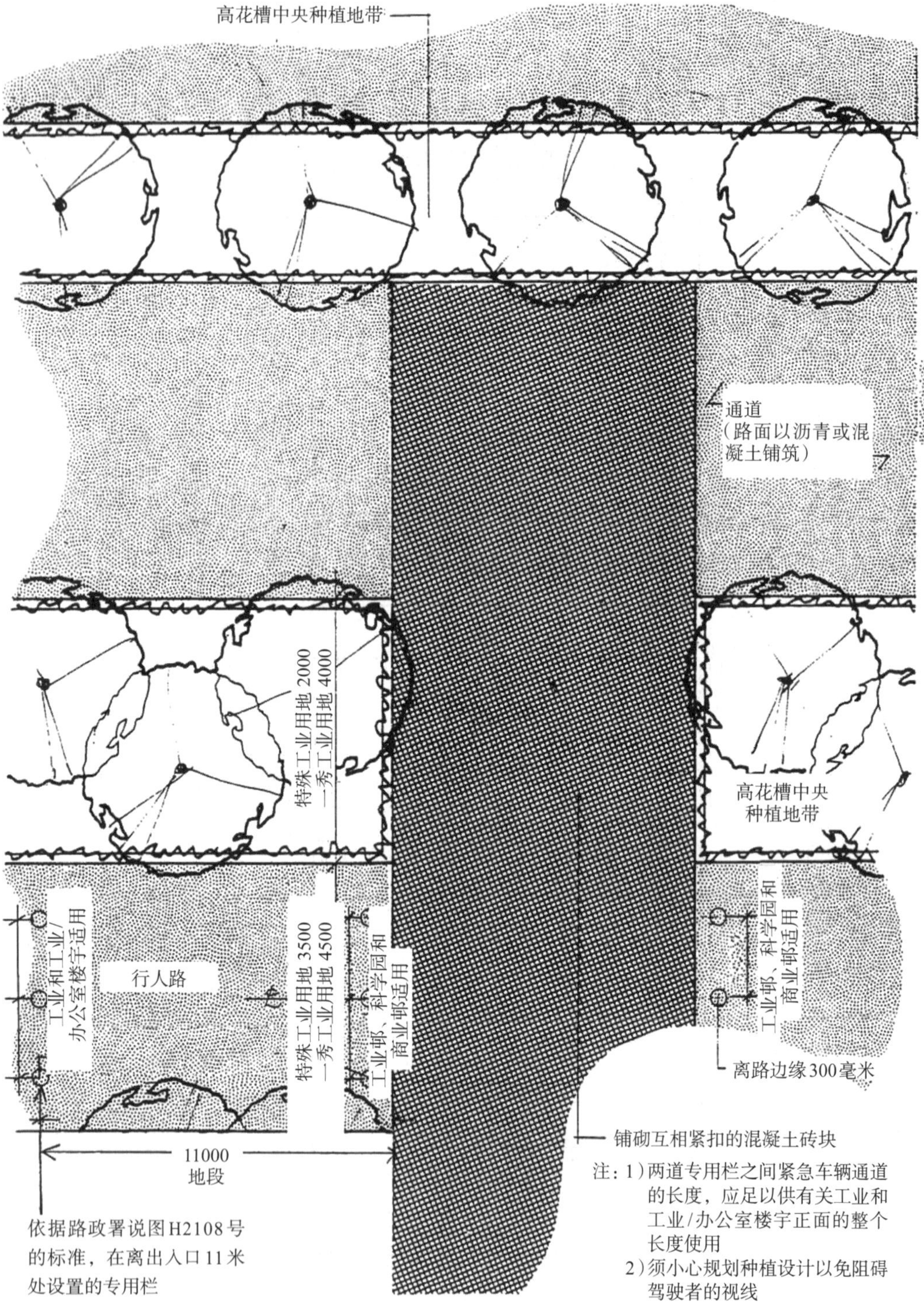

注：1）两道专用栏之间紧急车辆通道的长度，应足以供有关工业和工业/办公室楼宇正面的整个长度使用

2）须小心规划种植设计以免阻碍驾驶者的视线

3）不按比例

一般地段入口图则	规划署		
	图则编号 M/SS/07/44	日期 11/06	图号 5.2
	档案		

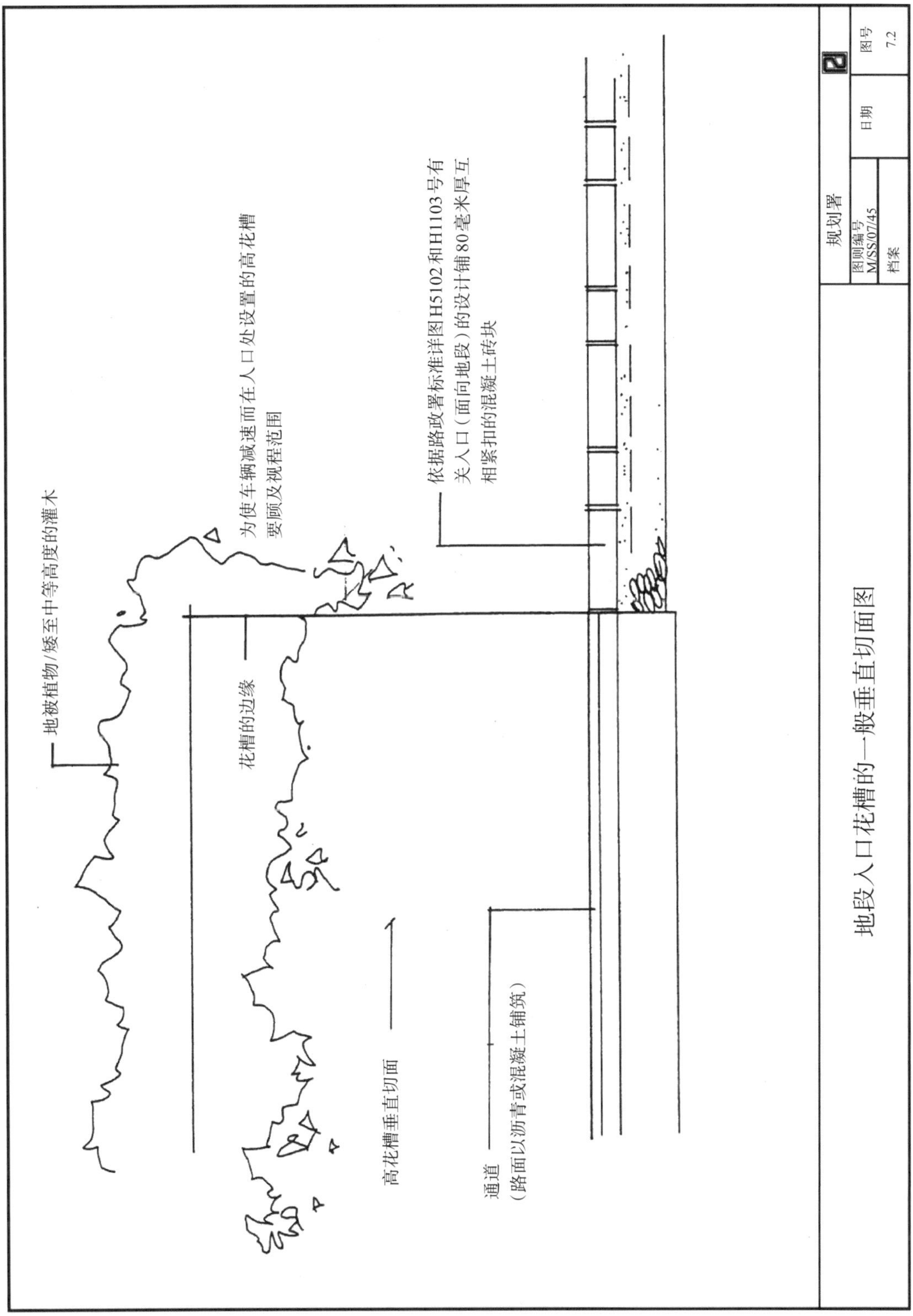

地段人口花槽的一般垂直切面图

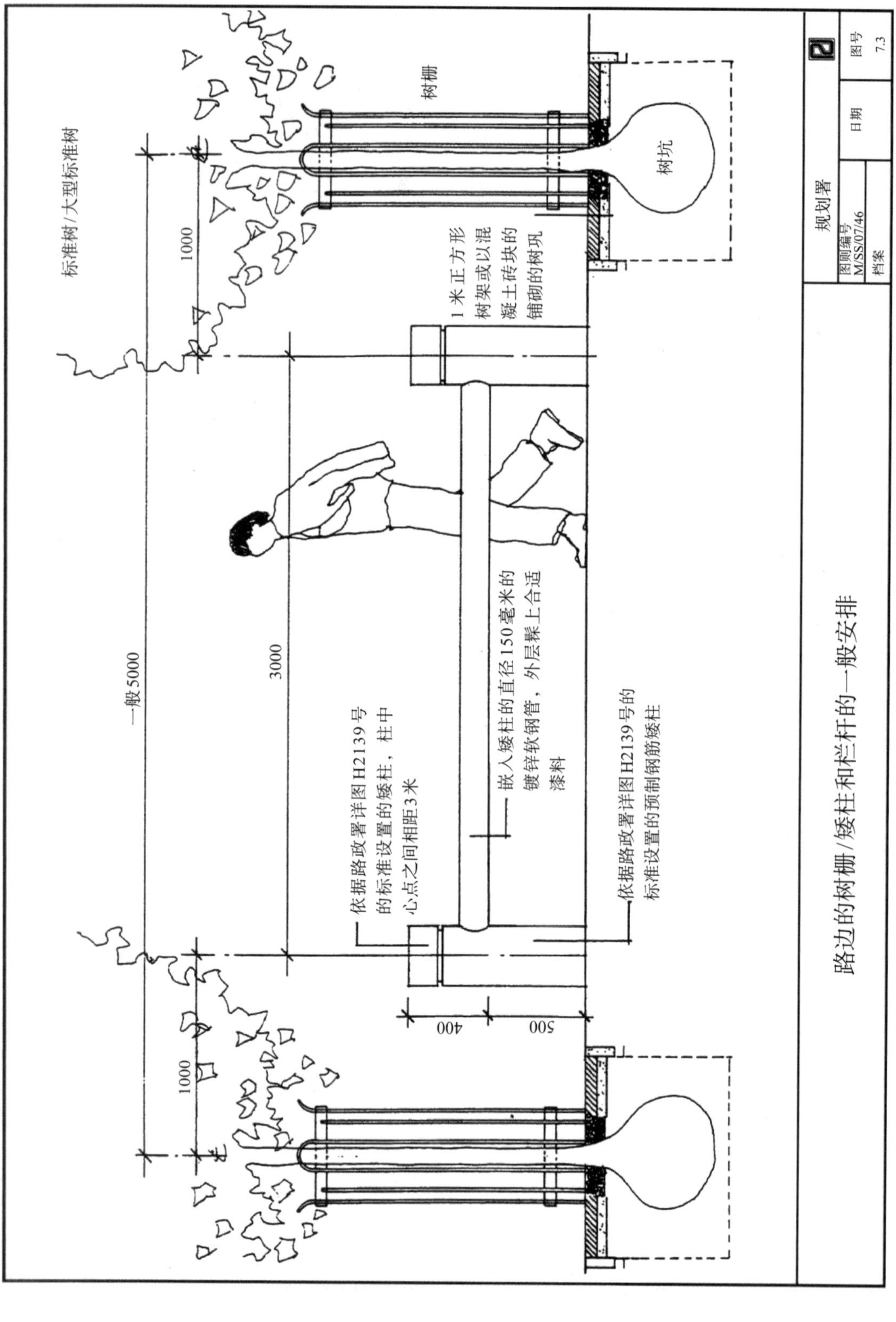
标准树/大型标准树
树栅
树坑
1000
一般5000
3000
1米正方形树架或以混凝土砖块的铺砌的树巩
嵌入矮柱的直径150毫米的镀锌软钢管，外层髹上合适漆料
依据路政署详图H2139号的标准设置的矮柱，柱中心点之间相距3米
依据路政署详图H2139号标准设置的预制钢筋矮柱
400
500
路边的树栅/矮柱和栏杆的一般安排
规划署
图则编号
M/SS/07/46
档案
日期
图号
7.3

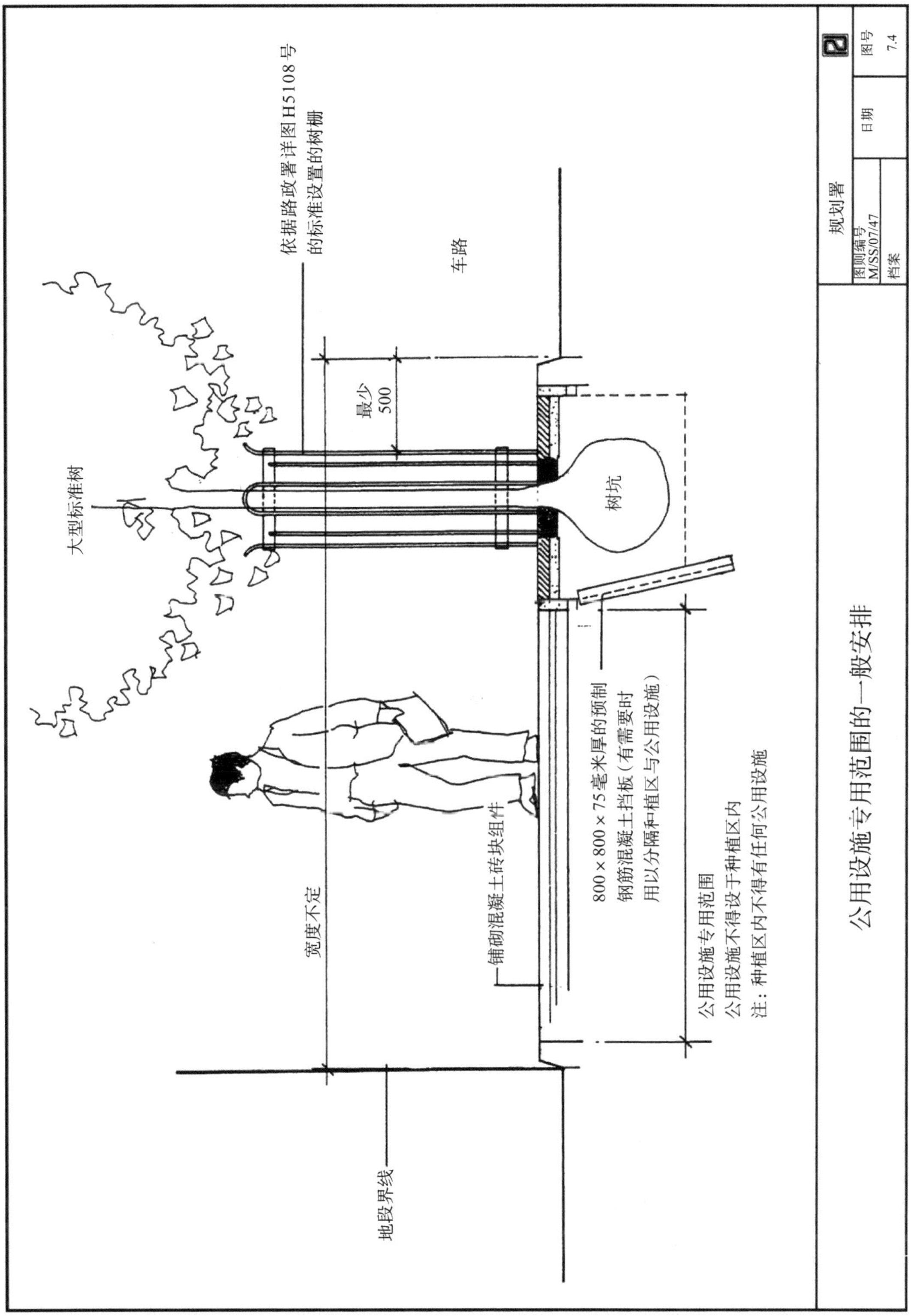

公用设施专用范围的一般安排

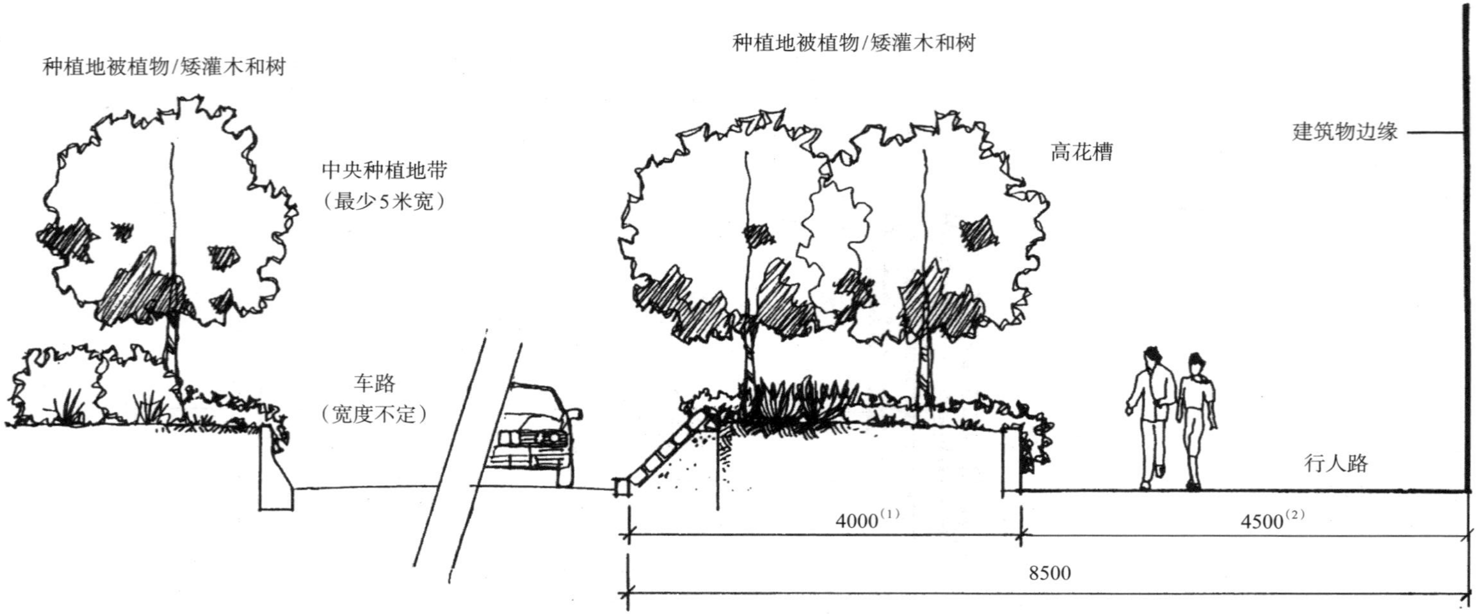

注：(1)在路旁种植地带内提供街道设施
(2)行人路沿建筑物毗邻需预留额外空间

一般工业用地通道的一般园景设施

规划署		
图则编号 M/SS/07/48	日期	图号
档案	11/06	7.5

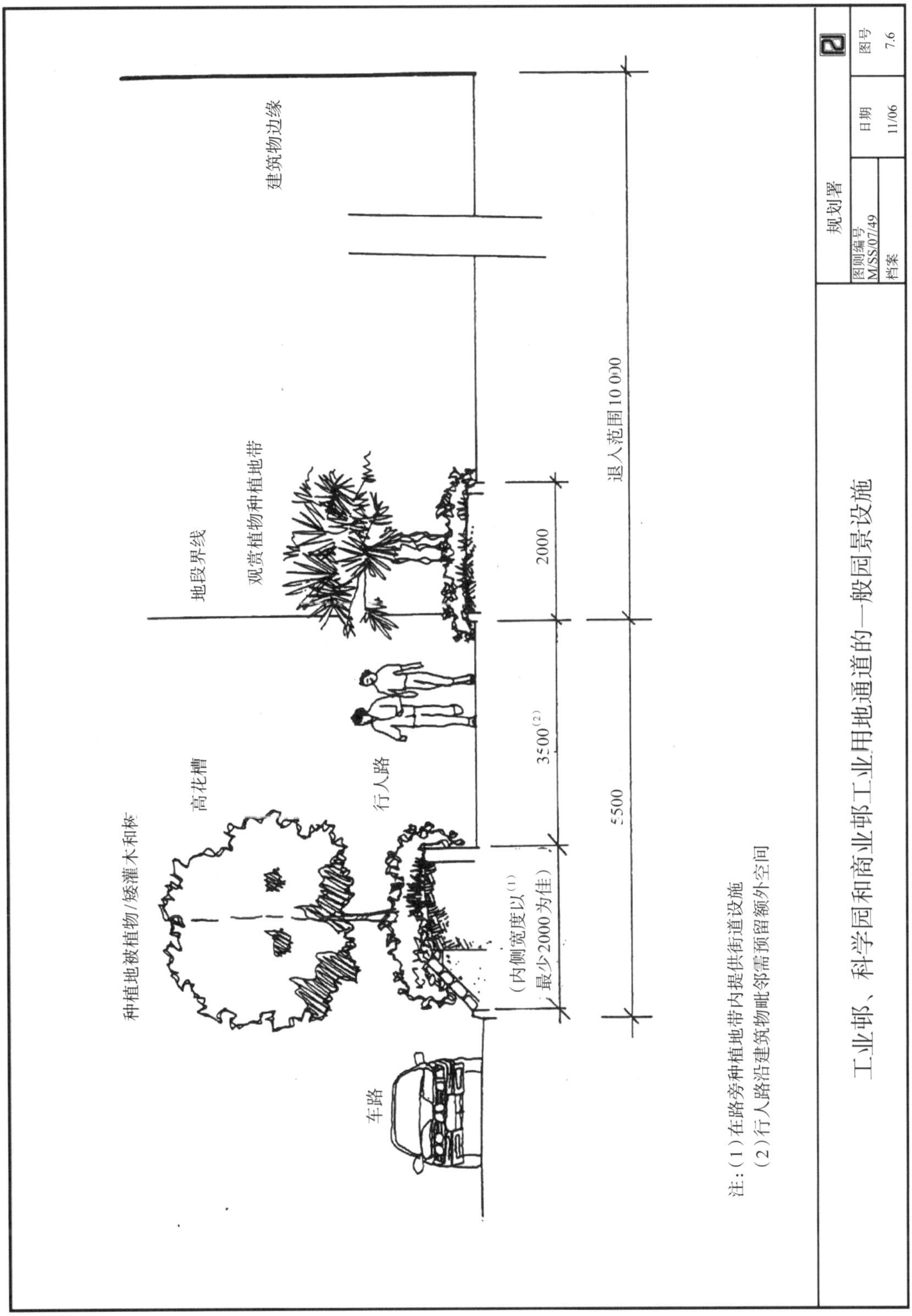
建筑物边缘
地段界线
观赏植物种植地带
退入范围10 000
2000
3500(2)
5500
高花槽
行人路
种植地被植物/矮灌木和树
(内侧宽度以(1)
最少2000为佳)
车路
注:(1)在路旁种植地带内提供街道设施
(2)行人路沿建筑物毗邻需预留额外空间
工业邨、科学园和商业邨工业用地通道的一般园景设施
规划署
图则编号
M/SS/07/49
档案
日期
11/06
图号
7.6

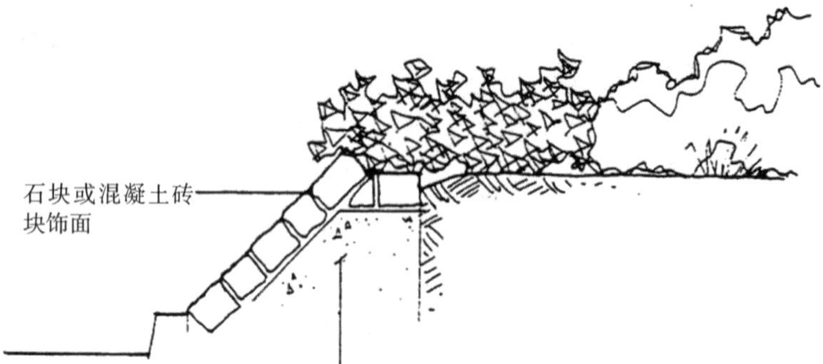

一般切面图

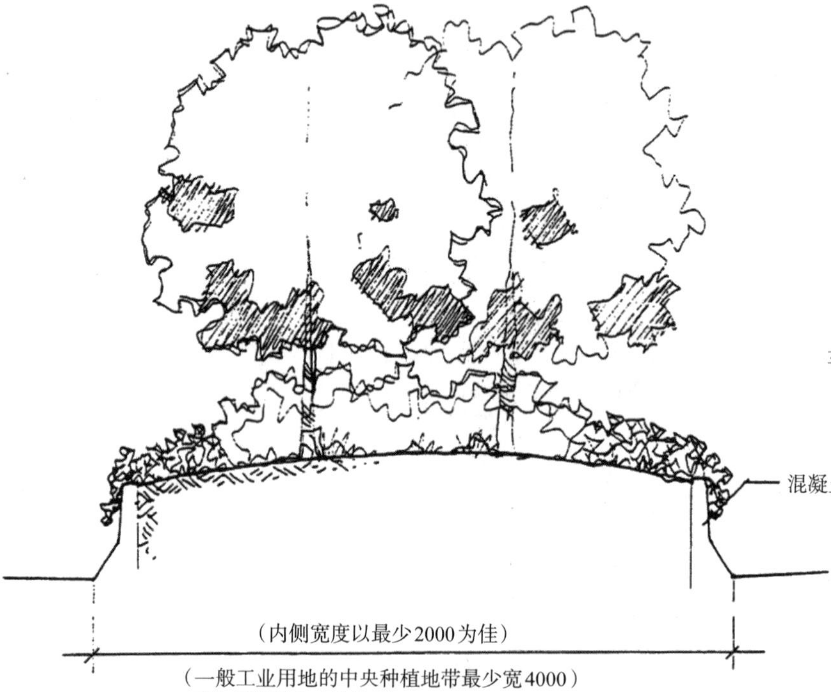

其他细节

中央种植地带的一般详图	规划署		
	图则编号 M/SS/07/50	日期	图号 7.7
	档案		

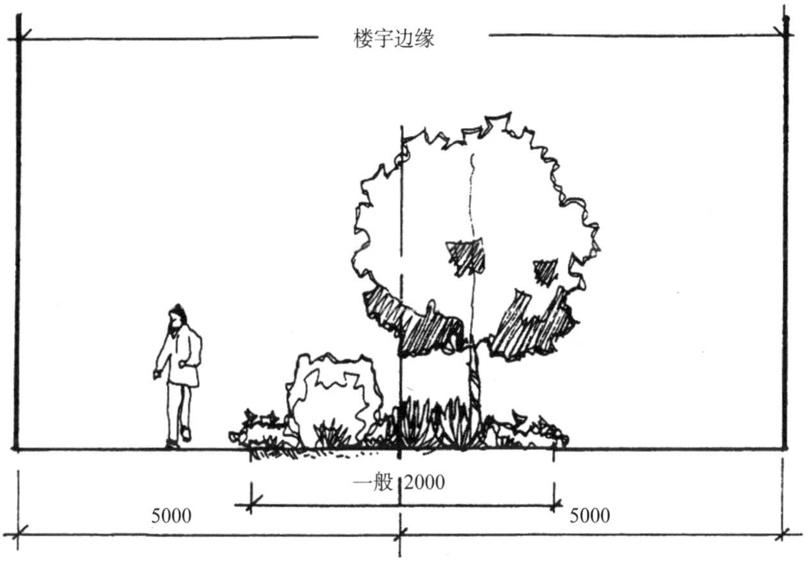

一般切面图

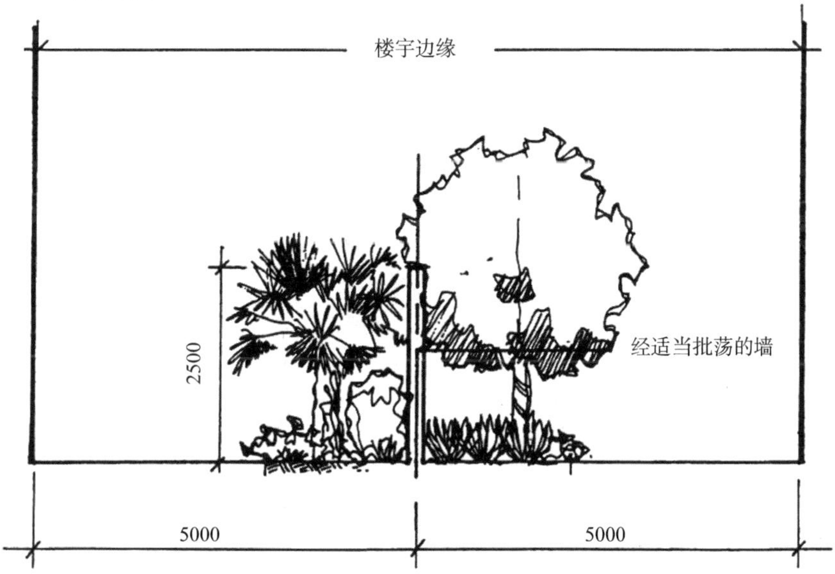

边界墙的一般切面图

个别地段退入范围的一般安排	规划署		
	图则编号 M/SS/07/51	日期	图号
	档案		7.8

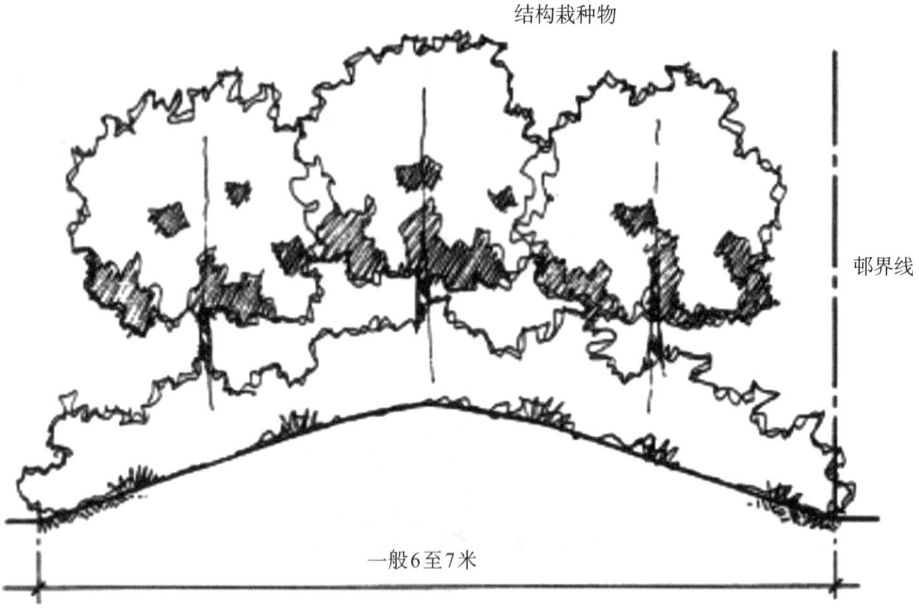

方案1

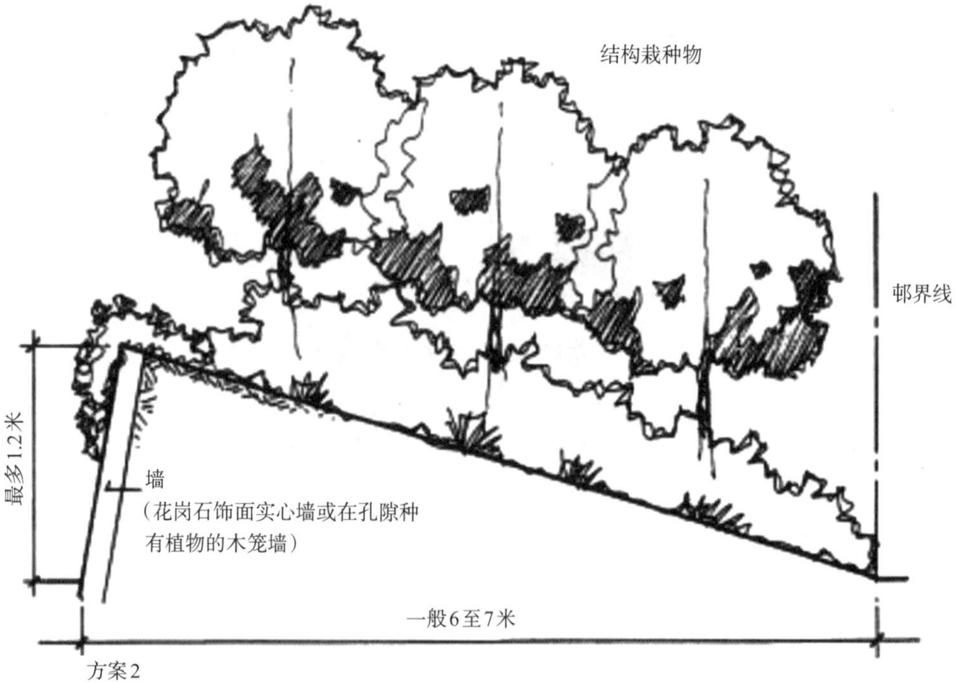

方案2

邨界线的园景设施	规划署		
	图则编号 M/SS/07/52	日期	图号
	档案		7.9

附录1 设于各类工业用地的工业示例

土地用途		可能的业务类别示例
一般工业用途	工业用地	制衣及纺织厂的生产设施 钟表厂的生产及销售设施 家庭电器制造厂的管理及技术支援办事处 一般贮存及分销服务的货仓
	工业／办公室用地	流动电话制造厂的总办事处 化学产品的地区推广及分销中心 办公室设备制造厂的出入口办事处 电器制造厂的批发、维修及品质管制办事处 软件制造厂的训练中心及技术支援组 电子玩具出入口公司的贮存及办公室设施 食品批发公司的贮存及办公室设施
特殊工业用途	工业邨	半导体及集成电路制造厂的生产设施 食品厂的生产及分销设施 优质印刷厂的印刷设施 废纸循环再造厂的生产设施 药用产品公司的生产及研究设施 预制混凝土桩铸造工场 飞机引擎的维修及测试设施 钢化玻璃厂的生产及研究发展设施 消费品测试及产品证明服务的化验设施
	科学园	资讯科技公司的研究发展设施 生物科技公司的研究发展设施及销售处 先进物料制造厂的研究发展及行政处
	乡郊工业区	造木／家具／造纸工场 小型锯木厂 金属品制造厂的生产及贮存设施 汽车修理工场 建筑材料及设备的贮存设施
	其他具特殊要求的工业区	化学品制造商的生产大楼 燃料贮存设施 造船厂的船坞 水泥制造厂 专为贮存大量危险品而设的贮存设施 布厂的漂染设施

附录2　全港工业楼面面积需求预测方法

1. 引言

1.1　本附录阐述工业楼面面积的预测方法。一般工业用地和贮存库各有不同的楼面面积需求预测模式。

2. 预测一般工业用地的内部楼面面积需求

2.1　图A2.1说明预测一般工业用地的内部楼面面积需求所采用的方法。一般工业用地包括工业用地和工业／办公室用地两种。有关预测方法主要利用线性复回归分析，以确定一般工业用地楼面面积需求量与一系列自变数之间的相互关系，这些自变数相信是影响一般工业用地需求量的主要因素。

2. 2　两个计算一般工业用地楼面面积需求量的方法获采纳为他变数，分别是：

• 一般工业用地吸纳量的变动—吸纳量是用以量度占用楼面面积（内部楼面面积）按年的增长，相等于供应量减去拆卸量，再减去前一年的空置量，然后加上当年年底的空置量。吸纳量的变动是指当年的吸纳量对比前一年的差额；以及

• 一般工业用地总需求量—根据总存量计算出来的占用楼面总面积（内部楼面面积），相等于当年的总存量减去空置量。

2.3　模式测试所依据的他变数和自变数的时间序列数据是在一九七六至一九九五年间收集的。利用线性复回归分析为一般工业用地建立的预测模式有三个，其中两个用以估计一般工业用地总需求量，另一个则估计一般工业用地吸纳量的变动。

有关模式的具体计算方法如下：

程式1：$TD_{year\ t}=B_0+B_1*(TD_{year\ t-1})+B_2*In(EMP_{year\ t})+B3*In(RI_{year\ t})$

程式2：$In(TD_{year\ t})=B_4+B_5*In(TD_{year\ t-1})+B_6*In(RE_{year\ t})+B7*In(RI_{year\ t})$

程式3：$In(TUC_{year\ t})=B_8+B_9*In(EMPC_{year\ t})+B_{10}*[In(TU_{year\ t-1})-In(EMP_{year\ t-1})]$

而In = 自然对数

TD = 一般工业用地总需求量

TUC = 一般工业用地吸纳量的变动

EMP = 制造业雇员人数

RI = 工业机器留用的进口货物

RE = 转口货物

EMPC = 制造业雇员人数的变动

TU = 一般工业用地吸纳量

B_0、B_1、B_2、B_3、B_4、B_5、B_6、B_7、B_8、B_9、B_{10}是常数

2.4　模式所包含的自变数的定义：

（a）制造业雇员人数（EMP）包括整个制造业（即香港标准行业分类第三类制造业）的工作雇主、积极参与的生意合伙人、不支薪亲属工人和所有为赚取薪酬或利润而工作的雇员。

（b）工业机器留用进口货物（RI）是说明制造业资本投资水平的代表数据。

（c）转口货物（RE）是指那些在进口香港之后，无论形状、性质、式样或用途均未经永久改变而出口的货物。

（d）制造业雇员人数的变动（EMPC）是指制造业当年的雇员人数对比前一年的差额。

（e）从一般工业用地吸纳量减去制造业雇员人数（TU-EMP），是试图找出一般工业用地吸纳量变动的长期经济关系。

2.5　一般工业用地的楼面面积（内部楼面面积）预测，是通过把自变数的预计值代入三个预测模式而估计出来的。模式预测是用来建立一般工业用地的预测“范围”。根据该三条程式得出的模式预测的最高值视作预测上限，最低值则视作预测下限。

2.6　在预测范围内建立一般工业用地预测“带”，是为了显示潜在需求量的上下限。预测带应逐渐扩大至上个预测年度预测带下限数字的10%左右。预测带的定位应参考物业及劳工市场过去的走势，把预计吸纳量和各个模式的经济理论基础并入，以突出较重要的变数。建立预测带时，“外围”程式可以不包括在内。

3. 预测贮存库的内部楼面面积需求

3.1　预测贮存库的内部楼面面积需求的方法与一般工业用地相同，均是利用线性复回归分析，以确定贮存库楼面面积需求量与一系列自变数的关系，这些自变数相信是影响贮存库需求量的主要因素。贮存库的总需求量和吸纳量在模式测试中用作他变数。

3.2　模式测试所依据的他变数和自变数时间序列数据是在一九七六至一九九五年间收集的。利用线性复回归分析为估计贮存库总需求量而建立的预测模式有两个。有关模式的具体计算

方法如下：

程式1：$In(TD_{year\ t})=B_0+B_1*In(RE_{year\ t})+B_2*In(FPROD_{year\ t})$

程式2：$In(TD_{year\ t})=B_3+B_4*In(RE_{year\ t})+B_5*In(TD_{year\ t-1})$

而In = 自然对数

TD = 贮存库总需求量

RE = 转口货物

FPROD = 贮存库所楼处面面积生产力

B_0、B_1、B_2、B_3、B_4和B_5是常数

3.3　模式包含的自变数的定义：

（a）转口货物（RE）是指那些在进口香港之后，无论形状、性质、式样或用途均未经永久改变而出口的货物。

（b）贮存库所处楼面面积生产力（FPROD）是指贮存业每平方公尺的生产水平，相等于过去一年贮存业的实际附加值与占用的贮存库楼面面积的商数。

3.4　贮存库楼面面积（内部楼面面积）预测，是通过把自变数的预计值代入两个预测模式而估计出来的。模式预测用来建立贮存库预测“范围”。根据该两条程式而得出的模式测试的最高值视作预测上限，最低值则视作预测下限。

3.5　在预测范围内建立贮存库预测“带”，是为了显示潜在需求量的上下限。采用有关预测带时，亦应考虑第2.6段所述的考虑因素。

4. 总结

4.1　估计楼面面积需求所采用的预测模式和这些模式所提供的预测，是以一九七六至一九九五年数据的测试为依据。模式须作定期调整，以顾及得知的他变数和自变数新数据。倘若经济体系在一段时间出现较重大的结构改变，亦应考虑新的自变数。因此，确实的模式计算方法和预测所得结果，均须因应情况而作出修改。上述方法会有助日后定期进行数据更新和模式修订工作。

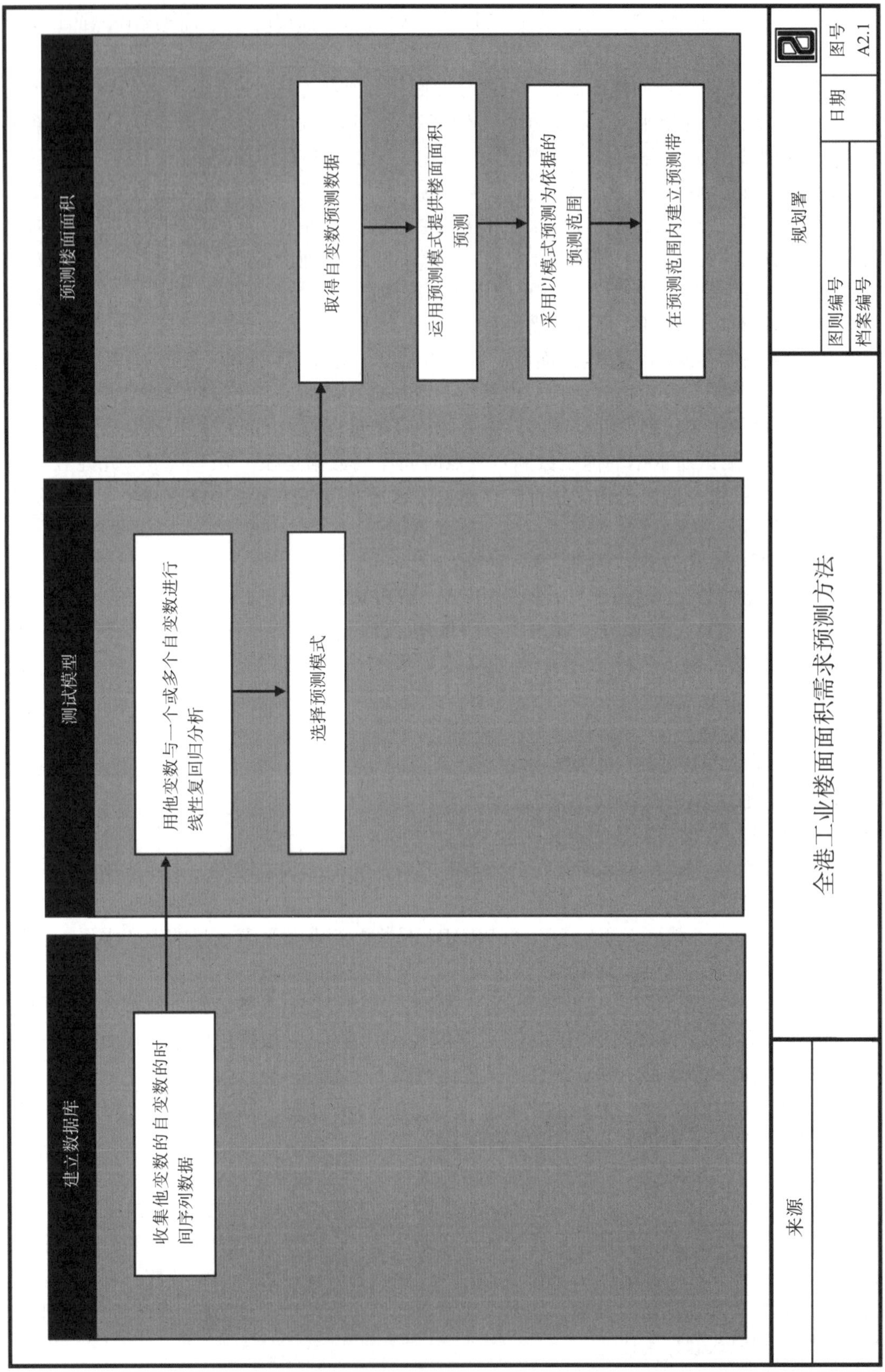
建立数据库
收集他变数的自变数的时间序列数据
测试模型
用他变数与一个或多个自变数进行线性复回归分析
选择预测模式
预测楼面面积
取得自变数预测数据
运用预测模式提供楼面面积预测
采用以模式预测为依据的预测范围
在预测范围内建立预测带
来源
全港工业楼面面积需求预测方法
规划署
图则编号
档案编号
日期
图号
A2.1

第六章　零售设施

1. 引言

1.1　零售业可以界定为直接向消费者出售小量货品的行业，与在货仓、仓库或散货商之间作大量买卖交易的批发业有所不同。今天，零售业亦涵盖非传统的购物形式，例如透过电视和电话订购货品、电子购物，以及向同时为消费者和商铺服务的零售货仓和直销购物场直接购买货品。此外，零售业亦包括直接向消费者提供的服务，例如个人服务、有关消闲和娱乐的服务及餐饮服务。

1.2　本章旨在概述香港目前的零售设施、香港人的购物选择及零售业的最新趋势；这些都是进行零售规划时，必须考虑的有用参考资料。本章亦收纳了估计零售设施需求的概括方法，以及零售商和发展者在发展零售设施时的主要考虑因素，作为参考之用。

1.3　然而，必须强调的是零售业发展主要由市场主导，政府应作出最少的规划干扰。为确保零售设施的供应能配合人口状况、市民期望、收入与生活方式等方面可能出现的转变，同时能够回应人口地理分布及经济活动的改变，概括方法的应用应具弹性。

2. 香港的零售业

2.1　零售业在香港是一项主要经济活动。二零零五年，零售业销售额及饮食业营业额达港币2,600亿元或占本地生产总值大约19%。这两个行业雇用的员工约有413 000人或占总就业率11%。二零零五年，香港的零售商铺总存量以内部楼面面积计，约有1080万平方米，当中有超过97%属于私人物业（包括领汇管理有限公司的物业），其余的是香港房屋委员会和香港房屋协会拥有的物业。

2.2　香港零售业的特点，是业内有大量规模极小的零售店，大型零售商则占少数。不过，越来越多发展稳健的连锁集团加入市场，为零售业带来新面貌。

2.3　零售业基本上是关于销售或提供以下商品及服务：

（a）便利品：为日常需要而购买的消费物品，例如食物、饮料、报章和药物；

（b）比较品：消费者多会在质素、种类和价钱上作出比较的货品，例如衣履、首饰、电器和家庭用品等；

（c）零售服务：包括提供个人服务的银行、理发店和诊所，以及有关消闲和娱乐的服务，例如戏院、卡拉OK酒廊、的士高、健身中心、家庭娱乐中心及游戏机中心；以及

（d）餐饮服务：包括提供即场享用的食物和饮料的食肆，例如酒楼餐厅、面店、快餐店、酒吧和茶座。

2.4　在香港，这些零售活动会设于各种零售设施，包括：

（a）商场

这些是室内、设有空调而且通常是中央管理的商场，可以是独立式建筑或位于住宅或商业发展的低层楼层。商场一般会有各类零售商店售卖便利品和比较品及提供零售和餐饮服务，为消费者提供能满足各种需要的一站式购物环境。若以整体总楼面面积计算，商场的大小可以相当悬殊，有占地甚广的大型商场（如总楼面面积约有186 000平方米的尖沙咀海港城），亦有设于单幢商业或住宅建筑物低层楼层、面积只有数百平方米的商场。大

型商场通常会成为地区的主要活动中心，特别是马鞍山新港城商场和旺角朗豪坊等新发展／重建的地区。

（b）临街商店

临街商店通常位于市区较旧地区内，是唐楼临街面的地面商店。碍于屋地范围所限，商店面积通常较小，但包含的零售商品和服务无异于商场所提供的商品和服务。一般而言，这些商店沿着街道发展，使整条街变成购物街，部分甚至发展为主题购物街，以售卖海味为主的上环德辅道西及以售卖运动服装为主的旺角花园街便是当中的例子。

（c）小贩认可区／露天市场

这是供持牌小贩于每日特定时段内在街上售卖货品的指定地方，例如旺角“女人街”、油麻地庙街夜摊档和铜锣湾渣甸坊，而这些小贩主要是零售便利品。

（d）街市和熟食中心

街市是特别设计的设施，售卖新鲜货品以至家庭用品等林林总总的商品；熟食中心亦是特别设计的设施，专为售卖熟食的档位租户而设。由于中式烹调主要采用新鲜材料，有些市民常会每天到街市购买新鲜食物一至两次，因此，街市在提供新鲜食品上扮演重要角色。

3. 购物选择和最新趋势

3.1　二零零五年十一月，规划署完成了“购物习惯检讨”（下称“检讨”）。检讨包括住户调查、零售商调查及有系统地与主要持份者进行会面，目的是了解香港人的购物习惯及可见的零售结构。检讨亦试图确定市民对日后零售设施的期望，并评估跨界购物活动和新购物模式（如电子购物）对提供零售设施有何影响。

3.2　检讨的主要结果会于这部分细列，作为零售规划的有用参考料。

购物习惯

3.3　检讨结果显示香港人会向特定类型的商店购买个别货品，而购不同货品时，亦有某些地区的偏好。

3.4　香港消费者对商店类型的选择大致如下：

（a）约有74%的住户会在传统街市购买食物，而选择到超级市场的约有25%。这显示选择到超级市场和超级广场购买新鲜食物和日常用品的人虽然越来越多，但传统街市仍然是售卖便利品的重要零售设施。

（b）大部分住户（80%）选择到超级市场购买食物以外的便利品，例如一般家庭用品（即清洁用品、厨房器具等）；只有14%选择到普通商店（如药房）购买这些货品。

（c）至于比较品如家居耐用货品，84%的住户会向专门商店选购这些货品，例如家俬和家庭电器，而选择到百货公司和市集购买这些货品的则分别只有7%和6%。

3.5　消费者购物时对地点会作下列选择：

（a）消费者大多会选择与住所之间步行距离少于10分钟的商店（即“住所附近的商店”）购买食物（68%）和一般家庭用品（76%）。不少消费者亦会选择到住所附近的商店购买个人消费品（42%），以及使用零售服务（44%），例如理发和医疗／牙科服务。

（b）不少消费者会到本区商店（即在住所位处地区但步行距离住所超过10分钟的地点）购买家居耐用品（43%）、个人消费品（30%）、个人耐用品（如手提电话和摄影器材）

（31%）、衣服及鞋履（37%）、消闲和娱乐服务（如到戏院）（32%）及餐饮服务（37%）。为数较少的消费者亦会在本区购买食物（26%）和一般家庭用品（20%）。

（c）大部分消费者都会在住所位处地区以外的商店购买个人耐用品（60%）及消闲和娱乐服务（如到戏院）（56%）和卡拉OK酒廊（82%）。不少消费者亦会选择到住所位处地区以外的商店购买家居耐用品（38%）、衣服及鞋履（43%）和餐饮服务（29%）。

（d）香港有三个购物区能够吸引大量消费者前往选购比较品；这三个购物中心分别是旺角、铜锣湾和尖沙咀。

零售设施等级制度

3.6 根据检讨结果显示的消费者购物选择，香港的零售设施可分以下三个层面：

（a）全港购物中心

这类购物区服务全港各区市民，提供款式种类最多的优质比较品和餐饮服务，以及消闲和娱乐服务。调查结果显示旺角、铜锣湾和尖沙咀是香港的重要购物区，因为这三个地区是消费者最常到，而且吸引全港各区消费者的购物区。这三个购物中心位于设施完备的市区地点，有便利的公共交通工具往来香港其他地区。这些中心是大小商场的集中地，区内街道亦有高质素的临街商店，以及办公室和酒店等支援商业设施，营造出充满生气的购物环境。访港内地旅客特别喜欢这些传统的旅游购物中心，若内地旅客人数继续增长，这三个全港购物中心会成为更加重要的购物区。

（b）地区购物中心

这类购物中心是具有地区重要性的中型购物区，例如观塘市中心、屯门市中心、太古城和东涌市中心。它们主要服务地区居民，提供各式各样的家居耐用品、个人消费品、个人耐用品、消闲和娱乐设施以及餐饮服务。这些地区购物中心通常邻接区内公共交通枢纽，如港铁车站或巴士总站，方便乘客在这些枢纽转换公共交通工具时购物。

（c）邻舍购物中心

邻舍购物中心一般位于公营房屋和私人屋苑及以住宅为主的地点等住宅区附近，消费者信步可达。这类购物中心主要为区内居民提供便利品、家居零售服务、个人零售服务和餐饮服务。公营房屋和私人屋苑的商场及东区英皇道和长沙湾青山道这些主要道路沿途的临街商店便属于这类购物中心。

跨界购物活动

3.7 虽然在一九九零年代末期有不少香港人前往内地购物，但这个趋势已停止，而这种购物活动对香港的购物环境没有重大影响。大部分往内地购物的消费者需要特定的零售服务，包括娱乐、餐饮和按摩服务；这些服务在内地的消费较香港低很多。不过，大部分香港人仍然会选择留港购物，因为货品有更多选择，而且品质较有保证，售后和保养维修服务亦较佳。

3.8 另一方面，预期访港内地旅客会继续推动香港零售环境的发展，尤其是个人游计划会伸延至内地更多城市和地区。值得留意的是，内地旅客偏好大型连锁零售商和著名品牌商所提供品质优良和款式时尚的商品，而且他们会选择到传统的旅游区购物，例如旺角、铜锣湾和尖沙咀。

新购物模式的潜力

3.9 在香港，除某些标准的零售服务如网上银行服务外，网上购物目前并不普遍。

预期网上购物日后在香港亦不会流行，主要原因之一是香港只是小城市，到处商店林立，消费者实在无须到网上购物。此外，香港人视购物为一种消闲活动，实际上他们大多享受购物的乐趣，会选择外出购物而不是网上购物。

3.10　零售货仓和直销购物场这些新购物模式在欧洲和北美洲十分流行，但在香港的发展潜力却非常有限。这些零售设施需要广阔的可发展楼面面积、低廉的租金、便利的交通，以及舒适的环境，才能让消费者享受休闲的购物乐趣。鉴于香港没有太多土地能够符合这些要求，上述购物模式的发展潜力不大。对供应商来说，香港亦较其他国家和地区少了推动发展这类购物设施的动力，原因是他们在香港没有生产线，就位置和成本而言没有优势。

公共街市和熟食中心

3.11　过往，公共街市都是政府为迁置街上小贩而兴建的，目的是要改善环境卫生和照顾区内居民的日常需要。

3.12　审计署署长在一九九七年十月发表的第二十九号报告书中建议，经营能力应是规划街市时最重要的考虑因素；以及设立每个新街市前，均应就居民对街市设施的需求进行全面检讨，以确定新街市是值得兴建的。近年的趋势与发展，也对公众街市的规划造成影响。超级市场和新鲜粮食商店近年纷纷开设，市民有其他新鲜粮食零售店可以选择。由于这些商店的营业时间较长，市民的购物习惯也因而改变；公众街市出售的物品，再也不是市民唯一可以负担或优先的选择。这些转变对一些公众街市设施的经营能力造成很大冲击。此外，市民对保存文化遗产的支持日增，愈来愈多市民要求政府保留和改善现有小贩认可区／露天市场，而非考虑迁置这些用途。因此，辟建新公众街市的需求也进一步减少。

3.13　食物及卫生局和食物环境卫生署因应上述发展，于二零零七年进行政策检讨，所得结论是，日后应按个别情况考虑是否辟建新公众街市，以确保妥善运用公共资源。当局除了应考虑该区人口外，也应考虑其他相关因素，包括人口组合、社区需要、附近公营及私营街市设施的供应、新鲜粮食零售店的数目，以及区内市民对于保留小贩区的意愿等。

3.14　熟食中心由政府提供，原意是迁置街头持牌熟食档小贩以改善环境卫生，同时配合工业区在这方面的要求。目前领有牌照的酒楼餐厅、膳食供应设施、工厂食堂和其他食肆众多，熟食中心已失去昔日的主要作用。由于情况转变而令熟食中心的角色受到影响，当局会就辟建熟食中心进行检讨。在检讨结果公布前，辟建熟食中心与否会按个别情况考虑，当中会顾及多项相关因素，处理方法与公众街市相若。

行人专用区和主题购物街

3.15　从消费者的角度而言，市民的整体共识是支持划设更多行人专用区作为购物街和主题购物街，营造充满生气的购物环境、创造新枢纽点及提供新商机。城市设计和园景措施，例如连绵不断的综合行人通道网、广阔的行人道、优质街道设施、适当的绿化设施、景观软硬设施及清晰的标志，有助缔造舒适的街道购物环境。

3.16　虽然如此，市民亦担心划设行人专用区会带来各种问题，例如有需要提供足够的支援设施（如食物及饮品店及娱乐活动）、保留地区活力的便利运输通道，以及适当的管理以防止不恰当的活动（如搭建临时摊位、广告招牌和违例小贩活动）增长。

4. 零售设施需求的评估和供应的考虑因素

4.1　为进行前瞻性规划，或有必要在不同层面的规划——包括在全港、地区和邻舍规划上，评估零售设施的需求。不过，这些都是需要由专家进行的需求评估，因此通常会在规划过程中作为特别研究的一部分。估计零售设施的需求有两种惯常的做法，下文会作出详细解释，以作参考之用。模型结构的简介和建立两种模型的主要步骤载于附录1。

4.2　在策略性规划层面，评估零售需求通常采用计量经济学原理的方法，揉合经济学理论和趋势模型，以得出最能配合所关注经济实体过去的数据的一组程式或模型。但这个方法的最大缺点是建造模型需要大量未经分析的数据，既消耗时间亦需要不少资源。再者，这是按趋势推算需求的模型，只要有新的经济数据出现，模型便会过时，有需要重新建造。

4.3　在地区或邻舍规划层面，按消费开支推算需求的模型是常用的方法。这个方法是计算指定服务范围内现时的开支，然后把估计开支转换为对零售楼面空间需求的估计。可是，这个方法亦有局限，因为它非常依赖专业判断来界定服务范围和各零售项目市场占有率；结果各有关方面可利用相同的数据，但得出不同的预测，原因是采纳的假设有所不同。

4.4　就提供设施方面，规划师在规划过程中了解零售商和物业发展商如何决定提供多少零售楼面空间，以及在哪里设置新商店和商场亦有用处。虽然量化技巧，如群组分析、因素分析和地理信息系统有助零售商和发展者作出评估，但他们大多仍按照其“商业判断”决定零售设施的提供。

4.5　概括来说，零售商和发展者的“商业判断”是基于他们关注事项的经济指标来考虑的。这些指标包括服务范围的购买能力（从住户收入和消费模式反映）、盈利效益（零售物业租值和销售价值及附近一带日后的设施供应）、地区活力及交通畅达程度，以及区内竞争（例如有没有竞争对手）。

4.6　香港房屋委员会的发展项目提供多少零售设施，须取决于房屋署进行的评估、零售业务经验及现行政策。

5. 政府对零售规划的责任

5.1　政府一向清楚明白零售业发展须以市场主导，而政府应保持最少干扰，以便私营机构因应市场作出有效回应。

5.2　检讨亦显示了市民对于政府在规划零售设施的责任有何共识。法定规划图则的相关地带划分可规管零售发展，以及指引该等发展设置于适当的土地用途地带，而规划申请制度已提供足够灵活性，容许进行用途更改以配合市场不断转变的需求。政府无须积极进行规划或订明僵化的设施标准，相反只应担当支援角色，以改善购物环境，例如美化街景、鼓励进行娱乐活动，以及促进购物区的餐饮业发展。

6. 总结

6.1　本章旨在提供所需的背景和参考资料，以便规划和评估零售设施。这些零售指引并非用于指导零售业发展，因为政府认为零售业发展须由市场主导，而政府在规划上的干扰应尽量减少。

附录1　估计零售设施需求的量化方法

计量经济模型

1.计量经济模型基本上是一种数学函数，利用回归分析决定零售设施楼面面积需求与根据若干经济学理论确定的一篮子自变数之间的关系。一项经常运用的经济理论就是消费者的开支水平与零售设施楼面面积有直接的关系。另一项理论是指上一年零售设施楼面面积的供求情况以及楼面面积的租金／售价会直接影响零售设施楼面面积的需求。

2.用以建立零售设施楼面面积需求的计量经济模型的主要自变数包括：

（ⅰ）本地人口；

（ⅱ）工作人口；

（ⅲ）访港游客人数；

（ⅳ）游客零售开支；

（ⅴ）零售业销售额；

（ⅵ）零售和饮食业雇员人数；以及

（ⅶ）零售楼宇售价指数。

3.有关模型是以演绎程序来建立，故最终的数学程式最能彻底描述过往零售设施需求的趋势。建立计量经济模型的基本步骤载于图A1。

按消费开支推算零售设施需求的评估方法

4.按消费开支推算零售设施需求的评估方法是尝试计算在某个服务范围内可产生的零售消费开支水平，并把消费开支水平转换成对零售设施楼面面积需求的估计。整体的评估应用方法载于图A2。

5.这项工作需要收集基准年的零售系统的数据、调整基准年的零售模型、推算设计年的有关变数以及估计设计年零售系统所需的零售设施楼面面积。

6.进行预测所需的数据通常包括：

（ⅰ）人口、住户数目和游客数目；

（ⅱ）消费者开支；

（ⅲ）购物习惯；

（ⅳ）现有的零售设施楼面面积及其用途；以及

（ⅴ）零售业营业额。

7.不过，应予注意的是由此方法估计的零售设施楼面面积通常不包括零售服务，因为零售服务的消费开支和楼面面积需求两者间并非直接相关。为克服此缺失，标准的做法是采用零售设施楼面面积需求的估计结果，增加10%至20%之间的楼面面积，作为分配予零售服务。

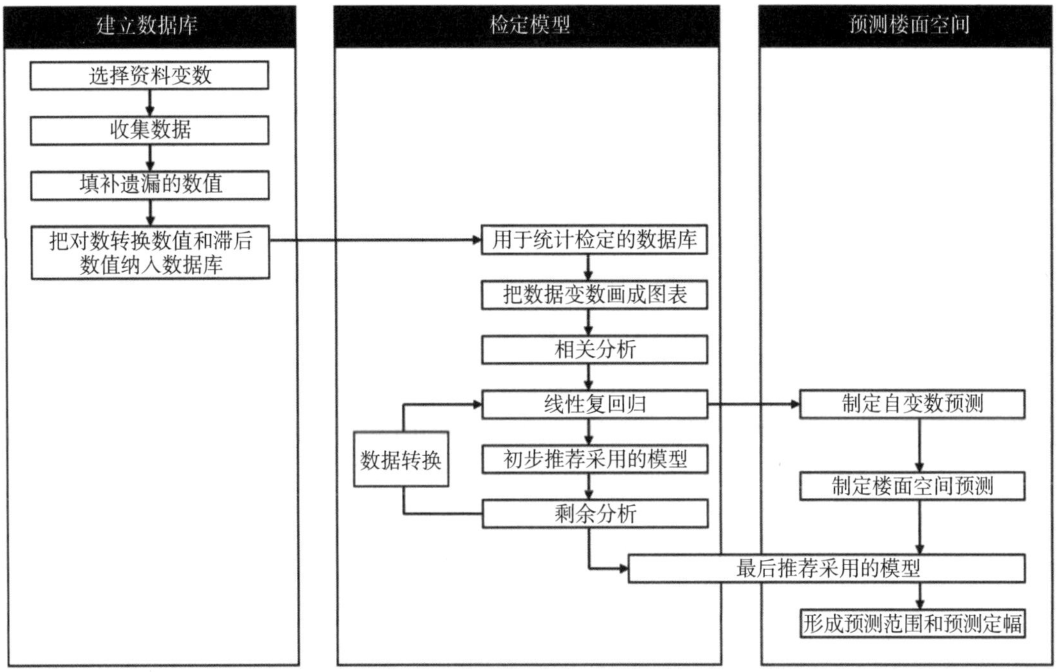

图A1：计量经济模型的基本步骤

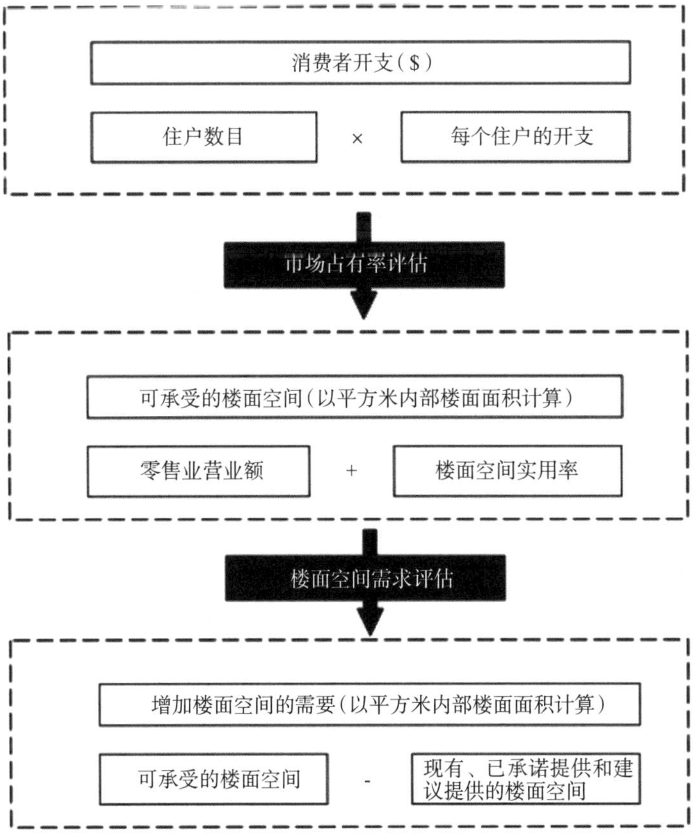

图A2：按消费开支推算零售设施需求评估的整体应用方法

第七章　公用设施

1. 引言

1.1　提供公用设施，对现代生活至为重要。从规划的角度而言，这些公用设施是基础设施的必需部分。当规划其供应情况时，应作妥善的协调，并与有关新发展区的整体规划工作互相配合，以达致融和、美观的设计。而在建筑物设计、阻隔滋扰及美化环境方面应纳入适当的缓解措施，以确保公用设施装置/公用服务位处的建筑物/构筑物能与四周环境协调，不会对环境（包括视觉方面）造成不可接受的负面影响。关于提供绿化覆盖面积的规定，使用者可参阅发展局技术通告（工务）第3/2012号－“政府建筑工程的绿化覆盖面积”（Development Bureau Technical Circular（Works）No.3/2012–Site Coverage of Greenery for Government Building Projects）（只有英文版），或屋宇署的《认可人士、注册结构工程师及注册岩土工程师作业备考》第APP–152号－“可持续建筑设计指引”（视乎何者适用而定）。倘须进行美化环境工程（包括垂直绿化），地盘的面积则须作出适当调整，以配合相关规定。

1.2　本章为规划师提供有关电力供应、气体供应、电话服务、无线电通讯及广播服务、供水及渠务设施的基本资料。所载准则可有助规划师明白这些服务/设施的规定，方便其与各政府部门及公用机构一起进行新发展区的规划工作。

1.3　当有关土地须用作设置公用设施时，在符合安全和其他所需规定下，应依循最大限度提高土地用途效益的一般原则，并征询相关决策局/部门的意见。尤其是，在规划过程中应仔细研究下列因素：

1.3.1　应尽可能把公用设施装置位处的建筑物/构筑物的体积减至最小，以配合有关公用设施装置所服务地区的发展需要；以及

1.3.2　在切实可行范围内，应尽用已选定作设置有关公用设施用地的最大发展潜力。例如，在可能情况下，可考虑在同一地点设置不同的公用设施，并须遵从现行的安全标准和其他政策。

2. 电力供应

2.1　概况

2.1.1　现时香港电灯有限公司（简称港灯）负责供电给香港岛及邻近的鸭脷洲和南丫岛；中华电力有限公司（简称中电）则供电给九龙、新界，以及包括大屿山在内的若干离岛。

2.1.2　供电设施包括发电厂、电力分站、架空输电缆及地底/海底电缆。鉴于发电厂乃属全港性的大型设施，须就个别工程进行特别勘察，因此，本章只针对后三者进行讨论。

2.2　电力分站

2.2.1　输电和配电工作经不同类别的电力分站进行。中电的网络包括超高压变电站、高容量变压站、总变电站和客户电力分站。港灯的网络则包括高容量变压站、总变电站和

客户电力分站。各电力分站的运作特色载述如下：

(a) 超高压变电站和高容量变压站（电力开关站）

中电网络的超高压变电站以400千伏特从电力站或其他超高压变电站接收电力，然后以132千伏特输电予高容量变压站或总变电站。高容量变压站再以132千伏特从超高压变电站或其他高容量变压站接收电力，然后以33千伏特至132千伏特不等的功率输电予总变电站，并以11千伏特的功率配电予客户电力分站。至于港灯网络的高容量变压站则以275千伏特或132千伏特从电力站或其他高容量变压站接收电力，然后以132千伏特至275千伏特功率输电予总变电站。

(b) 总变电站（分区电力站）

一般而言，中电网络的总变电站以33千伏特至132千伏特接收电力，然后为供电区提供所有负载11千伏特的电力。港灯网络的总变电站则一般以132千伏特至275千伏特接收电力，然后为供电区提供所有负载22千伏特及11千伏特的电力。

(c) 客户电力分站（配电分站）

中电网络的客户电力分站均以11千伏特接收电力，并以380伏特输出电力。港灯网络的客户电力分站则以22千伏特或11千伏特接收电力，并以380伏特输出电力。客户电力分站分为两类：

(i) 室内类别（电力变压房）

通常设于客户的楼宇内。

(ii) 室外类别

主要见于乡郊发展区，可设于客户的物业以内或以外。

2.2.2 要为供电区提供所有负载22千伏特及11千伏特的电力，必须有足够数目的总变电站和高容量变压站。为了能适时为新市镇或重建区供应电力，我们建议在规划初期便知会有关的公用事业机构发展计划的规模。中电或港灯会研究现有的总变电站和高容量变压站是否可以满足有关需求，又或是否需要新增有关的设施。至于通道、泊车和上落客货的安排，亦应在规划初期征询运输署的意见。请参阅第8章表11关于停车及上落客货的规定。

供电指引

2.2.3 超高压变电站和高容量变压站（电力开关站）

(a) 这些变电站或变压站应设在供电区附近靠近输电缆或主要输电缆路线（指高容量变压站）电塔的地方，以及在通往变电站或变压站的通道上可以安装足够导线的地方。

(b) 这些变电站或变压站与任何电话机楼、电台通讯及广播装置的范围最少应相距200米。有关人士可透过通讯事务总监获取其他意见。

(c) 由于大型变电站或变压站会是主要的噪声来源，因此应尽可能将该等设施设置在远离民居或其他易受滋扰的地区，以尽量减少噪声。倘若不可行，则须在设计变电站或变压站时一并拟订合适的噪声管制措施（见第9章第4.2.13节）。

(d) 与其他建筑物 / 构筑物最少应相距6米。

(e) 除经消防处处长预先批准外，变电站或变压站之上不得兴建住用单位。

(f) 典型的超高压变电站（设有六个240兆伏安、400千伏特的变压器）的用地面积规定约为6500平方米（100米 × 65米）。须利用行车路提供一条畅通无阻的通道，其阔度最少须为7.3米，而倾斜度则不得超过一比十二。这些数字只供参考，因为每个预留地盘均须经过详细研究。有关人士可透过机电工程署署长获取其他意见。

(g) 中电网络的典型高容量变压站（设有四个50兆伏安、132/11千伏特的变压器，以及132千伏特的开关板）的用地面积规定，约为2870平方米（70米×41米）。港灯网络的典型高容量变压站的用地面积规定，则介乎1504平方米（以一个275/132千伏特的电力开关站而言，即32米×47米）至2550平方米（以设有两个300兆伏安、275/132千伏特的变压器的275/132千伏特电力开关站而言，即30米×85米）之间。须提供一条不少于7.3米阔的通道，而该路的坡度不应超过一比十。同样这些数字只供参考，个别地盘须按个别情况进行详细评估。有关人士可透过机电工程署署长获取其他意见。

2.2.4　总变电站（分区电力站）

(a) 这些变电站应尽可能靠近供电区，而毗邻应设有超过一条道路以上，以安装所需的导线。

(b) 这些变电站与任何电话机楼、电台通讯及广播装置的范围最少应相距200米。有关人士可透过通讯事务总监获取其他意见。

(c) 除经消防处处长预先批准外，变电站之上不得兴建住用单位。

(d) 中电网络的典型总变电站（设有四个50兆伏安、132/11千伏特的变压器、132千伏特环回开关装置，以及80×11千伏特的开关装置板）的用地面积规定，约为1705平方米（55米×31米）。港灯网络的典型总变电站（设有四个60兆伏安、275/132千伏特的变压器）的用地面积规定，则约为1600平方米（40米×40米）。每增设一个变压器，建筑物的深度便须增加11米。须提供一条不少于7.3米阔的通道，而该路的坡度不应超过一比十。同样这些数字只供参考。有关人士可透过机电工程署署长获取其他意见。

2.2.5　客户电力分站（配电分站）

(a) 室内类别（电力变压房）鉴于这类电力分站通常设于客户的楼宇内，有关的电力公司会与个别发展商研究设置设施的位置。

(b) 室外类别

(i) 应尽可能靠近提供服务的地方。

(ii) 邻近的建筑物或构筑物最少应有两小时的耐火效能。倘若没有，则最低限度应与电力分站相距3米。

(c) 设有一个1.5兆伏安、22/11千伏特变压器及附带控制器的典型室外客户电力分站的面积为30.25平方米（5.5米×5.5米），室内的则为51平方米（8.5米×6米）。

(d) 须设有不少于3米阔的通道。

2.3　架空输电缆

提供设施指引

2.3.1　新电塔和架空输电缆的位置不可影响日后的土地用途模式，或破坏具发展潜力的土地。倘若有关土地须用作发展，现有的输电缆可能须改在地底敷设或改道，除非这些输电缆是根据《供电网络（法定地役权）条例》发出的指令所提及的核准计划的一部分，则不受此限。可是，有关人士应审慎考虑改道所需的庞大费用。

2.3.2　架空输电缆应尽可能避免架设于现时的发展区、极具发展潜力的地方或公众休憩用地。除了在特殊情况下，架空输电缆应避免架设在环境敏感地区，例如具特殊科学价值的地点、自然保育区和郊野公园。

2.3.3　在规划过程中，必须及早咨询有关部门，尤其是涉及电塔和架空输电缆的问题。如要架设超高压（例如400千伏特）输电缆，则应拟备详细的选址报告，并附上充分理据，供有关部门考虑。

环境方面的考虑

2.3.4　应审慎计划架设永久架空输电缆和电塔，并需考虑下列原则和环境因素：

（a）所架设路线应在实际情况下尽可能避免途经住宅用地及环境敏感地区，例如具特殊科学价值的地点、自然保育区、郊野公园、山脊线或会严重影响大型住宅发展景观的位置。

（b）电塔的位置和设计，应尽量减少对景观和附近住宅发展造成生态和环境方面的影响。

（c）在架设电塔时，应尽量减少破坏现存的植物。如有需要，应进行景观修复工作。

（d）倘若无法避免在第（a）段提及的环境敏感地区架设永久架空输电缆，则应咨询渔农自然护理署署长（如有关发展在郊野公园范围内）、规划署署长和环境保护署署长，以决定所应进行合适的规划和环境影响评估研究类别，以及应否采取纾缓措施，将有关的负面影响减至最少。另外亦应咨询民政事务总署署长倘若需要征询公众人士的意见，则应以什么规模和方式进行。

（e）倘若有关的架空输电缆属《环境影响评估条例》所提及的指定工程项目①，则在架设和运作时，必须遵守法定的环境影响评估程序，并须取得环境许可证。

安全方面的考虑

2.3.5　从电力安全的角度考虑，应安排将导体与毗邻的建筑物／构筑物分开。在计算安全操作距离的时候，应视乎承托导体的构筑物的设计而定，并考虑到导体因风力影响而摇摆至出现移位的程度。不同电压度导体（但地下电缆导电的275及22千伏特导体则除外）的各别最短安全操作距离见表一。

表1　考虑到电力安全问题而订定的最短安全操作距离

电压度（千伏特）	最短安全操作距离（米）
400	5.5
132	3.7
33	2.8
11	2.8

2.3.6　再者，在设计架空输电缆的时候，应提供足够的垂直对地距离（由导体的最低点—因地心吸力而下垂的地方—量度至地面）。在决定最短的垂直对地距离时，应考虑到载于电力供应规例的法定要求。不同电压度的有关距离见表二。

① 指定工程项目：根据《环境影响评估条例》附表2H.1和Q.1项的规定，架空输电缆不论架设在什么地方，倘若其负载为400千伏特，又或倘若其架设位置在环境敏感地区，而负载超过66千伏特，则有关工程便属指定工程项目。

表2　考虑到电力安全问题而订定的最短垂直对地距离

电压度（千伏特）	最短垂直对地距离（米）
400	7.6
132	6.7
33	6.1
11	6.1

2.3.7　表一和表二所载距离数字只供一般参考。为免在应用时引起混淆及可能对该等数据有所误解，应尽早咨询电力公司和机电工程署。机电工程署可能须就安全距离另加考虑，以配合用地的实际情况。

2.3.8　除了提供最短安全距离，亦可能须预留土地辟设一条6米阔的紧急车辆通道，通往毗邻任何建筑物的主墙，作消防用途。由于每个项目均会就个别优点考虑，因此须就有关的详细安排咨询消防处处长。

2.3.9　为了说明上述规定，图一、图二、图三和图四分别载有由电塔承托的400千伏特和132千伏特架空输电缆的示意图。

健康方面的考虑

2.3.10　从本地架空输电缆发出的电磁场频率极低（50赫），称为电源频率电磁场。现时普遍会依从国际非离子辐射防护委员会①一九九八年所颁布的暴露在电磁场下的限制指引的规定，尽量避免受电源频率电磁场的影响。虽然至今仍未有可作定论的科学证据足以证明，假设承受的电源频率电磁场水平低于一九九八年上述委员会所发指引订明的限制频率而会对健康造成不良影响，但有关部门和电力公司亦会密切监察关于这个课题的发展和研究。

2.3.11　机电工程署根据国际非离子辐射防护委员会在一九九八年所发出的指引，向电力公司建议在架设永久架空输电缆时，公众人士持续暴露在电源频率电磁场下的限制标准如下：

(a) 电场强度②不应超过每米5千伏特（方均根值）；及

(b) 磁通密度③不应超过0.1毫特斯拉（方均根值）(即100微特斯拉（方均根值）)。

电力公司应在有关架空输电缆的设计和规划阶段，征询机电工程署的进一步意见。

2.3.12　一般而言，较理想的工作廊（见第2.3.13段）所提供的分隔已考虑上述各点。可是，在架空输电缆的早期规划阶段，有关的电力公司应向机电工程署提供所需资料，以供考虑。

① 国际非离子辐射防护委员会：国际非离子辐射防护委员会于一九九二年成立，其前身为国际辐射防护协会辖下的国际非离子辐射委员会。国际非离子辐射防护委员会的工作包括调查不同形式的非离子辐射可能造成的危害、制订有关非离子辐射上限的国际指引，以及处理各方面有关非离子辐射防护的事宜。

② 电场强度：此乃电场施加于介质的力，其强度与电压来源成正比，距离电压来源越远，强度便越小。电场强度以每米若干伏特或每米若干千伏特表达。

③ 磁通密度：此乃在磁场某一点上每一单位面积的磁通量。磁通由流经电线的电流产生，其强度与电流成正比，距离电流来源越远，强度便越小。量度磁通密度的单位为微特斯拉或毫特斯拉。

架空输电缆的较理想工作廊

2.3.13　为了保护架空输电缆走线，并提供足够空间，以供架设、操作、检查、保养、修理电塔，以及替换、拆除有关设备，在一般规划时，须在架空输电缆沿线辟设一条“较理想工作廊”（如图一至图三所示）。倘若拟架设以柱支撑的架空电缆，则除了辟设“较理想工作廊”外，更须如图五、图六所示，辟设“较理想工作圈”，方便竖设支撑柱。

2.3.14　分别由电塔支撑400千伏特和132千伏特架空输电缆的较理想工作廊的阔度见表三及图一和图三。

表3　由电塔支撑的400千伏特和132千伏特架空输电缆的较理想工作廊

电压度（千伏特）	较理想工作廊的阔度（米）
400	50
132	36

注：部分132千伏特架空输电缆由电塔支撑

2.3.15　至于由柱支撑的导体，除了较理想的工作廊外，若电压在132千伏特或以下的，则须预留空间辟设“较理想工作圈”，方便竖设支撑柱。在确定工作圈的半径时，亦须考虑柱的高度。一般而言，架空输电缆的走线及输电缆支撑柱的位置应尽量远离现有的民居。由柱支撑的132千伏特、33千伏特和11千伏特架空输电缆各别的较理想工作圈及较理想工作廊的阔度见表四。

表4　由柱支撑的导体的较理想工作圈和较理想工作廊

电压度（千伏特）	为方便竖设支撑柱而设的较理想工作圈的阔度（米）	较理想工作廊的阔度（米）
132	36	21.4
33	24	12
11	24	10

2.3.16　由柱支撑的132千伏特架空输电缆示意图见图五和图六。

2.3.17　在较理想工作廊和较理想工作圈范围以外的建筑物发展，并不会受到限制，但须按消防处的规定，在有关合适的地点提供紧急车辆通道。倘若在较理想工作廊和较理想工作圈范围以内进行发展，便应征求机电工程署、消防处和电力公司的同意，确保已遵守上述有关安全和健康方面考虑因素的规定。

2.3.18　举例而言，只要导体（下垂部分）距离地面不少于15.6米，新界豁免管制屋宇／乡村屋宇的发展便可在400千伏特的架空输电缆位置底下进行。厘定这个距离时已顾及乡村屋宇的最高高度（8.23米）和天线的平均高度（1.87米），同时亦可保持天线与400千伏特导体之间5.5米的最短安全距离。然而，在开始进行任何发展或施工前，必须首先征得机电工程署、消防处和电力公司的同意。有关的说明图见图七。

2.3.19　然而，在距离架空输电缆45米范围内进行的任何临时或永久发展的建议，地政监督则须通知有关电力公司。

与架空电讯电缆分开

2.3.20　架空输电缆的走线应与其他架空电讯（例如电话）电缆分开，并应参考由通讯事务总监发出的“保护通讯网络免受配电影响工作守则”。

2.4　地底／海底电缆

2.4.1　电缆一般在地底或海床以下铺设，须取得路政署及／或地政总署与其他有关当局（如有需要）的批准，并符合相关法例的规定。

2.4.2　在切实可行的情况下，须尽量在输电电缆和电话电缆之间最少预留0.3米的空间。详细资料可咨询通讯事务总监。

3. 气体供应

3.1　概况

3.1.1　政府的政策应确保尽可能以导管输送气体燃料予住宅用户，尤其是新的建筑物发展，冀能减少石油气罐的使用量。就此，新发展的规划应以导管输送气体燃料，包括煤气及天然气或可由中央石油气贮存设施输送石油气。

3.1.2　在考虑气体供应时，必须遵守在一九九一年四月一日生效的《气体安全条例》（第51章）及其附属规例的规定。

3.2　管道气供应

3.2.1　管道气供应有下列数种形式：

（a）透过香港中华煤气有限公司传统的供应系统网络供应煤气或天然气；

（b）经由设置在发展地区内或附近的中央石油气贮存设施供应石油气。发展地区的面积由大型屋邨如美孚新邨至单座屋宇不等；和

（c）透过香港中华煤气有限公司的临时石油气／气体混合厂的供应系统网络，供应代用煤气或代用天然气。待有煤气或石油气供应后，上述石油气／气体混合厂便会停止运作；而煤气或天然气便会经由已有的供应系统网络供应予各用户。

3.2.2　在拟备发展或重建方案时，应尽可能在最早阶段征询香港中华煤气有限公司（煤气／天然气）或石油气供应商（石油气）的意见。

3.3　供应指引

煤气／天然气

3.3.1　制造、贮存、输送煤气或天然气，须兴建气体厂、气体贮存站，以及提供减压设备和一个由高至低输送压力的煤气检管系统。气体厂和气体贮存站乃十分专门的设施，须根据危险评估的结果个别处理。设置气体减压站，是为了将较高压的管道系统减为较低压的系统。装设减压设备所需的地盘面积视乎运作需要而定，由12平方米至2000平方米不等。一般而言，供应气体的喉管应在地底下敷设，但因为不同的技术原因，亦可考虑其他的敷设方法。至于有关管道位置和安全分隔距离的规定，机电工程署（气体标准事务处）可提供意见。如果公路设施是唯一的通路，又或附有策略性路线，该处是不应敷设供应气体的喉管。可是，如无其他路线选择，可考虑豁免这项限制。路政署和煤气公司应在早期规划阶段保持紧密联系，拟订可接受的路线。

中央石油气输送设施

3.3.2　须在提供服务的发展地区范围内预留永久用地作这项用途，但有关贮存地点

所需的面积和安全距离，以及管道的铺设，则须征询机电工程署（气体标准事务处）的意见。在通常的情况下，有关装置应该安全稳固，并设在通风情况良好和车辆可到达的地方，以便补充气体和提供紧急服务。

代用煤气／天然气

3.3.3 临时石油气／气体混合厂可设在提供服务的乡镇或发展范围附近，但不一定要在其毗邻，因为代用煤气／天然气可经由地底管道输送往距离较远的地方。可是，上述厂房应设在通风情况良好和备有其他公用设施（例如水和电）的地方，兼且该处应可让车辆到达，以便补充气体和提供紧急服务。虽然气体制造厂本身只是临时设施，但有关的输送系统网络则是永久设施，日后可与煤气或天然气的供应联系起来。石油气／气体混合装置的位置和地盘面积，得视乎日后的用户数目而定。用户数目决定石油气的存量、气化和气体混合厂的需要，而这几方面反过来又决定有关设施和邻近建筑物与固定燃烧点之间的安全距离。有关人士应征询机电工程署（气体标准事务处）的意见。

危险评估

3.3.4 气体厂、气体贮存站和石油气设施的危险评估是项目评估的基本组成部分，在设计及／或营运有关设施时，可能需要提供额外的安全措施，以确保尽量减少对公众所造成的危险。有关人士应参考载列在第12章的危险指引，并遵守潜在危险设施土地使用规划和管制协调委员会所制定的程序。审视危险评估工作乃由机电工程署署长（气体标准事务处）负责。如有发展计划在高压（最高为35巴）气体管道任何一边距离3米的范围内进行，无论是永久或临时的项目，地政监督亦应通知有关的气体公司。

4. 电话服务

4.1 概况

4.1.1 本地固定电话服务是本地固定电讯网络服务（固网）的一种。电讯盈科—香港电讯有限公司（电讯盈科）、和记环球电讯有限公司（和记环球）、香港新电讯有限公司（香港新电讯）及新世界电话有限公司（新世界电话）分别获发牌照营办本地固网服务。

4.1.2 国际电话服务是对外电讯服务的一种。电讯盈科、和记环球、香港新电讯及新世界电话持有的固网牌照已予修订，容许提供非专利对外电讯服务。截至二零零一年年中，约有200家公司获发给公共非专利电讯服务牌照，以提供对外电讯服务。

4.2 电话网络

4.2.1 电话网络包括用户住宅的设施、用户电话线、电话机楼和联机线路。

4.2.2 每个用户住宅的设施由一对电话线连接往本地电话机楼。电话机楼则为两个用户提供切线和驳线服务。

4.2.3 电话机楼的切线设备会根据输入的电话号码找出来电一方，后者可能在同一机楼或另一机楼。

4.2.4 联机线路乃电话机楼间的通讯线路，负责传送机楼间的电话。联机线路包括电话电缆系统和无线电通讯系统。

4.3 电话机楼

4.3.1 一般而言，所有电话机楼均有本地机楼的设备。在某些电话机楼，可能会有其他种类的机楼设备，负责不同工作，例如提供汇接、缴费或其他服务。本地和汇接机楼较为普遍。

（a）本地机楼

本地机楼是用户电话线最终连接在一起的地方。每个本地机楼为其附近社区提供服务。每个本地机楼服务的用户电话线数目由数百至120 000不等，视乎地理环境、人口密度和商业用户的数目而定。截至二零零一年年中，约有90座本地机楼。

（b）汇接机楼

汇接机楼用来转送本地机楼间的电话，通常与本地机楼设在同一地点。

4.4　服务指引

4.4.1　为了能准时满足新市镇或重建区对电话服务的需求，应在早期规划阶段知会固网营办商发展的规模。固网营办商会研究可否透过现有的电话机楼或其他方法提供电话服务，又或是否需要设置新的电话机楼。

电话机楼

4.4.2　有鉴于用地大小会随着好些因素转变，例如电话线的数目和切线设备的类别，故不可能直截了当定下预留土地的标准，但下列各点可作为一般指引：

（a）在乡郊地区提供不超过10 000条电话线的本地机楼，所需的用地面积约为500平方米。

（b）在市区提供20 000至60 000条电话线的本地机楼，所需用地面积约为1000平方米至1500平方米。

（c）在市区提供最多120 000条电话线的本地机楼、本地暨汇接机楼或电话机楼综合大楼（接线生中心、办事处、电脑室、机楼，所需用）地面积由1500平方米至2000平方米。

4.4.3　在乡郊地区，辟设小型电话机楼和预留土地进行小规模扩建工程，较辟设大型电话机楼适合，如此可保存乡郊的美化市容。

4.4.4　在市区，电话机楼一般设在特别设计的多层大厦内，但在特殊情况下，假使其他类型的建筑物备有辟设电话机楼所需的特定设施，则也会设在该等建筑物内。

4.4.5　为了更有效率和更符合经济原则，机楼得尽可能设在接近电话服务需求最大的地方。

4.4.6　机楼所在位置，应方便通往各主要道路，俾能铺设机楼以外的电缆和运送设备。为使电缆管的铺设和有关设备的铺排更加理想，连接两至三条呈长方形道路的街角地方是合适的辟设机楼地方。至于通道、泊车和上落客货的安排，则应在早期规划阶段征询运输署的意见。

4.4.7　一般而言，在大型发展项目第一期工程竣工前两年半左右，便应备妥土地兴建电话机楼。此举是为了确保可为发展初期的用户提供电话服务。

4.4.8　机楼应设在距离任何发电站、高容量变压站或总变电站（即以132千伏特或更高电压接收电力的变电站）最少200米的地方，以免令地线可能接收到电力站所发出的电能，同时亦免受电力干扰。这两点对机楼内操作人员的安全及精密的电子电讯设备极具影响。

4.4.9　电话机楼应远离电气化铁路系统、大箱形暗渠、防洪渠和电缆隧道，以免堵塞电话电缆导管。至于相隔的距离，则应逐次评估，并应在早期规划阶段咨询固网营办商。

4.4.10　电话机楼应远离例如加油站和易燃物品仓等存有危险品的地方，以免发生火警或爆炸。再者，机楼应远离河流和湖泊，以免受泛滥影响。

电话电缆

4.4.11　电话电缆一般应铺设于地底管道，除非受其他因素所限，则作别论，例如在有关地点有天桥、河流、防洪渠，建筑地盘的临时电缆设施，因经济理由在乡郊地区提供的少量架空电缆，以及在私人土地提供的架空电缆。

4.4.12　电话电缆应尽可能设在远离发电站或变压站的地方，但那些为发电站或变压站提供电话服务的电缆则例外。该等电缆可能需要特别保护。

4.4.13　电话电缆应尽可能与电缆分开，一般应最少相距0.3米。如要获得详细资料，应参阅由通讯事务总监发出的“防止通讯网络受配电影响工作守则”。

4.4.14　电话电缆应尽可能远离电气化铁路系统。其与最接近的轻便铁路系统最少需相距2.5米，与香港铁路系统则最少需相距300米。

4.4.15　原则上，应在公路设施专用范围的地底下铺设电话电缆导管。在公路的早期规划阶段，须咨询固网营办商。

无线电通讯系统

4.4.16　在使用电话电缆不可行或不划算的地方，可使用微波无线电通讯系统连接市区及市区以外地区。

4.4.17　这些系统一般安装在电话机楼建筑物的天台，但在特殊情况下，也可设在电话机楼附近的流动储存器内或以其他方法装设。

4.4.18　原则上，有关的天线装置的位置，应与对应的位于另一幢电话机楼建筑物或山顶无线电台的天线装置保持成一直线，中间不可有遮挡物。

5. 无线电通讯及广播服务

5.1　概况

5.1.1　由于这类设施种类繁多，因此不可能定出用地需求标准，每宗个案应按个别情况予以考虑；考虑时采取的一般原则，是鼓励共用现有的山顶用地。

5.1.2　就无线电通讯服务及以无线方式传送的广播服务而言，通讯事务管理局办公室（简称通讯办）会尽可能避免使用未开发的山顶用地，尤以该等用地易受影响或景观价值高的情况为然。倘在现有的山顶用地设置的无线电通讯或广播站不足以为新发展区提供服务，便须使用未开发的山顶用地。在此情况下，无线电通讯或广播站应尽可能设于靠近现有通路，以期无须兴建运输道路，避免对环境造成负面影响。鉴于未开发的山顶用地申请的相关处理程序需要多个政府部门互相协调，因此，新发展区的无线电通讯及无线广播服务的筹划工作须于早期规划阶段便展开，所需时间可能长达36个月。

5.2　有关提供山顶设施的指引

5.2.1　在决定电讯及广播构筑物（例如：建筑物或塔架）的位置和设计时，应参考“申请使用或发展山顶及乡郊地点作无线电通讯系统的程序”；该份程序由通讯办发出，并会应要求予以提供。

6. 供水

6.1　概况

6.1.1　本港所用食水约有70%至80%是根据本港与广东省当局所签订的协议由内地输

入。其余20%至30%则来自根据宪报公布约占全港总面积三分一的集水地区。

6.1.2 供应食水所需的土地主要用作贮水库、集水用地、喉管、滤水厂、抽水站、配水库、厂房、工场及办公室。此外，在供应咸水冲厕方面，亦需土地提供喉管、抽水站及配水库。

6.1.3 集水地区的土地不一定只可作供水用途。有关方面已在政策上达成共识，容许该等土地作其他与环境相协调的用途。在集水地区以内或附近的发展或工程的规划，应遵从水务署所订指引，有关指引载列在“集水区土地使用及发展工作小组报告”内。其中值得注意的其他用途包括郊野公园、特别地区或具特殊科学价值地点及其他康乐用地等。

6.1.4 对环境和视觉会造成影响的供水设施应避免占用海傍土地。除非运作需要，或在没有其他更佳的地点替代选址下，相关决策局／部门应尽可能把设施的覆盖范围减至最小，并落实所需的缓解措施，以纾减对海滨造成的影响。在切实可行的情况下，相关决策局／部门应尽可能把设施的边界后移，以提供海滨通道予公众使用。

6.1.5 配水库的上盖大多可提供大幅平面用地。如一些可达性高的配水库，而水务署在运作上亦不须使用有关土地，在妥善的管理和合适的防护措施下，便可将有关用地规划作休憩、康乐及其他与环境相协调的用途。有关方面应在配水库设计前就这双重用途的意向与水务署达成共识。

6.2 位置指引

6.2.1 *配水库*

(a) 食水及咸水配水库的位置应尽可能靠近服务地区，并且在可能情况下，辟设地点的地面水平应容许利用引力输水给供水区。有关位置应尽量避免在郊野公园、当眼的海傍地区、特别地区及其他环境敏感的地区。

(b) 应尽量避免发展难度高的用地兴建配水库，以减低建筑成本。配水库的设计应减少对视觉、景观及生态的不良影响，同时亦应包括美化环境的措施。

(c) 如有其他选址能符合供水设施的要求（例如建筑及营运成本等），配水库应设在较易通达的地点，以便配水库顶部可作康乐用途。

6.2.2 *抽水站*

(a) 抽水站的位置通常应适当地设于水源附近，以确保可用正压式吸水头的方式运作。

(b) 抽水站的所在地应有车辆通道接驳，以便进行维修及运送物料与危险品（消毒物品等）。

(c) 抽水站应尽可能设在远离民居或其他易受滋扰的地区，以尽量减少噪声问题。倘若不可行，则须在设计抽水站时一并拟订合适的管制措施（另见第九章第4.2.13节）。如有需要，设计内亦应纳入美化环境措施，俾能与周围环境协调。

(d) 抽取海水的咸水抽水站应尽可能靠近可抽取清洁海水来源的海傍。抽水站抽取海水的地方应远离海事活动范围及排污渠口，一般距离至少100米（即从抽取海水的地方起计，两边距离合共200米）。在切实可行的情况下，位处海傍的咸水抽水站的覆盖范围应尽可能减至最小。海傍抽水站环境的设计应与毗连的海滨长廊融合，并通过适当的缓解措施以纾减环境及视觉影响。

6.2.3 *滤水厂*

(a) 若滤水厂被归类为潜在危险装置，其选址应遵照潜在危险设施土地使用规划和管制协调委员会（下称“协调委员会”）所制定的程序进行。

（b）在决定滤水厂的位置时，应考虑污泥排放管及抽水设施的噪声（见上文第6.2.2（c）段）对环境所造成的影响，以及外观问题。任何污泥排放必须遵守既定的污染物管制指引的规定，并在有需要时在设计上纳入美化环境设施，俾能与周围环境协调。

6.2.4 *水管*

（a）水管一般藏于地底及沿行车道敷设。若情况许可，最适宜在行人路或单车径等个别专用范围的地底下敷设；除非情况需要，否则应避免设于美化市容地带。

（b）在可能的情况，水管应与电缆及其他公用设施保持适当距离。

（c）就工程方面而言，沿斜坡顶部敷设水管是不可取的做法。有关方面必须采取措施尽可能防止漏水，以免影响斜坡的稳定性。原则上，所有在斜坡敷设的水管与坡顶的距离，不应少于斜坡的高度。这是最低标准，但每个情况应个别考虑。倘若未能就在坡顶以外地方敷设水管的发展建议而作出修改，则在设计斜坡时，便应采用适当的安全系数，并考虑一旦漏水时所造成的影响。作为另一选择，水管可设在有合适排放点并连接排水明渠或天然溪涧的密封坑道、管道系统或套管内。在设计上，有关管道系统的排水量应与事先确定的漏水量相同。我们建议管道系统的排放量应每六个月监察一次。

7. 渠务设施

7.1 概况

7.1.1 渠务设施包括提供污水渠、污水处理及排放设施、雨水渠基础设施，以及有关设施的运作和维修。现时渠务署负责提供公共的渠务设施。

7.1.2 提供上述设施时，不管作公共或私人用途，均须遵守第9章所胪列有关环境规划的标准及指引。

7.2 污水渠系统

7.2.1 污水应经由密封的污水渠收集和排送，而有关管道一般应在地底敷设。排污系统的设计应尽量减少造成气味及污水腐化问题。关于污水腐化控制设施的运作及维修保养规定，使用者可参阅有关的渠务署作业备考第1/2011号“有关运作及维修保养规定的设计核对表”。

7.2.2 污水渠可设在行车道、行人径或单车径的地底；除非情况需要，否则应避免设于美化市容地带。倘若不可行，则应预留排水渠专用范围。所选择的污水渠位置及排列方式，应能尽量减少日后进行的污水渠维修工程对来往车辆及行人所造成的滋扰。倘若污水渠须在行车道地底敷设，则应尽可能设在同一条行车线内，以尽量减少在维修时对交通的滋扰。有关方面亦应尽可能使用无压污水渠系统。

7.3 雨水渠系统

7.3.1 雨水可经由密封渠道或明渠收集和排送。上文第7.2.2节所载亦适用于密封雨水渠的规划和设计。新的排水渠／系统应尽可能采用可持续发展的环保设计。关于排水基础设施（包括绿化河道及防洪／蓄洪措施）的设计，使用者可参阅有关的渠务署作业备考第1/2005号“兼顾环境因素的河道设计指引”。

7.3.2 在选择排水道的排列方式时，应考虑尽量减少对邻近社区的滋扰及收回土地的需要。

7.3.3 当局亦应提供行车通道等辅助设施，以确保排水道能妥善运作及进行维修。此外，应考虑纳入美化环境设施，与周围环境互相协调。渠务辅助设施（如排水渠堤）亦可用作美化市容地带或康乐用地，而有关通道则可用作海滨长廊。

7.4 抽水站及污水处理厂

7.4.1 污水处理厂、雨水渠及污水抽水站在设计上应尽量减少噪声、臭味及外观问题。在可能的情况下，应提供合适的缓冲区，使有关设施远离民居或其他易受滋扰的地区。倘若不可行，则应在设计有关设施时一并拟订合适的消减措施，例如隔音设备、气味控制设备及美化环境设施。倘若基于运作需要，抽水站须设在当眼的海傍地区，应在切实可行的情况下尽量将覆盖范围减至最小，并且进行美化环境和优化工程，以纾减环境和视觉影响。此外，污水抽水站、相关的加压污水管和污水处理厂的设计，亦应尽量避免出现积存污水及污水腐化的情况。

7.5 围海造田排水及雨水抽水计划

7.5.1 围海造田排水及雨水抽水计划旨在为低洼地区的建筑物及屋宇提供防洪设施。该计划包括辟设雨水抽水站、雨水池，并在建筑物、屋宇及雨水池周围建防洪垦或防洪墙。

7.5.2 雨水池应设在计划区内最低洼的地带。基于安全理由，雨水池应加设上盖或适当的屏障。在任何情况下，在雨水池的范围内不得设有公共通道。

7.6 渠务保留地

7.6.1 在任何情况下应提供不设限制的通路，以通往渠务保留地。除在特殊情况下，有关范围内不得设置构筑物。此外，如须在渠务保留地内种植涉地广泛而树根深入泥土的树木，应先征询渠务署同意。

8. 公用设施专用范围

8.1 一般而言，在快速公路范围内不得提供公用设施，除公路运作的必需设施外，如街道照明和紧急电话等。在特殊情况或路政署署长同意下，其他公用设施亦可能会获得批准。在规划新发展区时，应在路傍行人路（例如行人道及单车径等）预留公用设施专用范围，以便铺设各类公用设施，例如电缆、电话电缆、煤气管、污水渠、排水渠、水管等。在可能情况下，应在道路专用范围以外辟设公用设施专用范围，以减少维修公用设施期间对来往车辆可能造成的滋扰。除非情况需要，否则应避免在美化市容地带铺设公用设施。

8.2 在公用设施专用范围内，应提供适当距离以分隔不同种类的公用设施。各专用范围的实际距离则视乎个别情况和计划提供的公共设施的类别而定，并需要在规划阶段及早咨询有关的公用机构及部门。

8.3 应为地下设施管道和装置提供足够的覆盖，并需要在规划阶段及早咨询路政署。路政署已就这些地下设施管道和装置的位置订明最少深度的规定，有关规定的详情，载于路政署公布的标准挖掘准许条款内，并可于该署网页（http://www.hyd.gov.hk）浏览。

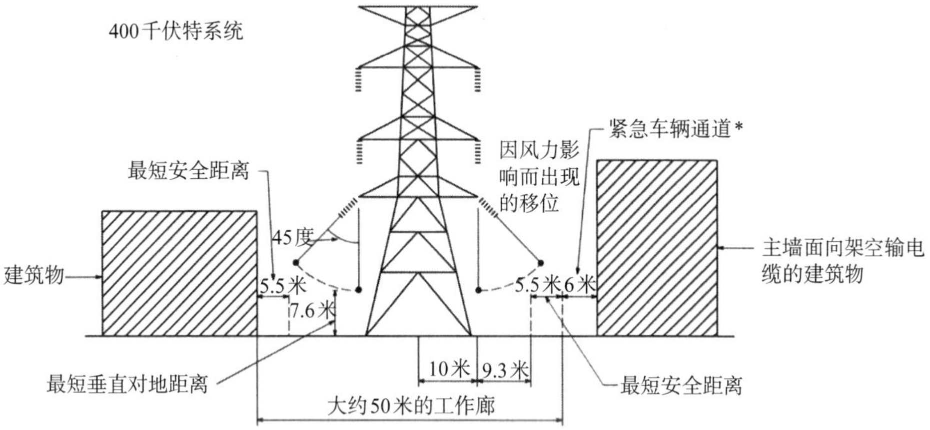

*非强制性规定，视乎消防处的建议而定

图1　较理想的工作廊、最短安全距离和最短垂直对地距离

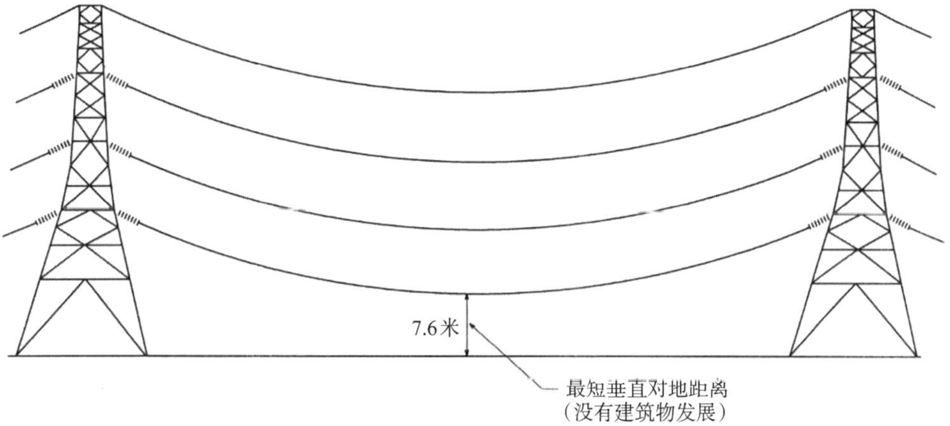

图2　400千伏特架空输电缆横面立视图

（资料来源：中华电力有限公司）

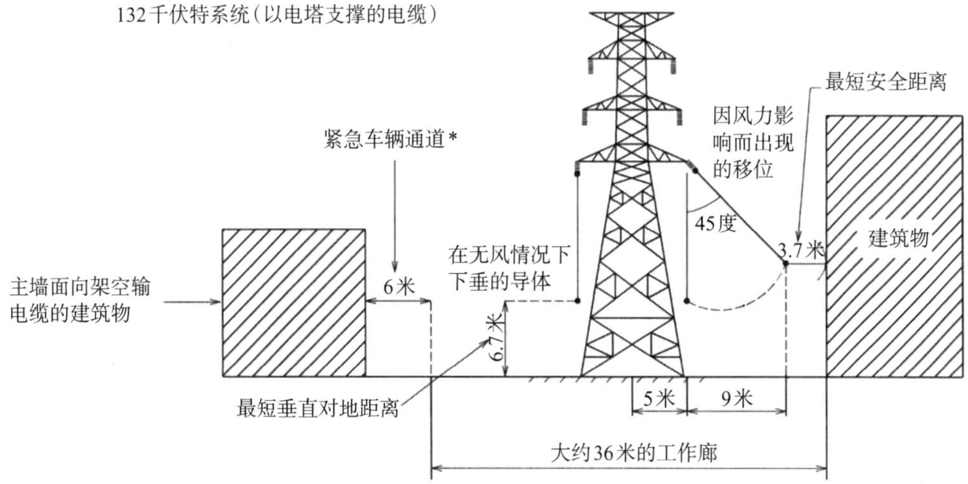

*非强制性规定，视乎消防处的建议而定

图3　较理想的工作廊、最短安全距离和最短垂直对地距离

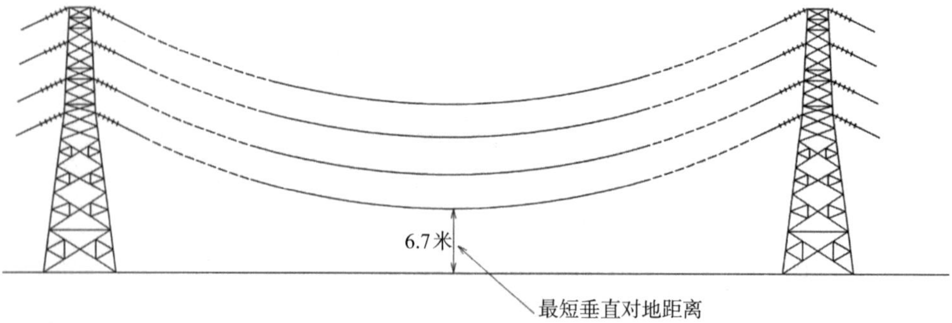

图4　132千伏特架空输电缆横面立视图

（资料来源：中华电力有限公司）

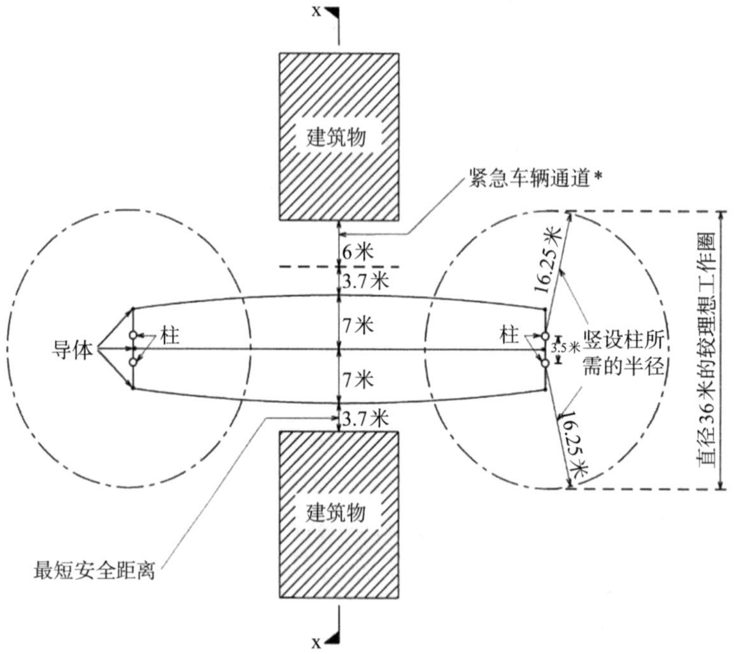

图5　以柱支撑的132千伏特电缆较理想的工作廊和最短安全距离平面图

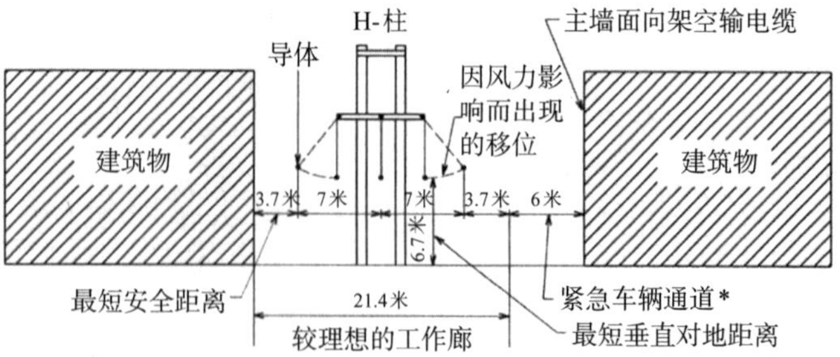

*非强制性规定，视乎消防处的建议而定

图6　以柱支撑的132千伏特电缆的最短垂直对地距离

（资料来源：中华电力有限公司）

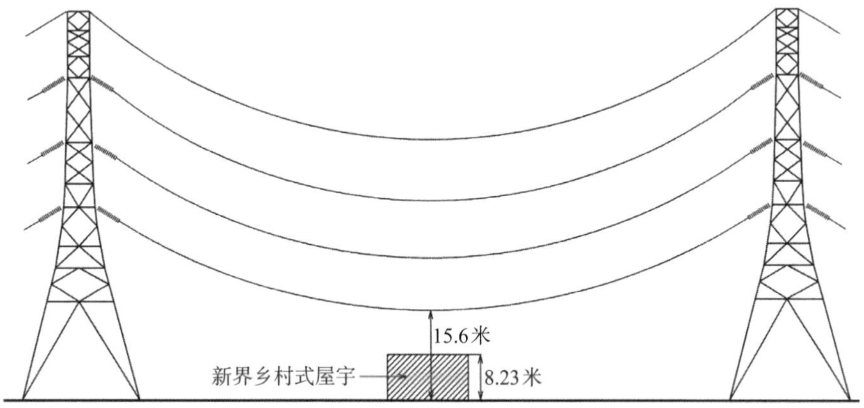

图7　可能在400千伏特架空输电缆底下进行乡村底屋发展的示意图
（资料来源：根据中华电力有限公司的绘制作出修订）

第八章　内部运输设施

1. 引言

1.1　政策目标

1.1.1　新的运输策略《迈步前进：香港长远运输策略》支持当局的施政方针，就是要在保护环境的前提下，提供及维持安全、可靠及高效率的交通运输系统，使香港今后得以持续发展。这个策略的目标可概述如下：

•更妥善结合运输与土地用途规划；

•更充分运用铁路；

•更完善的公共运输服务及设施；

•更广泛运用新科技来管理交通；及

•更环保的运输基础设施及活动。

1.1.2　上述运输策略所有涉及土地用途规划的目标及措施，均已纳入《香港规划标准与准则》的有关章节内，以确保其在规划过程中会获得充分考虑。这些目标及措施的详细内容见附录1。

1.2　与《香港规划标准与准则》及《运输策划及设计手册》其他各章的关系

1.2.1　一般而言，道路、铁路、总站、车厂、油站等内部运输设施，均有可能损害环境。在规划阶段，运输与环境的相互影响成为运输计划评估的考虑因素之一。因此，有关方面应就这些计划的环保事宜咨询环境保护署，并应尽可能遵守第九章“环境”中有关内部运输设施的环保指引。至于环境影响评估条例的指定工程项目，则应遵守法定的环境影响评估程序。

1.2.2　本章没有包括技术细节，但如有需要，也可参阅由运输署拟备的《运输策划及设计手册》。附录2表列了手册内宜参阅的章节。

2. 铁路设施

2.1　一般目标

2.1.1　铁路将会发展为客运公共运输网络的骨干。现有及已规划的铁路走廊沿线面临越来越多发展压力，要容纳不断增加的人口及提供更多就业机会。在“铁路发展策略2000”内，已阐述香港至二零一六年的铁路发展方案。

2.1.2　原则上，在规划新发展区及大型的人口及就业中心时，须充分考虑如何尽量利用现有及拟议的铁路路线及车站。就辟设通道作出规划时，亦须留意这点，以便配合现有的铁路系统，并妥善地融合以道路为本及以铁路为本的运输系统。

2.2　铁路系统的类别

2.2.1　现时共有4个不同的铁路系统为本港各区提供服务：

•山顶缆车

•香港电车

•香港铁路

•西北铁路（屯门—元朗轻铁系统）

2.2.2　上述铁路系统大致上可分为轻便及重型两类，但在研究市区内的铁路时，有时很难作出区别。一般来说，香港铁路可列为重型铁路系统，而西北铁路及香港电车则属轻便铁路系统。轻便铁路系统的列车较短，停站多，载客量较少。另一方面，重型铁路系统在运输系统中则有较高的运载能力。

2.3　铁路系统的标准

2.3.1　各铁路系统的技术规定均有不同，根据本身的运作特性厘定。

2.3.2　路轨的阔度、弧度及坡度、总站／车站及车厂的面积及设计，均须根据特别可行性研究的结果来厘定，这些研究须获运输署、路政署及有关的委员会批准。

2.4　决定位置的因素

2.4.1　在规划新铁路或铁路专用范围时，应考虑融合铁路计划与土地用途规划。铁路计划可令地区的发展机会增加或减少。有关方面应考虑主要的规划指标，例如人口及就业中心的分布情况，以确保铁路系统可为其提供最理想的服务。为了增强铁路服务的可行性，应尽可能利用铁路车站、车厂及公共运输交汇处周围的发展机会，同时又不影响在规划上的其他考虑因素，例如基础设施及环境问题。

2.4.2　铁路车站／公共运输交汇处的所在位置，市民应可徒步不超过500米往返居住、工作、购物、商业、文娱地点及其他人多出入的活动中心，并应设有妥为规划的行人通道系统以加强联系。在步行路程较长及路程达1000米的情况下，应考虑在规划阶段尽早提供辅助设施，例如自动行人道，协助行人往返总站／公共运输交汇处及其他发展。这有助鼓励市民使用公共运输服务，以及纾缓对私家车的倚赖，改善道路挤塞的情况。

2.4.3　在规划新铁路或铁路专用范围时，亦应考虑尽量减低有关计划对易受噪声影响的地方可能引起的影响。一般的考虑因素包括铁路路线与易受噪声影响的地方之间留有适当分隔距离、提供屏障及吸音装置，以及在车厂加设上盖。地下铁路及地面铁路在规划路线及车站时须考虑的因素颇为不同。地下铁路须关注的噪声及视觉问题较地面铁路为少。另一方面，地下铁路在规划土地用途时应考虑一些有关通风塔或消防通道的规定。这些在环境影响及连带的规划影响方面的分别，须在规划铁路及其附属／或附近发展时加以考虑。关于在环境方面的具体考虑因素，读者可视乎情况参阅第9章或征询环境保护署的意见。

2.5　铁路保护

2.5.1　路政署铁路拓展处在宪报公布铁路计划前，会不时发出行政上的铁路路线保护图则。任何会影响铁路保护区的规划及发展事宜，可转达铁路拓展处考虑。

2.5.2　行政上的铁路路线保护的目的，不是引致规划上的限制，也不是不必要的冻结发展，而是确保这些拟建铁路计划不会受到其他发展所阻碍。实施行政上的铁路路线保护程序后，各部门可及早了解因铁路计划而引起的相互影响。如可能引致冲突，可适时采取根据政府目标及政策的适当行动予以解决。

3. 道路

3.1　道路等级

3.1.1　鉴于本港道路网过往的发展，现时很难准确界定道路等级，但大致上仍可按道路拟发挥的特定功能而将其归类。

3.1.2　快速公路是根据道路交通条例所指定的连接本港主要人口及活动密集区的道路。虽然在功能上与主干道甚或若干主要干路相若，但在设计上却需要根据较高的标准。快速公路可以贯穿市区和郊区，并不局限于任何一区。主干道或主要干路不一定全是快速公路。

3.1.3　市区（包括香港、九龙及新市镇）的道路等级计有：

(a) 主干道：疏导各主要人口及活动密集区之间较为长程的交通流量；

(b) 主要干路：疏导主要市区内各中心点之间的交通，形成一个主要道路网；

(c) 区域干路：疏导主要市区内各主要道路网与各地区之间的交通；及

(d) 地区干路：直接由区域干路通往区内楼宇及土地的道路。

3.1.4　郊区道路可分为：

(a) 主干道：参照第3.1.3段的定义；

(b) 甲级郊区公路：疏导由较小的人口密集区或市民常到的康乐区至主要道路网的交通流量；

(c) 乙级郊区公路：疏导由乡村至甲级郊区公路的交通；

(d) 接驳道路：疏导由较偏远民居至乙级郊区公路的交通；及

(e) 单线通路：疏导由独立发展区至乙级郊区公路的交通。

3.1.5　一如图1、图2、图3、图4及图5所示，任何道路的总阔度均由数个部分组成。因应道路的类别及功能，组成部分可能包括：

(a) 一条或以上数目的行车道；

(b) 行人路；

(c) 路肩；

(d) 设有或不设种植预留地带及边带的路边；

(e) 中央分道带及安全岛；

(f) 支路；

（g）隔音屏障；及

（h）单车径。

虽然较后段落会就这些组成部分的合适阔度提供指引，但重要的是，真正采用的设计准则，特别是在几何特性、交通标志及道路标记等各方面，必须配合道路预期使用的车速。因此，大部分标准不应被视作绝对最高或最低限度，而是可按照经济、环境及道路安全等因素加以调整，以切合具体环境的需要。有关各组成部分典型的横切面，可参考《运输策划及设计手册》第二卷第三章。

3.2　市区道路的标准

3.2.1　各类道路的一般设计特点如下：

（a）快速公路

为双程分隔车道，只在每个相隔很远的分层道路交界处才设直接路旁出入口。车路各段应设左面路肩，停车限制全日生效。交界处最好各相隔5千米左右，但在个别情况下可把距离缩短，惟不宜少于2千米。所提供的行人设施，应与车辆交通完全分隔。

（b）主干道

为双程分隔车道，不设直接路旁出入口，停车限制全日生效。最好设有分层道路交界处。如设交界处，中心点的相隔距离不应少于1千米。如因实际情况或其他限制而需设置地面路口交界处，相隔距离不应少于300米。所提供的行人设施，应与车辆交通完全分隔。

（c）主要干路

为双程分隔车道，性质与主干道相似。

（d）区域干路

为双程分隔车道或不分隔行车道，设有容车量大的路口交界处，停车限制在繁忙时间生效。一般不设路旁泊车位。如有需要，或准设置直接路旁出入口。

（e）地区干路

为不分隔行车道，通常设有直接路旁出入口，或需实施停车限制，但通常只在路口交界处附近才作此规限。或准设置路旁泊车位。

3.2.2　根据《运输策划及设计手册》而建议的车路阔度，载于表1。

表1　市区车路的最低阔度（运输策划及设计手册）

道路类别	不分隔行车道	双程分隔车道
快速公路及主干道	—	7.3米（两线） 11.0米（3线） 14.6米（4线）
主要干路+	—	6.75米（两线） 10.0米（3线） 13.5米（4线）
区域干路+	7.3米（两线） 10.3米（两线）* 13.5米（4线）	6.75米（两线） 10.0米（3线）

（续上表）

道路类别	不分隔行车道	双程分隔车道
地区干路+	7.3米（两线） 10.3米（两线）* 13.5米（4线）	6.75米（两线）

+ 如有电车轨，须设有5.5米阔的电车专用范围以方便双轨行车。

* 当繁忙时间的交通流量（双程）超逾1 600架次但少于2 400架次时，应采用较宽敞的两线不分隔行车道。基于安全理由，不建议采用3线不分隔行车道。

3.2.3 就区域及地区干路而言，如准许泊车及／或上落客货可能会阻碍交通，应在车路任何一边或两边加阔3米。

3.2.4 关于私人发展范围内的私家街道及通路，一般按照香港法例第123章《建筑物条例》及《建筑物（私家街道及通路）规例》所规定的准则设计。然而，如该等街道及通路拟供公众使用及成为整体公路系统的一部分，又或会有公共交通工具行走，则应按照《运输策划及设计手册》所载的标准及路政署的规定设计及建造。

3.2.5《建筑物（私家街道及通路）规例》所规定的车路最低阔度，载于表2。对于阔度少于6米的私家街道及通路，如需用作紧急车辆通道，路面必须最少净阔6米（可包括毗邻的行人路或路边在内），以便消防车运作。

表2 私家街道及通路的车路最低阔度（建筑物条例）

道路类别	住宅	工业／混合用途
主要私家街道	7.3米	10.5米
次级私家街道	5.5米	7.3米
尽头路	5.0米	7.3米
通路	5.0米	不适用
设有让车处的通路	2.75米	不适用

3.2.6 工业通路的最低标准，载于图6。通往工业楼宇的主要通路，车路最少阔13.5米，每边行人路最少阔3.5米。因此，标准道路的总阔度为20.5米。

3.2.7 通往工业楼宇的次要通路，单程车路最少阔7.3米，双程则为10.3米，每边行人路最少阔3.5米。因此，单程次要通路的总阔度为14.3米，双程则为17.3米。

3.2.8 工业区内的走火通道及后支路最少应有9米阔。

3.2.9 市区道路中央分道带的阔度，会因应个别情况而改变，亦受街道装置所影响。关于设有防撞栏或类似设施的市区道路中央分道带的最低阔度，表3载有相关指引。

表3　市区道路中央分道带的最低阔度

道路类别	分道带阔度
快速公路	2.3米
主干道	2.3米
主要干路	2.3米
区域／地区干路	1.8米

3.2.10　如在中央分道带种植花木，则需增加表3所列阔度。在行车道旁种植花木的规定，载于《运输策划及设计手册》第二卷第五章。

3.2.11　就主干道及主要干路而言，除1米宽的边带外，通常应另设2米宽的路边。如为架空主要干路，则可不设路边，但必须提供1米宽的边带。

3.2.12　快速公路、主干道、主要干路及巴士路线的坡度不宜超过4%，其他道路则不应超过5%。如地形问题对筑路计划的开支有很大影响，则可采用较大坡度，惟前者不得超逾最高的8%，而后者则不得超逾最高的10%。这项标准适用于市区及郊区道路。

3.3　郊区道路的标准

3.3.1　各类道路的一般设计特点如下：

(a) 快速公路

为双程分隔车道，只在每个相隔很远的分层道路交界处才设直接路旁出入口。交界处最好各相隔5千米左右，但在个别情况下可把距离缩短，惟不得少于2千米。整条公路应设左面路肩，停车限制全日生效。所提供的行人设施，应与车辆交通完全分隔。

(b) 主干道

为双程分隔车道，不设直接路旁出入口，停车限制全日生效。地面路口交界处一般应相隔最少550米。最好设有分层道路交界处。如设交界处，中心点的相隔距离不应少于1千米。车路旁不应设行人设施，任何过路处必须是分层过路处。

(c) 甲级郊区公路

为双程分隔车道或不分隔行车道，设有容车量大的分层道路交界处或地面路口交界处。直接路旁出入口可免则免。实施停车限制与否，视乎个别地点的情况而定，并需考虑沿路发展及交通流量特点等因素。不应设置路旁泊车位。

(d) 乙级郊区公路

为双程分隔车道或不分隔行车道，设有地面路口交界处。可设直接路旁出入口。实施停车限制与否，视乎个别情况而定。一般不宜设置路旁泊车位。

(e) 接驳道路

为不分隔行车道，设计配合预期的交通流量。这种道路一般较窄，如需提供路旁泊车位，则须设置停车湾（3米宽），把路面局部扩阔。

(f) 单线通路

为不分隔行车道，在适当地方设有让车处。如每日的双程交通流量不超过500架次，而路缘很少甚或全无上落客货活动兼不设泊车位者，让车处的长度则不宜少于12米，并以1:3的额定比例逐渐收窄而成。

3.3.2　郊区道路的建议阔度载于表4。

表4　郊区车路的最低阔度

道路类别	不分隔行车道	双程分隔车道
快速公路及主干道	—	7.3米（两线） 11.0米（3线） 14.6米（4线）
甲级郊区公路	7.3米（两线） 10.3米（两线）*	7.3米（两线） —
乙级郊区公路	6.75米（两线） 10.3米（两线）*	7.3米（两线） —
接驳道路	6.0米（两线）	—
单线通路	3.5米（一线） 让车处扩阔至6米 6.0米（两线）	—

* 当繁忙时间的交通流量（双程）超逾1600架次但少于2400架次时，应采用较宽阔的两线不分隔行车道，基于安全理由，不建议采用3线不分限行车道。

3.3.3　中央分道带的阔度受路口交界处的设计及街道装置的需求所影响，但应依据表5所列的分道带最低阔度。

表5　郊区道路中央分道带的最低阔度

道路类别	中央分道带的最低阔度
快速公路	3.2米
主干道	3.2米
甲级郊区公路	1.8米
乙级郊区公路	1.8米

3.3.4　虽然在中央分道带种植花木对环境有利，但由于高速的交通可以引致维修保养上的困难，并带来安全问题，因此应慎重考虑是否这样做。如认为中央分道带适宜种植花木，其阔度最少须有4米。

3.3.5　就主干道而言，在道路的左面，除应设1米阔的边带外，另应设2米阔的路边。至于甲级及乙级郊区公路，则宜设置3米阔的路边，但在有需要时，可把阔度分别减至2米及1.6米。

3.4　支路的标准

3.4.1　如道路不准设置直接路旁出入口，而在适当的交界处辟设后通路系统把毗邻建筑或物业连接主要道路的方法又不可行，则须建造支路。支路通常建于主要道路附近，并在选定位置相连，以便提供通道往毗邻楼宇或物业。

3.4.2 主要车路及支路之间的路边，一般阔度应为2米以上，无论如何也不得少于1.5米。

3.4.3 支路的适当阔度载于表6。

表6 支路的车路阔度

车路类别	只适用于汽车／轻型货车	所有车辆
单程	4.5米	5.5米
双程	5.5米	6.75米
工业走火通道及支路	—	9.0米

3.4.4 阔度少于6米的支路，路面的总净阔度必须最少有6米，可包括毗邻的行人路或路边在内，以便在发生紧急事故时供消防车运作。

3.5 决定路线的因素

3.5.1 道路的路线通常由若干几何设计的元素所决定，例如横直曲度、视距、坡度、弯面倾斜度等。这些元素与设计车速有关，而设计车速本身又与道路等级、出入管制的程度及路口交界处的类别有关。

3.5.2 鉴于香港环境挤迫，市区发展密度又高，加上郊区地形大多陡峭，因此基于实际情况及经济理由，有时或需在可接纳程度上偏离标准。不过，这些偏差应属例外情况，而不应成为惯例。

3.5.3 在决定合适的路线时，除几何设计元素外，还有数个其他因素需要考虑。运输设施可全程或只在若干路段架空、建于地面或地底。每个不同位置所涉及的环境、景观、实际情况及经济因素各异，这些因素在可行情况下必须加以探讨和量化，并须在规划过程中加以评估。

3.5.4 对环境敏感的土地用途区，沿运输设施路线建造的相关工程项目应尽量减低对四周景观所造成的影响。工程项目包括在种满树木的山坡进行并可能损及山坡外观的挖填工程。可能的话，应采取适当的美化环境措施，以尽量减低有关工程对景观的影响，在这种情况下，便需考虑美化环境措施的成本。对景观的影响难以量化，故需进行经适度调整的质素评估。

3.5.5 所有道路均有可能损及环境，故其位置及路线必须选取得宜，以免引发潜在的环境问题，并须遵照环保指引提供足够的保护措施，尤其在兴建快速公路、主干道及干路的时候，以便尽量减低污染。在规划策略性道路时，应考虑采取措施（可能包括在路面加建上盖或将其设在地底），减低对环境及景观所造成的潜在影响，但同时亦须衡量该等措施在技术上是否可行、对建设成本、维修／运作成本、景观、交通安全有何影响，以及其他有关因素。道路的建筑形式亦须配合景观影响的评估结果，以便找出实际方法，包括采取美化环境措施，保护或改善有关地点的景色。

3.5.6 辅助交通设备及街道装置的需求，也须在设计阶段一并考虑。必须确保在适当位置有足够空间设立交通标志、灯柱、隔音设施及防撞栏，而又不会过分接近车辆或行人通道以致造成危险或障碍。另一个重点是，必须确保整条路线所用的街道装置在不同位置的设计，以及在类别方面连贯一致。因此，如某条路线分为数个相连计划，便需征询有关各方的意见。

3.5.7 如建尽头路，则须在道路的尽头提供足够的转弯位，以确保车辆开动时不会损坏附近的行人路、街道装置、楼宇或其他结构。

3.5.8 在规划过程中或须考虑其他决定路线的因素，包括与海滨之间的净距离和潮汐水位、向风程度及实质限制，其中实质限制又包括古旧建筑物、具科学价值地点、水塘和集水区、天线和地底设施，以及“风水”等问题。最后一项“风水”问题之所以重要，是因为若在规划阶段评估不足，推行计划时便可能出现严重延误，以致所需成本大增。

3.6 道路的土地总需求

3.6.1 根据分区制，市区内须预留土地建造车路、行人路、路旁泊车位及巴士停车处的指引，载于表7。

表7 作通路用途的设施在土地总面积中所占百分比的指引

区	平均百分比
住宅发展密度第1区	35%
住宅发展密度第2区	20%
住宅发展密度第3区	18%
工业区	30%

3.6.2 关于新道路的拟议路线及用地需求的规定，应咨询规划署、地政总署、路政署、土木工程拓展署及其他有关部门，以确保避免与其他拟议土地用途发生冲突。

4. 公共交通总站

4.1 专利巴士设施

概况

4.1.1 以每载客车辆单位的容量计算，专利巴士是效率最高的陆上交通工具。专利巴士服务会继续作为主要的载客车辆，并扮演一个重要角色，为乘客提供选择，尤其可接载乘客前往铁路车站，或为铁路无法到达的地区服务。

4.1.2 一般来说，每条巴士路线须有两个终站。终站可分为三个基本类别，分别是：

(a) 服务终站——只供掉头用的简单设施，让巴士驶往停候处，例如在街道以外供一条或两条巴士线使用的避车处；

(b) 巴士总站——包括巴士掉头、轮候及乘客候车的设施。站内可容纳多条路线；

(c) 公共运输交汇处——站内有巴士、小巴、的士、“下车转乘”设施（也可能有“泊车转乘”设施）及铁路车站。

4.1.3 为了运作效率以及乘客的便利和安全起见，所有巴士终站及公共运输交汇处均应尽量设于街道以外，但服务终点站有时会临时设于路旁，但不得阻碍车辆及行人的流通及其他必须在路缘进行的活动。

4.1.4　巴士总站或公共运输交汇处的用地需求由若干因素决定，其中包括使用的巴士路线数目及其繁忙时间的班次、候车乘客数目、在非繁忙时间／车长用膳时间供巴士轮候的地点、兼作巴士终站及中途站的安排、超车空间，以及站内车辆和乘客的流通情况。

服务终站的标准

4.1.5　设置服务终站的地方，通常有一两条巴士线在该处终结，而停车湾数目不会超过4个。这类终站并须设有站长室。

巴士总站的标准

4.1.6　巴士总站通常设于大型住宅发展区及各区的工商业集中地。通常最少设有4个停车湾，以便在非繁忙时间／车长用膳时间提供服务及让巴士轮候。其中1个停车湾的阔度须足以让靠站的巴士驶越一辆停定的车辆。巴士总站并须设置站长室及其他附属设施。

4.1.7　如须让乘客在巴士总站转乘其他巴士，则可能需要增加停车湾的数目。

决定位置的因素

4.1.8　巴士总站设施应设于中心位置，以方便市民徒步往返居住的地方及从事工商业活动。通往现时及拟建道路系统的道路亦应便捷，出入口的位置不应阻碍毗邻道路系统的交通流通，同时能令区内交通更加畅顺。

4.1.9　巴士总站设施如设于公共运输交汇处内，通往该处的各种交通道路应分开设置，但各种公共交通工具之间的步行距离应尽量缩短。

4.1.10　巴士总站设施亦可设于多层大厦内，最好设于地下。由于可能会对附近易受影响的地方带来空气污染或噪声，故在选址或设计上，均应尽量避免这些不良影响。

巴士停车湾的标准

4.1.11　设置巴士停车湾，是为了让巴士停下来上落乘客，而不会妨碍其他交通。

4.1.12　应考虑在郊区公路、接驳道路、主要干路，以及建有两线双向不分隔行车道的区域及地区干路设置巴士停车湾。如需设置巴士停车湾，表1至表4所载的车道阔度便须增至3.25米。至于长度方面，供一条巴士线使用的停车湾长度须为40米。

决定位置的因素

4.1.13　巴士停车湾设于巴士站内，所在位置须由巴士乘客的需求决定，并须顾及尽量减少前往巴士站的时间及扩大载客范围的需要。市区的巴士停车湾通常相隔400米，郊区的距离则可较远。

4.1.14　有关巴士站、巴士停车湾及巴士总站的位置及设计的详细指引，载于《运输策划及设计手册》第九卷第二章。

巴士厂的标准

4.1.15　巴士厂须按《公共巴士服务条例》第19条的规定在各区设置，以方便制造、修理及维修巴士及停放非使用中的巴士。至于用地需求，则视乎使用巴士厂的巴士数目而定。由于须提供斜路及通道地方，而斜路的坡度又不应超过1比10，多层巴士厂的理想大小应为阔度至少80米，长度则视乎使用巴士厂的巴士数目而定。有鉴于斜路及通道地方占用了部分地方，一个外形公整，具效率的多层巴士厂的面积至少须为8000至10 000平方米。有关巴士厂的位置及规划指引，载于《运输策划及设计手册》第九卷第二章。

决定位置的因素

4.1.16 巴士厂须在平地上兴建，并须有合适的车道连接道路系统。此外，巴士厂的所在地，与各巴士总站设施相隔的距离适中，以尽量减少空车行走的里数。

4.1.17 巴士厂的选址，须考虑全日进行的修理、维修活动及巴士在深夜及清晨来往车厂所带来的噪声对环境可能造成的不良影响。

4.2 公共小型巴士总站

概况

4.2.1 当局采取规限公共小巴经营范围的政策，禁止公共小巴路线扩展至新市镇以及限制出入的通路和地区，因为其经营方式可能带来交通问题。此外，有关政策亦倾向把所有红色小巴逐步转为受规管的绿色专线小巴。

4.2.2 绿色专线小巴所行走的地区，通常对公共运输有所需求，但在经济上由载客量较多的公共交通工具行走又无法维持。另外，通路上的实质限制以及区内居民对较频密服务的需求，均令小巴服务更加吸引。绿色专线小巴也可提供接驳服务往铁路车站。

标准

4.2.3 小巴总站最好设于街道以外，靠近现时或将来有需求的中心。如有可能，应设于公共运输交汇处内。平均来说，小巴总站设有3个停车湾而每个停车湾可供3辆小巴靠站应已足够，所需的土地面积约为800平方米。

4.2.4 如街道以外没有适当用地，也可于路旁设置总站，但应在停车处内设有特定的出入口，与其他交通分隔。停车处的长度最少应有21米，阔度最好有6米，以便靠站的小巴驶越在停车处内停定的车辆，并可在紧急事故发生时供消防车在停车处内操作。

4.2.5 如设路旁停车处，行车道阔度便应沿着拟设停车处的该段车道适当地增加。

决定位置的因素

4.2.6 小巴总站最好设于街道以外。如须设置路旁总站，则应设于横街，以免阻塞主要道路的交通。

4.2.7 如绿色专线小巴总站与铁路或渡轮等其他形式的公共交通工具同时设于交汇处内，其位置不应影响专利巴士服务的运作。该处一般不宜特别提供红色小巴服务，但若专利巴士、绿色专线小巴及红色小巴的总站位置相近，则须加以分隔。

4.3 的士站

标准

4.3.1 当局应在市民对的士有很大需求的地方，最好在大型发展或公共运输交汇处内，提供一个或两个停车湾，设置的士站，并应为轮候的士的乘客提供足够的的士站上盖。

4.3.2 设有一个停车湾的的士站，如停放5辆的士，连通路及上落客地方，所需的土地面积约为500平方米。如果可行，应考虑在的士站提供两个停车湾，使的士可按情况加快流通。所需的停车湾数目，须视乎附近发展的规模及种类而定。

4.3.3 在公共或私人物业发展区外，可在路旁提供一个停车湾作的士站，但须设于横街，以免阻塞交通。最理想是设于路旁停车处，可方便前往其他发展区的入口。

4.3.4 应尽可能及有需要时为轮候的士的乘客提供遮蔽的地方，以免其受恶劣的天气影响。

4.3.5 应在多人出入地方的的士站栏杆增设上落客点，方便多辆的士一起上落客。

4.3.6　在经常要运载行李而又充裕的地方，应考虑采取锯齿状的的士站设计。

4.3.7　的士站应设有下斜路缘，方便乘坐轮椅的人士出入。

决定位置的因素

4.3.8　的士站应设于客运码头、铁路车站、主要的公共运输交汇处、机场、医院、文娱中心或商场、大型住宅发展区及靠近海底隧道与跨界通道的地方。

4.3.9　的士站应设于方便前往邻近发展及邻近行人专区的地方，又或设于行人喜爱选择的候车地点沿线，但应避免轮候的的士阻塞路面其他交通。

4.3.10　在预期有很大需求的地方（例如机场），应为轮候的士提供足够地方及附属设施，例如为的士司机提供厕所。

4.3.11　在工商业区路旁所设的的士站，应接近客源。

4.4　渡轮码头

标准

4.4.1　渡轮码头是某条航线的泊岸点或离岸点，面积及设计与航线的数目、行走船只的类别、班次的频密，以及服务对象的性质（客／货运或车辆）及使用量均有关系。

4.4.2　载客渡轮码头的设施应包括每条航线在码头上每层船舱的专用候船处（如属可行）、乘客轮候的地方、售票处（备有存放电脑或电子乘客显示仪器等的地方）、转闸机、职员室及公厕，同时亦应考虑照顾伤残乘客、设置垃圾收集站及提供货运设施。如有需要，亦应设置维修处。

4.4.3　候船处在设计上通常可容纳1.5艘船只的载客量，（假设每艘船只可载500至1500人；视乎船只的类别而定），每人最少应占用候船处0.65平方米的面积。同时应充分考虑在周末及公众假期的乘客量，尤其离岛的渡轮服务。

4.4.4　由于码头通常会附设转乘其他陆上交通工具的设施，故在设计上应避免阻碍行人及车辆的流通。

4.4.5　如为汽车渡轮码头，则须提供空间充足并与其他交通分隔的汽车等候处。

决定位置的因素

4.4.6　渡轮码头应设于可能会有大量乘客的住宅或工商业发展区附近。

4.4.7　在渡轮码头之内或毗邻应提供足够的设施，让乘客转乘专利巴士、绿色专线小巴及的士等其他公共交通工具。在提供离岛渡轮服务的码头外应有足够的一般上落客货设施。并应提供下斜路缘在货车上落货处，以及照顾伤残乘客的需要。

4.4.8　码头四周道路网的容量，应足以吸纳码头的预期交通流量，特别是汽车渡轮码头。此外，并应建造足够的行人径及行人过路设施，以供行人使用。在行人过路设施方面，应尽可能提供有盖行人道，把渡轮码头与邻近地区连接起来，以及提供道路分层设施。倘若理由充分，亦应考虑提供自动行人道。

4.4.9　为码头选址须考虑多项因素，例如向风程度、水流、浪高及涌浪、水深、是否设有水底设施，以及使用码头的船只的吃水深度等。码头的位置应避免与排污渠口或排水渠口及其他海事活动有任何冲突，并可让码头运作而产生的废物和废水得到适当的处理。

4.5　公共运输交汇处

概况

4.5.1　政府的目标是加强不同公共交通工具之间的协调和以铁路作为客运系统的骨

干。为落实这个目标，在规划新的土地用途或运输发展时，应趁机计划一个高质素的公共运输交汇网络。公共运输交汇处应设在便利的位置，并尽可能提供舒适的环境，以鼓励更多人乘坐公共交通工具。

4.5.2　主要的公共运输交汇处应可方便乘客由巴士转乘其他巴士或由一种交通工具转乘另一种交通工具。公共运输交汇处通常应设在或靠近集体铁路车站。在设计及计划这些公共运输交汇处时，便利是最重要的考虑点。

标准

4.5.3　公共运输交汇处的设计要求，一般可分为四类：

(a) 布局设计：例如不同交通工具停车湾及月台的数目及大小、停泊区、车辆回转范围、营办商所需空间及其他公共运输交汇处设施、出入口的安排、通行高度、行人道、楼梯、升降机及自动扶梯设施等。在规划日后的公共运输交汇处时，应尽可能采用锯齿状设计，视乎地盘的地形及限制而定，这样便可为乘客提供最理想的环境，并最有效地运用停车湾及停放设施。一般而言，应遵照下列指引：

公共运输交汇处的类别	所适用地盘的情况
传统平行巴士停车处	只有有限数目(例如三至四个)停车湾的小型地盘
围边锯齿形巴士站， 中央巴士轮候处	(ⅰ)地盘阔度至少须为60米，否则不足够供巴士转动。 (ⅱ)多数行人会由同一层前往该交汇处。例如在青衣，乘搭港铁及其他交通工具的乘客均来自平台或天桥。另一个例子是在美孚。 (ⅲ)上盖发展可由一定距离的柱子支撑
中央分隔岛式乘客站台	(ⅰ)地盘阔度最少须为60米。 (ⅱ)多数行人会由不同层前往该交汇处。例如在荃湾，很少行人由同一层前往公共运输交汇处

铁路沿线的主要交汇处宜与铁路车站连结一起，否则的话，则应为两者提供直接及方便的联系。

(b) 环境方面的考虑：例如照明、通风、减少噪声等。为了令候车环境更理想，建议在辟设新的公共运输交汇处时尽可能及视乎需要，为候车处提供空气调节，尤其是那些为方便人们乘搭多种交通工具而设的交汇处，更应如此。关于交汇处的照明、噪声水平及所造成的其他环境影响，均应符合路政署、机电工程署、环境保护署及其他有关部门的规定，并应参考由环境保护署发出的“供专业人士参考的专业守则：半封闭公共运输交汇处空气污染管制”(专业人士环保事务咨询委员会专业守则第1/98号)。

(c) 乘客及司机的设施与保安及安全装置：例如轮候处铁栏、厕所、座位设施、售票机、公众电话、灭火装备、闭路电线及站长室等。如有足够地方，应在公共运输交汇处提供这些重要设施。

(d) 乘客查阅资料设施：例如乘客资料中心／亭、指示牌、路线／目的地展示板、离站时间显示器等。为方便乘客转乘交通工具，应提供有效的讯息展示板及指示牌或广播系统，协助乘搭不同交通工具的乘客前往所需的目的地。

4.5.4　一个公共运输交汇处通常会有不少于8个停车湾，以提供不同的公共运输服务。在设有平行停车湾的交汇处，其中两个停车湾的阔度，应足以让靠近停车湾的车辆驶越一辆停定的车辆。公共运输交汇处的实际大小应由运输署决定。

4.5.5　关于公共运输交汇处设施的详细指引，载于《运输策划及设计手册》第九卷第八章。

决定位置的因素

4.5.6　公共运输交汇处通常设于乘客转乘其他交通工具的市中心或其他地区枢纽。铁路与其他交通工具的交汇处宜设在同一层。可是，假使不同交通工具的交汇处要设在不同层，则应设置自动扶梯及／或升降机，俾能为转乘交通工具的乘客提供方便及有效率的服务。

4.6　跨界巴士总站／车站

概况

4.6.1　跨界巴士是香港最受欢迎的跨界运输服务之一，跨界巴士总站／车站应设于适当地点，以配合日后需求的增长。拟议的跨界巴士总站／车站应顾及附近现有设施（例如考虑可行方案改善现有设施等），以提高现有设施水平。

4.6.2　由于跨界旅客通常携带大型行李，在规划跨界巴士总站／车站时，应留意及配合他们的需要，包括易达的位置、方便转乘其他交通工具，以及辟设专用上落客停车处和必要的附属设施。

标准

4.6.3　跨界巴士总站／车站宜设在街道以外的位置或公共运输交汇处。设于公共运输交汇处／公共车辆总站的跨界巴士总站／车站的内部设计亦需特别留意，应尽量规划足够的空间以辟设必要的附属设施（包括专用上落客停车处、分隔去程及回程人流、行人连接设施、候车间／座位区、票务处／亭、巴士资料设施、上盖、洗手间等），并应有良好通风和充足照明。这些设施的规模应视乎有关地点情况和运作需要而定，而有关设计亦应方便使用者。

4.6.4　如未能在街道以外的位置辟设总站／车站，可考虑在路旁辟设有关设施，但有关地点必须符合以下要求：

（a）安全；

（b）有助运作而不会对区内交通造成负面影响；以及

（c）如有关地点情况许可，应为跨界乘客提供足够的有盖等候和排队空间。在同时考虑空间限制和运作需要的情况下，应尽量提供上文第4.6.3段提及的其他必要附属设施。

4.6.5　为使跨界巴士总站／车站与附近发展或其他公共运输设施的连接更为理想，应适当考虑其设计和提供行人设施，以配合使用者的需要。

4.6.6　在设计跨界巴士总站／车站时（包括设施的大小和规模），应参考《运输策划及设计手册》的相关指引和要求。

决定位置的因素

4.6.7　跨界巴士总站／车站宜设在邻近交通枢纽、酒店、零售设施、商业发展和旅游景点的地点。若有确切需求，而地点及设计亦适合，且能妥善处理相关问题下，可考虑在主要住宅区辟设跨界巴士总站／车站，以配合香港居民的跨界旅游需要。

4.6.8　街道以外的跨界巴士总站／车站宜设于公共运输交汇处，藉此可让乘客更便捷地转乘其他交通工具。另外，亦可考虑在其他公共运输设施附近辟设总站／车站。举例说，可考虑设在铁路车站旁以产生协同效应。

5. 行人环境规划

5.1 步行与行人环境

5.1.1 步行是人类一项基本活动，亦是我们日常生活的一部分。步行亦是最环保的交通模式之一。香港紧凑和混合用途的发展模式，正正适合步行，因为大部分必需服务，包括商店、学校、公园及其他社区设施，都是位于居住范围附近。从距离来说，都是徒步可达的。

5.1.2 然而，行人经常会遇到通道挤塞、街道陡峭、人车争路、行人路布满障碍物、空气和噪声污染及街景单调等问题。在很多情况下，行人环境问题均是因多项因素竞用街道空间，以及欠缺整体统筹所致。

5.1.3 无论如何，在城市规划及发展过程中应提倡以步行作为经常性的交通模式。行人环境应以利便步行及畅达为主。行人设施／行人环境改善计划不应单独地规划，而须与附近的土地用途配合。更重要的是，应以全面及平衡各公共空间使用者需要的方式，来作出行人环境规划。

5.2 行人环境规划的概括大纲

（1）采取全面及综合的方式

5.2.1 香港由于地小人多，兼且具备超卓效率的公共运输系统，故此大有机会发展成为一个以行人为本的城市。作为公共空间，街道／行人专用区应具备美观及惬意的环境，让市民安全及舒适地步行、会见和消闲。在行人环境规划的过程中，应优先考虑行人的需要。为达到这个理想，在进行新发展及旧区重建时，行人环境规划应为其重点工作之一。在市区范围内亦应考虑更新行人设施。

5.2.2 为改善行人环境，在发展过程中，包括从规划、设计、实施至管理和保养，建议应以全面及综合的方式进行行人环境规划。这方式应全面结合土地用途、运输、土地管理、经济、社会、社区及环境各方面。

（2）行人环境规划策略

5.2.3 为把香港转变为一个以行人为本的城市，建议采用包括以下三个元素的行人环境规划策略：

(a) 改善铁路载客范围的行人环境规划。铁路将成为土地用途规划和公共客运网络的骨干。由于约70%的人口和80%的工作职位将会位于铁路的载客范围之内，故此应透过在铁路载客范围内作出更佳的行人环境规划，鼓励公众以步行配合铁路作为综合交通模式。未来的策略性发展设于铁路车站附近，将有助推动行人环境规划。

(b) 加强对非铁路公共运输网络的行人环境规划。非铁路公共交通工具（包括专利巴士、公共小型巴士、电车及渡轮）可补铁路网络的不足。公共运输交汇处应与铁路车站设于同一地点，以利便市民从铁路转乘其他公共交通工具。建议应为非铁路公共运输网络(特别在主要的公共运输交汇处)，作出妥善的行人环境规划。

(c) 在地区层面发展行人网络。提供完善的行人网络可鼓励公众步行，亦是建立以行人为本的城市的先决条件。行人网络／设施（包括机动设施）如果规划及设计得宜，可方便市民从交通枢纽步行前往他们的目的地，以及在区内步行。建议亦应在大型公共及私人屋村和其他发展内，提供行人网络及连接交通枢纽的行人通道。

（3）行人环境规划的原则

5.2.4　为了作出更佳及更有效的行人环境规划，在规划的过程中应采用以下四个指引性的原则：

（ⅰ）妥善连接

步行路线必须清晰、直接，并设有易于辨认的路标，而且不应对使用者（包括有特殊需要的人士）构成任何障碍，能让行人直达目的地。可适当地提供一些机动设施来辅助步行，例如扶手电梯、升降机及自动行人道，以加强行人通道的连接及克服地势差异。

（ⅱ）安全

应尽量减少人车争路的情况。有关设计必须保障行人及个人安全。行人路应与车辆分隔，行人设施应有充足照明。

（ⅲ）舒适畅达

行人设施应以通达为本及设计合宜。行人路应有足够阔度，兼具有条理的街道设施及美化环境设施，通风良好，以及尽量提供遮阴挡雨设施。

（ⅳ）富吸引力和活力

行人环境应具吸引力、活力及富有特色。行人专用区可适当地用作多种用途，包括户外表演、露天餐厅、跳蚤市场，使有关地区更富活力。

（4）规划和发展概念

5.2.5　建议在规划和发展过程中，考虑采用以下的概念，以改善行人环境规划：

（ⅰ）融合土地用途和产生人流／吸引人流的主要设施

这概念是把产生人流的主要设施（包括铁路车站、码头、公共交通总站）和吸引人流的主要设施（包括住宅区、商场、就业区、具有特色的地点）作综合性发展；在土地用途规划初期或在现有市区范围进行逐步改善时，把活动枢纽、产生人流和吸引人流的主要设施置于毗邻，或是在500米的步行范围内；以及把高密度的房屋、就业区及其他土地用途设于铁路车站和其他交通总站或其附近。

（ⅱ）在规划土地用途时顾及行人通道的连接

在规划土地用途的过程中，应透过对产生人流和吸引人流的设施作出更佳的联系，以及提供行人干路、园景平台、行人通道／行人隧道系统及休憩用地，改善步行环境的连接。应在大型公共及私人屋邨和其他主要发展内，规划完善的行人网络。

（ⅲ）缔造无车的行人环境

在规划土地用途时，宜透过辟设广场、在核心区兴建地下行车道、把主要道路设于市中心外、把公共运输交汇处设于屋邨外围、采用大型综合平台建设的发展概念，以及应用人车分隔的措施，以缔造无车的环境。

（ⅳ）市区重建

在具有重建潜力的市区范围内，建议应藉着市区重建的机会，提供全面的行人网络及更佳的行人环境。

（ⅴ）地区改善

在具有限重建潜力的市区范围内，建议应透过实施地区改善计划、辟设行人专用区和行人优先使用区，以及执行交通监控和管理措施，改善现有连接各项产生和吸引人流的设施的行人通道。

（ⅵ）配合行人环境规划的发展/建筑物

在街道层面应鼓励配合行人环境规划的发展/建筑物，包括把建筑物地段内的部分地方辟作行人通道、扩阔行人路及提供公众用地，以及改善行人环境，例如设置檐篷为行人遮风挡雨。

（ⅶ）使行人专用区更富活力

在地区层面实施或加强使行人专用区更富活力的措施，包括把行人专用区与活动枢纽连接起来、为行人专用区设定主题及举办户外活动，以及设立可供市民散步的行人路径，将会令行人环境规划更加成功。

5.3　以地区改善计划作为综合改善的工具

5.3.1　以上有关行人环境规划的指引性原则及发展概念，可较容易地在新发展区内采用，但如在市区范围内应用，则会受到较大限制。故此在环境挤迫的市区范围内，应拟备综合地区改善计划（其中包括改善行人环境规划），以确立一个可作整体地区改善的框架。

5.3.2　地区改善计划基本上是一份具指引性的图则，为全面改善某地区的环境提供大纲。有关图则应建议短期、中期和长期的改善措施，其中范畴包括土地用途重组及重新发展建议、城市设计和环境改善建议、交通管理建议、行人通道改善建议、街景改善及美化环境建议、可持续或增加区内活力和特色的建议。

5.4　行人设施的规划准则

5.4.1　行人设施包括全面的行人网络、行人优先使用区、商场、行人专用区及悠闲式街道、高架或地下行人系统、机动设施（包括扶手电梯、自动行人道）、交通灯控制的行人过路处、行人路及散步长廊等。

5.4.2　行人设施应提供便捷和宜人的通道来往住宅区、就业区以及各类交通和活动枢纽。建议在规划初期应照顾行人的需要，并视乎情况把行人设施纳入新发展地区及已发展地区的主要重建计划内。

5.4.3　行人设施应作全面规划，以构成一个整合的网络。可透过辟设分层连接通道（如高架行人路、行人隧道、扶手电梯等），以立体方式提供网络。邻近铁路车站及主要运输交汇处的行人设施网络，应涵盖较大范围，以鼓励公众使用铁路系统及公共交通工具。在情况许可时，应加设自动行人道等机动行人设施，令往返主要住宅区/活动中心一般500米的步行距离得以延伸。

5.4.4　行人设施应方便行人使用，尽量采用通用的设计，避免要行人经常上落，提供直接通路连接楼宇，而且应提供斜路、扶手电梯或升降机连接地面。行人隧道沿路及行人天桥梯间应适当地提供天然和人工的监察设施，以保障行人的安全。在连接主要住宅区/活动中心那些行人流量较高的通道，应建有上盖，以作遮阴挡雨。此外，为利便行人携带货物前往目的地，途经的行人通道应尽量不超过100米。

5.5　改善行人环境的准则

（1）提供公众用地的准则

5.5.1　可规划多种公众用地，包括广场、绿化走廊、行人专用区等，为行人提供无车辆的环境，以加强活动区之间的联系。为方便行人往来，公众用地应与现有和规划的步行路线融合。

5.5.2　公众用地的设计应对行人富有吸引力。特别的街景设计能为公众用地增添特色及发挥功能，因此街道设施和铺面所采用的颜色、款式和物料都很重要。公众用地所在的位置应要易于辨认，并设有足够的遮阴挡雨设施。

5.5.3　应透过巧妙地结合步行路线和活动空间、适当地选择建设公共空间的物料，以及沿步行路线设置地标及公众艺术品，使每区各具特色及有着地方色彩。每区应设定地区主题，加强区内特色和反映该区的历史及背景。建议把适当的地区特色和元素（例如街道上的市场、历史建筑物、庙宇等）融入行人环境主题及设计内。

5.5.4　公众用地应灵活设计，可供市民用作不同活动，使该区更富活力。建议在重点的休憩用地提供户外表演场地、茶座／小食亭及公厕，以便公众作较长时间的逗留。此外，广场是一个作为推广公众艺术的适当地方。它可提供多类艺术品供行人观赏，而艺术品亦可为城市环境增添地区特色。

（2）行人专用区

5.5.5　在市区范围内，辟设公众用地的机会颇受限制。为了提供点缀空间及更佳的步行环境，建议考虑在市区范围内人流较高的道路或部分路段，设立行人专用区。而能有效地将现有交通分流至附近道路及控制路面上落客货活动，亦是将该道路划为行人专用区时应考虑的因素。

选择街道以辟设行人专用区计划

5.5.6　建议使用表8所列“选择街道辟设行人专用区的目标及准则”作为指引。应尽量考虑在行人专用区内广泛栽种植物，以提供怡人的环境。

（3）市区范围内的交通管理计划

5.5.7　除全面实施行人专用区计划外，可考虑其他交通管理及改善计划，以给予行人优先使用权。这些计划包括削减行车线数目以扩阔行人路、实施部分时段行人专用区计划，以及在繁忙的街道以特别交通管理方式实施悠闲式交通措施，例如设定车速限制或作出特别的道路布局，使行人和车辆在使用道路空间时可取得适当平衡。

5.5.8　建议采用不同组合的街道环境布局、设计及措施，以缔造出便利的行人环境。在选择交通管理措施时，应先考虑所欲缔造的行人环境，以及现行和未来的使用模式才作出决定。如需要更多关于交通管理计划的资料，可参阅《运输策划及设计手册》。

表8　选择街道[1]辟设行人专用区[2]的目标及准则

一般指引

须重视及照顾行人的需要，为行人提供安全、健康及便利的行人环境。

目标	准则
(1)解决或纾缓人车争路的情况	(a)人车争路的情况无法解决，而其他方法(例如扩阔行人路、建造行人隧道及行人天桥等)既不划算又／或不实际
(2)改善行人环境	(a)有关街道可藉怡人景观及街道修饰加以美化 (b)有关街道在辟作行人专用区后，可配合现有行人网络

（续上表）

目标	准则
（3）改善人流情况，为行人提供较理想的购物环境之余不会妨碍前往楼宇的通路	（a）现有／预期的商业发展视乎行人流量及能否吸引大量顾客而定 （b）有关街道在辟作行人专用区后，购物环境将得以改善，还可带来更多商业机会 （c）辟设行人专用区应可促进零售业务，而不会减低生意额 （d）透过其他直达车路，或限制车辆进入行人专用区的街道的时段，让车辆能通往位于行人专用区内的楼宇作上落客货 （e）应采取足够措施以应付因街道封闭，引致车辆改道面增加附近街道的交通流量
（4）增辟休憩用地及改善市区的挤迫环境	（a）区内缺乏休憩用地 （b）有关街道在辟作行人专用区后，现有/建议的休憩用地系统将得以改善

1.选择作辟设行人专用区计划的街道，大多为区内道路，但如有需要及适当，也可考虑选择主要干路及地区干路，主干道不在考虑之列。

2.行人专用区计划是指永久或临时封闭整条或部分现有行车街道以供行人专用。然而，如这些街道/道路是指定的紧急车辆通道，则须予保留，并须采取持方便救援车辆在有需要时进出。

5.6 街景及行人路

5.6.1 街道为行人环境和其规划的基本及最重要元素。建筑物群组布局应妥为设计，以提供通达和易辨的行人路线。理想的街道环境，可加强行人通道的连接、安全性和通达程度，为行人提供舒适的环境，以及减少乘车的需要。在行人环境规划的过程中，应以改善街景作为重点考虑。建议小心选择街道设施、美化环境及铺地的物料，以加强各种街道功能。

5.6.2 行人路可提供各种功能，以满足行人的需要及街道的要求。行人路可细分为三个地带，即行人地带、街道设施及绿化地带，以及建筑物毗邻地带。下文第5.8节将会更深入研究行人路的功能、规划准则和标准。

街道设施

5.6.3 街道设施是让街道发挥各种功能的基本成分。基本的街道设施包括交通标志、街道名牌、街灯、栏杆、座椅、巴士站、消防栓、垃圾桶及路标等。应尽量把街道设施有系统地置于划定的街道设施及绿化地带内，避免在视觉上引起混乱及防碍人流。设计良好的街道设施可为某地方或街道环境增添特色及地方色彩。

5.6.4 街道设施、路旁的艺术品及不同的铺地物料，可用作区别不同部分的行人路，引导行人的视线和人流。某些街道设施（例如电线箱）可隐藏于种植范围内或油上图画，以减低突兀的景观。

道路标志及照明

5.6.5 街道应有系统地摆放道路标志，避免造成杂乱无章及混乱的感觉。行人指示牌、交通标志及资讯告示板应设于主要路口，为行人提供清晰的方向，并且可易于阅读及找寻。

5.6.6　道路标志可突出地区／社区的特质及主题。如果能生动地结合照明和道路标志，甚至可提供特别标记及旅游景点，因此，设置照明系统和道路标志的计划，应配合当地／地区需要。对于主要商业、旅游和其他重要地区，建议提供全面的道路标志和行人指示牌，以便向行人作清晰的指引。

5.6.7　充足的街道照明可改善夜间的视野，对个人安全至为重要。不过，在提供街道照明时，必须尽量减少对住宅发展构成光害。

美化环境

5.6.8　种植树木及进行美化环境工作，可为市区带来自然气息及提供天然的遮阴设施，同时为对交通废气和噪声较敏感的用途带来缓冲的作用。由于绿化计划为政府改善市区环境的既定政策，故此应在行人区栽种树木及植物。

5.6.9　在特定美化市容地带或嵌入式花槽种植树木、灌木及铺地植物，以及／或在街道上以树槽种植树木，均较以花盆栽种植物更为理想。此外，采用完全与地底公用设施分隔的种植地带，亦较为恰当。在地底有大量公用设施以及无法种植小型或中型树木的地点，可考虑摆放可移动的花盆。

街道铺地设计

5.6.10　建议应采用不同的铺地图案及物料，以区别公共空间的各种用途。亦可使用特殊的铺地图案及地砖设计，为街道增添特色、为行人指示方向，以及显示区内主要的路线和具有特色的地点。

遮阴挡雨

5.6.11　建议在大型建筑物外墙设置檐篷，为行人提供遮阴挡雨的地方。在不能设置檐篷的地方，可考虑设置独立的上盖，使上盖得以连续伸延，以达致设计一致。上盖伸延的长度须视乎实际的人流，以及产生人流与吸引人流的设施之间的实际距离而定。上盖离地面的高度应最少有3.3米，并符合《运输策划及设计手册》的规定，以免妨碍行人。建筑物的檐篷一般不应伸展至街道设施及绿化地带上，因为它们会阻碍栽种植物及植物的生长。

沿购物街设立富吸引力的店铺及窗橱

5.6.12　建筑物的商业和零售活动应设于大厦地下，以提高大厦地下的通透感和活力。建议鼓励在购物街道进行混合发展，把富吸引力的店铺及窗橱设于地下及一楼。应尽量减少在主要的零售街道设立写字楼、住宅或酒店的大堂。

5.7　可供所有人使用的通道

5.7.1　在规划公众用地及街道环境时，必须采纳通用设计的原则，确保所有人士（包括年长及残障人士）均可使用各项公用设施。在设计的初期应把残障人士的需要加以考虑。

行人路

5.7.2　行人路应妥为保养，不应有任何障碍物及高低不平。行人路的边缘应设有栏杆、路缘石或可触知的警告条，以警惕视障人士。长斜路每隔若干距离应设有平坦的地方及／或长椅，以供年长及残障人士歇息。陡峭的行人路及梯级应设置扶手。

街道设施

5.7.3　街道设施应有明确的底部界线，以便视障人士察知。行人天桥斜路或楼梯下的空间，如果因净空高度低而不适宜行人通过，应清楚划定及加上美化环境设施。街道设施应使用高对比度的颜色，令弱视的人士易于看见。

行人设施

5.7.4　行人过路处应清晰予以显示，并设有可触知警告条提醒视障及残疾人士。建议为残障人士提供过路设施，包括斜路或加高平台、发声信号及无障碍路线。在行人专用区及行人路／通道有轻微高度差异的地方（例如路边及广场），应兴建斜路。

5.7.5　行人路／通道应避免有显著的高度差异，除非它为整体规划网络的组成部分。在连接行人网络中不同高度的行人通道时，应考虑使用升降机及斜路作为组成部分。

5.8　提供理想的行人路

（1）行人路的功能及三个地带的概念

5.8.1　行人路为行人网络的基本元素。行人路通常位于车路旁，分隔行人和车辆。

5.8.2　行人路应有足够阔度，可照顾行人的需要及发挥各种功能，包括：

（ⅰ）方便行人步行前往目的地及进出建筑物；

（ⅱ）提供辅助交通设备／运输设施（例如交通灯、街灯、巴士站及道路标志）；（ⅲ）满足街道设施的需要（例如设置邮箱及垃圾桶）；

（ⅳ）改善街景及步行环境（例如种植树木、设置座椅及摆放雕塑）以及

（ⅴ）在有需要的地方容纳公用设施（地底及地面以上）。

5.8.3　为发挥各种功能，应以三个地带的概念规划行人路，三个地带分别为供行人步行的“行人地带”、提供各式街道设施及美化环境设施的“街道设施及绿化地带”，以及紧贴建筑物界线外围的“建筑物毗邻地带”。图7显示了三个地带的概念。

行人地带

5.8.4　行人地带是作为行人通道的主要空间。这地带应只供步行之用，不应放置任何障碍物。行人地带应有足够阔度以容纳人流，能建至满意的服务水平，让行人无须越过行人路其他地带或走进车路，并提供一个舒适的步行环境。行人路满意的服务水平是指行人路提供了足够的空间让行人以正常步速行走，并可在主要是单向人流下随意越过其他行人。关于行人路服务水平的细节，可参阅《二零零零年公路容量手册》(Highway Capacity Manual 2000)。根据《二零零零年公路容量手册》，C等的行人路服务水平被介定为可接受的服务水平。

5.8.5　基于市民期望有更佳的步行环境，建议采用C等行人路服务水平的上限（即《二零零零年公路容量年册》所载平均每分钟每米阔度23名行人的流量），作为可接受的最低标准，供厘定行人地带所需阔度时作参考之用。上述建议的服务水平，除了较现时的标准作出改善外，亦在香港寸金尺土和改善行人环境两个大前提下作出平衡。

5.8.6　除照顾人流外，在厘定行人地带的阔度时亦应顾及其他功能上的需要，包括城市设计、空气流通及视觉效果。视乎邻近土地用途地带的性质及发展密度而定，行人路的阔度或需比建议标准的更宽。特别在较低密度的住宅区和工业区，由于需要更佳的城市设计及空气流通，故此或须较阔的行人路。

街道设施及绿化地带

5.8.7　街道设施及绿化地带可作为行人地带与车路之间的缓冲区，并透过容纳美化环境及街道设施，发挥各种街道功能。在行人路上植树可改善行人环境，对行人空间的影响亦很少。为配合绿化政策，应从优考虑在阔度低于标准的行人路上拨出空间植树。在街道植树可以提供天然的遮阴处及改善市区的微型气候。

5.8.8　在情况许可时（特别是在新发展区），上述地带可再细分为两个分隔带分别提供街道设施及栽种植物。另一方面，一些街道设施，例如道路标志、街灯及栏杆，可在有需要时设于种植带内。在车速及交通流量高的道路，可进一步增加街道设施及绿化地带的阔度，以提供更舒适和更安全的步行环境。

建筑物毗邻地带

5.8.9　建筑物毗邻地带是指行人地带与建筑物边缘之间的地方，可供行人进出建筑物、浏览商店橱窗及购物，并提供行人沿建筑物边缘／无人进出的部分行走时所需的多一点空间。

（2）行人路阔度的准则

5.8.10　表9载录了在不同土地用途内公用行人路／行人道的行人地带、街道设施及绿化地带、建筑物毗邻地带的最低阔度标准。虽然辟设较阔的行人路对发挥街道各项功能有更佳效果，但建议应采用一个最低的行人路阔度标准会较为适当，以便在改善行人环境与有限的土地资源（特别是在市区范围）之间取得平衡。表9所载的行人路阔度应灵活地运用，以配合个别情况或设计。此外，在可行的情况下，应灵活地增加行人路阔度，以辟设巴士停车处和容纳具特色的城市设计。

表9　建议行人路／行人道的最低阔度标准

土地用途类别	行人地带的阔度／繁忙时间的行人流量（每分钟人次）	街道设施及绿化地带的阔度	建筑物毗邻地带的阔度
商业 商业／住宅 住宅发展密度第1区及邻近产生人流的设施（包括戏院、铁路车站及一些政府、机构或社区设施，例如学校）的其他地区	4.5米 甚高（100以上）	1.5米(2)-(4)	无人进出的部分为0.5米及铺面部分增至1米
住宅发展密度第1区	3.5米 高（80−100）		
住宅发展密度第2区	2.75米 中（60−80）		

（续上表）

土地用途类别	行人地带的阔度／ 繁忙时间的行人流量 （每分钟人次）	街道设施及绿化地带的阔度	建筑物毗邻地带的阔度
住宅发展密度第3区	2.0米 低（60以下）		
乡郊	2.0米 甚低		
商贸	4.5米 中（80）		
一般工业用途[(1)]	4.5米 中	4米[(3)-(4)]	
特殊工业用途[(1)]	3.5米 低至中	2米[(2)-(4)]	
乡郊工业用途	2.5米 低	1.5米[(2)-(4)]	

备注：(1) 关于工业用途的分类，请参阅《香港规划标准与准则》第5章

(2) 在林荫大道或主要道路，街道设施及绿化地带的阔度应增至3米，以种植较大的树木或在树底下种植细小的植物，林荫大道或主要道路须具备以下最少一种特质：

—为区内的主要运输及行人走廊

—聚集主要的社区设施及旅游景点

—高级办公室，零售商店及酒店不断落成

—为区内重要的零售街道

—道路宽阔（例如为双程双线或三线分隔车路）

(3) 如要在行人路设立上盖度超过1米的巴士站，街道设施及绿化地带的阔度应适当地增加（阔度增至最多2米）

(4) 如要设置的街道设施宽度超越一般设施的1米阔度（例如门廊及艺术品），街道设施及绿化地带便须加阔以配合

5.8.11　为照顾基本的行人流量及为轮椅使用者等残障人士提供无障碍通道的需要，行人地带的最低阔度应为2米。这2米的阔度，足以为双向流动的行人和轮椅使用者提供舒适的环境（特别是在中等至低行人流量的街道）。

5.8.12　由于私家街道及通路不属于公用道路系统，它们的最低行人路阔度是受到《建筑物（私家街道及通路）规例》所规管。

5.8.13　一般供进出建筑物的行人路（特别是在住宅发展密度第1区），最低阔度应为3.5米。如果有关通路须供紧急车辆使用，最低阔度须增至6米。

地底公用设施

5.8.14　除了提供各种街道功能外，行人路应具有足够阔度，以便预留空间作铺设地底公用设施。在市区范围内，兴建行人路会受到严峻的土地限制，故此在情况许可时应扩

阔行人路，以符合有关的标准。

5.8.15 为免妨碍沿行人路植树，应避免将地底公用设施置于街道设施及绿化地带内。不过，如该等地底公用设施具下列的功能，路政署在一般情况下都会批准把它们设于街道设施及绿化地带内：

(a) 在街道设施及绿化地带内，让街道设施正常运作而所需的公用设施，例如提供照明的电缆或用作供电／水的管道；及

(b) 由行车道横越街道设施及绿化地带延伸至行人路的行人地带的公用设施。

除上述功能的地底公用设施外，路政署不会容许将其他公用设施置于街道设施及绿化地带内，并只有在特殊情况下才给予批准。

行人路规划标准的应用

5.8.16 鉴于新发展区及市区范围有不同的发展机会和限制，有关行人路规划标准的应用亦应有所区别。就新发展区和重建区而言，应根据规划研究的发展蓝图订定最理想的行人路阔度，而行人路阔度标准亦应灵活运用。在市区范围内，应适当地透过推行在地区改善计划／规划图则中的行人环境改善措施，或是把建筑物界线后移，扩阔低于标准的行人路，以符合有关规划标准，藉以改善行人环境。

5.9 实施

5.9.1 行人环境规划是运输及交通规划的重要元素。由规划、设计、实施、管理以至保养的每个阶段，都应该把行人环境规划纳入规划及发展的程序中。

5.9.2 应在发展研究、法定图则和政府内部图则、地区改善计划、规划大纲、市区重建计划及规划申请等文件内，清楚列明行人环境规划的课题，以供公营及私营机构在改善行人环境时作为指引。

5.9.3 建议为已建设地区制订地区改善计划，作为改善行人环境的规划框架。交通管理及改善计划连同街景改善计划可根据现有机制予以实施。在实施、管理和保养各项行人环境规划计划及设施时，应小心协调公私两方面的资源，以及监察负责推行有关计划的机构。

6. 单车设施

6.1 一般目标

6.1.1 在香港，踏单车基本上是一种康体活动。不过，在某些新发展区，单车亦是一种不影响环境和宜于短途行程的辅助交通工具。如果地理环境及道路安全情况许可，政府支持市民较常使用单车代步。

6.1.2 在规划新市镇及新发展地区时，应充分考虑提供单车径及有关设施，一方面作为康乐／旅游用途，另一方面则方便往返区内各处。

6.2 单车径

6.2.1 安全至为重要。单车径的选址和路面情况，以及附近一带的交通管理措施均应配合，以保障踏单车者的安全。

6.2.2 单车专用径是为区内短途行程而设，应连接至附近主要的住宅发展、大型运输

交汇处、铁路车站及其他活动中心。

6.2.3　如可能的话，应沿风景区及散步长廊划定单车游乐路线。这些路线最好连接到沿途的“单车公园”，或与邻近有单车租赁设施的新市镇的单车径相连。有无便捷的公共交通工具连接至这些单车公园，亦会影响到选址。

6.2.4　单车交通应尽可能与其他道路使用者分开。踏单车者与行人之间，应有路缘及／或栏杆等实质的设施分隔。如不可能分隔踏单车者与其他道路使用者，则须采取适当措施，规定踏单车者在进入与其他使用者共用的路段前须先下车。

6.2.5　为达分隔目的，单车径可与车路平行而建，或把单车径与其他车辆的路线完全分开。有关安排将视乎规划中的整体系统而定，并须考虑预计未来需求、土地供应、对踏单车者而言路线是否吸引等因素。

6.2.6　应小心避免单车径过多，因为使用不足可能会令单车径／设施被用作不适当的用途。

6.3　单车径的标准

6.3.1　隔离单车径的阔度应依据单车流量而定，单程径的流量是每米阔度每小时500架次，双程径则是每米阔度每小时400架次。单车径的理想和最低阔度载于表10。双程的单车径应设有适当设施分导来往的单车，例如中线标记，以促进交通安全。双程单车径的阔度最少应有3.5米。

表10　单车径阔度

	理想	最小
单程	2.8米	2.0米
双层	4.0米	3.5米

6.3.2　单车径与毗邻行车道应以最小1.8米宽的路边分隔。如不可行，可把路边的阔度减至不少于1米以提供足够的距离，但主干道则除外。单车径如要横越行车道，必须与路缘垂直。

6.3.3　沿行车路辟设的单车径，其坡度一般与该行车路的一致。隧道内及行人天桥上单车径的理想及一般最高坡度则分别不应超过3%及5%。在特殊情况下，短距离坡度达10%也可接受。如预计斜路会过长，则应考虑把单车径改道。

6.3.4　横向半径最好不少于5米，但若有困难，2米长的半径也可接受。

6.3.5　最好能让单车径上的踏单车者清楚看见前面25米的环境，若不能达此标准，视野也不得少于15米。应留心行人／单车过路处的设计，以确保街道装置包括树木不会阻挡行人或踏单车者的视线。

6.3.6　对于受欢迎的康乐路线，应在沿路每隔约1公里按需要指定一些地方，供踏单车者休息、观赏景点或欣赏风景。这些地方应设置单车停放处。这些休息的地方宜设于旅游胜地及／或景点以及公众有兴趣游览的地点附近。

6.4　单车公园

6.4.1　倘若计划沿风景区辟设单车路线，则应考虑可否在附近提供土地，辟设一个连接单车径和设有单车租赁设施的单车公园。在单车路线的两端也可提供这种租车设施，提供单程租车服务。这种租车设施当然主要是一项商业计划。

6.5　单车停放处

6.5.1　如果所辟设的单车径预算供居民短途往返区内各处之用，则单车径所在的地区便应提供单车停放设施，以避免出现非法泊车的情况，以致对其他道路使用者造成阻塞。一般来说，单车停放设施应设于主要住宅发展、活动中心、街市、公共运输交汇处、铁路车站和有关的政府、机构或社区设施。提供单车停放设施的要求，视乎多项因素而定，包括发展项目的类别及位置、区内是否辟有单车径，以及区内使用单车的普及程度等。虽然当局未必需要就单车停放设施提供全面的指引，但对于单车停放位的供应数目，则应征询运输署的意见。

6.5.2　在住宅发展方面，只要是易于到达合规格的单车径，从而能直达火车站，就应该辟设单车停放位。至于这些住宅发展的单车停放位供应数目，可参考下列建议的准则：

（a）如果位于火车站0.5至2公里半径范围内，则按比例每15个面积少于70平方米的单位，辟设1个单车停放位。

（b）如果位于火车站2公里半径范围外，则按比例每30个面积少于70平方米的单位，辟设1个单车停放位。

6.5.3　设有单车径的火车站应该辟设单车专用停放处，而停放位数目则按火车站2公里半径范围内的人口计算，每10 000人辟设30个单车停放位。

6.6　单车停放处的标准

6.6.1　单车停放处应设于道路 / 单车径以外的地方，以避免阻塞车辆、行人及单车的流量。单车停放处应设于露天地点，让公众一目了然，以防止盗窃。为鼓励踏单车者使用指定的单车停放处，避免出现非法泊车的情况，单车停放处应设于邻近一般目的地而又方便到达的地点。供短时间泊车的单车停放处，不应离目的地超过30米；供长时间泊车的单车停放处，则不应离目的地超过70米。

6.6.2　在单车停放处内，应适当地提供固定停车位或单车栅架，以承托单车，让单车紧锁在这些装置上，防止盗窃。这些停车位或单车栅架的布局设计，应可使场地内提供最多的泊车位。有关单车停放设施的进一步资料，载于《运输策划及设计手册》第3卷第6章内。

6.6.3　应适当地提供指示牌，指示踏单车者前往就近的单车停放处的方向。

6.6.4　火车站的单车专用停放处应该竖立告示牌，向踏单车者列出单车停放处的使用细则。

7. 泊车设施

7.1　概况

7.1.1　提供泊车位的数量，应配合本章引言部分所载的政府整体运输政策。按照一般原则，泊车位的供应水平，不应足以鼓励准乘客使用私家车而非公共交通工具。特别是靠近铁路车站和大型公共运输交汇处的发展，更应采用较低的泊车标准。

7.1.2 现有的泊车设施应善加利用，而这些设施的需求也应予审慎管理。如果泊车设施仍然出现求过于供的情况，则应考虑提供额外的设施，但却不可违反运输策略，而且也不得超出道路系统的负荷能力。

7.1.3 在决定提供泊车设施的适当数目时，应顾及其他实际的考虑因素，包括：

（a）附近有没有公共交通工具；

（b）附近有没有公众停车场；

（c）连接火车站和其他主要公共运输交汇处的行人通道的距离及质素；

（d）区内道路网的交通情况；以及

（e）附近一带的泊车位供求情况。

7.1.4 运输署会负责就某一路旁位置或街道以外的发展，考虑上述因素并决定泊车设施的适当供应数目。如果任何其他部门或机构就运输署的决定提出上诉，运输及房屋局会负责作出裁决。

7.1.5 《运输策划及设计手册》第7卷详载有关泊车事宜（包括有关的法例和设计考虑因素）的指引。《运输策划及设计手册》第6卷第8章则载有残疾驾驶人士所需泊车设施的技术详情和设计。

7.2 街道以外泊车位

7.2.1 各类车辆的泊车位最好设在街道以外。在《第二次泊车位需求研究》中经过改良的泊车位需求模型，提供了私家车和货车的主要车辆类别按地区划分的未来泊车需求预测。泊车位需求模式会定期由运输署更新。此等资料可帮助决策者就泊车设施的供应作出决定。

7.2.2 街道以外泊车位可分为“私人泊车位”和“公众泊车位”两类。“私人泊车位”是为所在的发展项目的特定需要而设，只限于该发展项目的拥有人和获授权的使用者使用；“公众泊车位”则可供公众使用，为停车场所在的地区提供服务。

私人泊车位

7.2.3 关于私人泊车位的标准，详载于表11（附于章末）。表11所载资料包括在住宅发展、社区设施、商业设施、工业发展和商贸发展提供泊车位的标准，以及在各类发展项目内有关上落客货设施的规定。在住宅发展内设置的泊车位，应足以应付目前和预测拥有汽车的住客的需要，并须顾及道路容车量的限制。至于在政府、机构或社区设施、商业设施、工业发展和商贸发展内提供的泊车位，则应足以应付运作需要和适当的访客泊车需求，从而避免产生路旁泊车和上落货的需要。虽然当局会尽可能采用此等标准，但却会就极个别发展项目的特别情况，予以灵活应用。表11所载的规划纲领列出更多详细的指引，以协助当局灵活应用上述标准。

7.2.4 在厘定私人泊车位的标准时，应紧记这些泊车位将会在建筑物存在的整段时期为住客提供服务。如果所提供的泊车位只能应付目前旺季或淡季的需求，则是短视的，应设法避免。评估建筑物提供泊车位的数目，应以建筑物存在的整段时期对泊车位需求所作的预测为依据。

公众泊车位

7.2.5 新的多层公众停车场通常应由私营机构兴建，但在特殊情况下，如果泊车位严重短缺，而且预期不会有私人机构参与兴建，则可透过工务计划兴建多层停车场。为求更善用土地，联用楼宇发展计划内通常会包括多层公众停车场。

7.2.6　政府的政策是鼓励在位置适中的铁路车站和公共运输交汇处发展“泊车转乘”和“下车转乘”设施，藉以鼓励公众乘搭公共交通工具。设置这些设施的地点，通常位于繁忙的市区范围以外，靠近主要的运输线，可方便乘客前往有关的服务地区。

电动车辆充电设施

7.2.7　政府一直积极提倡在香港广泛使用电动车辆，以期改善路边空气质素、减少温室气体排放及创造绿色商机。由于电动车辆以电力推动，因此需要定期充电以保持运作。目前，大部分电动车辆可透过一般充电设施（即220伏特的家用13A电源插座）充电。在停车场设置一般充电设施基本上涉及敷设电线和安装插座。

7.2.8　在私营及公众停车场提供足够的充电设施，对车主会否使用电动车辆至为关键。就私家车而言，政府的较长远目标是在二零二零年，有30%私家车属电动车辆或混合动力车辆。假设电动私家车对充电站的比例应不低于一比一，则在适当情况下，下述类型或以下述类型组合的新发展内的30%私家车泊车位，应提供电动车辆一般充电设施——

（a）住宅发展的停车场；

（b）商业设施的停车场；

（c）工业发展的停车场；及

（d）商贸发展的停车场。

7.2.9　为配合日后电动车辆数目的增长，第7.2.8段（a）至（d）项所述新发展的所有泊车位应具有条件配备电动车辆充电装置，有关装置的技术规定载于机电工程署发出的相关技术指引中。

7.2.10　第7.2.8至7.2.9段所述的规定不适用于路边停车位及户外停车场（不论有盖或无盖）。

7.2.11　设置充电设施及敷设电线工程须遵守相关法例的规定（即《电力条例》（第406章）及按该条例而订立的规例）及环境局和机电工程署不时发出的指引。

泊车转乘

7.2.12　为设立更协调的公共运输系统，促使公众使用公共交通工具，在新界及／或市区边缘地区的适当铁路车站和主要公共运输交汇处，应尽可能提供泊车转乘设施。这样可鼓励驾驶人士转乘集体运输，从而纾缓策略路线走廊沿路的交通挤塞问题，并减低市区旧区的泊车位需求。在评估泊车转乘设施的选址时，特别要确保有关设施：

- 设在靠近公共交通枢纽的地点，方便人们转乘不同的交通工具。
- 不设在交通挤塞的地区，以防有关设施在繁忙时段或会有大量车辆进出。
- 选址务求方便居于偏僻地点的驾驶人士，因为他们必须驾车才可到达铁路系统。

7.2.13　泊车转乘设施通常由商业机构提供及经营，或在地契条款内加以订明。

单车停放处

7.2.14　政府的政策是透过规划过程，鼓励市民以不会导致污染的交通工具来往各处。在适当情况下，在辟设了合规格单车径的地区应鼓励市民以单车为辅助交通工具。本章第6节载有关于提供单车停放设施的更多资料。

旅游巴士泊车位

7.2.15　机场、邮轮客运大楼、运输交汇处、酒店及主要旅游点或附近应该辟设旅游巴士上落客处。

7.2.16　凡有舒适的行人通道直达附近的旅游点，就应该辟设路旁／街道以外的上落客处。但是可否在路旁辟设这类旅游巴士设施，就应该视乎区内的交通情况和附近有没有公众泊车位而定。

7.2.17　在适当地点设置足够数目的指示牌，让旅客容易找到附近的目的地。

7.2.18　在主要旅游点或附近，应该辟设旅游巴士专用的停泊设施，以便旅游巴士轮候团员登车。

石油气动力车辆的泊车位

7.2.19　石油气动力车辆宜停泊在露天地点或空气流通的地面多层停车场。

7.2.20　地下停车场如装设了有效可靠的压力通风系统，也可开放让石油气动力车辆停泊。

7.2.21　石油气动力车辆不得在停车场范围内进行维修。而停泊在地下停车场，都应该按照使用者手册的指示，全时间关掉车辆燃料缸的石油气供应主阀。

7.2.22　石油气动力车辆不应该停泊在细小封闭的车房。

7.3　路旁泊车位

7.3.1　通常只有在地区干路及次要的道路，才会考虑提供路旁泊车位。若街道以外的泊车设施不足以应付需求，可在这些道路提供路旁泊车位，但这些路旁泊车位必须不阻碍该道路的交通流量。路旁泊车位通常用以应付短时间的泊车需要，因此应装置停车收费表，以鼓励短时间停泊车辆。

7.3.2　泊车和上落客货设施应尽可能设于街道以外的地方，除非有关情况只容许在区内道路提供路旁泊车设施，以切合发展项目或若干特别类别的使用者（例如驾驶者为伤残人士）的需要。于早期决定是否提供路旁泊车位及上落客货设施，可方便厘订道路路面的阔度。

7.3.3　如果必须为巴士、货柜车及重型货车提供路旁泊车位，这些泊车位的位置应避免对住宅区带来噪声滋扰。

7.4　残疾人士泊车位

7.4.1　如有机会，凡残疾人士常到的设施（包括诊疗所、医院、银行、零售市场、邮政局、社区会堂等）附近，以及四周在街道以外的泊车位肯定数目不足的地点，应该为残疾人士辟设路旁泊车位。

7.4.2　为方便残疾人士使用街道以外泊车位所需的特别安排，详见表11下规划纲领的通用注释第（h）段。

表11　泊车设施标准

规划纲领

1.(a) 住宅发展的泊车设施标准（第1节）

这项标准的整体目标，是确保在道路容车量所容许下，未来的住宅发展会有足够的泊车位让拥有车辆的住户使用。

(b) 社区设施的泊车设施（第2节）

为社区设施提供的泊车位一般只限于应付运作上的需要。一般来说，预计社区设施的使用者会使用公共交通工具或公众停车场。然而，对于某些主要政府、机构或社区设施，例如全港市民均会使用的文娱／康乐场馆，当局或须提供足够的泊车位，以配合该等设施的性质。

（c）商业设施的泊车设施标准（第3节）

这项标准的整体目标，是确保未来商业设施的范围内会有足够的泊车位应付明显的运作需求，特别情况则除外。

（d）工业和商贸发展的泊车设施标准（第4节）

这项标准的整体目标，是确保有足够的泊车位及上落客货处以满足需求。

各项发展所需提供的泊车设施数目，概由当局就个别情况决定。当局将根据有关标准所提供的指引作出决定。

2.当局已就新发展区（包括综合重建计划在内）制定泊车设施标准。然而，当局在订定标准范围以内或以外的供应量时须有弹性，以切合各种特殊的情况，例如已建设市区的重建计划。除其他因素外，当局还会考虑以下土地用途与运输互相配合的因素：

（a）连接火车站和其他主要公共运输交汇处的行人通道的距离及质素；

（b）附近有没有公共交通工具；

（c）附近有没有公众停车场；

（d）预测在邻近或较远区域的道路容车量及行车量；

（e）可否设置安全的出入点；

（f）是否实施封闭道路通行证政策（例如大屿山南部）；

（g）特定用地的面积及地形；以及

（h）附近一带的泊车位供求情况。

3.通用注释

（a）契约方面的主管当局是地政总署署长，建筑图则方面的是建筑事务监督，规划大纲方面的是地区规划会议。各主管当局将会听取运输署及其他有关部门的意见。

（b）当局所批准基本数目的泊车位，一般不须计入拟议发展的总楼面面积，但基本数目以外的泊车位则作别论。如属适当，议定的标准须纳入契约条件内。

（c）至于没有指定的商业及社区设施，则由当局根据规划纲领决定泊车位数目。如属可行，泊车位应设于用地范围内。

（d）所有交通通路的大小，均须遵照《建筑物条例》的规定、适当的路政署标准图则，以及运输署《运输策划及设计手册》的设计细则。

（e）如同一用地有不同种类的发展计划（例如住宅发展、社区设施），则应把适用的标准合并应用。然而，若有证据显示不同需求会在不同时间大幅增加，则可获准作出若干减免。

（f）各类非住宅发展也应为电单车另设泊车位，数目是每类发展所设的私家车泊车位总数的5%至10%。如果是资助房屋，则须以每110至250个单位辟设1个电单车泊车位作为计算基础，但不包括“单人／双人”单位及非住宅部分等。如果是私人房屋，则须以每100至150个单位辟设1个电单车泊车位作为计算基础，但不包括非住宅部分等。一般指引是，无论是路旁或街道以外的电单车泊车位，应有1米（阔）×2.4米（长），但若用地面积有限，则可接受1米×2米的最低标准。

（g）标准泊车位及上落客货处的面积如下：

泊车位及上落客货处类别	长度(米)	阔度(米)	最低通行高度(米)
私家车、客货车及的士	5	2.5	2.4
轻型货车	7	3.5	3.6
中型/重型货车	11 1I	3.5	4.7
货柜车	16	3.5	4.7
旅游车/巴士	12	3.5	3.8
小型巴士	8	3.0	3.3
轻型货车及小型巴士“共用”	8	3.5	3.6
中型/重型货车及旅游车/巴士“共用”	12	3.5	4.7

注释:

ⅰ)机动车辆凡建造或用作接载超过19名乘客和其个人财物，则作旅游车/巴士论。

ⅱ)凡纯粹建造或用作接载不超过19名乘客和其个人财物，则作小型巴士论，唯伤残人士车辆、电单车、机动三轮车、私家车和的士不计算在内。

ⅲ)最低通行高度是指地面与天花板下垂伸建物最低点之间的距离。伸建物包括任何照明设备、通风管道、喉管或同类设施。

ⅳ)路旁停车处的设计须符合运输署的要求。

ⅴ)一般而言，泊车位的尺寸应采用表11(标准详情)所列明的类别。至于采用“共用”泊车位尺寸的要求，运输署会按个别情况作出考虑。

(h)残疾人士泊车位

(ⅰ)街道以外的泊车位必须预留足够数目供残疾人士使用，详情如下。

(ⅱ)根据《建筑物(规划)规例》第72条，住宅发展、商业设施、工业和商贸发展、社区设施及其他发展的残疾人士泊车位最低供应数目规定如下:

停车位总数	畅通易达停车位的最小数目
1至50个	1个
51至150个	2个
151至250个	3个
251至350个	4个
351至450个	5个
450个以上	6个

(ⅲ)除上述规定外，当(a)住宅发展须提供访客泊车位，至少其中一个必须符合畅通易达泊车位的规定，让残疾人士在没有太大困难下使用;以及(b)有关医务设施，急症室附近必须辟设至少一个残疾人士可使用的访客泊车位。

(ⅳ)如所提供的畅通易达泊车位数目超过上文第(h)(ⅱ)段所规定的供应量，则多出的畅通易达泊车位可在残疾人士没有需求时供非残疾人士使用。

（ⅴ）畅通易达泊车位须辟设在平地上和易于到达的出入口附近。如果是多层停车场，则每一楼层也须在易于到达的出入口和方便前往的地点附近，辟设此等泊车位，以尽量方便残疾人士。如果是多幢大厦共用的停车场，则此等畅通易达泊车位须分布在不同位置，以便残疾人士前往各幢大厦也同样容易。

（ⅵ）畅通易达泊车位须至少阔3.5米。如所辟设的畅通易达泊车位超过一个，可辟设阔1.2米的共用上落客货车位，以减少所增加的泊车位阔度，而此等泊车位的阔度不得少于2.5米。此等泊车位应该尽量辟设在有顶盖的地点内。残疾驾驶人士所需泊车位的技术细节和设计，详见《运输策划及设计手册》第6卷第8章和《建筑物（规划）规例》第123F章附表3。

（ⅶ）在停车场入口的当眼地点和有关发展的适当地方须竖立指示牌，标明残疾人士专用泊车位的正确位置。指示牌须竖设在无遮挡的视线范围内，让驾驶人士从司机座位即可看见。

标准详情

第1节　住宅发展的泊车设施标准

<table>
<tr><th rowspan="2">发展类别</th><th colspan="4">所需车位数目</th><th colspan="2">所需上落客货设施数目</th></tr>
<tr><th colspan="3">标准</th><th>备注</th><th>标准</th><th>备注</th></tr>
<tr><td rowspan="8">1.资助房屋
#</td><td colspan="3">－私家车：</td><td rowspan="8">见注释（1）至（3）</td><td rowspan="8">在每幢住宅大厦周围为公共服务车辆辟设至少2个中型／重型货车及旅游车／巴士“共用”上落客货处，并供车辆通宵停泊之用</td><td rowspan="8"></td></tr>
<tr><td colspan="2">通用泊车标准（GPS）</td><td>按比例每4至7个单位辟设1个泊车位</td></tr>
<tr><td>需求调整比率（R1）</td><td>所有资助房屋</td><td>0.52</td></tr>
<tr><td rowspan="2">地点远近调整比率（R2）</td><td>在铁路站500米半径范围内
【见注释（3）】</td><td>0.85</td></tr>
<tr><td>在铁路站500米半径范围外
【见注释（3）】</td><td>1</td></tr>
<tr><td colspan="3">泊车位所需数目=GPS × R1 × R2</td></tr>
<tr><td colspan="3">–轻型货车及小型巴士：
按比例每260个单位辟设1个轻型货车及小型巴士“共用”泊车位</td></tr>
<tr><td colspan="3">–中型／重型货车，旅游车／巴士：
可善用屋邨附连的商业中心及每幢住宅大厦周围所划设的上落客货处作通宵停泊用</td></tr>
</table>

表11第1节（续）

<table>
<tr><td rowspan="2">发展类别</td><td colspan="5">所需车位数目</td><td colspan="2">所需上落客货设施数目</td></tr>
<tr><td colspan="4">标准</td><td>备注</td><td>标准</td><td>备注</td></tr>
<tr><td rowspan="10">2. 私人房屋</td><td colspan="4">－私家车：</td><td rowspan="10">见注释（1）至（2）和（6）至（8）</td><td rowspan="10">－按比例每800个单位或余数不足此数者，就在有关发展的用地范围内辟设至少1个货车上落客货处，但每幢住宅大厦也起码要有1个此等上落客货处，或以有关当局所定的要求为准

－同时应该在每栋大厦周围为公共服务车辆辟设上落客货处</td><td rowspan="10"></td></tr>
<tr><td colspan="3">通用泊车标准（GPS）</td><td>按比例每4至7个单位辟设1个泊车位</td></tr>
<tr><td rowspan="6">需求调整比率（R1）</td><td rowspan="6">单位面积（平方米）（总楼面面积）</td><td>单位面积≤40平方米</td><td>0.5</td></tr>
<tr><td>40<单位面积≤70平方米</td><td>1.2</td></tr>
<tr><td>70<单位面积≤100平方米</td><td>2.4</td></tr>
<tr><td>100<单位面积≤130平方米</td><td>4.1</td></tr>
<tr><td>130<单位面积≤160平方米</td><td>5.5</td></tr>
<tr><td>单位面积>160平方米</td><td>7.0</td></tr>
<tr><td rowspan="2">地点远近调整比率（R2）</td><td colspan="2">在铁路站500米半径范围内
【见注释（6）】</td><td>0.75</td></tr>
<tr><td colspan="2">在铁路站500米半轻范围外
【见注释（6）】</td><td>1</td></tr>
</table>

表11第1节(续)

<table>
<tr><td rowspan="2">发展类别</td><td colspan="5">所需车位数目</td><td colspan="2">所需上落客货设施数目</td></tr>
<tr><td colspan="4">标准</td><td>备注</td><td>标准</td><td>备注</td></tr>
<tr><td rowspan="8">2. 私人房屋</td><td colspan="4">－私家车：</td><td rowspan="8"></td><td rowspan="8"></td><td rowspan="8"></td></tr>
<tr><td rowspan="5">发展密度调整比率（R3）</td><td rowspan="5">住用地积比率（地积比率）</td><td>0.00<地积比率≤1.00</td><td>1.30</td></tr>
<tr><td>1.00<地积比率≤2.00</td><td>1.10</td></tr>
<tr><td>2.00<地积比率≤5.00</td><td>1.00</td></tr>
<tr><td>5.00<地积比率≤8.00</td><td>0.90</td></tr>
<tr><td>地积比率>8.00</td><td>0.75</td></tr>
<tr><td colspan="4">泊车位所需数目=GPS × R1 × R2 × R3</td></tr>
<tr></tr>
<tr><td>3. 乡村屋宇</td><td colspan="4">－每幢标准大小（65平方米）的新界豁免管制屋宇可辟设泊车位至多1个，而泊车位总数的10%至15%可供货车通宵停泊用</td><td>－一般辟设在乡村范围内的公用停车处</td><td></td><td></td></tr>
</table>

#在表11第1节所述的资助房屋的泊车设施标准适用于公共租住房屋及资助出售房屋发展项目。地盘面积较大的公共租住房屋及资助出售房屋发展项目，应考虑采用较高的通用泊车标准（即每4个单位辟设1个泊车位），而面积细小或用地有严重限制的地盘，则可考虑采用较低的通用泊车标准（即每7个单位辟设1个泊车位）。至于未决定房屋类别的发展项目，应采用中间水平的通用泊车标准。上落客货设施的标准（包括有关作通宵停泊用的规定）应顾及地盘限制及当区的情况。

注释：

<u>所有住宅发展</u>

（1）运输署会根据个别发展项目附近普遍的泊车位供求情况、交通状况、与公共交通（除铁路外）的距离及便捷程度等，在通用泊车标准的规限下为有关发展项目订定泊车标准。

（2）至于面积细小、有严重地盘限制或地盘情况特殊的用地，运输署或会按个别情况，考虑接受比泊车设施标准为低的泊车位数目要求。运输署在考虑此等要求时或会考虑的因素包括但不限于地盘面积及形状、地盘所遇到的技术限制、就建造过深地库停车场难以克服的困难、严重影响单位供应数目的问题等。

<u>资助房屋</u>

（3）如果有关发展的所在地范围超过50%位于铁路站500米半径范围内，则应该容许住宅泊车位的供应数目减少15%。不论铁路站的布局及设计，计算铁路站的500米半径范围，均应该从铁路站的中心点起计。

（4）在根据单位数目来计算所需的私家车、电单车和轻型货车及小型巴士“共用”泊车位总数时，无须计及“单人/双人”单位。

（5）因应地盘及设计方面的限制，每幢资助房屋大厦应提供最多5个访客泊车位。

私人房屋

（6）如果有关发展的所在地范围超过50%位于铁路站500米半径范围内，则应该容许住宅泊车位的供应数目减少25%。不论铁路站的布局及设计，计算铁路站的500米半径范围，均应该从铁路站的中心点起计。

（7）如果有关发展的单位面积超过160平方米，则表上所列的标准只属基本要求。运输署会按个别情况，考虑要求辟设更多泊车位和上落客货处。

（8）在访客泊车位方面，私人住宅发展内每幢超过75个单位的大厦，应于标准上额外辟设5个访客泊车位，或以当局所定的要求为准。至于每幢少于75个单位的私人住宅大厦，运输署会按个别情况订立所需的访客泊车位数目。

（如需更多指引，请参阅“规划纲领”）

第2节　社区设施的泊车设施标准

发展类别	所需泊车位数目		所需上落客货设施数目	
	标准	备注	标准	备注
1. 教育 （a）小学 （b）中学及工业学院	– 按比例每4至6个课室辟设1个泊车位 – 按比例每3至4个课室辟设1个泊车位	– 泊车位供校长、主任、非驻校专责教师、督学及访客使用 – 准时返校对负责早会及督导的校长及主任来说特别重要	– 按比例： （ⅰ）小学每2至3间课室 （ⅱ）中学及工业学院每3至5间课室辟设1个的士及私家车路旁停车处 – 至于校舍范围内的学校巴士路旁停车处，小学应该辟设至少3个；中学应该辟设至多3个，至于在公共屋邨内的所有学校，则应按个别情况，根据乘客来源区及邨／苑内道路的预期交通情况，制订巴士路旁停车处的数目	
（c）特殊学校	– 按比例每4至8个课室辟设1个泊车位	– 通常供小学及中学学生共用	– 按比例每2至3个课室辟设1个的士及私家车路旁停车处 –（在校舍内）至少3个学校巴士路旁停车处	– 路旁停车处主要是用作应付弱智及／或伤残学生的一般及紧急需求
（d）幼儿园	– 按比例每4至6个课室辟设0至1个泊车位	– 幼儿园若设于一般用途楼宇内，则可获准不辟设泊车位	– 按比例每5至8个课室辟设1个的士及私家车路旁停车处 – 至少2个学校巴士路旁停车处（注释：可改为辟设5个3米×7米的路旁停车处，供座位总数等同两辆大型学校巴士的小型巴士／保姆车使用）	– 幼儿园若设于一般用途楼宇内，则可获准不辟设路旁停车处
（e）大专院校	一般没有固定标准，以当局所定的要求为准			

表11第2节(续)

发展类别	所需泊车位数目		所需上落客货设施数目	
	标准	备注	标准	备注
2. 医疗 （a）诊疗所及分科诊疗所	– 按比倒每1间诊症室辟设1至1.5个泊车位，分科诊疗所额外设3个救护车泊车位（9米×3米）	– 泊车位是为工作需要而非为门诊病人而设的，但应预留1至2个泊车位供自行驾车前来求诊的残疾人士使用	– 1至2个救护车有盖路旁停车处（9米×3米） – 按比例每1间诊症室辟设0至1个的士／私家车有盖路旁停车处 – 1至2个中型／重型货车路旁停车处	– 路旁停车处的数目应该以可满足伤残人士的特别需要为准
（b）医院	– 按比例每3至12张病床辟设1个泊车位 – 其中2至5个泊车位作残疾访客泊车之用 – 设有急症室的医院额外辟设8个救护车泊车位（9米×3米），不设急症室的医院则额外辟设3个救护车泊车位（9米×3米）	– 根据左栏标准所列范围决定泊车位供应量时，应注意设有急症室的医院所需的泊车位较其泊车位通常是为工作而设的，但也建议为访客辟设泊车位，特提供紧急服务的医院。评估整体泊车位及访客泊车位需求时，须考虑公共运输设施是否足够、附近是否设有公众泊车位，以及医院的位置。 – 如医院设有访客泊车位，应把若干位于最便利位置的泊车位预留作紧急用途 – 为残疾人士提供的访客泊车位，应位于最便利的位置，以方便残疾人士驾车前往门诊部急症室	– 按比例： （i）在设有急症室的医院，每80张病床或余数不足此数者 （ii）在不设急症室的医院，每160张病床或余数不足此数者 辟设1个的士及私家车有盖路旁停车处 – 按比例： （i）在设有急症室的医院，每200张病床或余数不足此数者 （ii）在不设急症室的医院，每400张病床或余数不足此数者 辟设1个公共小型巴士路旁停车处（8米×3米） – 救护车路旁停车处： （i）在设有急症室的医院，设2个 （ii）在不设急症室的医院，则辟设1至2个 （iii）所有路旁停车处均有上盖 – 提供1至3个中型／重型货车路旁停车处	– 路旁停车处的数目应该以可满足伤残人士的特别需要为准
3.教堂	– 按比例每16个独立座位或相等数量的座位辟设至多1个泊车位	– “教堂”一词的通义包括庙宇及清真寺等礼拜场所 – 根据订定标准范围决定所需的车位数目时，应考虑教堂位置和大小以及是否靠近公共运输设施等因素	– 辟设1至2个小型旅游巴士上落客货处（9米×3米）	

表11第2节(续)

发展类别	所需泊车位数目		所需上落客货设施数目	
	标准	备注	标准	备注
4.电力支站	– 66千伏及以上的电力支站，辟设1个私家车泊车位	– 设于站址内的露天场地	– 辟设1个重型／中型货车上落客货处	– 设于站址内的入口通道或露天场地
	– 33千伏的电力支站，辟设1个私家车泊车位		– 辟设1个轻型货车上落客货处	– 设于站址内的露天场地
5.艺术场地	一般没有固定标准，以当局所定的要求为准			

（如需其他指引，请参阅“规划纲领”）

注释：

1. 在公共屋邨内的学校及幼儿园，所辟设的泊车位、的士和私家车路旁停车处，以及上落客货处的数目，应符合房屋委员会的规定。

2. 在公共屋邨内的私家诊疗所／分科诊疗所，所辟设的泊车位、的士和私家车路旁停车处，以及上落客货处，数目应符合房屋委员会的规定。

第3节　商业设施的泊车设施标准

发展类别	所需泊车位数目		所需上落客货设施数目	
	标准	备注	标准	备注
1.零售设施	– 发展密度第1区： 按比例每200至300平方米总楼面面积辟设1个泊车位 – 发展密度第2及3区： 首2000平方米总楼面面积： 按比例每40至50平方米总楼面面积辟设1个泊车位 继首2000平方米后的总楼面面积： 按比例每150至200平方米辟设1个泊车位	– 设于路旁而主要顾客为区内住客的小型零售商店一般获准不设泊车位 – 零售设施的涵义包括商场内常见的食肆及有关服务，但在位置及设计上并非商场部分的零售市场则不包括在内。 – 为设于各公共屋邨内的零售中心订定泊车位的要求时，应参考房署相关的零售业务可行性研究的结果	– 按比例每800至1200平方米总楼面面积或余数不足此数者，辟设1个货车上落客货位	– 基于规模经济的原则，大型综合发展或可获准采用标准所容许的下限 – 进出点不应阻塞主铺面 – 货车应限在零售设施的用地范围内转动，而通常不准以倒车方式往（从）公用道路退出（进入）

表11第3节（续）

发展类别	所需泊车位数目		所需上落客货设施数目	
	标准	备注	标准	备注
2.办公室	首15000平方米总楼面面积： 按比例150至200平方米总楼面面积辟设1个泊车位 继首15 000平方米后的总楼面面积： 按比例每200至300平方米总楼面面积辟设1个泊车位	– 如办公室大厦设有汽车升降机，应提供足够的轮候空间，以免汽车需在公用道路上轮候 – 如办公室大厦十分接近载客量高的运输系统，或者用地有严重限制，有关当局应弹性处理，批准降低标准或不设任何泊车位	– 按比例每2000至3000平方米总楼面面积或余数不足此数者，辟设1个货车上落客货处 – 凡地盘净面积为5000平方米或以上，则按比例每2000平方米总楼面面积或余数不足此数者，设1个供的士及私家车乘客上落车的路旁停车处	– 进出点不应阻塞主铺面 – 货车应限在办公室大厦的用地范围内转动，而通常不准以倒车方式往（从）公用道路退出（进入）
3.零售市场	– 一般不设这类设施	– 虽然目前大多数时间也只是区内居民徒步前往市场小批购物，但个别地点或许仍须辟设泊车位	– 按比例20至30个大型摊档辟设1个中型／重型货车上落客货处。按比例每40至60个小型摊档辟设1个中型／重型货车上落客货处（中型／重型货车上落客货处的标准数目为至少2个） – 按比例每个垃圾收集站辟设一个上落客货处，大小与中型／重型货车客货上落处相同 – 在制订发展计划时，应安排在市场附近设置一些的士及私家车路旁停车处	– 摊档大小的定义，须参照《香港规划标准与准则》第6章所款的相关列表。 – 货车应限在市场的用地范段内转动，而通常不准以倒车方式往（从）公用道路退出（进入） – 干货一般仍不定时以单车或小型货车运送。 – 为方便装卸大批零售货品而设

表11第3节（续）

<table>
<tr><td rowspan="2">发展类别</td><td colspan="2">所需泊车位数目</td><td colspan="2">所需上落客货设施数目</td></tr>
<tr><td>标准</td><td>备注</td><td>标准</td><td>备注</td></tr>
<tr><td>4. 酒店

（a）主要市区及新市镇</td><td>按比例每100个房间辟设1个泊车位

－如果酒店设有会议室及宴会厅，则另行按比例每200平方米总楼面面积辟设0.5至1个泊车位</td><td>－泊车位供酒店的豪华房车使用，并为应付职员的工作需要而设</td><td>－货车上落客货处：
按比例每100个房间辟设0.5至1个货车上落客货处
－的士及私家车路旁停车处：
<table>
<tr><td>酒店类别</td><td>最少数目</td></tr>
<tr><td>≤299个房同</td><td>2</td></tr>
<tr><td>300～599个房间</td><td>3</td></tr>
<tr><td>≥600个房间</td><td>4</td></tr>
</table>
－单层旅游巴士路旁停车处：
<table>
<tr><td>酒店类别</td><td>最少数目</td></tr>
<tr><td>≤299个房间</td><td>1</td></tr>
<tr><td>300～899个房间</td><td>2～3</td></tr>
<tr><td>≥900个房间</td><td>3</td></tr>
</table>
－另外会议中心及宴会厅辟设的上落客货处，数目以当局所定的要求为准</td><td>－上落客货处应靠近服务人员通道。货车应限在酒店的用地范围内转动，而通常不准以倒车方式往（从）公用道路退出（进入）
－上落客货处的设计，应可让车辆在出入及上落客货时，无须倒车在公用道路上轮候。路旁停车处侧须拨出足够地方让乘客候车
－路旁停车处的设计应可让巴士出入时无须在公用道路上轮候。路旁停车处须拨出足够地方让乘客候车</td></tr>
<tr><td>（b）其他地区</td><td>－按比例每200个客房或余数不足此数者辟设至少1个单层旅游巴士泊车位
－按比例每10个客房辟设至少一个泊车位
－如果酒店设有会议室及宴会厅，则另行按比例每200平方米总楼面面积辟设2至5个泊车位</td><td>－车辆应由酒店的用地范围内的次要道路进出停车地点
－泊车位数目受制于任何有关封闭道路通行许可证的政策及其相关政策</td><td>－按比例每100个客房或余数不足此数者辟设至少1个上落客货处
－另外为会议中心及宴会厅辟设的泊车位，数目以当局所定的要求为准</td><td></td></tr>
</table>

表11第3节（续）

发展类别	所需泊车位数目		所雷上落客货设施數目	
	标准	备注	标准	备注
5.商业娱乐设施（例如戏院、剧院）	－按比例每20个座位或余数不足此数者辟设0至1个泊车位	－都会区内的戏院通常不设泊车位，因为该等戏院大多位于交通方便的地区	－此类设施应该尽可能设1个货车上落客货处，但戏院除外 －按比例400个座位或余数不足此数者，辟设至少1个供的士及私家车乘客上落车的路旁停车处 －在制订发展计划时，应安排在已建戏院、剧院及同类设施附外额外辟置一些的士及私家车路旁停车处	

（如需其他指引，请参阅“规划纲领”和第3节的“通用注释”）

第3节的通用注释：

1.按总楼面面积比例来订定有关设施的数目时，余数而不足数的面积仍须当作足数的比例计算。

2.为货车提供的有关设施中，65%供轻型货车使用，35%供重型货车使用，但此标准不适用于房委员会辖下的发展。

3.为零售市场设有关设施的标准，适用于独立式的零售市场，但作为零售中心一部分的市场则不适用。在位置及设计上属于零售中心一部分的市场，所需的泊车位及上落客货处数目仍须根据一般零售设施的标准（见本节第1类别）来决定，并按零售中心（计及任何市场面积）的整体楼面面积来计算。

4.如场地有严重的限制，可弹性引用有关标准。

第4节　工业和商贸发展的泊车设施标准

第4.1节　一般工业用途和商贸用途

发展类别		所需泊车位数目		所需上路客货设施数目	
		标准	备注	标准	备注
一般工业用途	工业用途	－私家车： 按比例每1000至1200平方米总楼面面积辟设1个泊车位	见注释（3）至（4）	－按比例每700至900平方米总楼面面积辟设1个上落客货处，其中50%应该供货车停泊 －凡尺寸不少于45米×40米的地盘，均应辟设1个货柜车上落客货处，其圈头范围外侧半径规定为11.6米	见注释（5）至（8）和（12）
	工业／办公室用途	－私家车： 按比例每600至750平方米总楼面面积设1个泊车位		－按工业／办公室用途总楼面面积的50%计算，每1000至1200平方米辟设1个货车上落客货处：按工业／办公室用途总楼面面积余下50%计算，则每2000至3000平方米辟设1个货车上落客货处 －按上述比例辟设的货车上落客货，其总数的50%须供货车停泊 －按比例每800至1200平方米商用总楼面面积，辟设1个货车上落客货处专供上落客货用 －凡尺寸不少于45米×40米的地盘，均应辟设1个货柜车上落客货处，其圈头范围外侧半径规定为11.6米	见注释（5）至（12）

表11第4.1节（续）

发展类别		所需泊车位数目		所雷上落客货设施数目	
		标准	备注	标准	备注
商贸用途	工业楼宇	– 私家车： 按比例每600至750平方米总楼面面积设1个泊车位		– 按总楼面面积的50%计算，每1000至1200平方米设1个货车上落客货处：按总楼面面积的余下50%计算，则每2000至3000平方米辟设1个货车上落客货处 – 按上述比例辟设的货车上落客货处，其总数的50%须供货车停泊 – 凡尺寸不少于45米 × 40米的地盘，均应辟设1个货柜车上落客货处，其圈头范围外侧半径规定为11.6米	见注释（5）至（8）和（12）
	工业／办公室楼宇	– 私家车： 按比例每600至750平方米总楼面面积辟设1个泊车位		– 按工业／办公室用途总楼面面积的50%计算，每1000至1200平方米辟设1个货车上落客货处：按工业／办公室用途总楼面面积的余下50%计算，则每2000至3000平方米辟设1个货车上落客货处 – 按上述比例辟设的货车上落客货处，其总数的50%须供货车停泊 – 按比例每800至1200平方米商用总楼面面积，辟设1个货车上落客货处专供上落客货用 – 凡尺寸不少于45米 × 40米的地盘，均应辟设1个货柜车上落客货处，其圈头范围外侧半径规定为11.6米	见注释（5）至（12）
	办公室楼宇	– 私家车： 首15 000平方米总楼面面积，按比例每150至200平方米辟设1个泊车位：余下的总楼面面积则按比例每200至300平方米辟设1个泊车位		– 按比例每2000至3000平方米总楼面面积辟设1个货车上落客处 – 凡地盘净面积为5000平方米或以上，则按比例20 000平方米总楼面面积或余数不足此数者，辟设1个供的士及私家车乘客上落车的路旁停车处	无
	商贸楼宇	– 私家车： 按比例每200至300平方米总楼面面积辟设1个泊车位		– 按比例每800至1200平方米总楼面面积辟设1个货车上落客货处，其中50%应该供货车停泊 – 凡地盘净面积为5000平方米或以上，必须辟设至少1个供的士及私家车乘客上落车的路旁停车处 – 凡尺寸不少于45米 × 40米的地盘，均应辟设1个货柜车上落客货处，其圈头范围外侧半径规定为11.6米	见注释（5）至（12）

（如需其他指引，请参阅“规划纲领”和第4.1节的“通用注释”）

第4.1节的通用注释：

1. 至于面积细小、有严重地盘限制或地盘情况特殊的用地，运输署或会按个别情况，考虑接受比泊车设施标准更低的泊车位数目要求。运输署在考虑此等要求时或会考虑的因素包括但不限于地盘面积及形状、地盘所遇到的技术限制、就建造过深地库停车场难以克服的困难、严重影响可提供楼面面积的问题等。

2. 计算泊车位及上落客货设施的数目时，应把供应数目上调至最近的整数。

3. 在拟备工业区的规划蓝图时，应该安排辟设公众泊车处，以供途经该区的驾驶人士无法在个别地段内泊车时使用。

4. 下列为所规定的标准设计：

（i）私家车：圈头范围——外侧半径为7.5米；

（ii）货车：圈头范围——外侧半径为11.5米。

5. 为货车提供的有关设施中，65%供轻型货车使用，35%供重型货车使用。

6. 为上落客货而设的地点须邻接一个货物处理平台或范围。该货物处理平台或范围不得取消，而且在规划上须让货物从/往有关平台/范围起卸后，可在地段内运送往同一楼层和上下各楼层的各楼宇部分。此要求并不适用于供货车停泊的上落客货设施。

7. 货物处理平台或范围须按照《提供火警逃生途径守则》和《建筑物条例》所开列的相关规定，附设连接往楼宇的通道。

8. 所有泊车位和上落客货处都必须规划至货车无须以倒车方式往该地段毗邻的道路退出。

9. 处理任何货物都只许取道与同类乘客设施分隔开的指定货运人员入口、货物电梯大堂和货物电梯。

10. 进出点的位置不应阻塞主铺面。

11. 货车应限在用地范围内转动，而通常不准以倒车方式往（从）公用道路退出（进入）。

12. 凡尺寸少于45米×40米的地盘，则应该按情况考虑是否辟设货柜车上落客货处，并征询运输署的意见。

第4.2节　特殊工业用途

发展类别	所泊车位数目		
	私家车	货车	货柜车
1.工业村	按比例每900平方米总楼面面积或每450平方米地盘面积设1个泊车位，二者中以较大者为准。在所提供的泊车位中，50%须供私家车及轻型货车停泊，剩余50%则须供货车停泊和上落客货		凡尺寸不少于45米×40米的地盘，均应设1个货柜车上落客货处
2.科学园[5]	按比例每75平方米总楼面面积辟设1个泊车位（75%供私家车停泊，25%供货车停泊）	按比倒每5000平方米总楼面面积辟设1个泊车位	无
3.乡郊工业用途	每个工业场所或按比例每900平方米总楼面面积辟设1个泊车位，以供停泊货车/访客车辆，二者中以较大者为准		
4.具特殊需求的其他工业用途	视乎实际需要而定		

（如需其他指引，请参阅“规划纲领”）

注释：

1.按上述比例辟设的货车上落客货处，其总数的50%须供货车停泊。

2.为货车提供的有关设施中，65%供轻型货车使用，35%供重型货车使用。

3.按特定的总楼面面积比例来订定有关设施的数目时，余数而不足数的面积仍须作足数的比例计算。

4.就工业村而言，上述泊车位要求只是最低标准。香港科技园公司会就个别地盘评估实际所需的泊车设施数目。

5.有关重型货车的泊车位要求不适用于科学园。

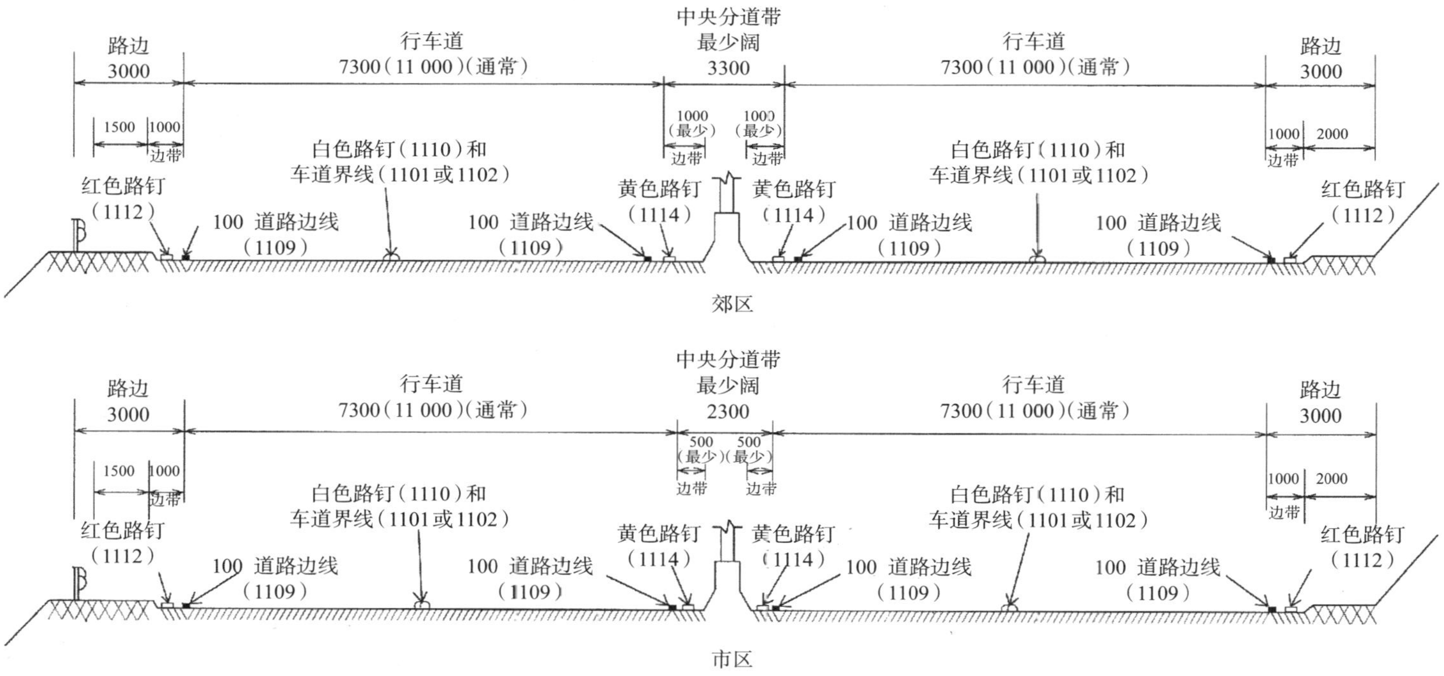

备注：

1. 路钉和道路标记具体情况见《运输规则及设计手册》第三卷。
2. 路边 / 边带具体情况视乎所需排水设施而定。
3. 路边和预留地带的实际阔度视乎所需的街道装置而定。

非按比例绘制

资料来源	主干道一般剖面图	规划署		
运输署		规划编号 PSS/00/275	日期	图号
		图则编号 TSC/PSSC/802	10/00	1

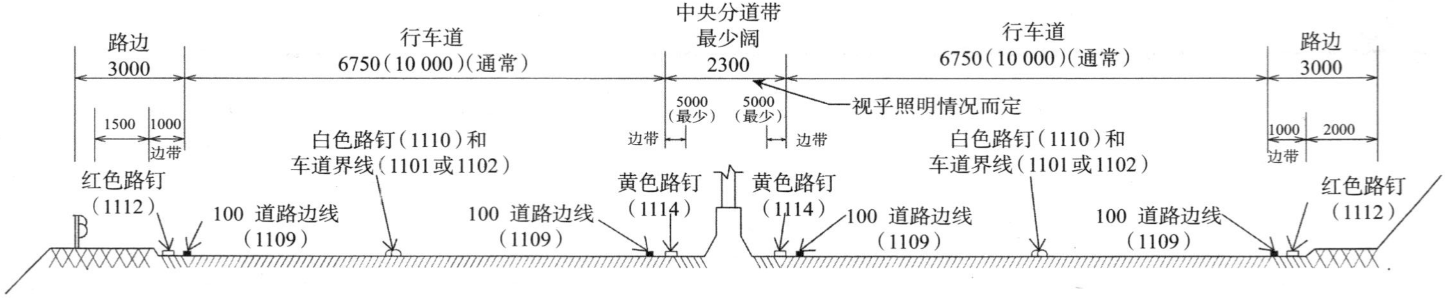

主要干路

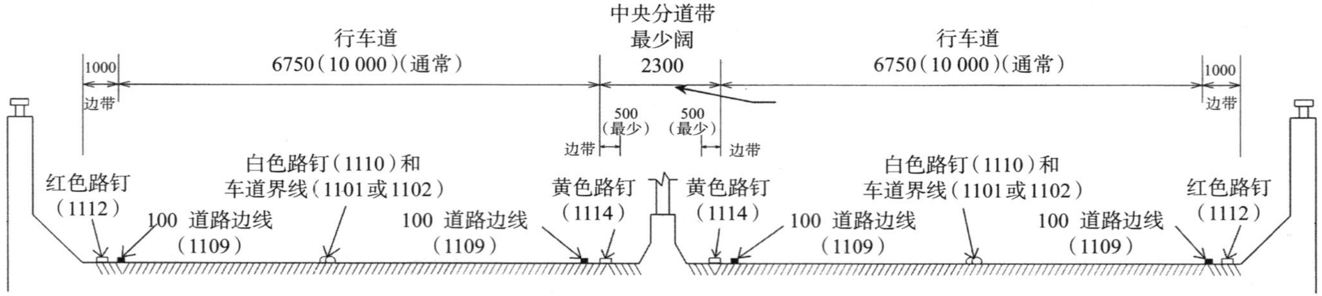

高架道路

备注：

1.路钉和道路标记具体情况见《运输规则及设计手册》第三卷。

2. 路边和预留地带的实际阔度视乎所需的街道装置而定。

非按比例绘制

资料来源	主要干路一般剖面图	规划署		
运输署		规划编号 PSS/00/276	日期	图号
		图则编号 TSC/PSSC/802#[1]	10/00	2

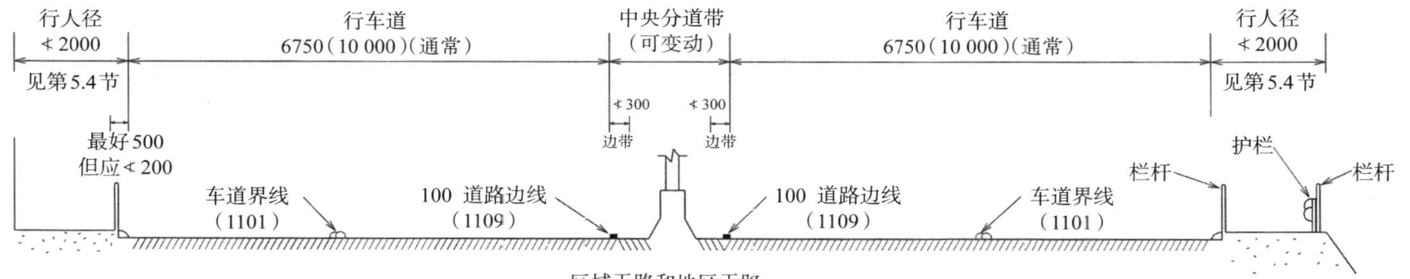

区域干路和地区干路

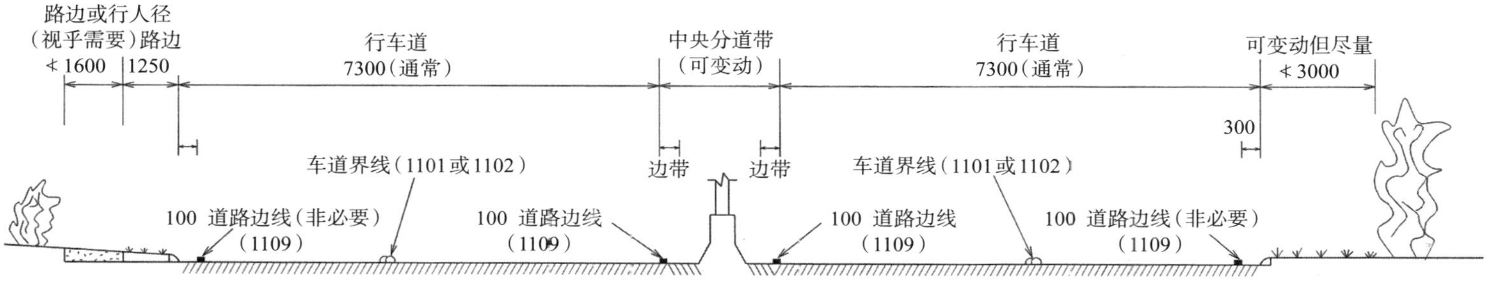

甲级和乙级郊区道路

备注：

1. 中央分道带的混凝土纵向护栏可由合适的矮墙和路边石替代，但路边带必须保留。
2. 地区干路的一旁或两旁可加阔3000毫米作停车用途。
3. 中央分道带的实际阔度视乎所需的街道装置而定。

非按比例绘制

资料来源	双程分隔车道一般剖面图	规划署		
运输署		规划编号 PSS/00/276	日期	图号
		图则编号 TSC/PSSC/802 1	10/00	2

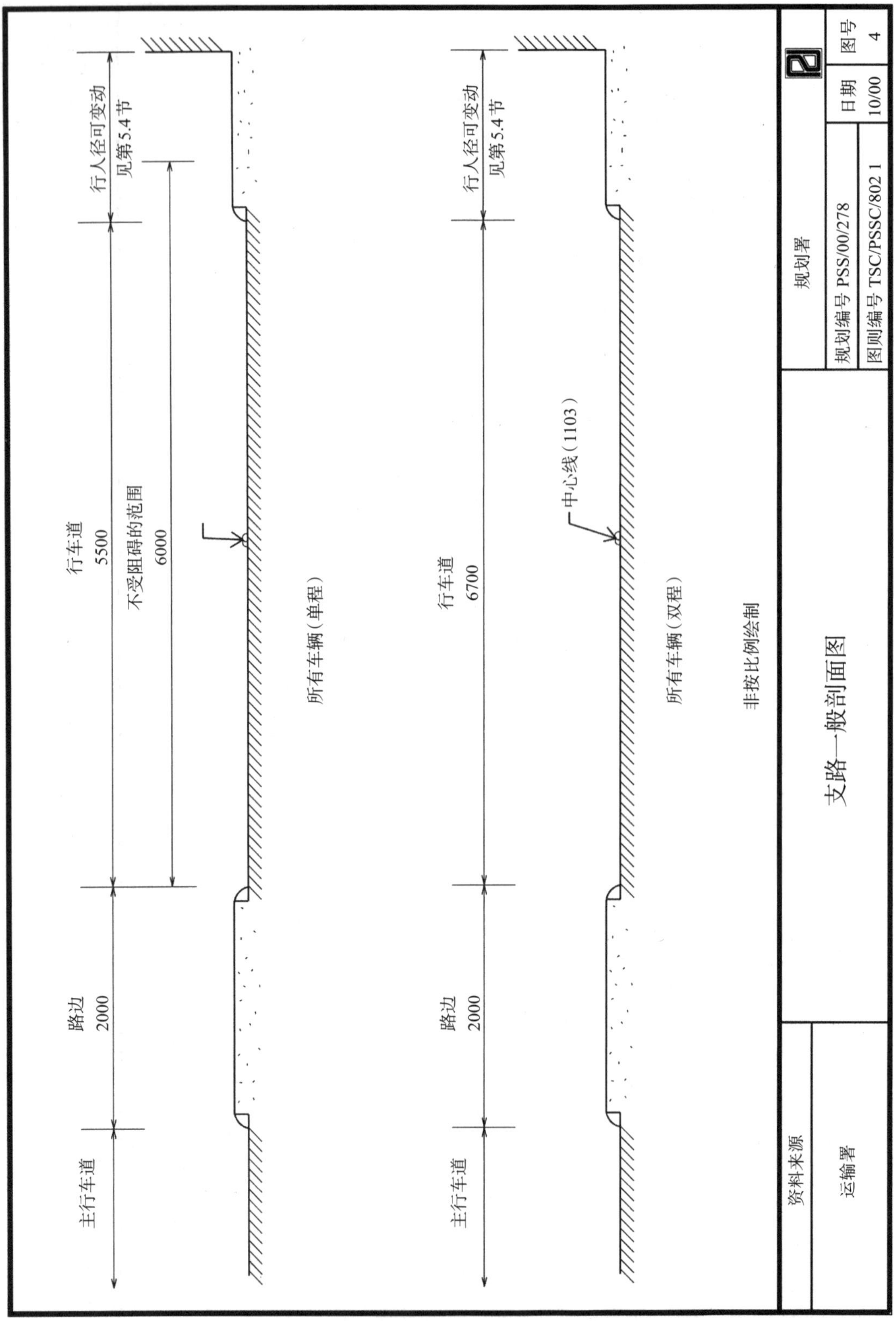

行人径可变动
见第5.4节
行车道
5500
不受阻碍的范围
6000
路边
2000
主行车道
所有车辆（单程）
行人径可变动
见第5.4节
行车道
6700
中心线（1103）
路边
2000
主行车道
所有车辆（双程）
非按比例绘制
支路一般剖面图
规划署
规划编号 PSS/00/278
图则编号 TSC/PSSC/802 1
日期
10/00
图号
4
资料来源
运输署

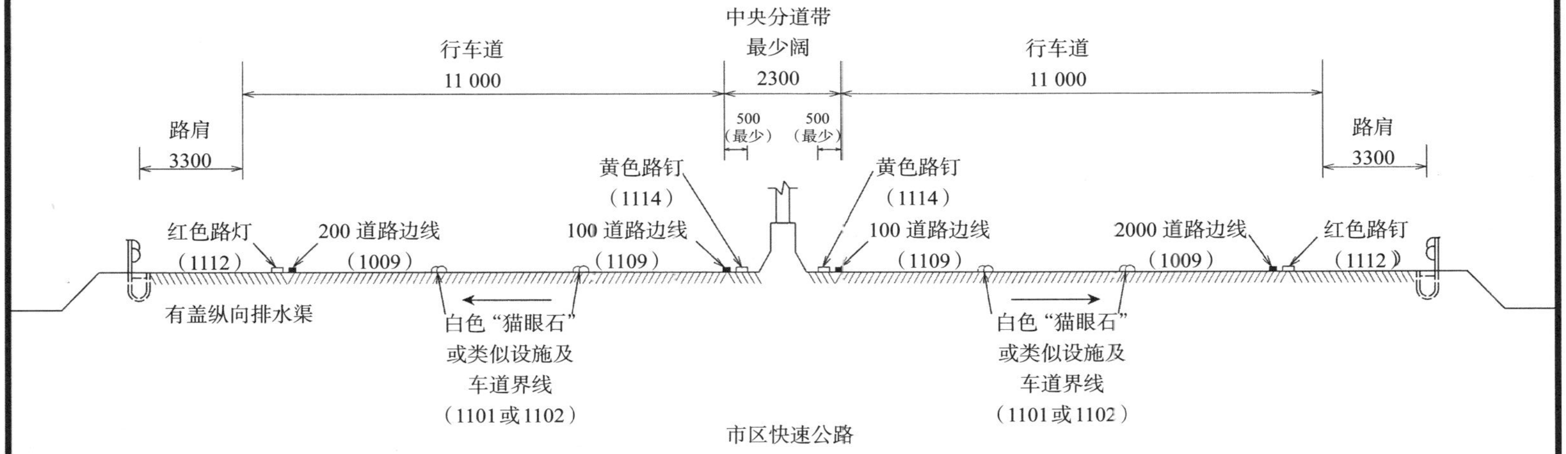

备注：

1.有关路钉及标记的详情，见《运输规划及设计手册》第三卷。

2.路边将需扩阔，以容纳道路标志及街道装置。此外，为符合能见度规定，而路旁园景工程也可能需要平地，路旁带或需扩阔。

3.所有阔度均以毫米计算。

非按比例绘制

资料来源	市区快速公路的一般剖面图	规划署		
运输署		规划编号 1.91.14	日期	图号
		图则编号 TSC/PSSC/802#[1]	12/91	5

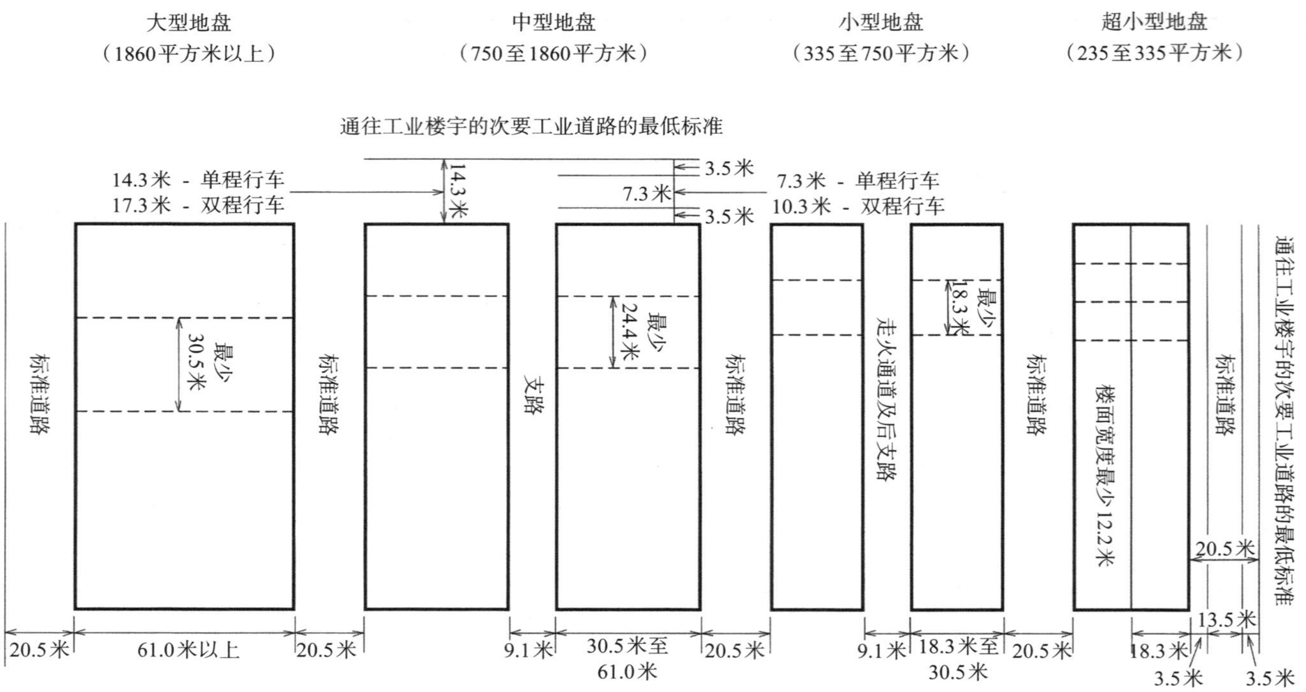

备注：
与道路标准有关的地段深度，应顾及消防安全规定，
除非已征询消防处的意见，否则不应超越有关规定。

非按比例绘制

资料来源	最低标准的工业通道	规划署		
规划署		规划编号 2. 75. 40D	日期	图号
		图则编号 602/COP	1/90	6

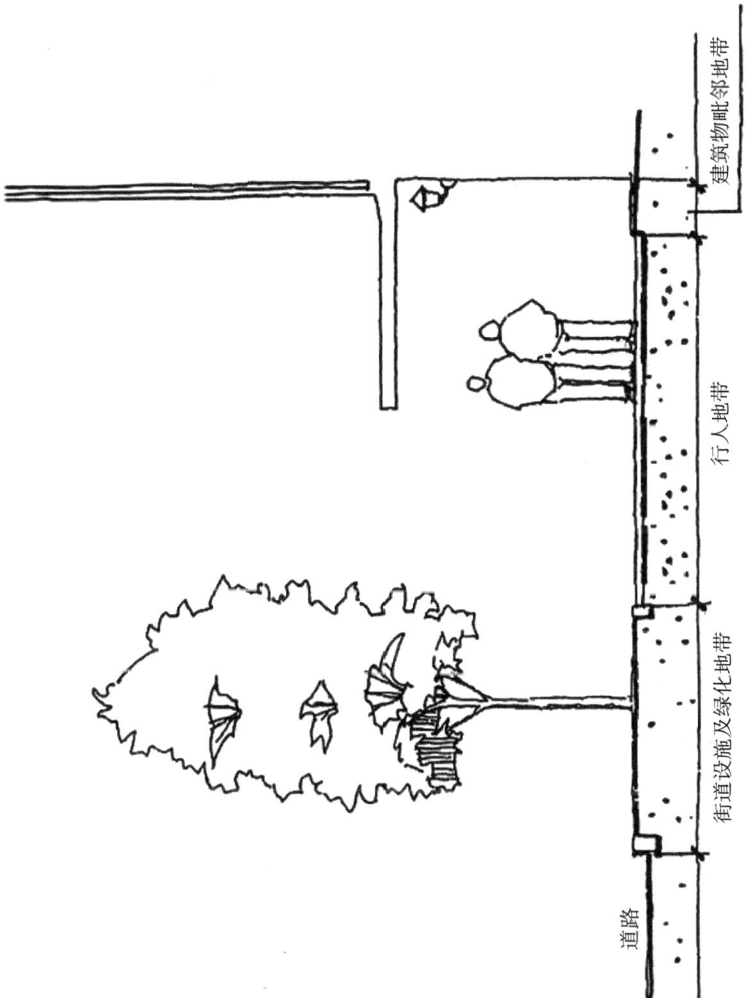

非按比例绘制

行人路三个地带的概念

规划署	
规划编号 M/SS/06/38	日期 11/06
图则编号 C/PSSC/802	图号 7
资料来源	规划署

附录1　运输策略

下列各段撮述政府在一九九九年十月公布的运输策略的方针和目标，这些方针和目标对土地用途规划有着一些正面的影响：

更妥善结合运输与土地用途规划

1.1　政府充分了解土地用途规划与运输规划互为影响的关系。更妥善结合土地用途规划与运输规划，可减少市民对道路交通的需求，从而纾缓运输系统所承受的压力，减少对环境所造成的不良影响；同时亦可避免某些土地用途与运输活动引起的冲突。在这个目标下会采取的措施包括：

• 在铁路车站及主要公共运输交汇处沿线地区进行更多密集发展及提供大型就业中心，方便市民步行前往。

• 在土地用途规划的最初阶段提供综合的分层行人通道系统，并尽可能在规划大纲/发展规范及土地契约订明有关规定，以鼓励市民安步当车、减少短途使用汽车及促进道路安全。

• 把一些选定的道路划为行人专用区，方便行人流动。

更充分运用铁路

1.2　铁路是既环保又具效率的集体运输工具，因此，将会发展为公共客运网络的骨干，与其他公共交通工具发挥相辅相成的作用。在土地用途的规划阶段会特别留意更理想地连接行人往返不同发展区，并提供足够的接驳路线及运输交汇处设施，以便铁路作为主干的交通工具。

1.3　日后的策略性发展（包括发展大型的住宅、商业及商场），应尽可能在铁路车站附近进行，这样可减少市民对道路交通的依赖及提高铁路网络的效率。

更完善的公共运输服务及设施

1.4　为了更加善用现有的路面空间及增加其容量，政府鼓励市民乘搭公共交通工具，弃用私家车。协调及结合铁路与其他公共运输服务，使铁路作为运输网络的骨干，以尽量减少恶性竞争，是十分重要的。专利巴士及其他公共交通工具会扮演一个重要角色，为铁路不能满足其需要的地区提供服务。在这个目标下会采取的措施包括：

• 在策略性位置（特别是铁路车站）辟设方便及舒适的交汇设施。

• 在规划铁路车站时提供“泊车转乘”设施，并在市区边缘辟设主要的运输交汇处。

• 倘若情况适合，应尽可能减少铁路车站周围发展（尤其是住宅发展）的泊车设施。

• 应在规划铁路车站及主要的运输交汇处时提供“下车转乘”设施，鼓励市民使用公共运输服务。

更环保的运输设施

1.5　传统的路面交通工具经常不断造成噪声及空气污染。透过科技知识的发展及良好的运输规划，政府的目标是要尽可能减低交通运输对环境所造成的影响。在这个目标下会采取的措施包括：

• 优先发展铁路

• 研究新的环保交通工具，例如无轨电车、自动行人道、旅客捷运系统等。

• 提倡以步行及踏单车作为交通工具，尽可能以行人为中心进行规划，在新市镇及重建项目提供合适的行人及单车设施，并致力改善已建设区的有关设施。

- 尽可能更多采用现代化设计及设备，减少现有交通工具对环境所造成的不良影响。
- 推行更多“泊车转乘”计划、提供更多“下车转乘”设施及辟设更多行人专用区等。

附录2　技术细节参考资料摘要

项目	《运输策划及设计手册》参考处		
	卷	章	节 / 段
巴士终点站及总站	9	2	2.8；2.9
中央分道带	2	3，5及6	3.4.7；5.6.2；6.3.3.11及12；6.10.2.4
上坡慢线	2	3	3.3.8；3.3.9
跨界巴士总站 / 车站	1	3	3.7.3.3
	2	5	5.5
	9	2及6	2.7；6.3.3.2；6.3.4.2
	9	8	8.4.4；8.6.1.4；8.7.23
弯路扩阔	2	3	3.4.4
单车径	2	3	3.8
残疾人士设施	6	8	8.3.2—8.4
轮渡码头	9	7	7.5
坡度	2	3	3.3.6
路肩	2	6	6.3.3.5—10；6.10.2
横曲度	2	3	3.3.3
行人设施	2	3	3.4.11；3.7；3.11.8
加油站	2	5及6	5.3；6.9
种植花木	2	5	5.6.2
公共小巴士及总站	9	3	3.5
视距	2	3	3.3.5
交通标志位置	2	3及6	3.5.2；6.4；
	3	2	2.2.2；2.2.3
掉头处	2	2及3	2.2.3；3.4.5.6；3.11.11.1
路边	2	3及5	3.4.9；5.6.2.8
直曲度	2	3	3.3.7

第九章　环　境

1. 摘要

1.1　一九八九年六月，政府公布一份重要政策文件，名为“对抗污染莫迟疑”白皮书。这份白皮书相当强调环境规划的重要性，并指出“严重的环境污染是香港经济繁荣及人口增长的不幸副产品。香港必须优先实施的其中一项主要政策，就是要遏止环境继续恶化，并在改善环境方面多做功夫。”

1.2　本章为公营及私营机构在规划发展的过程中，兼顾环境因素的问题，提供指引。指引适用于可能会令生物物理环境出现重大改变，或其本身易受环境影响滋扰的长远或临时用途的规划工作。本文件胪列的标准与准则，在应用时应灵活变通，并须顾及其他范畴的标准与准则。不过，除非已充分考虑有关用途对本港居住环境造成的一切影响和长远损害，否则，任何不依有关标准与准则进行的发展计划都不可接受。

1.3　为主要土地用途制订的环境准则摘要载列于表1.1。影响土地用途规划的典型环境因素载述于表1.2。建议各土地用途的间隔距离综述于表1.3，以供参考。有关准则可在三个概括规划层面上运用：策略性／全港规划、次区域规划及地区规划。在土地用途规划过程中处理环境问题，并把环境因素及准则纳入考虑，这点至为重要。在应用这些准则拟备土地用途图则时，必须考虑其他措施造成的影响，以及在相关成本与大众利益两者之间作出权衡取舍。在应用这些准则前，应认真参考《香港规划标准与准则》第一章所载的应用指引。

1.4　本章第2节阐述政府如何进行环境规划，以及在规划土地用途时所考虑的一般环境因素。其后各节会讨论环境质素的各个范畴，并在适当的情况下，纳入下列各项：

（a）与环境有关的现有法例及其对规划工作的影响摘要；

（b）可能会造成潜在滋扰或污染的新发展或重建计划的选址准则，尽量减轻这些计划对环境造成的不良影响；

（c）易受滋扰用途的选址准则，尽量减轻这些用途在环境方面可能遭受的不良影响；

（d）环境设施的供应标准及准则；以及

（e）在非环境因素比其他一切因素重要，并限制上述准则的充分应用情形下，有关用途的设计、布局、分段实施及运作管制的指引。

1.5　要缔造理想的环境，主要有赖在规划工作展开的初期，把环境因素纳入考虑。新发展及大型重建地区远较现有已发展地区，特别是市区，具更大机会改善环境。不过，如果新发展地区的环境质素是以不比现有市区差作为准则评估，则改善环境的机会便非常有限。因此，本章为新发展及重建地区订定较高的标准。

1.6　现行或正在草拟中的环境保护法例及规例综述于附录A。一般来说，环境保护署负责香港的环境保护事宜、环境规划及环境影响评估。本章只提供概括的准则，具体准则及纾缓措施则应征询环境保护署的详细意见。至于不属于环境保护署署长职权范围内的事宜，则应咨询附录A载列的各有关当局。寻求有关部门的合作，对确保有关准则能付诸实行，且取得成效，至为重要。

1.7　很多发展项目均有可能对环境造成重大破坏。某些发展计划称为指定工程项目，须受《环境影响评估条例》(第499章）所规管；除获得豁免的工程项目外，该条例附表2列明的指定工程项目均须遵从有关建筑和运作（如适用的话，包括解除运作）的法定环境影响评估程序，并须取得所需的环境许可证。环境许可证或会订明适当的缓解措施，作为实行工程项目的条件，目的是避免、减轻和管制这些工程项目对环境造成的不良影响。

表1.1　各类主要土地用途的一般环境准则摘要

土地用途	范畴	准则
工业	空气	•把可能会造成空气污染的工业设在香港的西部（3.2.2及3.3.1） •避免把可能会造成空气污染的工业设在空气扩散能力有限的大气域或空气污染情况非常严重的地区（3.2.2） •在指明工序和会排放尘埃、气味和气体的工业与易受滋扰的土地用途之间辟设足够的缓冲区（3.3，3.4） •充分利用仓库和美化市容地带作为缓冲区，以减轻对易受滋扰用途的影响（3.3.2，3.4.3–5）
	噪声	•避免把会发出噪声的工业设在易受噪声影响的用途附近，以免最接近的易受滋扰用途所承受的噪声，超出最高许可噪声水平（4.2.13–14，4.3） •避免在毗邻易受噪声影响用途的视线范围内设置产生噪声的大型工业活动（4.3） •如未能在工业与易受滋扰用途之间辟设所需的缓冲区或提供屏障，则应考虑采取消减噪声措施，例如采用特别设计的隔声屏障，以及在地盘布局设计方面采用创新的设计，以便尽量减低噪声所造成的影响（4.3）
	水质	•把工业设在有足够公共脏水排污设备的地区（5.2.1） •在没有脏水排污设备的地区，避免进行工业发展，以免污水排入内港水域（5.2.1） •为产生污水的工业，提供足够而且适当的土地及通路，以便设置预先处理污水设施（5.2.1–8） •尽可能把同类型的工业集中在一起，以能充分利用所设置的废水收集及处理设施（5.2.1）
	废物	•对于在废物处置方面有特别需要的工业，应确保在适当地点提供足够地方和通路，供收集、贮存和运送废物（6.3.1–2） •把厌恶性行业设置在指定工业区内特别设计的工业大厦，并辟设足够的缓冲区，以尽量减少可能造成的气味滋扰（6.3.3–4）
住宅	空气	•避免在低层工业楼宇毗邻兴建高层住宅楼宇（3.3.3，3.4.1） •确保在住宅用途与工业用途之间辟设足够的间隔距离及／或其他分隔用途（2.4，3.3.2）
	噪声	•在香港国际机场飞机噪声预测等量线25范围以内的地方，不准设置易受噪声影响的用途（4.2.1–2） •避免在固定噪声源、铁路、直升机设施及交通繁忙的路线和道路附近的地方，以及其直接视线范围内兴建住宅楼宇，以免噪声超出所订定的最高准则（4.2.3–15） •如未能辟设足够的间隔距离，则须按照设计准则，采用自我保护的建筑物设计、综合建筑物及噪声源设计、特别设计隔声屏障及隔音设备，以减少噪声（4.3） •避免在地下铁路路线无上盖部分150米范围以内、九广铁路路线85米范围以内，以及轻便铁路路线25米范围以内的地方兴建住宅楼宇（4.2.10）

（续上表）

土地用途	范畴	准则
住宅	水质	•在现已或将会设有足够公共污水收集系统及污水处理设施的地区进行大型住宅发展（5.2.4–8） •不要在死水、密封水体及现有水质污染黑点附近的地方进行住宅及康乐发展（5.3.7–8） •住宅发展的位置需要远离天然河道（5.3.15）
运输设施	空气	•鼓励兴建和使用铁路，尤其是在都会和地形受到局限的地区（3.2.3） •避免使主干道和交通繁忙的交汇处的路线途经现有的空气污染黑点（3.2.4） •发展均衡的土地用途，以尽量减少在路上来往的需要，从而减低行车量（2.3.2，3.2.3–4） •设置通风走廊，使空气易于扩散，以免空气污染物困在原来的地方（3.5）
	噪声	•道路路线远离易受噪声影响的用途，以免这些用途承受过大噪声（4.2.5–8） •确保铁路、道路、飞机及直升机活动对易受滋扰用途所造成的噪声不会超出可接受的限度，以及与易受滋扰的用途保持适当的距离（4.2.1–13）
政府、机构或社区用途	空气	•避免把易受滋扰的政府、机构或社区用途，例如学校及医院设置在现有污染黑点或受气流直接冲击的地点（2.4，3.3，3.4.1–2） •为可能造成污染的政府、机构或社区用途，例如街市及垃圾收集站等辟设足够的缓冲区，以减轻对易受滋扰用途的影响，并确保地盘的布局设计不致妨碍该处的空气流通（3.3.6–9，3.5）
	水质及废物	•确保在适当地点提供足够的土地，设置垃圾转运站、公众填土趸船碇泊处及垃圾收集站，并辟设车辆通路（6.2） •确保在适当地点提供足够土地，为在废物处置方面有特别需要的政府、机构或社区用途设置收集、处理和运送液体及固体废物的设施，并辟设通路，以及提供足够的缓冲区，以减少滋扰（6.4.1–4）
	噪声	•对于会产生噪声的活动，确保噪声源不在易受噪声影响的用途直接的视线范围内，并辟设足够的缓冲区及屏障（4.2.14–15） •在香港国际机场飞机噪声预测等量线25范围以内的地方，不准进行易受噪声滋扰的发展（4.2.1–2） •充分利用多层停车场和街市等能耐噪声的政府、机构或社区用途作为屏障建筑物（4.2.14，4.3.7）
屠房	空气及噪声	•避免在易受滋扰用途及商业区300米范围以内设置附连油脂熔炼厂的屠房，以及200米范围以内设置不附连油脂熔炼厂的屠房（3.3.5）
	水质及废物	•确保在适当地点提供足够地方，以便收集、贮存、运送及／或预先处理屠房在运作时所产生的废物及废水，并辟设通路（6.4.2）

（续上表）

土地用途	范畴	准则
商业	空气及噪声	•避免在所衍生的交通会对邻近易受滋扰的用途造成空气污染及噪声滋扰的地区进行商业发展（3.3.2，4.2.5–8）
	噪声	•除非建筑物设有隔音设备，否则应避免把办公室设置在香港国际机场飞机噪声预测等量线30范围以内的地方（4.2.1–2） •充分利用有隔音设备的办公大楼作为屏障建筑物，以阻隔噪声（4.3.7–7）
	废物	•确保在适当地点提供足够地方，设置废物分类、收集及运送设施，并辟设通路（6.2.14）
休憩用地	空气	•避免在主干道及主要干路20米、地区干路10米，以及区内干路5米范围以内辟设动态康乐活动用地（3.4.3–5） •如在工业区50–100米范围以内辟设动态康乐活动用地，需要特别考虑（3.4.3–5）
	噪声	•在可行的情况下，在静态康乐活动用地设立土坡作为隔音屏障，以尽量减轻道路和铁路所造成的噪声影响（4.3.8）
所有用途	废物	•除非已采取适当的预防措施，防止发生潜在的堆填气体移动危险，否则应避免在填土区附近进行发展（6.5）

注：括号内的数字为本章内载有详细内容的段落。

表1.2　影响土地用途规划的环境因素

范畴	因素
空气	•常刮东北风（3.2.1–2） •受地形限制，空气扩散能力有限的大气域（3.2.1–2） •主要市区内的现有空气污染黑点或现时空气污染情况严重的地区（3.2.1–2）
噪声	•飞机噪声（飞机噪声预测等量线）（4.2.1–2） •现有和已承诺进行的用途所产生的固定（例如工业）及流动（铁路、道路交通、直升机）噪声源（4.2.3–15）
水质	•主要潮汐及航道（5.1.2，5.2.13） •流动能力有限的水体或死水（5.1.2，5.3.7，5.3.8） •需要特别保护的地区，包括集水区、抽洪区及商业渔场（5.1.2，5.3.3–5，5.3.13） •具高度康乐价值的沿岸水域，例如宪报公布或非宪报公布的泳滩（5.1.2） •污水收集和污水处理设施的供应情况，以及这些设施是否足够（5.2.4–8） •现有水质污染黑点，例如避风塘及其他严重受污染的水道和不流动的水体（5.1.2，5.3.9–12）
废物	•废物分类、收集、处理及处置设施的供应情况，以及这些设施是否足够（6.2） •是否设有海上卸泥区，供倾置疏竣挖捞产生的剩余海泥，以及其容量是否足够（5.2.11） •禽畜废物禁制及管制区（附录6.1，6.3.5–6）
生态	•应参阅《香港规划标准与准则》第十章——自然保育及文物保护

表1.3　建议为各土地用途辟设的间隔距离摘要

造成污染的用途	易受滋扰的用途	间隔距离	参阅段数
多层工业楼宇	住宅区、学校	100米	3.3.2
多层工业楼宇	商业及政府、机构或社区用途	30米	3.3.2
工业区	医院	500米	3.4.2
工业用烟囱	易受滋扰的用途	在500米范围以内，须征询环境保护署的意见	3.3.3
工业用烟囱	高楼大厦	200米	3.3.3
屠房	易受滋扰的用途及商业区	300米及200米（分别设有及不设有油脂熔炼厂）	3.3.5
乡村垃圾焚化炉	易受滋扰的用途	100米	3.3.7
难闻气味来源	易受滋扰的用途	200米	3.3.9
厌恶性行业	易受滋扰的用途	200米	6.3.4
易生尘埃的用途	易受滋扰的用途	100米	3.3.10
主干道	动态休憩用地	20米	3.4.4
主干道	住宅用途	300米 50米（设有屏障者）	4.2.8
主要干路	住宅用途	180米 40米（设有屏障者）	4.2.8
地区干路／区内干路	住宅用途	120米 30米（设有屏障者）	4.2.8
地铁路线	受噪声影响的用途	150米	4.2.10
九广铁路路线	受噪声影响的用途	85米	4.2.10
轻便铁路路线	受噪声影响的用途	25米	4.2.10

2. 环境规划的原则

2.1　环境规划的目的

2.1.1　环境规划必须有系统地进行，才能达到以规划改善环境的目的。环境规划工作专门处理发展活动、环境、天然资源及发展活动对环境造成的影响之间的关系，以期提高环境质素和承受能力。正如对抗污染白皮书所载，政府在环境规划方面的整体政策目标是：

（a）确保所有新发展计划在选择地点、规划和设计上，充分顾及对环境造成的影响，从而避免产生新的环境问题；以及

（b）在市区重建过程中，把握机会改善环境。

2.2　环境规划方法

2.2.1　图2.1显示为进行环境规划通常应采取的步骤的流程图。适当地规划土地用途，以及通过发牌和执行环境保护条例对污染源实施适当的管制，是保护环境的有效方法。采取这些步骤进行规划工作，可达到下列目标：

（a）个别发展地区的拟议土地用途是在环境上适合的用途；

（b）同一发展地区的拟议土地用途之间能够互相协调；以及

（c）在适当地点提供足够的环境设施，以确保妥善处理和处置所有由拟议发展产生的废物及废水。

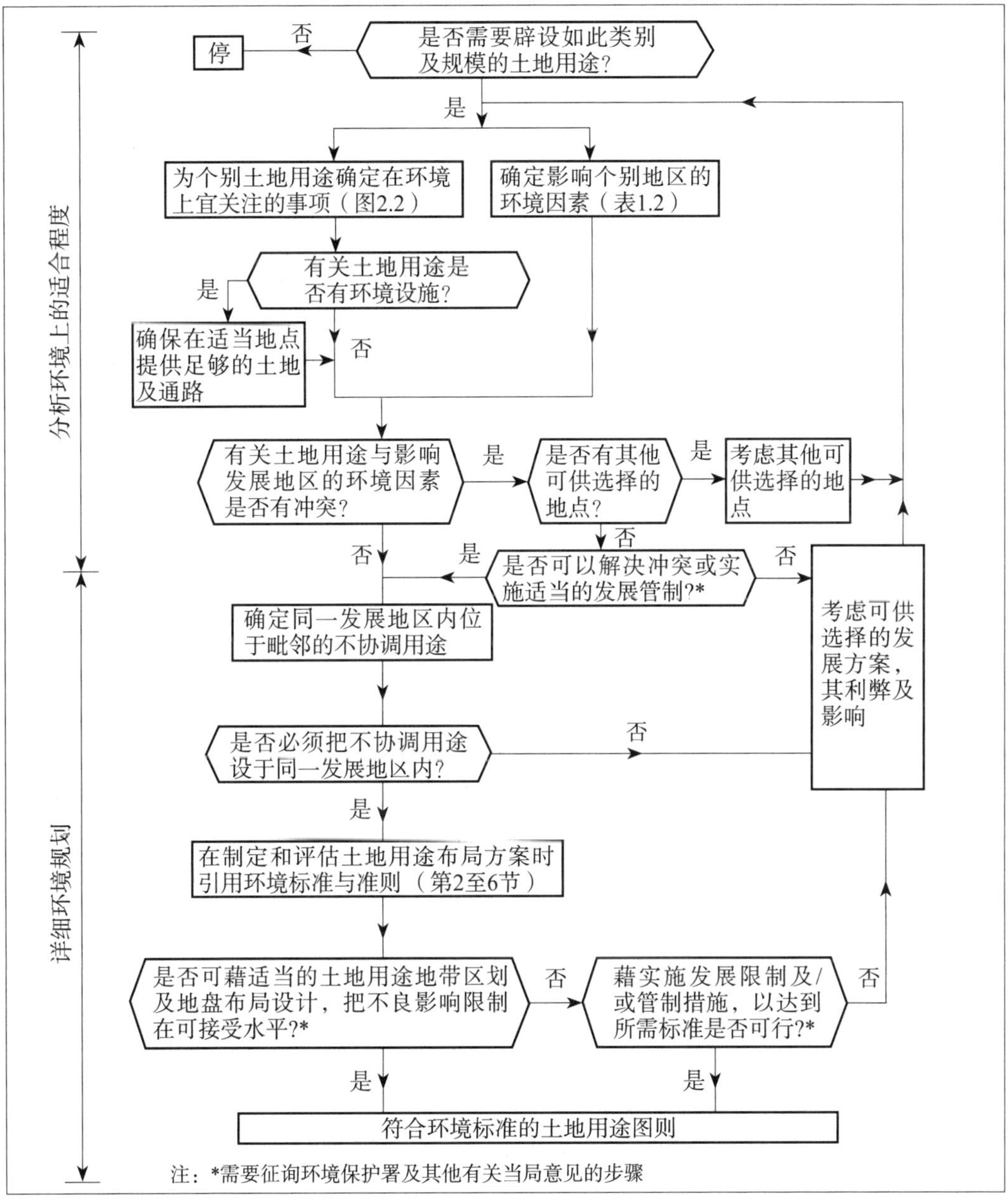

图2.1　环境规划流程图

2.2.2　为了促使土地用途适合在个别发展地区进行，发展计划倡议人或发展商应就发展计划对环境造成的影响，征询环境保护署的意见，以进行分析。某项土地用途对于某一地点在环境上的适合程度，取决于以下因素：

（a）自然环境特征，包括地形、气候、水文和水文地理特征、植物、野生动物和生长地，以及土壤情况；

（b）发展地区内的土地用途所产生的空中排放物、废物、污水或噪声的性质、分布情况及影响；

（c）环境能承受新增发展的能力，例如大气域或水槽接收和吸收残余物的能力，或环境基础设施，例如污水收集及废物接收设施容纳进一步残余物的能力；以及

（d）现有土地用途。

2.2.3　图2.2为一矩阵，显示各类土地用途在环境方面须关注的事项。视为环境设施的土地用途以星号标示，应致力确保在适当地点为这些设施提供足够的土地和通路。本章常用的环境用语的定义载列于附录2.1。

2.2.4　正如图2.2所示，针对不同环境范畴，各类土地用途在环境方面须关注的事项，可以按对环境造成影响的可能性和严重性，或容易受到这些影响滋扰的程度，划分为三类：

第I类：

这类土地用途内常见的一些发展活动，可能会在某些情况下对环境造成影响，或容易受到这些影响滋扰，但严重性较次于第II及III类。这些影响可通过审慎分布土地用途、实施发展规限或管制措施而减轻。

第II类：

这类土地用途内常见的发展活动，大部分有可能会对环境造成潜在影响，或容易受到这些影响滋扰。为减轻发展活动可能造成潜在的不良影响，应藉适当地划定土地用途地带和设计地盘布局，以实施环境标准与准则的规定。土地用途会对环境造成哪种影响，以及影响是否严重等问题，都应加以确定。在发展计划规划阶段，可能有必要就发展计划进行设定范围的环境评估。

第III类：

有关土地用途由于可能会对环境造成潜在的严重影响，或非常容易受到污染，因此很可能出现会引起重大关注的环境问题。为了处理具体的环境问题，必须谨慎地为这些土地用途选址，而且完全遵守相关的环境标准与准则的规定。在这些情况下，可能有必要在发展计划的规划阶段，就发展计划进行详细的环境影响评估。

2.2.5　与发展地区的环境限制有冲突的土地用途，应尽量避免或迁移他处。如无法避免不协调的土地用途设于毗邻，则应按照环境标准与准则的规定，分布土地用途和构筑物，以便把影响减低至可接受水平。如划定土地用途地带和设计地盘布局在减轻影响方面的成效有限，则应考虑实施发展限制或管制措施是否可行。

2.3　土地用途规划的一般环境考虑因素

2.3.1　在可拟备土地用途图则及／或规划大纲的最初阶段，应考虑下列一般环境因素：

空气质素

2.3.2　空气质素受空气污染物排放率、排放源与受体之间的分隔距离、地形、建筑物高度和阔度，以及气象等因素影响。因此，在进行规划时应确保：

（a）大型空气污染物排放源不会设于空气污染物扩散受到抑制，或空气污染问题已极严重的地区；

（b）在可行的情况下，主要空气污染物排放源会设于市区和新市镇的西面或西南面，以利用东北盛行风向带来的效益；

(c) 指明工序（定义见《空气污染管制条例》，有关工序则概述于附录3.3）为主要空气污染物排放源，在落实其选址前，应适当处理预计其对空气质素造成的影响；

土地用途／活动	空气				噪声		水			废物		参阅段数
	排放尘埃	排放气味	排放气体	对空气污染感应程度	产生噪声	对噪声感应程度	污水	破坏水体	对水污染感应程度	产生废物	对废物处置感应程度	
社区设施												
屠房		●	◐		●		◐	○		●		3.3.5,4.2.14, 6.4.2
礼堂等						◐						4.2, 4.3
公众填土趸船碇泊处／公众填土区／公众填料贮存区	◐	○			◐		○	○				5.2.9-12, 6.2.4-5
停车场			○		○							4.3.7
熟食档		◐	◐		◐		◐			○	○	3.3.8,4.2.13-4, 6.4.3
火葬场	◐	◐										3.3.9
医院	◐		◐	●		●	○			●		3.4.2,4.2,4.3
安老院舍				●		●						3.3,3.4,4.2, 4.3
焚化炉*	◐	◐			○		○	○		◐		3.3.7
堆填区*	◐	●	◐		●		●	●				5.2.9-12,6.5
街市		◐	●		◐		◐			◐		3.3.9, 4.2.13-14, 6.4.3
休憩用地(动态)				◐					◐		○	3.4.3-5
休憩用地(静态)				○		○					○	3.4.3-5,4.3.8
加油站		◐			○		○					3.3.8,4.2.15, 5.2.13
住宅用地				●		●	◐		◐	◐	○	2.4.1-2,3.3, 3.4.1,4.2,4.3, 5.3.7-8,6.2
垃圾收集站*		●					○			●		3.3.8, 6.2.6-14
垃圾转运站*	○	◐			◐		○			○	○	6.2.2-3
学校／教育机构				●		●						3.3,3.4.1,4.2, 4.3.10
污水处理厂*		●			◐		●	○		●		3.3.6,4.2.13, 5.2.4-8
公用设施支站					●							4.2.13
运输												
飞机、机场			●		●		○	●		◐		4.2.1-2, 5.2.9-12
直升机升降坪					●							4.2.3-4
行人道				○					○			3.4.3-5
铁路					●			○				4.2.9-12
道路／公路	◐		●		●		○	○				3.2.3-4,4.2.5-8
公共车辆车厂	◐		◐		◐		○			○		3.3.8,4.2.14-15, 4.3.7, 5.2.13

图例：● 第 III 类 ：会引起重大关注
◐ 第 II 类 ：可能引起关注
○ 第 I 类 ：需要注意
* 环境设施

图2.2　显示会引起关注的环境事宜的矩阵

土地用途／活动	空气				噪声		水			废物		参阅段数
	排放尘埃	排放气味	排放气体	对空气污染感应程度	产生噪声	对噪声感应程度	污水	破坏水体	对水污染感应程度	产生废物	对废物处置感应程度	
工业／制造业												
第一(甲)类												
电机及电子		○	○		○		○			●		
食品加工		◐	○		◐		●			◐		
一般工业												
漂染		○	●		◐		●			◐		
洗熨							○					
机械					○		○					
纸张及纸品		○	◐		◐		◐					
摄影及光学							●			○		
塑胶制品		○			◐					◐		
印刷及出版		○			◐		○			◐		
制革及皮草加工		◐	○				◐			◐		
纺织(纺织及制衣)	○		○		◐		○			○		
冶金												3.2.2,3.3.1-3, 3.3.10, 3.4.1, 3.4.4, 4.2.13-14, 4.3.3-9, 5.2.1-3, 6.3.1-2
基本金属	○		●		◐		◐			◐		
金属加工制品	○	○	◐		●		●			●		
第一(乙)类												
化学及相关工业												
化学物及化学产品制造		○	●		●		◐			◐		
炼油、石油及煤产品厂	◐	○	◐		◐		◐	○		◐		
食物及饮品												
屠宰、肉类预备		●	○		○		◐			●		
饮品		○	◐		◐		●			◐		
冶金工业												
基本金属(例如铝、铜、铁、钢、铅、金属回收厂)	○		●		◐		◐			◐		
汽车制造或装配／修理		○			●		◐			◐		
船舶建造／修理					●		○	◐		◐		

图2.2（续） 显示会引起关注的环境事宜的矩阵

土地用途 / 活动	空气				噪声		水			废物		参阅段数
	排放尘埃	排放气味	排放气体	对空气污染感应程度	产生噪声	对噪声感应程度	污水	破坏水体	对水污染感应程度	产生废物	对废物处置感应程度	
矿物等工业												
矿物(非金属)厂(例如石棉、水泥、陶瓷、玻璃料、焦油及沥青)	●		◐		◐		◐			◐		
混凝土配料厂	●				◐		◐					3.2.2, 3.3.1-3, 3.3.10, 3.4.1, 3.4.4, 4.2.13-14, 4.3.3-9, 5.2.1-3, 6.3.1-2
公用事业设施												
电力、气体及蒸气发电厂	○		●		●		●	○		●		
第一(丙)类												
一般货仓		○								○		
汽油贮存库		○	○				○	○		◐		
露天贮物	◐				◐		○	○				
沙仓	○											
厌恶性行业		●	◐		○		◐			●		3.3.9,5.2.1, 6.3.3-4
特别用途												
农业				○			○	○	○			5.3.6
泳区							○		●		○	5.3.1-2
采泥区	●				●			◐				3.3.10,4.2.13
土木工程	●				●		○	●		◐		3.3.10,4.2.13, 5.2.9-12
商业用途			○	○		○						3.3.2,4.3.3-7
货柜码头			●		●			◐				3.2.4, 4.2.13-14, 5.2.9-12
郊野公园				◐		●			●	○	○	3.4.3-5,4.4, 5.3.13-14
渔业							○	○	●	○	◐	5.3.3-5
禽畜饲养场		◐			◐		●			●		3.3.9,6.3.5-6
海鱼养殖							◐	◐	●	○	◐	5.3.3-5
船只停泊处							◐	◐	◐			5.3.9-12
公众货物装卸区			●		◐			◐		○		3.2.4,4.2.13, 5.2.9-12
石矿场	●				●		○					3.3.10,4.2.13
具特殊科学价值地点				◐		◐			●		●	5.1.2,5.3.14
避风塘							◐	◐	◐	◐		5.3.9-12
集水区									●		●	5.3.13

图2.2（续） 显示会引起关注的环境事宜的矩阵

（d）高楼大厦和低层的空气污染物排放源不会毗邻而设；

（e）会增加交通量，尤其是货车数量的新发展不会设于空气污染问题已极严重的地区；

（f）在易受滋扰受体与可能成为空气污染物排放源的发展之间，保持足够的间隔距离或设置屏障；以及

（g）土地用途模式将可尽量减低对道路交通的需求，并促进铁路网络的发展，从而令车辆排出的废气减至最少。

噪声

2.3.3　针对噪声的规划工作，基本目的是提供适当环境，令易受滋扰用途所受的噪声影响，维持在可接受水平。这项原则是确保：

（a）新的易受噪声影响用途不会设于受到过高噪声水平影响的地区；

（b）新的噪声排放源尽量远离现有、已承诺或计划辟设的易受滋扰用途，以避免对这些用途造成过大噪声；以及

（c）如有其他限制不容许作出上述安排，应在规划工作的最初阶段，把减低噪声的设计纳入噪声排放源内。如无法令易受噪声影响用途所承受的噪声维持在可接受水平，则应提供隔音设备。

水质

2.3.4　本港沿岸水域的河口特性，会由西至东渐转为海洋特性。任何可能会严重阻碍水流的大型发展，应尽量避免进行，或在落实选址前进行水质模型测试。

2.3.5　除非可以化解与环境之间的冲突，或实施适当的发展管制是可行的，否则任何会与环境限制有冲突，或破坏资源和美化市容地带的发展应避免进行。水上发展应尽量在有大量水流交替的地方进行。

废物管理

2.3.6　在拟备土地用途图则时，应力求在适当地点预留足够土地，供设置城市废物接收和转运设施。此外，亦应考虑一些社区设施和工业在废物处置方面的特别需要。由于某些用途可能会造成滋扰，以及衍生对废物处置和污水排放的特别需要，故应审慎考虑其选址及设计，以尽量减轻可能造成的影响。

2.4　混合多方面的环境规划事宜

工业与住宅用途邻接

2.4.1　工业区与住宅区为邻所产生的问题，是由于两者太接近所造成。这些问题通常包括空气污染、噪声和水污染。为新发展区或重建区进行规划时，应考虑规划区现时是否有工业与住宅用途邻接情况存在，或这种情况日后是否会出现，并特别留意易受滋扰的高层建筑。工业区与住宅区为邻所产生的问题类别，以及为纾缓这些问题而可能采取的措施，详列于下表。在规划重建计划期间，应探讨解决工业区与住宅区为邻所产生的问题的方法，以期收窄这些问题的范围和减轻其严重程度。

污染类别	邻接类别	问题性质	可能采取的措施	参阅段数
空气污染	与烟囱邻接	空气污染物卷流	安排足够的间隔距离、对发展计划实施高度限制	3.2.2，3.3.3，3.4.1
	与不设烟囱的发展邻接	气味、热力	安排足够的间隔距离	3.3.2，3.4.1
空气污染及噪声	邻接范围广阔	多个污染源	安排足够的间隔距离、进行综合重建	3.3.2，3.3.2，3.3.3，4.2.13–14，4.3
噪声	与发出极大噪声的发展邻接	严重噪声源（与图2.2中的第III类相同）	安排间隔距离、设置屏障、进行综合重建	4.2.13–14，4.3
	与发出轻微噪声的发展邻接	轻微噪声源（与图2.2中的第I及II类相同）	安排间隔距离、设置屏障、通过布局设计利用个别土地用途作为屏障，或采取隔音措施	4.2.13–14，4.3
水污染	与废水／径流邻接	河流／水道受污染	安排间隔距离，设置屏障、推行地区改善计划	5.2.1

2.4.2　工业区与住宅区为邻而所涉面积甚广的问题是最难解决的。存在多个污染源的工业区与住宅区连绵地邻接一起，常常引起严重的空气污染和噪声问题。虽然在某些情况下，缓冲区和屏障有助减轻不良影响，但仍应深入研究是否可以为受影响地区规划合适的综合重建，并适当地管制污染源。本章其他段落所载的标准与准则应尽可能积极采用。

分段发展

2.4.3　发展或重建计划分段进行亦会带来问题，因为不协调的用途可能会在过渡期内互为邻接。过去，某些工业区的一些综合重建计划把部分工业区重建作住宅用途，余下部分则维持不变，令工业与住宅用途邻接的地区出现严重的空气污染、噪声和水污染等问题。在规划大型发展或重建计划时，应审慎考虑分段施工问题，以减轻在过渡期内，因工业与住宅用途邻接、高楼大厦和低层的排放源，或建筑和推土活动而引起的环境问题。

附录2.1

环境用语的定义

本章常用的多个词语的定义如下：

(a) 污染用途：其范围内进行的活动的性质、规模和分布会产生残余物，例如废水、空中排放物、固体废物、径流、噪声、气味和视觉影响，或带来实质改变，因而对其他土地用途或环境资源造成影响的土地用途；

(b) 易受滋扰的用途：其范围内的资源或进行的活动性质，容易受污染用途产生的残余物或实质改变影响的土地用途。例子包括学校和住宅区；

(c) 环境易受影响的地区：就其天然环境特征和现有土地用途而言，环境质素和承受能力严重受会产生残余物或须耗用资源的活动影响的地区。例子有地形受限制的大气域及商业渔场；

(d) 环境设施：用作收集、装卸、贮存、处理、运送、处置或回收再造由人类活动产生的残余物的设施。例子有垃圾收集站和废水处理厂；

(e) 环境的承受能力：环境在容纳由人类活动衍生但不会造成长期破坏的改变、维持天然资源供日后发展之用，或吸收由此类活动产生的残余物方面的能力；

(f) 在环境上的适合程度：就环境方面而言，某地点是否适合辟作某类土地用途；

(g) 土地用途不协调：土地用途在某一地点内同时存在，或两个或以上土地用途邻接，对环境造成超出可接受水平的不良影响，或减弱受影响土地用途的适当运作能力；

(h) 缓冲区：有足够面积以分隔不协调土地用途，从而令各土地用途之间可能出现的冲突减至最少。这些地区可能涵盖不易受滋扰的构筑物或用途；以及

(i) 间隔距离：除另有列明者外，两项不协调土地用途的地段界线之间最短的平面距离。

3. 空气质素

3.1 政策目标

3.1.1 在空气污染方面，政府的整体政策目标是：

(a) 通过执行各项土地用途规划措施及《空气污染管制条例》，限制空气污染程度，以保障市民的健康和福祉；以及

(b) 确保能够尽快达到附录3.1所列，针对7项常见的空气污染物而订立的空气质素指标。

3.1.2 附录3.2载列防止空气污染规划工作的主要大纲，以及常见污染源和易受滋扰用途摘要。

3.2 概括选址指引

3.2.1 在拟备土地用途图则时，应审慎考虑主要污染用途的选址问题，以改善区域空气质素。须考虑的主要因素包括：

(a) 现时空气污染水平

空气中的氧化氮和粒子含量极高，尤以市区内较老化的地区为甚，原因是该等地区交通非常繁忙，而车辆废气困于狭窄道路与高楼大厦之间。臭氧含量在过去十年有上升趋势。这个现象在市中心以外地区分外明显，而有关地区主要受香港及周围地区的区域空气质素影响。

(b) 地形

本港很多地区地理上受高山局限，令空气污染扩散能力受到抑制。空气扩散能力有限的主要大气域显示于图3.1。

(c) 盛行风

本港全年有八成时间是吹东北风的。

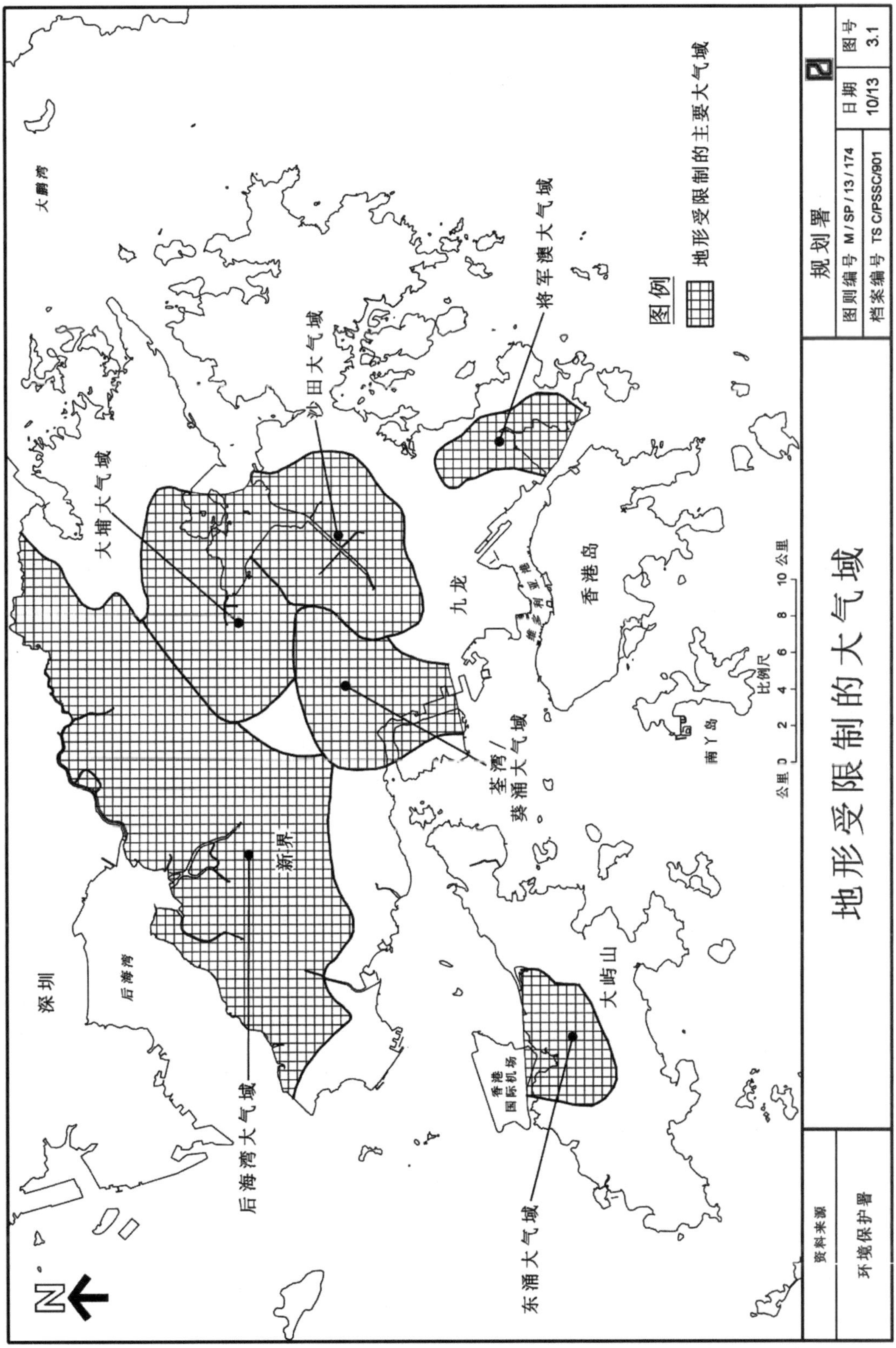

地形受限制的大气域
规划署
图则编号 M / SP / 13 / 174
档案编号 TS C/PSSC/901
日期
10/13
图号
3.1
资料来源
环境保护署
图例
地形受限制的主要大气域
将军澳大气域
沙田大气域
大埔大气域
荃湾/葵涌大气域
后海湾大气域
东涌大气域
新界
九龙
香港岛
维多利亚港
大屿山
香港国际机场
南丫岛
深圳
后海湾
大鹏湾
比例尺
公里 0 2 4 6 8 10 公里
N

工业区

3.2.2 作为一般指引，当局不鼓励在现时空气污染问题严重的地区，例如观塘、荃湾和葵涌再进行工业发展。在可行情况下，日后制订的图则，应以减低这些地区的工业楼宇密度为目的。空气污染工业应设于主要市区中心和新市镇的西面或西南面。主要空气污染工业最好不设于地形受限制的地区。如无法避免的话，很可能需要进行空气质素影响评估，以鉴定有关地点是否合适。

主干道及运输系统

3.2.3 使用集体运输系统、步行，以及在适当情况下，在都会区和地形受限制地区踏单车，对环境有相当益处。关于集体运输系统，使用电力推动的地下铁路，特别是在高密度发展走廊使用，在环境上较可取。

3.2.4 在可行情况下，主干道应沿市中心外围铺筑，以尽量减轻在空气质素方面造成的不良影响。本着同一目标，在可能的情况下，主干道和会衍生大量交通量的活动，例如主要港口和码头，应设于主要市区中心和新市镇的西面。

3.3 潜在污染用途指引

指明工序

3.3.1 指明工序（附录3.2及3.3）用地对空气质素造成的影响，应通过空气质素影响评估适当地加以处理，并通过选址过程尽量予以纾缓。把这些工序设于本港西面或西南面，在环境上较理想。

工业地带

3.3.2 不设烟囱的一般多层工业楼宇与易受滋扰用途之间，通常须保持最少100米的间隔距离。缓冲区内的可接受用途包括仓库、冷藏库、停车场、美化市容地带及休憩用地。当中，动态休憩用地用途是有一些限制的（见第3.4.3段）。其他较不易受滋扰用途，例如商业和政府／机构设施，亦可考虑。不过，这些设施应建为较低层建筑，并设有空气调节，以及与建筑物和工业用地距离超过30米。

3.3.3 高楼大厦和较矮的烟囱或工业楼宇不应毗邻而立，因为烟囱排出的气流会直接冲击较高的楼宇，造成严重空气污染问题。因此，烟囱和工业楼宇将会对附近的新建筑物构成严重限制。对于主要工业区，例如观塘、荃湾和葵涌，所需的分隔距离可能超过200米。如欲在工业区的500米范围内辟设任何易受滋扰用途，应先征询环境保护署的意见。

地区道路交通

3.3.4 道路与动态休憩用地之间所需的最低间隔距离，载列于表3.1。在很多情况下，道路交通对四周环境造成的最严重影响是噪声滋扰（见第4.2.5至4.2.8段）

屠房

3.3.5 在屠房和运送禽畜的相关设施方面，油脂熬炼过程可能会造成气味滋扰，禽畜栏、什脏处置及生产区亦会散发气味。在可行情况下，应把屠房设在面积广阔的空旷地方。设有和不设有油脂熔炼厂的屠房与任何住宅区、医院、学校和商业区的距离，分别不应少于300米和200米。屠房应采用低层建筑形式兴建，而且四周有充足的空地。

污水处理厂

3.3.6 污水处理厂可以对邻近用途产生气味滋扰，故应提供适当的缓冲和美化设施，以减轻对毗邻易受滋扰用途造成的环境和视觉影响。所需间隔距离迥异，视乎污水处理设施的种类和污水处理厂是否密封而定。

乡村焚化炉

3.3.7 乡村焚化炉有可能对区内环境造成严重滋扰。当局预算提供垃圾收集服务，以减少乡村焚化炉的数目。在无法避免使用乡村焚化炉的偏僻村落，焚化炉与易受滋扰用途须保持最少100米的间隔距离。此外，乡村焚化炉应设于空旷地方。

表3.1 休憩用地使用准则

污染源	规范	间隔距离	准许用途
道路及公路			
道路类别	主干道及主要干路	＞20米	动态及静态康乐用途
		3～20米	静态康乐用途
		＜3米	美化市容地带
	主干道及主要干路	＞10米	动态及静态康乐用途
		＜10米	静态康乐用途
	区内干路	＞5米	动态及静态康乐用途
		＜5米	静态康乐用途
	天桥底下		静态康乐用途
工业区			
工业烟囱出口与地盘之间的高度差距	＜20米	＞200米	动态及静态康乐用途
		5～200米	静态康乐用途
	20～30米（*）	＞100米	动态及静态康乐用途
		5～100米	静态康乐用途
	30～40米	＞50米	动态及静态康乐用途
		5～50米	静态康乐用途
	＞40米	＞10米	动态及静态康乐用途
建筑和推土活动	—	＜50米	动态及静态康乐用途
		＞50米	静态康乐用途

备注：

(a)如不清楚烟囱的高度，可利用标有星号的准则作初步规划用途，在掌握更多资料后，再作出调整。

(b)间隔距离指工业地段界线、现有烟囱位置或路缘边与休憩用地界线之间的最短平距。

(c)准则一般适用于主要工业区，但不适用于很可能成为主要空气污染源的个别大型工业机构。在规划毗邻这类机构的休憩用地时，应征询环境保护署的意见。

(d)美化市容地带在任何情况下均属准许用途。

其他污染用途

3.3.8　这些用途包括：

- 巴士总站／公共运输交汇处
- 货车停车场
- 的士和小巴站
- 垃圾收集站
- 加油站
- 熟食档

这些用途最好设于较空旷的地方，四周应有低层建筑物和足够的休憩用地。倘若巴士总站、货车停车场、的士及小巴站、垃圾收集站和熟食档位于建筑物之内或地库，便有需要设置足够的机电通风系统和采取必需的污染管制措施，防止空中排放物积聚。此外，应尽量避免把加油站设于建筑物内。

气味来源

3.3.9　一些小规模社区用途可造成重大空气污染滋扰，主要原因是这些用途会发出气味。这些用途包括：

- 火葬场
- 禽畜饲养场
- 运载牲口货车清洁区
- 鱼类家禽批发市场

在可行情况下，这些用途应设于远离主要市区中心的地方。这些用途与易受滋扰用途通常须保持最少200米间隔距离。缓冲区内可接受的用途包括工业区、仓库、冷藏库、停车场和美化市容地带，而当局亦可能容忍休憩用地用途。

易生尘埃的用途

3.3.10　基本上，除与建筑有关的活动外，所有用途均易受尘埃滋扰，因此，应尽量避免把易生尘埃的用途设于主要市区或住宅区附近。由于混凝土配料厂和露天贮物区通常属临时性质，故最好把这些用途设于远离市区的新填海区，或尚未完全发展的其他地区。易生尘埃的用途与其他用途须保持最少100米的间隔距离。来往这些用途的运输路线应经审慎设计，以及采取必需的保护措施，以尽量减轻尘埃滋扰。

3.4　为易受滋扰用途制订的准则

高楼大厦

3.4.1　为高楼大厦或在地势较高地方兴建的建筑物选址时，应顾及较矮的烟囱造成的气流冲击（见第3.3.3段）。

医院

3.4.2　医院一般须设于具良好空气质素的地方。空气调节可以减少受污染空气中的部分悬浮粒子，但不会减少其他气体空气污染物。新医院应尽量避免在主要工业区及大型空气污染物排放源（例如石矿场和焚化炉）的500米范围以内，或严重受污染的市区中心兴建。如无法依循这项准则的规定，便应征询环境保护署的意见。另一方面，医院可能有需要设置大锅炉和特别设计的焚化炉，以焚烧病理废物。相连这些设备的烟囱有可能对附近居民造成滋扰，故应就其分布及设计征询环境保护署的意见。

休憩用地

3.4.3 休憩用地的分类和评估，以及其准许用途载列如下：

分类	准则	准许用途
可接受	不会损害使用者的健康，也不会妨碍使用者享用有关设施	动态及静态康乐用途
可容忍	正常情况下，不应损害使用者的健康，但享用有关设施时带来的乐趣可能会减少	静态康乐用途
不可接受	长期暴露于这类环境下，可能会损害使用者的健康	美化市容地带

3.4.4 上述分类及其相关用途限制可能不必应用在整块土地上。在很多情况下，一块土地的不同部分会有不同分类。因此，良好的布局设计通常已纳入用途限制。每项分类所需的间隔距离，视乎污染源类别和相关规范而定。值得关注的三个主要污染源，分别是道路和公路、工业区，以及建筑和推土活动。污染源、须考虑的规范、间隔距离规定和准许用途载列于表3.1。

3.4.5 动态设施和儿童游乐场应设有较大的间隔距离。在任何情况下，儿童游乐场不应设于工业楼宇的10米范围以内。由于很多产生尘埃的活动只属临时性质，因此，通常可藉适当地分段发展来应付空气质素限制。

3.5 通风走廊

3.5.1 建筑物可造成一种人为措施，以抑制污染物扩散。在设计土地用途模式时，应尽量扩大建筑物之间的空间。此外，休憩用地和建筑地盘的分布情况，应能保留经过市区中心的通风走廊，以助空气污染物扩散。如通风走廊能横越主干道，将可发挥最大效用。在空气质素差劣的地方，应避免兴建横跨主干道的天桥或双层道路，因为这样的安排可以引致空气污染物积聚在天桥与主干道或两层道路之间的空间。第十一章载列的准则，是为工程项目作出规划和设计时，改善地区和地盘空气流通的参照准则。

附录3.1

香港空气质素指标

污染物	平均时间（ii）	浓度（以微克/立方米计算）（i）	每历年容许的超标次数	污染物达致高浓度时，对健康构成的影响
二氧化硫（SO_2）	10分钟	500	3	呼吸系统疾病；肺功能减弱；浓度上升会引致发病率及死亡率增加
	24小时	125	3	
可吸入悬浮粒子（PM_{10}）	24小时	100	9	呼吸系统疾病；肺功能减弱；某些粒子可能致癌；浓度上升会引致发病率及死亡率增加
	1年	50	不适用	
微细悬浮粒子（$PM_{2.5}$）	24小时	75	9	
	1年	35	不适用	
二氧化氮（NO_2）	1小时	200	18	呼吸系统不适；容易感染呼吸系统疾病；肺生长受损
	1年	40	不适用	
臭气（O_3）	8小时	160	9	眼睛不适；咳嗽；运动能力减弱；可能对染色体造成损害
一氧化碳（CO）	1小时	30 000	0	官能协调受损；危害孕妇及心脏和循环系统病患者的健康
	8小时	10 000	0	
铅（Pb）	1年	0.5	不适用	影响细胞及身体机能；会引致神经心理毛病，尤其对儿童为然；会引致心脏病、中风及高血压的发病率增加

注：

（i）气体空气污染物在293K（摄氏20度）及101.325千帕斯卡（一个大气层）的环境下量度。

（ii）参阅《2013年空气污染管制（修订）条例》。

（iii）可吸入悬浮粒子（PM_{10}）是指在空气中标称气动直径为10微米或以下的悬浮粒子。

（iv）微细悬浮粒子（$PM_{2.5}$）是指在空气中标称气动直径为2.5微米或以下的悬浮粒子。

附录3.2

防止空气污染规划工作的主要大纲

(a) 管制空气污染的主要法例为《空气污染管制条例》及其附属规例。空气质素管制区涵盖整个香港。政府的目的，是在合理可行的情况下，尽快令香港的空气质素达到附录3.1所载的空气质素指标。为了协助空气质素超出指标的地区达到指标的要求，当局应致力通过规划工作，减少这些地区的空气污染物排放源。

(b) 根据《空气污染管制（燃料限制）规例》的规定，沙田区内只可使用气体燃料。至于其他地区，则实施燃料含硫量限制，规定以重量计，液体燃料的含硫量不得超过0.005%，固体燃料的含硫量则不得超过1.0%。

(c)《空气污染管制条例》规定指明工序必须申请牌照。指明工序包括有可能造成严重空气污染的工业(附录3.3)。这些工序的运作必须领有由环境保护署发出的牌照。

常见污染源及易受滋扰用途

香港常见的污染源，以及特别易受空气污染影响的用途载列如下：

(a) 污染源：

• 工业工序——是二氧化硫、烟雾、氧化氮、悬浮粒子、尘埃、毛絮、有毒化学物和气味的主要来源；

• 汽车——是烟雾、一氧化碳、氧化氮、悬浮粒子、挥发性有机化合物，以及在某些情况下，气味的主要来源；

• 建筑及填海地盘——是尘埃和悬浮粒子的主要来源；

• 气味来源——包括厌恶性行业、烧猪工厂、火葬场、污水处理厂及污水抽水站、屠房和运载禽畜的相关设施、鱼类和家禽批发市场、加油站、垃圾处理和处置设施及巴士总站；

• 易生尘埃用途——包括混凝土配料厂、石矿场、沥青工厂、垃圾处理和处置设施、石料和建筑物料存放场、采泥区、三合土工厂及露天贮物用途；以及

• 其他来源——包括货物装卸区、明渠、污水渠、食物摊档及酒楼餐厅。

(b) 易受滋扰用途：

• 住宅区；

• 幼儿中心；

• 安老院舍；

• 医院及诊疗所；

• 学校；以及

• 动态康乐活动。

附录3.3

指明工序

(节录自《空气污染管制条例》附表1)

1.丙烯酸盐工程

2.铝工程

3.水泥工程

4.陶瓷工程

5.氯工程

6.铜工程

7.电力工程

8.气体工程

9.钢铁工程

10.金属回收工程

11.矿物工程

12. 焚化炉
13. 石油化学工程
14. 硫酸工程
15. 焦油及沥青工程
16. 玻璃料工程
17. 铅工程
18. 胺类工程
19. 石棉工程
20. 化学废物焚化工程
21. 氢氯酸工程
22. 氰化氢工程
23. 硫化物工程
24. 病理废物焚化炉
25. 有机化学工程
26. 石油工程
27. 镀锌工程
28. 提炼工程
29. 非铁冶金工程
30. 玻璃工程
31. 油漆工程

4. 噪声

4.1　政策目标

4.1.1　在噪声管制方面，政府的整体政策目标如下：

(a) 透过执行《噪声管制条例》及有关的规例，对特定的噪声来源加以管制；

(b) 就噪声标准作出规定，以便向公营部门和私营机构中负责制订规划措施以对付噪声的人士，提供指引；以及

(c) 为政府本身的发展计划进行规划时，充分顾及噪声问题。

4.1.2　过大噪声常常扰乱言语沟通、令人难以集中精神、打扰睡眠、引致精神紧张，或甚至严重影响生活质素。这些问题可以在住宅、学校、医院、安老院舍和康乐用地内发生。进行规划工作是确保能避免或减轻这类问题的最有效方法之一。

4.1.3　附录4.1载列针对噪声的规划工作的主要大纲，以及噪声排放源、易受噪声影响用途和能耐噪声用途的摘要。图4.1为一流程图，显示为可能是排放源或易受滋扰用途的土地用途进行规划时，所需采取的步骤。

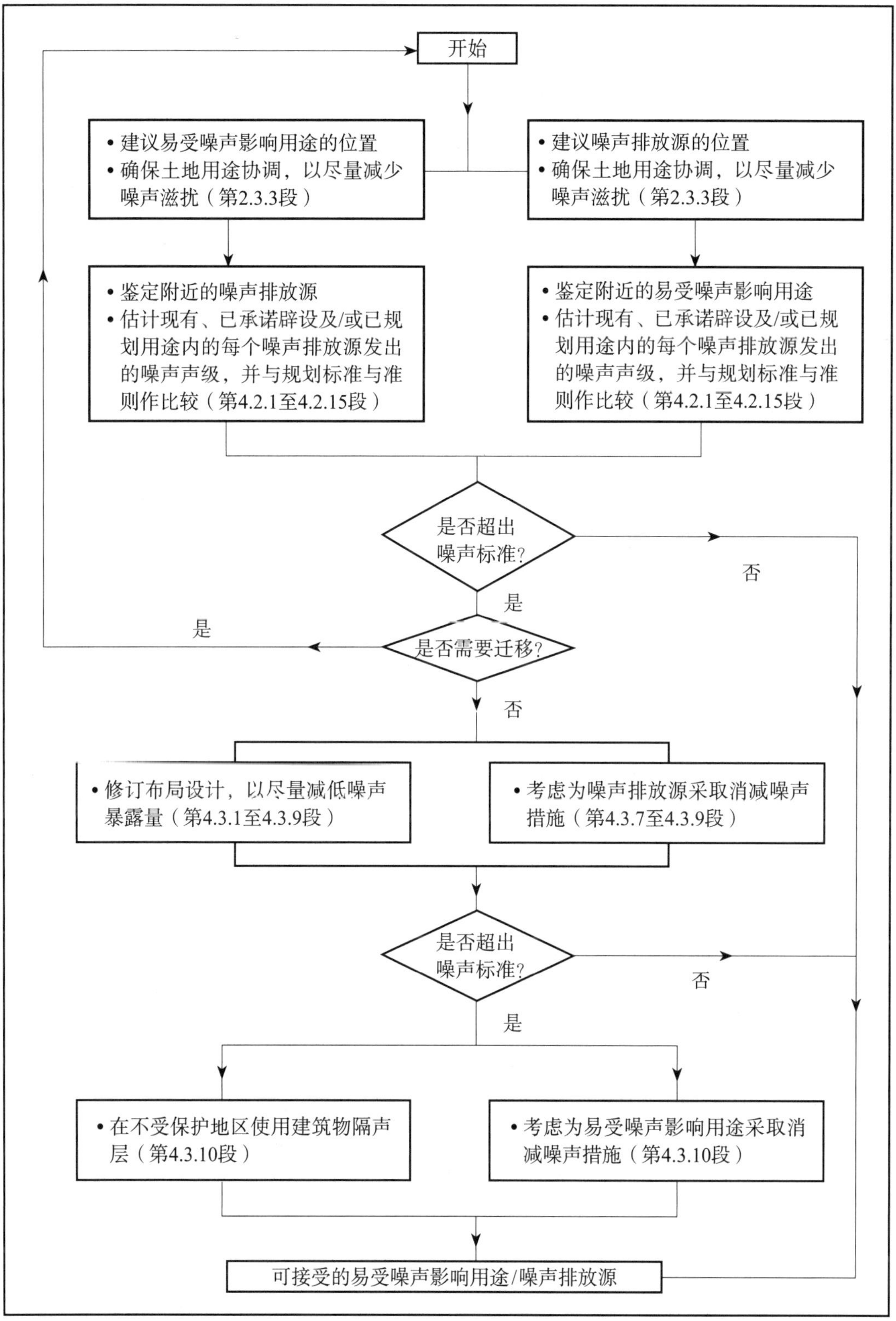

图4.1　就易受噪声影响用途 / 噪声排放源进行规划工作的流程图

4.2　为噪声排放源厘定的准则

飞机

4.2.1　飞机噪声水平是以飞机噪声预测等量线来表达。飞机噪声预测等量线应与表4.1所述的标准一同应用，以界定哪些地方不应辟设某些易受噪声影响的用途。飞机噪声水平不得超过表4.1所订明适用于赤腊角香港国际机场的飞机噪声预测等量线。

4.2.2　飞机噪声是由《民航（飞机噪声）条例》(第312章）所规管的。关于飞机噪声管理的详情，应征询民航署的意见。

直升机

4.2.3　直升机是极灵活的飞机，如没有就各式各样的运作规范详下定义，其噪声影响是不易界定的。由于较少直升机飞行，更恰当的规划目的，是符合日间（上午七时至下午七时）易受噪声影响的用途准许的最高噪声声级。直升机在夜间飞行，通常较在日间飞行扰人。一般而言，直升机升降坪的位置，不应导致易受滋扰用途的日间最高噪声声级超出表4.1所列的标准。如预计直升机将于下列情况下运作，应先征询环境保护署的意见：

（a）宁静的环境；或

（b）晚上及半夜。

4.2.4　由于直升机在升降坪操作的时间较长，因此，最值得关注的问题，应该是直升机升降坪对毗邻地区的影响。此外，飞行路线亦应是直升机升降坪选址的考虑因素之一。

道路交通

4.2.5　道路交通噪声对易受滋扰用途造成的影响是否严重，取决于多个变数，其中一些变数可藉土地用途规划加以控制或影响。这些变数包括：

（a）道路路线——在噪声受体与车辆之间安排间隔距离，把两者分隔；

（b）交通组合及交通量——通过交通规划及管理，以控制一天内不同时间车辆的流动和车辆类别；

（c）视线——在受体与道路交通之间设能耐噪声的建筑物，以减少受体看到的道路交通；以及

（d）屏蔽——设置屏障或路旁隔声罩，或加建道路上盖，或采取类似的措施。

4.2.6　为了确保交通噪声符合表4.1所列的噪声标准，可以通过量度或预测来得出噪声声级。预测噪声声级应以设计交通情况为依据，并应考虑日后（已承诺辟设和已规划）及现有的土地用途。

4.2.7　根据英国运输署“计算道路交通噪声”的程序作出可靠的噪声声级预测。香港在应用这计算方法时，交通流量最高的一小时的道路交通噪声以“分贝（A）L10（1小时）”来表达。为方便参阅，与直接视线范围内的平面混凝土道路的路缘距离10米的受体，其正面噪声声级范围列于表4.2。这条道路上有30%的车辆为重型车辆，并以一般车速行驶。

表4.1　噪声标准摘要

<table>
<tr><td rowspan="9">用途</td><td>噪声源</td><td>飞机噪声
（飞机噪声预测）</td><td>直升机
噪声</td><td>道路交通
噪声</td><td>铁路交通噪声</td><td>固定噪声源</td></tr>
<tr><td>噪声标准</td><td>分贝（A）</td><td>最高声级
分贝（A）</td><td>分贝（A）
L10（1小时）</td><td rowspan="5">（a）等效连续噪声声级（24小时）=65分贝（A）
以及
（b）最高声级（2300–0700）=85分贝（A）</td><td rowspan="5">（a）较《管制非住宅楼宇，非公众地方或非建筑地盘噪声技术备忘录》中表2所载的适当可接受噪声声级低5分贝（A）
以及
（b）当前背景噪声声级</td></tr>
<tr><td>所有住宅楼宇，包括临时房屋</td><td>25</td><td>85</td><td>70</td></tr>
<tr><td>酒店及宿舍</td><td>25</td><td>85</td><td>70</td></tr>
<tr><td>办公室</td><td>30</td><td>90</td><td>70</td></tr>
<tr><td>教育机构，包括幼儿园、幼儿中心所及所有须进行不经辅助的言语沟通的其他教育机构</td><td>25</td><td>85</td><td>65</td></tr>
<tr><td>公众礼拜场地及法庭</td><td>25</td><td>85</td><td>65</td><td></td><td></td></tr>
<tr><td>医院，诊疗所、疗养院及安老院舍
–诊症室
–病房</td><td>25</td><td>85</td><td>65</td><td></td><td></td></tr>
<tr><td>露天剧场、礼堂、图书馆、演艺中心及郊野公园</td><td>视乎用途、范围及建筑形式</td><td colspan="4">视乎位置及建筑形式</td></tr>
</table>

注：

1.以上标准适用于必须打开窗户通风的用途。

2.以上标准应视作在建筑物正面量度得的最高准许噪声声级。

3.噪声单位及准则的定义载列于附录4.2。

4.关于飞机噪声管理的详情，应征询民航署的意见。

表4.2　在建筑物正面量度所得的道路交通噪声声级

繁忙时间交通流量（每小时车次）	正面噪声声级分贝（A）L10（1小时） 车辆速度（公里／每小时） 30	 50	 70	 85	 100
250	70	71	72	73	74
500	73	74	75	76	77
1000	76	77	78	79	80
2000	79	80	81	82	83
3000	80	81	82	83	84
5000	83	84	85	86	87
10000	86	87	88	89	90

4.2.8　附录4.3载列两个预测噪声声级的例子，以便粗略估计附近易受滋扰土地用途的可能接收到的道路交通噪声声级，以及阐释适用于土地用途规划的不同消减噪声措施。作为一般指引，表4.3列出面向不同类别道路的住宅，须与这些道路保持的适当距离，以符合为这类住宅发展订立的噪声标准。以香港的一般情况而言，减低噪声的最有效方法，不是把道路与受体分隔，而是利用能耐噪声的建筑物作为隔声构筑物。

表4.3　各类道路与住宅发展之间所需分隔距离的概括准则

道路类别	假设 交通流量（每小时车次）	 车辆速度（公里／每小时）	要符合70分贝（A）L10（1小时）的标准所需的分隔距离 没有隔音屏障	 设有*隔音屏障
主干道	5000	70	约300米	约50米
主要干路	3000	50	约180米	约40米
地区干路／区内干路	2000	50	约120米	约30米

*受体与道路交通成约45度或以下的视角。

铁路交通

4.2.9　公众对铁路噪声的反应主要视乎三个因素：列车经过时发出的最高噪声声级、列车班次和发出噪声的时间。在香港，快速的铁路列车难免会时常经过人口稠密的高楼大厦，因此，在毗邻现有铁路线规划新的易受滋扰用途，以及在规划新铁路线时，应充分考虑这些因素。

4.2.10　在规划的过程中，应致力确保铁路线与建筑物之间有足够的分隔距离，使建筑物承受的噪声，不会超出表4.1所载的标准噪声声级。作为一项指引，以下是根据现有铁路一般运作特色而计算出易受滋扰用途的建筑物正面与路轨边缘之间所需的平面分隔距离：

地铁	–150米（露天建筑） 25米（两旁矮墙遮蔽驶经的列车）
九广铁路	–85米
轻便铁路	–25米

不过，由于若干运作特色（例如速度、班次等）可以影响所产生的整体噪声能量，因此，如预计日后铁路运作会在铁路列车特性、班次或行驶速度方面与现有铁路系统大有分别，应先征询环境保护署的意见。

4.2.11　如缺乏隔音设备，便须辟设面积广阔的分隔区（如第4.2.10段所示），以符合表4.1所列的铁路噪声标准。此外，应考虑采取隔音措施，例如在路轨旁边竖立隔声屏障、辟设路旁土坡、采取能耐噪声的建筑物设计及类似措施。屏蔽设备必须使从易受滋扰用途的窗口往外望，看不见铁路，才属有效。在规划初期，应审慎考虑把铁路线与毗邻发展融成一体。至于铁路车厂，在铁路和车厂全面铺设上盖，将会是减轻噪声影响的最有效方法。第4.3.7段提供综合建筑物设计的进一步资料。

4.2.12　由于轻便铁路的特色，是可以采用不同的速度行驶，因此，在市中心，当轻便铁路以较慢速度行驶时，分隔距离可以少于25米。不过，在这些情况下，必须小心确保列车不会发出大而尖的噪声。作为一般规则，半径少于70米的弯形路轨应尽量避免。

固定来源

4.2.13　当局根据《噪声管制条例》的规定，公布“评估住宅楼宇、公众地方或建筑地盘以外的地方发出的噪声技术备忘录”。噪声评估通常按照这份备忘录的规定而进行。这份备忘录厘定了法定可接受的噪声声级。不过，当按照这份备忘录的规定评估所有固定噪声源时，在最接近的易受滋扰用途的建筑物正面量度得的扰人噪声声级，应较备忘录表3显示的适当可接受噪声声级低最少5分贝（A），或如背景噪声已较可接受的噪声声级低5分贝（A），则在最接近的易受滋扰用途的建筑物正面量度得的扰人噪声声级，不应较背景噪声声级还高。为了规划一个更美好的环境，所有固定噪声源的选址和设计应顾及上述要求。

其他设施

4.2.14　特定噪声声级标准不适用于附录4.1所列的多个噪声排放源。在决定这些噪声排放源的位置和地盘布局时，噪声应是主要的考虑因素。应致力确保这些设施造成的噪声影响将会减至最少。以下是其中一些在规划阶段须考虑的一般因素：

（a）把设施设于易受噪声影响用途的视线范围以外，务求在这些用途不会看见噪声源；尽量利用天然景观、河堤或能耐噪声的建筑物，为噪声源提供隔音屏障；

（b）避免把露天的主要公共交通总站设于易受噪声影响用途毗邻；

（c）考虑在产生噪声的设施加建上盖，把设施完全铺盖；以及

（d）把牲口栏和运载牲畜的铁路支线设于远离易受噪声影响用途的地方，并以高的实心屏障把两者分隔。

4.2.15　在情况许可，并充分考虑运作上的需要后，巴士车厂、货车停车场或加油站

等设施的选址，应顾及出入口的可能位置，以及交通路线造成的噪声滋扰，特别是在易受滋扰时间的噪声影响。此外，亦应考虑采取行政管制措施，使噪声滋扰程度可进一步减少。

4.3 减少噪声暴露量的准则

4.3.1 如无法在易受滋扰用途与噪声排放源之间设足够的分隔距离，下文所列，并在第4.3.3至4.3.10段详述的方法，应适用于香港：

(a) 自我保护的建筑物设计和安排；

(b) 综合建筑物及噪声源设计（例如加建上盖）；

(c) 特别设计的隔声屏障；以及

(d) 建筑物隔音设备。

4.3.2 虽然上述措施的详细设计，应留待发展计划的工程师或建筑师决定，但早在发展计划的规划阶段，便应考虑这些措施是否可行，以确保某地盘不会有太多限制，以致不能采取合理和可行的消减噪声措施。

自我保护的建筑物设计和安排

4.3.3 特别利用建筑物的设计和安排来遮挡噪声源，往往是解决噪声问题的最经济方法，而且可能不会涉及额外费用。如采用这个方法处理噪声问题，须在详细规划和设计地盘的阶段作出适当安排。

4.3.4 这个方法旨在利用楼宇体积的一小部分，最好是能耐噪声的用途，来遮挡其余部分。初步设计指引以射线图形来表示，显示纳入“投影地带”的发展部分（图4.2）。阴影地带内的建筑物通常受充分保护，免受噪声影响。图4.2着色地区的噪声声级，将会下降5至15分贝（A）。

4.3.5 正如图4.2所显示，如把具遮挡作用的建筑物设于接近噪声源的地点，可更有效地减低噪声，这样亦可能会节省土地，亦可有效减低噪声暴露量。不易受滋扰的地方，例如走廊、浴室、升降机和类似的地方，可以用作遮挡易受滋扰的地方。在不受保护建筑物承受的噪声超出噪声标准的地方，可以兴建经适当设计的建筑物。

综合建筑物——噪声源设计

4.3.7 由于香港土地匮乏，而且非常依赖公共运输系统，因此，把噪声源（包括与运输系统有关的噪声源）融入建筑物内，是一项非常吸引的设计，而且最适合香港。在铁路车站或运输交汇处之上的平台进行综合发展，便是反映上述情况的适当例子。平台可以覆盖一大段铁路和主要道路，减少噪声传到平台上的建筑物。在审慎设计下，能耐噪声的构筑物，例如办公大楼、多层停车场或街市，可建于噪声较大的地区。图4.3（a）及（b）阐释道路及铁路系统采用的综合建筑物设计概念。如在道路和总站加建上盖，空气质素问题亦应加以处理（见第3.3.8段）。

特别设计隔音屏障

4.3.8 作为屏障的路旁土坡或实心围栏，可以建于道路和铁路等噪声源毗邻。这些屏障必须设于噪声源与受体之间，使受体的视线范围内看不见噪声源，才可以有效减少噪声。不过，有必要考虑隔音屏障的视觉影响，并作妥善处理。由于香港有很多高楼大厦，

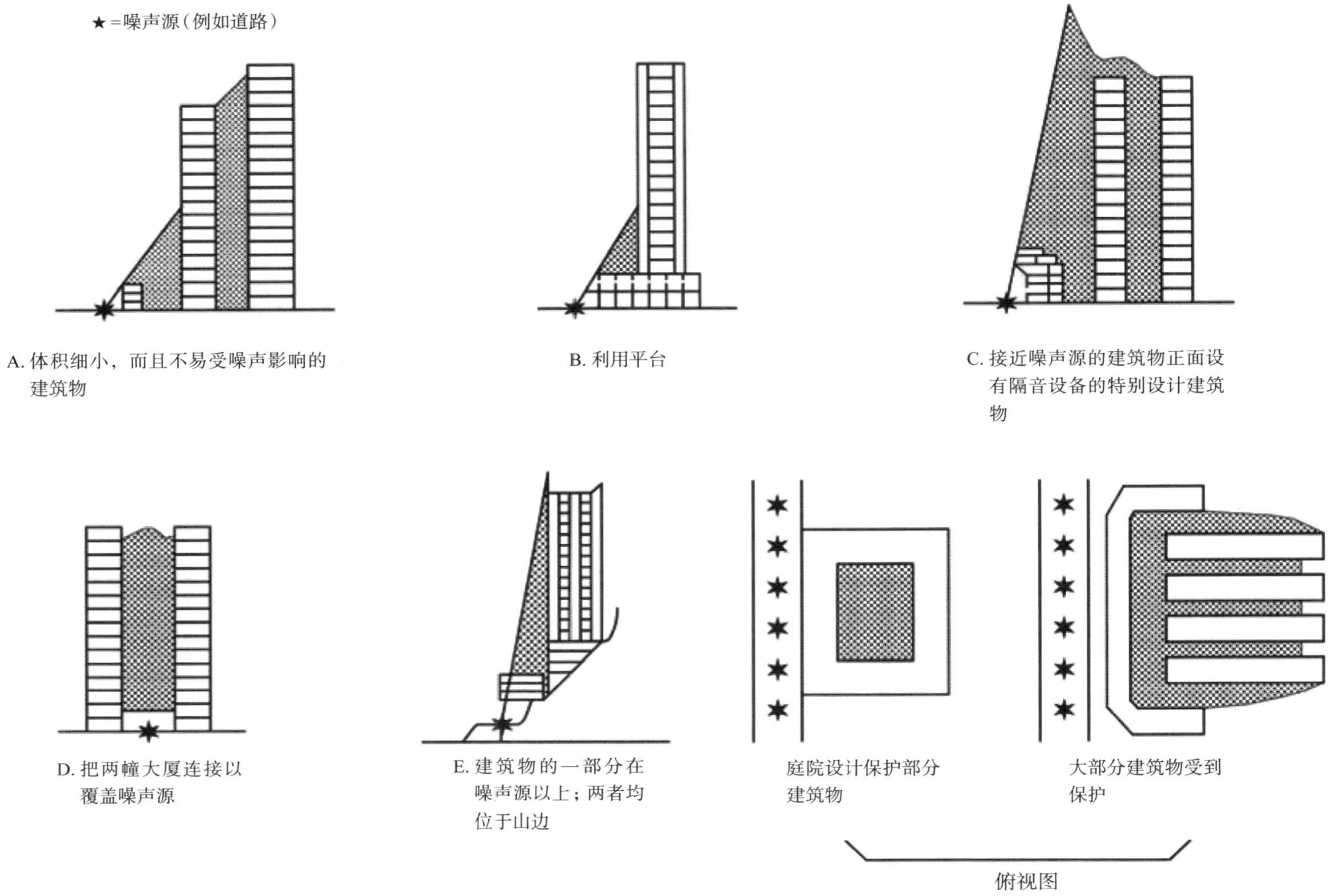

图4.2　利用建筑物布局以减少噪声暴露量设计概念
（著色部分为噪声受遮挡的“投影地带”）

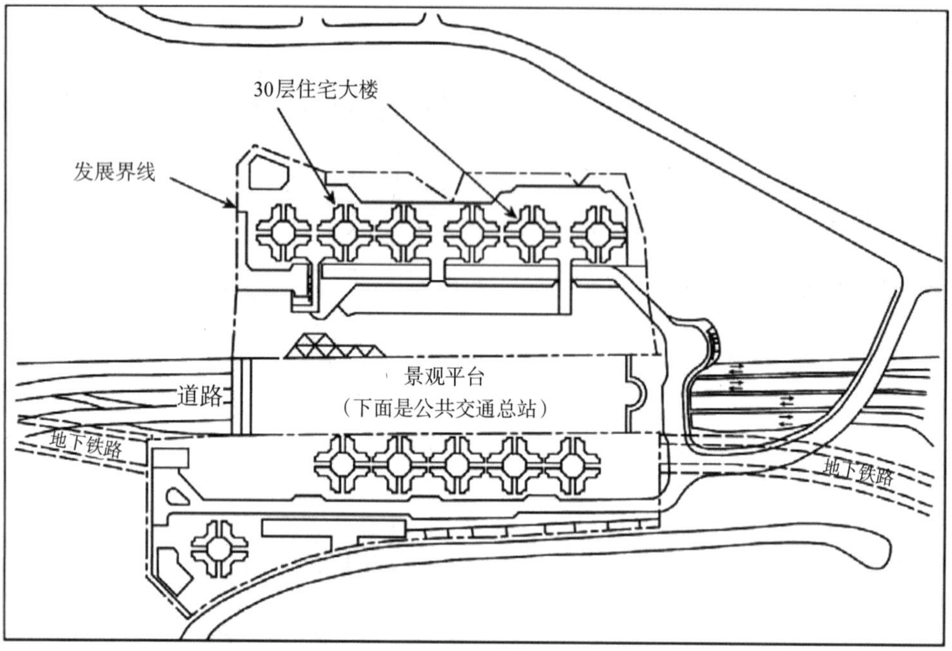

图4.3（a） 为减少道路及交通噪声而采用的综合设计例子

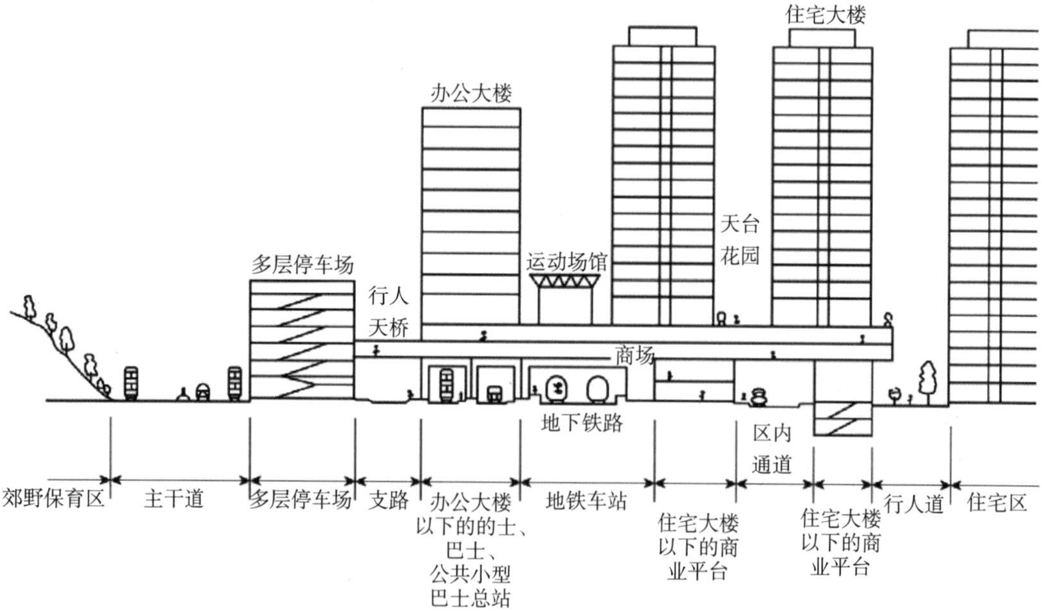

图4.3（b） 在主要公共/铁路运输交汇处以上以平台设计进行的发展的截面图例子

而高楼大厦有需要采取保护措施免受噪声影响，因此，这个方法不可能在香港广泛应用。尽管如此，在下列情况下，仍应研究是否可以使用隔音屏障：

(a) 低层建筑物须受保护，以免受噪声影响（例如在新界区）；

(b) 位于市区的天桥和高架道路非常接近易受噪声影响的用途，而最受影响的楼层的噪声问题必须予以纾缓；以及

(c) 可能把路旁土坡纳入静态康乐用地内的美化环境工程。

4.3.9　发展计划的地点和设计可能会受到重大限制，以致无法严格遵从第4.3.1至4.3.8段所载准则的规定。如有必要作出妥协，应按第4.3.3至4.3.8段所载的准则尝试尽量加大受保护住宅的比例。余下的不受保护住宅应按第4.3.10段所载的准则，设置隔音设备。

建筑物的隔音设备

4.3.10　设置隔音设备，往往是消减噪声滋扰的最后方法，因为这个方法会使受体不能进行户外活动和打开窗户。在建筑物设置隔音设备，在西方国家非常普遍，但由于香港气候温暖潮湿，窗户密封的环境需要有空气调节，对易受噪声影响用途来说，成本十分高。适当的窗户类别显示于附录4.4。

4.4　乡郊地区发展准则

4.4.1　在乡郊地区规划新发展时，须采取更敏感的方法，以保护现有的宁静环境和生活质素。作为一般规则，应避免出现经常会造成噪声超出当前背景噪声10分贝（A）的噪声排放源。如噪声排放源必须设于乡郊环境，便必须纳入防噪声设计，以减轻噪声影响。在大多数情况下，防噪声设计是藉挖掘隧道、即掘即铺，以及设置屏障、围栏和隔音设备，把噪声排放源遮蔽，以减轻对易受滋扰用途造成的影响。在一些情况下，可能有必要对运作时间实施限制。

附录4.1

针对噪声的规划工作的主要大纲

下列所有噪声排放源（飞机及道路交通除外）均受《噪声管制条例》所管制。如任何地方发出的噪声，根据有关条文构成滋扰，当局会采取法定行动。因此，为这些噪声排放源选址时，必须确保遵守第4.2.13段所载的噪声标准，以免日后在发展计划完成后，会违犯《噪声管制条例》的条文。

噪声排放源、易受噪声影响的用途及能耐噪声的用途

主要排放源：

运输	• 飞机（包括直升机） • 铁路交通（地铁、轻便铁路和九广铁路）	• 道路交通
主要固定噪声源	• 一般工业来源 • 泵房 • 气体减压站 • 石矿场	• 混凝土配料厂 • 电力支站 • 碎石厂

（续上表）

其他设施	• 铁路车厂 / 调车场 • 批发市场 • 露天私家车 / 货车停车场 • 垃圾处理区 • 货柜码头 • 公众货物装卸区	• 飞机场设施 • 巴士车厂 / 总站 • 车辆扣留区 • 屠房 • 沙仓 • 多用途码头

可能排放源：

• 消防局	• 救护站
• 电车	• 加油站
• 电车车厂	

主要易受滋扰的用途：

住宅用途	• 所有住宅楼宇，包括临时房屋	
机构用途	• 教育机构，包括幼儿园和幼儿中心 • 诊疗所 • 疗养院 • 图书馆 • 演艺中心 • 露天剧场	• 医院 • 安老院舍 • 公众礼拜场所 • 法庭 • 礼堂
其他	• 酒店 • 郊野公园	• 宿舍 • 办公室

能耐噪声的用途：

• 多层停车场	• 多层街市
• 办公室（设隔音设备）	• 仓库
• 社区用途（例如运动场馆、社区中心等）	

附录4.2

噪声单位及标准的定义

为了方便起见，准则是按照室外噪声声级来厘定的。不过，事实上，这些准则主要是根据建筑物内的标准而订立，因为受噪声影响的主要活动都是在建筑物内进行的。

不同地方发出的噪声，是以不同方法量度的。即使是同一类的噪声，也往往有不同的量度方法可供选择。在每宗个案中，所选择的噪声级别，提供量度人们如何受影响的最佳标准。所有环境噪声均利用A加权声级——分贝（A）来量度。下列单位已顾及噪声的变化和公众的反应：

飞机噪声预测	一个量度飞机噪声的复杂方法。考虑日间和夜间的最高飞机噪声声级、飞机飞越上空维持多久、音调特征和飞机架次，然后把这些因素综合起来，以得出飞机噪声预测
最高声级	在指定时段或某次噪声事件中的最高噪声声级
等效连续声级（24小时）	用以量度不同时间有不同声级的噪声能量水平
分贝（A）L10（1小时）	即在一小时内有一成时间超出噪声标准，一般用作量度最高交通流量时的道路噪声
分贝（A）L90（1小时）	即在一小时内有九成时间超出噪声标准，一般用作量度背景噪声水平

附录4.3

道路交通噪声影响评估

例子1：利用屏障减少噪声的效益

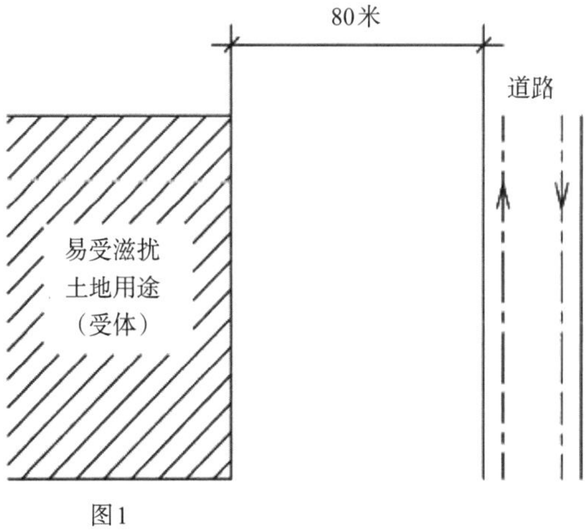

图1

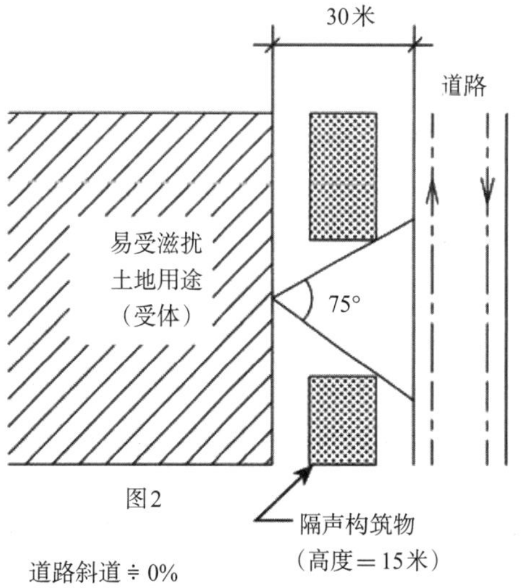

图2

假设：交通流量≑每小时1000架次
车辆速度≑每小时70公里
受体高度≑10米
道路斜道≑0%
重型车辆百分比≑30%

要达到的噪声标准：70分贝（A）L10（1小时）

土地用途安排A：虽已有分隔距离，但没有有效的屏障（图1）

在建筑物正面量度得由道路交通造成的噪声声级（表4.2）：78分贝（A）

有需要减低噪声（78～70分贝（A））：8分贝（A）

噪声源与受体之间所需的分隔距离（图A1）：约80米

土地用途安排B：设有分隔距离及有效的屏障（图2）

在建筑物正面量度得由道路交通造成的噪声声级（表4.2）：78分贝（A）

有需要减低噪声（78～70分贝（A））：8分贝（A）

因设有30米的分隔距离而减少了的噪声（图A1）：4.2分贝（A）

在如图A2所示放置高15米的屏障构筑物后，为了进一步减低噪声而须在噪声源与受体之间设的分隔距离减少至：约30米

备注：显示在噪声源与受体之间的细小分隔范围设隔声构筑物的用处

例子2：为减低噪声而对道路路线作出考虑的效益

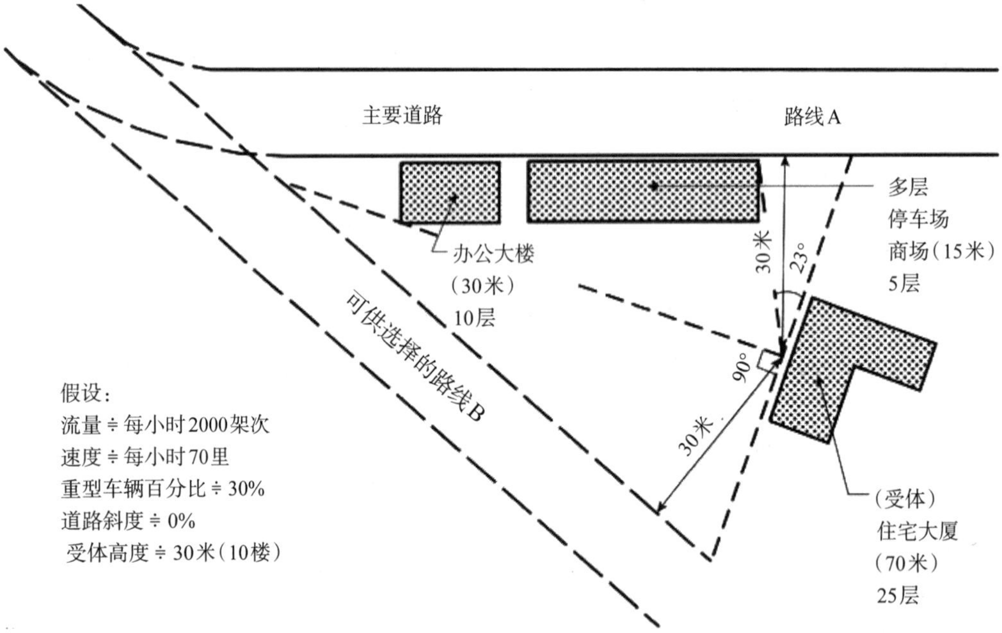

要达到的噪声标准：70分贝（A）L10（1小时）

路线A：道路路线面向遮挡受体的能耐噪声建筑物

在建筑物正面量度得由道路交通造成的噪声声级（表4.2）：81分贝（A）

由于噪声源与受体之间设分隔距离而减低了的噪声（图A1）：−5分贝（A）

由于设有隔声屏障（23°）而减低了的噪声（图A2）：−9分贝（A）

在建筑物正面量度得的整体噪声声级：67分贝（A）

路线B：道路路线面向受体

在建筑物正面量度得由道路交通造成的噪声声级（表4.2）：81分贝（A）

由于噪声源与受体之间设分隔距离而减低了的噪声（图A1）：−5分贝（A）

由于设有隔声屏障（90°）而减低了的噪声（图A2）：−3分贝（A）

在建筑物正面量度得的整体噪声声级：73分贝（A）

备注：假设噪声源与受体之间所设的分隔距离相同，从环境角度而言，道路路线A较道路路线B可取。

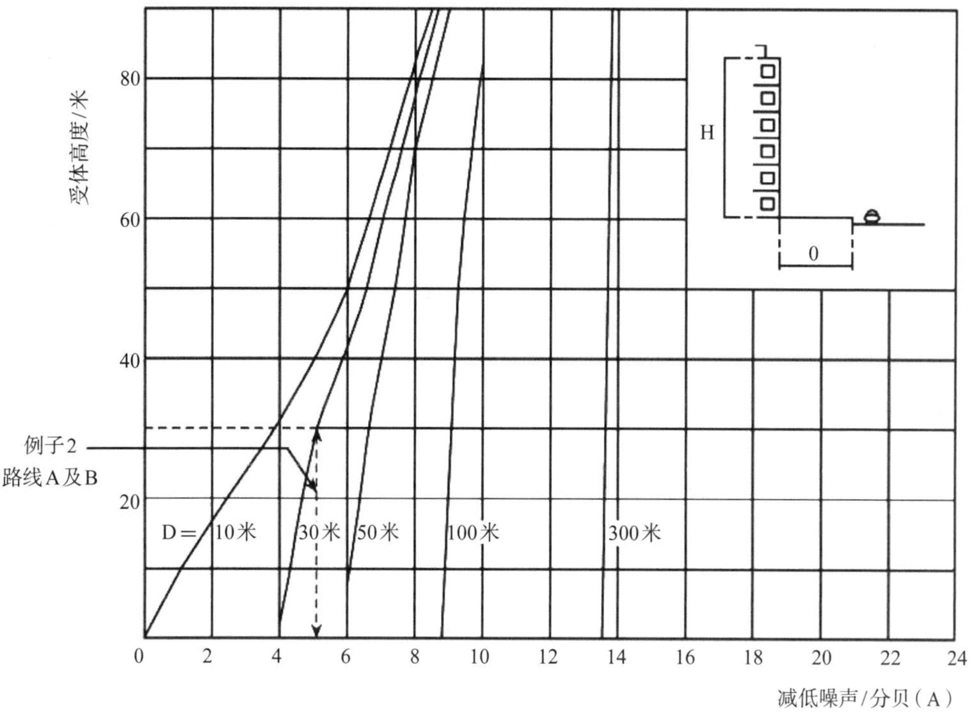

图A1　受体距离/高度与减低噪声的关系

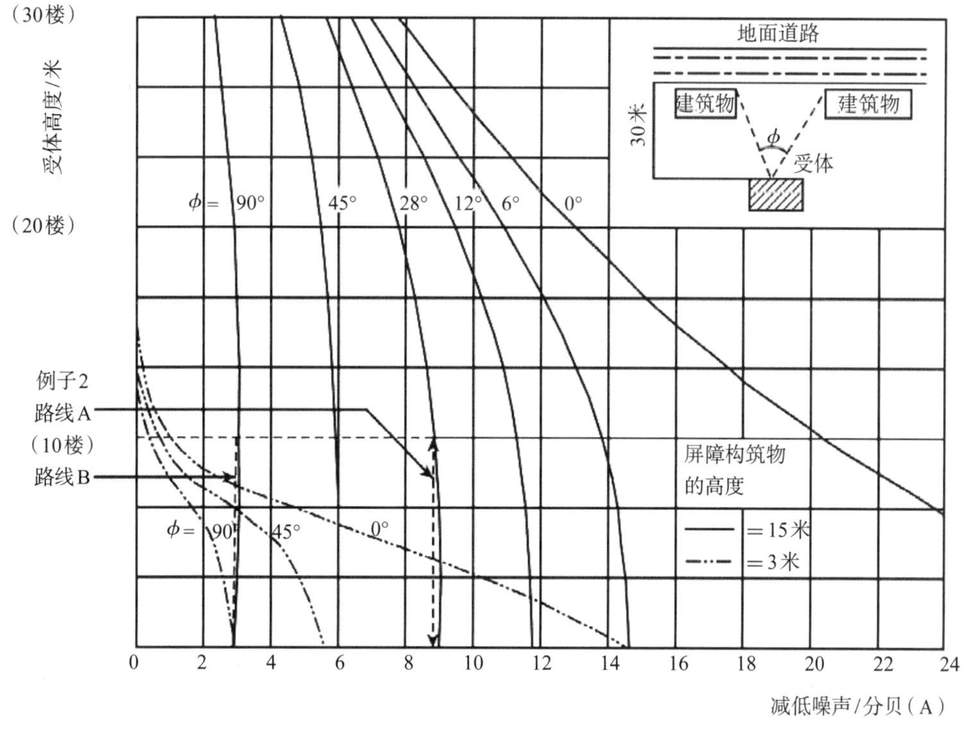

图A2　屏障构筑物的视角及高度与减低噪声的关系
(备注: 此图于退入距离达30米的情况下适用)

附录4.4

用作隔音的适当窗户类别

当估计噪声声级会超出有关标准 β 值，便须采用适当的窗户类别。

噪声源	窗户类别			参阅段数
	Ⅰ	Ⅱ	Ⅲ	
铁路交通	$\beta<5$	$5<\beta<10$	$\beta\geqslant10$	4.2.9
道路交通	$\beta<10$	$10<\beta<15$	$\beta\geqslant15$	4.2.5
飞机	—	$\beta<10$	$\beta\geqslant10$	4.2.1
直升机	$\beta<5$	$5\leqslant\beta<10$	$\beta\geqslant10$	4.2.3

窗口类别

Ⅰ　—可开启连密封垫的窗户，6毫米厚玻璃

Ⅱ　—可开启连密封垫的窗户，8毫米厚玻璃

Ⅲ　—可开后连密封垫的窗户，12毫米厚层压玻璃

5. 水质

5.1　政策目标

5.1.1　在对付水污染的规划方面，政府的整体政策目标如下：

（a）提高和保持内陆水域、沿岸水域、海洋水域和地下水的水质，使这些水域可供作正常用途，例如视乎地区环境而定，可供作海浴、其他康乐活动、海洋生物聚居地、食物来源或商业渔场、灌溉、航海及船运等用途；

（b）为所有废水提供容量充裕的公共污水收集、处理和处置设施；以及

（c）制订和执行水污染管制法例，保障公众的健康及福祉。

5.1.2　在规划新发展计划或重建计划时，应充分考虑图5.1综述的水质限制。扩散和吸收污染物的能力有限的主要潮汐河流和地形受限制的水体，显示于图5.1。此外，必须考虑保护列为具特殊科学价值地点的地方（见第十章具特殊科学价值地点的位置），以及其他易受滋扰的受体，例如进水口、泳滩、海鱼养殖场、生态易受影响地区（包括海岸公园和海岸保护区）等。

5.1.3　在拟备分区计划大纲图、发展审批地区图、发展大纲图和发展蓝图时，应致力：

（a）考虑水体的有利用途，并确定拟议土地用途是否与个别水质管制区的有利用途出现冲突；

（b）考虑污水标准和发牌限制对将获批准的土地用途类别及其发展规模的影响；以及

（c）确保在适当地点提供足够土地，供辟设所需的处理和处置设施，并铺设通路。

5.1.4　附录5.1载述对付水污染的规划工作的主要大纲，并综述可能造成污染和易受滋扰的用途。

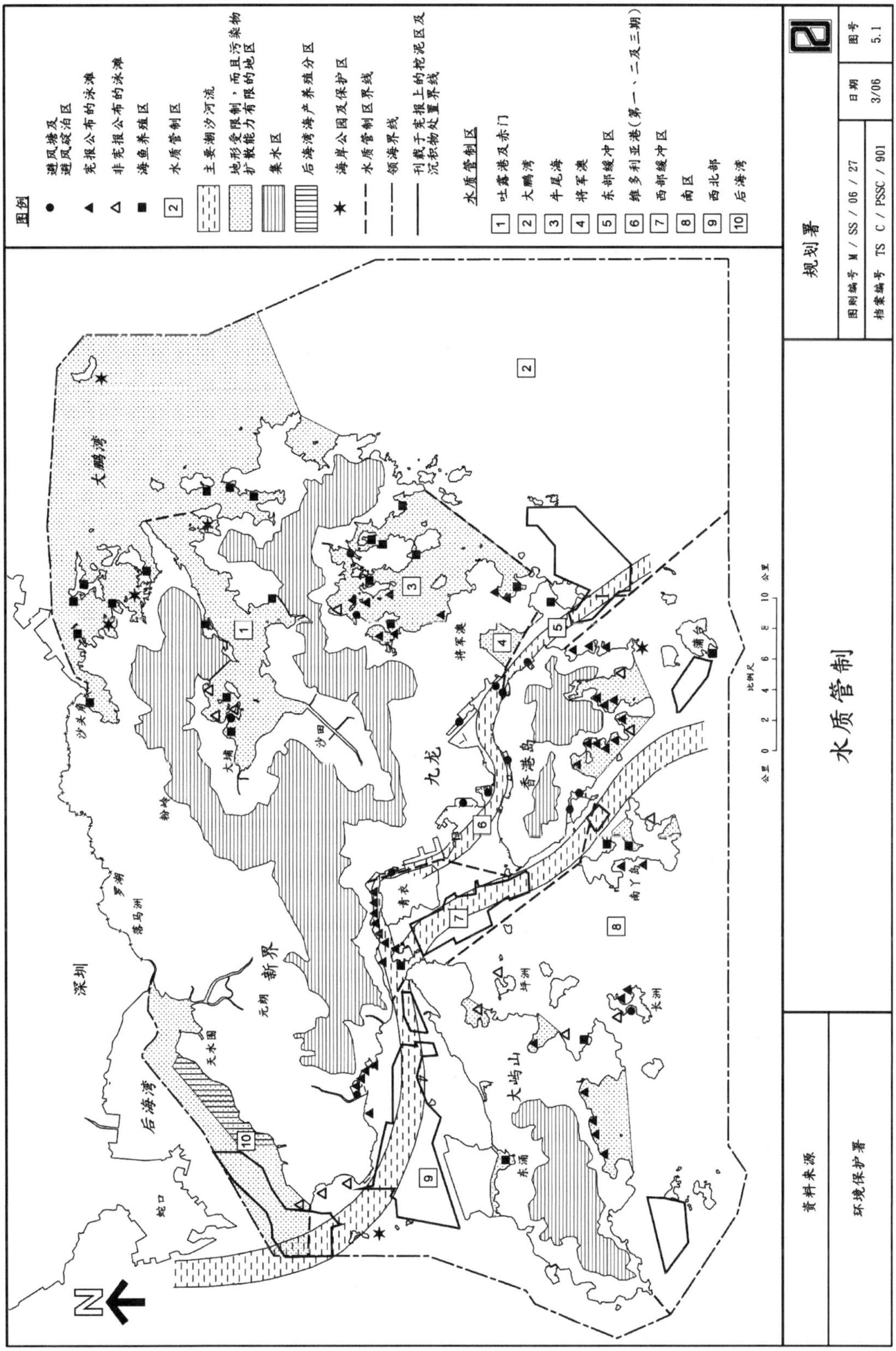

图例
避风塘及避风碇泊区
宪报公布的泳滩
非宪报公布的泳滩
海鱼养殖区
水质管制区
主要潮汐河流
地形受限制，而且污染物扩散能力有限的地区
集水区
后海湾海产养殖分区
海岸公园及保护区
水质管制区界线
领海界线
刊载于宪报上的挖泥区及沉积物处置界线
水质管制区
1 吐露港及赤门
2 大鹏湾
3 牛尾海
4 将军澳
5 东部缓冲区
6 维多利亚港(第一、二及三期)
7 西部缓冲区
8 南区
9 西北部
10 后海湾
规划署
图则编号 M / SS / 06 / 27
档案编号 TS C / PSSC / 901
日期 3/06
图号 5.1
水质管制
资料来源
环境保护署
深圳
大鹏湾
沙头角
后海湾
蛇口
天水围
元朗
新界
落马洲
罗湖
粉岭
大埔
沙田
九龙
将军澳
青衣
香港岛
南丫岛
蒲台
大屿山
东涌
坪洲
长洲
比例尺
公里 0 2 4 6 8 10 公里

5.2 为可能造成污染的用途制订的准则

工业

5.2.1 所有会产生污水的工业选址工作必须审慎地进行。如能遵守下列准则的规定，发展计划将更易符合整体水质管理限制，在采取污染管制措施方面的开支亦会较少；

（a）最好把工业设于设有公共污水收集系统的地区，而这个公共污水收集系统会接驳到具处理工业污水能力的公共处理设施；

（b）工业产生的污水若含有氰化物、酚和金属等有毒物质（例如金属加工等），则必须进行污水处理，或采取其他减少废物的措施，把有毒物质的含量减少至可接受水平。只产生可作生物降解污水的工业（例如食物加工、饮料生产等），亦须设置原地污水处理设施，把水质改善至合理水平。把污水排放入香港水域是否可以接受，主要视乎水体稀释和分解污水内剩余污染物的能力。为了确保水质符合《污水管制条例》所界定的水质指标，上述做法是必要的。此外，必须强调的是，香港的内陆水域很难有足够而可靠的稀释污染物能力；

（c）工业产生的污水若含有一般受禁止的某些物质，则这些工业的选址工作须审慎地进行。为了防止有关工业排放这些物质（包括二恶、聚芳烃、多氯联苯、除害剂、放射物质、污泥、碳化钙、石油或焦油及有机溶剂），须时刻适当处理污水、减少废物或实行循环再用；

（d）作为一般准则，除非能符合《污水标准技术备忘录》内所订的污水排放标准，否则，不应把工业废物排放入污水渠。不符合这些标准的废物，须在排放入污水渠前经过事先处理，或在运送到适当的持牌废物处置设施处理／处置前，把污水暂时贮存起来。在任何情况下，严禁把工业废物排放入雨水渠；

（e）工厂需要有足够的空间和通路，以便把废水排放入公共污水渠前作原地处理。规划师必须顾及这方面的需要；以及

（f）理想的做法是把同类工业集中在某地区，这样公用处理设施和其他可能需要的特别设施的供应便更具经济效益。

5.2.2 《水污染管制条例》的条文适用于所有污水排放。大部分很可能会产生污水的工业，显示于图2.2。这些工业如需要污水排放，即须向环境保护署署长申请牌照，并须遵守牌照上所列的条件。

5.2.3 关于有毒化学物的管制、处理和处置，参见第6段有关废物管理。

污水收集及处置

5.2.4 为保障公众健康和环境卫生，妥善地收集及处理污水是基本的卫生要求。因此，如何处置污水是影响水质的主要因素。按个别情况采取适当的污水处置方法，便能为公众及环境提供最稳妥的保障：

（a）一般而言，采用公共污水收集系统是最有效率而安全的方法；

（b）在服务人口超过50人而没有公共污水收集系统的地点，应辟设污水处理厂。这些污水处理厂可以作为若干处所的共用设施，亦可以是服务个别处所的小型设备；以及

（c）对于占用人为数不多的独立处所，只要位置适宜建造化粪池及渗水系统，便可辟该等设施来处理污水。

5.2.5 发展计划应尽量设有公共污水收集及污水处理设施。为此，建筑工程应有适当

的施工安排，俾使在新建楼宇入伙前，污水收集设施已启用。至于在已设有公共污水收集系统的地方进行的新发展计划，在进行规划工作时，应尽量利用有关的公共污水收集系统。大型发展对公共污水收集系统造成的影响，应适当地利用污水影响评估来分析，而大型发展计划倡议人应预留充分时间主动进行该等评估。环境保护署会因应个别情况，考虑是否需要进行污水影响评估。

5.2.6　如无法把新建楼宇接驳到公共污水收集系统，计划项目的倡议人便应辟设足够的污水处理设施。污水处理厂的设计必须确保经处理污水符合法定的污水排放要求。为污水处理厂选定合适的排放地点时，须作仔细考虑，务必顾及承受水体的吸收能力。此外，在易受影响地区，例如宪报公布的泳滩、避风塘、船只停泊处、具特殊科学价值地点和海鱼养殖场，应避免排放经处理污水。若污水处理厂的排放地点位于集水区，应参阅第5.3.13段。当大型污水处理厂对承受水域造成无法接受的影响时，污水可改为排放入其他合适的水体。

5.2.7　污水处理厂亦必须设于适当的地点，设计方面须符合需要，以免对附近居民造成滋扰，或对环境带来污染，包括气味、噪声和安全影响。选址时须顾及的事宜，包括污水处理厂与民居之间是否有足够的间隔距离；是否有助纾缓景观的屏蔽或天然围封；以及为污水处理厂划定范围或兴建围栏。此外，亦可考虑提供设施，以便循环再用从有关设施排出的经处理污水。服务人口在2000人以下的小型污水处理厂的设计，应参照环境保护署发出的《小型污水处理设施设计指引》。

5.2.8　在乡郊人口为数不多，而位置适宜操作化粪池及渗水系统的地区，可考虑建造该等设施。这些地区包括屋宇间留有充裕空间、地下水位低、与护土墙相距有足够空间、水井、溪涧、水池、海滩及斜坡，以及具足够泥土渗透力的地方。化粪池及渗水系统的设计应参照环境保护署发出的“专业人士环保事务咨询委员会专业守则——须经环境保护署评核的排水渠工程计划”（专业守则5／93）。集水区内应避免采用化粪池及渗水系统（请参阅第5.3.13段）。为支援这些系统，亦必须提供某些设施，如车辆通道，以便污水处理厂和化粪池及渗水系统均能妥善地运作及保养维修。

土木工程基础设施和运作

5.2.9　这类可能造成污染的用途和活动，包括填海、疏浚挖捞、处置疏浚海泥、堆填区、人造湖、具有潜在危险的装置、大型化学品仓、道路、港口设施、水坝及较永久构筑物、钻探水井、地盘勘测工程、在陆上或海床进行的挖土工程、渠务工程、河道改善工程及主要工程的建筑阶段。主要关注的问题，是在工程进行中，淤泥、油和漂浮垃圾会造成污染，但某些工程，特别是填海、道路铺筑及挖土工程，可能会造成较长远的排水、淤积和污染等问题。在规划和施工时，应小心避免、减轻和纾缓对水体造成的不良影响，特别是对位于下列地点的水体造成的不良影响：

（a）指定作自然保育之用的未受破坏地区和具特殊科学价值地点；

（b）已受某程度污染的地区，而这些地区如进行对环境构成额外压力的新发展，可能会令生态出现不良改变；以及

（c）用作商业渔场，包括鱼类和贝介类养殖，或进行接触性的康乐活动，包括一级康乐活动（例如海浴）及次级康乐活动（例如划独木舟和驾驶风帆等）的地区。

5.2.10　填海工程、水道疏浚工程，以及为进行填土而抽取海沙的工程，会涉及大量

疏浚挖捞活动。由于这类活动会对环境造成相当滋扰，必须采取措施，以减轻不良影响。这些措施包括避免采用疏浚挖捞的方法；在展开工程前，进行评估研究；选择管理策略、疏浚挖捞方法和机器，以尽量减轻对海洋生物，特别是对商业渔场和水产养殖地区附近一带的海洋生物的影响；管制工作时间，以免妨碍受影响地区的易受滋扰用途；以及在疏浚挖捞之前及进行疏浚挖捞期间，监察水质。

5.2.11　如疏浚物料不须用作填土，通常会运往宪报公布的海上卸泥场或环境保护署核准的地点倾倒。不过，应考虑尽量不进行疏浚挖捞及减少须倾倒的疏浚物料，以免超出现有、已承诺辟设或计划辟设的海上卸泥场的负荷。把废土倾倒入海，即使是倾卸在宪报公布的淤泥处理区，亦只限于受环境保护署根据《海上倾倒物料条例》发出许可订明的条件所规管的情况下进行。在任何情况下，不应把任何物料直接倾倒入内陆水道。如疏浚物料可能受到污染，在处理时必须加倍小心。

5.2.12　所有填海工程都会影响水流模式。在实施填海建议前，必须利用电脑模型或其他合适的技术，彻底调查有关工程对水文和水质的影响。负责规划填海工程的人士应加倍小心，避免在填海阶段造成死水，产生污染。

运输设施

5.2.13　由于巴士车厂涉及巴士的制造、修理和保养，可以产生大量废物和废水，因此，应提供足够地方，供辟设收集、贮存和处置废物和废水的适当设施。此外，亦应考虑提供足够地方，供辟设废物和废水收集及处置设施，以收集和处置因加油站和渡轮码头的运作而产生的废物及废水。

5.3　为易受滋扰用途制订的准则

游泳水域和其他接触性的康乐活动设施

5.3.1　如为了辟设游泳水域而建造密封地区或人工湖，或如要提供水上康乐活动设施，必须小心确保设施的设计容许有足够的洁净水冲刷，以及受污染的地面水能从游泳地区流走。

5.3.2　污水的许可标准，必须符合泳滩分区的水质指标。雨水渠和污水渠的排水口和用作处置污水的渗水井，不应设于任何宪报公布的泳滩任何方向的界线的100米范围内，这包括河流和溪涧（图5.1）。

水产养殖及渔业

5.3.3　海鱼养殖只可在指定鱼类养殖区（图5.1）内进行，并须申领牌照。此外，必须遵守《海鱼养殖条例》所订明的条款。

5.3.4　海鱼养殖区、淡水鱼塘、养蚝场、鱼苗场和孵鱼场及其他海鱼养殖资源，均需要全无污染的环境，因此，这些地点必须保持良好的水质。在进行水产养殖时应加倍小心，防止或尽量减少污水随潮汐、水流或天然水道流入这些地点，造成污染，即使是较偏远地方的污水亦然。在海鱼养殖区向海的200米和向陆地的100米范围内，不得进一步排放污水。

5.3.5　未经妥善规划和运作不当的海鱼养殖区，可以对当地环境造成严重污染。剩余鱼粮和鱼类排出的粪物造成的污染物，很容易会积聚在海床。因此，海鱼养殖区应设于海水流通情况良好的地方，使污染物能够容易分散。为了进一步减少污染，应严禁在海鱼养殖区内放置鱼排。此外，海鱼养殖区内应设有足够的辅助基础设施，包括通路（例如道路或码头)、厕所和废物收集及处置设施，供适当地收集、处理和处置海鱼养殖区产生的废物。

农业

5.3.6 取水和排放污水的方式，不应对下游地区的农业用途造成不良影响。

住宅及康乐发展

5.3.7 住宅区及康乐发展，包括市区康乐场地，最好远离死水，因为死水可能会积聚污染物，造成滋扰。受污染水体可能会影响这些发展，因此首要目标必定是把污染源移走，并可能须采取进一步的补救措施，例如旱季流量分流、疏浚挖捞和曝气，以解除滋扰。所有建筑物均应设有污水处理设施或接驳到污水渠。

5.3.8 倘若现有污染黑点的水质，预料在不久将来也不会有重大改善，住宅区和康乐发展应远离受污染的水体，使水污染造成的滋扰不会影响居民。

避风塘及船只停泊处

5.3.9 在规划避风塘及船只停泊处时，应确保其位置及设计，会让水体具足够的冲刷力，同时避风塘及船只停泊处以内的水体与以外的水体之间，有良好的水流交替。在规划阶段，通常须进行水力模型测试，以确保设计可令整个避风塘及船只停泊处的水体具足够的冲刷力，以及这些发展不会带来死水问题。

5.3.10 避风塘及船只停泊处不应设于水质差的地方，同时应远离污水及雨水渠口，或在设计上能令渠口的排水卷流不会进入避风塘或船只停泊处。现有渠口和雨水渠必须改道，以免污水排放入新的避风塘及船只停泊处。如现有雨水渠无法改道，则应另觅地点。

5.3.11 新的污水渠口、雨水渠口或明渠排放出的污水，不能流入避风塘或船只停泊处(图5.1)。

5.3.12 避风塘或船只停泊处必须设有足够的岸上公用设施，包括厕所和废物收集和处置设施，供妥善地收集、处理和处置废物。废物不应直接倾倒入避风塘或船只停泊处。由避风塘或船只停泊处的公用设施排放出的污水，应符合既定的污水管制准则。

集水区

5.3.13 在集水区（图5.1）内进行的发展计划受水务署严格管制。在规划集水区内或其附近的发展计划或工程项目时，应遵从水务署订立的指引。鉴于保护这些水资源免受污染至为重要，集水区内进行的所有发展计划须接驳至公共污水收集系统。如有关地区没有公共污水收集系统，则应提供污水处理厂。从污水处理厂排出的污水，须符合根据《1990年水污染管制（修订）条例》拟定的《流出物标准技术备忘录》订明甲类内陆水域的排放物标准。化粪池及渗水系统应尽量避免使用。

自然保护区及具特殊科学价值地点

5.3.14 这些地区应受适当的保护，使免受污染及自流改道的影响。这方面应参照《香港规划标准与准则》第十章——自然保育及文物保护。

天然河流／河道

5.3.15 发展计划的位置最好远离天然河道。

附录5.1

对付水污染的规划工作的主要大纲

(a) 香港主要的水质管制法例是《水污染管制条例》。该条例赋予有关当局权力，在宪报公布水质管制区内，排放入任何水体、公共污水渠及排水渠的污水及沉积物质，均受管制。当局会根据水体的有利用途，公布每个水质管制区的水质指标。不同的水质管制区会有不同指标。任何人均可就排放或沉积申请牌照，水质指标成为订立牌照内的条款的依据。

(b)《水污染管制条例》适用于所有排放物和沉积物的管制。根据条例拟备的技术备忘录，为订立不同情况下所需的标准提供指引，供列入牌照内。排放必须符合牌照内列明的标准。

(c) 当局严格管制把造成污染的污水排放入集水区，规定污水须经过高度处理（图5.1)。

(d) 其他有关法例包括《废物处置条例》。条例载有关于禽畜废物管制的条文，禁止在市区饲养禽畜，并规定在其他地区实施“禽畜废物管制计划”(详情见附录6.1)。

(e) 负责规划和施工的人士，应决定规划区是否坐落在或已纳入海鱼养殖区内。当局已根据《海鱼养殖条例》的规定，指定多个海鱼养殖区（见图5.1)。污染海鱼养殖区的水域，属犯法行为。

可能造成污染及易受滋扰的用途

(a) 可能造成污染的用途：

• 工业及农业（包括禽畜饲养及屠场)；

• 污水处置（包括由私人住宅发展排放出的污水)；

• 土木工程（包括所有建筑工程、钻井、地盘勘测、疏浚挖捞、填海、挖土、人工湖建造等)；以及

• 运输设施。

(b) 可能对环境造成重大影响的易受滋扰用途：

• 海浴；

• 海鱼养殖及渔业；

• 农业；

• 住宅及康乐发展；以及

• 避风塘及船只停泊处。

(c) 其他易受滋扰用途：

• 集水区；

• 自然保护区；

• 具特殊科学价值地点；

• 海岸公园 / 海洋保护区；

• 海岸保护区；

• 自然保育区；以及

• 孵鱼场。

6. 废物管理

6.1 政策目标

6.1.1 政府对规划废物管理的整体政策目标，是要确保：

（a）推行持续地有效的废物管理方法，而我们会减少制造废物，把废物再利用或尽用废物尚有的价值；

（b）提供足够设施，俾使以具有经济效益和符合环境标准的方式处置各种废物；以及

（c）制订和确切执行有关贮存、收集、运送、处理和处置废物的法例，以保障公众的健康和福祉，避免遭受在环境方面的不良影响。

6.1.2 附录6.1载列废物管理工作的主要大纲，并概述废物接收／转运设施和在废物管理方面有特别需要的用途。

6.2 为废物接收及转运设施制订的标准及准则

6.2.1 废物接收及转运设施与毗邻建筑物之间应有足够的间隔距离。建筑物配置方面，必须提供设施，以便把可循环再造的废物分类及再利用。关于接收和处置易生尘埃或会发出气味的废物的设施，应采取特别的预防措施，避免这些设施对附近地区造成滋扰。此外，亦应留意盛行风向，以及因此而可能造成的滋扰。

垃圾转运站

6.2.2 垃圾转运站提供区域及次区域终站，供垃圾收集车辆倾卸垃圾。废物会从垃圾转运站以货柜大批装运到最终处置设施。设立垃圾转运站的目的，主要是透过更妥善地把废物密封，以减低运输废物的成本，同时把环境滋扰减至最少。在市区，应考虑为每50万至200万人提供一个每天能处理500至2000吨废物的垃圾转运站；在新界，则为每10万至100万人提供一个每天能处理100至1000吨废物的垃圾转运站。每个垃圾转运站须占地一至两公顷。

6.2.3 垃圾运转站应设于其服务范围的中央，最好是设于有趸船通路的海旁。为尽量减轻垃圾转运站与毗邻易受滋扰土地用途不协调的问题，垃圾转运站应设于工业区或其他不易受滋扰的地区，如可能的话，设于地下。垃圾转运站应有足够的地方，供垃圾收集车辆进入和排队。为了避免造成交通挤塞，以及令垃圾收集车辆久候，最好辟设与主要运输路线连接的短车辆通路，及应决定毗邻道路的容车量是否足以容纳往来垃圾转运站的垃圾收集车辆。同时，应考虑垃圾转运站采取完全密封设计，以及／或提供适当的屏障，以阻止气味及尘埃扩散。此外，亦应提供足够的管制措施，以尽量减轻影响。管制措施可能包括对机器、构筑物、渗滤污水处理／处置系统及空气／排气管洗涤系统装置的噪声管制。

建筑废物管理设施

6.2.4 为了善用和适当地处置公众倾卸物料及建筑废物，以及减低非法倾倒的可能性，应提供以公众填土趸船碇泊处或公众填土区、拆建物料分类设施、填料库或同类建筑废物管理设施形式运作的建筑废物倾倒场所。此举的目的，是确保有特定服务范围，而且位置适中的倾倒场所遍布全香港。此外，应提供污染管制措施，以防止倾卸物料在卸下时溅出、压止尘土飞扬和垃圾随风飘荡、减少所有装置发出的噪声、防止废物、土壤和瓦砾冲离地盘或冲出大海，以及限制运作时间。

6.2.5　关于辟设建筑废物管理设施的问题，必须审慎考虑合适的选址、实施时间及所需的污染管制措施。这些设施须设于临海地方，有良好的通道，并有足够地方供运载废物的车辆进入和排队。在可行情况下，这些设施应设于工业区或其他不易受滋扰的土地用途地带内。

垃圾收集站

市区及新市填的垃圾收集设施

6.2.6　每两万人口或每500米范围以内，须设有一个垃圾收集站。在工业及商业区，或在现已有或将会有足够私人垃圾收集设施的地方，垃圾收集站的数目可能须予调整，以配合预期的需要。至于详细规定，应征询食物环境卫生署署长的意见。

6.2.7　为了道路安全起见，新的垃圾收集站的设计，应容许垃圾收集车辆以车头先入和车头先出的形式进出垃圾收集站。对于多面向街地盘或街角地盘，地盘总面积不应少于294平方米（最少阔14米）。至于四面受包围或处于夹缝的地盘，地盘总面积须介乎405平方米至594平方米（最少阔27米）。前者只可容纳传统的垃圾收集车辆，后者则可容纳传统和拖拉型垃圾收集车辆。如有需要，可从一个面积广阔、容许拖拉型垃圾收集车辆以车头先入和车头先出的形式进出的夹缝地盘中，拨出面积大约150平方米的土地作其他协调用途。不同类别地盘和供不同种类垃圾收集车辆使用的垃圾收集站的地盘规定见图6.1。

6.2.8　虽然基于道路安全考虑，应该禁止垃圾收集车辆倒车，但仍须认真考虑某些地区的土地限制，以及提供标准地盘的成本。在有土地限制的地区，只容许垃圾收集车辆以车尾先入和车头先出的形式进出的地盘，如位于车辆及行人流量较低的次级道路，则可考虑用作辟设垃圾收集站。在这个情况下，面积不少于220平方米的较小型地盘（临街一边阔11米，深20米）（见图6.1）已经足够。不过，应该强调的是，选择在较小型地盘辟设垃圾收集站只属例外，并非一般常规，须征询运输署的意见。

6.2.9　指明的地盘总面积及尺寸，是垃圾收集站的最低运作要求，以便容纳传统及拖拉型垃圾收集车辆。如个别地盘的具体布局及实际情况不许可，或需要在上层设置其他政府、机构或社区设施，则可能须调整地盘规定，以配合特别设计和布局。一般而言，垃圾收集站须预留适当的物料回收区。

乡郊地区及偏远乡村的垃圾收集设施

6.2.10　在面积广阔，但人口稀少的乡郊地区或偏远乡村，标准乡村式垃圾收集站及垃圾桶站是基本的设施。每一条或多条毗连的乡村（人口最多为1000人左右），应设有一个介乎9.4米 × 6.4米（约60平方米）至10.9米 × 6.4米（约70平方米）的标准乡村式垃圾收集站，视乎运作需要而定。垃圾收集站应设于适中的位置，让垃圾收集车辆可停泊在路旁停泊处或指定车位收集垃圾，而不会对其他道路使用者造成不必要的阻塞。当局应按每1000人设一个垃圾收集站的方式计算，为集中的民居加设垃圾收集站。新市镇内较不偏远的乡村发展区不适合辟设先前所述在市区及新市镇提供的垃圾收集站，因此，应提供乡村式垃圾收集站及垃圾桶站。在适当的情况下，并视乎土地供应情况和车辆是否可以到达，垃圾桶站应设于垃圾制造源附近。一般而言，垃圾收集站须预留适当的物料回收区。

市区及新市镇

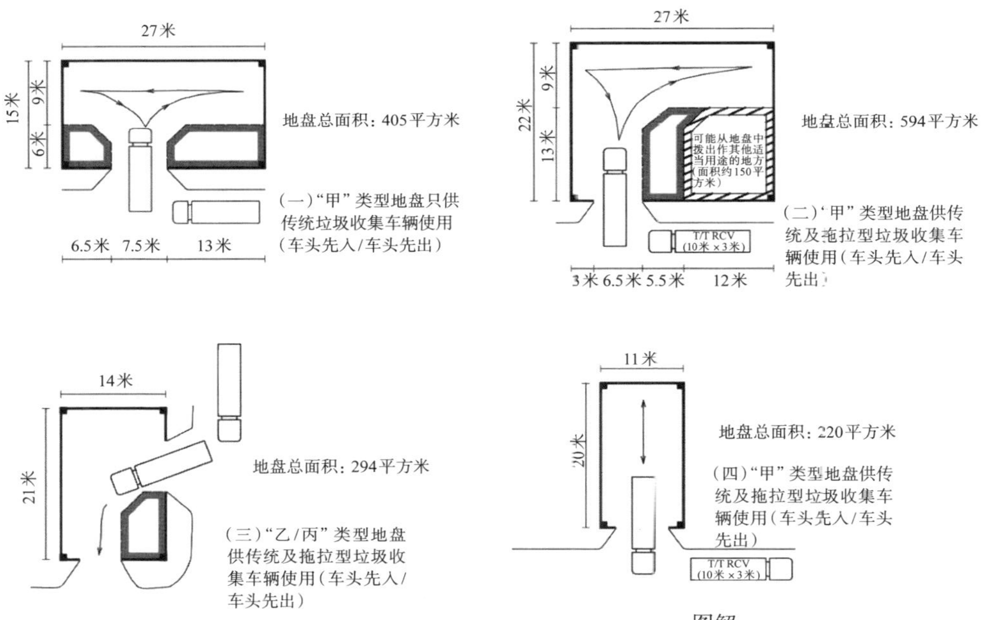

注释：

1. 本图阐释的地盘规定并不适用于公共屋邨
2. 现时新界并无拖拉型垃圾收集车辆动作

图解

可能预留作贮物及其他附属用途的地方

T/T 拖拉型

RCV 垃圾收集车辆

比例尺 米10 0 10 20 30 40米

乡郊地区及偏远乡村

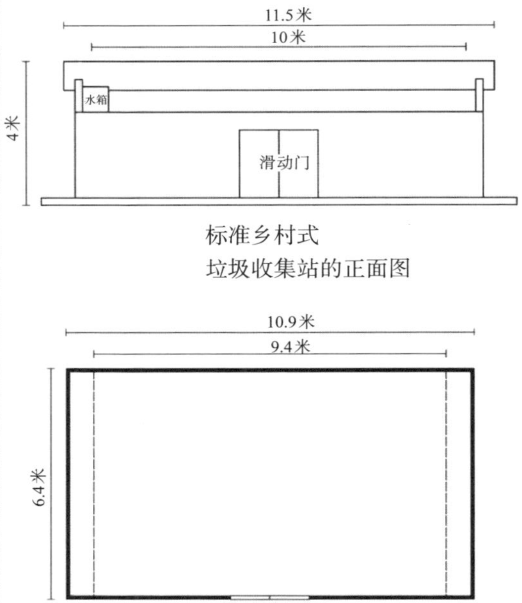

标准乡村式
垃圾收集站的正面图

地盘总面积：60或70平方米

标准乡村式
垃圾收集站

比例尺 米1 0 1 2 3 4 5 6米

资料来源	垃圾收集站地盘的最低规定	规划署		
建筑署 食物环境卫生署		图则编号 M/SS/06/32	日期	图号
		档案编号 TSC/PSSC/902	4/06	6.1

一般位置及设计准则

6.2.11　为垃圾收集站选址时，应避免垃圾收集站阻塞交通或对交通安全构成威胁。因此，垃圾收集站不应设于主干道或主要干路、斜路、或货车掉头可能会造成交通问题的位置。

6.2.12　在适当的情况下，应为垃圾收集当局及私人垃圾收集商，提供离街及密封的大型垃圾收集车辆泊位及独立通路。

6.2.13　垃圾收集站的选址及设计，应以尽量减少对公众及在附近居住和工作的市民造成滋扰为原则。为此，应在适当的情况下，把整个垃圾收集站密封，以及在必要时，提供除臭设备及通风系统。垃圾收集站最低限度须设有贮水池，作日常清洗用途。至于容许垃圾收集车辆进入的特别设计新垃圾收集站，应纳入空气／排气管洗涤、高压水清洁及渗漏污水排水和处置等设计特色。在可能情况下，垃圾收集站的建筑设计亦应纳入美化环境设施，作为毗邻易受滋扰土地用途的景观屏障。此外，应致力取代所有现有的街上垃圾收集站。

6.2.14　由于很难找到适合用作垃圾收集站的地盘，特别是在已建设地区，因此，在可能情况下，公营及私营机构的大型发展及重建计划，应包括提供垃圾收集站。为了减少对废物处理的需要，以及减轻可能出现的滋扰问题，日后进行的这些大型发展及重建计划，应提供适当的废物收集及处理设施。

公共屋村的垃圾收集设施

6.2.15　上述标准与准则适用于市区、新市镇及乡郊地区的垃圾收集站，但不适用于公共屋村。公共屋村在垃圾收集方面有不同的供应标准及设计准则，其主要垃圾收集设施包括：

（a）每座住宅楼宇均设有垃圾及物料回收房，提供足够地方以满足日常处理每座单位垃圾的需要。有关垃圾及物料回收房的最低面积要求，均依据建筑物条例第123H章建筑物规例作订定。

（b）非强制在标准楼层提供的垃圾及物料回收房：提供足够地方存放每天的垃圾和设置处理回收物料的设施。图6.2显示垃圾及物料回收房的标准布局和最小面积。

（c）垃圾收集站：为屋村所有单位提供存放每天垃圾的密封构筑物，而屋村的垃圾会由食物环境卫生署收集。

每座楼宇逐一收集垃圾：如地盘的情况不许可，垃圾收集车辆可经明确划定的车辆通路直达个别楼宇。在垃圾及物料回收房毗邻会设避车处或尽头路的回车处。由于此方案会对公众及附近的屋村居民造成滋扰，因此只适用于特别情况，例如地盘地形不容许设置垃圾站来服务两座或以上楼宇。

（d）废物收集站：供存放一般垃圾收集服务不能处理的物件的独立贮物地方。

6.2.16　所有供存放垃圾和回收物料的设施必须为全天候设施。

6.2.17　在附设街市的大型商业中心，会设置独立废物收集站。

6.2.18　在所有情况下，应藉选用适当的物料及颜色、利用行人路路缘及／或美化环境特征，以便明确划定公共屋村的垃圾收集车辆通路路线，从而把车辆通路与屋村的行人专用区分辨开来。

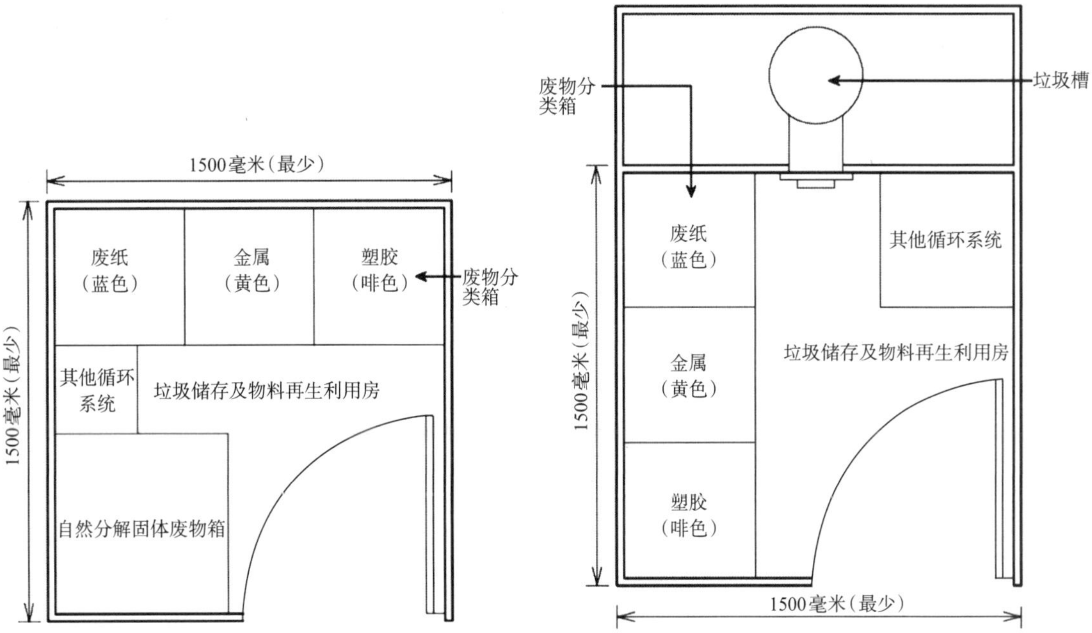

图6.2　垃圾及物料回收房的平面图例子

（注：以上图例可作适当调整以配合其他合适的废物分类系统）

私人住用和非住用楼宇、工业楼宇及综合用途大厦内的垃圾收集设施

6.2.19　私人住用和非住用楼宇、工业楼宇及综合用途大厦内的垃圾及物料回收房，与其附属机械通风系统及空气净化设施的要求，应符合二零零零年十一月一日起生效的《建筑物（垃圾及物料回收房及垃圾槽）规例》的规定。根据这些规例，垃圾及物料回收房的最低楼面空间要求，以及提供车辆通路的需要，是按照发展规模而订立的。食物环境卫生署可能会根据《公众洁净及防止妨扰规例》的规定，订定关于从楼宇移走住户废物的某些条款及条件。

6.2.20　垃圾及物料回收房应设于地面一层或地库，供存放垃圾及处理回收物料，包括把已回收物料分类及存放该等物料。《建筑物（垃圾及物料回收房及垃圾槽）规例》中对垃圾及物料回收房的楼面空间和车辆通路的规定综述于表6.1。对于整体实用楼面空间13 200平方米或以上的住用或综合用途大厦，以及整体实用楼面空间396 00平方米或以上的非住用发展，垃圾及物料回收房须设有具足够出入口的车辆通路，方便垃圾收集当局惯常使用的垃圾收集车辆进出。设车辆通路直达垃圾房，方便垃圾收集车辆在建筑物内收集垃圾，以尽量减轻对环境造成的滋扰。至于小型发展，住户废物将会运往附近服务较大地区的垃圾收集站，然后由垃圾收集车辆收集。

6.2.21　非强制在每一楼层提供垃圾及物料回收设施是可以考虑的做法。方案之一是在每一楼层辟建垃圾及物料回收房，其最小面积如下：

(a) 垃圾及物料回收房的尺寸不得有任何一面少于1.5米（即垃圾及物料回收房的面积不得少于2.25平方米）。

(b) 垃圾及物料回收房量度至天花板的高度不得少于两米。

垃圾及物料回收房的面积要求并不包括辟设垃圾槽及其他附属设施所需地方。不过，如必须提供垃圾槽或其他附属设施，最好把这些设施设于垃圾及物料回收房内或其附近，以便快捷地分辨可循环再造物料，然后把垃圾放进垃圾槽。垃圾及物料回收房的标准布局和最小尺寸的详情见图6.2。

6.2.22 有关机械通风系统及空气净化设施的要求，可参阅由屋宇署发出的《认可人士及注册结构工程师作业备考编号PNAP98》。

6.2.23 若采用自动垃圾收集系统，则必须同时提供垃圾分类及回收可循环再造物料的设施。

6.2.24 垃圾及物料回收房的详细要求会不时更新，可参阅《建筑物（垃圾及物料回收房及垃圾槽）规例》及有关的作业备考的最新版本。

表6.1 对私人住用和非住用楼宇、工业楼宇及综合用途大厦内的垃圾及物料回收房的规定摘要

建筑物	图则显示的整体楼面面积	物料回收房／垃圾及物料回收房的种类	物料回收房／垃圾及物料回收房最小楼面空间
住用楼宇	a）实用楼面空间有1320平方米或以上，但不超过13 200平方米	垃圾及物料回收房	整体实用楼面空间（以平方米计算）除以347
	b）实用楼面空间有13 200平方米或以上	设有车辆通路的垃圾及物料回收房	整体实用楼面空间（以平方米计算）除以347
非住用楼宇（工业楼宇除外）	a）实用楼面空间有3960平方米或以上，但不超过39 600平方米	垃圾及物料回收房	整体实用楼面空间（以平方米计算）除以925
	b）实用楼面空间有39600平方米或以上	设有车辆通路的垃圾及物料回收房	整体实用楼面空间（以平方米计算）除以925
工业楼宇	a）实用楼面空间有3960平方米或以上，但不超过39 600平方米	物料回收房	整体实用楼面空间（以平方米计算）除以2320，但不少于2.25平方米
	b）实用楼面空间有39600平方米或以上	设有车辆通路的物料回收房	整体实用楼面空间（以平方米计算）除以2320
综合用途大厦	a）总实用楼面空间有1320平方米或以上，但不超过13 200平方米	垃圾及物料回收房	a）住用楼宇部分的整体实用空间面积（以平方米计算）除以347；以及b）非住用楼宇部分的整体实用楼面空间（以平方米计算）除以925的总和
	b）总实用楼面面积13 200平方米或以上	设有车辆通路的垃圾及物料回收房	a）住用楼宇部分的整体实用空间面积（以平方米计算）除以347；以及b）非住用楼宇部分的整体实用楼面空间（以平方米计算）除以925的总和

注释：关于最新的要求，请参阅《建筑物（垃圾及物料回收房及垃圾槽）规例》的附表。

6.3 为在废物处置方面有特别规定的工业制订的准则

产生化学废物的工业

6.3.1 这些工业应设于指定工业区的工业楼宇内，或最好设于有公用废物存放及／或处理设施的特别设计建筑物内，而且必须符合《废物处置（化学废物）（一般）规例》的规定。

6.3.2 如预算在工业楼宇内容纳产生化学废物的工业，应考虑订明对与存放、处理及／或收集废物有关的通路和地方的特别规定。这些规定一般包括：

（a）提供适当的原地处理设施及收集系统；

（b）提供足够设施，供暂时存放化学废物，待持牌废物收集商收集，然后运往别处的处理及处置设施。这方面的设施可以包括供临时存放废物的容器、设有预防废物漏出和溅出的不渗漏地台和堤壆的指定存放地区，以及经适当设计，供安全处理废物的设备。关于存放地区，应根据废物的排放模式或产生频率，并必须考虑到有必要分开存放不协调的废物，而订立有关规定。一般而言，每一楼层的2%至5%的实用楼面面积应拨作暂时存放化学废物用途，并辟设起卸位和直达载货升降机的通路。如不可行的话，应把每幢建筑物的2%至5%的总楼面面积拨出，以便在其中一楼层设置化学废物存放区，供所有租户共享；

（c）必须遵守《危险品条例》的规定，存放列为危险品的化学废物；以及

（d）在适当的情况下，辟设足够的离街车位，供化学废物收集车辆使用。

厌恶性行业

6.3.3 厌恶性行业的活动，须领取由食物环境卫生署署长发出的牌照，并必须遵守《厌恶性行业规例》中所订明的条件。一般而言，厌恶性行业应设于特别设计的工业楼宇内。这类楼宇必须设有足够的通风设施，并提供足以控制废物或废水造成的环境滋扰，以及处置这些废物或废水的设施。渠口应配有可移去的镀锌渠闸或垃圾隔栅，并在适当的情况下，提供隔油池。

6.3.4 设有厌恶性行业的工业楼宇与附近易受滋扰用途之间，应有足够的间隔距离。一般而言，间隔距离最少为200米，以尽量减轻可能造成的气味滋扰。

禽畜饲养

6.3.5 位于法定管制区内的禽畜饲养场，必须遵守《废物处置（禽畜废物）规例》的规定。这些禽畜舍应采取预防措施，以防止对公众造成滋扰或引致公众不安，以及避免对《水务条例》涵盖范围内的水道和集水区造成污染。

6.3.6 禽畜饲养场应有足够的设施，以便把禽畜废物临时存放于经适当设计和建造的容器内。如须把禽畜废物用作在禽畜饲养场内堆肥，则应提供适当建造的地方或禽畜粪便舍。为了防止对集水区造成潜在污染，必须把渗水井设于水塘、海域、水源、水道或食水井的30米范围以外。

6.4 为在废物处置方面有特别规定的社区设施制订的准则

6.4.1 当规划这些社区设施时，应提供足够地方，供存放、收集和处置固体废物。这些地方应以垃圾站形式，设于地面一层或任何有直接车辆通路的楼层。垃圾站应设于载货升降机附近，并有足够的离街车辆通路，供垃圾收集车辆起卸垃圾。为社区设施建造的垃圾及物料回收房，应具类似《建筑物（垃圾及物料回收房及垃圾槽）规例》中对住宅发展

订定的标准。有关选址指引，应参阅第6.2段。

屠房

6.4.2　屠房应有足够的废物处理设施，以处理运作上产生的所有形式废物。这些设施应包括供处理鸟兽尸体、腐烂的肉、血、皮、什脏、油脂、内脏、指甲、毛发及废水的设施。此外，应把废水收集系统与雨水收集系统分隔。

街市及熟食档

6.4.3　这些设施所产生的废物，大部分是很易腐烂的废物。因此，应在适当位置提供容量足够的垃圾站，以尽量减轻可能对公众或在附近居住和工作的市民造成的滋扰。这些设施内的活动通常产生的动物尸体，应与其他类别废物分开，并提供独立的临时存放及收集设施。这些设施最好设于有上盖的地方，并应设有隔油池，以防止沟渠淤塞。

医院／诊疗所

6.4.4　所有医疗废物应与其他都市废物分开收集，并必须由当局指定的设施处置。

6.5　为在接近堆填区的地方进行的发展制订的准则

6.5.1　图6.3显示运作中和已关闭的堆填区的位置。已经关闭或仍在运作的堆填区，可能会因堆填区沼气横向移动，而对附近的土地用途构成威胁。堆填区沼气会在进行挖掘工程、地基工程、地库建造工程，以及渠务维修或其他地下维修时，移动到密封的空间，并积聚在那里，因而可能会令人窒息，以及造成火警和爆炸。其他易受影响的地点，包括在建筑期间和在落成建筑物内存在的地盘木屋、地库和通风差的密封地方。

6.5.2　建筑物及社区设施应在远离堆填区的地方兴建。堆填的危险程度视乎有没有气体管理系统及屏障、堆填区的地盘设计、区内地质情况及发展计划的建筑物配置等因素。据报有一些海外的个案，堆填区沼气由堆填区移动到数百米以外的地方。如在堆填区附近兴建建筑物，应避免在地面一层、地库及其他地下空间辟设密封地方。此外，须特别留意平台的设计，以确保通风情况良好。在堆填区附近进行的发展计划，应纳入足够的监察措施及安全预防措施。为这些发展计划进行规划初期，便应知会环境保护署，以期在工程展开前，可得出该署认同的所需管制措施。

6.5.3　为保障发展计划免受堆填区沼气移动的潜在危险所影响，如在250米的“咨询区域”内进行发展，必须评估堆填区沼气会造成的危险。“咨询区域”是指在废料的边缘可确定的情况下，距离废物的边缘250米以平衡线显示的堆填区界线周围的地方；或是在废料的边缘未能确定的情况下，环境保护署公布的“堆填区沼气危险评估指引”附件A载列堆填区的认可堆填区界线图则所显示的“咨询区域”范围。有关指引已上载环境保护署的网页（www.epd.gov.hk）(见“环保标准及指引——一般标准及指引”)。

6.5.4　至于评估有关堆填区沼气风险的指引，则载列于环境保护署署长发出的“堆填区沼气危险评估指引”。发展计划的倡议人必须主动并预留足够时间进行堆填区沼气危险评估。

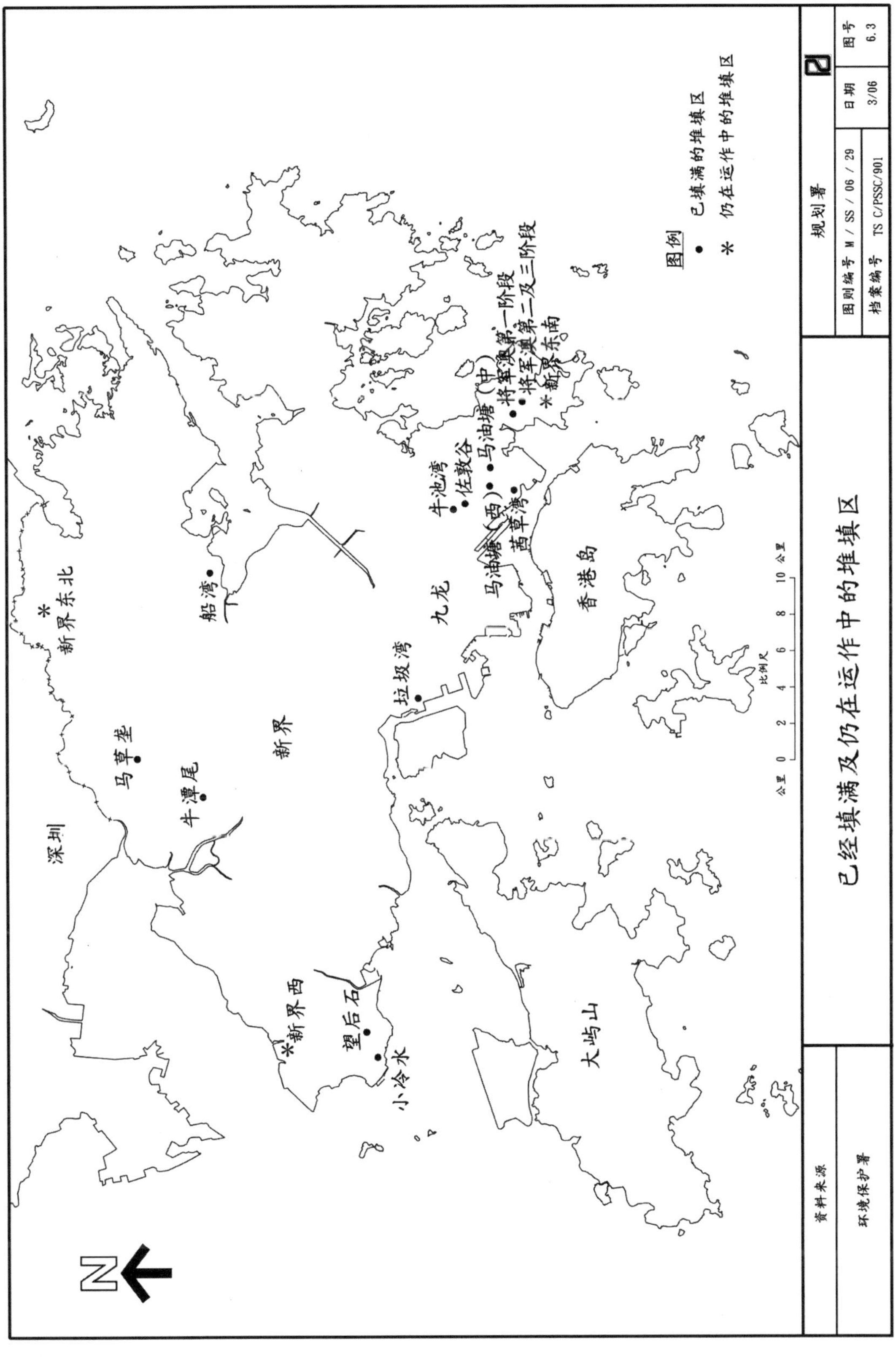
规划署
图则编号 M / SS / 06 / 29
档案编号 TS C/PSSC/901
日期 3/06
图号 6.3
图例
● 已填满的堆填区
＊ 仍在运作中的堆填区
已经填满及仍在运作中的堆填区
资料来源
环境保护署
深圳
＊新界东北
马草垄
牛潭尾
新界
船湾
拉圾湾
九龙
牛池湾
佐敦谷
马油塘（西）
马油塘（中）
茜草湾
将军澳第一阶段
将军澳第二及三阶段
＊新界东南
香港岛
＊新界西
望后石
小冷水
大屿山
比例尺
0 2 4 6 8 10 公里

附录6.1

废物管理工作的主要大纲

(a)《都市固体废物管理政策大纲（2005—2014)》采取“污染者自付”原则，为香港的废物管理工作制定综合大纲。

(b) 上述政策大纲建基于一套废物管理方法的三层架构，而三个层次依优先顺序排列分别为：

- 避免和减少产生废物；
- 再用、回收及循环再造；以及
- 减少废物体积及弃置。

最首要的层次是避免和减少废物，亦即在源头解决问题，鼓励公众尽量减少产生废物。第二个层次是尽量再用、回收及循环再造所有合适的回收物料。当我们已竭尽所能避免、减少和回收再造废物后，仍须妥善处置需要作最终处置的废物。我们可利用适当的技术将废物处理和减少其体积。若经废物处理后尚有剩余的废物，才会采用堆填区弃置这个办法。

(c)《废物处置条例》规定有关当局拟备法定废物处置计划，为废物管理设施作出长远规划。废物处置计划列明处置都市固体废物的架构，是利用位于新界偏远地区的三个策略性堆填区，以设于主要人口中心附近的垃圾转运站网络作为支援。

(d) 当局于一九八七年在《废物处置条例》内引入管制禽畜废物的条文，严禁在市区及新市镇饲养禽畜，并管制在本港其余地区处置禽畜废物。禽畜废物禁制及管制区的界线显示于图6.4。

(e) 当局于一九九二年实施化学废物管制规例，以管制化学废物的运输、收集、处理及处置。为了配合新的规管计划，当局在青衣设立化学废物处理中心。

(f) 当局预算修订《废物处置条例》，以便把发牌规定扩大至涵盖所有种类的废物处理及处置设施，包括由政府开设的设施。

废物接收／转运设施及在废物管理方面有特别规定的用途

(a) 废物接收及转运设施

- 建筑发展内的废物处理设施
- 垃圾收集站
- 垃圾转运站
- 建筑废物管理设施

(b) 对废物管理有特别规定的工业

厌恶性行业——根据《公众卫生及市政条例》第48条的规定宣布的厌恶性行业。主管当局如认为任何行业、业务、加工业或制造业，引致产生具厌恶性或有害的臭气或尘埃，或因其他原因而具有厌恶性或损害性，或涉及屠宰动物或禽鸟，均可藉宪报刊登的公告，宣布其为厌恶性行业。附表载列于附录6.2。

(c) 对废物管理有特别规定的社区设施

- 屠房
- 医院／诊疗所
- 街市
- 熟食档

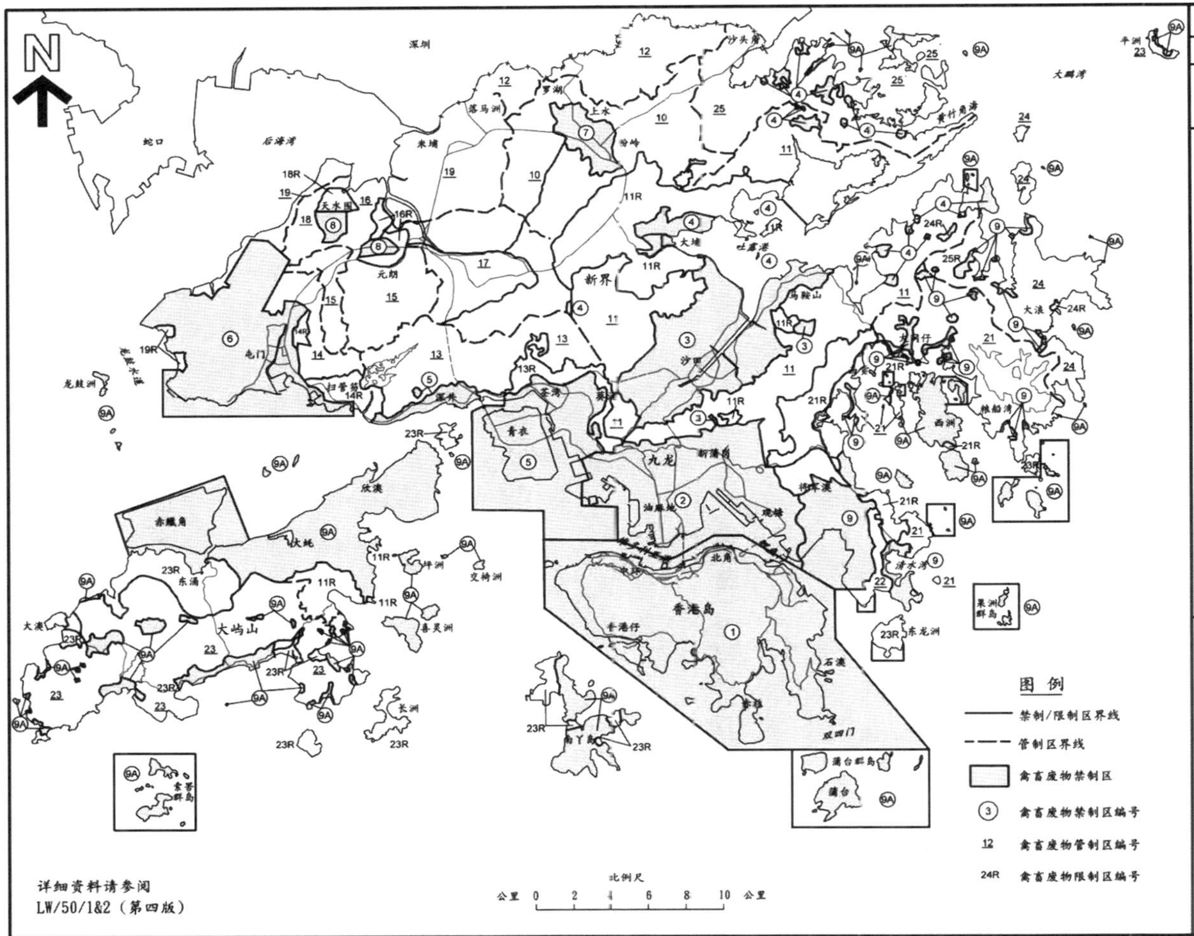

禽畜废物禁制、管制及限制区

	编号	地点
禁制区	1-9 & 9A	市区、所有新市镇区、部分大屿山及部分离岛
管制区	10	部分梧桐河区
	11	吐露港及部分赤门海峡区
	12	深圳河上游区
	13	部分荃湾、寮肚村一带及大榄涌区
	14	部分屯门区
	15	屯门元朗走廊地带
	16	部分元朗区
	17	部分锦田河区
	18	部分天水围区
	19	部分新田及流浮山一带
	20	茅湖仔村一带
	21	部分西贡区
	22	将军澳一带
	23	部分离岛
	24	部分大滩海峡区
	25	部分沙头角海区
限制区	10R	部分梧桐河区
	11R	部分梅窝及部分赤门海峡区
	13R	部分荃湾区
	14R	部分屯门区
	16R	部分元朗区
	18R	部分天水围区
	19R	部分新田区
	21R	部分西贡区
	23R	部分离岛
	24R	部分大滩海峡区
	25R	部分沙头角海区

资料来源	禽畜废物禁制、管制及限制区	规划署		
环境保护署 图则编号 LW/200/1（第四版）		图则编号 M / SS / 06 / 30 档案编号 TS C / PSSC / 901	日期 3/06	图号 6.4

附录6.2

厌恶性行业

根据《公众卫生及市政条例》第48条的规定和厌恶性行业宣布公告，当局把下列行业、业务、加工业和制造业宣布为厌恶性行业。

厌恶性行业附表

行业、业务、加工业或制造业

项目

1.煮骨。

2.烧骨。

3.磨骨。

4.刮骨。

5.贮存骨。

6.制造漂白粉。

7.煮脂肪。

8.毛皮加工。

9.清洗羽毛。

10.拣羽毛。

11.贮存羽毛。

12.加工处理鱼粮。

13.制造胶水。

14.藉发酵过程而制造低粘性淀粉（澄面）。

15.清洗毛发。

16.煮猪油。

17.打磨皮革。

18.制炼皮革。

19.将锰矿沙或二氧化锰磨碎、包装或以其他方法处理。

20.加工处理肥料。

21.煮树脂。

22.加工处理鱼翅。

23.制造浆糊。

24.煮肥皂。

25.融解固体脂肪。

附录A

环境保护法

1. 以环境保护署署长为监督的现有污染管制法例

第311章《空气污染管制条例》

规例	–火炉、烘炉及烟囱（安装及更改） –尘埃及沙砾排放 –燃料限制 –烟雾 –上诉委员会 –指明工序 –车辆设计标准（排放物） –汽车燃料 –露天焚烧 –石棉（行政管理） –建筑工程尘埃 –油站（气体回收） –干衣机（气体回收） –车辆减少排放物器件 –挥发性有机化合物
技术备忘录	–为香港制订空气质素指标 –发出空气污染消减通知 –固定污染工序的空气污染 –指明牌照分配排放限额
工作守则	–采用全密封区或小型密封区方法进行石棉工序 –采用套拆法进行石棉工序 –拟备石棉调查报告、石棉管理计划及石棉消减计划 –安全处理低风险的含石棉物料
令	–空气管制区（宣布）（综合） –指明工序（所需详情及资料的指明） –指明工序（撤除豁免）

第354章《废物处置条例》

规例	–禽畜废物 –化学废物（一般） –许可证、授权及牌照（费用） –上诉委员会 –化学废物处置的收费 –废物处置的收费 –指定废物处置设施 –废物转运站 –建筑废物处置收费 –医疗废物（一般） –医疗废物处置的收费
工作守则	–处理、运送及处置石棉废物 –处理、运送及处置多氯联苯废物 –禽畜废物管理 –化学废物管理——包装、标签及存放化学废物 –医疗废物处理及处置——在堆填区处置医疗废物的管制

第358章《水污染管制条例》

规例	–上诉委员会 –一般 –排污设备
技术备忘录	–排放入排水及排污系统、内陆及海岸水域的流出物的标准
令	–水质管制区 –水质管制区(指定日期)
声明	–水质指标

第400章《噪声管制条例》

规例	–一般 –上诉委员会 –空气压缩机 –手提撞击式破碎机 –汽车 –建筑工程
技术备忘录	–评估除住用处所、公众地方或建筑地盘以外地方所发噪声 –管制建筑工程噪声（撞击式打桩除外） –管制指定范围的建筑工程噪声 –管制撞击式打桩工程噪声

第403章《保护臭氧层条例》

规则	–费用 –受管制制冷剂 –含受管制物质产品（禁止进口）

第466章《海上倾倒物料条例》

规例	–费用
令	–豁免

第499章《环境影响评估条例》

规例	–环境影响评估（上诉委员会） –环境影响评估（费用）
技术备忘录	–环境影响评估程序

第595章《有毒化学品管制条例》

规则	–一般 –费用

第603章《产品环保责任条例》

规则	–塑胶购物袋

第611章《汽车引擎空转（定额罚款）条例》

规则	–定额罚款

2.并非以环境保护署署长作为监督的有关污染管制法例

第53章《古物及古迹条例》(发展局局长)

第59章《工厂及工业经营条例》(劳工处处长)

第60章《进出口条例》(香港海关总监)

第102章《水务设施条例》(水务监督)

第121章《建筑物条例（新界适用）条例》(地政总署署长)

第123章《建筑物条例》(屋宇署署长)

规例	–拆卸工程 –垃圾及物料回收房及垃圾槽 –卫生设备标准、水管装置、排水工程及厕所 –贮油装置

第131章《城市规划条例》(城市规划委员会)

第132章《公众卫生及市政条例》(食物环境卫生署署长)

规例	–厌恶性行业 –附表所列处所通风设施

第139章《公众卫生（动物及禽鸟）条例》(渔农自然护理署署长)

规则	–家禽(屠宰供出口)

第170章《野生动物保护条例》(渔农自然护理署署长)

第171章《渔业保护条例》(渔农自然护理署署长)

第208章《郊野公园条例》(渔农自然护理署署长)

第209章《香港工业村公司条例》(香港科技园公司)

第228章《简易程序治罪条例》(警务处处长)

第295章《危险品条例》(矿务处处长)(警务处处长)(消防处处长)(海事处处长)

规则	——一般

第303章《辐射条例》(劳工处处长)(辐射管理局)(卫生署署长)(工业贸易署署长)

规例	–管制放射性物质 (劳工处处长是受影响的工业经营的监督) (卫生署署长是受影响的经营，或从事任何经营的任何人的监督) –管制辐照仪器

第312章《民航(飞机噪声)条例》(民航处处长)

第353章《海鱼养殖条例》(渔农自然护理署署长)

第374章《道路交通条例》(运输署署长)

规则	–车辆构造及保养

第413章《商船(防止及控制污染)条例》(海事处处长)

第十章　自然保育及文物保护

1. 引言

1.1　香港拥有广阔尚未开发而富自然景色的地方，当中包罗各式各样的生境，培育了品种繁多的本地植物，亦为本地及迁徙而来的野生动物提供栖息之所。此外，香港有人聚居的历史悠久，前人遗留下来的文物亦包罗万有。

1.2　本章是以规划图则及其土地用途的角度去考虑自然保育及文物保护。在一些被划作与保育有关地带内，根据一般的推定，是不宜进行发展的，即使发展获得批准，也可能受到适当的条件约束。本章旨在阐释香港在拟备规划图则时可运用的自然保育及文物保护政策和措施，但不会包括所有自然保育及文物保护范畴的工作。维持生物与地质多元化等较宏观的问题，并不在本章讨论之列，唯肯定会驱使我们多加注意，以预留适当土地作自然保育及文物保护用途。

1.3　本章分为几个部分，首先会罗列一些自然保育及文物保护的一般原则，然后论述保育自然景色和生境的措施，继而再列明保护法定古迹、历史建筑物、具考古研究价值地点及其他文物的措施，最后会简单交待自然保育及文物保护措施的执行情况。

2. 自然保育及文物保护的原则

2.1　为了切实执行自然保育及文物保护的工作，政府在规划土地用途时会采用下列四项原则：

(ⅰ)把重要的景观、生态与地质特征和文物的所在地划作保育有关地带；

(ⅱ)限制在保育有关地带内，只可进行有助保护特定景观、生态与地质特征和文物的用途；

（iii）管制毗邻土地用途，尽量减少对自然保育地带所造成的负面影响，并尽量提高这些地带对自然保育及文物保护的价值；以及

（iv）如可能的话，划出新的自然保育地带，补偿因为发展而失去的具保育价值的地方。

2.2　政府会通过策略性及地区性规划研究、政府部门和非政府机构进行的特别统计调查，或参考公众提出的意见，借以鉴别值得保育或保护的地点或文物。不过，拟备涵盖自然保育及文物保护用途的规划图则时，应从较广阔的层面着眼，还要考虑到为发展提供足够土地的需要。这项工作的挑战，在于把各项用途纳入图则内，而图则除要获得公众接受外，亦须切实可行，并能同时顾及本港的增长和可持续发展的原则。

3. 自然保育与生物多样性

3.1　香港的景观地貌及生物多样性

就地质而言，香港的火山岩及沉积岩种类繁多，这些岩石有4亿年至5500万年的历史。香港位于珠江三角洲和南海海岸，地势多山及崎岖不平，并且有弯曲蜿蜒的海岸线和逾200座离岸岛屿。现时，全港约47%的土地面积（51 900公顷）和约2%的海洋面积（3400公顷）已划作各项与自然保育相关的用途[①]。香港的自然景观丰富多元，有连绵的高地、平坦的农田、河谷、曲折的海岸线，以及广阔的湿地。多元化的景观地貌提供了各种陆生及水生生境，亦孕育着本港丰富多样的动植物，当中有些更是香港特有的。据记录显示[②]，本港的维管植物约2100种，陆上哺乳动物55种，雀鸟逾550种，爬行类动物90种，两栖动物25种，淡水鱼逾180种，蝴蝶逾240种，以及蜻蜓128种。

3.2　需重点保育的自然景观及生境

保育自然景观及生境不仅对保护生物多样性的主要元素十分重要，更有助维持相关的生态系统服务，为人类带来无数裨益及发挥保护作用，例如提供水资源、碳封存及防洪等。树林、湿地（包括河流）、红树林和泥滩等的生境，普遍被视为有助维持丰富的生物多样性，故当局在进行自然保育工作时会作出充分考虑。

3.2.1　树林

树林是野生生物的重要生境，亦有助防止集水区土壤流失，而当中的风水林是本地仅存的低地常绿阔叶林，孕育不少稀有树种，生物多样性丰富，甚具生态价值。

3.2.2　湿地

湿地可分为淡水和潮间、天然和人工（例如鱼塘）几种。湿地孕育多种野生生物，大多具有重要生态价值。米埔内后海湾拉姆萨尔湿地乃国际级的重要湿地。根据记录，在该处栖身的雀鸟种类占本港总数逾70%，该处亦是候鸟重要的觅食和栖息之地。

3.2.3　河流和溪涧

香港有超过2500公里的天然河流和溪涧，其中大部分位于山边，远离已发展的地区。在这些天然河流和溪涧当中，有不少都能为多种野生生物提供良好栖息之所，具有重要的

---

① 与自然保育相关的土地范围包括在法定图则上的郊野公园及特别地区，划为具特殊科学价值地点的地方、自然保育区或海岸保护区。

② 资料来源参照渔农自然护理署截至二零一九年四月的记录。

生态功能和很高的观赏及景观价值。

3.2.4　天然海岸、红树林和泥滩

海岸是水生生态系统及陆上生态系统的交汇处。岸边的栖息地（例如位于河口的红树林和泥滩）不但有助稳定沉积物，而且是多种水生生物（包括水鸟、鱼类、马蹄蟹和其他无脊椎动物）的重要觅食和育幼地点。天然海岸亦具有很高的观赏及景观价值。

3.3　自然保育的机遇与威胁

3.3.1　由于本港经济转型，一些景色优美的地方及珍贵的生境，可能会面临改变用途的威胁，如现存的农村景观因传统的乡郊活动式微而受到威胁，天然海岸线亦因市区用地不断扩展而受到影响。

3.3.2　在自然保育方面，我们既有机遇但也面对威胁。主要机遇包括：

（ i ）现时未受到保护但可能划作自然保育区的陆上及海上地点；

（ ii ）可修复或改善被破坏或经人工改造的景观，以作新用途；以及

（ iii ）在不会对更多珍贵的自然保育区造成破坏的情况下发展风景区、优质住宅、康乐及旅游用途。

3.3.3　不过，景观质素和自然生境亦面临重大威胁，我们必须加以防范，或尽量减低这些威胁所造成的影响：

（ i ）市区发展侵入风景优美的未发展区；

（ ii ）传统土地用途（例如农业）经济效益低，已不复存在，因此出现荒废土地；以及

（ iii ）沿岸填海工程和海洋采泥工程对可划作自然保育区的地区带来影响。

3.4　自然保育政策及生物多样性策略

3.4.1　我们的自然保育政策是规管、保护和管理本港的天然资源以维护本地生物多样性，并在考虑社会及经济因素下，以可持续发展的方式推行，使我们这一代和子孙后代均可享用这些资源。保育自然景色和生境的主要措施罗列于附录1及2。

3.4.2　政府于二零一六年发表香港首份城市级的《生物多样性策略及行动计划》，概述为加强保育生物多样性及支持可持续发展拟采取的策略和行动。生物多样性是指形形色色生物之间的差异和他们彼此间所构成的生态复杂性，包括同一物种内、不同物种之间，以至生态系统层面的多样性。生物多样性是不同生态系统服务的基础，对改善人类福祉起着十分重要的作用。

3.4.3　一般而言，生物多样性包括三个层面——遗传基因、物种及生态系统：

（ i ）遗传多样性——指同一物种当中不同个体之间的差异；

（ ii ）物种多样性——指同一生境或地区中不同种类的生物之间的差异；

（ iii ）生态系统多样性——指同一地区中不同生境或生物群落之间的差异。

保育生物多样性的目的可通过保护具重要生态或景观价值的地点或用地，以免被用作不协调的用途来实现，此举对于在这些地点栖息的生物的继续生存和繁衍非常重要，亦可间接从基因层面确保生物的多样性。

3.5　保育自然景观及生境

3.5.1　对于保育自然景观及生境，一向的做法主要是把具重要生态价值的地点指定为保护区，藉以全面保护这些地点的生态系统和原址保育野生生物，以及通过行政措施，确

认这些珍贵景观和具重要生态价值的生境，让各方可特别留意对这些地方可能造成负面影响的发展和活动。自然景观及生境，可藉刊宪在法定图则上划为郊野公园或特别地区、海岸公园或海岸保护区、限制地区、集水区、保育地带，或亦可列为具特殊科学价值地点或须优先加强保育地点。

（a）郊野公园及特别地区——郊野公园及特别地区是根据《郊野公园条例》（第208章）订定的，并由渔农自然护理署（渔护署）按照郊野公园及海岸公园委员会的意见管理。现时，全港共有24个郊野公园（占地43 467公顷）和22个特别地区，其中11个特别地区（占地845公顷）位于郊野公园范围外，总面积约达44 312公顷，占香港土地面积40%。郊野公园是为保育自然、郊野康乐及自然教育用途而设。特别地区是指在动植物、地质、文化或考古特色方面具有特殊及重要价值的政府土地。郊野公园及海岸公园管理局总监（即渔农自然护理署署长）已厘定准则，用以判断某个地点是否适合指定为郊野公园或特别地区。有关准则包括景观质素、发展康乐的潜力、自然保育价值、面积、土地类别、土地用途是否互相协调，以及进行管理是否切实可行。现有法定郊野公园及位于郊野公园范围外的特别地区的位置列载于图1上。

（b）海岸公园及海岸保护区——海岸公园及海岸保护区是根据《海岸公园条例》（第476章）指定的，并由渔护署按照郊野公园及海岸公园委员会的意见管理。现时，全港共有五个海岸公园（分别为印洲塘、海下湾、沙洲及龙鼓洲、东平洲和大小磨刀）和一个海岸保护区（鹤咀），所覆盖的海洋面积合共3400公顷。设立海岸公园及海岸保护区旨在保护和管理重要的海洋生态环境，以达至保育、教育和康乐的目的；并通过保育海洋环境，为公众带来长远利益。指定海岸公园及海岸保护区的位置列载于图2上。

（c）限制地区——为保护重要的湿地生境，政府根据《野生动物保护条例》（第170章），把米埔沼泽区主要部分，以及后海湾内湾红树林和潮间带泥滩，划为限制地区。该条例指定了三个限制地区，分别为米埔沼泽区、盐灶下和南丫岛深湾，这些地区的位置亦列载于图2上。该条例限制任何人进入指定的野生生物生境区，而条例指定的限制地区的进出管制则由渔护署负责执行。此外，城市规划委员会为保育这些地区，把该等地区指定为“特殊土地用途地带”，更为后海湾地区内的发展订定规划申请指引，以免发展计划对湿地生境造成负面影响。下文“为保育自然景观及生境而拟备图则”一节，将会详细阐述对这些地区的发展管制。

（d）拉姆萨尔湿地——一九九五年九月四日，政府根据《关于特别是作为水禽栖息地的国际重要湿地公约》（即拉姆萨尔公约），把米埔沼泽区及后海湾内湾约1500公顷的湿地列为拉姆萨尔湿地。该拉姆萨尔湿地位于河口的潮间带泥滩，其内有矮红树林、虾塘和鱼塘。拉姆萨尔湿地内的其他生境包括芦苇丛、沼泽、河流和水道。由于湿地内的动植物品种优质罕有，把湿地列为拉姆萨尔湿地，是正式确认该湿地对维持基因和生态多样性方面，在国际上具有重要的特殊价值。

（e）集水区——集水区由保留作收集淡水的地区组成，共分为四大类，在用途及发展方面受到不同的管制。这四类集水区分别为：

（i）下游直接集水区；

（ii）上游直接集水区；

（iii）下游间接集水区；以及

（ⅳ）上游间接集水区；

水务署已定下明确规定，管制或限制集水区内的发展及土地用途。有关集水区的规划及管理事宜，必须征询水务署的意见。

（f）优先加强保育地点——根据新自然保育政策，政府于二零零四年在全港鉴定了12个须优先加强保育地点[①]。为促进与私营界别合作保育这些地点，该政策推出新的积极措施，其中包括管理协议计划及公私营界别合作计划。在管理协议计划下，非政府机构可向政府申请资助，以便与土地拥有人或租户签订管理协议；非政府机构可向土地拥有人或租户提供经济诱因，换取有关土地的管理权或土地拥有人或租户的合作，从而加强保育有关地点。在公私营界别合作计划下，政府容许在优先加强保育地点中生态较不易受破坏的部分进行发展，但发展规模须经同意，而且项目倡议人须负责长期保育和管理该地点内生态较易受破坏的其余部分。有关发展的建议须经政府评核和环境咨询委员会审议。

（g）地质公园——香港联合国教育、科学及文化组织（联合国教科文组织）、世界地质公园（香港联合国教科文组织世界地质公园）是为推广地质保育、科学普及和在地质公园内推广地区参与活动而设立，总面积逾150平方公里。地质公园由渔护署管理，并根据《郊野公园条例》及《海岸公园条例》受到保护。地质公园包括西贡火山岩园区和新界东北沉积岩园区，前者以独特的六角形火山岩柱见称，后者则展现了香港最完整的沉积地层。香港联合国教科文组织世界地质公园的位置列载于图2上。

（h）具特殊科学价值地点——具特殊科学价值地点可以是陆上或海上的地点，在动植物、地理或地质上富有特色，因而具有特殊价值。“具特殊科学价值地点”由渔护署鉴定，而规划署负责保管一份“具特殊科学价值地点”的记录册。“具特殊科学价值地点”地带一经指定，便会在适当的法定图则及非法定图则上标示。在“具特殊科学价值地点”地带内，一般不会批准进行新发展，除非有需要进行发展以保育用地，则作别论。涉及规划和发展工作的相关政府部门，应清楚“具特殊科学价值地点”在科学上的重要性，并应确保建议在这些地点或其附近地方进行发展时，已充分考虑保育方面的事宜。若拟在“具特殊科学价值地点”或其邻近地方进行发展，必须征询渔护署的意见。现有67个“具特殊科学价值地点”，其位置列载于图3上。

（ⅰ）“具重要生态价值河溪[②]”——具重要生态价值河溪是指具有重要生态功能的天然河溪，例如为多种动植物或稀有动植物提供生境。渔护署会根据现有最新的生态资料，并按照动植物的天然程度、多样性及独特性，识别具重要生态价值河溪，并不时更新。在展开任何可能影响这些河溪的发展计划前，应先咨询渔护署及其他有关当局[③]。

（j）规划图则——在城市规划委员会根据《城市规划条例》（第131章）所拟备的法定图则（即分区计划大纲图和发展审批地区图）上，或在规划署拟备的非法定图则（即发展大纲图和发展蓝图）上，把自然保育用途的地区指定为自然保育地带。下文“为保育自然景观及生境而拟备图则”一节，将会进一步讨论有关的程序。

（k）其他——除了划定自然保育用途的地区外，政府也采取其他措施保护动植物。《林

① 有关各优先加强保育地点的位置及概况，请参阅渔护署页（www.afcd.gov.hk）。

② 具重要生态价值河溪的最新名录（包括显示河溪分布的位置图）可在渔护署网页www.afcd.gov.hk查阅。

③ 有关应咨询的部门及须遵照的规定，请参阅环境运输及工务局（工务）技术通告（工务）第5/2005号（上载于发展局网页www.devb.gov.hk）。

区及郊区条例》(第96章)禁止在政府土地上的林区及植林区内砍伐、切割、焚烧或摧毁树木或生长中的植物，其附属法例《林务规例》(第96A章)则禁止采摘、砍伐、售卖或管有已列明的植物品种。上文3.5.1(c)段提及的《野生动物保护条例》(第170章)也载有条文，列明透过禁止在本港狩猎，或管有订明的受保护野生动物或狩猎器具，藉以保护本港的野生动物。此外，政府亦订有措施涵盖保存、移走及更换树木（特别是政府土地上的古树名木）的事宜，详情会在《香港规划标准与准则》第四章阐释。在政府土地或私人土地上，如有任何拟议工程会对保育或保护树木方面造成影响，倡议人在展开工程之前，应事先征得有关当局的同意或批准。

3.6　为保育自然景观及生境而拟备图则

3.6.1　自然保育的规划意向，源自各项规划研究及政府和非政府机构的意见。在进行相关规划、发展或专题研究时，应先制订合适的保育建议作为拟备法定图则的基础，并在适当的情况下加入自然保育评估和考虑生物多样性。通过顾问研究、学术研究以及政府和非政府机构的工作，可识别出独特或重要的自然景观，亦可持续更新本地动植物和生境的最新资料。研究例子包括“香港二十一世纪可持续发展的生境研究”和“香港具景观价值地点研究”。这两项研究分别找出具生态价值的生境，以及独特或重要的自然景观。政府内部和相关非政府机构亦保存多个自然保育资源资料库，以提供保育方面的资料。最重要的是，现时已指定的自然保育区已在图则上清晰准确地显示；同时，可能划作自然保育区的地点亦已尽可能在图则上清楚显示，以免错失保育自然的机会。

法定图则

3.6.2《城市规划条例》第4(1)(g)条赋予城市规划委员会权力拟备规划图则，订明“郊野公园、海岸保护区、具特殊科学价值地点、绿化地带或其他指定用途”的法定土地用途地带，以促进自然保育或保护环境。法定图则（即分区计划大纲图和发展审批地区图）中一些主要的自然保育地带包括：

(i)“郊野公园”反映《郊野公园条例》(第208章)指定的郊野公园或特别地区。所有用途和发展均须取得郊野公园及海岸公园管理局总监同意。

(ii)“海岸保护区”保育、保护和保留天然海岸线，以及易受影响的天然海岸环境，包括具吸引力的地质特色、地理形貌，或在景观、风景或生态方面价值高的地方，而地带内的建筑发展，会维持在最低水平；此外，亦涵盖能作天然保护区的地方，以防护邻近发展，抵抗海岸侵蚀的作用。根据一般推定，此地带不宜进行发展。

(iii)“具特殊科学价值地点”保存和保护具特殊科学价值的景物，例如稀有或特别品种的动植物及其生境、珊瑚、林地、沼泽，或在地质、生态或植物学／生物学方面具有价值的地方。这些地方均划作“具特殊科学价值地点”，以阻止市民在地带内进行活动或发展。根据一般推定，此地带不宜进行发展。

(iv)“自然保育区”保护和保存区内现有的天然景观、生态系统或地形特色，以达到保育目的及作教育和研究用途，并且分隔开易受破坏的天然环境如“具特殊科学价值地点”或“郊野公园”，以免发展项目对这些天然环境造成不良影响。根据一般推定，此地带不宜进行发展。

(v)“绿化地带”主要是保育已建设地区／市区边缘地区内的现有天然环境、防止市区式发展渗入这些地区，以及利用天然地理环境作为市区和近郊的发展区的界限，以抑制市区范围的扩展及提供静态康乐用地。根据一般推定，此地带不宜进行发展。为免法定主管当局重迭，管制“郊野公园”发展的工作主要由最高地政监督（即地政总署署长）负责，而郊野公园及海岸公园管理局总监则负责向其提供意见。

3.6.3 为规管米埔沼泽区附近湿地及接近拉姆萨尔湿地的后海湾内湾的发展，下列土地用途地带已纳入这些地区的分区计划大纲图：

（ⅰ）“自然保育区”除非必须进行发展以助保护湿地生态系统完整，或者是绝对基于公众利益而必须进行的基础设施项目，否则地带内不准进行新发展。

（ⅱ）“其他指定用途”注明“综合发展及湿地改善区”保存和加强现有鱼塘或湿地的生态价值和功能。为实现这个规划意向，根据“私人与公营机构合作的方式”提出的发展或重建计划申请可获考虑。对于在此地带内的任何用途改变，当局会采纳“不会有湿地净减少”的原则来处理。

（ⅲ）“其他指定用途”注明“综合发展包括湿地修复区”鼓励把毗连现有鱼塘而环境已受破坏的湿地修复。为实现这个规划意向，可进行综合住宅及／或康乐发展计划，并将湿地修复区纳入计划之内；以及要促使环境已受破坏的湿地上零散的露天贮物及港口后勤用途逐步迁离。

（ⅳ）“其他指定用途”注明“综合发展及湿地保护区”容许在地带内所有现存大片相连的鱼塘得到保护和保育的前提下，可考虑进行低密度的综合住宅发展或重建。对于在此地带内的任何用途改变，当局会采纳“不会有湿地净减少”的原则来处理。这些土地用途地带内的发展，也须符合有关“拟在后海湾地区内进行发展而按照城市规划条例第16条提出的规划申请”的城市规划委员会规划指引（规划指引编号12C）的规定[①]。

3.6.4 在非法定图则及其规划说明文件应阐明保护自然保育地带的规划意向。当局应大体地界定保育用地，并在规划及发展研究内适切地订明保育的总体大纲。在地区层面方面，由于发展大纲图和发展蓝图是按足以显示面积细小地点的比例拟备，因此应以相关的符号注明下列不同类别的自然保育用地：

（ⅰ）现有已指定的自然保育地带；以及

（ⅱ）可能划作自然保育地带的地区。

3.7 自然保育及发展管制

3.7.1 有关保护具有保育价值地区的发展管制措施，载于法例或行政规定内。决策当局在审议影响指定地区的事宜时，必须依循法例条文订明的程序及可作出的决定来处理。至于相关行政规定，政府通常会在内部咨询有关部门，以及交由一个合适的委员会（例如地区规划会议）讨论后，才会实施。

3.7.2 根据一般推定，已指定作保育用途的地区不宜进行发展。在法定图则上划作的自然保育地带内，除了管理天然资源所必须的用途外，只准作极少数的用途，而部分用途须由城市规划委员会审批。在“郊野公园”“特别地区”“海岸公园”及“海岸保护区”范围内的发展，将会由郊野公园及海岸公园管理局总监及最高地政监督（经咨询郊野公园及海岸公园管理局总监后）审慎考虑。当局会确保有关发展只会对这些地区带来最小的影响，并确保在土地拥有人的合法权益与郊野公园及海岸公园使用者的合法权益两者之间，取得

① 有关城市规划委员会的规划指引，请参考城规会网页www.tpb.gov.hk。

合理的平衡。对涉及郊野公园及海岸公园的大型发展建议，政府会进行公众咨询。

3.7.3 在拟备规划图则时，必须考虑到土地用途对自然保育地带造成的较广泛影响。若干土地用途并非合适的毗邻用途，例如邻近自然生境的污染工业。“具特殊科学价值地点”的指定野生生物生境，可能只有在周遭环境仍然保留乡郊特色并可提供觅食场地的情况下，才得以维持；湿地或许只有在特定水源受到保护的情况下，才得以持续。凡涉及自然保育地带，必须考虑拟议发展是否与发展用地所属地带以及毗邻土地所属地带的规划意向相配合，并须考虑该处的生物多样性。

3.7.4 发展项目如属《环境影响评估条例》(第499章)的“指定工程项目”，则须符合以下环境影响评估的法定程序：

(i)《环境影响评估条例》附表2及3订明的指定工程项目，除非获得豁免，否则必须遵循环境影响评估的程序。不过只有《环境影响评估条例》附表2列明的指定工程项目，才须取得环境许可证，以进行建造、营办和解除运作（如适用）。

(ii)有关项目对动植物及其生境（特别是高生态／保育价值的生境）的影响，会通过环境影响评估的法定程序，根据《环境影响评估程序的技术备忘录》和《环境影响评估研究概要》的规定，加以评估和评核。

(iii)环境保护署（下称“环保署”）会就自然保育和生态评估事宜，征询渔护署的意见。在适当的情况下，当局会在环境许可证订明缓解措施，作为进行计划项目的附带条件。环保署会联同其他相关部门，就执行环境许可证进行实地视察，并审视由合资格的独立环境查核人（可能由工程项目倡议人根据环境许可证委聘）提交的环境监察及审核报告书，以确保环境许可证持有人遵守环境许可证的条件。

3.7.5 政府工程项目，如非《环境影响评估条例》订明的指定工程项目，或需进行初步环境评审，以界定项目对环境的影响及影响程度是否可接受，从而制定所需的缓解措施及确认是否需进一步环境研究①。

3.7.6 一般而言，土地发展应避免在已公布或可作保育用途的地区内进行。只有在非常特殊的情况下，当局才会考虑修改自然保育地带，或把该等地区改划作不同的用途，以进行必要的发展。在上述情况下，申请人必须清楚说明已考虑其他发展用地，但因合理的理由（例如时间紧迫、成本过高或者技术上的限制等）而不能使用该片土地。申请人亦应考虑作出补救的可能性，以及在其他地点作出补偿的可行方案。申请人应征询有关政府部门的意见，以确保已全面探讨在其他地点作出补偿的可行性，并已提议合适的用地，供进行与补偿有关的工程之用。每宗申请均会由有关的咨询组织（例如环境咨询委员会或郊野公园及海岸公园委员会）或城市规划委员会（如果合适的话）按个别情况加以考虑。而每宗申请的背景资料必须全面研究，并须指出所涉的关键事项。

4. 保护法定古迹、历史建筑物、具考古研究价值地点及其他文物

4.1 香港拥有丰富的文化遗产。修复和保存独特的文化遗产的工作非常重要，它不单符合香港可持续发展的目标，而且可以保留不同地区本身的特色，有助推动旅游业发展。保护文物即保护法定古迹、历史建筑物、具考古研究价值地点和其他文物，但从较广义层面

---

① 关于不受《环境影响评估条例》管制的政府工程项目或建议，请参考环境运输及工务局（工务）技术通告第13/2003号的附录A（载于发展局网页www.devb.gov.hk）所列明的程序，以处理有关的环境影响。

来说，也意味着对本土活动、风俗及传统的尊重。保护文物不仅是保护个别物品，更包括保护这些文物所在的城市或乡郊的环境。不过，物换星移，新建筑物的兴建，旧建筑物的更替，是对环境状况改变的必然回应，所以实际上只有部分具代表性的文化遗产才可得以保留。在一个变动中的社会文化里，当前新颖的事物，或许后代会视作值得保护的文物。

4.2　文物保育政策

文物保育的政策声明是“以适切及可持续的方式，因应实际情况对历史和文物建筑及地点加以保护、保存和活化更新，让我们这一代和子孙后代均可受惠共享。在落实这项政策时，应充分顾及关乎公众利益的发展需要、尊重私有产权、财政考虑、跨界别合作，以及持份者和社会大众的积极参与。”下文检视文物保育的主要措施，而相关的法例及指引列载于附录1及2。

4.3　法定古迹的宣布

根据《古物及古迹条例》(第53章）第3条，古物事务监督（发展局局长）“如认为任何地方、建筑物、地点或构筑物因具有历史、考古或古生物学意义而符合公众利益，可于咨询古物咨询委员会，并获行政长官批准后，宣布该处为古迹、历史建筑物或考古或古生物地点或构筑物”(在法律上，法定古迹是上述四个类别的统称)。根据《古物及古迹条例》第6条，如没有由古物事务监督发出的许可证，任何人均不得作出涉及法定古迹的作为，例如挖掘、进行建筑或其他工程、种植或砍伐树木①。现有法定古迹的位置载于图4，最新法定古迹的名单及有关详情，已上载于康乐及文化事务署古物古迹办事处的网站（www.amo.gov.hk）或政府的文物保育网站（www.heritage.gov.hk)。

4.4　历史建筑物、具考古研究价值考地点和其他文物的鉴定和记录

4.4.1　古物古迹办事处是负责鉴定、记录和研究具有历史或考古研究价值的建筑物和地点，以及其他文物。这些工作可以帮助古物咨询委员会就法定古迹的宣告、促进复修及保育历史建筑物的措施、考古项目的保育及研究等方面，向古物事务监督作出建议。古物古迹办事处亦负责保存古迹文物的资料记录，并会更新记录和把记录送交有关的政府部门传阅。鉴定和记录文物/考古项目，是持续不断的工作，任何新发现应转交古物古迹办事处跟进。

历史建筑物的鉴定和记录

4.4.2　古物古迹办事处会定期鉴定有历史价值的建筑物，建筑物在获鉴定为可能具文物价值后，便会记录在案。为协助古物咨询委员会评定建筑物及构筑物的历史和建筑特色，评审的准则包括有历史价值、建筑价值、组合价值、社会价值和地区价值、保持原貌程度，以及罕有程度。

历史建筑物的评级

4.4.3　已记录的历史建筑物可由古物咨询委员会评级，评级目的是要找出和比较历史建筑物的文物价值，并提供指引，以考虑用何种方式去保存个别建筑物。该委员会也可为已核准的级别作出检讨和修订。已评级的建筑物分为下列类别：

（i）第一级——具特别重要价值的建筑物，而必须尽力予以保存。

（ii）第二级——具特别价值的建筑物；须有选择性地予以保存。

---

① 除了“法定古迹”,《古物及古迹条例》在第2A至2C条中亦提出，古物事务监督可于咨询古物咨询委员会后，宣布某处地方、建筑物、地点或构筑物为“暂定古迹”，以便在考虑应否把该处宣告为古迹期间，提供临时保护。有效期只有12个月。暂定古迹一如法定古迹，受到类似的法例所管制。

（iii）第三级——具若干价值的建筑物；并宜于以某种形式予以保存，如保存并不可行时则须考虑其他方法。

已获评级历史建筑物的名单，已上载于古物咨询委员会（网址:www.aab.gov.hk）、古物古迹办事处或政府的文物保育网站，相关网址列于上文第4.3段。

4.4.4　评级制度是一个行政机制，并没有法定地位。不过，评为一级的历史建筑物将被视作已列入备用名单的具高度价值文物建筑，供古物事务监督积极考虑，以决定是否需要根据《古物及古迹条例》宣布为古迹。只要理据充分，古物事务监督也可能会把二级、三级、甚或未获评级的建筑物，建议宣布为古迹。

具考古研究价值地点的记录

4.4.5　根据《古物及古迹条例》，任何古代遗物，如由人类于一八零零年前创造，并于一九七六年后发现，均属政府所有。挖掘和搜寻这类古代遗物，需要取得古物事务监督发出的许可证。具考古研究价值地点在获鉴定为可能具保护价值后，便会记录在案。

其他文物的记录

4.4.6　古物古迹办事处亦就其他文物保存记录，其中包括具有历史价值的构筑物和物品，例如古老的街头设施（如街灯柱和喷水池）、纪念碑、奠基石、界石和里程碑等。这些文物具有的历史意义各有不同，但整体而言却包含丰富的历史资料。这些文物的鉴定和记录工作一直持续进行，如发现任何新的文物，有关个案应转交古物古迹办事处跟进。保护这些文物，不但可以突显本土特色，让市民见证历史，更是建立本地独特文化形象的主要根源。

4.5　为保护法定古迹、历史建筑物、具考古研究价值地点及其他文物而拟备规划图则

法定图则

4.5.1　现行的《城市规划条例》并没有订立条文，保护法定古迹、历史建筑物、具考古研究价值地点和其他文物。因此，在法定图则（即分区计划大纲图及发展审批地区图）上，除了显示这些文物所在地点较广泛的用途，例如“乡村式发展”地带内的一间祠堂，或“自然保育区”地带内的一个考古遗址外，一般都未能作出其他标识。不过，在法定图则的《说明书》中必会罗列出图内法定和暂定古迹、已评级历史建筑物及具考古研究价值地点，并强调任何发展和土地用途地带改划建议，如会影响这些文物及其周围地区时，必须事先征询古物古迹办事处的意见。

非法定图则

4.5.2　非法定图则及其规划说明文件，应阐明保护法定古迹、历史建筑物、具考古研究价值地点和其他文物的规划意向。在次区域的层面上，应鉴定法定古迹、历史建筑物和具考古研究价值地点，并要在次区域图则中，订明保护这些文物的总体大纲。至于发展蓝图，由于是按足以显示面积细小地点的比例拟备，故此所有上述文物均应在这类图则上显示，并按下列分类使用相关的符号加以注明：

（i）法定古迹；

（ii）已记录的具考古研究价值地点；

（iii）已评级历史建筑物；以及

（iv）其他文物。

4.6　文物保护及发展管制

4.6.1　在规划过程中，具历史或建筑价值的建筑物，无论是单一的建筑物，或一组或

一系列建筑物的主要组成部分，均应尽力保护和保存。城市规划师在建议合适的土地用途地带及用途以保护古迹文物，改善历史建筑物的环境，以及通过切合环境的设计使历史建筑物与四周发展融合等各方面，担当着重要的角色。为保存法定古迹和历史建筑物而进行规划时，应考虑多项因素，其中包括业权拥有人、土地类别、现有土地用途及发展权。任何对法定古迹或历史建筑物及其环境有影响的土地用途或发展建议，必须征询古物古迹办事处的意见。由于并非所有历史建筑物都已根据《古物及古迹条例》宣布为历史建筑物，在很多情况下，当局只可根据现行的城市规划机制，藉行政措施来鼓励拥有人保护整座历史建筑物或其中的部分。政府认为有需要向私人物业业主提供经济诱因，以鼓励和协助他们保育其历史建筑物。政府鼓励私人物业业主研究可否采用“寓保育于发展”方案，把历史建筑物并入日后的发展计划中。政府愿意与私人物业业主商讨各项保育方案，以及与历史建筑文物价值相称的可能经济诱因。在落实该项政策时，政府力求在保育历史建筑物和尊重私有产权之间取得适当平衡。由于每宗个案的情况各有不同，为达至上述政策方针，所提供的经济诱因将会按个别情况考虑。

4.6.2 在规划乡郊及市区的发展时，应顾及考古文物在文化资源方面的价值。在规划过程中，应要高瞻远瞩，全面考虑到保护具考古研究价值地点的需要。只有在极为罕有的情况下，才会考虑“保存文物记录”的方法，(即为抢救古物进行挖掘，以搜集最多的文物资料)。在这种情况下，有关方面必须在没有合理疑点下，证明由于别无他法，而且发展项目所带来的社会经济利益，确实远较具考古研究价值地点及其完整性的文化价值重要。因此，应尽量藉着划定合适的土地用途地带，避免发展项目侵入具考古研究价值的地点，例如把主要考古遗迹所在地点划为静态美化市容地带，以保护有关遗迹。任何土地用途或发展建议，如可能对具考古研究价值地点及其环境有影响，必须征询古物古迹办事处的意见。倘若具考古研究价值地点和具考古研究潜力地点无可避免会受到干扰，则须由合资格的考古学家就地点内的发展工程进行详细的考古影响评估。该考古学家须根据《古物及古迹条例》申请牌照，以便进行该项考古影响评估。在申请牌照前，须先向古物古迹办事处提交有关评估的建议，以便取得其同意。

4.6.3 法定古迹、历史建筑物或文物蕴含的历史意义，与其时代背景、所处周遭环境和景观息息相关，要体会寻味便得从这几方面着手。在规划过程中，这些文物所在地点周遭的环境应该尽量保存，同时顾及毗邻土地用途造成的影响，包括考虑到视觉上的影响，景观上的改变（包括对重要树木的影响），或者是高耸入云的建筑物造成视觉上的冲突或遮蔽附近发展，各项用途之间的协调、气流、缓冲地带等因素。

4.6.4 其他文物如街灯柱、界石、奠基石等的保护工作，应于规划初期展开。在制订土地用途建议时，应考虑把这些文物原地保存，并与四周的土地用途相融配合，或者在其四周设置合适的美化市容地区。倘若这些文物受到发展建议影响时，应就是否适合在原地或其地地点保存这些文物，咨询古物古迹办事处。

4.6.5 在处理有关法定古迹、已记录地点或已评级建筑的重建或保育建议时，应征询相关政府部门，包括古物古迹办事处和发展局的文物保育专员办事处的意见。如属法定古迹，则必须完全符合《古物及古迹条例》有关管制古迹条文的规定，并须遵守《环境影响评估条例》的规定进行影响评估研究。保存古迹完好无缺、有关地点可否作其他用途，以及该地点在改善环境方面的潜力等因素，均应加以考虑和评估。如果一幢历史建筑物坐落在一个面积较大的重建地盘内，应尽量把这幢历史建筑物纳入重建计划内。此外，亦应就计划的新设计是否可以在风格、比例及视觉感受三方面使新旧建筑物相融配合，征求古物古迹办事处和建筑署的专业意见。如果建筑物不再用作原本的用途，亦应积极考虑把建筑物活化再利用。新用途应力求保存文物和历史建筑物的历史价值和重要性，以确保完全保留文物遗产本身的真确及完整。

4.6.6 我们必须小心谨慎，尽量确保法定古迹、历史建筑物、具考古研究价值点及已记录的文物不会因为发展而受到破坏。正如上文第3.6.4段所述，“指定工程项目”均须符合《环境影响评估条例》的规定。在进行环评的过程当中，通常会鉴定需保护的资产，并征询有关政府部门的专家意见。如果认为后遗的环境影响可以接受，有关方面会就改善措施达成协议，并修订发展建议，把古迹或已记录物品纳入有关发展，成为不可分割的部分。古物古迹办事处是古物事务监督的执行机构，负责保护历史建筑物及考古文物的事宜。香港环境规划方面的详情，会在《香港规划标准与准则》第九章加以阐释。

4.6.7 如更改土地用途的建议容许有关地点完整地保留，应就有关建议是否可以接受，征询相关部门的意见。在必要时，亦可通过各区民政事务处咨询公众，以及征询政府以外的特别关注团体的意见。一般而言，保护文物的意向必定是首要的考虑因素。不过，提出建议的申请人必须为受保护地点找出可持续发展的用途，并委出一个负责管理的团体，以支持有关申请。

4.6.8 发展局的文物专员办事处，集中协调政府的文物保育工作。政府自从公布了二零零七年的文物保育政策后，陆续推出了不少保育措施。所有新的基本工程项目的工程代理人须向古物古迹办事处查证其项目会否对文物地点造成影响，从而应否依据发展局技术通告（工务）第6/2009号《就基本工程项目进行文物影响评估的机制》，进行文物影响评估。就选定政府拥有的历史建筑物来说，非牟利机构可以根据活化历史建筑伙伴计划，从发展局的保育历史建筑基金得到财政援助，将历史建筑物活化再用。就私人拥有的历史建筑物来说，政府积极让持份者参与订定合适的经济诱因，以鼓励及促成私人物业业主保护这些建筑物；此外，又把保育历史建筑基金辖下维修资助计划的涵盖范围，扩大至私人拥有的已评级历史建筑物，以及由政府拥有的法定古迹及已评级历史建筑物（但须附加一些条件）。该计划透过提供资助，鼓励对历史建筑物进行维修保养。

5. 执行管制

5.1 当局应根据最适当的条例，执行自然保育与文物保护的措施。地政监督及／或郊野公园及海岸公园管理局总监，负责“郊野公园”“海岸公园”“海岸保护区”和“特别地区”的执行管制工作；渔护署则负责《林区及郊区条例》和《野生动物保护条例》的执法工作；而环境保护署的职责则是对违反《环境影响评估条例》的事项采取强制执行行动。规划事务监督（即规划署署长）根据《城市规划条例》获赋予权力，对发展审批地区图或取代发展审批地区图的分区计划大纲图所涵盖地区内的违例发展，采取强制执行／检控行动。如果发展构成健康上或安全上的危险、对环境有不利影响或令在合理期间内将土地恢复原状不切实可行或不符合经济原则，则可对有关违例发展的土地拥有人、占用人或负责人士，发出“停止发展通知书”。就“具特殊科学价值地点”和“自然保育区”等保育地带内的违例发展，更会优先处理。古物古迹办事处根据《古物古迹条例》保护法定古迹。各地区规划处应与各个自然保育及文物保护机构保持密切联系。

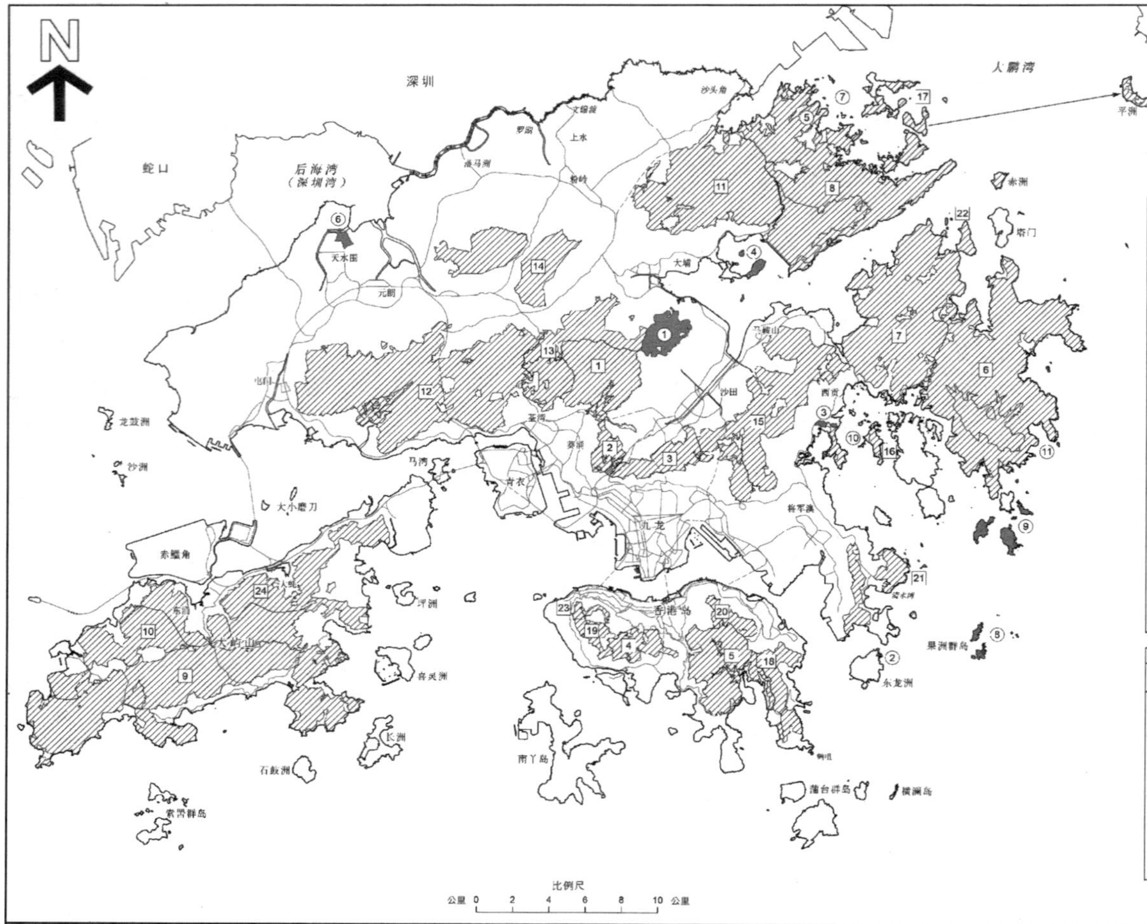

图例

指定的郊野公园

特别地区（郊野公园外）

郊野公园编号

特别地区编号

指定的郊野公园

编号	名称	面积（公顷）	指定为郊野公园日期
1	城门郊野公园	1400	24/6/77
2	金山郊野公园	339	30/12/13作出修订
3	狮子山郊野公园	557	24/6/77
4	香港仔郊野公园	423	28/10/77
5	大潭郊野公园	1315	28/10/77
6	西贡东郊野公园	4494	30/12/13作出修订
7	西贡西郊野公园	3000	3/2/78
8	船湾郊野公园	4600	1/12/17作出修订
9	南大屿郊野公园	5646	1/12/17作出修订
10	北大屿郊野公园	2200	18/8/78
11	八仙岭郊野公园	3125	18/8/78
12	大榄郊野公园	5412	30/12/13作出修订
13	大帽山郊野公园	1440	23/2/79
14	林村郊野公园	1520	23/2/79
15	马鞍山郊野公园	2880	18/12/98作出修订
16	桥咀郊野公园	100	1/6/79
17	船湾（扩建部分）郊野公园	630	1/6/79
18	石澳郊野公园	701	22/10/93作出修订
19	薄扶林郊野公园	270	21/9/79
20	大潭（鲗鱼涌扩建部分）郊野公园	270	21/9/79
21	清水湾郊野公园	615	28/9/79
22	西贡西（湾仔扩建部分）郊野公园	123	14/6/96
23	龙虎山郊野公园	47	18/12/98
24	北大屿（扩建部分）郊野公园	2360	7/11/08
	总面积	43467	

香港的指定特别地区（郊野公园外）

编号	名称	面积（公顷）	指定为特别地区日期
1	大埔自然护理区	460	13/5/77
2	东龙洲炮台	3	22/6/79
3	蕉坑	24	18/12/87
4	马屎洲	61	9/4/99
5	荔枝窝	1	15/3/05
6	香港湿地公园	61	1/10/05
7	印洲塘	0.8	1/1/11
8	果洲群岛	53.1	1/1/11
9	瓮缸群岛	176.8	1/1/11
10	桥咀洲	0.06	1/1/11
11	粮船湾	3.9	1/1/11
	总面积	845	

注：读者可在渔农自然护理署的网页(www.afcd.gov.hk)
查阅最新的郊野公园及特别地区名单

资料来源

渔农自然護理署
（郊野及海岸公园管理局）

郊野公园及特别地区

规划署

图则编号M/TS/19/12

日期 11/19

图 1

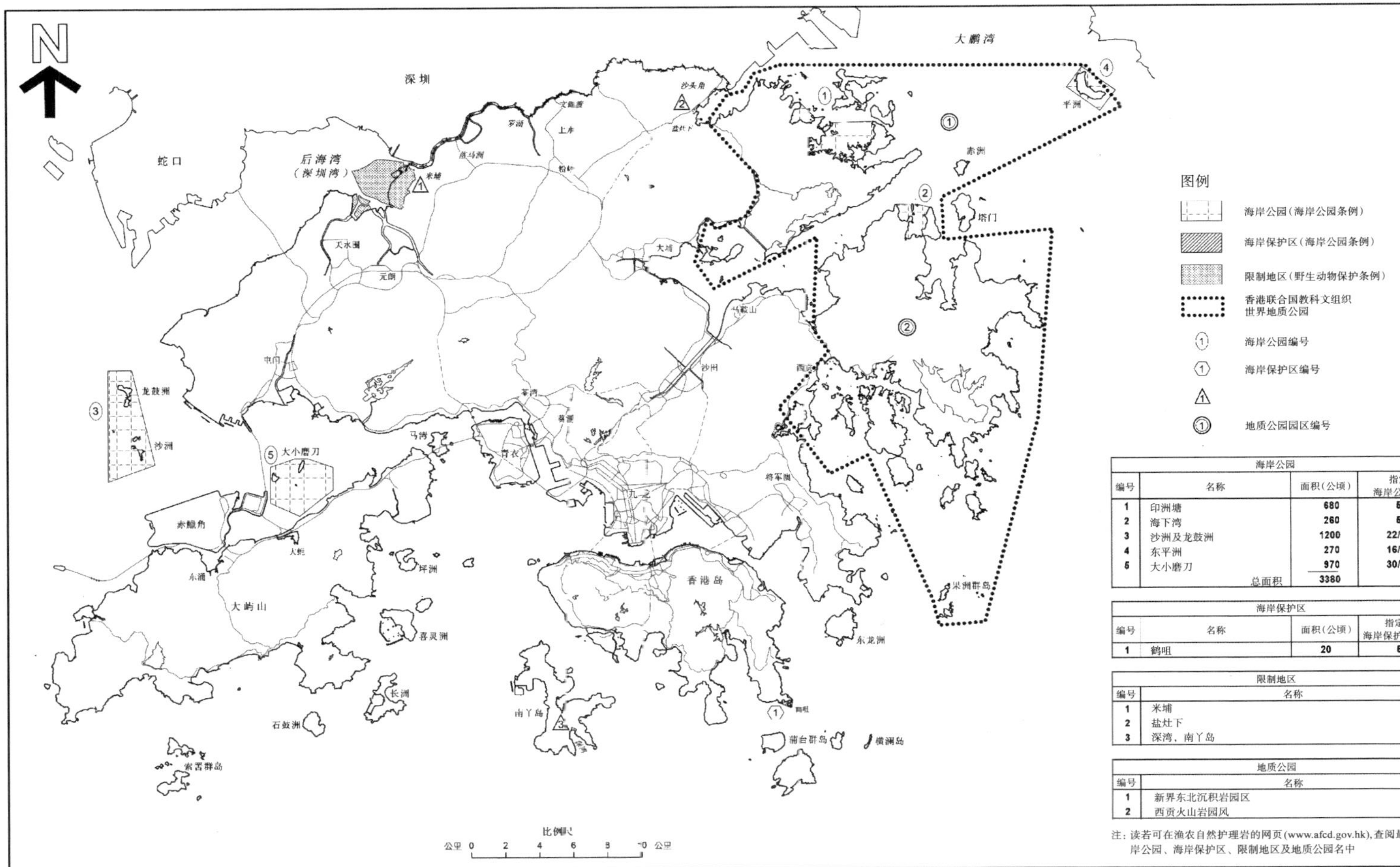

海岸公园

编号	名称	面积（公顷）	指定为海岸公园日期
1	印洲塘	680	5/7/96
2	海下湾	260	5/7/96
3	沙洲及龙鼓洲	1200	22/11/96
4	东平洲	270	16/11/01
5	大小磨刀	970	30/12/16
	总面积	3380	

海岸保护区

编号	名称	面积（公顷）	指定为海岸保护区日期
1	鹤咀	20	5/7/96

限制地区

编号	名称
1	米埔
2	盐灶下
3	深湾，南丫岛

地质公园

编号	名称
1	新界东北沉积岩园区
2	西贡火山岩园风

注：读者可在渔农自然护理岩的网页（www.afcd.gov.hk），查阅最新的海岸公园、海岸保护区、限制地区及地质公园名中

资料来源	海岸公园、海岸保护区、限制地区及地质公园	规划署		
渔农自然護理署（郊野及海岸公园管理局）		图则编号 M/TS/19/12	日期 11/19	图 2

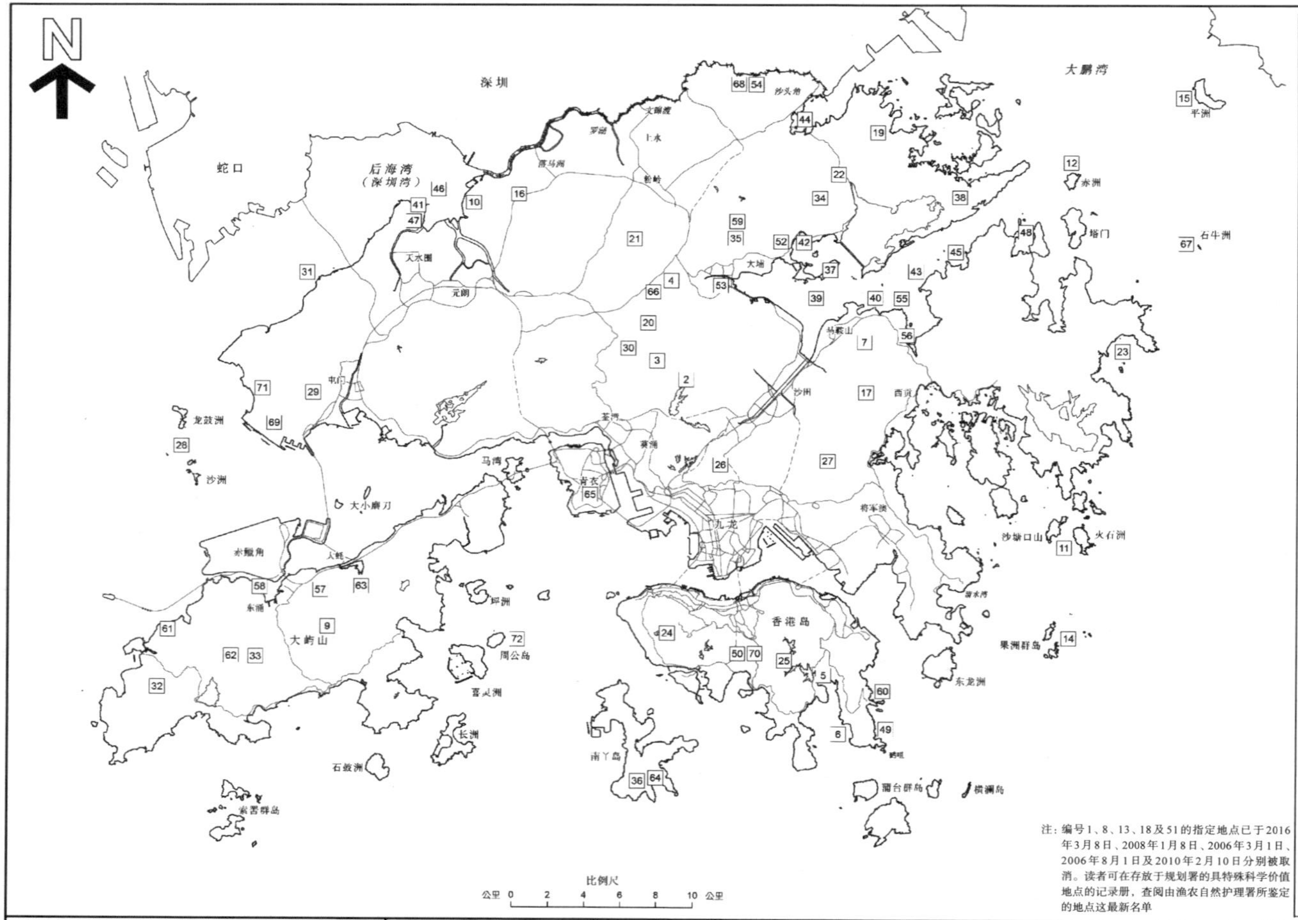

注：编号1、8、13、18及51的指定地点已于2016年3月8日、2008年1月8日、2006年3月1日、2006年8月1日及2010年2月10日分别被取消。读者可在存放于规划署的具特殊科学价值地点的记录册，查阅由渔农自然护理署所鉴定的地点这最新名单

具特殊科学价值地点

编号	名称	批准划为具特殊科学价值地点日期
2	城门风水林	26/2/75
3	大帽山高地灌木林地	15/9/75
4	社山风水林	15/9/75
5	大潭港（内湾）	24/10/75
6	鹤咀半岛	24/10/75
7	马鞍山	23/6/76
9	大东山	23/6/76
10	米埔沼泽	15/9/76
11	沙塘口山及火石洲	16/2/79
12	赤洲	16/2/79
14	果洲群岛	16/2/79
15	平洲	16/2/79
16	米埔村	16/2/79
17	茅坪	16/2/79
19	荔枝窝海滩	16/2/79
20	梧桐寨	16/2/79
21	北大刀屻	20/9/79
22	照镜潭	20/9/79
23	大浪湾	20/9/79
24	薄扶林水塘集水区	20/9/79
25	大潭水塘集水区	20/9/79
26	笔架山	20/9/79
27	蚝涌谷	20/9/79
28	龙鼓洲、白洲及沙洲	20/9/79
29	青山	5/2/80
30	大帽山	5/2/80
31	白泥	5/2/80
32	万丈布	5/2/80
33	凤凰山	5/2/80
34	八仙岭	5/2/80
35	凤园谷	5/2/80
36	南丫岛南部	5/2/80
37	盐田仔及马屎洲	24/9/82
38	赤门海峡（北部海岸）	24/9/82
39	丫洲	24/9/82
40	泥涌海岸	24/9/82
41	尖鼻咀	10/1/85
42	汀角	1/3/85
43	深涌海岸	25/3/85
44	鸦洲	9/4/85
45	荔枝庄	26/4/85
46	后海湾内湾	18/3/86
47	尖鼻咀鸟林	5/1/89
48	海下湾	5/1/89
49	鹤咀	19/7/90
50	南风道树林	22/6/93
52	船湾鹭鸟林	13/8/94
53	大埔鹭鸟林	13/8/94
54	莲麻坑铅矿洞	13/8/94
55	井头海岸	13/8/94
56	企岭下红树林	13/8/94
57	萡刀屻与婆髻山	13/8/94
58	散头海滩	19/10/94
59	沙罗洞	16/1/97
60	石澳山仔	3/2/98
61	新洲	4/5/99
62	昂坪	4/5/99
63	大蚝河	5/5/99
64	深湾	3/6/99
65	青衣南	13/4/05
66	大庵风水林	30/12/05
67	石牛洲	30/12/05
68	莲麻坑河	6/7/07
69	小冷水	8/1/08
70	深水湾谷	18/2/08
71	龙鼓滩谷	3/4/12
72	周公岛	27/2/15

资料来源：渔农自然護理署

具特殊科学价值地点

规划署

图则编号M/TS/19/12

日期 11/19

图 3

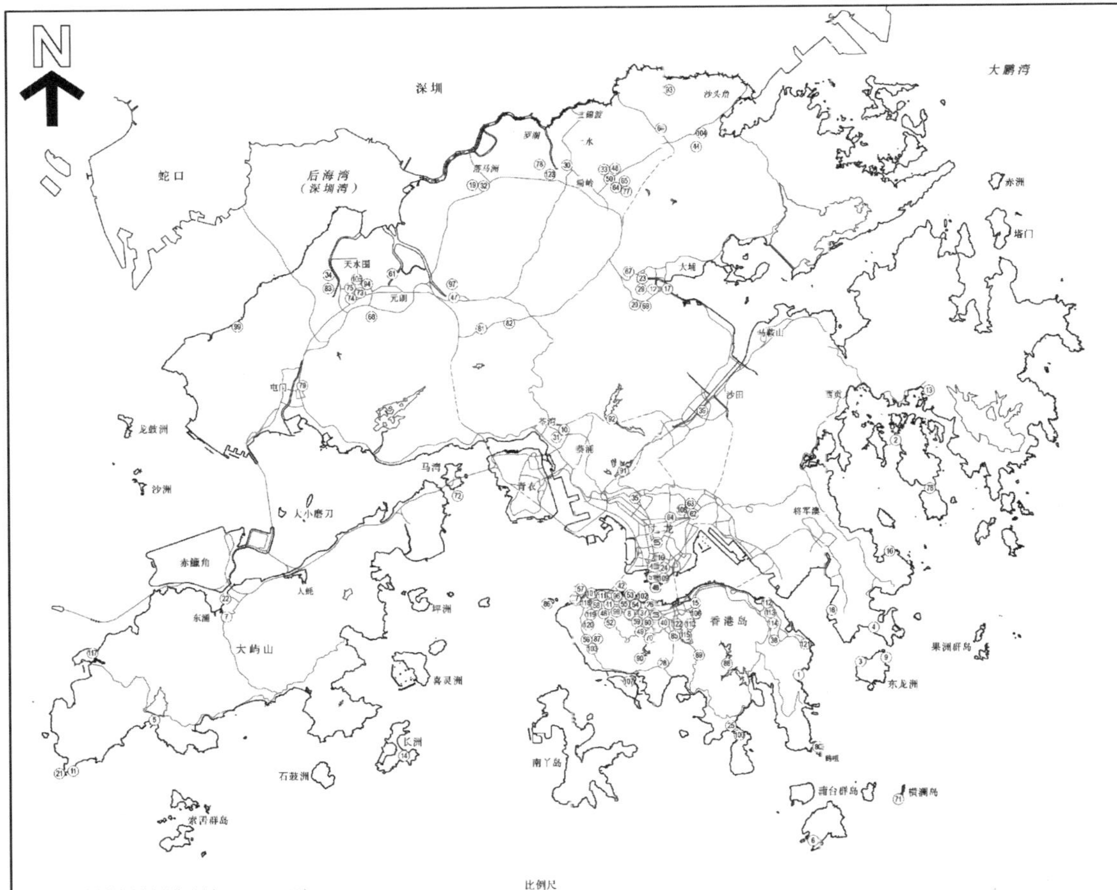

图例

法定古迹（截至2019年10月25日止）

1. 港岛大浪湾石刻
2. 西贡滘西洲石刻
3. 西贡东龙洲石刻
4. 西贡大庙湾刻石
5. 大屿山石壁石刻
6. 蒲台岛石刻
7. 大屿山东涌炮台
8. 中环都爹利街石阶及煤气路灯
9. 西贡东龙洲炮台
10. 荃湾三栋屋村
11. 大屿山分流炮台
12. 大埔旧北区理民府
13. 西贡上窑村
14. 长洲石刻
15. 筲箕湾天后庙
16. 西贡龙虾湾石刻
17. 大埔元洲仔前政务司官邸
18. 西贡佛堂洲税关遗址
19. 元朗新田麟峯文公祠
20. 大埔碗窑村碗窑
21. 大屿山分流石圆环
22. 大屿山东涌小炮台
23. 大埔文武二帝庙
24. 尖沙咀香港天文台
25. 旧赤柱警署
26. 中环旧最高法院外部
27. 香港大学本部大楼外部
28. 黄竹坑石刻
29. 旧大埔墟火车站
30. 上水廖万石堂
31. 荃湾海坝村古屋
32. 元朗新田大夫第
33. 粉岭龙跃头觐龙围门楼
34. 元朗厦村杨侯宫
35. 深水埗李郑屋汉墓
36. 中环红棉路旧三军司令官邸
37. 中环炮台里前法国外方传道会大楼
38. 柴湾罗屋
39. 沙田王屋村古屋
40. 旧湾仔邮政局
41. 上环坚巷旧病理学院
42. 旧上环街市
43. 尖沙咀前九广铁路钟楼
44. 沙头角镜蓉书屋
45. 尖沙咀前九龙英童学校
46. 半山区列堤顿道圣士提反女子中学主楼
47. 元朗锦田二帝书院
48. 粉岭龙跃头觐龙围围墙及更楼
49. 中环花园道梅夫人妇女会主楼外部
50. 粉岭龙跃头麻笏围门楼
51. 尖沙咀前水警总部
52. 旧总督山顶别墅守卫室
53. 中环荷李活道中区警署
54. 中环亚毕诺道前中央裁判司署
55. 中环奥卑利街域多利监狱
56. 香港大学大学堂外部
57. 香港大学孔庆荧楼外部
58. 香港大学邓志昂楼外部
59. 中环上亚厘毕道香港礼宾府
60. 中环花园道圣约翰座堂
61. 元朗横洲二圣宫
62. 九龙寨城公园九龙寨城南门遗迹
63. 九龙寨城公园前九龙寨城衙门
64. 粉岭龙跃头老围门楼及围墙
65. 粉岭龙跃头松岭邓公祠
66. 粉岭坪輋长山古寺
67. 大埔大埔头村敬罗家塾
68. 元朗山厦村张氏宗祠
69. 大埔上碗窑樊仙宫
70. 中环坚尼地道圣约瑟书院北座及西座
71. 横澜岛横澜灯塔
72. 荃湾汲水门灯笼洲灯塔
73. 元朗屏山邓氏宗祠
74. 元朗屏山愈乔二公祠
75. 元朗屏山聚星楼
76. 西贡滘西洲洪圣古庙
77. 粉岭龙跃头天后宫
78. 上水河上乡居石侯公祠
79. 屯门何福堂会所马礼逊楼
80. 香港鹤咀鹤咀灯塔
81. 元朗八乡元岗村梁氏宗祠
82. 元朗八乡上村植桂书室
83. 元朗厦村邓氏宗祠
84. 九龙塘窝打老道玛利诺修院学校
85. 半山区司徒拔道45号景贤里
86. 青洲灯塔建筑群
87. 薄扶林水塘6项历史构筑物
88. 大潭水塘群22项历史构筑物
89. 黄泥涌水塘3项历史构筑物
90. 香港仔水塘4项历史构筑物
91. 九龙水塘5项历史构筑物
92. 城门水塘纪念碑
93. 沙头角莲麻坑村叶定仕故居
94. 元朗屏山坑头村仁敦冈书室
95. 油麻地窝打老道东华三院文物馆
96. 上环荷李活道文武庙
97. 元朗锦田广瑜邓公祠
98. 半山区卫城道甘棠第
99. 元朗下白泥55号碉堡
100. 赤柱圣士提反书院的书院大楼
101. 半山区般咸道英皇书院
102. 中环和平纪念碑
103. 薄扶林道伯大尼修院
104. 沙头角下禾坑发达堂
105. 元朗屏山达德公所
106. 港岛大坑莲花宫
107. 鸭脷洲洪圣古庙
108. 九龙城侯王古庙
109. 尖沙咀大包米讯号塔
110. 湾仔跑马地马场先难友纪念碑
111. 西营盘高街旧精神病院立面
112. 柴湾旧鲤鱼门军营第7座
113. 柴湾旧鲤鱼门军营第10座
114. 柴湾旧鲤鱼门军营第25座
115. 跑马地山光道东莲觉苑
116. 油麻地侏敦道九龙佑宁堂
117. 大澳杨侯古庙
118. 香港大学冯平山楼外部
119. 香港大学仪礼堂外部
120. 香港大学梁堂外部
121. 柴湾垦角头石刻
122. 湾仔玉虚宫
123. 上水金钱味峰侯公祠

注：读者可在古物古迹办事处的网页（www.amo.gov.hk），查阅最新的法定古迹名单

比例尺

公里 0 2 4 6 8 10 公里

资料来源	法定古迹	规划署		
古物古迹办事处		图则编号M/TS/19/12	日期 11/19	图 4

附录1

与自然保育及文物保护有关的法例和行政管制措施

事项	权利机关(行政机关)
1.法例	
1.1《郊野公园条例》 （第208章）	郊野公园及海岸公园管理局总监 （渔农自然护理署）
1.2《海岸公园条例》 （第476章）	郊野公园及海岸公园管理局总监 （渔农自然护理署）
1.3《野生动物保护条例》 （第170章）	渔农自然护理署署长 （渔农自然护理署）
1.4《水务设施条例》 （第102章）	水务署署长 （水务署）
1.5《古物及古迹条例》 （第53章）	发展局局长 （康乐及文化事务署古物古迹办事处）
1.6《城市规划条例》 （第131章）	城市规划委员会 （规划署）
1.7《林区及郊区条例》 （第96章）	渔农自然护理署署长 （渔农自然护理署）
1.8《环境影响评估条例》 （第499章）	环境保护署署长 （环境保护署）
2.行政规例	
2.1具特殊科学价值地点	渔农自然护理署署长 （渔农自然护理署）
2.2发展大纲图／发展蓝图	规划署署长 （规划署）

附录2

其他与自然保育及文物保护有关的指引

1.环境运输及工务局（工务）技术通告第13/2003号	就政府工程项目及建议进行环境影响评估的指引和程序
2.环境运输及工务局（工务）技术通告第5/2005号	保护天然河道／河流免受建造工程的不良影响
3.环境影响评估程序技术备忘录附件8	评价生态影响的准则
4.环境影响评估程序技术备忘录附件16	生态评估的指引

（续上表）

5.城市规划委员会规划指引编号10	拟在绿化地带进行发展而按照城市规划条例第16条提出的规划申请
6.城市规划委员会规划指引编号12C	拟在后海湾地区内进行发展而按照城市规划条例第16条提出的规划申请
7.工务局技术通告第4/1997号	工程场地之外的生态缓解措施政策实施指引
8.屋宇署认可人士、注册结构工程师及注册岩土工程师作业备考编号APP-69	保育历史建筑
9.屋宇署	2012年文物历史建筑的活化再用和改动及加建工程实用手册（2016年版本）
10.发展局技术通告（工务）第6/2009号	就基本工程项目进行文物影响评估的机制
11.环境影响评估程序技术备忘录附件10	评价景观和视觉影响以及对文化遗产地点影响的准则
12.环境影响评估程序技术备忘录附件19	文化遗产地点影响及其他影响评估的指引
13.《环境影响评估条例》—环境影响评估研究	评估对文化遗产地点影响的指南

备注：使用者应参阅上述文件的最新版本

第十一章　城市设计指引

1. 引言

1.1　为了提升香港作为世界级城市的形象，以及改善我们建设环境的质素，规划署先在二零零三年完成了“香港城市设计指引”研究（下称“城市设计研究”），再在二零零五年完成了“空气流通评估方法可行性研究”。

1.2　本章所载的城市设计指引，是根据上述两项研究的结果和建议制订的。内容涵盖主要的城市设计及空气流通课题，旨在从宏观及微观层面上缔造美感和功能兼备的环境。

城市设计

2. 背景

2.1　简单来说，城市设计犹如艺术创作，可以创造一个美好的环境，亦是城市规划中一个重要的元素。对于香港这类人烟稠密的动感之都，城市设计尤为重要。它关乎建筑群整体的视觉影响、人与环境之间的联系、活动空间的建立、市容和公共空间，以及改变整体城市景观的过程。城市设计就实体和空间的配置，以及建筑形式的组合及其与四周空间和环境的立体关系，制定一个大纲，以达致环境美化和高质素的社会文化。

2.2　要为香港建立一个高质素、符合可持续发展原则的优质建设环境，在规划和发展过程中，须充分考虑城市设计的概念和原则。

2.3　规划署于二零零三年完成“城市设计研究”。目的是拟备一套城市设计指引，推动市民认识城市设计上的考虑因素，并作为评核城市设计的大体纲领。下文各节详载根据“城市设计研究”的结果和建议而制订的参考性城市设计指引。

3. 地理设计环境

3.1　香港山峦环抱，海滨蜿蜒伸展，并有天然海港横贯其间。这地理环境对城市形貌有以下重要的影响：

(a) 围绕维多利亚港和背靠鲜明山脉的发展，树立了我们城市的面貌；

(b) 香港的陡峭地形促使各区的城市发展集中在平地和填海土地上，绵延的山脉则构成城市的天然背景；以及

(c) 山脉将香港分割成数个各具特色的景色区。虽然这些景色区的发展形式或密度各不相同，但不一定影响毗邻的景色区。

4. 城市设计的基本要素和特点

4.1　城市设计应着重表现香港优美特色的基本设计要素。改善香港建设环境中未如人意的部分，并保存和巩固香港的特色，是整体城市设计的方向和概念。

4.2　香港的城市设计要素包括：

宏观层面：都市形象	天然环境 轴线规划 海港 都市模式和外形 山脊线 门廊 基础设施 功能分区 环境保育 土地用途和活动 地区特色和市容
中观层面：建筑物和空间	建筑物的组合 结集程度和高度 建筑设计和风格 地标 都市空间和城市广场 休憩用地和公园 街道及其模式 行人路和行人连接通道 观景廊 建筑物之间的连接和融合

（续上表）

微观层面：用者与环境的关系	人本比例 渐变 和谐 街景 街道设施 广告和指示牌 用料、色彩和材质

5. 应用范围

5.1　香港有本身的发展需要，所采用的城市设计概念，均须切合香港的需要。因此，城市设计指引不应作出过分严紧的限制和规定，而是造就有创意的设计。在发展机会容许的情况下，我们应积极做好城市设计，以达到下列目的：

提升质素：透过创造与天然环境互相配合的优质环境，改善市民的生活质素。

融合灵活：制定一套融合灵活及持续的城市设计指引。

提倡活力：提倡多元和富活力的香港精神。

保持弹性：提供弹性，让创新的意念和计划有机会落实。

5.2　由于城市设计涵盖多个不同范畴，并可能涉及不同的价值观，因此在应用这些城市设计指引时，亦应参考《香港规划标准与准则》内的其他相关篇章，以作出平衡。

6. 城市设计指引

6.1　一般的城市设计考虑因素核对表

6.1.1　以下的核对表，可用以评估规划和发展建议所涉及的城市设计问题：

宏观层面	天然环境	• 天然环境的主要特点 / 组成部分 • 天然景观、文化或社会经济资产在地理和视觉景象质素上的直接及间接影响 • 配合天然环境和景观
	人造环境	• 城市环境 • 添加城市特色及创造高质素环境以促进城市景致 • 地标的适合性及所产生的视觉影响 • 视觉景物的适合性及显见度 • 景观和发展模式方面的协调 • 整体高度轮廓和结集程度的协调 • 地方特色的增强 • 与历史文物环境的协调

（续上表）

中观层面	天然环境	• 对天然景观在地理和视觉景象质素上的直接和间接影响
	人造环境	• 地点的合适 • 与现有观景廊的关系 • 对光线透射和空气流通的影响 • 与街道模式的协调 • 地标的适合性及所产生的视觉影响 • 整体高度轮廓和结集程度的协调 • 与地区文物的协调 • 对四周环境的影响
微观层面	天然环境	• 在功能上与天然环境的配合 • 与当地天然景观的配合
	人造环境	• 适当配合街道环境和功能 • 方便行人的环境 • 人本比例和提升质素 • 空间感的建立

6.2　特定的主要城市设计课题的指引

6.2.1　下文各段载列关于特定的城市设计课题的指引。

（1）市区边缘地区和乡郊地区的结集程度和密度

市区边缘地区

6.2.2　市区边缘是指已发展的市区与尚待发展的乡郊地区的接壤处。在边缘地区进行发展的一般原则，是尊重天然环境、为发展区适当定界（图1），以及在市区与乡郊地区之间提供视觉和地理上的联系。这些联系必须稳固，以促进居民的心境健康，从而有助提升生活质素。视觉联系应包括可观赏附近天然景色的主要观景廊，如可能的话，这些视觉联系应一直伸展至市区的中心。

乡郊地区

6.2.3　乡郊地区的建筑物高度、结集程度和建筑外形，应与乡郊环境和现有发展（例如传统乡村）和谐协调。应鼓励采用不同的建筑风格，以免发展项目流于刻板或单调，同时应避免兴建与附近环境互不协调的“突兀”建筑物。

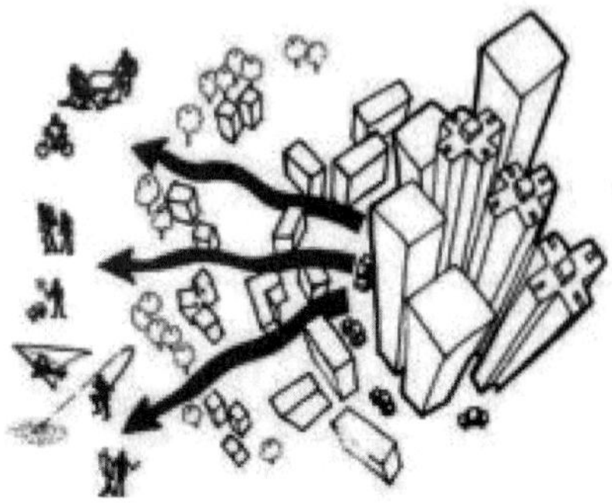

图1　市区边缘环境：市区与乡郊地区之间的过渡，须经过深思

（2）**发展建筑高度轮廓**

6.2.4 由于普遍地积细小，要充分用尽发展密度，以往只好不断进行高空发展，结果造成香港今日楼高街狭的城市外貌。扯旗山和狮子山的山脊线，构成城市的天然背景，是香港著名的景色。但随着日益增多的高楼大厦，这山脊线已受到遮挡。此外，在大屿山和新界等的山脊线和山脉，为新市镇与郊野公园之间定出分界和城市的远点标志。

6.2.5 市民普遍认为山脊线／山峰是香港的珍贵资产，在进行发展时必须格外考虑，加以保护。在香港采用发展高度轮廓，目的正是要维持并加强城市与天然景色，特别是与山脊线／山峰的关系。为保护维港两岸的重要山脊线／山峰和山峦的景观，从主要和人流汇聚的瞭望点望向的山脊线应维持一个不受建筑物遮挡地带。《都会计划（一九九一年）》所载的指引建议设立一个20%～30%山景不受建筑物遮挡地带（图2），可作为初步依据，但对个别情况可灵活放宽，以及容许在适当地点出现地标建筑物以突出山脊线。

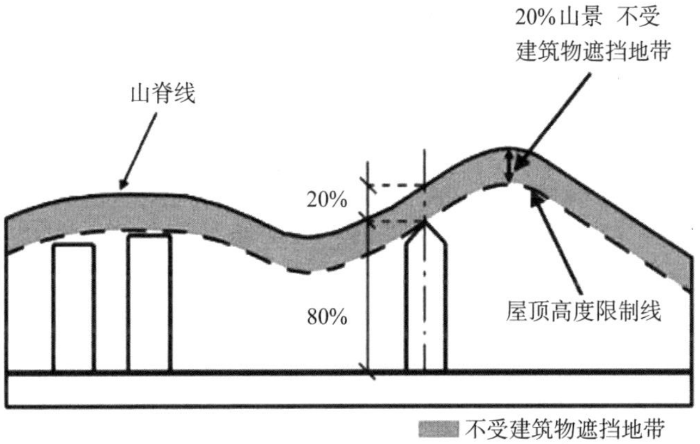

图2 确立不受建筑物遮挡地带以保存山脊线景观

（a）香港岛的指引

6.2.6 香港岛有优美的天然环境，扯旗山巍然耸立，遥望维港和九龙半岛。港岛北岸发展应配合扯旗山和其他山脊线／山峰（图3），以保护从九龙（特别是从西九龙文化艺术区、尖沙咀的文化场馆及启德发展区的海滨长廊）望向的景观。在上述这些瞭望点的观景廊内，应避免无限制高度及破坏“不受建筑物遮挡地带”的发展。对于个别地区的景色，可视乎情况考虑其他合适的瞭望点。

6.2.7 绵延的山峦，与蓝天碧海互相辉映，令人对香港留下难以磨灭的深刻印象。香港与悉尼、温哥华、旧金山和里约热内卢被誉为全球最美丽的五个海港。有此美誉，自应保护由山顶眺望维港的视野。保护从海旁地区望向的山脊线和山顶景观，亦有助保护从山顶和其他山脊线俯瞰海港和城市的景观。

6.2.8 至于香港岛的其他地方的发展高度，应着重加强特定地区的地方特色、保护壮观的山峦背景，以及配合邻近地区的风格。城市的轮廓应依天然地形勾划，而高度分级的轮廓则应顺着地势发展。应提供视觉调剂空间，并在不同地区规划不同的建筑物高度轮廓和结集程度（图4）。保留低矮和低密度地区，可使城市核心地区的建筑发展更趋多元化。

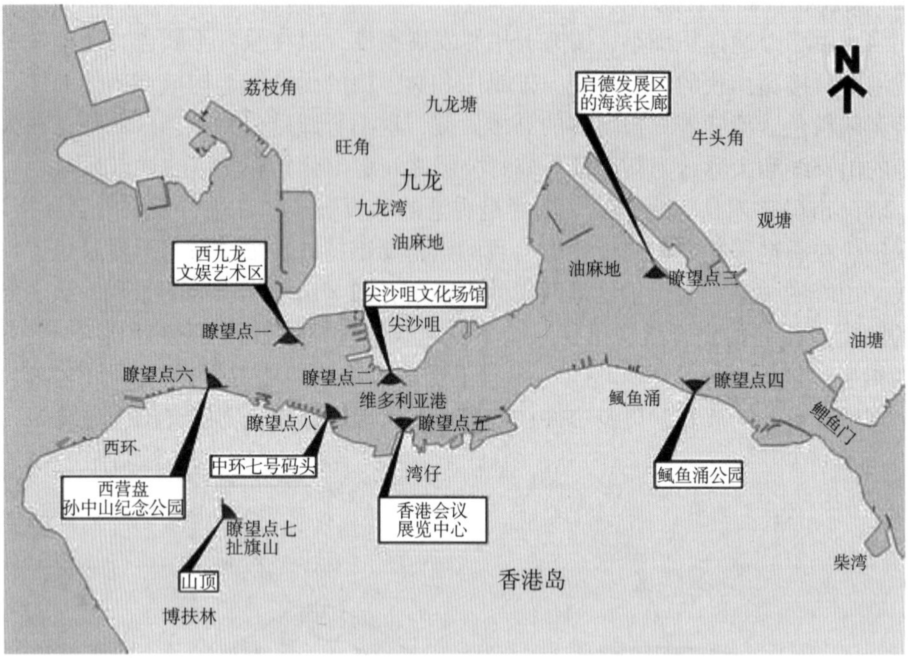

图3　瞭望点

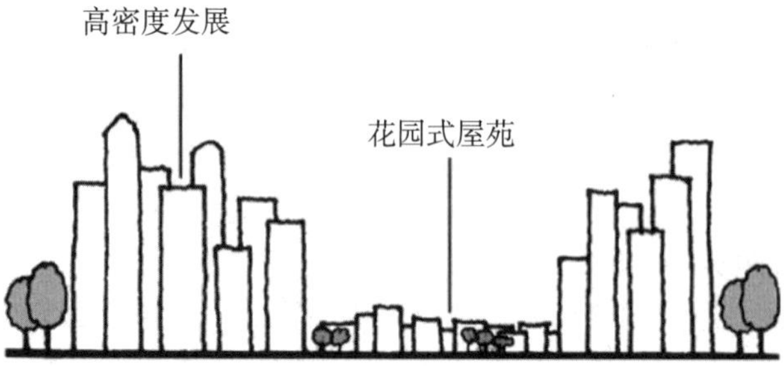

图4　不同地区的发展项目，规划不同的建筑物高度轮廓/结集程度

(b) 九龙的指引

6.2.9　九龙方面，绵延不断的山脊线由狮子山一直伸展至飞鹅山。飞鹅山山势雄伟，大片的岗峦，衬托出东九龙和东南九龙起伏多姿的背景。由湾仔的香港会议展览中心、中环七号码头、西营盘的中山纪念公园和鲗鱼涌公园远眺飞鹅山和主要九龙山脊线的景观，应予保护（图3）。在这些瞭望点的观景廊内，发展高度应避免破坏“不受建筑物遮挡地带”。

6.2.10　至于九龙的其他地方，其考虑因素与香港岛其他部分的考虑因素（第6.2.8段）类似。

(c) 新市镇的指引

6.2.11　新市镇的发展项目，最高的发展应位于中心地带，然后向市镇边缘地点递减为中至低层。应避免兴建与附近环境格格不入的“突兀”建筑物。新发展应配合新市镇的独特地形和景观环境（图5），并渐次降低建筑物高度，使新市镇与邻近的低矮发展环境互相协调和融合。可观赏山峦背景或水域景色的观景廊／通风廊，应予保留。在合适情况下，应在文娱／商业中心或核心地点建立地标（图6）。在市镇中心，可利用低矮建筑物，例如社区会堂、学校等，作为视觉调剂和缓冲空间（图7）。

图5　与新市镇独特地形和景观环境相配合的发展

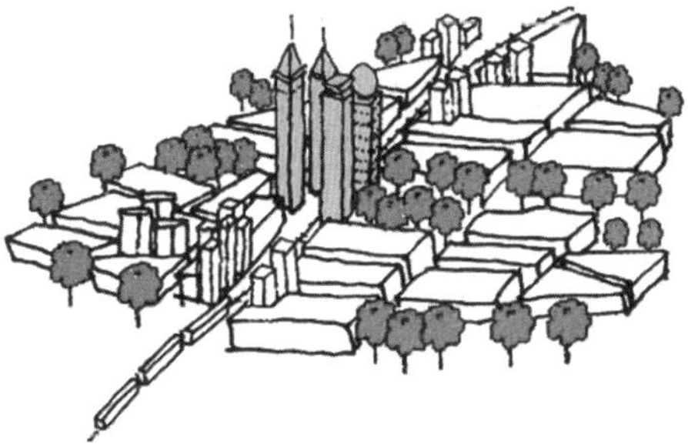

图6　位于文娱/商业中心的地标

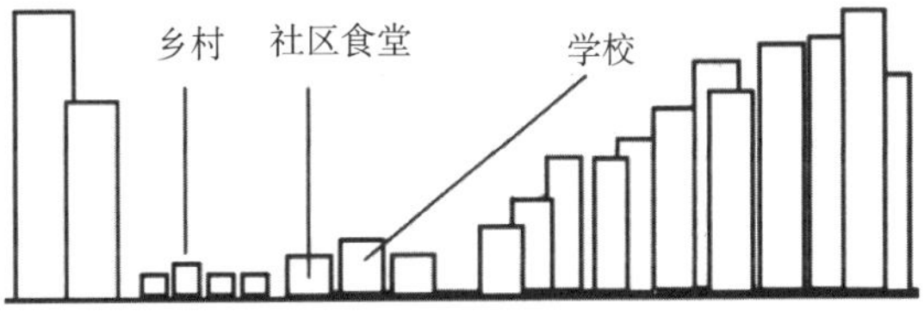

图7　市镇中心内的视觉调剂和缓冲空间

(d)乡郊地区的指引

6.2.12　应在各乡郊景色区内厘定适合的发展高度轮廓，以保存与市区不同的特色（图8）。在适合的情况下，应鼓励在新的低矮发展中采用不同的建筑物高度，令近郊地区的建筑外形更添姿彩和趣味。应避免千篇一律或单调乏味的建筑模式。建筑物高度和结集程度应与乡郊环境和谐协调（图9）。在未受破坏和景观易受影响的景色区，二层是最高可采纳的建筑物高度。

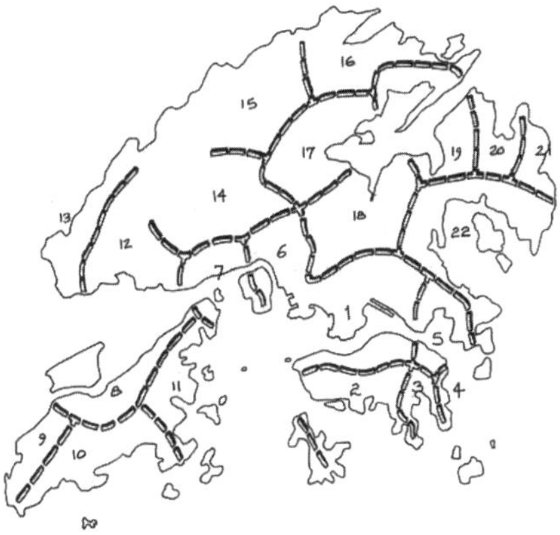

图8　香港的景色区

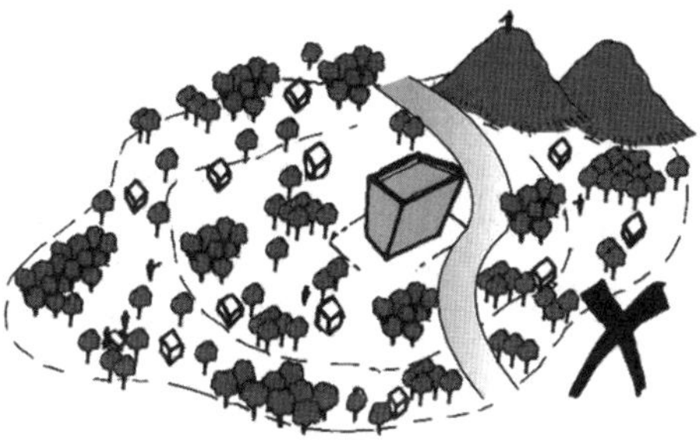

图9　乡郊地区不协调的建筑物高度/结集程度

(e) 摩天大厦的指引

6.2.13　全球予人印象最鲜明突出的城市，往往有多幢高耸入云的大楼，鹤立于一般建筑物之间。建筑设计出色而且地点适当的摩天大厦，有助建立城市的形象。

6.2.14　为摩天大厦选址时，有两项主要准则：

• 环境——摩天大厦应坐落于适当的选址或地点，位置明显，而且与城市的整体外形相衬。建议发展应与其他城市设计目标没有冲突。

• 功能——建议发展应与整个城市的重要功能息息相关，例如交通运输枢纽，或具有社会或文化价值。

6.2.15　西九龙填海区的南端与尖沙咀区将形成为一个新的主要高楼建筑枢纽，而“城市设计研究”建议在上址以外不应再划设同类枢纽。

(3) 海旁用地

(a) 理想和目标

6.2.16　城市规划委员会就维多利亚港所订立的理想，是务求维港成为富吸引力、朝气蓬勃、交通畅达及象征香港的海港，成为港人之港、活力之港。有关设计目标是：

• 完善维港规划，增强港人和维港的联系；

• 增添优美景致，让市民尽览维港风光；

• 增添维港魅力，促进旅游事业；以及

• 鼓吹富创意的建筑设计及提供规划完善的设施、休憩用地和行人道路网，促进多元化的活动，缔造优美海滨环境。

6.2.17　维港是香港市民的特别天然资产，应受到保护。在维港内进行填海工程，必须确保环境质素，以及符合可持续发展和在海港内不准进行填海工程推定的原则。

(b) 功能多元化

6.2.18　沿海旁应预留用地作文娱、旅游相关、康乐和零售用途。应藉多元化的活动和功能，为海滨注入生气，营造享乐气氛（图10）。应鼓励在海旁进行富视觉趣味和可吸引人观赏的活动。如可行的话，应为一些静态的活动，例如钓鱼和放风筝，提供方便。应避免海旁区出现会间断海滨长廊的不协调土地用途，例如货物装卸区（图11），以及一些位处海边会在视觉上和实际上构成障碍的大型基础设施（道路是其中一例）（图12）。

图10　充满活力和多姿多彩的海旁活动

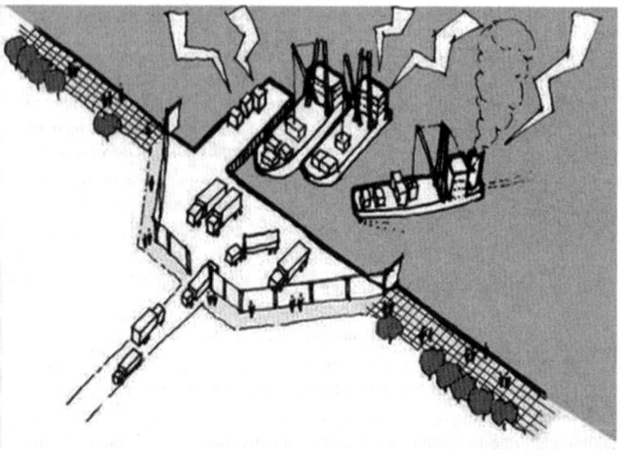

图11　不相协调的海旁土地用途

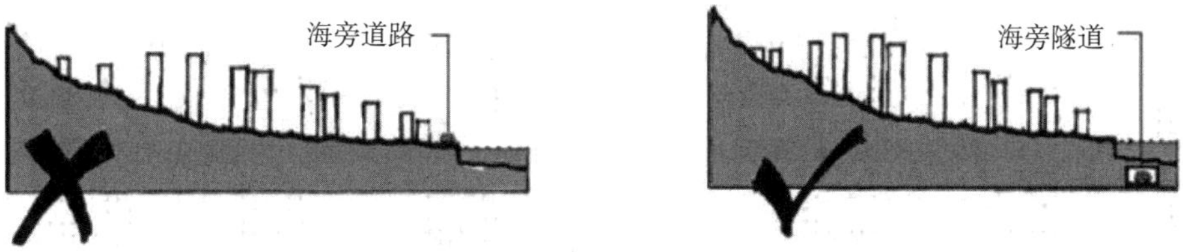

图12　避免在海旁地区进行大型基础建设计划

6.2.19　如可行的话，应辟设连贯的海滨长廊，让公众消闲遣兴，可以踱步、缓跑、踏单车、垂钓作乐，甚至闲坐其间，各适其适。应鼓励在海旁加入一些富趣味的聚脚点，例如园景美化设施、休憩处、观景区、步道和小码头，令海旁地区更添活力。

(c) 设计

6.2.20　海旁发展应着意于美化海滨的形貌，以及配合海滨的环境布局。在适合的情况下，应在适当地点设立地标，例如在海港的入口，或竖立地区标志。楼宇体积会产生重要的视觉影响。在显著的海旁位置，应选用适当的地积比率、楼宇高度和分布。设计优美的海旁建筑，则更值得鼓励（图13）。

图13　设计优美的低矮海旁发展

(d) 建筑物的高度和外形

6.2.21　建筑物的高度和空间应与人本比例有一定关系，令使用者感到方便、易于适应，并认同其设计。香港地少，很难完全做到以人为本，但可透过善用不同空间、园景美化和街景等，改善这个情况。用以人为本的标准来改善公共屋邨和私人屋苑的设计，有助纾缓压力。

6.2.22　建筑群应加入一些设计独特的建筑物和枢纽区，并让人从海旁看到内陆景观（图14）。应鼓励发展多元化的建筑群，避免海旁的面貌单调乏味。

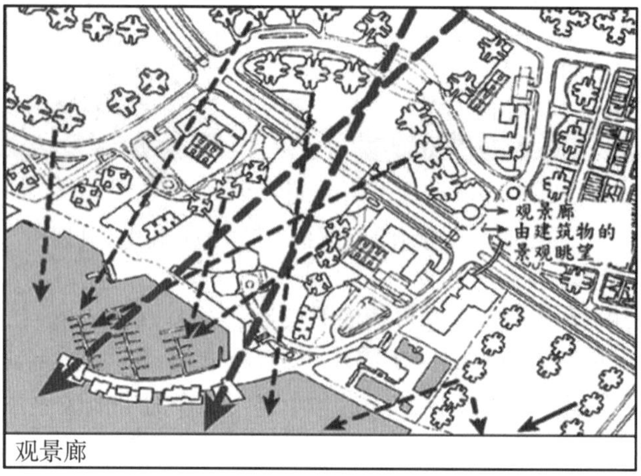

图14　海旁地区与内陆之间的观景廊

6.2.23　较高的建筑物应建于内陆地区，而较低矮的建筑物则在海旁地区，以避免海旁充斥高楼大厦，并同时增加从市区眺望海景的可观度。在海旁的建筑物，在规模上和外墙设计上应该是配合的，以免在沿岸形成“墙壁效应”。如适合的话，应在沿岸发展出一个高低有致的建筑物高度轮廓（图15）。在新发展区，则应考虑在沿岸指定一些地点作低矮和低密度发展。

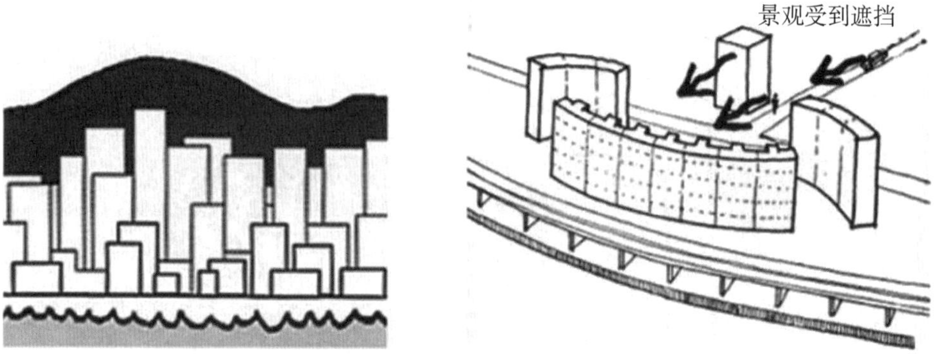

图15　避免形成“墙壁效应”及发展出高低有致的高度轮廓

(e) 车流和人流

6.2.24　车辆交通和停车场通道，应只限位于海旁发展向内陆的一面。应提供一个舒适的行人环境，以确保行人可以充分享受在海旁游玩的乐趣。应在海旁地区与城市核心之间提供行人通道（包括为残障人士而设的设施），尽量方便行人前往海旁地区（图16）。

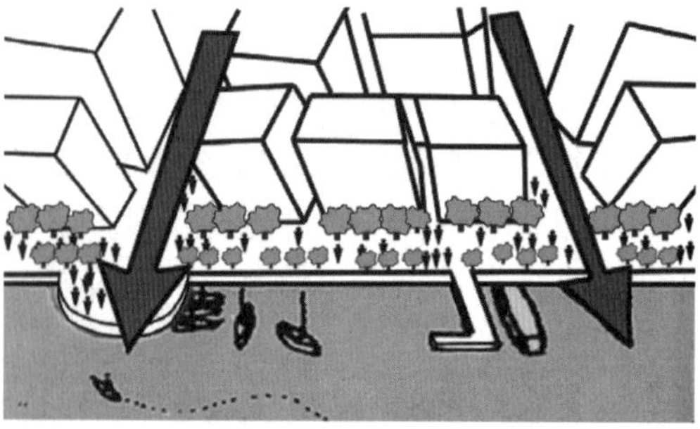

图16　尽量方便行人前往海旁地区

6.2.25 应透过辟设海滨长廊，增加行人前往海滨的方便。可行的话，海滨长廊应沿岸边连续性伸展，同时在若干地点与内陆连接。

(f) 园景设施和休憩用地的供应

6.2.26 向内陆的一面应设有休憩用地，以吸引游人进入。每隔一段距离，亦应有休憩用地连接海滨，以产生连贯性和观景看透度。休憩用地应按不同大小分布。如果情况适合，可考虑辟设一些较大的休憩用地，以供公众聚会或举办文化和社交活动。

(g) 海岸线的形状

6.2.27 香港过往的海岸线蜿蜒曲折，景致迷人，但沿海的发展有可能把海岸线和海湾拉直，造成平直而乏味的海岸线。日后如修筑海堤，应重视天然的海岸线和营造出有生气的海岸线。

(4) 公共空间

6.2.28 城市设计的每一个环节，都对公共空间有一定作用。下文所概述的措施，可令发展有实际增值，例如增加店铺附近的行人网络。

(a) 街道

6.2.29 应为街道主要两旁创造多姿多彩且能应时配合的环境，令行人感到趣味，亦为街道增添活力。面向人流旺盛的街道，应鼓励设立零售铺。机房应尽量置于横街或后街。在适当的街角，可设立一些易于识别的标志和腾出更多空间，以改善街道环境和营造地方性的归属感。

6.2.30 应加入人本比例的设计元素，例如周边商场，作为人与建筑物之间的中介景物。建筑物的外墙和平台的边缘，尤其是地面和第一层，无论在建筑设计、建筑细节和建材选料方面，均应着重趣味性（图17）。

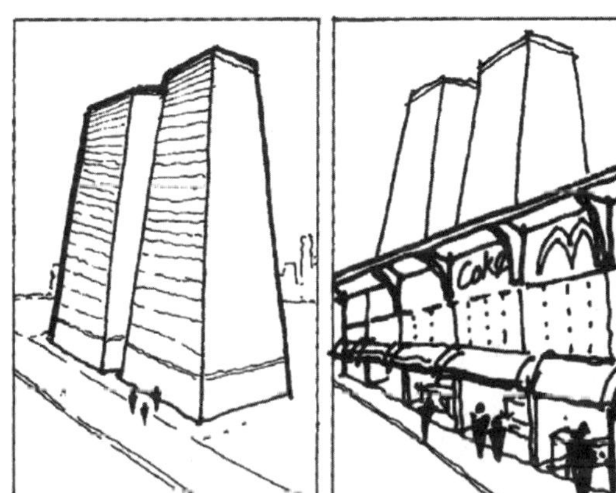

图17 利用平台在令人显得矮小的高大建筑物加重人本比例

(b) 休憩用地

6.2.31 应鼓励辟设园景建筑与园林种植配搭得宜的休憩用地，以迎合动态及静态康乐用途在功能上的要求。详细的局部园景设计，则应配合个别地点的情况，尽量做到容易辨识和环境舒适，并为城市提供一片绿化园地。在休憩用地内，应竖立别具特色的地标景物，营造方向感和地方感（图18）。

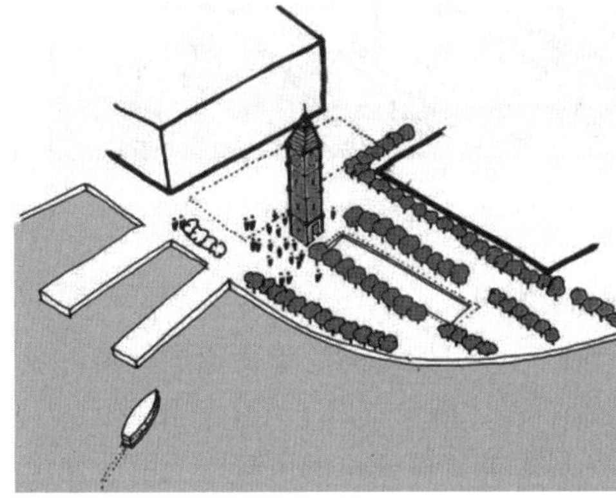

图18 休憩用地内能够吸引目光的地标景物

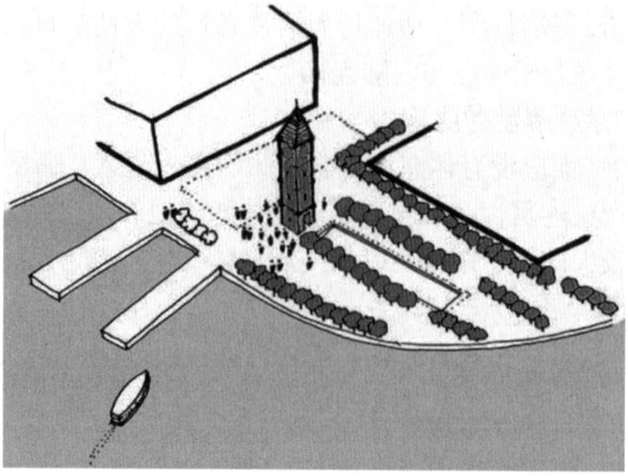

图18　休憩用地内能够吸引目光的地标景物

6.2.32　此外，应鼓励在发展项目的地面、平台和屋顶辟设能方便使用者到达的休憩用地（图19）。如可行的话，在进行发展时，应尽量拨出多些地面空间，以辟作园林休憩用地。

6.2.33　应沿街道、主要运输走廊和行人通道植树，以及辟设园景绿化区和美化市容地带，以调和呆板的人工环境。应避免把休憩用地设于边缘地区，令用地无人问津。应尽量方便公众前往休憩用地。加强空间的视觉联系，可有助引导行人前往休憩用地设施（图20）。亦应鼓励灵活善用休憩用地，让市民得以充分享用这些设施。

图19　在平台层辟设的休憩用地

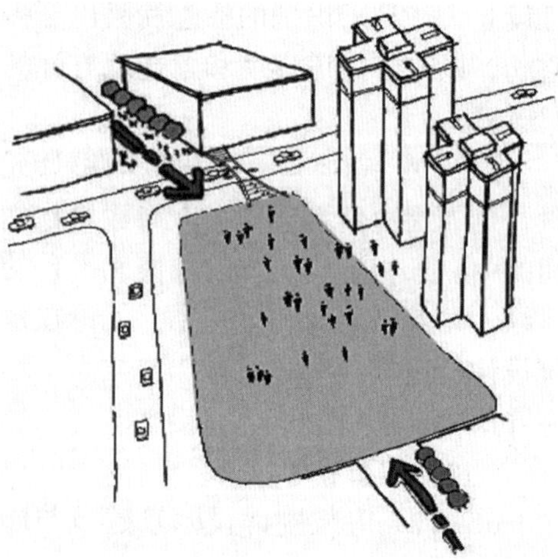

图20　建立视觉联系以引导行人前往休憩用地

（5）**街景**

6.2.34　街景一词泛指街道的整体外貌及在街道上所见的一切景物，涵义甚广。就城市设计而言，街景有以下几个重要目标：

- 尽可能确保街道的所有组成部分无论在设计、用料和建造上均质素优良；
- 力求格调一致，和谐协调；
- 尽量在核心区开发以行人为本并能吸引行人的空间；以及
- 配合人本比例的设计及残障人士／长者的需要。

6.2.35　街景与一个地方的整体性是有关联的。凡在街上所见的景物及所获得的体验，均涵盖在内。下文逐一谈论街景的各个组成部分。

(a) 行人环境

6.2.36　在香港作为行人，并不是一件惬意的事，遇上酷热潮湿的日子或者纳闷的下雨天，更彷佛寸步难行。改善这些问题可以从设计上着手，为行人制造遮荫效果。应为行人提供一个安全、清洁、四通八达和趣味盎然的环境，且要充分顾及局部地区气候方面的因素（图21），并须确保设有方便残障人士使用的通道（图22）。应缩减平台的地面覆盖范围，以腾出更多地面作为休憩用地及进行街头活动。为方便行人流通，行人过路线应符合“交通需求线”（图23）。应避免在交通灯位设分段横过马路处，以免对人流造成限制及令行人在安全岛等候而造成不便。

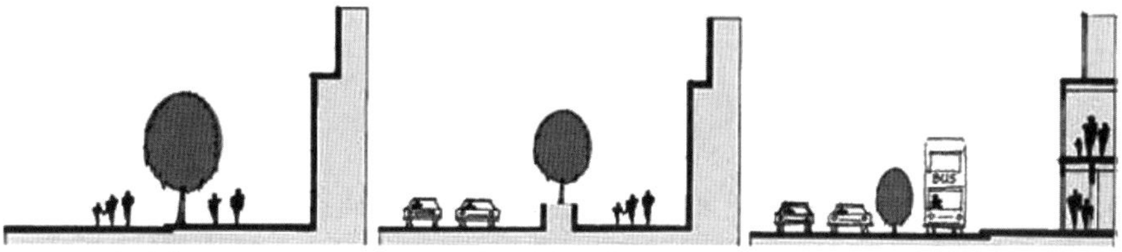

图21　安全、清洁和交通方便的行人环境

图22　方便残障人士使用的通道

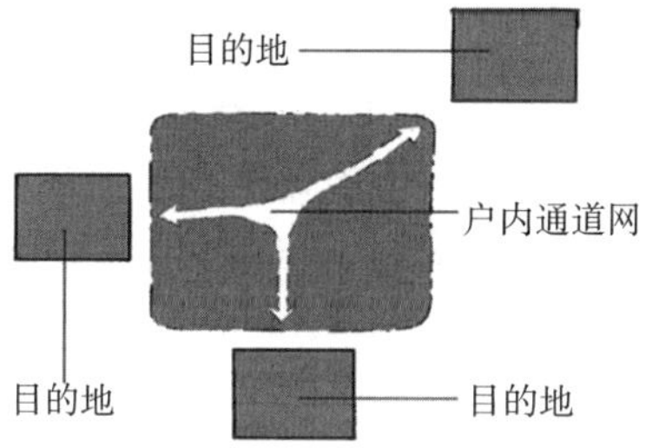

图23　符合“交通需求线”的户内行人路线

(b) 行人道的宽度和路面

6.2.37　行人道应有足够宽度以容纳人流和街道装置，并须为公用事业设施、树木 / 环境美化设施额外预留空间。在城市旧区，行人道宽度不足以应付目前的需要，故此，在进行重建时，应设法把建筑范围后移或缩减平台覆盖范围，以扩阔这些行人道。在新发展区，则应有设计优良和较为宽阔的行人道，以创造高质素的行人环境。行人道的阔窄在定案前，应先咨询公用事业公司和相关政府部门等，务求在规划时预留的行人道阔度足以完全符合所有需求。

6.2.38　行人路面应该美观悦目和富吸引力。在可行的情况下，应尽量铺筑高质素的行人路面，例如用地砖铺砌图案、用砖或石铺砌路面。

(c) 土地用途

6.2.39　土地用途对街景的构图扮演一个重要角色。应鼓励在建筑物面向主要街道的部分创造活力动感和进行各式各样的用途，例如在行人路旁设置商铺、酒吧、咖啡茶座，并以人本比例的设计，对街景作出其他改善，从而令城市更具活力，更添生气（图24）。

应避免在这些主要临街地方设置机房或外墙死寂的设施。

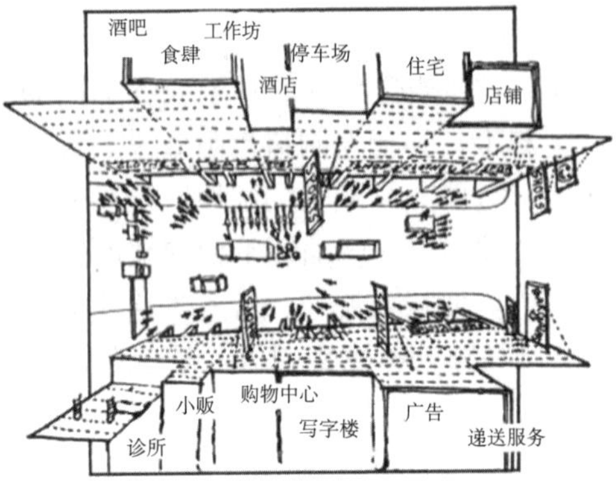

图24　街景生气洋溢：共存而多样化的用途及活动

图25　路旁植树

(d) 街道上富趣味和人本比例的设计

6.2.40　应鼓励在建筑物低层采用别出心裁的设计，或把面向街道部分设计得特出有趣，为街道增添姿彩。亦可利用中型建筑物遮挡部分远处的大型建筑物，或利用建筑部分作为行人于恶劣天气下的遮盖处，以加重街道的人本比例。

(e) 园景美化（园林种植和园景建筑）

6.2.41　应沿路旁植树和提供优质的园景建筑，例如铺砌路面、放置雕塑等，可改善街道环境。种植树木、设置灌木树圃及进行园景美化，可柔和石屎街道及减低街道环境受热机会（图25）。为街道塑造风格时，要小心选择树木和灌木的品种，特别是须留意这些植物在风景上的效果和四季色彩变化（例如花叶的颜色）。为确保行人路径有树荫蔽，必要时或须选择既粗壮又可抵受交通废气的植物品种。新发展区（例如填海区）可进行园境美化的空间较多，应该预留大量园景用地，以便与休憩用地融合为一个格调一致的休憩用地架构。路旁树木的树根应避免妨碍地底公用设施（例如喉管和电缆）。

(f) 街道装置

6.2.42　应提供高质素的街道装置，以配合该区或邻近发展的风格（图26）。在商业和旅游区应避免千篇一律的街道装饰。应考虑设置高质素设计的座椅、行人指示牌和旗杆，以建立地方感。至于其他地面上的装置如电话亭、消防栓、邮筒和有盖巴士/电车站，亦应采用优美的设计。应容许在街道上竖立小型地标，例如富特色的入口、雕塑或园林景色，让驾车人士和行人可借以辨别方向。街道装置、过路处、凹凸纹路面铺设、凸字资料板等的设计，须充分顾及残障人士的需要。

图26　高质素的街道装置

6.2.43　在提供与道路／行人路有关的街道装置和设施（例如路障、路牌、街灯、垃圾箱和噪声屏障）时，应考虑这些设施的位置和设计在视觉上对整体街景的影响。如需要设置路旁噪声屏障，这些屏障的设计和建造均须达到高水平。应为驾驶者和行人设置清晰和资料详尽的路牌，方便他们决定其路线。路牌不应胡乱堆放致令街景杂乱无章（图27）。在切实可行范围内尽量共享路牌柱，有条理地放置不同的路牌。应鼓励采用设计独特的街灯。噪声屏障不可以碍眼，否则会对街景构成视觉影响。因此，在适当的情况下，可把噪声屏障融入园景美化计划，或者采用透明物料（例如玻璃）制造，以减低视觉上的影响。在竖立噪声屏障时，应注意平衡所有环境准则的要求，包括纾缓噪声，以及避免或尽量减轻视觉及其他附带影响。

图27　避免路牌杂乱无章

(g) 行车天桥和行车隧道

6.2.44　行车天桥一般既不吸引，又会阻挡观景廊和特色建筑物的视线，对景观造成重大影响。如适当的话，应采取纾缓措施，例如利用攀藤植物或加插其他视觉趣味，以尽量减轻视觉上的负面影响（图28）。

图28　纾缓行车天桥视觉影响的措施

6.2.45　应鼓励采用行车隧道。行车隧道对景观的影响较小，可将交通带离地面以改善行人环境。应设法把隧道出入口与城市的形貌自然融合。可使用彩色编码和易于区分的路牌，以识别不同的地区。

(h) 行人天桥和行人隧道

6.2.46　香港是一个非常稠密的城市，人车分隔可解决人车争路的情况。如须人车分隔，应注意以下几点：

• 行人天桥应尽可能短些，最好与街道成直角。它应能把空间结构加强，而不是将之分开。

• 避免兴建单独式的过路行人天桥。应鼓励把天桥的起点和终点直接相连于地面以上的楼层（图29）。起点和终点如须设于地面，则应尽量装设升降机和扶手电梯。亦应考虑行人天桥结构的美观。

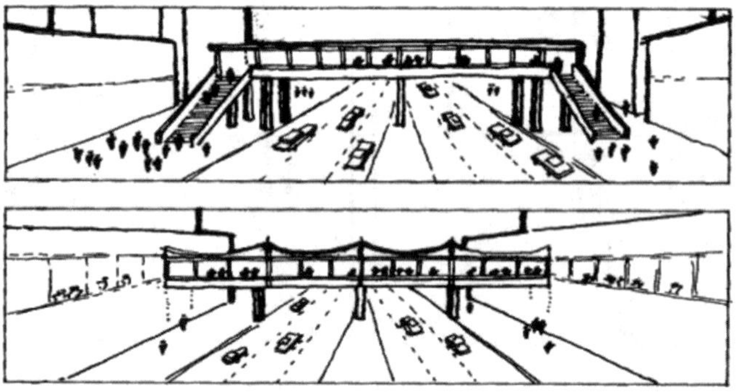

图29　以通道连接商场，胜于兴建单独式的行人天桥

• 兴建行人天桥时应有适当的协调，以方便行人往来。

• 在计划建造行人天桥时，应同时考虑到园林设计。

6.2.47　行人隧道的墙壁和地面用料、灯光照明、出入口和其他部分，均应采用高质素和优美的设计，以增加美观和提供一个悦目安全的行人环境。

(i) 减低车速

6.2.48　设立行人专区，可以极有效地减少人车争路的情况、提供无车的环境、避免交通噪声和废气造成不良影响，以及制造人流汇聚的地方。对车辆交通没有重要性但人流高／建造形式特别的街道，可辟作行人专区。在合适的情况下，应提供行人优先设施，例如行人专区及地下或半地下道路，以促使人车分隔。在适当地点，可采用其他减低车速的设施，例如设置道路收窄位、减速路拱和提高过路水平线，以及路面改用不同的颜色和物料，又或移走路壆，以制造一个更舒适的行人环境。在稠密的市区地带，可考虑实施“巴士专用道路”（图30）、“电车专用道路”“停车

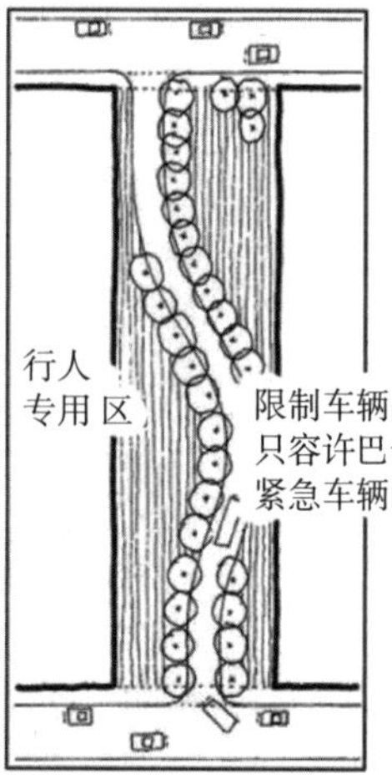

图30　指定交通专用道路的概念

步行”或“停车转乘”计划，以减少交通流量。

（6）文化遗产

6.2.49　香港有丰富的文化遗产，既有欧陆式的建筑物及／或传统的中式建筑设计，亦有各种文物（例如堡垒、石刻、墓穴、纪念碑、古窑等）及古树。这些文化遗产是城市的重要地标，影响地方性以至中型规模的整体城市设计。这些尚存的文化遗产，应予以保护，并通过有效的设计创造一个适当的四周环境。

（a）改作新用途

6.2.50　应鼓励保存具历史意义、建筑特色及文化价值的建筑物，使香港的文化和历史得以流传。这些建筑物的翻新和改变用途，应与周围的环境相协调。历史建筑物应该有适当的新用途。

（b）保护历史文物的环境

6.2.51　单独或群组形式存在的历史文物，应视为重要的组景元素，其环境或布局须予配合。应为历史文物保存或创造一个适当的四周环境（图31）。在可行的情况下，应保留和扩阔眺望历史文物的景观（图32）。如情况需要，毗邻新建筑物的高度应朝历史文物的方向渐次降低。

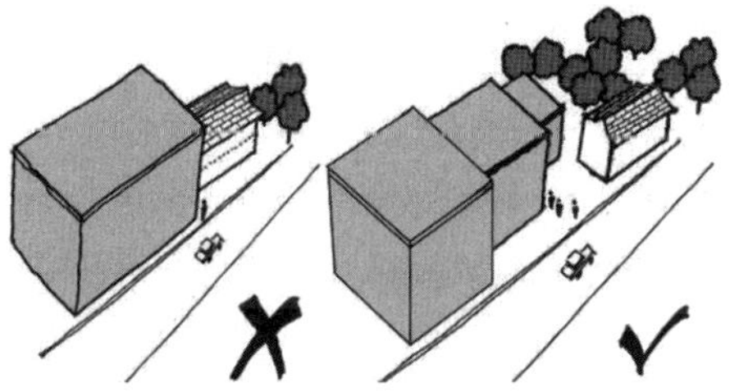

图31　为历史文物提供适当的环境

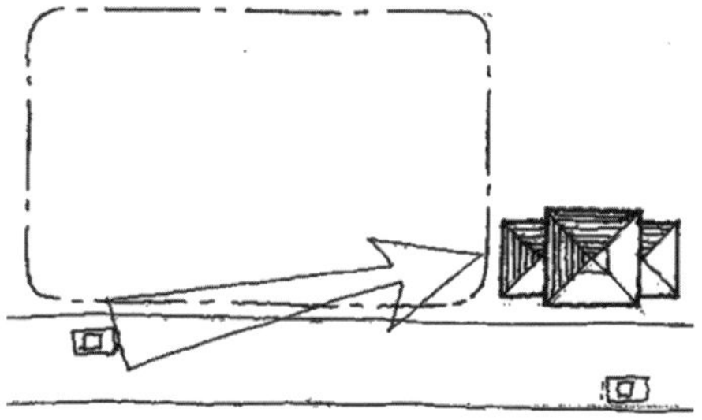

图32　保护或扩阔眺望历史文物的景观

（c）协调

6.2.52　为尽量减轻毗邻新建筑物对历史文物的负面影响，新建筑物的结集模式，较大型的应该远离文物，较小型的则靠近文物。新建筑物可采用梯级式及园景平台的设计，务求在规模上或甚至连风格上也与历史文物融汇一致。新建筑物（特别是较低楼层）的规模、比例、色彩、用料或建筑设计，均应尽量与历史文物相协调（图33）。

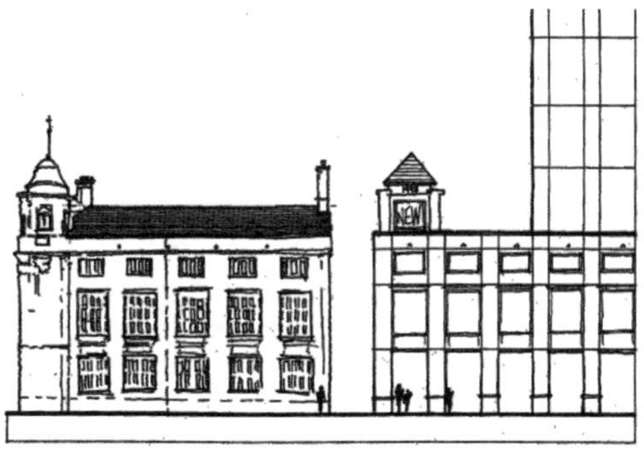

图33　新旧建筑物在比例上互相辉映

（d）保存地方特色

6.2.53　个别地区各有本身独特的文化、地理环境和历史风俗。进行重建时，应尽量保留和增强这些文化风俗和特色。

（e）重建历史文化

6.2.54　如适当的话，新发展可利用建筑外形和用料予人古色古香的感觉，增添姿彩而有别于市区的建筑物，互相对比。

（7）观景廊

6.2.55　观景廊让我们可以眺望远方的景物，例如地标、山脊线、水域、郊外景色和其他自然景物等。观景廊应纳入发展蓝图的设计内，并且与由道路、休憩用地、美化市容地带、低地建筑物形成的观景廊连合起来。应保护可观赏地标、特色景物的视野，以避免景观变得狭窄及不完整。此外，应尽量增设观景廊，增加我们能从多方面望穿这个稠密城市的视线。维多利亚港、扯旗山／狮子山、主要山脊线／山峰的景观都是“香港形象”的所系，我们应该致力保护及避免失去这些景观。如可行的话，观景廊应加以园景美化。

（8）建筑物的外露支柱

6.2.56　市区边缘经常有些地势陡斜的土地，须采用外露支柱或切削斜坡（或同时采用这两项措施），始能建成面积恰当的高架平台以进行发展。为尽量减轻支柱在视觉上的负面影响，应采取适当的环境美化措施，包括栽种高大树木或悬垂植物，以及在支柱之间筑墙或竖立栅栏（例如砖墙或装饰性金属围屏）（图34）。支柱间的墙壁应选用可在视觉上产生美感的颜色和材料。如情况许可，应鼓励在市区边缘地区建设一些占地面积小而适合建于斜坡上的发展。

图34　尽量减轻建筑物外露支柱在视觉上的负面影响

7. 特定的主要土地用途的指引

7.1　有关特定的主要土地用途的城市设计指引，例如商业、住宅和工业方面的城市设计指引，分别列载于表1、2和3。

8. 实施

8.1　城市设计指引可以透过现有的法定方式和行政机制实施。

8.2　法定方式包括（1）透过在根据《城市规划条例》所拟备的分区计划大纲图的《注释》订定规范，规管建筑物的高度、上盖面积和地积比率等；（2）规定在分区计划大纲图上的“综合发展区”地带进行发展时须提交总纲发展蓝图，以规管建筑物的布局和设计；（3）引用《建筑物条例》管制个别建筑物的设计；以及（4）根据《古物及古迹条例》规管历史文物。

8.3　行政机制包括（1）在拟备发展用地的地契条款时，纳入有关城市设计的考虑因素，例如“设计、分布和高度”条文。地契条款可列明建筑物的设计和分布、高度、屋宇类别的限制、环境美化项目及总纲发展蓝图等的要求；以及（2）就地区或地方层面的新大型发展或重建项目进行城市设计研究，继而制定更详细的指引。

空气流通

9. 背景

9.1 香港既是全世界其中一个人口最稠密的城市，同时又属于亚热带气候，夏天的天气炎热潮湿。因此，我们的城市基本上需要更多通风，借以降温及带来舒适的建设环境。为了令本港的风环境得到显著及长远的改善，我们应尽量完善城市设计，特别为公共空间增加通风。

9.2 全城清洁策划小组在二零零三年八月提出建议，为改善城市楼宇布局，要求规划署研究把空气流通评估列为所有大型发展或重建项目及未来规划的其中一个考虑因素。因此，规划署进行了“空气流通评估方法可行性研究”（下称“空气流通研究”）；并于二零零五年完成该项研究。根据研究建议，规划署制订了一套意向指引及有关进行空气流通评估的纲领。下文所载的指引旨在补充及巩固城市设计指引在改善空气流通方面的内容。

9.3 政府在二零零五年五月公布的“首个可持续发展策略”所提出的其中一个目标，是贯彻和检讨促进可持续发展的城市规划和设计指引，当中特别关注到建筑物对景观廊或空气流通的影响。下列的空气流通指引正是为了迈向这个目标而订立的。

10. 整体目标、应用范围

10.1 下一节列出土地用途规划、城市设计及大型发展规划和设计在早期阶段尚未实际进行任何空气流通评估前应用的意向指引。这些指引现阶段适用于政府的主要项目，以及对拟备图则的规划过程提供宏观层面上的辅助。当局并不强制但鼓励私人项目建议者在制定规划和设计建议时参考这些指引。

10.2 意向指引是以公共空间的总体行人风环境为重点。本章第6及第7节的城市设计指引，以及第四章有关绿化的准则，部分亦与改善空气流通有关，也可作为参考。而第九章则详述达空气质素目标的指引。至于屋宇署所发出的“认可人士及注册结构工程师作业备考”，与及屋宇署、地政总署和规划署共同发出的“联合作业备考第1号——环保及创新的楼宇”则涵盖了有关改善楼宇通风及绿化的设计指引。

10.3 虽然在规划及设计过程中应该尽量顾及空气流通的情况，但正如城市设计中其他因素一样，这只不过是其中的一个考虑因素。在采用这些意向指引时，必须适当地考虑其他因素，才能在各个不同的目标之间取得平衡，以符合社会需要。

10.4 这套意向指引未能实时得以全部实施，亦未能在全港各区实时一致施行。新发展区的规划应依循这些指引进行，而旧建成区的规划则应借着市区重建的契机，根据有关指引循步渐进改善。

11. 空气流通意向指引

11.1 主要原则

11.1.1 下文各分节按地区层面就地区土地用途规划和城市设计，与及按地盘层面就大型发展项目的初步地盘规划和设计，分类载列空气流通意向指引。

<u>地区层面</u>	<u>地盘层面</u>
地盘布局	平台建筑
通风廊／风道	建筑物的排列
街道布局的定向、模式及扩阔街道	建筑物的透风度
海旁用地	建筑物的高度和外形
高度轮廓	园景美化设施
休憩用地及行人区的绿化和分布	外伸的障碍物
	冷质物料

11.1.2　指引的主要原则是创造及／或保留通风和有变化的城市结构，以改善城市的风环境。

11.2　地区层面

（1）地盘布局

11.2.1　地盘的划分应避免既长且直的形状，否则很可能会造成单方向设计及墙壁型的楼宇布局，不利空气流通。

（2）通风廊／风道

11.2.2　在高密度而又炎热潮湿的城市，为改善空气流通的情况，应沿主要盛行风的方向辟设通风廊，以及增设与通风廊交接的风道，使空气能够有效地流入市区范围，从而驱散热气、废气和微尘，以及改善局部地区的微气候。

11.2.3　通风廊应以大型空旷地带连成，例如主要道路、相连的休憩用地、美化市容地带、非建筑用地、建筑线后移地带及低矮楼宇群；贯穿高楼大厦密集的城市结构。通风廊应沿盛行风的方向伸展；在可行的情况下，应保持或引导其他天然气流，包括海洋、陆地和山谷的风，吹向已发展地区（图35及图36）。

图35　主要通风廊

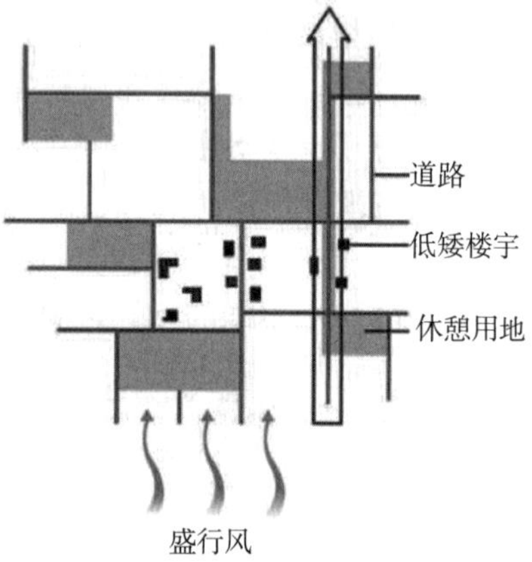

图36　由道路、休憩用地及低矮楼宇连成的通风廊

11.2.4　增加市区的通风程度，应将美化市容地带、建筑线后移地带及非建筑用地连接起来，并将连接主要道路的小路扩阔，借以构成通风廊／风道（图37及图38）。为有效驱散废气，通风廊与风道应成直角或成一角度，并应持续伸延一段足够的距离。

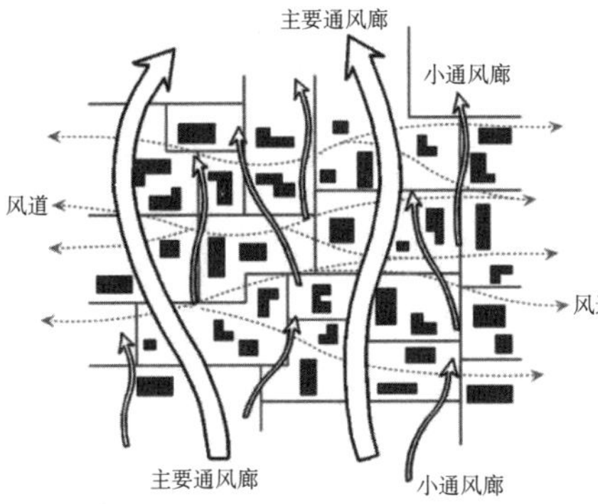

图37　风道

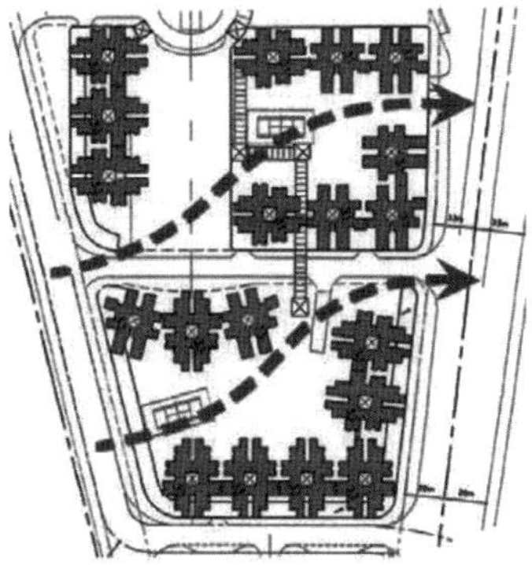
图38　利用非建筑用地的配置以辟设风道

（3）街道布局的定向、模式及扩阔街道

11.2.5　主要大街／大道应与盛行风的方向平行排列或最多成30度角，令盛行风得以进透入全区（图39）。

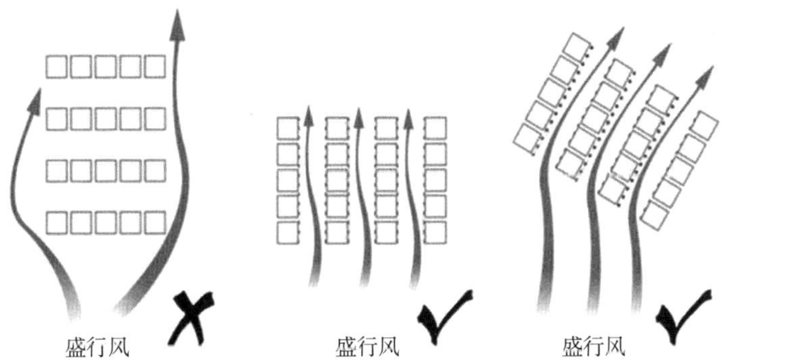

图39　街道布局的定向

11.2.6　与盛行风方向成直角的街段，应尽可能缩短，一方面可以减少空气滞留地带，另一方面亦可为市区增辟通风廊（图40）。

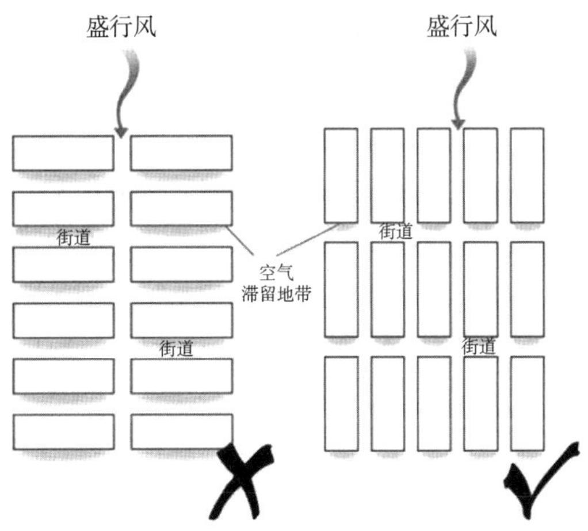

图40　街道布局模式

11.2.7　扩阔沿盛行风方向的街道，对于改善市区的空气流通非常有效。尤其在为旺角等旧区内面向都市峡谷的大型地盘进行重建时，应将街道旁边的建筑线后移（图41）。

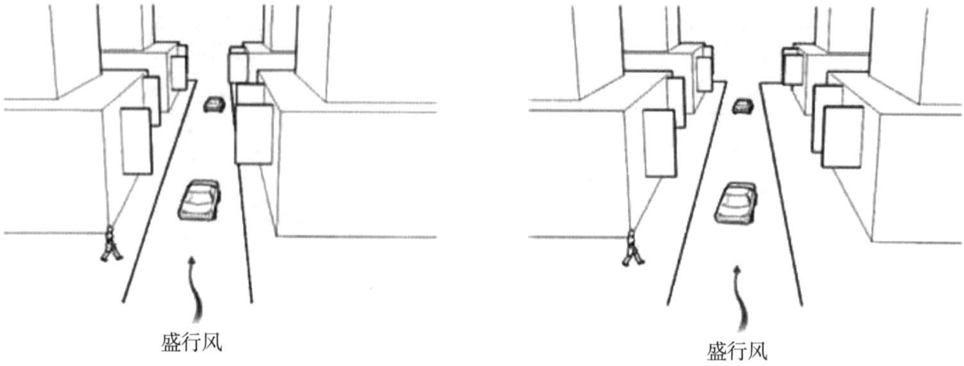

图41　扩阔街道/后移建筑线

11.2.8　在规划发展用地的布局及定向时，应让地盘较长的一面与风向平行，并适当地预留非建筑用地及建筑线后移地带，促进空气流通。

（4）**海旁用地**

11.2.9　海旁是因海水与太阳的冷热作用所产生的海陆风的必经门廊；因此，海旁建筑物的规模、高度及布局应予以特别考虑，以免阻挡海陆风及盛行风（图42）。

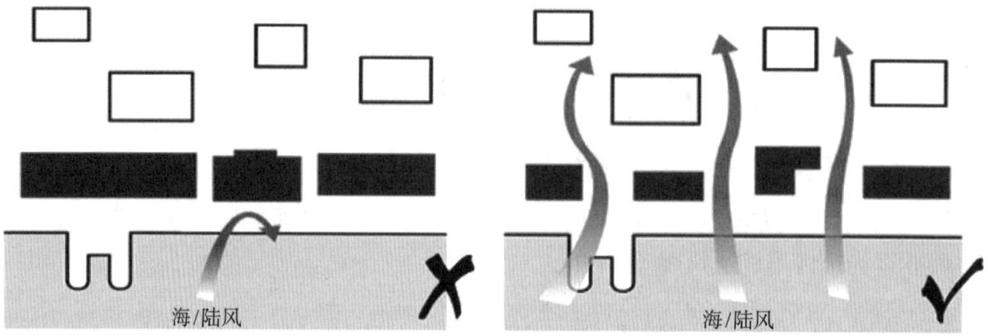

图42　海旁建筑物应避免对风造成阻挡

（5）**高度轮廓**

11.2.10　在稠密的市区内，应策略性地分布高矮不同的建筑物，利用高度轮廓带来的气压差异去引动气流，让风透入全区。不过，建筑群的高度轮廓必须与景观因素一并考虑，以求取得平衡。

11.2.11　一般而言，建筑群高度的分级有助改变风向，避免空气滞留不动。在适当的情况下，区内建筑群的高度应朝着盛行风的方向逐级降低，以促进空气流动（图43）。

11.2.12　低矮建筑物及休憩用地应处于当风位置及海旁地区；另外，亦应将其散布于高密度地区内，以提供纾缓空间及令建筑群高度增添变化（图44）。而于通风廊／风道内应保留低矮建筑及休憩用地。

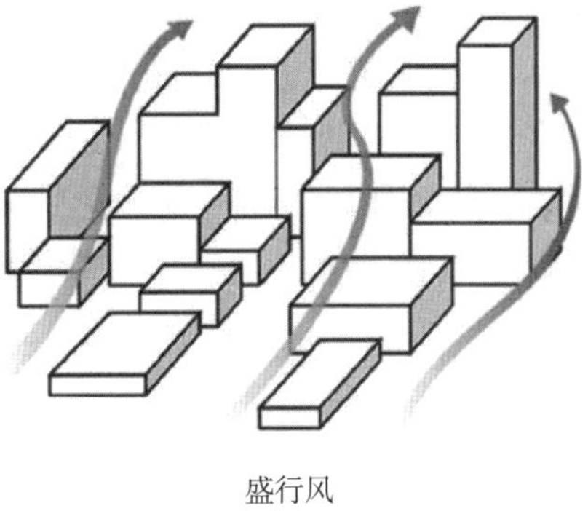

图43 高度轮廓的差异可促进空气流动

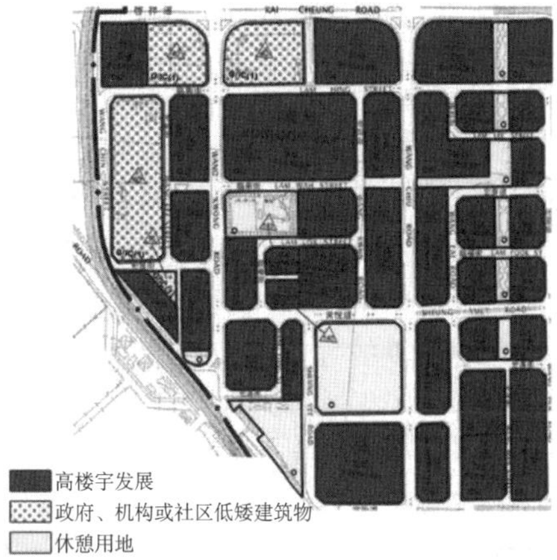

图44 在高密度/高楼大厦密集地区内的纾缓空间

11.2.13 在朝着盛行风方向或海旁的位置，应避免建造如墙壁般的密集高楼建筑群。

11.2.14 每个邻舍区内的高楼大厦应适当地分布，以免阻碍通风。

（6）休憩用地及行人区的绿化和分布

11.2.15 绿化的休憩用地及植被有助调节城市气候及减少空气滞留的情况。因此，应尽量在市区的休憩用地多种植物（图45）。

图45 休憩用地内应尽量多种植物

11.2.16 在地形封闭或山谷地区，应在适当的位置辟设休憩用地，帮助调节气候、促进空气流通及驱散周围的污染物。在可行的情况下，应扩大山边植被和灌木丛的种植范围，以降低山坡温度，及产生更凉快的山风。

11.2.17 为了尽量提供舒适的行人环境，应在行人区内栽种高大茂密的树木，以遮挡太阳、降低气温及隔滤污染物，同时避免阻碍行人路的通风（图46）。

图46 行人区内高大茂密的树木

11.2.18 主要的行人区应与主要道路、公共运输交汇处和垃圾收集站等设施的排气口分隔。

11.3　地盘层面

（1）平台建筑

11.3.1　为促进空气流通，以驱散热气和污染物，从而提供更舒适和空气更清新的行人环境，提高城市结构在路面的透风度是非常重要的。

11.3.2　本港普遍的大型密集综合式发展及平台式建筑，往往覆盖整个地盘或地盘的大部分面积，对空气流通造成显著的阻挡，这情况应尽可能避免。为改善市区路面的通风情况，大型地盘的发展／重建应采用下列措施

- 建筑线应沿盛行风方向后移；
- 划定非建筑用地，以分割大面积的地盘；
- 在建筑物的向风面制造空间；及／或
- 减少平台的上盖面积，在地面提供更多休憩用地（图47）。

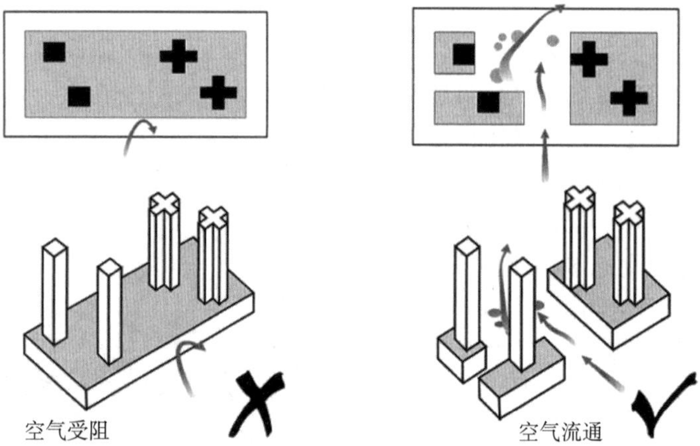

图47　减少平台上盖面积以提供更多地面休憩用地

11.3.3　在适当的情况下，应采用梯级式的平台设计，将气流从上空引导至地面的行人路（图48）。

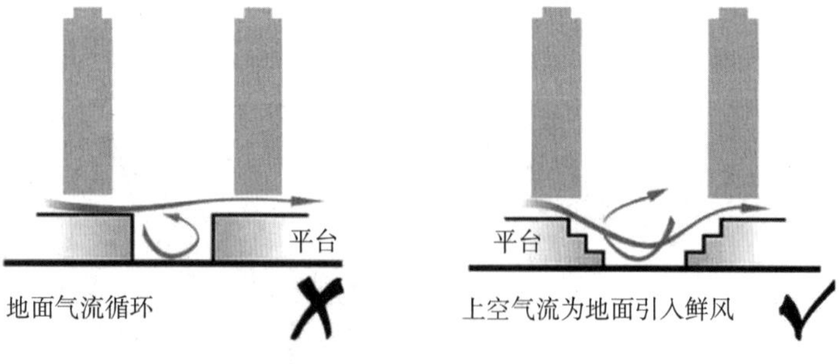

图48　梯级式的平台设计

（2）建筑物的排列

11.3.4　适当的建筑物排列可有效地使建筑物附近的空气流向理想的方向。

11.3.5　建筑物之间应尽可能保持足够的距离，以促进建筑群内的空气流通及减低对

周边通风环境的影响。建筑物之间的空间应与盛行风的方向成直角（图49）。

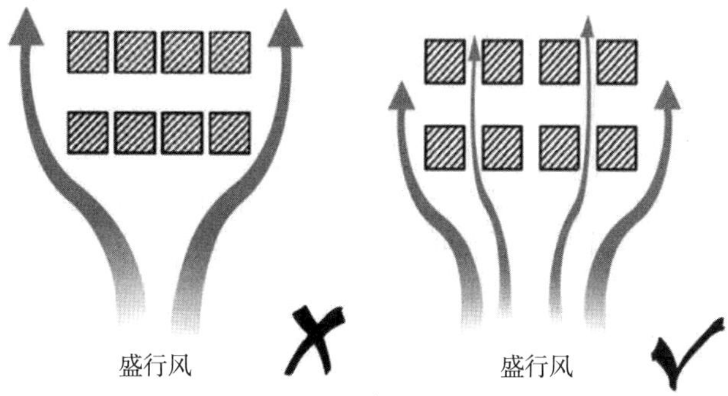

图49　建筑物之间应留有空间以改善通风

11.3.6　为减低对空气流通的阻碍，建筑物的中轴线应与盛行风的方向平行。为增加吹向每幢建筑物的风水平，从而改善室内的天然通风，建筑物的中轴线与盛行风方向所成的角度不应超过30度。

11.3.7　建筑物应交错排列，让风得以透过前排建筑物之间的空间吹向后排建筑物。

11.3.8　在适当的情况下，在面向与风向成直角的主要行人区／街道的一方，平台上的高楼应与平台边缘贴齐，将风引导向下吹至路面（图50）。

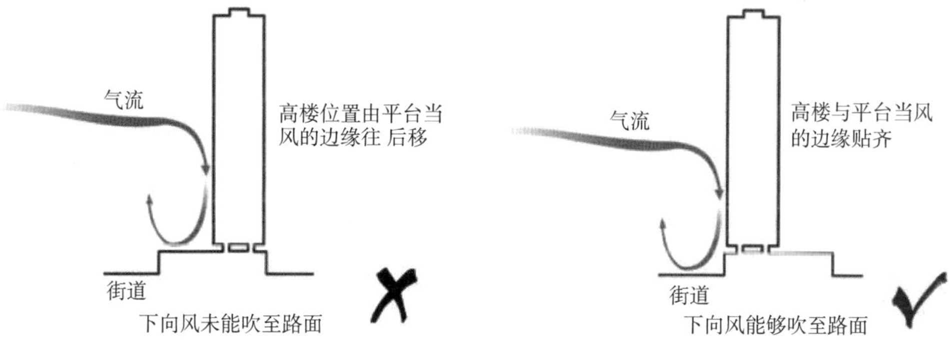

图50　高楼的排列应将风引导向下吹至路面

（3）建筑物的透风度

11.3.9　为增加建筑物的透风度，可在建筑物之间、平台与其上层楼宇之间，以及在同座建筑物的不同楼层之间保留空间（图51）。

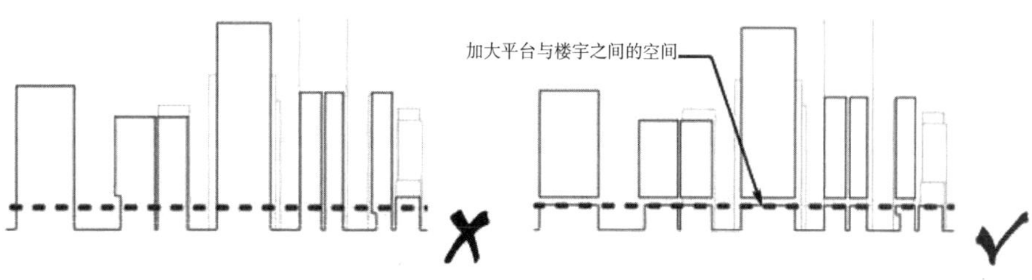

图51　平台与楼宇之间留有空间以促进空气流通

（4）**建筑物的高度和外形**

11.3.10　梯级式的建筑物高度概念有助改善建筑物的通风情况（图52）。

11.3.11　应考虑采用能产生小型气流旋涡的建筑外形，尽量引入清凉空气贯通建筑物及其周边范围。

（5）**园景美化设施**

11.3.12　在个别发展内，应尽量提供有效而多元化的绿化休憩用地，以减低建筑物和相关构筑物所吸收的辐射，或过滤受污染的空气。

11.3.13　为了尽量提供舒适的行人环境，应在入口广场及建筑线后移地带栽种高大茂密的树木，同时要尽量避免阻碍行人路的通风（图53）。

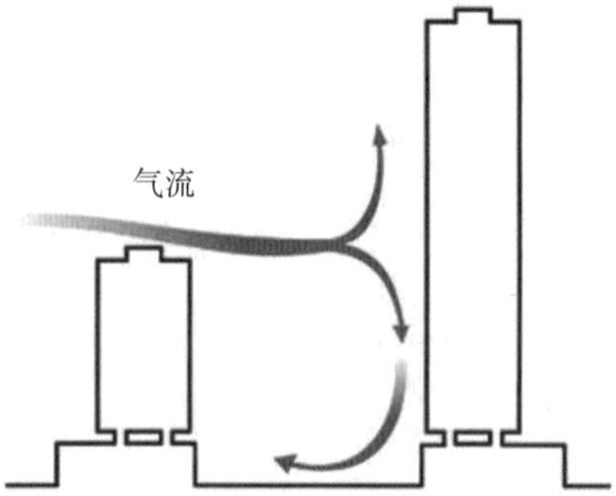

图52　梯级式的高度轮廓可令风转吹向较低的地方

图53　广场内高大茂密的树木

（6）**外伸的障碍物**

11.3.14　为尽量减少对风造成阻碍，应避免在通风廊／风道上有外伸的障碍物。在都市峡谷中的高楼旁边应避免建设大型高架道路，以免造成地面空气不流通。外伸的招牌应采用垂直型而非横向型，在行人活动频繁的地区更应特别注意这一点（图54）。

图54　外伸的招牌应采用垂直型而非横向型

（7）**冷质物料**

11.3.15　路面、街道及建筑物外墙应采用具有特强反射日光及／或散热能力特征的冷质物料，以减少太阳辐射的吸收。铺设路面时应考虑使用白色骨料含量高的沥青。在适当的情况下，亦可栽种树木或设置水体以提供恒凉区。

12. 空气流通评估

12.1 为在规划和设计过程中提供辅助，以改善城市结构的通风情况，“空气流通研究”已就空气流通评估的方法提出建议纲领。建议纲领载于《就香港发展项目进行空气流通评估技术指南》，技术指南可从规划署的网页下载，网址为http://www.pland.gov.hk。空气流通评估可就不同设计方案对空气流通的影响作出比较，认明潜在的问题，从而改善设计。技术指南建议采用风洞为进行空气流通评估的工具。有关空气流通评估方法的详情，可参考技术指南。

13. 结论

13.1 本章所订定的城市设计指引，鼓励有关人士在规划及设计过程中考虑其他因素之余，同时考虑城市设计及空气流通的因素。要改善我们的生活质素，应鼓励市民认识城市设计的效益，与及其对环境、经济及社会产生的广泛正面影响，以获取市民对城市设计的支持。事实上，香港要成为一个世界级的国际城市，除了需要政府在公共项目推行相应措施外，亦有赖业界人士及社会大众在发展过程中给予支持。

表1　商业地带的设计指引

课题	目标	设计指引
形象	为个别地区以至全城带出正面而鲜明的形象	中心商业区： • 提高香港的形象 • 超级摩天大厦的选址限于在少数的地标位置 • 建筑物的高度可考虑从内陆向海旁渐次递减 • 为超级摩天大厦的选址订定适当准则 • 巩固海旁建筑物对城市所起的“窗橱”作用 • 天台建筑物须顾及对视觉的影响 • 天台广告牌须顾及对视觉的影响 • 可把适当地点划为“综合发展区”地带等以控制发展设计 • 避免发展互不协调的海旁用途 • 尽量方便人们前往海旁 住宅区内的商业面貌： • 以商业中心为发展的核心 • 利用商业中心缔造住宅区的标记和地区特色 • 为商业中心平台周边的外墙加添趣味 • 把户内的购物商场与户外的休憩空间贯通 工业区内的商业面貌： • 商业用途位置作为工业邨的焦点 • 为设施选址时，往返方便和使用率高可视为首要条件

（续上表）

课题	目标	设计指引
人流	为行人设计安全、趣味与舒适兼备的行人流动路线	地面： • 设置安全的行人道联网贯穿商业区 • 可把适当的地点划设为行人专区 • 腾出空间以营造焦点 • 划设不同路线供行人选择 零售平台： • 连接通道应该与“交通需求线”的路线一致 平台顶层的通道： • 行人通道宜通过露天园景的楼层 购物商场的地下通道： • 为购物商场提供趣味与安全并重的地下通道
车流	设立具效率的车辆流动系统，以尽量避免车辆对行人造成不良影响	• 行车道设在周边地点，以尽量减轻交通对地区的影响 • 限制进出商业区的车辆，并在周边地点设立停车和转乘设施，以作配合 • 限制货运车辆的进出 • 以多方面的措施使车辆在狭小的地点减速
停车位	提供充足而方便往返的停车设施	• 提供设置充足的停车位 • 设置通道直达市中心商业区周边的停车设施 • 可提供交通工具转乘设施，以减少车辆数目
空气质素	做到空气尽量流通，以改善商业核心区的空气质素，使达至可以接受的水平	• 尽可能辟设通风廊 • 顾及路边的局部地区气候 • 辟设行人专区让行人倍感空气清新 • 鼓励植树
街景	保持街道朝气蓬勃	• 海旁要做到更为熙来攘往、活力十足 • 街道环境做到条理井然 • 为街道两旁加添趣味

表2　住宅地带和乡村的指引

课题	目标	设计指引
规模	发展的大小须相宜	• 鼓励进行综合住宅发展，务求布局和设计可以更加灵活 • 促使毗连地段的土地拥有人互相合作，协力改善整体的城市景观
建筑物高度	尽量减轻发展高度在视觉上对四周的不良影响	• 建筑物高度须顾及背后的山景，以免破坏景观范围 • 以采用多元化的建筑高度组合达致悦目的视觉效果 • 可对地积比率作出限制以降低建筑物的高度 • 建筑物可采用梯级式高度或将建筑线后移腾出空间以尽量减轻对毗邻发展的视觉负面影响 • 越靠近海旁、休憩用地和郊区地点的建筑物，高度应该越低 • 避免建筑物造成“铅笔”效果或兴建与附近环境格格不入的“突兀”建筑物

（续上表）

课题	目标	设计指引
建筑外形与结集程度	为建筑物的外形和结集程度添上趣味	• 发展项目采用创新的建筑外形，以建立独特的标记和风貌 • 以不同形式和不拘一格的结集程度增强视觉上的趣味
大厦／屋宇的分布	为大厦／屋宇选择适当的坐落点，从而对居民的私隐倍加保护，并尽量减轻在视觉、噪声和空气质素方面的不良影响	• 从大厦／屋宇的分布着手，避免对环境构成不良影响 • 大厦／屋宇的坐向应该做到尽量保护居民的私隐 • 避免地段被道路包围成“孤岛地” • 尽量拓宽民居的景观同时又不减损公众的景观 • 大厦位置应远离滋扰和不协调的相邻用途的位置 • 考虑局部地区的气候影响
行人通道	设立效率、舒适、安全和方便的行人通道系统，贯穿整个邻里范围	• 在设计上优先考虑行人 • 设置人车分隔的行人通道 • 尽量把行人通道设在地面 • 辟设贯通各发展项目的“走廊”，例如让行人可在平台层来往各处 • 改善局部地区气候，让行人倍感舒适 • 确保有便捷的通道直达公共交通枢纽 • 加强街道上和邻里内的保安，以确保四周环境安全 • 辟设以园景美化的行人路 • 提供合适的街道设施 • 行人通道须方便残障人士来往 • 改善连接市区边缘／乡郊地区的行人通道网络
行车通道	设置具效率的行车通道系统而尽量不影响行人流动	• 只许私家车驶至发展项目外围 • 提供公共运输设施以尽量减低发展内的车辆流量 • 确保设置紧急车辆通道 • 辟设道路噪声缓冲区 • 避免让交通贯穿中心区 • 避免让车路攀缠全区 • 确保驾驶人士对路线一目了然 • 透过路拱、车辆减速措施等减低在发展内的车速 • 顾及行人安全
停车设施	为居民提供充分和地点方便的停车设施	• 提供充足的停车设施 • 鼓励驾车者不要在路旁停放车辆 • 把停车场外围修饰至生趣盎然，并且掩饰乏味的外墙 • 为残障人士提供停车位
休憩用地／政府、机构及社区设施	为居民提供合用、易于前往和完善的休憩用地和政府、机构及社区设施	• 符合休憩用地和政府、机构及社区设施所须的要求 • 尽量做到休憩用地方便往返和使用 • 充分利用平台楼层作休憩用途 • 尽量辟设通道连接市区边缘和乡郊地区

（续上表）

课题	目标	设计指引
负面影响	尽量减轻四周天然环境所受的负面影响	山： • 在发展内多做绿化工作，以免对山坡景观构成负面影响 • 外墙的用色应该作出巧妙配合，以免与背后的天然景色对比太强烈 • 以园景美化物作为屏障 • 尽量减轻外露支柱的视觉负面影响 海旁： • 采用多样化的建筑高度和结集程度，以免对海旁景观构成负面影响 • 辟设通往海旁的公众通道 • 顾及海旁易受影响的美化市容设施 天然环境： • 园景美化特色须配合四周的天然环境 • 建筑设计可更为灵活多变 • 以植树尽量减轻建筑物所带来的影响 易受影响的邻里环境： • 在发展与具特殊科学价值地点之间设置缓冲区 毗连乡郊范围： • 保护邻近村落的风貌 • 保护农地和鱼塘 • 在发展与毗连的发展之间腾出足够的缓冲区 • 尊重当地历史和文化 • 尽量避免发展庞大的建筑群 • 顾及用地的特点，例如尽量不切削斜坡、不伐去天然植物等
标记	建立鲜明的标记	•为发展营造当眼点 • 采用创新的楼宇设计或建筑概念，为发展创设独特面貌 • 建立活动枢纽
邻里社区	建立自给自足的邻里和社区，从而使居民对社区自豪和建立归属感	•创立独特的邻里标记 • 清晰突出住宅入口和当眼点 • 设计发展蓝图时要为居民营造归属感
乡村		
分布	顾及地形／园景特色和村落的和谐设计	•配合现有的发展分布形式 • 在进行重建时顾及古村落的结集程度、风格、颜色和外形 • 避免在原居民乡村的核心地带引入与乡村建筑风格不相协调的建筑物

（续上表）

课题	目标	设计指引
邻里范围的焦点	为乡村创造中心点，并加强标记的独有特色	• 清晰突出乡村的入口 • 突出乡村的中心点位置 • 鼓励公众认识历史和文化 • 顾及景观和视觉因素 • 以园景美化屏障遮掩垃圾收集站
人流和车流	辟设具效率而适合乡村环境的人流和车流系统	• 尽量少辟设道路基础设施，并尽可能保存乡村的风貌和环境 • 在入口辟设停车场并设计为乡村中心点
乡村风貌	保存原居民乡村的历史和文化特色	• 把乡村看作一个整体，保留村屋的聚集成群的特色 • 保存独有的风貌和特点 • 保持传统屋宇富色彩的设计细节

鉴于每条乡村的地点、相邻环境、历史长短和历史背景等各有不同，每个设计方案都须考虑具体环境和个别的问题。

表3　工业地带的设计指引

课题	目标	设计指引
环境影响	工业地区的选址以尽量少对四周造成负面影响为佳	• 设立园景美化的缓冲区，减轻工业对邻近地区的视觉负面影响 • 提供通风廊 • 为顾及毗连地带的土地用途而设置缓冲区
车流	设计具效率的通道布局，并为工业区缔造正面的形象	• 辟设通道连接道路基础设施 • 在工业区设立鲜明的入口，以营造正面的形象 • 设置各自独立的货运专用和管理专用交通通道 • 避免划设贯穿中心区的道路路线 • 以园景美化四周道路旁 • 规划有效率的通道设计给紧急车辆使用 • 提供方便使用的公共交通工具 • 提供足够的停车位 • 鼓励驾车者不要在路旁停放车辆 • 在工业区内划设中央停车处作为中心点 • 栽种植物以遮掩停车处
人流	辟设安全而具效率的行人道网络以连接并贯通工业发展	• 分隔行人车辆的路线 • 在最方便往返的地点设置便捷的公共运输设施和配套设施 • 采取各种车辆减速措施 • 为残障人士辟设通道 • 铺筑宽度充足的行人道 • 考虑在平台层辟设行人通道 • 为街景营造朝气蓬勃的景象 • 提供充足的休憩用地 • 把休憩用地规划为发展焦点 • 建立辅助性的景观地标

（续上表）

课题	目标	设计指引
休憩用地	尽量提供适用的休憩用地予工业区工作的人使用	• 辟设既方便往返又宜人的休憩用地 • 辟设通道连接不同的休憩用地 • 休憩用地与行人道网络需互相配合

第十二章　其他规划标准与准则

1. 引言

1.1　本章旨在辑纳个别的土地用途或设施的规划标准与准则，而这些土地用途或设施并不属于其他章节的涵盖范围。这些设施及土地用途之间现时虽然互不关连，但日后部分内容可能因应需要而须予扩充，或合并而自成一章。因此，如有需要，本章内容是会扩充或删减的。

2. 岩洞发展

2.1　崭新的长远土地供应来源

2.1.1　岩洞是指人工开挖的大型洞室。香港的地质条件十分适宜发展岩洞作不同的土地用途，地形环境亦极之适合作岩洞发展。香港大部分都会区及新界区的地底均属坚硬的晶质火成岩，在风化层之下的火成岩十分适宜进行挖掘工程，是建造岩洞的合适地方。岩洞设计的原则，是利用岩体的强度，形成拱顶及侧壁。有关岩洞发展的主要规划及实施要求（包括地盘勘察、岩洞设计及建造、监察及维修保养）的详细指引已载于土地工程拓展署出版的《岩土指南》第四册——《岩洞工程指南》。

2.1.2　香港是高发展密度的城市，山多而可供发展的土地有限。发展岩洞是增加本港长远土地供应的其中一个既创新又可行的方法，可为香港创造容量以达致可持续发展的目标，详情如下：

（i）把现有合适的政府设施及未来合适的政府设施（例如配水库、废物转运站、污水处理厂等）迁至或设于岩洞，从而释出地面用地作其他较有价值的用途（例如住宅及社区用途）；

（ii）迁移互不相容的土地用途，把“不受欢迎”类别的现有或已规划的设施设于岩洞内，以减少对社区造成的滋扰，同时增加所释出土地及其周边地区的发展潜力；以及

（iii）容纳合适的公共及私人设施，香港可供使用的地面土地短缺，把合适的设施设于岩洞可减少有关设施所需占用的地面土地，并提供成本较低的安置之所，对需要大量土地的用途尤然。

2.1.3　虽然发展岩洞初期所需的建设成本会较位于地面的同类发展为高，但应平等地比较拟议发展的岩洞方案和非岩洞方案，并进行成本效益对比分析以作为参考。有关的考虑因素包括腾出地面土地的价值或其发展潜力、平整土地的成本、挖掘物料的重用价值，以及其他无形的效益（例如环境及社会效益）。由于香港土地资源匮乏，地价高企，相对

于地面发展，从经济角度而言，岩洞发展可以是可行的解决方案。

2.1.4 土木工程拓展署联同规划署于二零一七年三月完成“岩洞发展长远策略—可行性研究”（下称“岩洞策略性研究”）。岩洞策略性研究提出多项建议，包括制定策略性的全港岩洞总纲图，以便全面规划和推行岩洞发展，落实这项增加土地供应的崭新措施。《二零一六年施政报告》重点提出制定《岩洞总纲图》及相关指引，以作为推广香港岩洞发展的全面策略。政府规划及土地发展委员会于二零一六年通过多项有关岩洞发展长远策略的新措施，包括向公众公布《岩洞总纲图》、把《岩洞总纲图》纳入《香港规划标准与准则》，以及在规划及土地发展委员会之下成立岩洞发展小组委员会，以作为推展香港岩洞发展长远策略的行政架构的一部分。

2.2 《岩洞总纲图》

2.2.1 图1内的《岩洞总纲图》提供概括的策略性规划大纲，以指导并促进香港更广泛使用岩洞发展。《岩洞总纲图》是一项非法定的规划工具，属全港性的图则，标示出48个策略性岩洞区的位置和范围。这些策略性岩洞区的面积最少约30公顷，全属香港适合作岩洞发展的地方。这些策略性岩洞区覆盖的面积合共约4600公顷，全部属于政府土地。在扣减用作支撑岩洞的间隔石柱和连接入口及其他通道的隧道等必要设施的空间后，可作发展用途的净质岩洞空间合共约1200公顷至1800公顷（即折减系数约为60%至75%）。

2.2.2 《岩洞总纲图》附有一份《说明书》，以及策略性岩洞区的整套《注释》。

《说明书》

2.2.3《说明书》旨在提供《岩洞总纲图》的主要资料，包括具潜力在岩洞发展的土地用途列表。《说明书》载列《岩洞总纲图》的目标，简述划设各个策略性岩洞区界线的准则（例如地质合适度、土地用途规划、环境限制、消防安全规定等），并扼要说明主要的实施事宜。

《注释》

2.2.4 每个策略性岩洞区均附有一份《注释》，阐述该区的特点、发展潜力和限制。当中包括地质、规划、环境及交通特点等详细资料，以及岩洞发展的其他主要问题／限制。《注释》亦概述潜在的土地用途及各潜在入口位置范围。每份《注释》随附参考绘图，展示所提供资料的空间环境。

2.2.5 《岩洞总纲图》《说明书》和各份《注释》旨在促进全港岩洞发展，以及为公私营界别的项目倡议人提供必要资料，以便为其发展项目物色合适的岩洞用地。有关这些文件的完整版本，请参阅土木工程拓展署网站（https://www.cedd.gov.hk/sc/cavern/index.html）和规划署网站（https://www.pland.gov.hk/pland_sc/info_serv/cmp/index.html）。鉴于不断转变的情况，土木工程拓展署和规划署将视乎需要更新《岩洞总纲图》。如有查询，请与土木工程拓展署辖下的土力工程处或规划署专业事务组联络。

2.3 具潜力在岩洞发展的土地用途

2.3.1 《岩洞总纲图》胪列具有在岩洞发展潜力的土地用途列表（表1）。列表并非巨细无遗，仅作一般参考之用。应按每项用途的个别情况，并在充分考虑相关的规划、设计及其他因素后，评估有关用途是否适合。

2.4 划定岩洞区的主要规划及设计考虑因素

2.4.1 识别及划定策略性岩洞区的主要规划及设计考虑因素载述如下，这些考虑因素亦适用于识别其他岩洞区：

（ⅰ）适合的环境：有关地区必须有适合发展岩洞的地形与地质。策略性岩洞区一般位于山势陡峭及石层浅的山区，以尽量缩短入口隧道的长度，从而减少建造入口的工程范围。石层浅则可提供充足的岩石覆盖层，以支撑大型岩洞发展。

（ⅱ）能容纳多项设施：有关地区必须有足够的空间及入口位置，以发展多项兼容的岩洞设施。

（ⅲ）交通及联系程度：在决定策略性岩洞的位置及具潜力发展的土地用途时，其中一项主要考虑因素，是必须要交通方便，可连接现有及已规划的主要交通基础设施。策略性岩洞必须要邻近现有／已规划的交通及运输基础设施，而交通容量须配合策略性岩洞内的土地用途。举例说，倘周边的基础设施仍有合理交通容量，才会考虑那些通常会产生较大交通流量的土地用途（例如货仓）。在物色土地用途时，亦应考虑附近是否设有港铁站及其他公共交通工具，方便员工及／或市民前往。

（ⅳ）入口位置：潜在入口位置范围适宜设于陡峭山坡附近及／或周边有足够空间作存放岩洞建造物料和兴建地面的岩洞发展配套构筑物。视乎个别项目的要求，或须为指定设施提供典型的地面构筑物，包括通风井及行政大楼。

（ⅴ）消防及疏散：

（a）消防安全是发展岩洞的重要规定之一。建筑事务监督及消防处于一九九四年联合出版《岩洞的消防安全设计指南》，该指南只适用于供公共事业设施（例如污水处理厂、废物转运站及配水库）使用的地底岩洞。根据该指南，岩洞内水平逃生路线的总长度不应过长。根据指南所载的消防安全规定，就该指南指明的岩洞用途而言，可采纳最长不超过750米的安全通道设计。至于其他不包括在该指南的用途，须符合二零一一年的《建筑物消防安全守则》（下称“守则”）第二章A部所指明的效能表现要求。倘因为面积、用途、复杂性或位置的原因，难以遵守为任何特别危险设计而订立且必须遵守的条文，或可采纳守则G部所指明并依照消防工程方法所订定的替代方案。

（b）为界定策略性岩洞区的界线，在可行的情况下，会把界线议定在距离潜在入口位置最多800米（即750米加50米缓冲区）的位置。此限制旨在确保可充分善用策略性岩洞区，以及恪守并严格遵守指南所订明的消防安全规定的重要性，即设于策略性岩洞区内的岩洞设施不得超出750米的最大距离。这项安排可避免位处策略性岩洞区外的发展太接近策略性岩洞区，因为太接近策略性岩洞区可能会令可用的岩洞空间减少。另设额外50米的缓冲区，该缓冲区不会设置任何岩洞设施，旨在分隔岩洞设施与策略性岩洞区外的任何其他发展。

2.4.2　至于岩洞发展的主要规划及实施规定，包括地盘勘测，岩洞设计，以及建造、监督和保养，见上文第2.1.1段所述由土木工程拓展署发出的《岩土指南》第四册——《岩洞工程指南》。

2.5　推行

2.5.1　《岩洞总纲图》旨在为岩洞发展提供全面架构及系统性指引，当中载列的策略性岩洞区并非巨细无遗，可能仍有一些其他地方适合作岩洞发展，却未符合策略性岩洞区的甄选准则。应就个别岩洞的发展建议进行详细的规划及工程可行性研究和技术评估（例如环境影响评估及交通影响评估）。公众咨询工作亦应视乎情况以个别项目的形式进行。

配合其他法定或行政要求

2.5.2 无论岩洞发展是在策略性岩洞区之内或之外，《岩洞总纲图》并不会免除其在相关法例上的任何要求或任何土地契约条款。岩洞发展项目的倡议人应在项目实施阶段遵循适当的相关法定及行政程序／要求。

2.5.3 不论界定地底拥有权的机制或文件为何，根据《建筑物（规划）规例》，在计算有关用地的准许地积比率时，除非地底及地面的设施或任何建筑工程已根据《建筑物条例》获得豁免，否则有关设施或建筑工程均须计入总楼面面积内。

卖地

2.5.4 在开发岩洞时，应考虑处置地层土地及／或岩洞项目发展权的适当方法，包括但不限于卖地，采用“建造、营运、移交”模式，或者其他方法，但是必须顾及岩洞发展的性质，岩洞是否配合其他地面或地底的发展项目或基础设施，以及岩洞日后重新使用或重新发展。发展参数及相关的发展管制宜在工程条款或土地契约条款中订明。此外，也应就拟议发展的维修保养要求，征询相关部门的意见，以便适当地把此等要求纳入工程条款或土地契约条款之中。

环境影响

2.5.5 岩洞发展项目属《环境影响评估条例》的指定工程项目，项目倡议人须依循法定的环境影响评估程序。《环境影响评估条例》提供一个纲领，以评估该条例所界定的指定工程项目对环境有何影响（包括空气质素、水质、生态、噪声、景观及视觉、文化遗产等），确保透过环境许可制度，实施消减环境影响措施。

2.5.6 在策略性岩洞区的总面积中，约有40%的地方位于郊野公园及特别地区的范围内。如要在郊野公园范围内发展岩洞，项目倡议人必须咨询郊野公园及海岸公园管理局总监并取得其同意，而总监可视乎情况要求项目倡议人进一步咨询郊野公园及海岸公园委员会或其辖下的郊野公园委员会。所有郊野公园范围内的岩洞发展，必须有充分的理由支持。

技术通告

2.5.7 “发展局工务技术通告第8/2017号——岩洞发展”已经发出，以公布推动和促进香港更广泛使用岩洞发展的政策及相关措施。该通告亦载述规划及土地发展委员会辖下的岩洞发展小组委员会的职权范围和成员名单。

2.5.8 政府会采取积极的方式，推广利用岩洞来安置合适的政府设施及基建。就三种新的政府设施（即废物转运站、污水处理厂和配水库）而言，倘发现合适的岩洞用地，项目倡议人须在构思初期进行岩洞方案评估。工程项目如涉及具岩洞发展潜力的土地用途，项目倡议人须先物色是否有合适具潜力的岩洞用地作拟议发展。规划署在处理相关用地的请求时，会在土力工程处的协助下，协助物色具发展潜力的岩洞用地。这可确保能尽早物色具潜力发展的岩洞用地以作为已规划发展项目的地面用地以外的另一选择，同时有助项目倡议人在工程项目的初步规划阶段进行所需的岩洞方案评估。

2.5.9 有关技术通告载于发展局网站：（https://www.devb.gov.hk/TechnicalCirculars.aspx?section=53&lang=1）。

表1　具有岩洞发展潜力的土地用途

	土地用途类别
1	商业用途 —食品及饮品 —食品／葡萄酒贮存 —零售
2	工业用途 —货柜贮存 —数据中心 —工业 —大型石油气库 —大型油库 —研究／测试实验所 —贮物／货仓
3	政府／机构／社区及其他指定用途 —档案馆 —文娱中心 —灵灰安置所／多层式陵墓／殓房 —文化／表演场地 —爆炸品仓／炸药仓 —焚化炉 —室内游戏／运动馆 —室内游泳池／综合场馆 —维修站 —康乐综合大楼 —废物转运设施 —配水库 —污水／食水处理设施 —屠房 —运输连接路及网络 —地下采石场 —停车场 —车库（包括巴士） —批发市场
4	公用事业设施 —电力站 —公用事业设施装置

注：应按照每宗个案情况，就安全、运作、环境、技术及财务等范围咨询相关政策局／政府部门，评估潜在的土地用途是否适合作岩洞发展。

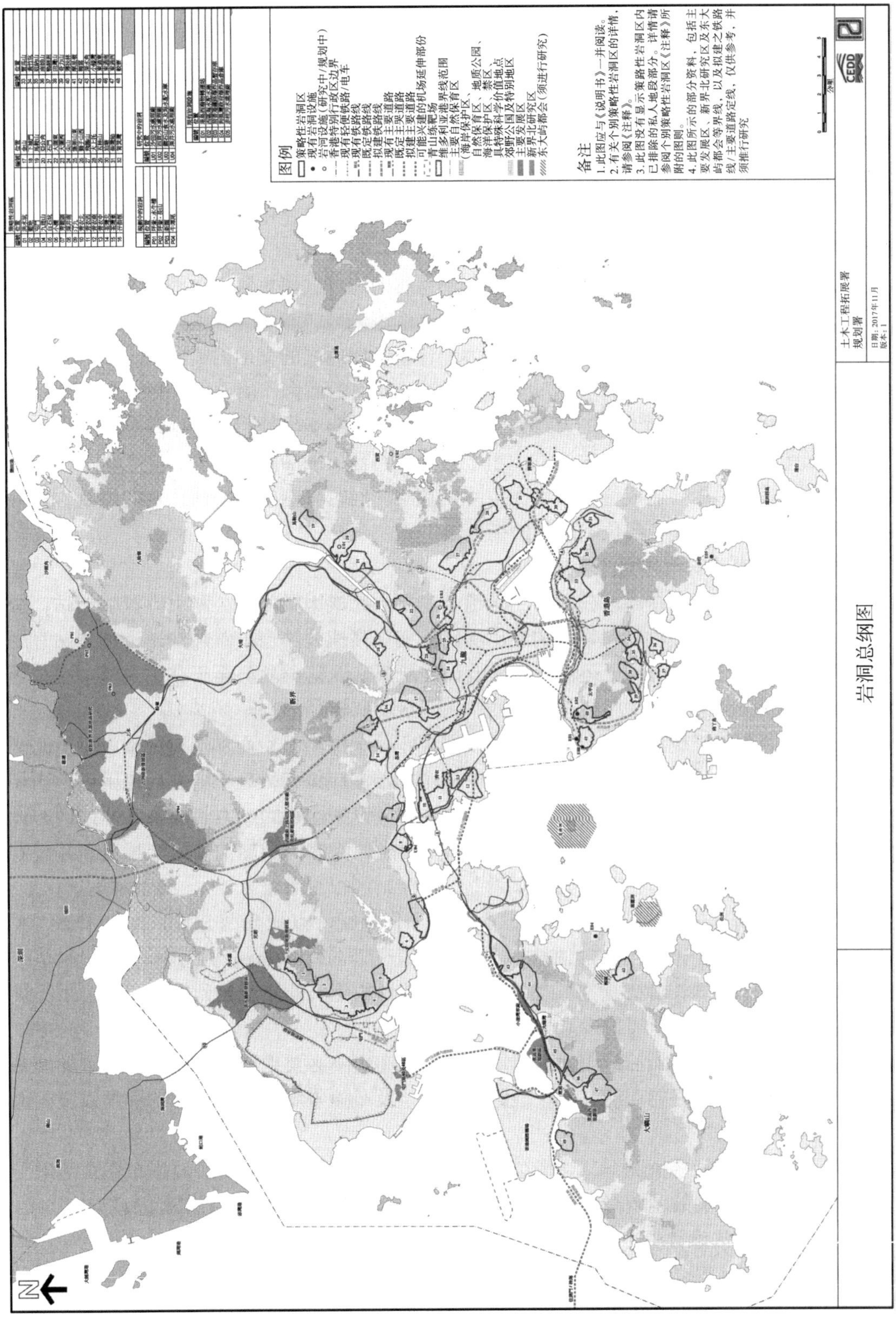
图例
策略性岩洞区
现有岩洞设施
岩洞设施（研究中/规划中）
香港特别行政区边界
现有轻便铁路/电车
现有铁路线
既定铁路线
拟建铁路线
现有主要道路
既定主要道路
拟建主要道路
可能兴建的机场延伸部份
青山练靶场
维多利亚港界线范围
主要自然保育区
（海岸保护区、自然保育区、地质公园、海洋保护区、禁区、具特殊科学价值地点、郊野公园及特别地区）
主要发展区
新界北研究区
东大屿都会（须进行研究）
备注
1.此图应与《说明书》一并阅读。
2.有关个别策略性岩洞区的详情，请参阅《注释》。
3.此图没有显示策略性岩洞区内已排除的私人地段部分。详情请参阅个别策略性岩洞区《注释》所附的图则。
4.此图所示的部分资料，包括主要发展区、新界北研究区及东大屿都会等界线，以及拟建之铁路线/主要道路定线，仅供参考，并须推行研究
土木工程拓展署
规划署
日期：2017年11月
版本：1
岩洞总纲图

图1　岩洞总纲图

3. 加油站

3.1　用途

3.1.1　加油站的主要功能是为汽车提供入油设施、空气和水。一般而言，除非另有注明，汽车用燃料可指汽油、柴油、油及石油气。本章提及的加油站，除另有条文订明外，一般是指传统的加油站、汽油连石油气加气站和石油气加气站。

3.1.2　除了入油设施外，在经批准的地点还可提供润滑及清洁服务。

3.1.3　部分加油站设有厕所，并提供与加油站营运相配合和相关的零售服务。

3.2　位置

3.2.1　在功能上而言，加油站应设于车辆易达的地点，使车辆无须因加油而不必要地迂回绕道。

3.2.2　加油站可分为两大类，其一是为配合途经该地区的交通的需要而设，其二是为配合当地需要（例如住宅、商业或工业区）而设。就前者而言，由于要应付途经的交通的需要，加油站宜设于已建设区的边缘，特别是在主要道路交界处附近，这些地点不但方便易达，而且亦较易引起驾驶者的注意。至于后者，在预留加油站用地时，应考虑方便而不会对邻近的道路使用者造成滋扰或太大危险的地点。同时车辆应容易前往这些地点，毋须驶经当地高密度商业及／或住宅区内的街道。

3.3　选址时在道路安全方面的考虑

3.3.1　一般而言，在高速公路、主干道、主要干路或甲级郊区公路上设置加油站，所选定的用地必须能够提供妥善设计的进出支路。倘在高速公路上设置加油站，加油站宜成为服务设施用地的一部分（见运输策划及设计手册第二卷第6章）。至于在主干道、主要干路及甲级郊区公路设置加油站，则各加油站之间最少应相距5公里。

3.3.2　倘在等级较低的不分隔车路上设置多于一个加油站，而加油站分别设于道路两旁，则两旁的加油站不得直接相对，但其中一个加油站应设于另一个的视线范围内，而相距最少100米，且路面驾驶者先行见到的加油站，应设于道路的左方。如果加油站同时设于道路的一旁，则两个加油站之间最少应相距300米，除非两个加油站紧接相连，并设有共享出入口，始作别论。在双程分隔车路上，加油站可相对而建。

3.3.3　在高速公路上设置加油站，必须距离任何交汇点最少两公里。在主干道、主要干路及甲级郊区公路上设置加油站，不得设于任何弯位、垂直路弯或路口的100米范围内。换言之，车辆驾驶者必须在离加油站最少100米的距离外便可见到加油站。至于等级较低的道路，这个视线距离最少应为50米。

3.3.4　整体而言，加油站用地的选址应可避免车辆不必要地原路折回。在选定加油站的用地时，应考虑道路的功能、某段道路的交通量及车速限制、引起注意的程度以及其他相关因素。

3.3.5　由于在某些情况下，当局会较灵活地应用上述指引，因此，每宗个案在考虑与交通及道路安全有关的问题时，都应征询运输署及香港警务处（交通总部）的意见。

3.4　加油站的布局设计

地盘尺寸

3.4.1　新加油站的地盘尺寸如下：

加油站 类别	最小的尺寸 （平方米）	最低临街面阔度 （米）	最低的深度* （米）	通道的最低阔度 （米）
（a）没有石油气加气设施的加油站	375	25	15	6
（b）石油气加油站	375			
（a）具备石油气加气设施的加油站	750#			

备注：* 包括行人径

对于现有经改建以提供石油气加气设施的加油站，则未必需要符合这项规定。

3.4.2　倘若预期加油站的服务还包括货柜车在内，则地盘临街面的阔度及深度最少须分别为40米及15米。另外，行人径的阔度最少须为3米，通道的阔度则最少须为8.5米，以及在加油站与行车路之间设置栏杆。假使情况许可，地盘的深度应超过15米，因为需要提供较大的空间让货柜车运转，同时作分隔用途的行人径的阔度亦须增加。

出入口

3.4.3　不论在已建设区或郊外道路，加油站的布局设计必须方便公路上的车辆驶入，出入口亦容易引人注意。

3.4.4　一般而言，加油站只可设一个入口及一个出口，同时，在设计上应单向作业，以免车辆需要掉头，并防止车辆抄捷径，从出口进入加油站，以及从入口离开。

3.4.5　可是，倘加油站备有两个或超过两个临街面，而加油站是介乎两条道路之间，则可增设一个出口或入口，惟这项措施必须能达到改善用地内车辆流通的目的，既不会阻碍其邻近道路的交通流通，亦不会影响车辆在紧急情况下驶离现场。

油机

3.4.6　油机的位置布局必须可疏导车辆流通，避免轮候车龙伸展至邻近道路。此外，加油站在设计上，配油器应尽量设于靠近出口的地方，以确保轮候加油的车辆不会停泊在行车道上。

轮候车位

3.4.7　在加油站内应设有足够的车位，以免车辆在公用道路上轮候。在加油站用地内，每个附有油表的油机旁应设有一个车位。此外，入口与油机之间应最少设四个轮候车位，以供轮候加油的车辆暂时停泊。

3.4.8　倘加油站兼备一般的润滑及维修设施，应为每个维修台增设四个车位，而这些车位不得阻碍加油车辆进出。

3.4.9　此外，亦应考虑在泵气站之间提供一个额外的车位。

3.5　环境及消防安全考虑

3.5.1　倘若加油站设在已建设区，应选择位于较空旷而不被其他发展包围的地点。假使无法符合这项规定，则加油站四周的建筑物只适宜为低建发展。

3.5.2　加油站的选址，应顾及加油站的作业及车辆出入加油站对邻近易受噪声影响地方可能造成的噪声影响（尤其在夜间所造成的影响）。出入口的位置须审慎地选择，以免造成噪声滋扰。

3.5.3 倘若加油站位于易受噪声影响用途附近，则应妥善安排加油站内各项发出噪声的设施，俾能尽量减少直接造成的噪声影响。同时，应采取适合的措施，纾缓任何噪声影响，以满足《香港规划标准与准则》第9章“环境”表4.1所订的噪声标准的规定。

3.5.4 加油站的营运时间或须受到限制，以期尽量减低对易受噪声影响用途的滋扰。有关易受噪声影响用途的定义，应参照《香港规划标准与准则》第9章附录4.1所载。

3.5.5 加油站内应具有充裕空间，用以设置油缸、排气管、油机、油车卸油站、加油泵、配油器以及建筑物。在决定这些设施的位置时，必须顾及运作、安全及环境的问题，以免对易受空气污染影响的用途造成滋扰。

3.5.6 进行洗车、加油及维修活动的设施应尽可能加设上盖。所有车辆维修台及润滑台亦应尽可能加设上盖。这类上盖构筑物不应影响加油站的空气流通。

3.5.7 加油站在接驳任何雨水渠或污水渠之前，必须提供及保持足够的截油设施，以阻截加油站所排出的废水／油脂／垃圾。

3.5.8 上盖地方的排水渠应经由截油器接驳至污水渠，而露天地方的排水渠则应经由设有雨水溢流管的截油器接驳至雨水渠。至于来自其他地方的废水，应直接排放至污水渠。从天台及檐篷收集的雨水，则应直接排放至雨水渠。上盖地方的排水明渠与露天地方的排水明渠应由150毫米阔的加高石壆或路拱分隔开。

3.5.9 就设有两至三个加油服务处（或四至六个配油器）及占用少于三分之二总面积的独立上盖的小型加油站来说，所有排水明渠均可经由截油器接驳至雨水渠。

3.5.10 假使有关地点尚未接驳污水渠，则应提供适合的废水处理设施，收集经截油器排出的污水。

3.5.11 加油站应妥善处理所制造的一切化学废物。根据《废物处置条例》(第354章)的规定，化学废物制造者必须安排在领有牌照的设施妥善贮存及处理化学废物，并聘用持牌的收集商搬走及运送该等废物。另外又应提供足够的车辆通道及净空高度，以便从截油器清理化学废物。对于那些提供更换润滑油服务或其他会制造化学废物的服务的加油站，则应提供贮存库，以便最终收集及处理化学废物。化学废物贮存库不应设有排水渠。

3.5.12 在加油站100米范围内应设有消防龙头。假使拟议辟设加油站的地点距离现有的消防龙头超过100米，便应征询消防处及水务署的意见。

3.5.13 没有石油气加气设施的加油站在发展上受《危险品条例》(第295章）及其他有关条例的规管。当局根据第295章发出牌照前，会充分考虑加油站“场外”及“场内”危险的问题。“场外”危险指加油站一旦发生火警时对人们的生命及邻近财物可能造成的火警危险，“场内”危险指加油站的作业、布局设计及设施可能造成的火警危险。

3.5.14 加油站所有入油设施的安全距离须符合由石油及爆炸品管理协会及石油协会联合发表的《加油站的设计、建造、改良及维修指引》的规定。

3.5.15 有关部门可能会订定其他消防安全规定，以纾缓加油站的“场外”及“场内”危险。

3.6 景观上的考虑

3.6.1 加油站的设计不应有损当地的景观特色及环境质素。

3.6.2 美化环境措施如美化市容地带、围墙、与毗邻发展之间的缓冲区、路标和上盖设计等，均有助改善加油站的外观。美化环境计划应尽可能纳入加油站的设计内。

3.7　有关石油气加气站或具备石油气加气设施的加油站的特别规定

3.7.1　根据《气体安全条例》(第51章)的规定，石油气加气站/设施被列为应具报的气体装置，须提交定量风险评估报告，以确定依据第12章第4.4段所载“政府风险指引”的规定，这类加气站/设施的风险水平是可以接受的。一般而言，相对于没有石油气加气设施的加油站，这类加油站的规定更加严格。虽然是否适宜在加油站提供石油气加气设施以及与其他土地用途的距离得视乎定量风险评估的结果而定，但作为一般原则，有关距离的规定如下：

多层住宅/教育/医院用途：55米

商业/康乐/工业用途：15米

低密度住宅/零散住宅(零星散布在一大片土地上的住宅)：15米

3.7.2　根据气体安全规定，石油气加气站内地底石油气贮存缸压力放泄阀的排气管不应受任何障碍物阻塞。再者，排气管出气口与建筑物或任何非抗火电气设备的出口最少应相距4.5米。

3.8　有关建筑物内加油站的特别规定

3.8.1　石油气加气站或汽油连石油气加气站应为独立式发展。从气体安全及风险的角度而言，把加气站任何部分置于建筑物内均不可以接受。

3.8.2　对于那些没有石油气加气设施的加油站，该加油站如上文第3.5.13段所载的场外危险可初步决定其是否可以置于建筑物内。假使邻近地方的人们会有严重的火警危险，而这些危险又不能藉隔火及/或专门的防火系统而得以纾缓，这类场外危险即属不可以接受。因此，加油站不可设在住宅楼宇、商业/住宅混合楼宇或各类建筑物的地库。

3.8.3　从环境的角度而言，没有石油气加气设施的加油站应尽可能避免设在建筑物内。假使必须在建筑物内设加油站，便应设在空气流通的地方，以免挥发气体累积在空气中。

3.8.4　停车场、工业或商业楼宇的地下可考虑用来提供没有石油气加气设施的加油站，但须符合下列条件：

(a) 加油站以围封物横向及纵向地与建筑物的其他部分完全隔离，抗火时效达4小时；

(b) 有关地点最少在最长的一面或相连两面露天通风；

(c) 加油站设有足够天然或机械方式的通风设备；

(d) 加油站有足够的净空高度，以便安全运作；

(e) 在加油站所在的建筑物内，加油站对上一层正对加油站的那部分楼面，应作为低火警/低生命危险的用途，例如停车场及机房，而有关情况亦须符合消防处处长的要求；

(f) 就商业楼宇而言，加油站对上三层正对加油站的那部分楼面，不应作为会构成严重生命危险或有潜在危险的用途，例如幼儿中心、幼儿园、安老院及宾馆等。此外，根据建筑物(规划)规例，有关建筑物亦不可作为公众娱乐场所及戏院。至于在高层的其他商业用途，视乎上文第3.5.13段所载拟议加油站可接受的场外危险程度而定，可能会获得批准。

(g) 在正对加油站楼上三层如有任何出口及窗门，应以砖堵塞，但可视乎就建筑物设计及用途进行的定量风险评估的结果而作出改变。

(h) 完全遵守其他所有纾缓场内危险的消防安全规定；及

(i) 已从城市规划委员会取得所需的规划许可。

3.8.5　倘使用停车场、工业楼宇或商业楼宇的地下为加油站，应同时遵守一些交通指引：

(a) 加油站的出入口应与建筑物的车辆出入口分开；

(b) 加油站内应提供足够空间，以免车辆在公用道路上轮候，出现车龙；及

(c) 应提供足够的交通标志及标记，指示使用者前往 / 离开加油站。

3.9　需求

3.9.1　加油站的需求是无法确切量化的。应否预留加油站用地，需视乎该区预计的发展及交通流量而定。在新发展区预留加油站用地时，会咨询有关部门，以确定对这项设施预计的需求。

3.9.2　在评审有关加油站的规划申请时，会考虑所有相关因素，包括土地用途之间的协调、交通、环境及消防安全等问题，并会按每宗个案的个别情况加以评审。如认为申请可以接受，可能会提出许可附带条件，以确保拟议设施符合各项规定。必须强调的是，在有关地区内未设有提供某个牌子汽油的加油站，并不足以构成增设加油站的理由。

4. 具有潜在危险的装置

4.1　具有潜在危险的装置的定义

具有潜在危险的装置（下称“潜在危险装置”）是指贮存危险物料数量等于或超过指定数量上限的装置。不同物质有不同的数量上限，一般会遵照英国于一九八二年颁布的处理危险物品装置规例公告内的规格而制定，但有部分已因应本港情况作出适当修订。此外，所有炸药厂和政府炸药库均归类为潜在危险装置。

4.2　香港现存的潜在危险装置贮存危险物料的数量上限

4.2.1　以下为较普遍种类装置贮存危险物料的数量上限：

种类	数量
石油气贮存设施（设于油库、大型仓库及代用天然气厂等）	25公吨或以上
煤气装置	15公吨或以上
氯气仓库（主要在滤水厂内）	10公吨或以上；或贮存在1公吨罐内的任何数量
汽油或石脑油仓库（主要在油库内）	10 000公吨或以上
液化氧仓库（主要在工业气体设施内）	500公吨或以上
炸药厂 / 政府炸药库	任何数量

4.3 风险管理

4.3.1 政府的风险管理政策，是管制潜在危险装置的选址及其邻近地方的土地用途，以及规定有关装置的建设和操作必须符合指定标准，藉此减少这些装置所构成的危险，使符合国险认可的标准。当局于一九八六年十二月成立潜在危险设施土地使用规划和管制协调委员会（下称“协调委员会”），负责统筹各政府部门对本港潜在危险装置所采取的行动。有关潜在危险装置的名单及分布位置，收录在另一本有关这课题的小册子内。这本小册子会由协调委员会不时更新，可供索阅。

4.3.2 在每一个潜在危险装置附近，都应划定一个咨询区。如拟在咨询区内进行任何发展，均须征询协调委员会的意见。所划定的咨询区的范围及面积，会视乎当地的地形变化、潜在危险装置的种类及贮存量而定。倘有关装置是一个炸药厂及炸药库，则除划定咨询区外，还须根据英国现时采用的安全距离列表（1875年及1923年炸药法令）的要求，划定一个安全区。

4.3.3 倘某些土地已列入潜在危险装置的咨询区，则可能须实施规划管制，以限制这些土地日后的发展。任何拟在这些土地上进行发展的建议，若可能导致居民人数或工作人口增加，则须提交协调委员会考虑。大型发展计划通常不会获批给许可。

4.3.4 倘某些土地已列入炸药库的安全区，不得兴建住用的建筑物或用作市民聚集的场所。所划定的安全区的范围，会视乎炸药贮存量而定。

4.3.5 对于任何拟在咨询区内进行发展的建议，须根据政府风险指引（见第4.4节）的规定加以评估，以确保有关的装置对公众所构成的危险，只限于可接受的水平。倘现有的潜在危险装置未能符合风险指引的标准，协调委员会会考虑采取所需的缓解危险措施，从而减低风险。有关风险指引、危险评估、规划研究和行动计划的详情，载于第4.4节及第4.5节内。

4.4 风险指引

4.4.1 协调委员会制订了一套风险指引，用以评估潜在危险装置对装置以外地方所构成的危险的水平。这套指引可分为个人风险指引及群体风险指引。

4.4.2 个人风险意指，每年在潜在危险装置附近居住或工作的个人，受有关装置的影响而预期增加的死亡机会率。由于个人所面对的风险会因个人与有关装置的距离而异，要衡量个人风险水平，可透过在潜在危险装置附近地区的地图上所标绘的风险等量线显示，等量线与潜在危险装置的距离愈大，风险愈低（见图2）。不过，在应用风险等量线时，应同时考虑个人曝露于潜在危险装置的估计时间，才能确定个人风险水平，以便与风险指引作比较。根据协调委员会所订的个人风险指引，潜在危险装置对装置以外地方的个人所构成的风险，其最高水平不应超过每年每十万人中有一人死亡的机会率，即每年1×10^{-5}。在这方面，可资参考的数据是，因交通意外而死亡的平均每年风险为每一万人中约有一人死亡。

4.4.3 群体风险意指，潜在危险装置对在附近居住的整体人口所构成的风险。图3显示群体风险指引的图表。潜在危险装置所构成的群体风险是否达到可接受程度，是以有关装置可能导致死亡的意外发生频率审定。群体风险指引的图表，是以直线标示潜在危险装置导致N宗或超过N宗居民死亡的意外发生频率（F）。图表上分别以两条FN风险线界定“可接受”或“不可接受”的群体风险水平。为免发生大型灾难而引致超过1000人死亡，在1000名死亡人数的水平，标绘了一条垂直的上限界线，向下连接至每十亿年发生一次的频率。群体风险指引亦订有一个中间范围，在这个范围内，群体风险的可接受程度属边缘水平，应“在合理而实际可行的情况下把风险减至最低”，并须确保所有能够减低风险而又符合成本效益的可行措施，均会纳入考虑。

4.5　为现有及拟议的潜在危险装置进行危险评估和规划研究并拟订行动计划

危险评估

4.5.1　危险评估是一项技术研究，用以评估某个潜在危险装置对装置以外地方所构成的个人及群体风险。评估由富经验的专家进行，会考虑危险物料的性质（例如易燃性或毒性）及发生事故的可能情况（例如爆炸及气体因泄漏而扩散）。危险评估会确定潜在危险装置可能发生的意外事故，并计算出每宗意外的频次及后果。危险评估会计算出个人风险及群体风险水平，然后与风险指引作比较。此外，亦会评估有关装置对附近地区的现有及将来人口所构成的风险，并鉴定在减低风险方面应采取的行动。

4.5.2　就政府装置所进行的危险评估，会由一个由委托部门担任主席的工作小组率领。至于就私人公司拥有及经营的装置所进行的危险评估，通常由该私人营运商进行，但必须征询政府的意见（见附录1）。在危险评估的工作上，有关的部门会担当监督的角色。

规划研究

4.5.3　规划研究旨在探讨每个潜在危险装置附近地区的现有和日后土地用途以及发展建议，并就有关装置的咨询区内所需考虑的规划因素和应实施的发展管制提供意见。

4.5.4　在进行危险评估的同时，地区规划处会展开规划研究。在进行危险评估及规划研究时，应考虑所有现有及日后的土地用途及发展选择，并应征询有关部门的意见。规划研究应就如何确保现有及日后的发展得到适当保护提出建议，俾能避免受潜在危险装置影响而曝露于不可接受的危险水平。这些建议必须包括在行动计划之内。机电工程署及环境保护署应就潜在危险装置所构成的危险的幅度提供技术意见。地区规划处应向机电工程署及环境保护署提供有关咨询区内的土地用途、建筑物及人口水平的详细资料。

行动计划

4.5.5　完成危险评估及规划研究后，有关的地区规划处应制订行动计划，订定所需的措施，务使有关装置所构成的风险在合理而实际可行的情况下减至最低。行动计划应在现行的行政及法定架构下订出各种措施，把危险评估及规划研究所提出的建议付诸实行。这些措施包括减低潜在危险装置内危险物料的贮存量、改善有关装置的实体设计及操作、实施特别的规划及发展管制，以及制订其他即时的行政及紧急措施。

4.5.6　地区规划处应提交拟议的行动计划，供协调委员会审批。地区规划处亦应把有关的建议辑纳在有关的部门内部图则及法定的分区计划大纲图内。

政府部门在处理潜在危险装置方面的角色

4.5.7　附录1胪列现时各政府部门在处理潜在危险装置方面的权责。在各有关方面完成危险评估、规划研究及行动计划后，均应提交协调委员会考虑及核准。

4.6　现有潜在危险装置附近地区的土地用途规划及管制

4.6.1　为一个潜在危险装置所进行的危险评估和规划研究以及所制订的行动计划，可作为有关装置的咨询区内土地用途规划及发展管制的基础。视乎危险评估的结果及建议而定，可采取下列措施，以减低危险水平或把危险水平维持于现有水平。

（a）透过法定的改划用途机制，减低因建筑物内或其他场所的人口而衍生的发展潜力；

（b）倘有关的公共工程及房屋署计划并无合约承担，且会增加建筑物或其他场所的人口，则应停止进行；

（c）倘有关的公共工程及房屋署计划有合约承担，且会带来人口增加，则应在可行情况下尽量作出更改，纳入预防性改建工程或重新规划休憩用地；

（d）进行非发展性的清拆寮屋计划；

（e）对现有的公营房屋楼宇进行预防性改建工程，重新规划屋邨休憩用地，或兴建保护堤壆；

（f）提前重建旧公共屋邨楼宇；

（g）把潜在危险装置用地的危险物排放源头迁移；

（h）对于潜在危险装置增加贮存量的申请，拒绝发出执照或给予正式设计批准，或在执照条款或“敦促改善通知书”中订明有关装置须减少贮存量；

（i）对潜在危险装置用地的厂房及建筑物进行改善。

4.7　处理新设潜在危险装置的申请

4.7.1　政府部门如接获设立贮存石油气、液化天然气、代用天然气或煤气的潜在危险装置申请，应通知机电工程署，如果申请涉及其他非燃料性气体，则应通知环境保护署。机电工程署及环境保护署会就有关的潜在危险装置对装置以外地方所构成的危险，向有关的发牌当局提供意见。

4.7.2　规划署应就拟议潜在危险装置进行选址研究，以鉴定适当的用地，其间应征询机电工程署或环境保护署的意见。在选定出适当的用地后，应进行危险评估及规划研究，这两项工作均应遵循上文第4.5段所述的程序处理。

4.7.3　危险评估及规划研究的报告应提交协调委员会批准。计划的倡议者亦须依照正常的规划申请程序提出规划申请。

4.7.4　对于任何新设立潜在危险装置的建议，通常都会征询有关地区区议会的意见。

4.8　有关在完成危险评估及规划研究之前，处理潜在危险装置附近地区的发展申区的临时规划指引

4.8.1　就临时规划而言，假设危险评估及规划研究完成之前，现有的潜在危险装置是不会迁移的。规划的原则是，在合理而可行的情况下，设法减少在潜在危险装置的咨询区内居住、工作及聚集（包括暂住人口）的人数。凡属可导致咨询区人口增加的改变，均不会获得许可，除非这种限制会导致私人发展权力受到剥削，始作别论。凡属影响私人权益的决定，均应待危险评估及规划研究完成后，始能定案。

4.8.2　在处理咨询区内发展项目的申请时，可参照下列指引：

（a）法定的或部门内部的规划图则所作的修订，不得导致计划人口增加（不论在建筑物内或其他场所的人口）；

（b）任何契约修订（包括重批契约）不得导致计划人口增加（不论在建筑物内或其他场所的人口）；

（c）不得批出或分配新用地作住宅用途或人口聚集的场所（不论属永久或临时性的发展及重建计划）；

（d）任何未作承担的公共工程及房屋署计划，倘会增加建筑物内或其他场所的人口，须待危险评估及规划研究完成后，始能作出决定；以及

（e）对于咨询区内须予特别考虑的发展项目申请，应提交协调委员会审批。

4.9　保护日后的潜在危险装置用地

4.9.1　当局会进行选址研究，以鉴定日后可作潜在危险装置用途的用地。所有潜在危险装置用地均应位于人口稀少的偏远地区。在获鉴定为可设置潜在危险装置的地区内，当局是无意禁止进行发展的，反之，对于具很好条件设置潜在危险装置的地区，当局希望协调委员会能够担当监察该区发展压力的角色。

4.9.2　对于每幅获鉴定可作潜在危险装置用途的用地，均应界定一个“协调委员会监察区”。在这个地区内，倘有任何潜在危险装置以外的建议，而可能对该幅用地预算设置的潜在危险装置形成障碍，均应征询协调委员会的意见。

附录1

各政府部门在处理潜在危险装置方面的角色

现时各政府部门在处理潜在危险装置方面的权责划分如下：

装置	营运者	风险顾问	发牌当局	委托进行危险评估	拟订规划研究及行动计划
石油气贮存设施	私人公司	机电工程署署长	气体安全监督	公司／机电工程署	地区规划处
石油气／油库	私人公司	机电工程署署长	气体安全监督／消防处处长	公司／机电工程署（注1）	地区规划处
煤气装置	私人公司	机电工程署署长	气体安全监督／消防处处长（注2）	公司／机电工程署	地区规划处
汽油仓库	私人公司	环境保护署署长	消防处处长	公司／环境保护署	地区规划处
氯气仓库	水务署署长	环境保护署署长	—	水务署／环境保护署	地区规划处
液化氧仓库	私人公司	环境保护署署长	消防处处长	公司／环境保护署	地区规划处
政府炸药库	土木工程署	环境保护署署长	矿务处处长	土木工程署署长／环境保护署署长	地区规划处
炸药厂	私人公司	环境保护署署长	矿务处处长	公司／土木工程署署长／环境保护署署长	地区规划处

备注：

1.由于石油气通常对装置以外地方构成较大危险，机电工程署会进行危险评估，并就风险提出意见，环境保护署的代表亦会就油库装置提出意见。

2.在处理煤气装置方面，消防处处长负责签发贮存及使用石脑油的牌照。

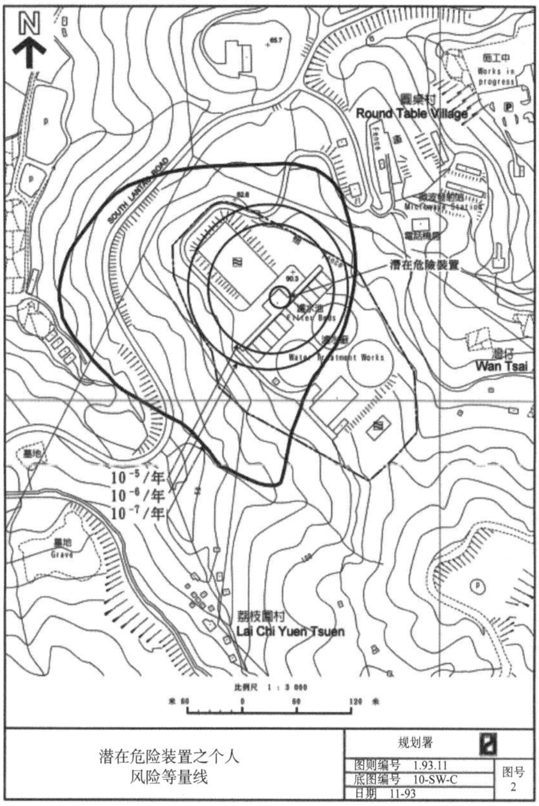

图2　潜在危险装置的个人风险等量线

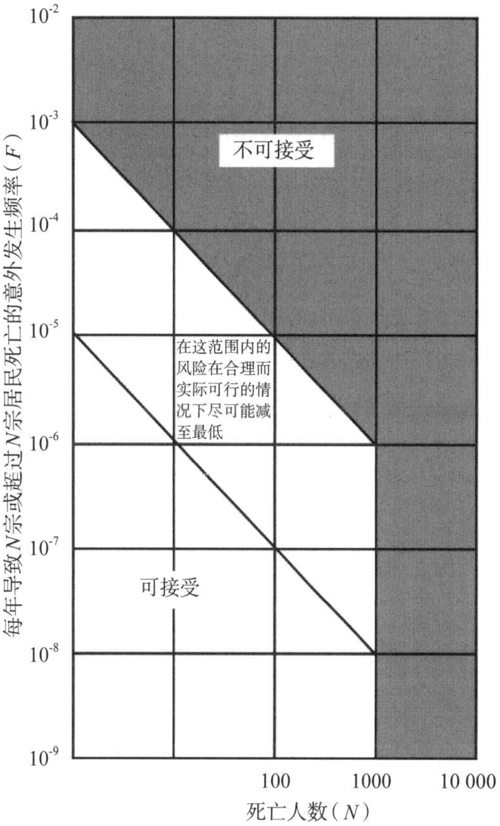

图3　可接受危险水平的群体风险指引

5. 汽车修理工场

5.1　用途

5.1.1　汽车修理工场是一项为公众提供服务的重要设施，然而，这些设施的运作，却经常带来运输及环境问题，尤其在住宅区及乡郊地区，问题更为严重。

5.1.2　现有的汽车修理工场一般属小型工场（少于5名雇员），工场的实用楼面面积介乎50～100平方米之间。常见的活动包括机械操作、烧焊、喷油及售卖轮胎和汽车零件。

5.1.3　基于场地的限制因素，设于市区的汽车修理工场，通常只用作维修私家车、的士及小型货车。至于货车的维修，一般会在新界区进行，而货柜车的维修，一般会在货柜港地区附近进行。

5.2　设置地方

5.2.1　汽车修理工场应设于远离住宅区或易受滋扰用途的地方。为求平衡环境目的及营运需要，在主要市区及新市镇内设置的汽车修理工场，应设于工业区边缘一带的特别设计建筑物或工业楼宇低层。汽车修理工场可与互相协调的用途结合经营，例如在适当地点兼设加油站。这些建筑物均须装置额外的安全及防火设备，并须在筹划阶段就此等设备征询消防处处长的意见。

5.2.2　在乡郊地区内设置汽车修理工场，则可考虑设于与四周环境相协调的低密度汽车修理工场建筑物内。此外，汽车修理工场亦可设于新市镇边缘或市区过渡地区内指定作乡郊工场的用地，但必须在土地用途、环境、交通及基础设施上符合有关准则。

5.3　地点要求

5.3.1　在规划新的汽车修理工场用地时，应考虑现有汽车修理工场的分布情况，以及由新发展项目所衍生的额外需求。

5.3.2　一般来说，汽车修理工场宜设于与顾客相隔适当距离的地点，或可经由道路或公共交通工具方便到达的地点。为汽车修理工场而设的特别设计建筑物，应设于平坦、容易平整及服务设施齐备的土地上。然而，由于人口集中地点附近未必可找到合适地点，选址时经常会受到制肘。

5.3.3　对于在现有或拟议工业区内设汽车修理工场建筑物，确实的选址应予审慎评估，以避免与高科技工业及工业——办公室用途的土地分配有所冲突。乡郊地区内一些适当的现有汽车修理工场用地所进行的改善措施，只要在土地用途、环境、交通及基础设施上符合有关准则，均应获得鼓励。这些用地应尽量靠近现有的货车停车场及港口后勤用地。

5.4　汽车修理工场的规划指引

5.4.1　建筑物特色

(a) 汽车修理工场是一种工场形式的活动，可设于多层工业楼宇的低层。在市区及新市镇内也可鉴定适当的用地，兴建专为汽车修理工场而特别设计的多层楼宇。此等建筑物应遵从《香港规划标准与准则》第5章所载的地积比率指引，但可考虑采用8倍的平均地积比率，视乎地盘的个别情况及可行性等因素而定。

(b) 至于在乡郊地区设汽车修理工场，由于地租较低，而且部分操作如货车或巴士维修等，所需的空间较多，工场用地面积一般较大。这类工场的运作颇类似露天贮物用途，事实上，两者所产生的环境问题也是大致相同。这类工场的发展参数现建议如下：

(i) 一至两层高的矮楼宇；

(ii) 最高地积比率0.5倍；

(iii) 提供供水系统及妥善的污水处理系统；以及

(iv) 露天发展项目的地面应妥为铺砌，并提供排水设施，以减轻土地污染及排水问题，并设置适当围栏，以减低不悦目的发展对景观所构成的影响。

5.4.2　最低地盘面积

(a) 采用汽车升降机设计的特别设计多层建筑物，地台面积须最少729平方米（27米×27米），务求达到60%的实用率（实用楼面面积／总楼面面积）。专供设置汽车修理工场的单一用途多层建筑物，地盘面积须最少972平方米。采用斜路设计的建筑物，地台面积须最少1944平方米（36米×54米），以求达到大致相等的实用率。至于低建的货车修理工场，每层面积须最少1575平方米（35米×45米），实用率达65%。以地积比率0.5倍计算的单层建筑物，地盘面积须最少3150平方米。

(b) 用地面积应视乎当地情况加以厘订，但以较大幅的用地为宜，因为面积较大，在建筑设计上便可较具弹性，并能达到较理想的实用率。

5.4.3　单位面积的差距

汽车修理工场的面积差异很大，有小型工场（不超过100平方米）及中型工场（100至200平方米），也有大型工场（超过200平方米）。特别设计的汽车修理工场建筑物可提供机会，以容纳不同面积的工场。

5.4.4　工作间要求

“工作间”意指面积足以容纳一架车辆和一名修车技工的地方。一般来说，在小型汽车修理工场内，平均每名修车技工会设0.5至1个工作间，至于较大型的工场，则平均每名修车技工会设2至5个工作间。

5.4.5　内部安排

为货车提供服务的工场，宜设于特别设计建筑物的地下（见图4），以减低为货车提供重物楼面负荷量装置及斜道的需要，这些均为成本昂贵的设施。基于这个安排，为私家车、的士及轻型货车提供服务的工场，宜设于以上的楼层。在专为货车提供服务的工场的楼层之上，可设置一个兼作停车及车辆停候处的接收区。车辆停候处应有适中的面积，采用的设计应可避免轮候车龙向后延伸至公共道路。图5显示为货车提供服务的另一种汽车修理工场的设计建议，适用于乡郊地区的低密度工场发展。

5.4.6　停车要求

在设计特别设计建筑物方面，或在工业楼宇内设汽车修理工场方面，一般意向是把所有必需设施（包括停车设施）设于街道以外。每个工场单位应最少提供2个停车位，或每个工作间或总楼面面积平均每150平方米最少提供0.75个停车位，两者中以数目较大者为准。停车设施或可设于独立楼层。建筑物可提供汽车升降机，以代替斜路。

5.4.7　其他所需设施

一般来说，厕所属共享设施，在适当情况下，建筑物内也可提供小型饭堂。多层的汽车修理工场建筑物应设有中央管理办事处及公用上落客货区。小型汽车修理工场应善用可使用空间发挥不同功能。一般来说，一个由两名修车技工运作的工场，内部面积应为10×9平方米，包括贮物及小型办公室空间。至于新设的汽车修理工场，必须提供油污／汽油截流管，以隔滤危险品如机油、制动液、火水、油漆及稀释剂。危险品仓库应设于建筑物临街面的外围，以方便救火工作，并须获消防处审批。

5.4.8　环境及一般设计考虑

汽车修理工场的设立，不应对四周发展项目的环境带来不良影响。在详细设计阶段，应参阅《香港规划标准与准则》第9章所载的一般指引。

5.5　设于特别设计建筑物或设于工业楼宇低层的汽车修理工场的一般设计参数

参数	特点	数目	假设
工场	面积最少为90平方米（10米×9米）。每间工场须设有一个符合消防处要求的危险品仓库，并符合《工厂及工业经营条例》有关天然照明及通风的规定	视乎营运者的选择	提供两个维修站
通行斜道	若为汽车而设，坡度为1比5，内半径为3.5米，外半径为6.1米；若为货车而设，坡度为1比10，内半径为7.2米，外半径为13米	1条	根据最低地台面积729平方米设计

（续上表）

参数	特点	数目	假设
汽车升降机	最少6.15米×3.2米	最少一架	—
走火楼梯	最少5.25米×2.1米	最少2条	—
楼层高度	为汽车而设的为5.2米，为货车而设的为7.2米	—	—
车位	为汽车而设的为5.0米×2.4米，最低通行高度为2.4米。为货车而设的为11.0米×3.5米，最低通行高度为4.1米	每一工作间设0.75个车位，每间工场最少设两个车位	—
街道出入口	—	愈少愈好	不得倒车驶出街道或由街道倒车驶入，出入口须避免设于街角，最少距街角15米

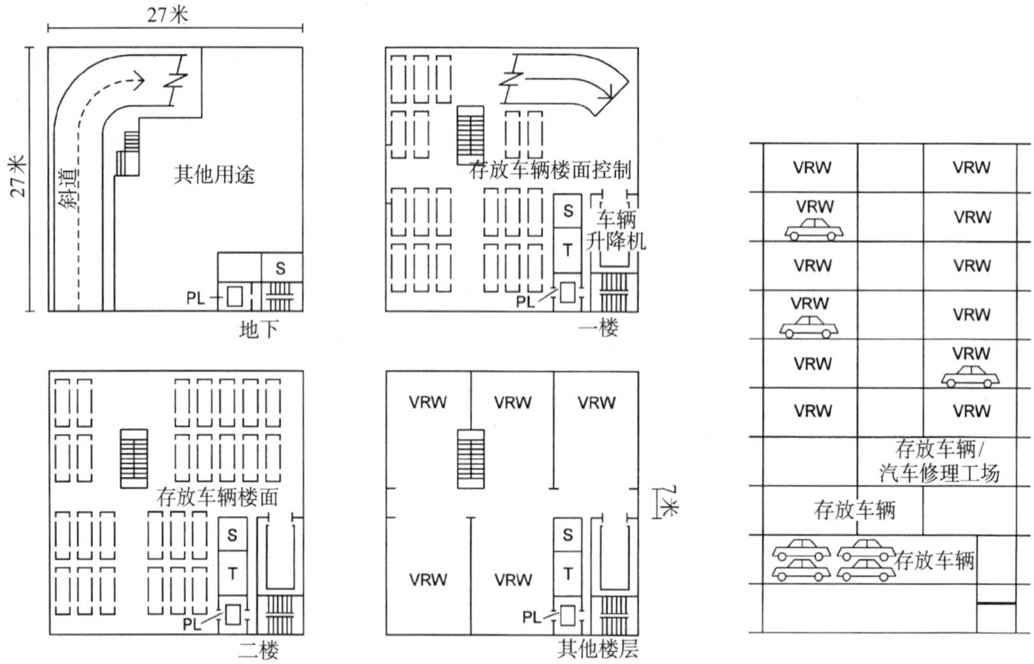

T-厕所　L-大堂　PL-乘车升降机　S-购物室　VRW-汽车修理工场　其他用途-例如汽车陈列室

注：（1）设计图仅作参考之用。详细设计必须符合《建筑物（规则）规例》的规定。

（2）为方面显示起见，最低地盘面积由单层建筑物的972平方米至两层高建筑物的729平方米不等。

图4　专为汽车修理工场而设的特别设计建筑物（连机械化堆置系统）

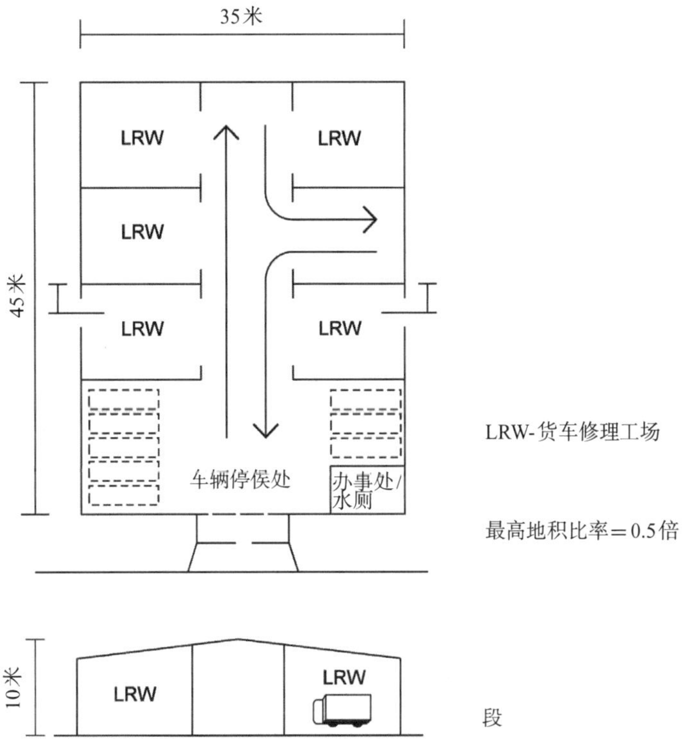

注:(1)设计图仅作参考之用，详细设计必须符合《建筑物(规划)规例》的规定。
(2)为方面显示起见，最低地面积由单层建筑物的972平方米至两层高建筑物的720平方米不等。

图5 低密度的特别设计建筑物

6. 港口后勤及露天贮物用途

6.1 引言

6.1.1 现时，预留作露天贮物用途的土地，在分区计划大纲图上均划为“露天贮物”地带。部分露天贮物及港口后勤用途由于可能会构成严重的不良影响，在有关的“露天贮物”地带的“注释”内列为第二栏用途，即是必须先取得城市规划委员会的规划许可，方可进行。露天贮物（未另有订明者）用途，即并非列为第二栏用途的，则列为第一栏用途，属经常准许。特别预留作港口后勤用途的土地，则划为“其他指定用途”地带，例如“其他指定用途（货柜后勤用途）”地带。

6.1.2 本章旨在提供指引，使地区规划师可据此划定土地作露天贮物用途，并据此决定在有关的分区计划大纲图的注释内哪些用途类别应列为第二栏用途，借以施加更严格的管制。这份指引亦可向公众阐释政府就此等用途所订的土地用途政策。

6.2 在这份指引下港口后勤及露天贮物用途的定义

6.2.1 这份指引建议把露天贮物和港口后勤用途分为两大类别，区分方法是因应运作要求、环境、运输及土地用途规划所带来的影响而作出。在这两大类别下，界定了一些特定活动。

6.2.2 露天贮物

(a)“露天贮物”用途是指在一个地点上进行的活动，而该地点大部分（一般假定超过该地点上盖面积的50%）是露天的，并用作与货柜无关的贮物、修理或拆毁用途。附属于同一地点上的工业、工场、货仓及其他商业活动的贮物活动，并不列为这里所指的露天贮物用途；但临时构筑物（例如在卸泥区及车辆修理场等地用镀锌片搭建而成的开敞式停车间），由于在外观、性质或运作时的影响方面，与在露天场地进行的并没有显著分别，因此也列为这里所指的露天贮物用途。某一地点的运作性质，例如在描述某项活动时所显示的性质，亦可用以界定该项用途是否包括露天贮物用途。

（b）符合上述定义的用途，包括那些在“港口后勤用地及露天存货需求研究”所调查的用途，计有：

－藤及竹存放场

－木头及木材存放场

－陶瓷制品存放场

－经处理的农产品存放场

－废金属存放场

－罐／箱存放场

－纸张及一般废物存放场

－水泥／沙存放场

－化学品存放场

－危险品存放场

－待拆／待毁或待维修车辆存放场

－待售或待处置车辆及车辆零件存放场

－车库

（c）由于上述用途所包括的活动及物品种类繁多，为方便描述，上述活动可再分为几个类别，以反映独特的经济活动及这些主要活动类别对环境所构成的不同影响。上述用途可分为下列四大类别：

－建筑材料及器材存放场

－车辆停放场

－物品存放场

－卸泥区及车辆零件存放／修理场

（d）这些活动在二十世纪八零年代散布于全港不同地方，其性质有别于货仓、工场及公用事业设施装置等用途。上述描述可视为这些活动的准确定义。

6.2.3 港口后勤用途

（a）港口后勤用途是指位于港口以外（即在货柜码头、内河货运码头、公众及私人货物装卸区范围外）与港口有关的离岸活动。这些活动是港口活动作业时所必需的，但无须置于港口范围内。

（b）这个定义是根据用地地点和运作特色而订定。一般来说，港口以内的活动是直接与码头作业有关，例如船只装卸货柜的活动，以及必须立即运往海旁的活动。虽然就活动性质来说，港口以外的活动是无须靠近海旁作业的，但倘此等活动可在贴邻或接近港口的地方进行，仍可从中受惠。就这份指引来说，下列活动可界定为港口后勤用途：

－货柜车停放场（相等于货柜车拖架／拖头停放场）

–空货柜存放及修理场

–货柜场（用以存放及处理已载货的货柜）

–货柜装卸站

6.2.4　有关露天贮物及港口后勤用途的各个主要类别的准确描述，以及这些活动对环境、运输及土地用途规划所构成的影响，见载于附录2。

6.3　收紧管制的需要

6.3.1　过去十年，用作露天贮物及港口后勤用途的土地倍增，自一九八三年以来，港口后勤活动大幅增加，一九八三年只有30幅用地，共占地28公顷，至一九九三年，已增至237幅，共占地198公顷。

6.3.2　在香港的乡郊地区，多处地方露天贮物及港口后勤用途急剧增长，且大多是在任意扩张和缺乏管制的情况下进行。形成这个趋势的诱因，是这些土地成本较低而面积较大，因而对这些土地的需求日增，而且乡郊地区的交通有所改善，加上在一九九零年指定中期发展审批地区之前，把有关的农地改作贮物用途可豁免受规划管制所约束，因而可带来经济利益所致。

6.3.3　此类贮物活动激增会带来不良影响，概述如下。

6.3.4　*用途扩散*

新界地区的港口后勤及露天贮物用途不断扩张，已引致乡郊环境的质素普遍下降，改变昔日农业地区（例如流浮山及锦田）的面貌，变成质素欠佳的市区边缘式环境。

6.3.5　*土地用途不相协调*

此类活动大多是位于不适宜作此类用途的地点，而且靠近住宅和政府、机构或社区用地，或易受环境滋扰的地区，例如生态系统易受干扰的具特殊科学价值地点，或环境未受破坏的郊区。这些用地对易受滋扰用途所带来的不利环境影响，例如重型车辆往返及货柜装卸作业造成的噪声滋扰，车辆交通造成的空气污染，以及破坏景观等，都是土地用途协调不当的结果。

6.3.6　*带来交通流量*

这些用地（尤其会带来大量交通的港口后勤用地）零散分布，致使这些用地与港口及边界地区之间，以及各货柜后勤用地之间的车辆交通增加，因而使策略性道路网（尤其吐露港公路及青山公路沿路）的交通挤塞情况更趋严重，空气污染及交通噪声问题日益恶化，更令运输成本增加，运作效率（尤其影响车辆往返港口的效率）下降。倘若在通道（包括乡郊小径）不足的地区设露天贮物及港口后勤用地，不但会为乡郊地区带来不相配合的繁忙车辆交通，引致区内道路交通挤塞，更会令环境质素下降，甚至危及村民使用道路的安全。

6.3.7　*环境质素下降*

露天贮物及港口后勤用地不断扩张，除带来交通流量外，不少用地现时更缺乏妥善的废物管理措施，而来往的重型车辆造成噪声及空气污染，加上可能污染水道和土地，种种问题皆会导致环境质素日渐下降。垃圾收集措施不足，欠缺排水渠或排水渠保养欠佳，都是这些用地当前面对的问题。发展者把农地改作贮物用途或填平鱼塘以作此等用途，会带来排水问题。天然渠道淤塞，更会增加洪泛威胁。

6.3.8　*运作效率*

对于不少港口后勤活动而言，最理想是设于港口、边界地区或策略性运输路线附近。然而，由于把农地改作港口后勤用地，成本较低而面积较大，不少用地均散布于新界边缘地区。这个情况实不利于这个行业的有效运作。

6.4　贮物用途日后的需求

6.4.1　根据一九九三年所作的预测，至二零零一年，港口后勤用地的需求量最高可达380公顷左右，而露天贮物用地的需求量最高可达450～550公顷。至二零一一年，港口后勤用地的需求量最高可达510公顷，而露天贮物用地的需求量最高可达750公顷，即较一九九三年的水平分别增加150%及100%。上述数字显示，要应付这个殷切需求，便需要庞大的土地面积。就这方面所订的规划意向是，部分现有用地倘对环境、交通及排水只带来不太严重的影响，则至少在短期至中期来说可予以保留，直至已规划用地可迎合额外的需求及重置现有的不当用途为止。

6.4.2　用地增加的水平会取决于不同因素，包括：

（a）香港港口的货柜吞吐量增长；

（b）预留作港口后勤及露天贮物用途的现有土地供应水平；

（c）把此等活动迁移至内地的可能性；以及

（d）土地运用的效益。

6.4.3　已规划的新用地的供应情况，以及辅助基础设施的提供水平，也会决定此等活动的增长速度和性质。

6.4.4　因此，土地供求情况应不时因应上述因素作出检讨。当局应监察经济及土地用途的趋势和转变，以厘订中期至长远的土地供应量。透过这种监察工作，也可就现有问题用地所须采取的强制执行行动及处理规划申请方面制订政策。

6.4.5　下列指引旨在令港口后勤及露天贮物用地妥善分布，并且改善这些活动的环境、运输及土地用途规划。

6.5　概括地区政策指引

6.5.1　概括地区政策指引旨在从土地分布的政策层面提供一个整体规划大纲。在界定概括地区时，是以港口后勤及露天贮物用地的现有分布情况及地理特色（例如土地用途模式、通道及环境特色等）为依据。

6.5.2　概括地区政策指引界定5个地区类别，这是根据25个概括地区所作的评估而订定，这些概括地区包括现时港口后勤及露天贮物用途集结的地区，以及适合长远发展作此类用途的新地区。在地区规划及／或评审规划申请时，应灵活应用这份指引的规定，并参照一九九四年年底完成的“港口后勤用地及露天存货需求研究”所建议的概括地区建议。

6.5.3　*第一类地区：建议增加发展密度*

列为这个类别的地区，一般适合继续进行港口后勤及露天贮物用途，并在短期至中期可进一步增加发展密度。一般来说，在这些地区内进行此等用途，不太需要在策略性道路基础设施上进行改善工程，惟部分土地若须大幅增加发展密度，则会视乎长远的道路兴建工程而定。个别用地或须采取纾缓措施，以克服排水及通道等方面的限制。

6.5.4　*第二类地区：建议有限度增加发展密度*

列为这个类别的地区，基于其策略位置、良好的基础设施及有利的环境因素，一般具有限度增加发展密度的机会。虽然如此，这些地区可能还受到其他因素所限制，例如易受滋扰用途（例如住宅区），在这情况下，如须增加发展密度，必须兼顾用途类别及用地地点而作出选择。

6.5.5 *第三类地区：建议有限度增加发展密度并同时采取改善措施*

列为这个类别的地区，不论在土地用途是否协调、通道及环境质素方面，都备受更大的限制，必须在采取改善／纾缓措施方面作出更大投资，或在分配用地上作更大限制。

6.5.6 *第四类地区：防止用途扩散*

列为这个类别的地区，应避免再进行与环境不相协调的活动。

6.5.7 *第五类地区：中止用途*

列为这个类别的地区，其长远目标是，中止现有活动及改善环境质素。

6.6 选址的概括原则

6.6.1 下列有关选址的概括原则，适用于所有露天贮物及港口后勤用途。

6.6.2 *鼓励用途集结*

在可能情况下，港口后勤及露天贮物用途应集结在指定地区及现有用途附近，避免进一步扩散。空货柜存放场及修理场，不得设于郊区内人口聚居的地区。至于部分露天贮物用地，例如卸泥区及建筑材料／设备存放场等活动，由于必须分布于香港不同地点，以便为市区不同地区和建筑地盘提供服务，此类用地宜在个别地区集结。此等活动若能集结进行，不但可使不少市区过渡地区内不悦目的活动不断扩散的情况得以纾缓，亦可减少用地之间的交通往来，让政府可在改善基础设施及提供纾缓措施（例如改善道路及排水系统）方面收到规模经济之效。

6.6.3 *鼓励利用策略性地区的土地*

香港面积细小，必须善用土地资源和提高运作效率。规划面积庞大的新货柜港地区，可提供机会，让港口后勤活动在这些地区集结一起；发展新工业区，也可为露天贮物活动提供较长远的纾缓问题地方。此外，鉴于运往内地的货柜运输日益增加，而边界地区目前已有大片的港口后勤用地，一些备有良好策略性基础设施的边界地区，亦适宜用作港口后勤活动。如果露天贮物用途是与主要市区中心的需要有关，则应集结在这些主要市区中心（例如新市镇）附近选定和清楚划分的地点。此外，露天贮物用途也可集结在工业或港口活动附近的纾缓问题地区。

6.6.4 *尽量提高运输效率*

新用地最宜位于现有及新策略性道路基础设施附近，使这些用地所衍生的交通可与郊区及其社区分隔开。不过，发展者应就这些新用地进行详细的交通影响评估，评估策略性道路网及区内道路系统的整体容量。

6.6.5 *鼓励利用符合环境标准的地区的土地*

当局的长远目标是，鼓励港口后勤及露天贮物活动迁往一些概括地区，而在这些地区内此等活动对环境只造成最少影响，从而改善现时备受这些用途困扰的乡郊地区的环境。减少把洪泛平原的土地作此等用途，亦可减低潜在的洪泛威胁。“全港发展策略”及“次区域发展纲领”订有策略性环境规划政策，务求把不当的发展迁离易受滋扰用途及环境保护地区，这些政策必须遵从。在可能情况下，这些活动应尽量设于本港西部人口稀少的地区，例如大屿山东北部及屯门西部，视乎所提供的通道而定。

6.7　特定用途选址的整体指引

6.7.1　下列分段提供整体指引，使有关方面在分区计划大纲图、发展大纲图和发展蓝图上预留土地，或在考虑私人提交的规划申请时，有所依循。这些指引应连同第6.8节所述的详细土地规划标准与指引一并考虑。

6.7.2　*货柜车停放场*

（a）货柜车停放场所在的地区，宜建有良好通道通往港口及司机住所。葵涌的港口及工业区，包括一号至七号货柜码头以及新建的八号及九号货柜码头对开的土地，实为适当选址，虽然这些地区备受土地短缺及各方面竞逐土地作其他用途的压力所困扰。当局建议把边界地区附近且建有良好通连接策略性道路网的地点，用作货柜车停放场，惟区内道路的容车量必须足以应付额外的交通量，且备有足够的公共交通接载工人。

（b）在分区计划大纲图上划定新用地时，应尽量发展大幅土地，符合防止小幅用地扩散的政策。对于难以找到永久用地的地区，则可采取其他临时措施，例如延长短期租约及短期豁免书的有效期，以及／或在可行情况下暂时使用填海所得的土地。

（c）在市区内（尤其葵涌区，这个地区对港口以内及港口以外设施需求甚殷）发展多层货柜车停放场，应获得鼓励。这些多层停车场可与货柜装卸站活动或其他互相协调的用途结合发展，从而增加可行性。

6.7.3　*货柜存放及修理场*

设立货柜存放及修理场的先决条件，是必须有大幅土地，可供使用机械及在场地内提供货车轮候区，容许繁忙时间存放最多货柜。对于短期存放货柜的场地，宜设于新货柜码头附近的地点。至于用作较长时间（超过3日）存放货柜的场地，则可设于新界其他地区，尤其边界地区附近及容易通往策略性道路网的地点。为减少所衍生的交通流量，货柜存放及修理场宜与其他与货柜有关的用地（包括货柜车停放场）共同设立。

6.7.4　*货柜场*

货柜场应设于海旁区附近或方便到达货物集散地的地点。货柜场必须有良好的保安，二十四小时作业，并具有良好的基础设施及服务，例如冷藏仓柜所需的能源供应。用地内必须提供车辆轮候区，足以容纳繁忙时间的轮候车辆。此外，由于住宅用途也会衍生大量交通流量，货柜场应避免与住宅用途邻接。

6.7.5　*货柜装卸站*

（a）倘设立货柜装卸站，应优先考虑港口附近及主要市区的“工业”地带内的地点，以方便货物运往主要的货物集散地及市场，减少往返车程。就活动性质及所带来的影响而言，与货柜装卸站相协调的用途为工业及仓库用途。

（b）虽然在港口设立货柜装卸站的需求逐渐下降，但在港口及其毗邻地区设立货柜装卸站，仍属与这些地区相协调的用途。存放时间较长的货柜装卸站，可设于新界区，尤其在现有工业、露天贮物或港口后勤用地一带。

6.7.6　*建筑材料及器材存放场*

（a）由于存放建筑材料及器材一般需要短期用地，这类存放场的选址要求必须具有弹性，举例来说，临时的建筑材料及器材存放场可设于新填海区，惟此等用途不得对环境带来不良影响。当局可考虑在市区内指定若干用地（例如市区过渡地区），永久用作此类用途。

（b）水泥／沙存放场应避免与易受滋扰用途邻接，存放器材时应尽量减低破坏景观的情况。

6.7.7 *车辆存放场*

设立新的车辆存放场，需有较大幅的用地，并有良好的保安设施，但选址要求较为灵活。由于此类存放场的业务受季节性转变影响，所需的用地可能只属临时性质。多层停车场一般提供良好的保安设施，可视为露天贮物用途以外的另一种选择。由于此类存放场的需求变化不定，进行前瞻规划会较为困难。

6.7.8 *物料存放场*

物料存放场未必需要设于分销地点或市场附近，但木头及木材存放场则宜设于制造地点（例如木厂）或输入本港的港口附近。

6.7.9 *卸泥区及车辆零件存放／修理活动*

卸泥区及车辆零件存放／修理场，宜集结在市区以外特别划为“露天贮物”的用地。卸泥区可设于工业用途、货仓或其他贮物用途毗邻的地点。车辆零件存放用途则可设于新界货柜车停放场附近。

6.8 用地规划标准与准则

6.8.1 下文所建议的措施，目的是希望在可行情况下，能够纾缓新用地和现有用地所构成的环境影响。这些改善措施可透过选择及／或审批新用地时予以实施，方法是利用规管措施或由用地营运者自发采取行动。

6.8.2 *土地用途邻接问题*

（a）港口后勤及露天贮物用地不应设于易受滋扰用途（例如住宅、医院、学校及其他社区设施）毗邻，有关规定可参照《香港规划标准与准则》第9章“环境”一文的有关段落。有关地点若位于郊野公园及其他环境易受破坏地区（例如具特殊科学价值地点）的100米范围内，除非发展者能证明有关用途对环境易受破坏地区的影响甚微，否则一般不会获得批准。工业、仓库、港口用途、其他露天贮物及港口后勤用途，以及公用事业设施装置，均属与之协调的用途。若把主要道路走廊的土地作此等用途，只要并非与易受滋扰用途邻接，均应获得当局支持。

（b）不论大幅或小幅用地，都宜设立缓冲区。缓冲区的范围可因应下列因素而订定：

－土地用途的规模及性质；

－四周地区的性质（例如地形、四周道路的情况、易受滋扰用途的数量及分布情况、景观影响等）；

－是否具备人工或天然屏障；以及

－四周地区的市区或乡郊环境。

（c）订定缓冲区的范围时，应按每幅用地的个别情况考虑，符合《香港规划标准与准则》第9章“环境”表1.3所列的标准。

（d）倘有关用地与易受滋扰用途之间，由不易受滋扰的建筑物、主要运输路线、天然植物及地型阻隔，应获得从优考虑。

6.8.3 *景观*

（a）在乡郊地区堆迭货柜，会严重破坏景观。露天贮物场在性质上是会存放不同大小、形状及外形的物品的，贮物场内原则上可进行的活动，都可能有碍观瞻，令环境杂乱无章。提供美化环境措施，当可纾缓此等影响。

（b）就乡郊地区来说，倘拟议的货柜存放及修理场会严重破坏周围或毗邻住宅用途的景观，应视实际情况考虑实施限制，规定用地内不得把货柜堆迭超过3个的高度（相等于传统村屋的高度）。

（c）大幅用地由于面积较大，路旁地方可用以提供美化环境措施，因此在美化环境方面会较为有效。辟设连绵不断的景观土丘，用以栽种植物，可有效隔开有关发展，并充当噪声缓冲区（见图6）。位于工业区或港口地区的港口后勤及露天贮物用途，对四周地区带来的景观影响一般较为轻微。

栽种植物以作屏障，围栏人行人路退入。

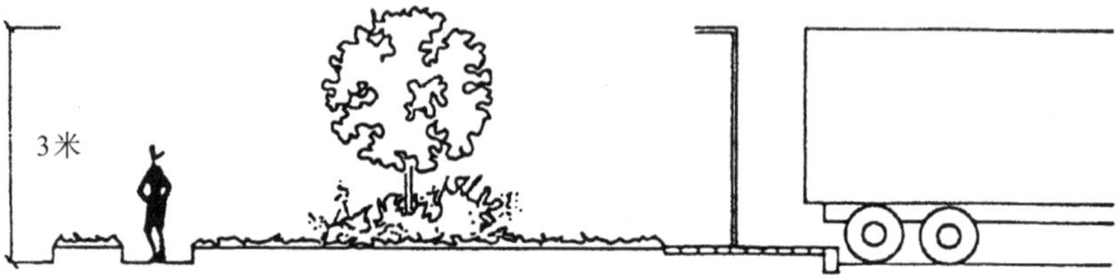

倘基于保安问题，即所设置的围栏不能栽种植物，则应把植物栽种在离围栏较远的地方，可形成一条不断的植物带，或使植物的分布容许有受授制的视野。

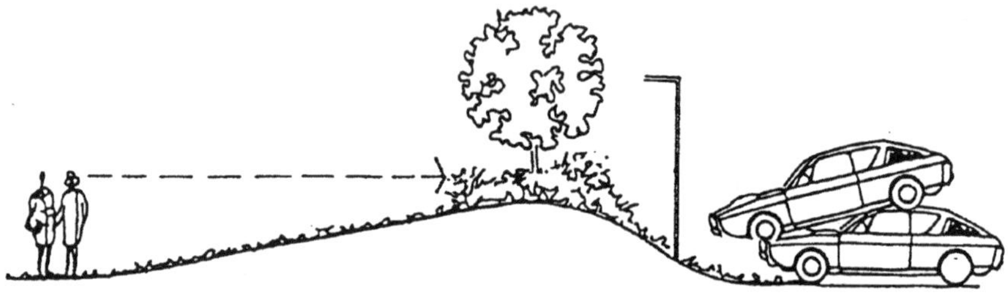

使用景观土丘

图6 园景屏障指引

6.8.4 *用地面积及密度*

（a）在评估规划许可申请是否符合现行标准时，可参照一九九四年完成的“港口后勤用地及露天存货需求研究”所得的调查结果，把各种港口后勤及露天贮物活动类别的概略中位数值订为最低用地要求。

用途	最低用地要求
货柜存放及修理场	5100平方米
货柜场	4900平方米
货柜车停放场	3000平方米
货柜装卸站*	2000平方米
露天贮物场	1000平方米

* 设于新界的用地的面积须最少2000平方米。这个规定不适用于货柜港的设施，这些设施一般面积较大。

(b) 然而，港口后勤及露天贮物用地的面积，会受到多项因素影响，包括：

-在全港层面及当地层面有多少土地可供使用及可使用的时间；

-有关用地可使用的道路及有关道路的交通情况；以及

-有关用地在环境及排水上所受到的限制。

(c) 港口后勤及露天贮物用地（尤其市区内的土地）供应有限，加上就短期至中期而言估计出现求过于供的情况，发展者若进行此类用途，也许难以找到超过某一面积的土地。因此，就短期至中期而言，可考虑选用面积较小的土地。此外，基于环境、排水及运输方面的限制，亦可能令指定作此用途的土地减少。有鉴及此，若要硬性规定用地的面积，可能是过于严谨的做法。

(d) 此外，要界定用地的最低和适中面积，亦会涉及很多不明朗因素。若从运作方面看，什么是适中面积是难有定论的，因为增加用地面积未必一定增加效率，某一场地最终可达到的效率视乎场地内存放货物的数量或所进行的活动而定，而此等活动可能在小幅土地上进行更具效率。同样地，在场地内提供停车位所需的面积，也视乎来往车程数量和活动所产生的次数而定，而非用地面积。基于上述因素，当局建议在处理规划申请及在分区计划大纲图上指定露天贮物及港口后勤用地时，应酌情处理，按有关用地的个别情况、在规划方面的记录（空置还是未充分使用）、市区或乡郊环境以及与四周环境是否协调等因素给予考虑。如属规划许可申请，则还须考虑申请人能否证明有关发展不会构成不良影响。

(e) 在预留土地以作日后之用时，应尽量预留较大幅的用地，使此类活动能够集结一起，此举亦可鼓励有关方面对该地点作更大投资，从而改善服务和效益（例如提供公用基础设施及促进机械化运作），并可确保能够采取有效的环境保护措施。

(f) 一般来说，基于现行政策是把港口后勤用地设于面积较大的主要地区（例如邻近货柜码头），预留土地的面积应超过1公顷。在鉴定主要的纾缓问题土地时，基于策略性的考虑因素，预留土地的面积应超过10公顷。尽管如此，实际面积还须视乎监察供求情况后所作的需求预测及可使用的土地而定。

(g) 在多层建筑物设置货柜车多层停车场附连其他相协调的用途，当局建议采用都会计划就仓库所订的标准（地积比率为8倍）。

(h) 预留露天贮物用地时，如果其目的是提供纾缓问题用地，以配合新需求或重置需要，所预留的土地应超过0.5公顷。但实际面积亦取决于某一概括地区因强制执行行动或改划用途地带而须中止用途的土地的面积，亦会视乎在可使用的土地而定。

（i）在每幅用地上进行的港口后勤及露天贮物用途的密度，会因所在位置（即港口内或港口外）、机械化运作、以及存放货物的类别和长度而异。正因如此，所采纳的一般原则是，若要对港口以外的贮物用途的密度订定指引，是不适当的做法。反之，应由营运者酌情决定是否善用土地，惟必须符合运输及环境方面的规定。碍于操作上的限制因素，堆迭货柜的高度最高不得超过7个。此外，如基于土地用途邻接的考虑，也可能须施加更多限制。

6.9　运输

6.9.1　与货柜有关的用地，应设有良好的通道，通往重要道路网。这些用地应有一个明确的出入口，并符合运输规划及设计手册卷2第3.6段所载的指引。如果用地面积较大，则可考虑增设出入口。有关地点的范围内应设足够的停车及轮候设施，供作业及访客停车之用，以免车辆在路旁停放和轮候。有关通道及轮候／停车区的安排，必须符合运输署的要求。

6.9.2　每幅用地均应进行交通影响评估，评估时应兼顾其他用地的累积影响。交通影响评估应包括就用地所衍生的交通量、来往车辆的类别和路线、为邻近区内道路和策略性道路网所带来的交通量所作的估计，以及纾缓任何不良影响的建议。评估内还须证明用地内的通道及街道以外的轮候／停车区足以应付需求。

6.9.3　有关地点退入的空间，应足以让路面使用者有足够的视野，以符合运输署的要求。

6.10　环境规划

6.10.1　新用地必须遵从适当的环境影响评估程序*处理：

（a）对于货柜存放及修理场、货柜场及货柜车停放场，应进行噪声模拟测试，以证明这些用途对易受滋扰用途所构成的噪声影响，能够符合《香港规划标准与准则》第9章“环境”一文中所建议的噪声标准。

（b）有关用地范围内的地面须进行妥善的铺整工程，以防止因油类、燃料及其他排放物（主要与货柜存放及修车场、货柜车停放场、弃车／拆车场和溢出贮存物料有关）的渗漏而可能造成陆上或水污染。此外，有关用地亦应尽量减少因车辆交通及货柜处理操作而产生尘土飞扬及臭味四溢的情况。

（c）用地内应提供足够的排水设施，以便排放食水及污水。倘有关地点可接驳至公共污水排放设施，则住宅污水应经由公共污水渠排放。倘有关地点位于受洪泛威胁的地区，则有关发展应进行排水影响研究，并采取必须的防洪措施。由于大量农地改作贮物用途会带来累积影响，使洪泛威胁增加，这情况已备受公众关注，因此，在评审发展计划的可行性时，也应全面考虑这个因素。

（d）发展计划应考虑纾缓水质影响的措施，例如透过筑堤减少径流，设置油类／燃料及化学品堵截设施，并设置沉沙池以预防任何渗漏及溢出的情况。

（e）应提供足够的垃圾收集和排放措施。此外，所有用地均应符合消防安全标准。

（f）倘在评估有关用地时认为用地可能产生噪声或强光（主要与货柜存放场有关），则应考虑对营运时间施加限制。此等限制可在租契条款内订明，并在作业守则内订明监察要求及措施。

（g）有关存放及处理危险品的指引，以及有关危险品的发牌程序，可参考《危险品条例》的规定。

* 环境影响评估所依循的程序，载于规划环境地政局技术通告2/92号有关“主要发展计划的环境影响评估”及环境保护署指引2/92号有关“大型私人发展计划的环境影响评估程序”的文件内。

附录2

露天贮物及港口后勤用途说明及一般影响

1.露天贮物

建筑材料及器材存放场

1.1　建筑材料（例如砖块、棚架、沙）及器材（例如履带式拖拉机、滚轮等）存放场，是香港最常见的存放场，分布于全港各处。存放建筑材料的地点大多在生产地点附近，而存放器材的地点则在建筑及发展地盘附近。

影响

1.2　建筑材料及器材存放场所构成的影响，视乎所存放的材料或器材的性质、体积及数量而定。在环境影响方面，倘有关用地存放重型材料，会对景观构成影响；倘有关用地存放沙及水泥，则会对空气质素构成影响。在交通方面，此等存放场通常只会衍生低水平的交通量。

车辆存放场

1.3　车辆存放场部分是用来存放待售新车或旧车，也有部分是用来弃置和存放车辆零件。商业及非正式的车辆及货柜车停车场，则不列入这个类别内。随香港与内地之间的商贸往来日趋频繁，部分用地位于港口附近，也有部分须设于新界地区。

影响

1.4　车辆存放场的规模，会受内地的进口／出口规例所影响。在需求的高峰时期，车辆存放场会占用大片土地。然而，此等存放场所产生的交通量较低，而且多集中于繁忙时间，对环境所构成的影响也较小。

物品存放场

1.5　物品存放场所存放的物品，不论在体积及数量上都变化很大，包括木头及木材(最大类别)、藤及竹产品、陶瓷制品及经处理的农产品。这些产品一般属廉价产品，而高价制成品则通常存放在厂房内。物品存放场一般位于地价较低的土地、偏远地点或邻近生产来源的地点。

影响

1.6　物品存放场由于不涉及制造活动，影响只限于通道沿路及货车装卸活动。这些存放场所产生的交通量一般偏低，对噪声、水质及空气质素的影响亦属轻微。如属较大型的存放场，例如木头及木材存放场，也许有破坏景观的情况。

卸泥区及车辆零件存放／修理活动

1.7　卸泥区及车辆零件存放／修理活动包括弃置废车及拆车，或存放废金属或旧贮存缸、罐、纸张及一般废物，亦包括车辆修理活动，而这些活动一般与弃置车辆及临时存放车辆及车辆零件有关。由于这些物料皆为物料消耗后的最后产品，而且主要来自市区人口，因此这些用地大多分布于市区边缘地区。

影响

1.8　这些活动皆属廉价活动，在土地方面所需的投资不多。这些用地的外观通常杂乱无章，用地界线划分不清，加上所存放的货物不太悦目，整体上对景观造成严重破坏，倘此等用地在某一地区内繁衍，情况便更为恶劣。这些用地还会因拆车或修理活动所产生的噪声、污水渗漏以致污染土地及水道（由于渠道不足所致）和乱抛垃圾等造成其他问题。

2.港口后勤用途

货柜车停放场

2.1　货柜车停放场可用于日间和通宵停放货柜车（拖头）及拖架。这些用地现时位于现有货柜港附近（主要用作存放拖头及没有装货的拖架），并且邻近司机住宅，或邻近边界地区如新田及流浮山，这些地点可作为港口与内地之间运载有货货柜及空货柜的转运中心。

影响

2.2　货柜车停放场所构成的影响主要与来往交通有关。货车开动机器和在用地一带来往（例如使用刹车掣）产生噪声，货车来往用地造成交通噪声；车辆排出废气，造成空气污染；倘有关用地地面尚未铺砌妥当及路面不平，尘埃微粒容易藏于轮胎胎纹而散播于空气中，造成尘土飞扬的情况，也会构成空气污染；倘用地地面尚未铺砌妥当，而未设有适当的渠道设施，油类及其他车辆液体渗漏，也可造成陆地污染及水道污染。这些用地所产生的交通量颇高，通常集中在早上及黄昏的繁忙时间。

货柜存放及修理场

2.3　由于港口存放货柜的土地不足，因此部分货柜必须存放在其他地方，而货柜存放及修理场便是为应付这个需要而设。由于货柜港口附近缺乏足够的土地，而新界某些地区的土地成本较低，致使新界地区日益增加的土地用作这种用途。就面积较大的货柜存放及修理场来说，堆迭货柜的高度可多至7个，并会采用投资较大且安排有序的机械化操作。修理货柜活动通常在较大幅的用地上进行，而专门用于修理活动的用地则为数不多。

影响

2.4　这些用地通常构成的环境问题，包括破坏景观，处理货柜及货车往返产生噪声，因尘土飞扬（在未铺筑地面的用地）及车辆废气构成空气污染，以及车辆及修理活动漏出污水等。此外，交通问题包括车辆在场外轮候，以及货车在质素欠佳的道路路面（包括未铺筑路面的乡郊小径）往返，会对行人安全构成威胁，形成交通挤塞，更会令乡郊环境质素日趋下降。这些用地所衍生的货柜运输量是为数最多的。

货柜装卸站

2.5　货柜装卸站是集装或拆装货柜的中心，以便继续分发货物。港口以外的货柜装卸站会设于特别设计的建筑物或货仓内，主要分布于已建设区内，尤其在荃湾区内及附近一带，可作为货柜集装中心，以便把货物分发到其他地区。另有部分货柜装卸站所处理的货物，是无须快捷有效地运往港口的，这些装卸站趋向设于新界区。

影响

2.6　货柜装卸站若设于有盖地方，可减少对邻近地区构成噪声影响及空气污染。如果处理货车的过程受到延误，便可能引致货车须要在路旁轮候而阻碍交通。此等问题通常会在航运活动的繁忙时间出现。

货柜场

2.7　货柜场是用以存放已载货的货柜，以便继续分发货物。与货柜装卸站的活动不同，货柜场不会用作集装或拆装货物。这些用地一般是为私人或公众货物装卸区的中流作业营运商所处理的货物及货柜而设。由于此等用地存放的货物（包括易腐坏的食品）的价值较高，营运商对这些用地的投资一般较高。在货柜场进行的活动大多是在没有上盖的地方进行，用地面积一般较大，介乎755平方米与33 900平方米之间，平均面积为1公顷。

影响

2.8　由于这些用地不会出现货柜堆迭的情况，因此有碍观瞻及噪声污染的程度较小。虽然这些用地比货柜存放场产生较小交通量，但繁忙时间可能出现货车在场外轮候的情况。如果用地是由细小的乡郊道路连接，便可能引致严重交通挤塞问题。

7. 天桥及行人天桥的桥底土地用途

7.1　一般考虑因素

7.1.1　天桥／行人天桥主要是设计及建造为车辆走廊／行人通道，以利便车辆／行人的流动。由于它们的位置及交通／环境方面的条件可能并不理想，所以不是所有土地用途的活动都适合在这些地方进行。当所有其他合适的用地无一可供使用时，才应考虑选择天桥／行人天桥的用地，而且须考虑土地用途、结构、消防安全、交通、环境、景观及所有其他有关方面的因素是否均可接受。下文第7.1.4段载述有关详情。

7.1.2　天桥／行人天桥的桥底用地可供用于某些用途，由于这个庞大范围的视觉外貌会对市容有所影响，故桥底亦应进行更多绿化及美化环境的工程，借以改善桥底的空间及建筑物／构筑物的视觉外貌。

7.1.3　为了加强融合和协调，应事先考虑在主要天桥／行人天桥桥底加入恰当用途的可能性。在计划新的天桥／行人天桥时，亦应注意分区计划大纲图所显示的未来规划意向及土地用途地带，以避免拟议天桥／行人天桥桥底的土地用途分区遭分割。

7.1.4　在考虑某种用途是否适合设于天桥／行人天桥桥底时，应采用下列在一般情况下适用于所有用途的准则：

(a) 土地用途

（1）拟议用途的性质不应与该地区概括的土地用途模式及规划意向有所抵触。

（2）若某个地区内缺乏或需要某种设施，而该区的正常预留用地中又没有其他用地能满足有关需求，便应积极及从优先考虑使用天桥／行人天桥的用地。

(b) 结构

（1）任何建筑物／构筑物必须与天桥／行人天桥的结构，包括支柱、桥面、支架及拱腹等在结构上分离，以避免造成结构性损坏。除非获路政署同意，否则天桥／行人天桥之下禁止使用吊机。若为私人发展，则须获屋宇署同意。

（2）任何建筑物／构筑物不得危害毗邻道路的使用安全或干扰毗邻道路上驾驶者的视线。

（3）任何建筑物／构筑物须在地盘范围内而非毗邻的行车道腾出足够间隙及空

间，以供进行天桥／行人天桥结构的必需检查、维修及修理。政府及其代理人可自由及无限制地进出地盘，以进行天桥／行人天桥的检查及维修工程。

（4）任何建于地盘内的建筑物／构筑物及任何在地盘内进行的活动应符合路政署所订定的条件及规定。若为私人发展，则须符合屋宇署所订定的条件及规定。

（5）不应令天桥／行人天桥的排水系统出现淤塞、损坏或超出负荷的情况。

（c）消防安全

（1）应禁止火警危险程度高的用途，如易燃物品存放场。

（2）任何永久／临时建筑物／构筑物的建造应符合消防处所订定的消防安全规定。若属私人发展，则应符合屋宇署所订定的条件及规定。

（d）交通

（1）有关用途不应对附近道路的交通造成不良影响。

（2）在设计车辆的进出口时，须确保出入地盘的车辆不会影响毗邻道路使用者的安全，亦不会干扰或阻碍直达交通。如有需要，应按照就拟议活动订定的标准来提供通道。

（3）应根据毗邻道路的行车情况，提供进出地盘的安全行人／紧急通道。

（4）应就拟议用途所涉及的交通事项，包括提供上落客货区的需要，征询运输署的意见。

（e）环境

（1）易受环境影响的用途，若会引致使用者长时间受毗邻道路所产生的不良环境影响，便不应获得批准。

（2）若天桥／行人天桥附近有易受环境影响的用途，那些本身属环境污染源头的用途，便不应获得批准。

（3）应提供适当的管理及缓解措施，以防止附近地方及公众受到可能产生的空气污染／噪声／臭味所影响。

（4）如有需要，必须装置恰当的通风系统，例如：于适当位置设置具有新鲜空气进气口的空气调节系统。

（5）地盘不应存在任何妨碍空气流通的障碍。

（6）参考香港规划标准与准则第9章所载的有关环境准则及标准，并就拟议用途所涉及的环境事项征询环境保护署的意见。

（f）景观

（1）天桥／行人天桥桥底的任何建筑物／构筑物均应细心计划／设计，以改善景观质素及在实体与空间之间求取平衡，并且保持地面范围的透气及透明度，使市容有所改善。

（2）为了营造柔和的视觉外貌，应在天桥／行人天桥桥底加强绿化及种植更多花木，但须选择适合的品种，以免损坏天桥／行人天桥结构或地下公用设施。

7.2　天桥／行人天桥桥底用途表

7.2.1　附录3载列天桥／行人天桥桥底的可接受、有条件下接受及不可接受的用途。这三类用途可概括地界定如下：

可接受的用途

天桥／行人天桥桥底的用途如符合附近地方概括的土地用途模式，而且在结构、消防安全、交通、环境及景观方面均不会产生不良影响，便属可接受的用途。

有条件下接受的用途

如在考虑所有有关因素后，认为一些用途可能会产生某种程度的影响，但该等影响可藉着在土地文件中订定条件而轻易及有效地纾缓，则可按个别情况考虑接受这些用途。

不可接受的用途

如在考虑所有有关因素后，认为一些用途可能会产生不良的影响，而该等影响并不能轻易或有效地纾缓，这些用途便属于不适合设于天桥／行人天桥桥底的用途。

7.2.2　附录3载列的用途仅提供一般性指引，绝非巨细无遗。采用这些准则时，可因应用途的确实性质、地盘所在地区、天桥／行人天桥的设计及其他有关因素而作出调整。

7.3　鉴定主要的新天桥及行人天桥的桥底土地用途

7.3.1　为了加强融合和协调，不应待天桥／行人天桥落成后才以附带用途的形式批准适合的用途，而是尽量在主要的天桥／行人天桥工程的规划阶段便预先积极考虑及鉴定桥底土地恰当的可能用途。

7.3.2　当主要的新天桥／行人天桥工程列为工务计划的乙级工程后，有关的工务部门应在工程的勘测阶段提出桥底土地可能用途的鉴定要求。就桥底土地用途作出建议时，应适当地参考第7.1及7.2段的准则。

附录3

（A）可接受的用途

1.美化市容地带（例如：景观美化地方、植物苗圃）

2.停车位：

(a) 泊车位，包括：

（i）指定公众泊车位（设有或没有收费表）

（ii）租给私人机构使用的泊车位

（iii）专门及特别供政府部门使用的泊车位

(b) 电单车／单车泊车位

(c) 货车泊车位（货柜车停车位除外）

(d) 的士／公共小巴站

(e) 电车／巴士／旅游巴车站／总站及大堂（车厂除外）及巴士通宵停车位

3.政府车厂：

(a) 修车厂

(b) 车辆扣留处

(c) 车库

4.美术／商业宣传展示品

5.政府设施：

(a) 报案中心（流动／固定）

（b）警署、救护站或消防局（以一层为宜）

（c）公厕

（d）公众浴室

（e）政府办事处

6.非政府机构及协会为提供方便的公共服务而设的办事处，例如：慈善中心、志愿机构办事处、旅游资讯处

7.行人路／行人径

8.公众资讯亭／售卖机

9.运输机构附属办公室及其他设施，例如：地下铁路／九广铁路通风塔、地下铁路／九广铁路车站入口

10.非易燃／非挥发性／非危险物品存放场

11.救援及紧急事故中心

12.自动化服务亭

13.报纸杂志亭

14.开放式花店

15.再造产品收集站

（B）有条件下接受的用途

1.室内康乐设施（例如：运动场、健身室、壁球场）

2.静态休憩用地（不包括正式／非正式的运动及康乐场地，但包括与毗邻道路之间设有足够缓冲设备或屏障的休憩处）

3.不设住宿／日间护理服务的社区／儿童／青少年／老人中心

4.图书馆（流动／固定）

5.艺术工作室／电影制作室

6.电车厂／铁路车厂

7.拖头及拖架停放场

8.污水隔筛厂／污水处理厂

9.特别设计的垃圾收集站

10.公用事业设施装置，例如：电力支站／变压站／泵房

11.开放式陈列室

12.临时街市

13.不设座位的持牌小贩临时市场（熟食档除外）

14.临时工地

15.加油站（石油气加气设施除外）

16.没有重型机器的建造业训练场／中心（供政府机构或非政府机构使用）

17.洗车场

18.流动注射中心

19.涉及简单及非机械程序的再造设施

20.货柜车的讯息记录设施

21.货柜存放场

（C）不可接受的用途

1.动态户外康乐设施／运动场及儿童游乐场（包括网球／足球／篮球场、足球运动场、溜冰场）

2.涉及潜在火警危险的用途，包括：

（a）熟食档

（b）巴士厂

（c）酒楼餐厅

（d）任何工业经营，以及货仓

（e）石油气加气站

（f）汽车修理／服务站

（g）危险或易燃物品（例如：油桶、建筑物料、垃圾）的存放场

3.易受环境影响的用途（会引致使用者长时间受毗邻道路所产生的不良环境影响），包括：

（a）诊疗所

（b）医院

（c）幼儿园／幼儿园

（d）学校

（e）设有住宿／日间护理服务的社区／儿童／青少年／老人中心

（f）住宅用途

4.会产生过多车辆／行人活动及／或会影响直达交通的用途，包括：

（a）超级市场／零售店铺

（b）批发市场

（c）场外投注站

（d）售票亭

5.任何可能对天桥结构产生会导致意外的影响的用途

6.任何会引起火警及环境危险的用途

郊野公园条例

本条例旨在就郊野公园及特别地区的指定、管辖和管理，郊野公园及海岸公园委员会的设立，以及与该等事宜相关的目的，订定条文。

（由1995年第37号第29条修订）

［1976年8月16日］*1976年第204号法律公告*

（格式变更——2022年第1号编辑修订记录）

第I部　导　言

1. 简称

本条例可引称为《郊野公园条例》。

2. 释义

在本条例中，除文意另有所指外——

已批租土地（leased land）指以下任何土地——

(a) 根据政府租契、政府批出的租赁或任何有关批出该等政府租契或租赁的协议而持有的土地；*（由1998年第29号第50条修订）*

(b) 藉某一条例而归属于某人的土地；或

(c) 根据以下文件而占用的土地——

(i) 根据《土地（杂项条文）条例》（第28章）第5条发出的许可证；*（由1998年第29号第50条修订）*

(ii) 根据任何其他条例批出或发出的许可证或准许证；或

(iii) 拨地契据或拨地备忘录；

委员会（Board）指根据第5条设立的郊野公园及海岸公园委员会；*（由1995年第37号第30条修订）*

郊野公园（country park）指根据第14条指定为郊野公园的任何范围；

特别地区（special area）指根据第24条指定为特别地区的任何范围；

总监（Authority）指第3条所指的郊野公园及海岸公园管理局总监。*（由1995年第37号第30条代替）*

第II部　郊野公园及海岸公园管理局总监的职责和郊野公园及海岸公园委员会的设立

（由1995年第37号第31条代替）

3. 郊野公园及特别地区的管辖和管理

(1) 除本条例另有规定外，郊野公园及特别地区归予郊野公园及海岸公园管理局总监

管辖和管理。*(由1995年第37号第32条修订)*

(2) 为本条例的施行，总监由渔农自然护理署署长担任。*(由1995年第37号第32条增补；由1999年第331号法律公告修订)*

4. 总监的职责

总监有以下职责——

(a) 就郊野公园或特别地区的指定，向行政长官提出建议；*(由2000年第34号第3条修订)*

(b) 发展和管理局郊野公园及特别地区；

(c) 就郊野公园及特别地区采取总监认为需要的措施，以——

(i) 鼓励为康乐与旅游目的而使用和发展郊野公园及特别地区；

(ii) 保护郊野公园及特别地区内的花草树木及野生生物；

(iii) 在不损害《古物及古迹条例》(第53章) 的规定的原则下，保存和保养郊野公园及特别地区内有历史或文化意义的建筑物及地点；及

(iv) 提供设施及服务，使公众人士得以享用郊野公园及特别地区；

(d) 概括而言，执行本条例的规定。

5. 郊野公园及海岸公园委员会的设立

(1) 现设立郊野公园及海岸公园委员会，而该委员会须——*(由1995年第37号第33条修订)*

(a) 作为咨询团体，就总监向其提交的事宜，向总监提供意见；

(b) 对总监就郊野公园及特别地区（包括建议中的郊野公园及特别地区）所拟订的政策及计划作出考虑并向总监提供意见；及

(c) 对根据第11或17条提交的反对作出考虑。

(2) 委员会须由以下委员组成——

(a) 总监；及 *(由1989年第32号第2条修订)*

(b) 不少于10名其他委员，其中不少于5名须为公职人员。

(2A) 行政长官可委任委员会任何委员为委员会的主席。*(由1989年第32号第2条增补；由2000年第34号第3条修订)*

(3) 委员会的委员（身为公职人员的委员除外），任期为2年或行政长官在某个案中所决定的较短任期，并有资格再获委任。*(由2000年第34号第3条修订)*

(4) 非公职人员的委员会委员，可随时向行政长官呈交书面通知而辞去委员会职务。*(由2000年第34号第3条修订)*

(5) 在委员会的任何会议上，法定人数须为委员会委员5名。

(6) 委员会主席须主持委员会的所有会议：

但如主席在任何会议中缺席，则出席该会议的委员会委员须互选一名委员会委员主持该会议。

(7) 委员会为更妥善履行本条例所订的委员会职能，可委出小组委员会，而如此委出的小组委员会可包括并非委员会委员的人士：

但每一小组委员会须最少有三分之二的成员是委员会委员。

(8) 总监须委任一名公职人员为委员会秘书。

（9）委员会任何委员如在委员会所处理的任何事项中有直接或非直接的金钱利害关系，须于委员会会议上披露其有利害关系的事实及性质，如委员会要求，并须在委员会考虑该事项的会议中避席，而在任何情况下均不得就该事项表决。

（10）除本条例另有规定外，委员会及其任何小组委员会均可决定其会议程序。

6. 以传阅文件方式办理事务

（1）委员会可以传阅文件方式办理委员会的事务，而除第（2）及（3）款另有规定外，任何由过半数委员以书面批准的书面决议，须具效力及作用，犹如该决议已于委员会会议上由如此批准该决议的委员表决通过一样。

（2）委员会任何委员均可向主席呈交书面通知，要求将任何正以传阅文件方式办理的事务于委员会会议上办理。

（3）凡已根据第（2）款向主席发出通知，则已由过半数委员根据第（1）款以书面批准有关该通知的标的事务的任何决议，均属无效。

7. 行政长官发出指示的权力

（1）行政长官可就总监或公职人员在行使或执行本条例下任何权力、职能或职责方面的一般或个别情况，发出其认为适当的指示。

（2）总监及各公职人员在行使或执行本条例下任何权力、职能或职责时，须遵从行政长官根据第（1）款发出的指示。

（由2000年第34号第3条修订）

第III部 郊野公园的指定

8. 未定案地图的拟备

（1）总监须应行政长官的指示，拟备显示建议中的郊野公园的未定案地图。*（由2000年第34号第3条修订）*

（2）根据第（1）款拟备的地图，须在切实可行范围内显示或预定总监认为适合就郊野公园而提供的设施及服务。

（3）总监可连同根据第（1）款拟备的任何未定案地图，以图解、说明、注释或描述的形式，拟备关于该地图的解说资料；而该等解说资料均属该地图的一部分。

（4）总监须就根据本条拟备任何未定案地图的事宜咨询委员会。

9. 未定案地图的查阅

（1）凡总监已根据第8条拟备未定案地图，总监须以中文及英文在宪报刊登公告，而该公告须——

（a）载有对该未定案地图所示的范围的一项概述；

（b）说明未定案地图副本可供公众人士查阅的时间及地点的详情；及

（c）指明可对未定案地图提出反对的时限及方式。

（2）凡总监根据第（1）款刊登公告，总监须——

（a）将该公告的文本，在2月份每日出版的中文报章及一份每日出版的英文报章各刊登3日；及

（b）在建议中的郊野公园的显眼部分，展示该公告的文本。

（3）自公告根据第（1）款刊登之日起计60日内，在总监认为适当的任何政府办事处，均须备有该未定案地图的一份副本，于该等办事处一般开放予公众人士的时间内，免费供公众人士查阅。

（4）总监于任何人缴付总监所厘定的费用后，须提供该未定案地图的副本。

10. 根据第9（1）条刊登公告的效果

（1）在总监根据第9（1）条刊登公告后，未得总监事先批准，不得有新发展工程在有关的未定案地图所示的建议中的郊野公园范围内进行。

（2）总监根据第（1）款给予的批准，是就该项新发展工程而规定取得的任何其他批准以外的额外批准。

（3）就本条而言——

发展工程（development）指在任何土地之内、其上、其上空或其下进行建筑、工程、采矿或其他同类作业，或对任何建筑物或其他土地的用途作出重大改变，但下述者除外——

（a）为维修、改善或改动任何建筑物而进行工程；

（b）为农业、林务业或渔业目的而使用任何土地，以及为上述任何目的而使用任何与如此使用的土地一并占用的建筑物；

（c）为享用住宅作住宅用途所附带的目的而使用住宅园地内的任何建筑物或其他土地；或

（d）为检查、修理或更新任何污水管、干管、喉管、电缆或其他器具而进行任何工程；[比照1971 c. 78 s. 22（1）&（2）U.K.]

新发展工程（new development）指任何并非已于根据第9（1）条在宪报刊登公告的日期前，就其取得一切所需批准及许可的发展工程。

11. 反对

（1）如任何人因根据第9条供人查阅的未定案地图而感到受屈，可于第9（3）条所提述的60日期间内，将其反对该未定案地图的书面陈述送交总监及委员会秘书。

（2）根据第（1）款送交的书面陈述——

（a）须列出有关的反对的性质及理由；及

（b）如该项反对会因对该未定案地图作出改动而平息的话，须列出任何建议作出的改动。

（3）如总监接获根据第（1）款送交的反对的书面陈述，可于接获该项反对起计的30日内，向委员会秘书送交其关于该项反对的书面申述。

（4）委员会秘书接获根据第（1）款提出的反对和接获总监根据第（3）款送交的申述后，须定出委员会就该项反对进行聆讯的时间及地点，并须就此给予反对人14整日的通知。

（5）反对人可出席委员会就该项反对进行聆讯的会议，并可亲自或由其授权的代表代为陈词。

（6）委员会就反对进行聆讯后，可——

（a）完全否决该项反对或否决其中部分；或

（b）指示总监因应该项反对的全部或部分而修订有关的未定案地图。

（7）如委员会根据第（6）（a）款否决反对，委员会秘书须将委员会的决定以书面通知反对人。

12. 向行政长官会同行政会议呈交未定案地图

总监须在提交反对的限期的最后一日起计的6个月内，将未定案地图呈交行政长官会同行政会议以待批准，并须同时呈交——*（由2000年第34号第3条修订）*

（a）载有根据第11条所作的反对及申述的附表一份；及

（b）载有总监依据任何根据第11（6）（b）条所作的指示，为因应该等反对而作出的修订的附表一份。

13. 未定案地图呈交后行政长官会同行政会议的权力

（1）未定案地图根据第12条呈交予行政长官会同行政会议后，行政长官会同行政会议须——

（a）批准该未定案地图；

（b）拒绝批准该未定案地图；或

（c）将该未定案地图交予总监作进一步考虑及修订。

（2）如行政长官会同行政会议根据第（1）（b）款拒绝批准任何未定案地图，则总监须在拒绝批准的决定作出后，尽快将该项决定在宪报公布。

（3）如经行政长官会同行政会议批准的地图有任何遗漏或错误，行政长官会同行政会议可藉在宪报刊登的命令，予以更正。

（4）所有经行政长官会同行政会议批准的地图，均须由总监签署，并须存放于土地注用处。*（由1993年第8号第2条修订；由2002年第20号第5条修订）*

（5）根据第（4）款存放地图一事须在宪报公布。

（6）总监于任何人缴付总监所厘定的费用后，须向该人提供已予批准的地图的副本。

（由2000年第34号第3条修订）

14. 郊野公园的指定

如行政长官会同行政会议已根据第13条批准任何未定案地图，而该未定案地图亦已存放于土地注册处，则行政长官须藉在宪报刊登的命令，指定在该已予批准的地图上所示的范围为郊野公园。

（由1993年第8号第2条修订；由2000年第34号第3条修订）

15. 已予批准的地图的取代或修订

（1）行政长官会同行政会议可将任何经其根据第13条批准的地图交予总监，以由新地图取代或作出修订。*（由2000年第34号第3条修订）*

（2）行政长官会同行政会议根据第（1）款交予总监任何地图后，第8至14条即适用于用以取代该份地图的新地图，亦适用于对该份地图所作出的修订，其方式犹如该等条文对被新地图所取代或被有关修订所修订的该份地图适用一样；如行政长官会同行政会议交予总监的地图是与任何修订有关的，则第8至14条中***地图***（map）一词须解释为提述显示该项修订的地图。*（由2000年第34号第3条修订）*

（3）交予总监的地图，须由已予批准的新地图取代或连同任何已予批准的修订一并参阅应用（视属何情况而定）。

（4）根据第13条存放的任何地图如被取代或修订，则土地注册处处长须据此而在该地图上批注，并须安排将存放于土地注册处的地图副本作同样批注。*（由1993年第8号第3及23条修订；由2002年第20号第5条修订）*

第IV部　郊野公园的土地管制

16. 郊野公园土地用途的管制

（1）即使任何条例或任何租契或有关租契的协议的条款另有规定，总监如认为占用人对郊野公园内任何已批租土地所作的用途或建议用途，会在相当程度上减损郊野公园的享用价值及宜人之处，可要求适当的最高地政监督行使本条所授予的权力。

（2）凡最高地政监督接获根据第（1）款提出的要求，他可藉书面通知——

（a）规定占用人在最高地政监督所决定而为期不少于3个月的期间内，中止或修改有关用途；或

（b）禁止占用人将土地用于有关的建议用途，或在最高地政监督所决定而为期不少于3个月的期间内，规定占用人修改该建议用途，

从而避免在相当程度上减损郊野公园的享用价值及宜人之处；占用人如非政府土地承租人，则最高地政监督须在切实可行范围内将发给占用人的通知的副本，送达有关的政府土地承租人。*（由1998年第29号第105条修订）*

（3）根据第（2）款发出的通知，须通知占用人其根据第17条提出反对的权利，而占用人如非政府土地承租人，则亦须通知政府土地承租人其此项权利。*（由1998年第29号第105条修订）*

（4）任何占用人没有遵从根据第（2）款发给他的通知的规定，即属犯罪，可处罚款$5,000，此外并可就罪行持续期间每日罚款$100。*（编辑修订——2022年第1号编辑修订记录）*

（5）凡占用人或政府土地承租人根据第17条提出反对，则他所反对的通知须暂停执行，直至就该项反对作出最终裁定为止。*（由1998年第29号第105条修订）*

（6）即使有任何法律程序根据第（3）款进行，凡根据第（2）款发出的任何通知的规定没有获遵从，该等规定所针对的已批租土地即可按照《收回土地条例》（第124章）被收回，而为施行该条例第3条，须当作是须收回该土地作公共用途的。*（由1998年第29号第51条修订）*

（7）在本部中，***最高地政监督***（Land Authority）——

（a）就位于新界的郊野公园内的已批租土地而言，指地政总署署长；及*（由1981年第370号法律公告修订）*

（b）就香港（新界除外）的郊野公园内的已批租土地而言，指地政总署署长。*（由1982年第76号法律公告修订；由1986年第94号法律公告修订；由1993年第291号法律公告修订）*

17. 对根据16（2）条发出的通知提出反对

（1）凡就任何占用人或政府土地承租人根据——

（a）政府租契或任何有关批出政府租契的协议；或

（b）任何条例，

所持有的土地的用途或建议用途，而根据第16(2)条向该占用人或政府土地承租人送达通知，则该占用人或政府土地承租人可于该通知送达他起计1个月内，向总监、最高地政监督及委员会秘书送交反对该通知的书面陈述。*(由1998年第29号第105条修订)*

(2)根据第(1)款送交的书面陈述须列出有关的反对的性质及理由。

(3)如总监及最高地政监督接获根据第(1)款送交的书面陈述，可于接获该陈述起计的14日内，向委员会秘书送交其关于该项反对的书面申述。

(4)委员会秘书接获根据第(1)款送交的书面陈述和接获根据第(3)款送交的申述后，须定出委员会就该项反对进行聆讯的时间及地点，并须就此给予反对人14整日的通知。

(5)反对人可出席委员会就该项反对进行聆讯的会议，并可亲自或由其授权的代表代为陈词。

(6)委员会就该项反对进行聆讯后，可——

(a)否决该项反对；

(b)接纳该项反对；或

(c)指示最高地政监督修订根据第16(2)条送达的通知。

(7)如委员会否决该项反对或指示最高地政监督修订该项通知，委员会秘书须将委员会的决定以书面通知反对人，并须通知反对人其根据第(8)款提出上诉的权利。

(8)任何反对人如因委员会所作的决定而感到受屈，可在接获委员会的决定的通知起计的1个月内，以呈请方式向行政长官提出上诉。*(由2000年第34号第3条修订)*

(9)行政长官在考虑根据第(8)款提出的呈请后，可——*(由2000年第34号第3条修订)*

(a)指示最高地政监督撤回或修订根据第16(2)条送达的通知；或

(b)指示将该项呈请转交行政长官会同行政会议。*(由2000年第34号第3条修订)*

(10)行政长官会同行政会议在考虑根据第(9)款向其转交的呈请后，可——*(由2000年第34号第3条修订)*

(a)指示最高地政监督撤回或修订根据第16(2)条送达的通知；或

(b)驳回该项呈请。

(11)行政长官或行政长官会同行政会议的决定为最终决定。*(由2000年第34号第3条修订)*

第V部　补　偿

18. 除根据本条例外别无补救方法的规定

(1)任何土地的拥有人或有任何土地权益的人，不得因该土地位于郊野公园内或受郊野公园影响而获付补偿。

(2)凡——

(a)任何土地、实产、行业或业务遭损坏或受扰，或任何土地、实产、行业或业务有损失或其价值受损，乃由本条例或根据本条例所授权或施加或因获如此授权的作为或不作为而引起；

(b) 对个人造成打扰或不便，乃由本条例或根据本条例所授权或施加或因获如此授权的作为或不作为而引起；

(c) 权利终绝、修改或限制，乃由本条例或根据本条例所授权或施加或因获如此授权的作为或不作为而引起；或

(d) 任何规定乃由本条例或根据本条例所授权或施加或因获如此授权的作为或不作为而引起，而为使该规定得以实现或为遵从该规定招致费用，

不得就此对政府或任何其他人提起诉讼、申索或法律程序，以追讨损害赔偿、补偿或讼费，但依据第19条订定的获补偿权利而提起者除外。*(由2000年第34号第3条修订)*

19. 补偿

(1) 凡——

(a) 总监拒绝根据第10条批准在任何土地上进行新发展工程；或

(b) 郊野公园内土地的占用人按照任何根据第16(2)条向其发出的通知，中止或修改该土地的用途，或停止将该土地用于建议用途或修改该土地的建议用途，

而该等新发展工程或用途是由持有该土地所根据的任何租契或有关租契的协议的条款所准许的，或是根据该等条款所准许的，则——

(i) 就(a)段情况所引致的损失、损坏或费用而言，该土地的拥有人；及

(ii) 就(b)段情况所引致的损失、损坏或费用而言，在该土地拥有可获补偿权益的人，

有权利向政府申索补偿，但仅以根据本部评估的其所蒙受或招致的损失、损坏或费用为限。*(由2000年第34号第3条修订)*

(2) 评估补偿的基准如下——

(a) 如属就第(1)(a)款情况所引致的损失、损坏或费用而提出的申索，须是该土地的价值因新发展工程被拒绝批准进行而减少的款额；及

(b) 如属就第(1)(b)款情况所引致的损失、损坏或费用而提出的申索，须是因有关的中止或修改规定或有关的禁止——

(i) 而令该土地的价值减少的款额；及

(ii) 而令申索人为达致中止、停止或修改有关的用途或建议用途而进行所需工程，以致蒙受损失的公平及合理地估计的款额。

(3) 在评估补偿时，不得理会与补偿有关的土地的价值因以下情况而出现的升幅或跌幅——

(a) 该土地位于根据第8条拟备的未定案地图所示建议中的郊野公园范围内；或

(b) 该土地位于郊野公园内。

(4) 就本条而言，土地的价值乃有关的土地若根据《收回土地条例》(第124章)收回而根据该条例会获评估的价值。*(由1998年第29号第52条修订)*

(5) 在本条中，***可获补偿权益***(compensatable interest)指以下的人的产业权或权益——

(a) 享有尚有一个月或以上始行届满的土地年期(包括按应有权利取得的任何延长年期在内)的人，或享有可由其中一方以不少于一个月的通知而终止(不论是凭借任何条例或其他规定)的租赁或分租租赁的人；

(b) 管有承按人；

（c）持有可用以购买（a）或（d）段所提述的权益而属有效或存续的选择权的人；

（d）买卖协议下的买方，而该买方已获转移（a）或（c）段所提述的权益所赋予的利益。

20. 补偿申索

（1）任何人根据第19条申索补偿，须向总监呈交书面申索，述明他就有关土地所具有的产业权或权益的性质以及他寻求追讨的款额。

（2）任何人根据第19条申索补偿，须于总监拒绝批准新发展工程或于接获中止或修改有关的用途或建议用途的规定（视属何情况而定）起计的1年内，或于总监所容许的较长期间内，向总监呈交其申索。

（3）如在根据第（1）款呈交申索起计的3个月内，任何上述的人与总监未能就须付的补偿（如有的话）的款额达成协议，则任何一方均可向土地审裁处呈交申索，以求裁定须付的补偿（如有的话）的款额。

（4）土地审裁处对于根据第（3）款向其呈交的申索，须按照第19条裁定须付的补偿款额。

21. 就补偿支付的利息

（1）土地审裁处可指示就补偿（但讼费除外）支付利息，由其认为适当的日期起计，为期亦按其认为适当者而定，并按照第（2）款所指明的利率或立法会藉决议厘定的其他利率而支付。*（由1980年第76号第24条修订；由2000年第34号第3条修订；由2001年第6号第5条修订）*

（2）为施行第（1）款，就——

（a）某工作日而支付的利息的利率，须为发钞银行在该日营业时间结束时就24小时通知存款所订的最低利率；及

（b）某非工作日而支付的利息的利率，须为发钞银行在该日之前的最后一个工作日营业时间结束时就24小时通知存款所订的最低利率。*（由2001年第6号第5条增补）*

（3）在本条中——

工作日（working day）指——

（a）既非公众假日；

（b）亦非《释义及通则条例》（第1章）第71（2）条所界定的烈风警告日或黑色暴雨警告日，

的任何日子；

非工作日（non-working day）指并非工作日的日子；

发钞银行（note-issuing bank）具有《法定货币纸币发行条例》（第65章）第2条给予该词的涵义。*（由2001年第6号第5条增补）*

22. 由立法会提供的款项中支付补偿

所有补偿（包括就补偿支付的利息以及讼费），须从立法会不时提供的款项中支付。

（由2000年第34号第3条修订）

23. 申索人不在等情况下付款

如申索人藉协议或随土地审裁处的判定而可获付任何补偿，但该申索人——

（a）不在香港；

（b）不能寻获；

（c）在补偿协议达成或获判给补偿起计的3个月内，并无作出付款的申索；或

（d）被总监认为不能有效地解除补偿方面的付款责任，

则总监可指示在其认为适当的条件下，将该项补偿付予总监认为恰当而又代表申索人的其他人，而获付款的人的收据，即有效及有作用地解除在补偿方面的付款责任，犹如已付款予申索人一样。

第VI部　特别地区

24. 特别地区的指定

（1）为施行本条例，行政长官可藉在宪报刊登的命令，指定郊野公园以外的任何政府土地范围为特别地区。*（由2000年第34号第3条修订）*

（2）为施行本条例，总监可按委员会的意见，藉在宪报刊登的命令，指定郊野公园内的任何政府土地范围为特别地区。

（3）在本条中，***政府土地***（Government land）指任何不属已批租土地的土地。

（由1998年第29号第105条修订）

第VII部　豁　免

25. 豁免纳入郊野公园及特别地区内

行政长官可藉在宪报刊登的命令，豁免以下各项纳入任何郊野公园或特别地区内——*（由2000年第34号第3条修订）*

（a）乡村范围、传统葬地、庙宇及其他宗教建筑物；*（2000年第32号第48条修订）*

（b）地政总署署长咨询总监后，为康乐或旅游目的而发出或将会发出租契的任何范围；及*（由1981年第370号法律公告修订；由1982年第76号法律公告修订；由1986年第94号法律公告修订；由1993年第291号法律公告修订）*

（c）已根据《古物及古迹条例》（第53章）第3条宣布为古迹的任何地方、建筑物、地点或构筑物。

第VIII部　杂项规定

26. 规例

（1）行政长官会同行政会议可订立规例，以就下列事项订定条文——*（由2000年第34号第3条修订）*

（a）妥善管理和管辖郊野公园及特别地区，包括封闭或局部封闭郊野公园及特别地区；

（b）禁止或限制任何人、车辆、船艇及动物进入郊野公园及特别地区或在郊野公园及特别地区内活动；

（c）在郊野公园及特别地区内保持秩序良好和防止有滥用及妨扰行为；

（d）与使用郊野公园或特别地区或其任何部分有关，或与使用在郊野公园或特别地区内所提供的任何设备或设施有关而须缴付的各种费用；

（e）禁止或限制在郊野公园或特别地区内杀死、猎捕、设陷阱捕捉、骚扰或打扰任何种类的野生动物，或禁止或限制在郊野公园或特别地区内拿取、摧毁或干扰花草树木，或禁止或限制在郊野公园或特别地区内作出任何会干扰土壤的事情；

（f）禁止或限制在郊野公园或特别地区内生火，以及防止发生火警危险；

（g）禁止或管制将郊野公园或特别地区作以下用途 ——

（ⅰ）野餐；

（ⅱ）烧烤；

（ⅲ）露营；

（ⅳ）游泳；

（ⅴ）贩卖；

（ⅵ）广告宣传；

（ⅶ）钓鱼；及

（ⅷ）任何其他同类活动；

（h）在有人就车辆、船艇、动物或其他物品或物件违反根据本条订立的规例的情况下，检取和处置该等车辆、船艇、动物、物品或物件；

（i）总监按其亲自决定的条款及在其亲自决定的条件下发出许可证，授权进入郊野公园或特别地区，或授权在其内作出若非获授权则会属非法的事情；及

（j）概括而言，本条例的施行。

（2）根据本条订立的规例，不得减损任何随附于郊野公园或特别地区内土地的权利或对该等权利有不利影响。

（3）根据本条订立的规例可规定，凡违反或触犯该等规例即属犯罪，可处不超过$5,000的罚款及为期不超过1年的监禁，如该罪行属持续的罪行，则除就该罪行而施加的刑罚外，可另处每日不超过$100的罚款。*（编辑修订——2022年第1号编辑修订记录）*

27. 逮捕的权力

（1）获总监就此而以书面授权的任何公职人员或任何类别的公职人员，如合理地怀疑任何人已犯规例所订的罪行，可在没有手令的情况下，将该人逮捕。

（2）任何公职人员根据第（1）款逮捕任何人，须将该人带往警署，如需进一步查讯，则须先将该人带往总监的任何办事处，然后始将其带往警署，而该人在警署则须按照《警队条例》（第232章）处理：

但在任何情况下，任何人如没有被控或没有被带到裁判官席前，则不得被扣留超过48小时。

（3）如任何人强行反抗或企图逃避根据本条而作的逮捕，则将该人逮捕的公职人员可使用合理需要的武力执行逮捕。

28. 进入的权力

（1）凡为以下目的 ——

（a）与根据第8条拟备未定案地图有关而测量任何土地；

（b）确定任何土地上是否有任何新发展工程正在进行；

（c）确定郊野公园内任何土地的用途或建议用途是否会在相当程度上减损郊野公园的享用价值或宜人之处；或

（d）与根据第19条提出的补偿申索有关而测量任何土地或估计其价值，

则获总监就此而以书面授权的任何公职人员，可于一切合理时间进入该土地之上。

（2）任何人故意妨碍任何公职人员根据本条合法行使其权力，即属犯罪，一经定罪，可处罚款$5,000及监禁1年。*（编辑修订——2022年第1号编辑修订记录）*

海岸公园条例

本条例旨在就海岸公园及海岸保护区的指定、管辖及管理，以及与该等事宜相关的目的，订定条文。

［1995年6月1日］

（格式变更——2021年第5号编辑修订记录）

（略去制定语式条文——2021年第5号编辑修订记录）

第I部　导　言

1. 简称

本条例可引称为《海岸公园条例》。

2. 释义

在本条例中，除文意另有所指外 ——

土地（land）包括被水淹盖的土地；

委员会（Board）指《郊野公园条例》（第208章）第5条设立的郊野公园及海岸公园委员会；

委员会秘书（Secretary of the Board）指根据《郊野公园条例》（第208章）第5（8）条委任的郊野公园及海岸公园委员会秘书；

建议中的海岸公园（proposed marine park）指建议指定为海岸公园的范围；

建议中的海岸保护区（proposed marine reserve）指建议指定为海岸保护区的范围；

海岸公园（marine park）指根据第15条指定为海岸公园的范围；

海岸保护区（marine reserve）指根据第15条指定为海岸保护区的范围；

海洋生物（marine life），就海岸公园或海岸保护区而言（视属何情况而定），包括在其内的所有动物及植物；

船只（vessel）指 ——

（a）任何船舶、中式木船、艇、动力承托的航行器、水上飞机，或用于航行的任何其他类别的船只；及

（b）在香港境内或在香港水域内并非用于航行或并非建造或改装为用于航行的任何其他类别的船只，

但不包括任何军舰或任何具军舰地位的船只；

发展工程（development）指在香港境内的土地、海或感潮水域之内、其上、其上空或其下进行以下事项 ——

(a) 建筑、工程或设置构筑物;
(b) 挖掘、疏浚、除石或采矿;
(c) 填海或倾倒物料;
(d) 建造浮标、突堤、码头、防波堤、避风塘、碇泊区或其他港口设施;
(e) 敷设导缆、喉管或其他公用设施; 或
(f) 其他类似作业;

新发展工程(new development) 指任何并非已于根据第8(1) 条就其所在的范围在宪报刊登公告的日期前,就其取得一切所需批准及许可的发展工程,但不包括为检查、维修或修理任何公用设施,或任何污水管、干管、喉管、导缆或其他器件而进行的任何工程;

获授权人员(authorized officer) 指根据第24条获总监授权的人;

总监(Authority) 指第3条所指的郊野公园及海岸公园管理局总监。

第II部　郊野公园及海岸公园管理局总监的职责及郊野公园及海岸公园委员会的职能

3. 海岸公园及海岸保护区的管辖及管理

(1) 除本条例另有规定外,海岸公园及海岸保护区归予郊野公园及海岸公园管理局总监管辖及管理。

(2) 为本条例的施行,总监由渔农自然护理署署长担任。*(由1999年第331号法律公告修订)*

4. 总监的职责

为本条例的施行,总监有以下职责——

(a) 就海岸公园或海岸保护区的指定,向行政长官会同行政会议提出建议;*(由2000年第34号第3条修订)*

(b) 管辖及管理海岸公园及海岸保护区,并就海岸公园及海岸保护区采取总监认为需要的措施,以——

(i) 保护、复原及(如总监认为需要)改善任何海岸公园或海岸保护区内的海洋生物状况及海洋环境;

(ii) 对海岸公园内资源的运用作出管理,以满足人类现在及未来的需要及期望;

(iii) 对海岸公园内的康乐活动提供便利; 及

(iv) 提供机会以对海岸公园及海岸保护区内的海洋生物及海洋环境进行教育及科学方面的研究; 及

(c) 概括而言,执行本条例的规定。

5. 委员会的职能

为本条例的施行,委员会须——

(a) 作为咨询团体,就总监向其提交的事宜,向总监提供意见;

(b) 对总监就海岸公园及海岸保护区(包括建议中的海岸公园及建议中的海岸保护区)所拟订的政策及计划,作出考虑并向总监提供意见; 及

(c) 对根据第12条提交的反对作出考虑。

6. 行政长官发出指示的权力

(1) 行政长官可就总监或公职人员在行使或执行本条例下任何权力、职能或职责方面的一般或个别情况，发出其认为合适的指示。

(2) 总监及各公职人员在行使或执行本条例下任何权力、职能或职责时，须遵从行政长官根据第 (1) 款发出的指示。

(由2000年第34号第3条修订)

第III部 海岸公园及海岸保护区的指定

7. 未定案地图的拟备

(1) 总监须应行政长官会同行政会议的指示，拟备显示建议中的海岸公园或建议中的海岸保护区的未定案地图。*(由2000年第34号第3条修订)*

(2) 根据第 (1) 款拟备的地图须显示建议中的海岸公园或建议中的海岸保护区（视属何情况而定）的边界线，以及显示总监认为适当的细节。

(3) 总监可连同根据第 (1) 款拟备的任何未定案地图，以图解、说明、注释或描述的形式，拟备关于该地图的解说资料；而该等解说资料均属该地图的一部分。

(4) 总监须就根据本条拟备任何未定案地图的事宜咨询委员会，并可进行其认为为拟备该未定案地图而需要进行的查讯。

8. 公告的刊登及未定案地图的查阅

(1) 凡总监已根据第7条拟备未定案地图，总监须以中文及英文在宪报刊登公告，而该公告须——

(a) 载有对该未定案地图所示的范围的一项概述；

(b) 说明未定案地图副本及关于建议中的海岸公园或建议中的海岸保护区（视属何情况而定）的其他资料（如有的话），可供公众人士查阅的时间及地点的详情；及

(c) 指明可对未定案地图提出反对的时限及方式。

(2) 凡总监根据第 (1) 款刊登公告，总监须——

(a) 将该公告的文本，在2份每日出版的中文报章及一份每日出版的英文报章各刊3日；及

(b) 在总监认为切实可行及适当的情况下，在建议中的海岸公园或建议中的海岸保护区（视属何情况而定）的范围内或附近地方的要冲位置，展示该公告的文本。

(3) 在土地注册处、渔农自然护理署总部及海事处总部，均须备有一份未定案地图的副本及总监认为适当的关于该建议中的海岸公园或建议中的海岸保护区（视属何情况而定）的其他资料，于该等办事处一般开放予公众人士的时间内，免费供公众人士查阅，为期60日，自该公告根据第 (1) 款刊登之日起计。*(由1999年第331号法律公告修订；由2002年第20号第5条修订)*

(4) 任何人在缴付总监所厘定的费用后，均可在渔农自然护理署总部取得未定案地图的副本。*(由1999年第331号法律公告修订)*

(5) 任何人可以书面要求总监向他提供未有根据第 (3) 款供公众人士查阅的关于该建议中的海岸公园或建议中的海岸保护区（视属何情况而定）的进一步资料。

（6）总监接获根据第（5）款提出的要求后，可——

（a）向提出该要求的人提供所要求的资料；或

（b）基于任何合理理由拒绝提供该等资料。

9. 根据第8（1）条刊登公告的效果

（1）根据第8（1）条在宪报刊登公告后，未得总监事先以书面批准，不得有新发展工程在有关的未定案地图所示的建议中的海岸公园或建议中的海岸保护区（属何情况而定）的范围内进行。

（2）根据第（1）款对进行新发展工程所作的限制须具有效力，直至就该建议中的海岸公园或建议中的海岸保护区（视属何情况而定）根据第14（2）条在宪报刊登公告或根据第15条在宪报刊登命令之日止；如根据第15条刊登命令，在命令刊登后第20至22条须就获指定的海岸公园或海岸保护区适用。

（3）如在未得总监事先批准，或在违反或不遵从总监根据第10（3）（b）条给予批准时所施加的条件的情况下，已有或正有任何新发展工程在任何建议中的海岸公园或建议中的海岸保护区的范围内进行，则总监可藉送达书面命令予——

（a）进行该项新发展工程的人；或

（b）为其而进行该项新发展工程的人，或其代理人，

借以规定——

（ⅰ）该项新发展工程须随即停止进行；及

（ⅱ）在适当的情况下，由该人在该命令可予指明的限期内自费进行补救及复原工程。

（4）如任何人不遵从第（3）（ⅰ）或（ⅱ）款下的规定，总监可无须再作通知而进行或安排进行为确保该项规定获得遵从所需的工程。

（5）总监根据第（4）款进行或安排进行的工程的费用，是可作为拖欠政府的民事债项，向第（3）（a）或（b）款或第（3）（a）及（b）款所提述的人追讨，而不论根据第（3）款作出的命令已送达予何人。

（6）任何人——

（a）未得总监事先批准，在任何建议中的海岸公园或建议中的海岸保护区的范围内进行任何新发展工程；或

（b）不遵从根据第（3）款送达予他的命令，

即属犯罪，一经定罪——

（ⅰ）可处第5级罚款及监禁1年；及

（ⅱ）可就法庭已获得证明并信纳该罪行持续的期间，每日另处罚款$5,000。

10. 批准进行新发展工程

（1）根据第9条向总监提出准予进行新发展工程的申请，须以书面提出，并须载有该项新发展工程的建议的详情。

（2）总监可要求申请人提供总监认为需要的任何额外资料。

（3）总监接获根据第（1）款提出的申请及根据第（2）款提供的任何额外资料（如有此要求）后，经寻求委员会的意见，可——

（a）拒绝给予批准；或

(b) 给予批准，并可就批准施加条件加以规限。

(4) 总监根据第(3)(b)款给予的批准，乃可就该项新发展工程规定所需的其他批准以外的额外要求。

11. 上诉

(1) 任何申请人如因总监根据第10(3)条所作的决定而感到受屈，可在接获总监的决定的通知后21日内，向行政上诉委员会提出上诉。

(2) 行政上诉委员会在考虑根据第(1)款提出的上诉后，可确认、更改或推翻总监的有关决定。

(3) 总监根据第10(3)(b)条所作的决定，在遭根据第(1)款提出的上诉反对时，须自上诉提出之日起暂缓生效，直至该项上诉获得解决、被撤回或放弃为止；但如总监认为暂缓生效会违反公众利益，且该项决定的通知书载有述明此一意思的陈述，则不在此限。

12. 反对

(1) 如任何人因根据第8条供人查阅的未定案地图而感到受屈，可于第8(3)条所提述的60日期间内，将其反对该未定案地图的书面陈述送交总监。

(2) 根据第(1)款送交的书面陈述——

(a) 须列出反对的性质及理由；及

(b) 如该项反对会因对该未定案地图作出改动而平息的话，须列出任何建议作出的改动。

(3) 如总监接获根据第(1)款送交的反对的书面陈述，可于根据第8(1)条刊登有关公告之日起计的90日内，向委员会秘书提交其关于该项反对的书面申述。

(4) 委员会秘书接获根据第(1)款提出的反对及接获总监根据第(3)款提交的申述后，须定出委员会就该项反对进行聆讯的时间及地点，并须就此给予该反对人14整日的通知。

(5) 反对人可出席委员会就该项反对进行聆讯的会议，并可亲自或由其授权的代表代为陈词。

(6) 委员会就该项反对进行聆讯后，可——

(a) 完全否决该项反对或否决其中部分；或

(b) 指示总监因应该项反对的全部或部分而修订有关的未定案地图。

(7) 如委员会根据第(6)(a)款否决反对，委员会秘书须将委员会的决定以书面通知有关的反对人。

13. 向行政长官会同行政会议呈交未定案地图

总监须在根据第12条提交反对的限期的最后一日起计的6个月内，将未定案地图呈交行政长官会同行政会议以待批准，并须同时呈交——*(由2000年第34号第3条修订)*

(a) 载有根据第12条所作的反对及申述的附表一份；及

(b) 载有总监依据第12(6)(b)条所作的指示，为因应该等反对而作出的修订的附表一份。

14. 未定案地图呈交后行政长官会同行政会议的权力

(1) 未定案地图根据第13条呈交予行政长官会同行政会议后，行政长官会同行政会议须——

(a) 批准该未定案地图；

(b) 拒绝批准该未定案地图；或

(c) 将该未定案地图交予总监作进一步考虑及修订。

(2) 如行政长官会同行政会议根据第(1)(b)款拒绝批准未定案地图，则总监须在拒绝批准的决定作出后，尽快将该项决定在宪报公布。

(3) 如经行政长官会同行政会议批准的地图有任何遗漏或错误，行政长官会同行政会议可藉在宪报刊登的命令，予以更正。

(4) 所有经行政长官会同行政会议批准的地图，均须由总监签署。

(5) 已予批准的地图的副本经总监核证为正本的真实副本后，须存放在土地注册处、渔农自然护理署总部及海事处总部，于该等办事处一般开放予公众人士的办公时间内，免费供公众人士查阅。*(由1999年第331号法律公告修订；由2002年第20号第5条修订)*

(6) 根据第(5)款存放地图一事须在宪报公布。

(7) 任何人在缴付总监厘定的费用后，均可在渔农自然护理署总部取得已予批准的地图的副本。*(由1999年第331号法律公告修订)*

(由2000年第34号第3条修订)

15. 海岸公园及海岸保护区的指定

如行政长官会同行政会议已根据第14(1)(a)条批准任何未定案地图，而该未定案地图亦已按照第14(5)条存放，则行政长官须藉在宪报刊登的命令，指定在该已予批准的地图上所示的范围为海岸公园或海岸保护区(视属何情况而定)。

(由2000年第34号第3条修订)

16. 已予批准的地图的取代或撤销

(1) 行政长官会同行政会议可将任何经其根据第14(1)(a)条批准的地图交予总监，以便——*(由2000年第34号第3条修订)*

(a) 为以下目的以新地图取代该地图——

(i) 扩展任何海岸公园或海岸保护区的范围；或

(ii)(如行政长官会同行政会议认为为公众目的或为公众利益需要删减任何海岸公园或海岸保护区的范围的话)删减有关的海岸公园或海岸保护区的范围；或

(b)(如行政长官会同行政会议认为为公众目的或为公众利益需要取消任何海岸公园或海岸保护区的指定的话)为取消有关的海岸公园或海岸保护区的指定而将该地图撤销。*(由2000年第34号第3条修订)*

(2) 总监——

(a) 根据第(1)(a)款获交任何地图后，须拟备另一幅地图以显示经扩展或删减范围后的海岸公园或海岸保护区(视属何情况而定)的边界线，并以总监认为适当的方式在该另一幅地图上指出该扩展或删减的范围(以下称为***取代地图***)；或

(b) 根据第(1)(b)款获交任何地图后，须拟备另一幅地图以显示不再获指定为海岸公园或海岸保护区的海岸公园或海岸保护区(视属何情况而定)的边界线，并以总监认为适当的方式在该另一幅地图上指出有关的指定的取消(以下称为***撤销地图***)。

(3) 总监可连同任何取代地图或撤销地图，以图解、说明、注释或描述的形式，拟备关于该地图的解说资料；而该等解说资料均属该地图的一部分。

（4）总监须就根据本条拟备任何未定案取代地图或未定案撤销地图的事宜咨询委员会，并可进行其认为为拟备该未定案地图而需要的查询。

（5）凡总监根据第（2）款拟备取代地图或撤销地图，则第8至14条在作出必要的变通后对该取代地图或撤销地图适用，其方式犹如该等条文对被该地图所取代或撤销的地图适用一样；而——

（a）在第8至14条中，***地图***一词须解释为提述该取代地图或撤销地图（视属何情况而定）；及

（b）在该取代地图是关乎扩展任何海岸公园或海岸保护区的范围内——

（ⅰ）在第9及10条及第（6）款中，***新发展工程***（new development）一词指在该海岸公园或海岸保护区的建议中的扩展范围内进行的新发展工程，而在第2条该词的定义中提述根据第8(1)条在宪报刊登公告，须解释为依据本款并以第8(1)条所述方式在宪报刊登公告；及

（ⅱ）在第9(2)条中提述根据第14(2)条在宪报刊登公告或根据第15条在宪报刊登命令，须解释为依据本款并以第14(2)条所述方式在宪报刊登公告或根据第（8）(a)（ⅰ）款在宪报刊登命令。

（6）任何人——

（a）未得总监事先批准，在任何海岸公园或海岸保护区的建议中的扩展范围内进行任何新发展工程；或

（b）不遵从依据第（5）款并以第9(3)条所述的方式送达予他的命令，

即属犯罪，一经定罪——

（ⅰ）可处第5级罚款及监禁1年；及

（ⅱ）可就法庭已获得证明并信纳该罪行持续的期间，每日另处罚款$5,000。

（7）在行政长官会同行政会议批准有关的取代地图或撤销地图后，根据第（1）款交予总监的地图即——*（由2000年第34号第3条修订）*

（a）被该取代地图取代；或

（b）予以撤销，

视属何情况而定。

（8）如行政长官会同行政会议已批准——*（由2000年第34号第3条修订）*

（a）任何取代地图，而该地图又已以第14(5)条所述方式存放，则行政长官须藉在宪报刊登的命令——*（由2000年第34号第3条修订）*

（ⅰ）将该已予批准的取代地图内所示的扩展范围，指定为属被取代的地图上所示的原本海岸公园或海岸保护区的一部分的海岸公园或海岸保护区（视属何情况而定）；或

（ⅱ）取消在被取代的地图上所示的海岸公园或海岸保护区（视属何情况而定）的指定，但以关乎在已予批准的取代地图上所示的删减范围的部分为限；或

（b）任何撤销地图，而该地图又已以第14(5)条所述方式存放，则行政长官须藉在宪报刊登的命令，取消在已予批准的撤销地图上所示的海岸公园或海岸保护区（视属何情况而定）的指定。*（由2000年第34号第3条修订）*

第IV部　杂项规定

17. 收回土地

（1）如行政长官会同行政会议决定为任何海岸公园或海岸保护区的目的须收回任何土地，行政长官可命令按照《收回土地条例》（第124章）的条文收回该土地。*（由2000年第34号第3条修订）*

（2）凡土地依据在第（1）款下作出的命令收回，须当作为《收回土地条例》（第124章）所指的收回作公共用途。

（由1998年第29号第89条修订）

18. 豁免

（1）本条例不适用于海岸公园或海岸保护区内的以下土地——

（a）（除第（3）款另有规定外）在于根据第8（1）条就该海岸公园或海岸保护区（视属何情况而定）在宪报刊登公告前已存在的政府租契下持有的土地，直至该政府租契期满为止；或*（由1998年第29号第90条修订）*

（b）于根据第8（1）条就该海岸公园或海岸保护区（视属何情况而定）在宪报刊登公告前，根据《土地（杂项条文）条例》（第28章）发出的许可证或拨地契据或拨地备忘录而占用的土地，直至该许可证或拨地契据或拨地备忘录的有效期届满为止。*（由1998年第29号第90条修订）*

而就本款而言，海岸公园或海岸保护区包括建议中的海岸公园或建议中的海岸保护区，或海岸公园或海岸保护区的建议中的扩展范围（视属何情况而定）。

（2）为免生疑问，本条例的任何规定，不得解释为对《船舶及港口管制条例》（第313章）及《水污染管制条例》（第358章）的规定造成任何减损。*（由2014年第150号法律公告修订）*

（3）第（1）（a）款并不使根据第17（1）条就收回第（1）（a）款所提述的任何土地所作的命令不能作出，而本条例须对依据该命令收回的土地适用。

19. 权利的终绝

（1）在根据第15或16（8）（a）（ⅰ）条在宪报刊登命令后，就海岸公园或海岸保护区范围内任何土地、海或感潮水域而根据普通法存在的一切权利均告终绝及不再存在。

（2）不得就以下经本条例授权或规定，或根据本条例授权或规定，或在上述授权下作出的作为或不作为而引起的事项——

（a）对任何土地、行业或业务所造成的损害或打扰，或对任何土地、行业或业务的价值方面所造成的损失；

（b）对个人所造成的打扰或不便；

（c）权利的终绝、变更或限制；或

（d）施行或遵从任何规定所需的费用，

或与海岸公园或海岸保护区的指定有关的任何其他事项，而针对政府或任何其他人提出诉讼、申索或法律程序，以就上述事项追讨损害赔偿、补偿、讼费或费用；但就根据第17（1）条命令的土地收回而提出者则属例外。

20. 规例

（有关《立法会决议》(2007年第130号法律公告）所作之修订的保留及过渡性条文，见载于该决议第（12）段）

（1）环境局局长可订立规例，以就下列事项订定条文 ——*(由1997年第362号法律公告修订；由1999年第78号第7条修订；由2002年第106号法律公告修订；由2007年第130号法律公告修订）*

（a）妥善管理及管辖海岸公园及海岸保护区（包括指明海岸公园及海岸保护区内的区域，及封闭或局部封闭海岸公园及海岸保护区）；

（b）禁止或管制在海岸公园及海岸保护区内进行以下活动 ——

（ⅰ）钓鱼、捕鱼及以枪刺捕鱼；

（ⅱ）海产养殖；

（ⅲ）游泳及潜水；

（ⅳ）采集海洋生物及资源；

（ⅴ）船艇活动，包括滑浪、滑浪风帆活动及滑水；

（ⅵ）在沙滩上烧烤及露营；

（ⅶ）碇泊；

（ⅷ）贩卖；

（ⅸ）倾倒物料及抛弃垃圾；

（ⅹ）广告宣传；及

（xi）与本条例条文或根据本条所订立的任何规例的执行有抵触的任何其他活动；

（c）禁止或管制在海岸公园或海岸保护区内的人或从在其内的任何船只排放物质入海岸公园或海岸保护区；

（d）禁止或限制在海岸公园或海岸保护区内杀死、猎捕、设陷阱捕捉、骚扰或打扰任何种类的海洋生物，或禁止或限制在海岸公园或海岸保护区内管有用以猎捕、钓鱼或捕鱼的设备或工具或拿取、摧毁或干扰海洋生物；

（e）在有人就海洋生物、资源、其他物品或物件违反根据本条订立的规例的情况下，检取及处置该等海洋生物、资源、物品或物件；

（f）在海岸公园及海岸保护区内保持秩序良好及防止有滥用或妨扰行为；

（g）禁止或限制任何人、车辆、船只及动物进入海岸公园及海岸保护区或在海岸公园及海岸保护区内活动；

（h）牌照及许可证的申请、批给及续期，以及就该等牌照及许可证须缴付的费用；

（i）使用海岸公园或海岸保护区或其任何部分，或使用在海岸公园或海岸保护区内所提供的任何设施须缴付的费用；及

（j）概括而言，本条例条文的施行。

（2）根据本条订立的规例可规定凡违反或触犯该等规例即属犯罪，可处第4级罚款及监禁1年，如该罪行属持续的罪行，则可就法庭已获得证明并信纳该罪行持续的期间，每日另处罚款$400。

21. 批准进行检查、修理工程及新发展工程

（1）即使有本条例的条文的规定，如总监认为给予批准是符合公众利益的，即可以书

面批准进行任何工程，以便检查或修理任何海岸公园或海岸保护区内的任何现存构筑物或设施，或在寻求委员会的意见后，以书面批准在任何海岸公园或海岸保护区内进行任何新发展工程，总监并可在给予批准时施加任何条件。

(2) 第10及11条在作出必要的变通后，就申请批准以便在海岸公园或海岸保护区内进行任何第 (1) 款所提述的工程或新发展工程的事宜而适用。

(3) 如在未得总监事先批准，或在违反或不遵从总监根据第 (1) 款给予批准时所施加的条件的情况下，已有或正有任何新发展工程或第 (1) 款所提述的任何工程在任何海岸公园或海岸保护区的范围内进行，则总监可藉送达书面命令予——

(a) 进行该项新发展工程或该项工程的人；或

(b) 为其而进行该项新发展工程或该项工程的人，或其代理人，

借以规定——

(ⅰ) 该项新发展工程或该项工程须随即停止进行；及

(ⅱ) 在适当的情况下，由该人在该命令可予指明的限期内自费进行补救及复原工程。

(4) 如任何人不遵从第 (3)(ⅰ) 或 (ⅱ) 款下的规定，总监可无须再作通知而进行或安排进行为确保该项规定获得遵从所需的工程。

(5) 总监根据第 (4) 款进行或安排进行的工程的费用，是可作为拖欠政府的民事债项，向第 (3)(a) 或 (b) 款或第 (3)(a) 及 (b) 款所提述的人追讨，而不论根据第 (3) 款作出的命令已送达予何人。

(6) 任何人——

(a) 未得总监事先批准，在任何海岸公园或海岸保护区的范围内进行任何新发展工程或第 (1) 款所提述的任何工程；或

(b) 不遵从根据第 (3) 款送达予他的命令，

即属犯罪，一经定罪——

(ⅰ) 可处第5级罚款及监禁1年；及

(ⅱ) 可就法庭已获得证明并信纳该罪行持续的期间，每日另处罚款$5,000。

22. 牌照及许可证

(1) 即使有本条例的条文的规定，总监可按其认为合适的条款及条件，以书面批给牌照或许可证予任何人，以进行本条例所管制的事情，或在寻求委员会的意见后，总监可按其认为合适的条款及条件，以书面批给牌照或许可证予任何人，以进行如非获批给牌照或许可证即为本条例所禁止的事情。

(2) 任何人如因总监就批给或拒绝批给牌照或许可证而作的决定感到受屈，可在接获总监的决定的通知后的21日内，向行政上诉委员会提出上诉。

(3) 总监所作的决定，在遭根据第 (2) 款提出的上诉反对时，须自上诉提出之日起暂缓生效，直至该项上诉获得解决、被撤回或放弃为止；但如总监认为暂缓生效会违反公众利益，且该项决定的通知书载有述明此一意思的陈述，则不在此限。

23. 政府及公职人员的保障

(1) 政府或公职人员无须因根据本条例批给任何牌照或许可证而承担任何法律责任。

(2) 如公职人员诚实地相信其任何作为或不作为，在根据本条例履行其职能、执行其

职责或行使其权力的事上是必需的或已获授权的，该公职人员即无须就该作为或不作为承担个人法律责任。

（3）根据第（2）款在任何作为或不作为方面授予公职人员的保障，不得影响政府在侵权法中对该作为或不作为所承担的任何法律责任。

24. 获授权人员

总监可在其认为合适的限制条件限制下，以书面授权任何公职人员或任何类别的公职人员，行使本条例或根据本条例订立的规例赋予获授权人员的权力，或执行本条例或根据本条例订立的规例对获授权人员委以的职责。

25. 查阅、搜查、检取及逮捕的权力

（1）如获授权人员有合理理由怀疑任何人已犯或将犯或意图犯本条例所订或根据本条例订立的规例所订的罪行，可在没有手令的情况下，及在出示其书面身份证明后——

（a）截停该人，或（如该人是在船只上的）截停及登上该船只，以便要求该人出示——

（ⅰ）其身份证明；

（ⅱ）为其已进行或将进行或意图进行的活动或工程而发出的任何牌照或许可证，以供查阅；

（b）将该人扣留一段合理期间，以便获授权人员对怀疑的犯罪行为进行查讯；

（c）搜查该人、该人的财产及该船只以搜寻相当可能对调查该罪行有帮助的事物；

（d）检取相信是或相信能够成为该犯罪行为的证据的任何海洋生物或资源，或任何用具、设备或器具；及

（e）扣留本条授权他截停、登上及搜查的船只，直至搜查完毕为止。

（2）如获授权人员合理地怀疑任何人已犯本条例所订或根据本条例订立的规例所订的罪行，而且他觉得因为以下原因，送达传票并不切实可行——

（a）获授权人员不知道及不能轻易核实该人的姓名；

（b）获授权人员有合理理由怀疑该人所报姓名是否其真实姓名；

（c）该人未能提供令人满意的供送达用途的地址；或

（d）获授权人员有合理理由怀疑该人所提供的地址是否令人满意的供送达用途的地址，则该获授权人员可在没有手令的情况下，将该人逮捕。

（3）凡可根据第（2）款被合法逮捕的人强行反抗逮捕或企图逃避逮捕，则获授权人员可用一切需要的方法执行逮捕。

26. 将被逮捕的人带返警署

凡获授权人员根据第25条逮捕任何人，须随即将该人带往最近的警署交由警务人员羁押，而《警队条例》（第232章）的条文亦随之适用。

27. 袭击或抗拒或妨碍获授权人员

任何人袭击或抗拒或妨碍任何正在执行其职责的获授权人员，即属犯罪，一经定罪，可处第3级罚款。

28. 本条例对于政府的适用情况

（1）在符合本条的规定下，本条例对政府具约束力。

（2）第9、16、20及21条不具有准许控诉政府，或准许控诉为政府服务而在执行职责时作出所需的作为的人的效力，亦不具有向政府施加任何刑事法律责任，或向为政府服务

而在执行职责时作出所需的作为的人施加任何刑事法律责任的效力。

(3) 如总监觉得任何人在为政府服务而执行职责时，违反第9、16或21条或根据第20条订立的任何规例的规定，而该人又没有随即终止该违反规定的行为以令总监满意，总监须将事件向政务司司长报告。*(由1997年第362号法律公告修订)*

(4) 政务司司长接获根据第(3)款提交的报告后，须对有关情况进行调查，如调查结果显示违反第9、16或21条或根据第20条订立的任何规例的行为仍持续或相当可能再度发生，政务司司长须确保采取最佳的切实可行步骤，终止该违反规定的行为或避免该行为再度发生。*(由1997年第362号法律公告修订)*

(5) 任何为准予进行任何工程或新发展工程而提出的申请或任何牌照或许可证的申请，如须由政府或代表政府的人提出的，或可由政府或代表政府的人提出的，均可由任何公职人员代表政府提出。

(6) 为停止任何工程或新发展工程及进行补救及复原工程而根据本条例作出的任何命令，如须由总监或可由总监送达予政府的，必须送达予总监觉得应对该项工程或新发展工程负责的政府部门首长；倘若未能决定该由哪一部门负责，则该问题须由政务司司长作出决定。*(由1997年第362号法律公告修订)*

(7) 政府无须缴付本条例所订明的任何收费。

29. *(已失时效而略去——2021年第5号编辑修订记录)*

30. *(已失时效而略去——2021年第5号编辑修订记录)*

31. *(已失时效而略去——2021年第5号编辑修订记录)*

32. *(已失时效而略去——2021年第5号编辑修订记录)*

33. *(已失时效而略去——2021年第5号编辑修订记录)*

34. *(已失时效而略去——2021年第5号编辑修订记录)*

35. *(已失时效而略去——2021年第5号编辑修订记录)*

36. *(已失时效而略去——2021年第5号编辑修订记录)*

古物及古迹条例

本条例旨在就保存具有历史、考古及古生物学价值的物体，以及为附带引起的事宜或相关事宜，订定条文。

［1976年1月1日］1975年第286号法律公告

（格式变更——2019年第6号编辑修订记录）

导　言

1. 简称

本条例可引称为《古物及古迹条例》。

2. 释义

在本条例中，除文意另有所指外——

土地注册处（Land Registry）指根据《土地注册条例》（第128章）设立的土地注册处；*（由1993年第8号第2条修订；由2002年第20号第5条修订）*

主管当局（Authority）指发展局局长；*（由1982年第38号第2条代替。由1985年第67号法律公告修订；由1989年第242号法律公告修订；由1997年第362号法律公告修订；由1998年第192号法律公告修订；由1998年第206号法律公告修订；由2007年第130号法律公告修订）*

可移动物体（movable object）指并非属于土地一部分的物体；

古代遗物（relic）指——

（a）1800年前人为制作、塑造、绘画、雕刻、题写或以其他方式创造、制造、生产或修改的可移动物体，而不论是否已于1799年后予以修改、增补或修复；及

（b）化石的遗存或压痕；

古物（antiquity）指——

（a）古代遗物；及

（b）1800年前人为建立、辟设或建造的地方、建筑物、地点或构筑物或该等地方、建筑物、地点或构筑物的遗迹或遗存，而不论是否已于1799年后予以修改、增补或修复；

古迹（monument）指根据第3条宣布为古迹、历史建筑物、考古或古生物地点或构筑物的地方、建筑物、地点或构筑物；*（由1982年第38号第2条代替）*

私人土地（private land）指——

（a）根据得自政府的租契、有关租契的协议、租赁协议、特许、许可证、拨地契据或备忘录或其他有效业权而持有的土地；及*（由1998年第29号第105条修订）*

（b）根据租契、特许、许可证、拨地契据或备忘录、征用或其他永久或临时业权而由香港驻军占用或为中央人民政府的其他目的而占用的土地；*（由2012年第2号第3条修订）*

委员会（Board）指根据第17条设立的古物咨询委员会；

金属探测器（metal detector）指为探测或寻找地层内的任何金属或矿物而设计或改装的任何器件；*（由1982年第38号第2条增补）*

指定人士（designated person）指——

（a）主管警署的人员；

（b）督察或以上职级的警务人员；及

（c）任何由主管当局藉宪报公告指明的人；

政府土地（Government land）指私人土地以外的土地；*（由1998年第29号第105条修订）*

假定古物（supposed antiquity）指可合理假定为古物或内有古物的物体或地点；

许可证（permit）指根据第6条批给的许可证；

牌照（licence）指根据第13条批给的牌照；

发现（discovery）指在香港发现有古物或假定古物——

（a）在土地或海之内、之上或之下；

（b）在土地上生长的任何东西之内或之上；或

（c）附于土地或海之内、之上或之下的构筑物的结构或地基之上或在其内，而该土地或构筑物的拥有人以往并不知道该古物或假定古物的存在；

暂定古迹（proposed monument）指根据第2A条宣布为暂定古迹、暂定历史建筑物，或暂定考古或古生物地点或构筑物的地方、建筑物、地点或构筑物；*（由1982年第38号第2条增补）*

拥有人（owner）就土地而言，指根据政府租契或有关租契的协议或政府给予的其他形式的有效业权而有权管有土地的人。*（由1998年第29号第105条修订）*

（编辑修订——2019年第6号编辑修订记录）

古　迹

2A. 暂定古迹等的宣布及其图则

（1）为考虑某地方、建筑物、地点或构筑物是否应该宣布为古迹，主管当局可于咨询委员会后，藉宪报公告宣布该处为暂定古迹、暂定历史建筑物或暂定考古或古生物地点或构筑物。

（2）根据第（1）款作出的宣布可包括该地方、建筑物、地点或构筑物的任何邻接土地，作为暂定古迹的一部分，但该土地须是用作设栏围绕、遮盖或保护暂定古迹，或用作提供通道或利便前往暂定古迹的。

（3）根据第（1）款发出的公告，须包括对根据第（4）款存放的适当图则的提述。

（4）根据第（1）款作出的宣布刊登后——

（a）主管当局须在清楚显示暂定古迹位置的图则上签署，并将该图则存放于土地注

册处；及（由1993年第8号第2条修订；由2002年第20号第5条修订）

（b）如该项宣布与位于私人土地范围的暂定古迹有关，主管当局须——

（ⅰ）将该项宣布在土地注册处注册；（由1993年第8号第2条修订）

（ⅱ）将该项宣布的公告的副本，连同有关图则的副本，送达该私人土地的拥有人及任何合法占用人；及

（ⅲ）将该项宣布的公告的副本，连同有关图则的副本，张贴于该私人土地。

（5）主管当局须——

（a）在其办事处备存根据第（4）款存放的每份图则的副本，供公众人士在任何合理时间查阅；及

（b）应如此存放的图则所显示的暂定古迹的拥有人或合法占用人提出的要求，免费将有关图则的副本交付该拥有人或占用人。

（由1982年第38号第3条增补）

2B. 暂定古迹的宣布的期限

（1）除第（2）款另有规定外，根据第2A条作出的宣布，除非由主管当局提前撤回，否则在作出宣布起计的12个月期间内有效。

（2）除非宣布是与位于私人土地范围的暂定古迹有关，否则主管当局可于咨询委员会，并获行政长官批准后，不时将第（1）款所提述的期间延展12个月：（由2000年第59号第3条修订）

但每次延展不得超过12个月。

（由1982年第38号第3条增补）

2C. 反对位于私人土地范围的暂定古迹的宣布

（1）如经宣布的暂定古迹位于私人土地范围，该私人土地的拥有人或任何合法占用人可随时向主管当局申请撤回该项宣布。

（2）主管当局须于收到申请的一个月内——

（a）撤回该项宣布；或

（b）拒绝上述申请，

并须随即将其决定通知该拥有人或占用人。

（3）该拥有人或占用人可于获通知主管当局的决定的一个月内，向行政长官提出呈请，反对该项宣布。

（4）行政长官考虑根据第（3）款提出的反对后，可指示——

（a）撤回该项宣布；或

（b）将反对转交行政长官会同行政会议。

（5）行政长官会同行政会议考虑根据第（4）款转交的反对后，可指示——

（a）该项宣布维持不变；

（b）该项宣布维持不变，但须作出其认为适当的更改或附加其认为恰当的条件；或

（c）撤回该项宣布。

（6）行政长官根据第（4）款或行政长官会同行政会议根据第（5）款作出的指示，即为最终决定。

（由1982年第38号第3条增补；由2000年第59号第3条修订）

3. 古迹及其图则的宣布

（1）除第4条另有规定外，主管当局如认为任何地方、建筑物、地点或构筑物因具有历史、考古或古生物学意义而符合公众利益，可于咨询委员会，并获行政长官批准后，藉宪报公告宣布该处为古迹、历史建筑物或考古或古生物地点或构筑物。*（由1982年第38号第4条修订；由2000年第59号第3条修订）*

（2）根据第（1）款作出的宣布可包括该地方、建筑物、地点或构筑物的任何邻接土地，作为古迹的一部分，但该土地须是用作设栏围绕、遮盖或保护古迹，或用作提供通道或利便前往古迹的。

（3）根据第（1）款发出的公告，须包括对根据第（4）款存放的适当图则的提述。

（4）在根据第（1）款作出的宣布刊登前——

（a）主管当局须在清楚显示其拟宣布为古迹的地方、建筑物、地点或构筑物的位置的图则上签署，并将该图则存放于土地注册处；及*（由1982年第38号第4条修订；由2002年第20号第5条修订）*

（b）如该项宣布与位于私人土地范围的古迹有关，主管当局须将该项宣布在土地注册处注册。*（由1993年第8号第2条修订）*

（5）主管当局须——

（a）在其办事处备存根据第（4）款存放的每份图则的副本，以供公众人士在任何合理时间查阅；及

（b）应如此存放的图则所显示的古迹的拥有人或合法占用人提出的要求，免费将有关图则的副本交付该拥有人或占用人。

4. 反对位于私人土地范围的古迹的宣布

（1）如主管当局拟宣布为古迹的地方、建筑物、地点或构筑物位于私人土地范围，则本条条文在作出该项宣布前有效。

（2）主管当局须将宣布位于私人土地范围的古迹的意向书面通知，连同清楚显示拟宣布为古迹的位置的图则，送达该私人土地的拥有人及任何合法占用人。

（2A）主管当局须将根据第（2）款送达的通知及图则的副本，张贴于该私人土地。*（由1982年第38号第5条增补）*

（3）该拥有人或合法占用人可在第（2）款所指的通知送达后1个月内或在行政长官就个别情况所容许的较长期限内，向行政长官提出呈请，反对该项拟作出的宣布。

（4）行政长官考虑根据第（3）款提出的反对后，可指示——

（a）不得作出该项拟作出的宣布；或

（b）将反对转交行政长官会同行政会议。

（5）行政长官会同行政会议考虑根据第（4）款转交的反对后，可指示——

（a）主管当局按照第3条作出该项拟作出的宣布；

（b）作出该项拟作出的宣布，但须作出其认为适当的更改或附加其认为恰当的条件；或

（c）不得作出原拟作出的宣布。

（6）行政长官根据第（4）（a）款或行政长官会同行政会议根据第（5）款作出的指示，

即为最终决定。

（由1982年第38号第5条修订；由2000年第59号第3条修订）

5. 对古迹的一般管制

（1）在符合本条的规定下，主管当局及其以书面授权的任何指定人士，为施行本条例——

（a）可于任何合理时间进入及视察任何暂定古迹或古迹；

（b）可在事先获行政长官批准下，于任何合理时间——*（由2000年第59号第3条修订）*

（i）设栏围绕、修葺、维修、保存或修复任何暂定古迹或古迹；

（ii）在任何暂定古迹或古迹内挖掘或搜寻古代遗物，并将任何至今始被发现的古代遗物移走。*（由1982年第38号第6条修订）*

（2）主管当局及其授权的指定人士在行使第（1）款赋予的权力时，不得进入任何住用处所，除非——

（a）先行取得该处所的合法占用人的书面同意；或

（b）在不少于48小时前，向该处所的合法占用人发出拟进入的书面通知。

（3）本条并不授权——

（a）不准以下人士进入暂定古迹或古迹的任何部分——

（i）该暂定古迹或古迹的拥有人或合法占用人；

（ii）享有该暂定古迹或古迹的实益权益的人；或

（iii）上述拥有人、占用人或享有暂定古迹或古迹的实益权益的人所授权的人；或

（b）未经住用处所拥有人及合法占用人同意而于其住用处所内挖掘暂定古迹或古迹或搜寻古代遗物。*（由1982年第38号第6条修订）*

6. 除持有许可证外禁止作出涉及某些古迹的作为

（1）除第（4）款另有规定外，任何人均不得——

（a）在暂定古迹或古迹之上或之内挖掘，进行建筑或其他工程，种植或砍伐树木，或堆积泥土或垃圾；或

（b）拆卸、移走、阻塞、污损或干扰暂定古迹或古迹，

但如按照主管当局批给的许可证的规定进行，则不在此限。*（由1982年第38号第7条修订）*

（2）任何人因主管当局拒绝批给许可证而感到受屈，可于被拒绝后14天内，以呈请形式向行政长官提出上诉，行政长官可维持、更改或推翻该项拒绝。

（3）行政长官对上诉作出的决定，即为最终决定。

（4）主管当局经咨询委员会，并获行政长官批准后，可藉宪报公告宣布豁免任何暂定古迹或古迹受本条规限。*（由1982年第38号第7条修订）*

（由2000年第59号第3条修订）

7. 为古迹的保存等而拨款

主管当局可在事先获行政长官批准下，向建议进行工程以维修、保存或修复古迹的人，拨付主管当局认为恰当的款项，以协助该人进行有关工程。

（由2000年第59号第3条修订）

8. 补偿

（1）在符合本条的规定下，主管当局可在事先获行政长官批准下，支付款项予暂定古迹或古迹的拥有人或合法占用人，以补偿其因以下各项而蒙受或相当可能蒙受的经济损失 ——*（由2000年第59号第3条修订）*

（a）主管当局或其授权的指定人士行使第5（1）条所指明的权力；或

（b）被拒绝批给许可证或在许可证上附加任何条件。

（2）补偿额可 ——

（a）由主管当局与暂定古迹或古迹的拥有人或合法占用人协定；或

（b）由区域法院根据第9条评定。*（由1998年第25号第2条修订）*

（3）根据第2A（4）或4（2）条送达通知后，暂定古迹或古迹的拥有人或合法占用人因其后订立的合约或作出的任何事情而蒙受或可能蒙受的经济损失，不得根据本条定给补偿。

（由1982年第38号第8条修订）

9. 区域法院对补偿的评定

（1）在没有第8（2）（a）条所指协议的情况下，拥有人或合法占用人可向区域法院申请评定根据第8条应支付的补偿额。

（2）区域法院可应上述申请而按情况判给申请人区域法院认为合理的补偿。

（由1998年第25号第2条修订）

古代遗物

10. 某些古代遗物为政府财产

（1）除本条例另有规定外，于本条例生效日期*后在香港发现的每件古代遗物的拥有权，由发现之时起即归属香港政府。

（2）主管当局可代表政府卸弃如此发现的古代遗物的拥有权，一经卸弃 ——

（a）政府对该古代遗物的拥有权即告终绝；及

（b）该古代遗物的拥有权须归属若非因本条例的制定则应拥有该古代遗物的人。

编辑附注：

*生效日期：1976年1月1日。

古物的发现及挖掘

11. 古物的发现

（1）任何人发现古物或假定古物，或知道古物或假定古物的发现，须随即向主管当局或指定人士报告。

（2）任何人根据第（1）款作出报告后，如主管当局或指定人士有所要求，须对主管当局或指定人士辨认其报告所指的古物或假定古物。

（3）任何人发现古物或假定古物，须采取一切合理措施予以保护。

（4）主管当局可在事先获行政长官批准下，向根据第（1）款作出报告的人定给其认为

恰当的款项作为报酬。*(由2000年第59号第3条修订)*

(5) 收到根据本条作出的报告的指定人士，须随即以书面将该报告通知主管当局。

(6) 在符合第(7)款的规定下，主管当局及其以书面授权的任何指定人士，可进入及视察发现古物或假定古物的地点。

(7) 主管当局及其授权的指定人士在行使第(6)款赋予的权力时，不得进入任何住用处所，除非——

(a) 先行取得该处所的合法占用人的书面同意；或

(b) 在不少于48小时前，向该处所的合法占用人发出拟进入的书面通知。

12. 无牌照不得进行古物的挖掘等

除主管当局及其授权的指定人士外，任何人不得——

(a) 挖掘或搜寻古物，但如按照获批给的牌照的规定进行，则不在此限；

(aa) 在任何暂定古迹或古迹使用金属探测器，但如按照他获批给的挖掘及搜寻古物的牌照的规定进行，则不在此限；*(由1982年第38号第9条增补)*

(b) 从暂定古迹或古迹将任何至今始被发现的古代遗物移走，或从他发现假定为古代遗物的物体的地点收集或移走该物体，但为保护该物体或按照他获批给的牌照的规定进行，则不在此限。*(由1982年第38号第9条修订)*

13. 牌照的批给

(1) 在符合本条例的规定下，主管当局可批给任何人挖掘及搜寻古物的牌照。

(2) 除非主管当局信纳某人具备下述条件，否则不得批给牌照——

(a) 有足够科学训练或经验，使其能进行令人满意的挖掘及搜寻工作；

(b) 有足够人手及财务资源或其他资源供其运用，使其能进行令人满意的挖掘及搜寻工作；及

(c) 能对挖掘及搜寻所发现的任何古物进行或安排进行妥善的科学研究。*(由1982年第38号第10条修订)*

(3) 在符合第(2)款的规定下，可批给牌照或将牌照续期，牌照有效期不得超过12个月。

(4) 牌照须以订明表格发出，并须指明批给该牌照所涉及的土地范围。

(5) 牌照不得转让。

(6) 主管当局可在牌照内附加其认为适当的条件，而在不损害本款的概括性的原则下，尤可就挖掘及搜寻工作的进行，有关报告、地图及文件的制订，金属探测器的使用，被发现的物件的保存，该等物件的移走、检验及交还，以及模制品、摹拓品、压印品及其他复制品的制造及交付，附加条件。*(由1982年第38号第10条修订)*

14. 持牌人的权利

(1) 持牌人可在符合牌照条件的规定下，进入下述土地，并在该土地之内、之上或之下挖掘及搜寻古物——

(a) 牌照所指明的范围内任何政府土地；及*(由1998年第29号第105条修订)*

(b) 牌照所指明的范围内任何私人土地，但须符合第(2)款的规定。

(2) 除非持牌人先行取得私人土地拥有人及任何合法占用人的书面同意，否则无权进入私人土地，亦无权在私人土地之内、之上或之下挖掘或搜寻古物。

15. 牌照的取消

(1) 在符合第 (2) 款的规定下，主管当局可取消任何牌照。

(2) 除非持牌人获给予合理机会向主管当局申述其牌照为何不应取消，否则不得取消其牌照。

(3) 主管当局取消牌照后，须尽快向被取消牌照的人面交送达或以挂号邮递送达书面通知，告知其牌照已被取消及取消的理由。

(4) 没有遵从第 (3) 款的规定，并不使牌照的取消无效。

16. 拒绝批给牌照的上诉

(1) 任何人因主管当局拒绝批给牌照或拒绝将其牌照续期或因其牌照被取消而感到受屈，可于被拒绝或被取消牌照后14天内，以呈请形式向行政长官提出上诉，行政长官可维持、更改或推翻该项拒绝或取消。

(2) 行政长官对上诉作出的决定，即为最终决定。

(由2000年第59号第3条修订)

古物咨询委员会

17. 古物咨询委员会的设立及其会议

(1) 现设立古物咨询委员会，成员由行政长官委任，其中一人由行政长官委任为主席。*(由1986年第29号第2条代替；由2000年第59号第3条修订)*

(2) 委员会须按主席所指示的时间及地点举行会议。

(3) 委员会任何会议均须由主席主持，如主席缺席，则由出席会议的成员选出一名成员作为主席，主持会议。*(由1986年第29号第2条代替)*

(4) 委员会会议的法定人数不得少于委员会成员的半数。*(由1986年第29号第2条修订)*

(5) 委员会会议程序由委员会决定。

18. 委员会可向主管当局提供意见

委员会可就任何与古物、暂定古迹或古迹有关的事宜，或根据第2A(1)、3(1) 或6(4) 条向其咨询的事宜，向主管当局提供意见。

(由1982年第38号第12条修订)

杂　项

19. 罪行

(1) 任何人——

(a) 明知而就发现古物的位置或情况向主管当局或指定人士作出虚假陈述；

(b) 违反第11(1) 或12条的规定；*(由1982年第38号第13条修订)*

(c) 无合理辩解而不遵从主管当局或指定人士根据第11(2) 条提出的要求；或

(d) 故意妨碍主管当局或其授权的任何指定人士行使第5(1) 或11(6) 条所赋予的权力，

即属犯罪，一经定罪，可处第2级罚款及监禁6个月。

（2）任何人违反第6（1）条的规定，即属犯罪，一经定罪，可处第6级罚及监禁1年。*（由1982年第38号第13条增补）*

（编辑修订——2019年第6号编辑修订记录）

20. 证据

（1）除本条另有规定外，在任何民事或刑事法律程序中，如某古代遗物或指称的古代遗物被证明于本条例生效日期*后在香港范围内，则直至相反证明成立为止，须推定该古代遗物或指称的古代遗物在该日期后始被发现。

（2）如法院信纳该古代遗物或指称的古代遗物——

（a）于法律程序展开前不少于6年的期间，已由法律程序的一方管有，或由法律程序的一方连同让该方取得管有而身份可予辨认的人所管有；或

（b）于法律程序展开前的任何时间已被运入香港，

则根据第（1）款作出的推定须予推翻。

（3）在任何民事或刑事法律程序中，凡看来是由主管当局签署并述明某物品为古物的证明书，须为可接纳的证据，并为其内所述事实的表面证据。

编辑附注：

*生效日期：1976年1月1日。

20A. 邮递送达

根据本条例须送达或发出的任何文件或通知，可以挂号邮递送达或发出。

（由1982年第38号第14条增补）

21. 由立法会拨给的款项中支付的付款

以下款项——

（a）根据第7条拨付的款项；

（b）根据第8或9条定给作为补偿的款项；

（c）根据第11（4）条定给的款项，

须由立法会不时拨款支付。

（由2000年第59号第3条修订）

22. 规例

（1）行政长官会同行政会议可订立规例——*（由2000年第59号第3条修订）*

（a）订明牌照及许可证的表格；

（b）订明申请牌照及许可证的方式；

（c）订明获批给牌照或将牌照续期时须向主管当局缴付的费用（如有的话）；

（d）规管挖掘及搜寻古物工作的进行；

（e）订定对古物、暂定古迹及古迹的管理及控制；*（由1982年第38号第15条修订）*

（f）订定进入挖掘点、暂定古迹、古迹及遗址的禁制及控制，并订定上述各处的入场费的缴付、限制及规管事宜；及*（由1982年第38号第15条修订）*

（g）概括而言，订定更有效施行本条例条文的方法。

（2）根据本条例订立的规例，不得——

(a) 禁制或限制暂定古迹或古迹的拥有人或合法占用人或享有关实益权益的人，或该拥有人、占用人或上述享有实益权益的人所授权的任何人，进入该暂定古迹或古迹；或 *(由1982年第38号第15条修订)*

(b) 赋予任何人任何权利进入其本来无权进入的私人土地。

公众卫生及市政条例

本条例旨在就公众卫生及市政事务订定条文。

（由 1986年第 10号第 2条修订）
（格式变更——2019年第4号编辑修订记录）
［1960年11月11日］*1960年 A132号政府公告*

第I部　导　言

（格式变更——2019年第4号编辑修订记录）

1. 简称

本条例可引称为《公众卫生及市政条例》。

（由 1986年第 10号第 3条修订 ）

2. 释义

（1）在本条例中，除文意另有所指外 ——

下水道（sewer）除不包括本条所界定的排水渠外，包括所有供建筑物及建筑物附属庭院排水用的下水道及排水渠；而***公共下水道***（public sewer）一词，指归属政府并由其保养的下水道，且就本条例而言，包括由隔气弯管的去水口伸延至其与公共下水道或排水渠接合处的一段下水道，而该段下水道是敷设在有关地段界线以外的；***私家下水道***（private sewer）一词，则指任何其他下水道；*（由 1969年第 48号第 2条修订 ）*

小贩（hawker）指 ——

（a）在公众地方以下列方式作商业活动的人 ——

（ⅰ）将货品、货物或销售品售卖或为出售而将其展出；或

（ⅱ）展出货品、货物或销售品的样本或式样，以于较后时间将其交付；或

（ⅲ）将其手工艺技能或其个人服务出租或要约出租；及

（b）为下列目的而往来流动的人 ——

（ⅰ）将货品、货物或销售品售卖或为出售而将其展出；或

（ⅱ）将其手工艺技能或其个人服务出租或要约出租：

但本定义的条文不得视为包括 ——

（ⅰ）向购入任何上述货品、货物或销售品以作转售的商人作售卖或觅取定单的人；或

（ⅱ）应邀而前往任何地方探访邀请人的任何人，而其探访的目的是向邀请人售卖或交付货品、货物或销售品，或为出售货品、货物或销售品而就此向邀请人要约，或从邀请人获取有关货品、货物或销售品的定单，或将其手工艺技能或其个人服务出租予邀请

人；或

（iii）新闻界代表或摄影师；

工场（workplace）指将物品制造、更改、洁净、修理、装饰、精加工、进行出售前改装、捣碎或拆除，或作物料改变（包括造船）所在的任何处所、船只或地方，但不包括《工厂及工业经营条例》（第59章）第9条所指的应呈报工场；*（由1985年第50号第9条修订；由1986年第10号第4条修订）*

公众泳池（public swimming pool）指根据第42A条指定为公众泳池的泳池；*（由1973年第21号第2条修订）*

公众保龄球场（public bowling-alley）指为进行滚球撞瓶游戏而开设、经营或使用的地方，而不论是否收取入场费，公众是获准入场的；*（由1973年第21号第2条增补）*

公众街市（public market）指根据第79（3）条指定为公众街市的街市；*（由1973年第21号第2条修订）*

公众溜冰场（public skating rink）指为进行溜冰而开设、经营或使用的地方，而不论是否收取入场费，公众是获准入场的；但如该地方为公众娱乐场所，并已根据《公众娱乐场所条例》（第172章）领牌为公众娱乐场所的，则不在此定义范围内；*（由1973年第21号第2条增补）*

公众游乐场地（public pleasure ground）指附表4当其时所指明的地方，而其界限并已于当其时按照第106（5）条条文存放的有关图则上绘明；上述地方如属沙滩，并包括沙滩范围内的海域及海床；

分析（analysis，analyse）不论是否作为名词，包括微生物化验，但不包括其他形式的生物化验；

文娱中心（civic centre）指根据第105M条拨作文娱中心的处所及其附属场地；*（由1973年第21号第2条增补）*

水产（aquatic product）指鱼、介贝类水产动物、两栖类动物或任何其他种类的水中生物，但禽鸟、哺乳类动物或爬虫除外；*（由2011年第5号第64条增补）*

火葬场（crematorium）指设计或修改作焚化人类遗骸用途的建筑物或地方；*（由1973年第21号第2条增补）*

火警危险（fire hazard）指——

（a）—（b）*（由1985年第5号第2条废除）*

（c）从任何建筑物移去消防装设或设备，而该等消防装设或设备是按照消防处处长为施行《建筑物条例》（第123章）第16条所核证的图则而在该建筑物内提供的；

（d）在任何建筑物内有任何因缺乏适当保养或因其他理由而致运作失效的消防装设或设备；

（e）*（由1985年第5号第2条废除）*

（f）实质上增加发生火警或其他灾难的可能性的其他事物或情况、实质上增加会因发生火警或其他灾难而对生命或财产造成的危险性的其他事物或情况，或在发生火警或其他灾难时实质上会阻碍消防处执行其职务的其他事物或情况；*（由1974年第61号第2条增补）*

主管当局（Authority）指获第3条条文指定为主管当局的公职人员；*（由1999年第78号*

第7条修订)

加封(sealed)包括以塞子或螺旋盖封盖；*(由1986年第26号第2条增补)*

包装(package，packing)包括将任何供运送、出售或存放的货品装箱、遮盖、装封、装载或包裹的各种方法；

奶类(milk)指牛奶、水牛奶及山羊奶，并包括忌廉及离脂奶，但不包括奶粉、炼奶或再造奶；*(由1963年第32号第2条修订)*

市政服务上诉委员会(Municipal Services Appeals Board)指根据《市政服务上诉委员会条例》(第220章)第3条设立的市政服务上诉委员会；*(由1999年第78号第7条增补)*

扔弃物(litter)包括——

(a)土壤、污物、泥土、尘埃、灰烬、纸张或垃圾；

(b)玻璃器皿、瓷器、陶器或金属罐；

(c)泥浆、黏土、砖、石、灰泥、沙、水泥、混凝土、灰浆、木、木材、木屑、塑胶、建筑材料或挖掘出来的物料；

(d)碎石、废弃物或碎片；

(e)脏物、肥料、牲畜粪便、排泄物及其他具厌恶性、有害或令人讨厌的物体或液体；及

(f)相当可能构成妨扰的物质；*(由1981年第72号第2条增补)*

民政事务局局长(Secretary for Home Affairs)包括民政事务总署署长及任何一名民政事务专员；*(由1986年第10号第4条代替。由1989年第262号法律公告修订；由1994年第621号法律公告修订；由1997年第362号法律公告修订；由1998年第242号法律公告修订)*

石油(petroleum)指原油，或从石油、煤、页岩、泥煤或其他沥青物质提炼所得的油类；

行业废物(trade waste)指来自任何行业、制造业或业务的废物，或任何建筑业或土木工程业的废料；*(由1980年第8号第37条代替)*

住户废物(household waste)指来自住户并且是住宅被占用作住宅用途时通常会产生的一类废物；*(由1980年第8号第37条代替)*

忌廉(cream)指藉撇取法或其他方法分隔所得的奶类中含有丰富脂肪的部分；

汽车(motor vehicle)指由机械驱动的车辆；*(由1981年第72号第2条增补)*

私营街市(private market)指除公众街市之外的任何街市；

法庭(court)指裁判法院；

法团(corporation)指凭借香港任何条例成立为法团的人士或团体，亦指根据《公司条例》(第622章)或根据该条例第2(1)条所界定的《旧有公司条例》注册的任何公司；*(由1986年第10号第24条修订；由2012年第28号第912及920条修订)*

爬虫(reptiles)指所有通常用作供人食用的爬虫，以及其他出售或要约出售供人食用的爬虫；*(由1976年第9号第2条增补)*

附表所列处所(scheduled premises)指附表2第1栏所指明的其中任何类别的处所；

附表所列罪行(scheduled offence)指附表1所指明的其中任何成文法则所订的罪行；

宣传、宣传品(advertisement)包括纯粹为展示宣传品而竖设、使用或拟使用的构筑物或器具；

持牌人（licensee）包括依据第125（7）条条文所订规定而委任的受委人；

政府分析员（public analyst）指政府化验师、政府病理学家及行政长官为施行本条例所委任的任何分析员；*（由2000年第59号第3条修订）*

英联邦国殇纪念坟场管理委员会（The Commonwealth War Graves Commission）指藉注明日期为1917年5月21日且经不时修订的宪章（与注明日期为1964年6月8日的补充宪章一并参阅和解释）而设立的英联邦国殇纪念坟场管理委员会；*（由1994年第12号第2条增补）*

订明费用（prescribed fee）就本条例所订或根据本条例所订的任何目的而言，指根据第124I、124J或124L条（视情况适当而定）为该目的而订明的费用；*（由1999年第78号第7条增补）*

食物（food）包括——

（a）饮品；

（b）冰；

（c）香口胶及其他具相类性质及用途的产品；

（d）无烟烟草产品；及

（e）配制食物时用作配料的物品及物质，

但不包括——

（f）活的动物或活的禽鸟（活水产除外）；

（g）动物、禽鸟或水产的草料或饲料；或

（h）《药剂业及毒药条例》（第138章）第2（1）条所界定的药物或《中医药条例》（第549章）第2（1）条所界定的中药材或中成药；*（由2011年第5号第64条代替）*

家禽（poultry）指通常用作供人食用的禽鸟，以及其他出售或要约出售供人食用的禽鸟；

展品（exhibit）指拟供在博物馆内展示的物品，不论该物品在任何特定时间是否向公众展示；*（由1973年第21号第2条增补）*

书籍（book）包括文件、期刊、杂志、报纸、册子、乐谱、图画、印刷品、雕刻版书画、蚀刻书画、契据、照片、地图、图表、图则或手稿，及在任何图书馆内供公众使用的其他同类性质的物品或东西；*（由1979年第50号第2条代替）*

桌球场所（billiard establishment）指为进行桌球、英式桌球、美式桌球或类似活动而开设、经营或使用的地方；*（由1988年第53号第3条增补）*

流动图书馆（mobile library）指任何《道路交通条例》（第374章）第2条所指的车辆以及任何船只，而该车辆或船只是由主管当局保养并用作运载图书馆藏件以供公众使用的；*（由1973年第21号第2条增补；由1979年第50号第2条修订）*

消防装设或设备（fire service installation or equipment）指制造或使用作下列用途或设计以供使用作下列用途的装设或设备——

（a）灭火、救火、防火或阻止火势蔓延；

（b）发出火警警报；

（c）提供可通往任何处所的途径，以便灭火、救火、防火或阻止火势蔓延；*（由1974年第61号第2条增补）*

(d) 在火警发生时利便自任何处所或地方疏散；*(由2003年第7号第21条增补)*

(e) 在没有正常动力供应时向作 (a) 至 (d) 段所述用途的装置及设备提供后备动力供应；*(由2003年第7号第21条增补)*

浴、沐浴(bath) 包括淋浴及土耳其浴；

动物(animal) 包括爬虫，但不包括禽鸟或鱼；

售、售卖、出售(sale, sell) 包括借以物相易或抽签的方式处置；

屠房(slaughterhouse) 及***屠场***(abattoir) 指惯常用作屠宰动物以供人食用的处所或地方；而***公营屠房***(public slaughterhouse) 一词指根据第76A(1) 条指定为公营屠房的屠房；至于***私营屠房***(private slaughterhouse) 一词则指任何其他屠房；*(由1973年第21号第2条代替)*

排水渠(drain) 指用作供一座建筑物或在同一园地内任何建筑物或多座建筑物的附属庭院排水用的排水渠；而***公共排水渠***(public drain) 一词，指归属政府并由其保养的排水渠，且就本条例而言，包括由隔气弯管的去水口伸延至其与公共排水渠或下水道接合处的一段排水渠；而***私家排水渠***(private drain) 一词，则指除公共排水渠之外的任何排水渠；

排泄物(excretal matter) 指人类的排泄物；

船只(vessel) 指香港水域内的船舶、中式帆船、舢舨、小艇或其他种类的船艇，但不包括注册远洋轮船及属于香港特别行政区政府以外的任何政府的船舶或船只；*(由1986年第10号第24条修订；由1998年第23号第2条修订)*

处所(premises) 包括土地、建筑物、构筑物及地窖；且就建筑物而言，包括其园地，而就建筑物内部而言，则包括任何独立分租的床位、小间、房间、地面或地面的一部分；*(由1963年第32号第2条修订)*

货车(goods vehicle) 的涵义与《道路交通条例》(第374章) 中该词所具有的涵义相同；*(由1981年第72号第2条增补)*

通风系统(ventilating system) 指抽入或排出空气的机械、电动或机械兼电动系统，同时亦指空气调节机，而该机本身并设有装置以降低或提高建筑物或其任何部分内的气温至低于或高于室外气温；*(由1974年第61号第2条代替)*

鱼(fish) 指所有通常用作供人食用的鱼，同时亦指其他出售或要约出售供人食用的鱼；

博物馆(museum) 指根据第105G条指定为博物馆的建筑物、建筑物一部分或任何范围；*(由1973年第21号第2条增补)*

场所(establishment) 包括处所；

厕所(latrine) 包括水厕、尿厕及旱厕，以及其他设计供作、拟供作或用作盛载排泄物的卫生设备或装设；

弃置(deposit) 就扔弃物或废物而言，包括抛弃、抛掷、喷洒、扫去、摆放、丢掉、排放、溢出、倾卸、倒出、撒布或吹喷该等扔弃物或废物；*(由1981年第72号第2条增补)*

无烟烟草产品(smokeless tobacco product) 指含有烟草或以烟草为主要成分并拟供人口服的产品，并包括嚼烟 (不论是散烟叶、硬烟饼、湿烟饼、口嚼搓烟或口嚼卷烟) 及湿鼻烟，但不包括用鼻吸入的干鼻烟；*(由1986年第62号第2条增补)*

街市(market) 指凭借主管当局根据第79(1) 条所作宣布而属本条例适用的街市；*(由*

1978年第57号第2条修订)

街道废物(street waste)指尘埃、污物、废弃物、泥浆、路面碎屑或脏物，但不包括排泄物；*(由1980年第8号第37条修订)*

注册专门承建商(通风系统工程类别)(registered specialist contractor(ventilation works category))指当其时名列根据《建筑物条例》(第123章)第8A条备存的专门承建商名册的通风系统工程类别分册的人；*(由1999年第78号第7条增补)*

饮品(drink)不包括水，但以下类别的水除外——*(由2011年第5号第64条修订)*

(a)汽水；

(b)蒸馏水；

(c)不论是处于天然状态或有加入矿物质的天然泉水；及*(由2011年第5号第64条代替)*

(d)装载于加封容器内及拟供人饮用的水；*(由2011年第5号第64条代替)*

跳舞场所(dancing establishment)指根据《杂类牌照条例》(第114章)或《公众娱乐场所条例》(第172章)条文规定须领牌的公众舞厅或舞蹈学校；

厌恶性行业(offensive trade)指根据第48条条文宣布为厌恶性行业的行业、业务、加工业或制造业；

图书馆(library)指根据第105K条指定为图书馆的任何建筑物或建筑物的一部分；*(由1973年第21号第2条增补)*

图书馆长(librarian)指图书馆总馆长；*(由1973年第21号第2条增补；由1980年第8号第37条修订)*

图书馆藏件(library material)指书籍、影片、唱片、录音带及其他在其上或在其内记载、记录、贮存或重复产生资料或影像的东西；*(由1979年第50号第2条增补)*

墓穴(vault)包括除坟墓之外的各类地下埋葬地方；

坟场(cemetery)指附表5当其时所指明的地方；

坟墓(grave)指挖掘地下而成，而并无砖砌或石砌内墙或其他人造内壁的埋葬地方；

废物(waste)指任何被扔弃的物质或物品；*(由1980年第8号第37条增补)*

拥有人(owner)包括根据租契、特许或其他方式直接从政府名下持有处所的人、管有承按人、单独地或与他人共同地为其本人或为他人收取任何处所租金的人，以及在假设该处所租给租客的情况下任何收取该处所租金的人；*(由1969年第48号第2条增补；由1998年第29号第105条修订)*

卫生主任(health officer)指——

(a)卫生署署长、卫生署副署长或卫生署助理署长；或

(b)食物环境卫生署署长、食物环境卫生署副署长或食物环境卫生署助理署长，

并包括获卫生署署长或食物环境卫生署署长授权执行卫生主任的职能的人；*(由1999年第78号第7条增补)*

卫生设施(sanitary convenience)包括厕所、洗涤盆、浴缸、洗手盆、污水间及类似的设施；

卫生督察(health inspector)指获行政长官委任为卫生督察的人，以及当其时执行卫生督察职务的人；*(由2000年第59号第3条修订)*

殓房（mortuary）指拨作或惯常用作接收、贮存或处理人类遗骸的处所或地方；

虫鼠（vermin）包括啮齿类动物，并包括蟑螂、螨、蜱、臭虫、跳蚤、虱及痒螨，及上述虫类的卵、幼虫、若虫或蛹；

檐篷（canopy）指属下列情况的帘幕、遮蔽物或其他不负荷楼面重量的构筑物——

（a）自建筑物的墙壁伸出，并以托架、支柱或其他方式承托或支撑的；或

（b）在建筑物之上竖设，或在建筑物上面或毗邻空地之内或之上竖设，并以支柱或其他方式支撑的；*（由1972年第43号第2条增补）*

药物（drug）包括供人内服或外用的任何药物、中药材或中成药；*（由1999年第47号第162条代替）*

体育场（stadium）指附表12当其时所指明的体育场，而其界限并已在按照第105A（4）条存放的有关图则上绘明。*（由1973年第21号第2条增补）*

（编辑修订——2019年第4号编辑修订记录）

（2）为施行本条例，任何作废物抛弃或以其他方式作废物处理的物质或物品，均须推定为废物，直至相反证明成立为止。*（由1980年第8号第37条增补）*

（3）为施行本条例，任何作扔弃物抛弃或以其他方式作扔弃物处理的物质或物品，均须推定为扔弃物，直至相反证明成立为止。*（由1981年第72号第2条增补）*

（由1988年第53号第3条修订；由1999年第78号第7条修订）

3. 主管当局的指定

（1）在不抵触第（2）款的规定下，为施行附表3第1栏所指明的本条例各条条文，主管当局为该附表第2栏与该等条文相对之处所指明的公职人员。*（由1999年第78号第7条代替）*

（2）为施行本条例的任何一条条文，行政长官会同行政会议可藉命令，指定任何公职人员为主管当局，以取代在附表3中为施行该条条文而指明为主管当局的公职人员。*（由1999年第78号第7条修订）*

（3）行政长官会同行政会议可藉命令，将附表3修订、增补或删减。

（由2000年第59号第3条修订）

第II部　下水道及排水渠

（格式变更——2019年第4号编辑修订记录）

4. 公共下水道及排水渠的建造和保养

主管当局须负责安排建造、修理和保养所有公共下水道、排水渠或排水设施，并可更改或切断其与私家下水道、排水渠或排水设施之间的接驳。

5. 公共下水道的洁净

主管当局须负责妥善清理、洁净和疏通公共下水道、排水渠及排水设施，并须负责减除与其相关而引起的妨扰。

6. 对公共下水道及排水渠的保护

（1）任何人——

（a）如将固体、泥浆或废物（一般住宅污水中所含有者除外）放入或抛入公共下水

道或排水渠内，或放入或抛入与公共下水道或排水渠相通的下水道、排水渠、入水口或其他排水设施内，或放在或抛在与公共下水道及排水渠相通的格栅上；

(b) 如导致或明知而准许上述固体、泥浆或废物被放入或抛入、掉入或被带入公共下水道或排水渠内，或被放在或抛在、掉在或被带到上述格栅上；

(c) 如导致或明知而准许上述固体、泥浆或废物被放在某位置上，以致其有可能如上所述掉入或被带入下水道或排水渠内，或有可能如上所述掉在或被带到格栅上；

(d) 如将化学品、油类、石油、石油精、行业废物（不包括在前四者范围内者)、废气或加热液体排放入公共下水道或排水渠内，或与公共下水道或排水渠相通而并非属于公共下水道或排水渠的任何下水道或排水渠内，而所排放的物体本身或在与下水道或排水渠内的其他物体相结合时，对进入、身处或接近公共下水道或排水渠的人造成或可能造成妨扰或危险，或对公共下水道或排水渠本身造成或可能造成危险；或

(e) 如故意（除获主管当局书面准许外）或因疏忽而损坏、更改、切断或以其他方式干扰公共下水道或排水渠或其接驳物，

即属犯罪。*(由1980年第8号第37条修订)*

(2) 主管当局可就第 (1) 款条文所订罪行提出检控，但如主管当局认为有关公共下水道或排水渠可容纳该等固体或其他物体而不致有损坏本身结构的危险性，亦不致有危害受雇于上述下水道或排水渠工作或接近上述下水道或排水渠的人的健康的危险性，则无须予以检控：*(由1999年第78号第7条修订)*

但本款条文不得当作减损律政司司长就刑事罪行提出检控的权力。*(由1997年第362号法律公告修订)*

7. 防止泥土或废物堵塞下水道及排水渠

(1) 如与土地毗连的街道或地方设有公共下水道、排水渠或排水设施，主管当局可安排向土地拥有人或占用人送达通知，规定该人在通知所指明的时间内，在土地设置栅栏、开辟水道或筑堤隔开土地，以防止泥土或废物被带入上述公共下水道、排水渠或排水设施内。*(由1980年第8号第37条修订)*

(2) 任何人没有在根据第 (1) 款条文送达的通知所指明的时间内，遵从通知书的规定，即属犯罪。

8. 有关某些条例的保留条文

第6及7条的条文，不得视为或解释为对《工厂及工业经营条例》(第59章) 或《建筑物条例》(第123章) 所授予的权力有所规限。

9. 对干扰公共下水道或排水渠的人施加惩罚

任何人未经主管当局准许而——

(a) 进入或企图进入公共下水道；或

(b) 揭起或遮盖格栅、臭气隔或沙井封盖，或以其他方式干扰与公共下水道或排水渠接驳的装置，或将金属线、网或藉其他手段穿过洞孔，插入上述格栅、臭气隔或沙井封盖内，或穿过其他洞孔或通风孔，插入公共下水道或排水渠内，

即属犯罪。

10. 关于有弃用的排水渠存在的通知

(1) 任何处所的拥有人或占用人（如拥有人失责时)，在获悉该处所之内、下面或上面

有任何弃用的下水道或排水渠后，须随即将上述弃用的下水道或排水渠存在一事以书面向主管当局发出通知。

（2）任何处所的拥有人或占用人（视属何情况而定），如拟停止使用该处所之内、下面或上面的下水道或排水渠，须立即将该意向以书面向主管当局发出通知。

（3）任何人没有遵从第（1）或（2）款的条文，即属犯罪：

但有关的拥有人或占用人（视属何情况而定），就没有遵从第（1）款条文而被起诉时，如证明下列情况，即为免责辩护——

（a）如属拥有人被起诉时，该拥有人有合理因由相信占用人或以往的拥有人或以往的占用人已向主管当局发出上述通知；及

（b）如属占用人被起诉时，该占用人有合理因由相信拥有人或以往的拥有人或以往的占用人已向主管当局发出上述通知。

11. 保护下水道及排水渠，并防止其引起妨扰的规例

行政长官会同行政会议可订立规例，就下列各方面订明或订定条文——*（由2000年第59号第3条修订）*

（a）对公共下水道、排水渠或排水设施给予一般保护或特定保护；及

（b）防止公共或私家下水道、排水渠或排水设施引起妨扰。

第III部　一般卫生及清洁

（格式变更——2019年第4号编辑修订记录）

一般规定

12. 可循简易程序处理的妨扰

（1）除下文另有规定外，下列事项属可根据第127条循简易程序处理的妨扰——

（a）任何处所（包括坟场）或船只，其状况足以构成妨扰，或足以损害或危害健康；

（b）任何水池、水井、沟渠、雨水渠、水道、排水渠、下水道、水箱或贮水器、污水池、池塘、地坑、卫生设施、粪渠、废水管或雨水管、垃圾桶或垃圾箱，或其他同类的地方或东西，其污秽程度或其状况足以构成妨扰，或足以损害或危害健康；

（c）任何构成妨扰或损害或危害健康的积聚物或弃置物（包括任何尸体）；

（d）任何动物或禽鸟，其饲养的地方或方式足以构成妨扰，或足以损害或危害健康；

（e）从任何处所发出尘埃、烟雾或臭气，其方式足以构成妨扰；

（f）从任何建造中或拆卸中的建筑物发出尘埃，其方式足以构成妨扰；

（g）从任何处所内的通风系统发出高于或低于室外气温的空气，或排放废水或其他类别的水，其方式足以构成妨扰。*（由1974年第61号第3条增补）*

（h）*（由1988年第75号第40条废除）*

（2）如为有效进行任何业务或制造而需有任何积聚物或弃置物，而法庭信纳该等积聚物或弃置物的存放时间并无超逾该业务或制造所需，并信纳已采取最佳可行方法以防止公众卫生因此而受损，则第（1）（c）款的条文并不会令任何人就该等积聚物或弃置物而受惩罚。

(3) 第 (1) 款的条文，不得视为或解释为对《工厂及工业经营条例》(第59章) 或《空气污染管制条例》(第311章) 的条文有所规限。*(由1983年第17号第50条修订)*

13. 洁净和遮盖具厌恶性的沟渠及排水渠等

(1) 主管当局——

(a) 可将或安排将含有或用作收集具厌恶性或相当可能损害健康的排水、脏物、水、物体或东西的池塘、水池、明渠、排水渠、水道、污水池、水井或地方洁净、排水、围封、遮盖或填塞；或

(b) 可安排向造成或相当可能造成上述妨扰的人，或有上述妨扰存在的处所的拥有人或占用人送达通知，规定其于通知所指明的时间内，将有关池塘、水池、沟渠、排水渠、水道、污水池、水井或地方 (视属何情况而定) 排水、洁净、围封、遮盖或填塞，或建造适当的排水渠、沟渠或其他设施，以排放上述脏物、水、物体或东西，或按情况所需进行其他工作。

(2) 根据第 (1) 款条文获送达通知的人，如没有遵从通知的任何规定——

(a) 该人即属犯罪；及

(b) 主管当局可进行或安排进行减除上述妨扰所需的工作，并可向有关处所的拥有人追讨因此而招致的开支：

但主管当局如认为合理，可支付上述全部或部分开支。

(3) 如任何处所内有弃用而没有经永久遮盖或填塞的污水池或水井，则该处所的拥有人或占用人 (如拥有人失责时)，在获悉上述污水池或水井存在后，须随即将此事以书面向主管当局发出通知。

(4) 任何处所的拥有人或占用人 (视属何情况而定)，如拟停止使用位于该处所的污水池或水井，须立即将该意向以书面向主管当局发出通知。

(5) 任何人没有遵从第 (3) 或 (4) 款的条文，即属犯罪：

但有关的拥有人或占用人 (视属何情况而定)，就没有遵从第 (3) 款条文而被起诉时，如证明下列情况，即为免责辩护——

(a) 如属拥有人被起诉时，该拥有人有合理因由相信占用人或以往的拥有人或以往的占用人已向主管当局发出上述通知；及

(b) 如属占用人被起诉时，该占用人有合理因由相信拥有人或以往的拥有人或以往的占用人已向主管当局发出上述通知。

(6) 本条的条文不得视为或解释为对《建筑物条例》(第123章) 的条文有所规限。

14. 规定为处所髹扫灰水等的权力

(1) 如主管当局认为任何处所或处所的任何部分的状况足以——

(a) 构成妨扰；或

(b) 损害或危害健康，

或足以破坏任何地方或地区的宜人之处或足以有损其形貌，主管当局可安排向该处所的拥有人或占用人送达通知，规定其于通知所指明的期限内，对该处所或其任何部分加以髹扫灰水、油漆、洁净、消毒或除虫灭鼠，以达主管当局满意的程度。*(由1973年第58号第2条代替)*

(2) 根据第 (1) 款条文获送达通知的人，如没有遵从通知的任何规定——

（a）该人即属犯罪；及

（b）主管当局可进行或安排进行所需的工作，以符合通知的规定，并可向该人追讨因此而招致的开支：

但主管当局如认为合理，可支付上述全部或部分开支。

15. 有关洁净和防止妨扰的规例

（1）主管当局可订立规例，就下列各方面订明或订定条文——

（a）防止盐、臭气、什脏、鱼、扔弃物、废物或其他物体或东西对健康或人类造成妨扰或危害，包括规定任何处所的拥有人或占用人，或任何汽车的司机、登记车主或租用人对防止出现上述妨扰或危害须负的法律责任；*（由1981年第72号第3条代替）*

（b）防止、管制及收集扔弃物或废物，包括规定任何处所的拥有人或占用人，或任何汽车的司机、登记车主或租用人对防止、管制和收集扔弃物或废物须负的法律责任；*（由1981年第72号第3条修订）*

（c）处所或地方须由何人洁净；

（d）垃圾清扫及废物拣拾的防止或限制；

（e）可将排泄物或具厌恶性或有害的东西在任何区域或地方或经任何区域或地方，以陆路或水路方式移走或运送的时间，以及用作上述用途的车辆、容器或船只的构造，以防止上述物体或东西漏出以及防止因此而引起妨扰；

（f）街道废物、住户废物或排泄物的移走或处置，并且为防止住户废物或排泄物引起妨扰以及为便利将住户废物或排泄物经由合法的垃圾清扫或清粪服务移走或处置而在住户废物或排泄物方面须由处所拥有人或占用人所负的责任；

（g）用作收集和贮存住户废物的容器的提供、设计及构造；*（由1980年第8号第37条代替）*

（h）*（由1994年第49号第2条废除）*

（i）根据第22（3）条条文领回根据该条第（2）款条文而检取的物品或东西时所须缴付的额外款项；

（j）规管或禁止雇用儿童移走或处置废物。*（由1972年第46号第2条修订；由1980年第8号第37条修订）*

（1A）凡处所的拥有人不能寻获、或处所的拥有人身份不能确定、不在香港或无行为能力，根据本条订立的规例可规定该等规例适用于该拥有人的代理人。*（由1969年第48号第3条增补；由1986年第10号第24条修订）*

（1B）如因没有遵从在根据本条订立的规例下所发出的通知而构成罪行，且有任何人因此而被定罪，则根据本条订立的规例，可规定作出定罪判决的法庭，除可判处其他刑罚外，并可命令该人向主管当局缴付主管当局因进行符合通知的规定所需的工作而招致的全部或部分开支。*（由1973年第58号第3条增补）*

（1C）*（由1987年第37号第2条废除）*

（2）*（由1980年第8号第37条废除）*

15A. *（由1999年第78号第7条废除）*

16. *（由1980年第8号第37条废除）*

17. *（由1980年第8号第37条废除）*

18. *（由1980年第8号第37条废除）*

19. *（由1980年第8号第37条废除）*

20. 移走扔弃物或废物和清洁有关范围

（1）如主管当局觉得应从任何地方移走扔弃物或废物，可按照第（2）款将通知送达其觉得是 ——

（a）扔弃物或废物的拥有人；

（b）将扔弃物或废物弃置于该地方的人；或

（c）发现扔弃物或废物所在的地方的占用人。

（2）根据第（1）款发出的通知，须规定获送达通知的人在通知所指明的期限内（不少于通知送达后24小时），移走有关扔弃物或废物，并可规定该人在上述期限内清洁发现扔弃物或废物所在的范围，以达主管当局满意的程度。

（3）如按照第（2）款送达的通知内有任何规定在通知所指明的期限内没有获遵从 ——

（a）通知所提述的扔弃物或废物即成为政府财产，可由主管当局移走和销毁或以其他方式处置，而主管当局亦可清洁发现扔弃物或废物所在的范围；及 *（由2000年第59号第3条修订）*

（b）获送达通知的人即属犯罪，一经定罪，除可被判处其他刑罚外，亦可被法庭命令缴付主管当局因移走和销毁或处置有关扔弃物或废物，以及因清洁发现有关扔弃物或废物所在的范围而招致的全部或部分开支。

（由1972年第46号第3条代替；由1980年第8号第37条修订；由1981年第72号第4条修订）

21. *（由1980年第8号第37条废除）*

22. 防止妨碍垃圾清扫或清粪工作

（1）任何人如妨碍垃圾清扫或清粪工作，或妨碍清道夫执行职务，或导致或准许任何物品或东西摆放于任何地方，以致妨碍或相当可能妨碍上述工作或上述清道夫执行职务 ——

（a）该人即属犯罪；及

（b）法庭除可判处其他刑罚外，亦可命令将该物品或东西没收。

（2）尽管第（1）（b）款条文另有规定，主管当局凡认为任何物品或东西的摆放方式会对或相当可能对垃圾清扫工作或清道夫执行职务造成妨碍 ——

（a）可安排向该物品或东西的拥有人送达通知，但如该拥有人不在香港或主管当局不能将其寻获或确定其身份，则可安排将通知附于该物品或东西上，而该通知则规定该拥有人或代表他的人 ——

（i）在通知附于该物品或东西上或如此送达之后的4小时内，将该物品或东西移走；及 *（由1996年第34号第2条代替）*

（ii）在通知所指明的期限内，防止该物品或东西再次造成妨碍；及 *（由1972年第46号第4条代替）*

（b）而该物品或东西在（a）（i）或（a）（ii）段所提述的通知所指明的期限内没有被移走，或被发现造成妨碍，可将其检取、带走和扣留。*（由1972年第46号第4条代替）*

（3）凡任何物品或东西根据第（2）（b）款条文被检取，其拥有人在向主管当局缴付因检取、带走和扣留该物品或东西而招致的开支（如有的话），以及根据第15条订立的规例所订明的额外款项后，可于检取后7天内领回该物品或东西：

但——

(a) 如根据本条检取的任何物品或东西，是或相当可能是须在根据本条例提出的法律程序中出示作为证据，则尽管本款另有规定，主管当局仍可保留该物品或东西，直至法律程序已被放弃或获得裁定为止；及

(b) 如在物品或东西被检取后14天内并无提出上述法律程序，则就本款而言，上述法律程序须当作已被放弃。

(4) 根据第(2)(b)款条文检取的物品或东西，如在检取后7天内仍没有按第(3)款所订定的方式被领回，则该物品或东西即成为政府财产，不受任何留置权、申索权或产权负担所约束，主管当局并可将它售卖或以其认为适当的方式处置。*(由2000年第59号第3条修订)*

(5) 任何人均无权就真诚地根据本条条文将物品或东西检取、带走或扣留而引致或造成的损失或损害，向主管当局或政府或向为或代表主管当局或政府行事的人，提出诉讼、追究法律责任、提出申索或提出任何要求。

22A. 防止在檐篷积聚扔弃物或废物

(1) 如在任何檐篷之上或之内发现任何种类的扔弃物或废物——

(a) 而该檐篷是为某处所或某处所的一部分而竖设的，则主管当局可安排向该处所或该处所有关部分的占用人送达通知，规定占用人在通知所指明的时间内移走扔弃物或废物；及

(b) 倘占用人没有按照根据(a)段所送达的通知移走扔弃物或废物，即属犯罪。*(由1980年第8号第37条修订；由1981年第72号第5条修订)*

(2) 如主管当局认为在任何檐篷之上或之内发现的扔弃物或废物——*(由1980年第8号第37条修订；由1981年第72号第5条修订)*

(a) 损害或危害健康，或可能会变为损害或危害健康；

(b) 对任何人有危险，或可能会变为对任何人有危险；

(c) 构成妨扰；或

(d) 有碍观瞻，

而该檐篷是为某处所或某处所的一部分而竖设的，则主管当局可安排向该处所或该处所有关部分的占用人送达通知，但如不能寻获该占用人或并无该占用人，则可向处所的拥有人送达通知，并规定上述获送达通知的人在通知所指明的时间内拆除该檐篷。

(3) 如根据第(2)款送达的通知内有任何规定在通知所指明的时间内没有获遵从，主管当局可将檐篷拆除，并采取作出檐篷拆除所需的任何行动。

(4) 直至通知送达当日起计的14天为止，或如有根据第(7)款向行政长官提出的上诉，则直至上诉获得裁定为止，主管当局不得根据第(3)款拆除檐篷。*(由2000年第59号第3条修订)*

(5) 如根据第(3)款拆除檐篷，主管当局可——

(a) 向获送达拆除通知的人追讨因拆除檐篷而招致的开支；及

(b) 移走檐篷并将檐篷扣留，直至根据(a)段可予追讨的开支已缴付为止。

(6) 如根据第(3)款拆除檐篷，而被如此拆除的檐篷是为某处所而竖设、保养或使用

的，则该处所的拥有人或占用人均无权因檐篷或处所受损坏或因拆除檐篷而引致或造成的损害或损失，藉作出起诉而向主管当局或政府或向为或代表主管当局或政府行事的人，提出诉讼、追究法律责任、提出申索或提出要求。

(7) 根据第 (2) 款获送达拆除檐篷通知的人，如认为通知的规定令其感到受屈，可于通知送达后14天内向行政长官提出上诉。*(由2000年第59号第3条修订)*

(8) 如有根据第 (7) 款提出的上诉，行政长官可确认、更改或取消通知，而行政长官的决定即为最终决定。*(由2000年第59号第3条修订)*

(由1972年第43号第3条增补)

23. 在某些情况下逮捕的权力

(1) 获主管当局就此以书面授权的公职人员——

(a) 如合理地怀疑任何人已违反根据第15条订立的规例，可规定该人向其报上正确的姓名或名称及地址，并出示其姓名或名称及地址的证据；

(b) 可逮捕任何无合理辩解而拒绝遵从 (a) 段所订规定的人；及

(c) 可在公众地方逮捕任何违反《简易程序治罪条例》(第228章) 第4(2) 或 (3) 条条文的人。*(由1972年第46号第5条代替)*

(2) 如无警务人员在场，则任何受政府雇用在政府管辖下的废物堆填区工作的看守员，倘发现任何人在没有合法权限或辩解的情况下，翻耙、拣拾或挖掘弃置于该堆填区之内或之上的废物，或将该等废物的任何部分移走或撒布，可将该人逮捕。*(由1980年第8号第37条修订)*

(3) 任何公职人员或看守员，如根据第 (1) 或 (2) 款的条文将任何人逮捕，须随即将其带往最近的警署或交由警务人员羁押，而《警队条例》(第232章) 第52条的条文或该条例第51及52条的条文 (视属何情况而定)，亦即告适用。

23A. 在报章公布定罪判决

主管当局可安排在任何报章发布——

(a) 被裁定犯了本部所订的罪行的人的姓名或名称，或被裁定犯了根据第15条订立的规例所订的罪行的人的姓名或名称；

(b) 罪行的性质；及

(c) 所判处的罚款、没收或其他刑罚。

(由1972年第46号第6条增补)

水井、井水及废水

24. 封闭受污染水井等的权力及其他权力

(1) 凡主管当局觉得在任何水泉、水井、水池、池塘、水道、泳池或其他来源的水——

(a) 是或相当可能是用作供人饮用或供住宅使用，或用作制造供人食用的食物或饮用的饮品；及

(b) 其受污染的程度、或相当可能受污染的程度，足以损害或危害健康，或因其他原因而致不宜供人饮用或损害或危害健康，

主管当局可安排向该水泉、水井、水池、池塘、水道、泳池或其他来源所在处所的拥有人送达通知，但如该拥有人不在香港、主管当局不能轻易寻获该拥有人或确定该拥有人

身份，或该拥有人无行为能力，则可安排向该处所的占用人送达通知，并规定上述获送达通知的人于通知所指明的时间内，将该水泉、水井、水池、池塘、水道、泳池或其他来源永久或暂时封闭，或采取主管当局觉得所需的其他步骤，以防止损害或危害饮用或使用上述的水的人的健康。*（由1986年第10号第24条修订）*

（2）根据第（1）款条文获送达通知的人，如没有遵从通知的任何规定——

（a）该人即属犯罪；及

（b）主管当局可进行或安排进行所需的工作，以防止损害或危害健康，并可向有关处所的拥有人追讨因此而招致的开支，但如该拥有人不在香港、主管当局不能轻易寻获该拥有人或确定该拥有人身份，或该拥有人无行为能力，则可向有关处所的占用人追讨上述开支。*（由1986年第10号第24条修订）*

25. 对喷泉、水井及水泵的保护

任何人如——

（a）作出故意作为，致令任何喷泉、水井或水泵受到损坏；或

（b）因任何作为或疏忽而导致或准许任何喷泉、水井或水泵的水受到污染或变成污浊，而这些水是或相当可能是用作供人饮用或供住宅使用的，或是用作制造供人食用的食物或饮用的饮品的，

即属犯罪。

26. 有关使用水泉及水井等的水的规例

（1）主管当局可订立规例，就下列各方面订明或订定条文——

（a）禁止或管制使用相当可能因使用而损害或危害健康的、取自任何水泉、水井、水池、池塘、水道、泳池或其他来源的水；

（b）将取自上述水泉、水井、水池、池塘、水道、泳池或其他来源的水消毒或净化，并保持其卫生质量。

（2）第（1）款或第24条的条文，不得视为对《水务设施条例》（第102章）所指的水务设施适用，亦不得视为或解释为对《建筑物条例》（第123章）的条文有所规限。

27. 对相当可能导致蚊子滋生的水及物品的管制

（1AA）就本条而言——

有关处所的负责人（the person responsible for the premises）就某处所而言——

（a）指任何一名或多于一名下述人士——

（i）该处所的占用人；

（ii）该处所的拥有人；

（iii）负责管理该处所的人；或

（b）在该处所由任何建筑地盘组成的情况下，指该地盘的获委任承建商；

蚊致健康危害（mosquito-related health hazard）指任何符合以下说明的情况——

（a）为由蚊传播的对人类健康构成危险的疾病的传播营造有利条件的；或

（b）如不即时采取补救行动即相当可能造成上述条件的；

获委任承建商（the appointed contractor）就某地盘而言——

（a）指属按照《建筑物条例》（第123章）就该地盘获委任的注册承建商的人；或

（b）在该地盘为政府所拥有，而已就该地盘获委任为承建商的人在有关时间已进入

该地盘的情况下，指该人；*（由2006年第9号第2条增补）*

（1）如主管当局觉得任何处所内有或相当可能有积水，而积水相当可能含有蚊幼虫或蚊蛹，则不论积水是否属于废水，亦不论积水是否现时已经发现存在，主管当局均可藉送达有关处所的负责人的通知，规定该人于通知所指明的时间内——*（由2006年第9号第2条修订）*

（a）将存在的积水清除；或

（b）采取通知所指明的其他步骤，防止在该处所内出现积水；或*（由2006年第9号第2条修订）*

（c）采取通知所指明的其他步骤，防止在该处所内有蚊幼虫或蚊蛹存在。*（由1963年第32号第3条修订；由1976年第9号第3条修订；由1986年第10号第24条修订）*

（1A）如主管当局觉得任何处所内有任何可导致积水的物品，而积水能让蚊子滋生，主管当局可藉送达有关处所的负责人的通知，规定该人于该通知所指明的时间内，采取该通知所指明的步骤，防止蚊子在该处所内滋生。*（由2006年第9号第2条增补）*

（1B）如主管当局有合理因由相信在任何处所内的任何积水或任何物品构成蚊致健康危害，主管当局可——

（a）采取他认为需要的行动——

（i）清除积水或该物品；或

（ii）防止蚊子在该处所内滋生；及

（b）（如该危害可归因于某人的任何作为、失责或容受）向该人追讨主管当局在采取该行动中招致的任何费用。*（由2006年第9号第2条增补）*

（2）任何人无合理辩解而——

（a）没有遵从根据第（1）款送达予他的通知的规定；或

（b）没有遵从根据第（1A）款送达予他的通知的规定，

即属犯罪。*（由2006年第9号第2条代替）*

（2A）如任何人因没有遵从根据第（1）款就第（1）（a）款所提述的规定向他送达的通知而被控以第（2）款所订罪行，则如他证明他已采取一切合理步骤以遵从该规定，即为免责辩护。*（由2006年第9号第2条增补）*

（2B）就任何处所而言，如——

（a）根据第（1）款向某人送达的通知的任何规定没有获遵从，主管当局可——

（i）清除在该处所内的任何积水；

（ii）采取他认为需要的其他行动，防止在该处所内出现任何积水；

（iii）采取他认为需要的其他行动，防止蚊幼虫或蚊蛹存在于该处所内；及

（iv）向该人追讨主管当局在根据第（i）、（ii）或（iii）节采取行动中招致的任何费用；或

（b）根据第（1A）款向某人送达的通知的任何规定没有获遵从，主管当局可——

（i）采取他认为需要的行动，防止蚊子在该处所内滋生；及

（ii）向该人追讨主管当局在根据第（i）节采取行动中招致的任何费用。*（由2006年第9号第2条增补）*

（3）如在任何由建筑地盘组成的处所内发现任何蚊幼虫或蚊蛹，而该地盘有获委任承

建商，该地盘的获委任承建商即属犯罪。*（由2006年第9号第2条代替）*

（3A）如——

（a）在任何处所（第（3）款所述的处所除外）内发现任何蚊幼虫或蚊蛹；及

（b）该等幼虫或蛹存在于该处所内是可归因于某人的任何作为、失责或容受，

则该人即属犯罪。*（由2006年第9号第2条增补）*

（4）除主管当局外，卫生署署长及就此获其授权的公职人员，均可行使本条条文赋予主管当局的权力。*（由1989年第76号法律公告修订；由2006年第9号第2条修订）*

（5）*（由2006年第9号第2条废除）*

（6）任何文件——

（a）如看来是由建筑事务监督授权的人签署，并看来是核证文件所指明的人在文件所指明的时间是已按照《建筑物条例》（第123章）就文件所指明建筑地盘获委任的注册承建商；或

（b）如看来是由房屋署署长或地政总署署长授权的人签署，并看来是核证在文件所指明的时间——*（由1982年第76号法律公告修订；由1986年第94号法律公告修订；由1993年第291号法律公告修订）*

（i）文件所指明的建筑地盘为政府所拥有；及*（由1998年第29号第105条修订）*

（ii）文件所指明的人已就该建筑地盘获委任为承建商，

则在就本条所订罪行而提起的法律程序中，如在法庭上将该文件出示，即须接纳为证据，无须再加证明。*（由1976年第9号第3条增补；由2006年第9号第2条修订）*

（7）根据第（6）款出示文件时——

（a）直至相反证明成立为止，出示文件所在法庭须推定——

（i）文件的签署是真确的；

（ii）签署的人在签署时是获妥为授权而签署的；及

（b）该文件即为其内所载事项的表面证据。*（由1976年第9号第3条增补）*

28. 防蚊规例

（1）主管当局可订立规例，促进灭蚊或防止蚊子滋生的工作。

（2）根据第（1）款订立的规例，可适用于一般情况，或只局限适用于特定地区、范围、处所或特定类型或类别的处所。

卫生设施

29. 有关厕所设施的规例

主管当局可订立规例，就下列各方面订明或订定条文——

（a）为处所提供和经办适当及充足的厕所设施，不论该处所是在本条例生效日期之前或之后建造的；

（b）提供有充足冲厕用水以供其有效操作的水厕及尿厕；

（c）保持厕所、污水池及化粪池操作正常、修理妥善及状况清洁，并为该等设施提供适当配件；

（d）合乎卫生条件的房间或隔室的建造方式，令该等房间或隔室内可设置厕所。

30. 提供厕所的义务

（1）凡主管当局觉得任何处所或处所的任何部分（不论该处所是在《建筑物条例》（第

123章）或本条例生效日期之前或之后建造的），并无厕所设施或并无充足的厕所设施，或觉得其内所提供的厕所设施效用欠佳或其类型在顾及个案情况下并不适当，主管当局可安排向该处所的拥有人送达通知，但如该拥有人不在香港、主管当局不能轻易寻获该拥有人或确定该拥有人身份，或该拥有人无行为能力，则可安排向该处所的占用人送达通知，并规定上述获送达通知的人于通知所指明的时间内，提供通知所指明数目的厕所或指明类型的厕所，或作出通知所指明的其他事情以提供有效及充足的厕所设施：*（由1986年第10号第24条修订）*

但如任何上述规定涉及进行《建筑物条例》（第123章）所指的建筑工程，则除非已取得建筑事务监督的书面同意，否则不得发出上述通知。

（2）根据第（1）款条文获送达通知的人，如没有遵从通知的任何规定——

（a）该人即属犯罪；及

（b）主管当局可进行或安排进行所需的工作，以符合通知的规定，并可向该人追讨因此而招致的开支。

（3）任何人如认为根据第（1）款条文向其送达的通知，或主管当局或其代表根据本条所作的作为令其感到受屈，可于通知送达后或该项作为作出后30天内（视属何情况而定），向市政服务上诉委员会提出上诉，而在该项上诉被放弃或驳回之前，任何人均不得当作犯了第（2）款所订的罪行。*（由1990年第58号第22条修订；由1999年第78号第7条修订）*

（4）本条条文不适用于根据《教育条例》（第279章）注册的学校，亦不适用于《工厂及工业经营条例》（第59章）所指的应呈报工场。*（由1985年第50号第9条修订）*

31. 防止厕所及卫生设施构成妨扰

任何人如因故意销毁或损坏，或以其他方式干扰，或不适当地使用化粪池、污水池、臭气隔、虹吸管或任何卫生设施，或其接驳供水系统、器具、喉管或设施，而导致上述化粪池、污水池、臭气隔、虹吸管或任何卫生设施构成妨扰或损害或危害健康，又或容受或准许他人因作出上述故意销毁或损坏或上述干扰或使用行为而导致上述情况出现，即属犯罪。

32. 卫生设施的拆除或更改

（1）如化粪池、污水池、臭气隔、虹吸管或卫生设施的现有或一向的构造或现有位置是或相当可能构成妨扰或令公众觉得不雅，则不论其在《建筑物条例》（第123章）或本条例生效日期之前或之后建造，主管当局均可安排向有关处所的拥有人送达通知，但如该拥有人不在香港、主管当局不能轻易寻获该拥有人或确定该拥有人身份，或该拥有人无行为能力，则可安排向有关处所的占用人送达通知，并规定上述获送达通知的人于通知所指明的时间内，采用足以减除妨扰或除去令公众觉得不雅的情况或该情况出现的可能性的方式，拆除、重建、遮蔽或以其他方法更改上述化粪池、污水池、臭气隔、虹吸管或卫生设施（视属何情况而定）。*（由1974年第61号第4条修订；由1986年第10号第24条修订）*

（2）根据第（1）款条文获送达通知的人，如没有遵从通知的任何规定——

（a）该人即属犯罪；及

（b）主管当局可进行或安排进行所需的工作，以符合通知的规定，并可向该人追讨因此而招致的开支。

（3）任何人如认为根据第（1）款条文向其送达的通知，或主管当局或其代表根据本条所作的作为令其感到受屈，可于通知送达后或该项作为作出后30天内（视属何情况而定），向法庭提出上诉，而法庭可作出其觉得在顾及一切有关情况下属公正的命令。

33. 主管当局检验卫生设施

（1）主管当局可检验在任何处所内的下列设施，即化粪池、污水池、臭气隔、虹吸管或卫生设施，或其接驳供水系统、器具、喉管或设施，并可为该目的而在按其觉得有需要的情况下，安排掘开任何地方的地面，但在掘开地面时须将损坏程度减至最低。

（2）如第（1）款所提述的设施在检验时发现状况妥善，主管当局须尽快安排将其复原和修复妥当，并须支付检验、复原和修复工作的开支，但如上述设施在检验时发现状况有欠妥善，主管当局——

（a）可向该处所的拥有人追讨该项检验的开支，但如该拥有人不在香港、主管当局不能轻易寻获该拥有人或确定该拥有人身份，或该拥有人无行为能力，则可向该处所的占用人追讨该项检验的开支；及 *（由1986年第10号第24条修订）*

（b）可安排向该处所的拥有人送达通知，但如属（a）段所指明的情况，则可安排向该处所的占用人送达通知，并规定上述获送达通知的人于通知所指明的时间内，将上述设施修理或以其他方式修妥，或尽量遵从《建筑物条例》（第123章）的条文：

但主管当局除非已取得建筑事务监督的书面同意，否则不得发出上述通知以规定该拥有人或占用人进行《建筑物条例》（第123章）所指的排水工程。

（3）根据第（2）（b）款条文获送达通知的人，如没有遵从通知的任何规定——

（a）该人即属犯罪；及

（b）主管当局可进行或安排进行所需的工作，以符合通知的规定，并可向该人追讨因此而招致的开支。

（4）任何人如认为根据第（2）（b）款条文向其送达的通知，或主管当局或其代表根据本条条文所作的作为令其感到受屈，可于通知送达后或该项作为作出后14天内（视属何情况而定），向法庭提出上诉，而法庭可作出其觉得在顾及一切有关情况下属公正的命令。

（5）即使有根据第（4）款条文提出的上诉，主管当局仍可着手和继续进行其认为应根据本条进行的工作，但在该宗上诉被放弃或获得裁定之前，不得向作为上诉一方的人追讨有关任何上述工作的款项。

34. 共享的卫生设施

下列条文对2个或多于2个处所的占用人或其他人共享的卫生设施有效——

（a）任何人如损毁或不当地弄污该等卫生设施或与该等卫生设施相关而使用的任何东西，即属犯罪；

（b）如主管当局认为该等卫生设施，或其进路、墙壁、地面、座位或装置，因缺乏适当洁净而致其状况足以构成妨扰，则共享该等卫生设施而又失责的人即属犯罪，但如无法庭信纳的证据，证明共享该等卫生设施的人之中何人失责，则每一名共享该等卫生设施的人均属犯罪。

公共厕所及浴室

（由1999年第78号第7条修订）

35. 有关公共厕所及浴室的规例

主管当局可订立规例，就下列各方面订明或订定条文——

(a) 公众以缴费或其他方式使用或拟供公众以缴费或其他方式使用的厕所或浴室的经办、管理和管制（包括禁止）；

(b) 该等厕所或浴室的登记或发牌，

而该等规例亦可规定规例只适用于不时藉宪报刊登的命令而指明的厕所或浴室。

（由1969年第48号第4条修订；由1994年第49号第4条修订；由1999年第78号第7条修订）

35A. *（由1999年第78号第7条废除）*

36. 公共厕所及浴室的提供和经办

(1) 主管当局或获主管当局藉发牌妥为授权的人，可在主管当局于顾及一般公众利益下，在认为需要设有供公众使用的厕所或浴室的位置，提供和经办该等厕所或浴室，并可在该等厕所或浴室安装所需的一切装设、装置及机械或其他用具，以方便或协助前往该等厕所或浴室的人，或供其使用：

但本条条文并不授权主管当局或根据主管当局所发出的牌照行事的人，在该等浴室进行洗衣业、染色业或干洗业的业务，或准许任何人使用上述装设、装置或机械或其他用具作洗衣、染色或干洗业务用途。

(2) 并非主管当局的任何人，如非根据与按照任何根据第(1)款所批给的牌照而开设或经办供公众使用的厕所或浴室，即属犯罪。

（由1999年第78号第7条修订）

37. 将公众人士逐出公共浴室的权力

主管当局或根据第36(1)条获发给牌照的人，或获主管当局或上述获发给牌照的人妥为授权的人，均可将违反根据第35条条文订立的规例的人，逐出由其经办以供公众使用的厕所或浴室。

（由1999年第78号第7条修订）

38. 拒绝某些公众人士进入公共浴室的权力

主管当局或根据第36(1)条获发给牌照的人，可拒绝以下的人进入由其经办以供公众使用的厕所或浴室，或将以下的人逐出该等地方——

(a) 被裁定犯了根据第35条条文订立的有关厕所或浴室的规例所订罪行的人；或

(b) 因在上述厕所或浴室作出令公众觉得不雅的行为而被裁定犯罪的人。

（由1999年第78号第7条修订）

39. 针对根据第37或38条所采取的行动而提出上诉

任何人如认为根据第37或38条而将其逐出或拒绝其进入厕所或浴室令其感到受屈，可向法庭提出上诉，而法庭则可就上诉人使用该厕所或浴室一事，作出其觉得在有关情况下属公正的指示。

（由1999年第78号第7条修订）

40. *（由1999年第78号第7条废除）*

40A. *（由1999年第78号第7条废除）*

41. *（由1999年第78号第7条废除）*

泳　池

42. 有关泳池的规例

（1）主管当局可订立有关泳池（包括其场地范围）的规例，以就下列各方面订明或订定条文——

（a）泳池水质的纯净程度以及在泳池所提供设施的足够程度及清洁状况；

（b）意外的防止；

（c）前往泳池的人的行为及合乎体统标准，包括将患有传染病的人逐出泳池或不准其入场；而就公众泳池而言，则包括将不良分子逐出泳池或不准其入场；

（d）适当的设计及装饰标准；

（e）泳池的妥善管理和管制，包括发牌或登记。*（由1994年第49号第8条修订）*

（f）*（由1994年第49号第8条废除）*

（2）根据本条订立的规例，可适用于一般情况，或只局限适用于特定泳池或特定类别或类型的泳池。

42AA. *（由1999年第78号第7条废除）*

42A. 公众泳池

（1）主管当局可藉宪报刊登的命令，将任何处所及其附属场地指定为公众泳池。

（2）附表14所指明的泳池，须当作已被指定为公众泳池。

（3）主管当局可藉宪报刊登的命令，将附表14修订、增补或删减。

（由1973年第21号第3条增补；由1976年第9号第5条修订）

42B. 公众泳池的管理

各公众泳池均归主管当局管理和管辖。

（由1973年第21号第3条增补）

43. 有关公众泳池的规则

（1）主管当局可就任何公众泳池订立并不抵触根据第42条订立的规例的规则，以为在该等泳池的使用方面更佳地管制民众作出规定，以及提供关于使用该等泳池的资料。*（由1999年第78号第7条代替）*

（2）任何人没有遵从根据第（1）款条文订立的规则，即属犯罪。

44. 公众泳池用作泳赛等活动或供学校或会社使用

（1）主管当局可暂时关闭公众泳池或公众泳池的任何部分，不许公众使用，并可——

（a）在免费或收费的情况下，准许公众泳池或公众泳池的任何部分由学校、会社或筹办习泳班、泳赛、水上运动或类似娱乐活动的人专用；或

（b）自行使用公众泳池或公众泳池的任何部分，以举办上述习泳班、泳赛、水上运动或娱乐活动。

（2）在公众泳池根据第（1）款条文关闭不许公众使用期间，主管当局可征收或授权他人征收进入或使用泳池的费用。

45. 公众泳池为某些目的须当作为公众地方

为施行与不雅行为有关的成文法则，任何公众泳池均须当作为公众地方。

受虫鼠为患的物品及处所

46. 洁净和销毁肮脏或受虫鼠为患的物品

(1) 凡主管当局觉得——

(a) 任何物品或东西的肮脏、危险或不合卫生程度，会或相当可能损害健康；或

(b) 为防止有损健康的危险，将任何上述物品或东西洁净、消毒或销毁乃属需要的；或

(c) 任何上述物品或东西已受虫鼠侵扰，或因曾被受虫鼠侵扰的人使用而相当可能受虫鼠侵扰，

主管当局可安排将该物品洁净、消毒、销毁或除虫灭鼠（视属何情况而定），而主管当局如认为适当，亦可安排为上述目的而将该物品移走。

(2) 就本条而言，任何物品或东西的包裹物或复盖物须当作为该物品或东西的一部分。

(3) 本条条文不得视为或解释为对《预防及控制疾病条例》(第599章) 的条文有所规限。*(由2008年第14号第18条修订)*

47. 洁净受虫鼠为患的处所

(1) 凡主管当局觉得任何处所或船只或任何处所或船只的任何部分受虫鼠侵扰，可安排向该处所或船只或该处所或船只该部分的拥有人或占用人送达通知，规定其于通知所指明的时间内，将通知所指明的该处所或船只或该处所或船只该部分洁净，并按照主管当局在通知内的指示，采取其他步骤，以消灭和除去虫鼠。

(2) 根据第 (1) 款条文获送达通知的人，如没有遵从通知的任何规定——

(a) 该人即属犯罪；及

(b) 主管当局可进行或安排进行所需的工作，以符合通知的规定，而除第 (3) 款条文另有规定外，主管当局并可向该人追讨因此而招致的开支。

(3) 在根据第 (2) 款条文所提起的法律程序中，法庭可查究主管当局根据本条条文送达的通知所载的规定或根据本条条文进行的工作是否合理，以及主管当局因进行有关工作所招致的开支或部分开支是否应由获送达通知的人完全或部分负担。法庭并可就该等开支或开支的分摊，作出其觉得在顾及一切有关情况下属公正的命令。

(4) 尽管本条另有规定，凡主管当局觉得任何处所或船只或任何处所或船只的任何部分受虫鼠侵扰，可无须根据第 (1) 款条文送达通知，而随即采取所需的合理步骤，将该处所或船只或该处所或船只该部分的虫鼠消灭或除去：

但主管当局在依据本款条文进行任何行动时，不得更改该处所或船只或该处所或船只该部分的结构，或移动任何固定附着物或重大的装置、家具或设备，或以其他方式而致对占用该处所或船只或该处所或船只该部分的人造成不合理的不便。

(5) 凡主管当局已依据第 (4) 款条文，在任何处所或船只放置捕捉器、藏饵容器、饵物或其他物质，任何人如在没有合法权限或辩解下，明知而将该等捕捉器、藏饵容器、饵物或物质移走、销毁或以其他方式予以干扰，或明知而导致、容受或准许他人或受饲养的动物或禽鸟移走、销毁或干扰该等捕捉器、藏饵容器、饵物或物质，即属犯罪。

第Ⅳ部 厌恶性行业

*（*格式变更——2013年第1号编辑修订记录）*

48. 宣布厌恶性行业

主管当局如认为任何行业、业务、加工业或制造业，引致产生具厌恶性或有害的臭气或尘埃，或因其他原因而具有厌恶性或损害性，或涉及屠宰动物或禽鸟，均可藉宪报刊登的公告，宣布其为厌恶性行业。

49. 有关厌恶性行业的规例

尽管《工厂及工业经营条例》（第59章）另有规定，主管当局仍可订立有关厌恶性行业的规例，以就下列各方面订明或订定条文——

（a）登记或发牌事宜；*（由1994年第49号第10条修订）*

（b）防止出现妨扰事故；

（c）限制只准在某些范围或地区内或限制不准在某些范围或地区内进行厌恶性行业或某等组别或类别的厌恶性行业；

（d）进行厌恶性行业所在的建筑物、庭院、围栏或其他地方的构造、大小、通风状况、排水状况、洁净、修葺或保养；

（e）就涉及屠宰动物或禽鸟的厌恶性行业而言——

（ⅰ）进行屠宰的方式，与管制（包括禁止）使用指明的工具或用具；及

（ⅱ）在与上述厌恶性行业有关的情况下将动物或禽鸟的屠体由某一地方运送或移往任何其他地方的方式。

49A. *（由1999年第78号第7条废除）*

第Ⅴ部 食物及药物

*（*格式变更——2013年第1号编辑修订记录）*

50. 有关配制和出售搀杂食物或药物的罪行

（1）任何人不得在食物中添加任何物质，或在配制食物时使用任何物质作配料，或从食物中抽取任何成分，或对食物进行任何其他加工或处理，以致在任何上述情况下令食物损害健康，而意图将食物在此状况下售卖供人食用。

（2）任何人不得在药物中添加任何物质，或从药物中抽取任何成分，致令药物的品质、成分或效力受损，而意图将药物在此状况下售卖。

（3）除本条条文另有规定外，任何人不得——

（a）将任何因经过第（1）款所述程序而致损害健康的食物售卖或要约出售供人食用，或为将该等食物出售供人食用而将其展出、宣传或管有；或

（b）将任何因经过第（2）款所述程序而致品质、成分或效力受损的药物售卖或要约出售，或为将该等药物出售而将其展出、宣传或管有。

（4）任何人违反第（1）、（2）或（3）款的条文，即属犯罪。

（5）为施行本部条文，在断定某一款食物是否损害健康时，除顾及该款食物颇有可能对食用的人的健康造成的影响外，亦须顾及以普通分量食用成分组合与该款食物实质上相

同的食物后，颇有可能对人体健康造成的累积影响。

(6) 如为出售食物或药物而将其宣传并因此而构成第 (4) 款条文所订的任何罪行，则在就该罪行而提起的法律程序中，被控人如证明其本人的业务是发布或安排发布宣传品，而有关的宣传品是其本人在通常业务运作中收受以作发布的，即为免责辩护。

51. 奶类的搀杂等

(1) 任何人不得在拟出售供人饮用的奶类中，添加水分或染色料、奶粉或炼奶，或以奶粉或炼奶再造而成的液体。

(2) 任何人不得在拟出售供人饮用的非离脂奶中，添加离脂奶或忌廉与离脂奶的混合物。

(3) 任何人不得将在违反第 (1) 或 (2) 款条文下添加有其他物质的奶类售卖或要约出售供人饮用，或为将该等奶类出售供人饮用而将其展出或管有。

(4) 任何人不得以奶类名称售卖或要约出售任何使用离脂奶、奶粉或炼奶造成的液体，或为将该等液体出售而以奶类名称将其展出或宣传。

(5) 任何人违反第 (1)、(2)、(3) 或 (4) 款的条文，即属犯罪。

(6) 就第 (3) 款而言，任何人如将奶类放置于任何地方待人收取，则在奶类被实际收取前，该人须当作仍然保留管有该等奶类。

51A. 肉类的搀杂

(1) 任何人不得采用注射或其他方法，在动物、禽鸟或爬虫的屠体、肉或什脏的组织内，注入或导致注入水分或其他液体，而该等屠体、肉或什脏是出售或要约出售供人食用者，或是为将其出售供人食用而展出者，或是拟出售供人食用者。

(2) 如任何动物、禽鸟或爬虫的屠体、肉或什脏，曾被人采用注射或其他方法，在其组织内注入第 (1) 款所指明的东西，则任何人不得将其售卖或要约出售供人食用，或为将其出售供人食用而将其展出或管有。

(3) 如在任何处所内存有、贮存、售卖或要约出售拟供人食用的动物、禽鸟或爬虫的屠体、肉或什脏，或在任何处所内为将该等屠体、肉或什脏出售而将其展出，则任何人不得在该处所内管有任何设计或修改为可在动物、禽鸟或爬虫的屠体、肉或什脏的组织内注入第 (1) 款所指明的东西的工具，或将该等工具带进该处所内，或准许将该等工具带进该处所内。

(4) 任何人违反第 (1)、(2) 或 (3) 款的条文，即属犯罪。

(5) 凡在任何进行业务所在的处所内——

(a) 有人犯第 (4) 款所订的罪行；或

(b) 发现第 (3) 款所指明的工具，

而在有关业务运作中存有、贮存、售卖或要约出售拟供人食用的动物、禽鸟或爬虫的屠体、肉或什脏，或为将该等屠体、肉或什脏出售而将其展出，则除可能犯了第 (4) 款所订罪行的其他人外，进行有关业务的人及有关业务的管理人，不论是否知悉有人在该处所犯了第 (4) 款所订的罪行，或是否知悉该处所内有第 (3) 款所指明的工具，亦不论是否有其他人因该罪行而被定罪，均各属犯罪。

(6) 获主管当局就此以书面授权的公职人员，可检取和移走在第 (3) 款所指明的处所内发现并属该款所指明的工具，或在该处所内受雇的人（即由该处所的拥有人雇用在处所内工作的人，或由在处所内以存有、贮存、售卖或要约出售拟供人食用动物、禽鸟或爬虫的屠体、肉或什脏或以为将该等屠体、肉或什脏出售而将其展出的性质进行业务的人雇用在处所内工作的人）所管有并属第（3）款所指明的工具。

（7）除第（8）款另有规定外，根据第（6）款被检取的工具，在检取后7天届满时，可予以销毁或以主管当局认为适当的其他方式处置。

（8）任何人如认为根据第（6）款检取任何工具令其感到受屈，可于该工具被检取起计3天内向法庭提出上诉，而法庭在有人提出上诉时，于聆听上诉人及主管当局的陈词后，可命令将该工具没收或以其认为适当的其他方式处理。

（由1976年第61号第3条增补）

52. 对食物及药物购买人的一般保障

（1）除第53条条文另有规定外，任何人如售卖食物或药物，而其性质、物质或品质与购买人所要求的食物或药物所具有者不符，以致对购买人不利，即属犯罪。

（2）在不损害第（1）款条文的原则下，任何人如以容器存盛液体作出售用途，而该液体的性质、物质或品质与该液体因容器上标签或其他标记而看似所属的酒类所具有者不符，即属犯罪。

（3）凡根据第55条订立的规例载有条文订明食物或药物的成分组合，或禁止或限制在食物或药物中添加任何物质，则除非相反证明成立，否则为施行第（1）款条文，该等食物或药物的购买人须当作曾要求获提供符合该等规例条文的食物或药物。

（4）在就第（1）款条文所订罪行而提起的法律程序中，任何指购买人购买食物或药物是作分析或检验之用，因而并无对其不利的指称，均不能成为免责辩护。

（5）在本条中，除与药物有关外，凡提述出售之处，均须解释为出售供人食用。

（6）就第（2）款而言，***酒类***（alcoholic liquor）一词指烈酒、甜酒、葡萄酒及中国酒。

53. 在根据第52条提起的法律程序中可用的免责辩护

（1）如因出售曾添加有任何物质的食物、曾使用任何物质作配料配制而成的食物、曾自其中抽取任何成分的食物，或曾经过任何其他加工或处理的食物而构成罪行，而食物并没有因此而致损害健康，则在根据第52条就该等罪行提起的法律程序中，被控人如证明进行有关程序不存有欺诈成分，以及在售卖此物品时亦在其上附有大小合适、印制清晰可阅且明显易见的告示以清楚述明有关程序的性质，或售卖此物品时其包裹物或容器已有展示此项告示，即为免责辩护。

（2）如因出售曾添加有任何物质的药物，或曾自其中抽取任何成分的药物而构成罪行，而药物的品质、成分或效力并没有因此而受损，则第（1）款的条文亦适用于该罪行，一如其适用于该款所述的罪行一样。

（3）在根据第52条就食物或药物含有外来物质所提起的法律程序中，被告人如证明该物质的存在是收集或配制过程中无可避免的后果，即为免责辩护。

54. 与不宜食用的食物或不宜使用的药物出售等事宜相关的罪行

（1）除本条条文另有规定外，任何人如——

（a）售卖或要约出售食物或药物，或为将食物或药物出售而将其展出，或为将食物或药物出售或配制以供出售而将其管有；或

（b）为将食物或药物出售或配制以供出售而将其交付某人存放或向某人托付，

而该食物是拟供人食用但却是不宜供人食用的，或该药物是拟供人使用但却是不宜作该用途的，即属犯罪。

(2) 除上文另有规定外，凡有人就任何食物或药物而犯了第 (1) (a) 款所订的罪行，而有关食物或药物是由另一人售予该罪犯的，则该另一人亦属犯罪。

(3) 被控以第 (1) (b) 款或第 (2) 款所订罪行的人，如证明下列其中一项，即为免责辩护——

(a) 他曾向获其将有关食物或药物存放、托付或出售的人发出通知，表示该等食物或药物并非拟供人食用或供人使用 (视属何情况而定)；或

(b) 在将该等食物或药物交付或发送予该人时，该等食物或药物是适宜供人食用或供人使用的 (视属何情况而定)，或其本人当时不知且即使已尽合理的努力仍不能确定该等食物或药物是不宜作上述用途的。

55. 有关食物及药物等成分组合的规例

(1) 有关当局如觉得就下列事项订立规例为公众卫生利益所需，或有利于公众卫生利益，或因其他情况而可保障公众，均可订立该等规例——

(a) 规定、禁止或规管对拟出售供人食用的食物，或拟出售供人使用的药物，或该等食物或药物的任何类别，添加或抽取指明的物质或指明类别的物质，或规定、禁止或规管在配制或保存该等食物或药物时，使用任何物质作配料，以及概括地规管或订明该等食物或药物的成分组合或其细菌标准或化学标准；

(b) *(由1997年第80号第2条废除)*

(c) 禁止、限制或规管输入或使用指明的物料或指明类别的物料，以制造任何设计用作配制或保存供人食用的食物或供人使用的药物的器具或器皿，以及禁止、限制或规管将任何设计作上述用途，并含有指明物料或指明类别物料的器具或器皿出售或输入以供出售；

(d) 对拟出售供人食用的食物或拟出售供人使用的药物的标签、标记或宣传，以及可能应用于该等食物或药物上的说明，施加规定及以其他方式予以规管；

(e) 订明或订定分析方法，以确定食物或药物内是否含有或缺乏任何指明物质，或其内所含该等物质的分量。

(f) *(由1997年第80号第2条废除)*

(1A) 有关当局如觉得对公众卫生利益属有需要或有利，或因其他情况而可保障公众，均可订立规例，以禁止、限制或规管输入或制造、出售、要约出售、托付或交付下列物品，或为将下列物品出售而管有或展出该物品—— *(由1997年第362号法律公告修订)*

(a) 不符合根据第 (1) (a) 款订立的规例的食物或药物或其配料；在有关作为或不作为于香港发生即属或会属就某些食物、药物或其配料犯该等规例所订罪行的情况下，则为该等食物、药物或配料；或

(b) 有关当局认为有损或可能有损公众卫生的食物或药物 (包括 (a) 段所提述的食物或药物)。*(由1997年第80号第2条增补；由1997年第362号法律公告修订)*

(1B) 有关当局可为须就政府分析员进行食物或药物分析、细菌化验或其他检验缴付的费用订立规例。*(由1997年第80号第2条增补)*

(2) 有关当局在根据第 (1) 款行使与食物成分组合有关的职能时，须顾及是否适宜在

切实可行范围内尽量限制使用无营养价值的物质作为食物。

（3）根据第（1A）或（1B）款订立的规例，可就其中的任何条文，规定有关当局可藉宪报刊登的公告，将该条文修订。*（由1982年第70号第2条增补。由1985年第67号法律公告修订；由1990年第85号法律公告修订）*

（4）根据第（1A）款订立的规例可——

（a）授权卫生主任——

（i）准许在符合其本人所指明的条件下，输入订明的食物；

（ii）规定须将订明的输入食物呈上或交出，以供卫生督察检查；

（iii）就该等输入食物施加其本人觉得适宜的条件或发出其本人觉得适宜的指示，以确保该等食物状况良好、合乎卫生或适宜供人食用；及

（b）禁止有违反或不遵从（a）段所提述的条件、规定或指示的情况发生。*（由1989年第7号第2条增补）*

（5）在本条中，凡提述"有关当局"之处，均须按照第（6）款解释。*（由1999年第78号第7条增补）*

（6）有关当局——

（a）就第（1）款而言——

（i）凡关乎食物者，即指食物环境卫生署署长；及

（ii）凡关乎药物者，即指卫生署署长；

（b）就第（1A）及（1B）款而言——

（i）凡关乎食物者，即指食物及卫生局局长；及

（ii）凡关乎药物者，即指食物及卫生局局长；*（由2002年第106号法律公告修订；由2007年第130号法律公告修订）*

（c）就第（2）款而言，指食物环境卫生署署长；及

（d）就第（3）款而言——

（i）凡关乎食物及卫生局局长所订立的规例者，即指食物环境卫生署署长；及

（ii）凡关乎食物及卫生局局长所订立的规例者，即指卫生署署长。*（由1999年第78号第7条增补。由2002年第106号法律公告修订；由2007年第130号法律公告修订）*

（由1997年第80号第2条修订；由1999年第78号第7条修订）

56. 有关食物及药物卫生的规例

（1）在不损害第55条条文的原则下，主管当局可订立规例，以确保与下列事项相关的卫生及清洁方面的条件及做法，以及合乎卫生的方法获得遵行——

（a）供人食用的食物或供人使用的药物的出售；

（b）任何拟出售或任何出售供人食用的食物、任何拟出售或任何出售供人使用的药物的制造、配制、运输、贮存、包装、标记、送达或交付或其他方面的事宜，或为将其出售而将其展出的事宜，以保障与该等事宜相关的公众卫生。*（由2011年第5号第65条修订）*

（2）在不损害第（1）款条文的概括性的原则下，根据本条订立的规例可就下列事项订定条文——

（a）禁止、限制或规管将指明的食物或药物在一般情况下，或在指明的地区、范围或地方，或由指明的人或指明类别的人出售，或为将其出售而贮存、管有或展出；

(b) 如有在处所内或自处所售卖或要约出售供人食用的食物或供人使用的药物，或为将该等食物或药物出售而将其展出、贮存、配制或制造，则对该等处所的构造、布局设计、排水状况、设备、保养、清洁状况、通风及抽烟或抽热状况、照明状况、供水状况及用途施加规定（包括在处所内洁净器具及器皿或处置或贮存废物所在的部分）；*（由1980年第8号第37条修订）*

(ba) 施加有关在上述处所采取的防火措施的规定；*（由1982年第20号第2条增补）*

(c) 对与上述处所相关的卫生及清洗设施的提供、保养及清洁状况、废物的处置、在该等处所内所使用的器具、设备、装设及器皿的保养及清洁状况施加规定，并特别规定位于该等处所内的各项卫生设备均须藉适当的抽水冲洗用具获得供水；*（由1980年第8号第37条修订）*

(d) 如有在处所售卖或要约出售供人食用的食物或供人使用的药物，或为将该等食物或药物出售而将其展出、贮存、配制或制造，则禁止或限制在该等处所内（包括在处所内洁净器具及器皿所在的部分）吐痰；

(e) 对受聘在上述处所内工作的人所穿着的衣物施加规定；

(f) 规定受聘在上述处所或任何类别处所内（包括在处所内洁净器具或器皿所在的部分）工作的人，均须接受身体检验及预防指明疾病的防疫，并禁止雇用被发现患有指明疾病的人；

(g) 规定对拟供人食用的肉类作出标记、染色或处理；

(h) 对处理和处置不宜供人食用的食物、不宜供人使用的药物或不符合根据第55条订立的有关食物及药物成分组合或品质标准的规例条文的食物或药物，作概括性的规管；

(i) 禁止或规管将介贝类水产动物出售或要约出售供人食用，或为将介贝类水产动物出售供人食用而将其管有、展出、分销或收集。

(3) 根据本条订立的规例，可规定从事第(1)(a)或(b)款所指明事宜或与该等事宜有关的任何人、处所或业务须经登记或领牌或就此订定条文。*（由1994年第49号第12条修订）*

(3A) 如根据本条订立的规例载有条文——

(a) 规定任何人、处所或业务须经登记或领牌；或

(b) 限制出售、管有或使用指明的食物，

则该等规例可藉宪报刊登的公告，授权指明的公职人员，可就该等条文或其中任何一项条文，授予豁免。*（由1978年第57号第3条增补；由1999年第78号第7条修订）*

(4) 根据本条订立的规例，可就不同类别的业务订立不同的条文，而在不损害本条其他条文的原则下，该等就处所而施加规定的规例，可对该等规例适用的处所的占用人施加须遵从该等规例的责任。

(5) 主管当局可不时采取其认为适当的步骤，就属于根据本条所订规例的标的之事宜发布实务守则，以向负责遵从该等规例的人提供意见及指引。

(6) 任何人没有遵守根据第(5)款发布的守则的任何条文，不会仅因此而遭受任何种类的刑事起诉，但在民事或刑事法律程序（包括就本条例所订罪行而提起的法律程序）中，法律程序的任何一方均可以该项没有遵守守则行为是可能会确定或否定法律程序中所争议的法律责任，而依赖其作为论据。

（7）在本条及在第56A及56B条中，***处所***（premises）包括摊档或船只，而就船只而言，***占用人***（occupier）指船长。*（由1988年第76号第2条增补；由1994年第49号第12条修订）*

56A. 订明有关药物的费用

主管当局可藉规例就从事下述事宜或与下述事宜相关的人、处所或业务的登记或领牌，或就主管当局可根据第56条订立规例所针对的其他事宜，订明所须缴付的费用——

（a）供人使用的药物的出售；

（b）任何拟出售或任何售卖供人使用的药物的制造、配制、运输、贮存、包装、标记、送达或交付，或为将该等药物出售而将其展出。

（由1994年第49号第13条增补）

56B. *（由1999年第78号第7条废除）*

57. 施行规例时活的家禽及活的爬虫须当作为食物 *

（由2011年第5号第66条修订）

根据第55或56条订立的规例，可包括条文禁止、限制或规管将活的家禽及活的爬虫出售或要约出售，或为将该等活的家禽及活的爬虫出售而将其管有或展出或托付他人或交付他人，其方式犹如该等活的家禽及活的爬虫是食物一样。

（由1976年第9号第6条修订；由1985年第68号第2条修订；由2011年第5号第66条修订）

58. 要求提供配制食物及药物所使用物质的成分组合资料的权力

（1）为行使第55及56条授予有关当局的权力，有关当局可藉命令规定在命令的日期或其后所进行业务包括生产、输入或使用命令所指明类别物质的人，在命令所指明的时间内，向命令所指明的公职人员，就该项业务运作中售卖用作配制出售供人食用的食物或配制出售供人使用的药物的该等物质的成分组合及用途，或就该项业务运作中作上述用途的该等物质的成分组合及用途，提供命令所指明的详情。*（由1997年第80号第3条修订；由1999年第78号第7条修订）*

（2）在不损害第（1）款条文的概括性的原则下，根据第（1）款所作出的命令，可规定须就任何物质提供下列详情，即——

（a）该物质的成分组合及化学性质的详情；

（b）使用或拟使用该物质配制食物或药物的方式的详情；

（c）为断定该物质或为断定以上述方式使用该物质制成的产品是否损害健康或对健康有任何方面的影响，以及该等损害或影响的程度，而由进行有关业务的人作出或在其知悉下作出的调查的详情；

（d）为断定以普通分量食用或使用该物质后对人体健康的累积影响，而由进行有关业务的人作出或在其知悉下作出的调查或查究的详情。

（3）按照根据第（1）款条文所作出的命令而提供的详情以及透过该等详情而取得有关个别业务的资料，如没有进行有关业务的人的事先书面同意，不得披露，除非披露是——

（a）按照有关当局发出的指示而作出的；及*（由1999年第78号第7条代替）*

（b）为进行就违反该命令的罪行而提起的法律程序或是为报导该等法律程序而作出的。

（4）任何人在违反第（3）款条文下披露任何详情或资料，即属犯罪。

(5) 任何人没有遵从根据第 (1) 款条文所作出的命令的规定，即属犯罪。

(6) 在本条中，凡提述“有关当局”之处，均须按照第 (7) 款解释。*(由1999年第78号第7条增补)*

(7) 有关当局 ——

(a) 在第 (1) 款中 ——

(i) 就第55及56条所授予关乎食物的权力而言，指食物环境卫生署署长；及

(ii) 就第55及56条所授予关乎药物的权力而言，指卫生署署长；及

(b) 在第 (3) 款中 ——

(i) 就关乎食物的详情及资料而言，指食物环境卫生署署长；及

(ii) 就关乎药物的详情及资料而言，指卫生署署长。*(由1999年第78号第7条增补)*

59. 食物或药物的检验、检取和标记或销毁

(1) 获主管当局就此以书面授权的公职人员 ——

(a) 可检验拟供人食用或其觉得是拟供人食用的食物，或拟供人使用或其觉得是拟供人使用的药物；及

(b) 如觉得该等食物不宜供人食用或该等药物不宜供人使用 (视属何情况而定)，或觉得有人已就该等食物或药物违反根据第55或56条订立的规例条文，可将该等食物或药物或装载该等食物或药物的包装检取和移走；及

(c) 凡认为就任何输入的上述食物的检验需采取特别程序，或凡在进口商要求下采取上述特别程序，可指示进口商或其他管有该等食物的人，提供检验食物所需的一切方便。*(由1976年第29号第3条代替)*

(1A) 如主管当局就此以书面授权的公职人员已妥为向任何人发出指示，规定其在按照第 (1) (c) 款的规定下提供检验输入食物的方便，而该人没有如此提供方便，该人即属犯罪。*(由1976年第29号第3条增补)*

(2) 获主管当局就此以书面授权的公职人员，如觉得任何食物不宜供人食用或任何药物不宜供人使用，或觉得有人已就该等食物或药物违反根据第55或56条订立的规例条文，则不论该等食物或药物是否根据第 (1) 款条文被检取，该公职人员均可 ——

(a) 在该等食物或药物加上标记、印记或其他名称；或

(b) 销毁或以其他方式处置该等食物或药物，或安排将该等食物或药物销毁或以其他方式处置。

(3) 任何人如在违反根据第 (2) 款条文加在食物或药物上的标记、印记或其他名称所宣称事项下，将该等食物或药物售卖或要约出售，或为将该等食物或药物出售而将其展出，或为将该等食物或药物出售或配制以供出售而将其交付某人存放或向某人托付，或以其他方式使用该等食物或药物，或意图欺骗他人而将该等标记、印记或名称除去、更改或涂去，即属犯罪。

(4) 在根据第 (2) 款条文将食物或药物销毁或以其他方式处置前，须有一项说明及其他足可识别该等食物或药物的资料记录在案，而主管当局须将该纪录保管，为期不少于12个月。

(5) 任何人如认为根据第 (1) 或 (2) 款条文将任何食物或药物检取和移走，或加上标记、印记或其他名称，或予以销毁或以其他方式处置，令其感到受屈，可于有关作为作

出后72小时内向法庭提出申诉，而法庭则可完全或部分确认或拒准有关作为；如任何作为被拒准或被部分拒准，法庭须命令将全部或与被拒准作为有关部分的标记、印记或其他名称除去，或将被检取和移走的全部食物或药物或与被拒准作为有关部分的食物或药物归还，而有关食物或药物或其任何部分如已遭销毁或已以其他方式处置，或不再适宜供人食用或供人使用（视属何情况而定），或在命令作出时已因有关作为而致贬值，则法庭须命令主管当局付出一笔法庭在顾及个案情况下认为公正的款项以作补偿，但以不超过该等食物或药物在有关作为作出时的市值为限。

（6）如就第54（1）或（2）条所订罪行或根据第55条订立的规例条文所订罪行而定罪，法庭可发出命令，将定罪所关乎的食物或药物，以及在被告人处所发现或在犯罪时或有关食物或药物被检取时由被告人管有的相类食物或药物，连同所有装载该等食物或药物的包装没收。

（7）根据第（6）款条文没收的食物或药物及将其装载的包装，均须按主管当局指示的方式处置。

60. 提供作为奖品等的食物或药物

（1）第54及59条适用于 ——

（a）在公众获准免费或缴费入场的娱乐节目的有关事宜上，提供作为奖品或酬赏的拟供人食用食物或拟供人使用药物，犹如该等食物或药物是由或曾由每位与筹办娱乐节目有关的人为将其出售而展出一样；

（b）提供作为奖品或酬赏，或为宣传或促进任何商业活动或业务而送出的拟供人食用食物或拟供人使用药物，犹如该等食物或药物是由或曾由将其提供或送出的人为将其出售而展出一样；

（c）展出或存放于任何处所内，以按上述方式提供或送出的拟供人食用食物或拟供人使用药物，犹如该等食物或药物是由或曾由该处所的占用人为将其出售而展出一样。

（2）在本条中，***娱乐节目***（entertainment）一词包括社交聚会、游乐节目、展览、表演、游戏、运动或竞技。

61. 食物或药物的虚假标签及宣传品

（1）任何人如与其出售的食物或药物一并给予下列标签，或在其为出售而展出的食物或药物上一并展示下列标签 ——

（a）对食物或药物作出虚假说明的标签；或

（b）预计会在食物或药物的性质、物质或品质方面误导他人的标签，

则不论该标签是否附于或印于包裹物或容器上，该人即属犯罪，除非该人能证明其本人不知且即使已尽合理的努力仍不能确定该标签具上述的性质。

（2）除第（3）款条文另有规定外，任何人如发布或参与发布并非第（1）款条文适用的标签的宣传品，而该宣传品 ——

（a）对食物或药物作出虚假的说明；或

（b）相当可能在食物或药物的性质、物质或品质方面误导他人，

该人即属犯罪，而在对该等食物或药物的制造商、生产商或进口商提起的法律程序中，被告人须负责证明其本人并无发布并且没有参与发布有关宣传品。

（3）在就第（2）款所订罪行而提起的法律程序中，被告人如证明下列其中一项，即为

免责辩护——

(a) 其本人不知且即使已尽合理的努力仍不能确定该宣传品具该款所述的性质；或

(b) 其本人的业务是发布或安排发布宣传品，而该宣传品是其本人在通常业务运作中收受的。

(4) 就本条而言，预计会在食物的营养或饮食价值方面误导他人的标签或宣传品，均属预计会在食物的品质方面误导他人。

(5) 在根据本条提起的法律程序中，即使任何指称为犯罪所关乎的标签或宣传品载有有关食物或药物成分组合的准确陈述，亦不阻止法庭作出犯了该罪行的裁定。

(6) 在本条中，除与药物有关外，凡提述出售之处，均须解释为出售供人食用。

62. 抽取样本的权力

(1) 获主管当局就此以书面授权的公职人员，如觉得任何食物或药物或任何可用作配制食物或药物的物质，是拟出售或已经出售供人食用或供人使用的（视属何情况而定），或在他因施行本条例而获授权进入的处所、摊档、车辆、船只、飞机或地方内发现任何食物或药物或任何可用作配制食物或药物的物质，均可抽取其样本以作分析、细菌化验或其他检验：

但——

(a) 上述公职人员须向看似是合法保管该等食物、药物或物质的人，缴付上述样本的市价或提供该市价的付款，但如不知有关市价或并非可轻易确定有关市价，则须向该人缴付合理的价钱或提供该价钱的付款；及

(b) 凡该等食物、药物或物质是存盛于未开启的包装内以供零售的，则上述样本不得少于任何个别包装内的全部分量。

(2) 在根据本条抽取样本时，上述公职人员须采取所需的步骤，以令其本人信纳所抽取的样本可公正地作为大部分有关食物、药物或其他物质的样本。

(3) 本条条文不得解释为授权在违反《危险药物条例》(第134章) 条文下购买或出售药物。

(4) 任何人没有遵从根据本条条文所作的要求或请求，即属犯罪。

63. 有关抽取样本以作分析的条文

(1) 根据第62条条文抽取任何食物、药物或物质样本以作分析的人员，须立即将有关样本分为3份，并按样本性质所许可的方式，将各份加上标记和加封或包扎，并须——

(a) 依照第 (2) 款条文处理其中一份样本；及

(b) 依照第 (3) 款条文处理余下的各份样本：

但本款不适用于抽取作细菌化验的样本。*(由1970年第59号第3条修订)*

(2) (a) 如样本是向有关食物、药物或物质的商人购得，则有关人员须将其中一份样本给予卖主，而卖主则可获准在3份中选择其一。

(b) 如样本是从自动售货机购得——

(i) 如该机上有注明为该机东主的人的姓名或名称及地址（须为香港地址），则有关人员须将其中一份样本给予该人；

(ii) 在其他情况下，则有关人员须将其中一份样本给予该机所在或所附的处所的占用人。

（c）如样本属由香港以外地区托付运来的食物、药物或物质的样本，并于交付收货人之前为有关人员所抽取，则有关人员须将其中一份样本给予收货人。

（d）如样本属由在香港以内地区的托货人运送予收货人（不论是在香港以内或以外地区）途中的食物、药物或物质的样本，则有关人员须将其中一份样本给予托货人。

（e）如本款上述各段均不适用，则有关人员须将其中一份样本给予其觉得是所抽取样本食物、药物或物质的拥有人。*（由1986年第10号第24条修订）*

（3）有关人员除非决定不进行分析，否则须将余下2份样本其中一份亲自送交政府分析员，并将另外一份保留，以供将来比较之用。

（4）在第（2）款条文适用的各情况下，有关人员须告知获给予其中一份样本的人，谓抽取样本是供政府分析员作分析之用的。

（5）如抽取作分析之用的样本包括未开启包装内的物品，有关人员须保留包装物料。如他决定进行分析，则须将样本连同该等包装物料及于抽取样本时已附在该等包装物料上的任何标签，以及按照第（3）款条文所须送交的其中一份样本，一并交付政府分析员。

（6）如根据本条条文须向任何人给予一份样本，则可将该份样本交付其本人或其代理人，或以挂号包裹邮递方式送交其本人：

但如有关人员经合理查询后，仍不能寻获应获给予该份样本的人，或不能确定该人的姓名或名称及地址，可将该份样本保留而不给予该人。

（7）如有关人员已从任何食物、药物或物质抽取样本以作分析，而他觉得该等食物、药物或物质是由一名本身姓名或名称及在香港的地址已展示于包裹物或容器之上的人所制造或放入包裹物或容器之内的，但该人并非凭借第（2）款条文须获给予其中一份样本的人，则有关人员除非决定不进行分析，否则须于抽取样本后3天内，向该人送交通知，告知该人他已抽取样本及样本于何处抽取或向何人购买（视属何情况而定）。*（由1986年第10号第24条修订）*

（8）凡根据第62条条文抽取的样本已由政府分析员分析，按照第（2）款条文获给予其中一份样本的人，于缴付费用$1后，有权获得提供一份政府分析员根据第64条发出的证明书的副本。

（9）任何人使用根据第（8）款条文取得的分析证明书作宣传用途，即属犯罪。

64. 分析证明书

（1）凡有作分析之用的样本根据第63条条文交付政府分析员，该分析员须在切实可行范围内尽快安排将样本分析，并须按照附表7所订明表格A的格式，向要求分析的人员发给一份列明分析结果的证明书。

（2）由政府分析员依据第（1）款条文发出的分析结果证明书，须由该分析员签署，但有关分析可由在其指示下行事的人作出。

65. 有关分析的证据

（1）在根据本部提起的法律程序中，如其中一方出示一份看来是政府分析员按照附表7所订明表格A的格式发出的证明书的文件，或出示一份由另一方向他提供作为上述证明书副本的文件，即为该文件所述事实的表面证据，但如在首述的情况下，另一方要求传召政府分析员作证人，则属例外。

（2）在任何上述法律程序中，如被告人拟出示由政府分析员所发出的证明书，或拟根据第（1）款条文要求传召有关的政府分析员作证人，则须在传票作传讯的日期前3整天或之前，向另一方发出意向通知，并在首述的情况下，附上有关证明书的副本。如被告人没有遵从本规定，法庭可按其认为适当的条款将聆讯押后。

（3）凡根据第55（1）（e）条订立的规例已订明有关分析的方法，则采用以订明方法进行的分析所得的证据，须较采用其他分析或测试所得的证据获优先接受。

66. 与经取样物品或物质有关的法律程序

（1）在根据本部就经取样物品或物质提起的法律程序中，传票作传讯的日期自传票送达日期起计不得少于14天，而代表检控员取得的分析证明书副本，须连同传票送达。

（2）在根据本部提起的法律程序中，凡因取得样本的情况而致须按本条例规定将样本分为若干份，则由抽取样本的人所保留的其中一份样本须于聆讯时出示。

67. 推定

（1）就本部而言——

（a）如有售卖或要约出售通常用作供人食用的物品或通常用作供人使用的药物，或为将其出售而展出或存有该等物品或药物，则除非有相反证据，否则该等物品或药物均须推定为已经出售或曾拟出售或拟出售供人食用或供人使用（视属何情况而定）；

（b）如通常用作供人食用的物品或通常用作供人使用的药物，被发现在用作配制、贮存、运送或出售该等物品或药物的处所、船只、车辆或飞机内，又如通常用作制造供人食用产品或供人使用药物的物品，被发现在用作配制、贮存、运送或出售该等产品或药物的处所、船只、车辆或飞机内，则除非有相反证据，否则该等物品或药物均须推定为拟出售供人食用或供人使用（视属何情况而定），或拟供作制造产品以供出售供人食用或供人使用（视属何情况而定）；

（c）如有任何可用作组合或配制通常用作供人食用物品或通常用作供人使用药物的物质，被发现在配制该等物品或药物所在的处所或船只内，则除非有相反证据，否则该等物质均须推定为拟作上述用途。

（2）凡有售卖供人食用的食物或供人使用的药物，或为将该等食物或药物出售供人食用或供人使用（视属何情况而定）而将其交付某人存放或向某人托付，而该等食物或药物是装载于未开启的包装内的，则除非有相反证据，否则凭包装上或附于包装上的陈述看似曾输入、制造或配制该等食物或药物或曾将其放入包装内的人，均须当作曾将该等食物或药物输入、制造、配制或包装。

（3）就本部而言，***供人使用***（for use by man）一词指供人食用或供人体外敷用。

（4）第（1）款的推定并不适用于为繁殖或培育生长的目的而在圈养状态下的活水产。*（由2011年第5号第67条增补）*

（由2011年第5号第67条修订）

68. 检验运送途中食物或药物等权力

（1）除第（2）款条文另有规定外，根据第59（1）条条文获授权的公职人员，如有理由怀疑任何车辆、船只或容器内载有拟供人食用的食物或拟供人使用的药物，或载有已经出售供人食用或供人使用并在交付途中的食物或药物时，可检验该车辆、船只或容器所载物品，并在为此目的而有需要时，扣留该车辆、船只或容器，而有关车辆或船只如正在行驶，则可要求其停驶。

（2）本条条文并不授权将货物承运人在其有关行业上所使用的车辆、船只或容器扣留。

（3）如掌管根据第（1）款条文被要求停驶的车辆或船只的人，没有应要求而将该车辆或船只停驶，即属犯罪。

69. 对移动输入食物或药物的限制

（1）在不损害本部所授予的检验食物或药物的权力的原则下，主管当局或获主管当局就此以书面授权的公职人员，可向管有输入食物或药物并有意将其出售供人食用或供人使用（视属何情况而定）的人发出指示，禁止或限制在下述期间内移走或交付该等食物或药物——*（由1999年第78号第7条修订）*

（a）检验该等食物或药物所需的合理期间，以不超过6天为限（星期六、星期日及公众假期不包括在内）；及*（由1976年第29号第4条代替）*

（b）如在上述期间内，主管当局或有关人员规定该人向其通知该人拟将该等食物或药物送交或交付的人的姓名或名称及送交或交付的地址，则直至该人已通知主管当局或有关人员为止。*（由1999年第78号第7条修订）*

（2）任何人没有遵从根据第（1）款条文发出的指示，或于根据该条文所作的通知中，明知而作出虚假的陈述，即属犯罪。

70. 因其他人而致违例

（1）根据本部被起诉的人，如指称违反有关条文是由于另一人的作为或失责所致，则在向法庭妥为提出告发，并向控方发出不少于3整天通知期的意向通知后，有权令该另一人在有关法律程序中被带到法庭席前应讯，而违例经证明属实后，如原来的被告人证明违例是由于该另一人的作为或失责所致，则该另一人可被定罪，而原来的被告人如进一步证明其本人已尽一切应尽的努力，以确保有关条文获得遵从，即获判无罪释放。

（2）凡被告人寻求引用第（1）款条文——

（a）则控方及遭被告人指控犯罪的人，均有权盘问被告人（如被告人作证）及被告人为支持其申辩而传召的证人，并有权提出反驳证据；

（b）法庭可作出其认为适当的命令，规定法律程序中任何一方向另一方缴付讼费。

（3）凡主管当局觉得已发生一项罪行，并可根据本部就该罪行起诉某人，而主管当局亦合理地信纳申诉所关乎的罪行是由于另一人的作为或失责所致及首述的人根据第（1）款提出的免责辩护成立，则主管当局可安排起诉该另一人而无须先行安排起诉首述的人；在有关法律程序中，被告人可被控以首述的人本可被控的罪行，而一经证明违例是由于被告人的作为或失责所致，则可裁定其犯了该罪行。

（4）在根据第（3）款条文提起的法律程序中，告发或申诉须列出事实，并述明有关主管当局合理地信纳申诉所关乎的罪行是由于被起诉人的作为或失责所致的。

71. 以保证书作为申辩中的免责辩护的条件

（1）除本条条文另有规定外，在就本部所订罪行而提起的法律程序中，如因将物品或物质售卖或要约出售，或因将物品或物质出售而将其展出、宣传或管有而构成罪行，则被告人如证明下列事项，即为免责辩护——

（a）被告人购买该物品或物质，是将其作为可合法售卖或可采用上述其他方式处理的，或可按其本人售卖或处理该物品或物质所按照的名称或说明而合法售卖或处理的，或可为其本人售卖或处理该物品或物质的目的而合法售卖或处理的（视属何情况而定），而就该物品或物质并附有具上述意思的书面保证；及

（b）被告人在犯所指控的罪行时，并无理由相信该物品或物质是有别于上述情况的；及

（c）该物品或物质的状况，在被告人犯所指控的罪行时，与在被告人购买该物品或物质时相同。

（2）在根据本部提起的法律程序中，保证书只有在下列情况方可作为免责辩护——

（a）被告人——

（ⅰ）在聆讯日期不少于3整天之前，曾将保证书副本连同通知送交检控员，而通知是述明其本人拟依赖该保证书作辩，并指明向他给予保证书的人的姓名或名称及地址；及

（ⅱ）亦曾将同样的通知送交该人；及

（b）如给予保证书的人居住于香港以外地区，则被告人须证明其本人已采取合理步骤以确定保证书所载陈述乃属准确，而其本人事实上亦相信保证书所载陈述乃属准确。*（由1986年第10号第24条修订）*

（3）凡被告人是购买该附有保证书物品或物质的人的受雇人或代理人，其本人亦有权依赖本条条文，犹如其雇主或委托人假若是被告人时本会有权依赖本条条文一样。

（4）被指称给予保证书的人，有权出席聆讯和作证，而法庭如认为适当，可将聆讯押后，以使该人得以出席聆讯和作证。

（5）为施行本条及第72条，发票上所记有的名称或说明，须当作为书面保证，指任何人均可将该记项上所提述的物品或物质按该名称或该说明售卖或以其他方式处理，而不违反本部条文。

72. 与保证书或分析证明书有关的罪行

（1）在根据本部提起的法律程序中，被告人故意以就其他物品或物质所发出的保证书或分析证明书应用于某一物品或物质上，即属犯罪。

（2）任何人就其售卖的物品或物质向购买人发出虚假的书面保证，而根据第71条可藉保证书就该物品或物质作出申辩，该人即属犯罪，除非他证明其本人在发出保证书时，有理由相信该保证书所载的陈述或说明乃属准确。

73. 由受雇人或代理人出售等

就本部而言，任何人如将供人食用的食物或供人使用的药物售卖或要约出售，或为将该等食物或药物出售而将其展出、宣传或管有，则不论该人是以其个人身份或以他人的受雇人或代理人身份行事，该人亦须当作将该等食物或药物售卖或要约出售，或为将该等食物或药物出售而将其展出、宣传或管有。如该人是他人的受雇人或代理人，则除本部条文另有规定外，该他人亦须负上相同的法律责任，犹如其本人曾将该等食物或药物售卖，或为将该等食物或药物出售而将其展出、宣传或管有一样。

74. 追讨因抽取样本附带引起的开支

（1）凡任何人因犯了本部所订罪行而被定罪，法庭可命令，为该项定罪中所关乎的任何食物或药物的样本抽取、分析、细菌化验或其他检验所附带引起的全部开支，由该名已被定罪的人缴付。*（由1970年第59号第4条修订）*

(2) 所有上述开支均须按照讨罚款的相同方式追讨。

75. 定罪可在报章公布

如任何人因犯了本部所订罪行而被定罪，而所犯罪行与将供人食用的食物或供人使用的药物出售或配制以供出售有关，则主管当局可安排在行销于香港的报章发布 —— *(由1986年第10号第24条修订)*

(a) 罪犯的姓名或名称；

(b) 犯罪所在地方的地址 (如有的话)；

(c) 罪行的性质；及

(d) 所判处的罚款、没收或其他刑罚。

76. 对举报人的保护

除本条另有规定外，任何就本部所订罪行而提出的告发均不得接纳为证据，而在任何就本部所订罪行而提起的法律程序中，证人并无义务亦不获准披露举报人的姓名或名称或地址，或述及任何可能导致其身份被揭露的事宜。如在该等法律程序中作为证据或可予查阅的任何簿册、文件或字据载有任何记项，而该记项中有该举报人的姓名或名称或描述，或该记项可能导致该举报人身份被揭露，则法庭须安排将一切有关段落遮盖或涂去，但以保护该举报人身份不致被揭露所需者为限：

但如法庭对案件作出全面研讯后，信纳举报人故意在其告发内作出他知道或相信为虚假或他不相信为真实的具关键性陈述，又或法庭觉得若非如此则不能全面秉行公正，则法庭可规定出示告发原文，并可准许查询以及规定就该举报人作出全面的披露。

76A. 公营屠房

(1) 主管当局可藉宪报刊登的命令，将任何处所指定为公营屠房。*(由1976年第9号第7条修订)*

(2)《屠场规例》(第132章，附属法例A) 附表1所指明的屠场，须当作已被指定为公营屠房。*(由1999年第78号第7条修订)*

(由1973年第21号第4条增补。编辑修订——2013年第1号编辑修订记录)

76B. 公营屠房的管理

各公营屠房均须归主管当局管理和管辖。

(由1973年第21号第4条增补)

77. 有关屠宰及屠房的规例

(1) 主管当局可订立有关屠宰动物或禽鸟作食物供人食用的规例，以就下列各方面订明或订定条文 ——

(a) 规管或管制 (包括禁止) 在屠房以外地方进行屠宰；

(b) 屠房的保养及清洁状况；

(c) 屠房的管理和运作，包括不准任何人进入屠房或将其逐出屠房；

(d) 动物运入屠房的管制；

(e) 屠房内动物的控制；

(f) 对拟供屠宰的动物加以检验、检查与加上标记；

(g) 进行屠宰时可使用的方法、工具及用具；

(h) 对在屠房被屠宰动物的屠体及什脏加以检查与加上适宜供人食用的标记，并限制该等标记的使用；

(i) 屠房内屠宰动物或禽鸟所产生的废物及副产品的处置、处理和加工；*(由1980年第8号第37条修订)*

(j) 管制将屠体、屠体的任何部分及什脏由屠房运往其他地方；

(k) 授予公职人员权力，以扣留和处置动物、动物的屠体及其他部分，并就动物的屠宰作出指示；*(由1971年第16号第2条增补；由1999年第78号第7条修订)*

(l) 就公营屠房而言 ——

(i) *(由1994年第49号第14条废除)*

(ii) 可进行屠房的全部或任何事务的人；

(iii) 待屠宰动物的拥有人的登记；

(iv) 屠宰动物的时间；

(v) 保持屠房内秩序良好；*(由1971年第16号第2条修订)*

(m) 就私营屠房而言 ——

(i) 登记、发牌或禁止登记或发牌；*(由1994年第49号第14条修订)*

(ii) 有关处所或其任何部分的构造、照明状况、通风状况、排水状况、定期油漆或粿扫灰水的规定；

(iii) 对使用该等屠房或使用其内所提供设施所征收费用的管制。*(由1994年第49号第14条修订)*

(iv) *(由1994年第49号第14条废除)*

(由1968年第17号第2条代替)

(2) 根据本条订立有关公营屠房的规例，不得拟具为或解释为拒绝给予宗教团体合理设施，以取得按其宗教特别规定的方法屠宰的动物或禽鸟的肉作为食物。

77A. *(由1999年第78号第7条废除)*

78. 检取和处置不宜食用的已屠宰动物屠体的权力

(1) 如公营屠房接收以屠宰作食物供人食用的动物，于检验时发现染病或不宜供人食用，则主管当局可将其屠体或其屠体的任何部分检取，并按其认为适当的方式处置，而上述屠体或上述屠体有关部分的拥有人将不获付给任何补偿。

(2) 凡主管当局依据第(1)款条文检取屠体或屠体的任何部分，在处置该屠体或该屠体有关部分前，须安排记录下列资料 ——

(a) 足可识别该屠体或该屠体有关部分的说明或其他详情；及

(b) 作出检取的理由。

(3) 任何人如认为根据第(1)款条文将屠体或屠体的任何部分检取令其感到受屈，可于检取作出后72小时内向法庭提出申诉，而法庭则可完全或部分确认或拒准该项检取；如检取被拒准或被部分拒准，法庭须命令主管当局归还已检取的有关屠体或屠体有关部分的全部，或与被拒准检取有关的部分，而有关屠体或屠体有关部分如已被处置或不再适宜供人食用（视属何情况而定），或因检取而致贬值，则法庭须命令主管当局付出一笔法庭在顾及有关情况下认为公正的款项以作补偿，但以不超过有关屠体或屠体有关部分被检取时的市值为限。

第VA部　*（由2011年第5号第68条废除）*

78A. *（由2011年第5号第68条废除）*
78B. *（由2011年第5号第68条废除）*
78C. *（由2011年第5号第68条废除）*
78D. *（由2011年第5号第68条废除）*
78E. *（由2011年第5号第68条废除）*
78F. *（由2011年第5号第68条废除）*
78G. *（由2011年第5号第68条废除）*
78H. *（由2011年第5号第68条废除）*
78I. *（由2011年第5号第68条废除）*
78J. *（由2011年第5号第68条废除）*
78K. *（由2011年第5号第68条废除）*
78L. *（由2011年第5号第68条废除）*

第VI部　街市及小贩

（格式变更——2019年第4号编辑修订记录）

街　市

79. 本条例适用的街市等

（1）本条例适用于主管当局宣布为本条例所适用的街市，而该等街市乃售卖食物者。

（2）*（由1999年第78号第7条废除）*

（3）主管当局可藉宪报刊登的命令，将本条例适用的街市指定为公众街市。

（4）附表10所指明的街市，须当作已被指定为公众街市。

（5）主管当局可藉宪报刊登的命令，将附表10修订、增补或删减。

（由1973年第21号第5条修订；由1976年第9号第8条修订）

79A. 公众街市的管理

各公众街市均归主管当局管理和管辖。

（由1973年第21号第6条增补）

80. 有关街市的规例

（1）主管当局可订立有关公众街市及私营街市的规例，以就下列各方面订明或订定条文——

（a）以租契、牌照或许可证的方式，向任何人或任何组别或类别的人批给管有或使用街市内店铺、摊档、棚槛、围栏或档位的权利；

（aa）就（a）段所提述的店铺、摊档、棚槛、围栏或档位，就终止租契、牌照或许可证的决定，或就调整租金的决定，向市政上诉委员会提出上诉；*（由1999年第78号第7条增补）*

（b）对可在街市内出售、要约出售或为将其出售而展出的商品的种类或类别，以及可在街市内进行的牟利业务或职业的种类的管制（包括禁止）；

(c) 街市的妥善管理与合乎卫生的经办，包括在街市内出售各类商品的方式或为将其出售而在街市内将其展出的方式，或在街市内运送该等商品或将该等商品运往或运离街市的方式；

(d) 禁止曾被裁定犯了任何该等规例所指明罪行的人，在街市内进行任何业务、受雇于任何业务或参与任何业务；

(e) 主管当局认为为妥善规管和管辖该等街市，以符合公众利益而需订明或订定条文的其他事宜。

(2) 主管当局可订立有关私营街市的规例，以就下列各方面订明或订定条文——

(a) 就营办该等街市而领牌或登记的事宜；*（由1994年第49号第16条修订）*

(b) 该等街市的管理，以及对来自或有关该等街市的款项的控制和拨用；

(c) 该等街市内店铺、摊档、棚檻、围栏或档位的类型及建造方式。

80A. *（由1999年第78号第7条废除）*

81. 街市规则

(1) 主管当局可就任何街市订立并不抵触根据第80条订立的规例的规则，以为在该等街市的使用方面更佳地管制民众作出规定，以及提供关于使用该等街市的资料。*（由1999年第78号第7条代替）*

(2) 任何人没有遵从根据本条条文订立的规则，即属犯罪。

82. 在街市内检取和没收物品等

(1) 在不损害第59条条文的原则下，如任何警务人员或任何获主管当局就此授权的公职人员，觉得就任何街市内所售卖的物品或东西，或就该街市内所使用的家具或生财工具，有违反根据第80条所订规例的条文的情况，则不论是否知悉其拥有人身份或能否将其拥有人寻获，均可将该等物品、东西、家具或生财工具检取、带走和扣留，而任何因此行动而引致的损失概由该拥有人自负：

但任何上述物品或东西如属易毁消者，则警务处处长或主管当局（视属何情况而定）可安排将其立即出售或以其他方式将其立即处置。

(2) 凡任何物品、东西、家具或生财工具根据第(1)款条文被检取，须将一份宣布所作检取的中文告示张贴于街市的显眼地方。

(3) 如在该告示张贴起计48小时内，上述物品、东西、家具或生财工具的拥有人向主管当局提出申索，要求将其发还，则主管当局如信纳申索人为其拥有人，而该等物品、东西、家具或生财工具并没有根据其他成文法则条文被扣留或以其他方式处理，或无须在法律程序中用作证物，须将该等物品、东西、家具或生财工具发还申索人，但如该等物品、东西、家具或生财工具已根据第(1)款但书的条文出售或以其他方式处置，则须向申索人付给一笔主管当局认为公正的款项以作补偿。

(4) 如在该告示张贴起计48小时内，并没有任何申索向主管当局提出，要求发还上述物品、东西、家具或生财工具，则该等物品、东西、家具或生财工具即成为政府财产，并可予出售或按警务处处长或主管当局（视属何情况而定）所指示的方式予以处置：*（由1998年第29号第105条修订）*

但——

(a) 本款条文不得解释为阻止根据第（1）款但书的条文将易毁消的物品或东西立刻处置；及

(b) 任何人如认为上述所作检取令其感到受屈，可于检取后7天内向法庭提出申诉，而法庭如信纳——

（i）申诉人的所有权；及

（ii）提出申诉所关乎的物品、东西、家具或生财工具并没有发生违反规例条文的情况，则须发出指示，将该等物品、东西、家具或生财工具发还申诉人，或在该等物品、东西、家具或生财工具已出售或以其他方式处置的情况下，向申诉人付给一笔法庭认为公正的款项以作补偿。

小　贩

83. 就第83A至86D条订定的释义

就第83A至86D条而言——

小贩罪行（hawker offence）指违反第83B条或违反根据第83A条所订规例的罪行；

商品（commodity）指任何货品、货物或销售品（包括食物及饮品），并包括该等货品、货物或销售品的样本；

设备（equipment）包括与贩卖相关使用的摊档、台、凳、椅、器皿、容器、箱或其他家具或生财工具，但不包括小贩售卖或要约出售的商品，或小贩为将其出售而展出的商品；

摊档（stall）包括竖设物、构筑物、盒、独轮、双轮或多轮推车或拖车、单车、三轮车、客货车或《道路交通条例》（第374章）所指的其他车辆。*（由1995年第10号第2条修订）*

（由1972年第60号第2条代替）

83A. 有关小贩的规例

（1）主管当局可为达致下列各项目的或其中任何目的而订立规例——

(a) 就小贩的发牌订定条文；

(b) 就小贩的分类订定条文；

(c) 限制小贩不得在任何特别地方或范围内或在指明地方或范围外进行业务，或禁止小贩在任何特别地方或范围内或在指明地方或范围外进行业务；

(d) 规管或禁止贩卖任何指明的商品或服务；

(e) 订明持牌小贩须符合的营办条件；

(f) 就持牌小贩雇用替手及助手的事宜订定条文；

(g) 就向持牌小贩编配摊位及由持牌小贩在摊位上竖设摊档（在加以主管当局于一般或特别情况所指明的条件下）的事宜订定条文；

(h) 就驱逐小贩及移走其设备及商品的事宜订定条文；

(i) 就法庭在裁定小贩犯了小贩罪行后，向主管当局建议取消或暂时吊销该小贩的牌照（如有的话）的事宜订定条文；

(j) *（由1994年第49号第18条废除）*

(k) 就妥善规管和管制小贩所需的其他事宜订定条文。

（2）根据第（1）（c）款订立的规例，可——

（a）订定可由指明公职人员藉宪报刊登的命令指明该等限制或禁止所适用的地方或范围；及

（b）订定除在宪报刊登命令外，其他向公众公布有关地方或范围的方法。*（由1999年第78号第7条代替）*

（由1972年第60号第2条增补）

83AA. *（由1999年第78号第7条废除）*

83B. 运输署署长可将街道拨作贩卖用途

（1）除非按照在根据第83A条所订规例下发出的牌照的规定，否则任何人均不得在街道上贩卖。*（由1973年第28号第2条代替）*

（2）*（由1973年第28号第2条废除）*

（3）任何人违反第（1）款，即属犯罪。*（由1973年第28号第2条修订）*

（4）运输署署长在咨询主管当局及警务处处长后，可不时以书面宣布将街道的全部或任何部分拨作贩卖用途，并须以下列方式公告所作的该项宣布——

（a）将该项宣布在宪报刊登1期；

（b）将该项宣布最少在中英文报章各1份连续刊登3期；

（c）安排将该项宣布的副本在该街道或其毗邻地方的1个或多于1个显眼地方展示。

（5）在遵照第（4）款的规定行事后——

（a）主管当局可在加以其指明的条件下，将有关街道上的摊位编配予在根据第83A条所订规例下领有牌照的小贩（流动小贩除外）；

（b）运输署署长如认为需要，可进一步在宪报刊登公告，命令在所有时间或在他于公告内所指明的时间——

（i）禁止车辆在该街道行驶；或

（ii）禁止车辆在该街道向他于公告内所指明的方向行驶。

（6）在根据第（5）（b）款作出命令后，运输署署长须依据《道路交通条例》（第374章）安排在有关街道各入口竖设适当标志，显示已按照该项命令而禁止车辆行驶。

（7）任何人不得仅因本条所授权力的行使，而向政府、运输署署长、主管当局或任何公职人员提出诉讼。*（由2000年第59号第3条修订）*

（8）如只有街道的一部分根据第（4）款被拨出，则本条中凡提述***街道***（street）一词之处，均须解释为指如此拨出的该街道部分。

（由1972年第60号第3条增补）

84. 获授权公职人员在某些情况下逮捕的权力

（1）获主管当局就此以书面授权的公职人员，可无须手令而将其合理地怀疑犯了附表所列罪行的人逮捕。

（2）如任何人对上述人员将他逮捕的行动强行作出反抗，或企图逃避逮捕，上述人员可使用一切所需的方法执行逮捕。

（3）如上述人员在追捕所拟逮捕的人时，有理由相信该人已进入或正身处某地方，则居住于该地方或掌管该地方的人，须应上述人员的要求，准其自由进入该地方，并提供在该地方内搜寻该人的合理方便。

（4）行政长官会同行政会议可藉命令将附表1修订，或在附表1增补或删减任何成文法则。*（由2000年第59号第3条修订）*

（由1963年第32号第4条修订）

85. 处理被逮捕的人的程序等事宜

（1）凡公职人员根据第84（1）条逮捕任何人（以下称为***被逮捕的人***），该人须随即被带往最近的警署或交由警务人员羁押。*（由1979年第77号第2条修订）*

（2）凡有任何被逮捕的人被带往警署，《警队条例》（第232章）第52条的条文即告适用。

（3）*（由1979年第77号第2条废除）*

（4）凡有任何被逮捕的人交由警务人员羁押，《警队条例》（第232章）第51及52条的条文即告适用。

（由1963年第32号第5条代替）

86. 向被指称为罪犯者检取小贩设备及商品

（1）任何获主管当局为施行本条而以书面授权的公职人员或任何警务人员，如有理由相信就任何设备或商品有任何小贩罪行已经发生，可检取该等设备或商品，并可安排将该等设备或商品移往和存放于政府仓库、警署或其他主管当局认可的地方，以待根据本部处置，而任何因此行动而引致的损失概由该等设备或商品的拥有人自负。*（由1973年第28号第3条修订）*

（2）根据第（1）款检取的商品如属易毁消性质，可由警务处处长或主管当局（视属何情况而定）立刻处置。

（3）如有任何设备或商品根据第（1）款被检取，并于检取日期后48小时内有任何申索就该等设备或商品提出，则除非在检取日期后72小时内亦有任何告发就关乎该等设备或商品的小贩罪行提出，否则警务处处长或主管当局（视属何情况而定）如信纳在检取时申索人有权管有该等设备或商品——

（a）须将该等设备或商品发还申索人；或

（b）如该等商品属易毁消者并已根据第（2）款处置，则须评定其价值，并向申索人付给一笔相等于该价值的款额。

（4）凡根据第（3）款提出的申索遭拒准，申索人须获告知根据第86C条他所享有的权利。

（5）凡在检取日期后72小时内有任何告发就关乎根据第（1）款所检取的设备或商品的罪行提出，则该等设备或商品须予保留，以待根据第86A条处置，而商品如属易毁消者并已根据第（2）款以出售方式处置，则售卖所得收益亦须予保留，以待根据第86A条处置。

（由1972年第60号第4条代替）

86A. 由法庭没收小贩设备及商品

（1）凡任何人就根据第86（1）条检取的设备或商品被裁定犯了小贩罪行，告发人须将上述所作检取告知法庭，而法庭除可判处其他刑罚外——

（a）如罪行属一项为施行本款而由根据第83A条所订规例指定的罪行，须即时命令没收该等设备或商品，而商品如属易毁消者并已根据第86（2）条以出售方式处置，则须即时命令没收售卖所得收益；或*（由1972年第244号法律公告修订）*

(b) 须即时就其他小贩罪行作出上述命令，但如法庭发现有特别理由并予指明，而该等理由是特别适用于有关案情及有关罪行，而非特别适用于有关罪犯者，则不在此限。

(2) 如——

(a) 就根据第86(1) 条检取的设备或商品被控犯了小贩罪行的人被判无罪释放；或

(b) 法庭在聆讯上述控罪后，发现有本条第 (1)(b) 款所指的特别理由，

则法庭如信纳在检取时该人依法有权管有该等设备或商品，须命令将其发还该人，而商品如属易毁消者并已根据第86(2) 条处置，则须评定其价值，并命令向该人付给一笔相等于该价值的款额。

(3) 法庭如不信纳上述情况，可应任何声称对该等设备或商品拥有权利的人所提出的申请或主动作出其认为适当的命令，处置该等设备或商品，而商品如属易毁消者并已以出售方式处置，则可以同样方式处置售卖所得收益。

(由1972年第60号第4条增补)

86B. 检取扔弃的小贩设备及商品

(1) 任何获主管当局为施行本条而以书面授权的公职人员或任何警务人员，均可检取于公众地方发现，且他有理由相信是在他并不觉得涉及犯了小贩罪行的情况下由小贩所扔弃的设备或商品，并可安排将该等设备或商品移往和存放于政府仓库、警署或其他主管当局认可的地方，以待根据本部处置，而任何因此行动而引致的损失概由该等设备或商品的拥有人自负。*(由1973年第28号第4条修订)*

(2) 根据第 (1) 款检取的商品如属易毁消性质，可由警务处处长或主管当局（视属何情况而定）立刻处置。

(3) 如有任何设备或商品根据第 (1) 款被检取，并于检取日期后48小时内有任何申索就该等设备或商品提出，则警务处处长或主管当局（视属何情况而定）如信纳在检取时申索人有权管有该等设备或商品，并信纳申索人并没有就该等设备或商品犯罪——

(a) 须将该等设备或商品发还申索人；或

(b) 如该等商品属易毁消者并已根据第 (2) 款处置，则须评定其价值，并向申索人付给一笔相等于该价值的款额。

(4) 凡根据第 (3) 款提出的申索遭拒准，申索人须获告知根据第86C条他所享有的权利。

(由1972年第60号第4条增补)

86C. 向法庭申请发还已被检取的小贩设备或商品

(1) 如有任何申索根据第86或86B条在许可的时间内就任何设备或商品提出，而——

(a) 该项申索遭拒准；或

(b) 申索人对根据上述任何一条条文获支付的款额感到不满，

则于该项申索遭拒准或付款起计14天内，申索人可向法庭申请命令发还有关设备或商品，而商品如已根据第86(2) 或86B(2) 条处置，则可向法庭申请评定其价值，以及申请命令付给一笔相等于该价值的款额，或该款额与已付款额的差额（视属何情况而定）。

(2) 如有任何申请根据第 (1) 款提出，法庭须先将陈词机会给予根据第86或86B条拒准申索的人，然后法庭如信纳在检取时申请人——

(a) 有权管有该等设备或商品；及

（b）拟使用该等设备或商品作合法用途，

则可作出申请人所寻求的命令。

（3）法庭如作出申请人所寻求的命令，可判令政府付给申请人一笔法庭认为公平合理的款项，作为讼费。*（由2000年第59号第3条修订）*

（4）法庭如不作出申请人所寻求的命令，可主动作出其认为适当的命令，处置该等设备或商品，而商品如属易毁消者并已以出售方式处置，则可以同样方式处置售卖所得收益。

（由1972年第60号第4条增补）

86D. 藉法律的施行而进行没收

如——

（a）在检取日期后48小时内，并没有根据第86或86B条就根据上述任何一条条文检取的设备或商品提出的申索；或

（b）在上述申索被提出但遭拒准后，在拒准日期后14天内并没有根据第86C（1）条就该等设备或商品提出的申请，

则除非事先已将该等设备或商品发还予依法有权管有该等设备或商品的人，或已予保留以待法庭根据第86A条处置，否则该等设备或商品，或商品如属易毁消者并已根据第86（2）或86B（2）条以出售方式处置时有关的售卖所得收益，在上述的48小时或14天（视属何情况而定）期间届满时，须当作没收并归予政府。

（由1972年第60号第4条增补。由2000年第59号第3条修订）

第VII部 物业单位、酒店及旅馆

87. *（由1999年第78号第7条废除）*

88. *（由1999年第78号第7条废除）*

89. *（由1999年第78号第7条废除）*

90. *（由1999年第78号第7条废除）*

90A. *（由1999年第78号第7条废除）*

91. *（由1999年第78号第7条废除）*

92. *（由1999年第78号第7条废除）*

第VIIA部 对某些活动的发牌

（第VIIA部由1973年第21号第7条增补）

（格式变更——2019年第4号编辑修订记录）

92A. 禁止无牌进行某些活动

（1）除非根据并按照主管当局或获主管当局为施行本条而授权的公职人员所发牌照的规定，否则任何人不得举办附表11所指明的任何活动，亦不得为配合该等活动而开放任何地方或保持任何地方开放。*（由1988年第53号第4条修订；由1999年第78号第7条修订）*

（2）如任何处所完全用作居住用途，并构成一个独立住户单位，只准许居住于该处所

的人及其宾客进入，且在其内进行桌球、英式桌球、美式桌球或类似游戏亦不收费，则为施行第（1）款，***地方***（place）就桌球场所而言，不包括该等处所。*（由1988年第53号第4条增补）*

92AA. 就豁免第92A条规定而订立的规例

主管当局可藉规例豁免任何类别或种类的桌球场所使其免受第92A条的规管。

（由1988年第53号第5条增补）

92AB. 禁止无牌进行附表11A所指明的活动

任何人除非根据并按照主管当局所发牌照的规定，否则不得举办附表11A所指明的任何活动，亦不得为配合该等活动而开放任何地方或保持任何地方开放。

（由1999年第78号第7条增补）

92B. 有关获发牌活动的规例

主管当局可就下列任何事项订立规例——

（a）对任何活动，或对可举办附表11或附表11A所指明的任何活动的地方的规管和管制；*（由1999年第78号第7条修订）*

（b）为施行（a）段而将可获发给牌照的地方或活动分类；

（c）申请根据本部批给牌照的人须提供的详情；

（d）根据本部所批出牌照的格式及条件，以及可举办获发牌活动的时间及所发出的上述牌照的有效期；*（由1994年第49号第22条修订）*

（e）在根据本部获发牌的地方内所须使用的照明设备，及该等照明设备所须符合的一般规格及规定，或赋权任何指明人员在发出牌照或将牌照续期时，决定在该等牌照所关乎的地方内的照明设备所须符合的特定规格及规定；

（f）在根据本部获发牌的地方内须采取的防火措施；

（g）在根据本部获发牌的地方内保持安宁及秩序良好；

（h）在根据本部获发牌的地方内确保卫生的方法，及保持卫生状况的规定；

（i）获主管当局就此授权的人员进入和视察根据本部获发牌的地方。

92BA. *（由1999年第78号第7条废除）*

92C. 罪行

（1）任何人如——

（a）没有遵从牌照内的任何条件；或

（b）在牌照申请中，提供任何其本人知道或有理由相信在要项上属虚假的资料，提供任何其本人知道或有理由相信因任何要项被遗漏而属虚假的资料，或提供其本人毫不相信是真实或准确的资料，

即属犯罪。*（由1976年第9号第9条修订）*

（2）任何人违反第92A或92AB条，即属犯罪。*（由1976年第9号第9条增补；由1999年第78号第7条修订）*

92D. 代理人及受雇人的法律责任

如任何人根据本部获发给牌照或许可证或获授予权限，并会因任何作为、不作为、疏忽或失责而被处以惩罚、刑罚或没收，则该人亦可就其在其业务运作中所雇用的代理人或受雇人所作的每一项类似作为、不作为、疏忽或失责，被处以相同的惩罚、刑罚或没收，

而上述代理人或受雇人，亦各可被处以就该等作为、不作为、疏忽或失责所订明的每一项惩罚、刑罚或没收，其程度的全面性及有效性，犹如该代理人或受雇人是获发给牌照或许可证或获授予权限的人一样。

92E. 保留条文

本部条文只会对任何关乎或影响本部适用的地方、行业、业务或职业的其他成文法则条文加以增补，而非对其有所减损。

第VIII部　某些处所的通风状况

（格式变更——2019年第4号编辑修订记录）

93. 主管当局规定在附表所列处所内提供通风系统的权力

（1）除第（2）款及第101条另有规定外，主管当局如认为任何附表所列处所的天然通风不足，可藉送达该附表所列处所的拥有人或持牌人的书面通知，规定为该处所提供通风系统，令该处所容纳的每一人均获供应室外空气，且其分量不得少于附表2第2栏就该处所所属类别所指明者。*（由1963年第32号第7条修订）*

（2）如主管当局认为任何通风系统所提供的空气分量虽少于第（1）款所订明者，但若加上有关的附表所列处所内现有的天然通风，亦可令该处所通风充足，则主管当局可藉送达该附表所列处所的拥有人或持牌人的书面通知，规定为该处所提供通风系统，令该处所容纳的每一人均获供应室外空气，且其分量为通知所指明者。*（由1963年第32号第7条修订）*

（3）即使附表所列处所获发牌所根据的成文法则条文有任何规定，发牌当局亦可在下述情况下，将其就该处所发出或批出的牌照暂时或永久撤销——

（a）凡有根据第（1）或（2）款条文发出关乎该处所的通知，但在通知发出日期起计6个月内或在主管当局容许的较长期限内，通知的规定没有获得遵从；

（b）根据第101条条文施加的条件没有获得遵从。*（由1974年第61号第5条增补）*

（4）附表所列处所的持牌人或拥有人没有在根据第（1）或（2）款发出通知的日期起计6个月内，或在主管当局容许的较长期限内，遵从通知的规定，即属犯罪。*（由1974年第61号第5条增补）*

（5）就本部而言，***发牌当局***（licensing authority）一词指向在当其时根据任何成文法则条文获发牌的附表所列处所，发出有关牌照的公职人员。*（由1974年第61号第5条增补；由1999年第78号第7条修订）*

94. 就新的通风系统向主管当局交付证明书；禁止未经准许而更改通风系统

（1）在附表所列处所内安装新的通风系统前，该处所的持牌人须将一份由通风系统供应商发出的证明书送交主管当局，证明书内须载有下述有关该系统的详情——

（a）风扇的喷风量，以每分钟若干立方米计算；

（b）风扇的排气速度，以每分钟若干米计算；

（c）风扇的预定操作静压力，以帕斯卡压力单位计算；

(d) 风扇滑轮的速度，以每分钟若干转数计算；

(e) 入气口面积净额；

(f) 排气面积净额，以平方米计算，但有正压力空气调节的处所除外；及*(由1969年第48号第6条增补)*

(g) 会使用的冷冻剂（如有的话）类型。*(由1974年第61号第6条增补)*

(由1979年第89号法律公告修订)

(2) 除非获得主管当局书面准许，否则不得更改附表所列处所内的任何通风系统。

(3) 任何供应商就本条而言向任何上述处所的持牌人提供任何虚假或具误导性的证明书，即属犯罪。*(由1963年第32号第8条代替)*

(3A) 附表所列处所的持牌人违反第(1)款条文，即属犯罪。*(由1974年第61号第6条增补)*

(3B) 附表所列处所的持牌人或拥有人违反第(2)款条文，即属犯罪。*(由1974年第61号第6条增补)*

(3C) 就第(3B)款而言，***拥有人***(owner)包括以附表所列处所租客身份或根据该处所租客所发给的特许而控制该处所的任何人。*(由1974年第61号第6条增补)*

(4) 在本条中，***供应商***(supplier)指通风装置系统的进口商或制造商及其授权的代理人。*(由1963年第32号第8条增补)*

94A. 有关附表所列处所通风系统的规例

(1) 主管当局可就下列各事项或其中任何事项订立规例——

(a) 对附表所列处所内的通风系统的规管和管制；

(b) 在附表所列处所内所设通风系统的设计、构造、操作、保养和检查方面施加规定。

(2) 即使上述处所获发牌所根据的成文法则条文有任何规定，根据本条订立的规例可订定条文，在下述情况下撤销发牌当局就附表所列处所发出或批出的牌照——

(a) 违反任何上述规例或根据该等规例所施加的条件的情况；

(b) 没有维持根据该等规例所施加或规定的安全或效率标准的情况。

(由1974年第61号第7条增补)

95. *(由1974年第61号第8条废除)*

96. *(由1974年第61号第8条废除)*

97. *(由1974年第61号第8条废除)*

98. *(由1974年第61号第8条废除)*

99. *(由1974年第61号第8条废除)*

100. 获授权人员进行测试的权力

为施行本部条文，获主管当局就此以书面授权的公职人员，以及获消防处处长以书面授权的消防处人员，均可对附表所列处所内的通风系统进行所需的测试，以确定其是否安全地及有效地运作。

(由1961年第42号第2条修订)

101. 第VIII部对在本条例生效日期时设有通风系统的处所的适用范围等事项

(1) 凡附表所列处所在本条例生效日期时已设有通风系统，第93条及根据第94A条所订规例的条文，均不适用于该处所，除非与直至——

(a) 该处所可容纳的人数已有所增加；

(b) 该通风系统已被移走或已作任何更改；或

(c) 主管当局认为该通风系统对健康构成危险，或消防处处长认为该通风系统构成火警危险。*(由1974年第61号第9条修订)*

(2) 在第93条及根据第94A条订立的规例适用于任何上述处所时，主管当局可在加以其指明的条件下，就本部条文授予其认为适当的豁免或变通。*(由1974年第61号第9条修订)*

(3) 附表所列处所的持牌人或拥有人没有遵从根据第 (2) 款指明的条件，即属犯罪。*(由1974年第61号第9条增补)*

102. 附表2的修订

行政长官会同行政会议可藉命令，在附表2增补或删减任何处所类别，亦可以同样方式修订该附表。

(由2000年第59号第3条修订)

103. 有关《建筑物条例》的保留条文

本部条文不得视为或解释为对《建筑物条例》(第123章) 的条文有所规限。

第IX部　宣传品、装饰及标志

(格式变更——2019年第4号编辑修订记录)

104. 管制宣传品的规例

(1) 在不损害与宣传品、装饰或标志有关的其他成文法则的原则下，主管当局可订立规例，对任何种类的宣传品、装饰或标志的展示加以限制、规管或禁止，并特别可在其认为有关展示所在的地方或所采用的方式或方法会破坏下列事物或有损其形貌时，订立对有关展示加以限制、规管或禁止的规例——

(a) 任何地方或地区的宜人之处；

(b) 天然美丽景致；

(c) 任何公路、铁路、电车或缆车轨道、渡轮或任何公众地方或水域上的可览观景；

(d) 乡村的宜人之处；或

(e) 具历史意义的或公共的建筑物或古迹，或公众纯粹或主要因其美景或历史意义而常到的地方的宜人之处。

(2) 根据本条订立的规例，除订明罚则外，亦可订定条文，规定将违反根据第 (1) 款所订规例而展示的宣传品、装饰或标志移走和处置，并追讨因此而招致的开支。

(3) 根据本条订立的规例，可适用于一般情况，或只局限适用于某些范围，或某些类型或类别的宣传品、装饰或标志：

但如任何上述规例只局限适用于某些范围，则该等范围须在图则上清晰标明显示，图则并须由主管当局或其代表签署和存放于主管当局的办事处，亦须在此后于一切合理时间内公开让公众免费查阅。

104A. 禁止未经准许而展示招贴或海报

（1）在下列地方不得展示或张贴招贴或海报——

（a）私人土地，除非获得该土地的拥有人或占用人书面准许；

（b）政府土地，除非获得主管当局书面准许。*（由1998年第29号第105条修订）*

（2）任何人在违反第（1）款下展示或张贴招贴或海报，即属犯罪。

（由1980年第7号第2条代替）

104B. 保持招贴或海报清洁整齐的责任

（1）凡在私人土地上或政府土地上展示任何招贴或海报，该招贴或海报须保持清洁整齐，以达主管当局合理满意的程度。*（由1998年第29号第105条修订）*

（2）任何人在违反第（1）款下展示招贴或海报，即属犯罪。

（3）如任何人就本条所订罪行而被检控，除非主管当局在展开检控前已向该人送达书面通知，告知他有关的招贴或海报的状况，并警告他如该招贴或海报没有在通知所指明的期限（不少于24小时）内移走，则他可能遭受检控，否则他不得就该罪行而被定罪。

（由1980年第7号第3条增补）

104C. 将招贴及海报移走的权力

（1）凡属下述情况，主管当局可将招贴或海报移走，并以追讨民事债项的方式向展示招贴或海报的人追讨移走费用——

（a）有关的招贴或海报是在违反第104A（1）条下展示的；或

（b）有关的招贴或海报并不符合第104B（1）条的规定保持清洁整齐。

（2）如任何人就第104A（1）或104B（1）条所订罪行而被定罪，则作出定罪判决的法庭可命令该人缴付将犯罪所关乎的招贴或海报移走的费用或预算费用，以附加于该人因该罪行可处的刑罚上，或替代该等刑罚。

（3）如第（1）（a）或（b）款适用的招贴或海报是在私人土地上展示的，则本条条文并不减损该土地的拥有人或占用人可针对展示该招贴或海报的人而强制执行的诉因或补救方法。

（由1980年第7号第3条增补）

104D. 某些人亦须当作展示招贴或海报

（1）如有人犯了第104A（1）条所订罪行，则下述的人亦犯该罪行，其方式及程度犹如他们本身犯了该罪行一样——

（a）利用首述的人展示或张贴招贴或海报的人；及

（b）其货品、行业、业务或其他事务乃由有关招贴或海报所推广的人：

但（a）及（b）段所提述的人如证明该招贴或海报并非在他知悉下或同意下展示或张贴，则他不会仅因利用首述的人展示或张贴招贴或海报，或仅因其货品、行业、业务或其他事务乃由该招贴或海报所推广而犯了第104A（1）条所订罪行。

（2）就第104B及104C条而言，任何人在下述情况下均须当作展示招贴或海报——

（a）该招贴或海报展示于其身为拥有人或占用人的土地上；或

（b）该招贴或海报对其货品、行业、业务或其他事务予以推广：

但任何人如证明该招贴或海报并非在他知悉下或同意下展示，则他不会仅因该招贴或海报展示于其身为拥有人或占用人的土地上，或仅因该招贴或海报对其货品、行业、业务或其他事务予以推广，而犯了第104B条所订罪行或须缴付第104C条所指的移走费用。

（由1980年第7号第3条增补）

104E. 有关其他成文法则的定义及保留条文

（1）在第104A、104B及104C条中，***主管当局***（Authority）的涵义如下——

（a）*（由2002年第23号第86条废除）*

（b）在《香港铁路条例》（第556章）第2（1）条所指的经营权有效期内，如有关的土地属于九广铁路公司，并属香港铁路有限公司在经营权有效期内有权接触、使用或管有的土地，***主管当局***指香港铁路有限公司；*（由2007年第11号第36条代替）*

（ba）在（b）段提述的经营权有效期以外任何时间，如有关的土地属于九广铁路公司，***主管当局***指九广铁路公司；*（由2007年第11号第36条增补）*

（c）如有关的土地由《房屋条例》（第283章）所设立的房屋委员会管理或管辖，***主管当局***指该委员会；

（d）如有关的土地是在《郊野公园条例》（第208章）所界定的郊野公园或特别地区内，***主管当局***指渔农自然护理署署长；*（由1999年第331号法律公告修订）*

（e）如有关的土地属《港口管制（公众货物装卸区）（综合）令》（第81章，附属法例B）所界定的公众货物装卸区，或是在《船舶及港口管制（渡轮终点码头）规例》（第313章，附属法例H）第3条所宣布的客运码头界线内，***主管当局***指海事处处长；*（由1986年第10号第10条代替；由1998年第315号法律公告修订；由1999年第64号第3条修订）*

（f）如有关的土地不属（b）、（c）、（d）或（e）段所提述的土地，则不论其为私人土地或政府土地，***主管当局***指食物环境卫生署署长。*（由1999年第78号第7条代替；由2002年第23号第86条修订）*

（g）*（由1999年第78号第7条废除）*

（2）在第104A、104B、104C、104D条及本条中，***土地***（land）包括——

（a）土地上的建筑物或其他竖设物，不论该等竖设物是否固定附着物；

（b）任何树木、石头或属土地一部分的其他天然物体；及

（c）被水淹盖的土地。

（3）在第104A、104C及104D条中，***占用人***（occupier）指任何承租人、主租客或其他直接控制有关土地的人。

（4）在本部中，***招贴或海报***（bill or poster）包括任何字、字母、模型、标志、标语牌、板块、告示、器件或陈述，亦包括任何涂在墙壁、栅栏、栏杆、支柱、石头、路堑或树木上的宣传，但不包括任何用作展示招贴或海报的构筑物、器具或广告板。

（5）本部条文或根据第104A条所授予的准许，在实施时并不影响根据其他成文法则就招贴或海报的展示所施加或招致的义务或法律责任。

（由1980年第7号第3条增补）

105. 有关危险的宣传用广告板的条文

（1）凡主管当局认为任何纯粹为展示宣传品而竖设的广告板、棚架或其他构筑物，因其构造或因风、雨、破旧、时日久远或其他因由而构成危险或相当可能构成危险，主管当局须安排将通知送达该等广告板、棚架或其他构筑物的拥有人，或其受雇人或代理人，规定其在通知所指明的合理期限内，将该等广告板、棚架或其他构筑物移走，或进行通知所

指明的工作以使其安全。*（由1989年第11号第2条代替）*

（2）根据第（1）款条文获送达通知的人，如没有在通知所指明的时间内遵从通知的任何规定——

（a）该人即属犯罪；及

（b）主管当局可进行或安排进行所需的工作，以符合通知的规定，以及将进行工作时所移走的物料处置，并可向该人追讨因此而招致的开支。*（由1989年第11号第2条修订）*

（3）如——

（a）并不知何人为任何上述广告板、棚架或构筑物的拥有人或该等拥有人的受雇人或代理人，或不能轻易将他们寻获；或

（b）主管当局认为因上述广告板、棚架或构筑物的状况而应立刻将其移走或应立刻使其安全，则不论是否已根据第（1）款送达通知，主管当局亦可立即将该等广告板、棚架或构筑物移走或使其安全。*（由1989年第11号第2条代替）*

（4）凡主管当局根据第（3）款条文移走任何广告板、棚架或构筑物，主管当局可将已移走的任何物料处置，并可向该等广告板、棚架或构筑物的拥有人追讨移走该等广告板、棚架或构筑物和处置该等物料所招致的开支，但如主管当局不知何人为有关的拥有人、不能轻易寻获该拥有人或确定该拥有人身份，或该拥有人不在香港，则主管当局可将该等物料售卖，而在售卖所得收益中扣除上述开支后，须将余款（如有的话）拨交库务署。*（由1971年第71号第3条修订；由1986年第10号第24条修订；由1989年第11号第2条修订）*

（5）依据第（4）款拨交库务署的款项，如在5年期间内无人申索，须拨归香港政府一般收入。*（由1971年第71号第3条增补；由1986年第10号第24条修订）*

第IXA部　体育场

（第IXA部由1973年第21号号第8条增补）
（格式变更——2019年第4号编辑修订记录）

105A. 体育场的提供

（1）主管当局可藉宪报刊登的命令，将任何处所拨作体育场用途。

（2）附表12所指明的处所，须当作已根据第（1）款拨作体育场用途。

（3）主管当局须在切实可行范围内，尽快安排由屋宇地政署署长为各体育场拟备图则一份。*（由1982年第76号法律公告修订；由1986年第94号法律公告修订）*

（4）按照第（3）款拟备的各份图则，均须存放在土地注册处。*（由1993年第8号第2条修订；由2002年第20号第5条修订）*

（5）主管当局可藉宪报刊登的命令，将附表12修订、增补或删减。

（由1976年第9号第10条修订）

105B. 体育场的管理

（1）除第105F条另有规定外，任何体育场均归主管当局管理和管辖，而主管当局亦获赋予在体育场提供任何种类设施的权利。

（2）主管当局可为管理体育场以及在体育场内提供设施而订立合约。

（3）主管当局可指明任何体育场或其任何部分可作的用途。

105C. 编配和准许使用体育场或其任何部分

（1）主管当局可准许任何人为主管当局按个别情况所批准的用途，以及在主管当局按个别情况所批准的时间，专用任何体育场或其任何部分。

（2）根据第（1）款获准许专用任何体育场的人——

（a）须决定在上述专用期间内，是否准许公众进入该体育场；及

（b）须厘定在上述期间内公众人士所须缴付的入场费（如有的话）。

105D. 有关体育场的规例

主管当局可就下列任何事项订立规例——

（a）对任何体育场的管理和管辖，包括任何体育场的关闭或局部关闭；

（b）订定任何体育场或其任何部分可向公众人士开放的时间；

（c）在任何体育场内保持秩序及纪律良好，以及防止在任何体育场内出现妨扰事故；

（d）对在任何体育场内进行商业活动或宣传，或竖设构筑物的管制（包括禁止）；在违反根据本条订立的规例下带进或留在体育场以作商业活动、宣传或建筑用途的物料的移走、贮存和出售；因将上述物料移走、贮存和出售所招致费用的追讨；售卖所得收益的没收。*（由1981年第45号第2条代替）*

105E. 主管当局可指明使用体育场等的条件

主管当局可指明使用下列项目时所须遵守的条件——

（a）任何体育场；

（b）任何体育场的任何部分；或

（c）在任何体育场内或在任何体育场的任何部分内所提供的任何设施。

（由1999年第78号第7条代替）

105F. *（由1999年第78号第7条废除）*

第IXB部　博物馆、图书馆及文娱中心

（第IXB部由1973年第21号第8条增补）

（格式变更——2019年第4号编辑修订记录）

博 物 馆

105G. 博物馆的提供

主管当局可藉宪报刊登的命令，将任何建筑物、建筑物的任何部分，或任何范围指定为博物馆。

（由1976年第9号第10条修订）

105H. 博物馆的管理

（1）各博物馆均归主管当局管理和管辖，而主管当局亦获赋予在博物馆提供任何种类设施的权利。

（2）主管当局可为管理博物馆以及在博物馆内提供设施而订立合约。

(3) 主管当局可指明任何博物馆或其任何部分可作的用途。

(由1982年第66号第2条代替)

105I. 有关博物馆的规例

主管当局可就下列任何事项订立规例——

(a) 订定可准许公众进入博物馆或其任何部分的日子及时间；

(b) 博物馆的关闭或局部关闭；

(c) 对准许任何人、动物、禽鸟、鱼或东西进入或被带入博物馆或其任何部分的规管；*(由1982年第66号第3条修订)*

(d) 对展品的借出、抄录或临摹、摄影或复制的规管；*(由1982年第66号第3条修订)*

(e) 对使用博物馆内展品或设施的规管；

(f) 对博物馆内的人的行为的规管，以及防止博物馆内出现妨扰事故；*(由1982年第66号第3条修订)*

(g) 保护博物馆及其内的展品、装置、家具及其他物品，以免其遭损坏、销毁或遗失；

(ga) 下列款额的评估和追讨——

(i) 凡政府因博物馆的任何部分，或其内的任何装置、家具或其他东西，或任何展品有所损坏、销毁或遗失而蒙受损害或损失时，须缴付以作补偿的款额；及*(由1986年第10号第12条修订；由1999年第78号第7条修订)*

(ii) 不超过上述款额20%的附加费；*(由1982年第66号第3条增补)*

(h) 可拒绝任何人使用博物馆内任何设施的情况；*(由1999年第78号第7条修订)*

(i) 可拒绝任何人进入博物馆或其任何部分的情况，或可指示任何人离开博物馆或其任何部分的情况；*(由1982年第66号第3条修订)*

(j) 可将任何物品带进博物馆或在博物馆内使用任何物品所须遵守的条款及条件；

(ja) 任何人在博物馆时可将物品存放于该博物馆以作妥善保存的条款及条件；*(由1982年第66号第3条增补)*

(k) 对博物馆内车辆的行驶和停泊的管制；

(ka) 对在任何博物馆内进行商业活动或宣传、携带供展示物品，或竖设构筑物的管制(包括禁止)；在违反根据本条订立的规例下带进或留在博物馆以作商业活动、宣传、展示或建筑用途的物料的移走、贮存和出售；因将上述物料移走、贮存和出售所招致费用的追讨；售卖所得收益的没收；*(由1982年第66号第3条增补)*

(l) 防止博物馆职员在执行职责时遭受妨碍；

(m) 因反对公职人员按照根据本条所订的规例所作出的决定、指示或规定而提出的上诉；

(n) 博物馆的一般规管和管理。

105J. *(由1999年第78号第7条废除)*

图书馆

105K. 图书馆的提供和管理

(1) 主管当局可藉宪报刊登的命令，将任何建筑物或建筑物的任何部分指定为图书馆。*(由1976年第9号第10条修订)*

（2）各图书馆均归主管当局管理和管辖。

（3）主管当局可设立和经办流动图书馆以供公众使用。

（4）主管当局可将图书馆的任何部分拨作温习或研究、开办课程或展览、阅览或聆听图书馆藏件，或其他同类的教育或文化用途，并可使用该等地方作上述用途，而主管当局亦可就上述用途提供所需的设备及设施。*（由1979年第50号第3条增补）*

105L. 有关图书馆的规例

（1）主管当局可为达致下述任何目的而订立规例——

（a）订明图书馆长的权力、职责及职能；

（b）订定任何图书馆向公众开放的时间；

（c）对准许进入任何图书馆或其任何部分，使用任何图书馆或其任何部分，或使用任何图书馆内所提供的设备、设施或图书馆藏件，加以规管；

（d）对在任何图书馆借出和借入图书馆藏件的规管；

（e）规定任何由图书馆借出图书馆藏件的人作出担保或保证；

（f）对任何图书馆内的人的行为的规管；

（g）保护任何图书馆及其内的装置、家具、设备、图书馆藏件及其他物品，以免其遭损坏；

（h）就评估和追讨下列款额，订定条文——

（i）凡政府因任何装置、家具、设备或图书馆藏件有所遗失、损坏或销毁而蒙受损失或损害时，须缴付以作补偿的款额；及*（由1986年第10号第13条修订；由1999年第78号第7条修订）*

（ii）不超过上述款额20%的附加费；

（i）令任何人可被拒使用任何图书馆或图书馆内任何设备、设施或图书馆藏件，并令任何人可被逐出图书馆；

（j）规定任何人在某图书馆时可将物品存放于该图书馆以作妥善保存的条款；

（k）就任何人由任何图书馆借出图书馆藏件，在任何图书馆使用或预留图书馆藏件，将物品存放于图书馆以作妥善保存，以及使用在图书馆任何部分内所提供的房间、设备或设施所须缴付的罚款，订定条文；*（由1994年第49号第24条修订）*

（l）就任何图书馆的一般规管和管理，订定条文。

（2）*（由1999年第78号第7条废除）*

（3）本条条文不得视为授权侵犯任何图书馆藏件的版权。

（4）除文意另有所指外，就本条及根据本条订立的规例而言，***图书馆***（library）一词包括流动图书馆。

（由1979年第50号第4条代替）

105LA. *（由1999年第78号第7条废除）*

文娱中心

105M. 文娱中心的提供

（1）主管当局可藉宪报刊登的命令，将任何处所及其附属场地拨作文娱中心用途。

（2）附表13所指明的处所，须当作已根据第（1）款拨作文娱中心用途。

（3）主管当局须在切实可行范围内，尽快安排由屋宇地政署署长为各文娱中心及其附属场地拟备图则一份。*（由1982年第76号法律公告修订；由1986年第94号法律公告修订）*

（4）按照第（3）款拟备的各份图则，均须存放在土地注册处。*（由1993年第8号第2条修订；由2002年第20号第5条修订）*

（5）主管当局可藉宪报刊登的命令，将附表13条订、增补或删减。

（由1976年第9号第10条修订）

105N. 文娱中心的管理

（1）各文娱中心均归主管当局管理和管辖，而主管当局亦获赋予在文娱中心提供任何种类设施的权利。

（2）主管当局可为管理文娱中心以及在文娱中心内提供设施而订立合约。

（3）主管当局可指明任何文娱中心或其任何部分可作的用途。

（由1981年第45号第3条代替）

105O. 有关文娱中心的规例

主管当局可就下列任何事项订立规例——

（a）订定任何文娱中心或其任何部分每星期可向公众人士开放的日子，以及每天可向公众人士开放的时间；

（b）对获准进入任何文娱中心或其任何部分的人的行为的规管，以及将违反依据本条所订规例的条文的人逐出任何文娱中心或其任何部分；

（ba）对在任何文娱中心内进行商业活动或宣传，或竖设构筑物的管制（包括禁止）；在违反根据本条订立的规例下带进或留在文娱中心以作商业活动、宣传或建筑用途的物料的移走、贮存和出售；因将上述物料移走、贮存和出售所招致费用的追讨；售卖所得收益的没收；*（由1981年第45号第4条增补）*

（c）文娱中心及其内所提供的设施的一般规管和管理。

105P. 主管当局可指明使用文娱中心等的条件

主管当局可指明使用下列项目时所须遵守的条件——

（a）任何文娱中心；

（b）任何文娱中心的任何部分；或

（c）在任何文娱中心内或在任何文娱中心的任何部分内所提供的任何设施。

（由1999年第78号第7条代替）

105Q. 准许使用文娱中心

尽管主管当局根据第105O条具有订立规例的权力或根据第105P条获授予指明条件的权力，主管当局仍可在免费或收费的情况下，准许任何人在主管当局按个别情况认为适当的一段期间或多于一段期间专用文娱中心的任何部分，以作主管当局按个别情况认为适当的用途；如主管当局已如此准许文娱中心的任何部分由任何人专用，则公众进入该等部分是否须缴付费用，可由主管当局指示，或可在主管当局同意下，由已如此获准许专用该等部分的人指示。

105R. *（由1999年第78号第7条废除）*

105S. *（由1999年第78号第7条废除）*

105T. *（由1999年第78号第7条废除）*

第X部　公众游乐场地

（格式变更——2019年第4号编辑修订记录）

106. 公众游乐场地的提供

（1）主管当局可不时藉命令将任何地方拨作公众游乐场地用途，亦可藉同一项命令或其后的命令而指明该等场地或其任何部分须作的用途。

（2）附表4所指明的地方，须当作已根据第（1）款条文拨作公众游乐场地用途。

（3）主管当局须在切实可行范围内，尽快为各公众游乐场地拟备图则一份。

（4）凡因公众游乐场地的界线有所更改，或因该游乐场地在其他方面有所变化，以致按照第（5）款条文存放的图则不再准确，则主管当局须撤回该等如此存放的图则，并须在切实可行范围内，尽快为该游乐场地拟备一份修订图则或新图则。

（5）按照第（3）或（4）款条文拟备的各份图则，均须存放在土地注册处。*（由1993年第8号第2条修订；由2002年第20号第5条修订）*

（6）主管当局可藉命令，将附表4修订、增补或删减。

（由1976年第9号第10条修订）

107. 公众游乐场地的管理和管辖

（1）公众游乐场地归主管当局作一般管理和管辖（包括提供任何种类适意设备的专有权利）。

（2）主管当局可提供和划出公众游乐场地，以供举办游戏、运动项目及消闲活动，亦可按其认为适当而提供其他体育康乐活动及其他康乐活动的设施。*（由1999年第78号第7条修订）*

（3）在符合第106（1）条及第（4）款条文的规定下，主管当局可不时指明任何公众游乐场地或其任何部分可作的用途，不论是属提供体育康乐活动或其他康乐活动设施的用途或其他的用途。

（4）行政长官如认为需要或适宜，可规定主管当局不得使用或准许使用任何公众游乐场地或公众游乐场地的任何部分，作主管当局根据第（3）款条文所指明的用途。*（由2000年第59号第3条修订）*

（由1963年第32号第13条代替）

108. 暂时关闭公众游乐场地等事项

（1）主管当局可为任何目的而不时将任何公众游乐场地的全部或任何部分暂时关闭，不许公众使用。

（2）主管当局可应任何学校、会社或组织，或任何个人的申请，将下列场地在免费或收费的情况下，编配予他们在指明的日子或期间专用——

（a）根据第107条条文划出以供举办有组织的游戏及运动项目的游玩场地或球场；

（b）任何公众游乐场地内的网球场，根据第107条条文提供的体育康乐活动或其他康乐活动设施，或公众游乐场地的任何其他部分，但不包括根据该条条文划出以供举办有组织的游戏及运动项目的游玩场地或球场。

109. 有关公众游乐场地的规例

主管当局可订立有关公众游乐场地的规例，以就下列各方面订明或订定条文——

(a) 妥善的管理和管辖(包括关闭或局部关闭);

(b) 保持秩序良好,并防止发生滥用情况及出现妨扰事故;

(c) 对进行建造、商业活动或宣传的管制(包括禁止);

(d) 对在任何沙滩捕鱼的管制(包括禁止);

(e) 对在任何沙滩使用船只、小艇或其他水上运输工具(包括滑水板及模型)的管制(包括禁止);

(f) *(由1994年第49号第26条废除)*

(g) 任何违反根据本条订立的规例所关乎的车辆、船只、动物或其他物品或东西的检取和处置。

109A. *(由1999年第78号第7条废除)*

110. 公众游乐场地规则

(1) 主管当局可就任何公众游乐场地订立并不抵触根据第109条订立的规例的规则,以为在该等公众游乐场地的使用方面更佳地管制民众作出规定,以及提供关于使用该等游乐场地的资料。*(由1999年第78号第7条代替)*

(2) 任何人没有遵从根据第(1)款条文订立的规则,即属犯罪。

111. 管理人员的委任及权力

(1) 主管当局可委任公众游乐场地的管理人员。

(2) 公众游乐场地的管理人员如发现任何人违反与该公众游乐场地有关的规例、规则或命令的条文,即可将该人逮捕,并将其交由警务人员羁押或带往最近的警署,而《警队条例》(第232章)第51及52条的条文或该条例第52条的条文(视属何情况而定),亦即告适用。

第XA部　街道名称

(第XA部由1980年第40号第2条增补)

(格式变更——2019年第4号编辑修订记录)

111A. 本部的释义

在本部中,除文意另有所指外——

私家街道(private street)指位于任何根据政府租契、特许或其他方式从政府名下持有的土地上的街道,或位于政府已就其批出或保留通行权的土地上的街道;*(由1998年第29号第105条修订)*

街道(street)包括私家街道及任何经由路政署署长宣布为街道的土地范围。*(由1982年第76号法律公告修订;由1986年第127号法律公告修订)*

111B. 私家街道名称建议

(1) 除第(2)款另有规定外,任何人均可藉送交主管当局的书面通知而提出——

(a) 任何未命名的私家街道的名称建议;或

(b) 任何已命名的私家街道的更改名称建议。

(2) 如任何私家街道所在的土地是根据政府租契或凭借政府租契而持有,则除该土地的拥有人外,不得由其他人根据第(1)款就该私家街道提出建议。*(由1998年第29号第*

105条修订)

(3) 主管当局在接获根据第 (1) 款提出的建议后，须考虑有关的申请，并须——

(a) 根据第111C(1)(a) 或 (b) 条 (视属何情况而定) 作出宣布；或

(b) 拒绝作出宣布。

(4) 主管当局如根据第 (3) 款拒绝作出宣布，须将列明其决定理由的决定通知送达根据第 (1) 款提出申请的人。

(5) 根据第 (4) 款获送达通知的人，可在自该通知的日期起计的30天内，就主管当局的决定向市政服务上诉委员会提出上诉。*(由1999年第78号第7条代替)*

111C. 宣布街道名称

(1) 尽管第111B条另有规定，主管当局仍可藉宪报内所作的宣布——

(a) 为任何未命名的街道命名；或

(b) 更改任何已命名的街道的名称。

(2) 主管当局须在根据第 (1)(b) 款作出宣布前30天或之前，发出其更改有关街道名称意向的公告。

(3) 根据第 (2) 款发出的公告——

(a) 须载有更改有关街道名称建议的简述；

(b) 须指明地址以供送达就该建议所提出的反对；

(c) 须指明可提出反对的时间；及

(d) 须按下述方式发布——

(i) 将公告在宪报刊登；及

(ii) 将公告的中英文版本张贴于会受建议的宣布影响的街道或部分街道上的显眼地方或该街道附近的显眼地方。

(4) 任何人可于根据第 (2) 款发出的公告在宪报刊登的日期起计30天内，以书面向主管当局反对建议根据第 (1)(b) 款作出的宣布。

(5) 主管当局须考虑根据第 (4) 款提出的反对，并须在根据第 (1)(b) 款作出宣布前，将列明其决定理由的决定通知送达提出反对的人。

(6) 根据第 (5) 款获送达通知的人，可在自该通知的日期起计的30天内，就主管当局的决定向市政服务上诉委员会提出上诉。*(由1999年第78号第7条代替)*

111D. 标示或展示其他街道名称的罚则

主管当局如已根据第111C(1) 条宣布任何街道名称，则任何人在该街道上的建筑物或竖设物上标示或展示所宣布的街道名称以外的其他街道名称，即属犯罪。

第XI部　尸体的处置

一般规定

(格式变更——2019年第4号编辑修订记录)

112. 在住用处所存有尸体的限制

(1) 任何人如在用作供人居住的处所内存有人类尸体，或导致或准许在用作供人居住的处所内存有人类尸体，为期超过48小时，则除非该尸体是放置于经紧密加封的棺木内，否则该人即属犯罪。

（2）任何人在没有主管当局书面准许下，在用作供人居住的处所内存有任何放置于棺木内的尸体，或导致或准许在用作供人居住的处所内存有上述尸体，为期超过7天（包括第（1）款所提述的48小时的时段），则即使棺木已经紧密加封，该人仍属犯罪。

112A. 主管当局可命令将人类遗骸埋葬或火葬

（1）主管当局可——

（a）在符合《生死登记条例》（第174章）第16（1）条条文的规定下，安排将一份符合附表7表格E格式的通知送达具有处置任何人类遗骸权利的人，规定该人安排将该等遗骸在通知所指明的期限内依法埋葬或火葬；及

（b）在通知所提述的人类遗骸并没有在通知所指明的期限内依法埋葬或火葬的情况下，将该等人类遗骸管有，并安排按其认为适当的方式予以处置。

（2）主管当局如信纳下列事项，可将任何人类遗骸管有，并安排按其认为适当的方式予以处置——

（a）具有处置该人类遗骸的权利的人不在香港或不能轻易寻获，而其身份亦不能轻易确定；或*（由1986年第10号第24条修订）*

（b）每一名具有处置该人类遗骸的权利的人均无行为能力。

（3）任何人——

（a）没有遵从根据第（1）（a）款向他送达的通知的规定；或

（b）在根据第（1）（a）款送达的通知所指明的期限届满后，在没有主管当局书面准许下管有通知所关乎的人类遗骸，

即属犯罪。

（4）就本条而言，***人类遗骸***（human remains）不包括骸骨。

（5）本条条文对任何成文法则中准许使用人类遗骸或准许切除并使用人类遗骸一部分，以作治疗用途或作医学教育或研究用途的条文，并无减损。

（由1969年第48号第7条增补）

坟　场

113. 公众及私营坟场

（1）附表5第1部所指明的地方，均拨作公众坟场用途。*（由2014年第18号第157条修订）*

（2）附表5第2部所指明的地方，均拨作私营坟场用途。*（由2014年第18号第157条修订）*

（2AA）骨灰安置所（第113A（1）条所界定者）如受附表5第2A部所指明的人士管理和控制，即属私营坟场。*（由2017年第8号第124条增补）*

（2A）附表5第4A部所指明的地方，均拨作供英联邦国殇纪念坟场管理委员会用作英联邦国殇纪念坟场管理委员会坟场的用途。*（由1976年第69号第2条增补；由1994年第12号第3条修订）*

（3）行政长官会同行政会议可藉命令，修订附表5（其第2A部除外），或在该附表（其

第2A部除外）加入或删去任何坟场。*（由2000年第59号第3条修订；由2017年第8号第124条修订）*

（4）行政长官会同行政会议可藉命令，修订附表5第2A部，或在该部加入或删去任何人士。*（由2017年第8号第124条增补）*

（编辑修订——2013年第1号编辑修订记录）

113A. 由附表5第2A部所指明的人士管理和控制的骨灰安置所

（1）在本条中——

安放（inter）的涵义与《私营骨灰安置所条例》（第630章）第2（1）条中该词的涵义相同；*（编辑修订——2017年第4号编辑修订记录）*

安放权（interment right）的涵义与《私营骨灰安置所条例》（第630章）第2（1）条中该词的涵义相同；*（编辑修订——2017年第4号编辑修订记录）*

指明人士（specified person）指附表5第2A部所指明的人士；

骨灰（ashes）的涵义与《私营骨灰安置所条例》（第630章）第2（1）条中该词的涵义相同；*（编辑修订——2017年第4号编辑修订记录）*

骨灰安置所（columbarium）的涵义（除第（6）款另有规定外）与《私营骨灰安置所条例》（第630章）第2（1）条中该词的涵义相同。*（编辑修订——2017年第4号编辑修订记录）*

（2）除非——

（a）管理和控制骨灰安置所的指明人士，已将关于该骨灰安置所的名称及位置的资料，提供予主管当局；及

（b）自上述资料如此提供后，最少已过了6个月，

否则不得在该骨灰安置所内安放骨灰，亦不得出售该骨灰安置所的安放权。

（3）主管当局须在收到上述资料后的3个月内，藉宪报公告，公布该资料。

（4）上述公告并非附属法例。

（5）指明人士须应要求，向主管当局提供一份名单，列出由该人士管理和控制的每间骨灰安置所的名称、位置及其他详情。

（6）本条不适用于在附表5第2部所指明的私营坟场内的灵灰安置所。

（由2017年第8号第125条增补）

114. 坟场的图则及划界

（1）主管当局须在切实可行范围内，尽快为各坟场拟备图则一份，并按其认为适当的方式标明该等坟场的界线。

（2）除第（2A）款另有规定外，凡因坟场的界线有所更改，或因坟场在其他方面有所变化，以致按照第（3）款条文存放的图则不再准确，主管当局须撤回该等如此存放的图则，并须在切实可行范围内，尽快为该坟场拟备一份修订图则或新图则，以及在有需要时按其认为适当的方式进一步标明该坟场的界线。*（由1994年第12号第4条修订）*

（2A）主管当局在就英联邦国殇纪念坟场管理委员会坟场行使根据第（2）款所授予的权力前，须与英联邦国殇纪念坟场管理委员会商议。*（由1994年第12号第4条增补）*

（3）按照第（1）或（2）款条文拟备的各份图则，均须存放在土地注册处。*（由1993年第8号第2条修订；由2002年第20号第5条修订）*

115. 公众坟场及英联邦国殇纪念坟场管理委员会坟场的一般管理和关闭

(1) 公众坟场归主管当局作一般管理和管辖。*(由1976年第69号第3条修订；由1994年第12号第5条修订)*

(1A) 英联邦国殇纪念坟场管理委员会坟场归英联邦国殇纪念坟场管理委员会作一般管理和管辖。*(由1994年第12号第5条增补)*

(2) 主管当局可藉宪报公告，宣布关闭任何公众坟场或其任何部分。*(由1976年第69号第3条代替；由1994年第12号第5条修订)*

(3) 如任何坟场或坟场的任何部分已根据第(2)款条文宣布被关闭，而任何人在其内埋葬人类遗骸或导致或准许在其内埋葬人类遗骸，或在其内存放载有人类遗骸的瓮盎或导致或准许在其内存放该等瓮盎，该人即属犯罪。

116. 有关坟场的规例

(1) 即使关于任何坟场的任何拨地契据、批地契据或其他文书另有规定，主管当局仍可就下列各方面订明或订定条文——

(a) 对坟墓、墓穴及瓮盎加以标明或以其他方式识别，以及有关其内所作埋葬的登记册的提供、保管、备存和查阅；

(b) 对可在任何一个坟墓或墓穴埋葬尸体的数目的管制；

(c) 坟墓间及墓穴间相隔的空间；

(d) 将坟墓封闭、铺上泥草或加上盖顶的方式及所使用的物料，以及必须将坟墓如此封闭、铺上泥草或加上盖顶的期限；

(e) 将坟墓及墓穴重开，并将人类遗骸自其内移走；

(f) 防止出现和减除与坟场、坟墓、墓穴、瓮盎或人类遗骸埋葬相关的妨扰事故；

(g) 进入和视察坟场及墓穴；

(h) 坟场的妥善管理；

(i) 坟墓及墓穴的深度及大小；

(j) *(由1994年第49号第28条废除)*

(k) 主管当局认为为妥善规管和管辖坟场以符合公众利益而需订明或订定条文的其他事宜。

(2) 除第(1)款所指明之目的外，主管当局亦可订立有关公众坟场的规例，以就下列各方面订明或订定条文——

(a) 任何上述坟场或其任何部分的布局设计及用途，及其附带的事宜；

(b) 在任何坟墓捡掘人类遗骸以及以合乎体统的方式将之处置；

(c) 坟墓、墓穴或瓮盎上方或周围的纪念碑像或围绕物的大小；

(d) 在任何上述坟场或其任何部分将人类遗骸埋葬、捡掘或移走时所采用的合乎规矩及合乎体统的方式，在其内作与此相关的仪式、典礼、习俗或宗教礼仪的方式，以及前往任何上述坟场的人的合乎规矩及合乎体统的行为。*(由1994年第49号第28条修订)*

(e) *(由1994年第49号第28条废除)*

(3) 根据第(1)款订立的规例，不适用于任何英联邦国殇纪念坟场管理委员会坟场。*(由1994年第12号第6条增补)*

(由1969年第48号第8条修订；由1972年第49号第2条修订)

116A. *(由1999年第78号第7条废除)*

117. 公众坟场及英联邦国殇纪念坟场管理委员会坟场的规则

(1) 主管当局可就任何公众坟场或英联邦国殇纪念坟场管理委员会坟场订立并不抵触根据第116条订立的规例的规则，以为在该等公众坟场或英联邦国殇纪念坟场管理委员会坟场的使用方面更佳地管制民众作出规定，以及提供关于使用该等公众坟场或英联邦国殇纪念坟场管理委员会坟场的资料。*(由1999年第78号第7条代替)*

(2) 任何人没有遵从根据第(1)款订立的规则，即属犯罪。

118. 禁止作未经批准的埋葬或遗骸捡掘

(1) 任何人在没有主管当局书面准许下，在并非坟场的地方埋葬人类遗骸、存放载有人类遗骸的瓮盎或其他盛器，或散播经火化后的人类遗骸骨灰，即属犯罪。

(2) 除按照本部条文规定外，任何人在没有主管当局书面准许下，捡掘人类遗骸、人类遗骸的任何部分或任何陪葬物品，从瓮盎或其他盛器移走人类遗骸、人类遗骸的任何部分或任何物品，或从任何地方移走或带走载有人类遗骸的瓮盎或其他盛器，即属犯罪。

(3) 除下述的人外，第(1)或(2)款所指的准许不得授予任何其他人：遗骸将被埋葬、存放、捡掘或移走(视属何情况而定)的人的合法遗产代理人或最近亲、获该遗产代理人或该最近亲妥为授权的代理人，或在无上述合法遗产代理人或最近亲或其代理人时，主管当局认为对处置在授予上述准许时有关的人类遗骸具有适当权益的人：

但主管当局可应任何私营坟场管理当局的要求，准许将任何人类遗骸从该坟场的某一处移往该坟场的另一处。

(4) 除第(4A)款另有规定外，任何在不按照第(1)款条文或第119条条文下埋葬于坟场以外地方的人类遗骸，或存放于坟场以外地方的载有人类遗骸的瓮盎或其他盛器，均可由主管当局移走，并埋葬或存放于任何坟场内，或以主管当局认为适当而合乎体统的其他方式予以处置：*(由1983年第18号法律公告修订；由1994年第12号第7条修订)*

但在移走上述遗骸、瓮盎或其他盛器前，须取得民政事务局局长的同意。*(由1983年第18号法律公告代替。由1989年第262号法律公告修订；由1997年第362号法律公告修订)*

(4A) 在依据第(4)款于英联邦国殇纪念坟场管理委员会坟场埋葬任何遗骸，或存放任何瓮盎或其他盛器之前，须取得英联邦国殇纪念坟场管理委员会的同意。*(由1994年第12号第7条增补)*

(5) *(由1994年第49号第30条废除)*

118A. *(由1999年第78号第7条废除)*

119. 行政长官会同行政会议指示移走和处置人类遗骸的权力

(1) 尽管本部的其他条文另有规定，除第(2)款另有规定外，行政长官会同行政会议可藉命令，指示将人类遗骸从位于任何坟场内或任何坟场外的任何坟墓、瓮盎或其他盛器移走，或将位于任何坟场内或任何坟场外的任何载有人类遗骸的瓮盎或其他盛器移走，并可指示按其认为适当而合乎体统的方式予以处置：*(由1994年第12号第8条修订)*

但除非已就作出上述命令的意向在宪报刊登一项1个月通知期的公告，否则不得作出上述命令。

(2) 据第(1)款作出的命令，不得就任何英联邦国殇纪念坟场管理委员会坟场作出——

(a) 除非行政长官会同行政会议认为该款所提述的移走或处置，因公众利益而言是

属需要的；及

(b) 除非已就作出上述命令的意向以书面向英联邦国殇纪念坟场管理委员会发出6个月通知期的通知。*(由1994年第12号第8条增补)*

(由2000年第59号第3条修订)

119A. 主管当局指示移走和处置人类遗骸的权力

主管当局可藉命令，指示从位于公众坟场内的任何坟墓，移走任何已在其内埋葬为期不少于6年的人类遗骸或载有人类遗骸的瓮盎或其他盛器，并可指示按其认为适当而合乎体统的方式予以处置：

但除非已就作出上述命令的意向在宪报刊登一项1个月通知期的公告，否则不得作出上述命令。

(由1976年第9号第11条增补)

120. 移走棺木等

如根据本部条文移动人类遗骸，则亦可移动载有该等人类遗骸的棺木、瓮盎或其他盛器，以及其上或周围的纪念碑像或围绕物。

121. 已被捡掘的尸体的处置

(1) 凡已根据《死因裁判官条例》(第504章) 第7条捡掘任何尸体或尸体的任何部分，主管当局须按其认为适当的方式，为将该尸体重新埋葬或以其他方式处置作出安排。*(由1994年第12号第9条修订；由1997年第27号第64条修订)*

(2) 在任何尸体或尸体的任何部分根据第 (1) 款于英联邦国殇纪念坟场管埋委员会坟场内重新埋葬或以其他方式处置之前，须取得英联邦国殇纪念坟场管理委员会的同意。*(由1994年第12号第9条增补)*

(由1967年第57号附表代替)

122. 支付重新埋葬等的开支

如行政长官会同行政会议、主管当局或裁判官，依据本部所授予的权力而安排将任何人类遗骸捡掘或移走，则捡掘或移走和重新埋葬或处置该遗骸的开支，须由政府一般收入拨款支付。

(由1976年第9号第12条代替；由1986年第10号第16条修订；由1999年第78号第7条修订；由2000年第59号第3条修订)

殓　房

123. 有关殓房的规例

(1) 主管当局可订立有关殓房的规例，以就下列各方面订明或订定条文 ——

(a) 对殓房登记或发牌，以及视察和管制 (包括禁止) 殓房；

(b) 人类遗骸的接收、处理和保管；

(c) 有关殓房所接收的人类遗骸的登记册的备存、查阅和保管；

(d) 对人类遗骸运送来往殓房或其他地方的规管和管制。*(由1994年第49号第32条修订)*

(e) *(由1994年第49号第32条废除)*

(2) 根据第 (1) 款订立的规例，可适用于一般情况，或只局限适用于任何类别或类型的殓房，或只局限适用于任何地方、地区或范围。

123AA. *(由1999年第78号第7条废除)*

123A. 公众殡仪厅

主管当局可藉宪报刊登的命令，将其营办的殓房指定为公众殡仪厅。

(由1978年第3号第2条增补)

123B. 公众殡仪厅的管理

各公众殡仪厅均归主管当局管理和管辖。

(由1978年第3号第2条增补)

123C. 有关公众殡仪厅的规例

主管当局可订立有关公众殡仪厅的规例，以就下列各方面订明或订定条文——

(a) 人类遗骸的接收、处理和保管；

(b) 公众殡仪厅的管理和运作，包括不准任何人进入公众殡仪厅或将其逐出公众殡仪厅；

(c) *(由1994年第49号第34条废除)*

(d) 可使用公众殡仪厅设施的人，以及使用时所须遵守的条件；

(e) 保持公众殡仪厅内秩序良好。

(由1978年第3号第2条增补)

123D. *(由1999年第78号第7条废除)*

124. 主管当局处置无人申索管有的尸体的权利

(1) 如具有处置任何人类遗骸的权利的人——

(a) 在殓房接收该遗骸后48小时的期限内——

(i) 没有向管理或管辖该殓房的人提出申索管有该遗骸；或

(ii) 放弃处置该遗骸的权利；或

(b) 虽然曾在上述48小时期限内提出申索管有该遗骸，但在提出申索后48小时内没有将该遗骸管有以及将其从殓房移走，

则处置该遗骸的权利即归属主管当局，而主管当局可按其认为适当的方式，安排将该遗骸处置。*(由1969年第48号第9条代替)*

(2) 任何人明知而在不按照具有提出申索权利的人所提出的申索下，或明知而在不按照主管当局的指示下，或明知而在没有主管当局的同意下，处置殓房内的任何人类遗骸或人类遗骸的任何部分，即属犯罪：

但如将任何人类遗骸从任何并不属于政府的殓房转往属于政府的殓房，则本款条文并不使其构成罪行。

火葬及火葬场

124A. 政府及私营火葬场

(1) 附表5第5部所指明的地方，均为政府火葬场。

(2) 附表5第6部所指明的地方，均为认可私营火葬场。

(3) 附表5第7部所指明的地方，均为纪念花园。

(4) 主管当局可藉宪报刊登的命令，将附表5第5、6及7部修订、增补或删减。*(由*

1976年第9号第13条修订）

（由1973年第21号第9条增补。编辑修订——2013年第1号编辑修订记录）

124B. 政府火葬场及纪念花园的管理

政府火葬场及纪念花园均归主管当局管理和管辖。

（由1973年第21号第9条增补）

124C. 用作火葬场的地方

除以下所列者外，任何建筑物或地方均不得用作火葬场 ——

（a）政府火葬场；

（b）认可私营火葬场；或

（c）主管当局在其认为适当的条款及条件下，已向任何人、社团或机构授予特别书面准许，以用作火葬人类遗骸或许可证所指明类别的人类遗骸的有关建筑物或地方。

（由1973年第21号第9条增补）

124D. 申请在某些地点设置火葬场或在现有的火葬场加入设施时就任何反对作聆讯的条文

（1）如有根据第124C（c）条向主管当局提出申请，以取得准许，将任何距离住宅不足200米，或在距离公路50米范围内的建筑物或地方，用作焚化人类遗骸，或向主管当局申请在第124C（b）或（c）条提述的建筑物或地方加入与焚化人类遗骸直接有关的设施，则主管当局须安排将指明有关场地所在及设施的关于申请的公告，在宪报连续3期以中英文刊登，费用由申请人支付。*（由1979年第89号法律公告修订）*

（1A）如主管当局决定在任何现有的政府火葬场加入与焚化人类遗骸直接有关的设施，则须安排将指明有关场地所在及须加设施的公告，在宪报连续3期以中英文刊登。*（由1999年第78号第7条增补）*

（2）如任何人在第（1）及（1A）款适用的情况下反对授予准许或加入设施，则反对必须以书面向主管当局提出，并在最后一次刊登上述公告后1个星期内，送抵主管当局办事处。

（3）主管当局在决定是否批准每项申请或决定是否加入设施前，须考虑上述各项反对，以及反对人和申请人或其代表所提出的任何证据。

（4）作出决定后，主管当局须在切实可行的时间内将决定及作出该决定的理由，以书面通知申请人及反对人。*（由1999年第78号第7条代替）*

（5）依据第（1）款的申请人或依据第（1）及（1A）款的反对人，可在通知书日期30天内，向市政服务上诉委员会作出上诉。*（由1999年第78号第7条增补）*

（由1973年第21号第9条增补；由1999年第78号第7条修订）

124E. 有关火葬及火葬场的规例

（1）主管当局可就下列任何事项订立规例 ——

（a）火葬场的保养和视察；

（b）人类遗骸可予焚化的情况，以及焚化人类遗骸时所须遵守的条件；

（c）人类遗骸经上述焚化后所余骨灰的处置或安葬；

（d）在获准焚化人类遗骸前，所须发出或作出的通知、证明书及声明的格式，而该等声明须根据和凭借《宣誓及声明条例》（第11章）作出；

（e）*（由1994年第49号第36条废除）*

（f）有关焚化人类遗骸的登记；

（g）将并非政府火葬场的火葬场关闭，以及授权发出关闭该等火葬场的命令。

（2）任何成文法则所载有关销毁和捏改埋葬事宜登记册，以及有关该等登记册的节录本在法庭或在其他情况作为证据的可接纳性的条文，均适用于按上述规例指示须予备存的焚化人类遗骸事宜登记册。

（由1973年第21号第9条增补）

124EA. *（由1999年第78号第7条废除）*

124F. 罪行

（1）除非按照本部条文及根据本部订立的规例的规定，否则任何人明知而进行或促致或参与任何人类遗骸的焚化，则除在其他方面所招致的法律责任或刑罚外，该人亦属犯罪。

（2）任何人故意作出任何虚假声明或陈述，或签署或行使任何虚假证明书，目的在促致任何人类遗骸的焚化，则除在其他方面所招致的法律责任或刑罚外，该人亦属犯罪。

（3）任何人在意图隐瞒犯罪或意图阻碍对罪行作检控下，促致或企图促致任何躯体的火化，或在上述意图下根据本部作出任何声明或发出任何证明书，均属犯罪。

（由1973年第21号第9条增补）

124G. 费用属殡殓费的一部分

凡将死者火化，因此或与此相关而适当招致的订明费用及开支，须当作为死者殡殓费的一部分。

（由1973年第21号第9条增补）

124H. 为死因裁判官所订定的保留条文

本部条文并不干预死因裁判官命令将躯体火化的司法管辖权或权力，亦不授权任何人制造妨扰事故或准许出现妨扰事故。

（由1973年第21号第9条增补）

第XIA部　费　用

（第XIA部由1999年第78号第7条增补）

（格式变更——2019年第4号编辑修订记录）

124I. 主管当局可订明费用

（1）主管当局可藉规例规定就下列项目而应付的费用——

（a）垃圾清扫或清粪服务；

（b）厕所、浴室的登记或发牌，或厕所或浴室的使用；

（c）厌恶性行业的登记或发牌；

（d）泳池的登记或发牌；

（e）在关乎食物方面（就本段而言，食物包括活的家禽及活的爬虫）从事下列项目或与下列项目相关的处所、业务或人的登记或发牌——*（由2011年第5号第69条修订）*

（i）出售供人食用的食物；

（ii）制造、配制、运输、贮存、包装、标记、端送或交付以下项目，或为将以下项目出售而将其展出——

(A) 拟出售或出售供人食用的食物；或

(B) *(由2011年第5号第69条废除)*

(iii) 食物环境卫生署署长可根据第56条就之而订立规例的任何事项；

(f) 公营屠房所提供或与公营屠房相关而提供的服务；

(g) 私营屠房的登记或发牌；

(h) 动物或屠体的检查或检验，以及与任何检查或检验相关而作出或因任何检查或检验而作出的任何事情；

(i) 营办私营街市的登记或发牌；

(j) 小贩的发牌以及小贩摊位或摊档的编配及使用，摊位证或小贩证章的发出（包括摊位证或小贩证章复本的发出或摊位证或小贩证章的批注或修订）或小贩替手的委任；

(k) 附表11A所指明的活动的发牌；

(l) 埋葬人类遗骸；

(m) 在关乎公众坟场方面，在坟墓上方或周围设置纪念碑像或围绕物，以及建造墓穴或瓮盎，或索取公众坟场坟墓登记册记项的副本；

(n) 授予捡掘人类遗骸的准许；

(o) 殓房的登记或发牌；

(p) 使用公众殡仪厅，或使用公众殡仪厅所提供或与公众殡仪厅的使用相关而提供的服务；

(q) 在任何火葬场内将人类遗骸火化；

(r) 人类遗骸在火葬场火化后所余骨灰的处置或安葬；

(s) 在火葬场或纪念花园内置放任何纪念碑像、石碑、铭文、插花盛器或其他装饰物；

(t) 在为记录属悼念性质的题字而备存于纪念花园内的纪念册上作出题字；

(u) 在火葬场或纪念花园内种植任何树木、灌木或植物。

(2) 为免生疑问，现述明本条所订的就登记、发牌或授予准许或许可证规定应付的费用的权力，包括就牌照、临时牌照、准许或许可证的批出、续期或转让，以及就牌照、准许或许可证复本的发出、就牌照、准许或许可证的批注或修订或就登记的续期规定应付的费用的权力。

(3) 主管当局就第 (1) 款所订的任何项目规定费用时，可就不同界别或类别的人或情况而订明不同的费用。

124J. 主管当局可就附表16所指明的项目订明费用

(1) 主管当局可藉规例规定作为公众人士的个人就附表16所指明的项目而应付的费用。

(2) 就第 (1) 款而言，以下项目并不包括在内——

(a) (i) 会社、机构、协会或其他组织的成员以其成员身份进入附表16所指明的场地或设施而应付的费用；或

(ii) 为商业目的而进入附表16所指明的场地或设施而应付的费用；或

(b) (i) 会社、机构、协会或其他组织的成员以其成员身份使用附表16所指明的场地、服务或设施而应付的费用；

（ⅱ）为参加由会社、机构、协会或其他组织筹办或安排或由他人代会社、机构、协会或其他组织筹办或安排的游戏、运动或其他活动而使用附表16所指明的场地、服务或设施而应付的费用；

（ⅲ）为进行宣传或商业活动而使用附表16所指明的场地、服务或设施而应付的费用；或

（ⅳ）为商业目的而使用附表16所指明的场地、服务或设施而应付的费用。

(3) 主管当局可根据第（1）款就不同界别或类别的人或情况，订明不同的费用。

(4) 主管当局可藉在宪报刊登的命令修订附表16。

(5) 第（4）款所指的命令须经立法会批准。

124K. 主管当局可在财政司司长的批准下厘定费用

(1) 除第124J(1) 条另有规定外，主管当局可在财政司司长的批准下，厘定为任何与文化或消闲活动有关的目的进入或使用由主管当局提供或由主管当局管辖和管理的场地、服务或设施而应付的费用。

(2) 根据本条为任何项目而厘定的费用，可因应不同界别或类别的人或情况而有所不同。

(3) 主管当局可以其认为合适的方式将根据第（1）款厘定的费用发布周知。

124L. 主管当局可订明费用

(1) 主管当局可藉规例订定为附表11所指明的活动领牌应付的费用。

(2) 为免生疑问，现述明本条所订的就发牌规定应付的费用的权力，包括就牌照、临时牌照的批出、续期或转让，以及就牌照复本的发出、就牌照的批注或修订规定应付的费用的权力。

(3) 对于第（1）款所提述的任何活动，主管当局可就不同界别或类别的人或情况而订明不同的费用。

124M. 财政司司长可调低或免除费用

财政司司长或任何获其转授权限的公职人员可就一般情况或特定情况调低或免除根据第124I、124J或124L条订明或根据第124K条厘定的费用，或将该等费用的全部或部分退还。

第XIB部 牌照上诉委员会*

（由1999年第78号第7条代替）

（格式变更——2019年第4号编辑修订记录）

124N. 第XIB部的释义

在本部中，除文意另有所指外——

主席（Chairman）指根据第125A(2) 条获委担任该职位的人；

委员会（Board）指根据第125A条设立的牌照上诉委员会；

秘书（secretary）指根据第125I(1) 条委任的委员会秘书；

副主席（Vice-Chairman）指根据第125A(2) 条获委担任该职位的人。

（由1999年第78号第7条增补）

125. 有关牌照等事项的一般条文

(1) 如任何公职人员（在本条中称为***发牌当局***）根据本条例条文获赋权规定他人取得登记或获赋权批出牌照或许可证，则在符合本条例条文及根据本条例订立的规例的情况下，该等登记、牌照或许可证（视属何情况而定）—— *(由1999年第78号第7条修订)*

(a) 均须在发牌当局为达致本条例的目的而认为适宜施加的规定、条件或限制下作出、批出或续期；并可为同样目的而载有发牌当局的一项声明，免去根据本条例所订规例任何条文的适用；*(由1976年第9号第14条修订；由1985年第69号第2条修订)*

(b) 可由发牌当局为达致本条例的目的而运用全权酌情决定权拒绝作出或批出、暂时吊销或取消，但任何登记、牌照或许可证不得因违反本条例条文以外的其他因由或因违反适用于该等登记、牌照或许可证的规定、条件或限制以外的其他因由，而被暂时吊销或取消。*(由1985年第69号第2条修订)*

(1A) 在不抵触第124M条的规定下，第(1)(a)款并不授权发牌当局在任何登记、牌照或许可证内载有声明，免去根据本条例所订立的规例中有关缴付费用的条文的规定。*(由1976年第9号第14条增补；由1986年第10号第17条修订；由1999年第78号第7条修订)*

(1B) (a) 如在任何登记、牌照或许可证的期满日期或之前，有关的登记、牌照或许可证的合法持有人，提出其续期申请并附上为此所订明的费用（如有的话），则——

(i) 除非在上述登记、牌照或许可证期满日期前90天或之前，发牌当局已将其拒绝续期的意向书面通知送达上述持有人，否则不得拒绝作上述续期；但如在紧接上述期满日期前的90天期间内，有违反适用于上述登记、牌照或许可证的规定、条件或限制，则无须送达上述通知；

(ii) 不得规定上述续期须符合任何在续期申请所关乎的登记、牌照或许可证方面所施加条件以外的附加条件，或任何替代在该等登记、牌照或许可证方面所施加条件的其他条件；但如在上述登记、牌照或许可证期满日期前90天或之前，发牌当局已将其施加附加或替代条件的意向以书面通知送达上述持有人，则不在此限。

(b) 凡没有在任何登记、牌照或许可证期满日期或之前，提出该等登记、牌照或许可证的续期申请，或缴付为此所订明的费用，发牌当局可无须通知而拒绝作有关续期。*(由1985年第69号第2条增补)*

(2) 除发牌当局认为适当外，任何人不得以多于一人的名义获得登记或获批给牌照或许可证：

但本款条文不得解释为阻止以法团名义获得登记或获批给牌照或许可证。

(3) 除根据本条例订立的规例条文另有规定外，所有登记、牌照或许可证均可转让。

(4) 如任何登记、牌照或许可证根据第(3)款条文而转让，则在转让作出后7天内，获予转让的人须向发牌当局交付通知，而通知须符合发牌当局所订明的格式（如有的话），并由转让人或其就此以书面授权的人签署以及由获予转让的人或其就此以书面授权的人签署。

(5) 任何人没有按第(4)款规定发出关于将任何登记、牌照或许可证转让的通知，则——

(a) 该人即属犯罪；及

(b) 发牌当局可无须通知而取消该登记、牌照或许可证。

(6) 如根据本条例条文获登记的人或获批给根据本条例条文发出的牌照或许可证的人，离开香港为期超过30天而不向发牌当局发出书面通知，或发牌当局认为上述的人并非通常在香港居住或已不再通常在香港居住，则发牌当局可无须通知而取消该登记、牌照或许可证；而根据《公司条例》(第622章) 或根据该条例第2(1) 条所界定的《旧有公司条例》注册的法团，如已不再获如此注册，则发牌当局亦可取消该登记、牌照或许可证。*(由1986年第10号第24条修订；由2012年第28号第912及920条修订)*

(6A) 如发牌当局认为根据本条例条文获登记的人或认为获批给根据本条例条文发出的牌照或许可证的人，并没有进行该登记、牌照或许可证所关乎的业务或活动，则可无须通知而取消该登记、牌照或许可证。*(由1978年第57号第4条增补)*

(7) 如根据本条例条文获登记的人或获批给根据本条例条文发出的牌照或许可证的人，拟离开香港为期超过30天，则发牌当局可规定该人委任一名受委人，为期以发牌当局认为合理而不超过6个月的期间为限，而就本条例各方面而言，该名受委人在该段期间内须当作为以其本人名义获有关登记或获批给该牌照或许可证的人；如没有按本款所作规定委任上述受委人，即为取消该登记、牌照或许可证的理由。*(由1986年第10号第24条修订)*

(8) 如发牌当局取消或暂时吊销登记、牌照或许可证，或拒绝有关授予登记或批出牌照或许可证的申请或其续期申请，则发牌当局须随即将书面通知送达有关的持有人或申请人 (视属何情况而定) 以宣布其决定。

(9) 任何人不满第 (8) 款所提述的决定，可于宣布该项决定的通知向其送达后14天内，就该项决定向根据第125A条设立的牌照上诉委员会提出上诉。*(由1999年第78号第7条代替)*

(10) 如有上诉根据本条提出，发牌当局可在该项上诉等候裁定期间，运用其酌情决定权，规定该项被上诉的决定暂停执行。*(由1999年第78号第7条代替)*

(11) 根据本条例条文所授予的登记或批出的牌照或许可证，均不得视为豁免或免除任何人遵从任何其他成文法则条文的规定。

125A.牌照上诉委员会的设立及其成员

(1) 现设立一个名为“牌照上诉委员会”的委员会。

(2) 委员会由以下人士组成——

(a) 一名主席；

(b) 一名副主席；及

(c) 不少于13名其他成员，

该等人士须由行政长官按照本条委任。

(3) 公职人员不得根据第 (2) 款获委任为委员会成员。

(4) 根据第 (2) 款获委任为主席、副主席或其他成员的人，须按照其委任条款任职及离职。

(5) 任何成员可向行政长官发出书面通知而辞去其成员、主席或副主席的职位。

(由1999年第78号第7条增补)

125B.委员会的职能及权力以及就其决定提出上诉

(1) 委员会的职能是就任何根据第125条向委员会提出的上诉，进行聆讯并作出裁定。

(2) 就上诉作出裁定时，委员会可行使作出该项被上诉的决定的人获授予的所有权力及酌情决定权。

(3) 就上诉作出裁定时，委员会可维持或更改该项决定或宣告该项决定无效，如委员会宣告该项决定无效，则须以其本身的决定取代该项决定。委员会亦可延展遵从第125条所提述的发牌当局所发通知或所作命令的规定的指明时限（如有的话）。

(4) 任何向委员会提出上诉的人，如不满委员会的决定，可于收到关于该项决定的通知后14天内，向市政服务上诉委员会提出上诉。

(5) 如有人根据第(4)款针对某项决定提出上诉，委员会可运用其酌情决定权，规定该项决定在上诉等候裁定期间暂停执行。

(由1999年第78号第7条增补)

125C. 委员会须如何组成以处理上诉

(1) 委员会须由以下人士组成，以聆讯上诉或根据第125B(5)条作出决定

(a) 主席或副主席；及

(b) 4名根据第(2)款指定的其他成员。

(2) 秘书必须为施行第(1)(b)款而指定4名成员。

(3) 秘书在根据第(2)款指定成员时，须接受主席或副主席的指示。

(由1999年第78号第7条增补)

125D. 上诉当事人

有关上诉的各方当事人为上诉人及作出该项被上诉的决定的发牌当局。

(由1999年第78号第7条增补)

125E. 适用于聆讯的条文

(1) 主席或副主席须主持上诉的聆讯。

(2) 上诉委员会的决定须取决于多数成员的决定。

(3) 如在上诉聆讯开始后，一名或多于一名并非主持聆讯者的成员不能继续聆讯该上诉，则只要余下成员（包括主持聆讯者在内）的人数不少于3人并得到上诉各方当事人的同意，余下的成员可继续聆讯该上诉并作出裁定，而该委员会仍属妥为组成。

(4) 如在第(3)款所指的情况下委员会由双数数目的成员组成，则主持聆讯者在票数相等时有权投决定票。

(5) 在不抵触本条及根据第125G条订立的规则的规定下，主持聆讯者可决定聆讯向委员会提出的上诉的程序。

(由1999年第78号第7条增补)

125F. 委员会须说明作出决定的理由

(1) 委员会必须说明作出决定的理由。

(2) 秘书必须将委员会的决定及作出该决定的理由的文本送达上诉各方当事人。

(由1999年第78号第7条增补)

125G. 委员会可订立规则

(1) 委员会可订立规则以规管向委员会提出上诉的事宜，指明就上诉而须提交或送达的文件，以及就对该等上诉进行聆讯及作出裁定以及强制执行其决定作出规定。

（2）根据第（1）款订立的规则是附属法例。

（由1999年第78号第7条增补）

125H.上诉聆讯以外的委员会会议

在上诉聆讯或为第125B（5）条的目的而举行的会议以外的委员会会议上——

（a）会议的法定人数不得少于委员会当其时的成员人数的一半；

（b）主席或副主席须主持会议；

（c）问题由出席并有投票的成员的多数票决定；及

（d）主持会议者有权投决定票。

（由1999年第78号第7条增补）

125I.职员

（1）食物及卫生局局长可委任——*（由2002年第106号法律公告修订；由2007年第130号法律公告修订）*

（a）一名委员会秘书；及

（b）食物及卫生局局长认为需要的其他职员。

（2）食物及卫生局局长可委任一名法律顾问就关于上诉的法律事宜提供意见，该名法律顾问可出席任何在委员会席前进行的聆讯，亦可在委员会商议事宜时出席，以就此向委员会提供意见。

（由1999年第78号第7条增补；由2002年第106号法律公告修订；由2007年第130号法律公告修订）

第XII部 杂 项

（由1999年第78号第7条增补）

（格式变更——2019年第4号编辑修订记录）

126. 进入有关地方的一般权力

（1）除本条条文另有规定外，获任何公职人员（在本条中称为***授权当局***）以书面授权的公职人员，在应要求（如有的话）时已出示妥为认证并显示其权限的文件后，均具有权利在上午7时至下午7时的时段内随时进入任何处所、车辆、船只或飞机；如属工场或作业务用途的处所或船只，则具有权利在进行工作或业务时随时进入该等工场、处所或船只，以——*（由1999年第78号第7条修订）*

（a）确定在该等处所、车辆、船只或飞机上或在与其相关的情况下，是否或曾否有任何本条例条文遭违反，而该等条文是由授权当局负责强制执行的；

（b）确定是否有任何情况存在以致会授权或规定授权当局根据本条例条文采取行动或进行工作；而为此目的，有关人员并可抽取和带走在有关的地方所发现的物品或东西（包括水）的样本；

（c）采取或进行任何本条例条文授权或规定授权当局采取的行动或进行的工作；

（d）进行任何根据本条例条文而获授权进行的测试；

（e）概括而言由授权当局履行其根据本条例条文而具有的职能：

但如有关的处所或船只并非作业务用途或用作工场，则除非已先向该等处所的占用人或掌管该等的船只的人发出不少于2小时通知期的拟进入该等地方的书面通知，或在上述的人不在场的情况下，已将该通知张贴于该等处所或船只（视属何情况而定）的显眼地方，否则并无当然权利要求进入该等处所或船只。

（2）如以经宣誓而作的书面告发向裁判官提出证明使其信纳——

（a）进入任何处所或船只的要求已遭拒绝或预料会遭拒绝，或该等处所无人占用或该等船只无人看顾（视属何情况而定），或占用人或看顾人暂不在场，或情况紧急，或提出进入申请会破坏进入该等地方的目的，或在该个案情况下，在下午7时至上午7时的时段内进入该等地方就施行本条例而言是合理的；及

（b）为达致任何上述目的，进入该等处所或船只是有合理理由的，

该名裁判官可藉符合附表7表格B格式的手令，授权任何已获公职人员授权的公职人员进入该等地方，以及在有需要时使用武力进入该等地方；而上述作出授权的公职人员为达致其目的是有需要进入该等地方的：*（由1999年第78号第7条修订）*

但除非该名裁判官信纳申请手令的意向通知已向该等处所的占用人或掌管该等船只的人（视属何情况而定）发出，或信纳该等处所无人占用或该等船只无人看顾，或信纳占用人或看顾人暂不在场，或信纳情况紧急，或信纳发出上述通知会破坏进入该等地方的目的，或信纳在该个案情况下，在下午7时至上午7时的时段内进入该等地方就施行本条例而言是合理的，否则不得发出上述手令。*（由1997年第47号第10条修订）*

（3）任何公职人员如凭借第（1）款条文，或凭借根据第（2）款发出的手令进入任何处所或船只，可带同所需的人，而在离开他凭借上述条文或上述手令所进入的任何无人占用的处所或任何无人看顾的船只时，须令该等处所或船只所处状况能有效防御侵入者，一如他在进入时发现其所处的状况一样。

（4）每份根据第（2）款条文批出的手令，均保持有效，直至引致需要进入有关地方的目的已经达致为止。

127. 确保减除可循简易程序处理的妨扰事故的条文

（1）主管当局如信纳有任何本条适用的妨扰事故存在，可安排将一份符合附表7表格C格式的通知（在本条中称为***妨扰事故通知***），送达因其作为、失责或容受而令妨扰事故产生或继续存在的人，但如不能寻获该人，则可安排将上述通知送达有妨扰事故存在的处所或船只的占用人或拥有人，并规定上述获送达通知的人在通知所指明的期限内减除妨扰事故，并为达致该目的而作所需事情；主管当局如认为适当，通知亦可指明为达致上述目的而须进行的工作：

但如妨扰事故是因任何处所或船只在结构上的不足或缺点而引起，而该处所或船只是无人占用的，则上述妨扰事故通知须送达该处所或船只的拥有人。

主管当局并可藉根据本款前述条文而发出的通知，或藉进一步发出的通知，规定获送达通知的人作出所需的事情，以防止通知所关乎的妨扰事故再次出现；主管当局如认为适宜，亦可指明为达致此目的而须进行的工作，而即使通知所关乎的妨扰事故当其时已被减除，如主管当局认为该妨扰事故相当可能在同一处所或同一船只再次出现，则载有该项规定的通知仍可予送达。

（2）如下述的人不能寻获或其身份不能确定，则主管当局可减除有关的妨扰事故，以及作所需事情以防止其再次出现，并可向在此后被寻获或身份被确定的下述的人追讨有关

费用——

（a）因其作为、失责或容受而令妨扰事故产生或继续存在的人；及

（b）有妨扰事故存在的处所或船只的拥有人及占用人。*（由1973年第58号第5条代替）*

（3）凡妨扰事故通知已向任何人送达，在下述其中一种情况下，该人即属犯罪（不论是否已有就该人作出第（4）款条文所指的命令）——

（a）上述通知所关乎的妨扰事故，是因该人故意的作为或失责而产生的；或

（b）该人没有在上述通知所指明的期限内，遵从该通知的任何规定。

（4）凡妨扰事故通知已向任何人送达，则在下述情况下，主管当局可向法庭提出申诉，而聆讯该项申诉的法庭则可作出一项符合附表7表格D格式的循简易程序作出命令（在本条中称为***妨扰事故命令***）——

（a）该人没有在上述通知所指明的期限内，遵从该通知的任何规定；或

（b）上述命令所关乎的妨扰事故，虽已在该通知送达后被减除，但主管当局仍认为该等妨扰事故相当可能在同一处所或船只再次出现。

（5）妨扰事故命令可属减除令、禁止令或封闭令，亦可由该等命令组合而成。

减除令可规定任何人遵从该命令所关乎的妨扰事故通知的各项或其中任何一项规定，或在该命令所指明的期限内，减除妨扰事故或作所需事情以防止其再次出现。

禁止令可禁止妨扰事故再次出现。

封闭令可禁止将任何处所或船只用作供人居住，但只有在向法庭提出证明使其信纳该等处所或船只因妨扰事故以致不宜供人居住后，该封闭令方可作出。

（6）如减除令或禁止令所针对的人提出要求，或法庭认为适宜，则减除令或禁止令须指明该人为减除该命令所关乎的妨扰事故或防止其再次出现而须进行的工作。

法庭如信纳任何有效的封闭令所针对的任何处所或船只，已被转为适宜供人居住，则可宣布信纳此事，并撤销封闭令。

（7）（a）任何人如无合理辩解而没有遵从妨扰事故命令，或明知而违反该命令，即属犯罪。

（b）在不损害（a）段条文的原则下，凡妨扰事故命令没有获遵从，主管当局可减除有关的妨扰事故，以及作出执行该命令所需的事情，并可向该命令所针对的人追讨因此而合理招致的开支。

（8）《裁判官条例》（第227章）第VII部（上诉）条文，在符合下列条文的规定下，适用于根据本条进行的法律程序——

（a）如上诉所反对的妨扰事故命令属禁止令或封闭令，或包含任何禁止令或封闭令，或规定须进行结构工程，则在该项有关上诉获裁定前或被放弃前，任何人均不得因违反该命令或没有遵从该命令而被处任何刑罚：

但如该项上诉遭驳回或被放弃，则上诉人可就其违反或没有遵从上述妨扰事故命令期间的日数，按日被处以附表9第3栏就第（7）款所订罪行而指明的罚款，除非上诉人能令因追讨该项罚款而在其席前进行法律程序的法庭信纳上诉是基于实质理由而并非仅为拖延时间而提出的；如上诉遭驳回，聆讯上诉的法庭可自行施加罚款，犹如该法庭是任何可在其席前进行法律程序以追讨该等罚款的法庭一样；

（b）如上诉所反对的妨扰事故命令规定须进行结构工程，则除下述情况外，在该项

上诉获裁定前或被放弃前，不得根据该命令进行任何工程：

但作出上述命令的法庭如认为该项命令所关乎的妨扰事故继续存在时，会损害或危害健康，并认为将该等妨扰事故立刻减除并不会造成无法以赔偿作补偿的损害，则即使在有关上诉的待决期间，仍可授权主管当局立刻减除该等妨扰事故，但——

（i）如该项上诉获判得直，主管当局须向该命令所针对的人付给该人因主管当局减除该等妨扰事故而蒙受的损害的款额；及

（ii）如该项上诉遭驳回或被放弃，主管当局则可向上述的人追讨主管当局因减除该等妨扰事故所招致的开支。

(9) 如主管当局在减除本条适用的妨扰事故时，或为防止该等妨扰事故再次出现而作出所需事情时，移去任何物件或东西，该等物件或东西均可藉公开拍卖方式售卖，或在主管当局认为个案情况有所需要下以其他方式售卖，或不作出售而另予处置。

根据本款出售任何物件或东西所得的款项，可由主管当局保留，并用以支付其就上述妨扰事故所招致的开支，而余款（如有的话）则须应要求而付给该等物件或东西的拥有人。

128. 封闭在违反本条例条文下使用处所的权力

(1) 除第（1B）款另有规定外，凡根据本条例任何处所或船只的使用须经登记、发牌或许可，而获授权为该等使用登记、发牌或给予许可的公职人员提出申请，且有关事项获得证明，则除第（5）款另有规定外，法庭须作出一项符合附表7表格F格式的命令（***禁止令***），自该命令的副本根据第（6）款送达后第8天起禁止将该等处所或船只，或该等处所或船只的任何指明部分（***指明部分***）用作任何用途或用作该命令所指明的用途，在本款中，***有关事项***指——*（由2002年第1号第2条修订）*

(a) 该等处所或船只在并无登记、牌照或许可证的情况下使用；

(b) 该等处所或船只曾在无登记、牌照或许可证的情况下使用，而现有合理因由相信该等处所或船只会再度如此使用；或

(c) 该等处所或船只的登记、牌照或许可证被暂时吊销，而该等处所或船只在违反该暂时吊销的规定的情况下使用；或该等处所或船只在违反本条例任何条文的情况下使用：*（由1999年第78号第7条代替）*

但如在发出与根据本款所提出的申请有关的传票当日，该等处所或船只是用作供人居住的，则法庭不得仅因在有关用途方面并无登记、牌照或许可证，或仅因有关用途违反登记、牌照或许可证的任何规定或任何暂时吊销规定，而作出上述命令以防止作上述居住用途。*（由1974年第61号第11条修订）*

(1A)*（由2002年第1号第2条废除）*

(1B) 本条不适用于第128A、128B及128C条适用的处所。*（由2002年第1号第2条增补）*

(2) 根据第（1）款条文作出的命令，就上述处所或船只而言，仍具有效力，直至法庭应上述公职人员，或应任何对该等处所或船只享有权益的人所提出的申请，而信纳该等处所或船只的使用已经登记、领牌或已取得许可，或信纳有关的暂时吊销规定已予取消，或信纳本条例的条文已获遵从（视属何情况而定），或信纳该等处所或船只将在日后用作其他用途。

(3) 任何人违反法庭根据第（1）款条文所作出的命令，即属犯罪。

(4) 如针对根据第56条订立的规例所适用的处所、船只或指明部分的禁止令，已根

据第（6）款送达，但却没有自其送达后第8天起获持续遵从，则曾提出申请而致有作出该禁止令的公职人员如再提出申请，法庭在不规限根据本条可施加的刑罚但在符合第（5）款的规定下，须应其申请而作出一项符合附表7表格G格式的命令（在本条中称为“封闭令”）。*（由1988年第76号第3条增补）*

（5）除非法庭信纳下述事项，否则不得作出禁止令或封闭令——

（a）已根据第（6）款送达最少14天通知期的申请命令意向通知；

（b）该通知已述明就聆讯有关的申请所订定的时间及地点，并指出任何人如有合理因由就该项申请陈词，亦可就此提出要求；及

（c）每一名有合理因由就该项申请陈词并已就此提出要求的人，均已获给予陈词的机会。*（由1988年第76号第3条增补）*

（6）就任何处所、船只或指明部分申请禁止令或封闭令的意向通知，以及上述各项命令的副本，均须以中英文发出，并须藉将其张贴于该等处所、船只或指明部分的显眼处的方式送达。*（由1988年第76号第3条增补）*

（7）就任何处所、船只或指明部分所作出的封闭令，须于其根据第（6）款送达后第8天生效，而只要就该等处所、船只或指明部分所作出的禁止令仍具有效力，该封闭令亦仍具有效力。*（由1988年第76号第3条增补）*

（8）针对任何处所、船只或指明部分的封闭令一经生效，曾提出申请而致有作出该命令的公职人员，须将该等处所、船只或指明部分的全部或其中任何出入口上锁或加封或安排将其上销或加封，并可将提供予该等处所、船只或指明部分的燃料气体、用水及电力供应截断。*（由1988年第76号第3条增补）*

（9）在针对任何处所、船只或指明部分的封闭令有效的期间——

（a）除非取得曾提出申请而致有作出该命令的公职人员的书面准许，否则任何人均不得进入或停留在该等处所、船只或指明部分；

（b）任何人如持有由获发给上述命令的公职人员所给予的授权书，均可将没有遵从（a）段规定的人逐出该等处所、船只或指明部分，而在行事时，并可在警务人员给予所需协助下，使用合理所需的武力。*（由1988年第76号第3条增补）*

（10）任何人在没有合法权限或辩解下作出下述作为，即属犯罪——

（a）在违反第（9）（a）款下进入或停留在任何处所、船只或指明部分；

（b）破开或干扰根据第（8）款而置于任何处所、船只或指明部分的锁或封条；或

（c）移去或污损任何为施行本条而张贴于任何处所、船只或指明部分的文件。*（由1988年第76号第3条增补；由2002年第1号第2条修订）*

（11）如在紧接将任何处所、船只或指明部分根据第（8）款封闭前，在其内发现任何食物或任何物品或东西，而该等食物、物品或东西如留在该等处所、船只或指明部分，是相当可能引起火警危险，或对生命或健康构成危险的，则曾提出申请而致有作出该封闭令的公职人员，须——

（a）将该等食物、物品或东西管有；

（b）按其认为适当的方式将易毁消的食物及须予立刻处置的物品或东西处置；及

（c）在该等处所、船只或指明部分的显眼处，张贴一份中英文告示，列明仍由该公职人员管有的食物、物品或东西的详情，并吁请有关的人在该告示张贴当日后7天内，提

出发还该等食物、物品或东西的申索。*（由1988年第76号第3条增补）*

（12）如有任何申索根据第（11）（c）款提出，要求发还任何食物、物品或东西，则管有该等食物、物品或东西的公职人员，可 ——

（a）拒绝将其发还，除非该公职人员信纳申索人为该等食物、物品或东西的拥有人，或信纳申索人因其他原因而有权管有该等食物、物品或东西；及

（b）以追讨民事债项的方式，向已获发还任何食物、物品或东西的申索人追讨因移走和贮存该等食物、物品或东西所招致的开支。*（由1988年第76号第3条增补）*

（13）如公职人员根据第（11）（a）款将任何食物、物品或东西管有，而在第（11）（c）款所提述的时间内并没有任何申索就该等食物、物品或东西提出，或有关公职人员按照第（12）（a）款而拒绝将其发还，则该等食物、物品或东西可藉公开拍卖方式售卖，或应裁判官作出的命令，以法庭认为适当的其他方式售卖或处置；出售所得的款项，均由有关的公职人员保留，并用以支付就强制执行有关的封闭令所招致的开支，而余款（如有的话）则须应要求而付给该等食物、物品或东西的拥有人。*（由1988年第76号第3条增补）*

（14）根据第（8）款进行工作的费用，以及根据第（11）款将任何食物、物品或东西管有的费用，如在根据第（13）款作出售所获的收益中不敷支付，则任何曾提出申请而致有就任何处所、船只或指明部分作出封闭令的公职人员，可以追讨民事债项的方式，向该处所的占用人、船只的船长或指明部分的占用人，追讨该等不敷支付的费用。*（由1988年第76号第3条增补）*

（15）除第（2）款另有规定外，在1988年10月1日前根据第（1）款作出并在该日期仍然有效的命令，在该日期后仍具有效力。（将1988年第76号第8（1）条编入）

（16）如在1988年10月1日前根据第（1）款作出的命令 ——

（a）是针对根据第56条订立的规例所适用的处所、船只或指明部分的；

（b）已在1988年10月1日或之后，根据由《1988年公众卫生及市政（修订）（第2号）条例》*（1988年第76号）所增补的第（6）款送达；及

（c）并没有自上述送达后第8天起获持续遵从，

则曾提出申请而致有作出该项命令的公职人员或公共机构，可根据经由该条例所增补的第（4）款再提出申请，要求就该等处所、船只或指明部分作出封闭令，而经同样方式增补的第（5）至（14）款条文，亦即告适用。（将1988年第76号第8（2）条编入）

（由1999年第78号第7条修订）

编辑附注：

* “《1988年公众卫生及市政（修订）（第2号）条例》”乃“Public Health and Municipal Services (Amendment) (No. 2) Ordinance 1988”之译名。

128A. 本条及第128B、128C与128D条的应用及释义

（1）本条及第128B、128C及128D条适用于 ——

（a）用作根据《食物业规例》（第132章，附属法例X）须领牌照的食物业处所的处所；

（b）任何有 ——

（i）《食物业规例》（第132章，附属法例X）附表2所指明的限制出售的食物售卖、要约出售或展示以供出售的处所；或

（ii）任何该等食物被管有以供出售或以供配制成供出售用的食品的处所；

（c）用作根据《屠房规例》（第132章，附属法例BU）须领牌照的屠房的处所；

（d）任何有《奶业规例》（第132章，附属法例AQ）第14（2）条所述奶品厂业务在经营的处所；

（e）任何有《冰冻甜点规例》（第132章，附属法例AC）第3条所界定的冰冻甜点在制造的处所。

（2）就本条及第128B、128C及128D条而言，除文意另有所指外——

已封处所（closed premises）指第（1）款所述的任何处所，并已有一项封闭令就其生效及仍然有效者；

上诉委员会（Appeal Board）指根据第128D条设立的封闭令（对健康的即时危害）上诉委员会；

用、使用（use）就第（1）（c）款所提述的处所而言，包括占用；

主席（Chairman）指根据第128D（3）条委任的上诉委员会主席；

封闭令（closure order）指根据第128B（1）或128C（1）条（视属何情况而定）作出的命令；

副主席（Deputy Chairman）指根据第128D（3）条委任的上诉委员会第一副主席或第二副主席；

处所（premises）包括任何地方、船只及地方或船只的一部分；

对健康的即时危害（immediate health hazard）指导致或相当可能导致任何处所所供应、或在任何处所内供应、处理或被管有的食物是或成为食物感染、污染、中毒或疾病传播的根源的情况。

（3）***对健康的即时危害***的定义所提述的情况，包括下述各种情况——

（a）任何处所因为其位置、结构或状况，以致该处所的情况使该处所所供应、或在该处所内供应、处理或被管有的食物遭污染或弄脏，以致不适合供人食用；

（b）制备食物或洗涤器皿所用的水来自未获批准的来源，或来自经检查结果、流行病学研究所得数据或其他化验证据显示为遭病原体、生物毒素、化学物品或其他物质污染的来源，以致处所所供应、或在该处所内供应、处理或被管有的食物不适合供人食用；

（c）检查结果、流行病学研究所得数据或其他化验证据显示，处所所供应、或在该处所内供应、处理或被管有的食物，遭病原体、生物毒素、化学物品或其他物质污染，以致不适合供人食用；及

（d）该处所受虫鼠所侵扰的程度，已至于使该处所所供应、或在该处所内供应、处理或被管有的食物遭污染或弄脏，以致不适合供人食用。

（4）在第（2）及（3）款中——

（a）凡提述处所所供应、或在处所内供应的食物，即包括该处所所售卖、要约出售或展示以供出售的食物，或在该处所内售卖、要约出售或展示以供出售的食物；

（b）凡提述在处所内处理的食物，即包括在该处所内制造的食物；及

（c）凡提述在处所内被管有的食物，即指在该处所内被管有以供出售或以供配制成供出售用的食品的食物。

（由2002年第1号第3条增补）

128B. 封闭无牌或不获准许或许可而使用的处所的权力

(1) 凡根据《食物业规例》(第132章，附属法例X)、《冰冻甜点规例》(第132章，附属法例AC)、《奶业规例》(第132章，附属法例AQ) 或《屠房规例》(第132章，附属法例BU)——

(a) 使用本条适用的处所；或

(b) 进行第128A(1) 条所述的任何活动，

是须领牌照或须获准许或许可的，则在主管当局提出申请并证明该处所并无所需牌照、准许或许可而如此使用，或该种活动并无所需牌照、准许或许可而在任何处所进行(视属何情况而定) 时，在符合第 (2) 及 (3) 款的规定下，法庭须使用附表7表格H作出封闭令。

(2) 在符合以下条件的情况下，第 (1) 款不适用 ——

(a) 根据《食物业规例》(第132章，附属法例X) 第30(1) 条有关的使用或有关的活动是须获准许的；

(b) 该规例所指的食物业在有关处所内或从该处所内经营；及

(c) 该食物业根据该规例是须领牌照的并根据该规例领有牌照。

(3) 法庭除非信纳有下述情况，否则不得作出封闭令 ——

(a) 在就有关申请订定的聆讯日期之前7天或更早的时间，一份关于申请封闭令的意向的中英文通知的文本 ——

(ⅰ) 已张贴于有关处所的显眼处；及

(ⅱ) 已送达有关处所的拥有人，而送达的方式是以挂号邮递方式将该文本寄往该拥有人最后为人所知的营业或居住地点；

(b) 该通知述明就该项申请订定的聆讯时间及地点，并指出任何人如有合理因由就该项申请获聆听，则有权出席聆讯并要求获聆听；及

(c) 每名有合理因由就该项申请获聆听并已提出要求的人，均已有机会获聆听。

(4) 在就根据第 (1) 款提出的申请订定的聆讯地点及时间，或于切实可行范围内的最早的其后时间，法庭须聆听申请人，亦须聆听每个符合下述全部条件的人 ——

(a) 正出席聆讯；

(b) 有合理因由获聆听；及

(c) 希望获聆听，

之后法庭须作出决定。

(5) 封闭令的实施 ——

(a)(如在申请该命令当日，有关处所是用作供人居住的) 不得阻止上述居住；或

(b) 不得影响任何建筑物内的任何公用地方或任何公众地方的使用而致于阻塞公众通道或走火通道。

(6) 封闭令在一份该命令的文本张贴于该命令所关乎的处所的显眼处当日之后的第8天开始时开始生效。

(7) 封闭令一直有效，直至法庭应主管当局或对该命令所关乎的处所有权益的人的申请而予以撤销为止。

(8) 法庭如信纳有下述情况，须撤销封闭令 ——

（a）有关的封闭令所关乎的处所的使用或拟在处所内进行的活动，已根据第（1）款所述的任何附属法例获发牌照或获得准许或许可；或

（b）该处所不会用作第128A（1）条所述的任何用途，而第（1）款所述的任何活动均不会在违反第（1）款所述的任何附属法例的情况下在该处所内进行。

（9）在符合第（5）款的规定下，关乎某处所的封闭令开始生效时，主管当局须将或安排他人将该处所的任何或所有出入口上锁或加封，并可将或安排他人将该处所的燃气及水电供应截断。

（10）除第（11）款另有规定外，任何人不得进入或停留在任何已封处所中，但正在执行其职务的公职人员不在此限。

（11）主管当局——

（a）可藉书面准许任何人为准许书所指明的目的而进入及停留在某已封处所内；

（b）可就该项准许施加其认为适合的条件；

（c）如认为准许书所指明的目的不再存在或任何根据（b）段就某项准许施加的条件已遭违反，则可撤销该项准许；

（d）要求任何被发现处身于任何已封处所的人离开该处所，如该人拒绝离开，则主管当局可在有警务人员或无警务人员的协助下将该人从该处所移走，并可为此而使用合理所需的武力。

（12）任何人无合法权限亦无合理辩解——

（a）移去或污损任何根据第（6）款张贴的封闭令文本；

（b）破开或干扰根据第（9）款加上的锁或封条；或

（c）违反第（10）款，

即属犯罪。

（13）主管当局可——

（a）按其认为适合的方式处置——

（i）在任何已封处所内发现并须立即处置的任何物品、东西或易毁消食物；

（ii）在该处所内发现的任何活生的禽鸟、鱼或动物；

（b）移走——

（i）在任何已封处所内发现而留在该处所内则相当可能会引起火警危险或危害生命或健康的任何物品、东西或食物；

（ii）在该处所内发现的任何活生的禽鸟、鱼或动物；

（c）就根据（b）段移走的活生的禽鸟、鱼或动物作出其认为适合的安排；

（d）在有关的已封处所的显眼处，张贴一份中英文告示——

（i）列出他认为可予退还的根据（b）段移走的物品、东西、食物、活生的禽鸟、鱼或动物的详情；及

（ii）呼吁在该告示张贴当日之后的7天内向他提出退还该等物品、东西、食物、活生的禽鸟、鱼或动物的申索。

（14）如有第（13）（d）（ii）款所述的申索提出，主管当局——

（a）如不信纳申索人有权管有有关物品、东西、食物、活生的禽鸟、鱼或动物，亦不信纳申索人是其拥有人，或该禽鸟、鱼或动物已死亡，则须拒绝将其退还申索人；或

（b）可应申索而将该物品、东西、食物、活生的禽鸟、鱼或动物退还申索人，并将将之移走和贮存或为之作出安排而招致的开支，作为民事债项向该申索人追讨。

（15）凡主管当局根据第（13）（b）款移走任何物品、东西、食物、活生的禽鸟、鱼或动物，而在第（13）（d）（ⅱ）款所指明的限期内并没有任何申索提出，或主管当局按照第（14）（a）款拒绝将其退还，则可藉公开拍卖方式将该物品、东西、食物、活生的禽鸟、鱼或动物出售，或按法庭命令以法庭所指示的其他方式出售或处置；出售所得的收益，则由主管当局保留，并用以支付与强制执行封闭令相关而招致的开支，余款（如有的话）则须按在出售当日之后90天内提出的要求而付给该物品、东西、食物、活生的禽鸟、鱼或动物的拥有人。

（16）如无人按照第（15）款提出要求，则余款须付入政府一般收入。

（17）如根据第（15）款出售所得的收益不敷支付主管当局——

（a）根据第（9）款在任何已封处所进行的工程的费用；

（b）根据第（13）（b）款将任何物品、东西、食物、活生的禽鸟、鱼或动物从该已封处所移走的费用；及

（c）根据第（13）（c）款作出安排的费用，

则主管当局可将该不敷之数，作为民事债项向紧接在有关的封闭令开始生效之前管理或控制该处所的人（如该处所为船只或船只的一部分则向该船只的船长）追讨。

（由2002年第1号第3条增补）

128C. 封闭构成对健康的即时危害的处所的权力

（1）如主管当局有合理因由相信本条适用的某处所的使用或在该处所内进行的任何活动构成对健康的即时危害，主管当局可使用附表7表格I作出封闭令，立即封闭该处所。

（2）封闭令的实施——

（a）（如在作出该命令当日，有关处所是用作供人居住的）不得阻止上述居住；或

（b）不得影响任何建筑物内的任何公用地方或任何公众地方的使用而致于阻塞公众通道或走火通道。

（3）封闭令的一份文本一经——

（a）张贴于该命令所关乎的处所的显眼处；及

（b）送达该处所的拥有人，而送达的方式是以挂号邮递方式将该文本寄往该拥有人最后为人所知的营业或居住地点，

封闭令即开始生效。

（4）封闭令一直有效，直至主管当局根据第（6）款发出通知为止。

（5）如有封闭令就任何处所作出，任何对该处所有权益的人可向主管当局申请撤销该命令。

（6）不论是否已有申请根据第（5）款提出，如主管当局信纳有下述情况，须使用附表7表格J格式发出通知，即时撤销封闭令——

（a）就有关的封闭令所关乎的处所而言，有关的对健康的即时危害已消除，而该处所的使用或拟在该处所内进行的活动，已根据第128B（1）条所述的任何附属法例获发牌照、获得准许或许可；或

（b）该处所不会用作第128A（1）条所述的任何用途，而第128A（1）条所述的任何

活动均不会在违反第128A(1)条所述的任何附属法例的情况下在该处所内进行。

(7)主管当局如拒绝应申请根据第(6)款发出通知，则须向申请人送达关于该项拒绝的通知；而申请人可在该关于该项拒绝的通知送达当日之后的7天内或主席所容许的较长期间内，针对主管当局的决定向上诉委员会提出上诉。

(8)除非主席另有命令，否则根据第(7)款提出的上诉，并不具有暂缓执行封闭令的效力。

(9)在符合第(2)款的规定下，关乎某处所的封闭令开始生效时，主管当局须将或安排他人将该已封处所的任何或所有出入口上锁或加封，并可将或安排他人将该处所的燃气及水电供应截断。

(10)除第(11)款另有规定外，任何人不得进入或停留在任何已封处所中，但正在执行其职务的公职人员不在此限。

(11)主管当局——

(a)可藉书面准许任何人为准许书所指明的目的而进入及停留在某已封处所内；

(b)可就该项准许施加其认为适合的条件；

(c)如认为准许书所指明的目的不再存在或任何根据(b)段就某项准许施加的条件已遭违反，则可撤销该项准许；

(d)要求任何被发现处身于任何已封处所的人离开该处所，如该人拒绝离开，则主管当局可在有警务人员或无警务人员的协助下将该人从该处所移走，并可为此而使用合理所需的武力。

(12)任何人无合法权限亦无合理辩解——

(a)移去或污损任何根据第(3)(a)款张贴的封闭令文本；

(b)破开或干扰根据第(9)款加上的锁或封条；或

(c)违反第(10)款，

即属犯罪。

(13)主管当局可——

(a)按其认为适合的方式处置——

(i)在任何已封处所内发现并须立即处置的任何物品、东西或易毁消食物；

(ii)在该处所内发现的任何活生的禽鸟、鱼或动物；

(b)移走——

(i)在任何已封处所内发现而留在该处所内则相当可能会引起火警危险或危害生命或健康的任何物品、东西或食物；

(ii)在该处所内发现的任何活生的禽鸟、鱼或动物；

(c)就根据(b)段移走的活生的禽鸟、鱼或动物作出其认为适合的安排；

(d)在有关的已封处所的显眼处，张贴一份中英文告示——

(i)列出他认为可予退还的根据(b)段移走的物品、东西、食物、活生的禽鸟、鱼或动物的详情；及

(ii)呼吁在该告示张贴当日之后的7天内向他提出退还该等物品、东西、食物、活生的禽鸟、鱼或动物的申索。

(14)如有第(13)(d)(ii)款所述的申索提出，主管当局——

（a）如不信纳申索人有权管有有关物品、东西、食物、活生的禽鸟、鱼或动物，亦不信纳申索人是其拥有人，或该禽鸟、鱼或动物已死亡，则须拒绝将其退还申索人；或

（b）可应申索而将该物品、东西、食物、活生的禽鸟、鱼或动物退还申索人，并将将之移走和贮存或为之作出安排而招致的开支，作为民事债项向该申索人追讨。

（15）凡主管当局根据第（13）（b）款移走任何物品、东西、食物、活生的禽鸟、鱼或动物，而在第（13）（d）（ⅱ）款所指明的限期内并没有任何申索提出，或主管当局按照第（14）（a）款拒绝将其退还，则可藉公开拍卖方式将该物品、东西、食物、活生的禽鸟、鱼或动物出售，或按法庭命令以法庭所指示的其他方式出售或处置；出售所得的收益，则由主管当局保留，并用以支付与强制执行封闭令相关而招致的开支，余款（如有的话）则须按在出售当日之后90天内提出的要求而付给该物品、东西、食物、活生的禽鸟、鱼或动物的拥有人。

（16）如无人按照第（15）款提出要求，则余款须付入政府一般收入。

（17）如根据第（15）款出售所得的收益不敷支付主管当局——

（a）根据第（9）款在任何已封处所进行的工程的费用；

（b）根据第（13）（b）款将任何物品、东西、食物、活生的禽鸟、鱼或动物从该已封处所移走的费用；及

（c）根据第（13）（c）款作出安排的费用，

则主管当局可将该不敷之数，作为民事债项向紧接在有关的封闭令开始生效之前管理或控制该处所的人（如该处所为船只或船只的一部分则向该船只的船长）追讨。

（18）任何人因任何根据第（1）款作出的封闭令而感到受屈，可在该命令作出当日之后的7天内或主席所容许的较长期间内，针对该命令向上诉委员会提出上诉。

（19）除非主席另有命令，否则根据第（18）款提出的上诉，并不具有暂缓执行封闭令的效力。

（由2002年第1号第3条增补）

128D. 向封闭令（对健康的即时危害）上诉委员会提出上诉

（有关《立法会决议》（2007年第130号法律公告）所作之修订的保留及过渡性条文，见载于该决议第（12）段。）

（1）现设立一个名为“封闭令（对健康的即时危害）上诉委员会”的上诉委员会。

（2）上诉委员会的职能是就任何根据第128C（7）或（18）条向上诉委员会提出的上诉，进行聆讯并作出裁定。

（3）行政长官须从根据《区域法院条例》（第336章）第5条有资格获委任为区域法院法官的人中委任——

（a）一名上诉委员会主席；

（b）一名上诉委员会第一副主席；及

（c）一名上诉委员会第二副主席。

（4）行政长官须委任一个由不少于18名并非公职人员的人组成的小组，他们均须是行政长官认为适合根据第（8）（b）款被任命为上诉委员会的成员以聆讯上诉的。

（5）第（3）或（4）款所指的委任须在宪报公布，任期均不得超过3年。任何根据第（3）或（4）款获委任的人，可再获委任，并可藉向行政长官发出书面通知而辞职。

（6）食物及卫生局局长可委任 ——*（由2002年第106号法律公告修订；由2007年第130号法律公告修订）*

（a）一名上诉委员会秘书；及

（b）该局长认为需要的其他职员以协助该秘书。

（7）向上诉委员会提出的上诉的各方当事人是上诉人及主管当局。上诉当事人可出席上诉聆讯，并可 ——

（a）亲自陈词；或

（b）由大律师或律师代表，如获得主席的批准，亦可由该当事人以书面授权的任何其他人代表。

主管当局亦可由《律政人员条例》（第87章）所指的律政人员代表。

（8）为聆讯上诉的目的，上诉委员会的成员是 ——

（a）主席或副主席，负责主持聆讯；及

（b）2名从第（4）款所提述的小组中轮流挑选、并由主席任命以聆讯上诉的其他人。

（9）如主席在任何期间内因生病、不在香港或任何其他因由而不能执行其职能，上诉委员会第一副主席须在该段期间内署理主席一职，并以署理主席身份执行主席的所有职能。

（10）如副主席在任何期间内因生病、不在香港或任何其他因由而不能执行其职能，另一名副主席须在该段期间内暂代该不能执行职能的副主席，并在暂代该副主席期间执行该副主席的所有职能（包括根据第（9）款该副主席本须执行的职能）。

（11）如根据第（8）（b）款或本款获任命以聆讯上诉的人，在任何期间内因生病、不在香港或任何其他因由而不能执行其职能，主席可任命从第（4）款所提述的小组中轮流挑选的另一人，在该段期间内暂代该不能执行职能的人，并在暂代该人期间执行该人的所有职能。

（12）尽管上诉委员会的成员有所变动，上诉聆讯在上诉的各方当事人的同意下仍可继续进行。

（13）为上诉的目的，上诉委员会 ——

（a）可接受和考虑任何资料，不论是口头证据、书面陈述、文件或其他形式的资料，亦不论该等资料可否在民事或刑事诉讼中接纳为证据；及

（b）可应 ——

（i）根据第128C（7）条提出的上诉，确认主管当局的决定或命令主管当局根据第128C（6）条发出通知；或

（ii）根据第128C（18）条提出的上诉，确认、暂缓执行或推翻有关封闭令。

（14）上诉委员会就上诉作出的决定，须是过半数聆讯上诉的成员的决定。

（15）上诉委员会须以书面说明作出决定的理由。上诉委员会秘书须将上诉委员会的决定及作出该项决定的理由的文本送达上诉的各方当事人。

（16）任何向上诉委员会上诉的人如不满上诉委员会的决定，可于收到该项决定及作出该项决定的理由的文本后14天内，向原讼法庭上诉。原讼法庭可确认或推翻上诉所针对的决定。原讼法庭作出的决定是最终决定。

（17）除非原讼法庭另有命令，否则根据第（16）款提出的上诉，并不具有暂缓执行封

闭令的效力。

（18）在不抵触本条及根据第（20）款订立的规则的规定下，主持聆讯的人可决定聆讯向上诉委员会提出的上诉的程序。

（19）如有人以书面提出申请，而主席信纳该人有充分理由提出该项申请，则主席可——

（a）将该人可根据第128C（7）或（18）条向上诉委员会上诉的时限延长；及

（b）命令该人根据第128C（7）或（18）条提出的上诉所关乎的封闭令在上诉等候裁定期间暂缓执行。

（20）主席于咨询食物及卫生局局长后，可订立规则——*（由2002年第106号法律公告修订；由2007年第130号法律公告修订）*

（a）规管向上诉委员会提出上诉的事宜；

（b）指明须就上诉提交或送达的文件；及

（c）就聆讯该等上诉及予以裁定以及强制执行上诉委员会的决定作出规定。

如此订立的规则是附属法例。

（由2002年第1号第3条增补）

129. 主管当局可应要求提供服务等

除在本成文法则或其他成文法则另予明订的情况外，就本条例条文而言属主管当局的任何公职人员，如觉得有利于达致施行本条例的目的，可应任何人要求并在运用其酌情决定权下，代该人进行工作，或提供任何服务，并可按第130条所订定的方式向该人追讨有关费用。

（由1999年第78号第7条修订）

130. 公职人员追讨已进行工作或已提供服务的费用

（1）凡任何公职人员根据本条例条文有权追讨已进行工作或已提供服务的费用，则该公职人员可核证有关的欠款及须对该等欠款负法律责任的人的姓名或名称，并可藉有关的证明书而在上述的人之间分摊上述款项。

（2）如属已进行工作或已提供服务的情况，上述款项可包括——

（a）该公职人员为进行该等工作或为提供该等服务而供应或要求他人供应劳工、运输或物料的费用；及

（b）监督费用及政府部门的费用。

（3）上述证明书副本须向名列证明书的每一人送达。

（4）凡有关的人欠缴被申索的款项，则上述公职人员可运用其酌情决定权，命令在所申索的款项上附加下列款额并一并予以追讨——*（由1986年第10号第18条修订）*

（a）如欠缴有关款项为期超过30天，附加欠缴款额的5%；

（b）如欠缴有关款项为期超过60天，附加欠缴款额的10%。

（5）即使任何人已缴付上述款项，亦不损害向在发出上述证明书所关乎事宜方面因其他原因须负法律责任的其他人追讨该款项或其任何部分的权利。

（6）任何公职人员根据本条例条文有权追讨的款项，均可由该公职人员以追讨欠政府的民事债项或欠政府的简单合约债项方式，在任何有司法管辖权的法庭循简易程序追讨。*（由1973年第21号第10条修订；由2000年第59号第3条修订）*

（6A）—（6B）*（由1999年第78号第7条废除）*

（7）就追讨上述款项而发出的任何传票或令状，如看似已留于被告人最后为人所知的地址或营业地点，或如有关公职人员不知其所在地时，看似已交付与寻求追讨款项有关的处所或地方的任何成年占用人或张贴于该处所或地方的显眼地方，而法庭并信纳上述事项，则上述传票或令状均视为已妥为送达。

（8）任何证明书如看来是按照第（1）款条文发出，并列明所申索的款额为欠款及名列其内的人须负缴付该欠款的法律责任，并指明申索的性质及详情，即为其内所述事实的表面证据，以及其内所作签署乃属正确的表面证据。

（9）如根据本条条文提出追讨款项的申索，而缴付该款项的责任是就《建筑物条例》（第123章）所指的建筑工程而产生的，则有关的公职人员，可在悉数追讨得该款项前，随时在土地注册处将一份根据第（1）款条文所发出证明书的提要，在产生该款项缴付责任所关乎的财产的业权名目下注册；而在此情况下，该款项则为土地上的一项押记，并可按照第（6）款条文，向当时或此后在土地注册处注册纪录册中看似是该土地的拥有人的人追讨：*（由1993年第8号第2条修订）*

但如任何人的权益是在上述证明书的提要注册前已获注册的，则就该人而言，并不会仅凭借本款而当作有任何押记产生。

（10）凡已根据本条条文追讨得任何款项，则有关的公职人员须在土地注册处就已根据第（9）款条文向该处提交的任何提要，再行提交一份适当的债项清偿提要。*（由1993年第8号第2条修订）*

（11）如就2笔或多于2笔的款项，以其作为根据本条例条文属欠款的性质而向任何人提出申索，则为施行本条例而就该人发出的令状、申诉、传票或手令，均可在其正文或其附表内，载列所申索的全部款项或其中任何款项。

（由1999年第78号第7条修订）

131. 提出某些法律程序时可用的名义

（1）在不损害本条例或其他成文法则中关于检控刑事罪行的条文的原则下，就附表6第1栏所指明的本条例条次的条文所订罪行而提出的检控，可以该附表第2栏与该等条文相对之处所指明的公职人员的名义提出。*（由1999年第78号第7条修订）*

（2）本条或第132条条文，不得当作减损律政司司长就刑事罪行提出检控的权力。*（由1997年第362号法律公告修订）*

（3）就本条例条文所订罪行，或就根据本条例条文订立的规例所订罪行提出的每宗申诉或告发，须按《裁判官条例》（第227章）所订明的方式提出。

（4）行政长官会同行政会议可藉命令将附表6修订、增补或删减。*（由2000年第59号第3条修订）*

132. 某些法律程序的提起及进行

可以其名义就本条例条文或就根据本条例条文订立的规例所订罪行提出法律程序的任何公职人员，均可就一般情况或特定情况，以书面授权任何公职人员代其在法庭席前提起或进行该等法律程序，而尽管《法律执业者条例》（第159章）的条文另有规定，获如此授权的公职人员，亦可在法庭席前提起和进行该等法律程序。

（由1999年第78号第7条修订；由2007年第7号法律公告修订）

133. 对落入某些公职人员管有的财产的处置

就本条例条文而言属主管当局的任何公职人员，如根据本条例条文以致管有任何财产，则除非已另有明订的处置方式，否则《刑事诉讼程序条例》(第221章) 第102条即告适用，犹如该公职人员是该条条文所指的警方，而上述财产是在与刑事罪行相关的情况下落入警方管有的财产一样。

(由1999年第78号第7条修订)

134. 通知的送达

除非已另予明订，否则根据本条例条文须予送达的任何命令、通知、缴费通知书、证明书或其他文件，可按下述其中一种方式送达 ——

(a) 交付予须向其送达有关文件的人；

(b) 以挂号邮递方式寄往须向其送达有关文件的人最后为人所知的营业或居住地点；

(c) 留予通知所关乎的处所或地方的任何成年占用人，或张贴于该处所或地方的显眼处：

但如在采取任何上述送达方法的同时，或在取代任何上述送达方法下，在宪报刊登任何上述命令、通知、缴费通知书、证明书或其他文件及可知的有关收件人的详情，亦须当作为一项妥善送达。

135. 认证文件和将文件作为证据出示

(1) 除在另予明订的情况外，任何公职人员根据本条例条文作出的命令、通知、缴费通知书、证明书或其他文件，均须由该公职人员签署，或由该公职人员就此以书面授权的公职人员签署。*(由1986年第10号第20条修订)*

(2) 如任何文件看来是由公职人员根据本条例条文发出，并经按第 (1) 款所订定的方式签署的命令、通知、缴费通知书、证明书或其他文件，则该等文件均须获接受为证据，而除非相反证明成立，否则亦须将其当作为上述命令、通知、缴费通知书、证明书或其他文件，无须再加证明。

(3) 尽管《提供市政服务 (重组) 条例》(第552章) 对本条作出修订，在该等修订的生效日期当日及以后，第 (2) 款仍适用于在该生效日期之前发出和签署而若非因该等修订生效则该款本会适用的命令、通知、缴费通知书、证明书或其他文件，犹如该等修订不曾作出一样。*(由1999年第78号第7条增补)*

(由1999年第78号第7条修订)

136. 对雇用受雇人的推定

如有任何牌照或许可证根据本条例就任何处所或处所任何部分批出，而任何人看似受雇在该处所或该处所有关部分内工作或受雇在其附近工作，则除非相反证明成立，否则该人须当作为获批给该牌照或许可证的人的受雇人。

137. 法团犯罪

如法团犯了本条例所订罪行，或犯了根据本条例订立的规例或作出的命令所订罪行，而该项罪行并经证明是在该法团任何董事、经理、秘书或其他类似身份的人员，或其意是以该等身份行事的人的同意或纵容下所犯，或可归咎于上述任何人的疏忽，则该人与该法团均须当作犯了该项罪行，并可据此而予以起诉和惩罚。

137A.《简易程序治罪条例》及《公安条例》的适用范围

为施行《简易程序治罪条例》(第228章) 及《公安条例》(第245章), 在任何体育场、博物馆、图书馆或文娱中心内公众可不时以缴费或其他方式进入的任何部分, 在该等时间内均须当作为公众地方。

(由1973年第21号第11条增补)

138. 对真诚地行事的公务员的保障

公职人员如在执行或其意是执行本条例规定时, 作出任何在其受雇范围内的作为, 而他在作出该作为时诚实地相信他在本条例下的职责规定他须作此作为或赋权予他可作此作为, 则其本人不会因该作为而须负法律责任:

但本条条文不得解释为免除政府因公务员的作为而须负的法律责任。

(由2000年第59号第3条修订)

139. 妨碍有关人员执行职责

如任何人为执行本条例所订的职责而行事, 或为执行根据本条例作出或发出的命令或手令所订的职责而行事, 则另一人如故意妨碍、抗拒或辱骂该人, 而本条例并无就此订定其他条文, 该另一人即属犯罪。

(由2011年第5号第70条修订)

140. 证明疫苗接种及防疫注射的举证责任

凡任何人根据本条例条文须接种疫苗、接受防疫注射, 或以其他方式获得防疫, 该人须负有举证责任, 证明已作有关疫苗接种、防疫注射或防疫措施 (视属何情况而定)。

141. 对多于一人进行法律程序

(1) 凡可根据本条例对多于一人就其共同作为或失责进行法律程序, 则即使只对其中一人或某些人而不对其他的人提出起诉, 亦属足够。

(2) 凡就本条例条文而言属主管当局的任何公职人员送达的通知的规定没有获遵从, 并因此而构成罪行, 则如亦有向多于一人就上述事宜送达类似的通知 —— *(由1999年第78号第7条修订)*

(a) 即使只对其中一人或某些人而不对其他的人提出起诉, 亦属足够; 及

(b) 凡有多于一名上述的人被起诉, 法庭就各方面而言均可将该等被起诉的人作共犯处理。

142. 权力的转授

任何公职人员, 可将本条例条文所授予的权力、职能、权限或酌情决定权 (订立规例的权力除外), 转授予任何公职人员或任何类别的公职人员。

(由1999年第78号第7条修订)

143. 与规例有关的一般权力

根据本条例订立的规例, 可订定下列事项 ——

(a) 凡违反该等规例条文者均构成罪行, 并可就此订明不超过第6级的罚款及监禁6个月的刑罚, 亦可就持续犯罪的情况订明$1,500的每日罚款, 以及就关乎任何处所、行业或业务的罪行, 订明须封闭该等处所, 或中止该等行业或业务; *(由1978年第57号第5条修订; 由1987年第37号第3条修订; 由1996年第177号法律公告修订)*

(b) 因违反上述任何规例的罪行提出法律程序时, 就所用的名义订定条文; 及

(c) 就向行政长官或行政长官会同行政会议以呈请方式提出的上诉，订定条文。*(由2000年第59号第3条修订)*

144. *(由1999年第78号第7条废除)*

144A. 对某些权力的限制

如任何处所为政府租契标的，则主管当局没有经该处所的承租人同意，不得就该处所行使第42A(1)、76A(1)、79(3)、105A(1)、105G、105K(1)、105M(1)、106(1)及124A(4)条所授予的权力。

(由1973年第21号第12条增补；由1977年第70号第3条修订；由1998年第29号第105条修订)

145. *(由1999年第78号第7条废除)*

146. 行政长官会同行政会议获赋权在任何上诉中，就法律问题向上诉法庭呈述案件以征询意见

(1) 行政长官会同行政会议在向其根据本条例条文提出的上诉中，可随时运用其酌情决定权，指示须就该项上诉所涉及的法律问题呈述案件以向上诉法庭征询意见。所呈述案件的措词，须由案中各方议定，而在没有议定时，则须由上诉法庭决定。上诉法庭须聆讯和裁定在上述情况下呈述的案件中所出现的法律问题，并将该案发还行政长官会同行政会议，而行政长官会同行政会议则须藉命令以使法庭的裁定生效。上述聆讯的讼费，均由法庭运用酌情决定权决定。

(2) 在聆讯于上述情况下呈述的案件时，有关上诉中的任何一方均有权由大律师代表陈词。

(3) 行政会议秘书须向上诉人发出7天通知期的上诉聆讯通知，并须同时将答辩人所呈交以供行政长官会同行政会议考虑的证据及文件副本各一份，提供予上诉人。*(由1994年第14号第24条修订)*

(4) 行政长官会同行政会议对根据本条例条文提出的上诉所作的决定为最终决定，并可由原讼法庭强制执行，犹如该项决定为该法院所发出的命令一样。

(5) 任何人如选择向原讼法庭申请取得履行义务令、强制令、禁止令或其他命令，而不向行政长官会同行政会议上诉，则本条例所载条文不得解释为阻止该人向原讼法庭提出上述申请。

(由1975年第92号第59条修订；由1998年第25号第2条修订；由2000年第59号第3条修订)

147. 表格

(1) 凡根据本条例条文规定须使用附表7所订明的任何表格，则须使用该附表所订明的有关适当表格，或使用在作出按情况所需的更改下具有同样意思的表格。

(2) 行政长官会同行政会议可藉命令将当其时附表7所订明的任何表格修订，亦可以同样方式在该附表增补或删减任何表格。*(由2000年第59号第3条修订)*

148. 关于罪行及某些通知的过渡性条文

(1) 如在任何成文法则下犯罪（而该罪行属订有持续犯罪刑罚者），而该成文法则已被根据本条例订立的规例撤销或取消与重新制定（不论是否有作出修订），则在该等规例的生效日期后，可根据该等规例就该罪行的持续进行法律程序，其方式犹如该罪行是在该等规例的相应条文下所犯一样。

（2）凡被根据本条例订立的规例撤销或取消的成文法则与发出下述通知有关——

（a）在作出某作为或在发生某事情之前一段指明期间或之前所发出的通知；或

（b）在作出某作为或在发生某事情之后的指明期间内所发出的通知，

而上述规例的生效日期，是在根据上述成文法则而适用于任何特定作为或任何特定事情的期间之内的，则在与上述特定作为或事情有关时，所作的撤销或取消与重新制定，在首述的情况下，均须当作已在一个足够使所规定的通知得以根据上述规例的相应条文发出的较早日期生效，而在次述的情况下，则须当作已在紧接作出上述作为或发生上述事情前生效。

（3）如已根据任何成文法则送达与作出某作为或发生某事情有关的通知，而该成文法则已被根据本条例订立的规例撤销或取消与重新制定（不论是否有作出修订），则该通知须当作已根据上述规例的相应条文送达。

149.*（由1999年第78号第7条废除）*

150. 罚则

任何人犯附表9第1栏所指明的本条例条文所订罪行，一经循简易程序定罪，可处以该附表第2栏就此所指明的刑罚，而所犯罪行如属持续的罪行，则另可按法庭就所提出的证明而信纳属该罪行持续期间内的每一天，处以该附表第3栏就此所指明的罚款。

151.*（由1999年第78号第7条废除）*

152.*（由1999年第78号第7条废除）*

153.*（由1999年第78号第7条废除）*

154. 过渡性条文

在根据本条例订立的附属法例中，凡提述订明费用或根据第124K条厘定的费用，均包括提述根据《提供市政服务（重组）条例》（第552章）第9（2）条继续有效的费用，犹如该等费用是根据第124I、124J或124L条订明或根据第124K条厘定的（视属何情况而定），直至有关费用根据第124I、124J、124K或124L条被取代为止。

（由1999年第78号第7条增补）

附表1

［第2及84条］

附表所列罪行

（格式变更——2019年第4号编辑修订记录）

第51A（4）及（5）条

第54（1）条

根据第55、56、80（1）或83A条订立的规例

第83B条

第128（3）条

第128(10)(a)条

第139条

《简易程序治罪条例》(第228章)第4A及5条

(由1978年第276号法律公告代替；由1986年第264号法律公告修订；由1988年第76号第4条修订)

附表2

[第2、93及102条]

附表所列处所

(格式变更——2019年第4号编辑修订记录)

处所类别	有关处所可容纳的每一人每小时可获供应的分量(以立方米计)
食肆	17
跳舞场所	17
剧院	13
戏院	13
殡仪馆	17
工厂食堂	17

(由1974年第61号第12条修订；由1979年第89号法律公告修订；由1989年第366号法律公告修订；编辑修订——2019第4号编辑修订记录)

附表3

[第3条]

指定主管当局

(格式变更——2019年第4号编辑修订记录)

(有关《立法会决议》(2007年第130号法律公告)所作之修订的保留及过渡性条文，见载于该决议第(12)段。)

条次	指定主管当局	条次	指定主管当局
4	渠务署署长	32	食物环境卫生署署长
5	渠务署署长	33	食物环境卫生署署长

（续上表）

条次	指定主管当局	条次	指定主管当局
6	渠务署署长	34	食物环境卫生署署长
7	渠务署署长	35	食物及卫生局局长
9	渠务署署长	36	食物环境卫生署署长
10	渠务署署长	37	食物环境卫生署署长
13	食物环境卫生署署长	38	食物环境卫生署署长
14	食物环境卫生署署长	42	如关乎公众泳池，指民政事务局局长，如关乎其他泳池，则指食物及卫生局局长
15	食物及卫生局局长	42A	康乐及文化事务署署长
20	食物环境卫生署署长	42B	康乐及文化事务署署长
22	食物环境卫生署署长	43	康乐及文化事务署署长
22A	食物环境卫生署署长	44	康乐及文化事务署署长
23	食物环境卫生署署长	46	食物环境卫生署署长
23A	食物环境卫生署署长	47	食物环境卫生署署长
24	食物环境卫生署署长	48	食物环境卫生署署长
26	食物及卫生局局长	49	食物及卫生局局长
27	食物环境卫生署署长	51A	食物环境卫生署署长
28	食物及卫生局局长	56	食物环境卫生署署长，但如关乎药物，则指卫生署署长
29	食物及卫生局局长	56A	卫生署署长
30	食物环境卫生署署长	58	食物环境卫生署署长，但如关乎药物，则指卫生署署长
59	食物环境卫生署署长，但如关乎药物，则指卫生署署长	92B	如关乎附表11所指明的活动，指民政事务局局长，如关乎附表11A所指明的活动，则指食物及卫生局局长
62	食物环境卫生署署长，但如关乎药物，则指卫生署署长	93	食物环境卫生署署长
69	食物环境卫生署署长，但如关乎药物，则指卫生署署长	94	食物环境卫生署署长
70	食物环境卫生署署长，但如关乎药物，则指卫生署署长	94A	食物及卫生局局长
75	食物环境卫生署署长，但如关乎药物，则指卫生署署长	100	食物环境卫生署署长

（续上表）

条次	指定主管当局	条次	指定主管当局
76A	食物环境卫生署署长	101	食物环境卫生署署长
76B	食物环境卫生署署长	104	食物及卫生局局长
77	食物及卫生局局长	105	屋宇署署长
78	食物环境卫生署署长	105A	康乐及文化事务署署长
79（1）、（3）及（5）	食物环境卫生署署长	105B	康乐及文化事务署署长
79A	食物环境卫生署署长	105C	康乐及文化事务署署长
80	食物及卫生局局长	105D	民政事务局局长
81	食物环境卫生署署长	105E	康乐及文化事务署署长
82	食物环境卫生署署长	105G	康乐及文化事务署署长
83A	食物及卫生局局长，但就第83A（1）（g）及（i）条而言，则指食物环境卫生署署长	105H	康乐及文化事务署署长
83B	食物环境卫生署署长	105I	民政事务局局长
84	食物环境卫生署署长	105K	康乐及文化事务署署长
86	食物环境卫生署署长	105L	民政事务局局长
86B	食物环境卫生署署长	105M	康乐及文化事务署署长
92A	康乐及文化事务署署长	105N	康乐及文化事务署署长
92AA	民政事务局局长	105O	民政事务局局长
92AB	食物环境卫生署署长	105P	康乐及文化事务署署长
105Q	康乐及文化事务署署长	121	食物环境卫生署署长
106（1）及（6）	康乐及文化事务署署长	123	食物及卫生局局长
106（3）及（4）	地政总署署长	123A	食物环境卫生署署长
107	康乐及文化事务署署长	123B	食物环境卫生署署长
108	康乐及文化事务署署长	123C	食物及卫生局局长
109	民政事务局局长	124	食物环境卫生署署长
110	康乐及文化事务署署长	124A	食物环境卫生署署长
111	康乐及文化事务署署长	124B	食物环境卫生署署长

（续上表）

条次	指定主管当局	条次	指定主管当局
111B	地政总署署长	124C	食物环境卫生署署长
111C	地政总署署长	124D	食物环境卫生署署长
112	食物环境卫生署署长	124E	食物及卫生局局长
112A	食物环境卫生署署长	124I	食物及卫生局局长
113A	食物及卫生局局长	124J	民政事务局局长
114	如关乎附表5第1、2及4A部所指明的坟场，指地政总署署长	124K（1）	康乐及文化事务署署长
115	如关乎附表5第1部所指明的坟场，指食物环境卫生署署长	124K（3）	康乐及文化事务署署长
116	如关乎附表5第1及2部所指明的坟场，指食物及卫生局局长	124L	民政事务局局长
117	食物环境卫生署署长	127	食物环境卫生署署长
118（1）及（4）	食物环境卫生署署长	128B	食物环境卫生署署长
118（2）	如关乎附表5第1、2及4A部所指明的坟场，指食物环境卫生署署长	128C	食物环境卫生署署长
119A	如关乎附表5第1部所指明的坟场，指食物环境卫生署署长	128D	食物环境卫生署署长

附表4

［第2及106条］

公众游乐场地

（格式变更——2019年第4号编辑修订记录）

公众游乐场地（泳滩除外）

香港岛（由2007年第177号法律公告修订）

九如坊儿童游乐场

卜公花园

三号码头花园

下亚厘毕道休憩处

上环体育馆

上鸡笼湾临时休憩处

士美非路儿童游乐场

士美非路体育馆

大王东街休憩处

大坑径休憩处

大坑径游乐场

大坑道休憩花园

大坑道儿童游乐场

大坑道／蓝塘道儿童游乐场

大浪湾郊游区
大潭水塘道休憩处
大潭道／柴湾道小园地
小西湾一号休憩处
小西湾二号休憩处
小西湾海滨花园
小西湾运动场
小西湾道休憩处
小西湾道花园
小西湾体育馆
山顶花园
山顶道花园
山顶练靶场郊游区
山道天桥休憩处
山道休憩花园
山道花园
工厂街游乐场
干德道休憩花园
干德道儿童游乐场
干德道配水库游乐场
中山纪念公园
中山纪念公园社区园圃
中山纪念公园体育馆
中西区海滨长廊——上环段
中西区海滨长廊——中环段
中和里休憩处
中环码头海滨长廊
太平山狮子亭
太和街游乐场
太乐街休憩处
天后庙花园
天后庙道一号花园
天后庙道二号花园
天后庙道三号花园
天后庙道公园
天后庙道休憩处
天后庙道／炮台山道花园
巴色道游乐场
加多近街临时花园
加伦台儿童游乐场
加惠民道休憩处
加惠民道花园
北角汽车渡海轮码头游乐场
北角海水配水库休憩处
北角海滨花园（一期）
北角配水库游乐场
北角渡海轮码头广场海滨花园
北角街市天台儿童游乐场
司徒拔道休憩处
司徒拔道儿童游乐场
司徒拔道花园
司徒拔道眺望处
正街休憩处
民康街游乐场
永利街休憩花园
永利街休憩处
永泰道花园
永宁街休憩处
玉桂山配水库休憩处
甘道儿童游乐场
田湾邨游乐场
田湾街市天台儿童游乐场
白建时道休憩处
石山街休憩处
石水渠街花园
石排湾邨一号游乐场
石排湾道小园地
石排湾道游乐场
石塘咀体育馆
石澳村休憩处
石澳村儿童游乐场
石澳泳滩休憩处
石澳海角郊游区
石澳道眺望处
伊利近街儿童游乐场
光明街儿童游乐场
光汉台花园
吉席街花园
成和道休憩花园
旭龢道休憩花园
旭龢道休憩处
百子里公园

百福道交通安全城
百福道游乐场
西安里休憩花园
西安里儿童游乐场
西湖里游乐场
西源里休憩处
西宁街花园
西营盘邮政局儿童游乐场
西湾河海滨公园
西湾河游乐场
西湾河体育馆
克顿道休憩处
利南道一号休憩处
告士打道花园
告士打道／景隆街休憩处
李升街游乐场
杏花邨休憩处
杏花邨游乐场
沙宣道休憩花园
贝璐道休憩花园
赤柱市场道休憩处
赤柱正滩水上活动中心
赤柱村道花园
赤柱海滨长廊
赤柱连合道休憩处
赤柱新街／赤柱村道休憩处
赤柱滩道休憩处
赤柱滩道儿童游乐场
赤柱体育馆
卑路乍街休憩处
卑路乍湾公园
和平纪念碑
和富花园
和富道休憩花园
奇灵里儿童游乐场
屈地街儿童游乐场
屈臣道休憩花园
怡泰街休憩处
怡盛里临时休憩处
东院道休憩处
东院道临时休憩花园
东区文化广场
东喜道休憩处
东华百周年纪念广场花园
油街休憩处
玫瑰里儿童游乐场
芬尼街休憩处
金华街休憩花园
金钟花园
南安街休憩处
南安街／新成街休憩处
南风道休憩花园
南朗山道休憩花园
南朗山道休憩处
南朗山道儿童游乐场及休憩花园
南区新围村休憩处
南宁街休憩处
南湾道休憩花园
南湾道花园
城西公园
威非路道休憩花园
屋兰士街休憩处
急庇利街休憩处
春园街休憩处
柯士甸山游乐场
柯士甸山道休憩花园
柏架山道休憩处
洪圣街休憩花园
炮台山道花园
炮台山道游乐场
皇后大道东花园
皇后大道东／轩尼诗道休憩处
皇后街休憩花园
皇后像广场花园
皇龙道休憩处
科士街临时游乐场
英皇道小园地
英皇道游乐场
香港公园
香港公园体育馆
香港仔大石角休憩花园
香港仔大道／鸭脷洲大桥休憩处

香港仔水塘道休憩处
香港仔水塘道花园
香港仔海旁道休憩处
香港仔海滨公园
香港仔运动场
香港仔网球及壁球中心
香港仔旧大街休憩花园
香港仔体育馆
香港佐治五世纪念公园
香港动植物公园
香港网球中心
香港壁球中心
香叶径宠物公园
香叶道休憩处
修顿游乐场
夏慤花园
差馆上街休憩处
桂芳街游乐场
柴湾公园
柴湾北配水库游乐场
柴湾池畔花园
柴湾道一号休憩处
柴湾道二号休憩处
柴湾道儿童游乐场
柴湾道回旋处花园
柴湾道临时休憩花园
柴湾体育馆
泰民街休憩处
泰民街游乐场
浣纱街儿童游乐场
海宁街休憩处
留仙街临时休憩处
祥民道休憩花园
般咸道天桥休憩处
般咸道休憩花园
轩尼诗道/庄士敦道休憩处
轩尼诗道游乐场
马己仙峡配水库游乐场
马己仙峡道花园
高西郊游区（临时）
健康村游乐场
坚尼地城游泳池休憩处
坚尼地道游乐场
坚巷花园
坚道休憩处
坚道花园
坚弥地城配水库游乐场
坚弥地城游乐场
坚弥地城临时游乐场
坚弥地街休憩处
基利路休憩处
崇庆里儿童游乐场
常安街游乐场
常安街宠物公园
常丰里休憩处
康祥街休憩处
康富游乐场
康愉街休憩处
康福台休憩花园
康乐花园
扫杆埔运动场
教堂街休憩处
望隆街休憩处
梅芳街休憩处
梅芳街儿童游乐场
深湾道休憩处
浅水湾花园
浅水湾海滩儿童游乐场
清华街休憩处
添马公园
毕拉山休憩处
第三街休憩处
第三街游乐场
春坎角公园
春坎角海滩儿童游乐场
荷李活道公园
荷李活道儿童游乐场
富康街休憩处
富康街宠物公园
普乐里休憩处
港岛东体育馆
港湾道花园

港湾道体育馆
渣华道游乐场
渣华道体育馆
琳宝径休憩花园
发兴街儿童游乐场
统一码头道休憩处
华安里休憩处
华林径休憩处
华翠街休憩处
菲林明道花园
跑马地游乐场
云地利道花园
云景道配水库游乐场
黄竹坑配水库休憩花园
黄竹坑游乐场
黄竹坑道花园
黄竹坑体育馆
黄泥涌水塘公园健身径
黄泥涌水塘花园
黄泥涌峡休憩处
黄泥涌道休憩花园
黄泥涌道休憩处
黄泥涌道新月花园
黄泥涌体育馆
黄蔴角道游乐场
黄蔴角道临时休憩处
厦门街休憩处
爱民街休憩处
爱秩序街游乐场
爱秩序湾公园
爱秩序湾儿童游乐场
爱秩序湾海滨花园
爱秩序湾游乐场
新八间休憩处
新市街休憩处
新厦街休憩处
新厦街游乐场
业勤街休憩处
筲箕湾东大街休憩处
筲箕湾配水库游乐场
筲箕湾街市天台儿童游乐场
筲箕湾街市休憩处
筲箕湾道休憩处
筲箕湾道儿童游乐场
万茂公园
万茂台休憩处
万茂台游乐场
圣士提反湾水上活动中心
电气道休憩处
电气道／兴发街小园地
电照街儿童游乐场
电照街游乐场
侨福道休憩花园
嘉咸街休憩处
嘉宁径花园
宁富街美化市容地带
歌连臣角道休憩处
歌赋山里儿童游乐场
渔光道体育馆
碧荔道儿童游乐场
种植道花园
箕琏坊配水库休憩处
维多利亚公园
维多利亚公园网球场
翡翠道休憩处
蒲飞路休憩处
蒲鲁贤径临时游乐场
赫兰道／浅水湾道花园
铜锣湾花园
铜锣湾运动场
铜锣湾道休憩处
阁麟街休憩处
庙东街休憩处
德仁街儿童游乐场
慧翠道社区园圃
摩星岭配水库休憩处
摩星岭配水库临时花园
摩星岭第一号休憩处
摩星岭第二号休憩处
摩星岭第三号休憩处
摩星岭游乐场
摩星岭临时休憩处

摩理臣山道游乐场
摩顿台临时游乐场
乐民道宠物公园
乐活道休憩花园
乐庆里临时休憩处
莲花宫东街休憩处
莲花宫花园
遮打花园
遮打道休憩处
糖水道花园
兴华邨一号游乐场
隧道入口处休憩花园
骆克道游乐场
骆克道体育馆
鸭脷洲大街临时休憩处
鸭脷洲大桥（北端）儿童游乐场
鸭脷洲公园
鸭脷洲风之塔公园
鸭脷洲海滨长廊
鸭脷洲配水库游乐场
鸭脷洲桥道游乐场
鸭脷洲体育馆
环翠道小园地
联发街休憩花园
联发街休憩处
薄扶林村一号休憩处
薄扶林村二号休憩处
薄扶林道天桥休憩处
薄扶林道休憩处
薄扶林道游乐场
赛西湖公园
瀑布湾公园
旧山顶道休憩花园
蓝塘道休憩处
丰物道休憩处
鲤鱼门公园
鲤景湾休憩处
鹅颈街市天台儿童游乐场
罗便臣道休憩处
罗便臣道／西摩道休憩处
罗屋民俗馆休憩花园
宝马山道小园地
宝马山道休憩处
宝马山道游乐场
宝云道公园
宝云道花园
宝云道健身径
宝云道情人石花园
宝云道网球场
宝云道临时休憩处
宝云道临时游乐场
耀兴道休憩处
鲗鱼涌公园
鲗鱼涌水塘花园
鲗鱼涌海水配水库休憩处
鲗鱼涌海滨花园
鲗鱼涌街休憩处
鲗鱼涌卫奕信径休憩处
鲗鱼涌体育馆
兰桂坊休憩处
体育道花园
湾仔公园
湾仔峡公园
湾仔峡道游乐场
湾仔运动场
湾仔临时海滨花园
观海径休憩处

九龙

九龙公园
九龙公园径休憩花园
九龙公园体育馆
九龙仔公园
九龙仔运动场
九龙佐治五世纪念公园
九龙城道天桥休憩处
九龙城体育馆
九龙寨城公园
九龙湾公园
九龙湾运动场
九龙湾游乐场
九龙湾体育馆
三家村游乐场

上李屋花园
上海街／山东街休憩处
上海街／登打士街休憩处
土瓜湾市政大厦游乐场
土瓜湾游乐场
土瓜湾体育馆
大坑西街休憩处
大坑东休憩处
大坑东邨一号游乐场
大坑东邨二号游乐场
大坑东游乐场
大角咀道／洋松街休憩处
大角咀道／枫树街花园
大角咀道／樱桃街小园地
大角咀体育馆
大埔道半山休憩处
大埔道／白田街游乐场
大埔道／青山道小园地
大埔道／青山道休憩花园
大业街休憩处
大业街花园
大环山公园
大环道游乐场
山东街休憩处
中间道儿童游乐场
丹桂路休憩花园（新九龙内地段第3594号又一村内）
仁爱街游乐场
仁枫街休憩花园
公主道儿童游乐场
公主道花园
太子道／水渠道花园
太平道游乐场
天光道游乐场
天光道网球场
天星码头广场喷水池
巴域街休憩处
巴富街运动场
文昌街公园
文昌街休憩花园
文明里休憩花园
文福道花园
月华街游乐场
水渠道休憩处
牛池湾公园
牛池湾村休憩处
牛池湾村游乐场
牛池湾街市天台儿童游乐场
牛池湾街临时休憩处
牛池湾体育馆
牛津道游乐场
牛棚艺术公园
牛头角公园
牛头角道休憩花园
牛头角道儿童游乐场
牛头角道体育馆
世运花园
加士居道／弥敦道休憩花园（第一期）
功乐道小园地
功乐道游乐场
北京道休憩处
北河街体育馆
北拱街花园
市政局百周年纪念花园
打鼓岭道休憩花园
永定道休憩处
永康街休憩花园
玉兰路休憩花园（新九龙内地段第3594号又一村内）
白杨街儿童游乐场
石硖尾中央游乐场
石硖尾公园
石硖尾公园体育馆
石硖尾配水库游乐场
石硖尾街休憩花园
石鼓垄道休憩花园
石鼓垄道游乐场
地士道街休憩花园
多实街休憩花园
守仁径小园地
安德道游乐场
尖沙咀东海滨平台花园

尖沙咀海滨花园
竹园体育馆
西贡街游乐场
佛光街一号花园
佛光街二号花园
佛光街休憩处
佛光街游乐场
佛光街体育馆
何文田上配水库游乐场
何文田山道休憩花园
何文田公园
何文田体育馆
佐敦谷公园
佐敦谷游乐场
利安道休憩处
呈祥道扩展区小园地
宋王台花园
宋王台游乐场
宏光道休憩处
宏泰道休憩处
李郑屋泳池休憩花园
李郑屋泳池休憩处（二号）
李郑屋花园
李郑屋游乐场
杏林街休憩处
沙田坳半岛狮子花园
秀明道公园
秀明道休憩处
秀茂坪巴士总站小园地
秀茂坪邨（第一期）三号游乐场
秀茂坪纪念公园
秀茂坪道交通安全城
秀茂坪道／晓光街休憩处
秀雅道游乐场
亚皆老街游乐场
京士柏上配水库游乐场
京士柏休憩花园
京士柏曲棍球场
京士柏游乐场
京士柏道花园
和黄公园
坪石游乐场
定富街休憩处
定裕坊休憩处
官涌体育馆
宜安街街市休憩花园
延文礼士道花园
忠孝街休憩处
忠义街花园
拔萃男书院道休憩处
斧山公园
斧山道运动场
旺角康民角
旺角道游乐场
旺堤街／大全街休憩处
旺堤街／埃华街休憩处
东九龙天桥休憩花园
东安街休憩花园
东何文田休憩处
东何文田配水库游乐场
东沙岛街休憩处
东启德游乐场
东启德体育馆
油麻地社区中心休憩花园
油麻地配水库休憩花园
油塘中心休憩花园
油塘配水库游乐场
油塘道游乐场
花园街体育馆
花墟公园
金城道游乐场
金凤街休憩处
长沙街休憩处
长沙湾径休憩处
长沙湾道／长顺街游乐场
长沙湾道／荔枝角道天桥小园地
长沙湾游乐场
长沙湾体育馆
青山道休憩处
青山道／呈祥道休憩花园
青州街游乐场
侯王庙休憩花园

保安道游乐场
保安道体育馆
南昌公园
南昌街／大埔道休憩花园
南昌街小园地
南昌街休憩花园
南昌街休憩处
南莲园池
品兰街花园
咸美顿街休憩花园
律伦街儿童游乐场
柯士甸道休憩处
洗衣街儿童游乐场
洗衣街花园
界限街一号体育馆
界限街二号体育馆
界限街小园地
界限街游乐场
红荔道休憩处
红菱街休憩处
红磡市政大厦体育馆
红磡南道休憩花园
红磡海滨花园
美孚新邨巴士总站小园地
衍庆街游乐场
迦密村街花园
飞凤街休憩处
埃华街休憩花园
差馆里休憩处
振华道体育馆
晏架街游乐场
晒草湾游乐场
根德道花园
桃源街游乐场
海心公园
海防道儿童游乐场
海辉道花园
海辉道海滨花园
海滨道公园
砵兰街／文明里休憩处
砵兰街休憩花园
砵兰街休憩处
荔枝角公园
荔枝角公园体育馆
荔枝角交汇处小园地
荔枝角花园
荔枝角道／大南街休憩处
荔枝角道天桥交汇处小园地
荔枝角道／广东道花园
茶果岭村一号休憩处
茶果岭村二号休憩处
茶果岭村三号休憩处
茜发道网球场
讯号山花园
马仔坑游乐场
马游塘中休憩处
马游塘西休憩处
马头围配水库游乐场
马头围道／上乡道花园
马头围道／土瓜湾道花园
马头围道／大环道休憩处
马头围道／马坑涌道休憩花园
马头围道游乐场
高山道公园
高超道休憩花园
伟智街休憩花园
伟智街游乐场
伟业街天桥小园地
伟业街休憩处
伟业街／常怡道休憩处
伟业街／励业街小园地
伟乐街临时足球场
培正道休憩花园
培正道游乐场
崇安街休憩处
崇龄街休憩处
崇龄街游乐场
常和街休憩处
常盛街公园
常乐街花园
常乐街花园（第二期）
康利道休憩花园

康强街休憩花园
康达径花园
康宁道一号花园
康宁道二号花园
康宁道公园
康宁道休憩花园
康宁道游乐场
彩虹道交汇处小园地
彩虹道羽毛球中心
彩虹道游乐场
彩虹道体育馆
彩云道休憩处
彩荣路公园
彩禧路公园
彩霞道休憩处
启仁街休憩处
启田道休憩处
启祥道休憩处
启德跑道公园
启德邮轮码头公园
梳士巴利道花园
深水埗公园
深水埗运动场
清水湾道路中草坪
清水湾道临时休憩处
盛德街休憩处
众坊街／石壁道休憩处
众坊街休憩花园
众坊街休憩处
通州街公园
雀桥街休憩处
麦花臣游乐场
普庆广场花园
景云街游乐场
景福街休憩处
棠荫街山边休憩处
渡船街游乐场
登打士街休憩处
华信街休憩处
裕民坊休憩花园
贵州街／旭日街休憩处
雅息士道休憩花园
雅丽道花园
雅兰街休憩处
云汉街休憩花园
云汉街／协和街休憩花园
顺安道休憩处
顺利邨公园
顺利邨游乐场
顺利邨道休憩处
顺利邨体育馆
顺宁道游乐场
顺致休憩处
黄大仙配水库游乐场
黄大仙广场
园圃街雀鸟花园
塘尾道休憩处
塘尾道儿童游乐场（部分属临时性质）
塘尾道／通州街休憩处
新清水湾道休憩处
新填地街／奶路臣街休憩处
新填地街休憩处
新填地街／豉油街休憩处
新蒲岗交汇处休憩花园
新蒲岗休憩处
枫树街游乐场
温思劳街游乐场
狮子山公园
瑞和街体育馆
睦邻街游乐场
福华街休憩花园
福荣街休憩花园
义德道游乐场
落山道游乐场
葵涌道天桥小园地
衙前围道休憩处
诗歌舞街休憩花园
诗歌舞街休憩处
诗歌舞街游乐场
诗歌舞游乐场
贾炳达道公园
嘉荣街休憩处

宁波街 / 上海街休憩花园
慈云山巴士总站休憩处
慈云山邨中央游乐场
慈云山邨配水库游乐场
慈云山道休憩花园
慈云山道休憩处
慈云山道游乐场
歌和老街公园
歌和老街儿童游乐场
歌和老街 / 义德道花园
歌和老街壁球及乒乓球中心
漆咸道 / 温思劳街休憩处
碧云道休憩花园
窝打老道／渡船街休憩处
窝打老道 / 广东道休憩花园
窝打老道 / 卫理道休憩处
翠屏河花园
聚鱼道休憩花园
蒲良里休憩处
蒲岗交汇处休憩花园
蒲岗村道公园
蒲岗村道 / 崇华街休憩处
蒲岗村道体育馆
凤舞交汇处小园地
凤德公园
广利道游乐场
广东道 / 奶路臣街休憩处
广东道 / 豉油街休憩处
广东道 / 登打士街休憩处
广东道游乐场
广播道花园
广播道游乐场
德昌街游乐场
慕礼道儿童游乐场
摩士公园
摩士公园体育馆
摩地道花园
乐富公园
乐富配水库休憩花园
乐富游乐场
乐善道 / 彩虹道休憩处
乐华街游乐场
乐华游乐场
乐羣街公园
卫理道临时休憩处
蝴蝶谷道宠物公园
靠背垄道游乐场
鸦打街临时游乐场
晓光街休憩花园
晓光街儿童游乐场
晓光街草坪公园
晓光街游乐场
晓光街体育馆
晓明街游乐场
机利士北路休憩处
兴华街西游乐场
兴华街游乐场
芜湖街临时游乐场
龙翔道公园
龙翔道北 / 蒲岗村道休憩处
龙翔道休憩处
龙翔道洋紫荆花园
龙翔道眺望处
龙翔道游乐场
励业街休憩处
弥敦道 / 界限街休憩处
环凤街休憩处
繁华街休憩处
繁华街临时休憩处
联合道公园
联合道 / 富强街休憩处
联运街休憩处
临华街游乐场
临福街休憩处
临兴街休憩处
骏业街游乐场
骏业熟食街市天台休憩花园
蓝田公园
蓝田巴士总站休憩处
蓝田洋紫荆径休憩处
蓝田（南）体育馆
蓝田配水库游乐场

鲤鱼门休憩花园
鲤鱼门海滨休憩处
鲤鱼门道游乐场
鲤鱼门避风塘防波堤休憩处
鲤鱼门篮球场
鲤鱼门体育馆
丽港公园
榉树街休憩处
觉士道儿童游乐场
樱桃街公园
樱桃街休憩处
铁树街休憩处
露明道花园
观塘上配水库花园
观塘海滨花园
观塘游乐场
观塘道小园地（启业邨外）
观塘道休憩花园
观塘道休憩处
观塘道儿童游乐场
观塘道／协和街休憩花园
观塘道／定安街临时小园地
观塘码头广场

新界

九华径村游乐场
九龙坑游乐场
二陂圳儿童游乐场
二陂坊游乐场
八乡路休憩处
八乡庙休憩处
三门仔儿童游乐场
三陂坊游乐场
三栋屋村游乐场
三栋屋花园
下竹园休憩处
下坑村休憩处
下花山儿童游乐场
下花山花园
下担水坑第二号休憩处
下担水坑休憩处
下湾村花园
下湾村篮球场
上一村休憩处
上山鸡乙休憩处
上水坑头村休憩处
上水坑头村第二号休憩处
上水花园第一号
上水花园第二号
上水花园第三号
上水花园第四号
上水单车汇合中心
上水华山休憩处
上水乡第一休憩处
上水乡第二休憩处
上水乡第三休憩处
上水乡第四休憩处
上水乡第五休憩处
上水乡第六休憩处
上水乡第七休憩处
上水乡第八休憩处
上水乡第九休憩处
上水乡第十休憩处
上水乡第十一休憩处
上水乡篮球场
上水游乐场
上白泥游乐场
上禾坑休憩处
上禾坑儿童游乐场
上禾輋花园
上村公园
上村休憩处
上角街花园
上高滩街休憩处
上葵涌儿童游乐场
上葵涌花园
大水坑南街休憩处
大水坑第一、二、三及四避雨亭
大王下游乐场
大生围游乐场
大地塘休憩处
大明里广场
大河道一号休憩处

大河道二号休憩处
大河道三号休憩处
大陂坊游乐场
大陂头休憩花园
大美督水上活动中心
大美督村儿童游乐场
大美督烧烤场
大埔中央广场
大埔中休憩处
大埔公路十咪第一眺望处
大埔公路十咪第二眺望处
大埔仔休憩花园
大埔尾儿童游乐场
大埔海滨公园
大埔圆岗休憩处
大埔滘公园
大埔滘花园
大埔滘新围游乐场
大埔运动场
大埔道眺望处
大埔墟休憩花园
大埔墟体育馆
大埔头游乐场
大埔旧墟游乐场
大埔宝湖六乡游乐场
大埔体育馆
大涌桥路休憩处
大连排道游乐场
大围村休憩处
大围足球场
大围新村亭
大围游乐场
大菜园花园
大庵儿童游乐场
大贵湾花园
大圆街熟食市场休憩处
大塘湖休憩处
大厦街花园
大新后街休憩处
大旗岭休憩处
大窝口道南游乐场
大窝口道游乐场
大窝口体育馆
大网仔郊游区及亭
大学站单车汇合中心
大桥街市休憩处
大桥街市壁球场
大澳梁屋儿童游乐场
大澳街市街休憩处
大澳路一号游乐场
大澳路二号游乐场
大澳路三号游乐场
大兴北休憩处
大兴体育馆
大头岭休憩处
大头岭游乐场
大屿山大澳游乐场
大屿山水口休憩处
大屿山石壁水塘花园
大屿山沙螺湾游乐场
大屿山贝澳游乐场
大屿山塘福游乐场
大环头花园
大陇街休憩花园
大陇街休憩处
大陇街游乐场
大榄涌村儿童游乐场
大榄涌道儿童游乐场
大湾肚休憩处
小坑休憩处
小坑村休憩处
小沥源村休憩处
小沥源路游乐场
山尾街休憩处
山尾街儿童游乐场
山尾街游乐场
山尾街篮球场
山贝涌口休憩处
山塘新村花园
中心围儿童游乐场
中葵涌公园
丹竹坑儿童游乐场

丹桂村路花园
井头上村休憩处
井头中村休憩处
仁爱广场
元洲仔公园
元朗大马路休憩花园
元朗大球场
元朗公园
元朗西回旋处小园地
元朗儿童游乐场
元朗赛马会广场
元朗赛马会壁球场
元朗罗弼时爵士壁球场
元朗体育馆
元岗村游乐场
友爱休憩处
友爱体育馆
太平村游乐场
太和体育馆
天水围公园
天水围运动场
天水围体育馆
天平路花园
天平体育馆
天后宫风水广场
天秀路公园
天河路游乐场
天柏路公园
天晖路体育馆
天业路人造沙滩球场
天业路公园
天业路休憩处
天瑞路公园
天瑞体育馆
天慈花园
孔岭儿童游乐场
屯门公园
屯门文娱广场
屯门河（东岸）花园
屯门河畔公园
屯门青洋休憩花园
屯门洪祥路休憩处
屯门海滨花园
屯门康乐体育中心
屯门游泳池壁球场
屯门邓肇坚运动场
屯富路社区园圃
文东路公园
文武庙花园
文阁村休憩处
文阁村花园
木棉下花园
水尾村游乐场
水车馆街游乐场
水门头休憩花园
水窝村休憩处
水蕉老围游乐场
水蕉新村路休憩处
水边村游乐场
牙鹰洲花园
牛皮沙街游乐场
王屋花园
丙岗儿童游乐场
北社后街花园
北社新村花园
北角旧村儿童游乐场
北区公园
北区马术比赛纪念花园
北区运动场
北港足球场
北港花园
北葵涌街市天台游乐场
北葵涌邓肇坚体育馆
古洞草地足球场
古洞游乐场
市镇公园北儿童游乐场
市镇公园南游乐场
布格仔路休憩处
打鼓岭竹园村游乐场
打鼓岭游乐场
打蚝墩花园
永平村休憩处

永基路五人足球场
永宁村休憩处
永宁篮球场
永庆休憩处
永庆围休憩处
汀九村游乐场
汀九花园
汀太路儿童游乐场
汀角村儿童游乐场
瓦窑村儿童游乐场
田下湾花园
田心休憩处
田心第一花园
田心第二花园
田心第三花园
田厦路游乐场
白田坝花园
白石角海滨长廊
白石台花园
白沙湾村花园
石角咀休憩处
石贝街花园
石门游乐场
石埗村游乐场
石排街公园
石排头游乐场
石梨街休憩处
石梨街网球场
石湖围休憩处
石湖墟休憩处
石湖墟游乐场
石湖墟综合大楼平台花园
石湖墟赛马会游乐场
石荫梨木道公园
石荫路休憩花园
石荫路第二休憩花园
石荫路第三休憩花园
石荫路第四休憩花园
石头公园
石篱探奇游乐场
禾寮坑休憩公园
禾寮坑游乐场
光板田村休憩处
光辉围游乐场
兆麟运动场
兆麟体育馆
全安路花园
吉祥街花园
吉庆围花园
吉庆围游乐场
吉澳游乐场
吉澳渔民村休憩处
吐露港花园
安邦路休憩处
安国邨休憩处
安捷街足球场
安捷街游乐场
安景街公园
安睦街花园
安福街游乐场
安乐村休憩处（一号）
安乐村休憩处（二号）
安乐村休憩处（三号）
安乐村休憩处（四号）
安乐村休憩处（五号）
安乐村花园
安乐村游乐场
安乐门街游乐场
安兴游乐场
灰沙围游乐场
百和路休憩处
百和路游乐场
百和路篮球场
百福田心游乐场
百福儿童游乐场
竹坑游乐场
老围花园
老鼠洲儿童游乐场
西径村休憩处
西贡公园
西贡户外康乐中心
西贡海滨公园

西贡网球场
西贡邓肇坚运动场
西贡壁球场
西堤道健身园地
西菁街儿童游乐场
西菁街网球场
西楼角村儿童游乐场
西楼角花园
伯多禄村花园
坑口文曲里公园
坑口村休憩处
坑口花园
坑口篮球场
坑口体育馆
坑尾休憩处
坑尾村休憩处
坑坪街游乐场
坑头村游乐场
完善公园
宏业南街休憩花园
李屋村儿童游乐场
李屋村第一花园
李屋村第二花园
沙田公园
沙田北配水库射箭场
沙田交通安全公园
沙田围游乐场
沙田运动场
沙田铜锣湾游乐场
沙田头村休憩处
沙田赛马会公众壁球场
沙角尾游乐场及花园
沙角尾篮球场
沙咀游乐场
沙咀道游乐场
沙洲里休憩处
沙头角儿童游乐场
沙头角海滨休憩处
沙头角游乐场
沙头角广场
沙岭游乐场
社山休憩处
社山村儿童游乐场
良田村花园
良田体育馆
攸潭美游乐场
攸潭美篮球场
贝澳儿童游乐场
车公庙路游乐场
车公庙体育馆
亚公角休憩处
亚公角街花园
亚公角游乐场
亚公角篮球场
和宜合道休憩花园
和宜合道花园
和宜合道运动场
和宜合道熟食市场天台休憩处
和睦路游乐场
和兴游乐场
和兴体育馆
坪洋村花园
坪洲小型足球场
坪洲手指山休憩处
坪洲永隆街休憩处
坪洲休憩处
坪洲东湾休憩处
坪洲东湾烧烤场
坪洲海滨游乐场
坪洲围仔街休憩处
坪洲游乐场
坪洲体育馆
坪朗游乐场
坪輋小型足球场
坪輋儿童游乐场
坪輋新村休憩处
坪輋隔田儿童游乐场
孟公屋休憩花园
宜春街游乐场
放马莆儿童游乐场
昂坪广场
升平新村儿童游乐场

林士德体育馆
杯渡路（南）休憩花园
东方儿童游乐场
东涌文东路体育馆
东涌北公园
东涌堡休憩处
东涌黄家围休憩处
东涌游乐场
东涌道足球场
东莞新邨休憩处
东堤街休憩花园
东阁围儿童游乐场
东头工业区游乐场
东头围儿童游乐场
东镇围儿童游乐场
松柏塱儿童游乐场
松园下游乐场
松慧街儿童游乐场
泥围足球场
河上乡游乐场
河背村游乐场
油麻磡花园
花心坑亭
虎地中村儿童游乐场
虎背花园
邱德根公园
金门口花园
金钱村儿童游乐场
长坑村游乐场
长沙下村儿童游乐场
长沙下村篮球场
长洲大石口天后庙休憩处
长洲大菜园游乐场
长洲中兴半山路休憩处
长洲公园
长洲天福休憩处
长洲北社长利游乐场
长洲北帝庙游乐场
长洲北眺亭
长洲信义村儿童游乐场
长洲洪圣庙儿童游乐场
长洲排厂路休憩处
长洲圆桌第三村游乐场
长洲新北社街一号休憩处
长洲新北社街二号休憩处
长洲新北社街三号休憩处
长洲新北社街四号休憩处
长洲新北社街五号休憩处
长洲新北社街六号休憩处
长洲新北社街七号休憩处
长洲运动场
长洲龙仔村休憩处
长洲体育馆
长洲观音湾路观海亭
长埔村游乐场
长发体育馆
长达路休憩处
长辉路海滨花园
长环街休憩花园
长沥休憩处
青山公路六咪花园
青山公路（新墟）公园
青山儿童游乐场
青山亭
青山脚眺望处
青田花园
青田游乐场
青衣公园
青衣四村游乐场
青衣西南体育馆
青衣西路公园
青衣东北公园
青衣海滨公园
青衣运动场
青衣体育馆
青河休憩花园
青海游乐场
青康路山顶休憩处
青康路游乐场
青棉儿童游乐场
青湖休憩处
青善花园

青善街篮球场
青善游乐场
青华花园
青华球场
青华游乐场
青圆儿童游乐场
青敬路花园
青碧休憩处
青绿街花园
青贤花园
青龙村游乐场
青龙花园
青鸿路游乐场
便母桥休憩处
保荣路休憩处
保荣路游乐场
保荣路体育馆
俊贤坊游乐场
南丫北大坪新村休憩处
南丫北大坪新村避雨亭
南丫北榕树湾篮球场
南山村休憩处
南涌儿童游乐场
南华莆游乐场
南运路休憩处
城门谷公园
城门谷运动场
城门河第一海滨花园
城门河第二海滨花园
城门河第三海滨花园
屏山天水围体育馆
屏山里花园
屏柏里公园
屏夏路花园
屏会街休憩花园
建业街游乐场
建德街游乐场
建德街篮球场
思高路花园
恒安体育馆
恒康街花园
恒贵街游乐场
恒德亭
恒辉街公园
洪屋村游乐场
洪祥路游乐场
洪堤路休憩处
洪德路休憩处
洪德路二号休憩处
洞梓山路花园
洞梓苗圃社区园圃
洞梓路休憩处
炮仗坊游乐场
珀林路花园
相思湾休憩处
祠堂村休憩处
祠堂村儿童游乐场
红梅谷路游乐场
美田路休憩处
美林休憩处
美林体育馆
美景游乐场
军地休憩处
军地儿童游乐场
香港单车馆
香港单车馆公园
唐人新村花园
唐人新村游乐场
唐公岭篮球场
唐明街公园
唐明街休憩处
料壆游乐场
时代休憩处
朗屏体育馆
桂地街公园
柴湾角休憩花园
柴湾角游乐场
泰亨灰沙围游乐场
涌美路休憩处
涌美路临时游乐场
流浮山游乐场
海安路游乐场

海皇路花园
海珠路游乐场
海盛花园
海傍街休憩处
海傍街体育馆
乌蛟腾游乐场
乌溪沙儿童游乐场
粉岭火车站休憩处
粉岭火车站游乐场
粉岭康乐公园
粉岭围游乐场
粉岭游乐场
粉岭楼花园
粉岭楼路游乐场
粉岭楼游乐场
粉岭临时网球场
索罟湾休憩处
索罟湾游乐场
荔枝岭路休憩处
荔景山路游乐场
荔景足球场
荔景体育馆
荃富街花园
荃景围儿童游乐场
荃景围花园
荃景围游乐场
荃景围游乐场及休憩花园
荃景围体育馆
荃贵街休憩处
荃荣街游乐场
荃湾公园
荃湾天后庙花园
荃湾石壁迁置村游乐场
荃湾西约体育馆
荃湾海滨公园
荃湾街市天台游乐场
荃湾体育馆
马尾下游乐场
马游塘休憩花园
马铃径休憩花园
马窝休憩处
马窝亭
马影径休憩花园
马鞍山公园
马鞍山西沙路休憩处
马鞍山西沙路花园
马鞍山西沙路宠物公园
马鞍山亭
马鞍山海滨长廊
马鞍山运动场
马鞍山游乐场
马鞍山体育馆
马鞍岗花园
马锦街休憩处
马湾儿童游乐场
高埔游乐场
伟明街花园
国瑞路公园
培成花园
将军澳海滨公园
将军澳运动场
将军澳体育馆
常宁游乐场
康健路花园
张保仔洞郊游区
强业街休憩花园
扫管笏休憩处
排头村游乐场
晨曦亭
曹公潭户外康乐中心
梅子林路花园
梅窝东湾头路避雨亭
梅窝游乐场
梅窝码头回旋处休憩花园
梅窝码头路休憩处
梅窝体育馆
梅树坑游乐场
深井东村休憩处
深井游乐场
深井迁置村儿童游乐场
深康路游乐场
深慈街游乐场

清誉街花园
盛芳街儿童游乐场
盛屋村休憩处
船湾桐梓儿童游乐场
船湾联村篮球场
逢吉乡篮球场
鱼角村休憩处
鹿颈休憩处
鹿颈村游乐场
麦理浩夫人度假村
麻笏围儿童游乐场
麻雀岭儿童游乐场
岗背街休憩花园
傅屋花园
傅屋路休憩花园
创兴水上活动中心
围头村休憩处
围头村游乐场
富亨体育馆
富善体育馆
惠民路游乐场
惠荃路休憩花园
景峰儿童游乐场
曾大屋游乐场
湖山河畔公园
湖山花园
湖山草地滚球场
湖山游乐场
湖山网球场
湖景路花园
菠萝輋花园
华明路休憩处
华盛村儿童游乐场
华景山路花园
华发游乐场
莱洞休憩处
贸泰路花园
周田村儿童游乐场
黄泥头花园
黄鱼滩儿童游乐场
圆洲角公园
圆洲角体育馆
圆墩花园
圆环公园
塘坊休憩处
塘坑游乐场
塘面村游乐场
塘福烧烤场
塔门休憩处
塔门游乐场
厦村足球场
厦村东头村一号休憩处
厦村东头村二号休憩处
新生村休憩处
新田村休憩处
新田足球场
新田围花园
新安休憩处
新村儿童游乐场
新和里游乐场
新屋仔儿童游乐场
新屋仔游乐场
新屋村休憩处
新屋家休憩处
新屋岭游乐场
新屋岭篮球场
新围仔儿童游乐场
新塘村游乐场
新运路休憩处
新运路花园
新墟休憩处
新墟村休憩花园
新墟游乐场
新庆村儿童游乐场
新垦亭
业成街游乐场
杨小坑锦簇花园
杨屋村休憩处
杨屋村花园
杨屋新村休憩处
杨屋道体育馆
杨景游乐场

枫树窝村篮球场
枫树窝体育馆
源禾路体育馆
源禾游乐场
滑浪风帆纪念花园
滘西新村花园
照潭径花园
瑞湖花园
福民花园
福亨村路花园
福亨村篮球场
福亨游乐场
万宜游乐场
万屋边儿童游乐场
稔湾村儿童游乐场
落马洲花园
葵合街游乐场
葵涌青山公路休憩处
葵涌新区公园
葵涌运动场
葵盛围花园
葵盛围游乐场
葵盛游乐场
葵喜街休憩处
葵顺街游乐场
葵义路游乐场
葵德街休憩花园
葵兴休憩花园
詹屋村儿童游乐场
运头角游乐场
运头角道休憩处
运头街休憩处
达东路花园
达运道休憩处
隔田儿童游乐场
隔田游乐场
颂雅路儿童游乐场
嘉龙花园
寨乪儿童游乐场
对面海休憩花园
对面海花园
榕树村儿童游乐场
榕树湾天后古庙休憩处
榕树湾休憩处
榕树湾／索罟湾避雨亭
榕树湾游乐场
荣芳街市场天台儿童游乐场
荣发里休憩处
毓雅里社区园圃
碧水新村休憩花园
窝尾休憩花园
维翰路花园
翠田街休憩处
翠田街足球场
翠林体育馆
翠乐街花园
翠岭里游乐场
蒲苔大湾休憩处
银岬道休憩处
银城街休憩处
银城街花园
银座广场
银围休憩花园
银矿湾路小园地
银矿湾瀑布花园
银矿湾观景台
铜锣湾山路花园
凤地花园
凤池村休憩处
凤攸北街休憩处
凤南路花园
凤香街休憩处
凤凰湖游乐场
凤琴街体育馆
凤翔路花园
凤园游乐场
凤群街花园
寮肚路花园
寮肚路游乐场
庙岗街休憩处
庙岗街花园
广南休憩处

广福公园
广福休憩处
广福球场
广福桥花园
德业街游乐场
樟树滩儿童游乐场
樟树滩乡树人篮球场
乐信径烧烤场
乐桂径休憩花园
乐湖花园
乐园径儿童游乐场
乐枫径休憩花园
乐莲径休憩处
莲麻坑游乐场
莲澳休憩处
蝴蝶山休憩处
蝴蝶湾公园
虾尾村休憩处
辋井围篮球场
调景岭体育馆
鞍禄街花园
鞍源街花园
鞍诚街休憩处
鞍诚街花园
鱿鱼湾儿童游乐场
鱿鱼湾游乐场
壁屋花园
横台山游乐场
横窝仔街花园
桥头避雨亭
燕岗游乐场
积泰里花园
积富街休憩花园
积福街休憩处
兴芳路花园
兴芳路游乐场
兴盛路游乐场
蕙荃路花园
蕙荃体育馆
蕃田村休憩处
锡降村游乐场
锦上路休憩处
锦田市儿童游乐场
锦田波地游乐场
锦田城门新村休憩处
锦田街市游乐场
锦石新村花园
锦石新村游乐场
鸭洲休憩处
龙尾村休憩处
龙尾村花园
龙琛路体育馆
龙园
龙丰休憩处
龙跃头新围儿童游乐场
屿南道 / 东涌道亭
岭皮游乐场
岭南游乐场
击壤路五人足球场
营盘下休憩处
环保大道宠物公园
联和墟儿童游乐场
联和墟游乐场
联和墟体育馆
联兴街休憩处
赛马会屯门蝴蝶湾体育馆
赛马会长洲东湾儿童游乐场
赛马会黄石水上活动中心
赛马会葵盛围休憩处
赛马会德华公园
赛马会兴盛路游乐场
钟屋村游乐场
钟屋儿童游乐场
钟屋花园
简头围游乐场
蓝地宠物公园
丰安街儿童游乐场
鸡岭休憩处
鸡岭游乐场
沥源街休憩花园
沥源桥亭
关门口村儿童游乐场

麒麟岗公众公园
麒麟围儿童游乐场
丽湖休憩处
宝林体育馆
宝珠潭烧烤场
宝康公园
宝湖道小型足球场
宝琳休憩处
宝乡桥休憩处
宝业街休憩处
宝翠公园
芦慈田村儿童游乐场
芦须城休憩处
蚝涌足球场
趸场休憩处
钟声径游乐场
咸田花园
显田游乐场
显径体育馆
盐田仔眺望处
盐田游乐场
榄口村篮球场

泳滩

香港岛*(由2007年第177号法律公告修订)*

大浪湾泳滩
中湾泳滩
石澳泳滩
石澳后滩泳滩
赤柱正滩泳滩
南湾泳滩
夏萍湾泳滩
深水湾泳滩
浅水湾泳滩
春坎角泳滩
圣士提反湾泳滩
龟背湾泳滩

新界

三星湾泳滩
下长沙泳滩
上长沙泳滩
加多利湾泳滩
汀九湾泳滩
更生湾泳滩
贝澳泳滩
近水湾泳滩
长洲东湾泳滩
青山湾泳滩
洪圣爷湾泳滩
海美湾泳滩
马湾东湾泳滩
清水湾第一湾泳滩
清水湾第二湾泳滩
钓鱼湾泳滩
黄金泳滩
塘福泳滩
厦门湾泳滩
新咖啡湾泳滩
银线湾泳滩
银矿湾泳滩
蝴蝶湾泳滩
桥咀泳滩
旧咖啡湾泳滩
双仙湾泳滩
丽都湾泳滩
芦须城泳滩
观音湾泳滩

(由1960年A135号政府公告修订；由1961年A114号政府公告修订；由1962年A4号政府公告修订；由1967年第27号法律公告修订；由1967年第155号法律公告修订；由1968年第121号法律公告修订；由1969年第38号法律公告修订；由1970年第38号法律公告修订；由1970年第179号法律公告修订；由1972年第38号法律公告修订；由1973年第84号法律公告修订；由1975年第1号法律公告修订；由1975年第67号法律公告修订；由1977年第10号法律公告修订；由1977年第50号法律公告修订；由1977年第226号法律公告修订；由1977年第283号法律公告修订；由1978年第24号法律公告修订；由1978年第110号法律公告修订；由1978年第143号法律公告修订；由1978年第221号法律公告修订；由1978年第261号法律公告修订；由1978年第267号法律公告修订；由1979年第142号法律公告修订；由1979年第162号

法律公告修订；由1979年第206号法律公告修订；由1979年第302号法律公告修订；由1979年第303号法律公告修订；由1980年第50号法律公告修订；由1980年第88号法律公告修订；由1980年第162号法律公告修订；由1980年第193号法律公告修订；由1980年第382号法律公告修订；由1981年第180号法律公告修订；由1981年第265号法律公告修订；由1981年第399号法律公告修订；由1982年第23号法律公告修订；由1982年第38号法律公告修订；由1982年第84号法律公告修订；由1982年第95号法律公告修订；由1982年第96号法律公告修订；由1982年第138号法律公告修订；由1982年第168号法律公告修订；由1982年第319号法律公告修订；由1982年第324号法律公告修订；由1982年第336号法律公告修订；由1982年第338号法律公告修订；由1982年第348号法律公告修订；由1982年第381号法律公告修订；由1982年第396号法律公告修订；由1983年第34号法律公告修订；由1983年第41号法律公告修订；由1983年第120号法律公告修订；由1983年第308号法律公告修订；由1983年第394号法律公告修订；由1984年第207号法律公告修订；由1984年第359号法律公告修订；由1984年第407号法律公告修订；由1985年第191号法律公告修订；由1985年第276号法律公告修订；由1985年第326号法律公告修订；由1985年第356号法律公告修订；由1986年第68号法律公告修订；由1986年第77号法律公告修订；由1986年第10号第26条修订；由1986年第164号法律公告修订；由1986年第279号法律公告修订；由1986年第321号法律公告修订；由1987年第109号法律公告修订；由1987年第212号法律公告修订；由1987年第244号法律公告修订；由1987年第283号法律公告修订；由1987年第352号法律公告修订；由1987年第410号法律公告修订；由1987年第425号法律公告修订；由1988年第91号法律公告修订；由1988年第120号法律公告修订；由1988年第170号法律公告修订；由1988年第180号法律公告修订；由1988年第271号法律公告修订；由1988年第277号法律公告修订；由1988年第359号法律公告修订；由1989年第52号法律公告修订；由1989年第108号法律公告修订；由1989年第147号法律公告修订；由1989年第229号法律公告修订；由1989年第324号法律公告修订；由1989年第332号法律公告修订；由1989年第408号法律公告修订；由1990年第3号法律公告修订；由1990年第89号法律公告修订；由1990年第114号法律公告修订；由1990年第197号法律公告修订；由1990年第228号法律公告修订；由1990年第308号法律公告修订；由1990年第326号法律公告修订；由1991年第1号法律公告修订；由1991年第20号法律公告修订；由1991年第145号法律公告修订；由1991年第146号法律公告修订；由1991年第260号法律公告修订；由1991年第274号法律公告修订；由1991年第372号法律公告修订；由1991年第382号法律公告修订；由1991年第461号法律公告修订；由1992年第13号法律公告修订；由1992年第52号法律公告修订；由1992年第95号法律公告修订；由1992年第109号法律公告修订；由1992年第229号法律公告修订；由1992年第260号法律公告修订；由1992年第322号法律公告修订；由1992年第336号法律公告修订；由1993年第4号法律公告修订；由1993年第98号法律公告修订；由1993年第161号法律公告修订；由1993年第264号法律公告修订；由1993年第369号法律公告修订；由1993年第395号法律公告修订；由1993年第468号法律公告修订；由1993年第494号法律公告修订；由1994年第71号法律公告修订；由1994年第206号法律公告修订；由1994年第231号法律公告修订；由1994年第424号法律公告修订；由1994年第445号法律公告修订；由1994年第536号法律公告修订；由1994年第628号法律公告修订；由1995年第16号法律公告修订；由1995年第108号法律公告修订；由1995年第149号法律公告修订；由1995年第342号法律公告修订；由1995年第343号法律公告修订；由1995年第460号法律公告修订；由1995年第535号法律公告修订；由1996年第26号法律公告修订；由1996年第181号法律公告修订；由1996年第216号法律公告修订；由1996年第334号法律公告修订；由1996年第390号法律公告修订；由1996年第424号法律公告修订；由1996年第488号法律公告修订；由1996年第560号法律公告修订；由1997年第134号法律公告修订；由1997年第156号法律公告修订；由1997年第389号法律公告修订；由1997年第444号法律公告修订；由1997年第460号法律公告修订；由1997年第616号法律公告修

订；由1997年第626号法律公告修订；由1998年第225号法律公告修订；由1998年第273号法律公告修订；由1998年第316号法律公告修订；由1998年第326号法律公告修订；由1998年第355号法律公告修订；由1999年第9号法律公告修订；由1999年第48号法律公告修订；由1999年第49号法律公告修订；由1999年第94号法律公告修订；由1999年第170号法律公告修订；由1999年第255号法律公告修订；由1999年第260号法律公告修订；由1999年第303号法律公告修订；由1999年第78号第7条修订；由2000年第360号法律公告修订；由2002年第31号法律公告修订；由2003年第29号法律公告修订；由2003年第143号法律公告修订；由2003年第204号法律公告修订；由2003年第265号法律公告修订；由2004年第22号法律公告修订；由2004年第142号法律公告修订；由2005年第77号法律公告修订；由2005年第133号法律公告修订；由2005年第223号法律公告修订；由2006年第57号法律公告修订；由2006年第183号法律公告修订；由2006年第246号法律公告修订；由2007年第58号法律公告修订；由2007年第177号法律公告修订；由2008年第2号法律公告修订；由2008年第15号法律公告修订；由2008年第68号法律公告修订；由2008年第263号法律公告修订；由2009年第11号法律公告修订；由2009年第125号法律公告修订；由2009年第185号法律公告修订；由2010年第40号法律公告修订；由2010年第165号法律公告修订；由2011年第93号法律公告修订；由2012年第13号法律公告修订；编辑修订——2012年第1号编辑修订记录；由2012年第108号法律公告修订；由2012年第109号法律公告修订；由2013年第4号法律公告修订；由2013年第190号法律公告修订；由2014年第20号法律公告修订；由2014年第140号法律公告修订；由2015年第52号法律公告修订；由2015年第231号法律公告修订；由2016年第96号法律公告修订；由2016年第163号法律公告修订；由2016年第183号法律公告修订；由2017年第134号法律公告修订；由2018年第1号法律公告修订；由2018年第119号法律公告修订；由2019年第4号法律公告修订；由2019年第91号法律公告修订）

附表5

［第2、113、113A及124A条］
（由2017年第8号第127条修订）

坟场、火葬场及纪念花园

（格式变更——2019年第4号编辑修订记录）

第1部 公众坟场

坟场名称	地 点
大澳坟场	新界大屿山
沙岭金塔坟场	新界罗湖
沙岭坟场	新界罗湖
赤柱监狱坟场	赤柱
* 咖啡园坟场	扫杆埔
和合石坟场	新界粉岭
长洲坟场	新界长洲
香港坟场	跑马地

（续上表）

坟场名称	地　点
* 新九龙8号坟场（钻石山金塔坟场）	九龙
礼智园坟场	新界大屿山

（由1960年A152号政府公告修订；由1973年第21号第15条修订；由1977年第269号法律公告修订；由1999年第78号第7条修订；由2012年第171号法律公告修订；编辑修订——2013年第1号编辑修订记录）

编辑附注：

*由1961年A18号政府公告宣布停用。

第2部　私营坟场

坟场名称	地　点
天主教坟场	哥连臣角
天主教坟场	跑马地
巴西坟场	跑马地
火烧马棚纪念坟场	扫杆埔
全完堂坟场	新界荃湾川龙
印度坟场	跑马地
回教坟场	哥连臣角
回教坟场	跑马地
西贡天主教坟场	新界西贡
长洲天主教坟场	新界长洲
长洲基督教坟场	新界长洲
青山基督教坟场	新界屯门
昭远坟场	摩星岭
苦修女坟场	赤柱
军人坟场	哥连臣角
香港佛教坟场	哥连臣角
荃湾华人永远坟场	新界荃湾
基督教华人坟场	薄扶林道
将军澳华人永远坟场	新界将军澳
崇谦堂崇真会基督教坟场	新界
犹太坟场	跑马地
华人永远坟场	香港仔
华人永远坟场	哥连臣角
新九龙1号坟场(基督教华人坟场)	九龙嘉林边道

（续上表）

坟场名称	地　点
新九龙第2662号内地段坟场（长沙湾天主教坟场）	九龙青山道
道风山基督教坟场	新界
廊尔喀军人坟场	新界稼轩卢军营

（由1963年第32号第15条修订；由1970年第61号法律公告修订；由1975年第193号法律公告修订；由1976年第69号第6条修订；由1983年第146号法律公告修订；由1999年第78号第7条修订；由2012年第171号法律公告修订；编辑修订——2013年第1号编辑修订记录）

第2A部　为施行第113A条而指明的人士（由该等人士管理和控制的骨灰安置所因而属私营坟场）

（第2A部由2017年第8号第127条增补）

1.根据《华人永远坟场条例》（第1112章）设立的华人永远坟场管理委员会。

第3部—第4部

（由1999年第78号第7条废除）

第4A部　英联邦国殇纪念坟场管理委员会坟场

（第4A部由1976年第69号第6条增补）

坟场名称	地　点
西湾国殇纪念坟场	哥连臣角道
赤柱国殇纪念坟场	赤柱

第5部　政府火葬场

和合石

长洲

哥连臣角

富山

葵涌

钻石山

（第5部由1999年第78号第7条代替）

第6部　私营火葬场

大屿山大澳羌山观音庙

大屿山昂平宝莲寺

大屿山羌山灵隐寺

大屿山宝林寺

荃湾竹林禅院

荃湾西竹林庙

（第6部由1999年第78号第7条代替；编辑修订——2013年第1号编辑修订记录）

第7部　纪念花园

和合石

坪洲
长洲
南丫岛
哥连臣角
富山
曾咀
葵涌
钻石山

（第7部由1999年第78号第7条代替；编辑修订——2013年第1号编辑修订记录；由2020年第267号法律公告增补）

附表6

［第131条］

根据第131（1）条就罪行提出法律程序时可用的名义

（格式变更——2019年第4号编辑修订记录）

条次	就罪行提出法律程序时可用的名义
6	渠务署署长
7	渠务署署长
9	渠务署署长
10	渠务署署长
13	食物环境卫生署署长
14	食物环境卫生署署长
20	食物环境卫生署署长
22	食物环境卫生署署长
22A	食物环境卫生署署长
24	食物环境卫生署署长
25	食物环境卫生署署长
27	食物环境卫生署署长或卫生署署长
30	食物环境卫生署署长
31	食物环境卫生署署长
32	食物环境卫生署署长
33	食物环境卫生署署长
34	食物环境卫生署署长
36	食物环境卫生署署长
43	康乐及文化事务署署长
47	食物环境卫生署署长
50	当所犯罪行是关乎食物的，指食物环境卫生署署长；当所犯罪行是关乎药物的，则指卫生署署长
51	食物环境卫生署署长
51A	食物环境卫生署署长
52	当所犯罪行是关乎食物的，指食物环境卫生署署长；当所犯罪行是关乎药物的，则指卫生署署长
54	当所犯罪行是关乎食物的，指食物环境卫生署署长；当所犯罪行是关乎药物的，则指卫生署署长
59	当所犯罪行是关乎食物的，指食物环境卫生署署长；当所犯罪行是关乎药物的，则指卫生署署长
61	当所犯罪行是关乎食物的，指食物环境卫生署署长；当所犯罪行是关乎药物的，则指卫生署署长

（续上表）

条次	就罪行提出法律程序时可用的名义	条次	就罪行提出法律程序时可用的名义
62	当要求或请求是关乎食物的，指食物环境卫生署署长；当要求或请求是关乎药物的，则指卫生署署长	93	食物环境卫生署署长
		94	食物环境卫生署署长
		101	食物环境卫生署署长
63	当证明书是关乎食物的，指食物环境卫生署署长；当证明书是关乎药物的，则指卫生署署长	105	屋宇署署长
		110	康乐及文化事务署署长
		111D	地政总署署长
68	食物环境卫生署署长或卫生署署长	112	食物环境卫生署署长
69	当指示是由食物环境卫生署署长或获其授权的公职人员发出的，及当作出的通知是关乎食物的，指食物环境卫生署署长；当指示是由卫生署署长或获其授权的公职人员发出的，及当作出的通知是关乎药物的，则指卫生署署长	112A	食物环境卫生署署长
		115	食物环境卫生署署长
		117	食物环境卫生署署长
		118	食物环境卫生署署长
		124	食物环境卫生署署长
		124F	食物环境卫生署署长
72	当所犯罪行是关乎食物的，指食物环境卫生署署长；当所犯罪行是关乎药物的，则指卫生署署长	127	食物环境卫生署署长
		128	食物环境卫生署署长
		128B	食物环境卫生署署长
81	食物环境卫生署署长	128C	食物环境卫生署署长
83B	食物环境卫生署署长	—	
92C	如关乎第92A条，指康乐及文化事务署署长；如关乎第92AB条，指食物环境卫生署署长		

（附表6由1999年第78号第7条代替；由2002年第1号第5条修订；由2009年第3号第4条修订；由2011年第5号第72条修订；编辑修订——2019年第4号编辑修订记录）

附表7

表格

（格式变更——2019年第4号编辑修订记录）

表格A

［第64（1）及65（1）条］

公众卫生及市政条例

（第132章）

分析证明书

致：..................................

本人（即下开签署人）就《公众卫生及市政条例》而言是一名政府分析员，现特此核证本人于19.....年.........月......日从........接获一份报称载有..样本的加封包裹，其上并注有..字样，且本人发觉有关封条完整无缺，并已分析该包裹所载物品，现宣布本人分析结果如下。

本人认为上述包裹所载物品确属..样本。

或

本人认为上述样本含有以下组成部分或以下外来成分..

....

....观察报告

....

....

....

本证明书经本人于19......年.................月.....................................日签署为证。

签署..

政府化验师

（或注明职称）

注：除非另予指明，否则所有按定义或订明标准列出的百分率，均为重量的百分率。

表格B

［第126（2）条］

公众卫生及市政条例

（第132章）

（第126（2）条）

授权进入处所的手令

本人C.D.乃一名香港裁判官，鉴于A.B.向本人提出申请，要求本人授权上述A.B.进入下述处所：.....

....

....

....

（在此将处所加以描述），又鉴于本人C.D.就经宣誓而作的告发，信纳进入上述处所是有合理理由的，并信纳..（在此填上发出手令的理由）。

因此，本人C.D.现特此授权上述A.B.进入上述处所，并可带同其所需助理人员，而在有需要时并可藉使用武力进入该处所，以在该处所根据上述条例执行其职务。

日期：19..............年.....................月......................日

［盖印处］

（签署）.........................

裁判官

（由1997年第47号第10条修订）

表格C

［第127(1)条］

公众卫生及市政条例

（第132章）

（第127(1)条）

妨扰事故通知

致：……………………………………………………（即因其作为、失责或容受而令有关妨扰事故产生或存在的人，或有妨扰事故存在的处所的拥有人或占用人（视属何情况而定））。

1.谨请注意……………………………………………（指明有关主管当局）因信纳在……………………………………………（描述有妨扰事故存在的处所）有妨扰事故存在，即……………………………………（描述有关妨扰事故），而现特此根据《公众卫生及市政条例》条文，规定你在本通知送达起计……………………………………（指明时间）内，须减除该等妨扰事故，而为达致此目的，并须……………………………（指明须进行的工作）［此外，上述……………………………………………（主管当局）现且规定你在上述期限内作所需事情，以防止该等妨扰事故再次出现，而为达致此目的，并须………………………………………………………………………………………………（指明须进行的工作）］。

凡有关妨扰事故虽已被减除，但仍相当可能再次出现，则：……………………………………………………因信纳在……………………………………………………（描述有妨扰事故存在的处所），在近期，即……………………………………………………（指明日期）当日或约于该日，有下列妨扰事故存在，即……………………………………………………………………（描述有关妨扰事故），并信纳该等妨扰事故虽已在该日以后被减除，但仍相当可能在上述处所再次出现，而现特此规定你在本通知送达起计……………………………………（指明时间）内，须作所需事情，以防止该等妨扰事故再次出现，而为达致此目的，并须……………………………………………………………………………………（指明须进行的工作）。

2.如你在遵从本通知的规定方面有任何失责（或上述妨扰事故虽已被减除，但仍相当可能再次出现），则有关人员将会向裁判法院申请发出传票，规定你在该法院席前出席，以对任何为强制将妨扰事故减除及／或禁止该等妨扰事故再次出现的目的或为此二项目的，及为追讨因上述事项而招致的费用及罚款的目的而提出的申诉，作出答辩。

日期：19…………年……………月……………日

签署……………………………………………

（格式变更——2019年第4号编辑修订记录）

表格D

［第127(4)条］

公众卫生及市政条例

（第132章）

（第127(4)条）

妨扰事故命令

致：A.B.，其地址为……………………………………………………………………………………

……………………（或下述处所的拥有人或占用人），即为位于（填上足以识别有关处所的位置描述）的（描述有关处所）。

鉴于上述A.B.（或《公众卫生及市政条例》所指上述处所的拥有人或占用人，即 ……）已于本日在本人（或我们，即描述法庭）席前就有关申诉事宜答辩，而该项申诉乃由 ……………………………………………………………………………………………………提出，并谓（采用传票内申诉的措词）（或如被控一方没有出庭答辩，则：鉴于本人（或我们）已就所作证明信纳有关传票已按照《公众卫生及市政条例》妥为送达，规定上述A.B.（或上述处所的拥有人或占用人）于本日在本人（或我们）席前出席，就有关申诉事宜答辩，而该项申诉乃由 ……………………………………………………………………………………………………提出，并谓……）：

（可作出下述任何命令或由下述任何命令组成的命令（视情况所需而定））。

减除令

现经在本人（或我们）席前证明所申诉的妨扰事故确于上述处所存在（凡是项命令乃发给造成妨扰事故的人的，则加上：且证明该妨扰事故乃因A.B.的作为、失责或容受所致），本人（或我们）特此依据《公众卫生及市政条例》，而命令上述A.B.（或上述拥有人或占用人）于本命令按照上述条例送达起计（指明时间）内（在此指明须减除的妨扰事故）。

第1项禁止令

本人（或我们）因信纳即使上述妨扰事故虽已根据本命令而暂被减除，但仍相当可能再次出现，而特此禁止上述A.B.（或上述拥有人或占用人）容许上述或类似妨扰事故再次出现，（而为达致上述目的，本人（或我们）并指示上述A.B.或上述拥有人或占用人［在此指明须进行的工作］）。

第2项禁止令

现经在本人（或我们）席前证明在上述申诉于…………年……………月……………日提出时或刚在此之前，所申诉的妨扰事故确在上述处所存在，但在此后已被减除（凡是项命令乃发给造成妨扰事故的人的，则加上：且证明该妨扰事故乃因A.B.的作为、失责或容受所致）；惟因即使该妨扰事故已被减除，本人（或我们）信纳是项或类似妨扰事故仍相当可能在上述处所再次出现，本人（或我们）特此禁止（按第1项禁止令续写）。

封闭令

现经在本人（或我们）席前证明上述妨扰事故致使位于（填上足以识别该住宅的位置描述）的住宅（描述该住宅）处于本人（或我们）判决为不宜供人居住的状况，本人（或我们）现特此依据《公众卫生及市政条例》，禁止将该住宅用作供人居住。

日期：19…………………年…………………月……………………日

［盖印处］

（签署）………………………………………………

裁判官

（由1963年第32号第17条修订；由1997年第47号第10条修订）

表格E

［第112A（1）(a）条］

公众卫生及市政条例

（第132章）

（第112A（1）条）

将人类遗骸埋葬或火葬的通知

致：..

（具有处置死者遗骸权利的人）

鉴于...........................（指明死者姓名）（下称“死者”）于19..............................年.....................月..........................日（指明死亡日期）或约于该日于..（指明死亡地点）死亡：

又鉴于——

（a）有关上述死亡事件的登记证明书已于19............年.............月.........日（指明发出日期）根据《生死登记条例》(第174章）第17(1）条发出；或

（b）根据《生死登记条例》第17(1）条所发出并规定将死者尸体埋葬或火葬的命令，已于19..............................年..............................月..............................日（指明命令日期），自...（指明命令作出人的姓名）死因裁判官处取得；或

（c）生死登记官／副生死登记官／分区生死登记员*...（指明命令作出人的姓名）已根据《生死登记条例》第16(1）条，于19................年.........月................日（指明命令日期）发出埋葬死者尸体的书面批准／指示*；或

（d）隶属...警署（指明申请许可证所在警署的名称）的.........................（指明发出许可证的督察或其他主管人员的姓名）已根据《生死登记条例》第16(1）条，于19..........年....................月...............................日（指明发出日期）发出埋葬死者尸体的许可证：

（在（a)、(b)、(c)、或（d）段中选择适用者填写，并删去其余各段）

现谨请注意...（指明有关主管当局）现根据《公众卫生及市政条例》条文，规定你在本通知向你送达日期起计..（指明期限）内，安排将上述死者遗骸依法埋葬或火葬。

如你没有遵从本通知的规定，则...（指明有关主管当局）可将上述遗骸管有，并安排按其认为适当的方式予以处置，而你亦属犯罪。

本通知并不给予你在遵从任何其他成文法则中规管人类遗骸埋葬或火葬的条文规定方面的豁免。下述事项尤须注意：如你欲将死者遗骸火葬，你必须遵从第124C、124D、124E及124F条条文的规定。

日期：19......................年......................月......................日

签署...

注：*将不适用者删去。

（由1969年第48号第12条增补；由1973年第21号第17条修订；由1986年第10号第29条修订）

表格F

[第128(1)条]

公众卫生及市政条例
(第132章)
(第128(1)条)
禁止令

本禁止令与位于……………………………………………………并称为……………………………………的处所/船只有关。

致:上述处所的占用人/上述船只的船长,或其一部分,即……………………………………………………………………(指明申请所关乎的部分)的占用人。

鉴于……………………………………………………………………………(提出申请的公职人员)向本人提出申请,要求作出命令,禁止上述处所/船只/指明部分用作……………………………………………………………………………………………………(指明须予禁止的用途),理由是上述处所/船只/指明部分是在并无登记/牌照/许可证下使用,或在违反暂时吊销登记/牌照/许可证的规定下使用,或在违反《公众卫生及市政条例》条文下使用,即……………………………………………………………………………………(指明违反事项):

现本人就所作证明信纳上述理由,并信纳已有按法律规定将不少于14天通知期的申请本命令的意向通知发出,本人特此根据《公众卫生及市政条例》第128(1)条行使本人的权力,作出下列命令——

(a)将本命令的中英文副本藉张贴于上述处所/船只/指明部分的显眼处的方式送达;

(b)禁止上述处所/船只/指明部分自本命令的副本如此送达后第8天起,作……………………………………………………………………………用途(指明所禁止的用途),直至本命令按照《公众卫生及市政条例》第128(2)条被删除为止。

日期:19……………………年……………………月……………………日

[盖印处]

(签署)……………………………………………………………………

裁判官

注:1.违反本命令可处第6级罚款及监禁12个月的刑罚,而在持续犯罪期间,每天并可处罚款$1,750。

2.如本命令所关乎的处所、船只或指明部分,乃根据《公众卫生及市政条例》第56条订立的规例所适用者,则本命令的规定如自本命令送达后第8天起没有获持续遵从,法庭可就该处所/船只/指明部分作出封闭令。

3.如移去或污损张贴于任何处所、船只或指明部分的本命令副本,可处第4级罚款及监禁6个月的刑罚。

(由1988年第76号第6条增补;由1999年第78号第7条修订;由2002年第1号第6条修订)

表格G

［第128（4）条］

公众卫生及市政条例

（第132章）

（第128（4）条）

封闭令

致：..

（提出申请的公职人员）

鉴于本人..（或指明作出有关命令的人）已于19...........................年.....................月........................日就位于 .... 并称为 .... 的处所／船只／指明部分作出禁止令，禁止将该处所／船只／指明部分用作.. 用途（指明所禁止的用途）；

又鉴于有向本人提出申请，要求就该处所／船只／指明部分作出封闭令，而该处所／船只／指明部分乃根据上述条例第56条订立的规例所适用者：

现本人就所作证明信纳自上述禁止令送达后第8天起该命令没有获持续遵从，并信纳已有按法律规定将不少于14天通知期的申请本命令的意向通知发出，本人特此根据《公众卫生及市政条例》第128（4）条行使本人的权力，授权你..

（申请本封闭令的公职人员）——

（a）将本命令副本藉张贴于上述处所／船只／指明部分的显眼处的方式送达；

（b）在送达后的第8天，将上述处所／船只／指明部分按法律所订明的方式封闭。

日期：19..........................年..................月...日

［盖印处］

（签署）.................................

裁判官

注：1. 在本命令送达后，任何人未经授权而进入或停留在本命令所关乎的处所、船只或指明部分，即属犯罪。有关刑罚为第6级罚款及监禁12个月，而在持续犯罪期间，每天并可处罚款$1,750。

2. 如移去或污损张贴于任何处所、船只或指明部分的本命令副本，或破开或干扰置于任何处所、船只或指明部分的锁或封条，可处第4级罚款及监禁6个月的刑罚。

（由1988年第76号第6条增补；由1999年第78号第7条修订；由2002年第1号第6条修订）

表格H

［第128B（1）条］

公众卫生及市政条例

（第132章）

（第128B（1）条）

封闭令

致：食物环境卫生署署长

你已就位于 .... 的处所／船只 ....*

而向本席申请封闭令，理由为该处所／船只*在没有《公众卫生及市政条例》(第132章)(“该条例”) 所指的牌照、准许或许可的情况下使用或被占用／有某种活动在其内进行*；

现已有证据使本席信纳该理由，并信纳已有一份关于申请封闭令的意向的中英文通知的文本，按该条例第128B(3) 条的规定张贴于上述处所／船只*的显眼处和送达上述处所／船只*的拥有人，本席现根据该条例第128B(1) 条行使本席的权力，授权你在符合该条例第128B(6) 条的规定下，按该条例所订明的规定封闭该处所／船只*。

日期：......................年......................月............................日

［盖印处］

（签署）..

裁判官

注：1. 在本命令开始生效后，任何人未经授权而进入或停留在本命令所关乎的处所／船只*，即属犯罪，可处第6级罚款及监禁12个月，并就罪行持续期间每天罚款$1,750。

2. 如无合法权限亦无合理辩解而移去或污损张贴于任何处所／船只*的本命令的文本，或破开或干扰由署长亲自或安排在该处所／船只*加上的锁或封条，可处第4级罚款及监禁6个月。

*删去不适用者。

(由2002年第1号第6条增补)

表格I

［第128C(1)条］

公众卫生及市政条例

(第132章)

(第128C(1)条)

封闭令

致： 位于..的处所的拥有人及占用人／船只....................
....的拥有人及船长*

本人现有合理因由相信上述处所／船只／船只的..
.........(部分)*有构成对健康的即时危害，本人现根据《公众卫生及市政条例》(第132章)(“该条例”) 第128C(1) 条行使本人的权力，按该条例所订明的规定封闭该处所／船只／船只部分*，即时生效。

上述的对健康的即时危害的详情如下：

本命令一直有效，直至有证据使本人信纳下列各项而发出通知撤销本命令为止 ——

(a) 上述处所／船只／船只部分*对健康的即时危害已经消除，而该处所／船只／船只部分*的使用或占用／内进行的活动*已获发牌照或获准许或许可；或

(b) 上述处所／船只／船只部分*不会用作或被占用以作根据该条例第128A(1) 条所述的任何附属法例须领牌、获准许或许可的用途，也不会有该条所述的活动在上述处所／船只／船只部分*内进行。

任何人因本命令而感到受屈，可在本命令作出当日之后的7天内或封闭令（对健康的即时危害）上诉委员会主席所容许的较长期间内，针对本命令向该上诉委员会提出上诉。

日期：....................年..................月...................日

（签署）..

食物环境卫生署署长

注：1. 在本命令开始生效后，任何人未经授权而进入或停留在本命令所关乎的处所／船只*，即属犯罪，可处第6级罚款及监禁12个月，并就罪行持续期间每天罚款$1,750。

2. 如无合法权限亦无合理辩解而移去或污损张贴于任何处所／船只*的本命令的文本，或破开或干扰由署长亲自或安排在该处所／船只*加上的锁或封条，可处第4级罚款及监禁6个月。

*删去不适用者。

(由2002年第1号第6条增补)

表格J

［第128C(6)条］

公众卫生及市政条例

(第132章)

(第128C(6)条)

撤销封闭令的通知

致：位于..................................的处所的拥有人及占用人／船只..............................的拥有人及船长*

现已有证据使本人信纳——

(a) 上述处所／船只／船只的..(部分)*对健康的即时危害已经消除，而该处所／船只／船只部分*的使用或占用／内进行的活动*已获发牌照或获准许或许可；或

(b) 上述处所／船只／船只部分*不会用作或被占用以作根据《公众卫生及市政条例》(第132章)("该条例")第128A(1)条所述的任何附属法例须领牌、获准许或许可的用途，也不会有该条所述的活动在上述处所／船只／船只部分*内进行。

本人现根据该条例第128C(6)条行使本人的权力，撤销就上述处所／船只／船只部分*作出的封闭令，即时生效。

日期：......................年......................月........................日

(签署)..

食物环境卫生署署长

*删去不适用者。

(由2002年第1号第6条增补)

附表8

(由1999年第78号第7条废除)

附表9

［第150条］

罚　则

(格式变更——2019年第4号编辑修订记录)

条次	罚则	每日罚款
6（1）（d）或（e）	第5级罚款	—
7（2）	第5级罚款	—
9（a）	第2级罚款	—
9（b）	第4级罚款	—
10（3）	第2级罚款	—
13（2）（a）	第2级罚款	罚款$ 100
13（5）	第1级罚款	罚款$ 50
14（2）（a）	第2级罚款	罚款$ 50
20（3）（b）	第2级罚款	罚款$ 300
22（1）（a）	第2级罚款	罚款$ 50
22A（1）（b）	第2级罚款	罚款$ 100
24（2）（a）	第2级罚款	罚款$ 50
25（a）	第1级罚款	—
25（b）	第2级罚款	—
27（2）、（3）或（3A）	第4级罚款	罚款$ 450
30（2）（a）	第2级罚款	罚款$ 100
31	第1级罚款	—
32（2）（a）	第2级罚款	罚款$ 100
33（3）（a）	第2级罚款	罚款$ 100
34（a）或（b）	第1级罚款	—
36（2）	第2级罚款	罚款$ 100
43（2）	第1级罚款	—
47（2）（a）	第2级罚款	罚款$ 100
47（5）	第1级罚款	—
50（4）	第3级罚款及监禁3个月	—
51（5）	第3级罚款及监禁3个月	—
51A（4）或（5）	第3级罚款及监禁3个月	—
52（1）或（2）	第3级罚款及监禁3个月	—
54（1）或（2）	第5级罚款及监禁6个月	—
58（4）或（5）	第3级罚款及监禁3个月	—
59（1A）或（3）	第5级罚款及监禁6个月	—
61（1）或（2）	第5级罚款及监禁6个月	—

（续上表）

条次	罚则	每日罚款
62（4）	第2级罚款	—
63（9）	第2级罚款	—
68（3）	第1级罚款	—
69（2）	第3级罚款及监禁3个月	—
72（1）或（2）	第5级罚款及监禁6个月	—
81（2）	第1级罚款	—
83B（3）	第2级罚款及监禁1个月（首次定罪）	罚款$ 300
	第3级罚款及监禁6个月（第二次及其后各次定罪）	罚款$ 300
92C（1）	第2级罚款及监禁6个月	—
92C（2）	第4级罚款及监禁6个月	罚款$ 450
93（4）	第3级罚款及监禁3个月	罚款$ 450
94（3）	第2级罚款	—
94（3A）或（3B）	第3级罚款及监禁3个月	—
101（3）	第3级罚款及监禁3个月	—
104A（2）	第3级罚款	罚款$ 300
104B（2）	第3级罚款	罚款$ 300
105（2）（a）	第2级罚款	罚款$ 100
110（2）	第1级罚款	—
111D	第3级罚款	—
112（1）或（2）	第1级罚款	罚款$ 50
112A（3）（a）	第2级罚款	—
112A（3）（b）	第2级罚款	罚款$ 100
115（3）	第2级罚款	—
117（2）	第1级罚款	—
118（1）或（2）	第2级罚款及监禁6个月	—
124（2）	第2级罚款	—
124F（1）	第2级罚款及监禁6个月	—
124F（2）	监禁2年	—
124F（3）	监禁5年	—
125（5）	第2级罚款	—
127（3）（a）或（b）	第3级罚款	罚款$ 200
127（7）（a）	第4级罚款	罚款$ 450

（续上表）

条次	罚则	每日罚款
128（3）	第6级罚款及监禁12个月	罚款$1,750
128（10）（a）	第6级罚款及监禁12个月	罚款$1,750
128（10）（b）或（c）	第4级罚款及监禁6个月	—
128B（12）（c）及128C（12）（c）	第6级罚款及监禁12个月	罚款$1,750
128B（12）（a）及（b）及128C（12）（a）及（b）	第4级罚款及监禁6个月	—
139	第4级罚款及监禁6个月	—

（由1996年第177号法律公告代替。由1999年第78号第7条修订；由2002年第1号第7条修订；由2006年第9号第3条修订；由2009年第3号第5条修订；由2011年第5号第73条修订）

附表10

［第79条］

公众街市

（格式变更——2019年第4号编辑修订记录）

街市名称	英文名称
士美非路街市	Smithfield Market
上环街市	Sheung Wan Market
北角街市	North Point Market
正街街市	Centre Street Market
石塘咀街市	Shek Tong Tsui Market，Shek Tong Tsui Complex
田湾街市	Tin Wan Market
吉胜街熟食市场	Kut Shing Street Cooked Food Market
西营盘街市	Sai Ying Pun Market
西湾河街市	Sai Wan Ho Market
赤柱海滨小卖亭	Stanley Waterfront Mart
皇后街熟食市场	Queen Street Cooked Food Market
南朗山道熟食市场	Nam Long Shan Road Cooked Food Market
香港仔街市	Aberdeen Market
柴湾街市	Chai Wan Market
黄泥涌街市	Wong Nai Chung Market

（续上表）

街市名称	英文名称
渣华道街市	Java Road Market
爱秩序湾街市	Aldrich Bay Market
电气道街市	Electric Road Market
筲箕湾街市	Shau Kei Wan Market
渔光道街市	Yue Kwong Road Market
渔湾街市	Yue Wan Market
铜锣湾街市	Causeway Bay Market
骆克道街市	Lockhart Road Market
鸭脷洲街市，	Ap Lei Chau Market,
鸭脷洲市政大厦	Ap Lei Chau Complex
灯笼洲街市	Tang Lung Chau Market
鹅颈街市	Bowrington Road Market
鲗鱼涌街市	Quarry Bay Market
湾仔街市 *	Wan Chai Market
九龙城街市	Kowloon City Market
土瓜湾街市	To Kwa Wan Market
大成街街市	Tai Shing Street Market
大角咀街市	Tai Kok Tsui Market
牛池湾街市	Ngau Chi Wan Market
牛头角街市	Ngau Tau Kok Market
四山街熟食市场	Sze Shan Street Cooked Food Market
北河街街市	Pei Ho Street Market
安静道生花市场	On Ching Road Flower Market
宜安街街市	Yee On Street Market
旺角熟食市场	Mong Kok Cooked Food Market
长沙湾熟食市场	Cheung Sha Wan Cooked Food Market
官涌街市	Kwun Chung Market, Kwun Chung Complex
花园街街市	Fa Yuen Street Market
东源街熟食市场	Tung Yuen Street Cooked Food Market
油麻地街市	Yau Ma Tei Market
保安道街市	Po On Road Market
红磡街市	Hung Hom Market, Hung Hom Complex
海防道临时街市	Haiphong Road Temporary Market

（续上表）

街市名称	英文名称
荔湾街市	Lai Wan Market
通州街临时街市	Tung Chau Street Temporary Market
彩虹道街市	Choi Hung Road Market
瑞和街街市	Shui Wo Street Market
骏业熟食市场	Tsun Yip Cooked Food Market
鲤鱼门街市	Lei Yue Mun Market
双凤街街市	Sheung Fung Street Market
观塘码头熟食市场	Kwun Tong Ferry Concourse Cooked Food Market
大埔墟街市	Tai Po Hui Market
大围街市	Tai Wai Market
大棠道熟食市场	Tai Tong Road Cooked Food Market
大圆街熟食市场	Tai Yuen Street Cooked Food Market
大澳街市	Tai O (Lantau) Market
大桥街市	Tai Kiu Market
火炭西熟食市场	Fo Tan Cooked Food Market (West)
火炭东熟食市场	Fo Tan Cooked Food Market (East)
仁爱街市	Yan Oi Market
古洞街市购物中心	Kwu Tung Market Shopping Centre
石湖墟街市	Shek Wu Hui Market
北葵涌街市	North Kwai Chung Market
西贡街市	Sai Kung Market
同益街市	Tung Yick Market
沙田街市	Sha Tin Market
沙头角街市	Sha Tau Kok Market
和宜合道熟食市场	Wo Yi Hop Road Cooked Food Market
坪洲街市	Peng Chau Market
长洲街市	Cheung Chau Market
长洲熟食市场	Cheung Chau Cooked Food Market
长达路熟食市场	Cheung Tat Road Cooked Food Market
青衣街市	Tsing Yi Market
青杨熟食市场	Tsing Yeung Cooked Food Market
洪水桥临时街市	Hung Shui Kiu Temporary Market
洪祥熟食市场	Hung Cheung Cooked Food Market

街市名称	英文名称
香车街街市	Heung Che Street Market
建业街熟食市场	Kin Yip Street Cooked Food Market
建荣熟食市场	Kin Wing Cooked Food Market
流浮山街市	Lau Fau Shan Market
荃景围街市	Tsuen King Circuit Market
荃湾街市	Tsuen Wan Market
柴湾角熟食市场	Chai Wan Kok Cooked Food Market
深井临时街市	Sham Tseng Temporary Market
梅窝街市	Mui Wo Market
梅窝熟食市场	Mui Wo Cooked Food Market
杨屋道街市	Yeung Uk Road Market
葵顺街熟食市场	Kwai Shun Street Cooked Food Market
新墟街市	San Hui Market
荣芳街街市	Wing Fong Street Market
嘉定熟食市场	Ka Ting Cooked Food Market
对面海街市	Tui Min Hoi Market
锦田街市	Kam Tin Market
联和墟街市	Luen Wo Hui Market
击壤路熟食市场	Kik Yeung Road Cooked Food Market
蓝地街市	Lam Tei Market
宝湖道街市	Plover Cove Road Market

（由1973年第21号第19条增补。由1973年第179号法律公告修订；由1973年第181号法律公告修订；由1973年第258号法律公告修订；由1974年第206号法律公告修订；由1975年第198号法律公告修订；由1975年第213号法律公告修订；由1976年第132号法律公告修订；由1979年第103号法律公告修订；由1979年第141号法律公告修订；由1979年第179号法律公告修订；由1979年第241号法律公告修订；由1979年第301号法律公告修订；由1980年第31号法律公告修订；由1980年第49号法律公告修订；由1980年第60号法律公告修订；由1980年第117号法律公告修订；由1980年第138号法律公告修订；由1980年第183号法律公告修订；由1980年第206号法律公告修订；由1981年第155号法律公告修订；由1981年第167号法律公告修订；由1981年第186号法律公告修订；由1981年第205号法律公告修订；由1981年第338号法律公告修订；由1981年第346号法律公告修订；由1982年第63号法律公告修订；由1982年第93号法律公告修订；由1982年第94号法律公告修订；由1982年第125号法律公告修订；由1982年第212号法律公告修订；由1982年第280号法律公告修订；由1982年第382号法律公告修订；由1982年第389号法律公告修订；由1982年第398号法律公告修订；由1982年第399号法律公告修订；由1983年第45号法律公告修订；由1983年第62号法律公告修订；由1983年第91号法律公告修订；由1983年第151号法律公告修订；由1983年第169号法律公告修订；由1983年第347号法律公告修订；由1984

年第48号法律公告修订；由1984年第61号法律公告修订；由1984年第111号法律公告修订；由1984年第159号法律公告修订；由1984年第287号法律公告修订；由1984年第351号法律公告修订；由1984年第396号法律公告修订；由1984年第421号法律公告修订；由1985年第30号法律公告修订；由1985年第54号法律公告修订；由1985年第149号法律公告修订；由1985年第204号法律公告修订；由1985年第275号法律公告修订；由1985年第355号法律公告修订；由1986年第10号法律公告修订；由1986年第10号第30条修订；由1986年第103号法律公告修订；由1986年第289号法律公告修订；由1986年第314号法律公告修订；由1987年第94号法律公告修订；由1987年第169号法律公告修订；由1987年第372号法律公告修订；由1987年第387号法律公告修订；由1988年第197号法律公告修订；由1988年第342号法律公告修订；由1988年第343号法律公告修订；由1989年第258号法律公告修订；由1989年第395号法律公告修订；由1990年第52号法律公告修订；由1990年第325号法律公告修订；由1990年第399号法律公告修订；由1990年第400号法律公告修订；由1991年第43号法律公告修订；由1991年第104号法律公告修订；由1991年第124号法律公告修订；由1991年第437号法律公告修订；由1992年第259号法律公告修订；由1993年第34号法律公告修订；由1993年第109号法律公告修订；由1993年第224号法律公告修订；由1994年第444号法律公告修订；由1994年第479号法律公告修订；由1995年第15号法律公告修订；由1995年第42号法律公告修订；由1995年第176号法律公告修订；由1995年第588号法律公告修订；由1996年第44号法律公告修订；由1996年第215号法律公告修订；由1996年第423号法律公告修订；由1997年第155号法律公告修订；由1998年第190号法律公告修订；由1998年第387号法律公告修订；由1999年第11号法律公告修订；由1999年第126号法律公告修订；由1999年第154号法律公告修订；由1999年第184号法律公告修订；由1999年第233号法律公告修订；由1999年第293号法律公告修订；由1999年第78号第7条修订；由2000年第262号法律公告修订；由2001年第43号法律公告修订；由2001年第139号法律公告修订；由2002年第95号法律公告修订；由2002年第194号法律公告修订；由2003年第197号法律公告修订；由2004年第117号法律公告修订；由2004年第143号法律公告修订；由2004年第167号法律公告修订；由2005年第19号法律公告修订；由2005年第126号法律公告修订；由2005年第127号法律公告修订；由2005年第151号法律公告修订；由2005年第152号法律公告修订；由2006年第40号法律公告修订；由2006年第41号法律公告修订；由2006年第259号法律公告修订；由2006年第260号法律公告修订；由2007年第12号法律公告修订；由2008年第182号法律公告修订；由2008年第193号法律公告修订；由2008年第194号法律公告修订；由2009年第207号法律公告修订；由2013年第106号法律公告修订；由2014年第110号法律公告修订）

编辑附注：

* 1.位于香港湾仔皇后大道东264号的湾仔街市于紧接2008年9月1日开始前不再指定为公众街市——见2008年第181号法律公告。

2.《公众卫生及市政条例》(第132章）适用的、位于香港湾仔皇后大道东258号地下的湾仔街市自2008年9月1日起指定为公众街市——见2008年第192号法律公告。

附表11

［第92A及124L条］

（由1999年第78号第7条修订）

须领牌的活动

（格式变更——2014年第2号编辑修订记录）

公众保龄球场

公众溜冰场

桌球场所

（由1973年第21号第19条增补；由1988年第53号第6条修订；由1999年第78号第7条修订）

附表11A

［第92AB、92B及124I条］

须领牌的活动

（附表11A由1999年第78号第7条增补）

（格式变更——2014年第2号编辑修订记录）

殓葬商

附表12

［第105A条］

体育场

（格式变更——2014年第2号编辑修订记录）

旺角大球场

香港大球场

（由1973年第21号第19条增补；由1974年第19号法律公告修订；由1974年第195号法律公告修订；由1985年第190号法律公告修订；由1987年第353号法律公告修订；由1994年第72号法律公告修订）

附表13

［第105M条］

文娱中心

1. 中环干诺道中大会堂。

2. 荃湾大河道荃湾大会堂。

3. 湾仔爱群道伊利沙伯体育馆。

4.上水北区社区中心内的北区会堂。

5.红磡高山道公园高山剧场及高山剧场新翼。

6.红磡畅运道香港体育馆。

7.大埔安邦路大埔官立中学内的大埔文娱中心。

8.黄大仙龙翔道与清水湾道交界处的牛池湾文娱中心。

9.沙田源禾路沙田大会堂。

10.屯门屯喜路屯门大会堂。

11.尖沙咀梳士巴利道香港文化中心及附属于该中心的梳士巴利花园（不包括中心内的婚姻登记处及根据第105G条指定用作博物馆或根据第105K条指定用作图书馆的任何建筑物或任何建筑物的一部分）。

12.上环皇后大道中上环文娱中心。

13.西湾河筲箕湾道111号西湾河文娱中心。

14.尖沙咀东部科学馆道2号香港科学馆演讲厅及特备展览厅。

15.尖沙咀梳士巴利道10号香港艺术馆的演讲厅、陶艺工作室、绘画工作室、版画工作室、一楼大堂及平台。

16.中环香港公园内坚尼地道7号A香港视觉艺术中心。

17.葵涌兴宁路葵青剧院。

18.元朗体育路元朗剧院。

19.铜锣湾高士威道66号称为香港中央图书馆的建筑物的演讲厅、展览馆、一号活动室及二号活动室及该建筑物没有根据第105K条指定为图书馆的任何其他部分。

20.西湾河鲤景道50号香港电影资料馆的电影院及展览厅。

21.尖沙咀海防道九龙公园香港文物探知馆内的下列处所：连接S61及S62座的扩建部分内的演讲厅、S62座内的活动室及位于S61及S62座之间的庭院及露天茶座。

22.尖沙咀漆咸道南100号香港历史博物馆的演讲厅、活动室一及二、专题展览厅及庭院。

23.中环红棉路10号茶具文物馆的茶房、一号、二号及三号展览厅及北面草地。

24.沙田文林路1号香港文化博物馆的剧院、演讲室、教育活动室、聚贤厅、庭院及大堂（包括主楼梯）。

25.油麻地窝打老道油麻地戏院及红砖屋。

26.北角油街12号称为油街艺术空间的用地及建筑物。

（附表13由2018年第17号第56条代替）

附表14

［第42A(2)条］

公众泳池

（格式变更——2012年第1号编辑修订记录）

港岛

小西湾游泳池

中山纪念公园游泳池

包玉刚游泳池

柴湾游泳池

坚尼地城游泳池

港岛东游泳池

维多利亚公园游泳池
摩理臣山游泳池
湾仔游泳池
九龙
九龙公园游泳池
九龙仔游泳池
大角咀游泳池
大环山游泳池
何文田游泳池
佐敦谷游泳池
李郑屋游泳池
斧山道游泳池
荔枝角公园游泳池
深水埗公园游泳池
摩士公园游泳池
蓝田游泳池
观塘游泳池
新界
上水游泳池
大埔游泳池
元朗游泳池
天水围游泳池
屯门西北游泳池
屯门游泳池
北葵涌赛马会游泳池
西贡游泳池
沙田赛马会游泳池
东涌游泳池
青衣西南游泳池
青衣游泳池
城门谷游泳池
屏山天水围游泳池
粉岭游泳池
荃景围胡忠游泳池
马鞍山游泳池
将军澳游泳池
梅窝游泳池
葵盛游泳池
赛马会仁爱堂游泳池
显田游泳池

（由1973年第21号第19条增补；由1975年第199号法律公告增补。由1975年第199号法律公告修订；由1977年第129号法律公告修订；由1977年第248号法律公告修订；由1978年第25号法律公告修订；由1978年第285号法律公告修订；由1980年第255号法律公告修订；由1981年第179号法律公告修订；由1983年第40号法律公告修订；由1984年第208号法律公告修订；由1984年第239号法律公告修订；由1984年第360号法律公告修订；由1985年第277号法律公告修订；由1985年第328号法律公告修订；由1986年第10号第31条修订；由1986年第322号法律公告修订；由1988年第360号法律公告修订；由1989年第53号法律公告修订；由1990年第115号法律公告修订；由1991年第147号法律公告修订；由1991年第262号法律公告修订；由1991年第373号法律公告修订；由1993年第396号法律公告修订；由1995年第536号法律公告修订；由1996年第335号法律公告修订；由1996年第425号法律公告修订；由1997年第461号法律公告修订；由1999年第10号法律公告修订；由1999年第261号法律公告修订；由1999年第78号第7条修订；由2000年第361号法律公告修订；由2002年第32号法律公告修订；由2005年第78号法律公告修订；由2005年第79号法律公告修订；由2010年第163号法律公告修订；由2011年第91号法律公告修订；由2012年第11号法律公告修订；编辑修订——2012年第1号编辑修订记录；由2012年第107号法律公告修订；由2016年第164号法律公告修订）

（格式变更——2012年第1号编辑修订记录）

附表15

（由1999年第78号第7条废除）

附表16

［第124J条］

民政事务局局长可藉规例规定费用的项目

（附表16由1999年第78号第7条增补）

（格式变更——2012年第1号编辑修订记录）

1.公众泳池

入场

2.博物馆

入场

3.图书馆

入场

4.公众游乐场地

（a）租用网球场

（b）租用篮球场

（c）租用壁球场

（d）租用足球场

（e）租用乒乓球枱

（f）租用羽毛球场

5.度假营

营费

第三部分

澳门篇

土 地 法

澳 门 特 别 行 政 区
第10/2013号法律

立法会根据《澳门特别行政区基本法》第七十一条（一）项，制定本法律。

第一章　一般规定

第一条　标的

本法律订定管理澳门特别行政区境内属于国家所有的土地（下称“国有土地”），尤其是在使用及利用方面的权利的设定、行使、变更、移转及消灭的法律制度。

第二条　原则

对国有土地的管理尤其是在使用及利用方面须遵守以下原则：

（一）可持续发展原则：促进社会经济、历史、文化、环境方面的协调及平衡发展，以确保满足当代社会需要，以及经适当规划和整治的空间能留传后代；

（二）切实有效利用土地原则：确保适时合理使用土地，充分利用土地资源；

（三）监察原则：政府有责任跟进批给或占用土地的状况，并按本法律或合同规定科以倘有的罚则，以确保达至有关批给或占用的目的；

（四）公众知情原则：透过适当方式，让公众了解土地批给及占用的程序，以提高行政工作的透明度；

（五）平等取得土地原则：透过公开及招标方式，以同等条件批给土地；

（六）保护原则：土地管理政策应遵守维护环境及保护文化遗产的标准；

（七）规划约束原则：本法律是一项落实城市规划的工具；

（八）土地法律状况公开原则：根据本法律的要求，土地法律状况的公开须透过在《澳门特别行政区公报》（下称《公报》）公布或登记的公开为之；

（九）法律安定性原则：确保现行法律制度的稳定性，并尊重有效设立的法律状况。

第二章　公产、私产及私有土地

第三条　土地按其所属法律制度划分

一、澳门特别行政区境内的土地，包括国有土地及在澳门特别行政区成立前已依法确认的私有土地。

二、国有土地分为公产和私产。

第四条 公产

凡法律尤其是《民法典》第一百九十三条定为公产的土地且受有关法律制度规范者，一概属公产。

第五条 由公产纳入私产

一、透过公布于《公报》的行政长官批示，可基于公共利益将公产土地视作可处置的土地而归并为私产，但不影响下款规定的适用。

二、如因订定新街道准线而将土地脱离公产，则须由行政长官批示将其归并为私产，且透过作为有关土地批给凭证的运输工务司司长批示将该项归并公布。

第六条 私有土地

一、私有土地受私有财产法律制度尤其是《民法典》规范。

二、如私有土地与属公产或私产的土地相邻，其界线由行政当局划定。

三、澳门特别行政区可依法为特定目的而取得私有土地，并按所拨作的用途将之归并为公产或私产。

第七条 私产

凡不被视为公产或私有土地的土地，一概属私产。

第八条 可处置的土地

一、下列者被视为可处置的土地：

（一）未在物业登记上登记，且非属公产法律制度，亦非在澳门特别行政区成立前已依法确定移转予私人的私产的土地；或

（二）未作出批给或未拨作任何公共或私人用途的私产土地。

二、可处置的土地属私产土地，可将之拨入公产或予以批给，而有关拨入或批给均须按已核准的城市规划的规定进行。

三、违反城市规划的拨入或批给均属无效。

第九条 禁止不动产添附及取得时效

一、禁止：

（一）以不动产添附方式取得公产或私产的任何权利；

（二）以取得时效方式取得未作批给的公产或私产的任何权利。

二、即使属已批给的土地，也仅可在第三款及第四款所指的情况下，以取得时效方式取得租赁批给所衍生的权利或利用权，且不影响第五款的规定。

三、当以租赁方式的有偿批给已转为确定，方可透过取得时效方式，取得已在物业登记中以私人名义确定登录租赁批给所衍生的权利。

四、在澳门特别行政区成立前以长期租借方式作出的有偿批给，仅当其已转为确定后，方可透过取得时效方式，取得已在物业登记中以私人名义确定登录的利用权。

五、如本法律或有关土地批给合同禁止移转租赁批给所衍生的权利或利用权，又或规定移转该等权利须预先许可或对移转作出其他限制，则不得以取得时效方式取得该等权利。

六、按第三款或第四款的规定以取得时效方式取得租赁批给所衍生的权利或利用权者，须受本法律及有关土地批给合同规定的义务和负担约束。

七、土地批给消灭亦导致按第三款或第四款的规定透过取得时效方式取得的权利消灭。

第十条　澳门特别行政区对可处置的土地的权利

澳门特别行政区对可处置的土地尤可作出以下行为：

（一）按照本法律的规定管理土地，尤其按第六章的规定进行处置；

（二）用于兴建公共房屋；

（三）用于兴建作为公共部门的设施或供有关人员居住的楼宇；

（四）经遵守规范各使用方式的规定后，利用可处置的土地的产物。

第三章　保留地

第十一条　定义

保留地是指不受使用及占用的一般制度规范且按其设立的目的具特别用途的土地。

第十二条　标的

一、保留地一般属可处置的土地。

二、在例外情况下，保留地既可包括公产土地和其他私产土地，亦可包括私有土地。

三、如将私有土地或已作出批给的私产土地纳入保留地，则须先进行公用征收或透过设定行政地役权，但利害关系人明示同意的情况除外。

四、为适用本法律的规定，保留地的设立视为公用。

第十三条　保留地的设立方式

保留地由行政法规设立，但应遵守已核准的城市规划。

第十四条　全部及部分的保留地

一、保留地可属全部保留地或部分保留地。

二、全部保留地，主要目的在于保护大自然，且不容许在该等土地作任何使用或占用，但涉及其养护又或为科学目的或其他公共利益而开垦者，不在此限。

三、部分保留地，仅准许以不抵触其设立时拟达的公用目的的方式使用或占用。

第十五条　部分保留地的设立

尤可为下列目的设立部分保留地：

（一）公共房屋的建造；

（二）居民用水的引流及分配，以及有关设施的保护；

（三）设置公共或私人的卫生场所及其他以公共卫生为目的的场所；

（四）设置公共部门；

（五）绿化区的设立或维护；

（六）港口、机场及道路的建造，包括有关维护及扩展区；

（七）旅游用途；

（八）森林保护。

第十六条　保留地的共同存在

如多个保留地的用途不相抵触，则该等保留地可根据设立保留地的行政法规所规定的配合方式而共同存在。

第十七条　保留地设立的效力

除属征收或设定行政地役权的情况，保留地的设立不影响原先透过临时批给或确定批给所设定的权利，但导致临时使用或临时占用的许可失效。

第十八条　保留地的划界

保留地的划界以地志、地图绘制术及地形测量等方式作出，并须以标志作标示，使人能正确辨别及知悉有关面积。

第十九条　保留地的终止

一、如维持保留地的理由消失，则应终止保留地。

二、保留地的终止由行政法规作出。

第四章　对土地批给所衍生的权利的公用征收及设定行政地役权

第二十条　对土地批给所衍生的权利的公用征收

一、在不影响下款规定的情况下，对土地批给所衍生的权利的公用征收，适用经作出必要配合后的八月十七日第12/92/M号法律及十月二十日第43/97/M号法令。

二、因征收而作出的赔偿应相当于上款所指的权利在征收时的实际价值，可自由兑换，并不得无故迟延支付。

第二十一条　对已批给的土地设定行政地役权

一、对已批给的土地设定行政地役权，适用经作出必要配合后的八月十七日第12/92/M号法律及十月二十日第43/97/M号法令，但不影响以下数款规定的适用。

二、如属对已确定批给的土地重新利用的情况，澳门特别行政区可基于公共利益对该土地设定行政地役权。

三、上款所指的行政地役权的设定须于修订土地批给合同内载明。

第二十二条　对将批给的土地设定行政地役权

一、澳门特别行政区可基于公共利益，对将批给的土地设定行政地役权。

二、上款所指的行政地役权的设定须于土地批给合同内载明。

第五章　可处置的土地的分类及使用和利用条件

第二十三条　可处置的土地的分类

一、可处置的土地按其用途分为：

（一）都市性土地或具有都市利益的土地；

（二）农用土地。

二、都市性或具有都市利益的土地是指都市核心，以及认为适宜确保该核心扩展的范围。

三、农用土地为上款的定义所不包括的土地。

第二十四条　都市性土地或具有都市利益的土地的使用和利用条件

都市性土地或具有都市利益的土地的使用和利用条件为城市规划所订定者。

第二十五条　农用土地的使用和利用条件

农用土地须按其使用效能及性能加以使用和利用。

第二十六条　不可批给的土地

一、不可批给下列土地：

（一）拨入公产的土地，但属专用批给者除外；

（二）全部保留地范围内的土地。

二、部分保留地仅可按其设立时所订定的特别用途予以批给。

第六章　土地的处置

第一节　处置的方式

第二十七条　租赁批给

得以租赁方式批给下列土地：

（一）都市性土地及具有都市利益的土地；

（二）农用土地。

第二十八条　专用批给

如公产土地的性质许可，该土地可作为专用批给的标的。

第二十九条　临时占用

得以准照临时占用下列土地：

（一）公产土地，但以其性质容许为限；

（二）特别用途所需的可处置的土地，但仅限于在所规定的占用期间内无须采用其他处置方式的情况。

第三十条　公共利益用途的占用

一、为公共利益用途而占用或将占用的土地，须保留予澳门特别行政区，并可透过行政长官批示交由有关公共部门及机构按土地的特别用途加以使用。

二、第三人对上款所指土地的无偿或有偿占用，均属临时性，且须经行政长官许可。

第二节　可批给及可占用的土地面积

第三十一条　以租赁方式批给的土地面积限额

向每一自然人或法人以租赁方式批给的土地面积每次最多不得超过两万平方米，总数不得超过十万平方米。

第三十二条　可作专用批给的土地面积的限额

属专用批给的情况，向每一自然人或法人批给的土地面积每次最多不得超过五千平方米，总数不得超过一万平方米。

第三十三条　面积的总计

一、为适用第三十一条及上条的规定，批给予配偶及无行为能力的未成年子女的土地面积亦计算在内，且不论配偶间采用何种财产制度。

二、如股东在公司的出资超过百分之五十，则将之视为与该公司无异。

三、为适用以上两款以及第三十一条和上条的规定，对拟批给的土地的类别不作区分。

第三十四条　可占用土地面积的限额

一、如属以准照临时占用的情况，向同一自然人或法人发出的每一准照所容许临时占用的土地面积不得超过五千平方米。

二、上条有关面积总计的规定，经作出必要配合后，适用于可占用土地面积的限额。

第三十五条　面积限额的放宽

如属有利于澳门特别行政区社会发展的公共利益的例外情况，尤其是第五十五条第二款（一）项（1）分项至（3）分项所指者，则可批给或占用超过以上各条所指面积的土地。

第三十六条　连续批给

一、为在以上各条所定限额内以租赁方式连续获批给新地块，须证明之前获批给的土地已完成利用。

二、上款规定的限制不适用于上条所指的情况，亦不适用于对公法人或全部或超过一半资本属公共资本的公司的批给。

第三节　对土地取得权利的正当性

第三十七条　一般规定

一、下列者可取得对土地的权利或获得占用土地的准照，但不影响第二款、第五十六条、第八十九条、第一百一十六条、第一百四十一条及第一百九十五条规定的适用：

（一）任何国籍的自然人，但有法定限制者除外；

（二）依法成立的任何国籍的法人，但有法定限制者除外；

（三）按《澳门特别行政区基本法》的规定在澳门特别行政区设立并享有权利能力的机构；

（四）外国的公法实体，但其须根据其本国法的规定及国际协定，享有权利能力。

二、如出现第五十五条第一款（四）项所指的情况，则土地批给被宣告失效的承批人，如承批人属公司，则还包括其控权股东，在批给被宣告失效之日起计五年内，不得获批给其他土地或获发给土地占用准照。

三、除受制于特别法例所定的条件或限制外，非澳门特别行政区居民的自然人及住所设在外地的实体尚须明确声明接受澳门特别行政区的法例、当局及法院的约束，且遇有涉及批给的争议时放弃诉诸任何外地法院或司法程序。

第三十八条　无偿批给

无偿批给仅可授予：

（一）公法人；

（二）行政公益法人；

（三）获法律认可的宗教信仰团体，但有关土地须用作兴建庙宇、崇拜地点或从事其援助或教育活动。

第四节　处置土地的职权

第三十九条　一般职权

行政长官具以下职权：

（一）以租赁方式批给都市性土地或具有都市利益的土地；

（二）以租赁方式批给农用土地；

（三）将公产土地作专用批给；

（四）许可土地批给的续期；

（五）许可修改批给，尤其是更改已批土地的用途和利用；

（六）因有偿或无偿的合伙、生前行为或继承而应替换程序的当事人或移转批给所衍生的状况时，许可该等替换或移转；

（七）许可已拨入公产的土地归并为私产；

（八）许可全部或部分的转租赁；

（九）对土地的临时占用予以许可、续期或废止；

（十）将已拨作公共利益用途的土地交由公共部门和机构处置，以便该等部门和机构按有关土地的特别用途予以使用。

第四十条　特别职权

对于应特别订明批给面积限额、技术及经济的经营方式及一般的利用条件的区域，行政长官亦具职权根据本法律予以订定。

第七章　批给及占用

第一节　租赁及转租赁批给

第一分节　都市性土地或具有都市利益的土地

第四十一条　法律制度

都市性土地或具有都市利益的土地的租赁批给及转租赁受本法律及补充法规，以及有关合同的条款规范，并以适用的民法作补充规定。

第四十二条　内容

一、以租赁或转租赁方式批给都市性土地或具有都市利益的土地所衍生的权利，包括有权按照有关设定凭证所定的用途和限制进行兴建、改建工程或保存建造物；已兴建或保存的建筑物的所有权继续属承批人或转承批人所有，直至批给因本法律或合同规定的任何原因而消灭为止。

二、如符合本法律对移转批给或转批给所衍生的状况所定的条件，可移转上款所指的建筑物的所有权，尤其可按分层所有权制度移转。

三、第一款所指的权利可作为抵押的标的，但不影响以下数款的规定。

四、如属临时批给，仅可为担保落实土地利用的融资而将第一款所指的权利抵押。

五、如属临时批给或须经行政长官预先许可方得移转属确定批给所衍生的状况的情况，仅可将第一款所指的权利向依法获许可在澳门特别行政区境内经营的信用机构进行抵押。

六、如基于土地批给性质的特殊性，批给合同可载明禁止将第一款所指的权利进行抵押或对抵押作出限制。

七、违反本条规定而作出的抵押均属无效。

第四十三条　转租赁

一、转租赁批给须经行政长官预先许可。

二、仅在下列情况下，方得许可转租赁批给：

（一）经认定为有利于加速所批给的土地的利用情况，但属按第五十五条的规定豁免公开招标而批给的土地则不可转租赁；

（二）用作发展由全部或超过一半资本属公共资本的公司所管理的工业或科技园区。

三、以租赁方式转批给时，对因该转批给而产生的权利所作的登记，以登录方式作出；在登录时，须载明有关权利人、期间及年租金，以及扼要指出如何利用有关土地。

四、如转租赁仅涉及所批给土地的一部分，则须另作独立的标示；对于该部分的土地，有关批给及转租赁批给的登录继续有效，直至有关权利消灭为止。

五、租赁批给制度适用于本法律未对转租赁批给作特别规定的情况，但转租赁批给合同另有规定者除外。

第四十四条　临时批给及确定批给

以租赁方式批给时，须先作临时批给，并按其特征订定期间；如在所订期间内已履行事先订定的利用条款，且土地经确定划界，该批给则转为确定批给。

第四十五条　租金

一、租金须在有关合同内订定。

二、租金金额须根据由公布于《公报》的行政长官批示核准的表计算，并须考虑土地所在区域的经济情况，以及批给的用途和土地的利用。

三、租金按年计算，并须按上款所指的批示的规定缴付，而该批示可订定按月或提前缴付的办法，但不影响下款的规定。

四、租金须与倘有的应付房屋税一并征收。

第四十六条　调整租金

一、属下列情况，可调整租金：

（一）合同所订的每一期间届满；

（二）将临时批给所衍生的状况作全部或部分移转；

（三）转租赁；

（四）改变批给土地的用途或利用。

二、在不影响上款规定的情况下，确定批给的租金须根据公布于《公报》的行政长官批示核准的表进行检讨。

第四十七条　期间

一、租赁批给的期间须在批给合同中订明，且不得超过二十五年。

二、其后的每次续期不得超过十年。

三、为调整租金，可将租赁期或其后的续期分割为数段期间。

第四十八条　临时批给的续期

一、临时批给不可续期，但不影响下款规定的适用。

二、如临时批给的土地与确定批给的土地合并，且属一并利用的情况，则应承批人的申请，经行政长官预先许可，相关的临时批给可予以续期。

三、上款所指的申请须与相关土地的确定批给的续期申请一并提出，且二者的续期期间亦须相同。

第四十九条 确定批给的续期

一、已转为确定的有偿租赁批给每十年可自动续期一次而无须申请，但批给合同另有规定者除外，且不影响以下数款规定的适用。

二、如属下列情况，批给须经行政长官预先许可，方可续期：

（一）出现第一百三十二条第一款（一）项或（二）项所指的情况，且有关楼宇的使用准照已被土地工务运输局局长废止；

（二）正重新利用土地。

三、已转为确定的无偿租赁批给，须经行政长官预先许可，方可续期。

第五十条 申请续期

一、承批人或转承批人须按照下列期间及条件向土地工务运输局提交致行政长官的土地批给续期申请书：

（一）如属上条第二款（一）项所指的情况，须于批给期或其后的续期届满前两年至一年的期间内提出申请，除附同承批人或转承批人及土地的识别资料外，尚应附同重新利用的计划及审议所需的其他资料；

（二）如属第四十八条第二款或上条第二款（二）项所指的情况，须于批给期或其后的续期届满前九个月至六个月的期间提出申请，除附同承批人或转承批人及土地的识别资料外，尚应附同说明有关土地重新利用的进展状况的资料；

（三）如属上条第三款所指的情况，须于批给期或其后的续期届满前九个月至六个月的期间提出申请，并应附同承批人及土地的识别资料。

二、如具合理理由，承批人或转承批人可于上款所指期间外，但仍须在批给期或其后的续期届满前提出续期申请，且须承受因批给期或其后的续期届满时仍未获续期许可而可能引致的一切法律后果。

三、在上款规定的情况下，如续期的许可在批给期满后作出，则具追溯效力，而在续期前存在的法律状况及登记状况继续有效。

四、除第一款所指的资料外，土地工务运输局尚可要求承批人或转承批人提交审批申请所需的其他资料。

第五十一条 续期的许可

一、符合下列要件者，得许可批给的续期：

（一）如属第四十九条第二款（一）项所指的情况，申请批给续期卷宗的文件证明承批人或转承批人具条件重新利用土地；

（二）如属第四十八条第二款或第四十九条第二款（二）项所指的情况，没发现因可归责于承批人或转承批人的原因而连续或间断中止利用土地的时间达合同所规定的期间；如合同未订明，连续或间断中止利用土地的时间超过对该利用所订的完成期间的一半；

（三）如属无偿租赁批给，申请批给续期卷宗的文件证明承批人仍符合之前获批给的要件。

二、续期的许可并不影响批给可能因承批人或转承批人不遵守批给合同规定的重新利用期间或其他条件而被宣告失效或解除。

第五十二条 失效

如未按第五十条第一款或第二款的规定提出续期申请，又或申请不获许可，则批给于批给期或其后的续期届满时失效，但不影响该条第三款的规定。

第五十三条　特别税捐

一、续期须缴付一项特别税捐，其金额、程序及结算均由补充法规经考虑第四十五条第二款的规定而制定。

二、如属自动续期，由财政局负责通知利害关系人缴纳上款所指的特别税捐。

第五十四条　公开招标的强制性

在临时批给之前须进行公开招标，但在例外情况下，可按下条的规定豁免公开招标。

第五十五条　豁免公开招标

一、下列情况豁免公开招标：

（一）续期；

（二）移转批给所衍生的状况；

（三）不足作正常建筑用途的零碎地块的批给，但该等地块须与申请人获批给的土地相毗连，且对任何其他相连土地的所有人或承批人属无可利用者；

（四）将已按第一百六十六条第一款（一）项或（二）项的规定宣告批给失效的土地，批予依法获许可在澳门特别行政区境内经营的信用机构，但须同时符合下列要件：

（1）该土地的承批人为担保落实土地利用或重新利用的融资已将土地的利用权或租赁批给所衍生的权利抵押予该信用机构；

（2）该承批人不履行上分项所指的融资而须承担的义务；

（3）土地的利用已完成地基工程；如有地库层，则尚包括地库及地面层楼板的结构工程；

（4）信用机构已声明在澳门特别行政区指定的期间内，申请将批给移转第三人，并由该第三人按之前的批给合同所载的土地用途和利用对土地进行利用，以及承担该合同所定的义务和负担。

二、属下列情况的批给可豁免公开招标：

（一）有利于澳门特别行政区社会发展的公共利益的批给，尤其包括：

（1）发展不牟利的教育、文化、卫生、体育事业或社会服务；

（2）兴建公用事业设施；

（3）配合已向公众尤其是透过下列方式公布的政府政策的建设：

ⅰ）载于年度的施政方针；

ⅱ）政府在立法会施政报告及施政方针答问大会上公布；

ⅲ）政府在政策新闻发布会上公布。

（4）参与由行政当局发起的城市建设计划。

（二）旨在兴建主要属居住用途且仅供澳门特别行政区公共行政当局现职或退休人员使用的楼宇的批给。

三、为适用上款（一）项的规定，须考虑申请批给所引致的固有负担，尤其土地的修整及填平工程，对其进行都市及环境卫生处理，以及拆迁该处倘有的建筑物。

第五十六条　特别条款

一、租赁批给合同内可引入特别条款，以维护澳门特别行政区利益或第三人的权利。

二、上款所指的特别条款尤其包括：

（一）溢价金的订定；

（二）签订不动产预约买卖合同的限制；

（三）对批给所衍生的状况的受移转人资格的限制。

三、在不影响第一百五十五条第三款（一）项规定的情况下，属上条第一款（四）项的土地批给，信用机构无须缴付溢价金，但须将移转批给的价金经扣除贷款、应收的利息和因土地批给及移转批给而产生的费用后的余款交付澳门特别行政区。

第五十七条　溢价金

一、上条第二款（一）项所指的溢价金可透过金钱或实物支付的方式缴纳。

二、溢价金金额的订定、缴纳方式、程序及结算，均由行政法规订定。

三、在订定溢价金金额时，尤须考虑土地的位置、批给用途、溢价、所承担或将承担的成本、综合消费物价指数及以往公开招标的判给价。

四、计算溢价金金额的基数必须至少每两年检讨一次。

第二分节　农用土地

第五十八条　法律制度

农用土地的租赁批给受适用于都市性土地或具有都市利益土地租赁批给的规定规范，但不影响本分节规定的适用。

第五十九条　期间

一、租赁期须在有关合同订明，且不得超过十年。

二、每次续期不得超过两年。

三、租赁续期须由承批人在批给期或其后的续期届满前六个月至三个月的期间内提出申请，并须经行政长官预先许可。

四、第五十条至第五十二条的规定经作出必要配合后，适用于续期申请的其他程序。

第六十条　租金

一、年租须按公布于《公报》的行政长官批示的规定一次缴清。

二、合同所订的每一段期间届满或获许可作其他的经营时，可调整租金。

三、为调整租金，可将租赁期或其后的续期分割为数段期间。

第六十一条　公开招标的强制性

在临时批给之前须进行公开招标，但在例外情况下，可按下条的规定豁免公开招标。

第六十二条　豁免公开招标

一、下列情况豁免公开招标：

（一）续期；

（二）移转批给所衍生的状况。

二、如属基于推动环境保护的批给，则可豁免公开招标。

第六十三条　禁止转租赁

禁止将批给土地全部或部分转租赁。

第二节　无偿批给

第六十四条　法律制度

一、无偿批给受与其相关的特别规定及有关合同的条款规范，并以适用于相同用途的租赁批给的规定作补充规定。

二、不得对批给所衍生的权利设定负担尤其是进行抵押或将之移转。

三、无偿批给不可转换为有偿批给，亦不可更改批给用途。

四、如属无偿批给，承批人获豁免缴付任何费用、负担或手续费。

第六十五条　土地面积的限额

无偿批给土地的面积，应以达成预期目的确属需要者为限，且不得超出本法律规定的限额。

第六十六条　失效

如承批人未在批给合同或第一百零四条第二款规定的任一期间内进行土地利用，则无偿批给失效，但其原因不可归责于承批人且行政长官认为理由充分者，不在此限。

第六十七条　解除

属下列情况，行政长官可解除批给：

（一）如承批人的法律状况改变而不再具正当性获无偿批给，且已改变的法律状况持续超过一年；

（二）修改批给用途；

（三）未经预先许可更改土地的利用；

（四）土地的使用偏离批给的目的或该等目的从未实现；

（五）违反第六十四条第二款的规定；

（六）违反其他在合同内已订明须作出此处罚的义务。

第三节　专用批给

第六十八条　法律制度

专用批给受与其相关的特别规定及有关合同的条款规范，并补充适用对相同用途的租赁批给的规定。

第六十九条　标的

一、如对公产土地的专用需要进行固定及不可拆卸设施的投资且该专用属公用，则可将公产土地作专用批给。

二、下列用途的专用尤可视为属公用：

（一）设置燃料销售站；

（二）设置道路交通辅助服务站；

（三）设置为确保提供电讯、电力、天然气或水的公共服务所需的设备。

第七十条　内容

一、专用批给赋予权利人根据设定凭证规定的用途及限制对相关土地行使专用的权利。

二、专用权的内容包括有权进行兴建、改建工程及保存建造物，该工程及建造物的所有权属权利人所有，直至有关批给消灭为止。

三、如批给宣告失效或出现任何其他原因导致批给消灭，已建成的建造物及固定设施拨归澳门特别行政区，但不影响下款的规定。

四、如属第七十五条第二款（二）项的情况，有偿批给的承批人可获相当于第一款所指的权利尤其包括土地上的建造物及固定设施在第一百七十条所指宣告批给解除的批示于《公报》公布日的实际价值的赔偿，但倘有的专营服务批给合同另有规定者除外。

五、不得对第一款所指的权利设定负担尤其是进行抵押，或在临时批给期间进行生前移转。

六、禁止：

（一）转租赁；

（二）修改批给的用途，但因新的或修改的城市规划生效而需要修改，又或曾被废止的城市规划恢复生效的情况除外。

第七十一条　公开招标的强制性

在专用批给之前须进行公开招标，但在例外情况下，可按下条的规定豁免公开招标。

第七十二条　豁免公开招标

一、下列情况豁免公开招标：

（一）续期；

（二）移转批给所衍生的状况。

二、如为确保公共服务得以持续提供，则可豁免公开招标。

第七十三条　期间

一、专用批给的期间最长为十五年，每次续期最长为五年，而续期的申请须由承批人在批给期或其后的续期届满前一年至六个月的期间内提出。

二、如申请批给续期卷宗的文件证明承批人仍符合之前获批给的要件，则行政长官得许可批给的续期。

三、第五十条至第五十二条的规定经作出必要配合后，适用于续期申请的其他程序。

第七十四条　费用及保证金

一、专用批给须按年缴纳费用。

二、上款所指费用的金额及结算程序由公布于《公报》的行政长官批示订定。

三、为确保履行批给所衍生的义务，承批人须向澳门特别行政区提供一项保证金，其金额尤其须按批给的土地面积及期间在批给合同内订定。

四、上款所指的保证金须于批给合同在《公报》公布前提供。

第七十五条　批给的失效及解除

一、属下列情况，批给失效：

（一）有关利用未在指定期间内实现，但其原因不可归责于承批人且行政长官认为理由充分者，不在此限；

（二）首次批给期间或其续期期间届满后，承批人未按第七十三条规定的期间申请续期，或所作申请不获许可；

（三）获批给的法人消灭；

（四）批给土地上所装置的设施的相关公共服务的批给或判给消灭。

二、属下列情况，行政长官可解除批给：

（一）土地的使用偏离批给的目的或该等目的从未实现；

（二）基于公共利益而有需要将已批给的土地供公众使用或作其他用途；

（三）违反第七十条第五款或第六款的规定；

（四）违反第一百四十六条的规定，未经许可而将批给所衍生的状况移转；

（五）违反其他在合同内已订明须作出此处罚的义务。

第四节　以准照占用

第七十六条　目的

以准照占用，适用于临时使用的土地及不宜设立长期的权利的土地。

第七十七条　期间

一、占用准照为期一年，如于期满前六十日至三十日的期间内不申请续期，则准照于期满时失效。

二、准照持有人须于上款所指的期间内，向土地工务运输局提交致行政长官的续期申请书，并附同准照持有人及土地的识别资料。

三、除上款所指的资料外，土地工务运输局尚可要求准照持有人提交审批申请所需的其他资料。

四、在准照续期时，可修订占用的条件。

第七十八条　费用

一、占用准照须按年缴纳费用。

二、上款所指费用的金额及结算程序由公布于《公报》的行政长官批示订定。

三、在准照续期时，可调整费用。

第七十九条　建筑物的性质

一、在以准照占用的土地上，仅可建造临时性建筑物或设施。

二、如无主管实体明示许可，不可在上款所指的土地存放不卫生、含毒、危险或引致公众不方便的物品。

第八十条　废止

属下列任一情况，行政长官可在准照期间届满前将之废止：

（一）应准照持有人申请；

（二）基于准照持有人不遵守准照内所载的任何规定或条件；

（三）基于公共利益；

（四）准照持有人与签发实体达成协议。

第八十一条　改善物

一、不论终止占用的原因为何，准照持有人无权取回在土地上已作出的改善物，亦无权因此获得赔偿。

二、准照内可订明持有人在占用终止时，必须拆除在土地上的建造物或设施，并将土地恢复到建造该建造物或设施前的原状。

三、如属上条（三）项及（四）项所指的情况，准照持有人应获退还相应于其原仍有权占用土地期间的费用。

第五节　土地的权利交换

第八十二条　法律制度

土地的权利交换，受本节所载的特别规定以及适用于租赁批给合同或以准照占用的规定规范，但该等规定不得与本节所载的特别规定相抵触。

第八十三条　容许交换

一、容许以私人实体或公共实体作为权利人的土地的权利交换可处置的土地的权利。

二、仅基于公共利益尤其为开辟公共道路、兴建公共房屋或公共医疗设施等，澳门特别行政区方可主动交换上款所指的权利。

第八十四条　方式

一、将可处置的土地的权利用作交换时，视乎土地的用途，仅可按租赁制度或以准照占用的制度给予该等权利。

二、私人实体仅可申请将下列任一权利在不带任何责任或负担的情况下，交换上条所指的可处置的土地的权利：

（一）私有土地的完全所有权；

（二）国有土地的利用权；

（三）国有土地的租赁批给所衍生的权利。

第八十五条　权利的证明

私人实体或公共实体须在有关卷宗内附同其对所建议用以交换土地的权利的证明文件，以及在该土地倘有设定的责任或负担的证明。

第八十六条　给付的平等

一、由澳门特别行政区所收的土地的价值，应与批给的土地的价值相若。

二、如属第八十三条第二款所指的情况，则可以交换方式批给较所收的土地价值更高的土地，但所收的土地的价值不可少于批给的土地的价值的一半，且承批人须以溢价金方式，缴纳二者的差额。

三、为适用本条的规定，所收的土地及批给的土地的价值须根据第五十七条第二款所指行政法规的规定及按以下方式计算：

（一）如属所收的土地，则取按下列因素计算所得的最大值：

（1）其可建或本来可建的建筑物的用途及建筑面积；或

（2）现存建筑物的用途及建筑面积，并须考虑其法定折旧率。

（二）如属批给的土地，则按其可建的建筑物的用途及建筑面积计算。

第六节　已按长期租借方式批给的土地

第八十七条　法律制度

一、在本法律生效前已按长期租借方式设定的批给受本法律及补充法规的规定，以及受有关合同的条款规范，并以适用的民法作补充规定。

二、不容许将长期租借转租，亦不允许一次性支付地租。

第八十八条　利用权价金及地租

一、如修订以长期租借方式的批给，承批人必须缴付：

（一）调整后的利用权价金；

（二）调整后的地租。

二、利用权价金及地租须根据公布于《公报》的行政长官批示核准的表计算，并须考虑土地所在区域的经济情况，以及批给的用途和土地的利用。

三、利用权价金须于批给合同所指定的期间及地点一次缴清。

四、地租按年计算，并须按第二款所指的行政长官批示的规定缴付。

第八十九条　特别条款

一、在修订以长期租借方式批给的合同内可引入特别条款，以维护澳门特别行政区利益或第三人的权利。

二、上款所指的特别条款尤其包括：

（一）溢价金的订定；

（二）不动产预约买卖合同的限制；

（三）对批给所衍生的状况的受移转人资格的限制。

三、第五十七条的规定，经作出必要配合后，适用于上款（一）项所指溢价金的订定。

第八章　划　界

第九十条　确定批给标的

一、批给的标的由卷宗内的地籍图及在土地上划界而确定。

二、上款所指的划界分为临时及确定两个阶段。

第九十一条　临时划界

一、临时划界是在界定批给标的的多角形边线上放置规定的标志。

二、如属豁免公开招标的情况，土地批给的申请人接纳经行政长官确认的批给合同拟本后，须向地图绘制暨地籍局申请临时划界。

三、如不属豁免公开招标的情况，则按第一百二十三条的规定进行临时划界。

第九十二条　出席划界

一、土地批给的申请人与已申请批给毗连土地的人，以及拥有其他毗连土地的所有权或其他物权的利害关系人，均可出席临时划界。

二、须至少提前七日以书面通知召集上款所指的人。

第九十三条　划界申请人的权利

临时划界并不赋予划界申请人任何对有关土地的权利，但导致不得在同一土地范围进行全部或局部的新划界。

第九十四条　划界失效

如批给程序因任何原因而终止，或经确定划界后，临时划界即告失效。

第九十五条　确定划界

确定划界是在有关土地的界址点作出标志，并进行足以供物业登记清楚识别所批给的土地及其位置的划界工作。

第九十六条　应考虑的资料

确定划界以临时划界及批给卷宗内嗣后所作的更正为依据。

第九十七条　执行时间

确定划界须在土地的利用获得证明后，以及在临时批给转为确定批给之前进行。

第九十八条　划界费用

如利害关系人所申请的并非无偿批给，则须承担由公布于《公报》的行政长官批示订定的划界费用。

第九章　承批人的权利与义务

第九十九条　城市规划的接纳

承批人须遵守在批给土地所在区域内实施的城市规划的规定，并须遵守为合理使用所批给土地的自然资源而对承批人定出的条件。

第一百条　毗连土地

承批人须同意在批给土地范围内，进行有助毗连土地的地形测量或涉及其获批给的土地的地图绘制工作所需的活动。

第一百零一条　地役权

承批人须对存在于土地且载于有关图则或卷宗内的地役权予以保存。

第一百零二条　标志的保存

承批人须保持获批土地的周界易于辨别，并使获批土地周围的标志及有关编号，以及在土地上倘有的三角测量或水平测量标志保持良好状况。

第一百零三条　利用的义务

在临时批给的期间内，承批人须遵守与土地利用有关的法律及合同规定。

第一百零四条　利用的程序

一、土地的利用期间及程序由有关批给合同订定。

二、如批给合同未有载明，而有关利用其中包括兴建建筑物，则须遵守下列最长期间：

（一）提交建筑计划的期间为九十日，自作为批给凭证的批示在《公报》公布之日起计；

（二）提交其他专业计划的期间为一百八十日，自核准建筑计划的通知日起计；

（三）提交发给工程准照的申请的期间为六十日，自核准专业计划的通知日起计；

（四）开始工程的期间为十五日，自工程准照发出日起计；

（五）完成工程的期间为工程准照所载者。

三、如不遵守上款所指任一期间，承批人须受有关合同所定的处罚；如合同未作规定，则每逾期一日，视乎情况须付相当于溢价金或判给价金千分之一的罚款，此项罚款最高为一百五十日。

四、为适用本条的规定，不核准建筑计划或其他专业计划，并不中止或中断利用期间的计算。

五、如基于不可归责于承批人且行政长官认为充分的理由，则应承批人的申请，行政长官可批准中止或延长土地利用的期间。

第一百零五条　逾期利用的罚款决定的登记

一、土地工务运输局须在上条第三款所指的罚款的决定转为不可申诉后十五日内，将该事实通知物业登记局，并由后者依职权以附注方式在相关土地的物业登记中作出登记。

二、向上款所指的土地的承批人提供抵押贷款的信用机构，有权向土地工务运输局申请发出科处罚款的决定的证明书，即使有关决定仍属可申诉的情况亦然。

第一百零六条　利用的完成

一、如属临时批给土地以兴建都市建筑物的情况，仅于全部完成获核准计划所载建筑物的内外工程，且已履行为有关批给而设定的特别负担时，方视作已完成利用。

二、如属临时批给农用土地的情况，仅于批给面积已全部开垦或耕种，或已开始经营时，方视作已完成利用。

第一百零七条　舍弃

容许舍弃任何土地批给或批给的申请，但舍弃人丧失在程序所结余的存款及在该土地所作的改善物，二者均拨归澳门特别行政区。

第一百零八条　农用土地批给面积的减少

一、农用土地承批人有权于作为批给凭证的批示在《公报》公布日起计一年内，申请减少所批给的面积。

二、申请书须附同由地图绘制暨地籍局发出的显示所批给土地边界及面积的地形图(下称“地形简图”)。

三、申请获批准后，须根据所提交的地形简图在该土地进行临时划界。

四、不容许涉及修改批给用途的面积减少。

第一百零九条　权利的保留

不论任何批给，对自然资源尤其是矿藏、石矿及水源的权利，均视为保留予国家，但不影响第九十九条的规定。

第十章　批给及占用的程序

第一节　一般规定

第一百一十条　卷宗的编制

批给及占用土地的卷宗，由土地工务运输局负责编制及组成。

第一百一十一条　程序的形式

一、批给及占用土地的程序，可分为普通程序及特别程序。

二、普通程序适用于所有不属特别程序的情况。

三、特别程序适用于无偿批给及以准照占用的情况。

第一百一十二条　电子化程序

批给及占用的电子化程序的制度由行政法规订定。

第一百一十三条　印花税

批给或占用的程序及其附随事项，均免缴印花税。

第二节　普通程序

第一分节　程序的发起及阶段

第一百一十四条　程序的发起

批给的普通程序由行政当局主动开展，或应利害关系人的申请而开展。

第一百一十五条　程序的阶段

一、行政当局主动开展的程序由下列阶段组成：

（一）将拟公开招标的土地临时划界；

（二）公开招标；

（三）听取土地委员会的意见；

（四）临时批给；

（五）公布批给凭证；

（六）在物业登记局作临时批给的登记；

（七）证实有关利用及确定划界；

（八）就临时批给转为确定批给作出登记。

二、应利害关系人申请而开展的程序由下列阶段组成：

（一）提出批给申请；

（二）由应对有关申请发表意见的公共部门或机构发出报告或意见书；

（三）如不属获豁免公开招标的情况，公开招标；

（四）听取土地委员会的意见；

（五）临时批给；

（六）公布批给凭证；

（七）在物业登记局作临时批给的登记；

（八）证实有关利用及确定划界；

（九）就临时批给转为确定批给作出登记。

第二分节　由行政当局主动开展的程序

第一百一十六条　公开招标

一、公开招标以密封标书进行，但在出现投标价相同或相约的情况，可加入公开口头竞价的方式。

二、公开招标的底价不得低于按第五十七条所指的行政法规就同一土地的可建容量而计算所得的溢价金金额。

三、公开招标的程序由行政法规订定。

四、上款所指的行政法规尤可订定：

（一）投标人的资格；

（二）不予接纳标书的标准，尤其是不符合城市规划的利用计划的标书；

（三）判给的标准；

（四）可不予判给的情况。

第一百一十七条　对甄选标书结果的审议

土地工务运输局须将载有根据上条所指的行政法规进行甄选标书所得结果的报告的卷宗呈行政长官审议，以作初端批示。

第三分节　应利害关系人申请而开展的程序

第一百一十八条　最初申请

一、程序自利害关系人向土地工务运输局提交致行政长官的申请书时开展。

二、申请书须：

（一）载明物业登记所需的申请人身份资料；

（二）载明土地的状况、面积、四至、标示编号或对登记内的遗漏作出声明，以及载明任何有利于识别土地的情况；

（三）指明批给拟达至的用途；

（四）指出土地每平方米的年租，但不可低于现行的表所载者；

（五）说明以申请人本人，或其配偶、其无行为能力的未成年子女或其本人占有公司资本一半以上的公司的名义作为权利人的批给。

三、如属第五十五条第二款、第六十二条第二款、第七十二条第二款及第一百三十八条第二款所指的豁免公开招标，则须在审议过程中，且不迟于第一百二十二条第二款所指的土地工务运输局意见书完成之前，按下款所述的方式，向公众公布有关申请土地批给的主要内容，尤其是申请人的名称、申请批给的土地面积、位置及用途、建筑面积、倘有的溢价金金额，以及申请豁免公开招标的理由。

四、土地工务运输局须透过该局的互联网网站公布申请土地批给的主要内容；因应社会发展所需，可由公布于《公报》的行政长官批示订定其他公布的方式。

第一百一十九条　组成

一、批给申请书须附同下列文件：

（一）申请人的身份证明文件副本，如属法人，则附同有效的商业登记证明或其设立文件；

（二）土地的利用计划，并指明土地的位置；

（三）经济财政可行性研究；

（四）如申请人并非澳门特别行政区居民或申请实体的住所设于外地，第三十七条第三款所指的声明书；

（五）土地标示的内容及现有登录的有效证明，或证实其在登记内有遗漏的证明；

（六）具有可发展或长期经营有关建设项目经验的证明文件。

二、除上款所指的资料外，土地工务运输局可要求申请人提交审议申请所需的其他资料，尤其是有关环境影响评估的资料。

三、第一款（二）项规定的利用计划须载有按适用法例的规定编制的并包含预计投资额的初研方案。

四、第一款（三）项规定的经济财政可行性研究尤须包括以下内容：

（一）竞争地位评估；

（二）宏观经济评估；

（三）财政及投资计划；

（四）如属大型建设计划，则须进行可行性分析，包括营利的内部回报率、当时的净值以及投资收回期间。

五、为适用上款的规定，下列者被视为大型建设计划：

（一）用地面积超过五千平方米；

（二）总建筑面积超过五万平方米；或

（三）拟兴建属特高层（MA级）且由三座或以上的塔楼组成的楼宇。

第一百二十条　保证金

一、申请以豁免公开招标批给土地者，须在土地工务运输局提交一项保证金，但属申请无偿批给或属第五十五条第一款及第二款（一）项（4）分项的情况除外。

二、上款所指的保证金金额及缴付方式，由公布于《公报》的行政长官批示订定。

三、如申请不获许可或因可归责于申请人的理由而将卷宗归档，则第一款所指的保证金拨归澳门特别行政区。

四、如按第一百二十三条第二款（二）项的规定进行公开招标，则将第一款所指的保证金退还给申请人。

五、如申请获批准，则在应付的溢价金中扣除该保证金。

第一百二十一条　委任受托人或法定代表

一、如申请人并非澳门特别行政区居民，则须委任受托人或指定代表，而该受托人或代表须为澳门特别行政区居民，以便接收与程序及批给有关的通告及其他通知。

二、以欠缺受托人或代表又或以彼等的过失为依据的任何理由均不予以接受。

三、如申请人离开澳门特别行政区且未委任受托人或指定代表，则与程序及批给有关的通告、通知及勒令，均透过公布于《公报》的告示作出，而有关费用由该申请人负责；如所订期间届满申请人或其受托人或代表仍未前来取阅卷宗，则将该卷宗归档。

第一百二十二条　报告及意见书

一、申请书作成卷宗并对倘有的缺陷或不当情事予以弥补后，应作出报告及发出意见书，其内容尤其涉及：

（一）按已核准的城市规划的规定，有关土地是否适合拟进行的利用；

（二）负责执行相关政府政策的主管实体的详细意见，当中尤须说明有关申请是否配合政府政策及其具体依据；

（三）有关计划的经济财政可行性；

（四）如实际情况需要，环境影响评估；

（五）是否存在第三人的权利；

（六）按计划的工程的性质及规模，在利用程序中拟订出的期间及阶段；

（七）基于批给用途并为维护澳门特别行政区利益及第三人权利而必须或适宜在合同内引入的特别条款。

二、经收集意见书及报告后，土地工务运输局须对是否批准申请提供意见；如属批准的情况，须列明批给应遵守的条件。

第一百二十三条　初端批示

一、卷宗须呈行政长官审议，以作初端批示。

二、如无不予批准的原因，且属不应豁免公开招标的情况，则行政长官可命令：

（一）进行土地的临时划界；

（二）举行公开招标。

三、土地工务运输局须在十五日内将上款所指的决定通知申请人。

四、第二款所指的公开招标按第一百一十六条及第一百一十七条的规定进行。

第四分节　共同规定

第一百二十四条　对批给的决定

经听取土地委员会的意见后，卷宗须呈行政长官审议，而行政长官可对批给及规范批给的条款作出决定，并订定临时批给的期间。

第一百二十五条　通知及接受

一、须按具体情况将上条所指的决定通知获甄选的投标人或申请人，以便其在通知书所指的期间内声明是否接受批给。

二、批给获接受后，上条所指的决定须以运输工务司司长批示在《公报》公布，该批示须明确指出批给已获接受及倘有与批给有关的处分行为，并载明为物业登记所需资料，但不影响以补充声明对其作出补充。

第一百二十六条　提供保证金

一、如属租赁批给的情况，财政局自上条所指批示的公布日起计十五日内，发出支付凭单予承批人，以便彼等在十日内提交相当于十二个月租金的保证金。

二、行政长官得许可以银行担保或清偿能力可接受的其他担保来代替存款。

第一百二十七条　凭证

批给及倘有与批给有关的处分行为，均以按第一百二十五条第二款的规定公布于《公报》的运输工务司司长批示作为凭证。

第一百二十八条　证明力

上条规定作为批给凭证的批示，在法院内外对土地识别及该批示所载情况均具有证明力。

第一百二十九条　归还

将地块归还国家由行政长官批示订定，并由公布于《公报》的运输工务司司长批示作为凭证。

第一百三十条　利用的证明

一、对都市性土地或具有都市利益的土地的利用，须由承批人出示使用准照予以证实，而准照经在有关卷宗内注录后，交还承批人。

二、如都市性土地或具有都市利益的土地的利用包括基础设施，则该等设施由八月二十一日第79/85/M号法令所定的验楼委员会进行查验。

三、农用土地的利用由八月二十一日第79/85/M号法令所定的验楼委员会进行查验予以证实。

第一百三十一条　确定批给

一、有关利用按上条的规定获证明后，批给即转为确定。

二、如合同规定须履行特定义务有关批给方转为确定，则在该等义务获履行或在对履行义务提供担保之前，不可进行有关转换；而此项规定须在有关使用准照内载明。

第一百三十二条 使用准照的废止

一、如属下列情况，土地工务运输局局长可废止使用准照：

（一）建于已批给的土地上的楼宇已不存在或已全部倒塌；

（二）建于已批给的土地上作非住宅用途且属单一所有权制度的楼宇已整幢不再用作经营与该等楼宇用途相符的业务超过五年。

二、土地工务运输局须在上款所指的决定转为不可申诉后十五日内，将该事实通知物业登记局，并由后者依职权以附注方式在相关土地的物业登记中作出登记。

三、对第一款所指的废止使用准照的决定，可在接获通知日起计三十日内向运输工务司司长提起任意诉愿。

第三节 特别程序

第一百三十三条 规范性规定

特别程序受专有规定规范，并补充适用普通程序的规定。

第一百三十四条 临时占用

一、申请临时占用时，须向土地工务运输局提交致行政长官的申请书，并须附同土地的使用计划；如基于该土地的重要性或性质而无须提出使用计划者，则须列明该土地拟作的用途、土地的标示及有关地形简图。

二、除上款所指的资料外，土地工务运输局可要求申请人提交审议申请所需的其他资料。

第一百三十五条 报告

土地工务运输局须对申请书作出分析及报告，其内容主要涉及：

（一）土地是否适合拟进行的使用；

（二）是否存在第三人的权利；

（三）占用该土地应遵的条件。

第一百三十六条 对占用的决定

卷宗须呈行政长官审议，而行政长官可就占用及其应遵的条件作出决定。

第一百三十七条 占用的凭证

占用以准照作为凭证。

第一百三十八条 无偿批给

一、申请无偿批给时，须向土地工务运输局提交致行政长官的申请书。

二、无偿批给的程序，土地批给前无须进行公开招标，但有关申请须按情况符合第五十五条第二款、第六十二条第二款或第七十二条第二款规定的要件。

第四节 修订批给

第一百三十九条 修改批给用途及更改土地利用

一、修改批给的用途及更改已批土地的利用须经行政长官预先许可。

二、如属临时批给，不容许修改批给的用途，但属下列的情况除外：

（一）因新的或修改的城市规划生效，又或曾被废止的城市规划恢复生效而需要修改者；

（二）有利于澳门特别行政区社会发展的公共利益。

三、如属豁免公开招标的批给，即使批给已转为确定，修改批给的用途及更改已批土地的利用不得抵触原先豁免公开招标的理由，但属下列的情况除外：

（一）因新的或修改的城市规划生效，又或曾被废止的城市规划恢复生效而需要修改者；

（二）有利于澳门特别行政区社会发展的公共利益。

第一百四十条　因城市规划变动而需修改批给用途及更改土地利用

一、如在有偿临时批给或有偿确定批给重新利用土地期间，因新的或修改的城市规划生效，又或曾被废止的城市规划恢复生效而令承批人无法按批给合同的规定开始或继续对土地进行利用或重新利用，则承批人可在该城市规划开始生效或恢复生效后六个月内，但不可超过第一百六十六条第一款（一）项或（二）项所指的期间，提出：

（一）修改批给用途或更改土地利用的申请；

（二）联同受移转人申请移转批给所衍生的状况及修改批给用途或更改土地利用，但仅限于本法律或有关批给合同没有禁止移转的情况；或

（三）舍弃批给的申请。

二、在下列任一情况，行政长官可解除土地批给或宣告收回土地：

（一）逾上款所指的期间，承批人未作出该款所指的申请；

（二）承批人提出修改批给用途或更改土地利用的申请，因不符合城市规划或其他可归责于承批人的原因而被否决；

（三）在提出上款所指的申请后，因可归责于承批人的原因导致程序中止超过六个月而被归档。

三、属无偿批给，如因新的或修改的城市规划生效，又或曾被废止的城市规划恢复生效而令承批人无法开始或继续对土地进行利用或重新利用，则承批人可在该城市规划开始生效或恢复生效后六个月内但不可超过第六十六条所指的期间，提出：

（一）更改土地利用的申请；或

（二）舍弃批给的申请。

四、在下列任一情况，行政长官可解除土地批给或宣告收回土地：

（一）逾上款所指的期间，承批人未作出该款所指的申请；

（二）承批人提出更改土地利用的申请，因不符合城市规划或其他可归责于承批人的原因而被否决；

（三）在提出上款所指的申请后，因可归责于承批人的原因导致程序中止超过六个月而被归档。

五、属第一款及第二款的情况，承批人有权就受到的损害获得赔偿，但不影响下款的规定。

六、属第二款（二）项或（三）项的情况，承批人仅可就其提出第一款所指的申请前受到的损害获得赔偿。

七、第五款所指的赔偿的权利时效期间及赔偿的金额均由制定城市规划法律制度的法律订定。

八、如土地批给正处于第六十六条、第一百六十六条第一款（一）项或（二）项所指

的情况，则新的或修改的城市规划生效，又或曾被废止的城市规划恢复生效，均不被视作承批人不遵守利用土地期间的合理理由。

第一百四十一条　审议申请

一、对有关修改或更改的请求由行政长官以自由裁量方式审议，但尤须考虑下列因素：

（一）所申请的用途与原定用途是否同属某一商业、工业或工商混合式行业；

（二）所申请的用途是否有助澳门特别行政区的发展；

（三）提出申请的承批人已履行的负担；

（四）申请是否存在投机意图；

（五）新提出的利用是否抵触现行法例或任何针对有关区域的城市规划。

二、如予以批准，须修改批给合同，且须修订租金或地租，并可按第五十六条或第八十九条的规定引入特别条款。

三、如属下列条款所指的情况，则须按第一百一十八条第三款及第四款规定的时间及方式，向公众公布有关申请的主要内容，尤其是申请人的名称、已批给的土地面积、位置及用途、申请的批给用途或土地利用、倘有的附加溢价金金额，以及申请修改批给用途或更改土地利用的理由：

（一）第一百三十九条第二款；

（二）第一百三十九条第三款，但仅限于原利用计划属第一百一十九条第五款所指的大型建设计划的情况。

第一百四十二条　许可发出工程准照

如修订确定批给的程序仅涉及修改批给的用途或更改已批土地的利用，而承批人已接受第一百二十三条所指的初端批示所订定的且随后将载于合同拟本内的条件，以及同时符合以下要件，则行政长官可基于公共利益例外地许可土地工务运输局局长发出工程准照：

（一）所批土地不属第一百一十九条第五款所指类别的大型建设计划；

（二）有关工程计划已获土地工务运输局局长视为可予以核准；

（三）承批人声明：

(1) 接受行政长官在修订批给的最终程序中对上述条件可能要求作出的调整；

(2) 同意如行政长官依法不批准修订批给的申请并经土地工务运输局局长随后废止工程准照，均无权要求任何赔偿；

(3) 同意如因新的或修改的城市规划生效，又或曾被废止的城市规划恢复生效而无法开始或继续对土地重新利用，则无权基于工程准照被废止而获任何赔偿。

第一百四十三条　程序

批给的普通程序的规定经作出必要配合后，适用于因修改批给的用途或更改已批土地的利用、移转、转租赁或其他原因而修订批给，以及舍弃批给的程序。

第十一章　替换程序当事人及移转批给所衍生的状况

第一百四十四条　决定性的事实

一、可因下列事由而替换程序当事人或移转批给所衍生的状况，但本法律及有关批给合同另有规定者除外：

（一）合伙；

（二）以无偿或有偿方式自愿作出生前替换或移转的行为；

（三）法院的执行；

（四）继承。

二、为适用本法律的规定，下列情况视为等同于替换程序当事人或移转批给所衍生的状况：

（一）如程序当事人或承批人是公司，且一次或多次累计移转该公司或其控权股东公司资本超过百分之五十，但属无记名股份有限公司除外；

（二）按《民法典》第二百五十八条第三款的规定设定未经利害关系人同意不可废止的授权书或复授权书，而该等授权书赋予受权人对批给所衍生的状况的处分权或在程序中作出所有行为。

三、在不影响上款规定的情况下，属下列批给，如移转承批公司或其控权股东公司的资本超过百分之十，承批公司须在移转事实发生后三十日内将之通知土地工务运输局，但无记名股份有限公司除外：

（一）临时批给；

（二）确定批给，但仅限于移转批给所衍生的状况须经行政长官预先许可的情况。

四、如不遵守上款的规定，行政长官可：

（一）如属第一次违反，向承批人科以由批给合同订定的罚款，又或如合同未有订明，则科以相当于溢价金或判给价百分之一的罚款；

（二）如属第二次违反，解除批给。

第一百四十五条　许可的需要

一、替换程序当事人或移转批给所衍生的状况，均须经行政长官预先许可，但不影响第一百四十六条及第一百四十七条的规定。

二、如未经许可而替换程序当事人或移转批给所衍生的状况，该等行为一概无效且不产生任何效力。

三、移转确定批给所衍生的状况无须许可，但本法律或有关批给合同基于批给的性质而另有规定者除外。

四、如重新利用确定批给的土地且有关利用尚未完成，则须经行政长官预先许可，方可移转批给所衍生的状况，否则，移转无效且不产生任何效力。

第一百四十六条　禁止替换及限制移转

一、属下列情况，禁止替换程序当事人：

（一）无偿的土地批给；

（二）供从事专营业务的土地批给；

（三）专用批给。

二、如属上款（二）项及（三）项所指的批给，移转确定批给所衍生的状况须经行政长官预先许可，但已转为确定的专用批给的死因移转除外。

第一百四十七条　农用土地的批给制度

如属农用土地的批给，须遵守下列规定：

（一）禁止以生前行为替换程序当事人；

（二）移转临时或确定批给所衍生的状况，须经行政长官预先许可，但属确定批给的死因移转除外。

第一百四十八条　占用制度

一、以准照占用的程序中禁止替换申请人。

二、占用准照所衍生的状况属不可移转。

三、准照持有人可舍弃其准照以让予第三人，但该第三人是否被接纳，将由行政长官自由裁量审议，而为适用本法律的规定，新持有人的状况视作原始持有的状况。

第一百四十九条　许可替换及移转

如与程序或批给相关的溢价金、地租、租金、费用或税项尚未缴清，又或有迹象显示该等替换或移转的申请具有投机性，则不许可替换或移转。

第一百五十条　替换及移转的限制

一、进行替换及移转时，须符合本法律对自然人或法人可拥有批给面积限额的规定，并具有对土地取得权利的正当性。

二、上款的规定不适用于法院执行或继承的情况。

第一百五十一条　生前替换

一、以生前行为替换程序的当事人，须由所有利害关系人提出申请。

二、申请书须由土地工务运输局组成卷宗及作出分析，并由行政长官自由裁量审议。

三、将许可替换的决定通知利害关系人后，替换即视为已经作出。

第一百五十二条　死因替换

一、继承人替换程序当事人，须由任一继承人自该当事人死亡之日起计一百八十日内提出申请，否则将有关卷宗归档。

二、申请书须附同程序当事人的死亡证明书、关于已提起财产清册司法程序或已提出公证确认资格的证明文件；如有遗嘱，还须附同其经认证副本。

三、如有合理理由解释，上款所指的文件可随后方附加于卷宗内。

第一百五十三条　替换的时刻

程序当事人的替换许可，仅可在作为临时批给凭证的运输工务司司长批示在《公报》公布前作出。

第一百五十四条　生前移转

一、移转批给所衍生状况的申请，须由承批人及受移转人共同提出。

二、如属下列情况，移转不获许可，但有合理理由者除外：

（一）不遵守土地利用的任一期间；

（二）工程的实施不按获核准的工程计划进行；或

（三）土地的利用不按有关合同所规定的条件及方式发展或落实。

三、如在下列情况提出申请移转，须按第一百一十八条第三款及第四款的方式及时间，向公众公布有关申请的主要内容，尤其是承批人的名称、受移转人的名称、已批给的土地面积、位置及用途、倘有的附加溢价金金额，以及申请移转的理由，但属死因移转或透过司法诉讼程序进行的情况除外：

（一）临时批给；

（二）确定批给，但仅限于移转批给所衍生的状况须经行政长官预先许可。

第一百五十五条　许可的决定

一、决定许可移转批给所衍生的状况时，须指明新承批人应遵守的条件，尤其是关于土地的利用期间及附加溢价金的支付。

二、为适用上款的规定，在下列情况，移转须缴交附加溢价金：

（一）在临时批给期间移转；

（二）属第一百四十五条第四款的情况。

三、上款所指的附加溢价金为按以下方式计算所得的差额：

（一）如申请不包括修改批给用途或更改土地利用，则以原批给合同所载的各用途的建筑面积，按递交移转申请日正生效的溢价金法例计算所得的总溢价金，再与原合同的总溢价金相减所得的差额；

（二）如申请包括修改批给用途或更改土地利用，则按新利用计划获土地工务运输局核准日正生效的溢价金法例，计算该计划所载各项用途的建筑面积而得总溢价金，再与原合同的总溢价金相减所得的差额；

（三）如申请不包括修改批给用途或更改土地利用，但是次移转前曾获许可修改批给用途或更改土地利用，则按递交移转的申请日正生效的溢价金法例，计算对上一次获许可修改批给用途或更改土地利用的利用计划所载的各项用途的建筑面积而得的总溢价金，再与在未获许可作任何修改批给用途或更改土地利用前的原合同所载的总溢价金和曾因获许可修改批给用途或更改土地利用而修订的批给合同所载的附加溢价金的总和相减而得的差额。

四、如按上款的规定计算所得的差额为负数，承批人不获退回任何款项。

第一百五十六条　概括许可

一、可于批给合同内概括许可在同时符合下列要件的情况下，移转都市性土地或具有都市利益土地的租赁批给所衍生的状况：

（一）对土地所作利用足以容许将临时批给全部或部分转为确定批给；

（二）批给旨在建造楼宇，而该等楼宇由可按分层所有权制度分属不同所有人的独立单位组成。

二、如概括许可保留调整租值的权利，则所作出的移转导致受移转人须接受将来订定的租金。

第一百五十七条　死因移转

一、对有偿临时批给所衍生的状况的死因移转，须由任一继承人根据第一百五十二条所订的期间及方式提出申请。

二、在上款所指的情况，行政长官得以继承人明显地未能确保履行批给所定的义务作为依据，不许可移转，且不影响以下两款的规定。

三、如不按第一款的规定提出申请或移转申请不获许可，且出现第一百六十六条任一项的情况，则行政长官可解除临时批给，而承批人的继承人有权因在土地上已作出的一切改善物而获得相当于第一百七十条所指的宣告解除批给的批示在《公报》公布日该等改善物的实际价值的赔偿，但属下款所指的情况除外。

四、在下列的情况，临时批给失效，并将在该土地作出的一切改善物拨归澳门特别行政区，而继承人无权获得任何赔偿或补偿：

（一）因可归责于继承人的事实而未能在承批人死亡之日起计一年内申请司法分割或作出非司法分割；及

（二）出现第一百六十六条任一项的情况。

五、如属有偿确定批给，则须在承批人死亡之日起计一百八十日内，由任一继承人将移转一事通知财政局，否则每日处以相等于两倍租金的罚款，而财政局随后须将有关移转通知土地工务运输局，以便更新相关的卷宗资料。

六、上款的规定不适用于已设定分层所有权的独立单位的死因移转。

第一百五十八条　诉讼程序内的替换及移转

一、在可导致因死亡或以生前行为替换当事人或移转临时批给所衍生的状况，或以生前行为移转须经行政长官预先许可移转的确定批给所衍生的状况的诉讼程序中，在未经行政长官依职权或应利害关系人申请而作出许可替换或移转的批示之前，不作判决。

二、如本应导致上述替换或移转的法律关系被判决裁定理由不成立，则上款所指的许可即告失效。

第一百五十九条　公证员的义务

一、公证员仅于租赁批给转为确定时，方可缮立对该批给所衍生的状况进行移转的公证书，但不影响下款的规定。

二、如按本法律或合同规定，移转确定批给所衍生的状况须经行政长官预先许可，则在有关移转获许可前，公证员不得缮立有关移转的公证书。

三、第一款所指的公证书须注明批给合同及受移转人已接受有关条款，以及按有关情况须附注提醒该等受移转人留意第一百五十六条第二款的规定。

第一百六十条　继承人或共有权利人所作的分割

如土地须由承批人的继承人分割，或任一共有权利人拟进行分割，则须遵守下列规定：

（一）如各利害关系人已达成协议，且实质上可作分割，则须向行政长官提出分割申请，并须将申请书递交予土地工务运输局；

（二）如分割所造成的地块不适合批给的用途，则该分割不获许可；

（三）如未达成协议，则不论在实质上可否作出分割，该程序须按《民事诉讼法典》的规定办理。

第一百六十一条　许可的失效

属许可将临时批给所衍生的状况作死因移转的情况，自许可批示的通知日起计一年后，如仍未作出判决或订立确认继承人资格的公证书，则有关许可即告失效。

第一百六十二条　合伙

一、如包括申请人或承批人在内者对现存状况设定共同拥有权，则构成合伙。

二、对无偿批给，不容许设立合伙。

三、合伙须符合以生前行为替换或移转的要件。

第一百六十三条　移转的凭证

一、以生前行为移转有偿临时批给或移转须经行政长官预先许可移转的有偿确定批给所衍生状况，又或死因移转有偿临时批给所衍生状况，均以公布于《公报》的运输工务司司长批示、法院判决或公证确认受移转人资格为凭证；如属后两者的凭证，须经行政长官预先许可。

二、移转都市性土地或具有都市利益土地的有偿确定批给所衍生状况，均按不动产移转的规定作出，但不影响上款的规定。

第十二章　终止程序及批给

第一百六十四条　不批准申请

如申请人或其代表不遵守本法律及补充法规的规定，且所作的违反行为应引致不获批准的结果，又或对已获通知履行的义务在既定期间内不予履行，则不批准批给申请，并将有关卷宗归档。

第一百六十五条　卷宗归档

属下列情况，将批给卷宗归档：

（一）未经行政长官的许可而替换程序当事人；

（二）舍弃申请；

（三）程序因可归责于利害关系人的原因而中止超过六个月。

第一百六十六条　批给的失效

一、除第七章及第十一章规定的情况外，如出现下列任一情况，都市性土地或具有都市利益的土地的临时批给或正处于重新利用阶段的确定批给亦告失效：

（一）未能在合同订定的期间及按合同的规定完成土地的利用或重新利用，又或如合同未有订明，在第一百零四条第三款所指的一百五十日期间过后未能完成土地的利用，且不论之前曾否被科处罚款；

（二）连续或间断中止利用或重新利用土地的时间达合同所规定的期间；如合同未订明，连续或间断中止利用土地的时间超过对该利用所订的完成期间的一半。

二、除第七章及第十一章规定的情况外，如出现下列任一情况，农用土地的临时批给亦告失效：

（一）在批给后六个月内或合同所定期间内未开始利用；

（二）连续或间断中止利用超过十二个月。

第一百六十七条　宣告失效

临时或确定批给的失效由公布于《公报》的行政长官批示宣告。

第一百六十八条　失效的后果

一、批给经宣告失效后，已缴付的溢价金及以任何方式已在土地上作出的改善物，一概拨归澳门特别行政区，承批人无权获得赔偿或补偿。

二、在不影响上款规定的情况下，如宣告以长期租借方式的批给失效，则将承批人占有土地而不加利用的年数乘以有关利用权价金的二十分之一的款项拨归澳门特别行政区，而该价金的余额则退还承批人。

三、按第一百六十六条及上条的规定宣告批给失效，并不影响征收所欠缴的到期溢价金、租金、地租或倘有的罚款。

第一百六十九条　解除及收回

一、除第七章、第十章及第十一章规定的情况外，如出现下列任一情况，不论是否属确定批给，行政长官亦可解除租赁批给：

（一）在合同或法律所定期间内不缴付溢价金；

（二）未经预先许可而修改批给用途或更改土地的利用；

（三）土地的使用偏离批给的目的，或该等目的从未实现；

（四）在禁止转租赁的情况下或未经本法律规定的预先许可而将批给土地转租赁；

（五）违反第一百四十五条、第一百四十六条或第一百四十七条的规定，未经许可而将批给所衍生的状况移转；

（六）违反其他在合同内已订明须作此处罚的义务。

二、批给被解除后，已缴付的溢价金及以任何方式已在土地上作出的改善物，一概拨归澳门特别行政区，承批人无权获得赔偿或补偿，但不影响第七十条第四款、第一百四十条第五款及第一百五十七条第三款的规定。

三、如出现第一款所指的任一情况，以长期租借方式批给的土地可被收回，已缴付的溢价金和利用权价金，以及以任何方式已在土地上作出的改善物，一概拨归澳门特别行政区，而澳门特别行政区可根据该改善物于宣告收回土地的批示在《公报》公布之日的实际价值，给予承批人以行政长官批示订定的赔偿，但不影响下款的规定。

四、如出现第六十七条或第一百四十条第四款的情况，以长期租借方式无偿批给的土地可被宣告收回，承批人无权获任何赔偿，亦无权取回以任何方式已在土地上作出的改善物。

五、按第一款或第三款的规定解除批给或收回土地，并不影响征收所欠缴的到期溢价金、租金、地租及倘有的罚款。

第一百七十条　宣告解除及收回

解除及收回均由公布于《公报》的行政长官批示宣告。

第一百七十一条　单方终止都市性土地或具有都市利益的土地的租赁批给

一、仅基于有需要进行对澳门特别行政区可持续发展属不可或缺的建设的理由，行政长官方可于租赁批给合同期或任何续期届满至少十八个月之前以书面通知承批人单方终止有关合同。

二、如行政长官行使上款所指的权力，则承批人有权获得相当于批给所衍生的权利尤其包括已作出的改善物例如建造物或建筑物在第一百七十四条第一款所指的宣告单方终止的批示于《公报》公布日的实际价值的赔偿，但批给合同另有规定者除外。

第一百七十二条　单方终止农用土地的租赁批给

一、仅基于有需要进行对澳门特别行政区可持续发展属不可或缺的建设的理由，行政长官方可于租赁合同期或任何续期届满至少六个月之前以书面通知承批人单方终止有关合同。

二、如由行政长官行使上款所指的权力，则除非批给合同另有规定，承批人有权：

（一）取回在相关土地已作出的一切改善物，但以不损害该土地的经济价值为条件；

（二）获得相当于批给所衍生的权利尤其包括已作出的必要改善物在第一百七十四条第一款所指的宣告单方终止的批示于《公报》公布日的实际价值的赔偿。

第一百七十三条　农用土地的租赁批给期届满

一、如协定对农用土地租赁不予续期或在特定期间届满后不予续期，则合同有效期届满仅赋予承批人取回改善物的权利；取回改善物须以不损害该土地的经济价值为条件。

二、任何其他的改善物一概归澳门特别行政区所有，而无须作任何赔偿。

第一百七十四条　单方终止的宣告

一、在不影响第一百七十一条第一款及第一百七十二条第一款规定的情况下，该等条文所指的单方终止须透过公布于《公报》的行政长官批示宣告。

二、土地工务运输局须在上款的批示公布后十五日内，通知物业登记局，并由后者依职权以附注方式在土地的物业登记中作出登记。

第一百七十五条　失效

一、被宣告单方终止的租赁批给于批给期届满失效。

二、上款所指的失效由公布于《公报》的行政长官批示宣告。

第一百七十六条　改善物

本法律所规定的有权因改善物而获得赔偿或取回改善物，仅限于在同一合同或任何续期的有效期内于批给土地所作出的改善物，而不论由现时或先前的承批人作出。

第一百七十七条　赔偿

一、第七十条第四款、第一百五十七条第三款、第一百七十一条第二款及第一百七十二条第二款（二）项所指的赔偿的金额可藉下列方式订定：

（一）澳门特别行政区政府与承批人协议；

（二）司法裁判。

二、对本条规定的事宜，还适用经作出必要配合后的八月十七日第12/92/M号法律第三章及十月二十日第43/97/M号法令第二编及第三编第一章的规定。

第一百七十八条　终止以准照占用

属下列情况，临时占用准照失效：

（一）在订定的期间内未开始利用；

（二）连续或间断中止利用的时间超过有关准照所容许者。

第一百七十九条　勒迁

一、如发生下列任一情况，须以行政长官批示命令承批人或占用人勒迁：

（一）宣告批给失效；

（二）宣告解除租赁批给或专用批给；

（三）宣告收回以长期租借方式批给的土地；

（四）准照废止或失效。

二、勒迁按经作出必要配合后的八月二十一日第79/85/M号法令的规定进行。

第十三章　地籍、物业登记及执行机关

第一节　地籍及物业登记

第一百八十条　土地范围的界定

土地范围的界定按地籍资料作出，并受特别法例规范。

第一百八十一条　须作登记的行为

一、下列行为须作登记：

（一）临时批给及确定批给，以及确定批给的续期；

（二）将批给所衍生的权利移转；

（三）因许可修改批给标的、用途或更改批给土地的利用而导致的批给修改；

（四）第一百零五条第一款、第一百三十二条第二款及第一百七十四条第二款所指的事实；

（五）批给的失效或解除；

（六）收回以长期租借方式批给的土地。

二、为登记的目的，禁止将多块同属一人但具不同法律性质的凭证的地块合并。

三、登记可由物业登记局依职权按土地工务运输局发出的文件作出，或应本法律规定的任何权利人、共同权利人、债权人或其他利害关系人的申请作出。

四、批给续期的登记无须缴纳手续费。

五、在宣告批给解除或失效或收回土地的批示在《公报》公布后十五日内，土地工务运输局须将该事实通知物业登记局，并由后者依职权以附注方式在土地的物业登记中作出登记。

第一百八十二条　对批给的登记

一、在批给的登录摘录内，除载明批给及利用的期间外，还须载明有关用途、年租及有关利用的概要。

二、对确定批给的修订及续期须在有关登录内以附注方式登记。

三、如因续后的移转或批给的登录资料不足导致批给修订的登记不清晰，则该登记应以登录方式作出，并载明有关权利人及第一款所指的一切资料。

四、在上款所指情况下，须载明最初的登录编号，并在最初的登录中注明对新登录的备考。

第一百八十三条　依职权作出的通知

物业登记局须最迟在每月的最后一日，将上月依据第一百二十五条所指的运输工务司司长批示而作出的所有登记的清单寄予土地工务运输局。

第二节　执行机关

第一百八十四条　划界

临时或确定划界均由地图绘制暨地籍局作出。

第一百八十五条　检查及监察

一、土地工务运输局具下列职权：

（一）检查所申请批给的土地，以便调查向其提出的问题并就该等问题作出报告；

（二）查核对批给土地及占用土地的利用；

（三）定期监察土地的状况，并举报所发现的违法占用及本法律规定的其他违法行为。

二、为适用上款（三）项的规定，不得阻止土地工务运输局的监察人员进入任何土地，不论该土地的法律制度为何，但属私有土地除外。

第一百八十六条　公共实体的协助义务

地图绘制暨地籍局及土地工务运输局执行地籍及批给程序的相关职责时，公共实体须按该两局的要求提供解释及协助。

第一百八十七条　实况笔录

一、土地工务运输局人员在执行监察职务时，须就违抗其正当命令的事实或本法律规定的任何违法行为制作实况笔录。

二、实况笔录尤须载有下列资料：

（一）构成犯罪或行政违法行为的事实；

（二）犯罪或行政违法行为实施或被发现的日期、时间、地点及情节；

（三）已知悉的证据方法。

第一百八十八条　查封的通知

对都市性土地、具有都市利益的土地或农用土地的承批人权利的查封，须通知检察院，以维护澳门特别行政区的权利，但属确定批给且移转该批给所衍生的状况无须经行政长官预先许可的情况除外。

第一百八十九条　维护公共利益

如因欠澳门特别行政区的地租、租金、费用及税项，而在税务执行程序内公开拍卖批给所衍生的权利，则检察院代表须至少提出为展开首次出价而定的款额，而其底价不得低于欠款额或行政长官所定的其他限额。

第十四章　处　罚

第一节　犯　罪

第一百九十条　划界的欺诈

拆除、更换或修改依法作出的划界标志者，处最高六个月徒刑或科最高六十日罚金。

第一百九十一条　拆除及挪取有价物

一、拆除或挪取批给或占用土地内属于澳门特别行政区所有的任何有价物者，处最高三年徒刑或科罚金。

二、为适用上款及下条的规定，凡价值超过澳门币二千元者，视为有价物。

第一百九十二条　毁损

将批给或占用土地内属于澳门特别行政区所有的任何有价物全部或部分毁灭，又或使之损坏、变形或失去效用者，处最高五年徒刑或科罚金，并相应适用《刑法典》第二百零一条的规定。

第一百九十三条　违令罪

非法占用属公产或私产的土地，且不服从行政长官依法发出的腾空土地的命令者，将以《刑法典》第三百一十二条第一款规定的违令罪处罚。

第一百九十四条　法人的刑事责任

一、如出现下列任一情况，法人，即使其属不合规范设立者，以及无法律人格的社团及特别委员会，均须按本条的规定对本节所指的犯罪负责：

（一）其机关或代表人以该等实体的名义及为其利益而实施本节所指的犯罪；

（二）听命于上项所指机关或代表人的人，以该等实体的名义及为其利益而实施本节所指的犯罪。

二、如行为人违反有权者的明示命令或指示而作出行为，则排除上款所指实体的责任。

三、第一款所指实体的责任并不排除有关行为人的个人责任。

四、就本节所指的犯罪，对第一款所指的实体科处最高三百六十日罚金，但不影响第一百九十条的规定。

第一百九十五条　判决的效力

因实施本节所指的犯罪而被判刑者，自有关判决转为确定之日起五年内，不得获批给土地或获发给土地占用准照。

第二节　行政违法

第一百九十六条　非法占用土地

非法占用属公产或私产的土地者，按被占用的土地面积，科处以下罚款：

（一）不足或等于五百平方米，罚款澳门币五万元至澳门币十万元；

（二）五百平方米以上至一千五百平方米，罚款澳门币十五万元至澳门币七十五万元；

（三）一千五百平方米以上至二千五百平方米，罚款澳门币八十万元至澳门币一百五十万元；

（四）二千五百平方米以上，罚款澳门币一百六十万元至三百万元。

第一百九十七条　其他行政违法行为

不遵守第一百条至第一百零二条的任一规定者，科以澳门币一万元至澳门币五万元罚款。

第一百九十八条　累犯

一、为适用本法律的规定，在行政处罚决定转为不可申诉后一年内，且距对上一次的行政违法行为实施日不足五年，再实施本节所指的行政违法行为者，视为累犯。

二、属累犯的情况，罚款的最低限额提高四分之一，最高限额则维持不变。

第一百九十九条　法人的责任

一、法人，即使其属不合规范设立者，以及无法律人格的社团及特别委员会，均须对其机关或代表以其名义且为其利益而作出本节所规定的行政违法行为承担责任。

二、如行为人违抗有权者的明示命令或指示而作出行为，则排除上款所指责任。

三、第一款所指实体的责任不排除有关行为人的责任。

第二百条　缴纳罚款的责任

一、违法者为法人时，其行政管理机关成员或以任何其他方式代表该法人的人，如被判定须对有关行政违法行为负责，须就罚款的缴纳与该法人负连带责任。

二、如对无法律人格的社团或特别委员会科处罚款，则该罚款以该社团或委员会的共同财产支付；如无共同财产或共同财产不足，则以各社员或委员的财产以连带责任方式支付。

第二百零一条　处罚职权

对违反本法律的行政违法行为予以处罚，属行政长官的职权。

第二百零二条　处罚程序的通知方式

因违反本法律而提起的行政处罚程序中的通知按第二百零三条至第二百零五条的规定进行，并补充适用《行政程序法典》的规定。

第二百零三条　直接通知

一、在处罚程序中，土地工务运输局人员可直接将有关通知书交予被通知人，并由被通知人在证明上签署作实。

二、如被通知人拒绝接收通知书或签署证明，土地工务运输局人员须在证明上注明此情况，并在现场张贴该通知书，则通知视为完成。

第二百零四条　邮寄通知

一、在处罚程序中，土地工务运输局人员亦得以单挂号信方式通知被通知人。

二、凡按下列地址以单挂号信作出的通知，推定被通知人于信件挂号日后的第三日接获通知；如第三日并非工作日，则推定于紧接该日的首个工作日接获通知：

（一）如被通知人为澳门特别行政区居民，则为身份证明局的档案所载的常居所；

（二）如被通知人为法人且其住所或常设代表处位于澳门特别行政区，则为身份证明局和商业及动产登记局的档案所载的住所；

（三）如被通知人为按有关投资者、管理人员及具特别资格技术人员临时居留的规定而获准临时居留者，则为澳门贸易投资促进局的档案所载的通讯地址或住址；

（四）被通知人指定的通讯地址或住址。

三、如被通知人的地址在外地，则上款所指期间于《行政程序法典》第七十五条所定延期期间届满后方起计。

四、仅在因可归咎于邮政服务的事由而令被通知人在推定接获通知的日期后才接获通知的情况下，方可由其推翻第二款所指的推定。

五、应土地工务运输局的要求，身份证明局、商业及动产登记局和澳门贸易投资促进局均有义务提供第二款所指的资料。

第二百零五条　其他通知方式

如不知悉被通知人的身份或住址，则土地工务运输局将通知内容刊登于澳门特别行政区最多人阅读的中文报章及葡文报章，通知即视为完成。

第二百零六条　罚款的缴付及强制征收

一、罚款须自接获处罚决定通知之日起十五日内缴付。

二、如未在上款规定的期间内自行缴付罚款，则透过主管实体按税务执行程序的规定，以处罚决定的证明作为执行凭证进行强制征收。

第二百零七条　罚款归属

对违反本法律的行政违法行为科处罚款的所得，属澳门特别行政区的收入。

第二百零八条　腾空土地的命令

一、行政长官具职权发出腾空非法占用属公产或私产的土地的命令，并订定腾空土地的期间。

二、如上款所指的期间届满而有关土地尚未腾空，则土地工务运输局可根据《行政程序法典》的规定，执行腾空土地的命令。

三、为适用本法律的规定，如中止执行第一款所指的命令，视作立即对公共利益造成严重损害。

第二百零九条 腾空土地程序的通知

第二百零二条至第二百零五条的规定，经作出必要配合后，适用于腾空土地程序的通知。

第二百一十条 处理拟腾空的土地上的物品

一、在由土地工务运输局执行第二百零八条第一款规定的腾空土地的命令的过程中，于现场发现存在身份证明文件或具价值的动产，则该局人员须编制载有该等文件或动产清单的笔录，该笔录亦须由在场的一名治安警察局人员签署作证。

二、土地工务运输局须将上款所指的文件或动产保存在适当的地方，并按下款规定的方式通知利害关系人认领该等文件或动产。

三、即使土地工务运输局可即时通知在场的利害关系人，仍须在澳门特别行政区最多人阅读的中文报章及葡文报章刊登认领文件或动产的通知。

四、如在上款规定的通知刊登后六十日内无人申请认领该等文件或动产，或在提出认领申请后三十日内，申请人未作认领或未能提供其具有处分该等文件或动产的正当性的证明，则土地工务运输局可：

（一）将该等文件交澳门特别行政区相关的主管实体，以便采取适当措施；

（二）将该等动产交澳门特别行政区相关的主管实体以下列任一方式处理，但不影响第六款规定的适用：

（1）赠与不牟利机构；

（2）透过公开拍卖、私人磋商或直接磋商方式进行非司法变卖。

五、上款（二）项（2）分项所指的非司法变卖的所得，归澳门特别行政区所有。

六、如第一款所指的动产为动物、植物、危险物或易变坏之物，则土地工务运输局局长可决定将之送交相关的主管实体进行毁灭、作社会公益用途或采取其他适当的方式处理。

七、为适用第一款的规定，“具价值的动产”是指价值明显超过澳门币一万元，且非安装于有关建筑物或其固定的设施内或外的物品。

第二百一十一条 腾空费用

一、如由土地工务运输局执行第二百零八条第一款规定的腾空土地的命令，则腾空费用及保存上条所指文件及动产的费用均由违反该命令的人承担，并须在该局指定的期间及地点缴交有关费用。

二、如不在上款所定的期间内缴交有关费用，则按税务执行程序的规定，以土地工务运输局发出有关已作出费用的证明作为执行凭证，进行强制征收。

第十五章 最后及过渡规定

第二百一十二条 本法律对已出现的情况的适用

对本法律生效前已出现的情况，在适用本法律时须遵守下列各条的规定。

第二百一十三条 尚未完成的占用程序及批给程序

一、对尚未完成以准照占用的程序及批给程序，本法律的规定适用于在其生效后作出的一切行为。

二、本法律适用于嗣后的行为时，如须改变在程序内已作出的行为，则主管实体须采取措施确保仅作出确属必要的改变，并使利害关系人的损失减至最低。

第二百一十四条　以准照占用

本法律适用于在其生效前已获许可以准照的占用，无须更换有关凭证，且不影响有关准照内所规定的条件。

第二百一十五条　临时批给

本法律适用于其生效之前的临时批给，但有下列例外规定：

（一）如之前的法例所订定的期间尚未届满，而本法律对该期间作出修改，则应适用较长的期间；

（二）承批人的权利及义务即时受本法律规范，但不影响有关合同所作的约定；

（三）如之前定出的土地利用的期间已届满，且因承批人的过错而未进行该土地的利用，则适用第一百零四条第三款及第一百六十六条的规定。

第二百一十六条　过去作出的确定租赁批给

一、确定租赁批给的现有承批人，须在本法律生效起计一年内，声明有关批给拟继续受原有法例规范，直至其批给合同期或续期届满为止，或选择适用本法律，但不影响第四款及下条的规定。

二、如批给土地上的建筑物属分层所有权制度，则上款所指的声明须由占该分层建筑物总值超过三分之二的分层所有人共同作出。

三、如未按第一款规定提交任何声明，则视为承批人选择适用本法律。

四、在本法律生效前已签订的租赁批给合同于续期时，租金应按照续期时有效的表予以调整。

五、第四十九条第二款（一）项及第一百三十二条的规定不适用于本法律生效前已转为确定的有偿租赁批给。

第二百一十七条　过去作出的无偿批给

一、本法律适用于本法律生效前已作出的无偿批给，但不影响有关无偿批给转换为有偿批给的事宜仍可继续适用原有法例的规定。

二、属上款所指的批给承批人，须于本法律生效后一年内提出申请将无偿批给转为有偿，否则原有法例有关该等事宜的规范不可继续适用于该等无偿批给。

三、按上款的规定转为有偿的批给，不可修改原批给的用途，但因新的或修改的城市规划生效，又或曾被废止的城市规划恢复生效而需要修改者除外。

第二百一十八条　过去作出的抵押及其他法律行为

一、第四十二条第七款的规定不适用于本法律生效前已依法作出的抵押。

二、第一百四十四条第二款的规定不适用于本法律生效前已依法作出该款（一）项或（二）项所指的法律行为。

第二百一十九条　已展开的行政违法处罚程序及腾空土地程序

第二百零二条至第二百零六条，以及第二百零九条的规定，不适用于在本法律生效日已展开的行政违法处罚程序及腾空土地程序。

第二百二十条　补充法例

对于本法律未有明确规范的事宜，按其性质补充适用《行政程序法典》、十月四日第52/99/M号法令、《刑法典》《刑事诉讼法典》及《物业登记法典》的规定。

第二百二十一条　补充法规

在本法律所指的补充法规生效前，规范相关事宜的法例继续生效。

第二百二十二条　废止

废止：

（一）经六月二十七日第5/81/M号法律、二月六日第2/82/M号法律、八月十三日第8/83/M号法律、七月二十一日第78/84/M号法令、七月二十九日第8/91/M号法律、十一月十八日第13/91/M号法律及七月四日第2/94/M号法律修改的七月五日第6/80/M号法律；

（二）经五月二十七日第26/96/M号法令修改的十二月二十六日第51/83/M号法令；

（三）十月二十日第43/97/M号法令第十五条第二款。

第二百二十三条　生效

本法律自二零一四年三月一日起生效。

二零一三年八月十二日通过。

立法会主席　刘焯华

二零一三年八月二十二日签署。

命令公布。

行政长官　崔世安

文化遗产保护法

澳 门 特 别 行 政 区
第11/2013号法律

立法会根据《澳门特别行政区基本法》第七十一条（一）项，制定本法律。

第一章 一般规定

第一节 文化遗产

第一条 标的

本法律订定澳门特别行政区文化遗产保护制度。

第二条 文化遗产的概念

一、为适用本法律的规定，凡作为具重要文化价值的文明或文化见证、且应特别加以维护和弘扬的财产，均属文化遗产。

二、上款所指财产具有的重要文化价值，特别是历史、古生物学、考古、建筑、语言、文献、艺术、民族学、科学、社会、工业或技术方面，呈现纪念性、古老性、真实性、原始性、稀有性、独特性或模范性。

第三条 文化遗产的范围

一、文化遗产的组成如下：

（一）物质文化遗产，包括被评定的不动产及被评定的动产；

（二）非物质文化遗产。

二、基于适用于澳门特别行政区的国际公约而被视为文化遗产的其他财产，亦属文化遗产。

第四条 澳门特别行政区的义务

一、澳门特别行政区应藉保护文化遗产，确保澳门的文化遗产得以发扬光大和世代传承。

二、澳门特别行政区以维护和弘扬文化遗产，作为实现人类尊严的重要举措及基本权利的标的。

三、认识、研究、维护、弘扬和宣传文化遗产，属澳门特别行政区的义务。

第五条 定义

在不影响适用于澳门特别行政区的国际公约规定的其他定义的情况下，为适用本法律的规定，下列词语的定义为：

（一）“被评定的不动产”是指纪念物、具建筑艺术价值的楼宇、建筑群及场所；

（二）“被评定的动产”是指具重要文化价值的动产以及与被评定的不动产实质且长期相连结的具重要文化价值的动产；

（三）“非物质文化遗产”是指被社群、群体及在特定情况下被个人视为文化遗产组成部分的各种实践、观念表述、表现形式、知识、技能以及相关的工具、物件、手工艺品及文化空间；有关文化遗产世代相传，被社群、群体因应周围环境、与自然的互动及其历史不断地再创造，为社群、群体及个人孕育认同感和持续感；

（四）“纪念物”是指具重要文化价值的建筑物、碑雕、碑画、属考古性质的元素或构造体、铭刻、窟洞及含文明或文化价值元素的组合体；

（五）“具建筑艺术价值的楼宇”是指因本身原有的建筑艺术特征而成为澳门发展过程中特定时期具代表性的不动产；

（六）“建筑群”是指因具重要文化价值、其建筑风格统一、与周围景观相融合而划定的建筑物与空间的组合体；

（七）“场所”是指具重要文化价值的人类创造或人类与大自然的共同创造，包括具有考古价值的地方；

（八）“保护”是指维护和弘扬属文化遗产的财产及项目的一系列措施，包括识别、建档、研究、保存、维护、保养、修复、宣传、展示、弘扬、传承该等财产及项目，以及对文化遗产的各方面进行活化；

（九）“评定”是指为使文化遗产受法律制度保护而借以确定某动产或不动产具有重要文化价值的行政程序的最终行为；

（十）“缓冲区”是指维护被评定的不动产的观感，又或基于空间或审美整合的理由而与被评定的不动产不可分割的自然形成或修筑而成的周边范围；

（十一）“产生巨大影响的工程”是指可能导致被评定的不动产或其缓冲区破损、毁坏或价值降低的风险的公共或私人工程，尤指楼宇、水利工程、基础建设、交通道路及其他都市化工程；

（十二）“澳门历史城区”是指被联合国教育、科学及文化组织的世界遗产委员会列入《世界文化遗产名录》，且根据本法律的规定被评定为具重要文化价值的，由纪念物、具建筑艺术价值的楼宇、建筑群、场所，以及其缓冲区所组成的建筑组群，其图示范围载于为本法律组成部分的附件；

（十三）“考古工作”是指以发现、认识、维护和弘扬考古遗产为目的而进行的一切挖掘、勘探及其他调查的工作；

（十四）“古树名木”是指因树龄逾一百年、树种珍贵、树形奇特、稀有或具特殊的历史或文化意义而列入《古树名木保护名录》的树木。

第六条　一般原则

实施本法律时，须遵守下列一般原则：

（一）平衡原则：采取适当手段，以确保促使经济增长和社会进步的政策与保护文化遗产的政策互相配合，从而推动澳门特别行政区的综合、和谐及可持续发展；

（二）机构协调原则：各公共部门的工作，尤其为保护文化遗产的都市整治、环境、教育及旅游方面的工作，应互相配合和协调；

（三）预防原则：防止文化遗产的组成部分破损、毁坏或灭失；

（四）规划原则：确保动用的工具、资源和采取的措施均以事先制订的适当计划及方案为依据；

（五）拟订清单原则：以有系统、适时及尽量详细的方式拟订澳门特别行政区现存具重要文化价值的财产及项目的清单，从而识别、维护和弘扬有关财产及项目；

（六）参与原则：确保澳门特别行政区居民参与制订、实施文化遗产保护政策和维护文化遗产；

（七）尊重原则：确保尊重宗教信仰、传统习俗及文化表现形式；

（八）推广原则：推动有系统收集资料的工作，并为澳门特别行政区居民、任何感兴趣的实体及有关国际组织查阅该等资料提供便利；

（九）适度原则：确保对可能影响文化遗产完整性的工作、法律行为或实质行为作出事先及有系统的考量；

（十）衡平原则：确保合理分担和分配因实施文化遗产保护制度而产生的开支、负担及利益。

第二节　文化遗产保护政策

第七条　保护文化遗产的目的

作为澳门特别行政区的义务及其居民的义务，维护和弘扬文化遗产的目的为：

（一）促使并确保澳门特别行政区的文化遗产得以保存；

（二）促进并确保人们共享文化遗产；

（三）彰显澳门特别行政区及其社群的共有文化的特性；

（四）促进澳门特别行政区居民的社会福祉及经济的增长和其生活素质的提升；

（五）维护澳门特别行政区环境景观的质量。

第八条　文化遗产保护政策的特定内容

文化遗产保护政策主要包含下列内容：

（一）制订保护文化遗产的策略性指引；

（二）综合管理“澳门历史城区”；

（三）藉制定计划、方案及指令，设定文化遗产保护工作的优先级；

（四）调动保护文化遗产所需的人力、技术及财政资源；

（五）订定文化遗产保护政策与其他领域的政策之间的协调模式；

（六）维护文化遗产所有人的权利；

（七）开展专业技术人员及专业技工的专业训练；

（八）增强公众对文化遗产的珍视；

（九）推动可持续及优质的旅游。

第三节　居民的权利及义务

第九条　共享文化遗产的权利

一、任何人均有权享用属澳门特别行政区文化遗产的有价物及财产，以此作为发展其人格的方式。

二、公众共享属文化遗产的私有或受制于其他用益物权的财产，受该等财产的所有人与文化局或其他公共部门订立的协议规范。

三、公众共享澳门特别行政区的文化遗产时，应配合文化遗产在功能、安全、维护及弘扬上的要求。

第十条　保存、维护和弘扬文化遗产的义务

一、任何人均有义务保存文化遗产，不得侵犯属文化遗产的财产的完整性，且不得协助以法律不容许的方式将有关财产移离澳门特别行政区。

二、任何人均有义务维护和保存文化遗产，尤其在本身的法定权能下，防止属文化遗产的财产破损、毁坏或灭失。

三、任何人均有义务弘扬文化遗产，在不影响其权利的前提下，按其所能力推广、提供分享渠道和丰富文化遗产所呈现的文化价值。

第四节　被评定的财产所有人的权利及义务

第十一条　被评定的财产所有人的权利

被评定的财产所有人享有下列权利：

（一）取得由公共部门或根据第十五条的规定与其订立协议的实体作出的、可能影响其权利及义务的法律行为或实质行为的资料；

（二）知悉为保护文化遗产而设定的优先级及政策措施；

（三）因采取文化遗产保护措施而导致被禁止或严格限制使用被评定的财产，又或被限制行使法律规定的其他权利时，获得补偿性赔偿；

（四）因采取文化遗产保护措施而导致既得权利受限制时，申请按公用征收制度征收；

（五）享受税务优惠、税收鼓励、财政支援计划及其他性质的支援计划。

第十二条　被评定的财产所有人的义务

被评定的财产所有人须履行下列的一般义务：

（一）适当使用有关财产，以确保其保存及完整，避免该等财产破损、毁坏或灭失；

（二）向主管的公共部门提供执行本法律所需的资料；

（三）执行主管的公共部门认为对保护被评定的财产属必要的工程或工作；

（四）拟出售被评定或待评定的不动产或根据第二十九条（五）项规定所指明的不动产，或以该等不动产作代物清偿时，须事先以书面方式通知文化局有关意向和列明相关条件，以便该局行使优先权。

第十三条　延伸适用

为适用本法律的规定，被评定的财产的所有人所享有的权利及所承担的义务经作出适当配合后，适用于被评定的财产的占有人及其他物权权利人。

第五节　公共行政当局的一般义务

第十四条　公共部门的一般义务

一、澳门特别行政区所有公共部门须在维护和弘扬澳门特别行政区文化遗产方面相互合作。

二、澳门特别行政区其他公共部门应将可能威胁属文化遗产的财产的风险情况立即通知文化局。

三、澳门特别行政区其他公共部门尚须主动或应文化局要求，协助该局维护和弘扬澳门特别行政区的文化遗产。

四、如有需要补充或补足具重要文化价值的收藏或资料记录，文化局应促成与其他公共部门或其他实体的合作，以让与或交换属文化遗产的财产。

五、如文化遗产受严重威胁或其社会功能受损害，导致其正常运作受影响且危害公共利益，文化局可介入并临时接管有关文化遗产，直至情况恢复正常为止。

第十五条　订立协议

一、澳门特别行政区文化局及其他公共部门，可按法律的规定与属文化遗产的私人财产的所有人、占有人、其他物权权利人、持有人、有意保存和弘扬该等财产的其他实体或专门企业订立协议，以实现文化遗产范畴内的公共利益。

二、上款所指的协议得以相互协作为标的，以便识别、认可、保存、护卫、修复、弘扬和推广属文化遗产的财产，并以特许或授予工作为标的，但不得涉及作出评定的行政行为的资格。

第二章　文化遗产委员会

第十六条　设立文化遗产委员会

一、设立文化遗产委员会，作为澳门特别行政区政府的咨询机构，负责按本法律的规定就征询其意见的事项发表意见，以促进对文化遗产的保护。

二、文化遗产委员会的组成、组织及运作，由行政法规规范。

第三章　被评定的不动产

第一节　评　定

第十七条　保护方式

一、为依法保护具重要文化价值的不动产，须事先对其进行评定。

二、根据本法律的规定，不动产可按纪念物、具建筑艺术价值的楼宇、建筑群及场所四类进行评定。

第十八条　评定标准

将不动产评定为上条所指的任何类别，须至少符合下列一项标准：

（一）在作为生活方式或历史事实的特殊见证方面具重要性；

（二）具美学、艺术、技术或物质上的固有价值；

（三）具建筑艺术的设计，以及其与城市或景观的整合；

（四）在作为象征意义或宗教意义的见证方面具价值；

（五）在文化、历史、社会或科学的研究方面的重要性。

第二节　评定程序

第十九条　发起程序

一、评定程序，可由文化局、其他公共部门或不动产所有人发起。

二、为适用本节的规定，澳门特别行政区居民可向文化局提交评定具重要文化价值的不动产的建议，有关建议应包括下条第一款（三）至（六）项所指的资料。

第二十条　发起申请

一、发起评定，须以书面方式为之，并应附同下列资料：

（一）发起人的身份资料；

（二）不动产登记的证明文件；

（三）不动产所在位置；

（四）不动产的描述资料、目前用途及保全状况；

（五）图示、照片或录像资料以及其他相关资料，尤其是有关不动产与城市或景观相融合的资料；

（六）按第十八条规定的标准陈述申请评定的理由。

二、文化局认为有需要时，亦可要求提交在发起评定及调查阶段属关键的其他资料。

第二十一条　程序的调查

程序的调查属文化局的职权，包括启动程序、事先听取不动产所有人的意见、文化局评估及由文化遗产委员会发表意见。

第二十二条　启动程序

一、文化局就启动评定程序一事应通知不动产所有人、土地工务运输局、民政总署、有利害关系的其他公共部门及被特许实体，并须通知物业登记局有关事实，以便其作出第四十二条第一款所规定的附注。

二、自在房地产标示内作出有关事实附注之日起，不动产视为处于待评阶段。

三、启动程序时，应文化局的建议，监督文化范畴的司长得以公布于《澳门特别行政区公报》的批示，可按经作出适当配合的第三章第三节的规定订定临时缓冲区。

四、如基于维护待评定的不动产周围的城市结构或景观而显示有必要，方设定临时缓冲区。

第二十三条　期间

不动产的评定程序，由文化局自上条第二款所指附注日起，经咨询文化遗产委员会的意见，于十二个月内完成。

第二十四条　公开咨询

评定不动产的建议须公开咨询；咨询期不得少于三十日，以行政长官批示订定。

第二十五条　决定的理据

为评定程序作出决定的理据，须符合《行政程序法典》第一百一十五条所定要件，且须考量下列因素：

（一）对第十八条所指标准作出的审议；

（二）不动产所有人在事先陈述意见时作出的回应；

（三）文化遗产委员会的意见；

（四）公开咨询的结果；
（五）有必要设立缓冲区时，缓冲区的范围及内容；
（六）倘有的与不动产连结的被评定的动产。

第二十六条　评定的决定

评定以行政法规核准。

第二十七条　变更或撤销程序

本节的规定经作出适当配合后，适用于与评定、订定缓冲区或相关内容有关的变更或撤销程序。

第三节　缓冲区

第二十八条　设立

一、如为维护和弘扬被评定的不动产而显示属不可或缺时，可为该不动产设立缓冲区。

二、缓冲区的范围及内容，由核准评定的行政法规设定。

三、为一切效力，列入《世界文化遗产名录》的不动产的缓冲区，按本法律的规定受保护。

第二十九条　内容

为维护和弘扬被评定的不动产，须为其缓冲区设定适当的范围、限制及制约条件，并可指明在缓冲区内：

（一）受不同程度限制的区域，尤其是在楼宇的体量、形态、街道准线、高度、色彩及完成面受限制的区域；
（二）非建筑区域；
（三）须完整保存且可作保养、加固和维修工程的不动产；
（四）除非属特殊情况，否则不得拆除的不动产；
（五）属出售或作代物清偿的情况，澳门特别行政区拟行使优先权取得的不动产。

第三十条　缓冲区的更改

缓冲区的扩大或缩小，以及其内容的更改，由行政法规核准。

第三十一条　缓冲区的限制

一、判给或发出在缓冲区及临时缓冲区内的新建筑工程或任何工程、工作的准照，取决于文化局具强制性及约束力的意见，但室内的改造、保养及维修工程除外；而文化局须自接获要求之日起三十日内发表意见。

二、发出准照的期间，于接获上款所指意见前中止计算。

三、被禁止进行建筑工程的土地的所有人或承批人，有权就其损失获补偿性赔偿。

第四节　被评定的不动产的制度

第三十二条　拆除被评定的不动产

一、禁止拆除被评定或待评定的不动产。

二、拆除具建筑艺术价值的楼宇或属组成建筑群、场所的不动产，由行政长官经听取文化局具强制性及约束力的意见和咨询文化遗产委员会后，以批示核准。

三、上款所指拆除的许可，其必要前提是存在倒塌风险或具体出现较保护被评定的不动产更优先的法益，但在任一情况下，均须显示以其他方式保护或迁移该被评定的不动产属不可行和不合理。

四、以上数款的规定亦适用于根据第二十九条（三）至（五）项规定所指明的位于缓冲区的不动产。

五、不遵守本条规定而拆除不动产，将不获发进行新建筑工程准照；但属恢复建筑物拆除前的原状者除外。

六、经咨询文化局具强制性及约束力的意见后，土地工务运输局具职权责成违反本条规定进行拆除的责任人重建不动产，以恢复拆除前的原状。

第三十三条　迁移

一、任何被评定或待评定的不动产，不得部分或全部迁移或移离其所在地。

二、依循法律所定程序后仍基于下列原因认为必须迁移或移离的情况，不受上款限制：

（一）不可抗力原因；

（二）重大的公共利益；

（三）因实质保护被评定或待评定的不动产而属必需者。

三、属上款所指的情况，主管当局应提供拆卸、移离及在适当地点重建不动产的一切必要保障。

第三十四条　使用

一、被评定或待评定的不动产的文化功能应受尊重。

二、经咨询文化遗产委员会意见后，监督文化范畴的司长具职权许可更改上款所指属澳门特别行政区所有的不动产的使用。

第三十五条　在被评定的不动产上刻画、张贴和装置

一、禁止在被评定或待评定的不动产上刻画或涂鸦。

二、禁止在纪念物上张贴或装置任何宣传品。

三、属特殊情况，在纪念物上装置与之相关的信息性物品，须事先经文化局评估，并取决于该局具约束力的意见。

四、在具建筑艺术价值的楼宇、建筑群、场所，以及位于缓冲区的不动产张贴或装置任何性质的物品，须遵守适用法例和事先经文化局评估，并取决于该局具约束力的意见。

五、本法律生效后，按适用法例由主管的公共部门发出准照的续期申请，取决于文化局的评估及具约束力的意见。

六、文化局应自接获有关要求之日起三十日内发表本条所指的意见。

第三十六条　就风险情况作出通知的义务

被评定或待评定的不动产以及根据第二十九条（三）至（五）项规定所指明的不动产的所有人、持有人、占有人或其他物权权利人，应将可能导致该等不动产破损、毁坏或灭失的情况立即通知文化局。

第三十七条　取得时效

被评定或待评定的不动产，不得因取得时效而取得。

第三十八条　研究报告及计划

一、关于被评定或待评定的不动产的任何工程或工作，须按情况由具有法定资格的建筑师或技术人员制作研究报告及计划并签署，以此作为其所负责工程或工作的技术指导。

二、上款的规定适用于根据第二十九条（三）至（五）项规定所指明的位于缓冲区的不动产。

三、在例外情况下，为确保被评定或待评定的不动产的原真性、完整性、美学价值，可在工程或工作的研究报告及计划内提出有别于都市建筑相关法规的解决方法，尤其是消防设施和疏散计划确实无法符合现行消防技术规定时，应由文化局与其他主管的公共部门共同制定适当的措施。

四、本条所指的研究报告及计划，应附具关于不动产状况的评估报告及描述施工方法的资料；文化局认为有需要时，尚须附具与该卷宗有关的图示资料。

五、就本条规定的工程及工作，以及被评定的建筑群或场所内的新建筑工程或拆除工程发出准照，须先取得文化局具强制性及约束力的意见，而该局须自接获要求之日起三十日内发表意见。

六、发出准照的期间，于接获上款所指意见前中止计算。

七、土地工务运输局、文化局、其他主管的公共部门及被特许实体具职权监督和跟进本条所指的工程或工作，并应就相关职权互相协调。

八、第一款所指的工程或工作竣工后，应通知文化局查验。

第三十九条　强制保养的工程

一、被评定或待评定的不动产或根据第二十九条（三）至（五）项规定所指明的不动产的所有人及其他物权权利人，应实施文化局经查验后认为对保护该等不动产属必要的工程或工作。

二、为适用上款的规定，被评定或待评定的不动产或根据第二十九条（三）全（五）项规定所指明的不动产的所有人及其他物权权利人，应允许文化局的相关工作人员进入该不动产进行相关的查验。

三、如发生拒绝进入或阻碍进行上款所指工作的情况，文化局可向法院申请以其批准取代许可。

四、如第一款所指的工程未能于规定的期间内开展或完成，文化局可按现行法例的规定促成强制实施，而有关费用由不动产所有人承担。

五、如自作出通知之日起二十日内不自行缴付上款所指的费用，则根据税务执行程序的规定，以文化局发出的证明作为执行凭证，强制征收。

六、如不动产所有人向文化局适当证明其无经济能力支付本条所指工程的全部开支，或该等工程对其构成过度经济负担时，文化局将视乎每一个案中所查证的情况承担工程的全部或部分开支。

第四十条　移转

一、为行使优先权的目的，凡出售被评定或待评定的不动产及根据第二十九条（五）项规定所指明的位于缓冲区的不动产，又或以该等不动产作代物清偿，须事先以书面方式通知文化局。

二、将上款所指的不动产以遗产或遗赠方式移转，应由待分割财产管理人自管理财产开始之日起六个月内通知文化局。

三、违反第一款所指的通知义务的移转无效；为该款所指不动产订立买卖公证书或代物清偿公证书，须向公证员提交由文化局发出的关于澳门特别行政区无意行使优先权的声明。

四、如第一款所指的通知作出超过九十日而行使优先权的明确决定仍未发出，则上款规定的声明得以证明此事实的文件代替。

五、如于公证行为中缺漏第三款及第四款规定的文件，物业登记局应拒绝相应的登记行为。

六、物业登记局应最迟于每月十五日将上一个月于该局登记的关于第一款所指的不动产以遗产或遗赠方式移转的事实通知文化局，但不影响第二款规定的义务。

第四十一条　优先权

一、属出售被评定或待评定的不动产以及根据第二十九条（五）项规定所指明的位于缓冲区的不动产，或以该等不动产作代物清偿，澳门特别行政区享有取得该等不动产的优先权，但不影响《民法典》第一千三百零八条第一款规定的适用。

二、行使优先权，由监督文化范畴的司长经咨询文化遗产委员会的意见后决定。

三、行使优先权的期间为九十日，自作出上条第一款所指通知之日起计。

四、如上款所指期间届满而无明示决定，则推定为不行使优先权。

五、《民法典》第四百一十条第一款、第四百一十一条、第四百一十二条以及第一千三百零九条的规定经作出适当配合后，适用于本条规定的优先权。

第四十二条　物业登记

一、被评定或待评定的不动产，以及位于缓冲区或临时缓冲区的不动产，应按其所属类别在相关的房地产标示内附注。

二、附注及注销，由文化局通知并依职权免费办理。

第四十三条　城市规划

一、任何性质的城市规划，均应遵守本法律在保护文化遗产方面的规定。

二、城市规划应包含维护被评定的不动产的特定措施。

三、涉及“澳门历史城区”、被评定的不动产或缓冲区的城市规划，须在文化局的参与下制订。

四、发出涉及“澳门历史城区”、被评定的不动产或缓冲区的正式街道准线图或规划条件图，须事先取得文化局具约束力的意见。

第四十四条　产生巨大影响的工程

一、如公共部门根据公共或私人工程的研究报告及计划预计工程产生巨大影响，有关规划条件图和工程计划须由文化局评估。

二、文化局经咨询文化遗产委员会的意见后，须就上款所指的规划条件图及工程计划发表具约束力的意见。

三、审议产生巨大影响的工程的计划时，须考虑工程的体量、建筑总面积、坐地面积、高度、建筑设计及施工方法。

四、为保护因产生巨大影响的工程而可能受损的被评定的不动产，公共部门应互相合作，在本身职权范围内采取可将影响减至最低的必要及适当措施。

第四十五条　中止和修改工程准照或计划

一、启动评定程序的行为一经通知，除本法律规定的其他效力外，尚须按法律订定的期间及条件中止待评定的不动产或位于临时缓冲区内的不动产的规划条件图发出程序、土木工程准照发出程序及工程判给程序；对已发出的有关准照或判给，则中止其效力；但室内的改造、保养及维修工程除外。

二、土木工程计划与保护文化遗产须互相兼容且获文化局证实，方可发出规划条件图、发出准照、重新施工或判给工程。

三、为适用第一款的规定，该款所指的中止情况持续至评定程序有最终决定为止，但在启动有关程序的决定另订期间者除外。

四、如工程不能继续进行或须修改已获发准照的工程的计划，利害关系人有权就其损失获得补偿性赔偿。

五、不遵守本条的规定所实施的工程均属违法，土地工务运输局经咨询文化局具强制性及约束力的意见后，可根据都市建筑法例的规定，按情况责成违法者重建或拆除，恢复中止时建筑物的原状或承担有关的费用。

第四十六条　禁制

一、土地工务运输局须主动或应文化局的要求，对不遵守本法律的规定所实施的任何工程或工作采取行政禁制，尤其：

（一）有迹象显示将导致被评定或待评定的不动产受损害者；

（二）有迹象显示将导致根据第二十九条（三）至（五）项规定所指明的不动产受损害者；

（三）属第四十五条所指准照被中止或不能继续进行工程的情况者。

二、都市建筑法例所规范的工程禁制制度经作出适当配合后，适用于本条所指的行政禁制。

第四十七条　取得和征收

一、属下列情况，文化局经咨询文化遗产委员会的意见后，应促成取得或征收被评定或待评定的不动产：

（一）由于不动产所有人严重违反法定或合同规定的义务而产生的责任，使得不动产面临破损或毁坏的严重风险；

（二）根据经适当说明的法律、技术或科学理由，显示取得或征收不动产为保护有关不动产的最适当的方式；

（三）不动产所有人提出公用征收的申请。

二、如位于缓冲区的不动产妨碍妥善保存被评定或待评定的不动产，或损害其特征或周边环境，又或使其贬值，对前者亦可取得或征收。

三、八月十七日第12/92/M号法律通过并经十月二十日第43/97/M号法令充实的《因公益而征用的制度》，适用于本法律规定的征收。

第四十八条　交换

一、澳门特别行政区政府经咨询文化遗产委员会的意见后，可与建筑群、场所及缓冲区内的土地所有人协议，以国有土地的权利交换该等土地，并适用《土地法》的制度。

二、澳门特别行政区政府经咨询文化遗产委员会的意见后，可与被评定或待评定的不动产所有人协议，以国有土地的权利交换该等不动产，并适用经作出适当配合的《土地法》有关交换国有土地权利的制度。

第四十九条　补偿性赔偿

一、本法律规定的补偿性赔偿，得以下列方式订定：

（一）澳门特别行政区政府与利害关系人的协议；

（二）仲裁，属利害关系人提出申请且获监督文化范畴的司长同意的情况；

（三）司法裁判。

二、经五月十一日第19/98/M号法令及十二月十三日第110/99/M号法令修改的六月十一日第29/96/M号法令，适用于上款规定的仲裁。

第四章　澳门历史城区

第五十条　特征说明

一、“澳门历史城区”及其缓冲区的图示范围载于为本法律组成部分的附件，并受特别制度保护。

二、“澳门历史城区”的缓冲区应确保保存其特色，以配合澳门特别行政区城区特色生活的方式，尤其是保存其地貌及形态、自然物与环境景观的结合、往昔港口城市的城市布局，以及保存被评定的不动产在建筑艺术上的完整性。

第五十一条　保护及管理计划

一、“澳门历史城区”受保护及管理计划规范。

二、文化局具职权与其他在其本身职权范围内行使与“澳门历史城区”相关的权力的公共部门，尤其是土地工务运输局及民政总署，合作制订和执行上款所指的计划。

三、保护及管理计划须符合本法律的规定和联合国教育、科学及文化组织的指引，并应载明特定措施，以确保“澳门历史城区”所处空间在城市生活、文化、环境方面可持续地发挥作用。

第五十二条　保护及管理计划的内容

为有效保护“澳门历史城区”，保护及管理计划应包括下列内容：

（一）景观管理监督，尤其是街道风貌、景观视廊等方面的规定；

（二）建筑限制条件，尤其是建筑的高度、体量、样式等方面的规定；

（三）城市肌理的维护措施及改造限制；

（四）建筑修复准则。

第五十三条　局部计划

一、文化局可于保护及管理计划获核准前，与第五十一条第二款所指的其他公共部门合作，就“澳门历史城区”制订局部计划。

二、局部计划，应遵守经作出适当配合的本章中为保护及管理计划订定的制度。

第五十四条　公开咨询

一、“澳门历史城区”的保护及管理计划或局部计划的方案，须作公开咨询；咨询期不得少于六十日，以行政长官批示订定。

二、公开咨询的结果，须并入送交文化遗产委员会的卷宗。

第五十五条　核准保护及管理计划

一、"澳门历史城区"的保护及管理计划或局部计划，经咨询文化遗产委员会的意见后，由行政法规核准。

二、任何性质的城市规划，均须遵守"澳门历史城区"的保护及管理计划和局部计划的规定。

第五十六条　检讨

保护及管理计划应自下列日期起五年后检讨和修改：

（一）保护及管理计划生效日；

（二）如保护及管理计划经修改，自修改生效日起计；

（三）如决定不修改现行的保护及管理计划，自该次检讨程序开始日起计。

第五十七条　修改保护及管理计划

一、如出现下列的情况，可修改根据本法律的规定制订的保护及管理"澳门历史城区"计划，且不影响上条规定的适用：

（一）变更或撤销不动产的评定；

（二）被评定的不动产的文化价值明显受损；

（三）纯属技术性修改，尤其修正错漏；

（四）为谋求公共利益，尤其为避免或应对自然灾害的发生；

（五）其他不可抗力的情况。

二、经作出适当配合的第五十一条至第五十五条的规定，适用于修改保护及管理计划。

三、属第一款（三）至（五）项的情况，不适用第五十四条的规定。

第五章　被评定的动产

第五十八条　动产的法定保护

本章所规定的被评定的动产的法定保护制度，仅针对公共部门持有的动产。

第五十九条　目的

保护被评定的动产的目的在于：

（一）确保属文化遗产的动产获妥善处理、保存、修复和储存，免遭自然或人为的破损、散失和灭失；

（二）促进将属文化遗产的动产应用于文化、历史、艺术、科学范畴的研究、展示及教育活动。

第六十条　范围

一、具重要文化价值的动产，均为被评定对象，尤其是下列者：

（一）考古物；

（二）宗教圣物、祭祀器物及宗教物品；

（三）玉石、瓷器、陶器、青铜器、玻璃器、搪瓷器；

（四）金银器、珠宝、钟表、纪念章、钱币；

（五）绘画、版画、书法、篆刻、雕塑、雕刻；

（六）乐器；

（七）纺织品，包括地毯及服装；

（八）家具，包括装饰构件；

（九）科学及工业器具；

（十）交通工具；

（十一）武器、火器及其他军事物品；

（十二）珍贵的手抄本；

（十三）罕有的书籍、地图、印刷品及其他文件；

（十四）档案及典籍；

（十五）摄影、电影摄影及声音的记录载体。

二、对具重要文化价值的动产作评定，可针对集合物，尤其是其组成部分不应被分割的财产、收藏或资料记录。

第六十一条　拟订动产清单

一、维护具重要文化价值的动产，须为保存和推广有关动产而拟订清单，以免其遭破损或灭失。

二、为适用上款的规定，其他公共部门须按文化局发出的清单式样及指引，向该局提交一份其所拥有具重要文化价值的动产的清单。

三、其他公共部门在文化局的协助下，具职权拟订具重要文化价值的财产的清单。

第六十二条　评定

第三章所定的制度经作出适当配合后，适用于被评定的动产。

第六十三条　启动评定程序

公共部门所持有具重要文化价值的动产，均须作评定，由文化局启动有关程序。

第六十四条　保存

一、被评定或待评定的动产，应保存在适当的环境；该等动产所属的公共部门应防止其遭自然或人为的破损、散失或灭失。

二、如被评定或待评定的动产破损、散失或灭失，该等动产所属的公部门应为有关效力，于五个工作日内通知文化局及警察当局。

三、拥有被评定或待评定的动产的公共部门，应每年向文化局提交一份有关动产的保养及使用状况报告作记录。

第六十五条　出境

一、被评定或待评定的动产的暂时出境，须由监督文化范畴的司长许可，且仅可作教育、文化或科学用途。

二、在例外情况下，行政长官经咨询文化遗产委员会的意见后，得许可被评定或待评定的动产永久出境。

第六章　考古遗产

第六十六条　公共部门的特别义务

一、文化局有下列特别义务：

（一）拟订、保持和更新澳门特别行政区的考古遗产清单；

（二）促进或许可进行考古工作。

二、其他主管的公共部门及被特许实体的特别义务，为保证在由其本身进行的以及由其发出准照或判给的、涉及在地面、地底或水中进行改造、挖掘、翻动或移除土地、底土的工程及工作，以及拆除或改建工程的情况下，均确保可进行考古物及考古遗迹的识别、研究和收集工作。

第六十七条　考古工作

进行任何考古工作，均须经文化局许可，而有关申请应附同一份详尽的考古计划。

第六十八条　考古发现

一、如因挖掘或进行其他工作而发现任何考古物或考古遗迹，尤其是铭刻、钱币或具考古价值的其他物件时，有关工作应当立即中止，并于二十四小时内将发现通知文化局、土地工务运输局及其他主管的公共部门。

二、如在已获发准照的工程进行期间发现考古物或考古遗迹，则适用第四十五条有关中止和修改工程准照的规定。

三、文化局可要求警察当局或其他公共部门协助，并采取适当措施以保持考古物及考古遗迹的完整，并对其加以保护。

四、对于考古物及考古遗迹的发现者，可由行政长官经咨询文化遗产委员会的意见后，以批示订定给予适当奖励。

五、就第一款及第二款所指中止工作所引致的损失，须作出补偿性赔偿。

第六十九条　考古发现物的所有权

在澳门发现的考古发现物，均属澳门特别行政区所有，并应由文化局收集于博物馆或其他适当地方。

第七章　非物质文化遗产

第七十条　保护非物质文化遗产的目的

保护非物质文化遗产的目的如下：

（一）促使延续非物质文化遗产项目并发扬其地方特色；

（二）确保非物质文化遗产的多样性和持续再创造；

（三）拯救濒临灭失的非物质文化遗产；

（四）加强澳门特别行政区居民对澳门文化及其特性的意识；

（五）尊重并重视社群、群体或个人对澳门文化的贡献；

（六）鼓励澳门特别行政区居民，以及文化、艺术、教育、科研的机构及组织，积极参与非物质文化遗产的保护、延续和推广工作。

第七十一条　非物质文化遗产的范围

一、非物质文化遗产主要包括下列文化项目：

（一）传统及口头表现形式，包括传承非物质文化遗产所使用的语言；

（二）艺术表现形式及属表演性质的项目；

（三）社会实践、宗教实践、礼仪及节庆；

（四）有关对自然界及宇宙的认知、实践；

（五）传统手工艺技能。

二、为实施本法律的规定，与澳门特别行政区的法律规定、适用于澳门特别行政区的人权方面的国际公约，以及社群、群体及个人之间相互尊重的要求无抵触的遗产，方视为非物质文化遗产。

三、非物质文化遗产的真实性、完整性、形式、内容应受尊重，并应避免在演示或传承期间遭扭曲或蔑视。

四、与非物质文化遗产项目有关的场地、工具、物件、手工艺品，应受保护，借以确保该等项目的延续性及真实性。

第七十二条　保护方式

一、保护非物质文化遗产，以拟订清单为基础。

二、为保护澳门特别行政区的非物质文化遗产而作的识别工作，以拟订和定期更新有关的清单为基础。

三、本条所指的拟订清单的工作，包括以图示、声音、视听、数码或其他使得对非物质文化遗产的保护具可行性的、更为合适的方法或工具，对非物质文化遗产进行识别、建档和研究。

四、非物质文化遗产项目的实物载体，应存放于博物馆或环境合适的其他地方。

第七十三条　特别义务

一、为保护非物质文化遗产，文化局尤其具下列职权：

（一）拟订非物质文化遗产项目的清单；

（二）促进识别、建档、调查和研究非物质文化遗产项目；

（三）鼓励私人实体参与非物质文化遗产拟订清单的工作；并向该等实体提供适当的技术支援；

（四）确保收集非物质文化遗产项目的资料和作数码化处理，并提供给公众查阅。

二、为保护非物质文化遗产项目，文化局应制定非物质文化遗产的管理指引。

三、上款所指的管理指引，由监督文化范畴的司长经咨询文化遗产委员会的意见后，以公布于《澳门特别行政区公报》的批示核准。

第七十四条　拟订清单的标准

拟订非物质文化遗产清单时，须考虑下列标准：

（一）项目对社群或群体的重要性；

（二）项目的社会及文化背景，以及在历史、空间方面的代表性；

（三）项目在社群或群体间的实际生产或再生产；

（四）项目的实际传承及传承方式；

（五）可能导致项目处于部分或全部消失风险的状况；

（六）项目能配合可持续发展以及社群、群体及个人的相互尊重的要求。

第七十五条　发起

拟订清单，可由文化局、其他公共部门、社群、群体或个人发起。

第七十六条　拟订清单的程序

一、申请拟订清单，应附具下列资料：

（一）发起人的身份资料；

（二）关于非物质文化遗产项目及其对澳门特别行政区的重要性的陈述；

（三）关于非物质文化遗产项目当前状况的信息，尤其是其所面临的部分或全部消失风险的信息；

（四）拟采取的保护计划，其内应指出建议采取的措施，尤其是技术、行政及财政措施，以及拟进行的研究和调研方法；

（五）为识别、建档和研究非物质文化遗产项目而以图示、声音或视听的方法或工具所作的记录。

二、文化局可要求提交其认为对组成拟订清单的申请属重要的其他资料。

三、非物质文化遗产清单，须咨询文化遗产委员会的意见。

第七十七条　清单

拟订非物质文化遗产清单，属文化局的职权；符合本法律所订标准的非物质文化遗产项目，均列入有关清单。

第七十八条　紧急保护

如某项非物质文化遗产项目经证实急需保护，拟订清单时应确定：

（一）第七十六条第一款（一）至（三）项所指的资料；

（二）涉及的社区、群体或个人，以及说明获其事先知情同意。

第七十九条　非物质文化遗产名录

一、建立《非物质文化遗产名录》，以确认对澳门特别行政区具重要价值的非物质文化遗产项目。

二、根据本法律的规定列入清单的项目，方可入选《非物质文化遗产名录》。

三、将项目入选《非物质文化遗产名录》的建议，须公开咨询；咨询期不得少于三十日，以行政长官批示订定。

四、将项目入选《非物质文化遗产名录》，由监督文化范畴的司长经咨询文化遗产委员会的意见后，以公布于《澳门特别行政区公报》的批示为之。

第八十条　非物质文化遗产传承人

一、非物质文化遗产传承人，是指负责保护和推广列入《非物质文化遗产名录》的项目的社群、群体或个人。

二、文化局经咨询文化遗产委员会的意见后，具职权识别和确认非物质文化遗产传承人。

第八十一条　非物质文化遗产传承人的义务

一、非物质文化遗产传承人，应组织旨在保护非物质文化遗产的活动，尤其宣传活动，并应定期向文化局提交报告。

二、如非物质文化遗产传承人不履行或放弃其义务，文化局经咨询文化遗产委员会的意见后，可指定其他的社群、群体或个人履行该等义务。

第八十二条　从《非物质文化遗产名录》中除名

已列入《非物质文化遗产名录》的项目无法传承时，监督文化范畴的司长经咨询文化遗产委员会的意见后，以公布于《澳门特别行政区公报》的批示将之从名录中除名。

第八章　奖励、优惠和支援

第一节　奖　励

第八十三条　奖项

为表彰在保护文化遗产方面有突出贡献者，设下列奖励：

（一）建筑设计奖；

（二）保养和修复文化遗产奖；

（三）保护非物质文化遗产奖；

（四）弘扬文化遗产奖。

第八十四条　施行细则

评审委员会的组成，奖项申报程序，以及订定奖励的目的、条件及说明，由公布于《澳门特别行政区公报》的行政长官批示规范。

第二节　税务优惠及税收豁免

第八十五条　税务优惠的范围

本节规定的税务优惠的涵盖范围，包括被评定的不动产及位于其缓冲区内的不动产。

第八十六条　市区房屋税

一、经进行保养、维修或修复工程，且保养状况良好的被评定的不动产，获豁免市区房屋税。

二、为适用上款的规定，按本法律的规定进行的工程方予考虑。

三、对豁免权予以确认，属财政局局长的职权；进行有关确认，须有利害关系人提交的申请，附同由文化局发出的、证明不动产保养状况的文件，以及其他作为事实依据的证明资料。

四、豁免市区房屋税，须每年重新申请，受惠人应于房地产记录作结九十日前提交不动产保养状况良好的证明。

五、逾期不提交上款所指的证明，豁免即告失效。

第八十七条　营业税

一、经进行保养、维修或修复工程，且保养状况良好的被评定的不动产，其内所设的商业或工业场所获豁免营业税。

二、为适用上款的规定，按本法律的规定进行的工程方予考虑。

三、营业税的豁免为期四年，自第一款所指的工程竣工时起计。

四、对豁免权予以确认，属财政局局长的职权；进行有关确认，须有利害关系人提交的申请，附同由文化局发出的、证明不动产保养状况的文件，以及其他作为事实依据的证明资料。

五、再次豁免营业税，须重新申请，受惠人应于当期豁免到期三十日前提交不动产保养状况良好的证明。

第八十八条　所得补充税及职业税

一、用于被评定的不动产的保养、修复、维修或加固工程的费用，可从所得补充税的可课税金额中扣减，为期五年。

二、有关扣减，适用于须缴纳所得补充税且已支付上款所指工程费用的自然人或法人。

三、对于仅须缴纳职业税的自然人，可从职业税的可课税金额中作出第一款所指的扣减，为期五年。

四、以上数款所指的扣减，自工程竣工当年开始作出；如该年已发出征收凭单，则自翌年开始扣减。

五、为适用本条的规定，按本法律的规定进行的工程方予考虑。

第八十九条　印花税

一、移转被评定的不动产，获豁免附于六月二十七日第17/88/M号法律通过的《印花税规章》的《印花税缴税总表》第四十二条所指的印花税。

二、对豁免权予以确认，属财政局局长的职权；进行有关确认，须有利害关系人提交的申请，附同物业登记证明书以及由文化局发出的、证明不动产保养状况的文件。

三、利害关系人应在签署因财产移转而须缴纳印花税的文件、文书或行为之前提出申请。

四、获豁免本条规定的印花税的纳税义务主体，仍须履行《印花税规章》规定的申报义务。

五、如获豁免印花税的受惠人自豁免之日起四年内拆除在移转时获豁免该税项的不动产，须缴纳移转之日原应缴纳的印花税。

第九十条　证明文件

不动产的保养状况证明文件，由文化局自利害关系人提出申请之日起十五日内发出。

第三节　支　援

第九十一条　性质及宗旨

文化局及其他主管的公共部门负责为保护属文化遗产的财产提供支援，尤其：

（一）为内部结构保养状况良好的被评定的不动产进行外观保养工程；

（二）由文化局就被评定的不动产的保护工程计划发表技术建议和意见；

（三）由公共部门经咨询文化遗产委员会的意见后，视乎实际情况对保护具文化价值的不动产的工程提供财政或技术支援；

（四）由公共部门视乎实际情况对进行与已列入清单的非物质文化遗产项目有关的传承及推广活动，提供财政或其他性质的支援。

第九章　处罚制度

第一节　刑事制度

第九十二条　《刑法典》规定的犯罪

《刑法典》的规定以及本法律所载的特别规定，适用于对文化遗产实施的犯罪。

第九十三条　不法迁移罪

除第三十三条第二款规定的情况外，迁移被评定或待评定的不动产，处最高三年徒刑，或科最高三百六十日罚金。

第九十四条　不法出境罪

违反第六十五条的规定将被评定或待评定的动产运出境，处最高五年徒刑，或科最高六百日罚金。

第九十五条　毁坏考古物或考古遗迹罪

不遵守本法律的规定而毁坏考古物或考古遗迹，处最高五年徒刑，或科最高六百日罚金。

第九十六条　违令罪

不遵守下列规定者，按《刑法典》第三百一十二条第二款的规定，处加重违令罪：

（一）第三十二条第六款规定的重建命令；

（二）第四十五条第五款规定的重建或拆除命令；

（三）第四十六条第一款规定的禁制命令。

第九十七条　法人的责任

一、如出现下列任一情况，则法人，即使属不合规范设立者，以及无法律人格的社团，须对第九十二条至第九十六条规定的犯罪负责：

（一）其机关或代表以该等实体的名义及为其利益而实施犯罪；

（二）听命于上项所指机关或代表的人以该等实体的名义及为其利益而实施犯罪，且因该机关或代表故意违反本身所负的监管或控制义务而使该犯罪得以实施。

二、上款所指实体的责任并不排除有关行为人的个人责任。

三、就第一款所指的犯罪，对该款所指的实体科罚金；罚金以日数订定，最低限度为一百日，最高限度为一千日。

四、罚金的日额为澳门币一百元至二万元。

五、对无法律人格的社团科罚金，该罚金以该社团的共同财产支付；如无共同财产或共同财产不足，则以各社员的财产按连带责任方式支付。

第二节　行政处罚制度

第九十八条　行政处罚

一、违反下列规定，构成行政违法行为，并科下列罚款：

（一）违反第十二条（一）至（三）项所指的义务，科澳门币一万元至二十万元罚款；

（二）在第三十二条规定以外的情况下拆除被评定或待评定的不动产，科澳门币一百万元至五百万元罚款；

（三）违反第三十五条第一款的规定，科澳门币二千元至二万元罚款；

（四）违反第三十五条第二款至第四款的规定，科澳门币一万元至五万元罚款；

（五）违反第三十六条所指的通知义务，科澳门币二万元至十万元罚款；

（六）未领有相关准照或不符合第三十八条所指经核准的计划在被评定或待评定的不动产实施工程或工作而导致该不动产受损，科澳门币五万元至一百万元罚款；

（七）违反第六十八条所指的通知义务，科澳门币五千元至二十万元罚款；

（八）违反第一百零六条第五款及第六款的规定，科澳门币二千元至十万元罚款。

二、违反本法律的其他规定，科澳门币二千元至五万元罚款。

三、过失行为亦予处罚。

第九十九条　对法人科处的处罚

一、如上条第一款所指的行为由法人作出，则科下列罚款：

（一）属（一）项的情况，科澳门币十万元至一百万元罚款；

（二）属（二）项的情况，科澳门币二百五十万元至一千五百万元罚款；

（三）属（三）项的情况，科澳门币一万元至十万元罚款；

（四）属（四）项的情况，科澳门币二万元至五十万元罚款；

（五）属（五）项的情况，科澳门币五万元至五十万元罚款；

（六）属（六）项的情况，科澳门币二十万元至二百万元罚款；

（七）属（七）项的情况，科澳门币十万元至五十万元罚款；

（八）属（八）项的情况，科澳门币十万元至二十万元罚款。

二、如上条第二款所指的行为由法人作出，则科澳门币一万元至二十五万元罚款。

三、过失行为亦予处罚。

第一百条　附加处罚

一、除以上两条规定的主要处罚外，尚可对违法者科处下列任一项附加处罚：

（一）剥夺享有公共部门为保护文化遗产而给予的税务优惠或税收豁免的权利；

（二）剥夺参与为保护文化遗产而开展的公开竞投的权利；

（三）中止许可、准照及执照，但仅适用于在该许可、准照及执照的范围内实施违法行为者。

二、上款所指的附加处罚为期最长两年，自作出确定性处罚决定起计。

三、科处第一款所指的附加处罚，取决于具职权给予税务优惠及税收豁免、开展公开竞投或发出许可、准照、执照的公共部门所发表具强制性及约束力的意见。

第一百零一条　履行尚未履行的义务

如行政违法行为因未履行义务而产生，且尚有履行该义务的可能，则科处处罚和缴付罚款并不免除违法者履行该义务。

第一百零二条　累犯

一、为适用本法律的规定，自处罚的行政决定已转为不可申诉起两年内实施性质相同的行政违法行为者，视为累犯。

二、属累犯的情况，罚款的最低限度提高四分之一，而其最高限度则维持不变。

第一百零三条　职权

就本节所定的行政违法行为提起程序和科处处罚，属下列公共部门的职权：

（一）文化局，如违法行为属第九十八条第一款（一）、（三）、（五）至（七）项及第二款和第九十九条第一款（一）、（三）、（五）至（七）项及第二款规定者；

（二）土地工务运输局，如违法行为属第九十八条第一款（二）项及第九十九条第一款（二）项规定者；

（三）民政总署，如违法行为属第九十八条第一款（八）项及第九十九条第一款（八）项规定者；

（四）文化局或民政总署，视乎属第九十八条第一款（四）项及第九十九条第一款（四）项的违法行为在私人或在公共的不动产或设施外实施。

第一百零四条　程序

一、如发现作出行政违法行为且经组成卷宗，须提出控诉，并通知违法者。

二、控诉通知内须订定十五日的期间，以便违法者提出辩护。

三、罚款须自作出处罚决定通知之日起三十日内缴付。

四、罚款所得，为下列公共部门的收入：

（一）文化局，属上条（一）项的情况；

（二）土地工务运输局，属上条（二）项的情况；

（三）民政总署，属上条（三）项的情况；

（四）文化局或民政总署，属上条（四）项的情况。

第一百零五条　通知义务

科处本法律所定的处罚，文化局、土地工务运输局及民政总署应为有关的效力通知其他具相关职权的公共部门。

第十章　最后及过渡规定

第一百零六条　古树名木

一、《古树名木保护名录》由具职权维护树木的公共部门评估、拟订和更新。

二、上款所指的名录，以公布于《澳门特别行政区公报》的行政长官批示核准。

三、《古树名木保护名录》所载树木的所有人、持有人、占有人或其他物权权利人，应将可能导致该等树木破损、毁坏或灭失的情况立即通知文化局或具职权维护树木的公共部门。

四、《古树名木保护名录》所载树木的所有人、持有人、占有人或其他物权权利人，有义务维护该等树木；如有需要，可要求具职权维护树木的公共部门提供技术支援。

五、禁止拔除、砍伐或以任何方式毁损古树名木的整部分或部分；但属维护的情况则除外。

六、禁止移植或移除《古树名木保护名录》所载的任何树木；但属重大的公共利益或具职权维护树木的公共部门宣告为预防危害公众安全而采取相应措施的情况除外。

第一百零七条　识别标记

许可将澳门特别行政区纪念物的名称、图像复制品、外形或仿制物品用于经十二月十三日第97/99/M号法令核准的《工业产权法律制度》所指的识别标记，属文化局的职权。

第一百零八条　通知方法

一、就本法律范围内作出的行为，须按第一百零九条至一百一十一条的规定作出通知。

二、在不影响以下各条所定的特别规定下，所有通知均须按十月十一日第57/99/M号法令核准的《行政程序法典》的规定作出。

第一百零九条　直接通知

一、文化局工作人员可直接通知应被通知人，并缮立证明，经应被通知人签署作实。

二、如应被通知人拒绝接收通知或拒绝签署证明，文化局工作人员应告知其可前往文化局领取通知，并在通知的证明上注明有关情况。

三、属上款所指的情况，文化局工作人员尚应以挂号信通知应被通知人前往文化局领取通知副本。

四、如认为措施有用，可事先以挂号信传召应被通知人前往文化局，以便作出通知。

第一百一十条　邮寄通知

一、文化局得以单挂号信的方式通知有关对象。

二、按下列地址作出的通知，均以单挂号信为之，并推定应被通知人于寄出单挂号信后第三日接获通知；如第三日非为工作日，则推定在紧接该日的首个工作日接获通知：

（一）如应被通知人为澳门特别行政区居民，按身份证明局的档案所载的最后住所作出通知；

（二）如应被通知人为法人且其住所或常设代表处位于澳门特别行政区，按身份证明局以及商业及动产登记局的档案所载的最后住所作出通知；

（三）如应被通知人为根据有关投资者、管理人员及具特别资格技术人员临时居留的规定获准临时居留者，按澳门贸易投资促进局的档案所载的最后通讯地址或住址作出通知；

（四）如应被通知人持有治安警察局发出的身份证明文件，按该局的档案所载的最后地址作出通知；

（五）应被通知人曾在本法律所指的行政违法行为程序中最后指定的通讯地址或住址。

三、如上款所指的应被通知人的地址位于澳门特别行政区以外的地方，则于十月十一日第57/99/M号法令核准的《行政程序法典》第七十五条所定的延期期间届满后，方开始计算上款所指的期间。

四、在因可归咎于邮政服务的事由而令应被通知人在推定接获通知的日期后接获通知的情况下，方可由应被通知人推翻第二款所指的推定。

第一百一十一条　公示通知

如无法采用第一百零九条及第一百一十条所指的任一通知方式、应被通知的利害关系人不详或该等通知方式基于应被通知的利害关系人的人数而属不可行，则于常贴告示处张贴告示，并于澳门特别行政区的两份报章上刊登公告，其中一份为中文报章，另一份为葡文报章。

第一百一十二条　补充法律

对于本法律规定的行政程序，凡在本法律未有明文规定和规范者，补充适用十月十一日第57/99/M号法令核准的《行政程序法典》的原则及规定。

第一百一十三条　行政违法行为的程序

科处本法律规定的罚款及其他处罚，以及有关的程序步骤，须遵守行政违法行为的一般制度。

第一百一十四条　准用

其他法规准用的六月三十日第56/84/M号法令及十二月三十一日第83/92/M号法令的规定，视为准用本法律的相关规定。

第一百一十五条　过渡规定

一、为适用本法律的规定，十二月三十一日第83/92/M号法令附件一至附件四所载的纪念物、具建筑艺术价值建筑物、建筑群及地点，视为纪念物、具建筑艺术价值的楼宇、建筑群及场所。

二、为适用本法律的规定，十二月三十一日第83/92/M号法令附件五以及第202/2006号行政长官批示附件一所载的保护区，均视为缓冲区。

三、以上两款所指的纪念物、具建筑艺术价值的楼宇、建筑群、场所及其缓冲区的名录及图示，以行政法规公布于《澳门特别行政区公报》。

第一百一十六条　待评定的财产

本法律所定的制度适用于待决程序。

第一百一十七条　废止

一、废止下列法规：

（一）六月三十日第56/84/M号法令；

（二）十二月三十一日第83/92/M号法令；

（三）第202/2006号行政长官批示。

二、在第一百一十五条第三款所指的行政法规生效前，十二月三十一日第83/92/M号法令附件一至附件五及第202/2006号行政长官批示附件一，不受上款的规定限制，继续生效。

第一百一十八条　生效及实施

一、本法律自二零一四年三月一日起生效。

二、上款的规定不适用于第十六条第二款及第四十三条第四款，该等条文自本法律公布翌日起实施。

二零一三年八月十三日通过。

立法会主席　刘焯华

二零一三年八月二十二日签署。

命令公布。

行政长官　崔世安

附 件

（第五十条第一款所指者）

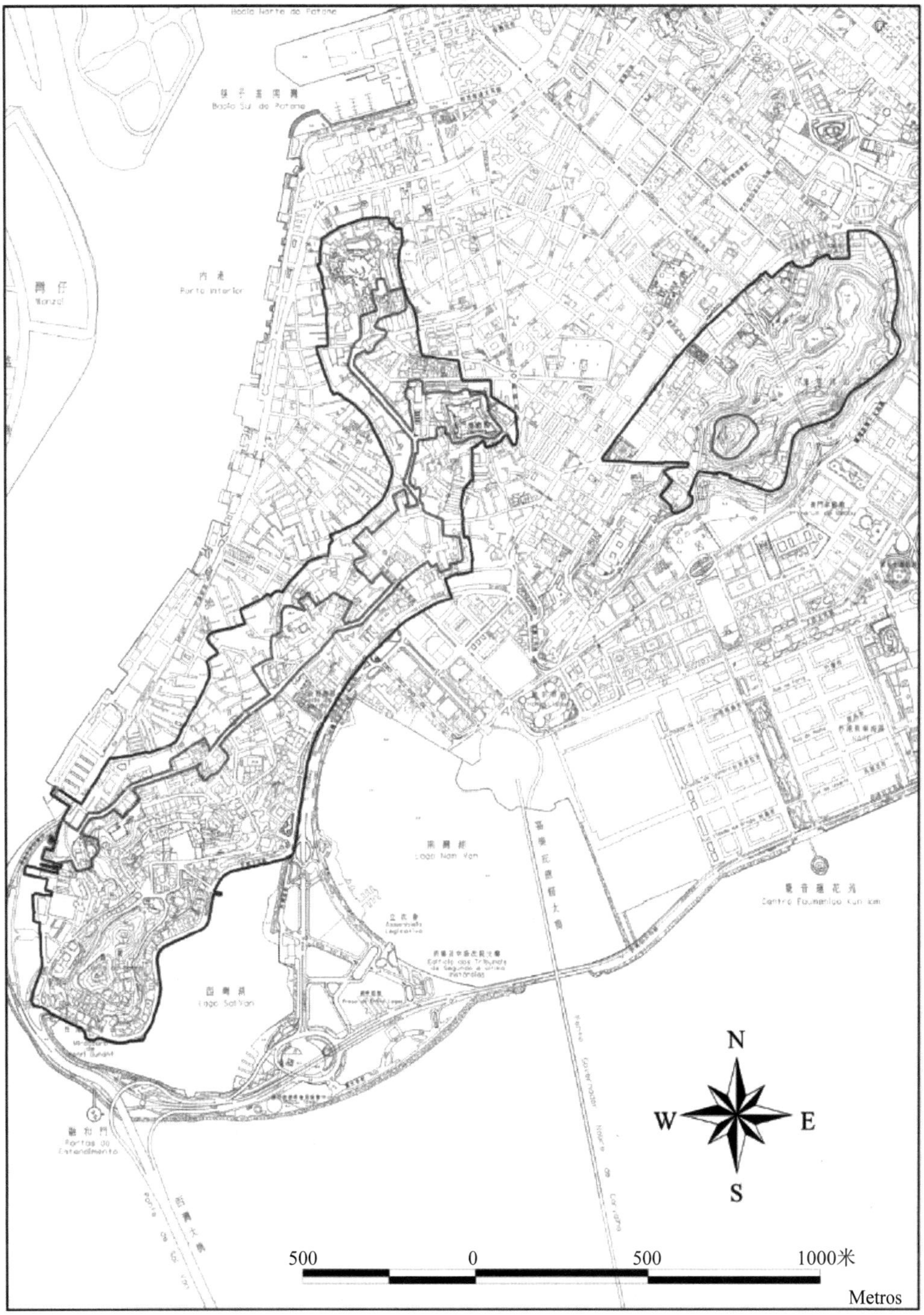

▭澳门历史城区 CENTRO HISTORICO DE MACAU
▭缓冲区 ZONA DE PROTECÇÃO

澳门历史城区图示范围

城市规划法

澳门特别行政区
第12/2013号法律

立法会根据《澳门特别行政区基本法》第七十一条（一）项，制定本法律。

第一章　一般规定

第一条　标的及范围

一、本法律订定城市规划的法律制度。

二、本法律适用于编制、核准、实施、检讨和修改城市规划。

第二条　定义

为适用本法律的规定，下列各词的含义为：

（一）“城市规划”：为落实城市发展的长期政策目标，尤其是经考虑本法律及补充性法规的规定，对空间进行整治并对土地使用和利用以及空间结构作出部署的一系列程序；

（二）“总体规划”：订定整个澳门特别行政区的空间整治、土地使用和利用的条件，并对公共基础设施与公用设施作出合理的综合部署的城市规划；

（三）“详细规划”：根据总体规划的规定，就特定地区的土地用途及使用强度、公共基础设施及公用设施的设置，作出详细规定的城市规划；

（四）“规划条件图”：由土地工务运输局发出的文件，尤其载有特定地块或地段的街道准线、用途及建造条件；

（五）“都市性地区”：在总体规划中分类为都市性地区，且确认为可进行都市化及建设的地区，当中包括已都市化地区及可都市化地区；

（六）“已都市化地区”：在总体规划中分类为都市性地区，且已具备公共基础设施及公用设施，以及已用作兴建建筑物的地区；

（七）“可都市化地区”：在总体规划中分类为都市性地区，但仍未都市化的地区；

（八）“不可都市化地区”：在总体规划中分类为不可都市化地区，因考虑到具自然资源以及具景观、考古、历史或文化价值而在一般情况下不可进行都市化的地区，但并不影响可用作兴建公共建筑物或具公共利益的建筑物；

（九）“预防措施”：为避免因在某地区实际存在的状况被变更而可能妨碍城市规划的编制或修改而制定的措施。

第三条　城市规划的目的

城市规划旨在谋求公共利益，以提高居民生活质素，尤其透过以下方面：

（一）促进城市和谐及可持续发展；

（二）促进保护属文化遗产的被评定的不动产；

（三）促进改善居住环境；

（四）合理使用和利用土地；

（五）促进保育大自然和维护环境平衡。

第四条　原则

城市规划须遵循下列原则：

（一）谋求公共利益原则：在编制和实施城市规划时，须确保倡导及保障公共利益；

（二）平衡利益原则：确保考量在编制和实施城市规划时所涉及的各种公共利益，以及平衡有关的公共利益与私人利益；

（三）合法性及公正原则：确保遵守一切法定程序，并确保因实施城市规划而权利受损的私人获得合理及合时的赔偿；

（四）法律安定性原则：确保现行法律法规制度的稳定性及该等制度得以遵守，并尊重有效设立的法律状况；

（五）可持续发展原则：促进社会经济、历史、文化、环境方面的协调及平衡发展，以确保满足当代社会需要，以及经适当规划和整治的空间能留传后代；

（六）切实有效利用土地原则：确保适时合理利用土地，充分使用土地资源；

（七）限制土地重新分类原则：确保仅为澳门特别行政区可持续发展属必不可缺的情况下，才可例外地将不可都市化地区重新分类为都市性地区；

（八）保护环境原则：促进保护和维护环境、大自然、生态平衡，以及环境的可持续性；

（九）透明和促进公众参与原则：促进适当推广与城市规划相关的信息，并促进拥有私有土地的物权之人、国有土地承批人及公众参与编制和修改城市规划；

（十）公开原则：确保城市规划公布于《澳门特别行政区公报》以及尤其透过社会传媒机构及土地工务运输局的电子数据库作公开推广。

第二章　城市规划

第五条　城市规划的种类及等级

一、为适用本法律的规定，城市规划包括总体规划及详细规划。

二、总体规划约束并优于详细规划。

第六条　总体规划的目的

就澳门特别行政区的整体范围，总体规划尤具下列目的：

（一）根据城市发展策略研究订定的方针、指引，以及基于澳门特别行政区的自身身份及其在区域上的定位，制订城市规划方面的策略性指引；

（二）订定城市的整体空间结构及其土地使用分区，并对公共基础设施及公用设施作出合理部署；

（三）制定总体预防和减低发生灾害的风险及影响的系统；

（四）遵从规范保护属文化遗产的被评定的不动产的法例规定，列出保护属文化遗产的被评定的不动产的指引性原则；

（五）制定旧区重整工作的指引性原则；

（六）制定关于保护和维护环境、大自然、生态平衡、环境可持续性的指引性原则；

（七）订定土地使用和利用的一般条件；

（八）作为编制详细规划的依据。

第七条　总体规划的文本内容

总体规划尤其由下列文件组成：

（一）规划规章，其由一系列具一般及抽象性的法律规范所组成；

（二）经考虑城市结构布局、土地分类及用途，为呈现整个澳门特别行政区的空间整治而编制的图；

（三）发展条件图，其列出对任何特定土地利用方式可构成限制或障碍的现行行政地役权及公用限制。

第八条　总体规划的技术报告

技术报告为总体规划的技术说明及补充文件，其内尤须载有以下内容：

（一）城市规划方面的策略性指引；

（二）总体预防和减低发生灾害的风险及影响的系统；

（三）保护和优化环境的指引性原则；

（四）保护属文化遗产的被评定的不动产的指引性原则。

第九条　详细规划的目的

详细规划按总体规划的规定，在所划定的地区范围内尤具下列目的：

（一）详细订定和规范土地使用和利用的条件，以及公共基础设施及公用设施的布局；

（二）订定建造条件，尤其包括最大许可覆盖率、地积比率及楼宇最大许可高度，以及城市设计指引；

（三）订定预防和减低发生灾害的风险及影响的措施；

（四）配合文化遗产保护政策，引入维护和弘扬属文化遗产的被评定的不动产的措施；

（五）配合旧区重整政策，引入推动建筑物重建和活化工作的措施，以及土地用途的修改；

（六）配合环境政策，列出环境政策的项目、措施及行动。

第十条　详细规划的文本内容

详细规划尤其由下列文件组成：

（一）规划规章，其由一系列具一般及抽象性的法律规范所组成；

（二）经考虑土地的分类及用途，为呈现地区的分区空间结构而编制的图；

（三）发展条件图，其列出对任何特定土地利用方式可构成限制或障碍的现行行政地役权及公用限制。

第十一条　详细规划的技术报告

技术报告为详细规划的技术说明及补充文件，其内尤须载有以下内容：

（一）地区的分区特性、现存的社会经济条件评估以及规划方案的技术依据，当中须列出并说明所规划的地区的客观条件；

（二）预防和减低发生灾害的风险及影响的措施；

（三）保护属文化遗产的被评定的不动产的措施；

（四）保护和优化环境的措施。

第十二条　约束力

城市规划约束公共实体及私人。

第十三条　跟进和评估

为确保有效实施城市规划，土地工务运输局应为城市规划设立跟进和技术评估机制。

第十四条　数据库

一、土地工务运输局应建立电子数据库，并维持其运作，藉此发放关于城市规划及规划条件图的重要信息。

二、公众可自由及免费查阅数据库的内容。

第三章　城市规划委员会

第十五条　设立及构成

一、设立城市规划委员会（下称“委员会”），作为政府的咨询机构，负责在城市规划的编制、实施、检讨及修改程序中，以及在根据本法律的规定发出规划条件图的程序中发表意见。

二、委员会是由公共行政当局的代表、城市规划及与其相关的其他范畴的专业人士，以及获社会公认为杰出的人士所构成。

三、委员会内公共行政当局的代表人数须少于委员会委员总人数的一半。

四、在不影响本法律的适用下，委员会的其他职权、组成及运作方式，由补充性行政法规订定。

第十六条　无私的保障

经作出必要配合后，委员会委员须遵守《行政程序法典》第四十六条和续后数条规定的回避、自行回避及声请回避制度。

第四章　城市规划的程序制度

第十七条　编制城市规划草案

一、编制城市规划草案由公布于《澳门特别行政区公报》的行政长官批示决定，当中尤其应载有规划拟达到的目的。

二、城市规划草案由土地工务运输局根据本法律的规定并在与其他公共行政部门协调下编制。

三、涉及“澳门历史城区”、被评定的不动产或缓冲区的城市规划草案，须在文化局的参与下，由土地工务运输局编制。

四、编制城市规划草案时，须确认和考虑既有或正在编制的规划及草案，尤其是“澳门历史城区”的保护及管理计划和局部计划，以确保必要的相容性。

第十八条　收集利害关系人的意见及建议

一、在编制详细规划草案的程序中，并于其获核准前，土地工务运输局须推广及展示草案，以及收集因实施详细规划而可能受损的拥有私有土地的物权之人及国有土地承批人的意见及建议。

二、为适用上款的规定，土地工务运输局须向利害关系人作出公示通知，为此须刊登通告于《澳门特别行政区公报》、张贴告示于常贴告示处，以及刊登公告于澳门特别行政区的两份报章上，其中一份为中文报章，另一份为葡文报章。

三、推广及展示草案和收集第一款所指的利害关系人的意见及建议的期间，不得少于六十日，且须至少提前十五日作出公告。

四、推广及展示草案不包括依法属保密的内容。

第十九条　公众参与

一、土地工务运输局应设立机制，以推动公众参与城市规划草案的编制。

二、在编制城市规划草案的程序中，并于其获核准前，土地工务运输局须开展草案的推广、展示和公开咨询的期间，以便向公众解释其内容，并听取公众的意见及建议。

三、推广、展示和公开咨询的期间，与推广及展示草案和收集拥有私有土地的物权之人及国有土地承批人的意见及建议的期间可同时进行，并适用经作出必要配合后的上条第三款及第四款的规定。

第二十条　报告

完成分析根据第十八条及第十九条的规定所提出的意见及建议后，土地工务运输局须就该等意见及建议编制和发布分析报告。

第二十一条　决定

一、根据上条规定的报告的内容，并经听取委员会的意见，土地工务运输局须进行以下工作：

（一）修改规划草案；或

（二）完成编制规划草案。

二、如对城市规划草案作出重大修改，土地工务运输局须开展新一轮的倘有的推广及展示草案和收集拥有私有土地的物权之人及国有土地承批人的意见及建议的期间，以及推广、展示和公开咨询的期间，并适用经作出必要配合后的第十八条至第二十条的规定。

第二十二条　核准

城市规划由补充性行政法规核准。

第二十三条　检讨

一、城市规划仅可依本法律的规定进行检讨。

二、如出现下列情况，必须检讨总体规划：

（一）自下列日期起计五年后：

（1）规划的生效之日；

（2）经检讨后修改规划，自规划修改的生效之日起计；

（3）经检讨后决定不修改规划时，自该次规划检讨开始之日起计；

（二）因实施大型公共建设项目而对土地用途或整体规划布局造成重大影响。

三、详细规划可自下列日期起计五年后进行检讨：

（一）规划的生效之日；

（二）经检讨后修改规划，自规划修改的生效之日起计；

（三）经检讨后决定不修改规划时，自该次规划检讨开始之日起计。

四、在下列情况下，必须检讨详细规划：

（一）因修改总体规划而导致其检讨；

（二）因实施大型公共建设项目而对土地用途或规划区的布局造成重大影响。

五、基于谋求重大公共利益，尤其指为预防和减低发生灾害的风险及影响，应尽快检讨城市规划，但不影响第二款至第四款的规定的适用。

第二十四条　修改

一、城市规划仅可根据本法律的规定，经检讨后或藉简易程序制度修改。

二、为确保规划的兼容性，如修改总体规划，须检讨相应的详细规划。

三、城市规划的修改适用经作出必要配合后的第十七条至第二十二条的规定。

第二十五条　受简易程序制度约束的修改

一、城市规划的下列修改须受简易程序制度约束：

（一）为预防和减低发生灾害的风险及影响而作的修改，且检讨规划不符合修改规划的迫切性；

（二）基于法律或行政法规生效而须作的修改；

（三）基于须实施“澳门历史城区”的保护及管理计划和局部计划，或基于订定或修改缓冲区内的建筑条件而须作的修改；

（四）对现行规划作出纯属技术性调整的修改，尤其指更正规章性规定或图则的错漏。

二、简易程序制度不适用第十八条至第二十一条的规定。

第二十六条　中止

一、在特殊情况下，并基于谋求重大公共利益，可全部或部分中止城市规划，尤其出现下列情况时：

（一）发生战争、恐怖袭击、灾害、重大疫症或其他不可抗力的情况；

（二）为预防和减低发生灾害的风险及影响。

二、中止城市规划和取消中止，由补充性行政法规核准，当中尤其应载有以下内容：

（一）中止的理由；

（二）中止产生的效果，尤其指与发给准照有关的效果；

（三）预计中止的期间。

第二十七条　程序规定

编制、检讨、修改和中止城市规划的其他程序规定，尤其与公共行政部门的职权及程序期限有关的规定，由补充性行政法规订定。

第五章　土地使用和利用条件

第二十八条　土地使用和利用

一、土地的使用和利用条件，须遵守本法律所定的一般原则及规定。

二、土地的使用和利用条件，须根据土地的分类及用途在城市规划内订定。

第二十九条　土地分类

一、在城市规划中，土地分类主要划分为都市性地区及不可都市化地区。

二、都市性地区细分为已都市化地区及可都市化地区。

三、土地分类为都市性地区，目的为符合土地及其他自然资源的经济效益，确保土地的可持续性、价值及充分利用，并以土地的需求及其适量及适度为依据，落实城市发展策略。

四、土地分类为不可都市化地区，目的为保护属稀缺且不可再生的自然资源的土地，并维护处于受保护、保存或具价值状况，故不宜进行都市化或建设的自然资源及景观、考古、历史或文化价值。

第三十条　把不可都市化地区重新分类为都市性地区

一、把不可都市化地区重新分类为都市性地区具例外性质，并须证实为基于人口动态、社会经济发展所需，以及应具适当理据下方可进行，以保护自然资源及景观、考古、历史或文化价值。

二、把不可都市化地区重新分类为都市性地区，是透过经检讨后修改总体规划而落实。

第三十一条　土地用途

一、在城市规划中，土地用途是指根据土地的主要使用目的，并藉不同的土地使用类别或次类别而订定。

二、土地使用类别的主要使用目的，在经考虑城市现况及预见有关土地使用有利落实城市发展策略，由总体规划按土地使用功能的优先性而订定。

三、订定不同土地使用类别的主要使用目的时，尤须考虑土地使用的兼容性和适当性，以及注意土地使用的性质在特定地区的优先性。

第三十二条　土地使用类别

一、土地用途的订定，尤其透过以下土地使用类别而作出：

（一）居住区；

（二）商业区；

（三）工业区；

（四）旅游娱乐区；

（五）公用设施区；

（六）生态保护区；

（七）绿地或公共开放空间区；

（八）公共基础设施区。

二、经考虑上条的规定，将土地使用类别细分为符合城市发展策略的次类别，并由补充性行政法规订定。

三、订定土地使用的次类别，在于透过将某类别的土地用途细分为两个或以上次种类，以详细订定土地的使用，且该订定尤须考虑所进行的经济活动的性质、城市发展的特定社会经济需求、土地的特定使用、规划参数及固有特性。

第六章　预防措施

第三十三条　制定预防措施

一、仅在预见或恐防可能发生的变更对社会造成的损害大于采取预防措施所造成的损害，且在列明有关依据的情况下，方可在已决定编制、检讨或修改城市规划的地区制定预防措施，以避免因在该地区实际存在的状况被变更而可能妨碍有关城市规划的编制或修改。

二、预防措施可包括：

（一）暂时中止规划条件图的发出程序；

（二）暂时中止根据八月二十一日第79/85/M号法令核准的《都市建筑总章程》的规定发给工程准照的程序；

（三）禁止、限制尤其下列作业，或规定有关作业须遵守具约束力的意见书的指示：

（1）建筑物的土木建筑、扩建、更改或重建工程，但仅须进行预先通知程序的工程除外；

（2）现有建筑物的拆卸工程；

（3）土地重整的作业。

三、预防措施仅限于为达到目的所必需的举措，且该等举措应符合相关规划的目标。

四、预防措施不适用于其生效前已获有效批准的作业，但当该等作业对相关规划的实施造成严重及不可逆转的障碍时则除外。

五、经土地工务运输局建议，预防措施由补充性行政法规制定。

第三十四条　理由说明

一、制定预防措施时，应论证其必要性，并阐明其制定在技术、社会经济、历史、文化、环境等方面的利弊。

二、制定预防措施的补充性行政法规尤其应列明以下内容：

（一）未来规划中的哪些规定的实施会因不制定预防措施而受到阻碍；

（二）属根据上条第二款（三）项所指须遵守具约束力的意见书的情况时应征询的机构。

第三十五条　时间上的适用范围

一、制定预防措施的补充性行政法规内须订定有关措施的有效期，且该有效期不得超过一年；如有需要，仅可按相同期间延长有效期一次。

二、预防措施在下列情况下终止生效：

（一）预防措施被废止；

（二）有效期届满；

（三）推动制定预防措施的城市规划生效；

（四）对保障已认定的公共利益的特殊情况失去意义。

三、在编制、检讨或修改城市规划的程序中，如认为再无必要维持有关预防措施，应将其全部或部分废止。

四、预防措施的延长，须遵守首次制定预防措施时所适用的规定。

第三十六条　对预防措施提出争议

一、对预防措施提出争议，旨在宣告其违法。

二、对预防措施提出争议，适用《行政诉讼法典》中关于对规范提出之争议的规定。

第七章　不动产及所涉及的权利的征收

第三十七条　公用征收

一、经试尽以私法途径取得的可能后，政府方可基于公用理由，征收实施城市规划所需的不动产及所涉及的权利。

二、为适用上款的规定，尤可征收开通、扩阔又或调整街道、广场、公园或其他公共地方所需的相邻土地。

三、因征收而作出的赔偿应相当于该财产在征收时的实际价值，可自由兑换，及不得无故迟延支付。

第三十八条　补充法例

八月十七日第12/92/M号法律及十月二十日第43/97/M号法令经作出必要配合后，适用于征收，但不影响上条第三款的适用。

第八章　非有效制度

第三十九条　一般原则

一、详细规划的规定的有效条件，为该规划的规定须与总体规划的规定兼容。

二、行政行为的有效条件，为该等行为须符合适用的城市规划及所制定的预防措施。

第四十条　无效

一、详细规划公布时，如该规划的规定违反总体规划的规定，则该详细规划的规定属无效。

二、违反本法律规定而编制或修改的城市规划属无效。

三、根据本法律的规定属违法的城市规划，只可在该城市规划生效之日起计三年内，由政府宣告无效或由利害关系人提出司法上的争议。

第四十一条　无效宣告

一、城市规划的无效或当中某些规定无效，由行政当局透过补充性行政法规作出宣告。

二、无效宣告自规划生效之日起产生效力，以及属有关情况时，令其所废止的规范恢复生效。

三、宣告城市规划或当中某些规定无效，不影响根据有关规划而作出的行政行为的效力，但另有明确规定者除外。

四、若宣告城市规划或当中某些规定无效影响到根据有关规划而作出的行政行为的效力时，因无效宣告而受损的拥有私有土地的物权之人及属有偿批给的国有土地承批人有权就证实受到的损害获得赔偿；而赔偿金额的订定，适用经作出必要配合后的第五十四条第一款、第四款及第五款，以及第五十七条的规定。

五、损害赔偿权自作出无效宣告的补充性行政法规生效之日起经过三年时效完成。

第四十二条　对城市规划的规范提出争议

一、对城市规划的规范提出争议，旨在宣告其违法。

二、对城市规划的规范提出争议，适用经作出必要配合后的上条第四款及第五款，以及适用《行政诉讼法典》中关于对规范提出之争议的规定。

第四十三条　行政行为的无效

一、除《行政程序法典》第一百二十二条所规定的无效行为外，下列行政行为亦属无效：

（一）违反城市规划的规定而作出的行政行为；

（二）不遵守预防措施所定的禁止、限制或具约束力的意见书的指示而对工程准照申请作出决定的行政行为。

二、主张行政行为无效是根据《行政程序法典》的规定而作出。

三、宣告第一款（一）及（二）项所规定的行政行为无效的可能性，自作出有关行为之日起计满三年失效。

第九章　处罚制度

第四十四条　行政违法行为

一、违反本法律的规定构成行政违法行为，并科处下列罚款，且不影响其他法定处罚：

（一）属违反城市规划的规定而进行工程、使用建筑物或利用土地的情况，如属自然人，科澳门币二万五千元至七十五万元罚款；如属法人，科澳门币五万元至一百五十万元罚款；

（二）属违反预防措施所定的禁止或限制的情况，如属自然人，科澳门币二万五千元至五十万元罚款；如属法人，科澳门币五万元至一百万元罚款；

（三）属违反预防措施所定的须遵守具约束力意见书的指示的情况，如属自然人，科澳门币二万五千元至四十万元罚款；如属法人，科澳门币五万元至七十五万元罚款。

二、罚款金额尤其应按违法行为的严重程度以及所引致的损害、违法者的过错及其经济能力厘订。

第四十五条　累犯

一、为适用本法律的规定，在行政处罚决定转为不可申诉后两年内实施相同性质的行政违法行为者，视为累犯。

二、属累犯的情况，罚款的最低限额提高四分之一，最高限额则维持不变。

第四十六条　职权

一、土地工务运输局具职权就本法律规定的行政违法行为科处罚款提起程序和组成卷宗。

二、土地工务运输局局长具职权就行政违法行为科处罚款。

三、对土地工务运输局局长科处本法律规定的罚款之行为，可向运输工务司司长提起必要诉愿。

第四十七条　法人的责任

一、法人，即使其属不合规范设立者，以及无法律人格的社团，均须对其机关或代表以其名义且为其集体利益而作出本法律所规定的行政违法行为承担责任。

二、如行为人违抗有权者的明示命令或指示而作出行为，则排除上款所指的责任。

三、第一款所指实体的责任不排除有关行为人的个人责任。

第四十八条　缴纳罚款的责任

一、违法者为法人时，其行政管理机关成员或以其他方式代表该法人的人，如被判定须对有关行政违法行为负责，须就罚款的缴纳与该法人负连带责任。

二、如对无法律人格的社团科处罚款，则该罚款以该社团的共同财产支付；如无共同财产或共同财产不足，则以各社员或成员的财产以连带责任方式支付。

第四十九条　处罚程序

一、一旦发现作出行政违法行为，土地工务运输局须组成卷宗和提出控诉，并将控诉通知违法者。

二、控诉通知内须订定十五日的期间，以便违法者提出辩护。

三、罚款须在作出处罚决定通知之日起计十五日内缴纳。

第五十条　通知方式

一、在行政违法行为的处罚程序中，通知须向本人作出，或以邮寄、公示方式作出。

二、向本人作出通知时，获授权的土地工务运输局工作人员须将通知文本直接交予应被通知人，并由其在证明上签署。

三、如应被通知人拒绝接收通知书或签署证明，土地工务运输局工作人员须在证明上注明此情况，并在有关地点张贴通知文本，通知即视为完成。

四、以邮寄方式作出通知时，有关通知须以单挂号信寄往下列地址，并推定应被通知人于信件挂号日之后第三日接获通知，如第三日并非工作日，则推定自紧接该日的首个工作日接获通知：

（一）应被通知人曾在处罚程序中指定的通讯地址或住址；

（二）身份证明局的档案所载的最近期居所，如应被通知人为澳门特别行政区居民；

（三）身份证明局或商业及动产登记局的档案所载的最近期住所，如应被通知人为法人且其住所或常设代表处位于澳门特别行政区。

五、如应被通知人的地址在外地，则上款所指期间于《行政程序法典》第七十五条所定延期期间届满后方起计。

六、仅在经证明因可归咎于邮政服务的事由而令应被通知人在推定接获通知的日期后才接获通知的情况下，方可由应被通知人推翻第四款所指的推定。

七、如无法采用上述的任何通知方式，或不知悉应被通知的利害关系人的身份，土地工务运输局则须作出公示通知，为此须张贴告示于常贴告示处，并刊登公告于澳门特别行政区的两份报章上，其中一份为中文报章，另一份为葡文报章，完成后通知即视为完成。

第五十一条　禁制和拆卸

一、土地工务运输局须在下列情况下命令禁制、拆卸有关工程，以及当有需要时，命令将土地恢复至其在施工前的条件状况，且不影响罚款的科处：

（一）当有关工程抵触城市规划的规定，且有关工程正以下列情况进行或完成：

（1）无依法须具备的工程准照；

（2）不符合发出的工程准照及获核准的工程计划；

（3）按照工程准照进行，但该准照的发出违反其发出时有效的城市规划的规定；

（二）不遵守预防措施所定的禁止、限制或具约束力的意见书的指示。

二、拆卸工程或将土地恢复至其在施工前的条件状况的费用由有关的工程所有人负责支付，但属根据上款（一）项（3）分项或因城市规划或其修改生效使准照失效而需拆卸工程或将土地的条件状况恢复的情况除外；属该等情况，由行政当局负责支付。

三、继续进行已按第一款规定予以禁制的工程，构成加重违令罪，并根据《刑法典》第三百一十二条第二款的规定进行处罚。

四、与本条规定无抵触的一切事宜，适用经作出必要配合后的八月二十一日第79/85/M号法令核准的《都市建筑总章程》的规定中关于禁制和拆卸工程的规定。

第十章　对私人的保障

第一节　对私人的一般保障

第五十二条　一般保障

拥有权利或受法律保护的利益的人，因实施城市规划或制定预防措施而受损时，享有私人的一般保障，尤其下列权利：

（一）《行政诉讼法典》规定的提起司法申诉的权利；

（二）《行政诉讼法典》规定的民众诉讼权；

（三）第9/1999号法律规定的向检察院提出投诉的权利；

（四）经第4/2012号法律修改的第10/2000号法律规定的向廉政公署提出投诉的权利。

第二节　特别保障

第五十三条　首次实施或修改城市规划导致的赔偿

一、如出现下列情况，因首次实施或修改城市规划而受损的拥有私有土地的物权之人有权就证实受到的损害获得赔偿：

（一）使该规划或规划修改生效前已发出的，由其持有之属建筑物建筑或扩建工程的有效整体工程准照失效；

（二）使该规划或规划修改生效前已获核准，并已获发属建筑物建筑或扩建工程的有效整体工程准照的工程计划的城市规划条件出现重大变更。

二、损害赔偿权自该城市规划或规划修改生效之日起经过三年时效完成。

第五十四条　赔偿金额的订定

一、首次实施或修改城市规划导致的赔偿金额可藉下列方式订定：

（一）政府与上条第一款所指的利害关系人协议；

（二）司法裁判。

二、订定赔偿金额时，尤其须考虑由下列情况所造成的损害：

（一）降低准照原先设定的土地可建造性；

（二）减少或改变准照原先设定的土地用途；

（三）因出现上述两项所规定的情况而导致所支出的费用失去用处。

三、在不影响上款的适用下，赔偿金额的订定，仍适用经作出必要配合后的十月二十日第43/97/M号法令第二编中与土地价值的计算及楼宇或建筑物价值的确定有关的规定。

四、在政府与上条第一款所指的利害关系人协议订定赔偿金额时，须考虑为订定赔偿金额而设立的评估委员会所建议的金额，而该评估委员会是由土地工务运输局及其他公共行政部门的代表所组成。

五、在计算赔偿金额的程序中，评估委员会须听取利害关系人的意见，并可参考由政府聘请的独立专家所作的评估。

第五十五条　修订国有土地批给合同、舍弃批给及赔偿

一、当城市规划的实施抵触已批给的国有土地的批给用途或其利用、重新利用时，承批人有权根据《土地法》的规定申请修订批给合同、舍弃批给，或属有偿批给时，申请移转批给所衍生的状况。

二、在不影响上款的适用下，属有偿批给时，因首次实施或修改城市规划而受损的国有土地承批人，有权根据《土地法》的规定，就证实受到的损害获得赔偿；而权利时效和赔偿金额的订定，适用经作出必要配合后的第五十三条第二款及上条的规定。

第五十六条　制定预防措施导致的赔偿

一、因制定预防措施而受损的拥有私有土地的物权之人及属有偿批给的国有土地承批人有权就证实受到的损害获得赔偿；而赔偿金额的订定，适用经作出必要配合后的第五十四条第一款、第四款及第五款的规定。

二、损害赔偿权自制定预防措施的补充性行政法规生效之日起经过三年时效完成。

第五十七条　订定赔偿金额的程序

适用于订定第五十三条至五十六条的赔偿金额的其他程序规定，由补充性行政法规订定。

第十一章　最后及过渡规定

第一节　未有详细规划地区的规划条件图

第五十八条　发出

一、本法律生效后，只要有关的地块或地段位于仍未有详细规划的地区，土地工务运输局将根据本法律规定发出规划条件图，以取代规范于八月二十一日第79/85/M号法令核准的《都市建筑总章程》的正式街道准线图。

二、用作组成建筑物的建筑或扩建工程计划的附同文件的规划条件图，是应利害关系人的申请而发出；而用作组成国有土地批给程序的附同文件的规划条件图，则由土地工务运输局依职权而发出。

三、如建筑物的建筑或扩建工程可能对文化遗产保护、生态环境保护或道路整治有所影响，土地工务运输局应要求在相关范畴具职责的公共行政部门发表意见。

四、发出规划条件图前应先就其内容听取委员会的意见，但属下列任一情况，运输工务司司长可决定免除听取委员会的意见：

（一）文化局已根据上款的规定就规划条件图的发出发表意见；

（二）规划条件图用于根据八月二十一日第79/85/M号法令核准的《都市建筑总章程》的规定进行P级（低）或M级（中）楼宇的建筑或扩建工程；

（三）属新发出的规划条件图且没有更改之前发出的内容。

第五十九条　内容

规划条件图尤须载有下列内容：

（一）由土地工务运输局定出地块或地段正面与进入该地块或地段的道路或公共街道之间的界限线；

（二）有关地块或地段的用途；

（三）建造条件，尤其包括最大许可覆盖率、地积比率及楼宇最大许可高度，以及城市设计指引；

（四）显示地块或地段周边地区的公共基础设施；

（五）倘有的由未来地块或地段承批人承担的特别负担。

第六十条　有效期

规划条件图的有效期为两年，自其发出之日起计。

第六十一条　修改和废止

出现下列情况时，方可修改或废止规划条件图：

（一）规划条件图抵触新生效的城市规划；

（二）基于须实施“澳门历史城区”的保护及管理计划和局部计划，或基于订定或修改缓冲区内的建筑条件而须修改或废止规划条件图；

（三）基于重大公共利益的原因，尤其发生战争、恐怖袭击、灾害、重大疫症或其他不可抗力的情况；

（四）基干法律或行政法规的生效而须修改或废止规划条件图；

（五）对现行规划条件图作出纯属技术性调整的修改，尤其更正错漏。

第六十二条　失效

出现下列情况时，规划条件图失效：

（一）有效期届满；

（二）已发出有关建筑物的建筑或扩建工程的整体工程准照。

第六十三条　程序规定

规划条件图的发出、修改及废止的其他程序规定，尤其与公共行政部门职权及程序期间有关的规定，由补充性行政法规订定。

第二节　其他最后及过渡规定

第六十四条　过渡规定

一、在本法律生效时，与城市规划相关的法规继续有效，直至被废止为止。

二、在总体规划及详细规划生效前，土地工务运输局以及其他公共行政部门继续沿用现存的城市规划及城市规划研究的指引及原则。

三、本法律生效前根据八月二十一日第79/85/M号法令核准的《都市建筑总章程》的规定所发出的正式街道准线图，继续有效并由该法规所规范。

第六十五条 补充法律

对本法律未特别规定的事宜，按事宜的性质补充适用《刑法典》《民法典》《行政程序法典》《行政诉讼法典》《土地法》《都市建筑总章程》《行政上之违法行为之一般制度及程序》及《澳门特别行政区行政当局、公法人、其据位人及行政人员因公法管理行为承担非合同民事责任之制度》的规定。

第六十六条 已有详细规划地区的规划条件图的适用制度

对已有详细规划地区的地块或地段发出的规划条件图的适用制度将由规范都市建筑的法律制度所订定。

第六十七条 补充法规

执行本法律所需的补充法规，由行政长官核准。

第六十八条 生效

一、本法律自二零一四年三月一日起生效。

二、上款的规定不适用于第十五条第四款以及上条，该等条文自本法律公布翌日起生效。

二零一三年八月十二日通过。

立法会主席 刘焯华

二零一三年八月二十二日签署。

命令公布。

行政长官 崔世安

城市规划法施行细则

澳门特别行政区

第5/2014号行政法规

行政长官根据《澳门特别行政区基本法》第五十条（五）项及第12/2013号法律《城市规划法》第六十七条的规定，经征询行政会的意见，制定本补充性行政法规。

第一章　一般规定

第一条　标的

本行政法规旨在订定第12/2013号法律《城市规划法》的施行细则。

第二条　合作和协调义务

一、具与城市规划相关的职责的公共行政部门应互相合作，并就自身的工作彼此协调，以达到城市规划的目的。

二、应土地工务运输局要求，公共行政部门须将对城市规划具重要性的全部文件送交该局。

第三条　确保规划相容的义务

一、在编制、检讨和修改城市规划程序中，土地工务运输局须识别和考虑相关地区既有的与正在编制的规划及草案，以确保必要的相容性。

二、为确保相容性，土地工务运输局尤须识别和考虑由以下部门主导的规划及草案：

（一）文化局；

（二）民政总署；

（三）交通事务局；

（四）建设发展办公室；

（五）运输基建办公室；

（六）环境保护局；

（七）房屋局；

（八）旅游局。

第四条　数据库

土地工务运输局尤须将城市规划，包括第12/2013号法律《城市规划法》第七条及第十条规定的整体文本内容及有关规划的修改，以及预防措施与规划条件图记载于其数据库，以供公众查阅。

第二章　跨部门委员会

第五条　设立

设立跨部门委员会，作为协调和跟进城市规划的编制、检讨、修改和实施情况评估的机关。

第六条　组成和委任

一、跨部门委员会由具与城市规划相关的职责的公共行政部门代表组成，尤其第三条第二款所指的部门的代表。

二、跨部门委员会的成员由公布于《澳门特别行政区公报》的行政长官批示委任。

第七条　运作方式

一、跨部门委员会的成员应在城市规划的编制、检讨和修改程序中提交意见书，当中须记载其所代表的公共行政部门提出的意见和建议及相关理据。

二、跨部门委员会的意见书，应表明该委员会中所代表的不同公共行政部门的独立分析。

三、土地工务运输局局长负责协调跨部门委员会的工作。

四、因应分析事宜的性质，土地工务运输局局长可邀请具与城市规划相关的职责的公共行政部门的代表，以及公共或私人实体的代表参与跨部门委员会的会议。

五、土地工务运输局负责向跨部门委员会提供技术及行政支援，并承担有关运作所产生的财政负担。

第三章　城市规划的程序制度

第八条　发布信息

土地工务运输局应以适当的方式，尤其藉其网页发布以下信息：

（一）行政长官就开展城市规划的编制、检讨和修改程序所作的决定；

（二）完成城市规划的编制、检讨和修改阶段，以及供推广、展示和公开咨询的资料内容；

（三）开展总体规划草案的推广、展示和公开咨询期间；

（四）开展详细规划草案的推广、展示和公开咨询期间，以及收集拥有私有土地的物权之人及国有土地承批人的意见及建议的期间；

（五）包含公众讨论的总结和上项所指的利害关系人的意见及建议收集总结的报告；

（六）城市规划委员会的意见；

（七）包含评估城市规划实施情况总结的报告。

第九条　公众及利害关系人的参与

一、在城市规划的编制和修改程序中，公众、拥有私有土地的物权之人，以及国有土地承批人，可提出意见及建议。

二、公众和上款所指的利害关系人就城市规划草案提出意见及建议时，应指出载于城市规划草案的有关事宜与修改建议的理据。

第十条　推广、展示和公开咨询

一、开展城市规划草案内容的推广、展示和公开咨询的期间，须藉公布于《澳门特别行政区公报》的通告、至少刊登于澳门特别行政区的两份报章的公告，其中一份为中文而另一份为葡文，并在土地工务运输局网页以通知形式发布。

二、上款所指的通告、公告及通知尤须包括以下内容：

（一）存放城市规划草案供查阅的地点，以及可就该草案提出意见及建议的地点；

（二）公众提出意见及建议的方法和形式；

（三）推广、展示和公开咨询的期间。

第十一条　收集利害关系人的意见及建议

一、为根据第12/2013号法律《城市规划法》第十八条的规定对拥有私有土地的物权之人及国有土地承批人作出公示通知，公布于《澳门特别行政区公报》的通告、张贴于常贴公示处的告示和刊登于报章的公告，应包括上条第二款规定的并经作出必要配合后的内容。

二、上款所指的利害关系人拟提出书面意见及建议时，应指出和证明其对有关土地的法律地位，尤其藉提交物业登记局发出的物业登记证明或书面报告。

三、在收集于规划范围内拥有私有土地的物权之人及国有土地承批人的意见及建议的程序中，土地工务运输局应为该等利害关系人举行说明会。

第十二条　意见分析及报告

一、土地工务运输局应就倘有的拥有私有土地的物权之人及国有土地承批人，以及公众提出的意见及建议进行分析。

二、土地工务运输局完成分析提出的意见及建议后，须按结束时间较后的期间，最迟于推广、展示和收集利害关系人意见及建议期间，又或推广、展示和公开咨询期间完结后一百八十日内，以书面方式发布就该等意见及建议编制的分析报告。

三、土地工务运输局将上款所指的附有提出意见及建议副本的报告、城市规划草案和有关的技术报告送交城市规划委员会，以让该委员会自收到有关文件之日起六十日内对城市规划草案发表意见。

四、土地工务运输局经考虑城市规划委员会意见后，须自收到意见之日起九十日内编制最终报告，并将之呈交行政长官，供其就修改规划草案或完成编制规划草案作出决定。

五、上款所指的最终报告应包括以下内容：

（一）经推广、展示和公开咨询的城市规划草案及有关技术报告；

（二）就倘有的拥有私有土地的物权之人及国有土地承批人，以及公众提出的意见及建议进行分析的报告；

（三）城市规划委员会的意见；

（四）倘有的修改建议及理据；

（五）建议作出的决定。

第十三条　决定和发布

一、行政长官就修改城市规划草案或完成编制有关草案作出决定时，须考虑上条第四款所指的报告内容及当中所提出的建议。

二、行政长官就修改城市规划草案或完成编制有关草案所作的决定，须以适当的方式，尤其藉土地工务运输局网页作出通知的方式向公众发布。

第十四条　修改草案

一、如行政长官决定修改城市规划草案，土地工务运输局须按是否须对规划草案作重大修改，分别于一百八十日或六十日内根据最终报告的主要结论完成修改规划草案。

二、在例外情况下，经土地工务运输局建议，行政长官可豁免遵守上款规定的期间。

三、土地工务运输局完成草案的有关修改后，须将草案呈交行政长官作决定；但属根据第12/2013号法律《城市规划法》第二十一条第二款的规定须就草案开展新一轮推广、展示和收集拥有私有土地的物权之人及国有土地承批人的意见及建议的期间，以及推广、展示和公开咨询的期间的情况除外。

第十五条　完成编制规划草案

如行政长官决定完成编制城市规划草案，土地工务运输局须于三十日内完成编制该草案。

第十六条　检讨

一、经考虑土地工务运输局载有建议检讨的理由的报告后，由行政长官批示决定检讨城市规划。

二、土地工务运输局完成城市规划的检讨后，须编制检讨分析报告，当中应说明是否有需要修改规划，以及提出的修改建议的理据。

三、土地工务运输局须将上款所指的报告送交城市规划委员会，以让该委员会自收到报告之日起四十五日内对规划检讨发表意见。

第十七条　经检讨后修改规划

一、经考虑城市规划委员会的意见及土地工务运输局根据上条第二款的规定编制的报告后，行政长官以公布于《澳门特别行政区公报》的行政长官批示决定修改城市规划。

二、如行政长官决定不修改城市规划，土地工务运输局应以适当的方式，尤其藉其网页发布检讨分析报告的主要内容。

第十八条　受简易程序制度约束的修改

一、在简易程序制度中，土地工务运输局负责向行政长官呈交城市规划的修改建议，当中须包括修改建议的理据。

二、土地工务运输局须自公布关于修改城市规划的行政长官批示之日起六十日内，完成根据第12/2013号法律《城市规划法》第二十五条的规定受简易程序制度约束的修改。

第十九条　中止城市规划

一、为中止城市规划，土地工务运输局须拟定中止城市规划的建议书，当中须包括载有第12/2013号法律《城市规划法》第二十六条第二款规定的内容的相关行政法规草案。

二、土地工务运输局须将上款所指的建议书呈交行政长官作决定。

三、如城市规划已按第12/2013号法律《城市规划法》第二十六条的规定被中止，土地工务运输局应适时评估先前中止城市规划的具体情况。

四、根据评估结果，土地工务运输局应：

（一）编制简报，说明维持城市规划中止的理由；

（二）就导致城市规划中止的状况所出现的变化编制详细报告，并建议取消中止城市规划。

五、第一款及第二款的规定经作出必要配合后，适用于取消中止城市规划。

第四章　订定赔偿金额的程序规定

第二十条　协议标的

就订定第12/2013号法律《城市规划法》第四十一条及第五十三条至第五十六条规定的赔偿，政府与有关利害关系人的协议标的尤其包括：

（一）赔偿金额；

（二）支付赔偿的方式；

（三）借让与财产或权利所作的赔偿。

第二十一条　评估委员会

一、根据第12/2013号法律《城市规划法》第五十四条第四款的规定设立的评估委员会，尤其由下列公共行政部门的代表组成：

（一）土地工务运输局；

（二）房屋局；

（三）财政局；

（四）法务局。

二、评估委员会的成员由公布于《澳门特别行政区公报》的行政长官批示委任。

三、如有需要，评估委员会可邀请具与城市规划相关的职责的公共行政部门的代表参与评估委员会的会议。

第二十二条　订定首次实施或修改城市规划导致的赔偿金额

一、在政府与第12/2013号法律《城市规划法》第五十三条第一款所指的利害关系人尝试就订定首次实施或修改城市规划导致的赔偿金额达成协议的过程中，土地工务运输局须以具收件回执的挂号信向利害关系人提出赔偿建议，并附同适当说明建议金额的报告。

二、利害关系人收到赔偿建议后，可作出以下行为：

（一）同意赔偿建议；

（二）于赔偿建议订定的期间向政府提出反建议，并就其建议金额说明理据。

三、赔偿建议中所订定的可提出反建议的期间，不得少于一百二十日，以及可因利害关系人提出可接纳的理由而延长。

四、如政府不同意利害关系人提出的反建议，又或在订定的期间并无收到反建议，则视为已试尽政府与利害关系人借协议订定赔偿金额的可能性，而土地工务运输局须为此通知利害关系人。

五、利害关系人同意土地工务运输局提出的赔偿建议，又或土地工务运输局同意利害关系人提出的反建议时，土地工务运输局应开展订定协议的所需程序。

六、政府与第12/2013号法律《城市规划法》第五十五条第二款所指的国有土地承批人尝试就首次实施或修改城市规划导致的赔偿金额达成协议的过程，适用经作出必要配合后的以上数款规定。

第二十三条　订定制定预防措施导致的赔偿金额

一、在政府与第12/2013号法律《城市规划法》第五十六条第一款所指的利害关系人尝试就订定制定预防措施导致的赔偿金额达成协议的过程中，利害关系人可向土地工务运输局提出赔偿建议，并就其建议金额说明理据。

二、土地工务运输局收到赔偿建议后，可作出以下行为：

（一）同意赔偿建议；

（二）于一百二十日内以具收件回执的挂号信向利害关系人提出反建议，并就其建议金额说明理据。

三、如利害关系人不同意政府提出的反建议，则视为已试尽政府与利害关系人借协议订定赔偿金额的可能性。

四、土地工务运输局同意利害关系人提出的赔偿建议，又或利害关系人同意土地工务运输局提出的反建议时，土地工务运输局应开展订定协议的所需程序。

第二十四条　订定宣告城市规划或当中某些规定无效导致的赔偿金额

订定根据第12/2013号法律《城市规划法》第四十一条第四款的规定宣告城市规划或当中某些规定无效导致的赔偿金额，适用经作出必要配合后的第二十二条第一款至第五款的规定。

第五章　跟进和评估城市规划的实施情况

第二十五条　跟进和评估

一、土地工务运输局应持续跟进和评估城市规划的实施情况。

二、为适用上款的规定，土地工务运输局应以适当方式进行尤其下列的工作：

（一）收集和整理统计、技术及科学性质的重要资料；

（二）征询其他具与城市规划相关的职责的公共行政部门，而相关部门应适时提供所要求的资料；

（三）收集公众、学术界、科学界及相关专业界的意见；

（四）收集城市规划委员会及跨部门委员会的意见；

（五）按以上数项的规定所收集的资料及意见，编制跟进和评估城市规划实施情况的定期报告。

第二十六条　跟进和评估的定期报告

一、跟进和评估城市规划实施情况的定期报告须总结城市规划的实施情况。

二、跟进和评估的定期报告应以适当的方式，尤其借土地工务运输局网页向公众发布。

第六章　过渡及最后规定

第一节　未有详细规划地区的规划条件图

第二十七条　申请

一、利害关系人申请发出规划条件图，应借向土地工务运输局递交已填妥并签署的申请表为之。

二、申请须向土地工务运输局局长提出，并附同下列文件：

（一）申请人的身份证明文件副本；如申请人为法人，法人代表的身份证明文件副本及法人成立文件的副本；

（二）物业登记局发出的物业登记证明，又或对有关地块或地段的所有权证明文件；

（三）地图绘制暨地籍局发出的正式地籍图；

（四）如申请人为受权人，应附同授权书。

三、土地工务运输局借其网页提供申请表的式样。

第二十八条　编制规划条件图草案

一、土地工务运输局城市规划厅在利害关系人申请发出规划条件图后，又或属用作组成国有土地批给程序的附同文件的情况，在土地管理厅提出有关要求后，编制规划条件图草案。

二、根据适用于有关地块或地段的法例、现存的城市规划及城市规划研究的指引及原则，土地工务运输局城市规划厅应自收到下列文件之日起四十五日内完成编制规划条件图草案，当中应载有有关内容的理据：

（一）非属根据第12/2013号法律《城市规划法》第五十八条的规定必须要求其他公共行政部门发表意见的情况，自收到利害关系人的申请或土地管理厅的要求之日起计；

（二）属根据第12/2013号法律《城市规划法》第五十八条的规定必须要求其他公共行政部门发表意见的情况，自收到最后的意见之日起计。

第二十九条　收集意见

一、为收集利害关系人及公众的意见，土地工务运输局应借至少刊登于澳门特别行政区的两份报章的公告，其中一份为中文而另一份为葡文，发布规划条件图草案已完成的资讯，并将有关草案公开展示和上载于土地工务运输局网页。

二、收集关于规划条件图草案的意见的期间不得少于十五日。

三、利害关系人及公众应在第一款规定的公告所订的期间，并按土地工务运输局公布的方式，对规划条件图草案提出意见。

第三十条　听取城市规划委员会的意见

土地工务运输局在收集意见阶段结束后，须向城市规划委员会送交规划条件图草案及所收集的意见，以让该委员会自收到有关文件之日起三十日内对草案发表意见；但属根据第12/2013号法律《城市规划法》第五十八条第四款的规定获运输工务司司长决定免除听取城市规划委员会意见者除外。

第三十一条　发出规划条件图

一、经考虑利害关系人及公众提出的意见，以及非属根据第12/2013号法律《城市规划法》第五十八条第四款的规定获免除听取城市规划委员会意见的情况时，一并考虑城市规划委员会的意见后，土地工务运输局须按情况进行以下工作：

（一）考虑提出的意见及城市规划委员会的意见后，认为有必要时进行补充研究；

（二）修改规划条件图草案；

（三）自收到城市规划委员会意见之日或自运输工务司司长决定免除听取城市规划委员会的意见之日起四十五日内发出规划条件图。

二、如对规划条件图草案作出重大修改，土地工务运输局须开展新一轮收集利害关系人及公众意见的期间，并听取城市规划委员会的意见，为此适用经作出必要配合后的第二十九条及第三十条的规定。

三、属应利害关系人的申请而发出规划条件图的情况，应就规划条件图的发出通知申请人，以让申请人于缴付有关费用后领取规划条件图。

四、发出的规划条件图，须根据第12/2013号法律《城市规划法》第十四条及本行政法规第四条的规定记载于土地工务运输局的资料库。

第三十二条　修改规划条件图

一、如出现第12/2013号法律《城市规划法》第六十一条规定的情况，由土地工务运输局局长批示决定修改规划条件图。

二、如决定修改规划条件图，须通知倘有的规划条件图持有人，并以适当的方式，尤其借土地工务运输局网页向公众发布有关资讯。

三、土地工务运输局应自局长就决定修改规划条件图作出批示之日起三十日内完成修改规划条件图，并须就其修改通知倘有的规划条件图持有人和记载于土地工务运输局的资料库。

第三十三条　废止规划条件图

一、如出现第12/2013号法律《城市规划法》第六十一条规定的情况，由土地工务运输局局长批示决定废止规划条件图。

二、如废止规划条件图，须通知倘有的规划条件图持有人，以及须将有关废止记载于土地工务运输局的资料库。

第三十四条　费用

一、发出每份规划条件图，应收取澳门币五百元的费用。

二、公共行政部门豁免缴付上款规定的费用。

第三十五条　电子化程序

借公布于《澳门特别行政区公报》的行政长官批示，可制定“一站式服务”的简易制度，以处理发出规划条件图的电子化程序。

第二节　最后规定

第三十六条　生效

本行政法规自二零一四年三月一日起生效。

二零一四年二月十八日制定。

命令公布。

行政长官　崔世安

城市规划委员会

澳门特别行政区
第3/2014号行政法规

行政长官根据《澳门特别行政区基本法》第五十条（五）项及第12/2013号法律《城市规划法》第十五条的规定，经征询行政会的意见，制定本补充性行政法规。

第一条　标的

本行政法规订定城市规划委员会（下称“委员会”）的职权、组成及运作方式。

第二条　职权

除第12/2013号法律《城市规划法》规定的职权外，作为政府的咨询机构，委员会的职权尚包括：

（一）就下列事宜提供意见：

（1）城市发展策略研究；

（2）城市规划范畴的法规及规章草案；

（3）城市规划的技术规定及指引；

（4）行政长官所交予的其他事宜；

（二）编制和通过委员会的内部规章；

（三）行使其他法规或规章所定的其他职权。

第三条　组成

一、委员会由一名主席及最多三十四名委员组成，其中包括一名副主席。*

二、委员会主席由土地工务运输局局长担任。*

三、委员会委员包括：

（一）民政总署管理委员会主席；

（二）**

（三）文化局局长；

（四）交通事务局局长；

（五）环境保护局局长；

（六）房屋局局长；

（七）法务局局长；

（八）旅游局局长；

（九）在城市规划范畴或与其相关的其他范畴的专业人士以及获社会公认为杰出的人士，最多二十七名。

四、上款（一）至（八）项所指的委员不在或因故不能视事时，由公布于《澳门特别行政区公报》的行政长官批示委任的代任人代任。

五、委员会副主席及第三款（九）项所指的委员，由公布于《澳门特别行政区公报》的行政长官批示委任。

* 已更改——请查阅：第7/2017号行政法规

** 已废止——请查阅：第7/2017号行政法规

第四条　任期

一、上条第三款（九）项所指的委员的任期为三年，可续期。

二、上条第三款（九）项所指的委员在下列情况下丧失委员会委员资格：

（一）在一历年内无合理理由缺席全体会议及专责小组会议三次；

（二）在一任期内，未就《行政程序法典》第四十六条规定的任何事实通知委员会主席两次。

三、上条第三款（九）项所指的委员因丧失资格或放弃委任而出现的空缺，应自出现空缺之日起六十日内填补，而有关任期随被替代的委员的原任期结束之日结束。

四、有关委员通知及解释缺席的规定，由委员会内部规章订定。

第五条　主席的职权

一、委员会主席尤具下列职权：

（一）代表委员会；

（二）召集和主持全体会议；

（三）订定和核准全体会议的议程；

（四）督促遵守本行政法规及委员会内部规章；

（五）建议全会设立专责小组并跟进其运作；

（六）建议全会通过专责小组的成员名单；

（七）决定是否接纳第三条第三款（九）项所指的委员会委员缺席全体会议的解释。

二、主席可将其全部或部分职权授予副主席。

第六条　副主席的职权

委员会副主席具下列职权：

（一）在主席不在、出缺或因故不能视事时代任主席；

（二）行使主席授予的职权。

第七条　运作

委员会以全体会议及专责小组的方式运作。

第八条　全体会议

一、委员会每月举行一次平常全体会议，并可由主席主动或应至少三分之一委员的书面请求召开特别会议。

二、会议召集书、议程及有关全体会议议题的资料，应至少提前五日送交委员会成员。

三、全体会议的召集书及议程，应至少提前五日上载于委员会网页。

四、主席可为分析讨论事项而邀请公共行政部门及公共或私人实体的代表、对议题具认知和经验的人士列席全体会议，以及邀请澳门特别行政区咨询机构的成员以个人名义或作为有关机构的代表列席全体会议，但该等人士无投票权。

五、每次全体会议均须缮立会议纪录，其内应载有会议上发生的事情摘要，尤须指出会议日期、地点、出席成员、邀请列席的人士、考虑的事项、有关讨论及倘有的结论。

六、全体会议中就编制、实施、检讨和修改城市规划，发出规划条件图及第二条（一）项规定的事宜作讨论的部分属公开，但属依法须保密的情况除外；有意参与旁听的人士，须按委员会公布的方式预先登记。

七、开放全体会议旁听的规则及程序，由委员会内部规章订定。

第九条　专责小组

一、委员会可按其需要议决设立专责小组，以就全会交予的事宜进行研究和发表意见。

二、专责小组设协调员及副协调员各一名；协调员及副协调员由有关专责小组的成员互选产生。

三、经主席建议，专责小组的成员名单由委员会全体会议的决议订定。

第十条　专责小组协调员及副协调员的职权

一、专责小组协调员具下列职权：

（一）代表专责小组，尤其在委员会主席前代表专责小组；

（二）召集和主持专责小组会议；

（三）订定和核准专责小组会议的议程；

（四）决定是否接纳第三条第三款（九）项所指的委员会委员缺席专责小组会议的解释。

二、专责小组协调员可将其全部或部分职权授予副协调员。

三、专责小组副协调员具下列职权：

（一）辅助协调员，并在协调员不在、出缺或因故不能视事时代任协调员；

（二）行使协调员授予的职权。

第十一条　专责小组的运作

一、会议召集书、议程及有关专责小组会议议题的资料，应至少提前五日送交有关小组成员。

二、专责小组协调员可为分析讨论事项而邀请公共行政部门及公共或私人实体的代表、对议题具认知和经验的人士列席小组会议，以及邀请澳门特别行政区咨询机构的成员以个人名义或作为有关机构的代表列席会议，但该等人士无投票权。

三、有关专责小组运作的其他规则，由委员会内部规章订定。

第十二条　回避、自行回避和声请回避

一、为考虑回避、自行回避和声请回避，有关的通知及申请应以书面方式作出；但属仅在会议中出现的须回避事由或自行回避和声请回避的依据的情况除外。

二、在讨论引致回避、自行回避或声请回避的事项期间，被宣告须回避的委员会成员，又或已对其作出免除决定或声请回避决定的委员会成员应离开会议室；会议纪录应载明此事。

第十三条及第十四条*

*已废止——请查阅：第2/2015号行政法规

第十五条　顾问

一、委员会可从澳门特别行政区或外地的在城市规划范畴或与其相关的其他范畴获公认为杰出的专业人士中委任顾问，尤其负责提供技术及学术方面的意见。

二、顾问由公布于《澳门特别行政区公报》的运输工务司司长批示委任，其内订定担任有关职务的规定及条件。

第十六条　专项研究

委员会为开展属其职权范围内的专项研究，可在澳门特别行政区或外地根据取得劳务的法定制度向学术机构、专业顾问，以及其他公共或私人实体取得服务。

第十七条　出席费

委员会及专责小组的成员，以及第八条第四款及第十一条第二款规定的受邀列席的人士，有权依法收取参与委员会及专责小组的会议出席费。

第十八条　财政资源

一、委员会运作所需的财政资源，登录于澳门特别行政区财政预算中拨予土地工务运输局的款项内。

二、*

三、*

* 已废止——请查阅：第2/2015号行政法规

第十九条*　行政及技术支援

土地工务运输局负责向委员会提供行政及技术支援。

* 已更改——请查阅：第2/2015号行政法规

第二十条　生效

本行政法规自二零一四年三月一日起生效。

二零一四年一月二十四日制定。

命令公布。

行政长官　崔世安

都市建筑法律制度

第14/2021号法律

立法会根据《澳门特别行政区基本法》第七十一条（一）项，制定本法律。

第一章　一般规定

第一条　标的

本法律制定进行土木工程及保障建筑物安全的法律制度。

第二条　定义

为适用本法律及补充法规的规定，下列用语的含义为：

（一）“预先通知”：是指进行无须发给准照的工程的简化程序。

（二）“工程所有人”：是指推展工程的实体。

（三）“建筑物”：是指供人使用的不动产，以及在土地上永久定着的任何建筑的建造、复建、扩建、更改或保养活动或成果。

（四）“楼宇”：是指有独立通道、顶盖、并以地基至顶盖的外墙或楼宇间的分隔墙划定范围，供人使用或作其他用途的永久性建筑物。

（五）“发给准照”：是指审阅和核准工程计划，以及发出有关工程准照的程序。

（六）“土木工程”：是指兴建新建筑物，对建筑物进行复建、保养、维修、更改、加固、扩建、拆卸或任何导致地形改变的工程，以及都市发展方面的一切建筑工程。

（七）“都市发展工程”：是指建造和改造直接供城市空间或建筑物使用的基础设施，尤其是道路、行人通道、排水及供水网、供电网、燃气网、电讯网，以及绿色空间和其他集体使用空间的工程。

（八）项目按下列阶段开展：

（1）“工程计划草案”：是指按工程的特定功能要求而订定建筑物内外特征的建筑计划，该建筑计划与其他专业计划分开提交。

（2）“工程计划”：是指专业计划的组合，尤其是建筑、地基及结构、供水、排水及污水管道、供电、防火安全系统、电信设施、特别设施等专业计划的组合。

（3）“修改计划”：是指对已获核准但其工程仍未进行或完成的计划作出修改的计划，或对未获核准的计划作出更正的计划。

（九）“专业计划”：是指订定具某特定功能的设施、设备、系统或工程的特征的计划，尤其是建筑、供水、排水及污水管道、供电、地基及结构、拆卸、燃料储存及分配系统、空调及通风系统、防火安全系统、基建设施、土方开挖及支护、护坡、岩土勘测、围板、防水、隔热、电信设施、升降机、扶手电梯及步行输送带、固体废料储存系统、户外空间、景观整治及绿化等计划。

（十）工程类型包括：

（1）“建筑工程”：是指按与特别为此编制的计划相符的特定功能要求而从无到有地进行任何工程。

（2）“扩建工程”：是指增加现有建筑物的楼层、楼面面积、坐地面积、高度或体量，但不包括在商业用途的单位内加建中式阁楼（阁仔）。

（3）“复建工程”：是指局部或全部拆卸现有建筑物后，在原址按原有计划进行兴建。

（4）“拆卸工程”：是指对现有建筑物进行局部或全部拆毁或拆除工程。

（5）“更改工程”：是指在不增加建筑物楼面面积，但属在商业用途的单位内加建中式阁楼（阁仔）则除外，且不增加坐地面积及楼宇高度的情况下，对已取得使用准照的楼宇或独立单位进行更改的工程，尤其是局部更改楼宇或独立单位的结构、单位数目、内部间隔及建筑物用途，但不包括对建筑结构进行大面积或全面更改。

（6）“维修工程”：是指按原有计划对建筑物的坍塌部分、损坏或运作欠佳的部件进行更换的工程，使之恢复原有功能。

（7）“保养工程”：是指在不改变建筑物基本结构、外部饰面材料、内部间隔、用途及面积的情况下，进行旨在维持建筑物良好使用条件的工程。

（8）“加固工程”：是指采取辅助措施对建筑物的现有部分进行巩固的工程。

第三条　编制计划及施工的责任

一、下列者负责适用本法律及有关补充法规以及编制计划和施工时所适用的其他法律及规章的规定，并负责查核该等规定的遵守情况：

（一）属编制计划的情况，计划编制者；

（二）属按已核准的计划施工的情况，负责指导及监察工程的技术员，以及负责施工的实体。

二、上款（一）项所指的技术员须签署责任书，其内声明编制计划时已遵守适用的法律及规章的规定，尤其是建筑范畴的技术规定。

三、第一款（二）项所指的技术员或实体须签署责任书，其内声明施工符合已核准的计划、发给准照的条件及适用的法律及规章的规定。

四、如编制计划、指导、监察或实施工程由自然人商业企业主或公司负责者，责任书亦须由该自然人商业企业主或公司法定代表签署。

第二章　发给工程准照

第四条　发给准照

一、进行任何土木工程均须预先由土地工务运输局发给准照，但不影响第七条规定的适用。

二、在发给准照程序中，由消防局核准关于防火安全系统的专业计划，以及就载有防火安全条件的专业计划发出具约束力的意见。

三、在发给准照程序中，土地工务运输局可将收到的工程计划判给予具资格的实体审阅及发表意见；为核准工程计划及发出工程准照，该等实体须证明有关计划符合适用的法律及规章的规定，尤其是建筑范畴的技术规定。

四、上款所指的判给合同应载明有关实体须承担的义务范围、相关责任制度及须提供的担保。

五、所有须预先发给准照的土木工程，完成后均须接受检验，以核实有关工程是否符合已核准的计划。

六、发给准照程序及进行土木工程须遵守的技术条件，由补充法规订定。

第五条　须发给行政准照的场所的工程

如在须发给行政准照的场所，尤其是作酒店业及同类用途，又或作工业或商业用途的场所进行工程，为发给准照，除须遵守本法律及有关补充法规的规定外，尚须遵守规范该等活动的特别法例中关于建筑的规定。

第六条　海域内工程

为在海域内进行工程发给准照，除须遵守本法律及有关补充法规的规定外，尚须遵守其他适用法例，尤其是海域使用及管理的法例。

第七条　豁免发给准照和预先通知

一、由公共行政领域的部门和机构进行的土木工程，无须发给准照，但建筑或扩建工程计划须经土地工务运输局审阅和核准。

二、上款的规定不适用于任何由市政署或实施公共工程的主管部门进行的工程，相关计划由其自行核准。

三、下列工程豁免发给准照：

（一）提供水、电、燃料或电讯等公共服务的承批企业或获判给企业进行为提供该等服务所需的坑道开挖深度不超过两米的地下管线铺设工程；属紧急维修工程，则不受该深度限制；

（二）在属单一所有权制度的住宅楼宇的内部或单一住宅独立单位的内部进行更改、保养及维修工程；但该等工程不得更改楼宇的用途、面积或结构，亦不得改变卫生间、厨房、露台的位置，以及立面或楼宇共同部分；

（三）在非居住用途且实用面积不超过一百二十平方米的独立单位进行下列所指的工程，但以该等工程不涉及变更有关单位的用途和面积或楼宇的结构且不影响已有的系统和设施正常运作，尤其是防火安全系统正常运作为限：

（1）单位内部的更改、保养及维修工程；

（2）在地面层独立单位外墙作出的保养工程或改善；

（四）在属分层所有权制度的楼宇内部的共同部分进行保养及维修工程，但须具符合第14/2017号法律《分层建筑物共同部分的管理法律制度》规定的进行该等工程的正当性。

四、进行第一款及第三款所指的工程须遵守适用的法律及规章的规定，尤其是防火安全和文化遗产保护的法例，以及建筑范畴的技术规定。

五、本法律关于责任书的规定适用于本条所指的工程，亦须对该等工程进行监察。

六、第三款（三）项及（四）项所指的工程须遵守补充性行政法规所规定的预先通知制度。

七、第一款、第二款及第三款（二）项至（四）项的规定不适用于在被评定或待评定的不动产及其缓冲区或临时缓冲区内进行的工程，但位于该等区域的不属被评定或待评定的楼宇内部的更改、保养及维修工程除外。

八、第六款所指的预先通知制度适用于拆卸非法工程，但如该等非法工程在被评定或待评定的楼宇中实施则除外；属此情况，须递交有关的拆卸计划，以便获发给准照。

第八条　驳回发给准照的申请

一、属下列情况，驳回发给准照的申请：

（一）违反城市规划、预防措施、行政地役权、公用限制或任何适用的法律及规章的规定；

（二）违反批给合同中关于土地用途的规定，但根据法律允许更改批给用途者除外；

（三）依法被咨询且其决定具约束力的实体发出否定意见或拒绝核准申请。

二、属下列情况，亦可驳回发给准照的申请：

（一）依法被咨询的实体发出否定意见；

（二）违反批给合同中关于土地利用的规定；

（三）欠缺道路、排水及供水网、供电网、燃气网及电讯网，但如申请人建议以已获主管实体核准的方式弥补现存缺陷则除外；

（四）计划的工程对现有的基建设施及设备构成不可承担的负荷；

（五）如属分层所有权制度的楼宇的建筑工程，但未按要求提交分层建筑物的规章，又或有关规章不符合十二月十七日第6/99/M号法律《都市房地产的使用规范》的规定。

三、如有以上款（三）项或（四）项的规定为依据的驳回决定的方案，只要申请人在预先听证时承诺进行弥补缺陷所需的工作或承担执行有关工作的费用，申请仍可获批准。

第九条　已存在的建筑物

一、按之前法律建成的建筑物及其相关使用不受嗣后法律及规章的规定影响。

二、不得以原建筑方面的嗣后法律或规章的规定为理由，拒绝就建筑物复建或更改工程发给准照的申请，只要该等工程属下列任一情况：

（一）不会导致出现与现行规定不符的情况或使有关情况恶化；

（二）旨在改善建筑物的安全和卫生条件。

三、在不影响以上两款的规定下，法律及规章的规定可：

（一）就按之前的法律规定已用于某类活动的建筑物，设定进行该等活动的特定条件；

（二）在上款所指的工程施工前，规定须进行改善建筑物的安全和卫生条件所需的附属工作。

第十条　施工条件及期间

一、土地工务运输局批准发给准照的申请时，订定施工须遵守的条件及完成工程的期间。

二、完成工程的期间按申请人依工程的复杂程度而提出的建议订定，并仅在经适当说明理由的情况下，尤其是建议的期间属不合理者，方可由土地工务运输局更改。

三、如工程未能于有关工程准照规定的期间完成，应利害关系人具理由说明的申请，土地工务运输局局长可延长以上两款所指的期间。

四、属在批给土地施工的情况，工程准照的有效期不得超过有关土地批给合同规定的利用期。

第十一条　工程准照的失效

一、属下列情况，工程准照失效：

（一）自发出或延长准照之日起三十日内未开展工程，且不具土地工务运输局局长接受的合理理由；

（二）暂停工程连续超过十五日，且工程纪录簿并无记录合理理由，但基于不可归责于准照持有人的事实者除外；

（三）准照所订定的期间或延长的期间届满。

二、经对利害关系人预先听证后，土地工务运输局宣告上款（一）项及（二）项所规定的失效。

三、属下列情况，不得进行任何工程，但为保持地点安全及卫生而进行的工作除外：

（一）对利害关系人进行预先听证期间；

（二）如工程准照期限届满。

第三章　楼宇的使用、保养及维修

第十二条　楼宇的使用

一、获土地工务运输局发出使用准照后，方可使用楼宇、楼宇的部分或独立单位，但楼宇由公共行政领域的部门或机构兴建且全部供其自用或赋予第三方使用者除外。

二、更改使用准照所定的用途，亦须由土地工务运输局预先发给准照；如未获发有关使用准照，不得将楼宇、楼宇的部分或独立单位用于新用途。

第十三条　使用准照

一、按本法律及有关补充法规获发给工程准照的楼宇、楼宇的部分或独立单位的使用准照是用作证明工程已全部或部分完成，以及符合已核准的建筑计划及发给准照的条件。

二、使用准照仅在土地工务运输局局长和消防局局长确认相关的检验笔录后发出。

三、如按第八条第三款的规定批准发给准照的申请，仅在申请人履行在预先听证中所承担的义务后，方可发出使用准照。

四、属以长期租借或租赁方式批给的土地，使用准照仅在履行批给合同所定的义务或确保能履行该等义务后方可发出。

五、如楼宇按分层所有权制度兴建，使用准照得以整体楼宇或以构成不同座或幢的独立单位形式发给；属构成不同座或幢的独立单位的情况，组成独立单位的楼宇共同部分须具备使用条件。

第十四条　工程质量的保证

一、工程质量的最短保证期：

（一）十年——地基及主体结构；

（二）五年——建筑物的防水，尤其是天台、卫生设施、外墙及任何需具备防水要求的部分；

（三）五年——电力系统、供水系统、雨水及污水排放系统、防火安全系统、燃料网络系统、节能及空调系统、机械通风及排烟系统，以及人、车辆及货物的运送设施及设备，但属消耗性的构件则除外；

（四）五年——外墙及外墙饰面。

二、工程质量保证期自发出建筑物使用准照之日起计，或如属基建设施工程，则自检验笔录获确认之日起计。

三、在保证期内，负责施工的实体有义务向因施工瑕疵而出现缺陷的第一款所指的建筑物、系统、设施及设备提供维修服务，以及承担有关费用，且不影响倘有的其他法律或合同责任。

四、如所发现的缺陷属不可改正者，工程所有人可要求负责施工的实体就缺陷部分重新施工或更换有缺陷的设备，且无须承担额外费用，但显示出属不可能或明显不适度者除外。

五、在不影响选择行使解除合同的权利的情况下，如未改正有关缺陷、未就缺陷部分重新施工或未更换有缺陷的设备，工程所有人可要求减少报酬且有权按一般规定获得赔偿。

六、即使更换负责施工的实体，第三款所指的维修责任仍维持不变。

七、在上款所指的情况下，当无法确定是在哪个施工阶段出现瑕疵时，由替代人进行维修工作，且不影响按法律一般规定的求偿权。

八、本条赋予的权利由工程所有人或工程第三方取得者行使，但第五款规定的解除合同或减少报酬的权利仅可由工程所有人行使。

九、对本条有关工程质量的保证方面未有规定的一切事宜，适用《民法典》规定的关于供长期使用的不动产的工作物的瑕疵的制度。

十、本条的规定不适用于公共工程承揽。

第十五条　保养及维修义务

一、为使建筑物经常保持良好的使用条件，尤其是安全、卫生和整体美观方面，当有需要时，应进行建筑物保养及维修工程，且特别是在下列情况：

（一）自发出使用准照之日起满十年，如仍未进行该等工程者；

（二）进行该等工程后每隔五年，如在之前无须进行有关工程者。

二、如发现建筑物有缺乏保养的迹象，土地工务运输局可通知所有人提交由专业技术员或实体编制的楼宇状况报告，其内列出须进行的工作、措施或工程，并定出有关期间。

三、土地工务运输局局长可随时依职权或应任何利害关系人的要求，命令进行为纠正安全或卫生的恶劣状况所需的工程，并订定执行有关工程的期间，且不影响第一款规定的适用。

四、土地工务运输局局长可依职权或应任何利害关系人的要求，命令对残破或危害公共卫生及人身安全的建筑物进行局部或全部拆卸，并为此订定一期间。

五、就以上两款所指的行为作出通知时，应附同下条第三款所指的笔录，以及指出组成进行该等工程的卷宗所需的资料，包括指出属必要的紧急措施，以及指出递交资料的期间，被通知人须于该期间内递交有关资料，否则根据第十七条及第二十七条规定的效力，视其为不履行有关行为。

六、所有人自接获第二款及上款所指的通知之日起七日内，可就该通知的内容发表意见。

七、本条规定的工程由所有人进行，属按分层所有权制度兴建的楼宇的共同部分，则由分层建筑物管理机关进行；如属后者，须遵守第14/2017号法律关于共同储备基金的规定。

第十六条　预先检验

一、命令进行上条第三款及第四款所指的工程前，须经土地工务运输局的两名技术员代表检验；如土地工务运输局局长认为有需要，可委任其他部门的技术员代表进行检验。

二、决定进行检验的行为及相关的依据，应至少提前七日通知楼宇所有人；如因所有人身份或下落不明而不能作出通知，则将有关通知张贴于楼宇或独立单位的入口处。

三、检验后应缮立笔录，其内必须载有楼宇的识别资料、状况描述及建议进行的工程。

四、土地工务运输局局长于五日内确认上款所指的笔录。

五、如楼宇有即时倒塌的危险或严重危害公共卫生或人身安全，可省略本条规定的程序，且土地工务运输局可即时进行所需的工程。

六、进行上款所指工程的费用由所有人承担，并经作出适当配合后，适用第三十二条的规定。

第十七条　强制工程

一、如所有人不开展根据第十五条第三款及第四款命令其进行的工程，未于指定期间内递交组成卷宗的资料，或提交的资料被拒绝，又或未于指定期间内完成有关工程，土地工务运输局可即时施工，有关费用由所有人负责。

二、第二十六条及第三十二条的规定，经作出适当配合后，适用于强制执行上款所指的工程。

第四章　都市建筑物合法性监督措施

第十八条　恢复都市建筑物合法性

一、当进行下列工程时，主管实体应采取适当的监督和恢复都市建筑物合法性的措施：

（一）须预先发给准照但欠缺所需准照或凭证已失效的工程；

（二）与已核准的工程计划或发给准照的条件不符的工程；

（三）根据被废止或宣告无效的发给准照的行政行为进行的工程；

（四）与豁免发给准照的条件不符的工程；

（五）与适用的法律或规章的规定不符的工程。

二、上款所指的措施可包括：

（一）禁制工程或禁制土地重整的工作；

（二）行政中止发给准照行为的效力；

（三）命令进行尚可能的更正或修改工作；

（四）工程合法化；

（五）命令局部或全部拆卸工程；

（六）将土地恢复至开展工程或工作前所处的状况；

（七）命令终止使用楼宇或其独立单位。

三、无论是否属第一款规定的情况，土地工务运输局局长可命令：

（一）进行为纠正安全或卫生的恶劣状况所需的保养工程；

（二）对残破或危害公共卫生及人身安全的建筑物进行局部或全部拆卸。

第十九条　禁制工程

一、下列进行中的工程须予禁制，且不影响科处本法律或其他现行法例规定的处罚：

（一）欠缺所需准照或预先通知的工程；

（二）准照或预先通知失效的工程；

（三）与已核准的工程计划、发给准照的条件或已接纳的预先通知不符的工程；

（四）违反适用的法律及规章的规定的工程；

（五）有危害人身或公共安全迹象的工程，即使具有效的工程准照亦然。

二、如在上款所指的条件下施工，土地工务运输局的监察人员命令工程所有人或其代表、倘有的负责指导工程的技术员、负责施工的实体，又或如属不可能时，命令正在施工的任何人，即时中止工程，为期五日，而对任一者作出通知足以中止工程。

三、如上款所指的人拒绝接收通知，将中止工程的命令张贴于工程现场当眼处，通知视为完成。

四、发出中止工程的命令后应立即编制有关笔录，其内必须包括监察人员、被通知人及倘有的证人的身份资料，采取该措施的日期、时间及地点，证明该措施合理的事实及法律理由、工程状况及禁止继续进行工作，以及不遵守时的不利法律后果。

五、笔录由监察人员和被通知人签署，并一式两份，各执一份为据。

六、属具准照的工程，监察人员尚应将有关事实记录于工程记录簿。

七、土地工务运输局局长应透过具适当说明理由的批示，在第二款规定的期间内确认中止工程和命令禁制工程。

八、如第一款（三）项至（五）项所指的禁制仅涉及部分工程，则有关的通知和笔录应明确说明为局部禁制，以及清楚指出所禁制的该部分工程。

九、如有迹象显示楼宇或其独立单位内正进行第一款（一）项所指的工程，而监察人员无法进入有关楼宇或独立单位时，编制相关笔录，并提交土地工务运输局局长，以作出禁制工程的决定。

十、属第一款（五）项规定的情况，工程所有人须提交已消除对人身或公共安全的危险的证明文件，并经土地工务运输局局长核准有关文件后，方可在工程准照的有效期内恢复施工。

第二十条　禁制的效力

一、工程被中止或禁制后不得进行任何工作，但土地工务运输局局长为确保有关地点卫生及安全而命令进行的所需工作则除外。

二、属具准照的工程或须作预先通知的工程，禁制导致中止有关准照或接纳预先通知的效力。

三、禁制将中止有关准照或预先通知所订定的施工期间。

第二十一条　禁制令的通知

一、应将禁制令通知工程所有人或其代表、倘有的负责指导工程的技术员或负责施工的实体，又或任何在现场施工的人，以及属可能时，通知正施工的不动产所有人或其代表，对任一者作出通知足以施行禁制。

二、如未能作出通知或上款所指的人拒绝接收通知，将禁制令张贴于工程现场当眼处，通知视为完成。

三、如监察人员无法进入工程现场，将禁制令张贴于工程所在的建筑物、楼宇或独立单位的入口处，通知视为完成。

第二十二条　禁制令的失效

一、订定工程的确定法律状况的决定作出后，或为效力订定的失效期间届满后，禁制令即告失效。

二、在未订定失效期间的情况下，自禁制令发出之日起一年内未作出确定性决定，禁制令即告失效。

三、禁制令失效后，如发现进行新工程，土地工务运输局局长可发出新禁制令。

第二十三条　更正或修改工作

一、属第十九条第一款（三）项至（五）项规定的情况，如有需要，土地工务运输局局长尚可命令进行更正或修改工程的工作，并按其性质及复杂程度订定进行有关工作的期间。

二、上款所指的期间届满后，如有关工作仍未全部完成，工程继续被禁制，直至订定工程的确定法律状况的决定作出为止。

三、进行更正或修改工程的工作的命令中止有关工程准照或接纳预先通知所定的完成工程的期间，中止期间按第一款的规定订定。

四、第一款所指的期间在提交修改计划或修改预先通知的申请后中断。

第二十四条　工程的拆卸

一、被禁制或已完成的非法工程，如不具备条件进行合法化或不能确保进行更正或修改工程的工作后可使其符合适用的法律及规章的规定，土地工务运输局局长可命令局部或全部拆卸被禁制的工程或已完成的工程，以及按已核准的计划恢复原状，并为此订定一期间。

二、执行上款所指的拆卸令前应对利害关系人进行听证，以便其自接获通知之日起十日内就拆卸令的内容发表意见。

三、如未能识别工程所有人，拆卸责任由工程所在的不动产所有人承担。

四、第一款所指的期间届满后仍未执行拆卸工程，土地工务运输局可立即执行有关工程，并由违法者或不动产所有人承担相关费用。

第二十五条　工程合法化申请

一、如被禁制或已完成的非法工程因具备合法化条件而未被命令拆卸，应通知工程所有人提交工程合法化申请，并为此订定一期间。

二、工程合法化申请须按申请人的具体要求由所需的资料组成，并须遵守以下数款所定的特别规定。

三、土地工务运输局可要求递交其认为必要的、特别是为确保公共安全及卫生所需的文件及资料，尤其是专业计划及有关的责任书。

四、如遵守建筑方面的技术规定已变成不可能或相关要求已不合理，且申请人能证明在实施有关工程时已遵守当时生效的技术规定，则可豁免遵守该等技术规定。

五、提出工程合法化的申请不免除倘有的其他责任，亦不免除就行政违法行为开展处罚程序，以科处相关处罚。

六、进行第一款所指的工程合法化而须缴付的费用提高至正常程序所定费用的三倍。

七、如不在第一款规定的期间提出工程合法化的申请，又或申请因可归责于工程所有人的原因而被驳回或归档，土地工务运输局局长可命令拆卸有关工程。

第二十六条　强制执行

一、如不遵守第十九条所指的禁制令及以上两条所指的拆卸令，土地工务运输局局长命令强制执行该等措施，且不影响有关的刑事责任。

二、命令强制执行的同时，可发出拆卸令，且有关通知可一并作出。

三、如未能将强制执行的日期通知工程所有人或不动产所有人，尤其是由于其处于身份或下落不明的情况下，至少提前十日将有关通知张贴于楼宇或独立单位的入口处，通知视为完成。

四、土地工务运输局人员应编制笔录，其内列明该地点内的工程及其他建筑状况，以及在该处发现的工程材料和设备。

五、属强制执行禁制令的情况，土地工务运输局人员查封施工地盘及倘有的相关设备。

六、在经适当说明理由的情况下，土地工务运输局局长可主动或应工程所有人或其承揽人的要求，批准将材料或设备搬离或撤离工程现场。

七、如土地工务运输局将材料及设备存放于其他地点，应通知工程所有人或其承揽人。

八、如土地工务运输局认为须确保楼宇的结构安全或人身安全，尚可进行维修或加固工程，有关费用由违法者承担。

九、属强制执行拆卸令的情况，可由行政当局直接执行拆卸，又或以直接磋商的承揽制度方式执行。

第二十七条　中止水电供应

一、如在指定期间内不遵守禁制令或进行第十五条第三款及第四款所指的工程的命令，土地工务运输局局长可命令中止相关楼宇或独立单位的水电供应。

二、如不遵守禁制工程的情况是发生在有人居住的住所内，仅在有迹象显示构成危害公共卫生或人身安全时，方可命令作出上款规定的措施。

三、如第十五条第三款及第四款所指的工程是在有人居住的住所内进行或属上款规定的情况，命令中止的决定应说明理由，并应至少提前三日通知楼宇或独立单位的所有人、承租人或占用人。

四、如属第十五条第三款及第四款所指的工程，当违法者提交载有解决问题所需的资料及承诺执行工程的期限的声明后，该中止即应予取消；如属禁制，中止应维持至该禁制令失效。

五、为适用第一款的规定，土地工务运输局将不遵守命令一事通知有关的供应实体，以立即中止供应。

第二十八条　勒迁

楼宇、楼宇的部分或独立单位属下列情况，土地工务运输局局长可命令勒迁：

（一）已按第十五条第三款及第四款的规定命令维修或命令局部或全部拆卸；

（二）已按第二十四条第一款或第二十五条第七款的规定命令拆卸；

（三）未取得使用准照但已使用或与该准照所订定的用途不符；

（四）有即时倒塌的危险或危害公共卫生或人身安全。

第二十九条　勒迁程序

一、藉将勒迁令张贴在楼宇或独立单位的入口处，以及刊登在澳门特别行政区两份报纸，一份为中文，另一份为葡文，向有关楼宇或独立单位的所有人、承租人或占用人作出通知。

二、上款所指的人须自获知勒迁令后的四十五日内遵守勒迁令。

三、如楼宇出现即时倒塌的危险或严重危害公共卫生或人身安全，可立即执行勒迁。

四、如不在第二款规定的期间迁出，由土地工务运输局负责执行勒迁。

第三十条　勒迁及拆卸现场的文件及动产

一、如土地工务运输局人员于勒迁及拆卸现场发现文件或具价值的动产，应编制载有该等文件或动产清单和照片记录的事件笔录，该笔录应由协助行动的治安警察局人员共同签署。

二、上款所指的文件或动产应由土地工务运输局或保管人看管，其报酬由违法者承担。

三、土地工务运输局应透过现场通知或邮寄通知，将按上款规定所采取的措施通知利害关系人，并详细指出保存该等文件及动产的地点和领取的期间。

四、为适用第一款的规定，“具价值的动产”是指价值明显超过澳门元一万元，且非与有关建筑物实质及长期相连或安装于固定设施内或外的物品。

五、经参考每年公布的综合消费物价指数后，上款所指的价值可由公布于《澳门特别行政区公报》的行政长官批示调整。

第三十一条　文件及动产的处理程序

一、土地工务运输局可对所发现的动产作出下列处理：

（一）如属可灭失或可变坏的产品，则命令将有关产品归澳门特别行政区所有，并视乎情况命令将之变卖、销毁或拨作有益社会的用途；

（二）如属动物、植物或危险品，则交予主管实体。

二、如在上条第三款为领取有关文件或动产而定的期间届满后六十日内无人认领该等文件或动产，又或在提出认领申请后三十日内，利害关系人未领取或未能证明其拥有该等文件或动产，则土地工务运输局可：

（一）将文件交予澳门特别行政区的主管实体；

（二）命令将动产的所有权转移予澳门特别行政区。

三、土地工务运输局将所有权已转移予澳门特别行政区的具价值的动产送交财政局以便变卖，但经说明理由认为基于公众利益更适宜将之销毁者除外。

四、土地工务运输局应向财政局提供所需的技术和后勤支援。

第三十二条　强制执行的费用

一、勒迁、维修、加固或拆卸工程的费用及保存上条所指文件或动产的费用，由违法者承担。

二、自接获通知之日起二十日内，如不自愿缴付上款所指的费用，则按税务执行程序的规定进行强制征收，并以土地工务运输局发出的已付费用证明作为执行名义。

第三十三条　物业登记附注

一、如有不遵守第十五条第三款及第四款所指的执行工程的命令和拆卸非法工程的命令的情况，应通知物业登记局，以便依职权在有关的房地产标示中作附注。

二、上款所指的附注，视乎情况，根据土地工务运输局发出的证实工程已完成或已履行拆卸令的证明予以注销。

第三十四条　终止使用

一、如在无所需的使用准照的情况下占用楼宇、楼宇的部分或独立单位或将之用作与该准照所订定的用途不符时，土地工务运输局局长可命令终止使用及为此订定一期间。

第五章　监　察

第三十五条　范围

一、进行任何土木工程，包括都市发展工程，以及楼宇的使用，不论是否获豁免发给准照或须预先发给准照、接纳预先通知或获发使用准照，均须接受监察。

二、监察上款所指的活动旨在：

（一）确保符合适用的法律及规章的规定；

（二）防止因进行土木工程对卫生及人身安全构成危险；

（三）保证建筑物的安全。

第三十六条　监察职权

一、土地工务运输局、消防局及其他发给活动准照的实体在其介入范围内，具职权进行上条规定的监察，且不影响法律赋予其他实体的职权及第五款规定的适用。

二、土地工务运输局尤其具职权确保和监察对本法律及有关补充法规的规定的遵守，并采取适当的监督和恢复都市建筑物合法性的措施。

三、土地工务运输局执行监察工作时，可要求任何公共部门及机构提供所需的合作或协助，尤其是治安警察局的介入。

四、监察建筑物、建筑物的部分或独立单位的使用，亦属对在该处所从事的活动发给准照的主管实体的职权。

五、开展工程的有关实体具职权监察第七条第一款、第二款及第三款（一）项规定的工程及公共工程承揽。

六、为产生第十六条、第十九条、第二十六条、第三十条、第三十八条第二款（一）项及第五十二条所指的附同笔录的效力，土地工务运输局人员执行监察职务时，可拍摄正在进行或已存在的工程的影像，而该等影像可作为书证。

第三十七条　当局权力

一、经适当证明身份的土地工务运输局人员在执行监察或强制执行的职务时，享有公共当局权力，且在无司法命令状或预先通知的情况下，可进入下列地方：

（一）楼宇、楼宇的部分或独立单位；

（二）向公众开放的范围及场所，即使属收费者亦然；

（三）被无凭证占用的土地。

二、上款的规定不豁免在未经同意下拟进入任何人的住所时须事先取得司法命令状，但出现下列任一情况除外：

（一）在楼宇共同部分建造的非法住宅；

（二）有即时倒塌的危险；

（三）严重危害公共卫生或人身安全。

三、进入和在住所逗留时应：

（一）遵守适度原则；

（二）在确切所需的时间内进行检验、检查或强制执行；

（三）仅针对接受检验的地点，又或正进行或已进行工程的地点为限；

（四）收集的证据仅限于受检验或检查的活动。

四、如第一款所指的人员执行职务时提出要求，工程所有人或其代表、负责指导及监察工程的技术员及负责施工的实体须提供协助。

第三十八条　司法命令状

一、司法命令状是透过土地工务运输局局长具说明理由的声请书向行政法院提出声请，并按《民事诉讼法典》规定的普通保全程序的步骤进行。

二、声请应指出预计执行有关行动的期间，并应按情况，尤其载明下列文件：

（一）为检查的效力而制作的具说明理由的实况笔录和报告；

（二）勒迁令和证明已依法通知利害关系人的文件；

（三）拆卸令和证明已依法通知利害关系人的文件。

第六章　处罚制度

第一节 刑事责任

第三十九条　违令

一、下列情况构成普通违令罪：

（一）不遵守第十九条规定的中止工程的命令或禁制令者；

（二）阻止或拒绝让执行监察职务的土地工务运输局人员进入第三十七条第一款所指的场所或地点，又或在其内逗留者。

二、下列情况构成加重违令罪：

（一）反抗第十七条所指的强制执行工程或拆卸者；

（二）反抗第二十六条第一款所指的强制执行禁制或拆卸者；

（三）反抗第二十九条第四款规定的强制执行勒迁者。

第四十条　伪造责任书及工程纪录簿

一、计划编制者意图造成他人或澳门特别行政区有所损失，又或意图为自己或他人获得不正当利益，而于责任书内就遵守土木工程范畴的一般及特定技术规定及适用于有关计划的法律及规章的规定作出虚假声明，处最高三年徒刑，或科最高三百六十日罚金。

二、负责指导或监察工程的技术员存有上款所指的意图，于责任书、工程纪录簿、工程指导报表及工程监察报表中就施工是否符合已核准的计划及发给准照的条件作出虚假声明，处相同刑罚。

第四十一条　撕除、毁灭或更改通知

未经土地工务运输局局长或其他主管实体书面预先许可而撕除、毁灭、损坏或更改所张贴的有效禁制令或勒迁令、进行检验或强制执行的通知，又或以任何方式妨碍其他人知悉该等命令或通知者，处最高一年徒刑，或科最高一百二十日罚金。

第二节　行政违法行为和相关程序

第一分节　违法行为

第四十二条　行政违法行为

一、下列行为构成行政违法行为，并科处下列罚款，且不影响承担倘有的其他责任：

（一）工程所有人及负责施工的实体在无有关工程准照的情况下进行任何须预先发给准照的工程，对自然人科澳门元五千元至一百万元罚款，对法人科澳门元五万元至二百万元罚款；

（二）工程所有人不按已核准的计划或发给准照或预先通知的条件进行任何工程，对自然人科澳门元五万元至一百万元罚款，对法人科澳门元十万元至二百万元罚款；

（三）负责施工的实体不按已核准的计划或发给准照或预先通知的条件施工，对自然人科澳门元一万五千元至七十万元罚款，对法人科澳门元三万元至一百四十万元罚款。

二、实施下列行政违法行为，对自然人科澳门元二千五百元至五万元罚款，对法人科澳门元五千元至十万元罚款：

（一）不提交第十五条第二款规定的报告；

（二）由工程开始至完成，负责施工的实体不张贴或在非当眼处张贴公开工程准照或预先通知的工程指示牌；

（三）工程所有人不提交工程报表；

（四）工程所有人及负责施工的实体在工程准照或预先通知的有效期届满后不中止有关工程；

（五）工程现场欠缺准照、工程纪录簿、已核准计划的最新版本的副本及保险单副本，或负责施工的实体在依法被要求时不提交该等资料，又或该等资料处于保存不善的状况；

（六）根据第五十七条第三款的规定代替被通知人接收通知的人，在无正当理由的情况下不将通知交予被通知人；

（七）工程所有人未向土地工务运输局申请作出更换计划编制者或负责指导及监察工程的技术员、工程准照持有人或预先通知提交人，以及负责施工的实体的附注；

（八）违反第三十七条第四款的规定，不向土地工务运输局的监察人员提供所要求的协助；

（九）负责施工的实体不移走在地盘范围由工程产生的建筑废料及其他废料。

三、实施下列行政违法行为，对自然人科澳门元五千元至二十万元罚款，对法人科澳门元一万五千元至五十万元罚款：

（一）工程所有人及负责施工的实体在无作出预先通知或预先通知未被接纳的情况下进行须作预先通知的工程；

（二）违反第十二条第一款及第二款的规定，在无使用准照或与该准照所订定的用途不符的情况下占用楼宇、楼宇的部分或独立单位；

（三）不在规定的期间内进行或完成第十五条第三款及第四款所指的工程；

（四）严重违反保养及维修义务，引致出现严重危害公共卫生或人身安全的情况；

（五）不在规定的期间内进行第二十三条第一款所指的更正或修改工程的工作；

（六）不遵守第二十四条第一款及第二十五条第七款规定的拆卸令；

（七）不遵守第二十八条规定的勒迁令；

（八）不遵守土地工务运输局的监察人员依法发出的关于工程指导、监察或施工的任何命令或指示，但中止工程的命令及禁制令除外。

四、实施下列行政违法行为，科澳门元三万元至七十万元罚款：

（一）因技术、法律或纪律方面的原因被禁止编制计划的人签署计划；

（二）负责施工的实体使用劣质材料或有瑕疵的建筑方法；

（三）负责指导及监察工程的技术员未有发现负责施工的实体使用劣质材料或有瑕疵的建筑方法。

五、如违反本法律的规定，且无规定特别处罚时，对自然人科澳门元二千五百元至五万元罚款，对法人科澳门元五千元至十万元罚款。

第四十三条　附加处罚

一、在科罚款的同时，尚可单独或一并科处下列附加处罚：

（一）中止从事与所实施的违法行为有关的职业或活动；

（二）剥夺参与公共工程承揽或批给、财货或劳务的供应及公共服务批给的直接磋商、询价和公开竞投的权利。

二、上款所指的处罚，自处罚决定转为不可申诉之日起计，为期最长两年。

第四十四条　酌科处罚

确定罚款及附加处罚时，须考虑违法行为的严重程度及其所造成的损害、违法者的过错及所获得的利益，以及须考虑违法者的经济状况及过往行为。

第四十五条　累犯

一、为适用本法律的规定，在行政处罚决定转为不可申诉之日起两年内，且距上一次的行政违法行为实施日不足五年，再次实施本法律规定的具相同性质的行政违法行为者，视为累犯。

二、属累犯的情况，罚款的下限提高四分之一，上限则维持不变。

第四十六条　通知其他实体

对技术员和商业企业主科处处罚的决定在转为确定后，应通知违法者所属的强制性登记及注册的实体，以及建筑、工程及土木工程专业团体。

第四十七条　行政违法行为的竞合

如行为同时构成本法律及其他法例规定的行政违法行为，则根据罚款上限较高的法例对违法者作出处罚，且不影响附加处罚的适用。

第四十八条　法人及等同实体的责任

一、如出现下列任一情况，则法人，即使属不合规范设立者、无法律人格的社团及特别委员会，须对实施本法律及有关补充法规所规定的行政违法行为承担责任：

（一）其机关或代表人以该等实体的名义且为其集体利益而实施的行政违法行为；

（二）听命于有关实体的机关或代表人的人以该等实体的名义且为其集体利益而实施的行政违法行为，且因该机关或代表人故意违反本身所负的监管或控制义务方使该行政违法行为有可能发生。

二、如行为人违抗有权者的明示命令或指示而作出行为，则排除上款所指责任。

三、第一款所指实体的责任不排除有关行为人的个人责任。

第四十九条 缴付罚款及其他款项的责任

一、缴付罚款属违法者的责任，但不影响以下数款规定的适用。

二、违法者为法人或等同实体时，其行政管理机关成员或以任何其他方式代表该法人的人，如被判定须对有关行政违法行为负责，须就罚款的缴付与该法人或等同实体负连带责任。

三、法人或等同实体，均须对行为人个人根据上条第三款规定被判缴付的罚款、赔偿、诉讼费用及其他给付负连带责任。

四、如对无法律人格的社团或特别委员会科罚款，则以该社团或特别委员会的共同财产缴付罚款；如无共同财产或共同财产不足，则以各社员或成员的财产以连带责任方式缴付。

第五十条 恢复合法性义务

缴付因违反本法律、有关补充法规以及适用的法律及规章的规定而被科处的罚款，并不免除遵守该等规定。

第二分节 程序

第五十一条 组成卷宗及处罚的职权

一、土地工务运输局具职权就违反本法律及有关补充法规的规定的行为提起程序，其他实体制作的实况笔录应送交该局。

二、土地工务运输局局长具职权决定提起程序、指定预审员及科处处罚。

第五十二条 实况笔录

一、一旦发现违法行为，土地工务运输局、消防局或其他发给活动准照的实体的监察人员应制作有关实况笔录。

二、实况笔录应载有违法者的身份资料、发现违法行为的地点、日期及时间、违法行为的简述，并指出所违反的法律规定、适用的处罚及其他有用资料。

第五十三条 预审和决定

一、应通知违法者可自接获通知之日起十五日内提交书面辩护及在该期间提供相关的证据方法，该通知应指明不接纳逾期提交的辩护或证据。

二、上款所指的通知应载有所作出的违法行为及相应的处罚，以及下条所指的自愿遵守的权利。

三、收到违法者的辩护或提交辩护的期间届满后，预审员应采取对确定事实事宜属适当的措施。

四、预审员可听取违法者的陈述，并将之作成笔录。

五、完成程序预审后，预审员应于二十日内编制一份具理由说明的简明报告，其内载明实质存在的违法行为、违法行为的定性及严重程度、所违反的法律规定，以及认为合理的处罚或因指控不成立而将笔录归档的建议。

六、完成报告后，卷宗应送交土地工务运输局局长作决定，局长可命令在指定的期间采取新措施。

七、如最终决定与预审员在报告内提出的建议不一致，该决定应具理由说明。

第五十四条　自愿遵守

一、属第四十二条第一款（一）项所指的无准照工程，如违法者在下列期间自愿拆卸非法工程：

（一）在回复预先听证前，不科罚款且将处罚程序归档；

（二）在拆卸令所定的期间，缴付一半罚款。

二、为证实已遵守上款的规定，违法者须以书面方式通知土地工务运输局已完成有关拆卸工作。

三、第一款的规定仅适用一次。

第五十五条　缴付及强制征收

一、罚款应自接获处罚决定通知之日起二十日内缴付。

二、如未在上款规定的期间内自愿缴付罚款，须由主管实体按税务执行程序的规定，以处罚决定的证明作为执行名义进行强制征收。

第五十六条　对处罚决定的申诉

对处罚决定可向行政法院提起司法上诉。

第七章　通知及申诉

第五十七条　在工程或楼宇现场通知

一、当面通知应由两名监察人员以下列方式直接作出：

（一）在倘有的工程纪录簿登录，将通知的文本转录在纪录簿并由两名监察人员签署；

（二）如通知涉及在楼宇共同部分进行的工程，则将通知张贴于楼宇的入口处；

（三）将一式两份的通知文本交予被通知人，被通知人须在复本签名及标明日期，并将作为收据的复本交回监察人员。

二、如上款（三）项所指的被通知人不在楼宇，则向在现场或身处有关独立单位内的有行为能力人作出通知。

三、按上款规定接收通知的人负责将通知复本交予被通知人。

四、如被通知人或上款所指的人拒绝接收通知或签署复本，又或拒绝交回已签署的复本，监察人员应编制事件笔录，并在现场及楼宇入口的当眼处张贴该通知文本，通知视为完成。

第五十八条　邮寄通知

一、以邮寄方式作出通知时，应以单挂号信将通知寄往下列地址，并推定被通知人于信件挂号日后的第三日接获通知；如第三日并非工作日，则推定于紧接该日的首个工作日接获通知：

（一）寄往被通知人指定的通讯地址或住址；

（二）如被通知人为澳门特别行政区居民，则寄往身份证明局的档案所载的常居所；

（三）如被通知人为法人且其住所或常设代表处位于澳门特别行政区，则寄往身份证明局和商业及动产登记局的档案所载的住所；

（四）如被通知人为按有关投资者、管理人员及具特别资格技术人员临时居留的规定而获准临时居留者，则寄往澳门贸易投资促进局的档案所载的通讯地址或住址；

（五）如被通知人为机动车辆的所有人，则寄往商业及动产登记局的档案所载的住所。

二、如被通知人的地址为澳门特别行政区以外的地方，则上款所指期间于《行政程序法典》第七十五条所定延期期间届满后方开始计算。

三、通知内应载明第一款所指的推定，且仅在因可归责于邮政服务的事由而令被通知人在推定接获通知的日期后始接获通知的情况下，被通知人方可推翻该款所指的推定。

四、为以邮寄方式作出通知，应土地工务运输局的要求，第一款所指的实体应向其提供有关的居所、住所和地址等资料。

第五十九条　行政和司法申诉

对土地工务运输局局长按本法律及补充法规的规定作出的决定，可自接获通知之日起十五日内向运输工务司司长提起下列诉愿：

（一）对下列决定提起任意诉愿：

（1）命令禁制工程的决定；

（2）命令拆卸工程的决定；

（3）第十五条第三款及第四款所指的决定；

（4）在上分项规定的情况下命令勒迁的决定；

（5）对行政违法行为科处处罚的决定；

（二）对其他决定提起必要诉愿。

第八章　过渡及最后规定

第六十条　关于建筑商及建筑商业企业主的过渡规定

在关于建筑活动的法例生效前，关于建筑商及建筑商业企业主的注册及续期的制度由下条规范，并适用一月十四日第7/91/M号训令关于费用的规定。

第六十一条　关于建筑商及建筑商业企业主的制度

一、须发给准照或预先通知的土木工程，仅可由已在土地工务运输局注册的建筑商或建筑商业企业主实施。

二、建筑商或建筑商业企业主仅可编制及签署不涉及更改建筑物地基、结构或立面的小规模保养、维修或更改工程计划，以及围墙或围板工程计划，但土地工务运输局基于工程的重要性及复杂性认为不适合者则除外。

三、如按上款的规定编制计划，有关编制者须签署第三条第二款规定的责任书。

四、注册申请须藉专用表格向土地工务运输局局长提出；如属建筑商或自然人商业企业主，其内须载有申请人的身份资料及住所；如属公司，则须载有商业名称、住所、法定代表的身份资料及住址。

五、上款所指的申请须附同下列文件：

（一）建筑商、自然人商业企业主或公司法定代表的身份证或任何证明身份的法定文件的副本，并出示其正本；

（二）自然人商业企业主的商业登记证明或开业申报，又或公司的商业登记证明，且所有登记均须有效；

（三）财政局发出的证明申请人于最近五年并无拖欠已结算的税捐及税项的文件；

（四）曾进行的工程清单；

（五）设备及技术人员清单；

（六）遵守及履行土木工程范畴的法律、规章及技术的规定的责任书；

（七）负责的土木工程师的声明；

（八）提交申请书之日的前一个月向社会保障基金缴付相关供款的证明文件的副本。

六、注册的有效期于注册紧接的历年年底届满。

七、注册续期须于注册有效期届满的历年的十一月一日至十二月三十一日期间办理。

八、第四款及第五款的规定，经作出适当配合后，适用于注册续期申请。

九、对注册或注册续期申请，应自接收有关申请书之日起三十日内作出决定。

十、土地工务运输局应经常更新已注册建筑商及建筑商业企业主的名单，该名单应包括识别其身份所需的资料、注册编号及相关有效期，并应公布于该局网页。

十一、每一注册的独立档案应载有下列资料：

（一）组成注册或注册续期申请的文件；

（二）与曾实施的工程有关的事项；

（三）违法行为及科处处罚的纪录。

十二、如出现下列情况，应自有关事实发生之日起八日内通知土地工务运输局：

（一）更改建筑商的职业住所及联络资料；

（二）更改自然人商业企业主的职业住所、联络资料及商业名称；

（三）更改公司的住所、商业名称、法定代表及联络资料；

（四）更改负责的土木工程师。

十三、属已在土地工务运输局注册的商业企业主编制的技术员：

（一）不得加入其他已注册商业企业主的人员编制；

（二）不得在土地工务运输局以任何名义担任技术职务。

十四、建筑商及建筑商业企业主有下列义务：

（一）遵守土木工程范畴的一般及特定技术规定及适用于施工的法律及规章的规定；

（二）遵守已核准的计划的规定；

（三）使用合适的建筑方式及优质材料；

（四）遵守获发的工程准照所载的规定；

（五）遵守土地工务运输局向其发出的关于执行工作的一切命令。

第六十二条　补充法律

本法律未明确规定的一切事宜，按有关事宜的性质，补充适用《民法典》《民事诉讼法典》《刑法典》《刑事诉讼法典》《行政程序法典》及十月四日第52/99/M号法令《行政上之违法行为之一般制度及程序》的规定。

第六十三条　费用

执行本法律及有关补充法规时所提供服务的应收费用及其缴付期间，由补充法规订定。

第六十四条　补充规范

执行本法律所需的补充法规，由行政长官核准。

第六十五条　准用

其他法律规定对八月二十一日第79/85/M号法令《都市建筑总章程》的准用，视为对本法律及有关补充法规相应规定的准用。

第六十六条　在时间上的适用

一、在本法律生效前已提交的工程计划，按提交计划之日生效的法例审阅和核准。

二、在本法律生效后提交的已核准计划的修改计划，只要该核准继续有效，则按原计划获核准之日生效的法例审阅和核准。

三、第十四条的规定不适用于在本法律生效前已取得工程准照的建筑物。

第六十七条　有关行政违法行为的规定在时间上的适用

一、本法律的规定适用于在其生效后因行政违法行为而提起的程序。

二、对于本法律生效前作出的行政违法行为，亦适用本法律对其较为有利的规定。

第六十八条　废止

废止：

（一）十二月十七日第6/99/M号法律第九条及第十条；

（二）八月二十一日第79/85/M号法令。

第六十九条　生效

一、本法律自公布后满一年起生效。

二、第六十四条所指的补充法规生效前，继续适用规范相关事宜的现行法例，尤其是第四条第六款所指的技术条件。

二零二一年七月二十九日通过。

立法会主席　高开贤

二零二一年八月三日签署。

命令公布。

行政长官　贺一诚